中华人民共和国史编年

2014 年卷

当代中国研究所　中央档案馆 编

2019 年·北京

《中华人民共和国史编年》编纂委员会

顾　问　朱佳木
主　任　姜　辉　李明华
副主任　武　力　王绍忠　李正华　管明军
委　员　（按姓氏笔画为序）
　　　　丁　明　王凤环　王巧荣　　王爱云
　　　　王瑞芳　纪国伟　宋月红　　张金才
　　　　罗　文　陈东林　欧阳雪梅　郑有贵
　　　　姚　力　徐　成　焦东华

《中华人民共和国史编年》2014年卷编写组

执行主编　任晶晶
撰稿人　（按姓氏笔画为序）
　　　　任晶晶　冷兆松　陈希驰　钟金燕
　　　　徐　成　章舜粤

目 录

凡例 ·· I

本卷编辑说明 ·· III

正 文

1 月 ·· 3
2 月 ·· 109
3 月 ·· 171
4 月 ·· 236
5 月 ·· 322
6 月 ·· 406
7 月 ·· 490
8 月 ·· 564
9 月 ·· 628
10 月 ·· 709
11 月 ·· 736
12 月 ·· 861

附 录

[附录一] 2014年中国县级以上行政区划变动一览表 ································ 949
[附录二] 2014年国民经济和社会统计资料 ·· 952
[附录三] 2014年中国与外国签订的主要双边条约 ··································· 962
[附录四] 2014年中国参加的多边公约情况 ·· 964
[附录五] 2014年国家科学技术奖励情况 ··· 966

［附录六］ 2014年中国运动员创世界纪录和获世界冠军情况 …………… 971
［附录七］ 2014年全国自然灾害情况 ………………………………… 978
［附录八］ 2014年国务院机构简称 …………………………………… 979

凡 例

一 《中华人民共和国史编年》（简称《国史编年》）是以编年体全面反映中华人民共和国各个领域重大史事的资料书，旨在为研究中华人民共和国史提供翔实可靠的史料，同时也为国内外读者查阅有关中华人民共和国史的资料提供方便。

二 举凡涉及中华人民共和国政治、经济、文化、科技、教育、卫生、民族、社会、人口、宗教、疆域、地理、区划、灾害、气候、生态、资源、军事、国防、外交等方面的大事，均在编写之列。

三 《国史编年》为多卷本，自1949年起，每年独立成卷，采用纲目体编写。

四 《国史编年》由纲文、目文、文献、注释、附录等部分组成。部分条目史事简单，将纲目合一，仅以纲文记事。与纲目文内容相关的重要文献或史料，分别以文献或附录形式附在纲文或目文之后，并标明资料来源。对纲目文涉及的人名、地名等，作必要注释。注释采用页末脚注。

五 《国史编年》条目采自原始的或权威的资料，凡对某一事件有两种或两种以上说法的，在经过认真考证后，采用相对准确的说法，并用注释加以说明。

六 《国史编年》条目以时间先后为序，逐日排列。难以确定具体日期的，视具体情况分别标以上旬、中旬、下旬，月初、月底，或月、季、上半年、下半年。

七 在编写《国史编年》的条目时，原则上一事一条，遇有重大事件或一件事始终时间间隔较长的，可以出两个条目。

八 《国史编年》对各种机构、会议的称谓，凡文字较多的，在文内用简称，并在附录中附有该机构的全称与简称对照表。

九 《国史编年》采用1986年经国务院批示由国家语言文字工作委员会重

新发表的《简化字总表》，以及1988年由国家语言文字工作委员会和新闻出版署发布的《现代汉语通用字表》收录的汉字。

十　《国史编年》所用数字，除习惯用法或特殊用法以汉字标示外，一般用阿拉伯数字。文献中的数字遵从原文中的用法。

十一　《国史编年》中的人物在加注时，凡中国人，只注明生卒年（不详者空缺备考）、民族、籍贯、时任职务（兼数职者注主要职务）。凡外国人，取其标准译名，只注国别和时任职务。

十二　凡条目所涉及的内容在本卷或之前各卷中有相关内容的，凡编者认为有必要提示的，在该条目中用括号标注：参见本卷某月某日，或《国史编年》某某年卷某月某日。

十三　《国史编年》每卷在目录后面均置：（1）《凡例》，说明《国史编年》的体例；（2）《本卷编辑说明》，概述该年基本历史脉络、特点、主要资料来源、未尽事宜和作者分工。

《中华人民共和国史编年》编委会

2019年5月30日

本卷编辑说明

本卷为《中华人民共和国史编年》2014年卷，起止时间为2014年1月1日至12月31日。

2014年，中国发展面临的国际国内环境复杂严峻。全球经济复苏艰难曲折，主要经济体走势分化。国内经济下行压力持续加大，多重困难和挑战相互交织。在以习近平同志为总书记的党中央坚强领导下，全国各族人民万众一心，克难攻坚，完成了全年经济社会发展主要目标任务，全面建成小康社会迈出坚实步伐，全面深化改革实现良好开局，全面依法治国开启新征程，全面从严治党取得新进展。

2014年，在中国共产党的政治建设方面，中共中央政治局会议审议通过《深化党的建设制度改革实施方案》，中共中央印发了《党政领导干部选拔任用工作条例》，第二批党的群众路线教育实践活动圆满完成，领导干部个人有关事项报告抽查核实取得初步成效，中央党内法规和规范性文件集中清理工作全部完成，全国副处级以上"裸官"清理工作基本完成，打掉一批"老虎""苍蝇"，提振了全党信心，赢得了人民信任。继续严格落实党中央八项规定精神，持之以恒纠正"四风"。严格执行国务院"约法三章"，政府性楼堂馆所、机关事业单位人员编制、"三公"经费得到有效控制。加大行政监察和审计监督力度，推进党风廉政建设和反腐败斗争，严肃查处违纪违法案件，一批腐败分子得到应有惩处。

2014年，在法制建设方面，全国人大常委会制定了反间谍法、航道法，还审议了20件法律草案，修改法律10件，作出8个法律解释。中国共产党第十八届中央委员会第四次全体会议通过《中共中央关于全面推进依法治国若干重大问题的决定》。2014年9月5日，习近平总书记在中共中央、全国人大常委会隆重举行庆祝全国人民代表大会成立60周年大会上发表讲话，全面回顾中国近代以来政治制度的历史变革，深刻揭示了中国实行人民代表大会制度的历史必然性；指出人民代表大会制度是坚持党的领导、人民当家作主、依法治国有机统一的根本制度安排，是支撑中国国家治理体系和治理能力的根本政治制度；明确提出必须毫不动摇坚持、与时俱进完善人民代表大会制度，坚定不移走中国特色社会主义政治发展道路，继续推进社会主义民主政治建设、发展社会主义政治文明。

2014年，国内经济下行压力持续加大，多重困难和挑战相互交织，但中国经济稳中有进，取得了显著的成就。国内生产总值达到63.6万亿元，比上年增长7.4%，在世界主要经济体中名列前茅。城镇新增就业1322万人，高于2013年。居民消费价格上涨2%。粮食产量达到6.07亿吨，消费对经济增长的贡献率上升3个百分点，达到51.2%，服务业增加值比重由46.9%提高到48.2%，新产业、新业态、新商业模式不断涌现。中西部地区经济增速快于东部地区。发展质量有新的提升，一般公共预算收入增长8.6%，研究与试验发展经费支出与国内生产总值之比超过2%，能耗强度下降4.8%，是近年来最大降幅。人民生活有新的改善，全国居民人均可支配收入实际增长8%；农村居民人均可支配收入实际增长9.2%，快于城镇居民收入增长；农村贫困人口减少1232万人；6600多万农村人口饮水安全问题得到解决；出境旅游超过1亿人次。全面深化改革系列重点任务启动实施，减少1/3行政审批事项的目标提前实现。

2014年，改革开放和经济社会发展等各项工作及成效主要表现在以下几个方面：

第一，在区间调控基础上实施定向调控，保持经济稳定增长。有效实施积极的财政政策和稳健的货币政策。实行定向减税和普遍性降费，拓宽小微企业税收优惠政策范围，扩大"营改增"试点。加快财政支出进度，积极盘活存量资金。灵活运用货币政策工具，采取定向降准、定向再贷款、非对称降息等措施，加大对经济社会发展薄弱环节的支持力度，小微企业、"三农"贷款增速比各项贷款平均增速分别高4.2和0.7个百分点。同时，完善金融监管，坚决守住不发生区域性系统性风险的底线。

第二，深化改革开放，激发经济社会发展活力。制定并实施深化财税体制改革总体方案，预算管理制度和税制改革取得重要进展，专项转移支付项目比上年减少1/3以上，一般性转移支付比重增加，地方政府性债务管理得到加强。存款利率和汇率浮动区间扩大，民营银行试点迈出新步伐，"沪港通"试点启动，外汇储备、保险资金运用范围拓展。能源、交通、环保、通信等领域价格改革加快。启动科技资金管理、考试招生、户籍、机关事业单位养老保险制度等改革。国务院各部门全年取消和下放246项行政审批事项，取消评比达标表彰项目29项、职业资格许可和认定事项149项，再次修订投资项目核准目录，大幅缩减核准范围。着力改革商事制度，新登记注册市场主体达到1293万户，其中新登记注册企业增长45.9%，形成新的创业热潮。扩展上海自由贸易试验区范围，新设广东、天津、福建自由贸易试验区。实际使用外商直接投资1196亿美元，居世界首位。对外直接投资1029亿美元，与利用外资并驾齐驱。中国与冰岛、瑞士自贸区启动实施，中韩、中澳自贸区完成实质性谈判。铁路、电力、油气、通信等领域对外合作取得重要成果，中国装备正大步走向世界。

第三，加大结构调整力度，增强发展后劲。加大强农惠农富农政策力度，实现粮食产量"十一连增"、农民收入"五连快"。农业综合生产能力稳步提高，农业科技和机械化水平持续提升，重大水利工程建设进度加快，新增节水灌溉面积223万公顷，新建改建农村公路23万公里。新一轮退耕还林还草启动实施。农村土地确权登记颁证有序进行，农业新型经营主体加快成长。着力培育新的增长点，促进服务业加快发展，支持发展移动互联网、集成电路、高端装备制造、新能源汽车等战略性新兴产业，互联网金融异军突起，电子商务、物流快递等新业态快速成长，众多"创客"脱颖而出，文化创意产业蓬勃发展。同时，继续化解过剩产能，钢铁、水泥等15个重点行业淘汰落后产能年度任务如期完成。加强雾霾治理，淘汰黄标车和老旧车指标超额完成。京津冀协同发展、长江经济带建设取得重要进展。新建铁路投产里程8427公里，高速铁路运营里程达1.6万公里，占世界的60%以上。高速公路通车里程达11.2万公里，水路、民航、管道建设进一步加强。农网改造稳步进行。宽带用户超过7.8亿户。经过多年努力，南水北调中线一期工程正式通水，惠及沿线亿万群众。着力打通科技成果转化通道，扩大中关村国家自主创新示范区试点政策实施范围，推进科技资源开放共享，科技人员创新活力不断释放。超级计算、探月工程、卫星应用等重大科研项目取得新突破，中国自主研制的支线客机飞上蓝天。

第四，织密织牢民生保障网，增进人民福祉。完善就业促进政策，推出创业引领计划，高校毕业生就业稳中有升。统一城乡居民基本养老保险制度，企业退休人员基本养老金水平又提高10%。新开工保障性安居工程740万套，基本建成511万套。全面建立临时救助制度，城乡低保标准分别提高9.97%和14.1%，残疾军人、烈属和老复员军人等优抚对象抚恤和生活补助标准提高20%以上。加强贫困地区义务教育薄弱学校建设，提高家庭经济困难学生资助水平，国家助学贷款资助标准大幅上调。中等职业学校免学费补助政策扩展到三年。实行义务教育免试就近入学政策，28个省份实现了农民工随迁子女在流入地参加高考。贫困地区农村学生上重点高校人数连续两年增长10%以上。全国财政性教育经费支出占国内生产总值比例超过4%。城乡居民大病保险试点扩大到所有省份，疾病应急救助制度基本建立，全民医保覆盖面超过95%。基层医疗卫生机构综合改革深化，县乡村服务网络逐步完善。公立医院改革试点县市达到1300多个。推动重大文化惠民项目建设，广播电视"村村通"工程向"户户通"升级。实施文艺精品战略，完善现代文化市场体系。群众健身活动蓬勃开展，成功举办南京青年奥林匹克运动会。

第五，创新社会治理，促进和谐稳定。2013年云南鲁甸、景谷等地发生较强地震，政府及时高效展开抗震救灾，灾后恢复重建顺利推进。积极援非抗击埃博拉疫情，有效防控疫情输入。加强安全生产工作，事故总量、重特大事故、重点行业事故持续下降。着力治理餐桌污染，食品药品安全形势总体稳定。国务院提请全国人大常委会制定修订食品安全法等法律15件，制定修订企业信息公示暂行条例等行政法规38件。政务公开深入推进，政府重大决策和政策以多种形式向社会广泛征求意见。完成第三次全国经济普查。改革信访工作制度。法律援助范围从低保群体扩大到低收入群体。加强城乡社区建设，行业协会商会等四类社会组织实现直接登记。严厉打击各类犯罪活动，强化社会治安综合治理，维护了国家安全和公共安全。

第六，中国外交工作成果丰硕。习近平主席等国家领导人出访多国，出席二十国集团领导人峰会、金砖国家领导人会晤、上海合作组织峰会、东亚合作领导人系列会议、亚欧首脑会议、达沃斯论坛等重大活动。成功举办亚太经合组织第二十二次领导人非正式会议、亚信会议第四次峰会、博鳌亚洲论坛。积极参与多边机制建立和国际规则制定。大国外交稳中有进，周边外交呈现新局面，同发展中国家合作取得新进展，经济外交成果显著。推进丝绸之路经济带和21世纪海上丝绸之路建设，筹建亚洲基础设施投资银行，设立丝路基金。我们与各国的交往合作越来越紧密，中国在国际舞台上负责任大国形象日益彰显。

2014年，中国在取得上述成绩的同时，更要看到前进中的困难和挑战。投资增长乏力，新的消费热点不多，国际市场没有大的起色，稳增长难度加大，一些领域仍存在风险隐患。工业产品价格持续下降，生产要素成本上升，小微企业融资难融资贵问题突出，企业生产经营困难增多。经济发展方式比较粗放，创新能力不足，产能过剩问题突出，农业基础薄弱。群众对医疗、养老、住房、交通、教育、收入分配、食品安全、社会治安等还有不少不满意的地方。有些地方环境污染严重，重大安全事故时有发生。政府工作还存在不足，有些政策措施落实不到位。少数政府机关工作人员乱作为，一些腐败问题较为突出，有的为官不为、在其位不谋其政，该办的事不办。

2014年已经走过，成为共和国历史上不平凡的一年。365个日夜，激荡着中华民族走向复兴的磅礴力量，见证着各族人民同心筑梦的奋进历程，书写下亿万人民开拓奋进的崭新篇章。历史是一个不断延续、继往开来的过程。在未来的历史进程中，在党中央的坚强领导下，中国人民必将迎来新的胜利，创造新的辉煌，谱写新的历史篇章！

本卷在编写过程中，依据和参考文献的主要来源为《习近平谈治国理政》第一卷、《习近平关于实现中华民族伟大复兴的中国梦论述摘编》、《十八大以来重要文献选编》（上）、《十八大以来新发展新成就》、《国务院公报》、《中国统计年鉴》（2015）、《人民日报》、《光明日报》、《经济日报》、《科技日报》、《法制晚报》、中国政府网、新闻出版广电总局网站、文化部网站、人力资源和社会保障部网站、国家知识产权局网站、国防部网站、教育部网站、科技部网站、中国军网、卫生部网站、商务部网站、工业和信息化部网站、外交部网站、卫生部网站、人民网、新华网、中新网。

　　任晶晶担任本卷主编，承担全卷统稿工作。吴文红、王凤环参与了资料收集工作。

　　本卷撰稿人的分工如下：任晶晶：1月1日—2月28日，4月1日—4月30日，6月1日—6月30日；钟金燕：3月1日—3月31日，10月1日—11月30日；徐成：5月1日—5月31日，8月1日—9月30日；冷兆松：7月1日—7月31日；陈希驰：12月1日—12月31日；章舜粤：附录。

本卷编写组

正　文

1 月

1月1日

[纲　文]　习近平在《人民日报》发表题为《切实把思想统一到党的十八届三中全会精神上来》的文章。

[目　文]　中共中央总书记习近平在文章中就贯彻落实十八届三中全会精神提出了六点要求。第一，坚持把完善和发展中国特色社会主义制度、推进国家治理体系和治理能力现代化作为全面深化改革的总目标。第二，进一步解放思想，进一步解放和发展社会生产力，进一步解放和增强社会活力。第三，以经济体制改革为重点，发挥经济体制改革牵引作用。第四，坚持社会主义市场经济改革方向。第五，以促进社会公平正义、增进人民福祉为出发点和落脚点。第六，紧紧依靠人民推动改革。

1月1日

[纲　文]　国务院第三次全国经济普查现场登记工作正式启动。

[目　文]　本次普查的普查时点是2013年12月31日，登记工作自2014年1月1日起正式启动。普查时期资料为2013年年度资料。2014年为普查登记、数据审核处理和普查结果发布阶段；2015年为普查资料出版和利用普查结果开展课题研究阶段。全国300万普查人员自本日起，用3个月时间，采用联网直报和手持数据采集移动终端等现代技术手段，完成对全国近7000万普查对象的逐一登记。

普查领导小组副组长、国家统计局局长马建堂要求，各级普查机构和广大普查人员必须严格执行统计法和全国经济普查条例，严格执行普查方案和普查行为规范。对在普查数据上弄虚作假的行为，要发现一起、曝光一起、严惩一起。

1月1日

[纲　文]　《人民日报》发表题为《让今天的改革为明天铺路——元旦献词》的社论。

1月2日

[纲　文]　中共中央、国务院印发《关于全面深化农村改革加快推进农业现代化的若干意见》。

[目　文]　《意见》指出，2013年，农业农村发展持续向好、稳中有进，粮食生产再创历史新高，城乡居民收入差距继续缩小，农村改革向纵深推进，农村民生有新的改善，农村社会保持和谐稳定。2014年及未来一个时期，农业农村工作要以邓小平理论、

"三个代表"重要思想、科学发展观为指导,按照稳定政策、改革创新、持续发展的总要求,力争在体制机制创新上取得新突破,在现代农业发展上取得新成就,在社会主义新农村建设上取得新进展,为保持经济社会持续健康发展提供有力支撑。

为此,《意见》提出:一、完善国家粮食安全保障体系。要抓紧构建新形势下的国家粮食安全战略,完善粮食等重要农产品价格形成机制,健全农产品市场调控制度,合理利用国际农产品市场,强化农产品质量和食品安全监管。二、强化农业支持保护制度。要健全"三农"投入稳定增长机制,完善农业补贴政策,加快建立利益补偿机制,整合和统筹使用涉农资金,完善农田水利建设管护机制,推进农业科技创新,加快发展现代种业和农业机械化,加强农产品市场体系建设。三、建立农业可持续发展长效机制。要促进生态友好型农业发展,开展农业资源休养生息试点,加大生态保护建设力度。四、深化农村土地制度改革。要完善农村土地承包政策,引导和规范农村集体经营性建设用地入市,完善农村宅基地管理制度,加快推进征地制度改革。五、构建新型农业经营体系。要发展多种形式规模经营,扶持发展新型农业经营主体,健全农业社会化服务体系,加快供销合作社改革发展。六、加快农村金融制度创新。要强化金融机构服务"三农"职责,发展新型农村合作金融组织,加大农业保险支持力度。七、健全城乡发展一体化体制机制。要开展村庄人居环境整治,推进城乡基本公共服务均等化,加快推动农业转移人口市民化。八、改善乡村治理机制。要加强农村基层党的建设,健全基层民主制度,创新基层管理服务。

《意见》要求,各级党委和政府要切实加强对"三农"工作的领导,把握好农村改革的方向和节奏,谋划好农业农村发展的思路和方法,落实好党在农村的各项方针和政策。各级党政干部要真正了解农民群众的诉求和期盼,真心实意解决农民群众生产生活中的实际问题。进一步加强党委农村工作综合部门建设,强化统筹协调、决策服务等职能。加强对农村改革试验区工作的指导,加大改革放权和政策支持力度,充实试验内容,完善工作机制,及时总结推广成功经验。

1月2日

[纲　文]　国务院办公厅印发《实行最严格水资源管理制度考核办法》。

[目　文]　《办法》共16条。《办法》规定,国务院对各省、自治区、直辖市落实最严格水资源管理制度情况进行考核,水利部会同发展改革委、工业和信息化部、监察部、财政部、国土资源部、环境保护部、住房和城乡建设部、农业部、审计署、统计局等部门组成考核工作组,负责具体组织实施。各省、自治区、直辖市人民政府是实行最严格水资源管理制度的责任主体,政府主要负责人对本行政区域水资源管理和保护工作负总责。考核内容为最严格水资源管理制度目标完成、制度建设和措施落实情况。

《办法》规定,考核评定采用评分法,满分为100分。考核结果划分为优秀、良好、合格、不合格四个等级。考核得分90分以上为优秀,80分以上90分以下为良好,60分以上80分以下为合格,60分以下为不合格。(以上包括本数,以下不包括本数)考核工作与国民经济和社会发展五年规划相对应,每五年为一个考核期,采用年度考核和期末考核相结合的方式进行。各省、自治区、直辖市人民政府要在每年3月底前将本地区上年度或上一考核期的自查报告上报国务院，同时抄送水利部等考核工作组成员单位。水利部在每年6月底前将年度或期末考核报告上报国务院，经国务院审定后，向社会公告。经国务院审定的年度和期末考核结果，交由干部主管部门，作为对各省、自治区、直辖市人民政府主要负责人和领导班子综合考核评价的重要依据。

《办法》自发布之日起施行。

1月2日

［纲　文］　**中国和柬埔寨政府间协调委员会首次会议在北京召开。**

［目　文］　国务委员杨洁篪和柬埔寨副首相兼外交国际合作大臣贺南洪共同主持会议。双方就加强中柬全面战略合作伙伴关系达成广泛共识，明确了下一阶段推进经贸、农业、防务、执法安全、人文等领域合作的努力方向和具体措施，还就加强中国—东盟合作关系等交换了意见，达成重要共识。

杨洁篪表示，中柬是好邻居、好伙伴、好兄弟。中国政府将坚定不移地深化中柬全面战略合作，坚定不移地支持柬埔寨保持稳定和加快发展，坚定不移地支持柬埔寨在国际和地区事务中发挥更大作用。成立中柬政府间协调委员会是两国领导人着眼于中柬关系深入发展客观需要作出的重要决定。中方愿与柬方一道，用好这一重要平台，推动中柬战略合作不断取得新成果，实现两国的共同发展，为两国人民带来实实在在的好处。贺南洪表示，柬埔寨感谢中国为柬保持稳定和发展给予的支持和帮助，致力于加强同中国的全方位合作。协调委员会是两国参与部门最多、议题最广的高级别合作机制。柬方将同中方密切配合，共商合作大计，推进柬中在各领域的务实合作。会后，双方签署了关于成立协调委员会的谅解备忘录及中柬两国政府《航空运输协定》等文件。

同日，国务院总理李克强会见贺南洪。李克强说，中柬是相互信赖、长期友好的老朋友。中国政府始终奉行对柬友好政策，支持柬埔寨政府促进经济发展，在国际和地区事务中发挥更大作用。希望双方落实好两国全面战略合作伙伴关系行动计划，深化重点领域合作，使中柬良好的政治关系转化为推进合作的动力，更好造福两国人民。李克强表示，在过去的一年里，中国经济实现了平稳运行与增长。我们将继续坚持稳中求进、改革创新，把握好多重目标和政策之间的黄金平衡点，使中国经济运行保持在预期目标的合理区间。通过全面深化改革，进一步扩大对外开放，着力提质增效升级，促进中国经济行稳致远，为世界经济复苏作出应有贡献。贺南洪表示，中国的发展不仅给自身带来繁荣，对地区的和平与发展也具有重要意义。柬方感谢中方长期以来给予的无私帮助和大力支持。柬埔寨政府高度重视发展对华关系，愿与中方密切合作，推动柬中友好事业取得新的发展。杨洁篪参加会见。

1月2日

［纲　文］　**刘延东分别到北京市朝阳区和国家体育总局冬季运动管理中心考察基层计划生育工作和索契冬奥会备战工作。**

［目　文］　国务院副总理刘延东在北京市朝阳区考察时指出，要认真贯彻落实党的十八届三中全会精神和全国人大常委会关于调整完善生育政策的决议，坚持计划生育基本国策，深入细致地做好生育政策调整各项工作，有序推进生育政策调整。刘延东说，根据人口形势发展变化，实行单独两孩政策，是中央作出的重大决策，有利于经济持续健康发展，有利于家庭幸福与社会和谐，有利于促进人口长期均衡发展。各地要按照"总体稳定、城乡统筹、分类指导、协调发展"的原则，在国家统一指导下，科学制定实施方案，稳妥有序推进各项工作。

刘延东在国家体育总局冬季运动管理中心考察时，听取了备战索契冬奥会情况汇报，勉励广大参赛人员扎实做好备战参赛各项工作，弘扬优良传统和中华体育精神，努力在索契冬奥会上取得优异成绩。刘延东要求，要加强指导，科学训练，努力提高运动员为国争光的信念、良好的心理素质和临场竞技水平。要严肃赛风赛纪，对兴奋剂"零容忍"。要充分发挥运动员中外友好使者的作用，展示民主进步、文明开放的国家形象。各地各有关部门要加大力度，完善体育健身设施，大力开展包括冰雪项目在内的全民健身活动，发展体育产业，促进群众体育与竞技体育协调发展，推进体育强国建设取得新进展。

1月2日

［纲　文］　国家知识产权局、教育部、科技部、农业部、文化部、工商总局、版权局印发《关于深入实施知识产权战略促进中原经济区经济社会发展的若干意见》。

［目　文］　《意见》提出，到2020年，中原经济区各类知识产权人均拥有量达到全国平均水平，知识产权区域特色优势进一步显现；知识产权产业化规模进一步提高；企业知识产权创造、运用主体地位进一步增强；基层知识产权工作体系基本健全；知识产权保护环境显著改善，知识产权服务链条基本完善，专业服务能力大幅提升，初步建成知识产权特色优势发展区。

为此，《意见》提出：一、加强农业知识产权工作，服务中原经济区农业现代化。要完善农业知识产权工作机制，支持农业领域知识产权创造，促进农业知识产权产业化。二、推动知识产权与产业融合发展，促进中原经济区新型工业化。要支持产业集聚（园）区建设，促进产业创新能力提升，加强传统产业知识产权能力建设，推动战略性新兴产业成长。三、突出重点城市知识产权综合能力建设，带动城市群协调发展。要打造知识产权核心发展区，提升老工业基地城市知识产权服务功能，夯实区内城市知识产权工作基础。四、发掘传统优质文化资源，做大做强中原经济区特色产业。要有效保护利用传统知识和遗传资源，促进特色产业高端发展，推动文化产业发展。五、强化知识产权保护，营造良好市场环境。要完善知识产权保护机制，搭建知识产权保护平台，提升知识产权保护能力。六、加强组织领导和实施保障。要加强组织领导，加快人才队伍建设，强化宣传培训。

1月2日

［纲　文］　外交部发言人就中国驻旧金山总领馆遭纵火事要求美方尽快破案，严惩肇事者，确保不再发生类似事件。

[日　文]　发言人说，美国当地时间1月1日晚，中国驻旧金山总领馆遭一身份不明歹徒纵火，致使总领馆大门严重损毁，没有人员伤亡。此次纵火案是针对中国驻美领事机构的恶性破坏事件，严重损毁领馆设施，威胁馆员和周边居民安全，我们对此表示强烈谴责。中国外交部和驻美有关使领馆已就此向美方提出严正交涉，要求美方尽快破案，严惩肇事者，并采取有效措施加强对中国驻美外交机构及人员的安全保护，确保不再发生类似事件。

1月2日

[纲　文]　经中共中央批准，中共中央纪委对湖南省政协原副主席童名谦严重违纪违法问题立案审查。

[日　文]　经查，童名谦在担任湖南省衡阳市委书记期间，作为市换届工作领导小组组长、严肃换届纪律第一责任人，不正确履行职责，对衡阳市人大选举湖南省人大代表前后暴露出的贿选问题，没有及时采取有效措施严肃查处，导致发生严重的以贿赂手段破坏选举的违纪违法案件，给党、国家和人民利益造成重大损失，政治影响和社会影响极其恶劣。童名谦上述玩忽职守行为已构成严重违纪并涉嫌犯罪。依据《中国共产党纪律处分条例》等规定，经中央纪委常委会审议并报中共中央批准，决定给予童名谦开除党籍，建议开除公职；将其涉嫌犯罪问题移送司法机关依法处理。

2014年8月18日，北京市第二中级人民法院对童名谦以玩忽职守罪判处有期徒刑5年。

1月2日

[纲　文]　新华社讯，工业和信息化部统计显示，2013年全国新增8870个自然村通电话。

[日　文]　2013年，围绕宽带中国战略，中国电信、中国移动、中国联通3家基础电信企业直接投资逾60亿元，实施通信"村村通"工程。全年新增1.9万个建制村开通宽带，通宽带比例从2013年初的88%提高到91%；新增8870个自然村开通电话，通电话比例从95.2%提高到95.6%；新增5200余个偏远农村中小学通宽带；新增1026个乡镇实施信息下乡，信息下乡的乡镇覆盖率达到85%。

1月2日

[纲　文]　交通运输部公布《国内水路运输辅助业管理规定》，自2014年3月1日起施行。

1月2日

[纲　文]　《人民日报》发表题为《把握大势，保持定力——"我们为什么赢得良好开局"之二》的评论员文章。

1月3日

[纲　文]　习近平就云南省贡山县独龙江乡高黎贡山独龙江公路隧道即将贯通作出批示。

[目　文]　2014年元旦前夕，云南省贡山独龙族怒族自治县干部群众致信习近平，汇报了当地经济社会发展和人民生活改善情况，重点报告了多年期盼的高黎贡山独龙江公路隧道即将贯通的喜讯。收到来信后，习近平作出批示。

习近平指出："获悉高黎贡山独龙江公路隧道即将贯通，十分高兴，谨向独龙族的乡亲们表示祝贺！独龙族群众居住生活条件比较艰苦，我一直惦念着你们的生产生活情况。希望你们在地方党委和政府的领导下，在社会各界帮助下，以积极向上的心态迎战各种困难，顺应自然规律，科学组织和安排生产生活，加快脱贫致富步伐，早日实现与全国其他兄弟民族一道过上小康生活的美好梦想。"

独龙族是中国人口较少的少数民族之一，只有5000多人口，主要聚居在云南省怒江州贡山县独龙江乡。独龙江乡深处峡谷，自然条件十分恶劣，仅有一条独龙江公路通往外界，每年有半年大雪封山、与世隔绝，经济社会发展滞后，一直是云南乃至全国最为贫穷落后的地区。习近平对独龙族等人口较少民族地区扶贫工作十分关心，多次作出重要指示，提出明确要求。独龙江公路是独龙族与外界联系沟通的唯一通道，是独龙族同胞生产生活和经济发展的命脉，尤其是公路中途的41公里至63公里的高黎贡山独龙江公路隧道是整条公路建设的瓶颈。公路隧道的贯通，标志着独龙族同胞祖祖辈辈大雪封山半年的历史宣告结束，有助于大幅提升独龙族同胞的生产生活水平。

1月3日

[纲　文]　习近平对中国南极科考船"雪龙"号遇冰受阻作出指示，李克强就救援工作作出批示。

[目　文]　习近平指出，中国南极科学考察队暨"雪龙"号船在极其困难的条件下，冒着极大风险，成功完成对遇险俄罗斯籍客轮的救援行动，为祖国和人民争得了荣誉，请向同志们致敬，并转达我对他们的诚挚慰问。习近平要求各有关方面协调配合，指导帮助"雪龙"号船脱困，确保人员安全。习近平希望"雪龙"号船员保重身体，坚定信心，沉着应对，科学施策，争取早日平安返回。

李克强作出批示，希望科考队沉着冷静应对，务必在确保安全的前提下，等待有利时机，积极稳妥设法突破海冰围困。

2013年12月25日，正在南极洲执行科考任务的"雪龙"号接到俄罗斯"绍卡利斯基院士"号被困的紧急求救信号，千里驰援。2014年1月2日，"雪龙"号在澳大利亚"南极光"号极地考察破冰船的配合下，成功营救"绍卡利斯基院士"号上的52名乘客。正当"雪龙"号准备撤离浮冰区继续执行后续考察任务时，由于天气情况骤然变化，"雪龙"号被密集的浮冰围困，造成"雪龙"号船及船上101名人员被困。北京时间1月7日17时50分，"雪龙"号抓住风向转变的有利时机，成功破冰脱困，继续踏上环南极洲的科学考察征程。

1月3日

[纲　文]　全国宣传部长会议在北京召开。

[目　文]　会议由中共中央政治局委员、中宣部部长刘奇葆主持。中共中央政治局常委、书记处书记刘云山出席会议并讲话。中共中央政治局委员、国务院副总理刘延东出席会议。

　　刘云山指出，宣传思想战线要胸怀大局、把握大势、着眼大事，更加积极主动、奋发有为做好各项工作。要突出抓好思想理论建设这个根本，老祖宗不能丢、大道理还要讲，切实加强马克思列宁主义、毛泽东思想的学习，加强邓小平理论、"三个代表"重要思想、科学发展观的学习，加强习近平总书记系列讲话精神的学习，努力做到真、深、实，坚定理想信念、筑牢思想根基。要把提高舆论引导能力作为推进国家治理体系和治理能力现代化的重要方面，坚持党管媒体，把握正确导向，有效引导社会热点，培育健康向上的网络舆论生态，唱响主旋律、激发正能量。要大力培育和践行社会主义核心价值观，坚持知行统一，从中华优秀传统文化中汲取崇德向善的力量，建设全民族共有精神家园。要从五位一体全方位改革高度继续深化文化体制改革，确立新目标、提出新举措，进一步解放和发展文化生产力、解放和激发全民族文化创造活力。做好新形势下宣传思想工作必须使宣传部门强起来，坚持守土有责、增强政治定力、树立担当精神、培养过硬作风。各级党委要切实加强对宣传思想工作的领导，选好配强宣传部门领导班子，动员各方面共同做好宣传思想工作，努力形成大宣传工作格局。

　　刘奇葆在会上作出工作部署，强调要抓住根本任务，加快改革发展，着力攻坚破难，锐意求实创新。要深入学习宣传贯彻习近平总书记系列讲话精神，深化中国特色社会主义和中国梦学习教育，坚定道路自信、理论自信、制度自信；深入宣传贯彻十八届三中全会精神，增强主流媒体舆论引导能力，抓好网上舆论工作这个重中之重；加强意识形态领域的引导和管理，牢牢掌握工作的领导权话语权；培育和践行社会主义核心价值观，加强思想道德建设，形成向上向善的力量；创新文化体制机制，繁荣发展文化事业和文化产业，传承弘扬优秀传统文化，提高国家文化软实力；推动走基层转作风改文风常态化，建强宣传思想文化工作队伍。

1月3日

　　[纲　文]　**张高丽在北京市考察经济普查登记工作。**

　　[目　文]　国务院副总理、国务院第三次全国经济普查领导小组组长张高丽指出，第三次全国经济普查是在中国进入全面建成小康社会决定性阶段、中央作出全面深化改革总体部署后进行的一次重大国情国力调查。搞好这次经济普查，查准总量，查清结构，查实单位，把家底摸清，得到管用、实用、好用的数据，对全面深化改革、加快转变经济发展方式、保障和改善民生、推动经济社会持续健康发展，具有十分重要的意义。广大一线普查人员要以高度的责任感和使命感，严格遵守业务流程规范，认真核实，逐一登记，逐项查清，做到单位不重不漏，指标没有缺项，确保工作质量。

　　张高丽强调，普查工作要严格执行《统计法》和《全国经济普查条例》，严肃普查纪律，实施全过程质量控制，用好普查电子化手段。普查机构和普查人员要坚持独立调查、独立报告，为普查对象的个体资料保密。任何单位、任何个人都不得在普查数据上弄虚作假，一经发现，要严肃处理。普查的目的全在于运用。要积极利用普查获取的最新数据，为党和国家科学决策提供高质量、高水平的参考依据。及时发布和提供统计数据，大力促进信息共享，满足社会需求，推动普查成果转化和深度开发利用。

中共中央政治局委员、北京市委书记郭金龙陪同考察。

1月3日

[纲　文]　汪洋在浙江省考察外贸工作。

[日　文]　国务院副总理汪洋在考察中听取了地方政府和企业对进出口形势和外贸转型升级的意见和建议。汪洋指出，2013年中国对外贸易克服外部环境的不利影响，实现了平稳较快发展，成绩来之不易。但是中国对外贸易结构不合理、科技含量低、质量和效益不高等问题仍然突出，存在大而不强、大而不稳等隐忧。必须着眼长远，加快转变外贸发展方式，大力培育自主品牌，推动加工贸易转型升级，积极发展跨境电子商务等新型贸易方式，提升实体经济的竞争力和产品附加值，增强对外贸易发展后劲，加快构建开放型经济新体制，推动进出口结构调整和转型升级，培育参与国际经济合作竞争新优势。

汪洋指出，每一次对外贸易跨越式发展，都与开放型经济体制的重大改革密切相关；每一项市场交易模式创新，都是市场主体和基层大胆探索的结果。深化外贸体制改革，必须从实际出发，集中基层的智慧，反映企业的诉求，切实发挥好市场对资源配置的决定性作用；要推进检验检疫体制改革，减轻企业的负担；扩大"属地申报、口岸验放"通关改革试点，逐步实现一次申报、一次查验、一次放行，提高通关效率和贸易便利化水平。

汪洋强调，国务院批准浙江义乌开展国际贸易综合改革试点，是国家构建开放型经济新体制的重要探索。有关方面要认真落实和完善相关政策，根据形势变化充实试点内容，为营造国际化法治化营商环境，提升全国开放型经济水平积累经验。

1月3日

[纲　文]　国家安全生产监督管理总局印发《食品生产企业安全生产监督管理暂行规定》。

[日　文]　该《规定》是中国首部食品安全监管法规。《规定》的出台，填补了中国食品生产企业安全生产监督管理法规规章的空白。《规定》要求，从业人员超过300人的食品生产企业，应当设置安全生产管理机构，配备3名以上专职安全生产管理人员，并至少配备1名注册安全工程师。《规定》强调了相关法律责任，食品生产企业违反相关条款规定，如建设项目投入生产和使用后未在5个工作日内报告安全监管部门的，事故隐患排查治理情况未如实记录在案并向从业人员通报的，最高可处以2万元罚款。

《规定》自2014年3月1日起施行。

1月3日

[纲　文]　银监会印发《商业银行全球系统重要性评估指标披露指引》，自2014年2月1日起施行。

1月3日

［纲　文］　交通运输部发布《国内水路运输管理规定》，自2014年3月1日起施行。

1月3日

［纲　文］　《人民日报》发表题为《确保人民群众"舌尖上的安全"——二论始终把"三农"工作牢牢抓住紧紧抓好》的评论员文章。

1月3—4日

［纲　文］　2014年全国文化厅（局）长会议在北京举行。

［目　文］　文化部党组成员，全国各省、自治区、直辖市和新疆生产建设兵团文化厅（局）长，计划单列市及各省会城市文化局长，文化部各司局、各直属单位主要负责人，国家文物局有关负责人，驻外使领馆文化处（组）和海外中国文化中心负责人及相关部委、单位负责人等出席会议。

文化部党组书记、部长蔡武出席会议并作了工作报告。他指出，2013年，全国文化工作全面推进。党的十八届三中全会决定和习近平总书记系列重要讲话为做好文化各项工作提供了科学指南和行动纲领。全国文化系统要结合文化工作实际，明确方向，凝聚力量，增强文化改革发展的自觉性和坚定性，开启文化建设的新境界。2014年，全国文化系统要继续坚持稳中求进的工作总基调，牢固树立以人民为中心的工作导向，紧密围绕社会主义文化强国建设，深化文化体制改革，推进体制机制创新，推动各项工作取得新进展。

会议期间，国家艺术基金第一次工作会议于1月3日召开。文化部部长、国家艺术基金理事会理事长蔡武出席会议并通报了国家艺术基金的筹备情况、基金基本制度和基金2014年的工作重点。全国人大常委、外事委员会副主任委员、国家艺术基金理事会副理事长兼秘书长赵少华，文化部副部长杨志今、励小捷、项兆伦，文化部副部长、国家艺术基金理事会副理事长董伟，文化部副部长丁伟及参加全国文化厅局长会议的部分代表出席会议。会议由杨志今主持。

在基金项目的申报方面，蔡武指出，基金项目的申报面向全社会，不分国有或民营，不分单位或个人，只要符合申报条件就可申请国家艺术基金的资助。国家艺术基金管理中心要根据国家艺术发展规划和艺术工作实际，围绕出作品、出人才，广泛征求意见和项目，虚心向艺术工作者请教，认真做好基金规划和申报指南，真正把基金的资助方向搞准、搞对，把钱花在人民群众最急需的艺术项目上，花在最能代表中国的艺术水准、深受群众喜爱的艺术项目上，花在最能体现时代精神和社会正能量、最能体现中华民族伟大复兴中国梦的项目上。

1月4日

［纲　文］　**中宣部在北京召开培育和践行社会主义核心价值观座谈会。**

[目　文]　中共中央政治局委员、中宣部部长刘奇葆主持座谈会。中共中央政治局常委刘云山出席会议并讲话。

　　刘云山指出，社会主义核心价值观倡导的富强、民主、文明、和谐，自由、平等、公正、法治，爱国、敬业、诚信、友善，明确了国家、社会、公民三个层面的价值目标、价值取向、价值准则，是社会主义核心价值体系的凝练表达。培育和践行社会主义核心价值观，有利于更好地弘扬共同理想、凝聚精神力量、建设道德风尚，使我们国家、民族、人民在思想和精神上强起来。培育和践行社会主义核心价值观，要深入开展宣传教育，使"三个倡导"日益深入人心，着力增强人们的价值判断力和道德责任感。要坚持从小抓起，融入国民教育全过程，贯穿到学校教育、家庭教育、社会教育的各个环节和各个方面。要以优秀传统文化为根基，弘扬中华文化思想精华、道德精髓，努力做到以文化人、以文育人。要扎实开展形式多样的主题实践活动，加强对道德领域突出问题的专项整治，形成人人参与、人人实践的生动局面。要把核心价值观的要求体现到各方面政策制定和实施之中，形成正确政策导向和良好社会环境。特别是要引导党员干部带头践行社会主义核心价值观，坚定理想信念、保持良好道德情操，做时代先锋、社会楷模。要把践行核心价值观情况作为考核评价、选拔任用干部的重要依据，形成以德为先的用人导向。

　　中共中央政治局委员、中宣部部长刘奇葆主持座谈会。中共中央政治局委员、国务院副总理刘延东出席会议。中组部常务副部长陈希，国家发改委副主任朱之鑫，教育部部长袁贵仁，共青团中央书记处第一书记秦宜智，人民日报社社长张研农，河北省委常委、宣传部部长，广东省委常委、宣传部部长庹震作了发言。

1月4日
　　[纲　文]　**郭声琨出席武警部队党委二届五次全体（扩大）会议。**

　　[目　文]　国务委员、公安部部长、武警部队党委第一书记郭声琨强调，武警部队要深入贯彻习近平主席系列重要讲话和党的十八届三中全会、中央军委扩大会议精神，紧紧围绕党在新形势下的强军目标，牢牢把握改革发展稳定大局，全面推进部队革命化现代化正规化建设，努力打造一支听党指挥、能打胜仗、作风优良的现代化武装警察部队，切实担负起党和人民赋予的职责使命。

　　郭声琨要求，武警部队要始终坚持以加强思想政治建设为根本，毫不动摇地坚持政治建警方针，切实把绝对忠诚、绝对纯洁、绝对可靠融入血脉、化为灵魂，确保军魂永不变、军旗永向党。要始终坚持以加强能力建设为核心，统筹推进力量体系建设，大力推进军事训练变革，不断提升部队遂行多样化任务的能力。要始终坚持以加强纪律作风建设为保障，坚持高标准、严要求，把依法从严治警方针贯穿于部队正规化建设的全过程，不断提升部队建设正规化水平。

1月4日
　　[纲　文]　《人民日报》发表题为《市场增活力，各方有动力——"我们为什么赢得良好开局"之三》的评论员文章。

1月5日

[纲　文]　**全国统战部长会议在北京召开。**

[目　文]　中共中央政治局常委、全国政协主席俞正声出席会议并讲话。

俞正声指出，十八届三中全会对新一轮改革进行了总部署、总动员。统一战线要把学习贯彻十八届三中全会精神作为重大政治任务，充分发挥资源密集、联系广泛、协调关系等独特优势，增进共识、献计出力，最大限度地把人才智力都凝聚起来，经济实力都动员起来，创造活力都激发出来，为实现各项目标任务作出贡献。要着眼建设中国特色社会主义参政党，把加强民主党派组织建设特别是领导班子建设作为基础性战略性任务抓紧抓好。要协助民主党派健全制度，加强代表人士培养特别是后备人才培养，推荐更多党外人才在实职岗位经受锻炼，提高合作共事的能力和水平，进一步把多党合作制度坚持好、发展好。

俞正声强调，发展非公有制经济不是权宜之计，而是战略方针，是实现中国梦的强大动力。要毫不动摇鼓励、支持、引导非公有制经济发展，既营造有利于发展的良好氛围，增强非公有制经济人士发展信心，也要引导非公有制企业走科学发展之路，引导非公有制经济人士做合格的中国特色社会主义事业建设者。各级党委要高度重视统战工作，切实增强统战意识，把统战工作纳入议事日程，健全党委统一领导、统战部牵头协调、各有关部门和人民团体各负其责的工作机制，推动统一战线事业实现新发展。

1月5日

[纲　文]　**中央党的群众路线教育实践活动领导小组第七次会议在北京召开。**

[目　文]　中共中央政治局常委、中央党的群众路线教育实践活动领导小组组长刘云山主持会议。会议研究部署了第一批教育实践活动总结工作和第二批教育实践活动准备工作。

刘云山在讲话中指出，第一批教育实践活动处于总结阶段，是检验活动成效的关键时候。已经整改的要巩固成果、防止反弹，正在整改的要加大力度、抓紧抓好，尚未整改的要尽快整改、落实到位。要切实抓好制度建设，增强针对性、适用性、可操作性，确保行得通、指导力强、能长期管用。要认真做好第一批活动总结工作，坚持实事求是，加强理性思考，深化规律性认识，使教育实践活动的有益探索和新鲜经验转化为党的建设的宝贵财富。第二批教育实践活动即将开展。要深入调查研究，广泛听取意见，抓紧制定分类实施方案，做到贴近基层、切合实际。实施方案要突出学习教育，着力增强广大党员干部的理想信念、宗旨意识、群众观点；突出问题导向，坚持聚焦"四风"，下大气力解决发生在群众身边的不良作风问题；突出服务群众，增强直接服务群众的本领，提升服务水平，确保服务到位，努力把活动成效落实到最基层；突出领导示范，充分发挥领导机关、领导干部模范带动作用。

刘云山强调，开展教育实践活动、抓作风改作风，目的是更好地推进改革发展。要把开展教育实践活动同贯彻党的十八届三中全会精神结合起来，引导广大党员干部坚定信心、凝聚共识、狠抓落实，把活动中激发出来的热情，转化为全面深化改革、促进经济社会持续健康发展的强大动力。要严格执行中央八项规定精神，认真贯彻党政机关厉行节约反对浪费条例，切实加强正风肃纪工作。对顶风违纪的要严肃查处，及时公开曝光，切实巩固整治"四风"的工作成果。

中央党的群众路线教育实践活动领导小组副组长赵乐际、赵洪祝，以及领导小组其他成员参加会议。

1月5日

［纲　文］　《人民日报》发表题为《建好中华民族共有精神家园》的评论员文章。

1月6日

［纲　文］　习近平在人民大会堂会见探月工程"嫦娥三号"任务参研参试人员代表。

［目　文］　习近平代表党中央、国务院、中央军委向"嫦娥三号"任务圆满成功表示祝贺。习近平在讲话中指出，"嫦娥三号"任务是中国航天领域迄今最复杂、难度最大的任务之一，是货真价实、名副其实的中国创造。"嫦娥三号"任务圆满成功，为中国航天事业发展树立了新的里程碑，在人类攀登科技高峰征程中刷新了中国高度。探月工程任务连续成功，创造了世界月球探测史的中国纪录。这一成就，凝结的是几代航天人的智慧和心血，依靠的是我们国家的综合实力，汇聚的是中国人民的整体力量，体现出的最重要意义就是进一步增强了全国各族人民坚持和发展中国特色社会主义的决心和自信。取得这样的成就，最根本的一点，就是中国航天事业始终坚持自力更生、自主创新。"嫦娥三号"任务圆满成功，既是落实创新驱动发展战略的重要成果，又为加快实施这一战略提供了有益经验。

习近平强调，创新是一个民族进步的灵魂，是一个国家兴旺发达的不竭源泉，也是中华民族最鲜明的民族禀赋。科技创新是提高社会生产力和综合国力的战略支撑，必须把科技创新摆在国家发展全局的核心位置，坚持走中国特色自主创新道路，敢于走别人没有走过的路，不断在攻坚克难中追求卓越，加快向创新驱动发展转变。我们要贯彻落实党的十八届三中全会精神，全面深化科技体制改革，扩大科技开放合作，为人类科技进步作出更大贡献。

中共中央政治局常委李克强、张德江、俞正声、刘云山、王岐山、张高丽和中央有关方面负责人参加会见。

"嫦娥三号"探测器于2013年12月2日发射升空，12月14日实现月面软着陆，12月15日进行两器分离和互拍成像。"嫦娥三号"任务圆满成功，首次实现了中国航天器在地外天体软着陆和巡视勘察，标志着中国探月工程第二步战略目标全面实现，中国跻身世界深空探测先进行列。

1月6日

［纲　文］　国务院发布《关于2013年度国家科学技术奖励的决定》。

[目　文]　《决定》指出，为全面贯彻党的十八大和十八届二中、三中全会精神，大力实施科教兴国战略、人才强国战略和创新驱动发展战略，国务院决定，对为中国科学技术进步、经济社会发展、国防现代化建设作出突出贡献的科学技术人员和组织给予奖励。

《决定》说，根据《国家科学技术奖励条例》的规定，经国家科学技术奖励评审委员会评审、国家科学技术奖励委员会审定和科技部审核，国务院批准并报请国家主席习近平签署，授予张存浩院士、程开甲院士国家最高科学技术奖；国务院批准，授予"40K以上铁基高温超导体的发现及若干基本物理性质研究"国家自然科学奖一等奖，授予"大样本恒星演化与特殊恒星的形成"等53项成果国家自然科学奖二等奖，授予"大型结构与土体接触面力学试验系统研制及应用"等2项成果国家技术发明奖一等奖，授予"基于生物敏感膜的便携式传感器关键技术及应用"等69项成果国家技术发明奖二等奖，授予"两系法杂交水稻技术研究与应用"等3项成果国家科学技术进步奖特等奖，授予"上海光源国家重大科学工程"等24项成果国家科学技术进步奖一等奖，授予"近海复杂水体环境的卫星遥感关键技术研究及应用"等161项成果国家科学技术进步奖二等奖，授予范比奥·洛卡等8名外国专家中华人民共和国国际科学技术合作奖。

《决定》号召全国科学技术工作者要向张存浩院士、程开甲院士及全体获奖者学习，继续发扬求真务实、勇于创新的科学精神，坚定不移走中国特色自主创新道路，为加快建设创新型国家、全面建成小康社会和实现中华民族伟大复兴的中国梦作出新的更大贡献。

1月6日

[纲　文]　国务院批复陕西省人民政府，同意设立陕西西咸新区。

[目　文]　批复说，西咸新区是关中—天水经济区的核心区域，区位优势明显、经济基础良好、教育科技人才汇集、历史文化底蕴深厚、自然生态环境较好，具备加快发展的条件和实力。要把建设西咸新区作为深入实施西部大开发战略的重要举措，探索和实践以人为核心的中国特色新型城镇化道路，推进西安、咸阳一体化进程，为把西安建设成为富有历史文化特色的现代化城市、拓展我国向西开放的深度和广度发挥积极作用。

批复要求，西咸新区建设要紧紧围绕创新城市发展方式，走资源集约、产业集聚、人才集中、生态文明的发展道路，促进工业化、信息化、城镇化、农业现代化同步发展，着力建设丝绸之路经济带重要支点，着力统筹科技资源，着力发展高新技术产业，着力健全城乡发展一体化体制机制，着力保护生态环境和历史文化，着力创新体制机制，努力把西咸新区建设成为中国向西开放的重要枢纽、西部大开发的新引擎和中国特色新型城镇化的范例。

西咸新区位于陕西省西安市和咸阳市建成区之间，区域范围涉及西安、咸阳两市所辖7县（区）23个乡镇和街道办事处，规划控制面积882平方公里。

1月6日

[纲　文]　国务院批复贵州省人民政府，同意设立贵州贵安新区。

[目　文]　批复说，贵安新区是黔中经济区核心地带，区位优势明显，地势相对平

坦，人文生态环境良好，发展潜力巨大，具备加快发展的条件和实力。建设贵安新区，对于探索欠发达地区后发赶超途径、发展内陆开放型经济、建设生态文明社会具有重要意义。要把建设贵安新区作为深入实施西部大开发战略、探索欠发达地区后发赶超路子的重要举措，加快推进体制机制创新，发展内陆开放型经济，努力推动贵州经济社会又好又快发展。

批复要求，贵安新区建设要着力推进体制机制创新，探索欠发达地区城市发展建设新模式；着力调整优化经济结构，建立现代产业体系；着力提升对内对外开放水平，促进区域经济协调发展；着力推进生态文明建设，促进人与自然和谐发展，不断增强综合竞争实力，带动周边地区共同发展，把贵安新区建设成为经济繁荣、社会文明、环境优美的西部地区重要的经济增长极、内陆开放型经济新高地和生态文明示范区。

贵安新区位于贵州省贵阳市和安顺市结合部，区域范围涉及贵阳、安顺两市所辖4县（市、区）20个乡镇，规划控制面积1795平方公里。

1月6日

［纲　文］　2014年全国银行业监管工作电视电话会议在北京召开。

［目　文］　会议指出，2014年银监会将深入推进银行业改革开放，拓宽民间资本进入银行业的渠道和方式，一方面引导民间资本参与现有银行业金融机构的重组改制，另一方面试办由纯民资发起设立自担风险的银行业金融机构。切实做好试点制度设计，强调发起人资质条件，实行有限牌照，坚持审慎监管标准，订立风险处置安排。

会议强调，将推动政策性银行改革，在明确职能定位前提下，实行政策性业务、市场化运作、标准化监管。同时将大力推动监管改革，简政放权，还权于市场，让权于社会，放权于基层。银行业金融机构能够管好的事项，监管就不要再管，把权力交给市场主体。完善监管规制，重点推动资本管理和流动性风险管理办法落地实施。

会议指出，要按照"总量控制、分类管理、区别对待、逐步化解"的原则，审慎稳妥地缓释平台贷款风险，有效防范和化解金融风险隐患。要特别防范四种银行业务风险：对于理财业务，要建立单独的机构组织体系和业务管理体系，不购买本行贷款，不开展资金池业务，资金来源与运用一一对应；对于信托业务，要回归信托主业，运用净资本管理约束信贷类业务，不开展非标资金池业务，及时披露产品信息；对于小额贷款公司，会同有关部门制定全国统一的监管制度和经营管理规则，落实监管责任；对于融资性担保公司，明确界定担保责任余额与净资产比例上限，防止违规放大杠杆倍数，建立风险"防火墙"。同时，要紧盯流动性风险，提高资金来源稳定性，加强同业、理财和投资业务管理，合理控制资产负债期限错配程度。

1月6日

［纲　文］　2014年全国邮政管理工作会议在北京召开。

［目　文］　会议指出，2013年全国邮政业持续快速发展，全行业业务总量完成2680亿元，同比增长32%；业务收入完成2530亿元，同比增长28%。其中，快递业务

量完成92亿件,居世界第二位,同比增长60%,最高日处理量突破6500万件。邮政业"十二五"规划经济发展指标提前两年完成。

国家邮政局局长马军胜指出,国家邮政局将研究强化落实寄件人责任、验视责任以及渠道内部安全检查责任相结合的长效机制。2014年要开展快递实名制研究,进一步规范企业合同格式条款,研究快递价格形成机制。

1月6日

[纲 文] 2014年全国旅游工作会议在北京召开。

[目 文] 会议指出,据不完全统计,2013年全国旅游直接投资5144亿元,同比增长26.6%。旅游大项目明显增加,投资100亿元以上的项目达127个。其中,民间资本成为旅游投资的主力,约占57%;休闲度假类景区成为旅游投资的重点,约占61%;东部地区成为旅游投资的热点,约占65%。休闲度假、文化旅游、乡村旅游、海洋旅游、在线旅游成为旅游投资新亮点。

国家旅游局局长邵琪伟表示,预计2013年全年旅游总收入可达2.9万亿元,国内旅游人数可达32.5亿人次,国内旅游收入可达2.54万亿元;出境旅游人数约9730万人次,入境过夜人数约5570万人次,旅游外汇收入约478亿美元。新增旅游直接就业50多万人。

会议强调,2014年将严肃查处一批违法违规旅游企业和旅游从业人员,加大违法行为曝光力度,运用现代信息技术手段,实施旅游团队电子行程单监管,推广应用"旅游质监与投诉系统",强化旅游市场监管,维护游客的合法权益。

1月6日

[纲 文] 国家发改委发出《关于印发〈节能低碳技术推广管理暂行办法〉的通知》。

[目 文] 《通知》说,根据《中华人民共和国节约能源法》、《国务院关于印发"十二五"节能减排综合性工作方案的通知》(国发〔2011〕26号)、《国务院关于印发"十二五"控制温室气体排放工作方案的通知》(国发〔2011〕41号)、《国务院关于加快发展节能环保产业的意见》(国发〔2013〕30号)的规定和要求,为加快节能低碳技术进步和推广普及,引导用能单位采用先进适用的节能低碳新技术、新装备、新工艺,促进能源资源节约集约利用,缓解资源环境压力,减少二氧化碳等温室气体排放,国家发改委制定了《节能低碳技术推广管理暂行办法》,现予印发,请全国各有关部门和单位按照执行。

《暂行办法》共22条,自发布之日起实施。

1月6日

[纲 文] 新华社讯,经中央军委批准,解放军总参谋部、总政治部、总后勤部、总装备部颁发《总部机关部门行政消耗性费用限额管理办法》。

[目 文] 《办法》要求总部机关各部门按照厉行节约、反对浪费、规范有序、务实高效的原则,对机关日常办公、会议集训、公务接待、差旅等行政消耗性开支实行预算定

员定额、总量限额控制。

为强化总部机关部门行政消耗性费用全面管控，《办法》扩大了限额适用范围：管控对象，由过去的总部事业部门延伸到总部机关所有的部门，同时要求各大单位参照制定本级机关部门的管理办法；经费类别，由单纯的事业经费中列支的行政消耗性费用管理扩展到部门掌管的各项经费；项目范围，增加了军队对外交流计划外的因公出国（境）费、公务接待费2个项目。

为确保行政消耗性费用限额标准、管控办法在总部机关部门有效落实，并在全军部队推广实施，《办法》明确要求，严格预算管理，清理核实编制实力，精准测算部门综合限额和单项费用限额，从源头上压缩行政消耗性经费预算，对超预算、无预算开支，一律不予结算报销。明确禁止条款，严禁以任何名义将行政消耗性开支用于赠送礼金、礼品、有价证券，组织高消费娱乐、健身活动，报销私人宴请费用，套取现金设立"小金库"等。强化监督检查，建立公开公示制度，内部公示时间不少于1周。总政治部纪律检查部、总后勤部财务部、解放军审计署将按照规定职能权限查处违规违纪问题，对相关单位和个人依法依纪给予惩处。

1月6日

[纲　文]　国家铁路局正式挂牌。

[目　文]　新组建的国家铁路局由交通运输部管理，负责监管全国18个铁路局的安全生产、铁路运输市场、服务质量等。同时，组建中国铁路总公司，承担铁道部的企业职责。

1月6日

[纲　文]　《人民日报》发表题为《从最坏处准备，向最好处努力——"我们为什么赢得良好开局"之四》的评论员文章。

1月6—11日

[纲　文]　外交部部长王毅应邀访问埃塞俄比亚、吉布提、加纳、塞内加尔四国。

1月7—8日

[纲　文]　中央政法工作会议在北京举行。

[目　文]　中共中央总书记习近平，中共中央政治局常委刘云山、张高丽出席会议。

习近平在讲话中指出，维护社会大局稳定是政法工作的基本任务，促进社会公平正义是政法工作的核心价值追求，保障人民安居乐业是政法工作的根本目标。要处理好维稳和维权的关系，把群众合理合法的利益诉求解决好，完善对维护群众切身利益具有重大作用的制度，强化法律在化解矛盾中的权威地位。公平正义是政法工作的生命线。政法战线要以实际行动维护社会公平正义。要重点解决好损害群众权益的突出问题，决不允许对群众的报警求助置之不理，决不允许让普通群众打不起官司，决不允许滥用权力侵犯群众合法权益，决不允许执法犯法造成冤假错案。政法机关和广大干警要把人民群众的事当作自己的事，从让人民群众满意的事情做起，从人民群众不满意的问题改起，为人民群众安居乐业提供有力法律保障。要深入推进社会治安综合治理，坚决遏制严重刑事犯罪高发态势，保障人民生命财产安全。

习近平强调，政法战线要旗帜鲜明坚持党的领导。既要坚持党对政法工作的领导不动摇，又要加强和改善党对政法工作的领导，不断提高党领导政法工作的能力和水平。司法体制改革是政治体制改革的重要组成部分，对推进国家治理体系和治理能力现代化具有十分重要的意义。要加快建设公正高效权威的社会主义司法制度，更好坚持党的领导、更好发挥中国司法制度的特色、更好促进社会公平正义。政法队伍要敢于担当，面对歪风邪气，必须敢于亮剑、坚决斗争，绝不能听之任之；面对急难险重任务，必须豁得出来、顶得上去，绝不能畏缩不前。要加强纪律教育，健全纪律执行机制，以铁的纪律带出一支铁的政法队伍。要提高干警本领，确保更好履行政法工作各项任务。要以最坚决的意志、最坚决的行动扫除政法领域的腐败现象，坚决清除害群之马。

中共中央政治局委员、中央政法委书记孟建柱就做好2014年政法工作作出部署。他要求，要全面贯彻落实习近平总书记系列重要讲话精神，围绕完善和发展中国特色社会主义制度、推进国家治理体系和治理能力现代化总目标，把握促进社会公平正义、增进人民福祉的总要求，坚持稳中求进、改革创新，以创新社会治理方式、深化司法体制改革、推进科技信息应用、改进政法宣传舆论工作为着力点，深入推进平安中国、法治中国和过硬队伍建设，切实提高政法工作现代化水平。

部分中共中央政治局委员、中央书记处书记、国务委员，最高人民法院院长、最高人民检察院检察长出席会议。中央政法委、中央政法各单位负责人，各省区市和新疆生产建设兵团党委政法委、政法各单位负责人，中央和国家机关及军队、武警部队负责人参加了会议。

1月7日
［纲　文］　张德江出席中国人民代表大会制度理论研究会成立大会。
［目　文］　全国人大常委会委员长张德江在讲话中指出，人民代表大会制度是中国特色社会主义制度的重要组成部分，人民代表大会制度理论是马克思主义中国化理论成果的重要组成部分。新中国成立特别是改革开放以来，人大制度发挥了极为重要的作用，展现出巨大的优越性和旺盛的生命力，是符合中国国情、符合时代发展的好制度。加强人大制度理论研究，必须增强历史责任感和使命感，坚定中国特色社会主义道路自信、理论自信、制度自信，毫不动摇地坚持、与时俱进地发展人大制度，不断赋予人大制度新的思想内涵，不断丰富人大制度的实践特色和时代特色，始终保持国家根本政治制度的生机活力。

张德江指出，人民代表大会制度理论研究，内容丰富，涉及面广，思想性、政治性、法律性很强。必须着眼于党和国家工作全局，着眼于人大制度、人大工作的实践和发展，紧紧围绕全面深化改革的总目标，牢牢把握加强人大制度理论研究的基本要求，高举中国特色社会主义伟大旗帜，坚持正确的政治方向，坚持科学的理论指导，坚持党的领导、人民当家作主、依法治国有机统一，坚持从中国国情和实际出发，总结自己的经验，阐述自己的理论，走自己的道路，使人大制度、人大工作真正体现时代性、把握规律性、富于创造性。

张德江强调，要以成立研究会为契机，加强和改进人大制度理论研究工作的统筹规划、组织联络和交流研讨，密切工作联系、工作协同和工作交流，坚持解放思想、实事求是、与时俱进、求真务实，弘扬理论联系实际的优良传统和作风，充分发挥自身特点和优势，紧紧抓住人大制度、人大工作发展完善中迫切需要回答的重大理论和实践问题，用发展的眼光和创新的精神推动理论研究工作，不断增强理论研究的活力、吸引力和创新力，不断提高运用科学理论分析问题、解决问题的能力，努力开创人大制度理论研究工作的新格局。

会议由全国人大常委会副委员长兼秘书长王晨主持。全国人大常委会副委员长李建国出席会议。

1月7日

［纲　文］　国务院副总理张高丽会见亚洲开发银行行长中尾武彦。

［目　文］　张高丽说，中共十八届三中全会对全面深化改革作出了总体部署。经济体制改革是全面深化改革的重点，核心问题是处理好政府和市场的关系，使市场在资源配置中起决定性作用和更好发挥政府作用。中国全面深化改革，将为世界经济发展作出积极贡献。多年来，中国与亚行开展了务实合作，取得了丰硕成果。中国愿继续深化与亚行的合作伙伴关系。当前亚洲的发展依然面临一系列严峻挑战，亚行作为域内重要的多边开发机构，应在亚洲的减贫与发展进程中继续发挥重要作用。

中尾武彦高度评价中国全面深化改革的重大意义，并表示亚行愿继续加强与中国的合作，积极为中国的改革发展提供支持。

1月7日

［纲　文］　中国人民银行、科技部、银监会、证监会、保监会、国家知识产权局联合印发《关于大力推进体制机制创新扎实做好科技金融服务的意见》。

［目　文］　《意见》提出，要推进新股发行体制改革，继续完善和落实促进科技成果转化应用的政策措施，促进科技成果资本化、产业化。要适当放宽科技企业的财务准入标准，简化发行条件。建立创业板再融资制度，形成"小额、快速、灵活"的创业板再融资机制，为科技企业提供便捷的再融资渠道。支持符合条件的科技企业在境外上市融资。支持科技上市企业通过并购重组做大做强。推进实施并购重组分道制审核制度，对符合条件的企业申请实行豁免或快速审核。鼓励科技上市企业通过并购基金等方式实施兼并重组，拓宽融资渠道。研究允许科技上市企业发行优先股、定向可转债等作为并购工具的可行性，丰富并购重组工具。

1月7日

［纲　文］　长三角区域大气污染防治协作机制启动暨第一次工作会议在上海召开。

［目　文］　根据国务院《大气污染防治行动计划》相关精神，为加强长三角区域大气污染联防联控，经国务院同意，建立长三角区域大气污染防治协作机制。

中共中央政治局委员、上海市委书记韩正主持会议。环境保护部部长周生贤、上海市市长杨雄、江苏省省长李学勇、浙江省省长李强、安徽省省长王学军、国务院副秘书长丁向阳，以及国家发展改革委、工业和信息化部、财政部、住房和城乡建设部、交通运输部、中国气象局、国家能源局等部门负责人和三省一市相关负责人参加会议。

会议明确了"协商统筹、责任共担、信息共享、联防联控"的协作原则，同时明确五项具体职能：一是协调推进党中央、国务院关于大气污染防治的方针、政策和重要部署在长三角区域的贯彻落实；二是研究长三角区域涉及大气污染防治的重大问题；三是推进长三角区域大气污染防治联防联控工作，通报交流区域大气污染防治工作进展和大气环境质量状况，协调解决区域突出大气环境问题；四是推动长三角区域在节能减排、污染排放、产业准入和淘汰等方面环境标准的逐步对接统一；五是推进落实长三角区域大气环境信息共享、预报预警、应急联动、联合执法和科研合作。建立起"会议协商、分工协作、共享联动、科技协作、跟踪评估"五个工作机制。

会议还讨论了《长三角区域落实大气污染防治行动计划实施细则》，对未来一个时期长三角区域大气污染防治重点工作进行了协调和部署。

1月7日

［纲　文］　《人民日报》发表题为《让创新鼓起梦想的风帆》的评论员文章。

1月7日

［纲　文］　《人民日报》发表题为《中国人的饭碗要端在自己手上——三论始终把"三农"工作牢牢抓住紧紧抓好》的评论员文章。

1月7—8日

［纲　文］　环境保护部在北京举行核与辐射安全监管2013年度工作总结会。环境保护部副部长、国家核安全局局长李干杰出席会议并讲话。

1月8日

［纲　文］　李克强主持召开国务院常务会议。

［目　文］　会议决定推出进一步深化行政审批制度改革的三项措施，部署做好冬春困难群众基本生活保障和提高企业退休人员基本养老金工作。

会议指出，2014年按照全面深化改革的要求，做好政府各项工作，要继续在简政放权和公开透明上下功夫，在持续推进中增实效。会议决定推出深化行政审批制度改革三项措施。一是公开国务院各部门全部行政审批事项清单，推进进一步取消和下放，促进规范管理，接受社会监督，切实防止边减边增、明减暗增。除公开的事项外，各部门不得擅自新设行政审批事项。向审批事项的"负面清单"管理方向迈进,逐步做到审批清单之外的事项,均由市场主体依法自行决定。二是清理并逐步取消各部门非行政许可审批事项。对面向公民、法人或其他组织的非行政许可审批事项原则上予以取消,确需保留的要通过法定程序调整为行政许可,其余一律废止。消除审批管理中的"灰色地带",不得在法律法规之外设立面向社会公众的审批事项。同时,要改变管理方式,加强事中事后监管,切实做到"放""管"结合。三是在2013年分三批取消和下放行政审批事项的基础上,重点围绕生产经营领域,再取消和下放包括省际普通货物水路运输许可、基础电信和跨地区增值电信业务经营许可证备案核准、利用网络实施远程高等学历教育的网校审批、保险从业人员资格核准和会计从业资格认定等70项审批事项,使简政放权成为持续的改革行动。

会议强调,保障困难群众基本生活,让企业退休人员安度晚年,是改善民生的重要内容。要把保障冬春困难群众基本生活与完善社会救助体系结合起来,整合各类分散、"碎片化"的补助救助措施和资金,完善低保、抚恤等政策,适当提高补助水平,全面建立临时救助制度,使帮困救助工作更加规范化、系统化、机制化,把资金更好用于济困、救急、解难,让特困人员和因重灾、大病等陷入困境的家庭得到最急需的救助,消除救助"盲区"、兜住保障"底线"。国家将完善社会救助和保障标准与物价上涨挂钩的联动机制,采取价格临时补贴等方式,确保困难群众基本生活水平不因物价上涨而降低。中央财政提前下拨城乡低保、抚恤救助和冬春困难群众生活救助资金共计983亿元,地方各级财政也要加大这些方面的投入,确保资金及时发放到困难群众手中,鼓励社会力量参与,共同增强帮困救助能力。会议确定,自2014年1月1日起,将企业退休人员基本养老金水平再提高10%,并向其中有特殊困难的群体适当倾斜。全国7400多万企业退休人员因此受益。要积极采取措施,不断提高企业职工基本养老保险基金的支付能力,确保政策及时落实到位。未来要通过改革养老保险等制度,逐步建立和完善企业退休人员基本养老金的正常调整机制。

1月8日

[纲 文] 国务院办公厅转发教育部、发展改革委、民政部、财政部、人力资源社会保障部、卫生计生委、中国残联等七部门制定的《特殊教育提升计划(2014—2016年)》。

[目 文] 《计划》指出,发展特殊教育是推进教育公平、实现教育现代化的重要内容,是坚持以人为本理念、弘扬人道主义精神的重要举措,是保障和改善民生、构建社会主义和谐社会的重要任务。近年来,我国特殊教育事业取得较大发展,残疾儿童少年义务教育普及水平显著提高,非义务教育阶段特殊教育办学规模不断扩大,基本实现了30万人口以上的县独立设置一所特殊教育学校的目标,残疾学生在国家助学体系中得到优先保障。但总体上看,我国特殊教育整体水平不高,发展不平衡。农村残疾儿童少年义务教育普及率不高,非义务教育阶段特殊教育发展水平偏低,特殊教育学校办学条件有待改善,特殊教育教师和康复专业人员数量不足、专业水平有待提高。因此,必须加快推进特殊

教育发展，提升特殊教育水平，进一步保障残疾人受教育权利，帮助残疾人全面发展和更好融入社会，使广大残疾人共享改革发展成果，在全面建成小康社会、实现"两个百年"目标和中国梦的进程中实现幸福人生。《计划》提出全面推进全纳教育，使每一个残疾孩子都能接受合适的教育，明确了2014—2016年我国特殊教育改革发展的总体目标、重点任务和主要措施，要求进一步提升特殊教育普及水平、经费保障能力和教育教学质量。

1月8日

[纲　文]　全国信访局长会议在北京召开。

[目　文]　全国人大常委会副委员长兼秘书长王晨主持会议。国务院副秘书长、国家信访局局长舒晓琴对2014年信访工作进行了部署。

王晨要求，各地各部门要坚持依法按政策办事，用群众工作理念和方法推动信访工作，及时就地解决群众合理诉求，提高信访工作法治化水平。

1月8日

[纲　文]　全国公安厅（局）长会议在北京召开。

[目　文]　国务委员、公安部部长郭声琨出席会议并讲话。郭声琨强调，全国公安机关要认真贯彻习近平总书记系列重要讲话和党的十八届三中全会、中央经济工作会议、中央政法工作会议精神，坚持改革创新，强化民意导向，深入推进平安中国、法治中国、过硬队伍建设，为全面深化改革创造安全稳定的社会环境、公平正义的法治环境和优质高效的服务环境。

郭声琨要求，各级公安机关要依法严厉打击暴力恐怖破坏活动，坚决维护国家安全。积极创新社会治理方式，坚持依法打击与整体防控相结合、源头治理与应急处置相结合、保障安全与服务民生相结合。积极稳妥推进户籍制度改革，进一步推进公安行政管理改革，建立符合公安职业特点的人民警察管理制度。深入推进执法规范化建设，努力建设法治公安，不断提升公安机关执法水平和执法公信力。坚持从严治警，加强思想作风建设，努力打造一支信念坚定、执法为民、敢于担当、清正廉洁的公安队伍。

1月8日

[纲　文]　全国高级法院院长会议在北京召开。

[目　文]　最高人民法院院长周强出席会议并讲话。周强要求，全国各级人民法院和广大干警认真学习贯彻习近平总书记重要讲话和中央政法工作会议精神，牢牢坚持司法为民、公正司法这条主线，为推进平安中国、法治中国建设作出新的贡献。

周强指出，随着党的十八届三中全会关于全面深化改革各项工作的推开，新一轮司法体制改革已经拉开序幕。各级人民法院要着眼于加快建设公正高效权威的社会主义司法制度，始终坚持司法体制改革的正确方向，准确把握司法体制改革的目标任务，坚持依法有序推进改革，确保圆满完成改革任务。要大力加强思想政治建设，积极推进正规化、专业化、职业化建设，进一步加强和改进司法作风，坚决查处违纪违法行为，不断加强人民法院队伍建设，为坚持司法为民、公正司法提供有力组织保障。

1月8日

［纲　文］　全国检察长会议在北京召开。

［目　文］　最高人民检察院检察长曹建明出席会议并讲话。曹建明强调，各级检察机关要牢牢把握检察工作的政治方向、主要任务以及核心价值追求，牢牢把握深化司法体制改革的战略部署和队伍建设的总体要求，为全面建成小康社会、实现中华民族伟大复兴的中国梦提供有力的司法保障。

曹建明强调，2014年，各级检察机关要以执法办案为中心，努力推进平安中国、法治中国建设，深化检察改革，不断提升检察工作水平。各级检察机关要积极参与创新社会治理方式，着力维护国家安全和社会和谐稳定。进一步提高查办和预防职务犯罪工作法治化水平，推动健全权力运行制约和监督体系。加强和规范对诉讼活动的监督，促进严格执法、公正司法。深化检察改革，完善中国特色社会主义检察制度。加强自身建设，提高司法水平和司法公信力。

1月8日

［纲　文］　全国司法厅（局）长会议在北京召开。

［目　文］　会议对2013年全国司法行政工作进行了总结，就深入学习贯彻习近平总书记重要讲话和中央政法工作会议精神，切实做好2014年司法行政工作作出了全面部署。

会议强调，习近平总书记在中央政法工作会议上的重要讲话，是指导当前和今后一个时期政法工作的纲领性文献，为司法行政工作指明了方向。各级司法行政机关要把学习贯彻习近平总书记重要讲话精神作为重大政治任务，全面深入学习讲话精神，切实把思想和行动统一到讲话精神上来，坚持用习近平总书记重要讲话精神武装头脑、指导司法行政工作，努力开创司法行政工作新局面，为全面建成小康社会、实现中华民族伟大复兴的中国梦作出新的更大贡献。

1月8日

［纲　文］　全国海洋经济调查领导小组第一次全体会议在北京召开。

［目　文］　会议审议并原则通过了《第一次全国海洋经济调查总体方案》和《第一次全国海洋经济调查管理办法》。以此为标志，中国首次全国范围的海洋经济调查工作正式启动。

第一次全国海洋经济调查是国务院确定开展的一项重大国情、海情调查。调查的具体目标包括：全面摸清我国涉海单位基本信息，形成全国涉海单位名录库；掌握我国海洋经济状况，分析我国海洋经济发展水平、结构和分布；了解海岛海洋经济和临海开发区经济活动状况，明确海洋对沿海经济社会发展的贡献；完善海洋工程项目、围填海规模、防灾减灾、节能减排、科技创新等基础信息，了解其对海洋经济发展的影响。调查区域涉及15个省、自治区和直辖市52个沿海城市、237个沿海县，以及百余个非沿海地级市，内容涉及国民经济行业分类中的19个门类、74个大类、194个中类和373个小类。

全国海洋经济调查领导小组组长、国土资源部部长、国家土地总督察姜大明出席会议并讲话。他要求，要充分认识海洋经济调查工作的重要意义，准确把握其任务要求，并切实加强对调查工作的组织领导，务求全面准确、客观真实，真正摸清我国海洋经济家底。国土资源部党组成员、副部长王世元，国家统计局副局长徐一帆，科技部党组成员、副部长王伟中，国家工商总局党组成员、纪检组长何昕，保监会副主席、党委委员王祖继，国家海洋局副局长王宏出席会议。国家海洋局局长、党组书记，中国海警局政委刘赐贵主持会议。

2012年12月17日，国务院批准同意开展第一次全国海洋经济调查。2013年6月，国家发展和改革委员会、国土资源部、财政部、统计局、海洋局等18个部委，组成第一次全国海洋经济调查领导小组，负责调查工作的组织与实施。

1月8日

［纲　文］　工信部、国家发改委联合印发《创建"宽带中国"示范城市（城市群）工作管理办法》。

［目　文］　《办法》旨在加快提升城市宽带发展水平，推动中国城镇化和信息化同步发展，促进经济转型和信息消费。《办法》提出，"宽带中国"示范城市（城市群）创建期为3年，地级及以上城市、直辖市下辖区县以及省直管县可申报创建"宽带中国"示范城市。中央或省级政府正式批复的城市群可以创建"宽带中国"示范城市群。

《办法》指出，申报对象应具有良好的宽带发展基础，至少满足城市家庭20Mbps及以上宽带接入能力达到85%、农村家庭4Mbps及以上宽带接入能力达到90%、固定宽带家庭普及率达到55%、3G/LTE移动电话人口普及率达到40%、4Mbps及以上宽带用户渗透率达到80%、8Mbps及以上宽带用户渗透率达到35% 6项标准中的4项。

1月8日

［纲　文］　中国保监会、中国银监会联合印发《关于进一步规范商业银行代理保险业务销售行为的通知》。

［目　文］　《通知》要求，商业银行销售意外伤害保险、健康保险、定期寿险、终身寿险、保险期间不短于10年的年金保险、保险期间不短于10年的两全保险、财产保险、保证保险、信用保险等保障型、储蓄型产品的保费收入之和，不得低于代理保险业务总保费收入的20%。

《通知》规定，商业银行总行及其一级分支机构应在每季度结束后10个工作日内同中国银监会、当地银监局上报上一季度代理各种保费收入占比情况，不能完成规定的业务占比的机构，监管机构有权采取措施限期整改。

《通知》要求，商业银行应对投保人进行需求分析与风险承受能力测评，根据结果推荐保险产品。在保费较高的情况下，必须让投保人确认"保单利益不确定"风险，签署风险确认声明书。

1月8日

[纲　文]　国家宗教事务局印发《国家宗教事务局行政许可实施办法》《国家宗教事务局行政处罚实施办法》《国家宗教事务局行政执法过错责任追究制度》。

1月8日

[纲　文]　"智慧东方——2013中华文化人物"颁授典礼在澳门召开。

[目　文]　本次活动由中华文化促进会、凤凰卫视主办，澳门中华文化艺术协会、澳门中华民族文化促进会承办。获颁"2013中华文化人物"称号的共有12位人物。他们是：使数以百计的海外珍宝完璧中华的著名爱国人士何鸿燊；焕发出孩子们天使般歌声的音乐大师杨鸿年；推动全球文明对话的思想家杜维明；深具浓郁原乡情结、闻名两岸三地的如歌诗人席慕蓉；细心、耐心搜存民间文化的黄永松；瘫痪多年却30年如一日整理记录民族文化的王凤刚；用脚步丈量"万里茶道"的作家邓九刚；关注北极生命状态的王建男；为民间提线木偶注入生命的王景贤；多年去到偏远贫困山区记录民族文化遗产的李亚威；让尘封古城重现光彩的"文化书记"祁金立；香港深具风格和文化气息的电影人陈可辛。

1月8日

[纲　文]　《人民日报》发表题为《稳定社会预期，增强发展信心——"我们为什么赢得良好开局"之五》的评论员文章。

1月8—11日

[纲　文]　马凯在深圳市、安徽省调研新能源汽车产业发展情况。

[目　文]　国务院副总理马凯先后到深圳、合肥、芜湖的电池、电机、电控、整车、充电设施等新能源汽车生产、服务企业，调研了解发展情况，并主持召开座谈会，听取意见和建议。马凯充分肯定了新能源汽车产业发展取得的成绩，分析了存在的突出矛盾和问题。他强调，加快培育和发展新能源汽车，是中央作出的重大决策。要抓好贯彻落实，坚持发展新能源汽车的国家战略不变，以纯电驱动为新能源汽车发展和汽车工业转型的主要战略取向不变，规划确定的发展目标不变，政府扶持的政策取向不变。企业要发挥主体作用，加快技术创新和商业模式创新，加强标准制定、品牌建设和人才培养，提高质量、降低成本，积极推动新能源汽车产业化和商业化进程。政府要进一步加大支持力度，积极发挥规划引导和政策激励作用，健全法规标准，完善财政税收政策，放宽市场准入，破除地方保护，创新推广模式，健全服务体系，鼓励新能源汽车开发生产，引导市场消费。行业协会要做好服务和协调，加强行业自律，引导企业建立协同创新模式，合作开发共性平台、关键共性技术，促进行业持续健康发展。

1月9日

[纲　文]　全国政协在北京召开双周协商座谈会，围绕"核电和清洁能源发展"建言献策。

［目　文］　全国政协主席俞正声主持会议并讲话。座谈会上，多位全国政协委员和专家学者就发展核电和清洁能源、确保安全等问题提出了意见建议。

委员们认为，发展核电和清洁能源、调整能源结构，是保持经济持续发展和生态环境保护的重大问题。要在确保安全的基础上稳步有序推进核电建设，优化核电项目布局，理顺监管体制，强化核安全监管，杜绝发生核泄漏事故；同时，要加快发展水电，积极发展风电，大力发展光伏发电。

全国政协副主席、民建中央常务副主席马培华作了专题发言。国家发改委副主任、国家能源局局长吴新雄介绍了中国核电和清洁能源发展的情况。环境保护部（国家核安全局）、水利部、中国工程院、中国地震局有关负责人出席会议。

全国政协副主席杜青林、张庆黎、陈元、王钦敏等出席座谈会。

1月9日

［纲　文］　民政部、全国工商联联合印发《关于鼓励支持民营企业积极投身公益慈善事业的意见》。

［目　文］　《意见》指出，改革开放特别是进入新世纪以来，非公有制经济不断发展壮大，已成为社会主义市场经济的重要组成部分和中国经济社会发展的重要基础。广大民营企业家和民营企业作为建设中国特色社会主义事业的重要力量，深入践行社会主义核心价值体系，切实履行社会责任，广泛开展救助灾害、救孤济困、扶老助残等慈善活动，积极投身教育、科学、文化、卫生、体育、环境保护等公益事业，已成为中国公益慈善事业的主本力量，为中国公益慈善事业发展作出了突出贡献。同时，民营企业参与公益慈善事业的潜力有待进一步挖掘，优势有待进一步发挥。在中国已进入全面建成小康社会的决定性阶段，保障和改善民生的任务十分繁重。鼓励支持民营企业参与公益慈善事业，是引导民营企业坚定中国特色社会主义的理想信念、积极履行社会责任的有效方式，是促进非公有制经济健康发展和非公有制经济人士健康成长的重要途径，是推动中国特色公益慈善事业发展的必然要求。

《意见》要求，民营企业应本着自觉自愿、合法合规、诚信公正的基本原则，鼓励支持民营企业通过捐赠有价证券、专利、技术等探索参与公益慈善事业的新方式，鼓励支持具备条件的民营企业探索企业留本冠名慈善基金、公益信托等新载体，鼓励支持民营企业在投资兴业中吸纳残疾人和贫困家庭劳动力就业。

在优惠政策方面，《意见》既要求指导民营企业对发生的公益性捐赠支出进行所得税税前扣除，又要求协同财政、税务部门，做好有关基金会等公益性社会团体的公益性捐赠税前扣除资格的审核工作，促进税收优惠政策的进一步落实。

1月9日

［纲　文］　农业部印发《关于切实做好2014年农业农村经济工作的意见》。

［目　文］　《意见》提出，要坚持不懈抓好粮食生产，使粮食产量保持在11000亿斤以上，使农民收入增幅保持在7.5%以上，巩固发展农业农村经济好形势，为经济社会发展全局提供有力支撑。

为确保农产品质量安全,《意见》提出要健全农产品质量安全监管体系,加快推进农业标准化生产,加大农产品质量安全监管力度。以农兽药残留标准制修订为重点,力争用3年时间,基本健全科学统一、与国际接轨的食用农产品质量安全标准体系;健全农业投入品质量监测与监督管理制度,控药、控肥、控添加剂,规范农业生产过程;推行生产全程控制,加快推进全国农产品质量追溯管理信息平台建设等。

《意见》对全面深化农村改革作出了部署,提出要稳定和完善农村土地承包关系。坚持农村土地农民集体所有,抓紧研究现有土地承包关系保持稳定并长久不变的具体实现形式,进一步明确所有权、承包权、经营权之间的关系;抓紧抓实农村土地承包经营权确权登记颁证工作,进一步扩大试点范围;稳定和完善草原承包经营制度,推动开展草原承包确权登记颁证试点。同时发展多种形式适度规模经营,尽快制定工商企业租赁农户承包耕地搞规模种养的准入和监管办法,探索建立土地流转风险保障金制度等。

1月9日

[纲 文] 国家发展改革委、教育部等12部门联合印发《关于加快实施信息惠民工程有关工作的通知》。

[目 文] 《通知》提出,信息惠民工程实施的重点是解决社保、医疗、教育、养老、就业、公共安全、食品药品安全、社区服务、家庭服务九大领域突出问题。优质教育信息惠民行动计划作为信息惠民工程的重点任务之一,将建立扩大优质教育资源覆盖面的有效机制,推进国家精品开放课程共享,加快建立教育资源公共服务体系。

《通知》要求,各地方在实施信息惠民工程中,要注重资源整合,在已有资源基础上集中构建政府公共服务平台,原则上在地市层级建设部署,在街道社区统一应用,要实现基础信息集中采集、多方利用,逐步实现公共服务事项和社会信息服务的全人群覆盖、全天候受理和"一站式"办理。要坚决避免区县以下层级分散建设同类信息平台,避免重复投资、重复建设,避免形成新的信息孤岛。

1月9日

[纲 文] 汪洋在武警森林指挥部考察调研。

[目 文] 国务院副总理汪洋高度评价武警森林部队在林业资源保护等方面取得的成绩,强调要加强森林防火队伍建设,全面提升防火能力,保护好人民群众生命财产安全、国家森林资源安全和生态安全。

汪洋要求,在冬季森林防火的紧要时期,各地要切实加强对森林防火工作的组织领导,认真落实责任,加强军地协调、警民联动,加强隐患排查,严格火源管理,做好预警监控和应急值守,抓好防火物资储备,做到火患早排除、火情早发现、火灾早处置,确保不发生重大森林火灾,确保不发生重大人员伤亡,让林区群众过上一个安定祥和、欢乐喜庆的新春佳节。

1月9日

[纲 文] 全国侨办主任会议在北京召开。

［目　　文］　国务院侨办主任裘援平主持会议并作了工作报告。国务委员杨洁篪出席会议并讲话。杨洁篪肯定了2013年侨务工作取得的成绩。他指出，加强新形势下的侨务工作，对于实现国家富强、民族振兴、人民幸福的中国梦十分重要，侨务工作舞台广阔、大有可为。他强调，侨务工作要更加贴近党和国家工作大局，更加注重改革创新，更加重视统筹协调，更加强化为侨服务，推动新时期侨务工作不断迈上新台阶。

1月9日
［纲　　文］　**全国科技工作会议在北京召开。**

［目　　文］　全国政协副主席、科技部部长万钢作工作报告，回顾了2013年科技工作取得的成果，同时提出了2014年科技工作的总体思路。

万钢指出，科技部正配合国务院法制办、全国人大相关工作机构，推动《促进科技成果转化法》修订。要以这次法律修订为契机促进成果转化的配套措施。完善科技成果转移转化的服务体系，推动各类技术交易机构、科技服务机构、金融机构、法律服务机构等为科技成果转化提供系列配套服务。

万钢指出，要推动企业成为创新主体。要建立"企业出题、先行投入、协同攻关、市场验收、政府补助"的组织实施机制，强化企业技术创新决策、投入、组织实施和成果转化的主体地位。通过多种方式增强中小微企业创新能力，综合运用买房信贷、知识产权质押等支持科技型企业开展技术创新融资。

万钢表示，按照技术创新市场导向机制的要求，还要在以下方面推进重点改革：建立健全产学研协同创新机制，落实科研项目和资金管理改革意见，加快推进科技评价和奖励制度改革，强化科技基础制度建设等。

1月9日
［纲　　文］　**全国环境保护工作会议在北京召开。**

［目　　文］　会议确定，2014年，全国环保工作围绕大气、水体、土壤污染治理三项重点工作展开。

在深化大气污染防治方面，深入落实《大气十条》各项政策措施，尤其是突出抓好京津冀及周边地区大气污染治理这一重中之重。推动出台考核办法，开展实施情况年度考核。环境保护部将协调、配合有关部门制定配套政策措施。推进区域大气污染防治协作，发挥全国大气污染防治部际协调小组、京津冀及周边地区、长三角区域大气污染防治协作机制作用，解决区域突出问题。2014年与2013年相比，二氧化硫、化学需氧量和氨氮排放量要分别减少2%，氮氧化物排放量减少5%。

在强化水污染防治方面，加快编制《清洁水行动计划》并组织实施，重点是保护饮用水水源地、生态良好湖泊等高功能水体，消灭劣五类等污染严重水体。加强饮用水环境安全保障，开展集中式饮用水水源地和规划考核断面水质监测。进一步落实《全国农村饮水安全工程"十二五"规划》。推进重点流域水污染防治，配合做好南水北调中线通水工作。

在土壤污染治理方面，编制《土壤环境保护和污染治理行动计划》并组织实施，重点是实施重度污染耕地种植结构调整，开展污染地块土壤治理与修复试点、建设6个土壤环境保护和污染治理示范区。启动全国土壤污染状况详细调查和土壤环境保护工程第一批重点项目，积极推进土壤污染治理与修复。

会议要求，要强化减排目标责任制，严格考核减排目标完成情况。指导督促各地和中央企业编制年度减排计划，分解落实2014年度减排任务和重点工程措施，全面推进1379个目标责任书项目顺利完成，力争新增城镇污水日处理能力1000万吨、烧结机烟气脱硫1.5万平方米、燃煤机组脱硝1.3亿千瓦、淘汰黄标车300万辆以上。同时，加快出台《燃煤发电机组环保电价及环保设施运行监管办法》、《排污许可证管理办法》等文件，完善重点行业排放标准。推进农业源减排、黄标车和落后产能淘汰。

1月9日

［纲　文］　全国气象局长会议在北京召开。

［目　文］　会议指出，2013年，全国24小时晴雨预报和最高温度、最低温度预报准确率分别提高到87.6%和77.1%、82.3%，比2012年都有所提高。强天气预报准确率评分较2012年提高15%。中央气象台台风路径24小时预报误差82公里，误差为历史最小，比2012年减少12公里。2014年，在2013年1102个县开展暴雨洪涝灾害风险普查的基础上，再启动600个县的暴雨洪涝气象灾害风险普查。

中国气象局局长郑国光表示，2014年中国气象局将贯彻落实国务院大气污染防治行动计划，完善雾和霾天气监测预警体系，在科学分析污染传输通道、预报敏感区基础上建设立体环境气象观测网。

1月9日

［纲　文］　《人民日报》发表题为《毫不动摇坚持党对政法工作的领导》的评论员文章。

1月9—10日

［纲　文］　2014年全国环境保护工作会议在北京举行。

［目　文］　会议的主要任务是全面学习贯彻党的十八大、十八届三中全会、中央经济工作会议和习近平总书记系列重要讲话精神，总结2013年工作，部署2014年任务。中共中央政治局常委、国务院副总理张高丽对会议召开作出批示。会议由环境保护部副部长潘岳主持。环境保护部部长周生贤出席会议并讲话，要求在深化生态环境保护领域改革、突出重点工作、改进工作作风方面，全面完成会议确定的各项任务。中央和国务院有关部门，各省、自治区、直辖市和副省级市、解放军和新疆生产建设兵团环境保护厅（局）长，辽河保护区管理局主要负责人，环境保护部机关各部门、各派出机构和直属单位的主要负责人出席了会议。会上，北京、上海、浙江、湖北、广东、广西、甘肃等7省（区、市）环保厅（局）的负责人分别介绍交流了工作经验。

1月9—10日

［纲　文］　2014年中国人民银行工作会议在北京举行。

［目　文］　会议指出，2013年，全国金融改革取得阶段性进展，利率汇率市场化改革迈出新步伐，贷款利率管制全面放开，市场利率定价自律机制建立健全，存款保险制度各项准备工作基本就绪。

会议提出，2014年的工作重点是：继续实施稳健的货币政策，保持货币信贷和社会融资规模平稳适度增长；全面深化金融改革，努力在金融重点领域和关键环节改革实现新的突破；扩大人民币跨境使用；健全多层次资本市场体系，促进金融市场深化发展；深化外汇管理重点领域改革，切实防范跨境资金流动风险；加强金融风险监测、排查和监管协调，牢牢守住不发生系统性金融风险的底线；扎实推进金融服务现代化，全面提升金融服务和管理水平；深入参与国际经济金融政策协调和规则制定，增强中国的国际地位和话语权。

1月9—10日

［纲　文］　**汪洋在青海考察调研扶贫工作。**

［目　文］　国务院副总理汪洋深入互助土族自治县贫困农户，仔细了解贫困状况，认真听取基层干部群众对扶贫开发工作的意见。他指出，消除贫困，实现共同富裕，是社会主义的本质要求。摸清贫困人口的分布、贫困户的贫困程度及贫困原因，是搞好扶贫工作的重要基础。要加快对贫困户建档立卡，做到精准识别、因户施策，把"大水漫灌"式的扶贫变成有针对性的"滴灌"式扶贫，建立干部驻村帮扶制度，使帮扶措施直接到村到户到人，全面提高扶贫开发工作的实效。

汪洋强调，要因地制宜，多方面采取措施，帮助贫困农民脱贫致富。要加强技术培训，使有条件的贫困农户掌握一两项实用技术，至少参与一项养殖、种植等增收项目。要加快发展贫困地区职业教育，促进农民转移就业。积极发展农民专业合作、股份合作，吸纳贫困户参与，带动贫困户脱贫。大力办好农村义务教育、合作医疗等公共服务，落实养老保险等政策，解决好贫困农户住房安全问题，逐步改善贫困地区农民的生活条件。

调研期间，汪洋还出席了玉树地震灾后恢复重建总结表彰大会、三江源国家生态保护综合试验区建设暨三江源生态保护和建设二期工程启动大会。他强调，要认真总结抗震救灾和恢复重建的成功经验，弘扬伟大的抗震救灾精神，加强三江源生态保护和建设，促进生态保护、经济发展和民生改善协调联动，不断开创发展振兴新局面。

1月10日

［纲　文］　**中共中央、国务院在北京召开国家科学技术奖励大会，习近平出席大会并为最高奖获得者等颁奖。**

［目　文］　党和国家领导人习近平、李克强、刘云山、张高丽出席大会并为获奖代表颁奖。李克强代表党中央、国务院在大会上讲话。张高丽主持大会。

上午10时，大会开始。习近平首先向获得2013年度国家最高科学技术奖的中国科学院院士、中国科学院大连化学物理研究所张存浩，中国科学院院士、中国人民解放军总装备部程开甲颁发奖励证书。随后，习近平等党和国家领导人向获得国家自然科学奖、国家技术发明奖、国家科学技术进步奖和中华人民共和国国际科学技术合作奖的代表颁奖。

李克强在讲话中指出，当前中国已到了必须更多依靠科技创新引领、支撑经济发展和社会进步的新阶段。必须依靠科技创新，才能有力推动产业向价值链中高端跃进，提升经济的整体质量；才能更多培育面向全球的竞争新优势，使中国发展的空间更加广阔；才能有效克服资源环境制约，增强发展的可持续性。要通过深化改革健全技术创新市场导向机制。在研发方向、资源配置和经费使用、项目评审以及成果评价和应用等各个环节，都要放手让市场"说话"。要把发挥人的创造力作为推动科技创新的核心，营造鼓励大胆探索、包容失败的宽松氛围，使青年创新型人才脱颖而出，吸引和激励更多人投身创新创业，汇聚建设创新型国家的强大合力，用改革红利、人才红利、创新红利推动经济社会持续健康发展，为建设富强民主文明和谐的社会主义现代化国家，实现中华民族伟大复兴的中国梦而不懈奋斗。

张高丽在主持大会时说，党中央、国务院隆重奖励在中国科学技术事业发展中作出杰出贡献的科技工作者，充分体现了党和国家对我国科学技术事业发展的高度重视和对广大科技工作者的亲切关怀。希望广大科技工作者以获奖者为榜样，继续发扬求真务实、勇于创新的精神，牢固树立创新科技、服务国家、造福人民的思想，锐意改革，创新创业，把科技成果应用到实现国家现代化的伟大事业中，把人生理想融入为实现中华民族伟大复兴中国梦的不懈奋斗中。

国务院副总理刘延东在会上宣读了《国务院关于2013年度国家科学技术奖励的决定》。

张存浩代表全体获奖人员发言。

奖励大会开始前，习近平等党和国家领导人会见了国家科学技术奖获奖代表。

部分在京中共中央政治局委员、中央书记处书记，全国人大、国务院、全国政协以及中央军委的领导同志出席会议。中央和国家机关及军队有关方面负责人，国家科技教育领导小组成员，国家科学技术奖励委员会委员和科技界代表等共约3300人出席大会。

2013年度国家科学技术奖励共授奖10位科技专家和313项成果。其中，国家最高科学技术奖2人；国家自然科学奖54项，其中一等奖1项、二等奖53项；国家技术发明奖71项，其中一等奖2项、二等奖69项；国家科学技术进步奖188项，其中特等奖3项、一等奖24项、二等奖161项；授予8名外籍科学家中华人民共和国国际科学技术合作奖。

1月10日

[纲　文]　全国妇女儿童五项活动领导（协调）小组联席会议在北京召开。

[目　文]　全国妇联主席沈跃跃主持会议并讲话。沈跃跃要求，各级妇女儿童各领导（协调）小组要深入学习贯彻习近平总书记系列重要讲话精神，充分发挥领导（协调）小组的重要平台作用；要围绕实现中国梦这一时代主题，加大宣传引导、组织动员、典型激励力度，进一步贯彻落实男女平等基本国策，进一步深化家庭工作，进一步加大对

妇女儿童工作的政策、项目支持力度，进一步形成促进妇女儿童事业发展的强大合力。

全国妇联副主席、书记处第一书记宋秀岩作工作通报。

1月10日

［纲　文］　全国国土资源工作会议在北京召开。

［目　文］　会议指出，2014年国土资源部将加强用地审批规划计划审查，从严从紧控制占用耕地，避让优质耕地，严禁占用永久基本农田。同时，严禁突破规划设立新戒新区和各类园区，各类建设发展不能踩红线。从严审核城市批次用地，严格控制增量。

国土资源部表示，将研究差别化的行业用地政策和标准，支持战略性新兴产业发展。同时，压缩东部地区特别是京津冀、长三角、珠三角三大城市群建设用地规模，减少工业用地，适当加大对中西部地区用地支持，适当增加生活用地，保障基础设施和农村建设的必要用地。

国土资源部指出，对2014年中央确定的700万套保障性安居工程建设用地，将实行计划单列，快速审批，应保尽保。另外，还将稳定普通商品房用地供应，防范地价异常波动，促进已供住房用地开发建设。

对于被征地农民的权益保障，国土资源部明确，将建立征地争议调处裁决机制。严肃查处违法征占农民土地侵害群众合法权益等案件，在土地督察各项工作中加强对违规征占土地、征地拆迁补偿等问题的监督检查。

1月10日

［纲　文］　教育部印发《关于推进学校艺术教育发展的若干意见》。

［目　文］　在《意见》中，教育部针对一些农村学校长期以来开不了音乐课、美术课的情况提出，要根据课程方案规定的课时数和学校班级数有计划、分步骤配齐专职艺术教师，重点补充农村、边远、贫困和民族地区镇（乡）中心小学以上学校的艺术教师；要实行县（区）域内艺术教师交流制度，鼓励艺术教师采取"对口联系""下乡巡教"等形式到农村学校任教；要依托高等学校，特别是师范院校培养合格的中小学艺术教师；要鼓励中小学优秀骨干教师担任高校艺术教育专业的兼职教师，指导学生教学实践。

1月10日

［纲　文］　中国人民银行、公安部、国家安全部发布《涉及恐怖活动资产冻结管理办法》。

［目　文］　《办法》指出，为规范涉及恐怖活动资产冻结的程序和行为，维护国家安全和社会公共利益，根据《中华人民共和国反洗钱法》《全国人大常委会关于加强反恐怖工作有关问题的决定》等法律，制定本办法。《办法》共22条。

《办法》规定，金融机构、特定非金融机构应当严格按照公安部发布的恐怖活动组织及恐怖活动人员名单、冻结资产的决定，依法对相关资产采取冻结措施。金融机构、特定非金融机构发现恐怖活动组织及恐怖活动人员拥有或者控制的资产，应当立即采取冻结措施。对恐怖活动组织及恐怖活动人员与他人共同拥有或者控制的资产采取冻结措施，但该资产在采取冻结措施时无法分割或者确定份额的，金融机构、特定非金融机构应当一并采取冻结措施。

《办法》要求，金融机构、特定非金融机构应当制定冻结涉及恐怖活动资产的内部操作规程和控制措施，对分支机构和附属机构执行本办法的情况进行监督管理；指定专门机构或者人员关注并及时掌握恐怖活动组织及恐怖活动人员名单的变动情况；完善客户身份信息和交易信息管理，加强交易监测；依法协助、配合公安机关和国家安全机关的调查、侦查，提供与恐怖活动组织及恐怖活动人员有关的信息、数据以及相关资产情况；依法协助、配合中国人民银行及其省会（首府）城市中心支行以上分支机构的反洗钱调查，提供涉及恐怖活动组织及恐怖活动人员资产的情况。

《办法》规定，金融机构、特定非金融机构的境外分支机构和附属机构按照驻在国家（地区）法律规定和监管要求，对涉及恐怖活动的资产采取冻结措施的，应当将相关情况及时报告金融机构、特定非金融机构总部。金融机构、特定非金融机构总部收到报告后，应当及时将相关情况报告总部所在地公安机关和国家安全机关，同时抄报总部所在地中国人民银行分支机构。地方公安机关和地方国家安全机关应当分别按照程序层报公安部和国家安全部。

《办法》自发布之日起施行。

1月10日

[纲　文]　财政部公布2013年中央财政支持公共文化服务体系建设情况。

[目　文]　按照中央关于加强公共文化服务体系建设、切实保障群众基本文化权益要求，中央财政继续加大资金投入力度，2013年安排公共文化服务体系建设资金169.63亿元，比2012年增加16.19亿元，增长10.55%，资金重点用于：

一是安排资金51.07亿元，深入推进全国博物馆、纪念馆、美术馆、公共图书馆、文化馆（站）等公益性文化设施向社会免费开放。

二是安排资金46.29亿元，重点用于全国文化信息资源共享工程村级基层服务点运行维护、农家书屋出版物补充及更新、农村电影公益放映场次补贴、行政村组织开展各类文化体育活动等，支持加强农村文化建设。

三是安排资金18.24亿元，支持实施广播电视"村村通"、"户户通"工程，提高农村地区收听收看广播电视节目质量。

四是安排资金31亿元，用于县级以上（含县级）公益性文化、文物、体育、广播电视、新闻出版事业单位基础设施维修改造和设备购置，提升基层公共文化机构服务能力。

五是安排资金6.22亿元，支持推进数字图书馆工程和基层公共电子阅览室建设计划，加快公共数字文化建设。

六是安排资金3.25亿元，支持创建国家公共文化服务示范区（项目）。

1月10日

[纲　文]　国资委印发《关于以经济增加值为核心加强中央企业价值管理的指导

意见》。

[目　文]　《意见》对价值管理的概念、基本原则、指导思想和主要目标进行了界定。《意见》指出，经济增加值是全面考核企业经营者有效使用资本和为股东创造价值的重要工具，也是企业价值管理的基础和核心。价值管理是基于经济增加值的价值管理，是以价值最大化为目标，以经济增加值管理理念、管理决策和流程再造为重点，通过价值诊断、管理提升、考核激励、监测控制等管理流程的制度化、工具化，对影响企业价值的相关因素进行控制的全过程管理。价值管理的指导思想和主要目标是：以科学发展观为指导，坚持转变发展方式与提升价值创造能力相结合，壮大规模与提高发展质量相统一，短期效益与长期发展相协调，力争实现中央企业价值管理体系基本完善，实现诊断科学、考核健全、激励约束有效、监控到位；价值管理更加科学，实现经济增加值从考核指标向管理工具转变、从结果考核向过程控制转变；价值创造能力明显提升，以更优化的资本结构、更有效率的资本运营、更强的主业获利能力，全面提升企业核心竞争能力。

1月10日

[纲　文]　**教育部印发《国际合作联合实验室计划》。**

[目　文]　《计划》提出，国际合作联合实验室的主要任务是：开展国际化科学研究，推进国际化人才培养，汇聚国际化学术队伍，探索国际化运行和管理。根据《计划》，到2020年，中国将面向国际科学前沿和国家重大需求，依托高校整合提升并建设认定一批国际合作联合实验室，以加强与国外高水平大学合作，建立教学科研合作平台，联合推进高水平基础研究和高技术研究，提高创新人才培养质量。

《计划》规定，联合实验室计划的实施分为培育组建、立项建设、验收认定三个步骤，应该坚持以机构对机构的对等合作为培育前提。立项建设期间，依托单位（高校）要加强对联合实验室的目标管理和阶段性评估，统筹政策指导、经费支持和制度创新。建设期满达到验收标准的，可向教育部提出验收认定申请，由教育部组织国际同行评估，重点考察建设期间实验室的学科发展、科研成果、队伍汇聚、人才培养和管理运行等方面能力水平和国际化程度，在通过验收后正式开放运行。

1月10日

[纲　文]　**国家海洋局印发《海上船舶和平台志愿观测管理规定》，自颁布之日起施行。**

1月10日

[纲　文]　**中国女航天专家首获国际宇航科学界最高奖。**

[目　文]　北京时间1月10日，在美国华盛顿召开的世界航天局长峰会上，中国航天科技专家、国际宇航科学院院士吴美蓉被授予冯·卡门奖，以表彰她50多年来对航天科技事业的执着追求以及为国际航天合作所作出的突出贡献。吴美蓉出席了颁奖仪式，成为国际宇航界获此殊荣的第一位女航天科技专家。国际宇航科学院秘书长康坦称，在吴美蓉身上体现了中国人勤劳勇敢、坚忍不拔、无私奉献的民族精神。

冯·卡门奖创立于 1982 年,是国际宇航科学界的最高奖项,被誉为"宇航科学诺贝尔奖",每年授予一次一人,用以表彰在航天科学技术领域取得杰出成就的个人。吴美蓉 1936 年出生于江苏常州,毕业于莫斯科动力学院,曾任中国资源卫星应用中心主任。

1 月 10 日

[纲　文]　中国科学院首次公布"嫦娥三号"所拍地球照片。

[目　文]　本次公布的是通过降落相机、地形地貌相机、全景相机等载荷拍摄的一组月球照片。2013 年 12 月 14—26 日,"嫦娥三号"探测器搭载的 8 台有效载荷在第一月昼期间陆续开机完成了探测或月面测试工作。探月工程地面应用系统和中国科学院为"嫦娥三号"任务组建的科学应用核心团队及有效载荷研制单位对获取的测试数据分析后认为,各有效载荷工况良好,探测数据的获取、接收、传输、预处理正常,为"嫦娥三号"后续任务的开展打下了坚实基础。

1 月 10 日

[纲　文]　中国首个国家生态保护综合试验区——三江源自然保护区生态保护和建设二期工程、三江源国家生态保护综合试验区建设在青海省西宁市、玉树藏族自治州同时启动。

[目　文]　工程涉及玉树、果洛、黄南、海南 4 个藏族自治州的 21 个县和格尔木市唐古拉山镇。相较三江源生态保护和建设一期工程,三江源二期工程范围从 15.2 万平方公里扩展到 39.5 万平方公里,工程区划分为重点保护区、一般保护区和承接转移发展区,总投资达 160.6 亿元。

《青海三江源生态保护和建设二期工程规划》提出,到 2020 年,在生态建设方面,三江源地区森林覆盖率将提高到 5.5%;草地植被盖度平均提高 25%—30%;土地沙化趋势得到有效遏制,可治理沙化土地治理率达到 50%,沙化土地治理区内植被盖度达 30%—50%;水土保持能力、水源涵养能力和江河径流量稳定性增强,减少水土流失 5 亿吨,水源涵养量增加 13.7 亿立方米,长江、澜沧江水质总体保持在 Ⅰ 类,黄河 Ⅰ 类水质河段明显增加;生态系统步入良性循环。在经济发展方面,稳步推进生态畜牧业和农村能源建设,城乡居民收入接近或达到青海省平均水平。在社会建设方面,基本公共服务能力达到或接近全国平均水平。

青海三江源地区是长江、黄河、澜沧江的发源地,被誉为"中华水塔",对中国乃至亚洲的生态安全发挥着重要作用。为保护三江源地区脆弱的生态环境,2005 年,中国政府投资 75.6 亿元,正式启动三江源生态保护和建设工程建设。2011 年,中国政府批准建立青海三江源国家生态保护综合试验区,成为中国首个国家生态保护综合试验区。

1 月 10 日

[纲　文]　李源潮在北京会见香港区议会主席访问团。

[目　文]　国家副主席李源潮在会见中指出,香港区议会承担着基本法赋予的区域事务咨询和服务职能,回归以来积极服务市民、反映民意,支持特区政府依法施政,为

"一国两制"成功实践发挥了重要作用。中央政府在香港普选问题上的立场是一贯的、明确的。希望区议会更好履行职责，支持行政长官和特区政府依法施政，积极参与政改咨询，引导各界按照基本法规定和全国人大常委会决定务实讨论、凝聚共识，推动落实普选目标，维护香港繁荣稳定。

1月10日

［纲　文］　《人民日报》发表题为《围绕"两个关系"加强党的领导——一论学习贯彻习近平同志在中央政法工作会议重要讲话》的评论员文章。

1月10日

［纲　文］　《人民日报》发表题为《高度关注明天"谁来种地"——四论始终把"三农"工作牢牢抓住紧紧抓好》的评论员文章。

1月10—11日

［纲　文］　王勇在河南省调研。

［目　文］　国务委员王勇深入郑州、许昌的集贸市场、食品生产企业、质量技术检验测试中心、基层工商所、口岸检验检疫点、特种设备运营场所，调研春节前市场监管和产品质量安全情况。王勇指出，质量安全关乎人民群众切身利益，人民利益高于一切，质量安全责任重于泰山。各级工商、质检部门要以对人民高度负责的态度，加强市场监管，维护市场秩序，全面提升质量安全监管水平。

王勇强调，政府职能转变对监管工作提出了新的更高要求，监管部门任务更重、责任更大。各级工商、质检部门要围绕激发市场活力，全面深化监管体制机制改革，转变监管理念，创新监管模式，完善监管标准，提升监管效能。要加强特种设备安全监管，健全制度，落实责任，实行质量安全问题"零容忍"。要强化服务意识，改进工作作风，加强事中、事后监管和服务，寓监管于服务之中，努力为国家和地方经济社会发展服务、为广大企业和消费者服务。要加强监管队伍建设，不断提高综合素质和业务水平，努力造就一支能打仗、打胜仗的监管队伍。

1月11日

［纲　文］　教育部印发《中小学教师违反职业道德行为处理办法》。

［目　文］　《办法》指出，中小学教师是指幼儿园、特殊教育机构、普通中小学、中等职业学校、少年宫以及地方教研室、电化教育等机构的教师。

《办法》规定，教师有下列行为之一的，视情节轻重分别给予相应处分：在教育教学活动中有违背党和国家方针政策言行的；在教育教学活动中遇突发事件时，不履行保护学生人身安全职责的；在教育教学活动和学生管理、评价中不公平公正对待学生，产生明显负面影响的；在招生、考试、考核评价、职务评审、教研科研中弄虚作假、营私舞弊的；体罚学生和以侮辱、歧视等方式变相体罚学生，造成学生身心伤害的；对学生实施性骚扰或者与学生发生不正当关系的；索要或者违反规定收受家长、学生财物的；组织或者参与针对学生的经营性活动，或者强制学生订购教辅资料、报刊等谋取利益的；组织、要求学生参加校内外有偿补课，或者组织、参与校外培训机构对学生有偿补课的。

根据《办法》，教师所受处分包括警告、记过、降低专业技术职务等级、撤销专业技术职务或者行政职务、开除或者解除聘用合同等。其中，警告期限为6个月，记过期限为12个月，降低专业技术职务等级、撤销专业技术职务或者行政职务期限为24个月。

《办法》强调，给予教师处分，应当坚持公正、公平和教育与惩处相结合的原则；应当与其违反职业道德行为的性质、情节、危害程度相适应；应当事实清楚、证据确凿、定性准确、处理恰当、程序合法、手续完备。

1月11日

［纲　文］　白求恩精神研究会在北京成立。

［目　文］　全国人大常委会副委员长陈竺出席成立大会并讲话。陈竺指出，白求恩精神是毛泽东等老一辈无产阶级革命家倡导的伟大精神。白求恩精神一直是全党全军全国人民，特别是医疗卫生战线的宝贵精神财富。白求恩精神研究会成立后，要大力弘扬白求恩精神，推进社会主义核心价值体系建设。让白求恩无私利人的共产主义精神、"两个极端"的服务精神、精益求精的科学精神深入人心，为培育践行社会主义核心价值观作出贡献。要大力弘扬白求恩精神，推进社会公德和职业道德建设，提升中华文化的国际影响力。

1月11日

［纲　文］　中共甘肃省委原书记、甘肃省原顾问委员会主任李子奇在上海逝世，享年91岁。

1月11日

［纲　文］　《人民日报》发表题为《迈向"中国创造"的新高度》的评论员文章。

1月11日

［纲　文］　《人民日报》发表题为《雪域高原见证"中国力量"》的评论员文章。

1月11—17日

［纲　文］　应全国人大常委会委员长张德江邀请，秘鲁国会主席弗雷迪·奥塔罗拉·佩尼亚兰达率秘鲁国会代表团对中国进行正式访问。

［目　文］　1月13日，张德江在人民大会堂同奥塔罗拉举行会谈。张德江说，中国和秘鲁都是世界文明古国，两国人民传统友谊深厚。秘鲁是最早同中国建交的拉美国家之一，也是最早同中国签署双边自贸协定的拉美国家。中方始终从战略高度看待和发展两国关系，愿与秘方一道，按照中秘全面战略伙伴关系的要求，增进政治互信，深化互利合作，推动中秘关系迈向更高水平，并希望秘方继续为推动中拉整体合作发挥积极作用。中国全国人大与秘鲁国会在各自国家政治生活中具有重要地位，应把两国议会间的友好关系提升到新的更高水平，这有利于加深相互了解、增进政治互信、促进务实合作，也符合两国的发展战略和两国人民的根本利益。双方应保持高层互访势头，加强各层次友好往来，

发挥中秘友好小组的平台作用，把治国理政、民主法制建设方面的情况交流作为合作重点，不断丰富合作内容，提升合作水平，为中秘全面战略伙伴关系发展作出应有贡献。奥塔罗拉说，秘鲁政府、国会和各政党高度重视发展与中国的关系，良好的秘中关系使秘鲁受益匪浅。秘鲁国会愿进一步加强与中国全国人大的合作，创造良好的法制环境，促进两国在投资、矿产、农产品、旅游等领域的合作，实现互利共赢、共同发展。

同日，国家副主席李源潮在北京会见奥塔罗拉。李源潮说，中国坚持从战略高度看待中秘关系，愿同秘鲁一道，加强高层交往，扩大贸易、能矿、金融、基础设施、农业、人文等领域互利合作，推动中秘全面战略伙伴关系持续健康深入发展。奥塔罗拉表示，愿在相互理解、相互支持基础上巩固秘中人民友谊，发展务实合作，推动秘中关系全面发展。

1月12—15日

[纲　文]　应国家主席习近平邀请，保加利亚共和国总统罗森·普列夫内利耶夫对中国进行国事访问。

[目　文]　1月13日，习近平在人民大会堂同普列夫内利耶夫举行会谈。两国元首积极评价双边关系发展历程，并就未来两国合作作出规划，决定建立中保全面友好合作伙伴关系。习近平说，中保建交65年来，尽管国际形势和两国国情都发生了许多变化，但双边关系一直平稳健康发展。建立全面友好合作伙伴关系是双方第一次对两国关系作出清晰、明确定位，为双边关系未来发展指明了方向。双方应共同努力，推动中保关系在新时期取得更大发展。欧洲是当今世界重要力量，中国重视欧洲的地位和作用，支持欧洲一体化进程。中国—中东欧国家合作是中欧关系重要组成部分，有利于促进中国和中东欧国家各自发展，也有利于推动中欧关系全面均衡发展。中方愿同中东欧国家一道，不断加强双方合作。普列夫内利耶夫表示，保加利亚是第二个同中华人民共和国建交的国家。在两国历代领导人共同缔造和引领下，保中传统友谊不断传承和深化。保方视中国为在亚洲最重要的合作伙伴，愿以庆祝两国建交65周年为重要契机，扩大互利合作，将两国关系提升到更高水平。保加利亚是中国在欧盟内值得信赖的好朋友，愿为推动欧中关系发展作出更大贡献。保方赞赏中方关于加强中国—中东欧国家合作的举措，愿积极参与这一进程，使其成为地区合作的典范。会谈后，双方发表《中华人民共和国和保加利亚共和国建立全面友好合作伙伴关系的联合公报》。两国政府海运协定、互设文化中心备忘录等合作文件同时签署。

1月14日，国务院总理李克强在人民大会堂会见普列夫内利耶夫。李克强指出，中保全面友好合作伙伴关系的建立，将推动双方深化务实合作，扩大各领域交流，推动两国关系取得更大发展。中方在高铁、高速公路、核电、水电等领域拥有先进技术和丰富经验，愿积极参与保基础设施建设。中方鼓励中国企业赴保开展农产品贸易、农业科研开发等合作，支持两国扩大旅游合作。普列夫内利耶夫表示，保方愿与中方扩大基础设施建设、农业、教育、科技、旅游等合作，将两国深厚的传统友谊和良好的政治关系转化为更多务实合作成果。保方欢迎中国企业赴保投资兴业,将提供便利条件。保加利亚愿为推动欧中关系和中东欧国家—中国合作发挥积极和建设性作用。

1月14日,全国人大常委会委员长张德江在人民大会堂会见普列夫内利耶夫。张德江表示,中国全国人大与保加利亚议会之间有很好的合作基础,随着两国关系不断深入发展,双方应开展更加紧密的合作,不仅要在立法、治国理政等方面加强经验交流,而且要发挥议会独特的作用,在经贸、地方、人文等互利合作方面做一些扎扎实实的工作,为促进双边关系发展汇集更多正能量。普列夫内利耶夫表示,保加利亚议会高度重视对华友好,愿为推动保中关系发展作出积极贡献。

1月12日

[纲 文] 中国证券监督管理委员会发布《关于加强新股发行监管的措施》。

[目 文] 《措施》指出,根据《中国证监会关于进一步推进新股发行体制改革的意见》(证监会公告〔2013〕42号)和《证券发行与承销管理办法》(证监会令第95号),为进一步加强首次公开发行股票过程监管,现提出以下措施:一、中国证监会将对发行人的询价、路演过程进行抽查,发现发行人和主承销商在路演推介过程中使用除招股意向书等公开信息以外的发行人其他信息的,中止其发行,并依据相关规定对发行人、主承销商采取监管措施。涉嫌违法违规的,依法处理。二、如拟定的发行价格(或发行价格区间上限)对应的市盈率高于同行业上市公司二级市场平均市盈率,发行人和主承销商应在网上申购前三周内连续发布投资风险特别公告(以下简称风险公告),每周至少发布一次。风险公告内容至少包括:(一)比较分析发行人与同行业上市公司的差异及该差异对估值的影响;提请投资者关注发行价格与网下投资者报价之间存在的差异。(二)提请投资者关注投资风险,审慎研判发行定价的合理性,理性作出投资决策。发行人应依据《上市公司行业分类指引》确定所属行业,并选取中证指数有限公司发布的最近一个月静态平均市盈率为参考依据。三、中国证监会和中国证券业协会将对网下报价投资者的报价过程进行抽查。发现网下报价投资者不具备定价能力,或没有严格履行报价评估和决策程序、未能审慎报价的,中国证券业协会应将其列入黑名单并定期公布,禁止参与首次公开发行股票的网下询价。主承销商允许不符合其事先公布条件的网下投资者参与询价和配售的,中国证监会依据有关规定严肃处理。

《措施》自发布之日起施行。

1月12日

[纲 文] 中国完成首次300米饱和潜水海上作业(实际下潜深度313.5米),标志着中国饱和潜水作业技术的实际能力已达到世界先进水平。

1月12日

[纲 文] "嫦娥三号"月球着陆器自主唤醒,标志着中国突破探测器月夜生存技术。

[目 文] 本日8时21分,"嫦娥三号"月球着陆器受光照自主唤醒。此前,"玉兔"

号月球车已于11日5时9分实现自主唤醒。两器安全度过长达14天的第一个月夜的极低温环境，标志着中国成功突破探测器月夜生存技术。

1月12日

［纲　文］《人民日报》发表题为《用好作风凝聚正能量——"我们为什么赢得良好开局"之六》的评论员文章。

1月13—15日

［纲　文］中国共产党第十八届中央纪律检查委员会第三次全体会议在北京举行。

［目　文］中共中央总书记、国家主席、中央军委主席习近平出席全会并发表讲话。李克强、张德江、俞正声、刘云山、王岐山、张高丽等党和国家领导人出席会议。出席会议的中央纪委委员128人，列席299人。全会由中央纪律检查委员会常务委员会主持。全会的主要任务是：高举中国特色社会主义伟大旗帜，以邓小平理论、"三个代表"重要思想、科学发展观为指导，深入贯彻党的十八大和十八届二中、三中全会精神，回顾总结2013年党风廉政建设和反腐败工作，研究部署2014年任务。全会增选杨晓渡为中共中央纪律检查委员会常务委员会委员、副书记。

1月13日，王岐山代表中央纪委常委会作了题为《聚焦中心任务，创新体制机制，深入推进党风廉政建设和反腐败斗争》的工作报告。王岐山指出，2013年是贯彻落实党的十八大精神的开局之年。习近平总书记对加强党风廉政建设和反腐败工作作出一系列重要指示，强调党要管党、从严治党，严明党的纪律，坚定不移改进作风、惩治腐败。在党中央坚强领导下，全党对党风廉政建设和反腐败斗争重要性的认识不断提高，各级党委的主体责任和纪委的监督责任不断强化，党风廉政建设和反腐败斗争取得新进展，得到党中央肯定和人民群众拥护，增强了全党全社会对党风廉政建设和反腐败斗争的信心。2014年，各级纪检监察机关要认真贯彻习近平总书记系列重要讲话精神，坚持党要管党、从严治党，加强党对党风廉政建设和反腐败工作统一领导，聚焦中心任务，推进改革创新，加强反腐败体制机制创新和制度保障；严明党的各项纪律，坚决克服组织涣散、纪律松弛现象；深入落实中央八项规定精神，强化执纪监督，坚持不懈纠正"四风"；加大对违纪违法党员干部审查力度，保持惩治腐败高压态势；加强纪检监察干部队伍建设，提高履职能力，坚定不移把党风廉政建设和反腐败斗争引向深入。

1月14日，习近平在全会上发表讲话。习近平指出，2013年，党中央高度重视党风廉政建设和反腐败斗争。坚决反对腐败，防止党在长期执政条件下腐化变质，是我们必须抓好的重大政治任务。反腐败高压态势必须继续保持，坚持以零容忍态度惩治腐败。习近平强调，要以深化改革推进党风廉政建设和反腐败斗争，改革党的纪律检查体制，完善反腐败体制机制，增强权力制约和监督效果，保证各级纪委监督权的相对独立性和权威性。要强化制约，科学配置权力，形成科学的权力结构和运行机制。要强化监督，着力改进对领导干部特别是一把手行使权力的监督，加强领导班子内部监督。要强化公开，依法公开权力运行流程,让广大干部群众在公开中监督,保证权力正确行使。要落实党委的主体责任和纪委的监督责任,强化责任追究,不能让制度成为纸老虎、稻草人。各项改革举措要体现惩治和预防腐败要求,同防范腐败同步考虑、同步部署、同步实施,堵塞一切可能出现的腐败漏洞,保障改革健康顺利推进。习近平指出,民主集中制、党内组织生活制度等党的组织制度都非常重要,必须严格执行。要切实加强组织管理,引导党员、干部正确对待组织的问题,言行一致、表里如一,讲真话、讲实话、讲心里话,接受党组织教育和监督。要切实执行组织纪律,不能搞特殊、有例外,各级党组织要敢抓敢管,使纪律真正成为带电的高压线。

中共中央政治局委员、中央书记处书记,全国人大常委会有关领导同志,国务委员,最高人民法院院长,最高人民检察院检察长,全国政协有关领导同志以及中央军委委员等出席会议。中央纪律检查委员会委员,中央和国家机关各部委、各人民团体、军队及武警部队负责人等参加会议。各省、自治区、直辖市和新疆生产建设兵团设立分会场。

1月13日

[纲 文] 国务院总理李克强在中南海紫光阁会见美国《科学》杂志主编麦克纳特。

[目 文] 会见中,李克强就科学技术、航天、教育、气候变化、环境保护等问题回答了麦克纳特的提问。李克强表示,尊重科学、尊重知识是中华民族的优良传统。当今时代,科学技术不仅关乎经济社会发展,而且事关民生改善。科技发展对于促进中国经济提质增效升级至关重要。2013年,中国创新宏观调控方式,克服诸多困难和挑战,实现经济稳中向好,其中科技创新发挥了积极的助推作用。新形势下,中国将继续深化改革,冲破体制机制制约,把人的创造力作为推动创新的核心,更多依靠科技创新引领和支撑,促进经济持续发展和社会不断进步。

麦克纳特祝贺中国"嫦娥三号"不久前成功登月,祝愿中国在航天、空间探索等领域取得更大成就。她表示,中国高度重视科学,充分利用科学技术发展经济,改善民生,积极应对气候变化、环境污染等全球性挑战,开展对外科学合作,为发展中国家培养科技人才,这将有力促进中国和世界的可持续发展。《科学》杂志期待同中方进一步加强交流与合作。

1月13日

[纲 文] **第13次李四光地质科学奖颁奖大会在北京召开,张高丽与出席会议的地质科技工作者座谈。**

[目 文] 张高丽说,新中国成立特别是改革开放以来,通过以李四光为代表的一代代地质工作者的不懈努力,中国地质事业从小到大、不断发展,取得了举世瞩目的成就。地质科技队伍以献身地质事业为荣、以艰苦奋斗为荣、以找矿立功为荣,是一支特别能吃苦、特别能忍耐、特别能战斗、特别能奉献的队伍,为中国经济社会发展作出了重要贡献。全面深化改革,促进经济社会持续健康发展,对做好地质工作提出了新任务、新要求。要着力加强成矿理论和找矿技术方法等研究,加快实现地质找矿突破,为保障国家

能源资源安全奠定更加坚实的基础。进一步拓宽地质工作服务领域，加强城市地质、农业地质、工程地质、海洋地质工作，提升防灾减灾和保护地质环境的能力，为新型城镇化建设、现代农业发展、重大工程建设、发展海洋经济提供有力支撑。

张高丽要求，国土资源部门要立足全局，履行职能，加强对地质工作的指导、管理和服务。认真总结经验，发扬优良传统和作风，充分发挥地质队伍的作用。加快形成多元投入格局，健全完善矿业权市场、资本市场和中介服务市场体系，充分发挥市场机制的作用。实施创新驱动发展战略，加快构建地质科技新机制，支持实施一批重大地质科技专项，充分发挥科技进步的作用。各级政府和有关部门要高度重视地质工作，在国民经济和社会发展规划中进一步突出地质工作。加大财政支持力度，健全地质工作经常性投入机制。积极参与国际矿业规则的制定和协调，进一步深化资源领域的国际交流与合作。

李四光地质科学奖设立于1989年，每两年评选一次，是中国地质行业最高层次的科学技术奖项。有14位优秀地质科技工作者获得第13次李四光地质科学奖。

1月13日

[纲　文]　中央军委副主席许其亮在北京会见丹麦国防大臣尼古拉·瓦门。

[目　文]　许其亮说，近年来，中丹两军关系稳步向前发展。双方应继续保持高层交往，加强专业技术领域交流，推动人员培训合作。中方愿与丹方共同努力，推动两军友好合作不断向更高水平发展。

瓦门表示，丹方重视开展与中国军队的友好合作和交流，愿继续推动双方在国际维和、护航等各领域友好关系深入发展。

1月13日

[纲　文]　环境保护部批准《环境标志产品技术要求 轻型汽车》等4项标准为国家环境保护标准，自2014年3月1日起实施。

1月13日

[纲　文]　环境保护部批准《环境空气 醛、酮类化合物的测定 高效液相色谱法》等5项标准为国家环境保护标准，自2014年4月1日起实施。

1月13—14日

[纲　文]　全国能源工作会议在北京举行。

[目　文]　国家发展改革委主任徐绍史出席会议并讲话。国家发展改革委副主任、国家能源局局长吴新雄作了工作报告。

会议指出，落实国务院关于《大气污染防治行动计划的通知》（简称《大气一条》）是2014年能源工作的重点之一。国家将严格控制京津冀、长三角、珠三角等区域煤电项目，新建项目禁止配套建设自备燃煤电厂，除热电联产外，禁止审批新建燃煤发电项目。2014年，京津冀鲁将实施联防联控，削减原煤消费1700万吨。全国将关停小火电机组200万千瓦，煤电机组争取实现100%脱硫、70%脱硝。确保2015年底前，京津冀、长三角、珠三角等区域内重点城市供应符合国Ⅴ标准的车用汽、柴油；2017年底前，全国供应符合国 V 标准的车用汽、柴油。东部煤电的减少由西部电力补充。要加快煤电基地和外送通道建设，在具备水资源、环境容量的煤炭富集地区建设大型煤电基地，加快配套输电通道建设，增加向京津冀、长三角、珠三角等重点区域的清洁电力供应。

2014 年能源工作要重点做好十个方面工作：一是转变能源消费方式，控制能源消费总量过快增长。二是认真落实大气污染防治措施，促进能源结构优化。三是大力发展清洁能源，促进能源绿色发展。四是加快石油天然气发展，提高安全保障能力。五是优化布局，推进煤炭煤电大基地和大通道建设。六是以重大项目为载体，大力推进能源科技创新。七是深化能源国际合作，拓展我国能源发展空间。八是加快能源民生工程建设，提高能源普遍服务水平。九是推进体制机制改革，强化能源监管。十是加强能源行业管理，转变政府职能，减少行政审批，创新能源管理方式，强化战略、规划、政策、措施、监管与服务，推进能源法制建设，强化战略规划政策引导，创新审批（核准）备案机制，服务地方经济社会发展，服务能源企业科学发展，加强能源统计监测和预警，切实提高能源管理效能。

中共中央、全国人大、国务院、全国政协有关部门，各省（自治区、直辖市）发展改革委、能源局、经信委、煤炭主管部门、大型能源企业有关负责人，以及相关行业协会代表参加了会议。

1 月 13 日

［纲　文］　《人民日报》发表题为《更加注重活动系统设计——认真扎实做好第二批活动准备工作之一》的评论员文章。

1 月 13 日

［纲　文］　《人民日报》发表题为《完成"三个任务"实现光荣使命——二论学习贯彻习近平同志在中央政法工作会议重要讲话》的评论员文章。

1 月 14 日

［纲　文］　国务院召开防震减灾工作联席会议。

［日　文］　会议由国务院副总理、抗震救灾指挥部指挥长汪洋主持召开。会议听取了国家地震局等有关部门和专家关于 2013 年防震减灾工作情况汇报以及 2014 年地震趋势分析意见，研究部署了防震减灾重点工作。

汪洋指出，要充分认识做好防震减灾工作的重要性和紧迫性，坚持预防为主、防御与救助相结合的工作方针，坚持统一指挥、协调联动的工作机制，坚持突出重点、全面防御的工作思路，统筹推进监测预报、震害防御、应急救援三大体系建设，不断提升防震减灾和抗震救灾能力，最大限度减轻地震灾害损失。要清醒认识我国地震多发的国情和当前地震活跃的态势，强化震情跟踪监视，力争做出有减灾实效的预测预报。要瞄准实际需求，大力推进地震科技创新。要因地制宜开展地震宣传教育，提升群众防灾意识和自救互救能力。有关地区要按照防大震要求，认真做好应急预案和各项应急准备工作，做好城乡老旧房屋、重要基础设施和次生灾害源隐患排查和抗震加固，夯实抗震设防基础。

1月14日

[纲　文]　俞正声主持召开政协第十二届全国委员会第十一次主席会议。

[目　文]　会议通报了中共政协全国委员会党组2014年工作要点，审议通过了政协第十二届全国委员会第二次会议议程（草案）和日程（草案）、政协全国委员会重点提案遴选与督办办法、全国政协2014年双周协商座谈会安排；书面审议了政协全国委员会2013年度对外交往工作总结（稿）、政协全国委员会办公厅关于2013年委员视察考察工作情况的报告（草案）、政协全国委员会办公厅关于2013年反映社情民意信息工作情况的报告（草案）、政协全国委员会各专门委员会2013年工作总结（稿）。会议决定将上述有关草案（稿）提请政协十二届常委会第四次会议审议。

会议审议通过了撤销黄峰平、杨刚、李崇禧政协第十二届全国委员会委员资格，免去杨刚经济委员会副主任职务的决定，并决定在第四次常委会议上追认。全国政协副主席兼秘书长张庆黎、全国政协提案委员会副主任干以胜等分别就有关议题作了通报和说明。

全国政协副主席杜青林、韩启德、董建华、万钢、林文漪、罗富和、李海峰、陈元、卢展工、马飚、齐续春、陈晓光、马培华、刘晓峰、王钦敏出席会议。

1月14日

[纲　文]　中央精神文明建设指导委员会第二次全体会议在北京召开。

[目　文]　中共中央政治局常委、中央精神文明建设指导委员会主任刘云山在讲话中强调，要广泛开展中国特色社会主义和中国梦宣传教育，着力培育和践行社会主义核心价值观，深入推进群众性精神文明创建，不断提升公民文明素质和社会文明程度，为促进全面深化改革、推动经济持续健康发展、维护社会和谐稳定提供有力的思想保证、精神动力和道德支撑。

刘云山指出，精神文明建设重在建设，建设的是思想、精神，建设的是道德、风尚。要切实抓好习近平总书记系列讲话精神学习，凝聚思想共识、汇聚精神力量，坚定人们在中国特色社会主义道路上实现中国梦的信念和信心。要扎实推进未成年人思想道德建设和大学生思想政治教育，广泛开展主题道德实践活动，推动社会主义核心价值观深入人心、见诸行动。要顺应时代发展进步要求，从新的高度来认识、推进和深化群众性精神文明创建。要加大对突出问题的整治力度，把治标与治本结合起来，引导人们讲道德、守底线，引导全社会讲文明、树新风。要针对诚信缺失问题，加强对失信行为的惩戒，营造守信光荣、失信可耻的氛围；针对铺张浪费问题，弘扬节俭的传统美德；针对出游不文明问题，开展文明旅游宣传教育，以重点问题的解决带动精神文明创建再上新台阶。

刘云山指出，抓精神文明建设，一般号召容易、具体落实难，必须坚持虚功实做，弘扬务实作风。要对确定的目标和认准的事情扭住不放，保持一抓到底的劲头，抓一件成一件、积小胜为大胜。要一切从实际出发,不提不切实际的口号,不搞劳民伤财的形象工程、政绩工程,不搞增加基层负担的评比检查。要强化群众观点、践行群众路线,使精神文明建设工作接地气、顺民意、贴近群众需求、更加富有成效。要研究新形势下精神文明建设规律,推进内容形式、方法手段创新,关注特殊群体、扩大工作覆盖,关注基层一线、鼓励基层创造,不断提高精神文明建设的水平和成效。

中央精神文明建设指导委员会副主任刘延东、刘奇葆出席会议并讲话。

1月14日

[纲 文] 中共中央印发修订后的《党政领导干部选拔任用工作条例》,并发出通知,要求各地区各部门结合实际认真遵照执行。

[目 文] 通知指出,2002年中央颁布的《党政领导干部选拔任用工作条例》,在规范干部选拔任用工作,建立健全科学的选拔任用机制,防止和纠正选人用人上不正之风等方面,发挥了十分重要的作用。但随着干部工作形势任务和干部队伍状况的变化,《干部任用条例》已经不能完全适应新的要求,中央决定予以修订。修订后的《干部任用条例》,体现了中央对干部工作的新精神新要求,吸收了干部人事制度改革的新经验新成果,根据新形势新任务对干部选拔任用制度进行了改进完善,是做好党政领导干部选拔任用工作的基本遵循,也是从源头上预防和治理选人用人不正之风的有力武器。它的颁布实施,对于贯彻落实党的十八大、十八届三中全会精神和全国组织工作会议精神,把信念坚定、为民服务、勤政务实、敢于担当、清正廉洁的好干部标准落实到干部选拔任用工作中去,建立健全科学的干部选拔任用机制和监督管理机制,解决干部工作中的突出问题,建设高素质的党政领导干部队伍,保证党的理论、路线、方针、政策全面贯彻执行和中国特色社会主义事业顺利发展,具有十分重要的意义。

通知要求,各级党委(党组)及其组织(人事)部门一定要认真学习、大力宣传、严格执行修订后的《干部任用条例》,用以统一思想、规范工作、解决问题。党政主要领导同志要增强政治纪律、组织人事纪律观念,带头遵守《干部任用条例》,规范行使选人用人权。组织(人事)部门要精通《干部任用条例》,坚持公道正派、按章办事,为选准用好干部把好关。要坚持党管干部原则,完善干部选拔任用方式方法,发挥党组织在干部选拔任用工作中的领导和把关作用。要坚持干部工作的群众路线,坚持群众公认,充分发扬民主,改进民主推荐和民主测评,提高干部工作民主质量,防止简单以票取人、以分取人。要改进干部考察工作,加强对政治品质和道德品行、科学发展实绩、作风表现、廉洁自律情况的考察,全面历史辩证地评价干部。要全面准确地贯彻民主、公开、竞争、择优方针,完善公开选拔、竞争上岗等竞争性选拔方式,进一步推进干部人事制度改革。要落实党要管党、从严治党的要求,从严培养选拔干部,从严管理监督干部,加强对干部选拔任用工作和《干部任用条例》执行情况的监督检查,坚决整治和严厉查处跑官要官、拉票贿选等选人用人上的不正之风。要按照《干部任用条例》完善相关配套制度,努力形成系统完备、科学规范、有效管用、简便易行的选人用人制度体系。

1月14日

［纲　文］　国务委员兼国防部长常万全在北京与丹麦国防大臣尼古拉·瓦门举行会谈。

［日　文］　常万全说，中丹两军关系是两国关系的重要组成部分。中国军队对发展两军关系持积极态度，希望双方在现有合作基础上，深化各领域交流合作，推动两军关系向着更加务实的方向不断发展。

瓦门表示，丹麦重视发展对华关系，丹麦军队愿与中国军队加强在护航和国际维和等领域的交流与合作。

1月14日

［纲　文］　农业部召开全国渔业渔政工作电视电话会议。

［日　文］　会议总结了2013年渔业渔政发展取得的成绩，对做好2014年渔业重点工作作出了部署和安排。会议指出，2013年中国渔业经济发展继续保持良好态势。2013年全国渔业经济总产值达到19920亿元，比上一年增长15%；水产品产量达到6172万吨以上，增长4.5%。远洋渔业总产量130万吨，产值140亿元，增幅均超过6%；出口量、出口额双增长；全国渔民人均纯收入达13039元，比上年增加1783元，涨幅15.84%；以船为家渔民上岸安居工程启动实施，中央预算内投资安排5亿元，江苏、浙江、安徽等8省（区）渔民首次享受到中央保障房政策。

会议指出，全国渔业渔政队伍肩负着兴渔、治渔的重要职责，要不断提高行政能力，全面履行法定职责，强化公共管理和服务职能。要切实做好新形势下渔业渔政管理工作，认真履行渔业行政管理职能，切实加强渔政执法工作。要以十八届三中全会精神统领渔业渔政改革发展，着力研究、推进五方面工作。一是稳定和完善渔业基本经营制度。通过创新渔业生产经营体制机制，构建集约化、专业化、组织化、社会化相结合的新型渔业经营体系，进一步解放和发展渔业生产力。二是全面贯彻生态优先的发展理念。坚持生态优先、养捕结合和以养为主的发展方针，切实转变发展方式，坚持生态优先，尊重自然，顺应自然，保护自然，实现健康可持续的发展。三是丰富和做强现代渔业产业体系。充分发挥市场在资源配置中的决定性作用，因势利导，拓展渔业发展、渔民增收的新空间，实现渔业发展和管理的转型升级。四是继续扩大渔业对外开放。要保持水产品国际贸易稳定协调发展，积极稳妥发展远洋渔业，谋划推进水产养殖走出去，构建多功能海洋渔业综合开发基地，全面提高利用"两种资源、两个市场"的能力和水平。五是完善和强化渔业渔政支持保护政策。要在理顺政府和市场关系的基础上，从投入、金融保险、公共服务、法制等方面入手，完善和强化渔业渔政支持保护制度。

1月14日

［纲　文］　国家体育总局、财政部联合印发《关于推进大型体育场馆免费低收费开放的通知》。

［日　文］　《通知》要求，大型体育场馆和区域内的公共体育场地和设施应免费、低

收费向社会开放。每周开放时间不少于35小时，全年开放时间不少于330天。公休日、法定节假日、学校寒暑假期间等，每天开放时间不少于8小时。同时，大型体育场馆每年应免费向公众提供基本公共体育服务，包括举办一定次数的公益性体育赛事、体育讲座、展览、体育技能培训以及国民体质测试等。各地体育部门所属大型体育场馆应在2014年2月1日前向社会免费或低收费开放。

1月14日

[纲　文]　国家发改委印发《重点流域水污染防治项目管理暂行办法》。

[目　文]　《办法》规定，国家发改委将根据年度投资规模，并结合各地建设任务、资金需求、污染物削减任务等因素，合理确定各地年度投资额度。单个项目的中央补助投资上限一般由项目估算投资和中央投资补助比例确定。污水和垃圾处理类项目估算投资一般按建设规模和建设内容测算。水环境综合治理类项目的估算投资按与水污染治理直接相关的清淤截污等工程造价确定。其他项目的估算投资一般不超过规划投资。中央补助投资优先支持污水和垃圾处理项目建设，对于规划内污水和垃圾处理类项目较少或已基本完成项目建设的湖库，中央补助投资可适当支持水环境综合治理等类型项目建设。

1月14日

[纲　文]　教育部印发《关于进一步做好小学升入初中免试就近入学工作的实施意见》。

[目　文]　《意见》体现了义务教育"就近入学"的基本原则，明确要求县级教育行政部门根据适龄学生人数、学校分布、所在学区、学校规模、交通状况等因素，依街道、路段、门牌号、村组等，为每一所初中合理划定对口小学，即单校划片。对于城市老城区暂时难以实行单校划片的，可按照初中新生招生数和小学毕业生基本相当的原则为多所初中划定同一招生范围，即多校划片。优质初中要纳入多校划片范围。

《意见》要求片区划定后保持相对稳定，相关信息要事先告知，切实保障家长、学生的知情权；要统一实施，县级教育部门统一组织小学生毕业信息登记、入学志愿征集，统一受理、审核入学申请，集中公示招生录取结果；要全程监督，邀请有关部门和代表参与，主动接受监督，杜绝暗箱操作，徇私舞弊。

《意见》要求由省级教育行政部门依法制定随迁子女初中入学的政策措施，县级教育行政部门做好组织实施；实行校长教师交流轮岗；推进学校联盟或集团化办学模式；将不低于50%的优质高中招生名额合理分配到区域内初中并完善操作办法；将初中和小学结合成片进行统筹管理，提倡多校协同、资源整合、九年一贯。

《意见》强调，小升初工作要全面接受社会监督，实行阳光招生。

1月14日

[纲　文]　国家邮政局印发《无法投递又无法退回邮件管理办法》，自发布之日起施行。

1月14日

［纲　文］　《人民日报》发表题为《把握严格执法公正司法新要求——三论学习贯彻习近平同志在中央政法工作会议重要讲话》的评论员文章。

1月14日

［纲　文］　《人民日报》发表题为《更加注重发挥群众积极性——认真扎实做好第二批活动准备工作之二》的评论员文章。

1月15日

［纲　文］　李克强主持召开国务院党组会议。

［目　文］　会议传达学习了习近平总书记在十八届中纪委三次全会上的重要讲话和全会精神，研究部署了政府系统廉政建设和反腐败工作。会议强调，要以坚决的态度、改革的举措，把政府系统廉政建设和反腐败工作不断推向深入。

会议指出，2013年，国务院党组按照党中央要求，着力从转变政府职能、简政放权、推动政务信息公开、加强审计、严格执行中央八项规定和国务院"约法三章"、加大行政问责力度等入手，规范权力运行，推进廉洁政府、俭朴政府、法治政府建设，取得明显成效。2014年，要继续持之以恒抓好政府系统廉政建设和反腐败工作。

会议强调，2014年要按照习近平总书记讲话要求重点抓好六项工作。一是继续严格执行中央八项规定和国务院"约法三章"，严肃查处顶风违规违纪行为。二是加强反腐倡廉制度建设。认真执行领导干部报告个人事项等制度。三是加强监察和审计，配合有关部门对腐败问题一查到底，对腐败分子"零容忍"。四是继续把简政放权作为改革和廉政建设的重点，公布行政审批目录清单，简化规范审批流程，坚持"放""管"结合。五是进一步深化政务公开。重点推进财政预算决算公开，接受社会监督。六是严明纪律确保政令畅通。各级政府要加强对党中央、国务院重大决策部署落实情况的督促检查，对措施不力、落实不到位的严肃问责。

国务院党组决定，制定加强国务院党组和机关自身建设的意见，带头做廉洁自律、勤政为民的表率。严格落实党风廉政建设责任制，坚持"一岗双责"，既抓好工作，又带好队伍。

会议要求抓紧筹备国务院第二次廉政工作会议。

张高丽、刘延东、汪洋、马凯、常万全、杨洁篪、郭声琨、王勇等参加了会议。

1月15日

［纲　文］　李克强主持召开国务院常务会议。

［目　文］　会议就加快建设社会信用体系、构筑诚实守信的经济社会环境作出了部署，讨论通过《中华人民共和国安全生产法修正案（草案）》。

会议认为，信用是市场经济的"基石"。加快建设社会信用体系，是完善社会主义市场经济体制的基础性工程，既有利于发挥市场在资源配置中的决定性作用、规范市场秩序、降低交易成本、增强经济社会活动的可预期性和效率,也是推动政府职能转变、简政放权、更好做到"放""管"结合的必要条件。抑制不诚信行为,对鼓励创业就业、刺激消费、保障和改善民生、促进社会文明进步,也极其重要、势在必行。但信用缺失仍是我国发展中突出的"软肋"。制假售假、商业欺诈、逃债骗贷、学术不端等屡见不鲜,广大企业和公众深受其害。必须采取有力措施,切实改善社会信用状况。

会议原则通过《社会信用体系建设规划纲要(2014—2020年)》,并要求:一是全面推进包括政务诚信、商务诚信、社会诚信等在内的社会信用体系建设。政府要以身作则,带头推进政务公开,依法公开在行政管理中掌握的信用信息,提高决策透明度,以政务诚信示范引领全社会诚信建设。二是加强基础建设。制定全国统一的信用信息采集和分类管理标准,推动地方、行业信用信息系统建设及互联互通,逐步消除"信息孤岛",构建信息共享机制,在保护涉及公共安全、商业秘密、个人隐私等信用信息的基础上,依法使各类社会主体的信用状况透明、可核查,让失信行为无处藏身。三是用好社会力量。企业要把诚信经营作为安身立命之本,切实做到重合同、守信用。发挥行业组织自律和市场机制作用,培育和规范信用服务市场,形成全社会共同参与、推进信用体系建设的合力。四是加快推动立法。把健全相关法律法规和标准体系作为重要基础性工作,列入立法规划尽快推进实施,使信用体系建设有法可依。

会议通过《中华人民共和国安全生产法修正案(草案)》。草案更加突出事故隐患排查治理和事前预防,重点强化了三方面的要求:一是强化落实企业主体责任,对重大安全隐患加大处罚力度;二是强化政府监管,完善监管措施,扩大监管范围,严肃查处监管人员失职渎职、不作为等行为;三是强化安全生产责任追究,加重对违法违规行为特别是责任人的处罚,让肇事者、责任人付出更大的代价。会议指出,安全生产事关人民生命安全和经济社会发展大局。要认真汲取用生命和鲜血换来的教训,加大执法力度,用更严格的法制筑牢安全生产防线,坚决遏制安全生产事故易发多发状况,尤其是防范重特大事故发生。会议决定,草案经进一步修改后提请全国人大常委会审议。

1月15日

[纲 文] 张德江主持召开全国人大常委会党组会议。

[目 文] 会议传达学习了习近平总书记在十八届中央纪委第三次全会上的讲话和全会精神,就全面落实党风廉政建设和反腐败斗争作出了总体部署。

会议强调,习近平总书记的讲话,是未来一个时期推进党风廉政建设和反腐败斗争的重要指导性文件,对巩固党的执政地位、确保国家长治久安具有重要意义。全国人大常委会党组要结合自身建设,学习好、领会好、落实好习近平总书记的讲话精神,坚持不懈、持之以恒地推进党风廉政建设和反腐败斗争,以更大的决心和更大的力度抓好贯彻落实,切实把各项工作做得更好。

会议指出,党的十八大以来,以习近平同志为总书记的党中央旗帜鲜明、态度坚决、坚强有力地深入推进党风廉政建设和反腐败斗争,开创了新局面,取得了明显成效,极大地提振了全党的信心。面对当前严峻复杂的反腐败斗争形势，我们要深刻认识反腐败斗争的长期性、复杂性和艰巨性，充分认识党风廉政建设和反腐败斗争面临的新形势、新任务和新要求，坚持党要管党、从严治党，把党风廉政建设和反腐败斗争作为重大的政治任务，切实担负起党风廉政建设主体责任，落实好惩治和预防腐败体系规划，带头成为改进作风、反对腐败的表率，永葆党的先进性和纯洁性。

会议强调，要严明党的组织纪律、增强组织纪律性，自觉地在思想上政治上行动上与党中央保持高度一致。全国人大各级党组织和党员干部要着力增强政治意识，坚决反对有令不行、有禁不止的行为。要切实增强党性，严格执行、自觉遵守党的组织纪律，按规矩做事办事。要健全组织生活，严格执行民主集中制，自觉接受党组织和群众监督。要加强纪律监督，强化纪律约束，切实解决执行纪律和制度失之于软、失之于宽的问题。

会议强调，要全面落实依法治国基本方略，通过健全法律制度规范权力运行，预防和惩治腐败。要充分发挥最高国家权力机关的职能作用，加强立法工作，进一步从法律制度上加强对公共权力的监督和制约，通过完备的法律和有效的实施，切实把权力关进制度的笼子里。要加强人大代表思想、作风建设，增强代表为人民服务的责任感使命感，强化代表履行法定义务的观念，健全代表接受监督的制度，坚决维护人民代表大会制度的权威和尊严，维护宪法法律的权威和尊严。

1月15日

［纲　文］　中央党校举行2013年秋季学期毕业典礼。

［目　文］　中共中央政治局常委、中央党校校长刘云山出席毕业典礼，并为学员颁发毕业证书。

中央党校本期毕业学员共537人。中央党校常务副校长何毅亭在毕业典礼上讲话，希望学员们坚持深入学习贯彻党的十八届三中全会精神和习近平总书记系列讲话精神，打好履职尽责的思想政治基础；坚持改革创新，坚持稳中求进，坚定不移推进改革开放；坚持不懈改作风，自觉践行党的群众路线。

中组部部长赵乐际和中央有关部门负责人、中央党校负责人出席毕业典礼。

1月15日

［纲　文］　国务院召开全国安全生产电视电话会议。

［目　文］　会议要求全面贯彻落实习近平总书记、李克强总理关于安全生产的重要指示批示精神，以深化改革为动力，坚持科学发展、安全发展，坚守红线、强化责任，注重预防、狠抓治本，依法治理、夯实基础，有效防范遏制重特大事故。

国务院副总理、国务院安委会主任马凯出席会议并讲话，国务委员、国务院安委会副主任郭声琨出席会议，国务委员、国务院安委会副主任王勇主持会议。

马凯指出，2013年各地区各部门各单位坚决贯彻落实党中央、国务院的决策部署，安全监管监察工作取得明显成效，事故起数和死亡人数继续下降，但事故总量仍然偏大，重特大事故多发，形势仍然十分严峻。

马凯强调，要进一步强化安全生产"红线"意识，深化安全监管体制改革，建立"党政同责、一岗双责、齐抓共管"责任体系，严格落实企业主体责任，强化地方属地监管责任。继续推动重点行业领域专项治理，突出抓好煤矿安全治本攻坚，加强道路交通和消防安全源头管控，对建设工程、人员密集场所、易燃易爆单位、地下公共场所等进一步落实安全保障规定和消防安全责任。扎实做好油气管线安全专项排查整治，建立健全督查暗访和巡视工作制度，落实隐患排查治理责任制。依法严厉打击非法违法、违规违章行为。研究构建安全生产长效机制，深入开展安全生产标准化和公共安全基础建设。

1月15日

［纲　　文］　国务院副总理马凯在中南海紫光阁会见欧盟委员会副主席兼经济与货币事务委员雷恩。

［目　　文］　马凯表示，2013年中欧各领域合作成果丰硕。当前中欧都处于各自发展的重要阶段。双方应共同努力落实《中欧合作2020战略规划》，充分发挥中欧经贸高层对话的作用，推动中欧经贸合作特别是高技术贸易取得进展，积极推进中欧投资协定谈判，深化中欧全面战略伙伴关系。

雷恩表示，中欧要以经贸合作促进各自发展，并为全球经济作出贡献。

1月15日

［纲　　文］　第二十七次全国"扫黄打非"工作电视电话会议在北京召开。

［目　　文］　中宣部部长、全国"扫黄打非"工作小组组长刘奇葆出席会议并讲话，强调要深入学习贯彻党的十八大和十八届二中、三中全会精神，学习贯彻习近平总书记系列讲话精神，着眼培育和践行社会主义核心价值观，坚持规范管理与教育引导相结合，加强日常监管，深化专项行动，推动"扫黄打非"深入开展，巩固壮大主流思想舆论，营造良好社会文化环境。

刘奇葆指出，"扫黄打非"肩负着依法治理文化市场，荡涤文化污油，保障人民群众文化权益，维护国家文化安全的重大职责。要坚决打击非法出版活动，始终保持高压态势，遏制其制作传播。要把互联网作为"扫黄打非"的主战场，健全网络信息管理机制，运用法律手段打击和遏制网上淫秽色情等有害信息，使网络空间清朗起来。要大力开展专项整治行动，严厉打击新闻敲诈和假新闻，整治少儿出版物市场，让群众真切感受到整治的效果。要切实加强知识产权保护，打击侵权盗版行为。要认真研究新情况新问题，积极探索破解工作难题的新举措新办法，牢牢掌握工作的主动权，推动"扫黄打非"不断上台阶上水平。

1月15日

［纲　　文］　**2014年全国教育工作会议在北京召开。**

［目　　文］　教育部部长袁贵仁出席会议并讲话。袁贵仁指出，2014年加快推进教

育治理体系和治理能力现代化，构建政府、学校、社会新型关系，以推进管办评分离为基本要求，以转变政府职能为突破口，建立系统完备、科学规范、运行有效的制度体系，形成政府宏观管理、学校自主办学、社会广泛参与，职能边界清晰、多元主体"共治"的格局，更好地调动中央和地方两个积极性，更好地激发学校的活力，更好地发挥社会的作用。

教育部要求，2014年要进一步推进基本公共教育服务均等化。要研究实施"国家贫困地区儿童教育发展规划"，注重农民工子女教育，支持发展农村学前教育，健全农村留守儿童关爱服务体系，启动《特殊教育提升计划》，保障每一个孩子都有学上。要保基本，统筹城乡义务教育资源均衡配置，加快发展农村教育，办好必要的教学点，使每一所学校都达到基本办学条件。抓好乡村学校和教学点教师生活补助政策。要上水平，优化学校布局，进一步提高农村学生进入重点大学比例，提升中西部地区教育水平，充分利用教育信息化，不断扩大优质教育资源覆盖面。要改进教育管理方式，简政放权，加大行政审批改革力度，统筹整合专项资金，减少各种检查活动，特别是要扩大省级政府教育统筹权和学校办学自主权。加快形成富有中国特色的教育标准体系。加快教育立法步伐。进一步完善督学、督政、监测三位一体的教育督导体系，继续开展义务教育发展基本均衡县（市、区）省级督查、国家认定，完善中小学校责任督学挂牌督导制度，开展全国义务教育质量检测。与此同时，要发挥学校主体作用，加快建设现代学校制度，完善内部治理结构。加快推进公办普通高校章程制定和核准工作。民办学校、中小学加强基层党组织等建设。强化依法办学，提高学校管理的法制化水平。坚持面向社会，引导地方本科高校转型发展，继续实施"2011"计划，推进产学研结合。

1月15日

［纲　文］　全国知识产权局局长会议在北京召开。

［目　文］　会议指出，2013年全国各地相继出台相关政策，有效引导创新主体更加注重专利质量，引导专利申请结构不断优化。同时，专利审查质量提升工作达到预期目标，全年审结发明专利35.5万件，授权20.8万件。截至2013年底，我国每万人口发明专利拥有量达4.02件，提前完成"十二五"规划确定的3.3件的目标。

国家知识产权局局长申长雨表示，2014年，国家知识产权局将继续稳步提升专利质量，挤掉专利数量上的小部分"泡沫"，强化专业市场知识产权保护，促进创新成果资本化、产业化，让专利在市场创新中发挥重要作用。

1月15日

［纲　文］　国家发展改革委公布修订后的《价格违法行为举报处理规定》，自2014年5月1日起施行。

1月15日

［纲　文］　国家体育总局公布《运动员技术等级管理办法》，自2014年3月1日起施行。

1月15日

［纲　文］《人民日报》发表题为《把党风廉政建设和反腐败斗争进行到底——一论学习贯彻习近平同志在十八届中央纪委三次全会讲话》的评论员文章。

1月15日

［纲　文］《人民日报》发表题为《更加强化问题导向——认真扎实做好第二批活动准备工作之三》的评论员文章。

1月16日

［纲　文］国家主席习近平任免驻外大使。

［目　文］习近平根据全国人民代表大会常务委员会的决定任免下列驻外大使：

一、免去孔泉的中华人民共和国驻法兰西共和国特命全权大使兼驻摩纳哥公国特命全权大使职务；任命翟隽为中华人民共和国驻法兰西共和国特命全权大使兼驻摩纳哥公国特命全权大使。

二、免去吴海龙的中华人民共和国驻欧盟使团团长、特命全权大使职务；任命杨燕怡（女）为中华人民共和国驻欧盟使团团长、特命全权大使。

三、免去刘振民的中华人民共和国常驻联合国日内瓦办事处和瑞士其他国际组织代表、特命全权大使职务；任命吴海龙为中华人民共和国常驻联合国日内瓦办事处和瑞士其他国际组织代表、特命全权大使。

四、免去柴玺的中华人民共和国驻马来西亚特命全权大使职务；任命黄惠康为中华人民共和国驻马来西亚特命全权大使。

五、免去余洪耀的中华人民共和国驻马尔代夫共和国特命全权大使职务；任命王福康为中华人民共和国驻马尔代夫共和国特命全权大使。

六、免去倪坚的中华人民共和国驻伊拉克共和国特命全权大使职务；任命王勇为中华人民共和国驻伊拉克共和国特命全权大使。

七、免去岳晓勇的中华人民共和国驻约旦哈希姆王国特命全权大使职务；任命高育生为中华人民共和国驻约旦哈希姆王国特命全权大使。

八、免去旷伟霖的中华人民共和国驻塞拉利昂共和国特命全权大使职务；任命赵彦博为中华人民共和国驻塞拉利昂共和国特命全权大使。

九、免去王作峰的中华人民共和国驻多哥共和国特命全权大使职务；任命刘豫锡为中华人民共和国驻多哥共和国特命全权大使。

十、免去宫建伟的中华人民共和国驻白俄罗斯共和国特命全权大使职务；任命崔启明为中华人民共和国驻白俄罗斯共和国特命全权大使。

十一、免去申知非的中华人民共和国驻克罗地亚共和国特命全权大使职务；任命邓英（女）为中华人民共和国驻克罗地亚共和国特命全权大使。

十二、免去杜起文的中华人民共和国驻希腊共和国特命全权大使职务；任命邹肖力为中华人民共和国驻希腊共和国特命全权大使。

十三、免去王东华的中华人民共和国驻汤加王国特命全权大使职务；任命黄华光为中华人民共和国驻汤加王国特命全权大使。

十四、免去胡山的中华人民共和国驻巴哈马国特命全权大使职务；任命苑桂森为中华人民共和国驻巴哈马国特命全权大使。

十五、免去徐宏的中华人民共和国驻巴巴多斯特命全权大使职务；任命王克（女）为中华人民共和国驻巴巴多斯特命全权大使。

十六、免去王宗来的中华人民共和国驻多米尼克国特命全权大使职务；任命李江宁为中华人民共和国驻多米尼克国特命全权大使。

1 月 16 日

［纲　文］　习近平给全体在德留学人员回信，勉励他们秉持崇高理想努力报国为民。

［目　文］　2013 年 10 月 21 日，中共中央总书记习近平在欧美同学会成立 100 周年庆祝大会上发表的讲话在广大留学人员中引起热烈反响。留德学子以全体在德留学人员名义给习近平写信，汇报了他们对个人梦、强国梦、复兴梦的感悟和体会，表达了立志为实现中华民族伟大复兴的中国梦而奋斗的决心和信心。

习近平于 1 月 16 日给全体在德留学人员回信，肯定他们心系祖国、报国为民的爱国情怀，勉励他们早日用所学所得报效祖国和人民。习近平在复信中指出，实现中华民族伟大复兴的中国梦是近代以来中华民族的夙愿，是 13 亿中国人民的共同梦想。希望广大海外学子秉持崇高理想，在中国人民实现中国梦的伟大奋斗中实现自身价值，努力书写无愧于时代的华彩篇章。

1 月 16 日

［纲　文］　俞正声主持召开全国政协党组会议。

［目　文］　会议传达学习了习近平总书记在十八届中纪委三次全会上的重要讲话和全会精神，研究部署了党风廉政建设和反腐败工作。

会议指出，党的十八大以来，以习近平同志为总书记的党中央高度重视党风廉政建设和反腐败斗争，全面推进惩治和预防体系建设，坚持"老虎"、"苍蝇"一起打，增强了全党全社会对党风廉政建设和反腐败斗争的信心。习近平总书记在十八届中纪委三次全会上的重要讲话，站在党和国家全局高度，直面问题、直指要害，既彰显党中央对腐败零容忍的鲜明态度，又作出出重拳、下猛药、用重典的强有力部署。要深刻认识反腐败斗争的长期性、复杂性和艰巨性，充分认识党风廉政建设和反腐败斗争面临的新形势、新任务和新要求，坚持党要管党、从严治党，严明党的各项纪律，坚持不懈纠正"四风"，保持惩治腐败高压态势，以改革创新精神把党风廉政建设和反腐败斗争不断引向深入。

会议强调，全国政协党组要按照习近平总书记讲话要求，2014 年着重抓好五项工作：一是要加强学习，进一步提高对反腐倡廉重要性的认识。把思想和行动统一到习近平总书记的重要讲话精神上来，把力量和智慧集中到贯彻中央决策部署中去。二是进一步健全请示报告制度，对应该请示报告的重大事项做出具体规定。三是进一步健全党风廉政建设责任制，把党风廉政建设和反腐败工作落到实处。四是进一步健全全国政协党组工作规则和民主生活会制度，对党组必须组织学习和讨论的事项要认真研究，明确提出要求。五是制定全国政协党组成员廉洁自律的规定。要创新体制机制，坚定不移地推进党风廉政建设和反腐败斗争。

全国政协副主席杜青林、张庆黎、李海峰、卢展工、马飚出席会议并发言。

1月16日

[纲　文]　**全国海洋工作会议在北京召开。**

[目　文]　会议总结回顾了2013年全国海洋工作，安排部署了2014年重点任务。国土资源部部长、党组书记、国家土地总督察姜大明出席会议并讲话。他指出，2013年，海洋系统全体干部职工开拓创新、攻坚克难，海洋经济保持较快增长，海洋综合管理全面加强，海洋生态文明建设稳步推进，海洋权益维护有力有效，海洋科考和调查取得重要进展，各方面工作都取得了显著成绩。他强调，要贯彻落实中央有关要求，清醒认识海洋工作面临的机遇和挑战，准确把握重点任务，推进海洋强国战略实施。姜大明表示，海洋工作是国土资源工作的重要组成部分，国土资源部将一如既往地支持国家海洋局工作，共同推进海洋事业又好又快发展。

国土资源部党组成员、国家海洋局党组书记、局长刘赐贵作了题为《深化改革奋发有为　推动海洋强国建设不断取得新成就》的工作报告。

1月16日

[纲　文]　**全国粮食流通工作会议在北京召开。**

[目　文]　会议指出，2013年国家粮食局启动实施"粮安工程"，粮食流通能力建设得到明显加强。试点开通白城—蚌埠、松原—岳阳两条散粮铁路运输线路，集装箱散粮运输试点进展顺利。主食产业化快速推进，"放心粮油"工程取得新进展。农户科学储粮专项新增171万户，累计达到677万户，每年可减少粮食损失15亿斤。全国各类粮食企业共收购粮食6889亿斤，同比增加517亿斤，其中最低收购价和临时收储粮食1649亿斤，同比增加1024亿斤，通过提价托市、优质优价、帮助农户整粮减损等措施促进农民增收430亿元以上。

2014年，国家粮食局要进一步做好"广积粮、积好粮、好积粮"三篇文章，认真履行粮食部门抓收购、保供给、稳粮价的行业职责，切实保障国家粮食安全；继续大力推进粮食仓储物流设施建设，抓紧打通"北粮南运"物流通道，提高西南、西北通道的接卸能力；抓好粮油加工业技改专项，促进产业优化升级；进一步实施"放心粮油"、"主食厨房"工程，大力推进节粮减损，再为242万农户配置标准化储粮装具，启动种粮大户、家庭农场和专业合作社科学储粮专项试点，在粮食流通各环节推广节粮减损新设施、新技术。

1月16日

［纲　文］　财政部印发《关于加强从土地出让收益中计提农田水利建设资金和教育资金征收管理的通知》。

［目　文］　《通知》要求各地加强从土地出让收益中计提农田水利建设资金和教育资金（以下简称"两项资金"）的征收管理工作。

《通知》说，市县财政部门要严格按照规定将土地出让收入足额缴入国库，不得隐瞒土地出让收入规模；要严格按规定口径从土地出让收益中计提"两项资金"，对于简单按照土地出让收入的一定比例计提"两项资金"的要限期纠正。

《通知》强调，市县财政部门要严格按照规定分季计提"两项资金"和划转中央农田水利建设资金，不得按半年一次或拖延到年底一次性计提和划转。对于计提的农田水利建设资金要严格按20%比例，将中央农田水利建设资金及时足额划转中央国库，不得在财政专户或地方国库滞留和占压。

对于违反《通知》规定的行为，依照国家有关规定追究法律责任。

1月16日

［纲　文］　财政部、水利部印发《中央财政山洪灾害防治经费使用管理办法》。

［目　文］　《办法》规定，山洪灾害防治项目建设资金由中央和地方财政共同承担。中央补助经费使用范围包括：山洪灾害调查评价、非工程措施补充完善、重点地区洪水风险图编制、重点山洪沟（山区河道）防洪治理。

《办法》明确，按照分级管理原则，山洪灾害防治项目的运行维护经费由地方各级财政部门承担。运行维护经费定额标准由地方财政部门会同同级水利部门制定。中央补助经费支付按照财政国库管理制度有关规定执行。中央补助经费使用中属于政府采购管理范围的，按照政府采购有关规定执行。

《办法》强调，中央补助经费专款专用，任何部门和单位不得以任何理由挤占挪用。下达地方的中央补助经费连续结转两年及以上仍未使用完毕的，一律视同结余资金，收回地方同级财政统筹用于农田水利建设。

《办法》自2014年2月1日起施行。

1月16日

［纲　文］　马凯在北京检查春运工作。

［目　文］　国务院副总理马凯指出，春运工作是重要的民生工程，关乎群众切身利益，关系社会和谐稳定。交通运输系统广大干部职工要以高度的责任感和使命感，全力以赴做好春运工作。一要把安全放在首位。严格落实责任制和管理措施，强化监督检查、消除事故隐患，加强治安整治、严格"三品"查堵，确保人民群众平安出行。二要加强运输调度。优化运输组织，统筹安排运力，提高车船、航班密度，加强各种运输方式衔接，努力提高运输保障能力。三要制定和完善应急预案。提高应急处置能力，有效应对恶劣天气和突发事件，全力保障运输平稳有序。四要大力提升服务质量。改善售票、候车候机和旅

途全过程服务，及时发布交通信息，提高车、船、航班准点率，做好延误后的旅客服务工作。五要加强组织领导。公安、交通运输部门要相互配合，保证道路畅通；相邻地区要建立交通管理的联动机制。

1月16日

［纲　文］　郭声琨在浙江省调研。

［目　文］　国务委员、公安部部长郭声琨在调研期间出席了在嘉兴召开的公安现役部队党的建设工作会议。郭声琨强调，各级公安现役部队要毫不动摇地坚持党对公安现役部队的绝对领导，毫不动摇地坚持政治建警、从严治警，始终在思想上、政治上、行动上与党中央保持高度一致，着力提高部队党的建设科学化水平，为有效履行职责使命提供强有力的思想政治保证。

1月16日

［纲　文］　国家发展改革委印发《价格行政处罚案件网上办理指导意见》。

1月16日

［纲　文］　环境保护部批准《城市车辆用柴油发动机排气污染物排放限值及测量方法（WHTC工况法）》为国家环境保护标准，自发布之日起生效。

1月16日

［纲　文］　第九届中国舞蹈"荷花奖"·中国舞蹈艺术终身成就奖在北京颁奖。

［目　文］　舞蹈理论家叶宁、舞蹈教育家吕艺生、舞蹈编导家张文明、舞蹈编导家陈翘、现代舞理论家郭明达、舞蹈编导家蒋祖慧荣获该奖。

本届终身成就奖从75岁以上、从事舞蹈事业50年以上、对新中国舞蹈事业的发展具有奠基作用和开拓性贡献的舞蹈家中产生。此项评选旨在充分肯定老一代舞蹈家对新中国舞蹈事业做出的贡献，激励中青年舞蹈家继承前辈优良艺术精神，为中国舞蹈事业做出更大的贡献。

中国舞蹈艺术终身成就奖是经中国文联批准设立，中国唯一的全国性舞蹈艺术的专业荣典。截至2014年，共有18位中国舞蹈艺术家获此殊荣。

1月16日

［纲　文］　《人民日报》发表题为《选拔好干部的制度保证》的社论。

1月16日

［纲　文］　《人民日报》发表题为《乘胜前进改作风——二论学习贯彻习近平同志在十八届中央纪委三次全会讲话》的评论员文章。

1月17日

［纲　文］　李克强签署国务院令，公布《中华人民共和国保守国家秘密法实施条例》。

［目　文］　《条例》共6章45条。《条例》规定，国家保密行政管理部门主管全国的保密工作。县级以上地方各级保密行政管理部门在上级保密行政管理部门指导下，主管

本行政区域的保密工作。中央国家机关在其职权范围内管理或者指导本系统的保密工作，监督执行保密法律法规，可以根据实际情况制定或者会同有关部门制定主管业务方面的保密规定。保密行政管理部门履行职责所需的经费，应当列入本级人民政府财政预算。机关、单位开展保密工作所需经费应当列入本机关、本单位的年度财政预算或者年度收支计划。机关、单位不得将依法应当公开的事项确定为国家秘密，不得将涉及国家秘密的信息公开。

《条例》对国家秘密的范围和密级、保密制度、监督管理、相关法律责任等作出了明确具体的规定。《条例》规定，自《条例》实施之日起，1990年4月25日国务院批准、1990年5月25日国家保密局发布的《中华人民共和国保守国家秘密法实施办法》同时废止。

《条例》自2014年3月1日起施行。

1月17日

［纲　文］　李克强在中南海主持召开专家学者和企业界人士座谈会，听取对《政府工作报告（征求意见稿）》的意见和建议。

［目　文］　会上，来自高校、研究机构、企业的代表积极建言献策。与会者认为，过去一年，在内外压力都很大的情况下，新一届政府创新宏观调控方式，特别是明确经济运行合理区间，对提振市场信心起了很大作用。经济回稳向好趋势明显，发生了实质性变化。建议总结和坚持行之有效的做法。与会者认为，经济下行和通胀风险仍然存在，结构升级困难，建议加大改革和结构调整力度，提高宏观政策针对性、协调性，加强供给管理和正面预期引导。

李克强说，2014年的经济发展，还是要把握好宏观政策，做好预案，使经济运行保持在合理区间，给市场以稳定的预期。要着力促改革、调结构，不仅要有实际措施，还要有实质进展。核心还是要处理好政府和市场的关系，解决好政府错位、缺位的问题。要以人民利益为重，把不该管的事坚决放掉，避免"拍脑袋"决策；把加强公共监管的事切实抓好，用硬措施营造公平竞争的市场环境，为企业发展特别是新业态的成长拓展空间。

国务院副总理张高丽、刘延东、汪洋、马凯，国务委员王勇等参加座谈会。

1月17日

［纲　文］　全国人大常委会在珠海举行香港、澳门全国人大代表情况报告会。

［目　文］　全国人大常委会副委员长兼秘书长王晨出席并讲话。王晨通报了全国人大常委会2013年主要工作情况和2014年工作的初步安排，介绍了十二届全国人大二次会议的议程建议。他还就新一届港澳地区全国人大代表如何更好地履行职责提出三点希望：一是发扬优良传统，强化大局意识、服务意识、学习意识；二是勇作表率，在事关港澳长期繁荣稳定的重大政治事务中发挥正能量；三是增强忧患意识，努力促进港澳长远发展。

国家发展和改革委员会、财政部负责人分别报告了"十二五"规划纲要实施中期评估情况、2013年国民经济和社会发展计划执行情况、中央财政预算执行情况。

1月17日

［纲　文］　刘奇葆出席中宣部举办的"文化茶座"活动。

［目　文］　在"文化茶座"活动中，叶朗、陈来、万俊人、吴潜涛、刘曙光、周和平、杨共乐、李荣启、谢地坤、党圣元等社科文化界知名专家学者先后发言，围绕马克思主义与中华文化、继承和发展中华文化、传统文化和现代化的关系等问题交流观点、碰撞思想。中共中央政治局委员、中宣部部长刘奇葆认真听取各位专家学者的意见建议，并与大家展开深入探讨。

刘奇葆强调，要从实现中华民族伟大复兴的中国梦的战略高度，提高对中华文化地位作用的认识，振兴中华文化，推动文化繁荣发展。要坚持取其精华、去其糟粕，深入挖掘和研究阐发优秀传统文化，提炼蕴涵其中的精神和价值，使中华民族最基本的文化基因与当代文化相适应、与现代社会相协调，延续我们的历史文脉。要建设优秀传统文化传承体系，广泛开展教育普及活动，加强文化遗产保护和利用，重视和发展民间文化，展示中华文化之美，使中华文化不断发扬光大。

1月17日

［纲　文］　**全国保密工作会议在北京召开。**

［目　文］　中央保密委员会全体委员出席会议并为全国保密工作先进集体和先进工作者颁奖。

中共中央政治局委员、中央办公厅主任栗战书在会上指出，党的十八大以来，习近平总书记多次就做好保密工作提出明确要求，为做好保密工作指明努力方向。全国保密战线要深刻领会，坚决贯彻，全面推进各项保密工作，切实筑牢保密防线。做好新形势下的保密工作，要增强忧患意识、创新意识和责任意识，聚焦重点难点，打好"持久战""攻坚战"，着重抓好定密规范管理、涉密人员管理、网络保密管理。党的领导是做好保密工作的政治优势和组织优势，各级党委要同党中央保持高度一致，认清肩负的责任，进一步加强组织领导，自觉把保密工作放到党和国家工作大局中去定位、去思考、去部署、去落实。

栗战书强调，全国保密系统要认真学习贯彻党的十八届三中全会精神，拓展思路，完善机制，加强和提升技术保障水平，推动保密工作创新发展。要加强保密队伍思想政治建设、能力建设、作风建设，凝聚做好保密工作的强大合力，为确保党和国家秘密安全、维护国家安全和利益作出新的贡献。

1月17日

［纲　文］　**全国安全生产工作会议在北京召开。**

［目　文］　会议指出，2013年全国安全生产形势稳定好转，各类事故起数和死亡人数同比分别下降8.2%和3.5%、较大事故下降17.8%和17.2%、重特大事故下降16.9%和5.9%，其中煤矿事故起数和死亡人数同比下降22.5%和22.9%、较大以上事故下降31%和24.8%。全国亿元GDP事故死亡率下降12.7%、工矿商贸十万就业人员事故死亡

率下降7.3%、道路交通万车死亡率下降8%、煤矿百万吨死亡率下降23%。2013年全国25个省份事故总量下降、14个重特大事故下降，天津、内蒙古、辽宁、浙江、海南、西藏、青海、宁夏、新疆兵团等9个省级单位没有发生重特大事故。

对2014年的安全生产工作，国家安全监督管理总局要求抓好强化"红线"意识，强化安全生产责任体系，实行最严格的安全生产制度，加大安全生产考核权重，落实安全生产和重大事故风险"一票否决"，建立强有力的考核评价和约束机制。

1月17日

[纲　文]　国防大学举行2013学年冬季毕业典礼。

[目　文]　中央军委副主席范长龙出席毕业典礼并讲话。范长龙指出，军队要有军魂，军人要有灵魂，这个"魂"就是听党指挥，要做到平时听招呼，战时听指挥，关键时刻不含糊，任何时候都对党忠诚老实。

范长龙强调，强军目标的核心要求是能打仗、打胜仗，对领导干部来说就是要不断提高会带兵、能打仗的真本事。要牢记带领部队上得去、打得赢的第一责任。要坚持军事斗争准备龙头地位不动摇。要强化信息主导、体系支撑、精兵作战、联合制胜等观念。

范长龙指出，要把工作重心放在抓基层、打基础上。要把部队打造成机动迅速、指挥高效、能攻善守、保障有力的雄师劲旅。要扎实开展尊干爱兵、兵兵友爱活动。要坚持以上率下的正确导向，领导干部带头反"四风"、改作风，努力实现部队风气的根本好转。

1月17日

[纲　文]　中国银行业监督管理委员会印发《商业银行流动性风险管理办法（试行）》。

[目　文]　《办法》指出，商业银行应当按照本办法建立健全流动性风险管理体系，对法人和集团层面、各附属机构、各分支机构、各业务条线的流动性风险进行有效识别、计量、监测和控制，确保其流动性需求能够及时以合理成本得到满足。《办法》规定，商业银行流动性覆盖率应当于2018年底前达到100%；在过渡期内，应当于2014年底、2015年底、2016年底及2017年底前分别达到60%、70%、80%、90%。

《办法》将流动性风险指标分为合规性的监管指标和监测工具。其中，合规性监管指标包括流动性覆盖率、存贷比、流动性比例，监测工具包括资产负债期限错配、融资来源多元化和稳定程度、无变现障碍资产、重要币种流动性风险以及市场流动性等相关指标。其中流动性覆盖率旨在确保商业银行具有充足的合格优质流动性资产，能够在银行监管机构规定的流动性压力情景下，通过变现这些资产满足未来至少30天的流动性需求。

《办法》自3月1日起施行。

1月17日

[纲　文]　教育部印发《关于在全国各级各类学校禁烟有关事项的通知》。

［目　文］　《通知》规定，禁止在中小学幼儿园内吸烟。凡进入中小学、中职学校、幼儿园，任何人、任何地点、任何时间一律不准吸烟。校长是学校禁烟第一责任人，不但要率先垂范，还要认真做好具体组织实施工作，完善禁烟措施。要在校门口显眼处设立"无烟校园"或禁烟标志。学校不设置吸烟区，不摆放烟具，不出现烟草广告或以烟草品牌冠名学校、教学楼。学校小卖部不得销售烟草制品。要做好校外人员进入校园时的禁烟解释和劝导工作。

《通知》要求，严格限制在高等学校内吸烟。所有高等学校建筑物内一律禁止吸烟，也不得设置吸烟室，在醒目位置要设置禁烟标识和学校禁烟监督电话。根据实际情况可在室外露天区域设置少量吸烟区，并要设置明显的引导标识和"吸烟有害健康"等提醒标识。吸烟区设置应符合消防要求，远离师生集中场地和必经通道。有条件的学校要安装烟雾报警、视频设备等装置，加强对吸烟的监控。

1月17日

［纲　文］　中国—海湾阿拉伯国家合作委员会（海合会）第三轮战略对话在北京举行。

［目　文］　对话会由中国外交部部长王毅和海合会现任轮值主席国科威特第一副首相兼外交大臣萨巴赫共同主持。海合会秘书长扎耶尼、下任轮值主席国卡塔尔外交大臣助理鲁梅黑以及其他海合会成员国外交部负责人或外长代表参加。

王毅表示，中国和海合会国家之间有着牢固的政治互信基础、巨大的经济互补需求和深厚的民间友谊。双方互为重要合作伙伴，开展互利合作潜力巨大，符合彼此的根本利益。中方愿同海方以建立战略伙伴为目标，提升中海政治关系水平。以建立自贸区为抓手，深化各领域务实合作。共同推进丝绸之路经济带和21世纪海上丝绸之路建设，全面提升中国海合会关系水平。打造中海友好合作的"升级版"，实现互利共赢。

海方表示，海合会高度重视发展同中国的友好关系，愿同中方增进政治互信，深化互利合作，加强友好交流，推动海中关系不断取得新进展。海方认为海中建立自贸区符合双方的共同利益，愿同中方一道，加快自贸区谈判进程并尽早达成一致。

双方还就共同关心的国际和地区问题深入交换了意见，一致认为国际社会应共同努力，推动叙利亚问题政治解决。

战略对话结束后，双方签署了《中华人民共和国和海湾阿拉伯国家合作委员会成员国战略对话2014年至2017年行动计划》，并发表了《中华人民共和国和海湾阿拉伯国家合作委员会第三轮战略对话新闻公报》。

同日，国家主席习近平在人民大会堂会见了出席中国—海湾阿拉伯国家合作委员会第三轮战略对话的海合会代表团。习近平表示，中国和海合会建立关系33年来，双方关系持续健康发展。双方是政治互信高、经贸合作实、人文交流密的好兄弟、好朋友、好伙伴。中方将一如既往同海合会发展长期友好关系，愿同海方共同努力，推动"一带一路"建设。

1月17日

〔纲　文〕　国家文物局印发《全国重点文物保护单位文物保护工程申报审批管理办法（试行）》和《全国重点文物保护单位文物保护项目咨询评估机构管理办法（试行）》，均自发布之日起施行。

1月17日

〔纲　文〕　《人民日报》发表题为《把核心价值观融入国民教育全过程——一论如何培育和践行社会主义核心价值观》的评论员文章。

1月17日

〔纲　文〕　《人民日报》发表题为《打造讲忠诚有担当的政法队伍——四论学习贯彻习近平同志在中央政法工作会议重要讲话》的评论员文章。

1月17—18日

〔纲　文〕　汪洋在河南省考察调研农业农村工作。

〔目　文〕　国务院副总理汪洋先后到遂平县、确山县调研粮食生产、畜牧养殖和农村改革情况，并主持召开座谈会听取地方政府和基层干部群众意见。他强调，粮食生产事关经济社会发展大局，要增加投入，强化政策支持，调动和保护好主产区和种粮农民的积极性，新增农业补贴向主产区倾斜，增加对商品粮生产大省、大县的奖励补助，支持发展粮食加工业。加强水利等基础设施建设，发挥科技支撑作用，促进农业可持续发展。

汪洋指出，要顺应发展现代农业的要求，坚持家庭经营在农业中的基础性地位，创新经营组织形式，发展新型经营主体，培育新型农民。扎实做好农村土地确权登记颁证工作。在不损害农民权益、不改变土地用途、不破坏农业生产能力的前提下，积极推动土地流转，发展适度规模经营。进一步完善农业社会化服务体系，探索通过政府购买服务等方式，支持社会力量从事农业公益性服务。加快农村金融制度创新，鼓励金融机构扩大农业信贷规模，发展新型农村合作金融组织。加大农业保险支持力度，扩大农业保险覆盖面。

1月18日

〔纲　文〕　中共中央办公厅印发《关于开展第二批党的群众路线教育实践活动的指导意见》。

〔目　文〕　《意见》指出，第二批教育实践活动涉及的单位和人员范围广、领域宽、数量大，与群众联系更直接、更紧密，涉及的矛盾和问题具体复杂，群众期望值高，任务更加艰巨。搞好第二批教育实践活动，对于巩固第一批教育实践活动成果，确保教育实践活动不断取得实效、取信于民，以作风建设的新成效夯实党执政的群众基础，把全面深化改革各项任务落到实处，推进经济社会持续健康发展，具有十分重要的意义。为此，《意见》提出如下指导意见：一、把握总体要求。要以党的十八大和十八届三中全会精神为指导，认真贯彻习近平总书记系列讲话精神，坚持"照镜子、正衣冠、洗洗澡、治治病"的总要求，以为民务实清廉为主题，落实中央八项规定精神和《党政机关厉行节约反对浪费条例》等规定，突出作风建设，贯彻整风精神，坚决反对形式主义、官僚主义、享乐主义和奢靡之风，着力解决人民群众反映强烈的突出问题，提高做好新形势下群众工作的能力，使党员、干部思想认识进一步提高、作风进一步转变，党群干群关系进一步密切，为民务实清廉形象进一步树立，基层基础进一步夯实。二、明确重点任务。要抓住反对"四风"这个重点不放，集中解决市、县领导机关、领导班子和领导干部"四风"方面存在的突出问题。同时，回应群众关切，维护群众利益，注重解决实际问题，解决群众身边的不正之风，把改进作风的要求真正落实到基层，真正让群众受益。三、抓好各个环节工作。坚持问题导向，坚持教育实践并重，坚持边学边查边改，把学习教育贯穿始终，把整改落实贯穿始终，使教育实践活动各个环节工作有效衔接、相互贯通。（一）学习教育、听取意见；（二）查摆问题、开展批评；（三）整改落实、建章立制。四、强化分级分类指导。坚持从实际出发，根据不同层级、不同领域、不同对象提出不同目标要求，有针对性地加强指导，鼓励探索创新，给基层留出空间，把规定动作做到位，使自选动作有特色。要有序推进，注重分类实施，发挥行业系统指导作用。五、加强组织领导。中央政治局常委同志各选择一个县作为联系点，示范带动教育实践活动深入开展。党员领导干部要建立联系点。要落实领导责任，加强督促检查，抓好宣传引导，坚持统筹兼顾。

1月18日

[纲　文]　《人民日报》发表题为《党组织是中央决策部署的贯彻主体》的评论员文章。

1月18日

[纲　文]　《人民日报》发表题为《更加注重严格要求——认真扎实做好第二批活动准备工作之四》的评论员文章。

1月18日

[纲　文]　《人民日报》发表题为《将核心价值观贯穿于经济发展社会治理——二论如何培育和践行社会主义核心价值观》的评论员文章。

1月19日

[纲　文]　李克强主持召开座谈会，听取教育、科技、文化、卫生、体育界人士和基层群众代表对《政府工作报告（征求意见稿）》的意见和建议。

1月19日

[纲　文]　中共中央纪委发出通知，要求认真学习贯彻习近平总书记在中央纪委三次全会上重要讲话精神。

[目　文]　通知指出，习近平总书记重要讲话站在党和国家全局的高度，全面总结了一年来党风廉政建设和反腐败工作成绩，全面分析了党面临的形势，明确提出当前和今后一个时期的总体思路和主要任务。讲话再次表明了我们党改进作风、惩治腐败的坚强意志和坚定决心，宣示了中国共产党人的历史使命和责任担当，对于确保党始终成为中国特

色社会主义事业坚强领导核心，具有重大而深远的意义。

通知强调，要联系思想实际、深刻领会讲话精神实质；联系工作实际，狠抓讲话精神贯彻落实。要坚持学习、思考、实践、感悟，把自己摆进去、把历史摆进去、把自己的责任担当摆进去，切实将思想认识统一到中央对形势的判断和任务部署上来。要以习近平总书记重要讲话精神为指导，协助党委落实党风廉政建设主体责任，明确各部门各单位工作职责和责任担当，确保任务落到实处。要坚决落实好纪委的监督责任，牢牢抓住党风廉政建设和反腐败斗争这个中心任务，认真履行监督执纪问责的职责，提高履职能力。

通知强调，要联系自身实际，用铁的纪律打造过硬队伍。各级纪检监察机关要增强党的意识、责任意识，深化转职能、转方式、转作风，把不该管的工作交还主责部门，从组织创新和制度建设上加强和完善内部监督机制，加大自我监督力度，切实解决"灯下黑"问题。广大纪检监察干部要牢记职责使命，加强党性修养，自觉遵守党纪国法，自觉接受党组织、人民群众和新闻舆论的监督，树立忠诚可靠、服务人民、刚正不阿、秉公执纪的良好形象。

通知要求，各级纪检监察机关要精心组织、周密部署、明确要求，让讲话精神及时、准确地传达到每一名纪检监察干部。要把学习贯彻习近平总书记重要讲话精神与贯彻落实党的十八大和十八届二中、三中全会精神结合起来，逐渐深化对工作规律的认识和把握，提出并形成有效的落实办法和改进措施。上级纪检监察机关要加强对下级纪检监察机关学习贯彻情况的督促和指导，确保讲话精神落到实处。

1月19日

［纲　文］　中国科学技术大学地球和空间科学学院教授秦礼萍获得欧洲地球化学学会2014年豪特曼斯奖。

［目　文］　豪特曼斯奖是国际地球化学界颁发给青年科学家的最高级别奖项之一，自1990年起每年在世界范围内颁发给一位在地球化学领域取得突出研究成果的、不超过35岁的青年科学家。

秦礼萍因在应用同位素异常来研究太阳系形成时的天文学环境方面所取得的突出成就，而荣获欧洲地球化学学会2014年豪特曼斯奖。这是中国科学家第一次获得该奖项。

1月19日

［纲　文］　《人民日报》发表题为《重拳反腐零容忍——三论学习贯彻习近平同志在十八届中央纪委三次全会讲话》的评论员文章。

1月19日

［纲　文］　《人民日报》发表题为《更加注重衔接带动——认真扎实做好第二批活动准备工作之五》的评论员文章。

1月19日

［纲　文］　《人民日报》发表题为《用核心价值观引领思潮凝聚共识——三论如何培育和践行社会主义核心价值观》的评论员文章。

1月19—23日

［纲　文］　应国务院总理李克强邀请，白俄罗斯共和国总理米亚斯尼科维奇对中国进行正式访问。

［目　文］　1月20日，李克强在人民大会堂北大厅为米亚斯尼科维奇举行欢迎仪式。之后两国总理举行会谈，一致同意推进中白全面战略伙伴关系发展，宣布实施《中白全面战略伙伴关系发展规划（2014—2018）》，并建立中白副总理级政府间合作委员会。

1月21日，国家主席习近平在人民大会堂会见米亚斯尼科维奇。习近平表示，中白建交以来，两国关系始终保持健康发展。2013年，中白两国建立全面战略伙伴关系，标志着两国关系发展到新的水平。双方要实施好中白全面战略伙伴关系发展规划，在涉及彼此核心利益和重大关切的问题上相互坚定支持，通过建立副总理级政府间合作委员会机制，统筹推进中白工业园区、高技术、金融、交通运输等领域合作，在国际和地区事务中保持密切配合。

习近平强调，我们在中国特色社会主义道路上不断向前迈进，根本原因在于坚持中国共产党的坚强领导，走符合本国国情的发展道路，不断推进改革开放，弘扬中华民族优秀传统价值观。中国共产党是执政为民的党，人民的幸福就是我们最大的执政目标。中国共产党正在带领全国各族人民为实现中华民族伟大复兴的目标奋斗。我们愿同白方交流互鉴治国理政经验，同各国人民携手努力，共同促进世界和平、发展与繁荣。

米亚斯尼科维奇表示，白方钦佩中国取得的巨大成就，相信中国梦同世界各国人民追求美好生活的梦想是相通的，衷心祝愿中国人民在中国共产党领导下实现中国梦，为世界和平与人类进步事业作出更大贡献。白方也正在致力于改革开放，希望借鉴中国的成功经验，加强两国高层交往与务实合作。白方在涉及中国主权和领土完整的重大问题上坚定支持中方，愿同中方共同推动国际秩序朝着更加公正合理的方向发展。

1月20日

［纲　文］　党的群众路线教育实践活动第一批总结暨第二批部署会议在北京召开。

［目　文］　中共中央总书记习近平出席会议并讲话，对第一批教育实践活动进行总结，对第二批教育实践活动进行部署。李克强、张德江、俞正声、王岐山、张高丽出席会议，刘云山主持会议。会议以电视电话会议形式举行，开到县一级和人民解放军、武警部队团级以上单位。

习近平在讲话中指出，第一批教育实践活动取得了重要阶段性成果，促使党员、干部得到了党性锻炼，刹住了"四风"蔓延势头，带动了社会风气整体好转，贯彻群众路线的长效机制和刚性约束初步形成。教育实践活动带来的新变化新气象，群众充分认同，党内外积极评价。第一批教育实践活动之所以能够取得重要成果，主要是我们坚持中央和领导干部带头示范，坚持开门搞活动，突出问题导向，以问题整改开局亮相，以问题整改注入动力，以问题整改交出答卷，坚持标准，严格把关，保证活动不走过场。

习近平指出,坚持党要管党、从严治党,永葆党的先进性和纯洁性,不断增强党的创造力、凝聚力、战斗力,是摆在我们面前的重大课题。群众路线是永葆党的青春活力和战斗力的重要传家宝,必须做到教育和实践两手抓,使马克思主义群众观点深深植根于思想中、真正落实到行动上。理想信念是共产党人的精神之"钙",必须加强思想政治建设,解决好世界观、人生观、价值观这个"总开关"问题。加强和改进作风建设是保持党同人民群众血肉联系的有效途径,必须聚焦解决群众反映强烈的突出问题,以作风建设新成效汇聚起推动改革发展的正能量。批评和自我批评是清除党内政治灰尘和政治微生物的有力武器,必须以整风精神严格党内生活,着力提高领导班子发现和解决自身问题的能力。讲认真是我们党的根本工作态度,必须做到无私无畏、敢于担当,把认真精神体现到党内生活和干事创业方方面面。

习近平强调,第二批教育实践活动是第一批的延伸和深化。市县领导机关、领导干部和基层单位同人民群众的联系更直接,其不良作风更直接损害群众利益、伤害群众感情。必须着力解决发生在群众身边的腐败问题,认真解决损害群众利益的各类问题,切实维护人民群众合法权益。要坚持贯彻"照镜子、正衣冠、洗洗澡、治治病"的总要求,以严的标准、严的措施、严的纪律坚决反对"四风",推动思想认识进一步提高、作风进一步转变、党群干群关系进一步密切、为民务实清廉形象进一步树立、基层基础进一步夯实。

刘云山在主持会议时指出,习近平总书记重要讲话从战略和全局的高度,充分肯定了第一批教育实践活动的明显成效,系统总结了第一批活动的成功经验,深刻阐述了开展第二批教育实践活动的重要性紧迫性,明确提出了活动的方针原则和目标要求,对于巩固扩大教育实践活动成果,确保活动扎实深入开展,推动党的建设新的伟大工程,具有十分重要的意义。各级党委要以讲话精神为指导,紧密结合各自实际,对第二批教育实践活动作出具体安排,继续抓好第一批活动整改落实工作,让人民群众真切感受到活动带来的作风新气象。

中共中央政治局委员、中央书记处书记,全国人大常委会党员副委员长,国务委员,最高人民法院院长,最高人民检察院检察长,全国政协党员副主席出席会议。中央党的群众路线教育实践活动领导小组成员,各省区市和副省级城市、新疆生产建设兵团党委有关负责人,中央和国家机关各部委、各人民团体以及中央管理的企业、金融机构和高等院校党组(党委)主要负责人;党的群众路线教育实践活动中央督导组组长、副组长,人民解放军和武警部队有关负责人等参加会议。各省区市和副省级城市、新疆生产建设兵团以及各市(地、州、盟)、县(市、区、旗)班子成员和直属部门负责人,人民解放军、武警部队团级以上单位领导干部在当地分会场参加会议。

1月20日

[纲　文]　中央军委举行慰问驻京部队老干部迎新春文艺演出,中央军委主席习近平向全军老同志祝贺新春。

1月20日

〔纲 文〕 国务院办公厅复函国家发展改革委，同意建立促进广东前海南沙横琴建设部际联席会议制度。

〔目 文〕 国务院办公厅在复函中说，国务院同意建立由发展改革委牵头的促进广东前海南沙横琴建设部际联席会议制度。联席会议不刻制印章，不正式行文。深圳前海深港现代服务业合作区建设部际联席会议同时撤销。

促进广东前海南沙横琴建设部际联席会议制度的主要职责是：（一）在国务院领导下，落实《国务院关于支持深圳前海深港现代服务业合作区开发开放有关政策的批复》（国函〔2012〕58号）、《国务院关于广州南沙新区发展规划的批复》（国函〔2012〕128号）和《国务院关于横琴开发有关政策的批复》（国函〔2011〕85号）等文件精神，统筹协调深圳前海、广州南沙、珠海横琴建设工作，研究和协调《前海深港现代服务业合作区总体发展规划》、《广州南沙新区发展规划》、《横琴总体发展规划》实施过程中遇到的重大问题，加强对相关政策文件和规划实施工作的指导、监督和评估。（二）协调解决深圳前海、广州南沙、珠海横琴建设中在政策实施、项目安排、体制机制创新等方面需要中央政府予以支持的事项。（三）加强有关地方和部门在深圳前海、广州南沙、珠海横琴建设中的信息沟通和相互协作，及时向国务院报告有关工作进展情况。（四）办理国务院交办的其他事项。

联席会议由发展改革委、外交部、教育部、科技部、工业和信息化部、公安部、民政部、司法部、财政部、人力资源社会保障部、国土资源部、环境保护部、住房和城乡建设部、交通运输部、商务部、文化部、卫生计生委、人民银行、海关总署、税务总局、工商总局、质检总局、食品药品监管总局、知识产权局、旅游局、港澳办、银监会、证监会、保监会、海洋局、中医药局、外汇局、开发银行和广东省人民政府、深圳市人民政府、广州市人民政府、珠海市人民政府以及香港特别行政区政府、澳门特别行政区政府组成。联席会议办公室设在发展改革委，承担联席会议日常工作。

1月20日

〔纲 文〕 国家副主席李源潮在北京会见厄瓜多尔副总统格拉斯。

〔目 文〕 李源潮说，近年来，中厄关系全面持续快速发展。希望双方深化政治互信，积极推动贸易、金融、能矿、基础设施、农业、航天等领域务实合作，密切文化、教育、科技、旅游交流，加强在国际和地区事务中的协作，把中厄关系和中拉整体合作提升到新的更高水平。

格拉斯表示，厄中经济合作具有很强互补性、战略性，希望中国扩大对厄投资，加强互利合作，促进厄中关系继续全面发展。

1月20日

〔纲 文〕 国务院副总理汪洋在中南海紫光阁分别会见美国波音公司副董事长、波音民用飞机集团总裁兼首席执行官雷蒙德·康纳和美国前贸易代表、世界银行前行长佐利克。

［目　文］　在会见雷蒙德·康纳时，汪洋表示，中国在全面深化改革的过程中，将构建开放型经济新体制，继续完善外商投资管理体制，努力为外商投资营造公开透明、平等竞争的环境。

在会见佐利克时，汪洋希望中美双方进一步加强沟通理解，深化务实合作，有效管控分歧，积极构建中美新型大国关系。

1月20日

［纲　文］　财政部、国家税务总局联合印发《关于企业范围内荒山、林地、湖泊等占地城镇土地使用税有关政策的通知》。

［目　文］　《通知》规定，为提高土地利用效率，促进节约集约用地，对已按规定免征城镇土地使用税的企业范围内荒山、林地、湖泊等占地，自2014年1月1日至2015年12月31日，按应纳税额减半征收城镇土地使用税；自2016年1月1日起，全额征收城镇土地使用税。

1月20日

［纲　文］　国家税务总局发布《铁路运输企业增值税征收管理暂行办法》和《邮政企业增值税征收管理暂行办法》，均自2014年1月1日起施行。

1月20日

［纲　文］　《人民日报》发表题为《改革创新，加快推进农业现代化》的社论。

1月20日

［纲　文］　《人民日报》发表题为《更加注重分类指导——认真扎实做好第二批活动准备工作之六》的评论员文章。

1月20日

［纲　文］　《人民日报》发表题为《让核心价值观成为风尚——四论如何培育和践行社会主义核心价值观》的评论员文章。

1月21日

［纲　文］　李克强在人民大会堂同外国专家举行新春座谈会。

［目　文］　国务院总理李克强代表中国政府向所有在华工作的外国专家、国际友人及其亲属致以诚挚问候和新春祝福。他说，中国改革开放和现代化建设取得巨大成就，是全体中国人民团结奋斗的结果，也凝聚着外国专家和朋友们的智慧和心血，中国人民对此不会忘记。

李克强指出，中国始终把发展经济、改善民生作为优先任务。2013年，面对世界经济复苏乏力和国内经济下行双重压力，我们统筹稳增长、调结构、促改革，创新宏观调控方式，使经济稳中向好，实现了全年经济社会发展主要目标。国内生产总值比上年增加近5万亿元，经济增速达到7.7%，位居世界前列。对中国这样一个全球第二大经济体来说，在经济总量大的基础上实现如此较高速度的增长实属不易，在世界主要经济体中也是没有的。2014年，我们有信心通过全面深化改革，进一步扩大开放，保持经济平稳健康发展，有能力继续取得好成绩。当前，中国经济已进入提质增效升级的新阶段，需要大力推动结构调整，根本上要依靠创新和人才。我们要大力促进自主创新，推进创新要素和人才资源优化组合，同时积极引进国外智力，把外国专家的专长与中国发展的需要更好对接，让中外人才的智慧融合迸发，为经济社会持续健康发展提供支撑。

美国布鲁金斯学会主席约翰·桑顿、英国48家集团俱乐部副主席麦启安、奥地利半导体专家濮必得代表在座70余位外国专家发言，分别就城镇化、高端服务业、半导体产业发展等谈了各自的看法和建议。

国务院副总理马凯等出席座谈会。

1月21日

［纲　文］　全国政协主席俞正声出席已故知名人士和党外全国政协委员夫人迎春茶话会。

1月21日

［纲　文］　刘云山出席党的群众路线教育实践活动第一批总结暨第二批部署会议。

［目　文］　中共中央政治局常委、中央党的群众路线教育实践活动领导小组组长刘云山在讲话中说，推进第二批教育实践活动，要紧紧围绕学习教育、听取意见、查摆问题、开展批评、整改落实、建章立制，一个环节一个环节推进。要打牢学习教育这个基础，切实解决好入党为什么、当干部做什么、为后人留下什么的问题，牢固树立为民务实清廉的价值追求。要注重到群众中广泛听取意见，把群众参与、评价、监督作为改作风的重要推动力。要坚持统一部署、梯次展开、压茬进行，根据不同层级、不同领域、不同对象有针对性地提出要求，加强分类指导，不赶时间、不比进度，保证活动的质量和效果。要认真贯彻习近平总书记重要讲话精神，增强使命意识、增强责任担当，扎实做好第二批教育实践活动各项工作，确保活动不虚不空不偏、不走过场，取得群众满意的实效。

中央党的群众路线教育实践活动领导小组副组长赵乐际主持会议并作总结讲话。赵乐际强调，要深入学习贯彻习近平总书记、刘云山同志重要讲话精神，突出为民务实清廉主题和"照镜子、正衣冠、洗洗澡、治治病"总要求，突出问题导向和整风精神，突出教育和实践并重，突出分类指导和上下联动，突出领导带头和群众参与，突出"认真"和一鼓作气，确保取得群众满意的实效。

中央党的群众路线教育实践活动领导小组副组长赵洪祝出席会议。

1月21日

［纲　文］　国务院印发《国家集成电路产业发展推进纲要》。

［目　文］　《纲要》指出，集成电路产业是信息技术产业的核心，是支撑经济社会发展和保障国家安全的战略性、基础性和先导性产业。加快推进集成电路产业发展，对转变经济发展方式、保障国家安全、提升综合国力具有重大战略意义。

《纲要》提出，推进集成电路产业发展，要坚持需求牵引、创新驱动、软硬结合、重点突破、开放发展的原则,使市场在资源配置中起决定性作用,更好发挥政府作用,突出企业主体地位,以需求为导向,以技术创新、模式创新和体制机制创新为动力,破解产业发展瓶颈,推动产业重点突破和整体提升。到 2015 年,建立与集成电路产业规律相适应的管理决策体系、融资平台和政策环境,全行业销售收入超过 3500 亿元。到 2020 年,与国际先进水平的差距逐步缩小,全行业销售收入年均增速超过 20%。到 2030 年,产业链主要环节达到国际先进水平,实现跨越发展。《纲要》明确了推进集成电路产业发展的四大任务。一是着力发展集成电路设计业。围绕重点领域产业链,强化集成电路设计、软件开发、系统集成、内容与服务协同创新。二是加速发展集成电路制造业。抓住技术变革的有利时机,突破投融资瓶颈,持续推动先进生产线建设,兼顾特色工艺发展。三是提升先进封装测试业发展水平。推动国内封装测试企业兼并重组,提高产业集中度。四是突破集成电路关键装备和材料。加强集成电路装备、材料与工艺结合,加快产业化进程,增强产业配套能力。

《纲要》提出了推进集成电路产业发展的八项保障措施。一要加强组织领导。成立国家集成电路产业发展领导小组,负责统筹协调,强化顶层设计,整合调动资源,解决重大问题。二要设立国家产业投资基金。主要吸引大型企业、金融机构以及社会资金,采取市场化运作,重点支持集成电路等产业发展,促进工业转型升级。支持设立地方性集成电路产业投资基金。三要加大金融支持力度。在创新信贷产品和金融服务、支持企业上市和发行融资工具、开发保险产品和服务等方面对产业给予支持。四要推动落实税收等政策。进一步加大力度落实有关政策,保持政策的稳定性,加快出台相关实施细则。五要加强安全可靠软硬件的应用。推广使用技术先进、安全可靠的集成电路、基础软件及整机系统。六要强化企业创新能力建设。鼓励企业成立集成电路技术研究机构,支持产业联盟发展,加强知识产权和标准工作。七要加强人才培养和引进力度。加快建设示范性微电子学院,培养高层次、急需紧缺和骨干专业技术人才,加大对引进优秀人才的支持力度。八要继续扩大对外开放。大力吸引国(境)外资金、技术和人才,鼓励境内企业扩大国际合作,整合国际资源。鼓励两岸集成电路企业加强技术和产业合作。

1 月 21 日

[纲 文] 中央纪委常委会召开会议,传达学习贯彻习近平总书记在党的群众路线教育实践活动第一批总结暨第二批部署会议上的重要讲话精神。

[目 文] 中央纪委书记王岐山主持会议。会议指出,习近平总书记的重要讲话从战略和全局高度,系统总结第一批教育实践活动取得的重要成果,深刻阐述第二批教育实践活动的重要性和紧迫性,明确提出活动的方针原则和目标要求,具有很强的思想性、针对性和指导性。纪检监察机关要深刻领会习近平总书记重要讲话精神,密切联系实际,坚决贯彻落实,推动党风廉政建设和反腐败工作深入开展。

会议强调,纪检监察机关要紧紧扭住"四风",认真履职,监督执纪问责。要坚持从小事抓起、具体问题做起,着力解决发生在群众身边、损害群众利益的问题,让群众看到实实在在的成效。要严格执纪，对打折扣、搞变通，到私人会所活动、公款互相宴请、违规消费等问题，及时查处，点名道姓通报曝光。要加大问责力度，对整改不落实、"四风"问题依然严重的地方、部门和企事业单位，要严肃追究主体责任和监督责任。

会议强调，纪检监察机关要把讲认真作为根本工作态度，巩固第一批教育实践活动成果，把自己摆进去，联系思想、工作和生活实际，开展好第二批教育实践活动。要落实中央纪委三次全会提出的各项任务，转职能、转方式、转作风，聚焦中心任务，坚守责任担当，提高履职能力，加强组织制度创新，以深化改革推进党风廉政建设和反腐败斗争，在国家治理体系中发挥重要作用，努力实现治理能力现代化。

1月21日

［纲　文］　财政部印发《关于进一步扩大财政县域金融机构涉农贷款增量奖励试点范围的通知》。

［目　文］　《通知》说，为了贯彻落实国务院《关于金融支持经济结构调整和转型升级的指导意见》的有关精神，促进县域金融机构加大涉农贷款投放，更好地支持县域经济发展，从2013年起，将山西、福建、海南、重庆、贵州、西藏、青海7省（区、市）纳入政策试点范围。

1月21日

［纲　文］　住房和城乡建设部印发《乡村建设规划许可实施意见》。

［目　文］　《意见》对乡村建设规划许可的原则、适用范围、内容、主体、申请、审查和决定、变更、保障措施等进行了规定。

《意见》规定，在乡、村庄规划区内，建设村民住宅、乡镇企业、乡村基础设施和公共服务设施，都必须依法申请办理乡村建设规划许可证。对未领证建设或领证后未按证建设的，由乡、镇人民政府责令停止建设、限期改正。逾期不改正的，可以拆除。

《意见》规定，在乡、村庄规划区内，进行农村村民住宅、乡镇企业、乡村公共设施和公益事业建设，或是确需占用农用地进行建设的，按规定办理农用地转批手续后，应申请办理乡村建设规划许可证。在乡、村庄规划区内使用原有宅基地进行农村村民住宅建设的，各省、自治区、直辖市可参照本实施意见，制定规划管理办法。

1月21日

［纲　文］　环境保护部公布《消耗臭氧层物质进出口管理办法》，自2014年3月1日起施行。

1月21日

［纲　文］　2014年全国保险监管工作会议在北京召开。

［目　文］　会议认为，2013年保险业发展企稳向好，步出国际金融危机阴霾。全年实现保费1.72万亿元，同比增长11.2%，同比提高3.2%，扭转了业务增速连续下滑的势头，保费规模全球排名第四位。保险公司总资产8.3万亿元，较年初增长12.7%。利润总额达到991.4亿元，同比增长112.5%。与此同时，保险业行业服务能力显著提升，在重

大灾害事故后，保险保障发挥突出作用。

会议指出，在"稳中求进、改革创新"的大主题下，2014年的保险监管要突出"防范风险、深化改革、消费维权"三大主题。在推进服务体系改革方面，2014年要在巨灾保险、商业养老保险和责任保险等领域取得新进展。在推进保险市场体系革新方面，要继续深化费率形成机制改革，扩大"市场定价"范围，力争实现人身险费率形成机制的全面市场化并启动与此适应的精算制度改革，完善市场化的车险条款费率形成机制并适时启动试点。在监管体系改革方面，要探索负面清单模式下的监管方式，通过强化信息披露、科学分工，提高监管的针对性和有效性。2014年内取消保险从业人员资格核准等3项行政审批事项。

会议要求，2014年要继续整治理赔难和销售误导。在车险方面，保险公司要在承保环节就理赔的流程、标准、手续和索赔单证等进行说明并书面告知，加大力度清理积压未决案件力度。人身险方面，将强化对保险公司的责任追究，同时推进条款通俗化、简单化、标准化。在处理消费者投诉方面，全面建立"诉调对接"机制，推动地市级建立保险纠纷调解、仲裁机构，同时监管部门要拓宽诉求渠道、规范诉求处理、加大投诉考核三管齐下，加强12378维权热线建设。

1月21日

[纲　文]　**2014年全国证券期货监管工作会议在北京召开。**

[目　文]　中国证监会主席肖钢在会上指出，推进监管转型是资本市场改革创新的内在要求，是顺应时代发展潮流的必由之路。推进监管转型要实现"六个转变"：监管取向从注重融资，向注重投融资和风险管理功能均衡、更好保护中小投资者转变；监管重心从偏重市场规模发展，向强化监管执法，规模、结构和质量并重转变；监管方法从过多的事前审批，向加强事中事后、实施全程监管转变；监管模式从碎片化、分割式监管，向共享式、功能型监管转变；监管手段从单一性、强制性、封闭性，向多样性、协商性、开放性转变；监管运行从透明度不够、稳定性不强，向公正、透明、严谨、高效转变。

1月21日

[纲　文]　**中宣部、解放军总政治部、西藏自治区党委在北京人民大会堂联合举行郭毅力同志先进事迹报告会。**

[目　文]　中央军委副主席许其亮在报告会前会见报告团成员。许其亮指出，郭毅力同志是强军兴军进程中涌现的时代楷模，是新时期党员领导干部的优秀代表。郭毅力始终有着爱党报国的大忠大爱，扎根高原38年，把对党、对祖国、对人民的忠诚定格在岗位上。郭毅力始终胸怀统兵打仗的使命担当，在维稳处突、抢险救灾中身先士卒，成为西藏人民群众的"守护神"。郭毅力始终保持清廉务实亲民的作风形象，以一身正气点燃了官兵报国奉献的热情。全军和武警部队要广泛开展向郭毅力同志学习活动，教育引导广大官兵特别是党员领导干部，努力在强军兴军实践中创造新的业绩、作出更大贡献。

报告会上，武警西藏总队副政委马小俊、第一支队支队长陈能怀、那曲支队七中队四级警士长宗雷，郭毅力同志的女儿郭琦，西藏日报记者德吉央宗，从不同侧面讲述了郭毅力同志的先进事迹和崇高精神。

郭毅力（1958年5月—2013年7月10日），男，四川省雅安市人，武警少将警衔。中国共产党优秀党员，忠诚的共产主义战士，党和人民的忠诚卫士，优秀的军事指挥员，武警西藏总队司令员（正军职），中共西藏自治区第八届委员会委员，第十二届全国人大代表。2012年10月28日，任武警西藏总队司令员。2013年7月10日上午9时30分，郭毅力突发心脏病经全力抢救无效不幸因公殉职，终年56岁。

1月21日

［纲　文］　《人民日报》发表题为《领导亲自抓，社会共参与——五论如何培育和践行社会主义核心价值观》的评论员文章。

1月21—22日

［纲　文］　全国组织部长会议在北京举行。

［目　文］　中共中央政治局常委、中央书记处书记刘云山出席会议并讲话。中央组织部部长赵乐际主持会议并作工作报告。

刘云山在讲话中指出，要把培养党和人民需要的好干部作为组织工作的大事，加强思想理论教育，严肃党内政治生活，强化多岗位实践锻炼，让更多好干部成长起来、涌现出来。要以实施新修订的干部选拔任用工作条例为契机，深化干部选拔任用制度改革，着力解决唯票、唯分、唯GDP等突出问题，推动形成有效管用、简便易行的选人用人机制。要坚决遏制选人用人不正之风和腐败现象，认真落实领导干部选拔任用责任追究制度，凡是违规违纪选拔任用干部，凡是跑官要官、买官卖官、拉票贿选，凡是私自说情、打招呼干预选拔任用干部，发现一起、查处一起。

刘云山强调，党要管党首先是管好干部，从严治党关键是从严治吏。从严管理干部，首先要管好领导干部特别是一把手，让领导干部正确认识自己，敬畏法纪、敬畏组织、敬畏群众，让手中权力在阳光下运行。要坚持从小事抓起，从日常管理抓起，认真落实领导干部个人事项报告制度并进行抽查核实，做到真查实查。要坚持用制度管权管事管人，对超编制、超职数、超规格配备干部问题，对绕圈子进机关、冒充人头吃空饷、改学历改经历改年龄等违反组织人事制度问题，要严肃查处。组织部门是管党治党的重要职能部门，应当以严格标准加强自身建设，做模范的党的工作部门。组工干部承担着为党和人民选贤用能的重要责任，应当保持政治清醒、坚持公道正派、始终严于律己，做模范的党员干部。

赵乐际在报告中指出，要深入学习贯彻习近平总书记系列讲话精神，自觉服务和有力推动改革发展；抓好学习贯彻十八届三中全会和习近平总书记系列讲话精神培训，补好精神之"钙"；高标准严要求推进教育实践活动，实现活动与组织工作相互促进；深入学习宣传落实干部选拔任用工作条例，大力培养选拔党和人民需要的好干部；完善从严管理干部队伍制度体系，严肃党内生活、严格组织制度、严明组织纪律；推进基层服务型党组织建设，在强化服务中更好地发挥战斗堡垒作用；建立集聚人才体制机制，激发人才创新创业活力；坚持从严要求、突出公道正派、建设模范部门，以科学方法、过硬队伍推动工作落实。

1月21—23日

[纲　　文]　经中美双方商定，美国常务副国务卿伯恩斯对中国进行正式访问。

[目　　文]　访问期间，中美双方就双边关系和共同关心的国际地区问题交换了意见。

1月22日，国家副主席李源潮在北京会见伯恩斯一行。李源潮说，2014年是中美建交35周年。双方应深入落实两国元首重要共识，坚定不移把握中美构建新型大国关系的方向，积极扩大各领域务实合作，妥善管控分歧和敏感问题，推进各层次全方位交往，推动中美关系良性发展。伯恩斯表示，良好的美中关系不仅对美中两国非常重要，而且对全世界也有重要意义。美方致力于推进与中国的积极全面合作，共同努力构建美中新型大国关系。

同日，国务委员杨洁篪在北京会见伯恩斯。杨洁篪说，2013年中美关系取得重要积极进展，2014年两国关系发展面临新的重要机遇。双方应按照习近平主席与奥巴马总统达成的重要共识，加强互信与合作，妥善处理分歧，推动中美新型大国关系建设不断取得新进展。

同日，随同伯恩斯访华的美国国务院亚太事务助理国务卿拉塞尔与中国外交部部长助理郑泽光在北京共同主持了中美第五次亚太事务磋商。双方就亚太形势、各自亚太政策及共同关心的地区问题交换了意见。

1月22日

[纲　　文]　习近平主持召开中央全面深化改革领导小组第一次会议。

[目　　文]　中央全面深化改革领导小组副组长李克强、刘云山、张高丽出席会议。

会议审议通过《中央全面深化改革领导小组工作规则》《中央全面深化改革领导小组专项小组工作规则》《中央全面深化改革领导小组办公室工作细则》；审议通过中央全面深化改革领导小组下设经济体制和生态文明体制改革、民主法制领域改革、文化体制改革、社会体制改革、党的建设制度改革、纪律检查体制改革6个专项小组名单；审议通过《中央有关部门贯彻落实党的十八届三中全会〈决定〉重要举措分工方案》；听取了各地区各部门贯彻落实党的十八届三中全会精神进展情况，研究了领导小组相关工作。

中央全面深化改革领导小组组长习近平在会上讲话指出，党的十八届三中全会以后，各地区各部门迅速行动，深入学习宣传全会精神，全党全国思想认识高度一致，抓改革的机遇意识、责任意识、紧迫意识普遍增强，主动性、自觉性明显提高。各地区各部门结合实际情况，制定和采取一系列改革举措，涉及经济体制、政治体制、文化体制、社会体制、生态文明体制和党的建设制度方方面面，突出了凝聚全社会改革共识和合力、致力于推进国家治理体系和治理能力现代化，突出了使市场在资源配置中起决定性作用和更好发挥政府作用，突出了促进社会公平正义、增进人民福祉，突出了对社会热点问题的积极回应，行动比较快，指向比较准，落点比较实，反响比较好。但是，有的地方、单位、干部对三中全会精神理解不深、把握不准，对全面深化改革的艰巨性、复杂性、关联性、系统性估计不足；有的对全面深化改革的重要性和紧迫性认识不足，抓改革作风不扎实、工作不到位。

习近平强调，中央全面深化改革领导小组的责任，就是要把党的十八届三中全会提出的各项改革举措落实到位。党的十八大和十八届三中全会作出的各项部署是我们议事决策的总依据，领导小组要带头学习好、理解深、消化透，善于观大势、谋大事，站在国内国际两个大局、党和国家工作大局、全面深化改革全局来思考和研究问题。要牢牢把握改革正确方向，在涉及道路、理论、制度等根本性问题上，在大是大非面前，必须立场坚定、旗帜鲜明。要严格按规则和程序办事，坚持集思广益、民主集中，凡是议定的事要分头落实，不折不扣抓出成效。要强化改革责任担当，看准了的事情，就要拿出政治勇气来，坚定不移干。要充分调动各方面积极性，改革任务越繁重，我们越要依靠人民群众支持和参与，善于通过提出和贯彻正确的改革措施带领人民前进，善于从人民的实践创造和发展要求中完善改革的政策主张。

习近平指出，专项小组、中央改革办、牵头单位和参与单位，要建好工作机制，做到既各司其职、各负其责又加强协作配合，形成工作合力。一要抓统筹，既抓住重点也抓好面上，既抓好当前也抓好长远，处理好重大关系，统筹考虑战略、战役、战斗层面的问题，做好政策统筹、方案统筹、力量统筹、进度统筹工作。二要抓方案，全面深化改革总体部署已经有了，要抓紧出台施工方案，按照施工方案推进各项改革举措落地。三要抓落实，三中全会各项具体改革举措，要有时间表，一项一项抓落实，以多种形式督促检查，指导和帮助各地区各部门分解任务、落实责任。四要抓调研，加强对重大改革问题的调研，尽可能多听一听基层和一线的声音，尽可能多接触第一手材料，做到重要情况心中有数。要推动各地区各部门加强调研，注重发挥有关专家学者、研究机构对全面深化改革的调研咨询作用。

习近平强调，专项小组和中央改革办要尽快运转起来。各省区市要尽快建立全面深化改革领导小组，有关部委的改革责任机制也要尽快建立起来，并同领导小组形成联系机制。要抓紧研究提出领导小组2014年工作要点，把握大局、扎实推进，战略上勇于进取，战术上稳扎稳打。把三中全会对全面深化改革的总体部署落实下来，要在总体工作思路上多动脑筋、多下功夫。

1月22日

[纲 文] 中共中央总书记习近平应约同越共中央总书记阮富仲通电话。

[目 文] 习近平指出，中越建交64年来，两国传统友好合作关系不断得到巩固和发展。2013年以来，在双方共同努力下，中越两党两国关系取得一系列新进展。越南

是中国周边重要社会主义邻邦。中越都坚持共产党领导，政治制度相同、理想信念相通、发展道路相近。中国党和政府一贯高度重视发展中越关系，愿坚持"十六字"方针和"四好"精神，同越方加强团结、交流、合作，实现共同发展繁荣。习近平对发展中越关系提出6点建议。一是保持高层交往；二是深化治国理政经验交流；三是加强统筹协调；四是构建互利共赢格局；五是夯实中越友好民意基础；六是坚持通过双边谈判和友好协商妥善处理分歧，维护南海局势稳定，推动中越关系稳步向前发展。习近平向阮富仲介绍了中共十八届三中全会精神。相信随着改革不断深化，中国各项事业发展将更加稳健，也将为中越关系深入发展带来更多机遇。

阮富仲表示，越方希望加强越中高层交往，增进政治互信，深化各领域合作，发展人民友谊，推进越中关系健康稳定发展，以造福两国和两国人民。阮富仲高度评价中共十八届三中全会的重大意义。他表示，2013年，中国政治、经济、文化、社会各项事业取得巨大成就，中国共产党自身建设取得新的成效，越中关系发展取得新的进展，祝中国特色社会主义取得新的成就。

1月22日

[纲 文] 习近平在人民大会堂出席党外人士迎新春茶话会。

[目 文] 习近平代表中共中央向各民主党派、工商联和无党派人士，向统一战线广大成员，致以诚挚的问候和新春的祝福。全国政协主席俞正声、国务院副总理张高丽、中共中央办公厅主任栗战书和各民主党派中央、全国工商联有关负责人等参加活动。

民革中央主席万鄂湘、民盟中央主席张宝文、民建中央主席陈昌智、民进中央主席严隽琪、农工党中央主席陈竺、致公党中央主席万钢、九三学社中央主席韩启德、台盟中央主席林文漪、全国工商联主席王钦敏和无党派人士代表林毅夫、邓中翰等应邀出席。陈竺代表各民主党派中央、全国工商联和无党派人士致辞。

会上，习近平发表重要讲话。习近平指出，2013年对我们国家来说是很不平凡的一年。面对复杂多变的国际形势和艰巨繁重的国内改革发展稳定任务，中国共产党紧紧依靠包括各民主党派、工商联和无党派人士在内的全国各族人民，共同战胜了各种困难和挑战，取得了新的显著成就。在过去的一年里，各民主党派、工商联和无党派人士适应时代要求，充分发挥自身优势，主动奋发有为，同中国共产党一道，推动统一战线和多党合作事业向前发展，为全面建成小康社会作出了新的贡献。做好2014年各项工作，需要中国共产党同各民主党派、工商联和无党派人士加强团结合作，共同不懈努力。实践证明，建立新中国，建设新中国，开拓改革路，实现中国梦，都需要各党派团体和各界人士齐心努力。越是处于改革攻坚期，越需要汇集众智、增强合力；越是处于发展关键期，越需要凝聚人心、众志成城。希望各民主党派、工商联和无党派人士积极引导所联系群众，凝聚广泛共识，积聚强大能量，深入考察调研，提出真知灼见，让党和政府看问题更全面，作决策更科学。同时，各参政党应准确把握建设中国特色社会主义参政党的基本要求，继承优良传统，把握时代要求，不断提高政治把握能力、参政议政能力、组织领导能力、合作共事能力，努力把中国特色社会主义参政党建设提高到一个新的水平。

1月22日

[纲　文]　李克强主持召开国务院常务会议。

[目　文]　会议决定改革中央财政科研项目和资金管理办法，部署推进文化创意和设计服务与相关产业融合发展，审议通过《南水北调工程供用水管理条例（草案）》。

会议指出，实施创新驱动发展战略，发挥好科技创新对经济社会发展的引领支撑作用，推动经济提质增效升级，必须创新体制机制，改革科研项目和资金管理办法，使财政科研资金突出助优扶强，流向能创新、善攻坚的优秀团队和符合经济社会重大需求的项目，提高资金配置效率。一要把政府引导支持和企业主体作用有效结合。二要简政放权，简化审批流程，建立公开透明的申报、立项、评审和批准制度，健全绩效评估、动态调整和终止机制。三要着力调动科研人员积极性，健全与岗位职责、工作业绩、实际贡献紧密联系的分配激励机制。

会议指出，依靠创新，推进文化创意和设计服务等新型、高端服务业发展，促进与相关产业深度融合，是调整经济结构的重要内容。会议确定了推进文化创意和设计服务与相关产业融合发展的政策措施。一是加强创意、设计知识产权保护，健全激励机制，推进产学研用结合，活跃知识产权交易，为保护和鼓励创新、更好实现创意和设计成果价值营造良好环境。二是实施文化创意和设计服务人才扶持计划，支持学历教育与职业培训并举、创意设计与经营管理结合的人才培养新模式，让更多人才脱颖而出。三是以市场为主导，鼓励创意、设计类中小微企业成长，引导民间资本投资文化创意、设计服务领域，设立创意中心、设计中心，放开建筑设计领域外资准入限制。四是突出绿色和节能环保导向，通过完善标准、加大政府采购力度等方式加强引导，推动更多绿色、节能环保的创意设计转化为产品。五是完善相关扶持政策和金融服务，用好文化产业发展专项资金，促进文化创意和设计服务蓬勃发展。

会议审议通过《南水北调工程供用水管理条例（草案）》。会议指出，一切重大工程不仅要依法建，还要依法管。为确保工程有效运行、发挥效益，相关法规制度建设必须及时跟进。草案重点明确了南水北调工程水量调度、水质保障、用水管理和工程保护的要求，用法律手段保障调度合理、水质合格、用水节约、设施安全，确保清水北上、造福沿线群众。

1月22日

[纲　文]　国务院办公厅印发《关于促进地理信息产业发展的意见》。

[目　文]　《意见》指出，地理信息产业是以现代测绘和地理信息系统、遥感、卫星导航定位等技术为基础，以地理信息开发利用为核心，从事地理信息获取、处理、应用的高技术服务业。随着地理信息产业迅速兴起并保持高速增长，这一战略性新兴产业在国家经济社会发展中的作用日益显现。

《意见》提出，争取用5至10年时间，使我国地理信息获取能力明显提升，科技创新能力持续增强、市场监管有效、竞争有序、产品更加丰富、应用更加广泛，产业国际竞争力显著提高。

《意见》提出，要推动重点领域快速发展，提升遥感数据获取和处理能力，发展测绘应用卫星、高中空航摄飞机、低空无人机、地面遥感等遥感系统，加快建设航空航天对地观测数据获取设施；振兴地理信息装备制造，培育若干拥有知识产权的中高端地理信息技术装备生产大型企业；提高地理信息软件研发和产业化水平，结合下一代互联网、物联网、云计算等新技术的发展趋势，大力推进地理信息软件研发；发展地理信息与导航定位融合服务，结合北斗卫星导航产业的发展，提升导航电子地图、互联网地图等基于位置的服务能力；促进地理信息深层次应用。

1月22日

［纲　文］　国家安全生产监督管理总局印发《国务院安委会关于山东省青岛市"11·22"中石化东黄输油管道泄漏爆炸特别重大事故的通报》。

［目　文］　2013年11月22日10时25分，位于山东省青岛经济技术开发区的中国石油化工股份有限公司管道储运分公司东黄输油管道泄漏原油进入市政排水暗渠，在形成密闭空间的暗渠内油气积聚遇火花发生爆炸，造成62人死亡、136人受伤，直接经济损失75172万元。事故发生后，党中央、国务院高度重视。国务院事故调查组查明了事故原因。事故的直接原因是：输油管道与排水暗渠交汇处管道腐蚀减薄、管道破裂，原油泄漏，流入排水暗渠及反冲到路面。原油泄漏后，现场处置人员采用液压破碎锤在暗渠盖板上打孔破碎，产生撞击火花，引发暗渠内油气爆炸。间接原因是：中国石油化工集团公司及下属企业安全生产主体责任不落实，责任体系不健全，部门职责不清、责任不明；安全生产大检查和隐患排查整治不深入、不细致、不彻底，未能及时消除重大安全隐患；事故应急救援不力，现场应急处置措施不当，盲目动用非防爆设备进行作业，严重违规违章。山东省、青岛市、青岛经济技术开发区及相关部门履行职责不力，对管道保护的监督检查不彻底、有盲区，督促企业整治管道安全隐患不力；事故发生地段规划建设混乱，管道与排水暗渠交叉工程设计不合理；对事故风险研判失误，未及时提升应急预案响应级别，未及时采取警戒和封路措施，未及时通知和疏散群众。

《通报》指出，经调查认定，该事故是一起生产安全责任事故。已将涉嫌重大责任事故罪、玩忽职守罪的15人移交司法机关。此外，48人受到党纪、政纪处分，其中，政府公职人员24人，包括山东省油气管道保护主管部门相关责任人，青岛市人民政府、青岛经济技术开发区管委会及其管道保护、市政规划、城市建设、安全监管等部门相关责任人；企业人员24人，涉及中国石油化工集团公司董事长、总经理、副总经理等。

国务院安委会要求各省、自治区、直辖市人民政府，新疆生产建设兵团，各中央企业，深刻吸取事故教训，举一反三，严密防范类似事故再次发生。

1月22日

［纲　文］　《人民日报》发表题为《全面深化改革的必然要求——一论承上启下做好

第二批教育实践活动》的评论员文章。

1月22日

[纲　文]　《人民日报》发表题为《加快深化司法体制改革——五论学习贯彻习近平同志在中央政法工作会议重要讲话》的评论员文章。

1月23日

[纲　文]　李克强主持召开国务院第二次全体会议，讨论提请十二届全国人大二次会议审议的《政府工作报告（征求意见稿）》。

[目　文]　国务院副总理张高丽、刘延东、汪洋、马凯，国务委员常万全、杨洁篪、郭声琨、王勇等国务院全体会议组成人员参加了会议，各有关部门、单位负责人列席会议。会议决定，将《政府工作报告（征求意见稿）》发往各省（区、市）和中央有关单位征求意见。

李克强在讲话中指出，国务院向全国人民代表大会报告工作，接受人民监督，是一项法定重要职责。广泛征求社会各界特别是基层的意见，认真修改政府工作报告，就是为了更好地了解人民意愿、倾听人民心声，把顺应群众关切期盼、研究解决重大问题作为2014年工作重点，努力使报告接地气、聚民智、增信心。2013年是党的十八大之后的第一年，也是本届政府的开局之年。面对错综复杂的形势，我们坚持稳中求进工作总基调，统筹稳增长、调结构、促改革，创新宏观调控方式，通过深化改革激发市场活力，通过稳定政策引导社会预期，通过优化供给促进结构调整，通过创新机制保障和改善民生。全年实现7.7%的经济增长，同时保持物价水平相对较低，就业持续扩大，民生不断改善，成绩来之不易，一些行之有效的做法值得认真总结和坚持。

李克强强调，2014年，我们面临的形势依然严峻，任务艰巨繁重。当前，各地区、各部门要着力做好一季度重点工作，为全年起好步、开好局。一是密切跟踪分析经济形势。准确研判走势，及时发现苗头性、倾向性问题，做好应对挑战、防范风险各项准备，牢牢把握经济工作主动权。对已部署的改革发展任务要抓紧落实，已有基础的要加快推进。二是抓好冬春农业生产。做好粮食收储工作，加强农田水利建设，搞好春耕备耕，保障种子、化肥、柴油等供应和价格稳定，特别要做好受灾地区生产恢复。要科学防控H7N9禽流感等重大畜禽疫病。三是抓好经济运行调节。加强煤电油气运供需动态监测，保障重要商品市场供应充足、价格稳定。统筹安排好客货运输，保证群众顺利安全出行。加强市场监管，保障食品安全。四是切实抓好基本民生保障。搞好受灾群众过冬安置，妥善安排城乡困难群众生活。继续加大清理拖欠农民工工资工作力度，进一步加强就业服务。五是强化安全生产管理。深入排查和消除安全生产隐患，严防发生重特大事故，保障人民群众生命安全。

李克强要求，节日期间，各级政府部门和工作人员要严格执行中央八项规定，厉行节约，反对浪费，带头弘扬艰苦奋斗的优良作风，过一个风清气正、文明祥和的春节。

1月23日

［纲　文］　全军党的群众路线教育实践活动第一批总结暨第二批部署会议在北京召开。

［目　文］　中央军委副主席范长龙、许其亮出席会议并讲话。中央军委委员常万全、赵克石、张又侠、吴胜利、马晓天、魏凤和出席。会议主要任务是学习贯彻中央部署要求特别是习近平主席重要讲话精神，总结全军第一批教育实践活动，部署第二批教育实践活动，进一步统一思想、凝聚意志，在新起点上推动作风建设深入发展。

范长龙在讲话中指出，习主席对教育实践活动始终高度重视，作出一系列重要决策指示，集中体现了一抓到底的坚定决心、问题导向的明确思路、高度负责的认真态度、有力有效的务实举措、严字当头的标准要求，为全党全军改进作风进一步指明了方向，为深入开展教育实践活动提供了根本遵循。各级要深入学习贯彻习主席的重要讲话精神，自觉用以统一思想和行动，把握方向、大事大抓、强力推进，推动作风建设不断取得新成效。要结合实际，突出师旅团级党委机关这个重点，始终做到听党指挥的军魂不能变、为人民服务的宗旨不能丢、带兵打仗的职能不能忘、艰苦奋斗的本色不能改、从严治军的要求不能松。要加强领导、搞好指导，上下联动、合力推进，抓好专题民主生活会这个关键环节，用好正反两方面典型，以强有力的组织领导保证教育实践活动横向到边、纵向见底，把改作风的要求落到末端。

许其亮在讲话中指出，全军和武警部队要将习主席在党的群众路线教育实践活动第一批总结暨第二批部署会议上的重要讲话作为根本依据和遵循，以更高的标准和要求抓好第二批教育实践活动。要强化抓活动的政治自觉和内在动力，扭住关键环节、盯着突出问题抓落实，做到学习教育入脑入心、查摆问题找准找实、整改落实见底见效。要坚持依靠群众、注重分类指导，真正让官兵参与、受官兵监督、请官兵评判。要把两批活动作为一个整体来设计，军以上党委机关既要抓好师以下的活动，又要从第二批活动揭露的问题中反思自身，还要把第一批尚未彻底解决的问题解决到位，在抓部队与抓自身的共振中把教育实践活动推向深入。要严格领导责任、搞好检查督导，各级各部门齐抓共管，加强舆论宣传、营造浓厚氛围，坚持科学统筹、有力有序推进，始终保持强大声势，确保整个教育实践活动善始善终、善作善成。

1月23日

［纲　文］　国务院发出《关于开展第二次全国地名普查的通知》。

［目　文］　《通知》说，地名是基础地理信息，地名普查是一项公益性、基础性的国情调查。开展地名普查，有利于维护国家主权和领土完整、巩固国防建设，有利于经济社会协调发展，有利于社会交流交往、方便人民群众生产生活，对提高政府管理水平和公共服务能力具有重要意义。《通知》决定，自2014年7月至2018年6月开展第二次全国地名普查。

《通知》确定，本次普查范围是第二次全国地名普查试点区域以外的全国所有陆地国土（不含香港特别行政区、澳门特别行政区、台湾省）；普查内容是查清地名及相关属性信息，对有地无名的有地名作用的地理实体进行命名，对不规范地名进行标准化处理，设置标准规范的地名标志，建立、完善各级国家地名和区划数据库，加强地名信息化服务建设，建立地名普查档案。

《通知》要求，各地区、各有关部门要充分认识、广泛宣传第二次全国地名普查的重要意义，加强组织领导，周密部署，统筹协调，确保普查任务顺利完成。普查工作人员要严守工作纪律，按照有关政策规定、工作规程和技术标准认真做好普查工作，确保普查数据真实可靠。

1月23日

［纲　文］　财政部公布2013年全国财政统计数据。

［目　文］　2013年全国公共财政收入129143亿元，比上年增加11889亿元，增长10.1%。其中，中央财政收入60174亿元，比上年增长7.1%；地方财政收入68969亿元，比上年增长12.9%。

2013年全国政府性基金收入52239亿元，比上年增加14704亿元，增长39.2%。其中，中央政府性基金收入4232亿元，增长27.5%。地方政府性基金收入48007亿元，增长40.3%。国有土地使用权出让收入41250亿元，比上年增加12732亿元，增长44.6%。

2013年，全国政府性基金支出50116亿元，比上年增长37.9%。中央本级政府性基金支出2761亿元，增长26.9%；地方政府性基金支出47355亿元，增长38.6%，其中，国有土地使用权出让收入安排的支出40600亿元，增长41.9%。

1月23日

［纲　文］　农业部发布《关于加强农产品质量安全全程监管的意见》。

［目　文］　《意见》明确，用3—5年时间，使农产品质量安全标准化生产和执法监管全面展开，专项治理取得明显成效，违法犯罪行为得到基本遏制，突出问题得到有效解决；用5—8年时间，使我国农产品质量安全全程监管制度基本健全，农产品质量安全法规标准、检测认证、评估应急等支撑体系更加科学完善，标准化生产全面普及，农产品质量安全监管执法能力全面提高，生产经营者的质量安全管理水平和诚信意识明显增强，优质安全农产品比重大幅提升，农产品质量安全水平稳定可靠。为此，要加强产地安全监测普查，做好产地安全科学区划，加强产地污染治理，严格农业投入品监管，规范生产行为，推行产地准出和追溯管理，加强农产品收贮运环节监管，强化专项整治和监测评估，着力提升执法监管能力。

《意见》要求，各级农业行政主管部门要切实负起责任，勇于担当，加强组织领导，积极与编制、发改、财政、商务、食药等部门加强协调配合，加快建立农产品质量与食品安全监管有机衔接、覆盖全程的监管制度，以高度的政治责任感和求真务实的工作作风，全力抓好农产品质量安全监管工作，不断提升农产品质量安全整体水平，从源头确保农产品生产规范和产品安全优质，满足人民群众对农产品质量和食品安全新的更高要求。

1月23日

〔纲　文〕　中国保监会印发《关于加强和改进保险资金运用比例监管的通知》。

〔目　文〕　《通知》规定了监管、监测和内控三类比例实行差异化监管：一是监管比例，投资权益类资产、不动产类资产、其他金融资产、境外投资的账面余额占保险公司上季末总资产的监管比例分别不高于30%、30%、25%、15%，投资流动性资产、固定收益类资产无监管比例限制。二是监测比例，针对流动性状况、融资规模和各类别资产等制定风险预警比例。三是内控比例，制定投资内部风险控制比例，经董事会或董事会授权机构审定后向保监会报告。此前，保监会于2010年发布《关于调整保险资金投资政策有关问题的通知》，规定保险资金投资证券投资基金和股票的余额，合计不超过该保险公司上季末总资产的25%。

1月23日

〔纲　文〕　由文化部、中国文联、北京市政府共同主办的"纪念齐白石先生诞辰150周年座谈会"在北京画院美术馆举行。

〔目　文〕　文化部副部长董伟、中国文联副主席左中一、北京市委宣传部部长李伟、北京画院院长王明明、美术理论家邵大箴等分别在座谈会上发言。冯远、孟祥林、王海平、诸迪、吴长江、卢禹舜、吴为山、齐展仪等艺术界代表和齐白石家属代表近百人出席座谈会。

齐白石是中国20世纪最重要的艺术家之一，诗书画印俱长兼备。他曾任国立北平艺专教授。新中国成立后，任中央美术学院教授、北京画院名誉院长、中国美术家协会主席等职。他将毕生精力投入到中国画艺术的探索之中，为中国画的现代转型作出了重要贡献。

1月23日

〔纲　文〕　蓝网·哈尔滨网络广播电视暨哈尔滨网络广播电视台俄语频道全面上线。该频道是中国第一个俄汉双语频道。

1月23日

〔纲　文〕　教育部原党组书记、部长，原国家教育委员会党组书记、副主任何东昌在北京逝世，享年91岁。

1月23日

〔纲　文〕　《人民日报》发表题为《打好反腐"改革牌"——四论学习贯彻习近平同志在十八届中央纪委三次全会讲话》的评论员文章。

1月23—28日

〔纲　文〕　应全国人大常委会委员长张德江邀请，法国国民议会议长巴尔托洛内率法国国民议会代表团访华。

〔目　文〕　1月23日，国家主席习近平在人民大会堂会见巴尔托洛内一行。习近平说，1964年，毛泽东主席和戴高乐将军作出中法建交的历史性决定，对国际关系产生重大深远影响。中法两国应坚持互尊互信,始终从战略高度和长远角度看待和处理两国关系,尊重彼此核心利益和重大关切,强化两国关系的稳定性和可预见性;坚持包容互鉴,鼓励地方、智库、民间团体更广泛支持和参与中法关系发展;坚持互利双赢,充分释放合作潜力,深化核能、航空、航天等传统合作领域利益融合,打造城镇化、可持续发展、节能环保、汽车、金融、农业食品、卫生医药等领域合作新亮点;坚持责任担当,推动世界多极化和国际关系民主化,维护第二次世界大战成果和和平国际环境,就世界和地区热点问题加强沟通和协调,携手应对全球性挑战。巴尔托洛内表示,法国政府、议会和各政党十分珍视法中关系。法国国民议会愿与中方一道,为深化两国经贸、环保、旅游等各领域务实合作作出贡献。全国人大常委会副委员长兼秘书长王晨参加会见。

同日,全国人大常委会委员长张德江在人民大会堂同巴尔托洛内举行会谈。张德江说,法国是第一个与新中国正式建交的西方大国。半个世纪以来,中法在政治、经贸、人文等各领域合作深入发展,积累了宝贵经验。法国是欧盟核心成员国,中方愿与法方一道,共同推动中欧全面战略伙伴关系不断向前发展。中国全国人大和法国国民议会为促进中法全面战略伙伴关系发展发挥了重要作用。希望双方以依法治国经验交流为重点,加强互学互鉴,提高国家治理体系和治理能力建设水平;围绕务实合作,不断完善相关法律,维护两国企业和公民的合法权益,为推动实现互利共赢提供有力的法制保障;充分发挥定期交流机制作用,开展多层次多领域的交流,带动地方务实合作,促进民间友好往来。巴尔托洛内说,法方愿与中方进一步加强议会领导人、专门委员会和议员等多层次的交流,助力法中关系迈向更高水平。

1月27日,中法建交50周年庆祝招待会在人民大会堂举行。张德江和巴尔托洛内共同出席并致辞。张德江指出,中法关系始终走在中国与西方国家关系的前列。新形势下,中法要继续做优先战略合作伙伴,继续走不同政治制度和文化传统国家合作共赢之路。巴尔托洛内表示,自建交以来,法中双方在各领域开展了全方位合作。未来两国要以长远眼光发展双边关系,加强政治对话,加强经贸关系,加强民间交流。招待会上,还举行了中法建交50周年纪念邮票揭幕式。来自中法各界友好人士200多人出席了招待会。

同日,国务院副总理刘延东与巴尔托洛内共同出席了在中国国家博物馆举行的"开拓者的远见和智慧——中法建交50周年回顾展"开幕式,并观看了由法国国民卫队交响乐团演出的音乐会。

1月24日

[纲　文]　**中共中央政治局召开会议。**

[目　文]　中共中央总书记习近平主持会议。会议研究决定中央国家安全委员会设置;听取关于一年来贯彻执行中央八项规定情况的汇报,研究部署了下一步改进作风工作问题。

会议决定,中央国家安全委员会由习近平任主席,李克强、张德江任副主席,下设常务委员和委员若干名。中央国家安全委员会作为中共中央关于国家安全工作的决策和议事协调机构,向中央政治局、中央政治局常务委员会负责,统筹协调涉及国家安全的重大事项和重要工作。

会议认为,中央八项规定实施一年来,中央政治局认真贯彻执行中央八项规定,逐条逐项、不折不扣予以落实,以实际行动践行向全党全国人民作出的承诺。各地区各部门把贯彻落实中央八项规定精神作为一项重要政治任务来抓,各级领导干部从自身做起,从群众反映强烈的突出问题抓起,扎扎实实推进作风建设,实现了良好开局,有力促进了党风政风好转,带动了民风社风转变。铺张浪费现象得到有效遏制,"三公"经费大幅下降;各级领导干部逐步摆脱文山会海、走出机关大院,更多深入基层一线、解决实际问题;改进作风制度建设加力推进,制度的笼子越扎越紧、越扎越密、越扎越牢;正风肃纪行动持续开展,查处曝光力度不断加大。中央八项规定深入人心,凝聚起强大正能量,赢得了干部群众一致好评和衷心拥护。贯彻落实中央八项规定精神虽然取得重要阶段性成效,但也存在一些值得注意的问题和现象:一些党员、干部贯彻执行的自觉性、主动性有待提高;一些干部群众反映强烈的问题尚未得到根本解决;相关制度的可操作性和实效性有待加强;一些地方和部门贯彻落实中存在形式主义和工作不平衡现象。

会议强调,各地区各部门要清醒认识贯彻落实中央八项规定精神、转变工作作风的长期性复杂性,坚决打好改进作风这场攻坚战和持久战。要紧密结合第一批教育实践活动的整改和第二批教育实践活动的开展,始终坚持领导带头、示范带动,始终坚持抓住不放、善作善成,始终坚持深化改革、标本兼治,始终坚持法治思维、法治方式,把贯彻落实中央八项规定精神不断引向深入。要以解决突出问题为导向,2014年要重点抓好7个问题:在全党大兴调查研究之风,健全领导干部带头改进作风、深入基层调查研究机制;积极稳妥推进公车制度改革,努力解决"车轮上的铺张"这一难题;继续解决好领导干部多占办公用房问题,推进办公用房资源公平配置和集约使用;抓好"三公"经费、会议费等预算管理,继续开展"小金库"专项治理,从源头上斩断不良作风的资金链;治理党政机关和国有企事业单位的培训中心、疗养院等问题,防止这些机构成为不正之风的法外之地;继续整治"会所中的歪风",防止其成为奢靡腐败的温床;加强对国有企业和国有金融企业负责人职务消费等的规范,坚决堵住铺张浪费的漏洞和后门。要健全贯彻落实中央八项规定精神的常态化督促检查机制,确保中央八项规定不折不扣落到实处,维护中央八项规定的权威性和严肃性,以作风建设的实效取信于民。

1月24日

[纲 文] **全国双拥工作领导小组、民政部、解放军总政治部在北京举办2014年军民迎新春茶话会。**

[目 文] 茶话会由国务委员、全国双拥工作领导小组组长王勇主持。党和国家领导人习近平、李克强、刘云山出席。国务院副总理张高丽致辞。会前,习近平等会见了参加茶话会的全国双拥模范代表。会上,播放了双拥工作专题片《军民共筑中国梦》。全国

双拥模范城（县）代表作了发言。

部分在京中共中央政治局委员、中央书记处书记，部分全国人大常委会、国务院、全国政协领导以及中央军委委员出席茶话会。全国双拥工作领导小组成员，解放军四总部和驻京各大单位、武警部队有关负责人，全国双拥模范代表，首都干部群众和驻京部队官兵代表参加了茶话会。

1月24日

［纲　文］　张德江在人民大会堂主持召开部分在京全国人大代表座谈会，听取对《全国人大常委会工作报告（征求意见稿）》的意见和建议。

［目　文］　座谈中，大家认为，新一届全国人大常委会在以习近平同志为总书记的党中央正确领导下，认真行使宪法和法律赋予的职权，把握大局，在以往工作基础上做了不少工作，迈出了新步伐，实现了良好开局。杜德印、孙宪忠、郑功成代表建议，进一步强调提高立法质量，通过代表大会行使立法职权，增强法律的可执行性。高之国、袁驷、梁晓婧代表建议，进一步回应人民群众对治理环境污染、促进教育公平等问题的关切。王全、王文京、赵郁代表提出，关注"三农"工作，加强信息安全、职业教育等领域的立法工作。胡浩代表建议，进一步加强与代表特别是基层代表的联系。

全国人大常委会委员长张德江说，每年的代表大会，全国人大常委会都要向代表报告工作，这是全国人大常委会接受代表监督、接受人民监督的重要体现。今天大家对《工作报告（征求意见稿）》提出的意见建议，我们将认真研究，把工作报告稿修改好完善好。同时要认真查找全国人大及其常委会工作的不足，并切实加以改进，尽职尽责地行使好职权、做好工作，不断推进人民代表大会制度与时俱进，不辜负全国人大代表和全国各族人民的重托。

张德江强调，尊重代表主体地位，提高代表素质，发挥代表作用，是做好人大工作的基础。要切实增强代表为人民服务的使命感，密切代表同人民群众的联系，更好地发挥代表在了解民情、反映民意、集中民智方面的独特作用。要切实增强代表依法履职的责任感，强化代表履行法定义务的观念，加强代表学习培训，拓展代表知情渠道，切实提高代表履职能力和水平。

全国人大常委会副委员长兼秘书长王晨参加座谈会。

1月24日

［纲　文］　俞正声出席2014年对台工作会议并发表讲话。

［目　文］　2014年对台工作会议24日在北京举行。会议由国务委员杨洁篪主持。中共中央台办、国务院台办主任张志军作工作报告。中共中央政治局常委俞正声出席会议并发表讲话。俞正声指出，以习近平同志为总书记的新一届中央领导集体保持对台工作大政方针的连续性，同时面对新形势及其未来发展，提出新的起点上推动两岸关系和平发展的新理念、新主张，产生广泛积极影响。各地各部门认真领会中央对台工作精神，努力贯彻决策部署，扎实有效地开展各项工作，稳步推进两岸关系全面发展，取得很好的成绩。

俞正声强调，我们要从实现中华民族伟大复兴的高度思考和谋划对台工作。党的十八大提出，建设中国特色社会主义的总任务是实现社会主义现代化和中华民族伟大复兴。这一总任务决定了新形势下对台工作的总目标，就是在同心实现中华民族伟大复兴进程中完成祖国统一大业。因此，对台工作要围绕服务当前党和国家中心任务，努力保持两岸关系正确方向和前进势头，不断巩固深化两岸关系和平发展的政治、经济、文化、社会基础，为实现和平统一创造更加有利的条件。

会议要求，新的一年，各地各部门要更加奋发有为地推进对台工作，推动两岸关系稳步向前迈进。继续增进两岸政治互信和良性互动，坚决反对"台独"分裂图谋。全面深化两岸关系和平发展各项基础，促进两岸交往取得新进展。继续推进两岸协商谈判。加强两岸经济合作总体设计，争取完成两岸经济合作框架协议后续商谈，扩大两岸产业合作、创新合作及现代服务业合作，积极探索两岸经济功能区合作，切实加强台商权益保护工作。紧紧围绕团结广大台湾同胞这一主线，出台惠及台湾民众的政策措施，扩大深化文化、教育、科技等各领域交流。深化两岸共同打击犯罪和司法互助。继续支持和促进两岸民间政治对话。

会议强调，各地各部门要切实加强党的领导，注重统筹协调，完善各项机制，以坚定的信心、创新的精神和务实的作风，不断开拓进取，完成各项对台工作任务。

中央党政军有关部门和各地有关负责人出席会议。

1月24日

［纲　文］　《人民日报》报道，中央党的群众路线教育实践活动领导小组印发《关于认真学习贯彻习近平总书记在党的群众路线教育实践活动第一批总结暨第二批部署会议上的讲话的通知》。

［目　文］　《通知》要求，各级党委（党组）要把学习讲话作为当前一项重要政治任务，把思想和行动统一到讲话精神上来，更好地把中央精神落实到教育实践活动之中。要深刻认识第二批教育实践活动的重要性和紧迫性，切实增强思想自觉和行动自觉，做到教育和实践并重，调动领导干部和广大群众两个积极性，打牢学习教育和查摆问题两个基础，抓住整改落实和建章立制两个关键，把中央部署要求贯彻落实到"末梢神经"。要准确把握中央部署要求，坚持主题不变、镜头不换，以补精神之"钙"、除"四风"之害、祛行为之垢、立为民之制为重点，更加注重发挥群众积极性，强化问题导向。要切实加强对教育实践活动的组织领导，主要负责人要履行第一责任人责任，各级领导干部要建立联系点；加强督促检查，组建各级督导组，把从严要求贯穿督导全过程；抓好宣传引导，发挥典型作用，营造良好氛围；坚持统筹兼顾，把开展活动与做好各项工作结合起来，做到两手抓、两不误、两促进。

1月24日

［纲　文］　财政部印发《关于政府购买服务有关预算管理问题的通知》。

［目　文］　《通知》要求将政府购买服务所需资金列入财政预算，从部门预算经费或

经批准的专项资金等既有预算中统筹安排。

《通知》明确,对预算已安排资金且明确通过购买方式提供的服务项目,按相关规定执行;对预算已安排资金但尚未明确通过购买方式提供的服务,可根据实际情况,调整通过政府购买服务的方式交由社会力量承办。既要禁止一些单位将本应由自身承担的职责,转嫁给社会力量承担,产生"养懒人"现象,也要避免将不属于政府职责范围的服务大包大揽,增加财政支出压力。

《通知》要求,财政部门和预算单位要强化购买服务预算执行监控,对购买服务进行全过程跟踪。对合同履行、绩效目标实施等,发现偏离目标要及时采取措施予以纠正。大力推进购买服务预算绩效评价工作,确保资金规范管理、安全使用和绩效目标如期实现。

同时,建立健全购买服务信息公开机制,拓宽公开渠道,搭建公开平台,及时将购买的服务项目、服务标准、服务要求、服务内容、预算安排、购买程序、绩效评价标准、绩效评价结果等购买服务预算信息向社会公开,提高预算透明度,回应社会关切,接受社会监督。

1月24日

[纲　文]　人力资源和社会保障部公布《劳务派遣暂行规定》,自2014年3月1日起施行。

1月24日

[纲　文]　由中国自行设计制造的第一艘水下考古船"中国考古01"号在重庆下水。

[目　文]　该船由中船重工701研究所设计,上海双希海事发展有限公司监理,重庆船级社检验,重庆长航东风船舶工业公司制造。该船船体总长56米,水线长53米,型宽10.8米,型深4.8米,设计排水量900吨,采用全电力推进动力方式,航速12节。可载船员8—12人,考古人员22人。造价合计8000多万元。

"中国考古01"号水下考古船的建成下水是中国水下考古事业具里程碑意义的事件。该船由国家财政专项拨款建造,是中国第一艘、亚洲第三艘水下考古专业用船。通过配置的专业设备,借助物探手段能发现、确认、定位水下遗址,对水下遗址进行即时调查、探摸、测绘、影像记录、清理、考古发掘和提取等工作,并且可以对出土文物进行及时处理和保护,并可对公众进行有限的开放和展示,整体技术达到世界先进水平。该船投入使用后,将主要负责中国沿海、近海以及西沙群岛的水下考古工作。

1月24日

[纲　文]　《人民日报》发表题为《夯实基层基础的重大工程——二论承上启下做好第二批教育实践活动》的评论员文章。

1月24—26日

[纲　文]　汪洋在黑龙江省考察调研农业农村工作。

[目　文]　国务院副总理汪洋在调研期间听取了黑龙江省"两大平原"现代农业综合配套改革试验情况汇报。他强调,改革试验要积极稳妥、统筹推进、突出重点、搞好试

点,力争在涉农资金整合、发展规模经营、完善农产品价格机制、创新经营体系、发展农村金融和农业保险服务等重大问题上取得突破,建立适应现代农业发展的体制机制。

汪洋在哈尔滨市考察了商贸物流企业。他要求,要抓好节日期间市场供给,组织好鲜活农产品调运,畅通物流渠道,降低流通成本,确保市场供应充足、价格基本稳定。要加大"菜篮子"产品质量安全监管力度,督促经营企业履行社会责任,保障群众"舌尖上的安全"。要强化旅游设施安全管理,排除潜在隐患,防止重特大事故发生。要健全应急值守制度,落实安全应急预案,妥善处置突发事件,确保假日旅游安全有序。

汪洋深入黑河市2013年在黑龙江流域严重洪涝灾害中受灾的村屯,慰问受灾群众,了解灾后恢复重建和灾民安置情况。他强调,各级政府要切实关心灾区群众生活,落实扶持救助政策,帮助他们克服生活中的困难、安排好春季生产恢复,特别是要妥善解决好住房、取暖等实际问题,确保灾区群众安全温暖过冬、欢乐祥和过年。

1月24—25日

[纲　文]　全国公务员管理工作会议在北京举行。

[目　文]　中央组织部常务副部长陈希,中央组织部副部长、人力资源社会保障部部长、国家公务员局局长尹蔚民出席会议并讲话。

陈希指出,要把加强公务员制度建设与贯彻落实《干部任用条例》统筹起来,建立建全公务员选任制度和机制。把深化公务员分类改革作为公务员制度建设的重点,加快建立专业技术类、行政执法类公务员管理制度。陈希强调,公务员管理必须严字当头。要从严考录选拔,从严教育培养,从严管理监督。

尹蔚民要求,2014年要扎实做好以下几方面工作:积极稳妥推进公务员分类改革,扎实做好公务员考录工作,进一步加强公务员平时考核,深入开展公务员教育培训工作,加大基层公务员队伍建设力度,广泛深入开展争做人民满意公务员活动,继续做好表彰奖励工作。

1月25日

[纲　文]　**刘云山代表习近平总书记和党中央看望著名科技专家,向科技工作者致以诚挚问候和新春祝福。**

[目　文]　刘云山登门看望了国家最高科技奖获得者物理学家谢家麟、爆炸力学专家郑哲敏、雷达工程专家王小谟,向他们致以良好祝愿,向科技工作者致以新春祝福。

刘云山指出,推进事业发展、增强综合国力,一靠改革,二靠科技。党中央高度重视科技事业发展,采取一系列重大举措推动科技创新。要深入落实党的十八届三中全会部署,深化科技体制改革,增强科技创新活力,加快形成具有国际竞争力的人才优势,使"中国创造""中国智造"的科技成果竞相涌现。各级党委和政府要认真落实党的知识分子政策,切实做好联系服务专家工作,把各类优秀科技人才凝聚起来,为实现中华民族伟大复兴的中国梦提供有力的科技支撑、人才支撑。

中央组织部部长赵乐际陪同看望。中央组织部、国务院国资委、中国科学院、中国电子科技集团公司负责人参加看望活动。

1月25日

［纲　文］　中共中央办公厅印发《关于加强基层服务型党组织建设的意见》。

［目　文］　《意见》指出，党的基层组织是党全部工作和战斗力的基础，是团结带领群众贯彻党的理论和路线方针政策、落实党的任务的战斗堡垒。建设基层服务型党组织，是建设学习型、服务型、创新型马克思主义执政党的基础工程，对于密切党同人民群众的血肉联系，提高党的执政能力，夯实党的执政基础，具有重要意义。随着我国经济社会深刻变革，群众服务需求日益增多，基层党组织要转变工作方式、改进工作作风，把服务作为自觉追求和基本职责，寓领导和管理于服务之中，通过服务贴近群众、团结群众、引导群众、赢得群众。各级党组织要充分认识加强基层服务型党组织建设的重要性紧迫性，以服务型党组织建设引领基层党建工作，使服务成为基层党组织建设的鲜明主题，推动基层党组织在强化服务中更好发挥领导核心和政治核心作用。

《意见》强调，建设基层服务型党组织，要以服务群众、做群众工作为主要任务，以改革创新为动力，以群众满意为根本标准，坚持服务改革、服务发展、服务民生、服务群众、服务党员，达到"六有"目标，即有坚强有力的领导班子、本领过硬的骨干队伍、功能实用的服务场所、形式多样的服务载体、健全完善的制度机制、群众满意的服务业绩。要强化服务功能，健全组织体系，找准各领域基层党组织开展服务、发挥作用的着力点，做到有群众的地方就有党组织提供服务。加强基层党组织书记、党务工作者和党员队伍建设，教育引导他们增强服务意识、改进工作作风，扎扎实实为群众做好事、办实事、解难事。推广机关干部下基层、结对帮扶等做法，运用多种形式和手段开展服务。整合各类组织、各种力量参与服务，广泛开展以党员为骨干的各类志愿服务，形成以党组织为核心、全社会共同参与的服务格局。

《意见》要求，要在党委统一领导下，组织部门牵头协调，行业系统具体指导，有关部门密切配合，形成推进基层服务型党组织建设的整体合力。要坚持书记抓、抓书记，建立并落实市、县、乡党委书记基层党建工作述职评议考核制度。要坚持重心下移、资源下沉，使基层党组织有资源有能力为群众服务。按照有关规定全面落实基层党组织书记、专职党务工作者报酬及社会保障待遇；建立稳定的经费保障制度，把村、社区党组织工作经费纳入财政预算，为基层党组织开展工作、服务群众创造良好条件。

1月25日

［纲　文］　《人民日报》报道，中共中央组织部印发《关于加强干部选拔任用工作监督的意见》。

［目　文］　《意见》要求，各地区各部门贯彻落实党要管党、从严治党方针，严明组织纪律，严格选人用人监督，大力营造风清气正的用人环境。

《意见》强调，要严格把好廉政关，认真调查核实人选对象的有关问题反映，查阅和核实个人有关事项报告，深入考察了解干部的党风廉政情况，坚决防止"带病提拔"。要严厉查处违规用人行为，坚决整治用人上的不正之风。不论是集中换届还是日常干部选拔任用，对违反组织人事纪律的实行"零容忍"、坚决不放过，发现一起、查处一起，让那些搞不正之风的人不仅捞不到好处，而且受到严厉惩处。对跑官要官、拉票贿选、买官卖官、违规用人、说情打招呼等问题，一律从严查处。要建立倒查机制，强化干部选拔任用责任追究，对违反规定用人等失职渎职行为，不仅查处当事人，而且追究责任人，一查到底、问责到人。要加大选人用人监督检查力度，着力检查用人程序是否合规、导向是否端正、风气是否清正、结果是否公正，及时发现和纠正存在的问题。对违规用人案件，要予以通报、曝光，发挥警示震慑作用。

《意见》要求，各级组织人事部门要把干部选拔任用工作监督摆在突出位置来抓，组工干部要切实增强党性，坚持原则、公道正派、敢于担当，严格执行组织人事纪律。坚决抵制和纠正用人上的不正之风。

1月25日

[纲　文]　中国科协八届五次全委会议在北京召开。

[目　文]　中共中央政治局委员李源潮出席会议并讲话。李源潮指出，要深入学习贯彻党的十八大、十八届三中全会精神和习近平总书记系列重要讲话精神，抓住全面深化改革机遇，推进科协工作创新发展，团结带领广大科技工作者为实施创新驱动发展战略、实现经济社会发展目标任务作出积极贡献。

李源潮充分肯定过去一年科协工作的成绩。他指出，要服务党和国家工作大局，抓住实施创新驱动发展战略新机遇，在促进科技创新与经济社会发展深度融合中发挥重要作用；抓住深化科技体制改革、创新完善人才发展体制机制新机遇，在激发科技工作者创新创造活力上发挥重要作用；抓住加快转变政府职能新机遇，拓展科协组织社会化服务职能；抓住培育和践行社会主义核心价值观新机遇，在弘扬科学精神、树立社会新风中发挥重要作用。要抓住信息化机遇，把握互联网在人们获取信息中作用越来越重要的趋势，建设好新一代数字科技馆，加快推进科普信息化，让科学知识在网上流行。

李源潮要求，各级科协要以深入开展群众路线教育实践活动为动力，深入基层、改进作风，以服务增强科协组织的吸引力凝聚力，以服务激发科技工作者的创新力创造力。

中国科协主席韩启德主持会议并作工作报告。

1月25日

[纲　文]　中国网球选手李娜夺得澳大利亚网球公开赛大满贯冠军。

[目　文]　第三次进入澳大利亚网球公开赛女单决赛的中国球手李娜，以2∶0的比分战胜斯洛伐克选手齐布尔科娃，成为41年来首位超过30岁的澳网女单冠军，同时也成为首位获得澳网单打冠军的亚洲球手。这是李娜继2011年获得法网女单冠军后第二次获得大满贯冠军。

1月25日

[纲　文]　《人民日报》发表题为《改作风永远在路上》的评论员文章。

1月26—28日

[纲　文]　习近平在内蒙古自治区调研。

[目　文]　中共中央总书记习近平在内蒙古自治区党政负责人陪同下，先后到兴安盟、锡林郭勒盟、呼和浩特市等地，深入边防连队、林场、牧场、企业、牧户、社区调研考察。

1月26日上午，习近平到内蒙古军区边防某部看望慰问戍边官兵。他先后到阿尔山口岸、三角山哨所和边防部队连队驻地，希望广大官兵深入学习贯彻强军目标，抓好思想政治建设，坚定理想信念，弘扬"北疆卫士"精神，坚决听党的话、跟党走，矢志扎根边防、守卫边防、建功边防。坚持执勤训练一体化，提高管边控边能力，有效履行卫国戍边职责。发扬光荣传统和优良作风，充分发挥党支部战斗堡垒作用和党员先锋模范作用，把连队建成坚不可摧的战斗集体。认真执行党的民族宗教政策，维护军政军民团结和民族团结，为促进边疆地区经济社会发展、社会和谐稳定贡献力量。26日下午，习近平到兴安盟阿尔山市看望慰问困难群众。27日，习近平先后到锡林浩特市楚古兰街道爱民社区、宝力根苏木乡、毛登牧场饲草产业基地调研。28日，习近平先后到伊利集团、呼和浩特市儿童福利院、内蒙古和信园蒙草抗旱绿化股份有限公司考察调研。

调研结束时，习近平听取了内蒙古自治区党委和政府工作汇报，对近年来内蒙古经济社会发展和民族团结进步取得的成绩给予充分肯定。习近平强调，我们党员干部都要有这样一个意识：只要还有一家一户乃至一个人没有解决基本生活问题，我们就不能安之若素；只要群众对幸福生活的憧憬还没有变成现实，我们就要毫不懈怠团结带领群众一起奋斗。希望内蒙古各族干部群众守望相助。守，就是守好家门，守好祖国边疆，守好内蒙古少数民族美好的精神家园；望，就是登高望远，规划事业、谋求发展要跳出当地、跳出自然条件限制、跳出内蒙古，有宽广的世界眼光，有大局意识；相助，就是各族干部群众要牢固树立平等团结互助和谐的思想，各族人民拧成一股绳，共同守卫祖国边疆，共同创造美好生活。

习近平指出，推动改革发展事业，关键在党，关键在广大党员干部要有优良的工作作风。实践证明，抓作风建设最重要的是讲认真。各级党组织要弘扬认真精神，坚持高起点开局、高标准开展、高质量推进第二批群众路线教育实践活动，尤其要在坚持抓严、认真抓实、切实抓长上下功夫，真正做到让党员、干部思想上受教育、作风上有转变，让广大群众感到变化、感到满意。全党同志特别是领导干部一定要讲修养、讲道德、讲廉耻，追求积极向上的生活情趣，养成共产党人的高风亮节，做到富贵不能淫、贫贱不能移、威武不能屈。

王沪宁、栗战书、许其亮和中央有关部门负责人陪同考察。

1月26—28日

[纲　文]　李克强在陕西省考察慰问。

〔目　文〕　国务院总理李克强先后到陕西商洛、安康、西安等地考察慰问，看望困难群众，走访企业和科研院所，看望专家和工程技术人员，向广大基层群众致以新春的祝福。李克强充分肯定陕西经济社会发展的成就，希望陕西在新一轮西部大开发中发挥战略支撑作用，在西部科学发展中当好新引擎。

1月26日上午，李克强在赴陕西商洛、安康看望慰问困难群众的火车上召开扶贫开发工作会议，听取扶贫情况汇报，部署进一步做好扶贫开发工作。会上，国务院扶贫办负责人汇报了秦巴山区扶贫工作推进情况，陕西省负责人汇报了当地扶贫的主要做法和下一步打算。李克强说，当前扶贫走入了新的攻坚期，要在坚持扶贫大战略不变的基础上，实行更科学更有效的扶贫。要通过区域整体开发，创造有利于"造血式"扶贫的大环境，使贫困群众有更多公平的发展机会，推动精准扶贫更加有效，更可持续。要对不具备生存条件的地方进行整体搬迁。要把扶贫规划、城镇化规划、综合交通规划统筹起来，加快发展中西部交通设施特别是铁路。要合理划分中央和地方扶贫事权，整合扶贫资金，动员社会力量积极健康发展慈善事业，促进扶贫济困。

1月26日

〔纲　文〕　**俞正声同全国性宗教团体负责人举行座谈。**

〔目　文〕　全国政协主席俞正声代表中共中央向全国宗教界人士和广大信教群众致以新春祝福。俞正声在听取各宗教团体负责人发言后说，过去的一年，各宗教团体带领广大信教群众紧密团结在党和政府周围，坚持走爱国爱教道路，在开展社会服务、维护和谐稳定、深化对外交往、加强自身建设方面做了很多工作，取得了很好成效。全面深化改革是一场伟大的革命，需要把方方面面的积极性和创造性都调动起来。我国有上亿信教群众，是建设中国特色社会主义的积极力量，也应该成为推进新一轮改革的重要力量。希望各宗教团体团结广大信教群众，理解改革、支持改革、投身改革。

俞正声要求，要全面加强组织建设、思想建设、作风建设和人才建设，促进宗教团体、宗教院校和宗教活动场所管理的制度化、规范化。要抓好爱国爱教这个核心，下大力气培养中青年教职人员特别是后备人才。要加强教风建设，始终做到有所行、有所止、有所为、有所戒。广大宗教界人士要牢固树立国家意识、法律意识和公民意识，引导信教群众自觉在法律法规和政策范围内开展宗教活动。各级党委、政府要全面贯彻党的宗教工作基本方针，充分发挥宗教界人士和信教群众在促进经济社会发展中的积极作用。

国务院副总理刘延东等出席座谈会。中国佛教协会会长传印、中国道教协会会长任法融、中国伊斯兰教协会会长陈广元、中国天主教主教团主席马英林、中国基督教三自爱国运动委员会主席傅先伟、中国基督教协会会长高峰等参加座谈会。中国佛教协会副会长班禅额尔德尼·确吉杰布参加座谈。

1月26日

〔纲　文〕　**张高丽在国家海洋局出席极地大洋科技工作者座谈会。**

〔目　文〕　座谈会前，国务院副总理张高丽看望了极地大洋科考队员和家属代表，通过海事卫星与正在雪龙号极地科考船、大洋一号科考船和南极长城站、中山站执行科学考察任务的专家代表进行了视频连线对话，代表党中央、国务院和祖国人民，向奋战在极地和大洋的科考队员表示亲切慰问和新春祝福。张高丽充分肯定了科考队员牢记祖国和人民的重托，克服各种困难取得的显著成绩，特别是高度评价了在雪龙号成功突破海冰围困过程中，科考队员们所展现出来的顽强精神和过硬素质。

张高丽在同极地大洋科技工作者座谈时指出，要认真学习贯彻落实党中央、国务院建设海洋强国的决策部署，大力弘扬中国载人深潜精神和南极精神，勇于改革创新，努力把极地大洋工作提高到新水平，为建设海洋强国、实现中华民族伟大复兴的中国梦作出新的贡献。他说，极地大洋工作是海洋事业的重要组成部分，是人类社会实现可持续发展的新领域。做好极地大洋科学研究与考察工作，对深化人类对极地大洋的认知、推进气候变化研究与合作、加强生态环境保护等具有十分重要的意义。经过30年的不懈努力，我国极地大洋工作从无到有、由小到大、不断发展，取得了举世瞩目的成就，海洋科技综合能力和水平不断提高，形成了一支乐于吃苦、甘于奉献、能打硬仗、善打硬仗的极地大洋科考队伍，为人类科学认识、和平利用极地大洋作出了积极贡献。

张高丽要求，要进一步增强使命感和责任感，推动极地大洋工作不断取得新进展、新突破。要认真研究极地大洋工作发展的总体战略，制定好中长期规划。重点推进基础研究项目的实施，加快科研成果的转化。提升极地通讯、雪地运输等保障水平，增强应急处置、救援能力。建立人才联合培养的新机制，培养高水平、专业化的领军人才。加强国际交流与合作，实现优势互补、资源共享、互惠互利。国家有关部门要切实加强对极地大洋工作的指导、管理和服务，为我国极地大洋科学考察工作提供坚强有力保障。

1月26日

[纲　文]　刘延东召开会议，研究部署人感染H7N9禽流感疫情防控工作。

[目　文]　国务院副总理刘延东指出，自2013年10月以来，部分地区发生人感染H7N9禽流感疫情，各有关地区和部门共同有力有序有效开展疫情防控工作，社会面总体保持平稳。但对疫情防控仍需高度重视，不得有丝毫松懈。

刘延东要求，各地区各有关部门要按照党中央、国务院的决策部署，继续强化联防联控工作机制，采取有效措施坚决防止疫情扩散蔓延。一要加强疫情监测和流行病学调查，做好疫情趋势研判，不断完善防控策略和措施，尤需加强疫情及各类传染病的监测预警等工作。二要进一步完善治疗方案，提高基层救治能力，落实早诊早治措施，最大程度减少重症患者和病死率。三要加强活禽市场和活禽调运监管，切实抓好源头控制，要扶持推动科学安全养殖、屠宰和流通，促进家禽产业转型升级。四要加强病原学、疫情溯源、疫苗研发等方面科研攻关，及时为疫情防控提供有效技术支持。五要加强疫情防控国际交流与合作，公开透明发布相关信息，及时回应社会关切。

1月26日

[纲　文]　财政部印发《关于城乡建设用地增减挂钩试点有关财税政策问题的

通知》。

[目　文]　《通知》要求，在实施增减挂钩中，市县国土资源管理部门依法供应用于城镇建设的地块（即建新地块）形成的土地出让收入，包括利用增减挂钩节余指标供应土地形成的土地出让收入，均应当就地全额缴入国库，实行"收支两条线"管理。市县财政部门应当会同国土资源管理部门加强增减挂钩相关收入征收管理，确保相关收入及时足额缴库，不得随意减免或返还相关收入，也不得账外设账、截留、挤占和挪作他用。

《通知》要求，在实施增减挂钩中，要做好农村居民的拆迁补偿安置工作，规范项目支出管理，加大财政支持力度。其中，农村居民住宅等拆迁补偿所需费用，新建农村居民安置住房所需费用，以及新建农村居民安置住房社区中的道路、供水、供电、供气、排水、通讯、照明、污水、环境、卫生、文化、公共绿地、公共厕所、消防等公共基础设施建设支出，可以通过预算从土地出让收入中安排；整理复垦为耕地的农村建设用地地块（即拆旧地块）所需费用，可以通过预算从土地出让收益中计提的农业土地开发资金等相关资金安排。

《通知》明确，增减挂钩项目中农村居民经批准搬迁，原宅基地恢复耕种，新建农村居民安置住房占用耕地面积不超过原宅基地面积的，不征收耕地占用税；超过原宅基地面积的，对超过部分按照当地适用税额减半征收耕地占用税；新建农村居民住房社区中学校、道路等占用耕地符合减免条件的，可以依法减免耕地占用税。

1月26日

[纲　文]　国家工商行政管理总局印发《网络交易管理办法》。

[目　文]　《办法》明确提出了网络商品经营者和有关服务经营者所应承担的义务，以及违反这一管理办法所应承担的法律责任。

《办法》明确了个人网上开店的"实名制"原则。从事网络商品交易的自然人，应通过第三方交易平台开展经营活动，并向第三方交易平台提交其姓名、地址、有效身份证明、有效联系方式等真实身份信息。具备登记注册条件的，还要依法办理工商登记。

《办法》对消费者网购7天无理由退货作出说明。消费者有权自收到商品之日起7日内退货，且无需说明理由，网络商品经营者应当自收到退回商品之日起7日内返还消费者支付的商品价款。消费者定做的、鲜活易腐的、在线下载或消费者拆封的数字化商品、报纸和期刊等除外。同时，消费者退货的商品应当完好，并承担退回商品的运费。

《办法》自2014年3月15日起施行。国家工商行政管理总局2010年5月31日发布的《网络商品交易及有关服务行为管理暂行办法》同时废止。

1月26日

[纲　文]　**民政部、国家标准化管理委员会、商务部、国家质检总局、全国老龄办联合印发《关于加强养老服务标准化工作的指导意见》。**

[目　文]　《意见》要求各地进一步加强养老服务标准化建设，积极营造安全、便利、诚信的养老服务消费环境。

《意见》设定的总体目标是：到2020年，基本建成涵盖养老服务基础通用标准，机构、居家、社区养老服务标准、管理标准和支撑保障标准,以及老年人产品用品标准,国家、行业、地方和企业标准相衔接,覆盖全面、重点突出、结构合理的养老服务标准体系;基本形成规范运转的养老服务标准化建设工作格局;标准制定、实施和监管水平明显提升;标准化试点示范工作和专业人才队伍建设逐步完善,行业标准化意识和规范化意识显著增强,安全、便利、诚信的养老服务消费市场环境基本形成。为此,要加快健全养老服务标准体系,加强养老服务标准化研究,抓好养老服务标准的贯彻实施,推进养老服务领域管理标准化,健全规范养老服务市场秩序。与此同时,应积极完善工作运行机制,推进标准化试点工作,加强人才和信息化建设。

《意见》提出,在养老机构管理服务方面,要加紧制定养老机构设施设备配置规范、养老机构内设医疗机构服务质量控制规范等标准。

1月26日

[纲　文]　国家发展改革委、财政部印发修订后的《价格违法行为举报奖励办法》,自2014年5月1日起施行。原国家计委、财政部2001年11月26日发布的《价格违法案件举报奖励办法》同时废止。

1月26日

[纲　文]　交通运输部印发《沿海码头靠泊能力管理规定》,自2014年7月1日起施行。

1月26日

[纲　文]　《人民日报》发表题为《创新机制 扎实推进扶贫开发》的评论员文章。

1月26日

[纲　文]　《人民日报》发表题为《遵守纪律无条件——五论学习贯彻习近平同志在十八届中央纪委三次全会讲话》的评论员文章。

1月27日

[纲　文]　国家主席习近平同法国总统奥朗德互致贺电,庆祝中法建交50周年。

[目　文]　习近平在贺电中指出,1964年1月27日,毛泽东主席和戴高乐将军作出中法建交的历史性决定,开辟了中欧关系的新时代,谱写出平等包容、互尊互信、互利共赢的国际关系新篇章。中法都是联合国安理会常任理事国和具有独立自主精神的大国,是推动世界多极化、经济全球化、国际关系民主化的重要力量。中法关系长期健康稳定发展不仅符合两国和两国人民根本利益,也有利于世界和平与发展。中方高度重视中法关系,愿同法方携手努力,以建交50周年为契机,推动两国关系在新的历史起点上不断迈上新台阶。

奥朗德表示,法国是第一个同新中国建立大使级外交关系的西方大国。戴高乐将军作出这一伟大决定,是因为双方都有坚定的独立精神。中国几十年无与伦比的发展成就印证了这是个高瞻远瞩的决定。独立精神也同相互尊重、珍视主权和多边主义一道,构成法中关系不可撼动的基石。中国将在国际事务中发挥越来越重要的作用，法方希望同中方加强在国际和全球性问题上的协调。共同维护世界多极化，携手应对各种危机和全球性挑战，推动法中关系再创新的辉煌。

1月27日

［纲　文］　全国特殊教育工作电视电话会议在北京召开。

［目　文］　国务院总理李克强对会议召开作出批示。批示指出："办好特殊教育，对于保障残疾人平等参与社会的权利、增加残疾人家庭福祉和促进社会公平正义具有十分重要的意义，也是教育现代化的重要内容。各级政府要高度重视，带着深厚的感情，履职尽责，特教特办，认真实施好特殊教育提升计划，让残疾孩子与其他所有人一样，同在蓝天下，共同接受良好的教育。"国务院副总理刘延东出席会议并讲话。她强调，要认真贯彻落实李克强总理重要批示精神，以改革创新推动特殊教育发展，提升特殊教育水平，进一步保障残疾人受教育权利。国务委员王勇主持会议。

刘延东指出，在党中央、国务院高度重视和各方共同努力下，我国特殊教育事业成绩显著，为广大残疾儿童少年点亮了人生希望，增进了残疾人福祉与社会和谐。教育是残疾人打开幸福之门的基础途径，特殊教育是一项神圣事业。要推行没有排斥、没有歧视的全纳教育理念，加快构建布局合理、学段衔接、普职融通、医教结合的特殊教育体系，促进残疾孩子快乐成长、实现人生价值。要多措并举提高特教学校培养能力，扩大普通学校随班就读规模，努力使每一个残疾孩子都能接受合适的教育。要加强特殊教育教材建设、教学改革和教师培养培训，注重学生潜能开发和功能补偿，不断提升教育教学质量，为残疾孩子提供个别化的教育和康复服务。要加大投入力度，提高生均公用经费标准，健全覆盖所有残疾学生的资助体系，提高特殊教育保障水平。要在全社会弘扬人道主义精神和中华传统美德，鼓励引导更多社会力量关心支持特殊教育，为残疾人全面融入社会创造更好条件。

王勇要求，各地区、各部门、各单位要认真贯彻落实会议精神，把特殊教育摆上政府工作重要位置，纳入重要民生工程，结合实际抓紧制定《特殊教育提升计划》实施方案，细化分解任务，完善配套措施，加强协调配合，形成政府主导、部门协同、各方参与的工作格局，把发展特殊教育的各项工作落到实处。

1月27日

［纲　文］　财政部、国家发改委联合印发《关于2014年继续免收出口商品检验检疫费的通知》。

［目　文］　《通知》明确，自2014年1月1日起至2014年12月31日，对所有出境货物、运输工具、集装箱及其他法定检验检疫物免收出入境检验检疫费。免收范围不包括对出境人员预防接种和体检收取的费用，以及企事业单位承担与出境检验检疫有关的商业性自愿委托检测和鉴定、出境检疫处理、动物免疫接种工作收取的费用。

《通知》强调，出入境检验检疫机构依法履行职能所需经费，由中央财政预算予以统筹安排。各地区和有关部门要严格执行本通知规定，落实免收出口商品检验检疫费政策，不得以任何理由拖延或者拒绝执行。各级财政、价格主管部门要加强对落实本通知情况的监督检查。

1月27日

［纲　文］　国家发改委、财政部联合印发《关于重新核定银行业监管收费标准及有关问题的通知》。

［目　文］　《通知》要求，向纳入监管范围的各类商业银行、信用社、财务公司、信托投资公司、金融租赁公司、邮政储蓄机构等（以下简称"被监管单位"）收取的机构监管费，按被监管单位上年末实收资本的一定比例并考虑风险因素计收。向被监管单位收取的业务监管费，按上年末资产总额减去上年末实收资本后的一定比例分档累加并考虑风险因素计收。被监管单位的境外分支机构上一年度向所在地缴纳的监管费，可抵扣境内法人计缴的业务监管费，但抵扣总额不得超过该境外分支机构按上述标准计收的业务监管费数额。

《通知》要求严格执行上述规定，不得擅自增加收费项目、扩大收费范围和提高收费标准，并自觉接受价格、财政部门的监督检查。

《通知》自2013年1月1日起执行，有效期3年。

1月27日

［纲　文］　环境保护部、商务部、海关总署发布《消耗臭氧层物质进出口管理办法》，自2014年3月1日起施行。原国家环境保护总局发布的《消耗臭氧层物质进出口管理办法》（环发〔1999〕278号）和原国家环境保护总局、原对外经济贸易合作部、海关总署发布的《关于加强对消耗臭氧层物质进出口管理的规定》（环发〔2000〕85号）同时废止。

1月27日

［纲　文］　第四轮中欧高级别战略对话在比利时布鲁塞尔举行。

［目　文］　国务委员杨洁篪与欧盟外交与安全政策高级代表兼欧盟委员会副主席阿什顿就深化双方战略沟通和各领域务实合作达成重要共识。杨洁篪表示，中方一直坚定支持欧洲一体化，支持欧洲经济和金融稳定。中国全面深化改革将为中欧合作带来更多机遇。中方愿与欧方落实好双方领导人共识，加强高层往来，深化战略互信，推进务实合作，推动投资协定谈判取得进展。同时，双方要继续加强在国际和地区事务中的沟通协调，共同维护世界和平、稳定和发展。

同日，欧洲理事会主席范龙佩在布鲁塞尔会见杨洁篪。范龙佩表示，欧方致力于加强与中国的全面战略伙伴关系，愿与中方保持高层互访，深化务实合作。欧方赞赏中国在国际事务中发挥的负责任大国作用，愿加强与中国在伊朗核、叙利亚、阿富汗等国际和地区问题上的合作。

1月27日

［纲　文］　世界上输送功率最大的直流输电工程——哈密南—郑州±800千伏特高

压直流输电工程正式投入运行。

〔目　文〕　这是国家电网公司投资自主研发、设计和建设的第三回特高压直流工程，是国家实施"疆电外送"战略的第一个特高压输电工程，也是西北地区大型火电、风电基地电力打捆送出的首个特高压工程。

工程起于新疆哈密南换流站，止于河南郑州换流站。工程投运后，每年可向华中地区输送电量500亿千瓦时，相当于运输煤炭2300万吨，减少排放二氧化碳4000万吨、二氧化硫33万吨，直接拉动新疆投资1000亿元，拉动河南GDP增长2500亿元，成为连接西部边疆与中原地区的"电力丝绸之路"。

1月27日

〔纲　文〕　《人民日报》发表题为《解决突出问题的有效抓手——三论承上启下做好第二批教育实践活动》的评论员文章。

1月28日

〔纲　文〕　习近平给山东省烟台市福山区福新街道垆上村大学生村官张广秀复信，对全国大学生村官提出殷切期望。

〔目　文〕　张广秀是2009年9月选聘到垆上村任职的女大学生村官，2010年9月身患急性白血病仍不忘工作。在习近平等中央领导同志的亲切关怀下，她到北京接受治疗后于2013年6月重回村官岗位。2014年1月15日，张广秀致信习近平总书记，汇报了自己工作生活情况，表示一定不辜负总书记的殷切期望，努力工作，服务群众，为实现中国梦作出贡献。习近平收到来信后随即复信。

习近平对张广秀病愈重返工作岗位表示慰问。习近平在复信中指出，改变农村面貌，帮助农民群众过上好日子，推动广大农村全面建成小康，需要党和政府的好政策，也需要千千万万农村基层干部带领广大农民群众不懈努力。大学生村官计划实施以来，数十万大学生走进农村，热情服务，努力实现人生价值。你们的付出和贡献，农民群众有最真切的感受，我看了很多反映大学生村官事迹的材料，为你们的进步和成绩感到高兴。希望你们热爱基层、扎根基层，增长见识、增长才干，促农村发展，让农民受益，让青春无悔。

1月28日

〔纲　文〕　国务院印发《关于取消和下放一批行政审批项目的决定》。

〔目　文〕　《决定》再次取消和下放64项行政审批事项和18个子项。与此同时，国务院建议取消和下放6项依据有关法律设立的行政审批项目，并依照法定程序提请全国人大常委会修订有关法律。

本次取消和下放的行政审批事项共涉及24个部门，其中涉及项目较多的有工业和信息化部、国土资源部和民航局等部门。本次取消和下放行政审批事项一是突出了生产经营领域这个重点。把企业主体设立、生产许可、经营范围、资本和资产处置等与企业发展息息相关的审批事项作为取消和下放的重点，占本次取消和下放总量的1/2多。其他涉及社会组织、事业单位开展业务活动的和涉及个人各类从业资格的占近 1/2。二是受益面进一步扩大。比如，取消基础电信和跨地区增值电信业务经营许可证备案核准、取消国内通用航空企业承担境外通用航空业务审批、取消保险公估从业人员资格核准，将交通运输部的省际普通货物水路运输许可下放至省级人民政府交通运输主管部门等。

国务院要求，各地区、各部门要抓紧做好取消和下放管理层级行政审批项目的落实和衔接工作，并切实加强事中事后监管。要继续大力推进行政审批制度改革，使简政放权成为持续的改革行动。要健全监督制约机制，加强对行政审批权运行的监督，不断提高政府管理科学化、规范化水平。

1 月 28 日

［纲　文］　国务院办公厅印发《中国食物与营养发展纲要（2014—2020 年）》。

［目　文］　《纲要》是继《九十年代中国食物结构改革与发展纲要》《中国食物与营养发展纲要（2001—2010 年）》之后，中国政府制定的第三部关于食物与营养发展的纲领性文件。《纲要》明确了到 2020 年食物与营养发展目标，从食物生产、食品加工业发展、食物消费、营养素摄入、营养性疾病控制等 5 个方面，细化了 21 个具体的、可考核的指标。如全国粮食产量稳定在 5.5 亿吨以上，全国食品工业增加值年均增长速度保持在 10% 以上，人均每日摄入能量 2200—2300 千卡，全国 5 岁以下儿童生长迟缓率控制在 7% 以下，全人群贫血率控制在 10% 以下，居民超重、肥胖和血脂异常率增长速度明显下降等。到 2020 年，全国人均全年口粮消费 135 公斤、食用植物油 12 公斤、豆类 13 公斤、肉类 29 公斤、蛋类 16 公斤、奶类 36 公斤、水产品 18 公斤、蔬菜 140 公斤、水果 60 公斤。

为确保上述目标任务的顺利实现，《纲要》从食物与营养发展的"数量保障、质量保障、营养改善"三个关键环节入手，提出了事关全局的三项主要任务：构建供给稳定、运转高效、监控有力的食物数量保障体系；构建标准健全、体系完备、监管到位的食物质量保障体系；构建定期监测、分类指导、引导消费的居民营养改善体系。提出了优先发展"三个重点产品"：优质食用农产品、方便营养加工食品、奶类与大豆食品；优先关注"三个重点区域"：贫困地区、农村地区、流动人群集中及新型城镇化地区；优先改善"三类重点人群"：孕产妇与婴幼儿、儿童青少年、老年人。

《纲要》确立了"四个坚持"的基本原则：坚持食物数量与质量并重，坚持生产与消费协调发展，坚持传承与创新有机统一，坚持引导与干预有效结合。提出要加大对食物与营养事业发展的投入，加大对食用农产品生产的支持力度，发布适宜不同人群特点的膳食指南，开展全国居民营养与基本健康监测，进行食物消费调查等政策措施。

1 月 28 日

［纲　文］　财政部印发《关于进一步做好新能源汽车推广应用工作的通知》。

［目　文］　《通知》规定，从 2014 年 1 月 1 日起，对纯电动乘用车、插电式混合动力（含增程式）乘用车、纯电动专用车、燃料电池汽车车型的补贴标准调整为：2014 年在 2013 年标准基础上下降 5%，2015 年在 2013 年标准基础上下降 10%。

《通知》指出，现行补贴推广政策已明确执行到 2015 年 12 月 31 日。同时，为加快新能源汽车产业发展，推进节能减排，促进大气污染治理。经专家审核，沈阳、长春、哈尔滨等 12 个城市或区域被列入第二批新能源汽车推广应用地区名单。

1 月 28 日

［纲　文］　财政部、国家税务总局联合印发《关于规范船舶进口有关税收政策问题的通知》。

［目　文］　《通知》明确，保税港区等海关特殊监管区域的进口保税政策，不适用于并不能实际入区的进境船舶。为规范政策，避免对国内船舶工业的发展造成冲击，除符合条件可享受中资"方便旗"船回国登记进口税收政策的船舶外，其他在保税港区等海关特殊监管区域登记的进境船舶，应按进口货物的有关规定办理报关手续，统一执行现行船舶进口的税收政策，照章缴纳进口关税和进口环节增值税。

1 月 28 日

［纲　文］　国家发展改革委、民政部、财政部、人力资源和社会保障部、国家统计局发出关于完善社会救助和保障标准与物价上涨挂钩联动机制的通知。

［目　文］　通知要求各地在 2014 年 3 月底前完成完善社会救助和保障标准与物价上涨挂钩的联动机制。通知规定，各地要以居民消费价格指数（CPI）同比涨幅连续 3 个月超过 3%—4% 之间（具体由各地结合情况自行确定），或 CPI 中粮食价格同比涨幅连续 3 个月超过 10%，作为联动机制启动临界条件。

通知要求，各地要以省级或地市级为单位统一启动或者中止联动机制，不得进一步下放至县区级。当 CPI 或者 CPI 中的粮食价格同比涨幅连续 3 个月达到临界条件时，要及时启动联动机制，向困难群众发放价格临时补贴。各地要以省级或地市级为单位确定统一的价格临时补贴标准，按照保证不低于物价上涨对困难群众生活影响的原则，在全省（自治区、直辖市）范围内设定统一的价格临时补贴最低标准。价格临时补贴采取"按月计算、按季发放"的办法。

通知还要求各地将价格临时补贴所需资金纳入同级政府财政预算。中央财政将继续按现行渠道加大对城乡低保和抚恤优待等资金的投入力度。

1 月 28 日

［纲　文］　教育部办公厅印发《关于进一步做好重点大城市义务教育免试就近入学工作的通知》。

［目　文］　《通知》要求 2014 年各重点大城市应制订完善进一步规范义务教育免试就近入学方案。到 2015 年，重点大城市所有县（市、区）实行划片就近入学政策，100% 的小学划片就近入学；90% 以上的初中实现划片入学；每所划片入学的初中 90% 以上生源由就近入学方式确定。到 2017 年，重点大城市 95% 以上的初中实现划片入学；每所划片入学的初中 95% 以上的生源由就近入学方式确定。明确要求一市一案，3 月底以前制订具体的时间表、任务书和路线图。

1月28日

［纲　文］　交通运输部、公安部、国家安全生产监督管理总局发布《道路运输车辆动态监督管理办法》，自2014年7月1日起施行。

1月28日

［纲　文］　新华社讯，经中央军委主席习近平批准，解放军总政治部印发《关于在全军和武警部队深入开展第二批党的群众路线教育实践活动的指导意见》。

［目　文］　《意见》要求，第二批教育实践活动从2014年1月开始，在师级以下单位党委机关和基层党组织开展，大体安排8个月时间，2014年9月基本完成。开展第二批活动，要以党的十八大和十八届三中全会精神为指导，认真贯彻中央和军委关于深入开展党的群众路线教育实践活动的《意见》确定的指导思想、目标要求和方法步骤，紧紧围绕党在新形势下的强军目标，始终坚持标准更高、走在前列，坚持"照镜子、正衣冠、洗洗澡、治治病"的总要求，以为民务实清廉为主题，以师旅团级单位党委机关和领导干部为重点，加强广大党员马克思主义群众观点和党的群众路线教育，突出基层风气建设，坚决反对形式主义、官僚主义、享乐主义和奢靡之风，坚持严的标准、严的措施、严的纪律，着力解决官兵反映强烈的突出问题，让党员干部受到深刻教育、基层得到实在好处，使听党指挥的信念进一步坚定、干部作风进一步转变、内部关系进一步密切、为民务实清廉形象进一步树立、基层基础进一步夯实。

《意见》强调，学习教育、听取意见环节，师旅团级单位党委机关要认真学习党的十八届三中全会精神、军委扩大会议精神和习主席系列重要讲话精神，广泛听取官兵意见建议。查摆问题、开展批评环节，要求各级党组织和广大党员采取群众提、自己找、上级点、互相帮、集体议等方式，查找"四风"问题具体表现和突出问题。师旅团级单位党委班子及成员要撰写对照检查材料，从理想信念、宗旨意识、党性修养、政治纪律等方面剖析根源，围绕是否超占住房、违规购车用车等8个方面问题，人人如实填写个人有关事项报告表。坚持以整风精神严格党内生活，开好专题民主生活会和组织生活会。整改落实、建章立制环节，第一批活动单位要采取刚性措施深化整改落实，确保整改成效让官兵看得见、感受得到、大多数人满意。要加大纪律执行情况监督检查力度，坚决纠正有令不行、有禁不止、无视制度的问题，推动整改见底见效。

1月28日

［纲　文］　《人民日报》报道，2013年全国规模以上工业企业实现利润总额62831亿元，比上年增长12.2%。

［目　文］　2013年，在规模以上工业企业中，国有及国有控股企业实现利润总额15194.1亿元，比上年增长6.4%；集体企业实现利润总额825.4亿元，增长2.1%；股份制企业实现利润总额37285.3亿元，增长11%；外商及港澳台商投资企业实现利润总额14599.2亿元，增长15.5%；私营企业实现利润总额20876.2亿元，增长14.8%。利润增长较快的主要原因，一是产品销售规模保持较快增长。二是单位费用略有下降。三是原材

料购进价格降幅大于产品出厂价格降幅。

1月28日

[纲　文]　常万全在驻北京部队调研慰问。

[日　文]　国务委员兼国防部部长常万全到北京卫戍区某团和国防部维和中心等单位调研慰问。他强调，要深入学习贯彻强军目标，坚决落实习主席和中央军委的决策指示，进一步强化忧患意识、使命意识、责任意识，大力加强思想政治建设，狠抓以战备训练为中心的各项工作落实，努力锻造全面过硬的拳头力量和对外窗口。

常万全指出，要加强和改进部队思想政治建设，打牢官兵听党话、跟党走的思想政治根基，确保一切行动听从党中央、中央军委和习主席指挥。要扎实开展"牢记强军目标、献身强军实践"主题教育活动，进一步凝聚强军兴军的意志和力量。要着力增强思想教育的时代性和感召力，真正收到正本清源、固本培元的功效。

常万全强调，要努力锤炼过硬军事素质，确保一旦有事，能够拉得出、上得去、打得赢。要保持部队正规的战备、训练、工作和生活秩序。要坚持抓基层、打基础，确保部队安全发展。在第二批党的群众路线教育实践活动中，要强化问题导向，在解决具体问题的同时，更重视查找和铲除病根，下大力纠治发生在官兵身边的不正之风，真正让官兵感受到新风正气，看到实实在在的成果。

1月28日

[纲　文]　《人民日报》发表题为《活动善始善终的重要保障——四论承上启下做好第二批教育实践活动》的评论员文章。

1月29日

[纲　文]　**中共中央、国务院在人民大会堂举行2014年春节团拜会。**

[日　文]　中共中央总书记习近平主持团拜会。国务院总理李克强讲话。张德江、俞正声、刘云山、王岐山、张高丽出席。首都各界人士2000多人欢聚一堂，共迎新春。

李克强在团拜会上指出，2013年全党全国各族人民在党中央领导下，从容应对挑战，奋力攻坚克难，圆满完成全年经济社会发展主要目标任务。经济实现稳中向好，物价保持基本稳定，经济结构调整加快，新增城镇就业人数创历年新高，城乡人民生活持续改善，改革开放和现代化建设取得了令人鼓舞的新的重大成就。在新的一年里，要深入贯彻落实党的十八大和十八届二中、三中全会精神，进一步破除制约发展的体制机制障碍，以改革的不断深化促进生产力的更大解放和民生更好改善，以开放的进一步扩大拓展发展新的更大空间，以创新持续推进转变经济发展方式、调整经济结构，使经济不仅稳定发展，更有好的质量效益。要不断努力解决住房、医疗、社保、教育及食品安全、大气污染治理等热点难点问题，打造就业创业良好环境，织牢保基本、兜底线的民生安全网。要以改革发展促进社会公平正义，畅通民主渠道，让法治得到充分彰显、文明得到大力弘扬、腐败得到有效惩处，使广大人民群众的生活更加安心、舒心，更加充满希望。

中共中央、全国人大、国务院、全国政协、中央军委领导同志和老同志出席团拜会。参加团拜会的还有：中央党政军群各部门及北京市负责人，各民主党派中央、全国工商联负责人和无党派人士代表，离退休老同志代表，著名专家学者及首都各界人士代表。

1月29日

[纲　文]　范长龙在驻北京部队调研慰问。

[目　文]　中央军委副主席范长龙先后到总参某部、军事医学科学院、空军装备研究院和解放军三军仪仗大队等单位调研。他强调，要认真学习贯彻习主席系列重要讲话精神，围绕实现强军目标，全面加强部队建设，狠抓各项工作落实，坚决完成党和人民赋予的各项任务。中央军委委员、总后勤部部长赵克石，中央军委委员、空军司令员马晓天等陪同调研。

范长龙指出，要适应新的形势任务要求，把思想政治工作做深、做细，打牢忠诚于党、献身使命的思想根基。要认真学习习主席系列重要讲话精神，自觉用以武装头脑、指导实践、推动工作。要把听党指挥的要求落到实处，任何时候都对党忠诚老实。

范长龙强调，军事科研工作要坚持姓军为战、强国为民的宗旨。要瞄准世界科技前沿，加大自主创新力度，努力创造管用顶用、世界一流的科研成果。要依靠科技进步不断改善科研条件、改进科研手段。要创新军地联合研究机制，深化重大技术协作，走开"小核心、大外围"的科研路子。要坚持战斗力标准，确保各项成果经得起实践和实战的检验。

范长龙要求，要以更高的标准和要求抓好第二批党的群众路线教育实践活动，推动作风建设取得新的更大成效。要教育引导官兵视纪律为生命，做到令行禁止、步调一致。

1月29日

[纲　文]　许其亮在总装备部某基地和八一电影制片厂调研慰问。

[目　文]　中央军委副主席许其亮在调研中强调，要深入学习贯彻习主席系列重要讲话精神，围绕实现强军目标，紧跟时代发展，铸军魂强精神树正气，提高履行使命任务能力，在新起点上开拓新局面，为实现中国梦强军梦作出更大贡献。

在总装备部某基地，许其亮指出，要围绕强军目标这个"总纲"，真正把强军目标作为方向引领，使之在部队建设中立起来落下去。要紧盯战争前沿科技前沿，确立国家标准、能打仗打胜仗的标准，提升科研试验综合能力。要面向战场研究作战、懂作战，面向明天研究高技术、懂高技术，打牢理论基础、技术基础、人才基础。要联系实际，以更高标准扎实抓好党的群众路线教育实践活动。

在八一电影制片厂，许其亮指出，八一厂要认清肩负的特殊使命，在实现中国梦强军梦进程中扮演好自己的角色，宣传好我党、我军优良传统和革命精神。要善于用文化的视角、艺术的语言、电影电视特有的表达方式，推出更多精品力作。

1月29日

[纲　文]　郭声琨出席全国公安机关视频调度会并讲话。

[目　文]　国务委员、公安部部长郭声琨在讲话中指出，各级公安机关要深入学习

贯彻习近平总书记对公安工作的重要批示精神，突出工作重点、强化薄弱环节，切实把春节安保工作的各项措施抓紧抓细抓实，努力为广大人民群众欢度新春佳节创造安全稳定的社会环境。

郭声琨要求，各级公安机关要进一步强化社会面治安防控，紧密结合春运和节日安保实际，严厉打击整治人民群众反映强烈的突出治安问题，并最大限度地把警力投向重点路段和时段，不断增强人民群众安全感。进一步加强公共安全管理，以防事故、保安全为重点，切实强化道路交通安全管理、消防安全监管和烟花爆竹、民爆物品安全监管措施，督促主办单位严格落实春节大型活动各项安保措施，坚决防止发生各类重特大安全事故。进一步加强值班备勤，做好应急值守，严格管理队伍，努力用辛劳和付出换来千家万户的安宁和团圆。

1月29日
[纲　文]　国务院办公厅发出《关于切实做好春季防火工作的紧急通知》。
[目　文]　《通知》说，近期，云南、四川、贵州、浙江、江西、湖南、广东、广西等地发生多起建筑物和森林火灾，造成重大人员伤亡和财产损失。

为切实做好春季防火工作，《通知》要求：一、充分认识防火工作面临的严峻形势；二、加强烟花爆竹运输和燃放管理；三、强化重点区域安全监管；四、加强监测预警和应急准备；五、加强防火宣传教育；六、认真做好节日期间值班工作。

1月29日
[纲　文]　民政部、财政部联合印发《最低生活保障工作绩效评价办法》。
[目　文]　《办法》规定，绩效评价指标包括工作保障、工作管理和工作效果等三个方面，涵盖能力建设、资金保障、操作管理、监督检查、社会效果等内容，并首次将社会公众和低保对象对当地低保工作的满意程度列入评价内容。绩效评价由民政部和财政部共同组织实施，充分依托社会力量开展工作。

《办法》明确，绩效评价的主要流程是，各省份对照当年绩效评价指标体系进行自评，民政部、财政部根据自评情况和相关数据，组织人员对各省份低保工作绩效作出综合评价，划定优秀、良好、合格、不合格四个绩效等级，并将评价结果通报各省份民政部门和财政部门。绩效评价结果将作为指导地方改进低保工作、通过"以奖代补"分配中央财政城乡低保补助资金的重要依据。

1月29日
[纲　文]　财政部、国家发展改革委、水利部、中国人民银行联合印发《水土保持补偿费征收使用管理办法》。
[目　文]　《办法》对水土保持补偿费的征收、缴库、使用管理等作了具体规定。《办法》的核心是将水土保持补偿为功能补偿，明确了矿产资源生产期从量计征水土保持补偿费，并要按1:9比例进行中央分成。

根据《办法》，水土保持补偿费纳入政府性基金管理，专项用于水土流失预防保护、监督管理、综合治理和生态修复。在山区、丘陵区、风沙区以及水土保持规划确定的容易发生水土流失的其他区域开办生产建设项目或者从事其他生产建设活动，损坏水土保持设施、地貌植被，不能恢复原有水土保持功能的单位和个人应当缴纳水土保持补偿费。所谓其他生产建设活动，包括取土、挖砂、采石（不含河道采砂），烧制砖、瓦、瓷、石灰，排放废弃土、石、渣等。

《办法》规定，开办一般性生产建设项目的，按照征占用土地面积计征水土保持补偿费；开采矿产资源的，在建设期按照征占地土地面积计征，在开采期，石油、天然气以外的矿产资源按照矿产资源开采量计征，石油、天然气按油（气）井占地面积每年计征。《办法》强调，县级以上地方水行政主管部门征收的水土保持补偿费，按照1:9的比例分别上缴中央和地方国库。

《办法》自2014年5月1日起施行。

1月29日

［纲　文］　国家发展和改革委员会印发《中央预算内直接投资项目管理办法》。

［目　文］　《办法》指出，为切实加强和进一步规范中央预算内直接投资项目管理，健全科学、民主的投资决策机制，提高投资效益，依据《国务院关于投资体制改革的决定》和有关法律法规，制定本办法。《办法》明确，自2014年3月1日起，对国家发展改革委安排的中央预算内投资建设的中央本级非经营性固定资产投资项目实行审批。

《办法》明确，申请安排中央预算内投资3000万元及以上的项目，以及需要跨地区、跨部门、跨领域统筹的项目，由国家发展改革委审批或者由国家发展改革委委托中央有关部门审批，其中特别重大项目由国家发展改革委核报国务院批准；其余项目按照隶属关系，由中央有关部门审批后抄送国家发展改革委。为此，国家发展改革委将与财政、城乡规划、国土资源等部门建立联动机制，实现信息共享。

《办法》指出，项目建成运行后，项目审批部门可以依据有关规定，组织具备相应资质的工程咨询机构，对照项目可行性研究报告批复文件及批准的可行性研究报告的主要内容开展项目后评价，必要时应当参照初步设计文件的相关内容进行对比分析，进一步加强和改进项目管理，不断提高决策水平和投资效益。

1月29日

［纲　文］　国家税务总局印发《关于依据实际管理机构标准实施居民企业认定有关问题的公告》。

［目　文］　《公告》明确了居民企业认定审核权限下放至省级及以下税务机关后的相关管理措施。

根据《公告》，居民企业认定申请由主管税务机关初审后，层报省级税务机关确认，在境内跨省投资的，经省级税务机关确认后抄送其他投资地相关省级税务机关，认定申请不再上报税务总局审核确认。

《公告》明确，省级税务机关确认居民企业认定申请后，30日内抄报税务总局，由税务总局网站统一对外公布。

此次《公告》明确下放居民企业认定审核权限后续管理措施，将进一步简化行政审批程序，改善中国企业全球化资本运作的政策环境，便利纳税人和基层税务机关，优化纳税服务水平，降低税收遵从成本。

1月29日

［纲　文］　国务院学位委员会、教育部印发《关于加强学位与研究生教育质量保证和监督体系建设的意见》《学位授权点合格评估办法》《博士硕士学位论文抽检办法》三个文件。

［目　文］　三个文件对推动构建以学位授予单位质量保证为基础，教育行政部门监管为引导，学术组织、行业部门和社会机构积极参与的内部质量保证和外部质量监督体系作出了规定。

1月29日

［纲　文］　教育部发布《高等学校学术委员会规程》，自2014年3月1日起施行。

1月29日

［纲　文］　《人民日报》兰州电，中国科学家首次记录下球状闪电光谱。

［目　文］　电讯说，中国科学家拍摄到雷暴天气中球状闪电的视频，并记录下光谱。这被认为是迄今为止自然界球状闪电的首次科学记录。这项研究发表在国际知名物理期刊 *Physical Review Letters*（《物理学评论快报》）上，引起广泛关注。

西北师范大学教授袁萍带领的科研小组于2012年夏季在自然界拍摄到一次球状闪电的全过程及其发射光谱。光球从地面升起，变成一道闪电，在地上穿行15米，然后消失。其直径约5米，只出现了不到两秒钟。这次野外记录到的球状闪电，是云对地闪电击中地面后形成的，其发射谱线主要来自于土壤和空气。该记录证实了球状闪电的真实存在性，并提供了球状闪电如何存在的重要线索。

球状闪电俗称滚地雷，是一种神秘且罕见的自然现象，关于它的报道大部分来自于目击者，此前甚至有人将它误解为不明飞行物。很多科学家试图用理论和实验来解释球状闪电，但科学界始终未能就此达成共识。

1月30日

［纲　文］　习近平就拉美和加勒比国家共同体通过"关于支持建立中国—拉共体论坛的特别声明"致电古巴和哥斯达黎加领导人。

［目　文］　国家主席习近平分别致电拉美和加勒比国家共同体（拉共体）上任轮值主席国古巴国务委员会主席兼部长会议主席劳尔和现任轮值主席国哥斯达黎加总统钦奇利亚，对拉共体在古巴成功举行第二届峰会并通过"关于支持建立中国—拉共体论坛的特别声明"表示祝贺和赞赏。

习近平在贺电中说，拉共体成立以来，积极推进本地区对话合作，加强多元外交，国际影响力持续提升。中方相信拉共体将为促进地区团结协作、共同应对全球性挑战发挥日益重要的作用。拉共体第二届峰会顺利通过"关于支持建立中国—拉共体论坛的特别声明",表明拉美和加勒比各国对加强中拉整体合作有共同愿望,有利于提高中拉关系水平。中方愿同拉方继续努力,积极推进中国—拉共体论坛筹建进程,为推进平等互利、共同发展的中拉全面合作伙伴关系搭建重要平台,更好造福中拉人民,为促进地区和世界和平与发展作出贡献。

1月30日

[纲　文]　郭声琨到北京公安基层单位检查指导春节安保工作。

[目　文]　国务委员、公安部部长郭声琨先后来到北京王府井大街南口执勤岗、王府井消防中队、北京市公安局指挥中心等单位,看望慰问节日期间坚守岗位的公安民警、消防官兵和治安志愿者,详细了解节日警情和民警值班备勤情况,认真检查消防装备状况和节日安保工作预案。他希望首都公安民警、消防官兵和治安志愿者以学习贯彻习近平总书记关于公安工作的重要批示精神为动力,恪尽职守、无私奉献,扎实做好节日期间各项安保工作,确保人民群众在平安祥和的氛围中欢度佳节。

1月30日

[纲　文]　《人民日报》发表题为《构建全方位无死角的诚信体系》的评论员文章。

1月30日

[纲　文]　《人民日报》发表题为《先进模范不能忘记》的评论员文章。

2 月

2月1日

［纲　文］　《人民日报》报道，环保部印发《国家生态保护红线—生态功能基线划定技术指南（试行）》。

［目　文］　该《指南》是中国首个生态保护红线划定的纲领性技术指导文件。

《指南》旨在为国家生态功能红线划定提供技术支撑，其适用范围是国家层面生态功能红线划定，核心目标是保障国家生态安全。

《指南》也为省级以下行政区的生态功能红线划定工作提供了参考依据。参照《指南》，地方政府可因地制宜开展地方级红线划定，保障区域生态安全。

《指南》的主要内容包括对生态功能红线的定义、类型及特征界定，生态功能红线划定的基本原则、技术流程、范围、方法和成果要求等。

《指南》的发布标志着生态保护红线划定工作进入全国整体推进阶段。

2月1日

［纲　文］　新华社讯，中国建立起可燃冰基础研究系统理论。

［目　文］　国家重大基础研究计划项目南海天然气水合物富集规律与开采基础研究通过验收，标志着南海天然气水合物基础研究系统理论建立。

天然气水合物因其外观像冰且遇火即可燃烧，因此又被称作"可燃冰"。天然气水合物是一种高效清洁能源，资源量潜力巨大，被认为是常规石油、天然气和煤炭的潜在理想替代能源。

南海天然气水合物富集规律与开采基础研究项目由中国地质调查局主要承担，重点围绕中国南海北部陆坡天然气水合物有关的成藏条件、成藏过程动力学、成藏富集规律等关键科学问题开展深入研究，前期已取得了一系列重要研究成果和创新性认识。

2月1日

［纲　文］　外交部发言人就所谓中方将马上划设"南海防空识别区"答记者问。

［目　文］　有记者问，日本《朝日新闻》日前报道，中国正计划在南海划设防空识别区。1月31日，美国国务院副发言人应询就此作了表态。另据日本共同社报道，美国白宫国家安全委员会官员30日接受该社采访时也谈及有关问题。中方对此有何评论？

外交部发言人说，中国作为主权国家完全有权根据自身面临的空中安全形势，采取包括划设防空识别区在内的任何措施，维护国家安全，任何人都不能说三道四。洪磊强调，中国与东盟关系发展前景光明，中国同东盟国家正共同致力于全面有效落实《南海各方行为宣言》，维护南海和地区和平稳定。总体看，中方并未感受到来自东盟国家的空中安全威胁，对与南海周边国家的关系和南海地区总体形势感到乐观。在此情况下，日本右翼势力近来再三炒作所谓中方马上就要在南海划设防空识别区，纯粹是试图转移国际视线，以掩盖自身修宪扩军的图谋，实属居心叵测。我们正告这些势力，不要为了一己之私谣言惑众，渲染紧张。也希望有关方面谨言慎行，保持冷静、客观态度，与中方相向而行，为地区和平稳定和海空安全作出实实在在的贡献。

2月2日

［纲　文］　新华社讯，商务部发布2013年中国服务外包产业相关数据。

［目　文］　据商务部服务贸易和商贸服务业司统计，2013年中国共签订承接服务外包合同167424份，合同金额954.9亿美元，同比增长55.8%；执行金额638.5亿美元，增长37.1%。商务部统计显示，2013年中国服务外包产业新增从业人员106.5万人，服务外包产业吸纳就业的规模稳步扩大。截至2013年底，中国共有服务外包企业24818家，从业人员536.1万人。

2月3日

［纲　文］　公安部发布《社会消防技术服务管理规定》。

［目　文］　《规定》共7章59条。《规定》指出，国家对消防技术服务机构实行资质许可制度。消防技术服务机构及其从业人员开展社会消防技术服务活动应当遵循客观独立、合法公正、诚实信用的原则。消防技术服务机构应当取得相应消防技术服务机构资质证书，并在资质证书确定的业务范围内从事消防技术服务活动。

《规定》鼓励依托消防协会成立消防技术服务行业协会。行业协会应当加强行业自律管理，组织制定并公布消防技术服务行业自律管理制度和执业准则，弘扬诚信执业、公平竞争、服务社会理念，规范执业行为，促进提升服务质量，反对不正当竞争和垄断，维护行业、会员合法权益，促进行业健康发展。消防协会、消防技术服务行业协会不得从事营利性社会消防技术服务活动，不得从事或者通过消防技术服务机构进行行业垄断。

《规定》提出，消防设施维护保养检测机构的资质分为一级、二级和三级，消防安全评估机构的资质分为一级和二级。《规定》对消防设施维护保养检测机构各级资质条件和消防设施维护保养检测机构各级资质条件作出了具体规定。消防技术服务机构资质由省级公安机关消防机构审批。其中，对拟批准消防安全评估机构一级资质的，由公安部消防局书面复核。消防技术服务机构不得转包、分包消防技术服务项目。

《规定》还对违反相关责任条款的行为作出了明确的处罚规定。

《规定》自2014年5月1日起施行。

2月4日

[纲　文]　国务院批转全国打击侵犯知识产权和制售假冒伪劣商品工作领导小组制定的《关于依法公开制售假冒伪劣商品和侵犯知识产权行政处罚案件信息的意见(试行)》。

[目　文]　《意见(试行)》共包括六部分、21条内容，对假冒伪劣和侵权行政处罚案件信息公开的内容、权限、程序、方式以及规范管理和监督保障等作了明确规定。

《意见(试行)》要求，各级政府把假冒伪劣和侵权行政处罚案件信息作为政府信息公开的重要内容，除涉及商业秘密和个人隐私外，适用一般程序查办的假冒伪劣和侵权行政处罚案件信息应当主动公开。行政执法机关要在作出处罚决定或处罚决定变更之日起的20个工作日内，依法公开案件信息，包括违法违规的主要事实、处罚种类、依据和结果等。公开渠道包括政府网站、公告栏、新闻发布会、报刊、广播、电视等。县级以上人民政府行政执法机关负责本机关假冒伪劣和侵权行政处罚案件信息公开工作。各级政府和有关行政执法机关要健全信息公开的管理制度，加强监督检查。

《意见(试行)》还要求，各级人民政府要建立健全对假冒伪劣和侵权行政处罚案件信息公开工作的考核制度和责任追究制度；行政执法机关要严格履行假冒伪劣和侵权行政处罚案件信息公开的责任与义务，对不及时公开或更新信息内容、违规收取费用等行为，责令改正并追究责任。

2月5日

[纲　文]　外交部发言人就日本广播协会(NHK)经营委员百田尚树否认南京大屠杀的言论发表谈话。

[目　文]　对于日本广播协会(NHK)经营委员百田尚树否认南京大屠杀的言论，外交部发言人表示，日本国内极少数人试图抹杀、掩盖、歪曲这段历史，是对国际正义和人类良知的公然挑战，应引起国际社会高度警惕。中方严肃敦促日方正视和深刻反省侵略历史，以负责任态度妥善处理有关历史遗留问题，以实际行动取信于亚洲邻国和国际社会。

2月6—8日

[纲　文]　国家主席习近平应邀赴俄罗斯索契出席第22届冬季奥林匹克运动会开幕式。

[目　文]　2月6日，习近平乘专机抵达俄罗斯索契。中共中央政治局委员、中央政策研究室主任王沪宁，中共中央政治局委员、中央书记处书记、中央办公厅主任栗战书，国务委员杨洁篪等陪同人员同机抵达。这是中国国家元首首次出席在境外举行的大型国际体育赛事开幕式。

2月6日，习近平在索契会见俄罗斯总统普京。普京对习近平应邀专程前来出席索契冬奥会开幕式及相关活动表示衷心感谢和热烈欢迎。习近平表示，索契冬奥会是普京总统领导俄罗斯人民走向繁荣富强的一个象征。中俄是好邻居、好伙伴、好朋友。在双方共同努力下，中俄各领域合作取得了一批新成果，要继续深挖潜力，培育新的合作增长点，顺利推进战略性大项目合作。中方欢迎俄方参与丝绸之路经济带和海上丝绸之路建设，使之成为两国全面战略协作伙伴关系发展的新平台。普京表示，俄方积极响应中方建设丝绸之路经济带和海上丝绸之路的倡议，愿将俄方跨欧亚铁路与"一带一路"对接，创造出更大效益。双方还就乌克兰局势、朝鲜半岛局势等问题交换了看法。

会见后，习近平和普京共同与正在参加叙利亚化学武器海运联合护航的中俄军舰舰长视频通话。为执行联合国安理会第2118号决议和禁止化学武器组织关于销毁叙利亚化武的决定，中国、俄罗斯、丹麦、挪威4国军舰联合开展了叙利亚化武海运护航行动，中国、俄罗斯军舰编为一组执行相关任务。习近平指出，2013年底以来，中俄两国军舰共同参加叙利亚化武海运联合护航行动，这是中俄两国根据联合国宪章和安理会相关决议授权采取的联合行动。普京强调，俄中两国都积极推动政治解决叙利亚问题，共同致力于维护国际和地区安全。

同日晚，习近平在索契出席国际奥委会主席巴赫为前来出席第22届冬奥会开幕式及相关活动的各国贵宾举行的招待会，并同巴赫进行了亲切友好的交谈。招待会席间，习近平还同一些国家领导人、国际奥委会委员、各国国家奥委会负责人就中国同有关国家双边关系和发展体育事业交换了意见。

2月7日，习近平在索契分别会见前来参加第22届冬奥会开幕式的捷克总统泽曼、希腊总统帕普利亚斯、阿富汗总统卡尔扎伊、联合国秘书长潘基文，并接受俄罗斯电视台专访，就索契冬奥会、中俄关系、中国全面深化改革和发展前景等问题回答了记者提问。

同日中午，习近平看望了参加第22届冬奥会的中国体育代表团，勉励参赛运动员发扬奥林匹克精神和中华体育精神，顽强拼搏，为国争光。

同日晚，第22届冬奥会在俄罗斯索契隆重开幕。习近平出席开幕式。来自87个国家和地区的体育代表团依次步入菲施特体育场。中国花样滑冰运动员佟健手擎五星红旗，引领中国代表团入场。习近平起立鼓掌，向中国奥运健儿挥手致意。

2月8日晚，习近平在出席第22届冬奥会开幕式后回到北京。王沪宁、栗战书、杨洁篪等陪同人员同机抵达。

第22届冬奥会于2月7—23日在俄罗斯南部城市索契举行。在为期17天的赛事中，来自87个国家和地区的2800多名运动员参加了7个大项、15个分项、98个小项的比赛。中国派出由139人组成的代表团参赛，其中运动员66人，参加了4个大项、9个分项、49个小项的比赛。东道主俄罗斯队以13金9银11铜的成绩位于金牌榜首位，挪威队和加拿大队分列第二、三位。中国队以3金4银2铜的成绩位列金牌榜第12位。

2月6日

［纲　文］　《人民日报》报道，2013年全国供销合作社系统汇总实现利润总额311.3亿元。

［目　文］　报道指出，2013年全国供销合作社支柱行业经营稳健。2013年全国共销合作社系统汇总实现利润总额311.3亿元，比上年增加50.6亿元，增长19.4%。全系统实现营业收入16126.5亿元，比上年增加2593亿元，增长19.2%。其中，全系统基层社实现营业收入3116.6亿元，同比增长30.3%；实现利润总额37.8亿元，同比增长53.6%。供销合作社为农服务的基础进一步夯实。

报道指出，2013年全国供销合作社全系统扎实推进"新网工程"建设，农资、农副产品、日用消费品、再生资源"四大网络"企业实现营业收入12380亿元，同比增长21%，占全系统的76.8%；实现利润总额199亿元，同比增长20.1%，占全系统的63.9%。

2月7日

［纲　文］　**李克强主持召开国务院常务会议。**

［目　文］　会议听取关于2013年全国人大代表建议和全国政协委员提案办理工作汇报，决定合并新型农村社会养老保险和城镇居民社会养老保险，建立全国统一的城乡居民基本养老保险制度。

会议认为，政府的权力来自人民，各项工作和决策必须体现人民意志。国务院各部门办理全国人大代表、全国政协委员提出的相关建议、提案，是接受全国人大及其常委会依法监督、全国政协民主监督的重要形式，也是政府法治建设的重要内容。2013年，由国务院部门牵头办理的建议、提案分别为6672件和5065件，占建议、提案总数的88.1%和91.96%。截至2013年底，所有承办的建议和提案均已依法按时答复，涉及的问题大多得到解决。通过办理建议和提案，推动一批政策措施相继出台，发展改革中一些重点难点问题的解决力度加大，促进了政府工作的科学化、民主化、法治化，密切了政府与人民群众的联系。但也存在其中一些答复的针对性不强、合理化建议转化为政策措施不够、部门间沟通协调还需加强等问题。会议强调，2014年两会在即，要以改革创新精神和法治理念，进一步做好建议和提案办理工作，把受领、办理建议和提案作为接受人民监督、回应人民呼声的重要渠道。要建立和完善台账制度，将建议和提案办理纳入国务院及各部门年度督查工作计划，采取抽查、重点督办等形式，督促检查落实，探索逐步向社会公开办理结果，让办理工作成为政府转作风、办实事、解难题的过程，使政府更好地服务人民群众。

会议指出，建立统一的城乡居民基本养老保险制度，使全体人民公平地享有基本养老保障，是我国经济社会发展的必然要求和推进"新四化"建设的需要，这既有利于促进人口纵向流动、增强社会安全感，也有利于使群众对民生改善有稳定的预期，对于拉动消费、鼓励创新创业，具有重要意义。会议决定，在已基本实现新型农村社会养老保险、城镇居民社会养老保险全覆盖的基础上，依法将这两项制度合并实施，在全国范围内建立统一的城乡居民基本养老保险制度，并在制度模式、筹资方式、待遇支付等方面与合并前的新型农村社会养老保险和城镇居民社会养老保险保持基本一致。基金筹集采取个人缴、集体助、政府补的方式，中央财政按基础养老金标准，对中西部地区给予全额补助，对东部地区给予50%的补助。地方政府为重度残疾人等缴费困难群体代缴部分或全部最低标准的养老保险费，鼓励公益慈善等社会组织为参保人缴费提供资助。要整合资源，推动城乡居民基本养老保险制度与其他社会保障制度相衔接。大力推行全国统一的社会保障卡，改进管理服务，做到方便利民。要严格基金监管，严肃查处虚报冒领、挤占挪用等违法违规行为，发挥制度的保障作用，让老年人心中有底、基本生活无忧。

2月7日

[纲　文]　　国务院印发《注册资本登记制度改革方案》。

[目　文]　　《方案》提出，通过改革公司注册资本及其他登记事项，进一步放松对市场主体准入的管制，降低准入"门槛"，进一步释放改革红利，激发各类市场主体创造活力。

《方案》提出，在放松市场主体准入管制方面，公司实收资本不再作为工商登记事项，放宽注册资本登记条件，实行注册资本认缴登记制；企业年度检验制度改为企业年度报告公示制度，同时建立符合个体工商户特点的年度报告制度，探索实施农民专业合作社年度报告制度；简化住所（经营场所）登记手续；推行电子营业执照和全程电子化登记管理。

《方案》规定，采取募集方式设立的股份有限公司、商业银行、外资银行、金融资产管理公司、信托公司、金融租赁公司、汽车金融公司、消费金融公司、货币经纪公司等27个行业仍实行注册资本实缴登记制。

《方案》还围绕"严管"提出了一系列具体措施。比如，构建市场主体信用信息公示体系，完善信用约束机制，强化司法救济和刑事惩治，发挥社会组织的监督作用，强化企业自我管理，加强市场主体经营行为监管，加强市场主体住所（经营场所）管理。

2月7日

[纲　文]　　国务院教育督导委员会印发《深化教育督导改革转变教育管理方式的意见》和《教育重大突发事件专项督导暂行办法》。

[目　文]　　《意见》明确了深化教育督导改革的总体思路、主要任务、具体措施和工作要求，对全面加强督政、督学和评估监测工作作出了部署和安排。

《办法》就建立教育重大突发事件专项督导制度和督导问责机制作出了具体规定。

2月7日

[纲　文]　　中国人民银行印发《关于加快小微企业和农村信用体系建设的意见》。

[目　文]　　《意见》就加快小微企业和农村信用体系建设作出了部署。《意见》明确了健全信用信息征集体系、完善信用评级（评分）和信息发布与应用制度的工作目标，确

定了"政府领导，市场参与；人行推动，多方支持；试点先行，逐步推进；积极创新，务求实效"的工作原则，提出了完善信用信息征集体系、建立信用评价机制、健全信息通报与应用制度、推进试验区建设、健全政策支持体系、发挥宣传引导作用等六项工作任务，进一步健全了小微企业和农村信用体系建设的基本框架和工作内容。

截至2013年底，中国人民银行推动共为243万户小微企业和1.51亿农户建立了信用档案。

2月7日

［纲　文］　民政部印发《民政部关于建立儿童福利领域慈善行为导向机制的意见》。

［目　文］　《意见》指出，在国家实施孤儿保障制度、艾滋病病毒感染儿童基本生活保障制度、流浪儿童救助保护制度的基础上，各级民政部门要引导社会力量特别是慈善组织，积极探索对事实无人抚养儿童、残疾儿童、患大病重病儿童、患罕见病儿童、流浪儿童、流动儿童、留守儿童、贫困家庭儿童的救助和服务。要全面掌握各类困境儿童群体的基本状况，帮助各类慈善力量锁定帮扶的目标群体及具体帮扶对象，避免不必要的交叉救助和重复救助。

《意见》明确，凡是有爱心有条件的个人、慈善组织、企事业单位和其他机构，都可依法依规开展关爱儿童的慈善活动，反对以各种不正当理由搪塞和阻止社会力量提供正常的慈善帮扶。要把好社会力量进入儿童福利领域的入口关，确保其发挥积极作用，严格防范借儿童慈善活动非法牟利或从事违法活动。对于事实无人抚养儿童、残疾儿童、患大病重病儿童、患罕见病儿童、流浪儿童、流动儿童、留守儿童、贫困家庭儿童等群体，各级民政部门要指导各类社会力量兼顾经济援助和服务支持，既帮助儿童解决基本生活方面的需求，也满足儿童在教育、医疗、安全、心理健康、社会融入等方面的需要。

《意见》强调，政府是保障儿童福利需求的责任主体，各类社会力量开展的活动是对政府工作的必要和有益补充。不得将民政部门必须履行的职能和任务转嫁给慈善组织，不得用社会捐助或慈善组织对儿童的经济援助，来冲抵孤儿基本生活费等财政支出。

2月7日

［纲　文］　环境保护部批准《固定污染源废气　苯可溶物的测定　索氏提取—重量法》等四项标准为国家环境保护标准，自2014年4月15日起实施。

2月8日

［纲　文］　习近平致信祝贺中国南极泰山站建成并投入使用。

［目　文］　中共中央总书记习近平在贺信中说，极地科学考察，是人类探索自然奥秘、探求新的发展空间的重要领域，是一项功在当代、利在千秋的事业。中国南极泰山站的建成，为我国科学家开展长期持续的南极科学考察研究提供了良好条件，有利于拓展我国南极考察的领域和范围、拓展我国海洋事业发展的战略空间。中国南极泰山站和已经建成的中国南极长城站、中国南极中山站、中国南极昆仑站、中国北极黄河站，既是我国极

地工作者开展科学考察的平台，又是我国对外科学交流的重要窗口。习近平表示，相信在广大极地工作者辛勤努力下，我国极地科学考察事业一定能够为造福人类作出新的更大的成绩。

中国南极泰山站于2月8日正式建成并开站，是我国继长城站、中山站和昆仑站之后建成的第四个南极科考站，也是第二个南极内陆站。其位于东南极内陆冰盖腹地伊丽莎白公主地区域，选址位置坐标为：东经76度58分、南纬73度51分，海拔高度2621米，年平均温度零下36.6摄氏度，距离中山站522公里，距离昆仑站约600公里。泰山站设计建筑面积1000平方米，其中主体建筑410平方米，采用拼装式模块化轻型金属材料建设，底部支撑采用整体架空式，可满足20人度夏考察、生活的需要。辅助建筑590平方米。该站建成后具备科学观测、人员住宿、发电、物资储备、机械维修、通讯及应急避难等功能，并配有储油设施。同时，泰山站建有固定翼飞机冰雪跑道，配备400吨级内陆运输车队设备。

泰山站首任站长由中国第30次南极考察队泰山站建设队队长魏福海担任。

2月8日

［纲　文］　全国春季田管暨春耕备耕工作视频会议在北京召开。

［目　文］　会议指出，2014年我国夏粮生产基础较好，预计2014年冬小麦播种面积比2013年增加100多万亩，冬油菜增加95万亩。越冬前全国小麦一、二类苗比例85.6%，比近10年平均值高5个百分点，苗情长势较好。

会议指出，形势较好的同时问题不容忽视。一是部分地区冬春连旱趋势明显。二是旺弱并存，苗情复杂。三是东北地区可能出现低温春涝"双碰头"。会议要求各地在继续做好春季备耕工作的同时，要切实注意防止不良情况的出现。

2月8日

［纲　文］　国家发展改革委、科技部、财政部、国土资源部、环境保护部、住房和城乡建设部、水利部、农业部、统计局、林业局、气象局、海洋局12个部委联合印发《全国生态保护与建设规划（2013年—2020年）》。

［目　文］　《规划》确定了"一带四海十二区"的海洋生态保护与建设的总体布局，明确了五项海洋生态保护与建设重点工程。"一带"指的是海岸带，"四海"指的是渤海、黄海、东海和南海，"十二区"则是指渤海的辽东湾、黄河口及邻近海域，黄海的北黄海、苏北沿海（南黄海区），东海的长江口—杭州湾、浙中南、台湾海峡，南海的珠江口及毗邻海域、北部湾、环海南岛、西沙、南沙12个重点生态区。五项重点工程是：一、在海洋生态灾害防治与应急管理方面，加强海洋生态监测站建设，建立完善海洋生态立体监控网络体系，加强对海水入侵、海洋赤潮、绿潮、水母、外来入侵物种、病毒病害、敌害生物等监控、研究，建立完善防治体系，实施治理示范工程，强化海上突发事故的防范和应急管理。二、在海洋生态系统修复方面，开展滨海湿地、珊瑚礁、海草床、海湾、海岛等海洋生态系统修复，开展岸线整治与生态景观修复、近岸海域污染治理与修复；建设滨

海湿地固碳示范区和海洋生态文明示范区。三、在海洋生物资源养护方面，开展重点海域珍稀海洋物种保护，建设水产种质资源保护区，开展增殖放流，恢复海洋生物资源，建设海洋牧场示范区。四、在海洋生态保护监管方面，开展海洋保护区、重点排污口和海洋工程的海洋生态执法与监管能力建设，开展卫星航空遥感、远程视频及在线自动监测能力建设，开展海洋生态保护配套制度建设。五、在海洋生物多样性保护方面，开展海洋生物多样性普查，建设海洋生物物种保护基地，建设海洋生物样品库、重要海洋生物种质资源库、海洋生物资源信息库。

2月8日

［纲　文］　**水利部、发展改革委、工信部、财政部等十部门联合印发《实行最严格水资源管理制度考核工作实施方案》，全面启动最严格水资源管理制度考核工作。**

［目　文］　《方案》明确，由水利部等十部门组成考核工作组，负责组织实施对全国31个省级行政区落实最严格水资源管理制度情况进行考核。考核内容包括各省级行政区最严格水资源管理制度目标完成、制度建设和措施落实情况两部分。目标完成情况主要考核用水总量、万元工业增加值用水量、农田灌溉水有效利用系数和重要江河湖泊水功能区水质达标率等4项指标。制度建设和措施落实情况包括用水总量控制、用水效率控制、水功能区限制纳污、水资源管理责任和考核等制度建设及相应措施落实情况。考核结果作为对各省级行政区人民政府主要负责人和领导班子综合考评的重要依据。

根据方案，对期末考核结果为优秀的省级行政区人民政府，国务院予以通报表扬，有关部门在相关项目安排上优先予以考虑；对年度或期末考核结果不合格的省级行政区人民政府，要在考核结果公告后一个月内，向国务院做出书面报告，提出限期整改措施。对整改不到位的，由相关部门依法依纪追究该地区有关责任人员的责任。对在考核工作中瞒报、谎报、漏报等弄虚作假行为的地区，予以通报批评，对有关责任人员依法依纪追究责任。

2011年中央1号文件和中央水利工作会议明确要求实行最严格水资源管理制度，确立水资源开发利用控制、用水效率控制和水功能区限制纳污"三条红线"。该《方案》的出台，对于解决中国复杂的水资源水环境问题，实现经济社会的可持续发展具有深远意义。

2月8日

［纲　文］　**商务部印发《境外企业知识产权指南（试行）》。**

［目　文］　《指南（试行）》共24条，适用于中国企业境外投资合作活动中的知识产权相关行为，包括知识产权的创造、运用、保护和管理。

《指南（试行）》要求，企业应不断加强能力建设，提高知识产权意识，全面提升企业知识产权创造、运用、保护和管理能力，增强企业国际竞争力。在进入海外市场前，企业应充分了解同类企业在国外的知识产权状况、所在国家或地区法律制度以及该国知识产权诉讼环境。

《指南（试行）》鼓励企业围绕境外投资合作发展战略，根据自身情况、竞争对手状况以及市场所在地状况，合理、经济地建立海外知识产权战略，建立专利、商标、版权等相关知识产权海外策略与布局，在海外市场积极寻求知识产权的保护。鼓励企业在申请专利时，不但要对核心技术申请专利，也要对相应的外围技术及时进行研发和申请，以避免因不掌握外围专利，影响核心专利的使用范围，引发不必要的侵权或纠纷。鼓励企业积极应对知识产权纠纷，根据所在国家或地区法律法规及相关国际条约，维护自身合法权益。

《指南（试行）》要求，企业在所在国家或地区境内被控侵犯知识产权，被提起诉讼的，企业应尽快建立应诉团队，确定适当的诉讼策略。企业在所在国家或地区境内被最终裁决侵犯知识产权的，应当承担相应的法律责任，认真执行东道国或地区司法机关的生效判决。

2月8日

［纲　文］　国家税务总局发布《适用增值税零税率应税服务退（免）税管理办法》，自2014年1月1日起施行。

2月9日

［纲　文］　刘云山主持召开中央党的群众路线教育实践活动领导小组第九次会议。

［目　文］　中共中央政治局常委、中央党的群众路线教育实践活动领导小组组长刘云山说，坚持高起点开局、高标准开展、高质量推进第二批群众路线教育实践活动，要把学习教育放在首位。要组织广大党员干部深入学习习近平总书记系列讲话精神，进一步提高对第一批活动成果和经验的认识，提高对第二批活动重要意义和基本要求的认识，真正在教育实践活动中受到教育、得到提高。深化学习教育，要着力解决思想认识上存在的种种问题，克服畏难的情绪、轻视的思想、松口气的想法和等待观望的心态。第一批教育实践活动的成功实践表明，只要按照中央要求下决心抓，再难的事情都能抓出成效。要进一步增强信心，以知难而进的精神和攻坚克难的勇气做工作，以准、狠、韧的劲头抓落实，努力在正党风、促政风、带民风上不断取得新成效。

刘云山强调，搞好教育实践活动关键是强化各级党委的责任，无论是省区市党委还是市县乡镇党委，都要把教育实践活动摆在突出位置，强化担当、落实责任，下大功夫、花大精力，确保教育实践活动扎实推进。各省区市和各部委党委（党组）要高度重视，像抓第一批活动那样抓好第二批活动；市、县党委要切实履行活动直接责任人的责任，精心组织、狠抓落实；乡镇、街道党委处在第二批活动第一线，要积极参与、自觉行动，确保教育实践活动深入到基层、作风建设成效落实到基层。

中央党的群众路线教育实践活动领导小组副组长赵乐际、赵洪祝，中央党的群众路线教育实践活动领导小组成员参加会议。

2月9日

［纲　文］　国家林业局、海关总署公布《野生动植物进出口证书管理办法》。

［目　文］　《办法》共5章44条。《办法》规定，依法进出口野生动植物及其产品的，实行野生动植物进出口证书管理。野生动植物进出口证书包括允许进出口证明书和物种证明。进出口列入《进出口野生动植物种商品目录》中公约限制进出口的濒危野生动植物及其产品、出口列入商品目录中国家重点保护的野生动植物及其产品的，实行允许进出口证明书管理。进出口列入前款商品目录中的其他野生动植物及其产品的，实行物种证明管理。商品目录由国家濒危物种进出口管理办公室和海关总署共同制定、调整并公布。

《办法》规定，允许进出口证明书和物种证明由国家濒管办核发；国家濒管办办事处代表国家濒管办核发允许进出口证明书和物种证明。国家濒管办办事处核发允许进出口证明书和物种证明的管辖区域由国家濒管办确定并予以公布。允许进出口证明书和物种证明由国家濒管办组织统一印制。国家濒管办及其办事处依法对被许可人使用允许进出口证明书和物种证明进出口野生动植物及其产品的情况进行监督检查。

《办法》规定，在境外与保税区、出口加工区等海关特殊监管区域、保税监管场所之间进出野生动植物及其产品的，申请人应当向海关交验允许进出口证明书或者物种证明。在境内与保税区、出口加工区等海关特殊监管区域、保税监管场所之间进出野生动植物及其产品的，或者在海关特殊监管区域、保税监管场所之间进出野生动植物及其产品的，无须办理允许进出口证明书或者物种证明。

《办法》自2014年5月1日起施行。

2月10日

［纲　文］　**李克强主持召开座谈会，听取各民主党派中央、全国工商联负责人和无党派人士代表对《政府工作报告（征求意见稿）》的意见和建议。**

［目　文］　国务院副总理张高丽、刘延东、汪洋、马凯，国务委员常万全、郭声琨、王勇，全国政协副主席周小川、王正伟等参加座谈会。

在发言中，与会人员认为，2013年面对错综复杂的国内外形势，全国上下共同努力、攻坚克难，经济社会发展实现预期目标，成绩来之不易。民革中央主席万鄂湘提出，深化行政体制改革需要法治思维和方式，尊重和保障市场主体平等权利。民盟中央主席张宝文建议，完善国家海洋经济战略，优先发展高端新兴海洋产业。民建中央主席陈昌智说，要充分发挥市场作用化解过剩产能，对政府性债务要分类施治、加强管理。民进中央主席严隽琪建议，推动机制创新，政府要把更多精力放在建设良好法治环境和公平竞争环境上。农工党中央常务副主席刘晓峰提出，加快医药卫生体制改革要更好"保基本、强基层、建机制"，特别要啃下公立医院改革的"硬骨头"。致公党中央常务副主席蒋作君说，要建立相应机制，在简政放权中充分发挥行业协会、商会等社会组织参与社会治理的作用。九三学社中央主席韩启德建议，要保障科技资源公平自由交易，发挥好资本在其中的工具和杠杆作用。台盟中央主席林文漪说，要创新解决水资源制约与水环境治理问题，实行水域纳污总量控制。全国工商联主席王钦敏提出，要采取措施，让民营企业进入符合产业导向、有投资预期、有利转型升级的项目。无党派人士代表陈章良建议,要制定政策确保耕地数量和质量不变,保住国家"粮袋子"、守住农民"钱袋子"。

座谈中,李克强就一些问题与大家深入探讨交流。他对各民主党派、全国工商联和无党派人士长期以来对政府工作的帮助支持表示感谢。他说,大家发言大处着眼、细处思索,体现了集体智慧,国务院将认真研究采纳。破解发展难题要靠集思广益,推进改革攻坚更需凝聚共识,各方面要群策群力、共同奋斗。

2月10日

[纲　文]　新华社讯,中宣部、中组部发出关于组织学习《世界社会主义五百年(党员干部读本)》的通知。

[目　文]　通知说,为帮助广大党员干部深入学习领会习近平总书记系列讲话精神,学习社会主义发展史,进一步增强中国特色社会主义道路自信、理论自信、制度自信,中央宣传部理论局组织马克思主义理论研究和建设工程专家编写了《世界社会主义五百年(党员干部读本)》(以下简称《五百年》),已由学习出版社、党建读物出版社出版。《五百年》从世界社会主义思想的源头空想社会主义讲起,分六个阶段概要叙述了世界社会主义波澜壮阔的发展历程,深刻阐明了我们党带领全国各族人民艰苦奋斗、顽强拼搏,在艰辛的探索和实践中,开创和发展了中国特色社会主义。全书注重史论结合、文风通俗,力求做到思想性、针对性和可读性相统一。

通知要求,各级党组织要把组织《五百年》的学习同学习贯彻党的十八大和十八届三中全会精神结合起来,同学习贯彻习近平总书记系列讲话精神结合起来,作为推进学习型马克思主义执政党建设、学习型党组织创建的学习内容,紧密联系实际,深刻认识和把握共产党执政规律、社会主义建设规律和人类社会发展规律。通知强调,各级各类党校、行政学院和干部学院要把《五百年》学习纳入培训教学,各高校要把《五百年》作为师生理论学习的辅助教材。各级党委讲师团要围绕《五百年》内容,组织好对党员干部和基层群众的宣讲活动。

2月10日

[纲　文]　教育部印发《中国特色新型高校智库建设推进计划的通知》。

[目　文]　《通知》指出,高校智库应当发挥战略研究、政策建言、人才培养、舆论引导、公共外交的重要功能,围绕完善和发展中国特色社会主义制度,推进国家治理体系和治理能力现代化的总目标,结合高校优势和特色,统筹规划高校各类科研机构、人才团队和项目设置,凝练智库建设的主攻方向,力求在经济建设、政治建设、文化建设、社会建设、生态文明建设、党的建设、外交与国际问题、"一国两制"实践与推进祖国统一等关键领域、关键环节以及亟待解决的问题上取得重大突破。

《通知》明确,教育部将实施高端智库人才计划,遴选200多名高校专家,建立咨政研究核心人才库,给予长期稳定支持,引导和支持专家围绕全局、战略问题和热点难点问题及时向中央及国务院各部门提出政策建议,适时向公众发布研究观点。对政府决策产生重大影响的科研成果,教育部将给予后期奖励和持续支持。

2月10日

［纲　文］　新华社讯，中国天然气勘探获重大突破，四川盆地发现国内最大单体海相整装气藏。

［目　文］　经国土资源部审定，安岳气田磨溪区块寒武系龙王庙组新增天然气探明地质储量4403.85亿立方米，技术可采储量3082亿立方米，是目前中国发现的单体规模最大的特大型海相碳酸盐岩整装气藏，可为川气出川和全国气网提供更为充足稳定的资源，将开启西南地区乃至全国天然气市场新格局。该气藏平均单井测试日产达到110万立方米，投产气井平均日产达到60万立方米。

安岳气田横跨川渝两省市，地质构造上处于川中古隆起。中石油对该地区的勘探工作始于20世纪50年代。2011年以来，中石油先后部署的高石1井、磨溪8井，分别在震旦系和寒武系获得超过百万立方米高产天然气，古隆起勘探取得历史性突破。国土资源部评审专家组认为，磨溪龙王庙组气藏勘探突破并丰富了古隆起形成和演化、油气运移和成藏等油气地质理论，积累了快速高效勘探开发新气藏的宝贵经验，开辟了四川盆地寻找大气田的战略新领域。磨溪龙王庙组气藏的发现，对推进中国天然气工业快速发展、保障国家能源安全具有重要意义。

2月10日

［纲　文］　《人民日报》发表题为《拿出逢山开路的闯劲儿——一论"还得有那么一股子劲儿"》的评论员文章。

2月10—11日

［纲　文］　中国印度边界问题特别代表第17次会晤在印度新德里举行。

［目　文］　中方特别代表、国务委员杨洁篪和印方特别代表、国家安全顾问梅农就中印边界问题、中印关系和共同关心的国际地区问题深入交换了意见。

双方一致认为，中印近年来保持边界谈判势头，有效管控涉边分歧，为两国关系健康顺利发展创造了有利条件。双方愿共同努力，根据"三步走"路线图，坚持解决边界问题的政治指导原则，寻求早日谈成公平合理、双方都能接受的解决框架。在边界问题解决前，双方愿充分发挥好涉边机制作用，切实落实中印在边境地区保持和平与安宁的相关协定及中印边防合作协议，共同维护边境地区的和平与安宁。

双方表示，中印是战略合作伙伴。双方应保持高层交往，不断增进战略互信与协作。双方愿积极推动中印两大市场对接，稳步推进铁路、产业园区合作和孟中印缅经济走廊建设，合作建设"丝绸之路经济带"。双方将携手努力办好"中印友好交流年"系列活动，增进两国人民之间的友谊。继承和弘扬和平共处五项原则，加强在联合国、二十国集团、金砖国家等多边组织和国际地区事务中的协调配合，维护中印和广大发展中国家的共同利益。

2月11日

［纲　文］　国务院第二次廉政工作会议在北京召开。

［目　文］　这次会议的主要任务是，认真学习贯彻习近平总书记在十八届中央纪委三次全会上的重要讲话精神，落实中央纪委三次全会关于反腐倡廉的部署，总结政府相关工作，进一步明确2014年的重点任务。国务院总理李克强发表讲话。他要求，各级政府和部门要坚定不移惩治腐败，以抓改革建机制推进廉政建设，努力取得人民群众满意的新成效。国务院副总理张高丽、刘延东、汪洋、马凯，国务委员常万全、杨洁篪、郭声琨、王勇出席会议。中央纪委书记王岐山、中央书记处书记赵洪祝应邀出席会议。监察部、财政部和湖北省政府主要负责人在会上作了发言。

李克强指出，2013年，国务院和地方各级政府以建设廉洁政府为目标，反腐倡廉取得新进展。但滋生腐败的土壤仍然存在，一些领域腐败问题多发。在执行中央八项规定和国务院"约法三章"方面，还有不落实甚至顶风违纪现象。李克强强调，要把中央关于反腐倡廉的部署坚决落到实处，做到有令必行、有禁必止、有腐必反、有贪必惩。

李克强对2014年政府反腐倡廉工作提出六点要求：一是继续严格执行八项规定和"约法三章"。坚决停止新建和改扩建政府性楼堂馆所，严控机构编制和人员，确保"三公"经费和会议费只减不增。二是继续推进简政放权。进一步取消下放行政审批事项，最大限度减少投资项目审批，进一步减少和规范前置审批，全面清理取消非行政许可审批事项。三是加强反腐倡廉基础制度建设。把工程建设项目招投标、政府采购、国有土地使用权和矿业权出让等腐败易发领域，纳入规范化、法制化轨道，建立健全不动产统一登记制度。四是严格公共资金管理和监督。把政府所有收支全部纳入预算管理，严格会计制度，对所有公共资金、国有资产、国有资源实行审计监督全覆盖。五是深入推进政务公开。所有财政拨款安排的"三公"经费都要详细公开，对与群众利益密切相关的信息都要公示。六是严肃行政纪律。对中央的大政方针，必须不折不扣地贯彻，加大对落实情况的督查力度，着力解决政策"不落地"问题，确保政令畅通。

李克强强调，人民政府的权力，本质是责任、本色是为民。要严格落实党风廉政建设责任制，领导机关和领导干部必须作表率，决不允许任何人有特例、搞特权。要对腐败行为和腐败分子零容忍、出重拳，锲而不舍、持之以恒地抓好反腐倡廉工作。要始终保持奋发向上的精神状态，以强烈的事业心和责任感，多为群众做实事、办好事、谋利益，树立政府廉洁、勤政、为民的良好形象。

2月11日

［纲　文］　汪洋在北京主持召开"2019年中国北京世界园艺博览会"组委会第一次会议。

［目　文］　国务院副总理汪洋指出，北京世园会是中国向世界展示生态文明建设成果、促进绿色产业国际交流与合作的重要平台，是弘扬绿色发展理念、推动经济发展方式和居民生活方式转变的重要契机，也是建设"美丽中国"的生动实践。要瞄准"世界园艺新境界，生态文明新典范"的办会目标，创新办会模式，大力提倡勤俭节约，通过新颖的创意吸引人、感召人，汇聚起创造美好生活、建设美丽家园的精神动力，让绿色发展的理

念深入人心。要全力以赴举办一届独具特色、精彩难忘的园艺盛会，向全国人民交出一份满意答卷。

汪洋强调，北京世园会筹办工作任务重、时间紧，组委会各成员单位要加强协调配合，尽快明确职责分工，有计划、有步骤地开展工作。要加快推进相关规划编制和重大基础设施建设，制定海关、检验检疫、知识产权保护等相关法律性文件，适时启动国际招商、招展工作，组织开展丰富多彩的宣传活动和会徽、会歌和吉祥物的征集活动。加强与国际展览局和国际园艺生产者协会的联系，争取他们的指导、支持和帮助。

2月11日

[纲　文]　农业部、财政部印发《2014年农业机械购置补贴实施指导意见》。

[目　文]　《意见》明确，农业部、财政部2014年要进一步加大农机购置补贴改革创新力度，最大限度简政放权，切实发挥市场作用。2014年中央财政农机购置补贴资金继续实行定额补贴，即同一种类、同一档次农业机械在省域内实行统一的补贴标准。中央财政资金单机最高补贴额保持不变，一般机具单机补贴限额不超过5万元；挤奶机械、烘干机单机补贴限额可提高到12万元；100马力以上大型拖拉机、高性能青饲料收获机、大型免耕播种机、大型联合收割机、水稻大型浸种催芽程控设备单机补贴限额可提高到15万元；200马力以上拖拉机单机补贴限额可提高到25万元；甘蔗收获机单机补贴限额可提高到20万元，广西壮族自治区可提高到25万元；大型棉花采摘机单机补贴限额可提高到30万元，新疆维吾尔自治区和新疆生产建设兵团可提高到40万元。

2月11日

[纲　文]　国家质检总局印发《2014年质量管理工作要点》。

[目　文]　《要点》提出，要研究制定质量信用分级分类管理制度，完善质量守法守信奖励和失信惩戒机制，研究制定质量失信"黑名单"制度，探索建立部门联合惩戒，让违法失信行为"一处失信、处处受限"。

《要点》明确，要加强质量诚信体系建设。要强化统一社会信用代码和质量信用信息平台建设，积极推进以组织机构代码为基础的法人和其他社会组织统一社会信用代码制度。加快全国企业质量信用档案数据库系统和产品质量信用信息平台建设，推进质量信用信息的社会公开和部门共享。同时，研究制定基于组织机构代码和商品条码的电子商务交易商品质量信息公开公示国家标准，推进电子商务质量诚信建设工作。

在制造业质量升级方面，《要点》提出，要组织起草《关于加快制造业质量升级促进经济健康持续发展的指导意见》，构建制造业质量升级的长效机制。同时，要加大小微企业质量工作扶持力度，研究启动小微企业质量管理专项扶持计划。

在质量安全制度方面，《要点》明确，深入开展产品伤害监测工作。推动部分地区建立以儿童医院、三甲医院等为主的监测点医院群，扩大产品伤害监测信息渠道，提高产品伤害信息采集质量。建立产品伤害监测工作流程和管理制度，完善回访调查、分析预警和结果运用等工作体系。实施产品伤害干预措施。

2月11日

[纲　文]　国家副主席李源潮在北京会见斯里兰卡总统特使佩里斯。

[目　文]　李源潮说，中斯建交以来两国关系始终稳定健康发展，2013年两国元首宣布中斯关系提升为战略合作伙伴关系，两国关系发展进入新阶段。希望双方结合各自国家发展战略，推进务实合作，深化利益交融，加强相互支持，做彼此可信赖的朋友。

佩里斯表示，斯里兰卡高度重视发展对华关系，愿与中国加强高层往来和全面合作，推动斯中战略合作伙伴关系迈上新台阶。

2月11日

[纲　文]　国务院台湾事务办公室主任张志军在南京会见台湾方面大陆委员会负责人王郁琦。

[目　文]　双方就推进两岸关系有关问题广泛深入交换意见，并达成积极共识。张志军表示，两岸关系几十年来风风雨雨，跌宕起伏，在曲折中不断前行。从早期激烈的军事冲突和政治对峙，逐步走向缓和，打破相互隔绝的坚冰，开始接触交往。后又屡经紧张动荡，最终于2008年5月实现历史性转折，开辟了和平发展的道路。双方应倍加珍惜，共同努力，维护好并继续推进两岸关系和平发展良好势头，绝不能让两岸关系再遭折腾，更不能走回头路。张志军强调，反对"台独"、坚持"九二共识"是两岸关系和平发展的政治基础。双方应巩固这一基础，深化互信，良性互动，共同努力，争取在两岸合作交往上有新进展，在解决妨碍和制约两岸关系发展的突出问题上取得新突破，为两岸关系发展不断注入新的活力与动力。

双方回顾了两岸各领域交流合作与协商谈判取得的积极进展，积极评价两岸关系和平发展取得的一系列成果，肯定建立和增进互信是两岸关系健康发展的关键，表示应珍惜并维护来之不易的局面，以中华民族整体利益为重，本着"两岸一家亲"的理念，继续扩大交流、推进谈判、密切合作，造福两岸同胞，共同振兴中华。

双方决定，国台办和陆委会建立常态化联系沟通机制，以利双方加强沟通、增进了解、深化互信，推动妥善处理和解决两岸交往中遇到的突出问题，共同推进两岸关系全面发展。这个机制不取代海协会与海基会事务性商谈及签署协议的功能，不改变两岸其他业务主管部门之间的沟通联系方式。

双方讨论了两岸关系发展中的若干事宜，表示将着力完成海峡两岸经济合作框架协议（ECFA）后续协议的商谈，完善两岸经济合作机制，务实探讨两岸经济共同发展与区域经济合作进程相衔接的适当方式与可行途径；进一步扩大深化两岸文教科技交流合作；继续协商海协会与海基会互设办事机构，务实妥善处理遗留问题，尽早实现互设；继续推动两岸新闻交流，采取务实措施，为驻点记者生活提供便利；妥善解决在对方高校及科研院所就读的学生的医保等待遇问题。

王郁琦邀请张志军访问台湾，张志军接受了邀请。

2月11—14日，台湾方面大陆委员会首次组团到南京和上海参访，双方两岸事务主管部门负责人首次会面。这是双方坚持两岸关系和平发展共同政治基础，顺应两岸民众共同期待，推动两岸关系全面发展迈出的重要一步，得到两岸民众的广泛支持和国际社会的普遍欢迎。

2月11日

［纲　文］　国土资源部发布2013年全国国土资源统计数据。

［目　文］　2013年我国建设用地供应、城市地价、地质勘查、矿业权出让和地质灾害防治等各方面工作有序推进，为科学发展和生态文明提供了坚实支撑。与此同时，国土资源开发利用也受到来自经济社会各方因素的带动和制约。

在土地供应方面，2013年，全国国有建设用地供应73万公顷，增速同比下降了11.7个百分点。房地产供地同比增长26.8%，达20万公顷。工矿仓储用地21万公顷，同比增长3.2%；基础设施等其他用地32万公顷，同比下降2.9%，保障了重点项目和公共项目的落地。

在城市地价方面，2013年我国主要监测城市地价总体水平持续上涨，第四季度全国105个主要监测城市综合、商业、住宅、工业地价分别为3349元／平方米、6306元／平方米、5033元／平方米和700元／平方米，环比增长率分别为2.1%、2.3%、2.6%、1.3%。

在地质勘查方面，2013年，国土资源部深入推进找矿突破战略行动，发现了一批具有世界级规模的大矿，全国新增大中型矿产地67处。石油勘查新增探明地质储量10.8亿吨，天然气新增探明地质储量7639.5亿立方米，煤炭勘查新增查明资源储量520.7亿吨。

在矿产开发方面，2013年，全国矿业权市场总体平稳，全国新立探矿权和采矿权同比分别增长30.1%和5.4%。其中，34种重要矿产的探矿权出让数量占出让总量80.5%，采矿权出让数量占出让总量15.5%。

在地质灾害防治方面，2013年全国共发生15403起地质灾害，死亡失踪共计933人，直接经济损失101.46亿元，分别增长7.5%、78.4%和92.2%。其间，国土资源部全力做好地灾防治工作，有效避免了大量人员伤亡和财产损失，共成功预报地灾1757起，避免人员伤亡187584人，避免直接经济损失19.05亿元。针对1月11日云南镇雄滑坡灾害、3月29日西藏墨竹工卡县滑坡灾害、4月20日四川芦山地震等重大地质灾害，地灾应急管理办公室及时启动应急响应，指导开展地灾应急处置工作。2013年全国21个省、161个市、990个县建立了地灾应急管理机构。全年中央财政投入45亿元支持地方开展特大型地灾防治。基层防治能力进一步提高，国土资源部指导地方建设验收地灾防治"十有县"1765个。

2月11日

［纲　文］　《人民日报》发表题为《不达目的不能轻言收兵》的评论员文章。

2月11日

［纲　文］　《人民日报》发表题为《制造历史错觉的实质是蔑视国际正义》的评论员文章。

2月11—13日

[纲　文]　应国务院总理李克强邀请，匈牙利总理欧尔班·维克托对中国进行正式访问。

[目　文]　访问期间，国家主席习近平、国务院总理李克强、全国人大常委会委员长张德江分别同欧尔班举行了会见和会谈。双方就双边关系及共同关心的国际和地区问题交换了意见，达成了广泛共识。

2月12日，李克强在人民大会堂同欧尔班举行会谈。李克强说，匈牙利是最早同新中国建交的国家之一，中匈关系基础牢固，合作前景广阔。中方愿与匈方一道努力，促进两国友好合作伙伴关系向更高水平发展。一是落实基础设施建设等大项目，规划并建设好匈塞铁路等重点项目，促进实现区域互联互通。二是扩大金融、投资合作，落实好本币互换协议。三是加强科技、农业合作。四是促进人文等领域交流。希望匈方为推动《中欧合作2020战略规划》和《中国—中东欧国家合作布加勒斯特纲要》的落实发挥建设性作用，促进中国—中东欧国家合作和中欧关系实现更大发展。欧尔班表示，匈方高度重视对华关系，愿在基础设施建设、农业、金融、旅游、人文等领域与中方开展更大规模合作，重点落实好匈塞铁路等合作项目。匈方支持中东欧国家—中国合作，愿为推动双方合作以及欧中关系发展发挥积极作用。会谈后，李克强与欧尔班共同见证了中匈科学、旅游、医药、金融、人才交流等领域双边合作文件的签署。会谈前，李克强在人民大会堂北大厅为欧尔班举行了欢迎仪式。

2月13日，习近平在人民大会堂会见欧尔班。习近平表示，中匈两国传统友谊深厚。两国建交65年来，双边关系基础始终牢固，合作一直良好，特别是建立友好合作伙伴关系10年来，中匈关系全面、快速发展。中方愿同匈方一道，继续全面加强合作，促进两国关系在新的水平上更好发展。双方要重点推进金融、电信、基础设施建设、高技术等领域合作。要加强人文、教育交流与合作，巩固传统友谊。欧尔班表示，匈牙利高度赞赏中国取得的巨大成就。中国的成功带来的重要启示是，一个国家必须根据本国的实际情况选择发展道路，既不能照搬照抄，也不能削足适履。匈牙利主张世界多极化，支持中国和平发展，高度重视中国在国际上发挥的重要和建设性作用。匈方希望同中方加强高层交往，继续相互支持，加强务实合作，深化传统友谊。

2月13日，全国人大常委会委员长张德江在人民大会堂会见欧尔班。张德江表示，中国全国人大与匈牙利国会应进一步密切往来，拓展交流合作的广度和深度，形成更多相互支持的共识，为深化双边贸易、投资、科技等互利合作创造良好的法制环境，为中匈关系健康稳定发展奠定牢固的社会和民意基础。

2月13日，中匈两国政府发表关于在新形势下深化双边合作的联合声明。联合声明指出，中匈建交65年来，两国传统友好在继承中不断发展，成果丰硕。双方高度评价中国—中东欧国家合作所取得的进展。双方认为，中欧关系是世界上最重要的双边关系之一，中欧应积极构建相互尊重、合作共赢、面向全球的中欧关系。双方支持中欧深化全面战略伙伴关系，加强全方位合作，共同应对全球性挑战。

2月12日

[纲　文]　习近平就新疆和田地区发生7.3级地震作出指示，要求最大限度保障各族人民群众生命财产安全，李克强就抗震救灾工作作出指示。

[目　文]　北京时间2月12日17时19分，新疆和田地区于田县阿羌乡发生7.3级地震，震源深度12公里，震中距于田县城约110公里，距民丰县县城约100公里。此次地震发生在青藏高原北缘的昆仑山脉，南部、西部、北部均为海拔较高的山区，东部为沙漠荒漠地区，人员极为稀少，震中位置附近50公里范围内基本无成规模村庄分布，震区无人员伤亡报告。

地震发生后，国家主席习近平立即指示当地和有关部门抓紧核实灾情，搞好应急救援，加强震情监测，最大限度保障各族人民群众的生命财产安全。

国务院总理李克强就抗震救灾工作作出指示，要求迅速开展应急处置，严防次生灾害，妥善做好抗震设防和震区群众生活保障等工作，确保社会稳定。

2月12日

[纲　文]　**李克强主持召开国务院常务会议。**

[目　文]　会议研究部署了进一步加强雾霾等大气污染治理，审议通过《医疗器械监督管理条例（修订草案）》。

会议认为，打好防治大气污染的攻坚战、持久战，是改善民生的当务之急，是转方式、调结构的关键举措，也是推进生态文明建设的重大任务。自2013年9月国务院印发《大气污染防治行动计划》以来，各地区、各部门迅速行动，在大气污染综合治理上迈出了新的步伐，得到社会的广泛关注和认同。但大气污染是长期积累形成的，必须充分认识防治工作面临的严峻形势，坚持不懈付出努力。要立足国情、科学治理、分类指导。以雾霾频发的特大城市和区域为重点，以$PM_{2.5}$和PM_{10}治理为突破口，抓住能源结构、尾气排放和扬尘等关键环节，不断推出远近结合，有利于标本兼治、带动全局的配套政策措施，努力实现重点区域空气质量逐步好转，消除人民群众"心肺之患"。

会议要求在抓紧完善现有政策的基础上，进一步推出以下措施：一是加快调整能源结构。实施跨区送电项目，合理控制煤炭消费总量，推广使用洁净煤，促进车用成品油质量升级。推行供热计量改革，开展建筑节能，促进城镇污染减排。加快淘汰老旧低效锅炉，提升燃煤锅炉节能环保水平。二是发挥价格、税收、补贴等的激励和导向作用。对煤层气发电等给予税收政策支持。中央财政设立专项资金，对重点区域大气污染防治实行"以奖代补"。制定重点行业能效、排污强度"领跑者"标准，对达标企业予以激励。完善购买新能源汽车的补贴政策，加大力度淘汰黄标车和老旧汽车。大力支持节能环保核心技术攻关和相关产业发展。三是落实各方责任。实施大气污染防治责任考核。健全国家监察、地方监管、单位负责的环境监管体制。完善水泥、锅炉、有色等行业大气污染物排放标准。

规范环境信息发布。会议强调，要更加注重运用市场和法治手段，更好发挥社会力量和科技支撑的作用，围绕结构调整、重点行业综合整治和重污染天气监测预警应急体系建设，加大工作力度，加快制定修订相关法规，推动形成全社会齐心协力防治大气污染的治理格局，以实实在在的成效保护和改善生态环境、造福全体人民。

会议审议通过《医疗器械监督管理条例（修订草案）》。指出，保证医疗器械安全、有效，对于维护人体健康和生命安全、改善生活质量、促进产业升级，具有重要意义。修订草案根据医疗器械产品的风险高低进一步完善分类管理，对高风险产品提高门槛，对低风险产品简化准入手续。强化过程监管和日常监管，突出生产经营企业和使用单位的质量控制、安全管理等责任，对违法行为提高处罚幅度、加大处罚力度，用制度维护公平有序的生产经营秩序。鼓励企业创新，开发更多优质产品，让人民群众得实惠、更放心。

2月12日

［纲　文］　《人民日报》报道，中国黄金协会统计数据显示，2013年中国黄金产量达到428.163吨，同比增长6.23%，再创历史新高，连续七年位居世界第一。黄金消费量也首次突破1000吨，达到1176.40吨，同比增长41.36%。

2月12日

［纲　文］　中国科协公布2013年度中国十大科普事件。

［目　文］　这十大事件分别是：神舟十号太空科普课；中国科学家首获联合国教科文组织科普大奖；《十万个为什么》第6版面世；PX项目公众争议不断，科普促进危机化解；我国第一个科学家群体展亮相国家博物馆；"嫦娥三号"落月，引发新一轮的航天热；"王麦林科学文艺创作基金"成立，鼓励科普创作；百余名院士签名"抵制迷信"公开信；"共和国的脊梁——科学大师名校宣传工程"会演活动；3D打印走进公众视野。

2月12日

［纲　文］　《人民日报》发表题为《人民有信仰，国家才有力量——一论弘扬社会主义核心价值观》的评论员文章。

2月13日

［纲　文］　新华社讯，习近平对军队教育实践活动作出指示。

［目　文］　中央军委主席习近平在指示中说："全军和武警部队第一批党的群众路线教育实践活动抓得深入扎实，取得了阶段性成果，积累了有益经验。要持续用力抓好整改落实，防止纠治问题反弹回潮，切实巩固拓展第一批教育实践活动成果。要高标准、高质量抓好第二批教育实践活动，把从严要求贯穿始终，把上下联动贯穿始终，把解决问题贯穿始终，确保取得实实在在的成效。"

全军党的群众路线教育实践活动领导小组发出通知，要求各级党委和教育实践活动领导小组专门安排时间组织传达学习，深刻领会精神实质，准确把握基本要求，紧密结合实际研究贯彻落实的具体举措。通知要求，各单位要持续用力抓好第一批活动整改落实，发扬钉钉子精神，坚决防止已纠治的问题反弹回潮，推动整改落实向兑现承诺、见底归零深化，推动建章立制向配套完善、刚性约束深化，推动总结经验向探索特点、把握规律深化，进一步巩固拓展活动成果。

通知强调，各级要统筹谋划第二批教育实践活动，把从严要求贯穿始终，真正在思想上严起来，在整改上严起来，在正风肃纪上严起来，自始至终严督实导、严查实改。要把上下联动贯穿始终，做到教育联动深化、问题联动查纠、措施联动制定、压力联动传导。要把解决问题贯穿始终，下功夫解决"四风"方面的突出问题，重点解决发生在士兵身边的不正之风，解决服务基层、服务官兵不到位的问题，切实把问题找准找实，不等不靠、立行立改，以实际行动取信官兵。各级党委要坚决贯彻落实党中央、中央军委和习主席的决策指示，确保教育实践活动有力有序推进，取得实实在在的成效，为强军兴军凝聚起强大正能量。

2月13日

[纲　文]　国务院副总理汪洋在中南海紫光阁分别会见韩国三星电子集团副会长李在镕和美国国际商业机器公司（IBM公司）董事长、总裁兼首席执行官罗睿兰。

[目　文]　在会见李在镕时，汪洋表示，中韩在经贸领域互为重要的合作伙伴，希望三星集团在进一步发展在华业务的同时，发挥自身影响力，为中韩关系发展作出贡献。

在会见罗睿兰时，汪洋表示，中国将坚持改革开放，努力为外商投资营造公开透明、平等竞争的环境，希望IBM公司与中方建立更加深入和长期的战略合作关系。

2月13日

[纲　文]　国家卫计委公布2013年度全国法定传染病疫情情况。

[目　文]　2013年，全国（不含港澳台）共报告法定传染病发病6416418例，死亡16592人。报告发病率为473.87/10万，死亡率为1.23/10万，分别比2012年下降8.15%和4.65%。

2013年，全国共报告甲类传染病发病53例，死亡1人。乙类传染病共报告发病3057410例，死亡16300人。丙类传染病共报告发病3358955例，死亡291人。

2月13日

[纲　文]　国土资源部印发《关于强化管控落实最严格耕地保护制度的通知》。

[目　文]　《通知》要求各地将保护耕地作为土地管理的首要任务，全面强化规划统筹、用途管制、用地节约和执法监管，加快建立共同责任、经济激励和社会监督机制。严守18亿亩耕地红线，确保耕地实有面积基本稳定、质量不下降。

《通知》要求，加大土地规划计划管控力度，严格划定和永久保护基本农田，强化耕地数量和质量占补平衡，严格按照土地利用总体规划批地用地，严禁突破土地利用总体规划设立新城新区和各类开发区（园区）。除生活用地及公共基础设施用地外，原则上不再安排城市人口500万以上特大城市中心城区新增建设用地。同时，要严防集体土地流转"非农化"，不得借农地流转之名违规搞非农业建设，严禁在流转农地上建设旅游度假村、高尔夫球场、别墅、农家乐、私人会所等。严禁占用基本农田挖塘造湖、种植林果、建绿色通道及其他毁坏基本农田种植条件的行为。基本农田和土地整治形成的耕地不得纳入退耕范围。

《通知》要求,要加强土地执法督察,严肃查处乱占滥用耕地行为,严格耕地保护责任追究制度。完善省级人民政府耕地保护责任目标考核办法,将永久基本农田划定和保护、高标准基本农田建设、补充耕地质量等纳入考核内容,实行耕地数量与质量考核并重。完善耕地保护约束激励机制,支持地方提高非农建设占用耕地特别是基本农田的成本,加大对耕地保护的补贴力度,探索建立耕地保护经济补偿机制。推进耕地保护调查监测和信息化监管,加强耕地保护法制化规范化建设。

2月13日

[纲　文]　**中国信托业协会发布2013年中国信托业发展数据。**

[目　文]　2013年中国信托资产规模再创历史新高,信托资产总规模为10.91万亿元,与上年7.47万亿元相比,同比增长46%;信托公司全行业经营收入总额832.60亿元,同比分别30.42%;同时全行业实现利润总额568.61亿元,同比增加28.82%。与此同时,信托业增速较2012年下降9.27%,信托业不会发生系统性风险,全行业净资产高达2555.18亿元,计提信托赔偿准备金90.60亿元。

从资金信托的投向看,工商企业占比28.14%,同比增加1.49%;基础产业为25.25%,同比增加1.63%;金融机构占比12.00%,同比增加1.79%;证券市场占比10.35%,同比减少1.2%;房地产占比10.03%,同比增加0.18%;其他占比14.23%,同比减少3.89%。

2月13日

[纲　文]　**中国女子速滑选手张虹在索契冬奥会1000米速滑比赛中获得冠军。这是中国队在冬奥会历史上夺得的第一枚速滑金牌。**

2月13日

[纲　文]　**瑞典皇家科学院宣布,华人科学家张益唐获得2014年度罗夫·肖克奖中的数学奖项,以表彰他在无穷多对孪生素数研究上取得的重大突破。**

[目　文]　罗夫·肖克奖设立于1993年,每三年评选和颁发一次。此次是该奖设立21年来首次颁给华裔学者。除数学奖项外,罗夫·肖克奖还包括逻辑哲学、音乐和视觉艺术等三个单项奖。

张益唐1955年生于中国北京。1985年从北京大学数学系毕业后前往美国,1992年获得美国普渡大学博士学位。获奖时任美国新汉普郡大学数学教授。2013年,张益唐向国际著名数学刊物《数学年刊》投稿,证明存在无穷多对素数相差都小于7000万的论文,引起数学界轰动,被誉为里程碑式的突破。2014年,他获得数学领域最高奖项之一的美国数学学会柯尔数论奖。

罗夫·肖克奖颁奖典礼于2014年10月22日在瑞典斯德哥尔摩举行。

2月13日

［纲　文］　首届"东亚文化之都·2014泉州活动年"开幕式在泉州举行。

［目　文］　"东亚文化之都"活动是为落实2012年第五次中日韩领导人会议达成的重要共识，由中日韩三国重点打造的区域性文化交流活动。2013年，中国文化部启动首届"东亚文化之都"申报工作，并对全国19个申报城市进行综合评选，福建省泉州市最终当选中国首届"东亚文化之都"。同年9月，在韩国光州举行的第五次中日韩文化部长会议上，泉州与日本横滨、韩国光州一同被授予首届"东亚文化之都"称号。根据中日韩三国间行动计划，中日韩三国将共同推进"东亚文化之都"项目开展、提升文化遗产保护与合作、扩大文化内容产业合作及彼此间的文化艺术交流和青少年交流。

2月13日

［纲　文］　国家能源局印发《油气管网设施公平开放监管办法（试行）》，自发布之日起施行，有效期5年。

2月13日

［纲　文］　《人民日报》发表题为《追求矢志不移的强国梦想——二论弘扬社会主义核心价值观》的评论员文章。

2月13日

［纲　文］　《人民日报》发表题为《拿出甩开膀子的干劲儿——二论"还得有那么一股子劲儿"》的评论员文章。

2月14日

［纲　文］　**全国打击侵权假冒工作领导小组第四次全体会议在北京召开。**

［目　文］　会议总结了2013年全国打击侵权假冒工作，研究部署了2014年工作。国务院副总理汪洋指出，2013年打击侵权假冒工作成绩显著。全国共查办侵权假冒违法犯罪案件32万余件，抓获犯罪嫌疑人5.3万人，生效判决1.7万人。市、县级政府机关软件正版化检查整改任务如期完成，打击侵权假冒相关法律法规和工作制度进一步完善。汪洋强调，打击侵权假冒既是一场攻坚战、更是一场持久战，要持之以恒、开拓创新，以抓铁有痕、踏石留印的劲头，开创打击侵权假冒工作新局面，维护好广大企业和人民群众的切身利益。

汪洋对2014年打击侵权假冒工作提出四点要求。一是突出工作重点。对制售假劣农资、食品、药品等危及群众身体健康和生命安全的违法犯罪行为，要始终保持高压态势。要把贯彻落实依法公开行政处罚案件信息作为当前的工作重点，加快出台实施细则。二是巩固工作成果，坚持专项整治与日常监管并重，及时堵塞监管漏洞，将问题消灭在萌芽状态。三是搞好绩效考核，落实地方打击侵权假冒的主体责任，激励先进，鞭策落后。四是整合宣传资源，推动打击侵权假冒宣传常态化、形式多样化，曝光典型案件，震慑违法者。

2月14日

［纲　文］　中国银监会和国家发展改革委联合印发《商业银行服务价格管理办法》。

［目　文］　《办法》将银行服务价格分为政府指导价、政府定价和市场调节价。

在政府指导价和政府定价领域，《办法》规定，商业银行应免收社会保险经办机构和本行签约开立的个人基本养老金（含退休金）账户，每月前2笔且每笔不超过2500元的本行异地取现手续费。其次，对于银行客户账户中没有享受免收账户管理费和年费的，其中包括小额账户管理费，商业银行应根据客户申请，为其提供一个免收账户管理费和年费的账户。

《办法》规定，商业银行为银行客户提供账户变动短信提醒服务并收费的，应事先通过网点或电子渠道等与银行客户签约；未与银行客户签约的，不得收费。

《办法》细化了市场调节价的制定和调整程序，分支机构不得自行制定和调整服务价格，分支机构因地区性明显差异需要实行差别化服务价格的，应当由总行统一制定服务价格，并由总行按照本办法规定统一进行公示。

《办法》针对代缴、代扣、代收、代付业务手续费问题，要求按照"谁委托、谁付费"原则收取委托业务相关手续费，不得向委托方以外的其他单位和个人收取委托业务相关手续费。

《办法》规定，商业银行应当在其各类营业场所、网站主页的醒目位置及时、准确公示实行政府指导价、政府定价和市场调节价的服务项目、服务内容、服务价格、适用对象等信息。同时要求，如果商业银行要制定和提高实行市场调节服务价格，应当至少于执行前3个月按规定方式进行公示。商业银行关于服务价格信息的公示涉及优惠措施的，应当明确标注优惠措施的生效和终止日期。

在保障客户知情权、选择权方面，《办法》规定，银行在为客户提供服务之前，应严格执行服务价格信息披露的规定，在客户确认接受服务价格后，才可提供服务。客户在使用服务前明确表示不接受相关服务价格的，银行应及时终止服务，不得强制或变相强制客户接受服务。

2月14日

［纲　文］　国家工商行政管理总局印发《工商行政管理部门处理消费者投诉办法》和《流通领域商品质量抽查检验办法》。

［目　文］　《工商行政管理部门处理消费者投诉办法》规定，消费者在投诉时应当有明确的被投诉人，有具体的投诉请求、事实和理由；通过信函、传真、短信、电子邮件和12315网站投诉平台等形式投诉的，应当载明消费者的姓名以及住址、电话号码等联系方式，被投诉人的名称、地址，投诉的要求、理由及相关的事实根据，投诉的日期等。《办法》明确，下列投诉不予受理或终止受理：不属于工商行政管理部门职责范围的；购买后商品超过保质期，被投诉人已不再负有违约责任的；已经工商行政管理部门组织调解的；消费者协会或者人民调解组织等其他组织已经调解或者正在处理的；法院、仲裁机构或者

其他行政部门已经受理或者处理的；消费者知道或者应该知道自己的权益受到侵害超过一年的，或者消费者无法证实自己权益受到侵害的；不符合国家法律、法规及规章规定的。

《流通领域商品质量抽查检验办法》规定，工商部门可定期或不定期对商品质量进行抽检，抽检工作所需经费按照国家有关规定列入同级财政预算，不得向经营者收取检验费用。《办法》明确，工商部门应严格按计划实施抽检，不得随意抽检。工商部门应及时向社会公布抽检结果。对经抽检并依法认定为不合格商品的，工商部门应当责令被抽样的经营者立即停止销售；消费者要求退货的，经营者应当负责退货。工商部门发现并认定商品存在缺陷，有危及人身、财产安全危险的，应当立即责令经营者采取停止销售、警示等措施。

上述两个《办法》均自2014年3月15日起施行。

2月14日

［纲　文］　教育部发出《关于做好2014年春季开学工作的通知》。

［目　文］　教育部在《通知》中要求，要严格规范办学行为，坚决治理和严肃查处乱办学、乱招生、乱收费以及极少数教师存在有偿补课、伤害学生等突出问题。坚决杜绝因办学条件不足或不到位而影响正常开学；要完善师生按时返校组织工作体系，密切与师生和家长的联系，确保教职员工及时到岗；确保学生按时返校，不因家庭经济困难、生活困难或学习困难而失学。

教育部要求，组织开展以校舍安全、消防安全、校车安全、饮食卫生安全、实验室安全、校园周边安全为重点的学校安全排查，落实人防、物防、技防措施，消除事故隐患。加强校园出入管理，严防校外无关人员进入校园滋事和干扰校园秩序。要将安全教育作为开学工作的重要内容，组织开展应急演练活动，提高师生应对突发事件的能力。

《通知》强调，要着力改善薄弱学校基本办学条件，加快推进中小学学籍系统建设和应用，健全小升初制度，大力推进义务教育均衡发展。及早部署和全力做好高校毕业生就业创业工作，千方百计帮助高校毕业生就业。

2月14日

［纲　文］　工业和信息化部发布《关于加快我国彩电行业品牌建设的指导意见》。

2月14日

［纲　文］　《人民日报》发表题为《坚守公平正义的共同信念——三论弘扬社会主义核心价值观》的评论员文章。

2月14—15日

［纲　文］　应外交部部长王毅邀请，美国国务卿克里对中国进行正式访问。

［目　文］　2月14日，国家主席习近平在人民大会堂会见克里。习近平表示，中方坚定致力于同美方共同构建中美新型大国关系，愿同美方加强对话，增进互信，深化合作，妥处分歧，推动两国关系持续健康稳定向前发展。中美双方要保持密切的高层交往和战略沟通，共同维护和发展好中美战略与经济对话、人文交流高层磋商、商贸联委会等机

制性对话，拓展经贸、地方、人文、军事、能源等领域合作，加强在重大国际和地区问题上的对话、协调、合作。中美虽然发展阶段不同，但在绿色低碳、节能减排等方面存在利益契合点，也各有所长，希望双方合作取得更多成果。克里表示，美中作为世界两大经济体，应该加强务实合作，管控好分歧，不断增强两国关系发展的推动力。美方愿同中方加强沟通与合作，共同致力于推动全球应对气候变化进程。双方还就朝鲜半岛局势交换了意见。习近平阐述了中方有关立场。国务委员杨洁篪参加会见。

同日，国务院总理李克强在中南海紫光阁会见克里。李克强说，2013年中美关系取得积极进展，双边贸易额突破5000亿美元。中美双方保持战略沟通与合作有利于推动构建中美新型大国关系进程，也有利于促进地区乃至世界的和平、发展与繁荣。双方应坚持相互尊重，平等相待，照顾彼此核心利益和重大关切，以更加务实、开放的态度发展两国关系，实现互利共赢。希望中美积极推进双边投资协定谈判，深化能源、环保等领域合作，加大应对气候变化技术合作。克里表示，美方愿与中方扩大经贸等领域务实合作，推进双边投资协定谈判，加强在应对气候变化等全球性问题上的沟通，推进美中新型大国关系，共同维护地区和平与稳定。双方还就共同关心的国际和地区问题交换了意见。国务委员杨洁篪参加会见。

同日，国务委员杨洁篪会见克里。杨洁篪强调，中美合作符合两国根本利益，对世界和平、稳定、繁荣至关重要。双方要保持密切高层交往和战略沟通，搞好中美战略与经济对话等机制，加强在双边、地区和全球各个层面的合作，切实尊重和照顾彼此核心利益和重大关切，妥善处理分歧和摩擦，推动中美关系取得新的更大发展。克里表示，美中之间有广泛的共同利益，双方要积极寻求加强务实合作、妥善管控分歧之道，推动美中新型大国关系建设。

同日，外交部部长王毅同克里举行会谈。王毅表示，中方愿与美方共同努力，认真落实两国元首达成的重要共识，尊重彼此的核心利益和重大关切，加强各个级别的对话交往，拓展各个领域的务实合作，妥善处理分歧和矛盾，把以不冲突不对抗、相互尊重、合作共赢为特征的新型大国关系真正落到实处，不断积累和释放中美关系的正能量，推动两国关系沿着正确方向持续向前发展。

2月15日

[纲　文]　中国麻风病防治专家、中国麻风病防治协会会长张国成获得世界麻风病防治最高奖——"国际甘地奖"。

[目　文]　颁奖仪式在印度总统府举行。印度总统普拉纳布·慕克吉为张国成颁奖并致辞。张国成成为继1987年华籍黎巴嫩人马海德之后第二位获此殊荣的中国专家。印度政府官员和医学专家参加了颁奖仪式。

在以张国成为首的一批麻风病防治专家的努力下，中国麻风病防治成果显著。截至2013年底，中国已有22万名麻风病治愈者，其中有20万人回归社会，只有约2万治愈残老者滞留在麻风院（村）内。世界卫生组织规定，麻风病患病率低于万分之一就已达基本消灭标准，而中国的麻风病患病率已低至十万分之一。

2月15日

［纲　文］　中国影片《白日焰火》和《推拿》分别获得第64届柏林电影节最佳影片金熊奖和最佳摄影艺术贡献奖。《白日焰火》主演廖凡获得最佳男主角银熊奖。

2月16日

［纲　文］　李克强签署国务院令，公布《南水北调工程供用水管理条例》。

［目　文］　《条例》共7章56条。《条例》要求，南水北调工程的供用水管理遵循先节水后调水、先治污后通水、先环保后用水的原则，坚持全程管理、统筹兼顾、权责明晰、严格保护，确保调度合理、水质合格、用水节约、设施安全。

《条例》规定，国务院水行政主管部门负责南水北调工程的水量调度、运行管理工作，国务院环境保护主管部门负责南水北调工程的水污染防治工作，国务院其他有关部门在各自职责范围内，负责南水北调工程供用水的有关工作。南水北调工程水源地、调水沿线区域、受水区县级以上地方人民政府负责本行政区域内南水北调工程供用水的有关工作，并将南水北调工程的水质保障、用水管理纳入国民经济和社会发展规划。国家对南水北调工程水源地、调水沿线区域的产业结构调整、生态环境保护予以支持，确保南水北调工程供用水安全。国务院确定的南水北调工程管理单位具体负责南水北调工程的运行和保护工作。南水北调工程受水区省、直辖市人民政府确定的单位具体负责本行政区域内南水北调配套工程的运行和保护工作。

《条例》规定，南水北调东线工程水量调度年度为每年10月1日至次年9月30日；南水北调中线工程水量调度年度为每年11月1日至次年10月31日。

《条例》自公布之日起施行。

2月16日

［纲　文］　中国黄金协会第三次全国会员代表大会暨三届理事会一次会议在北京召开。

［目　文］　会议审议通过了中国黄金协会第二届理事会工作报告。报告指出，中国黄金产量连续7年居世界第一，已查明黄金资源储量居世界第二。同时黄金消费量持续增长，2013年中国黄金消费量超过印度，成为全球最大黄金消费国和全球增长最快的黄金市场。中国已从世界黄金行业的追随者成长为领军者。

大会选举产生了中国黄金协会第三届理事会。中国黄金集团总经理、党委书记宋鑫当选为中国黄金协会第三届理事会会长。国务院国有资产监督管理委员会副主任王文斌、国家安全生产监督管理总局副局长王德学、人力资源和社会保障部副部长杨士秋、国土资源部副部长汪民等出席会议并讲话。

会上，来自黄金勘探、开采、冶炼、精炼、设计、加工、销售、投资交易等单位的

300多名会员代表总结了过去7年中国黄金行业的发展成果。人力资源和社会保障部、中国黄金协会共同表彰了第二届全国黄金行业先进集体、先进工作者和劳动模范，48个先进集体、91名劳动模范和先进工作者获得表彰。

2月17—21日

[纲　文]　省部级主要领导干部学习贯彻十八届三中全会精神全面深化改革专题研讨班在中共中央党校举行。

[目　文]　2月17日，中共中央总书记习近平出席开班式并发表讲话。李克强、张德江、俞正声、王岐山、张高丽出席开班式。刘云山主持开班式。习近平在讲话中指出，党的十八届三中全会提出的全面深化改革的总目标，就是完善和发展中国特色社会主义制度、推进国家治理体系和治理能力现代化。这是坚持和发展中国特色社会主义的必然要求，也是实现社会主义现代化的应有之义。国家治理体系和治理能力是一个国家的制度和制度执行能力的集中体现，两者相辅相成。只有以提高党的执政能力为重点，尽快把我们各级干部、各方面管理者的思想政治素质、科学文化素质、工作本领都提高起来，尽快把党和国家机关、企事业单位、人民团体、社会组织等的工作能力都提高起来，国家治理体系才能更加有效运转。

2月18日，国务院总理李克强在研讨班上作报告。国务院副总理张高丽主持报告会。李克强的报告以深化经济体制改革为主题，围绕继续简政放权、深化财税体制改革、完善金融市场体系、构建开放型经济新体制、以改革促进结构优化和城乡区域协调发展等方面，深入阐述了经济体制改革的要求和任务。他强调，要处理好政府与市场的关系，充分发挥市场在资源配置中的决定性作用，更好发挥政府作用，逐步建立各级政府的权力清单制度，为市场主体营造公平竞争的发展环境。

2月21日，中共中央政治局常委刘云山出席研讨班结业式并作总结讲话。赵乐际主持结业式。王沪宁、刘奇葆、栗战书、杜青林、赵洪祝出席结业式。刘云山指出，要把学习习近平总书记系列讲话作为各级党委（党组）中心组学习和干部教育培训的重要内容，深入领会讲话的重大政治意义和理论意义，领会讲话提出的新思想、新观点、新论断，更好地用讲话精神武装头脑、指导实践。要把开展好第二批群众路线教育实践活动与全面深化改革结合起来，以作风建设的新成效汇聚起全面深化改革的强大力量。结业式上，研讨班10个小组的代表分别发言，汇报交流了学习收获。

研讨班期间，全体学员认真学习了习近平在开班式上的重要讲话和中央领导同志专题报告，联系本地区本部门工作实际进行了深入研讨，进一步加深了对全面深化改革重大意义、正确方向的认识，加深了对全面深化改革总目标的历史背景、现实根据、丰富内涵的认识，加深了对以经济体制改革为重点牵引和带动其他各领域改革的认识，增强了履行职责、做好工作的责任感使命感。

2月17日

[纲　文]　新华社讯，解放军总政治部印发《关于进一步加强和改进干部考核工作

的意见》。

［目　文］　《意见》指出，要充分认清新形势下加强和改进干部考核工作的重要意义。健全完善干部考核选拔任用机制，提高选人用人科学性、准确性、公信度，在新的历史起点上推进领导班子和干部队伍建设，是着眼实现强军目标选贤任能的基础工程，是推动作风建设深入发展的紧迫课题。

《意见》强调，要紧紧围绕强军目标的新要求确定考核内容和标准。全面考察干部的德、能、勤、绩、廉等情况，德的方面突出听党指挥的政治要求，能的方面突出能打胜仗的素质本领，勤的方面突出真抓实干的务实作风，绩的方面突出履职尽责的实际成效，廉的方面突出秉公用权的官德操守。突出强调主要看是否解决好世界观、人生观、价值观这个"总开关"问题，政治上是否靠得住，工作上是否有本事，作风上是否过得硬，广大官兵是否信得过，真正把德才兼备的好干部选出来、用起来。要改进完善干部考核工作方式方法。把听取党委意见作为干部考核的首要环节，听取纪委意见，重点了解考核对象廉洁自律方面有无问题，有无群众反映。完善个人述职内容方式，改进民主推荐、民主测评方法，正确分析和对待民主推荐、民主测评票数，不简单以票取人。多侧面、深层次谈话了解，搞好考核综合分析，加强重大任务中实地考察，在军事实践活动中发现人才。

《意见》强调，要充分发挥干部考核工作综合效益。把考核结果作为选拔任用干部的重要依据，干部任用必须经过考核，未经考核不得任用；把以考促建、以考促管贯穿考核工作全过程，坚持边考边帮，在干部考核中指导帮带班子、教育培养干部。要切实加强干部考核工作的组织领导。各级党委要把干部考核工作摆上重要位置，主要领导亲自抓、负总责，加强具体指导。建立以政治机关为主、有关业务部门和专家参加的考核骨干队伍。强化纪律监督，明确考核工作纪律，规范和约束考核行为，防止考核中的不正之风。

2月17日

［纲　文］　全国政协主席俞正声在北京会见西班牙参议院副议长卢卡斯。

［目　文］　俞正声说，中国和西班牙建交40多年来，双方关系发展势头良好。为不断推动中西全面战略伙伴关系迈上新台阶，双方要从战略高度和长远角度看待中西关系，增强政治互信；深挖经贸潜力，扩大互利合作；丰富人文交流，夯实两国友好民意基础。中国全国政协同西班牙参议院建立了良好合作关系，希望双方进一步加强各级别交往，相互借鉴参政议政的经验做法，增进了解，扩大共识，为双边关系发展发挥建设性作用。

卢卡斯表示，西班牙政府和人民对中国人民怀有深厚友好感情，西方愿在尊重彼此核心利益和重大关切基础上，进一步深化双方各领域交往与合作。

2月17日

［纲　文］　《人民日报》报道，2013年全国机械工业主营业务收入首次突破20万亿元，机械工业规模稳居世界第一。

2月17日

［纲　文］　经中共中央批准，中央纪委对第十八届中央候补委员、广东省政协原主席朱明国严重违纪问题立案审查。

［目　文］　经查，朱明国无视党的政治规矩和组织纪律，严重违纪违法，性质恶劣、情节严重。经中央纪委常委会议研究并报中共中央政治局会议审议，决定给予朱明国开除党籍，建议开除公职；将其涉嫌犯罪问题、线索及所涉款物移送司法机关依法处理。给予其开除党籍处分待召开中央委员会全体会议时予以追认。

2016年11月11日，广西壮族自治区柳州市中级人民法院公开宣判朱明国受贿、巨额财产来源不明案，对被告人朱明国以受贿罪判处死刑，缓期2年执行，剥夺政治权利终身，并处没收个人全部财产；以巨额财产来源不明罪判处有期徒刑8年。决定执行死刑，缓期2年执行，剥夺政治权利终身，并处没收个人全部财产。

2月17日

［纲　文］　《人民日报》发表题为《培育昂扬向上的公民品格——四论弘扬社会主义核心价值观》的评论员文章。

2月18—21日

［纲　文］　应国家主席习近平邀请，巴基斯坦伊斯兰共和国总统马姆努恩·侯赛因对中国进行国事访问。

［目　文］　2月19日，习近平在人民大会堂同侯赛因举行会谈。习近平表示，中巴关系历经国际风云变幻，始终保持健康稳定发展。两国建立了全天候友谊，是风雨同舟、患难与共的好朋友、好伙伴、好邻居、好兄弟。发展同周边国家睦邻友好关系是中国周边外交的一贯方针。中方坚持与邻为善、以邻为伴的周边外交方针，在同周边国家交往时突出亲、诚、惠、容的理念。中方将一如既往从战略高度和长远角度看待中巴关系，将中巴关系置于周边外交的优先方向。侯赛因表示，中国是巴基斯坦最好的朋友，巴中全天候友谊久经考验，名符其实。巩固和发展巴中友谊是巴基斯坦外交政策的基石。巴方愿意加强同中国的友好合作，与中国共同打造命运共同体。两国元首一致决定，共同维护好、发展好中巴传统友谊，将中巴传统友好转化为更多务实合作成果。第一，保持密切高层往来和战略沟通，继续在涉及彼此核心利益和重大关切问题上相互坚定支持。第二，紧密结合两国发展战略，加强经济政策协调，提高经济合作水平。第三，加强防务和安全合作，共同打击"三股势力"，维护地区和平、稳定、安全。第四，密切人文交流，打造不同文明间对话合作的典范。第五，加强在重大国际和地区问题上的沟通和协作，共同营造和平稳定的周边环境。会谈后，双方发表了《中华人民共和国和巴基斯坦伊斯兰共和国关于深化中巴战略与经济合作的联合声明》。

同日，全国人大常委会委员长张德江在人民大会堂会见侯赛因。张德江说，中巴全天候战略合作伙伴关系要体现新的时代特点，赋予新的发展内涵，把两国政治、经济、文化、人文等各领域的友好合作提高到新的水平。中国全国人大始终重视加强与巴参议院和国民议会的友好合作关系，愿进一步扩大各层次的友好往来，凝聚更多支持中巴友好的力量，为两国关系的持续稳定发展做出积极贡献。侯赛因说，巴中友谊是巴中合作的基础，发展对华友好关系得到巴社会各界的广泛支持。巴方愿与中方加强两国立法机关交流，携手推动巴中合作。

2月20日，国务院总理李克强在人民大会堂会见侯赛因。李克强说，建设中巴经济走廊为两国务实合作搭建了新框架，开辟了新空间。希望双方以能源、交通基础设施、工业园区等合作为重点，落实好电力、新能源等重大合作项目，经营好瓜达尔港，推进公路、铁路等互联互通工程建设，促进中巴经济走廊全面发展。希望巴方采取切实措施确保在巴中方机构和人员安全。侯赛因表示，巴中友好是巴基斯坦外交和安全政策的支柱。巴中经济走廊是巴中友好的象征。巴方愿与中方携手推进该项目建设，并推动基础设施、能源等重点领域合作迈上更高水平。巴方将采取措施全力保护在巴中方机构和人员安全。

2月18日

〔纲　文〕　习近平在北京会见连战及随访的台湾各界人士代表团。

〔目　文〕　中共中央总书记习近平在会见中国国民党荣誉主席连战时指出，由于历史和现实的原因，两岸关系存在的很多问题一时不易解决，但两岸同胞是一家人，有着共同的血脉、共同的文化、共同的连结、共同的愿景，这是推动相互理解、携手同心、一起前进的重要力量。习近平希望两岸双方秉持"两岸一家亲"的理念，顺势而为，齐心协力，推动两岸关系和平发展取得更多成果，造福两岸民众，共圆中华民族伟大复兴的中国梦。

习近平提出，两岸双方要巩固坚持"九二共识"、反对"台独"的共同基础，深化维护一个中国框架的共同认知。只要这个基础得到坚持，两岸关系前景就会越来越光明。如果这个基础被破坏，两岸关系就会重新回到动荡不安的老路上去。至于两岸之间长期存在的政治分歧问题，我们愿在一个中国框架内，同台湾方面进行平等协商，作出合情合理安排。

习近平强调，我们是真心诚意对待台湾同胞的，愿意认真听取各方意见。只要是有利于增进台湾同胞福祉的事，只要是有利于推动两岸关系和平发展的事，只要是有利于维护中华民族整体利益的事，我们会尽最大努力办好，使广大台湾同胞在两岸关系发展中更多受益，让我们所有中国人都过上更加美好的生活。

连战表示，2005年国共两党开展和解对话，进而两岸走向和平发展，给两岸人民带来了前所未有的可喜局面，这是一条不应也不可逆转的正确道路。过去的一年里，无论是国共两党或两岸各界，在政治互信上都向前迈进了一步，包括主张各依法规用一个中国架构定位两岸关系，重申"九二共识"，强调"两岸关系不是国际关系"等等。我们要共同珍惜、齐心巩固、合力深化，让两岸关系稳固前进，愈走愈远、愈走愈高。两岸文化同属中华文化，两岸人民同属中华民族，原本就是一家人、一家亲。两岸更应以务实的心态，使台湾在两岸和平发展、中华民族再兴的过程中，发挥积极且正面的作用。

中共中央政治局委员王沪宁、栗战书，国务委员杨洁篪等参加会见。

2月18日

[纲　文]　中共中央办公厅印发《关于加强乡镇干部队伍建设的若干意见》。

[目　文]　《意见》指出，乡镇是我国最基层的政权组织，是我们党执政的基础层级。乡镇干部是党在农村基层的执政骨干、联系群众的桥梁和纽带。长期以来，广大乡镇干部扎根基层、艰苦奋斗、默默奉献、为民造福，作出了重要贡献。各地区各部门要认真贯彻落实中央重视基层、关心基层、支持基层的要求，努力建设一支数量充足、结构合理、素质优良、作风扎实、精干高效、适应农村工作需要的乡镇干部队伍。要拓宽来源渠道、改善乡镇干部队伍结构。要加强培养锻炼、提高乡镇干部能力素质。要严格管理监督、促进乡镇干部履职尽责。要强化激励保障、激发乡镇干部队伍活力。

《意见》要求，要加大选拔使用乡镇干部力度，注重从具有乡镇工作经历的人员中选拔乡镇领导干部。县级机关提拔副科级以上领导干部，应优先考虑具有乡镇工作经历的干部。选拔县级党政领导班子成员，应优先考虑具有乡镇党政正职经历的干部。要适当提高乡镇干部待遇，统筹研究完善工资待遇政策向乡镇倾斜的具体办法，重点向长期在乡镇工作的干部倾斜。要改善乡镇干部工作、生活条件，逐步改善乡镇机关基本生活设施，关注乡镇干部心理和身体健康。

《意见》强调，省、市、县党委要将乡镇干部队伍建设摆上重要议事日程，党委组织部门要因地制宜，分类指导，充分发挥牵头抓总作用，协调有关部门，形成加强乡镇干部队伍建设的工作合力。要注重培养乡镇干部先进典型，引导社会舆论和新闻媒体客观公正评价和宣传乡镇干部，在全社会形成重视、尊重、关心、支持乡镇干部的氛围。

2月18日

[纲　文]　**全国物联网工作电视电话会议在北京召开。**

[目　文]　国务院副总理马凯出席会议并讲话。马凯指出，物联网是新一代信息网络技术的高度集成和综合运用，是新一轮产业革命的重要方向和推动力量，对于培育新的经济增长点、推动产业结构转型升级、提升社会管理和公共服务的效率和水平具有重要意义。发展物联网必须遵循产业发展规律，正确处理好市场与政府、全局与局部、创新与合作、发展与安全的关系。要按照"需求牵引、重点跨越、支撑发展、引领未来"的原则，着力突破核心芯片、智能传感器等一批核心关键技术；着力在工业、农业、节能环保、商贸流通、能源交通、社会事业、城市管理、安全生产等领域，开展物联网应用示范和规模化应用；着力统筹推动物联网整个产业链协调发展，形成上下游联动、共同促进的良好格局；着力加强物联网安全保障技术、产品研发和法律法规制度建设，提升信息安全保障能力；着力建立健全多层次多类型的人才培养体系，加强物联网人才队伍建设。

2月18日

[纲　文]　**中央文明委在北京召开全国未成年人思想道德建设工作电视电话会议。**

[目　文]　中共中央政治局委员、中央文明委副主任刘奇葆出席会议并讲话。刘奇

葆指出，加强和改进未成年人思想道德建设，事关国家前途、民族命运，事关家庭幸福、社会和谐。要广泛开展"我的中国梦"主题教育实践活动，引导未成年人树立远大志向。要加强社会主义核心价值观教育实践，抓好友善、孝敬、诚信等中华传统美德教育，重视家庭教育，引导未成年人树立正确的道德价值，在核心价值观的沐浴下健康成长。要广泛开展爱学习、爱劳动、爱祖国活动，增强孩子们的社会责任感、创新精神和实践能力。要努力提供好的文化产品和文化服务，严厉打击网上淫秽色情，开展少儿出版市场专项治理，营造未成年人健康成长的社会文化环境。要完善学校、家庭、社会"三结合"教育网络，形成党政各部门、社会各方面携手育人的良好局面。

2月18日

［纲　文］　国务院办公厅复函湖南省人民政府和商务部，同意湖南望城经济开发区升级为国家级经济技术开发区，定名为望城经济技术开发区，实行现行国家级经济技术开发区的政策。

2月18日

［纲　文］　国务院办公厅复函云南省人民政府和商务部，同意云南大理经济开发区升级为国家级经济技术开发区，定名为大理经济技术开发区，实行现行国家级经济技术开发区的政策。

2月18日

［纲　文］　国务院办公厅复函浙江省人民政府和商务部，同意浙江慈溪经济开发区升级为国家级经济技术开发区，定名为慈溪经济技术开发区，实行现行国家级经济技术开发区的政策。

2月18日

［纲　文］　国务院办公厅复函天津市人民政府和商务部，同意天津东丽经济开发区升级为国家级经济技术开发区，定名为东丽经济技术开发区，实行现行国家级经济技术开发区的政策。

2月18日

［纲　文］　国务院办公厅复函黑龙江省人民政府和商务部，同意黑龙江双鸭山经济开发区升级为国家级经济技术开发区，定名为双鸭山经济技术开发区，实行现行国家级经济技术开发区的政策。

2月18日

［纲　文］　《人民日报》发表题为《呼唤莫若实干　心动不如行动——五论弘扬社会主义核心价值观》的评论员文章。

2月18—20日

［纲　文］　刘延东在福建省考察医改工作。

［目　文］　国务院副总理刘延东考察了厦门、莆田和三明等地公立医院、民营医院、社区卫生服务中心、村卫生室和医保基金管理中心，主持召开了省市相关部门及民营

医院代表参加的座谈会。她充分肯定福建省医改取得的成绩和经验，指出医改是重大民生工程，深化医改要确保人民群众得实惠、医务人员受鼓舞、财政保障可持续。

刘延东强调，要扎实推进公立医院改革，牢牢把握公益性方向。要健全全民医保制度，加快推进重特大疾病保障机制建设，防止发生冲击社会道德底线的事件。要进一步规范药品流通秩序，减少流通环节，切实降低虚高的药价。要统筹推进公立医院各项改革，完善基层首诊、分级诊疗、双向转诊的医疗模式，采取多种措施使优质医疗资源能够服务农村、社区和边远贫困地区。建立现代医院管理制度，使公立医院更好更有效地保好基本、造福群众。

刘延东指出，要积极鼓励社会力量举办医疗事业，扶持民营医疗机构发展。要优先发展非营利性医疗机构，引导民营医疗机构与公立医院公平发展、互利共赢。民营医疗机构要加强行业自律，苦练"内功"、上水平、提质量，不断满足人民群众多样化多层次需求。

2月19—22日

[纲　文]　应国家主席习近平邀请，塞内加尔共和国总统马基·萨勒对中国进行国事访问。

[目　文]　2月20日，习近平在人民大会堂同萨勒举行会谈。习近平表示，中塞自2005年复交以来，两国关系健康稳定发展，务实合作成果显著。中方愿同塞方构建长期友好合作伙伴关系，使其成为中国和西非国家关系的典范。中非双方是休戚与共的命运共同体。中国坚定支持非洲国家探索适合本国国情的发展道路，愿加强双方治国理政经验交流，扩大互利合作，促进共同发展繁荣。为此，习近平建议：第一，保持高层交往势头，促进民间往来和人文交流，增进相互了解和信任，在涉及彼此核心利益和重大关切问题上相互坚定支持。第二，加强经贸、交通基础设施建设等领域合作。第三，加强在国际和地区事务中的协调和配合，维护发展中国家共同利益，增强发展中国家在国际事务中的代表性和发言权。萨勒表示，塞中合作形式多样，势头良好。中方帮助塞方建成了一系列发展项目，深受塞内加尔人民欢迎。塞方希望同中方深化政治互信，拓展能源、基础设施建设、农产品、矿产、通信、旅游等领域合作，促进塞内加尔经济社会发展和国家治理能力建设。非洲国家钦佩中国的发展。我们愿借鉴中国的成功经验，加强同中国的合作，实现非洲持久和平与发展。会谈后，两国元首共同见证了中塞政府经济技术合作协定等双边合作文件的签署。

2月21日，国务院总理李克强、全国人大常委会委员长张德江分别会见萨勒。李克强在会见时说，中非关系与合作经过半个世纪的发展，已形成平等相待、互利共赢、开放包容的格局。新形势下，中国全面深化改革和进一步扩大开放将为中非合作带来新机遇。中国将一如既往支持非洲自主发展和自主解决非洲问题的努力，愿为非洲减贫事业提供力所能及的帮助，促进非洲的和平稳定与发展繁荣。中方愿与塞方增进政治互信，扩大贸易投资、基础设施建设以及智力、知识等合作，为中塞关系发展注入新动力，并为中国同西非国家的关系与合作发挥示范作用。萨勒表示，中国的帮助有力促进了塞内加尔的发展振兴。塞方希望进一步扩大同中国的各领域合作。塞内加尔愿为非中关系发展作出不懈努力。

张德江在会见时表示，健康稳定的中塞关系顺应中非关系发展潮流，符合两国和两国人民的根本利益。中国全国人大愿同塞国民议会一道，从议会层面推动构建中塞长期友好合作伙伴关系，凝聚更多支持中塞友好的力量，参与两国政治、经贸、人文等领域合作，为两国关系长期稳定健康发展提供强有力的智力支持和良好的法制保障。萨勒表示，全国人大在中国政治生活中发挥着十分重要的作用，相信在两国立法机关支持下，塞中关系会发展得更快、更好。

2月19日
[纲　文]　**李克强签署国务院令，公布《国务院关于废止和修改部分行政法规的决定》。**

[目　文]　《决定》修改了8部行政法规。分别是：公司登记管理条例、企业法人登记管理条例、中外合资经营企业法实施条例、中外合作经营企业法实施细则、外资企业法实施细则、合伙企业登记管理办法、个体工商户条例和农民专业合作社登记管理条例。

同时，鉴于《中外合资经营企业合营各方出资的若干规定》、《〈中外合资经营企业合营各方出资的若干规定〉的补充规定》与改革方案相冲突，《决定》予以废止。

《决定》自2014年3月1日起施行。

2月19日
[纲　文]　**全国绿化委员会全体会议在北京召开。**

[目　文]　会议由国务院副总理、全国绿化委员会主任汪洋主持。会议听取了2013年国土绿化工作情况汇报，审议了《全国绿化委员会工作规则》，研究部署了2014年国土绿化工作。

汪洋指出，国土绿化是建设生态文明和美丽中国的重要内容，是促进经济社会持续健康发展的有力保障。要认真贯彻中央关于加强国土绿化事业的决策部署，坚持尊重自然、顺应自然、保护自然的基本原则，坚持生态效益、经济效益、社会效益相统一的基本要求，坚持全国动员、全民动手、全社会搞绿化的基本方针，推进国土绿化体制机制创新，充分发挥市场在资源配置中的决定性作用和更好发挥政府作用，调动农民、企业和社会参与的积极性，激发国土绿化事业发展活力，进一步加快国土绿化进程。

汪洋要求，国土绿化必须坚持保护和建设两手抓。要严守生态红线，加强现有生态资源保护，切实做好森林草原防火工作。加快生态修复步伐，最大限度地增加以林草植被为主体的生态资源总量。大力发展绿色产业，拓展农民就业增收渠道，努力满足社会对绿色产品的巨大需求。

2月19日
[纲　文]　**保监会印发《保险公司声誉风险管理指引》。**

〔目　文〕　该文件共7章33条，对保险公司的组织架构和工作职责、声誉风险防范、声誉事件处置、行业协作、声誉风险监管等都作出了具体规定。文件指出，声誉风险是指由保险公司的经营管理或外部事件等原因导致利益相关方对保险公司负面评价，从而造成损失的风险。声誉事件是指引发声誉风险，导致出现对保险公司不利舆情的相关行为或事件。文件要求，保险公司应将声誉风险管理纳入全面风险管理体系，建立相关制度和机制，防范和识别声誉风险，应对和处置声誉事件；应坚持预防为主的声誉风险管理理念，建立常态长效的声誉风险管理机制，注重事前评估和日常防范；应通过声誉风险管理，发现并解决经营管理中存在的问题，消除影响公司声誉和形象的隐患；应建立声誉风险归口管理机制，注重职能部门的响应与协作，提高防范声誉风险和处置声誉事件的能力和效率。

文件自印发之日起施行。

2月19日

〔纲　文〕　环境保护部批准《场地环境调查技术导则》等五项标准为国家环境保护标准，自2014年7月1日起实施。

2月19日

〔纲　文〕　福建省农业科学院宣布，中国发现新种地球微生物。

〔目　文〕　福建省农业科学院刘波团队从秦始皇兵马俑1号坑土壤分离的FJAT—13831T菌株，是世界上首次发现的一种地球微生物——芽孢杆菌属新种，命名为兵马俑芽孢杆菌。这一发现为人类开发利用芽孢杆菌提供了新途径。这一新发现在国际权威的《列文虎克微生物学杂志》2014年第3期网络版发表，3月发行的该刊第105卷第3期印刷版也刊登了该论文。

芽孢杆菌是一类能产生芽孢的细菌，有较强的抗逆性，广泛分布在南极、火山、沙漠、深海、盐湖等极端环境，其活菌制剂具有强大生命力，成为人类重要的微生物资源，广泛应用于食品、农业、工业、医学、生物农药等领域。2010年5月，福建省农业科学院刘波团队在国家"973"计划和农业部"948"项目支持下，在世界上首次开展秦始皇兵马俑坑土的芽孢杆菌资源研究，从坑土中分离到10株芽孢杆菌。经过对该芽孢杆菌形态和生理生化特征、基因型特征等分析，确定FJAT—13831T菌株是芽孢杆菌属的新种。此前，专家仅在中国南海淤泥和内陆盐湖中，分离发现芽孢杆菌3个新种。

2月19日

〔纲　文〕　《人民日报》发表题为《深刻理解全面深化改革总目标——一论学习贯彻习近平在省部级专题研讨班重要讲话》的评论员文章。

2月19日

〔纲　文〕　《人民日报》发表题为《坚持三个"贯穿始终"——论扎实推进第二批群众路线教育实践活动》的评论员文章。

2月20日

［纲　文］　全国检察机关党风廉政建设和反腐败工作电视电话会议在北京召开。

［目　文］　最高人民检察院检察长曹建明要求，各级检察机关要牢固树立监督者必须接受监督的观念，紧紧围绕领导干部和执法办案这两个重点，坚持不懈抓好自身监督制约机制建设，确保检察权在阳光下运行。要把强化公正廉洁的职业操守、职业良知作为必修课，始终信仰法治、坚守法治，加强制度约束，在执法办案各个环节都设置隔离墙、通上高压线，坚持以透明保廉洁，进一步增强检察工作透明度，不断提升检察机关的执法司法公信力。同时，对于自身队伍中、执法中存在的突出问题决不能掉以轻心，特别是要清醒认识司法腐败的严重危害，坚持从严治检不放松，始终保持对自身腐败问题的零容忍，加大正风肃纪力度，坚决查处检察人员腐败问题，坚决清除害群之马。

2月20日

［纲　文］　全国妇联决定，授予10人全国三八红旗手标兵荣誉称号。

［目　文］　她们是：一生致力于敦煌石窟的保护管理，成就斐然、享誉中外的敦煌研究院院长樊锦诗；牢记军人使命，矢志知识报国，名扬全军的导弹专家、第二炮兵装备研究院第四研究所总工程师李贤玉；始终站在国际前沿，不懈追求，成就伟大科学梦想的中国科学院院士张永莲；带领村民不畏艰险脱贫致富，被誉为"当地女愚公"的贵州省罗甸县董架乡麻怀村农民邓迎香；敬业爱岗，身居排水岗位二十三年如一日，为城市奉献美丽的哈尔滨市排水集团顾乡排水公司女子清掏班班长荀笑红；坚守诚信，艰辛创业，在企业成就中用大爱奉献公益的天津天一建设集团有限公司总裁李兰贞；热心志愿服务，为青少年健康成长保驾护航的全国优秀人民警察、河北省沧州市公安局刑警支队政治处主任王红心；创新办学理念，用爱心教育走进学生心灵的宁夏回族自治区银川市第二十一小学副校长马恒燕；诚实守信，一诺千金，用艰辛拼搏实现美德传递的辽宁省本溪满族自治县南甸镇滴塔村农民武秀君；以村为家、以民为亲，领军创业致富的女村官、江苏省苏州市张家港市金港镇长江村党委书记郁霞秋。

全国妇联还同时授予高晓虹等300人全国三八红旗手荣誉称号，授予北京市红十字血液中心等200个单位全国三八红旗集体荣誉称号。

2月20日

［纲　文］　人力资源和社会保障部、国家卫生和计划生育委员会公布《工伤职工劳动能力鉴定管理办法》，自2014年4月1日起施行。

2月20日

［纲　文］　中国人民政治协商会议河北省第六届、七届委员会主席、党组书记李文珊在石家庄逝世，享年86岁。

2月20日

［纲　文］　《人民日报》发表题为《准确把握国家治理现代化——二论学习贯彻习近

平在省部级专题研讨班重要讲话》的评论员文章。

2月20—21日

［纲　文］　欧美同学会·中国留学人员联谊会第七届理事会第一次会议在北京举行。

［目　文］　全国政协副主席、欧美同学会·中国留学人员联谊会第六届理事会会长韩启德代表第六届理事会作工作报告。会议选举全国人大常委会副委员长陈竺为第七届理事会会长。

21日，全国政协主席俞正声在人民大会堂会见了出席欧美同学会·中国留学人员联谊会第七届理事会第一次会议的全体理事，并与新一届领导班子成员座谈，希望欧美同学会·中国留学人员联谊会认真学习贯彻习近平总书记在欧美同学会成立100周年庆祝大会上的重要讲话精神，进一步开创留学报国事业新局面。

2月21日

［纲　文］　国家主席习近平在人民大会堂会见法国外长法比尤斯。

［目　文］　习近平表示，2014年是中法建交50周年和建立全面战略伙伴关系10周年。50年前，毛泽东主席和戴高乐将军共同作出中法建交的战略性决断，为两国友好合作奠定了坚实基础，使中法关系始终走在中西方关系前列。在中法建交50周年之际，双方要总结两国关系的成功经验和发展规律，承前启后，继往开来，推动中法关系在新时期取得更大发展。双方要加强战略沟通，增强两国关系的稳定性。双方要推进务实合作和人文交流，不断丰富两国关系内涵。双方要加强在国际和地区事务中的协调与配合，共同应对全球性挑战，维护世界和平与稳定。

法比尤斯表示，50年前，法中建交，体现了两国的远见卓识。当前，法中关系良好，两国在许多重大问题上有相同看法。法方赞赏中国在国际上发挥的重要作用，愿同中方一道，面向未来，增进政治互信，扩大经贸、科技、人文、气候变化等领域合作，密切在国际事务中的沟通与协调，推动法中关系不断向前发展。

2月21日

［纲　文］　国家主席习近平在人民大会堂会见以韩中议员外交协议会会长郑梦准为团长的韩国国会代表团。

［目　文］　习近平说，近年来，中韩关系始终保持良好发展势头。中方高度重视对韩关系，愿同韩方一道，继续保持高层交往，加强战略沟通和互信，推动中韩关系更上一层楼，更好造福两国和两国人民，为实现本地区持久和平、共同繁荣作出积极贡献。中国全国人大与韩国国会保持着友好往来，这对推动中韩关系持续健康发展发挥着不可替代的重要作用。希望两国立法机构继续加强在治国理政、发展经济、改善民生方面的经验交流，为中韩关系发展作出更大贡献。

郑梦准表示，韩中关系处于历史最好时期，韩方深感欣慰，非常珍惜。韩国国会议员愿推动两国各领域合作取得更丰硕成果，推动中国梦、韩国梦早日实现。

2月21日

［纲　文］　李克强签署国务院令，公布《社会救助暂行办法》。

［目　文］　《办法》共13章70条，是中国第一部统筹各项社会救助制度的行政法规。

《办法》将最低生活保障、特困人员供养、受灾人员救助、医疗救助、教育救助、住房救助、就业救助和临时救助等8项制度以及社会力量参与作为基本内容，确立了完整清晰的社会救助制度体系。规定社会救助坚持托底线、救急难、可持续，与其他社会保障制度相衔接，社会救助水平与经济社会发展水平相适应。社会救助工作遵循公开、公平、公正、及时的原则。

《办法》要求县级以上人民政府应当将社会救助纳入国民经济和社会发展规划，建立健全政府领导、民政部门牵头、有关部门配合、社会力量参与的社会救助工作协调机制，完善社会救助资金、物资保障机制，将政府安排的社会救助资金和社会救助工作经费纳入财政预算。国家鼓励单位和个人等社会力量通过捐赠、设立帮扶项目、创办服务机构、提供志愿服务等方式，参与社会救助。社会力量参与社会救助，按照国家有关规定享受财政补贴、税收优惠、费用减免等政策。

《办法》规定，申请社会救助，应当按照本办法的规定提出。申请人难以确定社会救助管理部门的，可以先向社会救助经办机构或者县级人民政府民政部门求助。社会救助经办机构或者县级人民政府民政部门接到求助后，应当及时办理或者转交其他社会救助管理部门办理。同时，《办法》规定乡镇人民政府、街道办事处应当建立统一受理社会救助申请的窗口，及时受理、转办申请事项。

《办法》要求，申请或者已获得社会救助的家庭，应当按照规定如实申报家庭收入状况、财产状况。县级以上人民政府民政部门根据申请或者已获得社会救助家庭的请求、委托，可以通过户籍管理、税务、社会保险、不动产登记、工商登记、住房公积金管理、车船管理等单位和银行、保险、证券等金融机构，代为查询、核对其家庭收入状况、财产状况；有关单位和金融机构应当予以配合。《办法》要求县级以上人民政府民政部门应当建立申请和已获得社会救助家庭经济状况信息核对平台，为审核认定社会救助对象提供依据。

《办法》对滥用职权、玩忽职守、徇私舞弊和截留、挤占、挪用、私分社会救助资金、物资等违法行为，规定了严格的法律责任。同时规定，采取虚报、隐瞒、伪造等手段，骗取社会救助资金、物资或者服务的，由有关部门决定停止社会救助，责令退回非法获取的救助资金、物资，可以处罚款；构成违反治安管理行为的，依法给予治安管理处罚。

《办法》自2014年5月1日起施行。

2月21日

［纲　文］　国务院印发《关于建立统一的城乡居民基本养老保险制度的意见》。

〔目　文〕《意见》就在全国范围内建立统一的城乡居民基本养老保险制度作出了部署。提出到"十二五"末，在全国基本实现新农保和城居保制度合并实施，并与职工基本养老保险制度相衔接；2020年前，全面建成公平、统一、规范的城乡居民养老保险制度，与社会救助、社会福利等其他社会保障政策相配套，充分发挥家庭养老等传统保障方式的积极作用，更好保障参保城乡居民的老年基本生活。

《意见》规定，年满16周岁（不含在校学生），非国家机关和事业单位工作人员及不属于职工基本养老保险制度覆盖范围的城乡居民，可以在户籍地参加城乡居民养老保险。参加城乡居民养老保险的人员，在缴费期间户籍迁移，可跨地区转移城乡居民养老保险关系，一次性转移个人账户全部储存额，继续参保缴费的，缴费年限累计计算。

《意见》规定，城乡居民养老保险实行个人缴费、集体补助、政府补贴相结合的筹资方式。个人缴费标准统一归并调整为每年100元至2000元12个档次，省级政府可以根据实际情况增设缴费档次，参保的城乡居民自主选择缴费档次，多缴多得。集体补助方面，在原有政策基础上增加了公益慈善组织的资助，以利于进一步拓宽筹资渠道，提高参保人员的待遇水平。

《意见》要求，省级人民政府切实加强城乡居民养老保险经办能力建设，科学整合现有公共服务资源和社会保险经办管理资源，充实加强基层经办力量，做到精确管理，便捷服务。各地要加强信息化建设，大力推行全国统一的社会保障卡，方便参保居民持卡缴费、领取待遇和查询本人参保信息。

2月21日

〔纲　文〕国务院办公厅转发中央编办、质检总局《关于整合检验检测认证机构的实施意见》。

〔目　文〕《意见》指出，检验检测认证是现代服务业的重要组成部分。我国检验检测认证机构规模普遍偏小，布局结构分散，行业壁垒较多，国际化程度不高，难以适应现代市场体系的要求。要通过整合工作，推动检验检测认证高技术服务业快速发展，为加快转变经济发展方式、促进提质增效升级提供有力支撑。

《意见》提出，通过整合做强做大检验检测认证机构，力争到2020年，建立起定位明晰、治理完善、监管有力的管理体制和运行机制，形成布局合理、实力雄厚、公正可信的检验检测认证服务体系，培育一批技术能力强、服务水平高、规模效益好、具有一定国际影响力的检验检测认证集团。《意见》强调，要充分发挥市场在资源配置中的决定性作用，坚持政事分开、事企分开和管办分离，进一步理顺政府与市场的关系，科学界定国有检验检测认证机构功能定位，大力推进整合，优化布局结构，创新体制机制，转变发展方式，不断提升市场竞争力和国际影响力，推动检验检测认证高技术服务业做强做大。

《意见》从6个方面提出了整合的重点任务。要推进部门及系统内整合，各有关部门要研究提出本部门本系统的检验检测认证机构整合方案，并分批实施。要对事关国计民生、分属不同部门的相同相近的检验检测认证业务和职能进行整合，鼓励条件成熟的领域开展跨部门、跨行业、跨层级的整合。要加强布局规划，推进跨地区整合，发展区域性综合检验检测机构，允许非国有资本参股，组建混合所有制检验检测集团。要转变政府职能，创新管理体制，政府原则上不再直接举办一般性检验检测认证机构，逐步与检验检测认证机构脱钩。要清理政策法规，逐步放开市场，鼓励和支持社会力量开展检验检测认证业务，加大政府购买服务力度，营造公平竞争的市场环境。要研究完善产业、财税、人事、收入分配、社会保险等配套政策。

2月21日

[纲　文]　汪洋主持召开中国养殖业可持续发展专家座谈会。

[目　文]　国务院副总理汪洋在听取中国工程院关于"中国养殖业可持续发展战略研究"成果汇报后指出，我国正处于居民膳食结构加快改善、养殖产品需求持续增长、质量安全要求不断提升的时期，加快发展养殖业既具有重大意义，也面临着资源制约增强、环境保护压力增大和发展方式转型等诸多挑战。要充分发挥市场在资源配置中的决定性作用和更好地发挥政府作用，积极构建新型养殖业经营体系，强化科技支撑作用，大力培育推广优良品种，促进规模化经营和标准化生产，加快养殖业发展方式转变，加强疫病防控，保障养殖产品质量安全。要扶持发展新型养殖业经营主体，培育壮大一批龙头企业，支持家庭规模养殖场发展，健全社会化服务体系。

汪洋强调，养殖业是关系国计民生的重要产业。要运用好"中国养殖业可持续发展战略研究"和其他方面的研究成果，做好现代养殖业发展的顶层设计和统筹规划，研究制定有力的政策措施，大力推进体制机制创新和科技进步，提高养殖业发展的水平、质量和效益，努力走出一条中国特色养殖业可持续发展道路。

2月21日

[纲　文]　教育部、财政部联合印发《普通高等学校研究生国家奖学金评审办法》。

[目　文]　《办法》规定，研究生国家奖学金每年评审一次，所有具有中华人民共和国国籍且纳入全国研究生招生计划的全日制（全脱产学习）研究生均有资格申请。当年毕业的研究生不再具备申请研究生国家奖学金资格。高校应根据学校自身情况，以研究生的道德品质和学习成绩为基本条件，科学合理地制定研究生国家奖学金评审指标体系。对学术型研究生，评审标准应偏重考察其科研创新能力和体现创新能力的科研成果；对专业学位研究生，评审标准应偏重考察其专业实践能力和适应专业岗位的综合素质。

《办法》规定，参评学年有抄袭剽窃、弄虚作假等学术不端行为经查证属实的，不具备当年研究生国家奖学金参评资格。此外，两种情况也不得参评：参评学年违反国家法律、校纪校规受到纪律处分者；参评学年学籍状态处于休学、保留学籍者。

2月21日

[纲　文]　中国人民银行上海总部发布《关于支持中国（上海）自由贸易试验区扩大人民币跨境使用的通知》。

[目　文]　《通知》进一步简化了中国（上海）自由贸易试验区内经常和直接投资项

下人民币跨境使用流程，对人民币境外借款、双向人民币资金池、跨境人民币集中收付、个人跨境人民币业务等作出了具体规范。

2月21日

［纲　文］　外交部副部长张业遂召见美国驻华使馆临时代办，就美国总统奥巴马不顾中方强烈反对执意会见达赖向美方提出严正交涉。

［目　文］　张业遂说，美方这一错误行为严重干涉中国内政，严重损害中美关系，中方对此表示强烈愤慨和坚决反对。西藏是中国领土神圣不可分割的一部分，西藏事务纯属中国内政，美方无权干涉。中方同达赖的矛盾不是民族问题，不是宗教问题，也不是人权问题，而是维护祖国统一和反对分裂的重大原则问题。中方坚决反对任何外国允许达赖前往窜访，坚决反对任何国家政要以任何形式会见达赖。

张业遂说，尊重彼此核心利益和重大关切，是确保中美关系健康稳定发展的关键。我们强烈敦促美方认真对待中方严正立场，恪守承认西藏是中国一部分、反对"西藏独立"的承诺，立即采取实际行动消除恶劣影响，停止利用涉藏问题干涉中国内政，停止纵容和支持达赖集团的反华分裂活动。

同日，中国驻美国大使崔天凯在华盛顿就美国总统奥巴马会见达赖向美国政府提出严正交涉。

2月21日

［纲　文］　中央军委副主席范长龙在北京会见美国陆军参谋长奥迪尔诺。

［目　文］　范长龙说，中美关系正处在新的历史起点上。2013年，两军关系取得重要进展，在高层互访、磋商对话及联演联训等领域取得积极成果。双方应进一步推动两国新型军事关系健康稳定地向前发展。范长龙就美国总统奥巴马将会见达赖表明了中方严正立场。

双方还就中日关系、朝鲜半岛及中国台湾等问题交换了意见。

2月21日

［纲　文］　《人民日报》发表题为《走自己的路，坚定制度自信——三论学习贯彻习近平在省部级专题研讨班重要讲话》的评论员文章。

2月22日

［纲　文］　外交部发言人就美国总统奥巴马会见达赖时有关涉藏言论答记者问。

［目　文］　有记者问，据报道，美国总统奥巴马在会见达赖时重申他支持保护西藏宗教文化和保障藏人人权，支持达赖所谓"中间路线"，鼓励通过直接对话解决长期存在的分歧。请问你对此有何评论？

发言人说，事实已经充分证明，达赖绝非一个单纯的宗教人士，而是一个打着宗教旗号、长期从事反华分裂活动的政治流亡者。达赖对外宣称不寻求"西藏独立"，但他从未停止反华分裂活动。达赖标榜所谓"中间道路"，幻想建立占中国领土1/4、历史上从未存在过的"大藏区",实际上是要搞"变相独立"。这是中国政府和人民绝对不会答应的。中央政府与达赖方面接触商谈的大门始终敞开。如果达赖真正希望接触商谈取得进展,就应该对自己的言行进行彻底反思,停止一切分裂破坏活动。

发言人说,中国藏区的情况,中国人民最有发言权。和平解放60多年来,西藏发生了翻天覆地的变化,昔日农奴早已当家作主人,西藏各项事业取得前所未有的发展。这是任何不带政治偏见的人都不会否认的基本事实。

发言人说,西藏是中国领土神圣不可分割的一部分。西藏事务纯属中国内政。美方不顾中方反对,允许达赖窜访美国并安排领导人会见,严重干涉中国内政,严重违反美国政府自己作出的承认西藏是中国一部分、不支持"西藏独立"的承诺,严重违反国际关系基本准则,严重损害中美关系。我们再次敦促美方纠正错误,停止纵容和支持"藏独"反华分裂势力,停止干涉中国内政,采取措施消除恶劣影响,以免给中美关系造成进一步损害。

2月22日

[纲　文]　南水北调中线穿黄隧洞试充水,计划6月初试验全线充水。

[目　文]　南水北调中线穿黄工程位于河南省郑州市以西约30公里的孤柏嘴,是南水北调工程中投资较大、施工难度最高、立交规模最大的控制工期建筑物。穿黄工程的主要任务是安全有效地将中线调水从黄河南岸输送到黄河北岸。本次充水试验采用黄河水源,充水按分级充水和分级排水方式进行,水位高程监测精确到1毫米,充至设计水位后由北岸排水系统将水排出隧洞。

2月22日

[纲　文]　《人民日报》发表题为《大力弘扬社会主义核心价值观——四论学习贯彻习近平在省部级专题研讨班重要讲话》的评论员文章。

2月22—23日

[纲　文]　党的群众路线教育实践活动中央督导组总结暨中央巡回督导组培训会议在北京举行。

[目　文]　中共中央政治局常委、中央党的群众路线教育实践活动领导小组组长刘云山出席会议并讲话。中央党的群众路线教育实践活动领导小组副组长赵乐际出席会议并讲话。中央党的群众路线教育实践活动领导小组副组长赵洪祝出席会议。中央党的群众路线教育实践活动领导小组成员、中央督导组和中央巡回督导组成员参加会议。

刘云山在讲话中说,在第一批教育实践活动中,45个中央督导组认真贯彻中央要求,紧紧依靠各地区各部门各单位党委(党组)开展工作,忠于职守、敢于负责,以有力的督导推动第一批教育实践活动取得重要成果。要认真总结督导工作的成功经验和有益做法,很好体现和运用到第二批教育实践活动之中。做好督导工作是教育实践活动不走过场的重要保障,坚持从严从实督导,确保第二批教育实践活动取得群众满意的实效。

刘云山指出,中央关于第二批教育实践活动的目标要求赋予督导工作更大责任,群众对教育实践活动热切期盼赋予督导工作更高要求，第二批教育实践活动特殊性复杂性赋予督导工作更重的任务。做好第二批活动督导工作，关键要严。要强化问题导向，通过从实督导推动解决群众反映强烈的突出问题，纠正发生在群众身边的不正之风。要抓好对一把手的督导，督促省区市党委主要负责人认真履行职责，督促市县党委和乡镇街道党（工）委和基层党组织主要负责人履行第一责任人的责任并真正把自己摆进去。要抓好对重点环节的督导，做到思想认识不提高不放过，查摆问题不聚焦不放过，自我剖析不深刻不放过，整改措施不到位不放过，群众不满意不放过。中央巡回督导组和地方各级督导组要加强学习、准确掌握中央政策，多到基层、到现场听取群众意见，严格遵守工作纪律和廉政纪律，以过硬的作风进行督导。

赵乐际在讲话中强调，要深入学习贯彻习近平总书记系列讲话精神，明确督导重点对象，抓住关键人，有效传导压力；明确督导重点内容，突出重点环节、重点领域，严格督促把关；明确督导方式方法，确保第二批活动高起点开局、高标准开展、高质量推进，达到群众满意的成效。

2月23日

[纲　文]　全国政协主席俞正声在北京同越南祖国阵线中央委员会主席阮善仁举行会谈。

[目　文]　俞正声说，中越两国山水相连，传统友谊源远流长。越南是中国的重要邻国和合作伙伴，中方高度重视发展对越关系，将坚定奉行对越友好的基本方针。2013年，在双方共同努力下，中越关系发展势头良好，两国高层保持频繁接触。我们愿同越方共同努力，保持高层交往，加强战略沟通，深化各领域务实合作，重点推动海上、陆上和金融合作取得实质进展，同时妥善处理两国关系中存在的问题，推动中越关系在新形势下取得更大发展。

俞正声介绍了中国共产党领导的多党合作和政治协商制度，以及中国全国政协的相关情况。他表示，中国全国政协与越南祖国阵线的交流与合作，是两国关系的重要组成部分。多年来，中国全国政协和越南祖国阵线在各自党的领导下，为团结社会各界力量、促进经济社会持续健康发展作出了积极努力。中国全国政协愿同越南祖国阵线一道，认真落实两党两国领导人共识，加强双方各专门委员会及地方组织的交往，深化参政议政经验交流，为实现两国各自的稳定和发展作出贡献，为推动中越全面战略合作伙伴关系深入发展作出不懈努力。

阮善仁表示，发展对华友好一直是越南党和政府对外政策的优先方向。越南祖国阵线愿进一步加强与中国全国政协的交流与合作，相互借鉴经验，促进越中两党两国关系不断迈上新台阶。

会谈后，俞正声和阮善仁共同出席了《中国全国政协与越南祖国阵线中央委员会2014至2019年合作规划备忘录》的签字仪式。

2月23日

[纲　文]　范长龙出席全军高级干部学习贯彻习近平系列重要讲话精神研讨班开班式。

[目　文]　中央军委副主席范长龙在讲话中指出，习主席关于国防和军队建设重要论述，作为系列重要讲话精神的"军事篇"，是党的军事指导理论的创新成果，是推动国防和军队建设的根本遵循。全军和武警部队学习贯彻习主席系列重要讲话精神，既要全面系统学习，又要重点学好"军事篇"；既要原原本本地学，又要把握蕴含其中的科学世界观和方法论。

范长龙强调，要围绕党在新形势下的强军目标这个总纲，深刻学习理解习主席关于国际战略形势、国家安全和发展形势、现代战争发展趋势，关于军队建设、改革和军事斗争准备现状等的重大战略判断；深刻学习理解习主席提出的中国梦对军队来讲就是强军梦，努力建设一支听党指挥、能打胜仗、作风优良的人民军队，深化国防和军队改革是一场大考等重大思想观点；深刻学习理解习主席作出的推动军事战略创新发展、应对现实军事斗争等重大决策部署，悉心体悟，融会贯通，更好地掌握科学内涵，把握精神实质。

范长龙要求，学习贯彻习主席系列重要讲话精神，要密切联系实际，把学习成效体现到强军实践中，做到听党指挥不含糊、练兵打仗不懈怠、改革创新不畏难、永葆本色不变质。各级领导干部要把学习贯彻习主席系列重要讲话精神作为政治责任、政治要求，以自身学习成果带动部队学习贯彻。

2月23日

[纲　文]　国务院办公厅印发《关于落实中共中央国务院关于全面深化农村改革加快推进农业现代化若干意见有关政策措施分工的通知》。

[目　文]　《通知》说，为贯彻落实《中共中央国务院关于全面深化农村改革加快推进农业现代化的若干意见》提出的一系列政策措施，需要有关部门研究提出具体实施意见并认真加以落实。为此，《通知》以工作分工的形式对国务院各部门承担的任务作出了具体规定。

《通知》要求：一、各有关部门要切实按照中共中央和国务院的部署，高度重视，精心组织，认真落实好相关任务。牵头部门对分工任务负总责，其他部门要根据各自职能分工，大力配合、积极支持。二、分工任务中，属于制度建设的，要抓紧研究，提出方案；属于项目实施的，要尽快制定具体落实方案和进度安排；属于原则性要求的，要认真调查研究，提出加强和推进有关工作的意见和措施。三、各牵头部门要在2014年6月底和10月底将各项分解任务落实情况报送中央农办，并抄送国务院办公厅。中央农办要及时对分工方案落实情况进行跟踪督促，在2014年7月和11月将落实情况向中共中央、国务院报告。

2月23日

[纲　文]　《人民日报》报道，最高人民检察院下发《关于充分发挥检察职能为全面

深化改革服务的意见》。

[目　文]　《意见》要求，各级检察机关要围绕深化经济体制改革、创新社会治理体制、健全权力运行制约和监督体系、保障和改善民生、文化体制机制创新以及健全生态文明制度体系，坚定不移做全面深化改革的捍卫者、促进者、保障者，把执法办案作为基本途径和主要手段，充分发挥惩治、预防、监督、教育、保护等职能作用，努力为全面深化改革提供有力司法保障。

按照《意见》要求，各级检察机关将依法查办和积极预防城镇化建设领域职务犯罪，突出打击黑恶势力犯罪、严重暴力犯罪、拐卖妇女儿童、电信诈骗、性侵未成年人等犯罪，依法打击食品药品生产、流通、质量监管等领域犯罪，坚决查处重大责任事故背后滥用职权、玩忽职守等职务犯罪，加大对生态环境和资源的司法保护力度。

2月23日

[纲　文]　《人民日报》发表题为《全面领会和落实三中全会精神——五论学习贯彻习近平在省部级专题研讨班重要讲话》的评论员文章。

2月24日

[纲　文]　中共中央政治局召开会议，讨论国务院拟提请第十二届全国人民代表大会第二次会议审议的《政府工作报告》稿。

[目　文]　中共中央总书记习近平主持会议。会议指出，2013年，面对世界经济复苏乏力、国内经济下行压力加大、自然灾害频发、多重矛盾交织的错综复杂形势，全党全国各族人民在党中央领导下，从容应对挑战，奋力攻坚克难，圆满完成全年经济社会发展主要预期目标，经济运行稳中向好，居民收入和经济效益持续增长，结构调整取得积极成效，社会事业蓬勃发展，改革开放和社会主义现代化建设取得新的重大成就。这是党中央正确领导的结果，是全党全国各族人民团结奋斗的结果。国务院和各级地方政府、各部门按照中央统一部署，创造性开展工作，作出了重要贡献。

会议强调，2014年我国发展面临的形势依然错综复杂，有利条件和不利因素并存。我国仍处于可以大有作为的重要战略机遇期，新型工业化、城镇化持续推进，区域发展回旋余地很大，保持经济中高速增长具有良好基础。各级党委和政府要按照中央部署和要求，全面贯彻落实党的十八大和十八届二中、三中全会精神，坚持稳中求进工作总基调，把改革创新贯穿于经济社会发展各个领域各个环节，保持宏观经济政策连续性稳定性，全面深化改革，实施创新驱动，加快转方式调结构促升级，着力保障和改善民生，切实提高发展质量和效益，大力推进社会主义经济建设、政治建设、文化建设、社会建设、生态文明建设，实现经济社会持续健康发展。

会议指出，实现2014年经济社会发展目标任务，要向深化改革要动力，继续实施积极的财政政策和稳健的货币政策，稳定和完善宏观政策框架，确保经济运行处在合理区间，着力推动提质增效升级。要以经济体制改革为重点，推进重要领域改革取得新突破，构建开放型经济新体制,推动高水平对外开放,加快培育国际竞争新优势。要增强内需拉动经济的主引擎作用,促进农业现代化和农村改革发展,推进以人为核心的新型城镇化,以创新支撑和引领结构优化升级。要促进教育事业优先发展、公平发展,推动医改向纵深发展,促进文化事业和产业发展,推进社会治理创新。要坚持建机制、补短板、守底线,保障群众基本生活,不断提高人民生活水平和质量。要加大生态环境保护和污染防治力度,努力建设生态文明的美好家园。

2月24日

〔纲 文〕 中共中央政治局就培育和弘扬社会主义核心价值观、弘扬中华传统美德进行第13次集体学习。

〔目 文〕 中共中央总书记习近平主持集体学习。中宣部思想政治工作研究所研究员戴木才就学习主题进行讲解,并谈了意见和建议。中共中央政治局各位同志认真听取了讲解,并就有关问题进行了讨论。

习近平在主持学习时发表了讲话。他指出,核心价值观是文化软实力的灵魂和文化软实力建设的重点。这是决定文化性质和方向的最深层次要素。一个国家的文化软实力,从根本上说,取决于其核心价值观的生命力、凝聚力、感召力。培育和弘扬核心价值观,有效整合社会意识,是社会系统得以正常运转、社会秩序得以有效维护的重要途径,也是国家治理体系和治理能力的重要方面。历史和现实都表明,构建具有强大感召力的核心价值观,关系社会和谐稳定,关系国家长治久安。培育和弘扬社会主义核心价值观必须立足中华优秀传统文化。中华文化源远流长,积淀着中华民族最深层的精神追求,代表着中华民族独特的精神标识,为中华民族生生不息、发展壮大提供了丰厚滋养。中华传统美德是中华文化精髓,蕴含着丰富的思想道德资源。对历史文化特别是先人传承下来的价值理念和道德规范,要坚持古为今用、推陈出新,有鉴别地加以对待,有扬弃地予以继承,努力用中华民族创造的一切精神财富来以文化人、以文育人。

习近平指出,要切实把社会主义核心价值观贯穿于社会生活方方面面。要通过教育引导、舆论宣传、文化熏陶、实践养成、制度保障等,使社会主义核心价值观内化为人们的精神追求,外化为人们的自觉行动。要按照社会主义核心价值观的基本要求,健全各行各业规章制度,完善市民公约、乡规民约、学生守则等行为准则,使社会主义核心价值观成为人们日常工作生活的基本遵循。要建立和规范一些礼仪制度,组织开展形式多样的纪念庆典活动,传播主流价值,增强人们的认同感和归属感。要把社会主义核心价值观的要求融入各种精神文明创建活动之中,吸引群众广泛参与,推动人们在为家庭谋幸福、为他人送温暖、为社会作贡献的过程中提高精神境界、培育文明风尚。要利用各种时机和场合,形成有利于培育和弘扬社会主义核心价值观的生活情景和社会氛围,使核心价值观的影响无所不在、无时不有。

习近平强调,要发挥政策导向作用,使经济、政治、文化、社会等方方面面政策都有利于社会主义核心价值观的培育。要用法律来推动核心价值观建设。各种社会管理要承担起倡导社会主义核心价值观的责任，注重在日常管理中体现价值导向，使符合核心价值观的行为得到鼓励、违背核心价值观的行为受到制约。

2月24日

[纲　文]　国务院总理李克强在北京会见越南祖国阵线中央委员会主席阮善仁。

[目　文]　李克强说，中越互为重要邻国与合作伙伴，发展好两国关系意义重大。当前中越关系取得积极进展，双方高层交往频繁，各领域合作稳步推进，海上共同开发迈出积极步伐。面对深刻复杂变化的国际地区形势，中方愿与越方相向而行，始终从战略高度把握和推进两国友好，不断深化互利合作，夯实双边关系的民意基础，推动中越关系健康稳定向前发展。他希望双方用好双边合作指导委员会、海上共同开发磋商以及基础设施和金融合作三个工作组等机制，推动海上、陆上、金融合作三头并进取得实质进展。推进南海更大范围共同开发，扩大合作积极面，对各领域合作发挥带动作用。坚持通过谈判和协商妥善处理分歧，共同维护南海地区的和平与稳定。

阮善仁表示，越南党和政府高度重视对华关系，将此作为越南外交政策的头等优先方向，视中国的发展为越南的机遇。越方愿同中方全面落实双方达成的共识，推动海上、陆上、金融等领域合作取得更多实质成果，加强治国理政经验交流，促进两国关系不断向前发展。

2月24日

[纲　文]　国务院批复国土资源部，同意建立由国土资源部牵头的不动产登记工作部际联席会议制度。

[目　文]　批复要求，联席会议不刻制印章，不正式行文。不动产登记工作部际联席会议的主要职责是：在国务院领导下，协调解决不动产统一登记制度建立和执行过程中的重大问题；研究提出不动产统一登记制度建立的工作思路和政策建议；协调不动产统一登记工作的宣传和舆论引导；协调不动产登记的制度体系、技术规范、信息平台建设等重要问题；研究不动产登记条例及相关法律法规的起草修订；统筹协调对地方不动产统一登记工作的监督指导；完成国务院交办的其他事项。

联席会议由国土资源部、中央编办、财政部、住房和城乡建设部、农业部、税务总局、林业局、法制办、海洋局9个部门组成，国土资源部为联席会议牵头单位。国土资源部部长担任联席会议召集人，分管负责人担任副召集人，各成员单位有关负责人为联席会议成员。联席会议成员因工作变动需要调整的，由所在单位提出，联席会议确定。联席会议办公室设在国土资源部，承担联席会议日常工作，督促落实联席会议议定事项。联席会议设联络员，由各成员单位有关司局负责人担任。

联席会议根据工作需要定期或不定期召开会议，由召集人或副召集人主持。成员单位根据工作需要可以提出召开会议的建议。研究具体事项时，可根据工作需要邀请其他部门和单位参加会议。联席会议以会议纪要形式明确会议议定事项，经与会部门和单位同意后印发有关方面并抄报国务院，重大事项由联席会议牵头单位按程序向国务院报告。联席会议办公室要及时向各成员单位通报工作进展情况。

2月24日

［纲　文］　人力资源社会保障部、财政部印发《城乡养老保险制度衔接暂行办法》。

［目　文］　《办法》明确，从城乡居民养老保险转入城镇职工养老保险时只转个人账户不计算缴费年限，而从城镇职工养老保险转入城乡居民养老保险时个人账户和缴费年限都能转入和计算。

《办法》规定，参加城镇职工养老保险和城乡居民养老保险人员，达到城镇职工养老保险法定退休年龄后，城镇职工养老保险缴费年限满15年（含延长缴费至15年）的，可申请从城乡居民养老保险转入城镇职工养老保险，按照城镇职工养老保险办法计发相应待遇；城镇职工养老保险缴费年限不足15年的，可申请从城镇职工养老保险转入城乡居民养老保险，待达到城乡居民养老保险规定的领取条件时，再按城乡居民养老保险办法计发相应待遇。

参保人员如有分别参加城镇职工养老保险、城乡居民养老保险情形，可向待遇领取地社保机构申请办理城乡养老保险制度衔接手续。

《办法》自2014年7月1日起施行。

2月24日

［纲　文］　《人民日报》发表题为《以人为本提升价值认同度——一论着力培育和践行社会主义核心价值观》的评论员文章。

2月24日

［纲　文］　《人民日报》发表题为《再接再厉做好督导工作——论扎实推进第二批群众路线教育实践活动》的评论员文章。

2月24—28日

［纲　文］　应国务院总理李克强邀请，特立尼达和多巴哥共和国总理卡姆拉·佩萨德—比塞萨尔对中国进行正式访问。

［目　文］　2月25日，李克强在人民大会堂同比塞萨尔举行了会谈。李克强说，特多是中国在加勒比地区的重要合作伙伴。建交40年来，两国政治、经贸、文化等领域交流与合作富有成果，在国际事务中相互支持与配合。中方愿与特方进一步密切交往，巩固互信，深化合作，使两国关系不断迈上新水平。特多是英语加勒比最大经济体。希望双方突出重点，循序渐进，把优势领域合作做大做实，造福两国人民。近年来，加勒比国家联合自强，一体化进程取得积极进展。中方愿同特多等加勒比国家共同努力，利用中拉整体合作机制带动中加政治、经贸等各领域合作深入发展。比塞萨尔表示，特中友好交往历史悠久，两国人民友情深厚。特方感谢中方对特多经济社会发展的大力帮助，愿不断拓展与中国在基础设施建设、能源、旅游等领域的务实合作，加强在国际和地区事务中的协调，为深化加勒比、拉美国家对华关系发挥积极作用，促进双方的共同发展。会谈后，李克强与比塞萨尔共同见证了中特能源、卫生、体育、航空等领域双边合作文件的签署。

同日，全国政协主席俞正声在北京会见比塞萨尔。俞正声说，2014年是中特建交40

周年，两国关系历久弥坚，愈加成熟自信。特多现已成为中国在加勒比地区最重要的合作伙伴之一。站在新的历史起点上，希望中特双方不断加强政治互信，深化在基础设施建设、能源、农业等领域的互利合作，扩大人文交流和民间往来，密切在国际事务中的协调配合，推动中国与特多和与加勒比国家合作更上一层楼。中国全国政协愿与特多相关机构就参政议政等开展交流合作，为中特关系进一步发展作出积极贡献。比塞萨尔表示，特多与中国拥有共同的发展梦，特多希望深化同中国在各领域的务实合作。

2月26日，国家主席习近平在钓鱼台国宾馆会见比塞萨尔。习近平表示，2014年是中特建交40周年。中方愿同特方一道努力，共同挖掘更多的利益汇合点，规划好中长期合作，推进重点项目，促进人文交流，深化传统友谊，推动两国关系迈上新台阶。比塞萨尔表示，中国人民正在努力实现民族复兴的中国梦，这与特多人民的美好梦想是相通的。特多愿同中国加强政治、经贸、人文等领域友好合作，实现共同发展。特多愿积极促进拉美和加勒比国家和中国的合作。

2月25—26日

[纲　文]　**习近平在北京市考察工作。**

[目　文]　中共中央总书记习近平在北京市委书记郭金龙、市长王安顺陪同下，就全面深化改革、推动首都更好发展特别是破解特大城市发展难题进行考察调研。

25日上午，习近平首先来到北京市规划展览馆，详细了解北京地理环境、规划布局、功能定位、发展变化等情况。他指出，城市规划在城市发展中起着重要引领作用，规划科学是最大的效益，规划失误是最大的浪费，规划折腾是最大的忌讳。首都规划务必坚持以人为本，坚持可持续发展，坚持一切从实际出发，贯通历史现状未来，统筹人口资源环境，让历史文化与自然生态永续利用、与现代化建设交相辉映。随后，习近平察看了玉河历史文化风貌保护工作展览、河堤遗址和雨儿胡同，沿河步行考察河道恢复、四合院复建等情况。他指出，历史文化是城市的灵魂。北京是世界著名古都，要本着对历史负责、对人民负责的精神，传承历史文脉，处理好城市改造开发和历史文化遗产保护利用的关系，切实做到在保护中发展、在发展中保护。

25日下午，习近平来到北京市自来水集团第九水厂，听取水资源及污水、垃圾、雾霾治理总体情况介绍，了解北京加强水务基础设施建设、改善城乡水环境、提高供水安全保障水平等情况。他指出，大气污染防治是北京发展面临的一个最突出的问题。要坚持标本兼治和专项治理并重、常态治理和应急减排协调、本地治污和区域协调相互促进，多策并举，多地联动，全社会共同行动。要深入开展节水型城市建设，使节约用水成为每个单位、每个家庭、每个人的自觉行动。接着，习近平来到北京市轨道交通指挥中心，听取北京交通工作汇报，了解地铁运行指挥、安全管理、客流量统计等方面的具体流程和方法。他指出，要把解决交通拥堵问题放在城市发展的重要位置，加快形成安全、便捷、高效、绿色、经济的综合交通体系。轨道交通特别是地铁，安全保障制度一定要严密，安全检查措施一定要严格,安全运行工作一定要严谨。随后,习近平来到首都博物馆参观了北京历史文化展览。

26日,习近平主持召开座谈会,听取北京市工作汇报。国务院副总理张高丽出席座谈会。习近平在讲话中指出,建设好首都,推动北京持续健康发展,要处理好国家战略要求和自身发展的关系,在服务国家大局中提高发展水平。习近平就推进北京发展和管理工作提出五点要求。一是要明确城市战略定位,坚持和强化首都全国政治中心、文化中心、国际交往中心、科技创新中心的核心功能,深入实施人文北京、科技北京、绿色北京战略,努力把北京建设成为国际一流的和谐宜居之都。二是要调整疏解非首都核心功能,优化三次产业结构,优化产业特别是工业项目选择,突出高端化、服务化、集聚化、融合化、低碳化,有效控制人口规模,增强区域人口均衡分布,促进区域均衡发展。三是要提升城市建设特别是基础设施建设质量,形成适度超前、相互衔接、满足未来需求的功能体系,遏制城市"摊大饼"式发展,以创造历史、追求艺术的高度负责精神,打造首都建设的精品力作。四是要健全城市管理体制,提高城市管理水平,尤其要加强市政设施运行管理、交通管理、环境管理、应急管理,推进城市管理目标、方法、模式现代化。五是要加大大气污染治理力度,应对雾霾污染、改善空气质量的首要任务是控制$PM_{2.5}$,要从压减燃煤、严格控车、调整产业、强化管理、联防联控、依法治理等方面采取重大举措,聚焦重点领域,严格指标考核,加强环境执法监管,认真进行责任追究。习近平强调,建设和管理好首都,是国家治理体系和治理能力现代化的重要内容。北京要立足优势、深化改革、勇于开拓,以创新的思维、扎实的举措、深入的作风,进一步做好城市发展和管理工作,在建设首善之区上不断取得新的成绩。

马凯、王沪宁、汪洋、栗战书和中央有关部门负责人分别参加上述活动。

2月25日

[纲 文] 郭声琨出席全国公安机关反腐倡廉建设电视电话会议。

[目 文] 国务委员、公安部部长郭声琨在会上强调指出,各级公安机关要认真学习贯彻十八届中央纪委三次全会和国务院第二次廉政工作会议精神,坚决打好公安机关反腐败斗争攻坚战,着力打造一支信念坚定、执法为民、敢于担当、清正廉洁的公安队伍,切实担负起维护社会大局稳定、促进社会公平正义、保障人民安居乐业的重大职责使命。

郭声琨要求,各级公安机关要大力加强党的意识和组织观念教育,严明党的政治组织纪律,使广大民警始终做到讲党性、守规矩、听招呼。要紧紧抓住执法活动中容易发生问题的重点领域和人财物管理等重点岗位,有针对性地健全制度、完善机制,切实把权力关进制度的笼子里。要坚持歪风必刹、违规必纠,着力解决户籍管理、证照审批等方面的不正之风,坚决整治发生在老百姓身边的常见病。

2月25日

[纲 文] 财政部、国家外国专家局联合印发《因公短期出国培训费用管理办法》。

[目 文] 《办法》规定,因公短期出国培训费用纳入预算管理。各单位安排因公短

期出国培训项目应当实行经费预算先行审核，无预算或超预算的不得安排出国培训。因公短期出国培训实行计划审核审批管理，有关部门应当加强出国培训的总体规划，严格控制出国培训规模，科学设置培训项目，择优选派培训对象，注重出国培训的质量和实效。各单位不得组织计划外或营利性出国培训项目，也不得安排照顾性质、无实质内容、无实际需要及参观考察等一般性出国培训项目。培训团组在国外期间，原则上不赠送礼品，一律不安排宴请。

《办法》自2014年4月1日起实施。

2月25日

［纲　文］　新华社讯，中共中央办公厅、国务院办公厅印发《关于创新群众工作方法解决信访突出问题的意见》。

［目　文］　《意见》说，为深入贯彻落实党的十八大和十八届三中全会精神，推动信访工作制度改革，解决好人民群众最关心最直接最现实的利益问题，进一步密切党同人民群众的血肉联系，巩固和扩大党的群众路线教育实践活动成果，夯实党执政的群众基础，促进社会和谐稳定，现就创新群众工作方法、解决信访突出问题提出如下意见：一、着力从源头上预防和减少信访问题发生。要加大保障和改善民生力度，提高科学民主决策水平，坚持依法办事，改进工作作风。二、进一步畅通和规范群众诉求表达渠道。要健全公开透明的诉求表达和办理方式，突出领导干部接访下访重点，完善联合接访运行方式，引导群众依法逐级反映诉求，充分发挥法定诉求表达渠道作用，不断满足人民群众日益增长的司法需求。三、健全解决信访突出问题工作机制。要完善信访联席会议制度，健全解决特殊疑难信访问题工作机制，健全统筹督查督办信访事项工作机制，健全科学合理的信访工作考核评价体系，健全经常性教育疏导机制。四、全面夯实基层基础。要健全基层组织网络，加大社会矛盾纠纷排查化解工作力度，全面推行网格化管理模式，完善信访和人民调解、行政调解、司法调解联动工作体系。五、切实加强组织领导。要严格落实信访工作责任，强化舆论引导，加强信访干部队伍建设。

2月25日

［纲　文］　《人民日报》发表题为《激浊扬清增强价值判断力——二论着力培育和践行社会主义核心价值观》的评论员文章。

2月26日

［纲　文］　习近平主持召开座谈会，听取京津冀协同发展专题汇报。

［目　文］　座谈会上，中共中央政治局委员、北京市委书记郭金龙，中共中央政治局委员、天津市委书记孙春兰，河北省委负责人分别汇报了围绕京津冀协同发展已经开展的工作，并就协同推进基础设施相联相通、产业发展互补互促、资源要素对接对流、公共服务共建共享、生态环境联防联控等提出了设想和建议。

习近平在讲话中指出，实现京津冀协同发展，是面向未来打造新的首都经济圈、推进区域发展体制机制创新的需要，是探索完善城市群布局和形态、为优化开发区域发展提供示范和样板的需要，是探索生态文明建设有效路径、促进人口经济资源环境相协调的需要，是实现京津冀优势互补、促进环渤海经济区发展、带动北方腹地发展的需要，是一个重大国家战略。京津冀地缘相接、人缘相亲，地域一体、文化一脉，历史渊源深厚，交往半径相宜，完全能够相互融合、协同发展。推进京津冀协同发展，要立足各自比较优势、立足现代产业分工要求、立足区域优势互补原则、立足合作共赢理念，以京津冀城市群建设为载体、以优化区域分工和产业布局为重点、以资源要素空间统筹规划利用为主线、以构建长效体制机制为抓手，从广度和深度上加快发展。推进京津双城联动发展，要加快破解双城联动发展存在的体制机制障碍，按照优势互补、互利共赢、区域一体原则，以区域基础设施一体化和大气污染联防联控作为优先领域，以产业结构优化升级和实现创新驱动发展作为合作重点，把合作发展的功夫主要下在联动上，努力实现优势互补、良性互动、共赢发展。

习近平就推进京津冀协同发展提出七点要求。一是要着力加强顶层设计，抓紧编制首都经济圈一体化发展的相关规划，明确三地功能定位、产业分工、城市布局、设施配套、综合交通体系等重大问题，并从财政政策、投资政策、项目安排等方面形成具体措施。二是要着力加大对协同发展的推动，自觉打破自家"一亩三分地"的思维定式，抱成团朝着顶层设计的目标一起做，充分发挥环渤海地区经济合作发展协调机制的作用。三是要着力加快推进产业对接协作，理顺三地产业发展链条，形成区域间产业合理分布和上下游联动机制，对接产业规划，不搞同构性、同质化发展。四是要着力调整优化城市布局和空间结构，促进城市分工协作，提高城市群一体化水平，提高其综合承载能力和内涵发展水平。五是要着力扩大环境容量生态空间，加强生态环境保护合作，在已经启动大气污染防治协作机制的基础上，完善防护林建设、水资源保护、水环境治理、清洁能源使用等领域合作机制。六是要着力构建现代化交通网络系统，把交通一体化作为先行领域，加快构建快速、便捷、高效、安全、大容量、低成本的互联互通综合交通网络。七是要着力加快推进市场一体化进程，下决心破除限制资本、技术、产权、人才、劳动力等生产要素自由流动和优化配置的各种体制机制障碍，推动各种要素按照市场规律在区域内自由流动和优化配置。

国务院副总理张高丽出席座谈会。马凯、王沪宁、汪洋、栗战书以及中央和国家机关有关部门，北京、天津、河北有关负责人参加座谈会。

2月26日

[纲　文]　**李克强主持召开国务院常务会议。**

[目　文]　会议对加快发展现代职业教育作出部署，审议通过《事业单位人事管理条例（草案）》。

会议认为，发展职业教育是促进转方式、调结构和民生改善的战略举措。会议确定了加快发展现代职业教育的任务措施。一是牢固确立职业教育在国家人才培养体系中的重要位置，激发年轻人学习职业技能的积极性。二是创新职业教育模式，扩大职业院校在专业设置和调整、人事管理、教师评聘、收入分配等方面的办学自主权。三是提升人才培养质量。四是引导支持社会力量兴办职业教育。五是强化政策支持和监管保障。各级政府要完善财政投入机制，分类制定和落实职业院校办学标准，加强督导评估。加大对农村和贫困地区职业教育支持力度，完善资助政策，积极推行直补个人的资助办法。健全就业和用人政策。让职业教育为国家和社会源源不断地创造人才红利。

会议指出，事业单位是提供公共服务的社会组织。规范事业单位人事管理，保障工作人员合法权益，是深化事业单位改革的保障。会议审议通过《事业单位人事管理条例（草案）》。草案对岗位设置、公开招聘和竞聘上岗、聘用合同、奖惩及争议处理等人事管理主要环节作出了明确规定。会议要求，要运用法治手段，进一步推进事业单位人事管理制度改革，规范管理制度，提高事业单位人力资源管理效能，形成能进能出、能上能下的用人机制，促进提升服务质量，让人民群众享受更加优质高效的公共服务。

2月26日

[纲　文]　　国务院印发《关于推进文化创意和设计服务与相关产业融合发展的若干意见》。

[目　文]　　《意见》指出，随着我国新型工业化、信息化、城镇化和农业现代化进程的加快，文化创意和设计服务已贯穿在经济社会各领域各行业，呈现出多向交互融合态势。文化创意和设计服务具有高知识性、高增值性和低能耗、低污染等特征。推进文化创意和设计服务等新型、高端服务业发展，促进与实体经济深度融合，是培育国民经济新的增长点、提升国家文化软实力和产业竞争力的重大举措，是发展创新型经济、促进经济结构调整和发展方式转变、加快实现由"中国制造"向"中国创造"转变的内在要求，是促进产品和服务创新、催生新兴业态、带动就业、满足多样化消费需求、提高人民生活质量的重要途径。《意见》就加快推进文化创意和设计服务与实体经济深度融合提出明确要求，提出到2020年，文化创意和设计服务的先导产业作用更加强化，基本建立与相关产业全方位、深层次、宽领域的融合发展的格局。

《意见》针对文化创意和设计服务发展提出了一系列扶持政策。一是增强创新动力。加强知识产权运用和保护，健全创新、创意和设计激励机制，活跃知识产权交易，提升企业知识产权综合能力，培育一批知识产权优势企业。二是强化人才培养。实施文化创意和设计服务人才扶持计划，优化专业设置，积极推进产学研用合作培养人才，加强创业孵化，加大对创意和设计人才创业创新的扶持力度。健全人才使用、流动、评价和激励体系，推进职业技能鉴定和职称评定工作。三是壮大市场主体。支持专业化的创意和设计企业发展，支持设计、广告、文化软件工作室等各种形式小微企业发展。积极引导民间资本投资文化创意和设计服务领域。四是培育市场需求。激发全民的创意和设计产品服务消费，鼓励企业开展设计服务外包，加大政府采购力度。五是引导集约发展。打造区域性创新中心和成果转化中心，建立区域协调机制与合作平台。六是加大财税支持。在文化创意和设计服务领域开展高新技术企业认定管理办法试点，对经认定为高新技术企业的文化创意和设计服务企业给予所得税优惠，对企业的职工教育经费支出以及符合条件的创意和设计费用，给予相应的税收政策支持。七是加强金融服务。建立完善文化创意和设计服务企业无形资产评估体系。鼓励增加适合文化创意和设计服务企业的融资品种。八是优化发展环境。清理行政审批事项，简化审批程序，清理不合理收费。

2月26日

[纲　文]　财政部印发《关于进一步加强行政审批管理工作的通知》。

[目　文]　《通知》要求，不得在公开的项目目录外实施其他行政审批，不得对已经取消和下放的审批项目以其他名目搞变相审批，坚决杜绝随意新设、边减边增、明减暗增等问题。

《通知》强调，对保留的行政审批事项，各单位要进一步优化审批流程，缩短审批时限，切实提高审批效率；加强制度建设，细化审批标准和规则，规范审批行为，最大限度减少行政裁量权。同时，研究运用科技手段，建立统一的网上行政审批平台，以便于审批对象申请、查询。

《通知》要求，对国务院决定取消和下放的审批事项，各单位要落实到位，做好取消和下放事项的衔接工作，及时清理修改有关规章和规范性文件，切实加强事中事后监管。对取消的项目，不得以备案、核准等形式变相继续实施审批。

2月26日

[纲　文]　新疆维吾尔自治区双河市揭牌成立仪式在新疆生产建设兵团第五师89团团部举行。

[目　文]　2014年1月，国务院下发《国务院关于同意新疆维吾尔自治区设立县级双河市批复》，同意新疆设立县级双河市，由自治区直辖，管理方式按有关文件规定执行。批复要求，双河市各类机构按照"精简、统一、效能"的原则设置，涉及的行政区域界线要按规定及时勘定，所需人员编制和经费由自治区自行解决。按照国务院"约法三章"要求，不新建政府性楼堂馆所，不增加财政供养人员，不增加"三公"经费。

双河市命名中的"双河"是指博尔塔拉河、精河。双河市为自治区直辖的县级市，按照"师市合一"模式管理。其行政区规划总面积742.18平方公里，总人口5.38万人。

2月26日

[纲　文]　中央军委副主席范长龙在北京会见印度尼西亚国民军司令穆尔多科。

[目　文]　范长龙说，中印尼两国关系经过60多年的风雨历程，取得长足进步。当前形势下，双方应携手拓展和深化政治、经济、人文等各领域务实合作。近年来，两军关系发展顺利，各领域合作取得丰硕成果。希望双方不断加强战略互信，拓展友好交流，深化务实合作。

穆尔多科说，印尼与中国历史文化相近。中国是一个伟大、友好的国家，希望两国两军进一步发展各领域友好合作。

2月26日

〔纲　文〕　工业和信息化部发布《关于加快我国手机行业品牌建设的指导意见》。

2月26日

〔纲　文〕　国家能源局印发《小型发电企业安全生产标准化达标管理办法》，自发布之日起施行。

2月26日

〔纲　文〕　海关总署公布《中华人民共和国海关政府信息公开办法》，自2014年4月1日起施行。

2月26日

〔纲　文〕　《人民日报》发表题为《知行合一培育道德责任感——三论着力培育和践行社会主义核心价值观》的评论员文章。

2月26日

〔纲　文〕　《人民日报》发表题为《拿出勇毅笃行的稳劲儿——四论"还得有那么一股子劲儿"》的评论员文章。

2月27日

〔纲　文〕　**中央网络安全和信息化领导小组召开第一次会议。**

〔目　文〕　中共中央总书记、中央网络安全和信息化领导小组组长习近平主持会议。会议审议通过了《中央网络安全和信息化领导小组工作规则》《中央网络安全和信息化领导小组办公室工作细则》《中央网络安全和信息化领导小组2014年重点工作》，并研究了相关工作。中央网络安全和信息化领导小组副组长李克强、刘云山出席会议。

习近平在讲话中指出，网络安全和信息化是事关国家安全和发展、广大人民群众工作生活的重大战略问题。网络信息是跨国界流动的，信息流引领技术流、资金流、人才流，信息资源日益成为重要生产要素和社会财富，信息掌握的多寡成为国家软实力和竞争力的重要标志。信息技术和产业发展程度决定着信息化发展水平，要加强核心技术自主创新和基础设施建设，提升信息采集、处理、传播、利用、安全能力，更好惠及民生。做好网上舆论工作是一项长期任务，要创新改进网上宣传，运用网络传播规律，弘扬主旋律，激发正能量，大力培育和践行社会主义核心价值观，把握好网上舆论引导的时、度、效，使网络空间清朗起来。

习近平强调，没有网络安全就没有国家安全，没有信息化就没有现代化。建设网络强国，要有自己的技术，有过硬的技术；要有丰富全面的信息服务，繁荣发展的网络文化；要有良好的信息基础设施，形成实力雄厚的信息经济；要有高素质的网络安全和信息化人才队伍；要积极开展双边、多边的互联网国际交流合作。建设网络强国的战略部署要与"两个一百年"奋斗目标同步推进，向着网络基础设施基本普及、自主创新能力显著增强、信息经济全面发展、网络安全保障有力的目标不断前进。

习近平要求，要制定全面的信息技术、网络技术研究发展战略，下大气力解决科研成果转化问题。要出台支持企业发展的政策，让他们成为技术创新主体，成为信息产业发展主体。要抓紧制定立法规划，完善互联网信息内容管理、关键信息基础设施保护等法律法规，依法治理网络空间，维护公民合法权益。

习近平强调，中央网络安全和信息化领导小组要发挥集中统一领导作用，统筹协调各个领域的网络安全和信息化重大问题，制定实施国家网络安全和信息化发展战略、宏观规划和重大政策，不断增强安全保障能力。

2月27日

[纲　文]　国家主席习近平任免驻外大使。

[目　文]　习近平根据全国人民代表大会常务委员会的决定任免下列驻外大使：

一、免去赵鉴华的中华人民共和国驻利比里亚共和国特命全权大使职务；任命张越为中华人民共和国驻利比里亚共和国特命全权大使。

二、免去马克卿（女）的中华人民共和国驻菲律宾共和国特命全权大使职务；任命赵鉴华为中华人民共和国驻菲律宾共和国特命全权大使。

三、免去刘光源的中华人民共和国驻肯尼亚共和国特命全权大使职务；任命刘显法为中华人民共和国驻肯尼亚共和国特命全权大使。

四、免去张霄的中华人民共和国驻乌兹别克斯坦共和国特命全权大使职务；任命孙立杰为中华人民共和国驻乌兹别克斯坦共和国特命全权大使。

五、免去于庆泰的中华人民共和国驻捷克共和国特命全权大使职务；任命马克卿（女）为中华人民共和国驻捷克共和国特命全权大使。

六、免去黄兴的中华人民共和国驻芬兰共和国特命全权大使职务；任命于庆泰为中华人民共和国驻芬兰共和国特命全权大使。

七、免去张鑫森的中华人民共和国驻大韩民国特命全权大使职务；任命邱国洪为中华人民共和国驻大韩民国特命全权大使。

2月27日

[纲　文]　十二届全国人大常委会第七次会议通过《关于确定中国人民抗日战争胜利纪念日的决定》和《关于设立南京大屠杀死难者国家公祭日的决定》，将9月3日确定为中国人民抗日战争胜利纪念日，将12月13日设立为南京大屠杀死难者国家公祭日。

2月27日

[纲　文]　全国计划生育工作电视电话会议在北京召开。

[目　文]　国务院总理李克强对会议召开作出批示。李克强在批示中指出："调整完善生育政策，事关经济社会发展全局，符合广大人民群众的意愿。各级政府及卫生计生等部门要在坚持计划生育基本国策的同时，按照总体稳定、城乡统筹、分类指导、协调发展的原则，周密安排，加强服务，扎实稳妥有序地推进调整完善生育政策工作，把好事办

好，促进人口长期均衡发展。"

国务院副总理刘延东出席会议并讲话。刘延东指出，40多年来，我国计划生育工作取得举世瞩目的成就，人口过快增长得到有效控制，人口对资源环境的压力得到一定缓解，有力改善了人民群众生存发展状况，促进了经济社会持续健康发展。调整完善生育政策是党中央、国务院着眼人口与经济社会全局作出的重大决策，坚持计划生育基本国策是立足国情、实现可持续发展的战略选择。各地区各部门要全面准确把握坚持计划生育基本国策、调整完善生育政策的重大意义，充分认识促进人口长期均衡发展的艰巨性复杂性，增强责任感、使命感，把计划生育工作这件利国利民的大事抓紧抓好。

刘延东要求，要周密部署安排，准确执行政策，更加注重人文关怀、利益导向和宣传引导，扎实稳妥有序实施单独两孩政策，提高出生人口素质，保障母婴健康，加强社会公共服务保障，继续抓好流动人口服务与管理，促进人口结构平衡。要切实加强组织领导，确保政策实施过程风险可控，确保生育水平不出现大的波动，确保人口总量保持在规划目标之内。

2月27日

[纲 文] 国家海洋局在北京召开2014年全国海洋生态环境保护工作会议。

[目 文] 会议部署了2014年海洋生态环境保护工作的基本思路和主要任务。国家海洋局党组成员、副局长王飞出席会议并讲话。国家海洋局机关、局属单位和沿海省（区、市）海洋与渔业厅（局）相关负责人和代表参加了会议。

会议指出，2013年海洋生态文明建设深入开展，海洋环境监督管理全面加强，海洋环境监测评价体系逐步深化，海洋生态保护建设扎实推进，海洋环境应急监测和处置工作稳妥开展，各项工作取得了显著成绩。但对照生态文明建设的理念和要求，制度体系还有待进一步健全，理论研究还有待进一步深化，环境监管力度还需进一步加强，能力建设还需进一步强化。

会议提出了2014年海洋生态环境保护工作总体思路：以海洋生态文明建设为统领，坚持改革创新、生态优先，全面推进海洋生态环境保护工作，形成3个体系、6项制度、10项工作和3项保障的工作格局。3个体系是海洋生态保护与建设体系、海洋监测评价体系、海洋生态环境行政监管体系；6项制度分别为海洋生态红线制度、海洋工程区域限批制度、海洋资源环境承载力监测预警制度、陆海统筹的生态保护修复机制、陆海统筹的区域污染防治联动机制和海洋生态赔偿补偿制度；10项工作包括深入开展海洋生态文明建设理论研究和示范、开展渤海海洋生态红线试点、开展海洋工程区域限批试点、开展海洋资源环境承载能力监测预警试点、强化海洋环境监测评价与信息通报发布、推进海洋生态保护修复工作、创新陆海统筹的污染防治区域联动机制、严格做好海洋环境保护行政许可工作、开展海洋生态赔偿补偿制度建设和试点、健全海洋环境应急管理机制；3项保障为加强政策法规建设、开展海洋生态环境保护信息化建设、强化管理人员和专业技术队伍建设。

会上，国家海洋环境监测中心以及山东、福建、浙江、广东海洋与渔业厅（局）有关负责人分别就全国海洋生态环境状况、渤海海洋生态红线制度建立情况、海洋污染防治制度建设情况、海洋环境监测业务体系建设和海洋生态保护与建设工作情况进行了介绍。与会人员围绕做好2014年海洋生态环境保护工作进行了讨论并提出了建议。

2月27日
［纲　文］　对外文化工作部际联席会议第五次全体会议在北京召开。
［目　文］　联席会议召集人、文化部部长蔡武在会上作主旨讲话，文化部副部长丁伟、商务部副部长房爱卿和外交部、教育部、国家民族事务委员会、商务部、财政部、文化部、国家新闻出版广电总局、国家体育总局、国家旅游局、国务院侨办、国家文物局等部际联席会议成员单位的代表出席。

蔡武指出，联席会议成立以来，有效统筹全国对外文化工作资源，对于推动全国对外文化工作实现跨越式发展，提高文化开放水平，增强国家文化软实力发挥了重要作用。2013年，联席会议坚持"政府统筹、社会参与、官民并举、市场运作"的基本原则，牢牢把握国内国外两个大局，综合运用国际国内两个市场、两种资源，加强了对外文化工作的统筹规划和组织实施，取得了一系列显著成绩。海外"欢乐春节"活动、文化援助、国外汉学家交流对话、中国文化中心建设等工作不断取得新突破，成为我国对外文化工作的重要平台和抓手。

丁伟表示，联席会议各成员单位一定要牢牢把握住中国软实力迅速提升的战略机遇期，积极创新、开拓进取、深化合作，进一步整合资源，形成合力，共同将对外文化工作推向新的高度。

会上，各成员单位代表在回顾和总结一年来对外文化工作基础上分享成果和经验、查摆问题和不足，就如何更好地加强统筹协调和顶层设计、开创对外文化工作新局面进行了研讨。

2月27日
［纲　文］　《人民日报》发表题为《激发中国民主新优势——寄语两会代表委员（上）》的评论员文章。

2月28日
［纲　文］　习近平主持召开中央全面深化改革领导小组第二次会议。
［目　文］　会议审议通过《中央全面深化改革领导小组2014年工作要点》《关于十八届三中全会〈决定〉提出的立法工作方面要求和任务的研究意见》《关于经济体制和生态文明体制改革专项小组重大改革的汇报》《深化文化体制改革实施方案》《关于深化司法体制和社会体制改革的意见及贯彻实施分工方案》，听取了关于中央全面深化改革领导小组第一次会议以来各地区各部门改革工作进展情况汇报，部署了下一个阶段的工作。中央全面深化改革领导小组副组长李克强、刘云山、张高丽出席会议。

中共中央总书记、中央全面深化改革领导小组组长习近平在讲话中指出，会议审议通过的《中央全面深化改革领导小组2014年工作要点》，明确了2014年改革的任务和重点，要把工作要点确定的任务逐项明确责任单位、责任人、时间进度。中央和国家机关有关部门要结合工作要点，对《中央有关部门贯彻实施党的十八届三中全会〈决定〉重要举措分工方案》确定的工作任务进行一次全面的梳理，进一步强化责任、明确分工，找准工作着力点，提出可检验的成果形式和时间进度安排。对已经推出的改革举措，要加强跟踪了解，及时总结经验、解决问题，巩固和发展改革成果。对新启动的改革举措或改革试点，要加大组织和协调工作力度，确保取得成效。对需要长期抓落实的项目和任务，要坚持不懈抓下去。对2014年条件不具备、暂不启动的改革任务，要创造条件，抓紧做好前期准备工作，争取适时启动。

习近平要求，对重大改革尤其是涉及人民群众切身利益的改革决策，要建立社会稳定评估机制。遇到关系复杂、牵涉面广、矛盾突出的改革，要及时深入了解群众实际生活情况怎么样，群众诉求是什么，改革能给群众带来的利益有多少，从人民利益出发谋划思路、制定举措、推进落实。要建立科学评价机制，对改革效果进行全面评估。要大力宣传推进改革的新进展新成效，准确解读出台的改革政策举措，为全面深化改革营造良好舆论氛围。

习近平强调，凡属重大改革都要于法有据。在整个改革过程中，都要高度重视运用法治思维和法治方式，发挥法治的引领和推动作用，加强对相关立法工作的协调，确保在法治轨道上推进改革。深化司法体制和社会体制改革，要注重改革举措的配套衔接，注重分类推进，强化任务落实，保证严格规范公正文明执法，加快建设公正高效权威的社会主义司法制度，加快形成科学有效的社会治理体制，促进社会公平正义，保障人民安居乐业。

2月28日

[纲 文] 中共中央纪委召开常委会议。

[目 文] 中共中央政治局常委、中央纪委书记王岐山主持会议。会议要求各级纪检监察机关深入贯彻落实党的十八大和习近平总书记在十八届中央纪委第三次全会上的讲话精神，持之以恒改进作风，创新监督制度，强化自我监督，对纪检监察干部违反中央八项规定精神的案件，一律点名道姓公开曝光。

会议审议通过了《关于公开曝光纪检监察干部违反中央八项规定精神案件的通知》。《通知》要求，对违反中央八项规定精神并受到党纪政纪处分的各级纪委委员、纪检监察机关干部，各人民团体、国有企业事业单位和金融机构从事纪检监察工作的干部，在中央纪委监察部网站公开曝光，内容包括违纪人姓名、单位、职务职级、主要违纪事实和处理结果。

会议指出，作风问题具有顽固性、反复性，改进作风不可一蹴而就。要扭住"四风"不放，把落实中央八项规定精神的扣不断拧紧。公开曝光是坚持、巩固和深化作风建设的重要举措，是强化监督的制度创新，是党务公开的实践探索。要建立公开曝光常态化制度，发挥党内和人民群众的监督作用，形成有力震慑、使之"不敢"的氛围。

会议强调，打铁还需自身硬，正人先正己。各级纪检监察机关要创新组织制度和监督制度，带头强化自我监督，对存在的"四风"问题要敢于瞪眼、敢于红脸，从严执纪、不留情面。对匿情不报、压案不查的，要严肃追究有关领导责任。

2月28日

［纲　文］　纪念"三八"国际妇女节暨全国三八红旗手（集体）表彰大会在北京召开。

［目　文］　国家副主席李源潮，全国人大常委会副委员长严隽琪，全国人大常委会副委员长、全国妇联主席沈跃跃，全国政协副主席林文漪出席大会。大会表彰了10名全国三八红旗手标兵、300名全国三八红旗手和200个全国三八红旗集体。受表彰的全国三八红旗手向广大妇女发出了"巾帼建新功、共筑中国梦"的倡议。

李源潮向全国各族各界妇女和广大妇女工作者致以节日的问候，希望广大妇女为实现中华民族伟大复兴的中国梦贡献巾帼力量。李源潮说，全国三八红旗手和红旗集体的精神和事迹要在全社会传播，影响和带动更多妇女同胞在工作岗位上做先进，在家庭亲友里做表率，在社会群众中做模范。广大妇女要坚定中国特色社会主义理想信念，把自身奋斗追求汇聚到实现中华民族伟大复兴的历史征程之中；积极投身全面深化改革历史洪流，为促进经济社会持续健康发展发挥半边天作用；积极践行社会主义核心价值观，传承美德、弘扬新风，为社会主义道德建设积聚正能量；积极发挥在幸福家庭建设中的独特作用，培育良好家风，把每个人、每个家庭追求幸福梦想的动力汇成实现中国梦的强大合力。

2月28日

［纲　文］　国家副主席李源潮在北京会见委内瑞拉部长会议副主席兼石油和矿产部长拉米雷斯。

［目　文］　李源潮说，近年来中委关系发展迅速，重点领域合作取得积极成果。希望双方以中委建交40周年为契机，深化政治互信，推动能源、矿业、金融等领域务实合作，把两国共同发展的战略伙伴关系提高到新水平。

拉米雷斯表示，委内瑞拉高度重视发展同中国的战略伙伴关系，愿不断深化两国在各领域的互利友好合作，更好造福两国人民。

2月28日

［纲　文］　中英战略对话在伦敦举行。

［目　文］　中国国务委员杨洁篪与英国外交大臣黑格分别代表本国政府出席此次战略对话。

杨洁篪表示，2014年是中英建立全面战略伙伴关系10周年。中方愿与英方继续保持高层对话和各层级交流，深化互利合作，并就中欧关系加强沟通，推进中欧全面战略伙伴关系建设。双方应进一步加强在国际事务中的合作，共同维护战后国际秩序与世界和平发展。

黑格表示，中英两国有着广泛共同利益，各领域合作富有成效。英方希望与中方共同推进中英全面战略伙伴关系。英方支持欧中加强合作，将继续发挥积极推动作用。

2月28日

［纲　文］　民政部、中国保监会、全国老龄办联合印发《关于推进养老机构责任保险工作的指导意见》。

2月28日

［纲　文］　水利部印发《关于加强河湖管理工作的指导意见》。

2月28日

［纲　文］　国家发展和改革委员会公布《天然气基础设施建设与运营管理办法》，自2014年4月1日起施行。

2月28日

［纲　文］　国家能源局印发《新建电源接入电网监管暂行办法》，自2014年4月1日起施行，有效期3年。

2月28日

［纲　文］　国家知识产权局印发《关于促进专利代理行业发展的若干意见》，自印发之日起实施。

2月28日

［纲　文］　《人民日报》发表题为《铭记历史 开创未来》的评论员文章。

2月28日

［纲　文］　《人民日报》发表题为《确保民生安全网"网底"密实坚韧》的评论员文章。

3 月

3月1日

[纲　文]　习近平就云南昆明火车站暴力恐怖案件作出指示。李克强对处置工作作出批示。

[目　文]　中共中央总书记习近平要求政法机关迅速组织力量全力侦破案件，依法从严惩处暴恐分子，坚决将其嚣张气焰打下去。要精心做好受伤和遇难群众的救治、善后工作。要深刻认识反恐形势的严峻性复杂性，强化底线思维，以坚决态度、有力措施，严厉打击各种暴力恐怖犯罪活动，全力维护社会稳定，保障人民群众生命财产安全。习近平指派中央政法委书记孟建柱、国务委员、公安部部长郭声琨和有关部门负责人连夜赶赴云南指导处置工作，看望受伤群众和遇难人员亲属。国务院总理李克强对处置工作作出批示，要求抓紧追捕和坚决严惩暴徒，各地公安机关要加强治安防控措施，做好人群密集的公共场所防范工作。

3月1日晚21时20分，云南昆明火车站发生暴力恐怖案件。10余名统一着装的暴徒蒙面持刀在昆明火车站广场、售票厅等处砍杀无辜群众，造成29名群众遇难、130余名群众受伤。公安民警当场击毙暴徒5名。事发现场证据表明，这是一起由新疆分裂势力一手策划制造的严重暴力恐怖事件。3月2日中共中央政治局委员、中央政法委书记孟建柱在昆明指导"3·01"严重暴恐事件处置工作。3月3日下午，昆明"3·01"严重暴恐案经公安部组织云南、新疆、铁路等公安机关和其他政法力量40余小时连续奋战，成功告破。据查，该案是以阿不都热衣木·库尔班为首的暴力恐怖团伙所为。该团伙共有8人（6男2女），公安机关现场击毙4名、击伤抓获1名（女），其余3名也悉数落网。

3月1日

[纲　文]　**中共中央党校举行2014年春季学期开学典礼。**

[目　文]　中共中央政治局常委、中央党校校长刘云山出席开学典礼，并就深入学习贯彻习近平总书记系列重要讲话精神发表讲话、提出要求。中共中央政治局委员赵乐际、赵洪祝出席开学典礼。中央有关部门负责人，中央党校负责人，中央党校新入学学员、研究生院研究生、分校学员代表和教职工参加开学典礼。

刘云山指出，习近平总书记系列重要讲话深刻回答了新的历史条件下党和国家发展的重大理论和现实问题，为推进伟大事业、伟大工程提供了强大思想武器。深入学习贯彻习近平总书记系列重要讲话精神，是全党的重要政治任务。各级党委要把学习讲话作为中心组学习的重要内容，更好地把思想和行动统一到中央精神上来，把力量凝聚到落实中央决策部署上来。党校、行政学院、干部学院要把学习讲话作为干部培训的必修课，引导党员干部深刻领会讲话的重大意义和丰富内涵，自觉用讲话精神武装头脑、指导实践、推动工作。

刘云山说，习近平总书记系列重要讲话贯穿着强烈的担当意识，反复强调领导干部要敢于担当。敢于担当是中国共产党人的鲜明品格，是领导干部的时代责任。党的十八大对未来发展作出战略部署，十八届三中全会开启全面深化改革的新征程，面对繁重而艰巨的历史任务，领导干部必须有为党尽责、为国奉献、为民分忧的担当精神。各级党组织要旗帜鲜明地支持担当者，为敢于担当的领导干部撑腰鼓劲。要把敢于担当作为选人用人的重要导向，健全干部考核评价体系，让那些有锐气、勇作为、敢担当的干部得到重用。要营造担当可贵、担当光荣的良好社会氛围，使敢担当、敢作为在党员干部中蔚然成风。

3月1日

[纲 文] 中央人才工作协调小组第三十九次会议在北京召开。

[目 文] 中央组织部部长赵乐际主持会议。赵乐际指出，要把握人才发展形势，突出人才工作重点，大力推进人才发展体制机制改革和政策创新，打通人才流动、使用、发挥作用中的体制机制障碍，打通科技和经济转移转化的通道。要完善人才顺畅流动的制度体系，加大对革命老区、民族地区、边疆地区、贫困地区的人才支持力度。要围绕服务国家重大发展战略，以更大力度推进"千人计划""万人计划"，统筹推进各类人才队伍建设。要增强服务意识、搭建创新平台，营造尊重劳动、尊重知识、尊重人才、尊重创造的社会环境，最大限度地激发人才的创造能量和活力。要坚持党管人才原则，完善协调小组工作机制，保持抓落实的力度和恒心，充分发挥各地各部门和社会各方面的积极性，形成推动人才发展的强大合力。

赵乐际指出，要深入学习贯彻党的十八届三中全会和习近平总书记系列讲话精神，从国家发展靠人才、民族振兴靠人才的战略高度，以时不我待的紧迫意识和夙夜在公的责任意识，扎实做好人才培养、吸引、使用工作，加快形成激发人才创造活力、具有国际竞争力的人才制度优势，为实现中华民族伟大复兴的中国梦提供有力的人才保障。

3月1日

[纲 文]《人民日报》报道，中国成为世界第一货物贸易大国。

[目 文]《人民日报》报道指出，根据世界贸易组织秘书处统计数据，2013年中国货物进出口总额为4.16万亿美元，其中出口额2.21万亿美元，进口额1.95万亿美元，已成为世界第一货物贸易大国。

报道指出，作为发展中国家，中国跃居世界第一货物贸易大国，这是中国对外贸易发展道路上新的里程碑，是中国坚持改革开放和参与经济全球化的重大成果。改革开放以来，特别是加入世贸组织以来，中国进出口贸易实现跨越式发展，有力推动了中国经济发展，为全球贸易伙伴创造了大量就业岗位和投资机会，为世界经济做出了重要贡献。

报道指出，尽管中国已经成为世界贸易大国，但中国出口产品附加值较低，拥有自主品牌较少，营销网络不健全，出口产品质量不高的现象仍然存在，统筹两个市场、两种资源的能力需要进一步提高。

3月1日

［纲　文］　《人民日报》发表题为《期待改革好声音——寄语两会代表委员（中）》的评论员文章。

3月1日

［纲　文］　《人民日报》发表题为《拿出众人拾柴的心劲儿——五论"还得有那么一股子劲儿"》的评论员文章。

3月1日

［纲　文］　《人民日报》发表题为《让巡视更好释放制度威力》的评论员文章。

3月2日

［纲　文］　刘奇葆出席在北京举行的第11届中国公民道德论坛。

［目　文］　论坛由中宣部主办。中共中央政治局委员、中宣部部长刘奇葆说，要深入学习贯彻党的十八大和十八届三中全会精神，学习贯彻习近平总书记系列讲话精神，把培育和践行社会主义核心价值观作为凝魂聚气、强基固本的基础工程、战略工程，作为一项根本任务，加强教育引导、舆论宣传、文化熏陶、实践养成、政策制定、制度保障，推动社会主义核心价值观内化于心外化于行，巩固全党全国各族人民团结奋斗的共同思想基础。

刘奇葆指出，培育和践行社会主义核心价值观，必须在国家发展总的目标下与各方面工作紧密结合起来，围绕国家、社会、公民三个层面开展宣传教育。首先要在全社会叫响"三个倡导"24个字，同时要全面系统、分层面、有重点地开展宣传教育，引导人们不断加深理解认同，成为人们的精神追求和自觉行动。要弘扬中华优秀传统文化和传统美德，加强道德教育实践，深化学雷锋志愿服务活动，开展孝敬、诚信、勤劳节俭教育。要在抓好融入上下功夫，推动社会主义核心价值观融入各行各业实际工作，融入大众日常生活，融入政策制度、法律法规的制定实施，把培育和践行社会主义核心价值观的任务落到实处。

3月2日

［纲　文］　国家行政学院举行2014年春季开学典礼暨省部级领导干部政府职能转变专题研讨班开班式。

［目　文］　国务委员、国家行政学院院长出席并讲话。中央和国家机关有关部门负责人以及国家行政学院学员和教职员工参加了开学典礼和开班式。

院长在讲话中指出，加快转变政府职能、深化行政体制改革是完善社会主义市场经济体制的必然要求，是推进国家治理体系和治理能力现代化的重要举措，是全面深化改革的关键环节，也是防治腐败的釜底抽薪之策。要按照党中央、国务院决策部署，切实抓好加快转变政府职能各项工作。要继续减少和规范行政审批事项，进一步加大简政放权力度。要加强和改进监管方式，完善事中事后监管，提高监管成效。要创新公共服务内容和方式，推进公共服务提供主体多元化。要推动政府依法履职、职权法定，让权力在阳光下运行。

3月2日

［纲　文］　第三届唐弢青年文学研究奖颁奖仪式在北京举行。

［目　文］　获奖作者及论文是：姜涛《"历史想象力"如何可能：几部长诗的阅读札记》、张炼红《"幽灵"与"革命"：从"李慧娘"鬼戏改编看新中国戏改实践》、杨庆祥《历史重建及历史叙事的困境——基于〈天香〉〈古炉〉〈四书〉的观察》、王侃《翻译和阅读的政治——漫议"西方"、"现代"与中国当代文学批评体系的调整》及张莉《作为文学批评家的孙犁》。5篇获奖作品及入围论文已收入业已出版的《2013年度唐弢青年文学奖论文集》。

颁奖仪式后，举行了文学评论研讨会，文学评论家们就"当代文学史的写作"、"当代的文学批评"等议题，与获奖青年学者一起进行讨论。

唐弢是我国著名作家、文学理论家、鲁迅研究专家、文学史家和收藏家，为中国现代文学研究事业作出了重要贡献。1992年，唐弢家人将其生前全部藏书捐赠中国现代文学馆，中国现代文学馆为此建立"唐弢文库"。为弘扬唐弢学术精神，鼓励青年学者的文学研究，中国现代文学馆设立"唐弢青年文学研究奖"。

3月2日

［纲　文］　《人民日报》发表题为《起好步，才能开好局——一论把抓落实作为推进改革的重点》的评论员文章。

3月2日

［纲　文］　《人民日报》发表题为《严惩暴恐犯罪，保障人民安全》的评论员文章。

3月3日

［纲　文］　国务院印发《关于改进加强中央财政科研项目和资金管理的若干意见》。

［目　文］　《意见》对改进加强中央财政科研项目和资金管理作出了全面部署。《意见》指出，近年来，我国财政科技投入快速增长，科研项目和资金管理不断改进，为科技事业发展提供了有力支撑，但也存在项目安排分散重复、管理不够科学透明、资金使用效益亟待提高等问题，必须切实加以解决。

《意见》要求，改革必须按照"坚持遵循规律，坚持改革创新，坚持公开公正，坚持规范高效"的基本原则，加快建立适应科技创新规律、统筹协调、职责清晰、科学规范、公开透明、监管有力的科研项目和资金管理机制，使科研人员的积极性和创造性充分发挥，科技对经济社会发展的支撑引领作用不断增强，为实施创新驱动发展战略提供有力

《意见》包括八个方面，共29条。主要内容有：一、加强科研项目和资金配置的统筹协调。二、实行科研项目分类管理。三、改进科研项目管理流程。四、改进科研项目资金管理。五、加强科研项目和资金监管。六、建立健全信息公开、科技报告等基础性制度。七、进一步调动科研人员积极性。八、强化项目承担单位法人责任和有关部门的管理和服务责任。

3月3日

[纲　文]　　国务院印发《关于加快发展对外文化贸易的意见》。

[目　文]　　《意见》对加快发展对外文化贸易、推动文化产品和服务出口作出了全面部署。《意见》提出，要统筹国际国内两个市场、两种资源，加强政策引导，优化市场环境，壮大市场主体，改善贸易结构，在更大范围、更广领域和更高层次上参与国际文化合作和竞争，把更多具有中国特色的优秀文化产品推向世界。

《意见》强调了坚持"统筹发展、政策引导、企业主体、市场运作"的基本原则，明确了到2020年的发展目标，从四个方面提出了扶持对外文化贸易发展的政策措施：一是鼓励各种所有制文化企业从事对外文化贸易业务，并享受同等待遇，明确了支持企业加强内容创新、拓展出口平台和渠道、开展技术创新等重点方向。二是加大财税支持力度，明确对国家重点鼓励的文化产品和服务出口实行增值税零税率或免税，同时提出文化企业也可享受服务外包企业相关税收优惠政策。三是从信贷、债券、保险、担保、外汇管理等方面加大金融支持力度。四是为文化企业出口提供通关便利，减少行政审批，简化因公出境审批手续。同时，加强知识产权保护，为文化企业开拓海外市场提供公共信息服务，加强人才培养，建立健全中介组织。

3月3日

[纲　文]　　国务院办公厅印发《关于推进城区老工业区搬迁改造的指导意见》。

[目　文]　　《意见》由四部分组成。《意见》指出，近年来，许多城市的城区老工业区搬迁改造取得了一定成效，但部分发展定位不合理、搬迁企业承接地选择不科学、污染土地治理不彻底、土地利用方式粗放、大拆大建、融资渠道单一等问题比较突出，亟待加强规范引导。《意见》提出，力争到2022年基本完成城区老工业区搬迁改造任务，把城区老工业区建设成为经济繁荣、功能完善、生态宜居的现代化城区。

《意见》提出了科学引导城区老工业区搬迁改造的若干基本原则。要进一步简政放权，凡利用市场机制能够解决的交由市场解决。要充分考虑区位条件、资源禀赋、发展基础和环境承载能力，结合城市总体发展布局，合理确定方向和目标，努力探索各具特色的搬迁改造方式。创新组织模式、资金筹措模式、公共服务设施建设与运营模式、土地治理与开发利用模式，调动各方面积极性。企业搬迁要注重与技术改造、改制重组相结合，注重扩大就业和增加居民收入，提高基本公共服务水平，保障和改善民生。

《意见》明确，各地在落实过程中，应科学编制搬迁改造实施方案。要推进企业搬迁改造，对城区老工业区企业视情况分别实施就地改造、异地迁建和依法关停等。要合理选择搬迁企业承接地，根据搬迁企业的产业类型、发展方向等，引导企业向具备条件的经济技术开发区、高新技术产业开发区等园区搬迁，推动产业集聚发展。要培育发展新产业，充分利用腾退土地，重点发展现代服务业。要完善城市基础设施和公共服务设施，完善管网、交通、信息等基础设施，优化公共服务设施布局。要治理修复生态环境，因地制宜地构筑特色生态景观。在搬迁改造过程中，要加快推进棚户区改造，并加强工业遗产的保护和再利用。

《意见》强调，各地要拓宽资金筹措渠道，鼓励银行业金融机构、企业、社会资本、金融租赁公司等参与到企业搬迁改造中。要加大土地政策的支持力度。要加强组织领导，保障各项措施落到实处、见到实效。

3月3日

［纲　文］　环境保护部印发《关于进一步加强环境影响评价机构管理的意见》。

［目　文］　《意见》指出，建设项目环境影响评价技术服务机构（简称环评机构）是建设项目环境影响报告书（表）的法定编制机构。《意见》就规范环评从业行为、促进环评机构健康发展提出八点意见：一、充分认识加强环评机构管理的必要性；二、营造更加公平开放的环评市场；三、加快事业单位环评体制改革；四、推动环评机构规模化专业化发展；五、加强环评专职技术人员管理；六、健全环评工作质量保证体系；七、强化环评机构日常监督管理；八、提高环保部门科学管理水平。

3月3日

［纲　文］　文化部、财政部联合印发《藏羌彝文化产业走廊总体规划》。

［目　文］　这是中国第一个国家层面的区域文化产业发展专项规划。《总体规划》由五部分组成，分别是：一、规划范围；二、指导思想；三、发展目标；四、主要任务；五、保障措施。

《总体规划》将藏羌彝文化产业走廊划分为核心区域、辐射区域和城市枢纽3个部分。核心区域包括四川省甘孜藏族自治州、阿坝藏族羌族自治州、贵州省毕节市等11个市（州、地区）；辐射区域包括与核心区相邻的四川省绵阳市等20个市（州、地区），以及与上述区域紧密相连的西部省（区、市）藏、羌、彝、纳西、苗等少数民族聚居区域；城市枢纽包括成都、贵阳、西安、兰州等区域中心城市。规划期限为2014—2020年。

《总体规划》提出，根据藏羌彝文化产业走廊地区的文化资源特点和产业发展现状，确定重点发展文化旅游、演艺娱乐、工艺美术等新兴业态。为保障藏羌彝文化产业走廊建设顺利推进，《总体规划》明确了加大财税扶持、支持重点项目、优化发展环境等7项保障措施。同时要求相关地区结合各自实际，制定好本区域藏羌彝文化产业走廊建设规划和实施方案，加强相关部门的沟通协调，做好组织实施工作，形成各部门共同支持、全社会积极参与建设的良好氛围。《总体规划》要求，在产业发展尤其是特色街区、特色村镇、园区基地建设中，尊重自然，顺应自然，保护自然生态和乡村原始风貌，突出传统特点，不搞大拆大建。

3月3日

［纲　文］《人民日报》发表题为《为全面深化改革凝聚强大正能量——热烈祝贺全国政协十二届二次会议开幕》的社论。

3月3日

［纲　文］《人民日报》发表题为《呼唤务实好会风——寄语两会代表委员（下）》的评论员文章。

3月3—12日

［纲　文］中国人民政治协商会议第十二届二次会议在北京举行。

［目　文］习近平、李克强、张德江、刘云山、王岐山、张高丽等党和国家领导人出席开幕会、闭幕会。全国政协主席俞正声主持开幕会、闭幕会。

会议的主要内容有：一、听取和审议政协全国委员会常务委员会工作报告。二、听取和审议政协全国委员会常务委员会关于政协十二届一次会议以来提案工作情况的报告。三、列席第十二届全国人民代表大会第二次会议，听取并讨论政府工作报告及其他有关报告。四、审议通过政协第十二届全国委员会第二次会议政治决议。五、审议通过政协第十二届全国委员会第二次会议关于常务委员会工作报告的决议。六、审议通过政协第十二届全国委员会提案委员会关于政协十二届二次会议提案审查情况的报告。

会议期间，习近平、李克强、张德江、俞正声、刘云山、王岐山、张高丽等党和国家领导人出席会议并参加分组讨论，与委员们共商国是。委员们针对经济社会发展重大问题和涉及群众切身利益的实际问题，深入协商议政，积极建言献策，并就加强政协工作提出许多重要意见和建议。

会议指出，人民政协要认真贯彻落实中共十八届三中全会精神，聚焦全面深化改革献计出力。要充分发挥人才智力优势，就深化经济、政治、文化、社会、生态文明体制改革中的重要问题，深入调查研究，积极议政建言；要针对重要改革举措的贯彻落实加强民主监督，务实坦率地提出意见和建议，推动改革顺利进行；要协调关系、化解矛盾、理顺情绪、解疑释惑，团结、引导所联系成员和群众理解改革、支持改革、参与改革，为全面深化改革寻求最大公约数，增进最大共识度，形成最大凝聚力。会议强调，协商民主是我国社会主义民主政治的特有形式和独特优势。要推进政治协商、民主监督、参政议政制度化规范化程序化，更好地发挥人民政协作为协商民主重要渠道作用。认真组织实施《政协全国委员会2014年协商工作计划》，加强对人民政协协商民主重大理论和实践问题的调查研究，拓展协商领域、丰富协商内容、创新协商形式、增加协商密度、完善双周协商座谈会等工作机制，深入开展专题协商、对口协商、界别协商、提案办理协商，努力搭建更多协商议政平台。要营造真诚协商、平等议事的民主氛围，鼓励委员既畅所欲言、各抒己见，又符合法律规定和政协章程要求，运用好政协的话语权和影响力。要加强人民政协理论研究和履行职能的制度建设，推进提案、专题调研、委员视察、反映社情民意、新闻宣传、文史资料等经常性工作创新,推动政协工作更加活跃、有序、高效地开展;要进一步健全发挥各民主党派、界别、专门委员会、政协机关作用的机制,切实尊重和保障委员权利,加强联系和服务委员工作,更好地发挥委员主体作用。政协委员要牢记使命、珍惜荣誉,严格遵守宪法法律、自觉加强道德修养、不断提高能力素质,切实担当起肩负的责任。

会议号召,人民政协的各级组织、各参加单位和广大政协委员,更加紧密地团结在以习近平同志为总书记的中共中央周围,高举中国特色社会主义伟大旗帜,以马克思列宁主义、毛泽东思想、邓小平理论、"三个代表"重要思想、科学发展观为指导,全面贯彻落实中共十八大和十八届二中、三中全会精神,同心同德,扎实工作,为全面建成小康社会、实现中华民族伟大复兴的中国梦而奋斗!

3月4日

[纲 文] 国家主席习近平同俄罗斯总统普京通电话,双方就中俄关系、乌克兰局势交换意见。

[目 文] 习近平表示,我同普京总统不久前在索契举行成功会晤,实现了中俄关系2014年的"开门红"。按照我们达成的共识,双方有关方面正在推动相关战略性大项目合作。云南昆明严重暴力恐怖事件发生后,普京总统第一时间发来慰问电,表达了对中方的坚定支持,中方愿同俄方保持和加强反恐合作。我欢迎你在不久的将来访华,共同推动中俄关系在高水平上继续向前发展。普京表示,俄中双方保持着密切交往与合作。我期待着同习近平主席再次会晤,就共同关心的重大问题进一步深入交换意见。

普京通报了当前乌克兰局势的演变过程以及俄方立场和应对措施。习近平阐述了中方原则立场,相信俄方能同各方协调,推动问题得到政治解决,维护地区和世界和平稳定。中方支持国际社会有利于缓和局势的建议和斡旋努力。

3月4日

[纲 文] 习近平回信"郭明义爱心团队",勉励他们以实际行动书写新时代的雷锋故事。

[目 文] "郭明义爱心团队"近日写信给中共中央总书记习近平,汇报了他们"跟着郭明义学雷锋"的主要成果和心得体会。习近平在回信中表示,得知你们"跟着郭明义学雷锋",用爱心温暖需要帮助的人,在服务社会、助人为乐、爱岗敬业中提升人生境界,感到很欣慰。在此,我向你们,向全国广大的志愿者和爱心人士,致以崇高的敬意!雷锋精神,人人可学;奉献爱心,处处可为。积小善为大善,善莫大焉。当有人需要帮助时,大家搭把手、出份力,社会将变得更加美好。我国工人阶级应该为全社会学雷锋、树新风作出榜样,让学习雷锋精神在祖国大地蔚然成风。希望你们努力践行社会主义核心价值观,积极向上向善,从"赠人玫瑰、手有余香"中感受善的力量,以实际行动书写新时代的雷锋故事,为实现中国梦有一分热发一分光。

"郭明义爱心团队"是以鞍钢涌现出的全国劳动模范、被誉为"当代雷锋"的郭明义名字命名的一支志愿服务团队。2009年成立以来，团队由最初3000多名志愿者发展到近2万人，并在全国有600多支分队，志愿者总数超过130万人。他们以雷锋、郭明义为榜样，在奉献岗位、奉献社会实践活动中取得了显著成绩。

3月4日

［纲　文］　张德江在北京主持十二届全国人大常委会第二十次委员长会议。

［目　文］　全国人大常委会副委员长李建国、王胜俊、陈昌智、严隽琪、沈跃跃、吉炳轩、张平、向巴平措、艾力更·依明巴海、万鄂湘、张宝文、陈竺出席会议。

会议听取了全国人大常委会副委员长兼秘书长王晨作的关于十二届全国人大二次会议主席团和秘书长名单草案审议情况的汇报，决定将名单草案提请十二届全国人大二次会议预备会议选举。会议通报了十二届全国人大二次会议主席团常务主席人选，提请十二届全国人大二次会议主席团第一次会议推选。会议听取了王晨作的关于十二届全国人大二次会议议程草案审议情况的汇报，决定将议程草案提请大会预备会议表决。会议还通报了十二届全国人大二次会议执行主席分组名单草案。

3月4日

［纲　文］　张德江在北京主持十二届全国人大二次会议预备会议。

［目　文］　全国人大常委会副委员长李建国、王胜俊、陈昌智、严隽琪、王晨、沈跃跃、吉炳轩、张平、向巴平措、艾力更·依明巴海、万鄂湘、张宝文、陈竺出席会议。十二届全国人大现有代表2983人。截至3月3日，已经向大会秘书处报到的代表2953人。4日的预备会议，出席2815人，缺席168人，出席人数符合法定人数。

会议的主要内容是：经表决，选举产生了十二届全国人大二次会议主席团和秘书长。大会主席团由176人组成，李建国为大会秘书长。根据表决通过的会议议程，十二届全国人大二次会议将听取和审议政府工作报告；审查和批准2013年国民经济和社会发展计划执行情况与2014年国民经济和社会发展计划草案的报告，批准2014年国民经济和社会发展计划；审查和批准2013年中央和地方预算执行情况与2014年中央和地方预算草案的报告，批准2014年中央预算；听取和审议全国人大常委会工作报告；听取和审议最高人民法院工作报告；听取和审议最高人民检察院工作报告等。

3月4日

［纲　文］　张德江在北京主持十二届全国人大二次会议主席团第一次会议。

［目　文］　会议推选了十二届全国人大二次会议主席团常务主席。主席团常务主席由十二届全国人大常委会委员长、副委员长、秘书长担任。主席团常务主席召集并主持主席团会议。会议表决通过了十二届全国人大二次会议日程。根据会议日程，这次大会定于3月5日上午开幕，3月13日上午闭幕，会期8天半。根据全国人大议事规则的规定，主席团第一次会议推选主席团成员若干人分别担任每次大会全体会议的执行主席。经过表决，会议推选了大会全体会议执行主席。会议经过表决，决定王晨、王万宾、傅莹、陈世炬、焦焕成为大会副秘书长，傅莹兼任大会发言人。会议经表决，决定了十二届全国人大

二次会议表决议案办法。会议决定,代表提出议案的截止时间为3月9日12时。

3月4日

［纲　文］　《人民日报》发表题为《为深化改革提供法治保障——二论把抓落实作为推进改革的重点》的评论员文章。

3月5日

［纲　文］　李海峰在全国政协机关会见列席全国政协十二届二次会议的海外侨胞。

［目　文］　全国政协副主席李海峰希望海外侨胞发挥自身优势,积极建言献策。

李海峰说,长期以来,广大海外侨胞心怀故土,以各种形式支持中国建设和发展,发挥了独特作用。邀请海外侨胞列席全国政协大会,充分体现了国家对几千万海外侨胞的高度重视和特殊关怀,也为海外侨胞了解中国经济社会发展情况、服务现代化建设提供了重要途径和平台。十八大提出了加强海内外中华儿女大团结的工作目标,十八届三中全会又为中国未来的改革发展勾画了宏伟蓝图,希望大家团结起来为实现中华民族伟大复兴的中国梦而努力。

自2001年至2014年间,全国政协共邀请了62个国家和地区的399位侨胞列席全国政协全体会议。2014年邀请了来自21个国家的35位侨胞代表列席政协大会。

3月5日

［纲　文］　国务院批复福建省人民政府,同意福州市科技园区更名为福州高新技术产业开发区。

［目　文］　国务院的批复说,福建省人民政府:你省《关于恳请将福州市科技园区更名为福州高新技术产业开发区的请示》收悉。现批复如下:同意福州市科技园区更名为福州高新技术产业开发区。

3月5日

［纲　文］　国家林业局印发《林业公益性行业科研专项管理实施细则(试行)》。

［目　文］　《实施细则(试行)》共10章57条,主要有:总则、组织管理、项目立项、项目实施、重大项目组织、经费管理、项目验收与绩效考评、监督管理、资产与知识产权管理、附则等内容。

《细则》指出,专项重点围绕林业科技的重点领域和优先主题,组织开展应急性、培育性、基础性科研工作。支持范围包括:(一)林业行业应用基础研究。(二)林业行业重大公益性技术前期预研。(三)林业行业实用技术研究开发。(四)国家标准和林业行业重要技术标准研究。(五)林业行业计量、检验检测技术研究。(六)林业行业应急技术研究。《细则》要求,应遵循以下四点专项管理原则:(一)明确目标,突出重点。(二)明确权责,规范管理。(三)科学安排,合理配置。(四)专款专用,追踪问效。《实施细则(试行)》自2014年3月1日起施行,有效期至2019年2月28日。

3月5日

［纲　文］　《人民日报》发表题为《为全面深化改革提供有力制度保障——热烈祝贺

十二届全国人大二次会议开幕》的社论。

3月5—13日

〔纲　文〕　中华人民共和国第十二届全国人大二次会议在北京举行。

〔目　文〕　习近平、李克强、俞正声、刘云山、王岐山、张高丽等党和国家领导人出席开幕式、闭幕式。全国人大常委会委员长张德江主持开幕式、闭幕式。

会议的主要内容：一、会议听取和审议了国务院总理李克强所作的政府工作报告。会议充分肯定国务院过去一年的工作，同意报告提出的2014年工作总体部署、目标任务和重点工作，决定批准这个报告。二、会议审查了国务院提出的《关于2013年国民经济和社会发展计划执行情况与2014年国民经济和社会发展计划草案的报告》及2014年国民经济和社会发展计划草案，同意全国人民代表大会财政经济委员会的审查结果报告。会议决定，批准《关于2013年国民经济和社会发展计划执行情况与2014年国民经济和社会发展计划草案的报告》，批准2014年国民经济和社会发展计划。三、会议审查了国务院提出的《关于2013年中央和地方预算执行情况与2014年中央和地方预算草案的报告》及2014年中央和地方预算草案，同意全国人民代表大会财政经济委员会的审查结果报告。会议决定，批准《关于2013年中央和地方预算执行情况与2014年中央和地方预算草案的报告》，批准2014年中央预算。四、会议听取和审议了张德江委员长受全国人大常委会委托所作的工作报告。会议充分肯定全国人大常委会过去一年的工作，同意报告提出的关于今后一年的主要任务，决定批准这个报告。五、会议听取和审议了张德江委员长受全国人大常委会委托所作的工作报告。会议充分肯定全国人大常委会过去一年的工作，同意报告提出的关于今后一年的主要任务，决定批准这个报告。六、会议听取和审议了周强院长所作的最高人民法院工作报告。会议充分肯定最高人民法院过去一年的工作，同意报告提出的2014年工作安排，决定批准这个报告。七、会议听取和审议了曹建明检察长所作的最高人民检察院工作报告。会议充分肯定最高人民检察院过去一年的工作，同意报告提出的2014年工作安排，决定批准这个报告。八、会议确认第十二届全国人民代表大会常务委员会第三次会议关于接受王晓辞去第十二届全国人民代表大会常务委员会委员及全国人民代表大会财政经济委员会委员职务的请求、陈斯喜辞去第十二届全国人民代表大会常务委员会委员及全国人民代表大会内务司法委员会副主任委员职务的请求的决定。

会议期间，习近平、李克强、张德江、俞正声、刘云山、王岐山、张高丽等党和国家领导人出席会议并参加代表团分组讨论，与人大代表们一起审议和讨论。

张德江在闭幕会上说，会议期间，代表们肩负全国各族人民的重托，认真履行宪法和法律赋予的职责，围绕大局、讲求实效、畅所欲言、集思广益，使会议批准的报告和通过的决议充分体现了党的主张和人民意志的统一。全面深化改革，是时代赋予我们的光荣任务。我们要全面贯彻落实党的十八大和十八届二中、三中全会精神，学习贯彻习近平总书记系列重要讲话精神，牢固树立进取意识、机遇意识、责任意识，紧紧依靠人民推动改革，坚定改革信心，把握改革方向，凝聚改革共识，抓好改革落实，一步步把改革蓝图变成现实,谱写改革开放伟大事业历史新篇章。

3月6日

[纲 文] 中国成为第四大欧洲专利申请国。

[目 文] 根据欧洲专利局6日公布的数据,2013年中国企业申请欧洲专利的数量为22292项,占全部欧洲专利申请数的8.4%,增长率高达16.2%。从数量上看,中国已经成为第四大欧洲专利申请国。

在数字通信领域技术专利申请方面,中国企业以15%的比例名列前茅。其中,华为排名第二,中兴通讯排名第七。同时,华为还是申请欧洲专利数量最多的中国企业,以1077项位列所有企业的第11位。

3月6日

[纲 文] "三八"妇女节中外妇女招待会在北京召开。

[目 文] 全国妇联副主席、书记处第一书记宋秀岩主持招待会。国务院副总理刘延东,中共中央政治局委员、国家副主席李源潮,全国人大常委会副委员长、民进中央主席严隽琪,全国人大常委会副委员长、全国妇联主席沈跃跃,国务委员杨洁篪,全国政协副主席李海峰,全国人大常委会原副委员长、全国妇联原主席彭珮云等同志出席了招待会。中央国家机关女部长,两院女院士,港澳地区人大女代表、政协女委员,在北京女将军等中国各界妇女代表;外国驻华女大使、使节夫人、女外交官,联合国系统驻华机构代表、在华工作的外国女专家及专家夫人等近1000人出席招待会。

全国妇联主席沈跃跃在招待会上致辞说,2013年全党全国各族人民在以习近平同志为总书记的党中央领导下,各项事业取得新的显著成就。全国妇联始终把联系和服务广大妇女作为工作生命线,中国妇女事业实现了新的发展。实现中华民族伟大复兴的中国梦,是包括广大妇女在内的13亿中国人民的共同梦想,希望广大妇女姐妹以实际行动为实现中国梦贡献智慧与力量。中国妇女愿与世界各国的妇女和妇女组织一道,为促进世界的持久和平与共同繁荣作出新的更大贡献。

3月6日

[纲 文] 文化部印发《关于调整和重新认定部分国家级非物质文化遗产代表性项目保护单位的通知》。

[目 文] 《通知》指出,为进一步加强国家级非遗代表性项目保护工作,明确和落实保护责任,决定对鼓舞(花钹大鼓)等121个国家级非遗代表性项目的保护单位进行调整和重新认定。《通知》说,进行此次调整的主要原因包括原保护单位不具备独立法人资格,因文化体制改革或行政区划调整导致单位名称发生变化等。

从2012年开始,文化部启动并实施了对国家级非遗代表性项目保护单位的动态化管理。2013年初首次下发了《文化部办公厅关于调整和认定国家级非物质文化遗产代表性项目保护单位的通知》,对433个第一、二批国家级非遗代表性项目保护单位进行了调整和重新认定。此次保护单位的调整和重新认定工作标志着文化部对国家级代表性项目保护单位的动态化管理工作进入了常态化阶段,今后文化部将定期对存在问题的保护单位进行调整、淘汰,以督促保护单位对项目进行有效保护。

3月6日

[纲　文]　中国人民银行、财政部、中国银行业监督管理委员会等七部门联合印发《关于全面做好扶贫开发金融服务工作的指导意见》。

[目　文]　《指导意见》由五部分组成:一、总体要求。二、重点支持领域。三、重点工作。四、保障政策措施。五、加强组织领导。

《意见》提出,力争贫困地区每年各项贷款增速高于当年贫困地区所在省(区、市)各项贷款平均增速,新增贷款占所在省(区、市)贷款增量的比重高于上年同期水平,到2020年使贫困地区金融服务水平接近全国平均水平,初步建成全方位覆盖贫困地区各阶层和弱势群体的普惠金融体系。中国官方对于金融支持扶贫工作日益关注。一个值得关注的细节是,在刚刚闭幕的全国"两会"上,政府工作报告所做的16处修改中,就包括了"在深化金融体制改革"一项中,增加一句"发展普惠金融",表明使金融改革发展成果更多更好地惠及民众的愿望。

《意见》关于未来相关工作重点的部署包括,完善扶贫贴息贷款政策,加大扶贫贴息贷款投放;优化金融机构网点布局,提高金融服务覆盖面;继续改善农村支付环境,提升金融服务便利度;加快推进农村信用体系建设,推广农村小额贷款;创新金融产品和服务方式,支持贫困地区发展现代农业;大力发展多层次资本市场,拓宽贫困地区多元化融资渠道;积极发展农村保险市场,构建贫困地区风险保障网络等。

《意见》还明确将进一步加大政策扶持力度。力争贫困地区支农再贷款额度占所在省的比重高于上年同期水平,对贫困地区符合条件的金融机构,其新增支农再贷款额度,可在现行优惠支农再贷款利率上再降1个百分点。

《意见》的实施范围为《中国农村扶贫开发纲要(2011—2020年)》确定的六盘山区、秦巴山区等区域的连片特困地区和已经明确实施特殊政策的西藏、四省藏区、新疆南疆三地州,以及连片特困地区以外的国家扶贫开发工作重点县,共计832个县。

3月6日

[纲　文]　交通运输部印发《关于促进道路运输行业集约发展的指导意见》。

[目　文]　《意见》由六部分组成:一、把发展龙头骨干企业作为促进道路运输行业集约发展的重要抓手。二、总体要求、基本原则和主要目标。三、营造良好发展环境。四、鼓励发展龙头骨干企业。五、发挥龙头骨干企业引领带动作用。六、健全工作保障机制。

《意见》要求,各级交通运输主管部门和道路运输管理机构,要按照本指导意见精神,因地制宜研究制定落实方案,加强政策引导,加大支持力度,完善服务举措,确保抓实见效。

3月6日

［纲　文］　国务委员杨洁篪同美国总统国家安全事务助理赖斯通电话。

［目　文］　杨洁篪阐述了中方原则立场，强调处理乌克兰事务应充分照顾乌各族人民的合法权益。当务之急是各方保持克制，坚持通过政治和外交途径解决危机，避免局势进一步升级。赖斯介绍了美方对当前乌克兰局势的看法和立场。双方还就中美关系交换了意见。

3月6—17日

［纲　文］　"献给母亲的歌——中国女美术家提名邀请展"在北京举办。

［目　文］　本次展览汇聚了来自全国各地的130多位女性美术家的作品，涵盖国画、油画、版画、雕塑等各大艺术门类。老中青不同年龄阶段参展者的作品风格各异，显示出当代女性美术家艺术创作多元化的特征，其中既有延续了写实路线的艺术家，也有继承并拓展了文人画传统的艺术家，还有勇于在当代艺术领域拓展新路的艺术家。艺术家以女性独特的视野、细腻的艺术手法表达着对艺术、社会和自然的思考，展现出女性艺术的独特魅力。

3月7日

［纲　文］　国务院公布修订后的《医疗器械监督管理条例》。

［目　文］　国务院令说，医疗器械的安全有效直接关系到人民群众身体健康、生命安全和生活质量。2000年4月1日起施行的《医疗器械监督管理条例》对规范医疗器械生产经营等行为、加强医疗器械管理、保障医疗器械安全、促进产业发展起到了积极作用，但在实施过程中也出现了一些不适应新形势的情形，例如分类管理制度不够完善、生产经营企业责任比较原则、监管力度不足、法律责任过于笼统等。此次修订，在完善分类管理、适当减少事前许可、加大生产经营企业和使用单位的责任、强化日常监管、完善法律责任等方面作了较大修改。

修订后的《条例》明确，第一，对医疗器械按照风险程度实行分类管理，按风险从低到高将医疗器械相应分为一、二、三类。第一类医疗器械实行产品备案管理，第二类、第三类医疗器械实施产品注册管理；第一类医疗器械生产实行备案管理，第二类、第三类医疗器械生产实行审批管理。同时放开第一类医疗器械的经营，对第二类医疗器械的经营实行备案管理，对第三类医疗器械的经营实行许可管理。第二，加大医疗器械生产经营企业在产品质量方面的控制责任，建立了经营和使用环节的进货查验及销售记录制度，增设了使用单位的医疗器械安全管理义务。第三，增设医疗器械不良事件监测制度、已注册医疗器械的再评价制度、医疗器械召回制度等，健全了管理制度，充实了监管手段；同时，强化了食品药品监管部门的日常监管职责，进一步规范了监管行为。第四，通过细化处罚、调整处罚幅度、增加处罚种类，增强了可操作性，加大了对严重违法行为的处罚力度。

修订后的《医疗器械监督管理条例》自2014年6月1日起施行。

3月7日

[纲　文]　国务院印发《关于进一步优化企业兼并重组市场环境的意见》。

[目　文]　《意见》由九部分组成：一、主要目标和基本原则。二、加快推进审批制度改革。三、改善金融服务。四、落实和完善财税政策。五、完善土地管理和职工安置政策。六、加强产业政策引导。七、进一步加强服务和管理。八、健全企业兼并重组的体制机制。九、切实抓好组织实施。

《意见》针对企业兼并重组面临的突出矛盾和问题，重点提出了七个方面的政策措施。一是加快推进审批制度改革。系统梳理相关审批事项，缩小审批范围，取消下放部分审批事项，优化企业兼并重组审批流程，简化相关证照变更手续。二是改善金融服务。优化信贷融资服务，丰富企业兼并重组融资渠道和支付方式，完善资本市场，发挥资本市场作用。三是落实和完善财税政策。完善企业所得税、土地增值税政策，扩大特殊性税务处理政策的适用范围，落实增值税、营业税等优惠政策，加大财政资金投入。四是完善土地管理和职工安置政策。完善土地使用优惠政策，加快办理相关土地转让、变更等手续。做好兼并重组企业职工安置工作，对有效稳定职工队伍的企业给予稳定岗位补贴。五是加强产业政策引导。发挥产业政策作用，促进强强联合，鼓励跨国并购，加强重组整合。六是进一步加强服务和管理。推进服务体系建设，建立统计监测制度，规范企业兼并重组行为。七是健全企业兼并重组的体制机制。充分发挥市场机制作用，消除跨地区兼并重组障碍，放宽民营资本市场准入，深化国有企业改革。

3月7日

[纲　文]　交通运输部印发《促进我国邮轮运输业持续健康发展的指导意见》。

[目　文]　《指导意见》由三部分组成：一、总体要求。二、主要任务。三、保障措施。《指导意见》指出，邮轮运输是邮轮经济的核心，在邮轮产业发展中具有关键性作用。发展邮轮运输业对促进国家海洋经济和旅游业发展战略的实施具有重要意义；有利于培育新的经济增长点，推动区域经济发展；有利于适应人民群众日益增长的物质文化需求，促进旅游业发展；有利于有效推动水运转型升级，拓展港航现代服务功能，提升现代服务业发展水平。要深入贯彻落实党的十八大和十八届三中全会精神，满足人民群众日益增长的邮轮旅游需求；以邮轮运输带动邮轮经济发展，将邮轮经济打造成新的经济增长点；遵循市场发展规律，积极开拓国际市场，不断开发国内市场；完善服务功能，提升服务质量，增强国际竞争力，促进邮轮运输业持续健康发展。《指导意见》强调要遵循以下原则：以人为本，服务经济。市场主导，政府引导。试点示范，探索创新。科学发展，安全绿色。

3月7日

[纲　文]　中国科学家庞国芳获2014年度哈维·W.威利奖。

[目　文]　国际分析化学家协会（AOAC INTERNATIONAL）将2014年度哈维·W.威利奖（Harvey W. Wiley Award）授予了中国工程院院士、中国检验检疫科学研究院首席科学家庞国芳，以表彰他"对各种农产品中1000多种农药和兽药残留微量元素，

研发色谱和质谱检测方法的卓越贡献"。

自1985年起，庞国芳致力于食品科学检测技术理论与实践的研究，在兽药、农药等化学污染物残留微量分析技术领域进行了开拓性的研究。他领头建立的一套测试体系使中国的蜂蜜、鸡肉、糙米、茶叶被全球市场认可。此次获奖，不仅体现了国际AOAC对他所取得的突出学术成就的高度认可，同时也是对中国研究与应用AOAC方法所作贡献的高度认可。

哈维·威利奖是以著名"纯食品药品法之父"——Harvey W. Wiley命名，于1956年设立，是AOAC国际最负盛名的科学荣誉奖，旨在表彰对分析方法技术研究做出杰出贡献的科学家和团队。庞国芳院士是设立此奖以来第58位获奖科学家，也是第一位获此殊荣的中国学者。

3月7日

[纲　文] 全国人大外事委员会负责人就美国国会议员会见十四世达赖喇嘛发表谈话。

[日　文] 谈话全文如下：3月6日，美国国会领导人及少数议员不顾中方严正交涉，执意会见达赖，这违背美方不支持"藏独"的承诺，是对中国内政的严重干涉。中国全国人大对此表示强烈不满和坚决反对。

西藏自古以来就是中国领土神圣不可分割的一部分，藏族一直是中国多民族大家庭中的重要成员。1959年西藏通过民主改革，废除了旧西藏实行的政教合一的封建农奴制度，西藏百万农奴得到翻身解放，西藏的发展迎来新篇章。

在中央政府和全国人民的关心支持下，依照宪法和民族区域自治法等法律的规定，西藏各族人民的宗教信仰自由得到充分保障，传统文化得到继承和发展，当地生产、生活水平得到了巨大改善。

多年来，十四世达赖从来没有真正放弃"藏独"的主张。他披着宗教外衣，打着人权旗号，标榜所谓"中间道路"，兜售"大藏区高度自治"，真实目的是分裂国家、破坏民族团结。西藏事务纯属中国内政。中国政府和人民坚决反对任何国家允许达赖前往窜访，坚决反对任何国家政要以任何形式会见达赖，坚决反对任何人试图干涉中国内政、损害中国国家主权和统一。

中国全国人大强烈敦促美国国会认真对待中方严正关切，恪守美方承认西藏是中国一部分、不支持"藏独"的承诺，停止利用涉藏问题干涉中国内政，多做有利于两国人民友好和中美关系发展的事。

3月7日

[纲　文] 《人民日报》发表题为《唱好经济体制改革重头戏——三论把抓落实作为推进改革的重点》的评论员文章。

3月7日

[纲　文] 《人民日报》发表题为《推进志愿服务制度化建设》的评论员文章。

3月7—16日

［纲　文］　中国队参加在俄罗斯举行的第十一届冬季残疾人奥运会。

［目　文］　运动会在索契菲施特奥林匹克体育场举行，来自45个国家和地区的近550名运动员角逐高山滑雪、冬季两项、越野滑雪、轮椅冰壶和雪橇曲棍球5个大项、72个小项的比赛。中国代表团此次共派出10名运动员参加越野滑雪和轮椅冰壶两个大项的比赛。中国运动员虽未实现奖牌"零"的突破，但首次出征残奥会的中国轮椅冰壶队获得第四名，创造历届冬季残奥会最好成绩。

3月8日

［纲　文］　中国和土库曼斯坦合作委员会人文合作分委会第三次会议在北京召开。

［目　文］　文化部副部长丁伟说，2013年9月，习近平主席成功对土库曼斯坦进行首次国事访问，两国正式建立战略伙伴关系，这对中土关系具有里程碑式的重要意义。人文合作是中土战略伙伴关系的重要组成部门，中方重视同土方开展人文合作。2013年习近平主席提出共建"丝绸之路经济带"倡议，中方愿同土方探讨在这一倡议框架下开展合作，为实现两国"民心相通"做出积极努力。土库曼斯坦文化部副部长沙穆拉多夫说，近年来，在分委会框架内，两国人文领域的合作逐步深入。2013年9月，60余名中国艺术家赴土举办了精彩的"中国文化日"演出和展览，受到了土库曼斯坦民众的热烈欢迎。希望今年9月在华举办的"土库曼斯坦文化日"能够取得同样的成功，为进一步加深中土两国人民的相互了解和友谊做出新贡献。

在本次会议中，分委会双方主席还就中土人文合作分委会第二次会议纪要落实情况、进一步开展人文领域各方面交流与合作的设想和建议以及召开分委会第四次会议等问题达成共识，为分委会今后的工作规划了方向。会后双方主席共同签署了会议纪要。

3月8日

［纲　文］　中国建成最大的省级海洋综合执法船。

［目　文］　"中国海监8001"是目前中国建成最大的省级海洋综合执法船，该船于2012年2月由广州黄埔船厂开工建造，总长88.9米、型宽12.2米、型深6.3米，满载排水量1750吨，定员50人，续航力5000海里，抗风能力10级，设有直升机起降平台，具有良好的适航性能，能适应执法要求，在大风浪等恶劣海况条件下进行有效巡逻。

3月8日

［纲　文］　《人民日报》发表题为《深化改革需要"她力量"》的评论员文章。

3月8日

［纲　文］　马来西亚航空公司飞往北京的MH370客机失联，习近平作出指示，李克强对救援善后工作作出批示。

［目　文］　北京时间3月8日0时42分，马来西亚航空公司一架波音777型客机执行从马来西亚吉隆坡飞往北京（MH370）航班任务，机上共搭乘239人，包括150多

名中国乘客。1时20分,飞机与地面失去联系。

事故发生后,中共中央总书记习近平立即作出重要指示,要求外交部和我有关驻外使领馆加强与所在国有关部门的联系,全力做好应急处置和中国公民善后工作。交通运输部、民航局等有关部门要立即启动应急机制,积极配合做好相关工作。国务院总理李克强对救援善后工作作出批示,要求有关部门与马方民航部门加强沟通联系,督促加大搜寻力度,与外方共同做好应急救援准备。

3月9日

[纲　文]　国家主席习近平同德国总理默克尔通电话。

[目　文]　习近平积极评价中德关系发展,期待对德国进行国事访问,并同默克尔总理就双边关系及共同关心的国际和地区问题深入交换意见。

默克尔表示,德国政府和人民期待着习近平主席来访,正在积极筹备,相信访问一定会取得成功,推动德中战略伙伴关系进一步发展。默克尔就马来西亚航空公司客机失去联系事件表示慰问。

习近平表示,中方正在同马来西亚等有关国家保持沟通,全力以赴进行搜救,不放弃拯救生命的努力。默克尔通报了德方对当前乌克兰局势的看法及斡旋努力,表示德方希望通过对话寻求妥善解决问题。德方重视中国的作用,愿同中方加强沟通。习近平指出,当前乌克兰局势十分复杂,处理起来需要全面考量和权衡。中方也在密切跟踪形势。我们呼吁各方保持克制,在法律和秩序框架内,通过对话和谈判政治解决有关分歧,避免局势进一步升级。中方支持国际社会为缓和局势所作的建设性努力和开展的斡旋行动。希望德方同其他有关各方继续沟通,中方愿同德方保持联系。

3月10日

[纲　文]　国家主席习近平同美国总统奥巴马通电话。

[目　文]　两国元首就中美关系及乌克兰局势交换意见。

习近平表示,2013年,我同奥巴马总统两次会晤,达成了一系列重要共识,推动中美关系进入构建新型大国关系新阶段。中方愿同美方一道努力,坚持构建新型大国关系大方向,尊重和照顾彼此核心利益和重大关切,加强对话、互信、合作,推动中美关系持续健康稳定发展。我期待着不久后同奥巴马总统再次会晤,欢迎你的夫人米歇尔女士近期访华。

奥巴马表示,自从2013年我们在安纳伯格庄园会晤以来,美中关系取得了积极进展。2014年是美中建交35周年。美方希望两国在一系列重大问题上的合作取得新成果。我期待着很快同习近平主席会晤。我的夫人也非常期盼即将访华。

奥巴马就马来西亚航空公司客机失去联系事件表达慰问,表示美方愿同中方在搜救方面全力开展合作。习近平表示,我们对包括中国、美国乘客在内的机上人员的安危深感担忧。我已在第一时间责成中方有关部门全力开展搜救并做好应急和后续工作。中方将同美方继续保持密切联系。

奥巴马还对云南昆明严重暴力恐怖事件遇难者表示哀悼，表示美国谴责一切形式的恐怖主义，愿同中方开展反恐合作。习近平说，恐怖主义是人类的共同敌人。中方愿同包括美方在内的国际社会加强合作，共同打击各种形式的恐怖主义。

奥巴马介绍了美方对当前乌克兰局势的看法。习近平说，中方在乌克兰问题上秉持客观公正态度。乌克兰形势十分复杂，当务之急是各方保持冷静克制，避免局势进一步紧张升级。要坚持通过政治和外交途径解决危机。希望有关各方通过沟通和协调，妥善处理相关分歧，为推动乌克兰问题政治解决作出努力。中方对一切有助于乌克兰局势缓和的建议和方案持开放态度，愿同美方及有关各方继续保持沟通。

3月10日
　［纲　文］　国务院印发《关于支持福建省深入实施生态省战略加快生态文明先行示范区建设的若干意见》。
　［目　文］　《意见》由八部分组成：一、总体要求；二、优化国土空间开发格局；三、加快推进产业转型升级；四、促进能源资源节约；五、加大生态建设和环境保护力度；六、提升生态文明建设能力和水平；七、加强生态文明制度建设；八、保障措施。

《意见》要求，福建省人民政府要切实加强组织领导，细化目标任务，完善工作机制，落实工作责任，确保意见各项任务措施落到实处。国务院有关部门要结合各自职能，加大对福建省生态文明建设的支持力度，指导和帮助解决实施过程中遇到的困难和问题。发展改革委要会同有关部门加强对本意见实施情况的督促检查，重大问题及时向国务院报告。

3月10日
　［纲　文］　国家邮政局印发《无法投递又无法退回快件管理规定》。
　［目　文］　《规定》由19条组成。《规定》指出，既无法投递又无法退回的邮件即为无着快件，快递企业应当安排专门场地对无着快件进行保管，保管期限自登记之日起不少于一年。无法投递快件，需满足收件人通讯地址和联系方式不详或错误、收件人死亡且无合法权利继承人或代收人、收件人拒收快件或者拒付应付的费用、快件保管期届满收件人仍未领取等情形。无法退回快件，包括寄件人通讯地址和联系方式不详或错误、寄件人声明放弃、快件退回后寄件人拒收或者拒付应付的费用、快件保管期届满寄件人仍未领取等情形。快递企业对无着快件的保管期限尚未届满，且依照快递服务合同约定应当提供查询服务的，用户出具相关交寄证明进行查询并核实的，应当予以投递或退回，资费应当按照双方签订的快递服务合同执行。对于超过保管期限的无着快件，快递企业可以依据管理制度进行开拆处理。《规定》自发布之日起施行。

3月10日
　［纲　文］　《人民日报》发表题为《从严上要求，向实处着力》的评论员文章。

3月11日

[纲　文]　中共中央办公厅、国务院办公厅印发《关于厉行节约反对食品浪费的意见》。

[目　文]　《意见》由八部分组成：一、杜绝公务活动用餐浪费；二、推进单位食堂节俭用餐；三、推行科学文明的餐饮消费模式；四、减少各环节粮食损失浪费；五、推进食品废弃物资源化利用；六、加大宣传教育力度；七、健全法律法规；八、加强监督检查。

《意见》指出，人口众多、土地资源相对不足是我国基本国情，我国粮食供求长期处于紧平衡状态。但受讲排场、比阔气、爱面子等不良风气影响，加之相关监管制度不健全，目前我国食品浪费现象广泛存在，人民群众对此反映强烈。厉行节约反对食品浪费，既是保障国家粮食安全的迫切需要，也是弘扬中华民族勤俭节约传统美德、加快推进资源节约型、环境友好型社会建设的重要举措。

《意见》强调，各地区各有关部门要充分认识厉行节约反对食品浪费的重要意义，切实增强责任感和紧迫感，加强组织领导，明确分管领导，建立健全工作机制，抓紧制定具体实施方案并抓好落实。国家发展改革委、财政部要加强统筹指导和协调推动，各有关部门要积极配合，共同推进反对食品浪费工作，努力使厉行节约反对浪费在全社会蔚然成风。

3月11日

[纲　文]　国务院批复江西、福建、广东省人民政府和国家发展改革委，同意赣闽粤原中央苏区振兴发展规划。

[目　文]　国务院的批复说，江西、福建、广东省人民政府和发展改革委：发展改革委《关于报送赣闽粤原中央苏区振兴发展规划（送审稿）的请示》收悉。现批复如下：一、原则同意《赣闽粤原中央苏区振兴发展规划》（以下简称《规划》），请认真组织实施。二、《规划》实施要以邓小平理论、"三个代表"重要思想、科学发展观为指导，深入贯彻党中央、国务院各项决策部署，全面落实《国务院关于支持赣南等原中央苏区振兴发展的若干意见》（国发〔2012〕21号）精神，进一步解放思想、深化改革、扩大开放，着力承接沿海地区产业转移，推动产业结构优化升级；着力加快基础设施建设，增强发展的支撑能力；着力加快新型城镇化进程，促进城乡一体化发展；着力推进生态文明建设，提高生态保障能力；着力保障和改善民生，切实提高公共服务能力，努力走出一条欠发达地区实现跨越式发展的新路子，使原中央苏区广大人民早日过上富裕幸福的生活，确保与全国同步实现全面建成小康社会的奋斗目标。三、江西、福建、广东省人民政府要切实加强对《规划》实施的组织领导，完善工作机制，落实工作责任，制定实施意见和具体工作方案，推进重点领域改革和体制机制创新，确保《规划》确定的目标任务如期实现。重要政策和重大建设项目要按规定程序报批。四、国务院有关部门要按照职能分工，落实工作任

务，加强协调指导和信息沟通，在政策实施、项目建设、资金投入、体制创新等方面给予积极支持，帮助解决《规划》实施中遇到的困难和问题，为赣闽粤原中央苏区振兴发展营造良好政策环境。五、发展改革委要加强对《规划》实施情况的跟踪分析和督促检查，适时组织开展《规划》实施情况评估，重大问题及时向国务院报告。加快赣闽粤原中央苏区振兴发展，对于探索革命老区扶贫攻坚新路子、推动实现跨越式发展、全国同步实现全面建成小康社会的奋斗目标，具有十分重要的意义。各有关方面要进一步统一思想认识，大力弘扬苏区精神，坚定信心、密切协作，加大支持力度、奋力攻坚克难，狠抓《规划》落实，不断开创赣闽粤原中央苏区振兴发展的新局面。

3月11日

[纲　文]　财政部印发《农村金融机构定向费用补贴管理办法》。

[目　文]　《办法》共6章26条，主要有：总则、补贴条件和标准、补贴资金预算管理、补贴资金的申请、审核和拨付、监督管理、附则等部分内容。《办法》所称新型农村金融机构，是指经中国银行业监督管理委员会批准设立的村镇银行、贷款公司、农村资金互助社3类农村金融机构。《办法》自2014年4月11日起施行。财政部2010年印发的《中央财政农村金融机构定向费用补贴资金管理暂行办法》（财金〔2010〕42号）同时废止。

3月11日

[纲　文]　《人民日报》发表题为《以核心价值凝聚精神动力——四论把抓落实作为推进改革的重点》的评论员文章。

3月12日

[纲　文]　中共中央、国务院印发《国家新型城镇化规划（2014—2020年）》。

[目　文]　《规划》共8篇31章，主要有：一、规划背景；二、指导思想和发展目标；三、有序推进农业转移人口市民化；四、优化城镇化布局和形态；五、提高城市可持续发展能力；六、推动城乡发展一体化；七、改革完善城镇化发展体制机制；八、规划实施。制定实施《规划》，努力走出一条以人为本、四化同步、优化布局、生态文明、文化传承的中国特色新型城镇化道路，对全面建成小康社会、加快推进社会主义现代化具有重大现实意义和深远历史意义。

3月12日

[纲　文]　住房和城乡建设部印发《城市轨道交通建设工程质量安全事故应急预案管理办法》。

[目　文]　《管理办法》共8章29条，主要有：总则、预案编制和内容、预案评审和发布、预案备案、演练和培训、评估和修订、人力和经费保障、附则等内容。《管理办法》指出，为规范城市轨道交通建设工程质量安全事故应急预案（以下简称应急预案）管理，完善应急预案体系，增强应急预案的针对性、实用性和可操作性，依据《中华人民共和国突发事件应对法》、《建设工程安全生产管理条例》和《突发事件应急预

案管理办法》等有关法规、规定，制定本办法。《管理办法》规定，县级以上地方人民政府承担城市轨道交通建设工程质量安全监督管理职责的部门、建设单位、施工单位的应急预案编制、评审、发布、备案、培训、演练、评估和修订等工作适用本办法。应急预案管理应当遵循综合协调、分级负责、属地为主、企地衔接、动态管理的原则。应急预案应当符合有关法律、法规、规章和上级预案的规定，符合工作实际和工程项目实际情况。《管理办法》自印发之日起施行。

3月12日

［纲　文］　海关总署公布《海关总署关于废止部分规章的决定》《中华人民共和国海关进口货物直接退运管理办法》《海关加工贸易货物监管办法》。

［目　文］　《海关总署关于废止部分规章的决定》指出，为了适应经济社会发展需要，切实推动简政放权、转变职能，深化行政审批制度改革，现决定废止2004年1月19日以海关总署第109号令发布的《中华人民共和国海关关于加工贸易保税货物跨关区深加工结转的管理办法》、2004年11月30日以海关总署令第119号发布的《中华人民共和国海关对报关员记分考核管理办法》、2006年3月20日以海关总署第146号令公布的《中华人民共和国海关报关员执业管理办法》以及2010年3月1日以海关总署第187号令公布的《中华人民共和国海关报关员资格考试及资格证书管理办法》。

《中华人民共和国海关进口货物直接退运管理办法》指出，为了加强对进口货物直接退运的管理，保护公民、法人或者其他组织的合法权益，根据《中华人民共和国海关法》制定本办法。《办法》规定，货物进境后、办结海关放行手续前，进口货物收发货人、原运输工具负责人或者其代理人将全部或者部分货物直接退运境外，以及海关根据国家有关规定责令直接退运的，适用本办法。进口转关货物在进境地海关放行后，当事人办理退运手续的，不适用本办法，当事人应当按照一般退运手续办理。2007年2月2日以海关总署令第156号公布的《中华人民共和国海关进口货物直接退运管理办法》同时废止。

《海关加工贸易货物监管办法》指出，为了促进加工贸易健康发展，规范海关对加工贸易货物管理，根据《中华人民共和国海关法》以及其他有关法律、行政法规，制定本办法。《办法》规定，本办法适用于办理加工贸易货物手册设立、进出口报关、加工、监管、核销手续。加工贸易经营企业、加工企业、承揽者应当按照本办法规定接受海关监管。2004年2月26日以海关总署令第113号发布，并以海关总署令第168号、195号修改的《中华人民共和国海关对加工贸易货物监管办法》同时废止。

3月12日

［纲　文］　**中国木偶皮影艺术学会年会在湖南省长沙市召开。**

［目　文］　此次年会由联合国教科文组织国际木偶联会中国中心、中国木偶皮影艺术学会主办，湖南省木偶皮影艺术保护传承中心承办。来自北京、上海、广西、河北、山西等10多个省区市的木偶皮影艺术院团负责人和50余位专家参加了会议。与会专家就新时期木偶皮影艺术保护、传承、创新发展和人才培养等问题进行了探讨。广西木偶剧团、

扬州市木偶研究所、湖南省木偶皮影艺术保护传承中心等单位开展的公益展演，以及漳州市木偶剧团、广东省木偶艺术剧院有限公司等单位开展的木偶皮影艺术进校园、下基层活动受到表彰。

中国木偶皮影艺术学会是木偶皮影工作者探讨艺术的群众性学术团体，于1980年在北京成立。

3月12日

[纲　文] 《人民日报》发表题为《为改革构筑司法保障和治理根基——五论把抓落实作为推进改革的重点》的评论员文章。

3月13日

[纲　文] 国务院总理李克强应约同波兰总理图斯克通电话。

[目　文] 图斯克首先对马来西亚航空公司客机失去联系事件向中方表示慰问。李克强感谢图斯克的慰问，表示中方正在同有关国家密切合作，加大对马航失联客机的搜寻力度，妥善处理相关事宜。

关于中波关系，李克强表示，中方高度重视发展同波兰的关系，愿在相互尊重、平等相待原则基础上，推动两国战略伙伴关系取得更大发展。我们也期待波兰作为中东欧重要国家和欧盟成员，为促进中国—中东欧国家合作和中欧关系发展作出新贡献。图斯克表示，2013年我们在布加勒斯特成功会晤，就深化波中关系与合作达成许多共识。波方愿与中方共同努力，推动两国关系发展和中东欧国家与中国合作取得更多成果。

图斯克介绍了波方对当前乌克兰局势的看法。李克强阐述了中方有关原则立场，着重指出，乌克兰局势十分敏感，需要政治解决。中方一直秉持公正和客观态度，积极劝和促谈。我们呼吁有关各方保持冷静克制，在法律和秩序框架内，通过对话和谈判寻求政治解决有关分歧。中方愿与国际社会一道，为推动政治解决乌克兰危机发挥建设性作用。

3月13日

[纲　文] 中国银行业监督管理委员会公布《中国银监会农村中小金融机构行政许可事项实施办法》。

[目　文] 《办法》指出，为规范银监会及其派出机构实施农村中小金融机构行政许可行为，明确行政许可事项、条件、程序和期限，保护申请人合法权益，根据《中华人民共和国银行业监督管理法》、《中华人民共和国商业银行法》和《中华人民共和国行政许可法》等法律、行政法规及国务院有关决定，制定本办法。《办法》所称农村中小金融机构包括：农村商业银行、农村合作银行、农村信用社、村镇银行、贷款公司、农村资金互助社等。银监会及其派出机构依照《中国银行业监督管理委员会行政许可实施程序规定》和本办法，对农村中小金融机构实施行政许可。

《办法》共8章130条，自公布之日起施行。《中国银行业监督管理委员会农村中小金融机构行政许可事项实施办法》（中国银行业监督管理委员会令2008年第3号）同时废止。

3月13日

〔纲　文〕　环境保护部批准《水质 汞、砷、硒、铋和锑的测定 原子荧光法》等两项标准为国家环境保护标准，自2014年7月1日起实施。

3月13日

〔纲　文〕　世界知识产权组织在日内瓦发布报告称，2013年中国专利申请量位居全球第三。

〔目　文〕　2013年全球国际专利申请量首次突破20万大关，其中中国取代德国成为世界第三，中国中兴公司和华为公司均位列全球企业专利申请量的前三位。

3月13日

〔纲　文〕　《人民日报》发表题为《发扬民主优势 激活改革动力——热烈祝贺全国政协十二届二次会议胜利闭幕》的社论。

3月13—16日

〔纲　文〕　应国家副主席李源潮邀请，沙特阿拉伯王国王储兼副首相、国防大臣萨勒曼·本·阿卜杜勒阿齐兹·阿勒沙特亲王对中国进行正式访问。

〔目　文〕　访问期间，国家主席习近平、国务院总理李克强、国家副主席李源潮、国务委员兼国防部长常万全在北京分别会见了萨勒曼王储。中沙双方对建交24年以来两国关系取得的长足发展表示满意，双方表示，愿共同努力，进一步提升中沙战略性友好关系水平。

中国国家主席习近平会见萨勒曼王储时说，中方始终视沙特为中国在中东海湾地区的好朋友、好兄弟、好伙伴，发展同沙特长期友好合作关系是中方既定方针和长远政策。中沙双方要保持高层交往，继续在涉及彼此核心利益问题上相互理解和支持。中国支持沙特选择适合本国国情的发展道路。双方要以能源合作为支柱，拓展航天、新能源等高技术领域合作，打造更为紧密的伙伴关系。中方欢迎沙特参与丝绸之路经济带和21世纪海上丝绸之路建设，推进交通基础设施互联互通，促进文明对话和人文交流。中方愿与沙特共同努力，加快推进中国—海合会自由贸易区谈判。双方还要加强防务安全合作，共同打击恐怖主义。萨勒曼介绍了沙特对中东海湾地区热点问题的看法和立场，赞赏中方一贯秉持的客观公正立场，希望中方为早日解决巴勒斯坦、叙利亚等问题，推动实现中东海湾地区无核化发挥建设性作用。

国务院总理李克强会见萨勒曼时说，沙特是中国在中东海湾地区的重要战略合作伙伴，中方愿与沙特密切高层交往，加强能源合作，推进铁路、核电等基础设施领域合作，推动中沙战略性友好关系不断得到巩固和深化。李克强指出，中国高度重视发展同海湾合作委员会各国的关系。我们愿与沙特等海合会成员国一道，尽快重启中海自贸区谈判，全面提升中沙、中海经贸合作。萨勒曼表示，欢迎中国企业赴沙投资，将提供必要的便利和支持。海合会国家都期待扩大同中国的合作，沙特将继续为推进海中自贸区建设、加强海中合作发挥积极作用。

国家副主席李源潮与萨勒曼举行会谈时说，两国应巩固政治互信，拓展能源、基建、高科技、安全、反恐等领域合作，加快推进中国和海合会自贸区谈判，加强在丝绸之路经济带、21世纪海上丝绸之路建设方面的合作，不断开创中沙关系新局面。萨勒曼表示，沙特高度重视与中国的友好合作，此访与中方达成广泛共识，将有力促进两国更广泛的战略合作。会谈后，双方共同出席质检、投资、空间科技等领域文件签字仪式。

国务委员兼国防部长常万全会见萨勒曼时说，中沙两军合作为双边关系发展发挥了重要作用。中方愿继续加强与沙方在防务和军事领域的合作，将两军关系提升至新的水平。萨勒曼表示，沙中两军合作是两国战略友好关系的基础。沙中加强交流与合作符合两国人民的共同利益，也有利于地区和世界的和平与稳定。

3月14日

［纲　文］　全面改善贫困地区义务教育薄弱学校基本办学条件电视电话会议在北京召开。

［目　文］　本次会议由国家教育体制改革领导小组组织召开。国务院副总理、国家教育体制改革领导小组组长刘延东出席会议。各市、县（市、区）政府主要负责人、分管教育工作负责人以及有关部门负责人在各市、县（市、区）分会场出席会议。

刘延东指出，近年来，贫困地区义务教育的普及水平和经费保障取得重大成就，但仍是薄弱环节。刘延东要求，要认真贯彻习近平总书记、李克强总理关于贫困地区义务教育发展的重要指示精神，加大支持力度，全面改善贫困地区义务教育薄弱学校基本办学条件，保基本、补短板、促公平，增强下一代人脱贫致富能力。扶贫先启智，治贫须重教。各地区各有关部门要落实党中央、国务院的战略部署，采取切实措施，加快改善贫困地区所有薄弱学校的基本教学条件，完善必要的生活设施。要着力解决贫困地区义务教育的特殊困难，办好必要的村小学和教学点，尽快解决县镇学校大班额问题，协同关爱留守儿童健康成长。要提高教师教学水平，让好教师下得去、留得住、教得好。要加快教育信息化建设步伐，把优质教育资源输送到贫困地区，推动教育均衡发展。要坚持立德树人，不断提高教育质量，促进贫困地区学生全面发展。

3月14日

［纲　文］　教育部办公厅和农业部办公厅联合印发《中等职业学校新型职业农民培养方案（试行）》。

［目　文］　《方案》由十一部分组成：一、指导思想；二、招生对象；三、培养目标；四、基本学制；五、专业类别；六、课程设置；七、教学形式；八、教学管理；九、考试考核；十、学分制；十一、教学保障。

《方案（试行）》要求培养具有高度社会责任感和职业道德、良好科学文化素养和自我发展能力、较强农业生产经营和社会化服务能力的新型职业农民。《方案（试行）》规定，新型职业农民中等职业教育实行2—6年弹性学制，采用半农半读、农学交替等方式来分阶段学习。招生重点为专业大户、家庭农场经营者、农民合作社负责人和农村基层干部等，年龄50岁以下。《方案（试行）》规定，除理论教学外，新型职业农民培养特别注重实验实习、专业见习、技能实训、岗位实践等实践教学，分为种植、畜禽养殖、水产养殖、农业工程和经济管理5个专业类，每个专业类包含若干专业方向。专业方向可以根据农业产业和农村经济社会发展的需要以及各地农业农村人才培养的特点进行动态调整。

3月14日

［纲　文］　国家海洋局发布《2013年中国海平面公报》。

［目　文］　《公报》显示，我国沿海海平面变化总体呈波动上升趋势，高于全球平均水平，2013年沿海海平面较常年高95毫米，较2012年低27毫米，为1980年以来第二高位。2013年沿海海平面变化呈现南北高中间低的特征，渤海和南海沿海海平面上升幅度均超过100毫米，黄海和东海沿海海平面上升幅度均低于90毫米。《公报》提示，海平面上升导致滨海低地被淹没、风暴潮、洪涝、海岸侵蚀、海水入侵与土壤盐渍化等灾害加剧，破坏海岸带生态系统，威胁沿海基础设施安全，影响沿海居民正常生产、生活。沿海地区应加强海平面上升影响评估和脆弱区划，并根据经济社会发展程度，海岸防护和生态保护并重，采取防护、后退和顺应等适应策略应对海平面上升。

3月14日

［纲　文］　《人民日报》发表题为《以法治促改革 以民主聚力量社论——热烈祝贺十二届全国人大二次会议胜利闭幕》的评论员文章。

3月14日

［纲　文］　中国科学院院士、中国工程院院士，原建设部副部长周干峙在北京逝世，享年84岁。

3月15日

［纲　文］　中央军委深化国防和军队改革领导小组第一次全体会议在北京召开。

［目　文］　中央军委主席、中央军委深化国防和军队改革领导小组组长习近平主持会议，中央军委深化国防和军队改革领导小组副组长范长龙、许其亮，中央军委深化国防和军队改革领导小组成员出席会议。会议宣布了中央军委深化国防和军队改革领导小组人员组成和机构设置，审议通过了有关工作规则和改革重要举措分工方案，研究了近期工作。

习近平在讲话中指出，国防和军队改革是全面改革的重要组成部分，也是全面深化改革的重要标志。军委对贯彻落实党的十八届三中全会精神高度重视、抓得很紧，各级各部门迅速行动，全军上下形成了拥护支持改革的浓厚氛围。要因势而谋，顺势而为，狠抓落实，确保深化国防和军队改革工作起好步、开好局。要继续加强教育和引导工作，使全军从全局和战略高度认识和把握深化国防和军队改革的重大意义和丰富内涵，把思想和行动统一到中央和军委的决策部署上来，形成深化国防和军队改革的强大合力。

习近平说，要着眼实现强军目标，正确把握深化国防和军队改革的指导原则。要牢牢把握坚持改革正确方向这个根本。深化国防和军队改革是中国特色社会主义军事制度自我完善和发展，是为了更好发挥中国特色社会主义军事制度的优势。改革是要更好坚持党对军队的绝对领导，更好坚持人民军队的性质和宗旨，更好坚持我军的光荣传统和优良作风。要牢牢把握能打仗、打胜仗这个聚焦点。坚持以军事斗争准备为龙头，坚持问题导向，把改革主攻方向放在军事斗争准备的重点难点问题上，放在战斗力建设的薄弱环节上。要牢牢把握军队组织形态现代化这个指向。没有军队组织形态现代化，就没有国防和军队现代化。要深入推进领导指挥体制、力量结构、政策制度等方面改革，为建设巩固国防和强大军队提供有力制度支撑。要牢牢把握积极稳妥这个总要求。该改的就要抓紧改、大胆改、坚决改。同时，重大改革举措牵一发而动全身，必须稳妥审慎。改革举措出台之前，必须反复论证和科学评估，力求行之有效。领导小组要履职尽责，对改革工作实施坚强领导。要强化集中统一领导，搞好总体设计、统筹协调、整体推进、督导落实，确保各项改革工作统一谋划、统一部署、统一推进、统一实施。要坚持科学议事决策，坚持走群众路线，充分发扬民主，广泛听取各方面意见。

3月15日

[纲 文] **王岐山在北京出席2014年中央巡视工作动员部署会。**

[目 文] 中央纪委书记、中央巡视工作领导小组组长王岐山在会议上指出，巡视是党要管党、从严治党的重要手段。党中央高度重视巡视工作。中央政治局常委会三次听取汇报，习近平总书记均发表重要讲话，为巡视工作指明了方向。2014年要全面完成对地方的常规巡视。要紧扣"四个着力"，瞪大眼睛发现问题，不能睁一只眼闭一只眼。要加强对党风廉政建设主体责任、监督责任落实情况和组织纪律执行情况的监督检查。要用好巡视成果，分类处置，做到件件有着落。被巡视单位党组织要狠抓整改落实，对整改不彻底、措施不到位的，要严肃问责。整改情况在党内通报的同时向社会公布，接受党内、群众和媒体的监督。要落实党的十八届三中全会精神，改进中央和省区市巡视制度，逐步做到对地方、部门、企事业单位全覆盖。要实施组织制度创新，机动灵活开展专项巡视，使之成为高悬的达摩克利斯之剑。要创新方式方法，经过实践探索，逐步完善成熟形成制度。权力就是责任，责任就要担当。要加强对巡视工作的统一领导，各地区、各部门党委（党组）要坚决落实中央要求，层层传导压力。中央巡视组要坚持党性原则，认真履职。对重大问题应该发现而没有发现就是失职，发现问题没有客观汇报就是渎职，必须依纪依规追究责任。要认真落实中央八项规定精神，严格遵守政治纪律、组织纪律、工作纪律和保密纪律，密切联系群众，展现优良作风，不负重托，不辱使命。

中央巡视工作领导小组副组长赵乐际、赵洪祝出席会议。中央巡视组2014年对北京、天津、辽宁、福建、山东、河南、海南、甘肃、宁夏、新疆、新疆生产建设兵团开展了常规巡视，同时对科技部、复旦大学、中粮集团开展了专项巡视。

3月15日

［纲　文］　中共中央依照党的纪律条例，决定对徐才厚涉嫌违纪问题进行组织调查。

［目　文］　中共中央依照党的纪律条例，决定对徐才厚涉嫌违纪问题进行组织调查。经审查，徐才厚利用职务便利，为他人晋升职务提供帮助，直接和通过家人收受贿赂；利用职务影响为他人谋利，其家人收受他人财物，严重违反党的纪律并涉嫌受贿犯罪，情节严重，影响恶劣。6月30日，中央政治局会议决定给予徐才厚开除党籍处分，对其涉嫌受贿犯罪问题及线索移送最高人民检察院授权军事检察机关依法处理。中央军委决定开除徐才厚军籍、取消其上将军衔。10月27日，徐才厚涉嫌受贿犯罪案移送审查起诉。军事检察院对中央军委原副主席徐才厚涉嫌受贿犯罪案件侦查终结，移送审查起诉。徐才厚对受贿犯罪事实供认不讳。2015年3月15日，由于徐才厚病亡，军事检察院对徐才厚作出不起诉决定，其涉嫌受贿犯罪所得依法处理。

3月16日

［纲　文］　《人民日报》发表题为《改革决策取决于人民利益——六论把抓落实作为推进改革的重点》的评论员文章。

3月16—26日

［纲　文］　"丹青楚韵——湖北省中国画作品展"在北京中国美术馆举行。

［目　文］　此次作品展由湖北省委宣传部、湖北省文化厅、湖北省文联与中国美术馆共同主办。这是新世纪以来湖北中国画作品第一次集体进京展出。本次展览集中展出了一批湖北知名国画家的精品力作96幅，既是对湖北中国画坛艺术创作和学术研究成果的一次总结，也是湖北中国画创作最新成果面向全国的一次呈现。这些作品创作题材各异、表现方法不同，真实地折射出湖北中国画传承创新的进取历程。在随后举行的学术研讨会上，来自全国的数十位美术界专家围绕湖北省中国画创作进行了学术探讨。

3月17—18日

［纲　文］　习近平在河南省兰考县调研指导党的群众路线教育实践活动。

［目　文］　中共中央总书记习近平深入农村和窗口服务单位，考察黄河兰考东坝头段，了解黄河防汛和滩区群众生产生活情况，同干部群众交流座谈、听取意见和建议，实地指导兰考县教育实践活动。王沪宁、赵乐际、栗战书和中央有关部门负责人陪同调研。

习近平在调研中指出，乡村面临的不少矛盾，与上级政策指导和工作作风有关。在教育实践活动中，要坚持上下联动，共同解决难题。教育实践活动要确立一个较高标准，并严格按标准抓部署、抓落实、抓检查。要把握好节律，解决复杂矛盾先行探索。要用好批评和自我批评武器。要坚持开门搞活动，让群众大胆提意见、评头品足。要严格督导把关，及时发现和帮助解决工作推进中的苗头性、倾向性问题。教育实践活动的主题与焦裕禄精神是高度契合的，要把学习弘扬焦裕禄精神作为一条红线贯穿活动始终。要组织党员、干部把焦裕禄精神作为一面镜子，深入查摆自己在思想境界、素质能力、作风形象等方面存在的问题和不足，努力向焦裕禄同志看齐。要进一步把农村党组织建设成为坚强的战斗堡垒，多渠道发挥农村党员先锋模范作用。广大基层干部要认真组织并带头参加好教育实践活动，推动乡村工作上台阶。

3月17日

[纲　文]　国务院办公厅印发《2014年政府信息公开工作要点》。

[目　文]　《要点》由八部分组成：一、加强主动公开工作，全面贯彻落实《条例》；二、推进行政权力运行信息公开；三、继续推进财政资金信息公开；四、加强公共资源配置信息公开；五、加强公共服务信息公开；六、推动公共监管信息公开；七、认真做好依申请公开工作；八、加强制度建设和基础建设。

《要点》指出，各行政机关要把政府信息主动公开工作作为推进依法行政的重要手段，不断扩大公开范围，细化公开内容。加强新闻发言人制度和政府网站、政务微博微信等信息公开平台建设，充分发挥广播电视、报刊、新闻网站、商业网站等媒体的作用，切实做好社会关切事项回应工作。

《要点》要求，各地区、各部门要重点围绕行政权力运行、财政资金管理使用、公共资源配置、公共服务和公共监管5个方面做好政府信息公开工作。一是坚持依法行政，加大行政机关行政审批、行政许可、行政处罚等信息公开力度，推进行政权力公开透明运行。二是进一步推进政府预算决算、部门预算决算、"三公"经费、财政审计结果和整改情况等信息公开工作，让"财政资金"在阳光下运行。三是着力抓好征地拆迁、土地使用权出让、产权交易、政府采购、保障性住房分配等方面的信息公开，建立征地信息查询制度，全面公开城镇保障性安居工程建设项目信息、保障性住房分配和退出信息，逐步建立政府采购预算、执行、结果全过程信息公开制度。四是建立健全公共服务信息公开制度，深化高校招生和财务、科技管理和项目经费、医疗卫生领域医疗服务收费、就业、社会保障等方面的信息公开。五是加强环境保护、安全生产、国有企业财务、食品药品安全等监管信息公开，推动信用信息公开。

3月17日

[纲　文]　文化部、中国人民银行、财政部联合印发《关于深入推进文化金融合作的意见》。

[目　文]　《意见》由四部分组成：一、充分认识深入推进文化金融合作的重要意义。二、创新文化金融体制机制。三、创新符合文化产业发展需求特点的金融产品与服务。四、加强组织实施与配套保障。

《意见》针对目前文化金融中介服务薄弱的状况，明确提出加强文化金融服务中介服务体系建设，落实普惠金融理念，加强文化产业融资担保等瓶颈领域的建设，破解文化企业特别是小微文化企业"轻资产"、融资难的困境。《意见》首次提出"探索个人资产抵质押等对外担保的模式",这是让《关于加快发展对外文化贸易的意见》落地的具体举措。《意见》的出台,是继 2014 年 3 月国务院《关于加快发展对外文化贸易的意见》、国务院《关于推进文化创意和设计服务与相关产业融合发展的若干意见》后,又一为文化产业发展提供利好的重大政策。

3月17日

[纲　文]　教育部办公厅、国家卫生计生委办公厅印发《关于陕西、吉林两地个别幼儿园违规开展群体性服药事件的通报》。

[目　文]　《通报》说,据报,陕西省西安市宋庆龄基金会枫韵幼儿园和鸿基祥园幼儿园、吉林省吉林市高新区芳林幼儿园违规给幼儿集体服用处方药品"病毒灵",严重违反了《教育部办公厅、卫生部办公厅关于加强和规范学生健康服务工作管理的通知》的管理要求,造成严重的社会影响,有关部门正在依法依规进行查处。为防止类似事件再次发生,维护儿童身体健康,特予以通报并明确以下要求:一、严格规范幼儿及中小学生健康服务管理。各地教育、卫生计生行政部门及幼儿园、中小学校必须按照有关文件规定,严格管理幼儿及学生健康服务工作。二、立即组织力量开展幼儿园及中小学校健康服务管理的拉网式排查。教育、卫生计生行政部门要密切配合,对幼儿园及中小学校落实健康服务管理有关文件情况进行排查,重点检查行政区域内幼儿园是否有违规组织幼儿群体服药的行为,并于 4 月 10 日前完成全部排查工作。对反映和暴露的问题,要认真核实查处,强化责任追究,严肃处理责任人,并通报查处结果。请于 4 月 15 日前将排查和查处情况分别报送教育部体卫艺司和国家卫生计生委妇幼司。

3月17日

[纲　文]　全国人大常委会委员长张德江在北京会见由美国国会众议院"美中工作小组"共同主席波斯坦尼和拉森率领的代表团。

[目　文]　张德江说,刚刚闭幕的十二届全国人大二次会议,围绕全面深化改革总目标,充分发扬民主,严格依法办事,确定了 2014 年中国经济社会发展的目标任务,也再一次向世界昭示了中国走和平发展道路的坚定决心。构建中美新型大国关系是两国元首达成的重要共识,符合双方的共同利益,双方要相互尊重,加强合作,管控分歧,切实把这一重要共识落到实处。中国全国人大重视同美国国会的交流,欢迎更多的美国会议员来华交流访问,增进共识,共同推动中美关系持续健康发展。

波斯坦尼和拉森表示,愿继续为增进美中两国人民友谊贡献力量。

3月18日

[纲　文]　全军军史编写工作会议在北京召开。

[目　文]　中央军委副主席范长龙出席会议并讲话。会议由总政治部副主任、全军军史编写领导小组副组长殷方龙主持,总参谋长助理、全军军史编写领导小组副组长陈勇对《中国人民解放军军史》第七卷编写及第八卷预研工作进行部署,军事科学院

院长、全军军史编写领导小组副组长刘成军就《中国人民解放军军史》编写若干问题作了说明。全军军史编写领导小组成员、各大单位领导、军史编写组成员共60人参加会议。

范长龙指出，计划编写的《中国人民解放军军史》第七卷，记述的是改革开放后至上世纪90年代初我军建设发展的历史，也是开辟中国特色精兵之路的历史，对于我军沿着正确方向不断前进、实现党在新形势下的强军目标，具有重要借鉴作用。要以对历史高度负责、对党和军队事业高度负责的精神，完成好这次军史编写任务。要认真学习贯彻习主席系列重要讲话精神，扎实做好军史编写工作，深入学习、研究、宣传和弘扬我军光荣历史，为实现党在新形势下的强军目标作出应有贡献。要认真学习中国特色社会主义理论体系，学习习主席系列重要讲话精神特别是关于国防和军队建设重要论述，确立马克思主义历史观，确保军史编写工作的正确方向。要突出重点内容，做到真实可信，讲求可读性，打造鼓舞激励人、启迪教育人的精品力作。各级党委要重视和支持这项工作，组织精干力量，把部署的任务完成好。各级领导干部要带头学史用史，肩负起带领部队实现强军目标的历史责任。

3月18日

［纲　文］　卫生和计划生育委员会、教育部、中医药管理局公布《医师资格考试报名资格规定（2014版）》，自公布之日起施行。

3月18—19日

［纲　文］　国务院总理李克强、国务委员杨洁篪在北京分别会见乌干达外长库泰萨。

［目　文］　李克强在会见库泰萨时表示，中国和非洲同属发展中世界。中国一直同包括乌干达在内的广大非洲国家同呼吸，共命运。中国将继续支持非洲和平与发展事业，巩固中非传统友谊，推动中非友好合作。我期待年内访非，促进中非关系在新的历史起点上继续向前发展。李克强指出，作为世界和平的维护者、共同发展的促进者，联合国肩负着维护国际关系基本准则的神圣职责。中方坚定支持联合国以及联大发挥更大作用，抓住发展这个关键词，积极制定2015年后发展议程，多为非洲国家谋利益，多为发展中国家做好事和实事。

库泰萨表示，中国长期以来为广大非洲国家的民族独立和国家发展提供了宝贵支持和无私帮助，在国际事务中坚定维护非洲国家利益，是非洲国家的可靠朋友。非方期待李克强总理尽早访非，相信此访将推动非中关系取得更大发展。乌干达等非洲国家愿与中方一道，加强互利合作，密切在联合国等多边机构中的协调配合，维护共同利益，促进世界的和平与发展。

杨洁篪在会见库泰萨时表示，中国重视乌干达在地区和国际事务中的重要作用．愿与乌方根据习近平主席和穆塞韦尼总统达成的共识，共同推动中乌各领域合作深入发展。双方就中乌关系、非洲局势等交换了看法。

3月18—20日

[纲　文]　应国务院总理李克强邀请,新西兰总理约翰·基对中国进行工作访问。

[目　文]　国家主席习近平在会见约翰·基时表示,过去一年来,我们三次见面,这充分体现了中新双方对两国关系的高度重视。你的这次访问富有成果,特别是双方宣布人民币和新元直接交易,这是两国合作新的亮点。双方要加强农牧业合作,同时拓展绿色经济、节能减排、高科技等领域合作,促进文化、教育、旅游交流。中方愿同新方共同努力,推动中新全面合作关系在相互尊重、互利共赢基础上再上新台阶。约翰·基表示,中国已成为新西兰最大贸易伙伴、最大海外留学生来源国和第二大海外游客来源国。新方欢迎中方投资。新方将以负责任的态度、最严格的标准,确保输华食品的质量。我对双边贸易额2020年达到300亿新元的目标有信心。新方支持中方2014年11月成功主办亚太经合组织领导人非正式会议。

国务院总理李克强在与约翰·基会谈时说,中新建交42年来,两国关系取得跨越式发展。中方愿与新方继续本着相互尊重、互利共赢的原则,增进政治互信,拓展务实合作,密切人文交流,推动两国关系向前发展。你此次访华,我们共同宣布人民币同新西兰元直接交易,这将有利于降低两国经济主体汇兑成本,促进双边经贸金融合作,要把这件好事办好。希望新方继续支持中国金融机构在新设立分支机构,向新企业积极推介使用人民币,夯实和扩大双边金融合作基础。希望双方充分发挥中新自贸协定的积极效应,着重推进农牧业等重点领域合作。希望新方放宽对中国技术工人和原材料进入新西兰的限制,为中国企业提供必要便利。中国2014年下半年将举办亚太经合组织第二十二次领导人非正式会议。中方愿同新方加强多边协调合作,共同推动会议取得积极务实成果,促进区域经济一体化和共同发展。约翰·基表示,新中关系十分紧密,两国各领域合作成果丰硕。新方坚定致力于发展对华关系,愿同中方共同做好新西兰元和人民币直接交易,并以此为契机,进一步扩大贸易、投资、金融、教育、旅游等各领域合作。新方充分理解中国消费者对食品安全的关切,将采取更加严格的措施,确保输华食品的质量。会谈后,两国总理共同出席了人民币与新西兰元直接交易的宣布仪式。

副总理刘延东在会见约翰·基时表示,双方应从战略高度重视强化人文纽带,不断提升在教育、科技、文化、旅游、体育等领域交流与合作水平,坚定不移地将人文交流打造为推动中新关系发展的重要支柱和引擎。约翰·基表示,新方希望有更多的中国游客和学生到新西兰参观、学习。新方愿与中方共同努力,继续推进两国人文交流与合作。

3月19日

[纲　文]　**李克强主持召开国务院常务会议。**

[目　文]　会议主要内容有:一、会议指出,十二届全国人大二次会议通过的《政府工作报告》,明确了2014年政府工作任务"清单",这是政府对人民的庄严承诺。国务院各部门、各单位要按照统一部署,把落实报告提出的各项任务作为履职尽责的重点,保

持良好精神状态，集中精力，扑下身子着力谋发展、抓改革、调结构、惠民生，努力完成2014年经济社会发展预期目标，交出一份合格的"答卷"，不辜负人民群众的期望。二、确定了2014年政府工作15个方面共55项重点任务，并分解到国务院各部门、各单位。会议强调，做好2014年工作，既要整体推进，也要突出重点、抓住焦点。一要坚持向深化改革要动力。大力推进简政放权、财税金融、国有企业、发展混合所有制经济、有序放宽市场准入等重点领域和关键环节改革，以结构改革推进结构调整，使改革与宏观经济运行和解决人民群众关心的问题协同推进。有利于促进解决当前发展瓶颈障碍的改革措施，要加快推出、尽早见效，进一步激发市场活力和社会创造力。各项重点工作都要以改革的精神来推进。二要努力保持经济运行处在合理区间。面对错综复杂的经济形势，加强分析研判，及时发现苗头性、倾向性问题，切实防范化解各类风险。抓紧出台已确定的扩内需、稳增长措施，加快重点投资项目前期工作和建设进度，及时拨付预算资金。落实和完善促就业政策措施，多渠道增加就业岗位。保持物价总水平基本稳定。三要着力提质增效升级、持续改善民生。抓好农业生产，促进2014年粮食丰产、农民增收。落实国家新型城镇化规划，按期完成包括棚户区改造在内的保障性安居工程建设任务。推动科技创新和管理创新，淘汰落后产能，促进产业升级。强化大气、水和土壤污染治理，加强生态保护和建设。继续推进医改，保障食品安全，实施好《社会救助暂行办法》，完成农村饮水安全、扶贫减贫等目标，筑牢保基本、兜底线的民生"安全网"。三、会议要求，各部门、各单位要立足全局，创造性地抓好落实，一把手要负总责。牵头部门要发挥主导作用，协办部门要积极配合，形成工作合力。强化公开，引入第三方评估，接受人民监督。各部门、各单位落实分工的具体措施要抓紧上报，国务院将加强督促检查，确保任务落实到位、取得实效。四、会议指出，不得新建政府性楼堂馆所，是国务院"约法三章"的重要内容，是新一届政府加强政风建设的重大举措。从前段时间的专项督查情况看，绝大多数地区和部门能够做到令行禁止，但个别地方仍存在违规建设、整改不力、追责不到位等问题。为此查处了一批违规案件，处理党员干部147人，给予党纪政纪处分55人。会议强调，要加大工作力度，严防反弹和松懈。一要严格监督执纪。有令必行，有禁必止。对违规批准和新建的，一律从严处理，决不姑息。二要公开曝光违规新建项目，任何单位和个人不得遮掩、"护短"。三要对违规建设项目狠抓整改落实、限期完成，逾期不改或整改不到位的，严肃问责。四要建立长效机制，推动监督检查常态化，防止公共资金用于新建政府性楼堂馆所，把宝贵的资金更多用于保障和改善民生。

3月19日

[纲　文]　国务院总理李克强在北京会见出席第三次中印战略经济对话的印方主席阿鲁瓦利亚。

[目　文]　李克强表示，中印互为重要邻国，双边关系发展势头良好。2014年是"中印友好交流年"，中方愿与印方共同努力，巩固政治互信，扩大全方位合作，将中印战略合作伙伴关系推上新水平。李克强指出，当前中印都面临加快经济转型、发展经济、

改善民生同节能环保、促进可持续发展相结合的共同任务。希望双方发挥好两国25亿人口的独特巨大优势，抓住发展机遇，深化城镇化、信息通信、高技术等领域合作，将中国高铁、能源等装备制造的技术和成本优势同印度市场需要紧密结合，携手推进孟中印缅经济走廊建设，促进区域互联互通和一体化。

阿鲁瓦利亚表示，2013年两国总理实现互访，极大促进了双边关系发展。当前印中合作面临难得机遇，印方愿与中方一道，办好"印中友好交流年"庆祝活动，加强产业园区、铁路、能源、城镇化等合作，推动印中关系发展取得新成果。印方欢迎更多中国企业赴印投资，将为此提供便利。

3月19日

[纲　文] 中国拥有完整知识产权的第三代核电品牌"华龙一号"研发成功。

[目　文] "华龙一号"由中核集团与中国广核集团合作研发设计，选用中核集团ACP1000技术的177堆芯，核燃料采用中核集团开发的CF自主品牌。采用了双安全壳、多种供电方式等一系列先进技术，可有效应对地震和海啸等自然灾害，避免类似福岛核事故的发生。

"华龙一号"凝聚了我国30余年核电科研、设计、制造、建设和运行经验，深刻汲取了福岛核事故教训，充分借鉴了国际三代核电非能动安全的先进理念，可满足国际最先进的法规标准，并已在海外市场开发的目标国进行专利布局，能够合法确保不侵犯国外核电公司的知识产权。"华龙一号"的诞生让我国核电技术站在了世界的前沿，成为我国核电"走出去"的重要支撑。

3月19日

[纲　文] 国家能源局印发《电网安全风险管控办法（试行）》。

[目　文] 《办法（试行）》共8章33条，主要有：总则、电网安全风险识别、电网安全风险分级、电网安全风险监视、电网安全风险控制、风险管控与其他工作的衔接、工作实施和监督管理、附则等部分内容。

《办法（试行）》说，为了有效防范电网大面积停电风险，建立以科学防范为导向，流程管理为手段，全过程闭环监管为支撑的全面覆盖、全程管控、高效协同的电网安全风险管控机制，制定本办法。《办法（试行）》指出，风险根据形成原因可以分为内在风险和外在风险。《办法（试行）》要求，电网企业及其电力调度机构、发电企业、电力用户在电网安全风险管控中负主体责任，国家能源局及其派出机构负责电网安全风险管控工作的监督管理。《办法（试行）》自公布之日起试行。

3月19日

[纲　文] 国家公共文化服务体系建设协调组成立暨第一次全体会议在北京召开。

[目　文] 国家公共文化服务体系建设协调组由文化部、中共中央宣传部、中央机构编制委员会办公室、中央精神文明建设指导委员会办公室、国家发展和改革委员会、教育部、科技部、财政部、人力资源和社会保障部、国家质检总局、新闻出版广电总局、体育总局、国家文物局、国务院扶贫开发领导小组办公室、全国总工会、共青团中央、全国

妇联、中国残联、中国科协、国家标准委组成。协调组主要任务是负责全国公共文化服务体系建设重大事项的协商和部署。协调组制定公共文化服务基本保障标准、技术标准和评价标准，逐步建立起较为完善的基本公共文化服务标准体系框架，实现各级政府保障责任和义务的标准化，公共文化设施建设、管理和服务的标准化，工作评价的标准化。协调组的成立，标志着国家层面的公共文化服务协调机制正式运转。

会议讨论了《公共文化服务体系建设协调机制工作方案》《基本公共文化服务标准化工作方案》《贫困地区公共文化服务体系建设工作方案》等文件，并审议通过了《国家公共文化服务体系建设协调组议事规则》和《成员单位职责分工方案》。会议要求，协调组成立后，将重点抓好以下工作：一是协调推进重大公共文化服务法规、政策、标准的制定、实施和考核；二是建立稳定的公共文化服务保障机制；三是推动基层公共文化资源共建共享；四是统筹实施公共文化服务重大工程；五是加强各级各类公共文化队伍建设；六是以贫困地区为突破口促进公共文化服务均等化发展。

3 月 19 日
［纲　文］　中国首个区域教育质量健康指数发布。
［目　文］　该指数评价为全国首套完全独立于教育行政部门，基于以北京师范大学牵头的多家协同单位力量共同研发，服务于基础教育质量改进与提升的第三方评价体系。指数不仅涵盖了品德发展水平、学业发展水平、身心发展水平、兴趣特长养成和学业负担状况等《中小学教育质量综合评价指标框架（试行）》要求的五个方面，同时将影响学生发展的学生个体、学校、家庭和社会因素纳入评价体系。

该指数首次提出区域教育质量健康体检的概念，为全面转变以应试教育为指挥棒、以分数论"英雄"的教育质量评价观提供了新思路。

3 月 19 日
［纲　文］　国家副主席李源潮和外交部部长王毅在北京分别会见哈萨克斯坦外长伊德里索夫。
［目　文］　李源潮在会见中说，中哈是友好邻邦，在维护稳定、实现发展方面具有广泛共同利益。中方愿同哈方共同努力，积极落实两国领导人重要共识，加强高层交往，全面深化各领域合作，确保中哈全面战略伙伴关系在高水平上不断向前发展。伊德里索夫表示，哈方视中国为最优先的合作伙伴之一，愿积极参与丝绸之路经济带建设，推动两国关系迈上新台阶。

王毅在会见中说，双方要做好 2014 年两国高层互访的筹备工作，开好 2014 年在上海举行的亚信峰会，共同建设"丝绸之路经济带"，为地区和平与发展作出积极贡献。伊德里索夫表示，哈方将全力支持中国担任亚信主席国的有关工作，愿积极参与中方倡议的"丝绸之路经济带"建设。

3 月 19 日
［纲　文］　国家海洋局发布《2013 年中国海洋灾害公报》。

[目　文]　《公报》显示，2013年我国海洋灾害以风暴潮、海浪、海冰和赤潮灾害为主，绿潮、海岸侵蚀、海水入侵与土壤盐渍化、咸潮入侵等灾害也均有不同程度发生，各类海洋灾害造成直接经济损失163.48亿元，死亡（含失踪）121人。在2013年各类海洋灾害中，造成直接经济损失最严重的是风暴潮灾害，占全部直接经济损失的94%；人员死亡（含失踪）全部由海浪灾害造成。单次灾害过程中，造成直接经济损失最严重的是"天兔"台风风暴潮灾害，为64.93亿元；造成死亡（含失踪）人数最多的是"蝴蝶"台风浪灾害，为63人。《公报》显示，2013年，海洋灾害直接经济损失最严重的省份是广东省，因灾直接经济损失74.41亿元；较严重的是福建省和浙江省，因灾直接经济损失分别为45.08亿元和28.23亿元。与近10年海洋灾害平均状况相比，2013年海洋灾害直接经济损失高于平均值，死亡（含失踪）人数低于平均值。在近5年中，2013年海洋灾害直接经济损失列第一位，死亡（含失踪）人数列第二位。

3月19日

[纲　文]　《人民日报》发表题为《以焦裕禄精神为标杆》的评论员文章。

3月20日

[纲　文]　**国家主席习近平同澳大利亚总理阿博特通电话。**

[目　文]　阿博特就马来西亚航空公司客机失联事件向习近平表示慰问，并通报了澳方参与搜救工作进展最新情况，表示澳方将继续尽一切努力开展搜救和调查，愿同中方通力合作，保持沟通，及时互通相关信息。

习近平感谢阿博特通报及澳方给予的合作，表示这是一起非常不幸的事件。客机失联以来，包括154名中国同胞、6名澳大利亚公民等在内的机上各国人员的生命安危一直牵动着我们的心。我在第一时间就责成中方有关部门全力以赴参与搜救，并做好一切应急处置工作。包括澳大利亚在内的多国积极参加了搜救。我们对澳方在南线开展的搜救工作表示赞赏。目前，搜救工作难度较大，有关海域情况复杂，但只要有一线希望，就要做百分之百的努力。希望澳方及有关各方继续全力以赴展开搜救，并在第一时间向中方通报情况，也希望澳方为中方搜救工作提供协助。中方愿同澳方保持密切沟通和配合。值此困难时刻，中澳真诚合作，显示出两国人民的心是相通的。

3月20日

[纲　文]　**全国政协在北京召开双周协商座谈会。**

[目　文]　全国政协主席俞正声主持会议。座谈会就"安全生产法修正"主题展开交流。全国政协副主席张庆黎、卢展工、周小川出席座谈会。全国政协副主席陈晓光作了发言。国家安监总局局长介绍了安全生产工作和安全生产法修订的有关情况。住房和城乡建设部、国务院国有资产监督管理委员会、国务院法制办公室的负责人与委员们交流互动。

座谈会上，全国政协委员汤维建、周纪昌等专家学者，对安全生产法修订提出意见建议。委员们认为，安全生产事关人民群众生命财产安全，事关改革开放、经济发展和社会稳定大局。委员们建议，要按照建设法治国家、法治政府和法治社会的要求，体现以人为本、安全发展战略；加强对安全生产的服务与监督，理顺监管体制，特别是安监部门综合监管和行业直接监管的体制关系；从法律上强化明晰生产经营单位的主体责任，提高责任认定的可操作性；提高对违法行为的惩处标准，增强责任追究的有效性，加大责任追究的严厉性；进一步改变从业人员的安全培训模式，发挥行业协会等社会组织的作用，促进安全生产有效治理。

《中华人民共和国安全生产法》于2002年制定，实施12年来，对预防和减少生产安全事故，保障人民群众生命财产安全发挥了重要作用。但随着近年来我国经济社会快速发展，我国安全生产的形势仍然比较严峻，包括全国政协委员在内的各界人士呼吁修法工作刻不容缓。在经过广泛调研、多方征求意见的基础上，2014年1月，国务院第36次常务会议讨论通过了《安全生产法修正案（草案）》。此次全国政协双周协商座谈会第一次将法律修订作为协商座谈的议题。

3月20日

［纲　文］　文化部印发《关于贯彻落实〈国务院关于推进文化创意和设计服务与相关产业融合发展的若干意见〉的实施意见》。

［目　文］　《实施意见》由六部分组成：一、深刻领会、准确把握推进文化创意和设计服务与相关产业融合发展的重大意义和工作思路；二、提升文化产业的创意水平和整体实力；三、充分发挥文化创意和设计服务对相关产业发展的支持作用；四、实施重要文化产业促进计划与工程；五、落实支持政策和保障措施；六、加强组织实施。

《实施意见》着眼于创意设计、动漫游戏、演艺娱乐、艺术品、工艺美术等重点领域，明确了各个领域的发展举措，着重提升其创意水平和原创能力。在此基础上，《实施意见》进一步细化了发挥文化创意和设计服务对制造业、建筑业、信息产业、旅游业、农业、体育产业等领域支持作用的具体措施，实现文化产业与相关产业相互促进、共同发展。

《实施意见》要求，各级文化行政部门要认真学习、深刻认识《若干意见》的重大意义，领会精神实质，按照本实施意见要求，在党委、政府的领导下，统一思想，提高认识，把文化创意和设计服务与相关产业融合发展列入重要议事日程，结合本地区实际制定配套政策措施，创造性地抓好组织实施。要主动加强与发展改革、财政、教育、科技、土地、税务、金融等部门的沟通协调，把各项政策措施落到实处。推进文化产业促进立法进程。充分发挥各级各类文化产业协（学、商）会、中介组织、研究机构等在提供政策咨询、加强行业自律、促进行业发展、维护企业合法权益、制定行业标准等方面的重要作用。

3月20日

［纲　文］　国家海洋局发布《2013年海域使用管理公报》。

［目　文］　《公报》从海域管理政策法规、海洋功能区划管理、海域使用权管理、海域使用金管理等11个方面，对2013年全国海域使用管理情况进行了全面总结。

《公报》指出，2013年全国各级海洋行政主管部门以科学发展观为指导，以合理配置海域资源、保障海洋经济发展为第一要务，坚持"五个用海"，加快转变政府职能，优化海洋空间开发布局，集约节约利用海域和岸线资源，海域管理各项工作扎实推进。《公报》显示，2013年，全国共征收海域使用金108.9亿元，首次突破百亿元大关。共颁发《海域使用权证书》7315本，新增确权海域面积35.49万公顷。

3月20日

［纲　文］　中共中央政治局常委刘云山在北京会见由党主席、国家大呼拉尔副主席米·恩赫包勒德率领的蒙古人民党代表团。

［目　文］　刘云山说，中国的发展得益于改革，中共十八届三中全会制订了全面深化改革的路线图、时间表，我们将扎实推进各项改革任务，通过改革更好促进国家发展、增进人民福祉，为世界和平发展作出贡献。中方将坚持"亲、诚、惠、容"理念，同蒙方加强政党、政府、议会和民间团体交流，增进政治互信；加强矿产资源、基础设施等领域务实合作，实现互利共赢。

恩赫包勒德说，很高兴在蒙中建交65周年之际访华。通过考察中国地方经济社会发展情况，亲身感受了中国改革开放成就。此次访问通过两党深入交流，将进一步深化两国关系的发展和各领域的务实合作。

全国政协副主席、中联部部长王家瑞参加会见。

3月20日

［纲　文］　《人民日报》发表题为《用法治方式化解信访难题》的评论员文章。

3月20日

［纲　文］　《人民日报》发表题为《抓作风必先强党性》的评论员文章。

3月20—26日

［纲　文］　应国家主席习近平夫人彭丽媛邀请，美国总统奥巴马夫人米歇尔·奥巴马访问中国。

［目　文］　21日，国家主席习近平和夫人彭丽媛在钓鱼台国宾馆会见米歇尔。习近平说，你们这次访问以教育为主题，这很好。中美教育交流发展很快。中美关系对两国和世界都十分重要。我珍视同奥巴马总统业已建立的良好工作关系和友谊。我相信，通过双方共同努力，中美关系一定会朝着构建新型大国关系的目标不断向前发展。米歇尔向习近平转达奥巴马总统的问候。她表示，我们全家感谢习近平主席会见和彭丽媛女士邀请，感谢中方热情接待。我希望未来有更多机会来中国访问。我鼓励我的女儿和美国青少年多了解和学习其他国家的传统和文化。彭丽媛说，中美文化和教育各有特色，可以互学互鉴。希望更多的美国朋友能够分享你们在中国的见闻，也希望你们把中国人民的友谊传递给美国人民。

除北京外，米歇尔一行还访问了西安和成都。米歇尔的母亲罗宾逊夫人，女儿玛利亚和萨莎陪同她一起访华。期间，彭丽媛陪同米歇尔及家人参观访问了故宫和北京师范大学第二附属中学。

3月21日

[纲　文]　中国残疾人福利基金会成立30周年纪念会在北京举行。

[目　文]　习近平致信祝贺。中共中央政治局常委、全国政协主席俞正声出席纪念会并讲话。部分曾担任基金会理事会名誉职务的老同志、有关部门负责人等约360人出席会议。

习近平的贺信说，残疾人是一个特殊困难的群体，需要格外关心、格外关注。让广大残疾人安居乐业、衣食无忧，过上幸福美好的生活，是我们党全心全意为人民服务宗旨的重要体现，是我国社会主义制度的必然要求。30年来，在党和政府支持下，中国残疾人福利基金会始终高举人道主义旗帜，为残疾人谋福祉，为改善残疾人生活状况、推动社会文明进步作出了积极贡献。希望基金会继承发扬优良传统，切实履行职责，锐意进取、扎实工作，为推动残疾人共享我国经济社会发展成果，为帮助残疾人在实现中华民族伟大复兴的中国梦中实现自己的人生理想，作出更大贡献。

俞正声在纪念会上的讲话指出，党的十八大和十八届三中全会对关爱残疾人、发展残疾人事业提出了明确要求，为进一步做好残疾人工作指明了方向。要全面贯彻落实党的十八大、十八届三中全会精神和习近平总书记系列重要讲话精神，发扬优良传统，及时总结经验，进一步做好保障残疾人权益、改善残疾人民生的各项工作，推动残疾人事业又好又快发展，努力实现残疾人与全国人民同步小康。要充分认识发展残疾人事业的重要意义，全心全意为残疾人办实事、做好事，大力营造尊重关爱残疾人的良好社会环境，不断提升我国残疾人事业发展水平。中国残疾人福利基金会要全面加强自身建设，始终做到廉洁自律，自觉接受社会监督，努力把基金会建设成为公开、透明、高效率和高公信力的世界一流基金会。各级党委、政府要一如既往地关心和支持残疾人事业发展，为残疾人事业发展创造良好条件。

中国残疾人福利基金会是全国性5A级公募基金会，成立于1984年3月15日，宗旨是弘扬人道，奉献爱心，全心全意为残疾人服务。

3月21日

[纲　文]　国务院在山东省济宁市召开全国春季农业生产暨森林草原防火工作会议。

[目　文]　国务院总理李克强作出批示说：春为岁首，农为行先。当前抓好春季农业生产对于巩固经济稳中向好势头、稳定市场供应和价格具有重要意义。各地区、各有关部门要贯彻落实中央农村工作会议和政府工作报告精神，着力抓好春耕备耕、田间管理等各项工作，落实扶持政策，加强指导服务，保质保量完成春播面积，力争夏粮和全年农业再获好收成。要加强森林草原防火和动物疫病防控，搞好春季造林绿化。同时，积极推进农村改革，创新体制机制，推动现代农业加快发展。

国务院副总理汪洋出席会议并在讲话中指出，要认真贯彻落实李克强总理重要批示精神，切实增强责任感和紧迫感，迅速掀起春季农业生产热潮，努力促进农业增产农民增收，为经济社会稳定发展奠定坚实基础。要认真落实支持农业发展的各项政策，以明确的政策导向、清晰的市场信号、稳定的增收预期，调动农民生产积极性。切实抓好农业科技服务，加强农资供应和监管、涉农信贷资金投放、动植物病虫害防控等工作，满足农民春耕备耕需要。加大农田水利建设投入，强化气象监测预警，做好防汛抗旱准备，提高防灾减灾水平。当前部分地区森林草原火险等级偏高，要严格落实防火责任，强化防控措施，加强监测预警和应急值守，确保不发生特大森林草原火灾和重大人员伤亡。要全面深化农村改革，创新农业经营方式，积极稳妥推进适度规模经营。着眼市场需求、适应市场竞争，引导新型经营主体发展，重点在提高质量上下功夫，不能简单追求数量的增加。推进组织创新、经营创新、服务创新，搞好供销社综合改革试点。保护农民土地权益，扎实做好土地承包经营权确权登记颁证工作。

3月21日

[纲　文]　国务院节能减排及应对气候变化工作会议在北京召开。

[目　文]　国务院总理李克强主持会议。会议主题为推动落实《政府工作报告》，促进节能减排和低碳发展，研究应对气候变化相关工作。国务院副总理张高丽、马凯，国务委员杨洁篪、王勇等参加了会议。会议原则通过《2014—2015年节能减排低碳发展行动方案》，并研究讨论了我国应对气候变化的行动方案。

李克强指出，2013年节能减排取得新进展，但2014年的任务更加艰巨，要在保持经济增长7.5%左右的情况下，实现单位GDP能耗下降3.9%以上的目标，十分不易。尽管经济存在下行压力、稳增长面临挑战，我们仍要坚定不移地推进节能减排。节能减排与促进发展并不完全矛盾，关键是要协调处理好，找到二者的合理平衡点，使之并行不悖、完美结合。淘汰落后产能，关停高耗能、高排放企业，会对增长带来影响，但其中也蕴含着很大商机，会为新能源、节能环保等新兴产业成长提供广阔空间。要善抓机遇，进退并举，控制能源消费总量，提高使用效率，调整优化能源结构，积极发展风电、核电、水电、光伏发电等清洁能源和节能环保产业，开工一批新项目，大力推广分布式能源，发展智能电网，逐步把煤炭比重降下来。尤其是要着力发展服务业特别是生产性服务业。服务业总体能耗低，又是就业最大容纳器，对推动发展潜力巨大。要加快有序放宽市场准入、加大政策激励，提升服务业在国民经济中的比重，确保2014年继续超过二产，使其成为促进产业结构优化、推动节能减排和低碳发展的关键一招。要加强政策引导，更多引入和运用市场机制，推进工业、建筑、交通运输、公共机构等重点领域和重点单位节能，加大污染特别是大气污染治理，努力改善重点地区雾霾状况。建立和实施能效"领跑者"等制度，增强全社会特别是企业节能减排的内在动力。要强化责任，把燃煤锅炉改造、淘汰黄标车、电厂脱硫脱硝除尘等任务指标分解到各地区，对完不成任务的，要加大问责力度。严格执法，对非法偷排、超标排放、逃避监测等"伤天害人"行为和监管失职渎职重拳打击,对相关企业、单位和责任人严惩不贷。2014年国务院要组织明察暗访,发现问题一查到底,决不放过。

李克强说,应对气候变化与节能减排相辅相成,是人类的共同责任。中国作为负责任的大国,愿主动积极作为,与世界各国一道,在坚持共同但有区别的责任原则、公平原则、各自能力原则的基础上,为应对气候变化的挑战作出更大努力。

3月21日

[纲 文] 中央政法委第十次全体会议在北京召开。

[目 文] 会议学习贯彻全国两会精神,研究维护社会大局稳定、扎实推进司法体制改革等工作。中央政法委书记孟建柱出席会议并讲话。国务委员、中央政法委副书记郭声琨,中央政法委委员周强、曹建明、汪永清、杜金才、王建平、陈训秋等出席会议并讲话。

中央政法各单位主要负责人在会上分别介绍了学习贯彻全国两会精神的初步情况和下步打算。在听取大家发言后,孟建柱说,这次全国两会是在全面深化改革开局之年召开的一次重要会议,对进一步凝聚全面深化改革正能量,实现今年改革发展稳定各项目标任务具有重要意义。政法机关和政法干警要深化对去年经济社会发展重大成就和今年全面深化改革部署要求的认识,坚持围绕中心、服务大局,深化司法体制和社会体制改革,推进法治中国、平安中国建设,坚定不移地做中国特色社会主义事业建设者、捍卫者,为全面深化改革提供有力司法保障、创造良好社会环境。孟建柱指出,司法体制改革是全面深化改革的重点之一,关系到依法治国基本方略的全面实施,关系到国家治理体系和治理能力现代化。中央对司法体制改革作了开创性部署,中央政法各单位要本着对党和国家事业高度负责的态度,顺应人民群众对公平正义的新期待,扎实推进司法体制改革,为促进社会公平正义提供体制保障。要分类推进、倒排时间、顺排工序,不折不扣抓好每一项司法体制改革任务的落实。要突出重点,敢于啃硬骨头,集中力量攻坚克难,确保司法体制改革取得实际进展。对看得准、有共识但不具备全面推开条件的改革事项,要抓好试点,支持试点地区从实际出发,大胆探索实践,积累成功经验,为全面推开创造条件。要统筹好改革和日常工作,既要积极探索,又要稳妥有序,通过推进改革提高日常工作质量,通过做好日常工作增强改革的针对性、实效性。

3月21日

[纲 文] 中国民用航空局公布《中国民用航空监察员管理规定》。

[目 文] 《规定》共8章49条,主要有:总则、监察员的职责和权限、监察员的分类与分级、培训管理、监察员证的申请和颁发、监察员证的管理、法律责任、附则等部分内容、民航地区管理局可以依据本规定制定实施细则。《规定》适用于民用航空行政执法人员。《规定》指出,监察员实施行政检查、调查、行政强制和行政处罚等行政执法工作时应当出示监察员证。未出示监察员证的,公民、法人或者其他组织可以拒绝接受。《规定》自2014年7月1日起施行。

3月21日

［纲　文］　国务院副总理刘延东会见美国"十万强"基金会发起人之一、美国知名侨领方李邦琴女士。

［目　文］　刘延东对方李邦琴女士多年来致力于中美友好交流和推动祖国统一、支持中国教育事业发展表示赞赏，肯定"十万强"基金会为推动美国学生来华留学所做的积极努力，鼓励方李邦琴为推动中美人文交流和中美关系的发展作贡献。

3月21日

［纲　文］　《人民日报》发表题为《以新作为催生改革新气象》的评论员文章。

3月22日—4月2日

［纲　文］　国家主席习近平出席第三届核安全峰会并应邀访问荷兰、法国、德国、比利时和联合国教科文组织总部、欧盟总部。

［目　文］　在荷兰海牙，习近平同荷兰首相吕特举行会谈，双方发表联合声明，一致决定建立开放务实的中荷全面合作伙伴关系；两国领导人共同见证了能源、农业、经贸、文化等领域合作文件的签署。应吕特邀请，习近平出席在海牙举行的第三届核安全峰会并发表讲话。习近平介绍了中国核安全措施和成就，阐述中国关于发展和安全并重、权利和义务并重、自主和协作并重、治标和治本并重的核安全观，呼吁建立以公平促合作、以合作求共赢的国际核安全体系。习近平同荷兰国王威廉—亚历山大共同出席中荷经贸合作论坛开幕式，两国元首共同见证了两国企业多项合作文件的签署。访问期间，习近平还会见了哈萨克斯坦总统纳扎尔巴耶夫、联合国秘书长潘基文、韩国总统朴槿惠、芬兰总统尼尼斯特、美国总统奥巴马、荷兰议会一院议长布勒克—克诺尔和二院议长范米尔滕伯格、英国首相卡梅伦。

在法国巴黎，习近平同法国总统奥朗德举行会谈，共同出席了中法建交50周年纪念大会、中法建交50周年音乐会。中法双方发表了《中华人民共和国和法兰西共和国联合声明》和《中法关系中长期规划》。访问期间，习近平会见了法国总理艾罗、法国国民议会议长巴尔托洛内、法国参议长贝尔、联合国教科文组织总部总干事博科娃以及法国友好人士代表。参观了里昂中法大学旧址、梅里埃生物科研中心、戴高乐基金会；并在联合国教科文组织总部发表演讲，全面深刻阐述对文明交流互鉴的看法和主张，强调应该推动不同文明相互尊重、和谐共处。

在德国柏林，习近平会见德国总统高克，双方就中德关系及共同关心的问题坦诚深入交换意见；同德国总理默克尔举行会谈，决定将两国关系提升为全方位战略伙伴关系。会谈后，双方发表《建立中德全方位战略伙伴关系的联合声明》。应德国科尔伯基金会邀请，习近平在柏林发表了演讲，指出中国走和平发展道路是中华民族热爱和平的文化传统的继承和发扬。访问期间，习近平参观了位于德国西部北威州的杜伊斯堡港，会见了德国北威州州长克拉夫特、德国汉学家、孔子学院教师代表和学习汉语的学生代表，并在杜塞尔多夫出席了中德工商界举行的招待会并发表题为《把握中国机遇，实现共同发展》的重要讲话，阐述对加强两国经贸合作的主张。

在比利时布鲁塞尔，习近平会见比利时国王菲利普，共同出席比利时天堂公园大熊猫园开园仪式。习近平会见欧盟委员会主席巴罗佐，同欧洲理事会主席范龙佩举行会谈。双方就新形势下深化中欧全面战略伙伴关系广泛深入交换意见。会谈后，中欧双方发表了《关于深化互利共赢的中欧全面战略伙伴关系的联合声明》。习近平还同比利时首相迪吕波举行会谈。两国领导人就新形势下发展中比关系及共同关心的问题交换意见，达成广泛共识。双方决定，将两国关系提升为全方位友好合作伙伴关系。会谈后，双方发表了《中华人民共和国和比利时王国关于深化全方位友好合作伙伴关系的联合声明》。访问期间，习近平还会见了弗拉奥众议长，参观了沃尔沃汽车公司根特工厂、布鲁塞尔乐器博物馆；并在布鲁日欧洲学院发表演讲，指出为了把中欧关系推向前进，中欧双方需要加深相互了解，共同努力建造和平、增长、改革、文明四座桥梁。

3月22日

[纲　文]　**中央党的群众路线教育实践活动领导小组会议在北京召开。**

[目　文]　会议学习贯彻习近平总书记在河南省兰考县调研指导党的群众路线教育实践活动时的重要讲话精神，研究部署第二批教育实践活动学习教育、听取意见环节的工作。中央党的群众路线教育实践活动领导小组组长刘云山主持召开会议。中央党的群众路线教育实践活动领导小组副组长赵乐际、赵洪祝，中央党的群众路线教育实践活动领导小组成员参加会议。

刘云山在会议上指出，教育实践活动的首要任务是学习教育。各级党委要把学习教育摆在突出位置，组织广大党员干部认真学习习近平总书记系列重要讲话特别是在兰考县调研指导时的讲话。刘云山说，教育实践活动的重点对象是领导干部，市县乡镇领导班子成员特别是一把手要切实履行双重责任。要按照习近平总书记的要求，把学习弘扬焦裕禄精神作为一条红线贯穿始终，努力做焦裕禄式的好党员、好干部。刘云山指出，学习教育要与听取意见、解决问题同步推进。要坚持开门搞活动，深入基层一线听取群众意见。要持续聚焦"四风"，对群众反映强烈的突出问题，对自身查摆出来的作风问题，要积极主动地改，坚决纠正发生在群众身边的不正之风。

3月22—24日

[纲　文]　**中国发展高层论坛2014年年会在北京钓鱼台国宾馆举行。**

[目　文]　本届论坛由国务院发展研究中心主办，以"全面深化改革的中国"为主题，围绕新型城镇化、财税体制改革、社会保障体系建设、开放型经济新体制构建等一系列重大议题进行探讨。国务院副总理张高丽出席并致辞，来自国内外的企业家、专家学者、政府官员和国际组织代表参加了开幕式。

张高丽在致辞上说，全面深化改革的蓝图已经绘就，下一步关键在于行动、在于落实、在于效果。我们将坚持依法治国基本方略，致力于推进法治中国建设。坚持以经济体制改革为重点。深化财税体制改革，建立现代财政制度。积极推进社会领域改革，促进社会公平正义。加强生态环境保护制度建设，加快调整优化经济结构。着力构建开放型经济新体制，进一步扩大沿海沿边内陆开放，形成全方位开放新格局。

张高丽指出，改革已进入攻坚期和深水区。要坚持于法有据，在法治轨道上推进改革。要抓住牵一发而动全身的重点领域、关键环节，集中力量全力突破，带动面上改革。要把改革与发展紧密结合起来。张高丽指出，中国经济具有稳健发展的基础，具备在相当长时期保持中高速增长的综合条件。我们将坚持稳中求进、改革创新，促进经济持续健康发展和提质增效升级。我们将一如既往地欢迎和鼓励境外企业来华投资兴业。

会议期间，国务院总理李克强在北京会见出席中国发展高层论2014年年会境外代表并座谈，来自世界500强企业负责人、国际著名大学和研究机构专家学者，以及世界银行、经合组织负责人等70余人参加。李克强说，此次论坛以"全面深化改革的中国"为主题恰逢其时。中国经济要实现转型升级，关键也要依靠创新。要完善体制机制，把国家自主创新示范区股权激励、科技成果处置权收益权改革等试点政策，扩大到更多科技园区和科技单位。同时要更加重视知识产权保护，加大对侵权行为的惩罚力度。也希望一些国家取消不合理的对华高技术出口限制。与会外方代表表示，中国的发展对世界经济至关重要，赞赏中国政府坚定致力于全面深化改革，相信中国的投资环境会越来越好，将为中外企业发展提供更多机遇。跨国企业关心和支持中国的发展，愿同中方扩大合作，实现共同发展。

3月23日

[纲　文]　国务院发布《关于落实〈政府工作报告〉重点工作部门分工的意见》。

[目　文]　《意见》由两部分组成：一、2014年工作总体部署；二、2014年重点工作。

《意见》指出，2014年是全面贯彻落实党的十八大和十八届二中、三中全会精神的重要一年，是全面深化改革、实施"十二五"规划的关键一年，贯彻党的十八大、中央经济工作会议精神，按照分工抓好《政府工作报告》确定的重点工作，具有十分重要的意义。各部门、各单位要按照统一部署，把落实《政府工作报告》提出的各项任务作为履职尽责的重点，保持良好精神状态，集中精力，扑下身子，着力谋发展、抓改革、调结构、惠民生，努力完成2014年经济社会发展预期目标，交出一份合格的"答卷"，不辜负人民群众的期望。一要加强组织领导。各部门、各单位要充分发挥积极性、主动性，精心组织，周密部署，结合实际抓紧制定落实重点工作的实施方案，并于4月20日前报国务院。二要加强协作配合。各部门、各单位要立足全局，密切配合，加强协作，切实提高工作效率。需要多个部门参与的工作，牵头部门要发挥主导作用，协办部门要积极配合，形成工作合力。三要注重工作实效。坚决克服形式主义、官僚主义；坚持深入实际、深入基层，倾听民意；强化公开，引入第三方评估，接受人民监督；要勇于创新，创造性地抓好落实。四要加强督促检查。对各项任务落实，要有布置、有督促、有检查，做到年中重点抽查，年底集中督办，确保重点工作按时完成。要着眼于确保政令畅通，强化绩效考核和行政问责，做到令行禁止。国务院办公厅对重点工作落实情况要进行跟踪督促和汇总报告，对重点任务要适时开展专项督查，确保落实到位、取得实效。

3月24日

[纲　文]　国务院扶贫开发领导小组第二次全体会议在北京召开。

[目　文]　国务院副总理、国务院扶贫开发领导小组组长汪洋出席会议。汪洋说，要认真贯彻习近平总书记关于扶贫工作的系列重要讲话精神，进一步增强紧迫感、使命感和责任感，着力推进改革创新，切实把扶贫开发工作抓紧做实，确保完成政府工作报告关于2014年再减少农村贫困人口1000万人以上的承诺。

汪洋指出，要抓好扶贫对象建档立卡，做到程序公正透明、信息真实可靠、群众认可满意，为精准扶贫打好基础。组织实施好干部驻村帮扶，做到真扶贫、真见效，防止走形式。要不断丰富金融扶贫形式和产品，广泛动员社会各界参与扶贫，最大限度调动社会扶贫资源。全面落实重点工作和片区规划，努力提升贫困地区基础设施和基本公共服务水平，提高贫困地区自我发展能力。要加强对扶贫工作的组织领导，健全中央统筹、省负总责、县抓落实的扶贫开发管理体制，中央部门重点牵头抓好片区整体开发，地方政府重点抓好精准扶贫。研究建立国家扶贫开发工作重点县退出机制和约束机制。管好用好扶贫资金，探索扶贫资金分配与扶贫成效挂钩办法，确保扶贫资金真正惠及扶贫对象。

3月24日

[纲　文]　刘奇葆、赵乐际在北京出席党委中心组学习座谈会。

[目　文]　中共中央政治局委员刘奇葆出席会议并讲话，中共中央政治局委员赵乐际主持会议。会议强调，各级党委中心组要把学习贯彻习近平总书记系列重要讲话精神作为重大政治任务，更好地用讲话精神统一思想、凝聚力量，为实现"两个一百年"奋斗目标和中华民族伟大复兴的中国梦提供有力思想保证。

刘奇葆在讲话中指出，习近平总书记系列重要讲话是坚持和发展中国特色社会主义的最新理论成果，是新的历史起点上实现新的奋斗目标的强大思想武器。各级党委中心组要坚持原原本本学、联系实际学，自觉用讲话精神指导改革发展实践。要把学习讲话精神同学习马克思主义哲学、党史国史和社会主义发展史结合起来，进一步深化对讲话精神的理解和把握。要发挥党委中心组示范作用，带动全党全社会深入学习。

赵乐际在主持会议时指出，要增强学习贯彻习近平总书记系列重要讲话精神的自觉性主动性坚定性，确保这一重大政治任务落到实处、取得实效。

3月24日

[纲　文]　中国首个大型页岩气田——涪陵页岩气田提前进入商业开发。

[目　文]　中国石油化工股份有限公司宣布，经探测，涪陵页岩气田资源量达到2.1万亿方，计划2017年建成年产能100亿方的页岩气田，相当于建成一个1000万吨级

的大型油田。

涪陵页岩气田是我国首个百亿方页岩气田,其提前进入规模化商业化发展阶段,标志着我国页岩气开发实现重大战略性突破。

3月24日

[纲 文] 财政部、住房和城乡建设部印发《中央财政城镇保障性安居工程专项资金管理办法》。

[目 文] 《管理办法》共6章24条,主要有:总则、资金分配、资金拨付、使用管理、监督检查、附则等内容。《管理办法》所称专项资金,是指中央财政设立用于支持城镇低收入住房保障家庭租赁补贴、公共租赁住房和城市棚户区改造的专项转移支付资金。专项资金根据公开、公平、公正的原则,按因素法分配给各地区。《管理办法》发布之日起施行。《中央补助公共租赁住房专项资金管理办法》(财综〔2010〕50号)、《中央补助廉租住房保障专项资金管理办法》(财综〔2012〕42号)和《中央补助城市棚户区改造专项资金管理办法》(财综〔2012〕60号)同时废止。

3月24日

[纲 文] 第二期全军高级干部学习贯彻习近平系列重要讲话精神研讨班在北京举行。

[目 文] 中央军委副主席许其亮在开班式上说,习主席系列重要讲话,高扬马克思主义真理和共产主义远大理想,坚持中国特色社会主义信念和社会主义核心价值观,极大提振和凝聚了国家民族的精气神,无愧是时代的精神旗帜。在当代中国必须把中国特色社会主义理论伟大旗帜高高举起,坚持以邓小平理论、"三个代表"重要思想和科学发展观为指导,把学习贯彻习主席系列重要讲话精神突出出来,作为科学指南和根本遵循牢固确立起来,作为信仰信念和精神支柱牢固确立起来。

中央军委委员吴胜利、马晓天、魏凤和一同出席研讨班。

3月24日

[纲 文] 国务院副总理张高丽与罗马尼亚第一副总理德拉格内亚在北京举行会谈。

[目 文] 张高丽说,中方始终从战略高度看待中欧关系,重视罗方在深化中国—中东欧国家合作和中欧关系中发挥的积极作用,愿与罗方一道,共同促进中国—中东欧国家合作和中欧全面战略伙伴关系取得更大发展。2014年是两国建交65周年和建立全面友好合作伙伴关系10周年,希望双方以此为契机,不断深化多层次、全方位合作,推动两国关系向更高层面发展。双方应进一步推进能源、交通基础设施、农业、文化等领域交流与合作,为双边关系注入新的生机与活力。

德拉格内亚表示,罗方愿与中方扩大经贸、电力、铁路、畜牧业等方面合作,愿做中国在欧洲的好伙伴、好朋友,继续为中东欧国家与中国的合作以及欧中关系发展发挥积极作用。

3月24—25日

[纲　文]　全国文化体制改革工作会议在北京举行。

[目　文]　中共中央政治局委员、中宣部部长、中央文化体制改革和发展工作领导小组组长刘奇葆，中共中央政治局委员、国务院副总理、中央文化体制改革和发展工作领导小组副组长刘延东出席会议并发表讲话。刘奇葆说，要认真学习贯彻中央精神，明确目标方向，增强责任担当，加快完善文化管理体制和生产经营机制，促进基本公共文化服务标准化、均等化，提高文化产业规模化、集约化、专业化水平，重视和发展民族民间文化，提高文化开放水平，努力实现中央确定的改革任务。刘延东说，要高举改革旗帜，增强改革信心决心，把思想和行动统一到中央精神上来。认真落实《深化文化体制改革实施方案》，统筹推进各项重点任务，全面深入推进文化改革发展。进一步加强组织协调、深入调查研究、释放政策红利，真抓实干，形成推动改革发展的强大合力。

会议强调，要深入学习贯彻党的十八大和十八届三中全会精神，学习贯彻习近平总书记系列重要讲话精神，按照中央全面深化改革的总体部署，把抓落实作为深化文化体制改革的工作重点，紧紧围绕建设社会主义核心价值体系、建设社会主义文化强国，推进文化体制机制创新，推动社会主义文化大发展大繁荣。

3月25日

[纲　文]　李克强主持召开国务院常务会议。

[目　文]　会议主要内容有：一、听取了马来西亚方面发布关于马航客机失联事件最新信息和有关情况的汇报。会议指出，事件发生后，党中央、国务院高度重视。有关部门要敦促马方提供更加详细准确的信息，继续协调国际社会力量全力搜救。中国在前方一线海域的全部搜救力量要继续倾力投入搜救。国务院办公厅要加强统筹协调，指导有关部门和地方开展工作。政府将切实维护中国公民的合法权益。二、依靠改革创新，坚持市场化和法治化方向，健全多层次资本市场体系。会议确定，要积极稳妥推进股票发行注册制改革，加快多层次股权市场建设，鼓励市场化并购重组，增强持续回报投资者能力。要规范发展债券市场，发展适合不同投资者群体的多样化债券品种，强化信用监管。要培育私募市场，对依法合规的私募发行不设行政审批，鼓励和引导创业投资基金支持中小微企业。要推进期货市场建设，继续推出大宗资源性产品期货品种，增强期货市场服务实体经济的能力。要促进中介机构创新发展。要扩大资本市场开放，便利境内外主体跨境投融资。三、医改是全面深化改革的重要内容。2009年新一轮医改以来，围绕保基本、强基层、建机制，取得了重要进展。下一步要继续加大投入，注重发挥市场作用，实行医疗、医保、医药三联动，强化公共卫生服务，推动医改向纵深发展，使人民群众得实惠，医务人员受鼓舞，资金保障可持续。一是推进全民医保体系建设。做好基本保障和社会保险的衔接，健全重特大疾病保障机制，建立疾病应急救助制度。建立医疗信息化系统，推动异地就医即时结算。二是加快公立医院改革。今年使县级公立医院改革试点覆盖全国50%

以上的县（市）。合理把控公立大医院规模，优化医疗资源布局，完善分级诊疗、双向转诊，为患者就近就医创造条件。三是有序放宽社会力量办医准入，在医保定点、职称评定、等级评审等方面给予同等待遇。落实医师多点执业政策。减少合资合作医疗机构的外资持股比例限制。四是完善基本药物制度，稳定和优化乡村医生队伍，提高偏远、艰苦及少数民族等地区乡村医生待遇。五是规范药品流通秩序，严厉打击违法违规行为，防止药价虚高。

3月25日

［纲　文］　国家农业综合开发联席会议在北京召开。

［目　文］　国务院副总理汪洋主持会议。会议研究部署了未来一个时期农业综合开发工作。汪洋在会议上指出，农业综合开发要按照新形势下国家粮食安全战略的总体部署，以促进农业可持续发展为主线，加强中低产田改造，着力完善农业基础设施，加快建设旱涝保收、高产稳产、节水高效的高标准农田。要积极支持培育新型农业经营主体，提高经营主体的发展质量和面向市场的能力。把资源开发与保护有机结合，促进生态友好型农业发展。把开发与农业科技推广应用相结合，提高农业科技水平。要创新农业综合开发机制，增加财政投入，并通过市场化的办法撬动更多金融资本、社会资金等投入农业开发。多种方式调动农民积极性，吸引农民参与农业综合开发投资、建设和管护。推进各类农业建设规划衔接配套，加强资金整合使用，加强农业综合开发项目监管。

3月25日

［纲　文］　国家减灾委全体会议在北京召开。

［目　文］　国务委员、国家减灾委主任王勇主持会议。王勇说，2013年，各地区、各部门不断提升灾害防范应对能力，有力有序应对了四川芦山和甘肃岷县漳县地震、南方严重高温干旱、黑龙江松花江流域性大洪水等一系列严重自然灾害，防灾减灾救灾工作取得明显成效。要清醒认识当前防灾减灾救灾面临的严峻形势和繁重任务，全力做好灾害防范应对准备。要扎实推进防灾减灾救灾规划和项目实施，完善灾害监测预警机制。要加强防灾减灾重大政策制度研究，积极推进市场和社会力量参与减灾救灾。要认真组织好防灾减灾主题宣传教育活动，进一步提升公众防灾减灾意识和能力。要认真落实党中央、国务院关于防灾减灾救灾的部署要求，扎实做好灾害防御和救灾救助工作，力争把灾害影响和损失降到最低程度。

3月25日

［纲　文］　科技部发布《国家国际科技合作基地评估办法（试行）》。

［目　文］　《办法（试行）》共6章29条，内容有：总则、评估指标及职责、评估程序、现场评估、评估结果、附则。《办法（试行）》指出，科技部对已认定的国合基地进行定期评估。原则上每3至5年为一个评估周期，国合基地认定2年后开始第一次评估。每年选择若干个领域或地域的国合基地开展评估。具体评估工作由科技部委托评估机构实施。评估机构的主要职责是：根据评估办法和细则拟定评估方案，组织专家现场评

估，提交评估报告，建立评估工作档案并定期向科技部移交。《办法（试行）》自发布之日起施行。

3月25日

［纲　文］　保险监督管理委员会印发《保险业服务新型城镇化发展的指导意见》。

［目　文］　《意见》由六部分组成，《意见》说，为推动保险业更好地服务新型城镇化发展，现提出如下指导意见：一、统筹发展商业养老保险和医疗健康保险，完善多层次社会保障体系；二、创新保险资金运用形式，支持新型城镇化建设；三、发挥保险机制作用，促进城市经济持续健康发展；四、加强社会风险管理，创新城市社会治理；五、健全农业保险服务体系，促进新型城镇化与农业现代化协调发展；六、深化改革创新，提升保险服务质量和水平。

3月25日

［纲　文］　国家发展和改革委员会、卫生和计划生育委员会、人力资源社会保障部联合印发《关于非公立医疗机构医疗服务实行市场调节价有关问题的通知》。

［目　文］　《通知》主要内容是：一、非公立医疗机构医疗服务价格实行市场调节。二、规范非公立医疗机构医疗服务价格行为。三、鼓励非公立医疗机构提供形式多样的医疗服务。四、建立医疗保险经办机构与定点非公立医疗机构的谈判机制。

《通知》要求，各省（区、市）价格、卫生计生和人力资源社会保障部门要加强督促指导和价格监测，既要促进非公立医疗机构发展，又要控制总体医疗费用水平，保障群众权益。工作中出现的新情况、新问题，应及时报告国家发展改革委、卫生计生委和人力资源社会保障部。

3月25日

［纲　文］　《人民日报》发表题为《高标准才有高质量——一论以"五个准确把握"推进教育实践活动》的评论员文章。

3月25—26日

［纲　文］　文化部、中国人民银行、财政部在江苏省无锡市联合举行全国文化金融合作会议。

［目　文］　会议的主题是贯彻落实党的十八届三中全会提出的"鼓励金融资本、社会资本、文化资源相结合"的要求，深入推进文化与金融合作，推动文化产业成为国民经济支柱性产业。会议发布了《关于深入推进文化金融合作的意见》，这标志着由文化部、中国人民银行、财政部等部门共同建立的文化金融合作部际会商机制正式启动。

3月25—27日

［纲　文］　刘云山在安徽省调研。

［目　文］　中共中央政治局常委刘云山就第二批教育实践活动和基层党的建设，深入农村、社区、企业和文化单位调研，听取基层干部群众意见，并召开有省、市、县、村、企业和省直单位代表参加的座谈会。中共中央政治局委员赵乐际主持座谈会并参加

调研。

刘云山在小岗村调研时说,小岗村村小影响大,在全国树起了大包干的旗帜和沈浩精神的旗帜。沈浩精神与焦裕禄精神一脉相承,党的干部都应该像焦裕禄、沈浩那样始终保持一颗为人民服务的心,为群众谋利、为百姓造福。在合肥市12345政府服务受理中心、安徽省发展改革委机关,刘云山询问开展便民服务、改进行政审批等情况,面对面听取干部群众的意见。刘云山强调,群众最大的期盼是干部作风好、自己的事好办,第二批教育实践活动要坚持边学边改、边查边改,切实解决好联系服务群众"最后一公里"的问题。在江淮汽车公司、庐阳区东瞿村,刘云山指出,作风建设的最终目的是为了推动改革发展,要坚持两手抓、两促进,把整治"四风"顽症与破解改革难题结合起来,以作风建设新成效增添事业发展新动力。

调研期间,刘云山出席了中组部召开的部分省市党委组织部长座谈会并讲话,指出治国之要首在用人,要认真贯彻新修订的干部选拔任用工作条例,以严的措施和纪律做好干部工作,公道正派选人用人。要坚持好干部标准和"三严三实"要求,坚持从事业发展需要出发,牢牢把握正确的用人导向。要抓好选人用人突出问题专项治理,加强制度机制建设和问责追究,努力实现干部工作的风清气正。

3月25—28日

[纲 文] 汪洋在江西省、福建省调研。

[目 文] 在江西赣州,国务院副总理汪洋考察了解土地流转、规模经营、农村改革、扶贫开发工作等情况并召开座谈会听取意见。汪洋说,促进农村承包地流转,发展适度规模经营,是农业现代化的客观要求,要积极稳妥推进。土地流转要充分发挥市场的作用,让农民自己做主,使农民真正受益。要守住耕地保护红线,坚决防止非农化倾向。要面向市场,发展规模化服务,提升新型经营主体发展质量。要推进精准扶贫,突出抓好扶贫对象建档立卡工作,提升连片特困地区基础设施和基本公共服务水平,加快贫困群众脱贫致富步伐。

在福建,汪洋考察了食品药品企业、农贸市场等,实地调研食品药品安全监管情况。汪洋说,要高度重视食品安全工作,着力解决突出食品安全问题。要总结推广福建治理餐桌污染、建设食品放心工程实践经验,强化农产品源头治理。要持续开展专项整治和综合治理,严格落实生产经营主体责任,严惩重处食品药品安全领域违法犯罪。要充分发挥消费者、行业协会等多元主体的积极作用,加快形成社会共治合力。要加快推进地方食品药品监管机构改革,提高监管能力。

3月26日

[纲 文] 全国政协十二届二次会议重点提案选题协商会在北京召开。

[目 文] 这是全国政协《重点提案遴选与督办办法》新修订后的第一次遴选工作。按照《重点提案遴选与督办办法》规定,2014年全国政协大会闭幕当天,各民主党派中

央和全国工商联、全国政协各专门委员会便收到了刻有5016件全部立案提案的光盘，各方根据自己所联系的专业领域共推荐出98个重点提案选题；随后召开的全国政协提案委员会主任会议，从中遴选出49个重点提案建议题目。此次协商会，与会各方就49个建议题目进行了充分协商交流，认为这些题目既保证了各民主党派中央和全国工商联的重点提案不低于30%的要求，又兼顾了五大建设的各个方面；会议还就一些具体题目提出了调整意见和建议。全国政协提案委员会根据会议意见对题目作进一步调整，书面征求承办单位意见后，提请提案委员会主任会议、全体会议审议，最终提请主席办公会议审定通过后实施。按照规定，与重点提案题目一同确定的，还有提案督办方法，可以采取的督办方式有专题调研、视察、召开提案办理协商会、报送《重要提案摘报》等。

3月26日

［纲　文］　省部级干部医改座谈会在北京召开。

［目　文］　国务院副总理刘延东主持会议。刘延东说，医改是重大民生工程，是经济社会领域一项重大改革。要立足国情，改革创新，推动医疗、医保、医药联动改革。推进公立医院改革，县级公立医院改革试点扩大到1000个县，合理把控公立医院规模，建立分级诊疗制度，确保优质医疗资源合理布局。进一步推动社会办医和医师多点执业，为群众提供多层次多样化医疗服务。加快健全全民医保体系，城乡居民医保人均补助标准提高到320元，加快推进重特大疾病保障制度建设。巩固完善基本药物制度和基层运行新机制，强化公共卫生服务。规范药品流通秩序，改革完善药品价格形成机制。加强医学人才培养，建立适应行业特点的人事薪酬制度。依法打击暴力伤医行为，构建和谐医患关系。要坚持把基本医疗卫生制度作为公共产品向全民提供的基本理念，保基本、强基层、建机制，探索出破解医改难题的中国式办法，有效缓解看病难、看病贵问题，不断提升人民群众健康水平。

3月26日

［纲　文］　王勇在北京出席推动殡葬改革座谈会。

［目　文］　国务委员王勇在座谈会上强调，要牢牢把握两办《意见》精神实质，以党员、干部为先导，带头弘扬新风正气，深入扎实推进殡葬改革。要切实加强组织领导，建立健全党委领导、政府负责、部门协作、社会参与的工作机制。要建立健全基本殡葬服务保障体系，加大投入力度，提高殡葬服务能力，完善殡葬法规和惠民政策。要加强殡葬服务和用品市场的监督管理，确保服务规范、价格合理、市场有序。要加强宣传倡导，引导全社会关心支持殡葬改革，树立移风易俗、节俭文明的殡葬新风尚。王勇要求，清明节将至，各地要进一步健全完善清明祭扫安全保障机制，加强安全管理，确保祭扫活动安全、文明、祥和。

3月26日

［纲　文］　卫生计生委、财政部、中央编办、发展改革委和人力资源社会保障部五部门联合印发《关于推进县级公立医院综合改革的意见》。

［目　文］　《意见》由十一部分组成。分别为总体要求，改革管理体制，建立科学

补偿机制,完善药品供应保障制度,改革医保支付制度,深化人事、分配制度改革,加强医院管理,提升服务能力,加强上下联动,强化服务监管,加强组织实施。《意见》要求,2014年县级公立医院综合改革试点覆盖50%以上的县(市),2015年全面推开。《意见》提出,每个县(市)要办好1—2所县级公立医院。30万人口以上的县(市)至少有一所医院达到二级甲等水平。

3月26日

[纲　文]　国家邮政局印发《寄递服务用户个人信息安全管理规定》。

[目　文]　《规定》共6章53条。《规定》指出,寄递服务用户个人信息(以下简称寄递用户信息),是指用户在使用寄递服务过程中的个人信息,包括寄(收)件人的姓名、地址、身份证件号码、电话号码、单位名称,以及寄递详情单号、时间、物品明细等内容。对用户个人信息的处置,《规定》从纸质载体管理和电子载体管理两方面作出了详细规定,并从制度上对寄递服务用户个人信息流转涉及的各方主体、各环节进行规范,详细规定了寄递详情单和电子信息的安全管理办法。

《规定》强调,寄递用户信息安全监督管理坚持安全第一、预防为主、综合治理的方针,保障用户个人信息安全。《规定》明确,寄递企业及其从业人员因泄露寄递用户信息对用户造成损失的,应当依法予以赔偿;属于从业人员违法泄露寄递用户信息造成损失的,寄递企业应当依法进行赔偿,并向从业人员追责。寄递企业及其从业人员违法提供寄递用户信息,尚未构成犯罪的,依照《邮政法》第76条规定,由邮政管理部门责令改正,没收违法所得。对从业人员,并处5000元以上1万元以下的罚款;对企业,并处1万元以上5万元以下的罚款,对邮政企业直接负责的主管人员和其他直接责任人员给予处分;对快递企业,邮政管理部门还可以责令停业整顿直至吊销其快递业务经营许可证。构成犯罪的,移送司法机关追究刑事责任。

3月26日

[纲　文]　教育部印发《完善中华优秀传统文化教育指导纲要》。

[目　文]　《纲要》由七部分组成:一、加强中华优秀传统文化教育的重要性和紧迫性。二、加强中华优秀传统文化教育的指导思想、基本原则和主要内容。三、分学段有序推进中华优秀传统文化教育。四、把中华优秀传统文化教育系统融入课程和教材体系。五、全面提升中华优秀传统文化教育的师资队伍水平。六、着力增强中华优秀传统文化教育的多元支撑。七、加强中华优秀传统文化教育的组织实施和条件保障。

《纲要》说,加强对青少年学生的中华优秀传统文化教育,要以弘扬爱国主义精神为核心,以家国情怀教育、社会关爱教育和人格修养教育为重点,着力完善青少年学生的道德品质,培育理想人格,提升政治素养。《纲要》提出,要分学段有序推进中华优秀传统文化教育,把中华优秀传统文化教育系统融入课程和教材体系。

3月26日

[纲　文]　最高人民法院、最高人民检察院、公安部联合印发《关于办理利用赌博

机开设赌场案件适用法律若干问题的意见》。

[目　文]　《意见》由八部分组成：一、关于利用赌博机组织赌博的性质认定。二、关于利用赌博机开设赌场的定罪处罚标准。三、关于共犯的认定。四、关于生产、销售赌博机的定罪量刑标准。五、关于赌资的认定。六、关于赌博机的认定。七、关于宽严相济刑事政策的把握办理利用赌博机开设赌场的案，应当贯彻宽严相济刑事政策，重点打击赌场的出资者、经营者。八、关于国家机关工作人员渎职犯罪的处理。

《意见》指出，设置赌博机组织赌博活动，具有下列情形之一的，应当按照刑法第三百零三条第二款规定的开设赌场罪定罪处罚：（一）设置赌博机10台以上的；（二）设置赌博机2台以上，容留未成年人赌博的；（三）在中小学校附近设置赌博机2台以上的；（四）违法所得累计达到5000元以上的；（五）赌资数额累计达到5万元以上的；（六）参赌人数累计达到20人以上的；（七）因设置赌博机被行政处罚后，两年内再设置赌博机5台以上的；（八）因赌博、开设赌场犯罪被刑事处罚后，五年内再设置赌博机5台以上的。对设置游戏机单次换取少量奖品的娱乐活动，不以违法犯罪论处。

3月26日

[纲　文]　最高人民检察院印发《关于贯彻实施〈关于建立完善国家司法救助制度的意见（试行）〉的若干意见》

[目　文]　《意见》指出，各级检察机关在办案中要主动开展国家司法救助工作，要求检察机关要积极探索多元化救助方式，在有条件的地方，可以协调有关部门建立联合救助机制。

《意见》规定，国家司法救助的对象既包括人身受到伤害或财产受到重大损失的刑事案件被害人或其近亲属、举报人、证人、鉴定人，又包括特定民事侵权案件当事人、符合条件的涉法涉诉信访人。检察机关在办理案件过程中，应当主动了解当事人家庭生活状况，对符合救助条件的当事人，不论其户籍在本地或外地，均应主动开展救助工作。对符合救助条件的涉法涉诉信访人，也应根据规定及时提供救助。

《意见》要求各省级检察机关推动研究制定本地区国家司法救助制度实施办法。

3月26日

[纲　文]　环境保护部在北京召开中国履行斯德哥尔摩公约国家实施计划更新启动会。

[目　文]　来自国家履行斯德哥尔摩公约履约工作协调组成员单位、环境保护部相关司办、联合国开发计划署、联合国环境规划署和世界银行等国际机构代表以及各地方、科研院所代表参加了会议。环境保护部宣布自本日起《关于持久性有机污染物（POPs）的斯德哥尔摩公约》修正案对中国生效，并启动《中华人民共和国关于履行持久性有机污染物的斯德哥尔摩公约国家实施计划》更新。

3月26日

[纲　文]　《人民日报》发表题为《贯穿焦裕禄精神这条红线——二论以"五个准确

把握"推进教育实践活动》的评论员文章。

3月26日

［纲　文］《人民日报》发表题为《在新的起点上深化文化体制改革》的评论员文章。

3月26—28日

［纲　文］李克强在辽宁省、内蒙古自治区考察。

［目　文］国务院总理李克强先后来到辽宁、内蒙古等地考察并主持召开部分省市经济形势座谈会。李克强讲话的主要内容是：一、把经济运行保持在合理区间是当前宏观调控的基本要求，也是中长期政策取向。国务院有关部门要进一步转变政府职能，地方政府也要抓紧全面清理审批事项，研究探索负面清单管理模式，切实为市场主体松绑，把改革的红利真正送到社会的最基层。二、调结构是稳增长的重要支撑。要围绕破解城乡和城市内部二元结构、缩小区域发展差距、调整产业结构等要求，加快重点投资项目建设，及时拨付预算资金；大力发展现代农业；创新政策性投融资机制，支持保障房建设特别是棚户区改造；加快中西部铁路、公路、水利等基础设施建设；放宽市场准入，补上服务业这个"短板"；要继续加大金融支持实体经济力度，通过综合运用多种货币政策工具、深化金融体制改革、发展多层次资本市场等措施，让金融更好地为经济社会发展和民生改善服务；要落实好促进就业的各项措施，确保实现2014年就业目标。三、促进经济提质增效升级，就是要更多依靠创新驱动，打造综合竞争优势，推动产业向中高端提升，促进协调发展。关键要以结构改革推进结构调整，以体制创新引导科技创新、人才创业。创新关键靠人，要通过完善股权激励等机制，使科技人员脑子里的知识、创意转化为蓬勃的创新成果。要营造环境，促进更多服务社会的创新平台成长。

3月26—30日

［纲　文］俞正声在新疆维吾尔自治区调研。

［目　文］全国政协主席俞正声先后来到喀什、阿克苏、乌鲁木齐等地，深入兵团边境团场、企业园区、高等院校，与各族干部群众共商改革发展稳定大计。新疆维吾尔自治区党委书记张春贤，国家民委主任王正伟一同调研。

俞正声在调研兵团的建设和发展情况时指出，兵团成立60年来，认真履行屯垦戍边使命，为新疆的发展稳定和边防巩固发挥了重要作用。要加快转变发展方式，积极建设兵团现代产业体系，不断壮大兵团实力。要全面深化改革，处理好屯垦和戍边、特殊管理体制和市场机制、兵团和地方的关系，更好履行维稳戍边职能。在喀什市乃则尔巴格镇，实地考察"短平快"促进就业项目时，俞正声说，民生改善的核心是就业，要切实把发展劳动密集型产业摆在更加突出的位置。要进一步提高双语教育质量，整合职业教育资源，调整高等院校专业结构，努力提高少数民族学生的就业能力。关于新疆的稳定，俞正声指出，要着眼社会稳定和长治久安的总目标，坚持党的民族政策和民族区域自治制度，引导各族群众牢固树立"三个离不开"思想，强化"四个认同"，更好维护民族团结、社会稳定、国家统一。要紧紧依靠各族人民，坚决依法打击"三股势力"和暴力恐怖犯罪，维护社会大局稳定。

3月27日

[纲　文]　马凯在深圳市出席新能源汽车推广应用座谈会。

[目　文]　国务院副总理马凯在座谈会上指出，发展新能源汽车产业，必须坚持两手抓，一手抓技术研发，生产有竞争力的高品质产品；一手抓推广应用，让消费者买得起、愿意用、用得方便。要重点抓好以下几项工作。一是加强组织领导，坚持从实际出发，科学制定规划，抓好工作落实。二是加快充电设施建设，完善建设规划、标准，加强充电技术研发。三是引导企业创新商业模式，放宽市场准入，鼓励社会资本投资新能源汽车产业，支持企业探索实行分时租赁、汽车共享、整车租赁、电池租赁等。四是着力加强在公交车、公务用车、公共服务领域推广应用，加大政府采购规模。五是进一步完善政策体系，在用地、财政、税收、价格、收费等方面对新能源汽车发展予以支持。六是坚决破除地方保护，促进公平竞争，形成全国统一市场。七是加大新能源汽车研发力度，降低生产和使用成本。八是做好宣传引导，营造良好舆论环境，提高公众对新能源汽车的认知度和接受度。

北京、上海、湖南、青岛、深圳、杭州、合肥七省市负责人在座谈会上交流了工作情况。

3月27日

[纲　文]　孟建柱在广东省调研。

[目　文]　中共中央政治局委员、中央政法委书记孟建柱到汕头、深圳，就深化司法体制改革，听取深圳等试点单位经验介绍，与法官、检察官、律师面对面交流，向社会各界征求意见建议。

孟建柱强调，2014年是全面深化改革第一年，要突出重点，确保司法体制改革取得进展。要遵循司法规律，按照让审理者裁判、让裁判者负责的要求，完善主审法官、合议庭办案责任制，完善突出检察官主体地位的办案责任制，加强对司法权行使的监督制约，深化司法公开，确保司法公正。要从司法职业特点出发，统筹推进司法人员分类管理、职业保障、省以下法院检察院人财物统一管理等改革试点，提高司法队伍专业化、职业化水平。孟建柱指出，司法体制改革是政治体制改革的重要组成部分，要坚持正确政治方向，有步骤有秩序地推进。各试点地区要根据经济社会发展、司法工作等实际情况，分类研究提出试点方案和进度要求。要坚持问题导向，确保试点方案能够解决司法实践中的突出问题。对关键的细节，要集中力量、攻坚克难，研究提出科学性、操作性强的改革建议。要着眼于解放和增强社会活力，创新社会治理方式，努力建设平安中国，提高人民群众的安全感满意度，为全面深化改革创造良好社会环境。

3月27日

[纲　文]　中共中央宣传部在北京召开2014年组织推动培育和践行社会主义核心

价值观电视电话会议。

[目　文]　会议的主题是贯彻落实《中央办公厅关于培育和践行社会主义核心价值观的意见》精神,贯彻落实中央领导同志重要讲话和重要指示精神,对《2014年组织推动培育和践行社会主义核心价值观工作指导方案》提出的各项工作作出安排部署。

会议指出,培育和践行社会主义核心价值观是凝魂聚气、强基固本的基础工程。要认真贯彻中央精神,大力宣传普及,做好结合融入,弘扬中华优秀传统文化,加强道德教育实践,突出重点群体,不断把培育和践行社会主义核心价值观引向深入。各地各部门要按照统一部署,认真制定方案,注重改进创新,营造浓厚氛围,健全机制保障,在落细、落小、落实上下功夫,以求真务实的作风抓好各项任务的组织落实。

中共中央宣传部常务副部长雒树刚到会作了讲话,中共中央宣传部副部长王世明主持并通报了工作方案,教育部、国资委、中央电视台、山东省、长沙市的负责人作了发言。会议在北京设主会场,在全国各省、自治区、直辖市和新疆生产建设兵团,各地、市、州、盟和有条件的县、市、区、旗设分会场。

3月27日

[纲　文]　财政部修订公布《电话销售彩票管理暂行办法》。

[目　文]　为适应电话销售彩票区域化管理要求,规范电话销售彩票行为,维护彩票市场秩序,促进彩票市场持续健康发展,《暂行办法》根据信息技术发展趋势,对电话销售彩票管理事项进行了细化规定,更加强调安全管理和风险防控,更加突出责任彩票理念。

《暂行办法》共6章45条,内容包括:总则、审批管理、销售管理、资金管理、安全管理以及附则,分别对电话销售彩票方式定义、审批流程、资质要求、销售品种游戏、投注账户及限额限时管理、资金归集分配、系统及客户端安全管理等作出了规定。

《暂行办法》的修订实施,对于加强电话销售彩票安全管理,强化彩票发行机构监控,有效扩大彩民群体,提高彩票市场运行质量和效率,都将具有重要意义。

《暂行办法》自2014年4月1日起施行。

3月27日

[纲　文]　住房和城乡建设部公布《城市轨道交通建设工程验收管理暂行办法》。

[目　文]　《暂行办法》共5章26条,内容包括:总则、单位工程验收、项目工程验收、竣工验收、附则。《暂行办法》适用于新建、扩建、改建城市轨道交通建设工程的验收活动及其监督管理,《暂行办法》所称城市轨道交通是指采用专用轨道导向运行的城市公共客运交通系统,包括地铁、轻轨、单轨、磁浮、自动导向轨道等系统。《暂行办法》自颁布之日起施行。

3月27日

[纲　文]　《人民日报》发表题为《充分发挥领导干部带头作用——三论以"五个准确把握"推进教育实践活动》的评论员文章。

3月28日

［纲　文］　中俄青年友好交流年开幕式在俄罗斯圣彼得堡举行，国家主席习近平和俄罗斯总统普京致信祝贺。

［目　文］　中国国务院副总理刘延东、俄罗斯副总理戈洛杰茨以及中俄两国社会各界、青年代表近2000人出席了开幕式。刘延东和戈洛杰茨还共同主持青年年双方组委会联席会议，签署了共同实施中俄青年年活动计划纪要，并共同会见了记者。

习近平在贺信中表示，我和普京总统共同决定2014、2015两年举办中俄青年友好交流年，是要推动中俄全面战略协作伙伴关系继续在高水平上运行，促进中俄世代友好，带动双方各领域务实合作。希望两国青年与时代同步，为中俄两国和两国人民的友好事业和美好未来作出积极贡献。

普京在贺信中表示，俄中国家年等系列大型人文活动大大拓展了两国在教育、科学、文化、旅游、体育等各领域合作，举办青年年将使两国青年和学生的联系更加积极和丰富，推动俄中全面战略协作伙伴关系进一步深入发展。

3月28日

［纲　文］　纪念杨易辰同志诞辰100周年座谈会在北京举行。

［目　文］　中共中央政治局常委刘云山出席座谈会，并在会前会见了杨易辰同志亲属。中央政法委书记孟建柱出席座谈会，最高人民检察院检察长曹建明主持座谈会。孟建柱在座谈会上回顾了杨易辰同志生平业绩和历史贡献，并强调要学习他对党忠诚、信念坚定的高尚品格；要学习他心系群众、服务群众的优良作风；要学习他坚持真理、敢于担当的浩然正气；要学习他胸怀大局、克己奉公的高风亮节。

杨易辰曾任中共十一届、十二届中央委员，中共中央顾问委员会委员。1983年6月，在第六届全国人民代表大会第一次会议上，当选为最高人民检察院检察长。

3月28日

［纲　文］　张高丽在沈阳出席在韩中国人民志愿军烈士遗骸回国迎接仪式并讲话。

［目　文］　上午6时30分，中韩双方在韩国仁川国际机场举行437位在韩志愿军烈士遗骸交接仪式。11时30分迎接仪式在沈阳桃仙国际机场举行。中央军委副主席许其亮、全国人大常委会副委员长严隽琪、国务委员王勇出席迎接仪式。

国务院副总理张高丽在迎接仪式上发表讲话指出，60多年来，我们始终没有忘记老一辈无产阶级革命家和中国人民志愿军所建立的不朽功勋，始终没有忘记在抗美援朝战争中牺牲的志愿军烈士们。经过中韩双方共同努力，今天437位在韩志愿军烈士英灵回到了祖国。我们举行隆重迎接仪式，就是要大力褒扬志愿军烈士，表达我们最深切的怀念和最崇高的敬意。张高丽强调，伟大的抗美援朝精神，是中华民族传统美德和民族品格的集中展示，是以爱国主义为核心的民族精神的具体体现，永远是中国人民的宝贵财富。

3月28日

［纲　文］　刘奇葆在北京出席中国社会科学院集中招收的首批100名马克思主义理论专业博士生开学典礼。

［目　文］　中共中央政治局委员、中共中央宣传部部长刘奇葆在开学典礼上说，党的思想理论建设，关键在人才、在队伍。坚定的理想信念、高尚的道德情操、扎实的理论功底、突出的创新能力、优良的学风文风，是党和人民对高素质马克思主义理论人才的基本要求。广大马克思主义理论工作者要按照这个要求，全面系统学习马克思列宁主义、毛泽东思想、邓小平理论、"三个代表"重要思想、科学发展观，学习习近平总书记系列重要讲话精神，自觉践行和弘扬社会主义核心价值观，坚定马克思主义、共产主义信仰，坚定中国特色社会主义信念。要立足中国特色社会主义伟大实践，发扬理论联系实际的马克思主义学风，努力创造体现时代精神、符合实践要求的学术精品。希望首批马克思主义理论专业博士生珍惜难得机会，加强学习研究和实践锻炼，努力提升理论水平和学术能力，以执着追求和深厚学养谱写壮美理论人生。

3月28日

［纲　文］　中共中央宣传部和中央精神文明建设指导委员会办公室等部门在北京联合召开电视电话会议。

［目　文］　中共中央宣传部、中央精神文明建设指导委员会办公室、国家互联网信息办公室、中华人民共和国工业和信息化部、中华人民共和国国家工商行政管理总局、国家新闻出版广电总局在会上总结了"讲文明树新风"公益广告宣传情况，部署了下一阶段工作，强调大力培育和弘扬社会主义核心价值观。

会议指出，2013年以来，各地各部门和新闻媒体制作刊播出一大批公益广告佳作，深受各界欢迎。会议强调，要进一步提高思想认识，强化责任担当意识，把公益广告宣传作为一项政治任务抓紧抓好；要进一步突出思想道德内涵，深化中国特色社会主义和中国梦的宣传教育，重点做好中华优秀传统文化、雷锋精神、诚实守信、勤劳节俭、孝敬之风、文明旅游、保护环境、法制观念八个选题；要进一步提高创作水平，打造更多的优秀作品；要进一步扩大覆盖面影响力，把社会主义核心价值观宣传融入百姓日常生活；要进一步形成常态化制度化，加强组织领导，健全政策法规，促进公益广告宣传持续发展。

上述六家主办单位还印发了《关于进一步做好"讲文明树新风"公益广告宣传的意见》。

3月28日

［纲　文］　国家发展改革委、环境保护部印发《燃煤发电机组环保电价及环保设施运行监管办法》。

3月28日

［纲　文］　中央军委巡视工作领导小组会议在北京召开。

［目　文］　中央军委副主席、军委巡视工作领导小组组长许其亮主持会议。会议听

取了巡视情况汇报，研究审议了巡视反馈意见和移交的问题线索，对下一步巡视工作作出了部署。

许其亮指出，在军队建立巡视制度、开展巡视工作，是习近平主席和中央军委站在新的历史起点上加强军队党的建设的一个战略举措。要认真总结成功经验，坚定不移地把军队巡视工作走下去。各级干部特别是高级干部必须充分认清开展巡视工作的新形势新要求，自觉支持和配合巡视工作。要以大单位党委班子及其成员为重点，创新改进方式方法，切实在发现问题、形成震慑上取得更大成效。要结合军事斗争准备、部队现代化建设、全面深化改革和党的群众路线教育实践活动等，高标准高质量完成下次巡视任务。

3月28日

［纲　文］　中国海洋科学综合考察船"向阳红10"号在广州正式入列国家海洋调查船队。

［目　文］　这是中国首艘由民营资本与国家资金共建的远洋科考船，入列后将直接赴远海执行科考任务。与一般科考船仅侧重考察某一领域不同，"向阳红10"号可对油气资源、海洋生物、海洋化学等多方面进行考察，是一艘集多学科、多功能、多技术于一身的综合科考船，在技术水平和考察能力上都达到国际同等水平，成为承担国家海洋科学重大研究项目的重要海上平台。

1979年交付使用的老"向阳红10"号船，是中国自行设计制造的第一艘万吨级远洋科考船，曾参加中国首次南极科学考察。1998年8月，老"向阳红10"号船被改建为"远望4号"航天远洋测控船。2011年，国家海洋局批准新建科考船"向阳红10"号船。

3月29日

［纲　文］　国务院办公厅印发《2014年全国打击侵犯知识产权和制售假冒伪劣商品工作要点》。

［目　文］　《要点》明确了6个方面32项重点工作。一、针对突出问题，组织专项行动。打击利用互联网发布虚假违法广告、销售假冒伪劣商品，以及实施侵权盗版等违法行为，依法取缔非法视听节目网站，加大对网络商品交易违法行为整治力度，强化对网络接入、域名注册、信息服务等经营行为的监管；开展打击假劣汽柴油专项行动；加强商业秘密保护，依法审判并公布侵犯商业秘密的典型案件。二、围绕重点领域，开展集中整治。开展农资打假、"质检利剑"等治理行动，打击制售假劣药品及流通领域销售不合格商品违法行为，打击侵犯商标权、著作权、专利权、植物新品种权、地理标志、集成电路布图设计以及中华老字号等违法行为，加强知识产权海关保护，推进软件正版化。三、加强刑事司法，严厉打击犯罪。开展集群战役，铲除链条化、产业化犯罪网络；加强检察监督，以侵权假冒领域渎职犯罪为重点，开展预防和惩治损害群众利益的职务犯罪专项工作；依法加强对侵权假冒重点行业、重点领域犯罪案件的审判工作，剥夺侵权人再犯罪能力和条件。四、深化改革创新，完善制度建设。推动加快修订著作权法、专利法、种子

法、商标法实施条例、专利代理条例,加快建立行政执法与刑事司法衔接省级以下信息共享平台,推进行政处罚案件信息公开,建立违法违规经营主体的"黑名单",开展打击侵权假冒工作绩效考核,完善大案要案督办制度,健全涉案物品保管和侵权假冒商品无害化处理制度,开展知识产权保护综合改革试点。五、强化宣传教育,扩大对外交流。曝光违法违规企业和典型案例,在重要时间节点集中开展宣传教育,充分利用各地区、各部门政府网站加强政府与企业、消费者、权利人的互动交流等。六、夯实工作基础,加强能力建设。完善举报投诉机制,加强举报投诉服务体系建设,落实举报奖励措施等。

3月29日

[纲 文] 国务院副总理汪洋在北京会见参加第四次"中美关系对话"的美方代表团成员。

[目 文] 汪洋表示,当前中美关系发展势头良好。习近平主席和奥巴马总统在出席荷兰海牙核安全峰会期间再次成功举行会晤,对推动构建中美新型大国关系具有重要意义。中美双方应全面积极落实两国元首达成的重要共识,加强经贸等各领域沟通、协调与合作,推动中美关系沿着健康稳定轨道向前发展。

3月30日

[纲 文] 范长龙在第二炮兵部队调研。

[目 文] 中央军委副主席范长龙在调研时说,全军和武警部队要深入学习贯彻习主席在兰考县调研指导党的群众路线教育实践活动时的重要讲话精神,坚决落实习主席关于军队第二批教育实践活动的重要指示要求,从实际出发,以认真的态度、求真的举措、较真的劲头,搞教育、查问题、抓整改、正风气,确保教育实践活动取得实实在在的成效,让官兵看到新变化新气象。要以发现和解决问题为导向,加紧推进军事斗争准备,加强实战化训练,提高部队信息化条件下的威慑和实战能力。要坚持用强军目标引领部队建设、引领官兵成长,把官兵培养成"小老虎",把连队带成"刀尖子",把部队锻造成雄师劲旅,坚决完成党和人民赋予的各项任务。

3月30日

[纲 文] 教育部印发《关于全面深化课程改革落实立德树人根本任务的意见》。

[目 文] 《意见》提出了三大工作目标、五大统筹任务、十大改革举措。重点是要建设大中小学各学段有机衔接的课程教材体系、确立教育教学各环节协调一致的人才培养体制、形成校内外多方参与配合的育人工作格局。

《意见》提出了三项新的措施:一、研制学生发展核心素养体系,主要是明确学生应具备的适应终身发展和社会发展需要的必备品格和关键能力;二、研制学业质量标准,明确质量要求,完善现行课程标准,增强对教学和考试评价的指导性;三、修订课程标准,启动普通高中课程方案和课程标准的修订工作,制订(修订)中等职业学校相关课程教学大纲,研究提出大学相关教材编写、修订和使用意见。

3月30日

[纲　文]　外交部发言人就菲律宾向中菲南海争端仲裁庭提交诉状答记者问。

[目　文]　有记者问：3月30日，菲律宾外交部在马尼拉举行新闻发布会，菲外长德尔罗萨里奥在会上发表声明，称菲方按照中菲南海争议国际仲裁庭《程序规则》的规定，已于3月30日向仲裁庭提交了诉状。请问中方对此有何评论？

外交部发言人说：中国在南海问题上的立场是明确的、一贯的。中国对南沙群岛及其附近海域拥有无可争辩的主权。中方已多次表明不接受菲方就中菲南海争端提起的国际仲裁。这一立场不会改变。对于岛礁主权争议和海域划界问题，中方始终坚持与有关当事国直接谈判解决争议。这是中国与东盟国家共同签署的《南海各方行为宣言》的明确规定，也是中菲双方在一系列双边文件中达成的共识。菲方有义务履行自己的承诺。不论菲方对其诉状如何包装，中菲之间争议的直接原因，是菲方非法侵占中国南海的部分岛礁，问题的实质是双方围绕岛礁主权和海域划界的争端。2006年，中国依据《联合国海洋法公约》作出声明，已将上述争端排除出仲裁程序。中国拒绝菲方提出的仲裁有充分的国际法依据，中国作为《公约》缔约国的合法权利理应得到尊重。中方敦促菲方全面、有效落实双方多次确认的共识和《南海各方行为宣言》，重新回到通过双边谈判解决争议的正确轨道上来。

3月31日

[纲　文]　国务院批复山西、陕西、河南省人民政府和发展改革委，同意《晋陕豫黄河金三角区域合作规划》。

[目　文]　《批复》说，山西、陕西、河南省人民政府，发展改革委：发展改革委《关于报送晋陕豫黄河金三角区域合作规划（送审稿）的请示》（发改地区〔2014〕169号）收悉。现批复如下：一、原则同意《晋陕豫黄河金三角区域合作规划》（以下简称《规划》），请认真组织实施。二、《规划》实施要以邓小平理论、"三个代表"重要思想、科学发展观为指导，深入学习领会党的十八大和十八届三中全会精神，贯彻落实党中央和国务院的各项决策部署，深入实施西部大开发战略和促进中部地区崛起战略，以实现合作共赢、共同发展为目标，以整合区域优势资源、创新区域合作机制、协调区际利益关系为重点，以共建承接产业转移示范区为抓手，着力加快基础设施互联互通，着力促进产业分工协作，着力加强生态环境共保共治，着力推动基本公共服务共建共享，着力推进改革开放，努力把晋陕豫黄河金三角建设成为中西部地区新的经济增长极和欠发达地区实现一体化发展、跨越式发展的示范区。三、山西、陕西、河南三省要切实加强组织领导和统筹协调，落实工作责任，完善合作机制，合力解决区域合作中的重大问题。要根据《规划》要求制定具体实施方案，编制实施重点领域专项规划，落实区域合作协调推进机制，抓紧推进重点工作和相关项目实施，探索实施推动一体化发展的绩效考核和奖惩激励措施。完善社会监督，定期向社会公布《规划》实施进展情况。《规划》实施中涉及的重要政策和重

大建设项目要按规定程序报批。四、国务院有关部门要按照职能分工，切实加强工作指导，在专项规划编制、项目安排、体制创新等方面给予必要支持，协助解决晋陕豫黄河金三角区域合作发展中遇到的困难和问题。发展改革委要加强综合协调和督促检查，会同山西、陕西、河南三省人民政府开展《规划》实施情况评估，总结推广好经验好做法，研究解决新情况新问题，重大事项及时向国务院报告。各有关方面要提高认识、紧密合作、扎实工作，共同推动《规划》的落实，努力实现晋陕豫黄河金三角地区经济社会持续健康发展。

3月31日

［纲　文］　民政部印发《烈士公祭办法》。

［目　文］　为推进烈士公祭活动规范化、法制化，通过烈士公祭活动激发爱国热情、振奋民族精神、倡导奉献意识，民政部印发《烈士公祭办法》。《办法》共18条，自发布之日起施行。

3月31日

［纲　文］　国务院办公厅印发《关于同意将1—苯基—2—溴—1—丙酮和3—氧—2—苯基丁腈列入易制毒化学品品种目录的函》。

［目　文］　《函》说，公安部、商务部、卫生与计划生育委员会、海关总署、安全监管总局、食品药品监管总局：根据《易制毒化学品管理条例》第二条的规定，国务院同意将1—苯基—2—溴—1—丙酮和3—氧—2—苯基丁腈增列入《易制毒化学品管理条例》附表《易制毒化学品的分类和品种目录》中第一类易制毒化学品。

3月31日

［纲　文］　环境保护部批准《水质 松节油的测定 气相色谱法》和《环境标志产品技术要求 微型计算机、显示器》等6项标准为国家环境保护标准，自2014年7月1日起实施。

3月31日

［纲　文］　中国学者施一公获瑞典爱明诺夫奖，成为获得此奖的首位中国学者。

［目　文］　瑞典皇家科学院宣布，将2014年度爱明诺夫奖授予施一公，以表彰他过去15年运用X—射线晶体学在细胞凋亡研究领域作出的杰出贡献。

爱明诺夫奖是由瑞典皇家学院于1979年设立颁发的国际奖项，用以奖励世界范围内在晶体学领域作出重大贡献的科学家，每年颁发给不超过3名科学家，个别年度空缺。施一公成为爱明诺夫奖自1979年设立35年以来的第46位得主，2014年爱明诺夫奖的唯一获奖人，同时也是首位获得该奖的中国科学家。

3月31日

［纲　文］　国家主席习近平任免驻外大使。

［目　文］　习近平根据全国人民代表大会常务委员会的决定任免下列驻外大使：

一、免去龚建忠的中华人民共和国驻加纳共和国特命全权大使职务；任命孙保红

（女）为中华人民共和国驻加纳共和国特命全权大使。

二、免去罗林泉的中华人民共和国驻爱尔兰特命全权大使职务；任命徐建国为中华人民共和国驻爱尔兰特命全权大使。

三、免去仇伯华的中华人民共和国驻巴布亚新几内亚独立国特命全权大使职务；任命李瑞佑为中华人民共和国驻巴布亚新几内亚独立国特命全权大使。

3 月 31 日

［纲　文］　全国政协主席俞正声在北京会见经济社会理事会和类似组织国际协会（简称"国际协会"）主席、俄罗斯联邦公众院主席韦利霍夫一行。

［目　文］　俞正声说，当前中俄关系发展势头良好。习近平主席和普京总统2014年2月在索契成功会晤，实现了2014年中俄关系的"开门红"。中方愿与俄方进一步加强全方位战略合作，推动两国高水平的政治关系优势持续转化为更多实际成果，造福两国和两国人民。

韦利霍夫说，俄方愿与中方加强在国际协会内的协调与配合，进一步提升双方友好合作关系。

中国经济社会理事会主席王刚参加会见。

3 月 31 日

［纲　文］　国务院副总理汪洋在北京会见美国康宁公司董事长兼首席执行官魏文德。

［目　文］　汪洋表示，康宁公司与中国东旭集团之间的商业纠纷达成和解，为妥善解决中美企业间的商业纠纷提供了样板。中国政府将一如既往地高度重视保护知识产权，努力为维护公平竞争的市场环境和发展创新型经济创造更好的条件。希望康宁公司与中方合作伙伴共同努力，进一步拓展合作领域，提升合作水平，共同创造互利共赢的格局。

3 月 31 日

［纲　文］　外交部副部长刘振民就菲律宾提交仲裁诉状向菲驻华大使提出严正交涉。

［目　文］　刘振民表示，菲方无视中方严正立场，向国际仲裁庭提交中菲南海争议诉状，执意单方面推进国际仲裁，中国政府对此表示强烈不满和坚决反对。中方不接受、不参与仲裁的立场没有改变，也不会改变。菲方强推国际仲裁，无助于中菲南海争议的解决，不会改变中国对南沙群岛及其附近海域拥有主权的事实，不会动摇中国政府维护国家领土主权和海洋权益的决心和意志，不会影响中方通过直接谈判解决南海争议及与本地区国家共同维护南海和平稳定的政策和做法。刘振民敦促菲方纠正错误，从中菲关系及南海和平稳定大局出发，全面、有效落实双方多次确认的共识和《南海各方行为宣言》，重新回到通过双边谈判解决争议的正确轨道上来。刘振民还就菲方组织媒体赴中国仁爱礁海域活动向菲方提出严正交涉，强调中方绝对不会容许菲方以任何形式侵占仁爱礁，绝对不会允许菲方在仁爱礁海域修建任何设施的图谋得逞，要求菲方停止一

切挑衅行为。

3月31日

［纲　文］　《人民日报》发表题为《确保每个层级单位都见实效——四论以"五个准确把握"推进教育实践活动》的评论员文章。

3月31日—4月1日

［纲　文］　张高丽在河北省调研。

［目　文］　国务院副总理张高丽先后到河北廊坊、沧州、保定考察了新奥集团、明珠塑料、航天神舟、长城汽车等企业和保定市环境保护监测站，并召开部分企业负责人座谈会，听取意见和建议。

张高丽在充分肯定河北省经济社会发展取得的成绩后提出，河北省要按照习近平总书记、李克强总理对河北工作的指示要求，加快推动河北科学发展、绿色崛起。要抓住机遇、主动作为，在推动京津冀协同发展中实现更好更大发展；调整结构、创新驱动，努力提高产业发展层次和水平；积极稳妥、有力有序，扎实推进化解过剩产能工作；坚定信心、攻坚克难，坚决治理大气污染；深化改革、扩大开放，不断增强经济发展的动力和活力；改进作风、关注民生，认真解决群众的困难问题。企业要把握市场、加强管理，做经济转型发展的推动者，为促进经济持续健康发展作出积极贡献。

3月31日—4月4日

［纲　文］　应全国人大常委会委员长张德江的邀请，苏丹国民议会议长法提赫·伊扎丁对中国进行正式友好访问。

［目　文］　国家主席习近平会见法提赫·伊扎丁时说，半个多世纪以来，中国苏丹友谊历久弥坚，两国已成为平等相待、相互支持、合作共赢的好朋友、好兄弟、好伙伴。特别是近年来，两国各层次交往密切，政治互信牢固，在涉及彼此核心利益和重大关切问题上一直相互理解和支持，在能源、经贸、文化、卫生等领域的合作成果丰硕，给两国人民带来了实实在在的好处。中方始终从战略高度和长远角度看待两国关系，愿以两国建交55周年为契机，同苏丹携手努力，全面深化、积极开拓各领域友好合作，共同谱写两国关系新篇章。希望两国立法机关为促进两国人民的相互了解和友谊、推动两国友好合作关系发展作出新的更大贡献。法提赫说，我来到兄弟般友好的中国，就是为了进一步加深两国人民间业已存在的友谊。感谢中方对苏丹经济社会发展所提供的积极帮助，愿同中方继续加强两国在能源、矿业、基础设施等领域合作，以及在国际和地区事务中的协调与配合。法提赫说，作为立法机构，苏丹国民议会坚定支持两国政府签署的合作协议，愿积极推动两国各领域合作取得更丰硕成果。

张德江与法提赫·伊扎丁举行会谈时说，立法机关之间的交流与合作，是联系两国人民的纽带，对促进国家关系发展具有重要作用。近年来，中国全国人大与苏丹国民议会一直保持着友好交往，希望双方加强各层次各领域交往，开展治国理政等方面的交流，建立合作机制，使立法机关的交流合作成为推动两国关系发展的重要力量。法提赫说，苏丹与中国的友好关系是建立在和平共处、互不干涉内政、平等互利等重要原则基础上的，十分牢固。苏方真诚感谢中方的政治支持和经济援助，也将继续坚定支持中方的重大关切。立法机关的合作是两国整体合作的重要组成部分。苏丹国民议会愿切实加强与中国全国人大的全方位合作，为深化两国传统友谊、推动两国各领域进一步合作作出更大努力。

4 月

4月1日

[纲　文]　李克强在人民大会堂接见参加中央国家机关党的工作暨纪检工作会议的全体代表并发表讲话。

[目　文]　国务院总理李克强说，中央国家机关直接参与党和国家重大决策、政策措施的制定和实施，肩负重责，使命光荣。机关党的建设在其中发挥着重要支撑作用。今后一个时期，经济稳定增长和提质增效升级任务繁重，改革到了攻坚夺隘的重要关口，基本民生"安全网"、社会公正"天平秤"有待加快完善和铸造，必须全力推进法治政府、创新政府、廉洁政府建设。这是机关党的建设必须紧紧围绕和服务的大局。

李克强对机关党建工作提出几点希望：一是秉持改革和法治精神。要拿出削手中权力的勇气，直面矛盾、敢于担当，不打"小算盘"，继续推进简政放权，建立权力清单制度；探索负面清单管理模式，把该由市场决定的交给市场，激发社会创造活力。要把法治作为安邦固本的基石，用法治精神推进改革，让权力在法治的框架内运行，严格依法行政，营造透明有序、公平正义的市场环境，建设现代经济、现代社会、现代政府。二是弘扬实干廉洁的作风。勤政廉政是对公职人员的基本要求。要出于公心，摆正位置，全心全意为人民谋福祉，办好人民的事。同时，要加强廉政建设，对腐败行为敢于碰硬，对腐败分子坚决惩处。三是练就攻坚克难的本领。要围绕国家改革发展大局，适应科技和产业迅猛发展、新生事物层出不穷等新情况，勤于学习、善于学习，不仅向书本学，还要向群众学，注重在干中学，用更宽广的视野想大事、谋长远，增强把握大势、处理难事的能力，提升政策制定、管理创新、服务群众的水平。各部门各单位党组（党委）要把机关党建始终放在心上、抓在手中，推动机关党的工作再上新台阶，为党和国家事业发展作出新贡献。

中央国家机关工委负责人，国务委员郭声琨，全国政协副主席周小川参加接见。

4月1日

[纲　文]　**国家防汛抗旱总指挥部在北京召开全体会议。**

[目　文]　国家防汛抗旱总指挥部总指挥汪洋出席会议并讲话。

汪洋指出，要深入贯彻党中央、国务院的决策部署，坚持以人为本、依法防控、科学防控、群防群控，扎实做好防汛抗旱工作，确保大江大河、大型和重点水库防洪安全，提高城乡防洪保安能力，保障城乡居民生活用水需求，努力满足生产和生态用水需求，为全面深化改革、实现经济持续健康发展和社会和谐稳定提供有力保障。

汪洋强调，要充分认识当前防汛抗旱形势的严峻性，增强工作紧迫感和责任感，立足于防大汛、抗大旱、防强台、抢大险、救大灾，提早做好防灾准备，抓紧开展病险工程除险加固、水毁工程修复和应急度汛工程建设，加快修订完善各类调度方案和应急预案。要强化汛情旱情灾情预警预报，提高预报精度，延长预见期，做到险情早发现、早控制、早排除，全力避免人员伤亡，最大限度减少灾害损失。要强化责任落实，严肃工作纪律，完善工作制度，确保防汛抗旱各项措施落到实处。要着眼长远，创新机制，加强防汛抗旱能力建设，不断提高防汛抗旱工程保障水平、技术装备水平和组织动员水平。

4月1日

［纲　文］　教育部印发《关于培育和践行社会主义核心价值观进一步加强中小学德育工作的意见》。

［目　文］　《意见》指出，社会主义核心价值观是中国特色社会主义的本质体现。培育和践行社会主义核心价值观、加强中小学德育是推进中国特色社会主义事业的必然要求，是深化教育领域综合改革、促进学生健康成长的现实选择。

为培育和践行社会主义核心价值观，进一步增强中小学德育的时代性、规律性、实效性，《意见》要求：一、充分体现时代性，加强中小学德育的薄弱环节。要加强中华优秀传统文化教育、公民意识教育、生态文明教育、心理健康教育、网络环境下的德育工作。二、准确把握规律性，改进中小学德育的关键载体。要改进课程育人、实践育人、文化育人、管理育人。三、大力增强实效性，夯实中小学德育的基本保障。要改进方式方法、加强组织领导、强化协同配合、完善督导评价。

《意见》强调，保障德育工作经费，改进关键载体，加强薄弱环节，以提高中小学德育的实效性。要将社会主义核心价值观细化落实到各学科课程的德育目标之中，广泛开展社会实践活动，充分体现"德育在行动"。

4月1日

［纲　文］　黑龙江停止天然林商业性采伐，重点国有林区转入全面保护。

［目　文］　从4月1日起，黑龙江重点国有林区全面停止天然林商业性采伐，标志着我国重点国有林区从开发利用转入全面保护的发展新阶段。停止采伐后，从2014年到2020年，中央财政将每年增加安排23.5亿元的天然林资源保护工程财政资金，主要用于保障林区干部职工的基本生活和社会正常运转。

4月1日

［纲　文］　原中共中央顾问委员会委员、中共江西省委原第一书记白栋材在广州逝世，享年99岁。

4月1日

［纲　文］　《人民日报》发表题为《滥用国际法律程序的图谋不可能得逞——评菲律宾在南海问题上之妄诉》的评论员文章。

4月2日

[纲　文]　李克强主持召开国务院常务会议。

[目　文]　会议研究了扩大小微企业所得税优惠政策实施范围，部署进一步发挥开发性金融对棚户区改造的支持作用，确定深化铁路投融资体制改革、加快铁路建设的政策措施，讨论通过《中华人民共和国航道法（草案）》。

会议认为，小微企业是促创业、保就业、活跃市场的生力军。会议研究了进一步减轻税负、助力小微企业成长的措施，提出将小微企业减半征收企业所得税优惠政策实施范围的上限，由年应纳税所得额6万元进一步较大幅度提高，并将政策截止期限延长至2016年底。

会议强调，加快棚户区改造，让亿万居民早日"出棚进楼"，是改善民生的硬任务，也可以有力拉动投资、促进消费，是以人为核心的新型城镇化的重要内容。2014年要更大规模推进棚改，把政策支持和市场机制有效结合，尤其要发挥好依托国家信用、服务国家战略、资金运用保本微利的开发性金融的"供血"作用，为棚改提速提供依法合规、操作便捷、成本适当、来源稳定的融资渠道，保证棚改任务的资金需要，并努力降低资金成本。会议确定，由国家开发银行成立专门机构，实行单独核算，采取市场化方式发行住宅金融专项债券，向邮储等金融机构和其他投资者筹资，鼓励商业银行、社保基金、保险机构等积极参与，重点用于支持棚改及城市基础设施等相关工程建设。

会议认为，加快铁路尤其是中西部铁路建设，不仅可以扩大有效投资、带动相关产业发展，而且有利于推动新型城镇化、改善欠发达地区发展环境、帮助千百万人摆脱贫困。会议确定了深化铁路投融资体制改革、筹措和落实建设资金的政策措施，主要包括：一是设立铁路发展基金，拓宽建设资金来源。二是创新铁路建设债券发行品种和方式，实施铁路债券投资的所得税优惠政策。三是引导银行等金融机构积极支持铁路建设，扩大社会资本投资规模。四是对铁路承担的公益性、政策性运输任务，中央财政在一定期限内给予补贴，逐步建立规范的补贴制度。五是加强统筹协调，保证在建项目顺利实施，抓紧推动已批复项目全面开工，尽快开展后续项目前期工作，确保铁路投资稳定增长和铁路建设加快推进。

会议指出，保护好、利用好有限的航道资源，对于谋划由东向西、由沿海向内地、沿大江大河和陆路交通干线梯度推进的区域发展新棋局，具有重要意义。会议讨论通过《中华人民共和国航道法（草案）》，对航道规划、建设、养护、保护等作出明确规定。会议决定，草案经进一步修改后，提请全国人大常委会审议。

4月2日

[纲　文]　国务院总理李克强应约同澳大利亚总理阿博特通电话。

[目　文]　阿博特首先就马来西亚航空公司客机失联事件向机上中国乘客的亲属表示慰问，并向李克强通报了澳方参与搜寻及事故调查工作的最新情况和考虑。

李克强感谢阿博特的慰问和通报，赞赏澳方应马来西亚政府要求，牵头协调南印度洋海域搜寻失联客机所做的大量工作，并向机上澳大利亚公民的亲属表示慰问。李克强说，当前搜寻工作面临更加复杂的形势和困难，但我们不能松懈，更不能放弃，要继续全力开展搜寻。中方派出的10余艘舰船和多架飞机正会同国际搜寻力量，在相关海域对从空中观测发现的疑似物品进行搜寻、打捞与核实。我们还协调了60多艘过往中国籍商船和在印度洋海域作业的20艘中国渔船参与搜寻工作。中方将继续同澳大利亚、马来西亚等各方密切沟通与合作，全力进行搜寻，同时深入开展调查，共同努力做好相关工作。

阿博特积极评价中方的搜寻工作，表示澳方愿与中国、马来西亚等有关各方加强沟通与合作，竭尽所能，进一步加大搜寻强度，共同处理好有关事宜。

4月2日

［纲　文］　范长龙与参加马航失联客机搜寻工作的海军、空军任务部队官兵通话，要求全力以赴完成好后续搜寻任务。

［目　文］　中央军委副主席范长龙在详细了解任务部队搜寻工作进展情况后指出，马航客机失联以来，在总参和海军、空军领导机关的严密组织指挥下，任务部队官兵克服地理生疏、距离遥远、气象复杂、海况恶劣等重重困难，不怕疲劳，连续作战，做了大量扎实有效的工作。

范长龙强调，党中央、国务院和中央军委对这次搜寻行动高度重视，习主席作出一系列决策指示。希望任务部队官兵坚决贯彻党中央、习主席的决策部署，按照"能打仗、打胜仗"的要求，牢记使命任务，科学安排工作，加强指挥协调，搞好各方面保障，在国家有关部门统一组织协调下，与国际搜寻力量紧密配合，按照划定的搜索区域、实施时间、具体任务做好搜寻工作。要科学把握搜寻行动特点规律，立足复杂困难情况，做好长期作战准备，着力提高搜寻行动的质量和效率。

4月2日

［纲　文］　国务院办公厅印发《关于印发文化体制改革中经营性文化事业单位转制为企业和进一步支持文化企业发展两个规定的通知》。

［目　文］　《通知》说，中央宣传部会同中央外宣办、中央编办、发展改革委、科技部、财政部、人力资源社会保障部、国土资源部、商务部、文化部、人民银行、税务总局、工商总局、新闻出版广电总局等有关部门和单位拟定的《文化体制改革中经营性文化事业单位转制为企业的规定》和《进一步支持文化企业发展的规定》已经国务院同意，现予印发。

《文化体制改革中经营性文化事业单位转制为企业的规定》和《进一步支持文化企业发展的规定》两个文件，主要涉及财政税收、投资融资、资产管理、土地处置、收入分配、社会保障、人员安置、工商管理等多方面支持政策，对2008年国务院办公厅印发的支持经营性文化事业单位转制为企业和文化企业发展的政策文件进行修改调整和补充，明确有关政策再继续执行5年。主要内容包括：一、保留和延续原有给予转制企业的财政支持、税收减免、社保接续、人员分流安置等多方面优惠政策,特别是保留了免征企业所得税政策,支持力度不减,确保转制规范到位的文化企业轻装上阵,早改革、多受益、快发展。二、调整和增加有关政策规定,提出建立党委和政府监管国有文化资产的管理机构,强调国有文化企业要健全协调运转、有效制衡的公司法人治理结构,探索实行特殊管理股试点和股权激励试点。三、进一步提高政策含金量,强调扩大文化产业发展专项资金规模,将有线数字电视增值税免税政策重新明确再延长3年,新增对农村有线电视、城市电影放映等增值税优惠政策;进一步明确划拨土地转增国有资本的程序和方式,鼓励利用划拨存量土地兴办文化产业;鼓励和引导社会资本以多种形式投资文化产业,创新金融产品和服务方式,推动实现融资渠道多元化;支持企业建立补充养老保险、补充医疗保险,将中央出版单位京外工作人员纳入当地社会保障体系等,切实增强政策针对性实效性。

4月2日

[纲 文] 新华社讯,中央宣传部、中央文明办、民政部、教育部发出关于在2014年清明期间在全社会广泛开展"纪念先烈·报效祖国·圆梦中华"活动的通知。

[目 文] 通知指出,在中国革命、建设、改革各个历史时期,无数烈士为民族独立、人民解放和国家富强、人民幸福矢志奋斗、英勇牺牲。缅怀革命烈士,弘扬烈士精神,是培育和践行社会主义核心价值观的内在要求,对于进一步凝聚全面深化改革的力量,实现中华民族伟大复兴中国梦,具有重要意义。

通知要求,清明期间,按照就近就便、形式多样原则,由县级以上人民政府组织党政机关和企事业单位干部群众、青少年学生,到当地革命烈士陵园开展敬献花篮、瞻仰等烈士公祭活动。各地教育主管部门要组织在校师生集体参观当地革命烈士陵园和其他爱国主义教育基地,举办主题党日、团日、队日活动,缅怀纪念先烈、学习英雄事迹。要开展"网上祭先烈"活动,各主要网站在首页显著位置开设"网上祭先烈"栏目,动员社会各界网上祭扫,刊载各地各有关部门开展活动情况。要开展手机段子传播活动,通过手机报、短信、彩信、微信、微博等进行传递。

通知强调,各地各有关部门要精心组织筹划,使群众性主题教育活动内容丰富、形式新颖、感染力强,使广大干部群众和青少年学生便于参与、积极参与,增强培育和践行社会主义核心价值观的自觉性和主动性。中央和地方主要新闻媒体要在重要版面、时段跟踪报道开展活动情况,刊播有关言论和文章,以及广大干部群众的来信留言等。

4月2日

[纲 文] 全国装备工业工作会议在南宁召开。

[目 文] 会议指出,2013年全国装备制造业产值规模突破20万亿元,是2008年的2.2倍,年均增长17.5%,占全球装备制造业的比重超过1/3,居世界首位。此外,中国多数装备产品产量位居世界第一。2013年发电设备产量1.2亿千瓦,约占全球总量的60%;造船完工量4534万载重吨,占全球比重41%;汽车产量2211.7万辆,占全球比重25%;机床产量95.9万台,占全球比重38%。

会议指出，我国新兴产业发展取得重大进展，智能制造装备、海洋工程装备、先进轨道交通装备、新能源汽车等新兴产业发展取得明显成效。2013年，海洋工程装备接单量占世界市场份额29.5%，新能源汽车累计生产35000辆，智能化仪器仪表、工业机器人、增材制造等新兴产业快速发展。此外，产业聚集迈出新步伐，若干具有重要影响力的产业聚集区初步形成，高端装备形成以上海临港、沈阳铁西、辽宁大连湾、四川德阳等为代表的产业示范基地；船舶和海洋工程装备形成以环渤海地区、长三角地区和珠三角地区为中心的产业集聚区；工程机械主要品牌企业集中在徐州、长沙、柳州、临沂等地区。沈阳、芜湖、上海、哈尔滨、广州等地建立了工业机器人产业园。

会议认为，虽然我国已成为装备制造业大国，但还不是装备制造业强国，与先进国家相比，还有较大差距。主要表现在：一是自主创新能力薄弱，研发设计水平较低，试验检测手段不足，关键共性技术缺失；二是基础配套能力不足，核心零部件受制于人，基础制造工艺落后，关键材料依赖进口；三是产业结构不合理，低端产能过剩、高端产能不足、生产性服务业发展滞后；四是发展质量效益不高，我国装备工业增加值率仍低于发达国家平均水平。

4月2日

［纲　文］　由中国铁路总公司在大秦铁路组织实施的3万吨重载列车运行试验取得圆满成功。

［目　文］　当日6时31分，一列由4台电力机车牵引、编组320辆、总长3971米、满载3万吨煤炭的试验列车，由北同蒲线袁树林站始发，经过12小时25分、733.4公里运行，于当日18时56分安全到达终点站大秦线柳村南站，实现了我国铁路重载列车牵引重量从2万吨到3万吨的跨越，创造了我国铁路重载列车牵引重量新纪录，使我国成为世界上仅有几个掌握3万吨铁路重载技术的国家之一。这是我国铁路重载技术创新的重大突破，是我国铁路重载运输发展的新的里程碑。

4月2日

［纲　文］　《人民日报》报道，我国第一个全国性政府采购平台上线。

［目　文］　报道说，中国物流与采购联合会公共采购分会成立，中国公共采购网"公采通"同时正式上线运行。这是我国第一个全国性的政府采购平台，致力于及时、准确、全面发布采购信息，提供安全、高效、阳光的公共采购服务。

4月2日

［纲　文］　《人民日报》发表题为《用改革发展成果检验活动成效——五论以"五个准确把握"推进教育实践活动》的评论员文章。

4月3日

［纲　文］　全国政协在北京召开双周协商座谈会。

［目　文］　座谈会就"贯彻落实《全民健身条例》，增强国民身体素质"提出意见

建议。全国政协主席俞正声主持会议并讲话。全国政协副主席杜青林、张庆黎等出席座谈会。

座谈会上，多位全国政协委员围绕《全民健身条例》贯彻落实情况，特别是构建全民健身公共服务体系、推进体育事业改革创新、加强群众体育场地设施规划建设、发展青少年和学校体育、发挥竞技体育对全民健身的引领示范作用、壮大体育产业、发挥体育社会组织作用等问题，发表意见，交流讨论。

委员们认为，《全民健身条例》自 2009 年 10 月 1 日施行以来取得了积极的效果，但也存在着体育资源相对不足等一些需要推动解决的问题，《全民健身条例》配套政策还需进一步完善健全。要按照中共十八大和十八届三中全会的精神，努力提高人民健康水平，同步发展群众体育和竞技体育，由体育大国向体育强国迈进。要将全民健身事业发展规划纳入经济社会发展规划、将全民健身经费纳入政府财政预算、将全民健身工作写入政府年度工作报告，加大对《全民健身条例》落实的政策支持力度；要高度重视青少年体质健康，将体育作为学校教育的主课，确保学生在校期间每天参加 1 小时的体育活动，制定并实施"青少年体育运动与体质健康促进计划"；要将群众体育场地设施与城镇化同步规划、同步建设，加强住宅小区的体育设施的规划、建设和管理；要制定体育产业发展专项规划，制订扶持政策和设立专项资金，引导地方结合区域特色发展体育产业；要加大对农村、中西部地区基本公共体育服务帮扶力度，推进公共体育服务均等化进程；要创新管理机制，健全完善全民科学健身公共服务指导体系；要发挥市场的决定性作用，改革赛事审批制度，激发社会力量办体育的热情。

国家体育总局局长刘鹏介绍了《全民健身条例》实施的有关情况。教育部、财政部、住房和城乡建设部的负责人同委员们开展了协商交流。

4月3日

［纲　文］　新华社讯，中央党的群众路线教育实践活动领导小组办公室发出通知，要求各地区各部门各单位认真组织学习《习近平关于党的群众路线教育实践活动论述摘编》。

［目　文］　通知指出，为配合开展好第二批党的群众路线教育实践活动，便于基层党组织和广大党员干部学习领会习近平总书记一系列重要讲话和指示精神，经中央同意，中央文献研究室和中央教育实践活动办公室编辑了《习近平关于党的群众路线教育实践活动论述摘编》，作为参加第二批教育实践活动的基层党组织和党员干部的学习用书。

通知要求，各地区各部门各单位要精心组织学习《习近平关于党的群众路线教育实践活动论述摘编》，引导广大党员干部认认真真学、原原本本学、结合实际学、分层分类学，全面准确把握精神实质，切实做到学以致用、用以促学、学用相长，推动思想认识进一步提高、作风进一步转变、党群干群关系进一步密切、为民务实清廉形象进一步树立、基层基础进一步夯实。

《习近平关于党的群众路线教育实践活动论述摘编》集中反映了习近平总书记 2012 年

11月15日至2014年3月18日期间关于教育实践活动的一系列重大战略思想、重大理论观点、重大决策部署。这些重要论述，丰富了马克思主义群众观点、党的群众路线的理论内涵和实践内涵，体现了我们党加强新形势下党的自身建设、保持党的先进性和纯洁性的思想自觉和行动自觉，反映了我们党顺应人民群众期盼、锲而不舍抓作风改作风的鲜明态度和坚定决心，为扎实深入开展教育实践活动提供了重要遵循，为我们党进行具有许多新的历史特点的伟大斗争做好思想上组织上作风上的准备，提供了有力思想武器和科学行动指南。

4月3日

［纲　文］　公安部、住房和城乡建设部、国家文物局联合印发《关于加强历史文化名城名镇名村及文物建筑消防安全工作的指导意见》。

［目　文］　《指导意见》是中国第一份由多个职能部门联合制定的强化文物古建筑消防安全工作的规范性文件。由此，消防内容被纳入历史文化街区保护规程。

《指导意见》明确了城乡规划建设部门、文物部门和公安消防部门的职责，特别是要求城乡规划、文物部门将消防规划纳入文物古建筑保护规划审批的必要条件，2017年底前将消防内容纳入历史文化街区保护详细规程。用3至5年时间完成100处全国重点文物保护单位为核心的古城、古村寨和古建筑群消防安全工程建设。2015年底前，按照名城、名镇保护范围内接到指令后5分钟内到达的原则，设立公安消防队、政府专职消防队，100户以上的村寨建立志愿消防队，社区和100户以下的村寨设立消防点。

根据《指导意见》，各级政府要将历史文化名城名镇名村及文物建筑的消防安全工作纳入国民经济和社会发展规划及社会管理综合治理、政府目标责任考评，并建立多部门消防工作协调机制，每年对有关部门履职情况进行监督检查，对失职渎职或发生重特大火灾事故的依法依纪追究相关人员责任。

4月3日

［纲　文］　中国银监会、中国证监会印发《关于商业银行发行优先股补充一级资本的指导意见》。

［目　文］　《指导意见》规定了商业银行发行优先股的申请条件和发行程序，进一步明确了优先股股息支付、投资者回售、强制转换为普通股等，使优先股作为其他一级资本工具更具可操作性。

《指导意见》指出，与一般公司不同，商业银行发行优先股的目的是补充一级资本，其条款必须符合《商业银行资本管理办法（试行）》有关资本工具的合格标准，并履行相应的申请审批程序。

《指导意见》明确了优先股这一特定资本工具的合格标准，包括其股息支付条款、投资人回售条款、强制转换为普通股条款以及转股价格和数量的确定方式。在股息支付条款方面，在任何情况下商业银行均有权取消优先股的股息支付且不构成违约事件；未向优先股股东足额派发的股息不累积到下一计息年度。在投资人回售条款方面，商业银行不得发行附有回售条款的优先股。商业银行主动行使赎回权,应遵守《资本办法》的相关规定。在强制转换为普通股条款方面,商业银行应根据《资本办法》和《优先股试点管理办法》等规定,设置将优先股强制转换为普通股的条款,即当触发事件发生时,商业银行按合同约定将优先股转换为普通股。

《指导意见》严格发行条件,规定商业银行发行优先股,应符合相关监管规定,且核心一级资本充足率不得低于银监会的审慎监管要求,体现"好银行先行"的导向。同时强化信息披露,要求商业银行充分履行信息披露和告知义务,强化市场约束机制,并要求商业银行按规定披露相关信息。在限制发行方式上,《指导意见》规定商业银行发行包含强制转换为普通股条款的优先股必须采取非公开方式,主要面向以机构投资者为主体的合格投资者发行。

4月3日

〔纲 文〕 中国银监会公布《商业银行保理业务管理暂行办法》,自公布之日起施行。

4月3日

〔纲 文〕 环境保护部印发《企业突发环境事件风险评估指南(试行)》和《重点环境管理危险化学品目录》。

4月3日

〔纲 文〕 2014年全国环境监测工作现场会在上海市召开,环境保护部副部长吴晓青出席会议并讲话。

4月3日

〔纲 文〕 国务院副总理张高丽在北京会见哈萨克斯坦副总理兼工业和新技术部部长伊谢克舍夫。

〔目 文〕 张高丽说,哈萨克斯坦是中国的重要邻邦和全面战略伙伴。2013年,习近平主席对哈萨克斯坦进行了历史性的国事访问,和纳扎尔巴耶夫总统共同揭开中哈关系的新篇章。中哈务实合作发展前景广阔。希望双方共同努力,进一步深化能源、互联互通、投资、农业、金融、旅游等领域互利合作,提高两国人员往来便利化水平,促进两国经济共同繁荣发展。

伊谢克舍夫表示,哈方将认真落实两国元首达成的共识,不断深化哈中全面战略伙伴关系,推动两国各领域合作取得更多成果。

4月3日

〔纲 文〕 国家副主席李源潮在北京会见新加坡人民行动党主席、国家发展部部长许文远。

〔目 文〕 李源潮说,近年来,中新政治互信不断加深,经贸、科教等领域合作成效显著。中国高度重视中新关系,愿与新加坡在打造中国—东盟自贸区升级版和建设21世纪海上丝绸之路等方面拓展互利合作,深化两党治国理政经验交流,推动两国两党关系不断发展。

许文远表示，新中合作给两国人民带来实实在在的利益，愿深化双边关系，分享彼此经验，推动区域合作，促进共同发展。

4月4日

［纲　文］　习近平、李克强、张德江、俞正声、刘云山、王岐山、张高丽等党和国家领导人参加首都义务植树活动。

［目　文］　习近平在参加植树活动时对新中国成立60多年来我国植树造林取得的成绩给予充分肯定。他指出，长期以来，我国人工造林工作做得是好的。现在树更多了，山更绿了，全民绿化意识深深根植于人民心中。同时，必须看到，我国自然资源和自然禀赋不均衡，相对于实现全面建成小康社会的目标，相对于人民群众对良好环境的期盼，我国森林无论是数量还是质量都远远不够。

习近平强调，林业建设是事关经济社会可持续发展的根本性问题。每一个公民都要自觉履行法定植树义务，各级领导干部更要身体力行，充分发挥全民绿化的制度优势，因地制宜，科学种植，加大人工造林力度，扩大森林面积，提高森林质量，增强生态功能，保护好每一寸绿色。全国各族人民要一代人接着一代人干下去，坚定不移爱绿植绿护绿，把我国森林资源培育好、保护好、发展好，努力建设美丽中国。

在京中共中央政治局委员、中央书记处书记、国务委员等参加了义务植树活动。

4月4日

［纲　文］　国务院在北京召开全国县级公立医院综合改革电视电话会议。

［目　文］　国务院总理李克强对会议召开作出批示。国务院副总理刘延东出席会议并讲话。李克强在批示中指出，县级公立医院是我国医疗卫生服务体系的主体，服务9亿农村居民，是解决群众看病难、看病贵的关键环节。当前深化医改正处于爬坡过坎的紧要关头，要全力以赴打好这场攻坚战。各地区、各有关部门要继续以县级公立医院改革为突破口，按照上下联动、内增活力、外加推力的原则，下足功夫做好"破除以药补医、创新体制机制、充分调动医务人员积极性"三篇大文章，用中国式办法着力破解医改这个世界性难题，实现人人享有基本医疗卫生服务的目标。

刘延东在讲话中指出，县级公立医院是向城乡居民提供基本医疗卫生服务的重要平台，在维护人民群众身体健康方面发挥着基本保障作用。县级公立医院改革试点启动以来，各地开展了形式多样的探索，取得了积极进展。各地区各有关部门要认真贯彻落实党的十八届三中全会、2014年《政府工作报告》和李克强总理重要批示精神，把县级公立医院综合改革作为推进公立医院改革的着力点，持续不断地推动医改向纵深发展，让人民群众在看病就医、健康保障上享受到更多改革红利。

刘延东强调，要进一步扩大县级公立医院综合改革试点。要优化医疗卫生资源布局，加快形成基层首诊、分级诊疗、双向转诊的就医制度，使老百姓能够就近享受优质医疗卫生服务。要坚持医疗、医保、医药联动改革，破除以药补医，理顺医药价格，确保群众看病负担减轻、资金保障可持续。要建立现代医院管理制度，完善激励机制，不断提高医疗卫生服务质量水平，加强医德医风建设。要加快建立医疗纠纷人民调解和医疗责任风险分担机制，严厉打击违法犯罪行为，构建和谐医患关系。要加强全行业监管，严肃整治打击非法行医和虚假违法医药广告，推进医院信息公开，保障人民群众健康权益。

4月4日

［纲　文］　国务院批复湖南省人民政府，原则同意《长沙市城市总体规划（2003—2020年）（2014年修订）》。

［目　文］　批复指出，长沙是湖南省省会，长江中游地区重要的中心城市，国家历史文化名城。《总体规划》实施要坚持经济、社会、人口、环境和资源相协调的可持续发展战略，走中国特色的新型城镇化道路，统筹做好长沙市城乡规划、建设和管理的各项工作。要按照合理布局、集约发展的原则，推进经济结构调整和发展方式转变，不断增强城市综合实力和可持续发展能力，完善公共服务设施和城市功能，逐步把长沙市建设成为经济繁荣、社会和谐、生态良好、特色鲜明的现代化城市。

批复要求，在《总体规划》实施过程中，要重视城乡统筹发展，合理控制城市规模，完善城市基础设施体系，建设资源节约型和环境友好型城市，创造良好的人居环境，重视历史文化和风貌特色保护。

4月4日

［纲　文］　国家税务总局印发《关于逾期未办理的出口退（免）税可延期办理的公告》。

［目　文］　为保证出口企业能够享受到出口退（免）税政策，减少不必要的损失，《公告》规定，企业在2013年12月31日前出口的货物，如未按规定期限申报退（免）税，2014年6月30日前向主管税务机关提供举证材料，仍可提出延期申报申请，并要求税务机关在规定申请期限截止之日后的20个工作日内办结。这是税务系统持续推进"便民办税春风行动"的新举措。

《公告》还延长了《委托出口货物证明》电子信息读入时限，针对企业按规定报送的电子信息无法导入至出口退税审核系统，其代理出口的货物面临按规定视同内销征税的问题，《公告》明确：2013年委托出口的货物，委托方如果在2014年3月15日前已向主管税务申请开具《委托出口货物证明》且被受理，由于节假日等原因未及时读入信息的，可在2014年4月10日前将信息读入出口退税审核系统。

4月4日

［纲　文］　中央宣传部、民政部、解放军总政治部在河北省石家庄市华北军区烈士陵园举行清明烈士公祭活动。

［目　文］　2000多名烈士家属、老战士、学校师生、党政机关干部群众和驻石解放军和武警部队官兵代表等社会各界人士参加活动，深切缅怀为民族独立、人民解放和国家

富强、人民幸福而英勇牺牲的烈士。参加烈士公祭仪式的还有国务院法制办、教育部等部门相关负责人。仪式结束后，军地领导和社会各界群众瞻仰了白求恩墓和柯棣华墓，参观了华北革命战争纪念馆。

4月4日

［纲　文］　国家副主席李源潮在北京会见哥斯达黎加外长卡斯蒂略率领的拉美和加勒比国家共同体"四驾马车"代表团。

［目　文］　李源潮说，拉共体成立以来，内部建设和对外关系取得积极进展。中方愿与拉共体一道，推动建立以中国—拉共体论坛为核心的中拉整体合作机制，促进平等互利、共同发展的中拉全面合作伙伴关系深入发展，增强双方的抗危机能力，促进地区和世界的和平、稳定与发展。

卡斯蒂略等表示，拉方愿积极推动尽早成立拉共体—中国论坛，不断提升拉中关系水平。

4月4日

［纲　文］　中央军委副主席许其亮在北京会见荷兰国防大臣普拉斯哈特。

［目　文］　许其亮说，习近平主席成功访问荷兰，两国宣布建立开放务实的全面合作伙伴关系，这一新的定位必将有力地推动中荷关系进一步向前发展。中方愿与荷方一道，进一步增进了解和互信，推动两军关系不断向更高水平迈进。

普拉斯哈特说，此访让她印象深刻，荷方愿与中方一道推动两军各领域合作。

同日，国务委员兼国防部长常万全也同普拉斯哈特举行了会谈。

4月4日

［纲　文］　外交部发言人就日本新版《外交蓝皮书》恶意渲染"中国威胁"表示严重关切和强烈不满。

［目　文］　4月4日，日本政府在内阁会议上通过了2014年《外交蓝皮书》，恶意渲染"中国威胁"。此外，在日本文部科学省当日公布的2015年春季启用的小学教科书审定结果中，大部分教科书首次将钓鱼岛和韩日存在主权争议的独岛（日本称竹岛）写成"日本固有领土"。对此，外交部发言人表示，日本新版《外交蓝皮书》罔顾基本事实，对中国进行无理指责，中方对此表示严重关切和强烈不满。

发言人指出，和平与发展是当今世界潮流，维护地区和平稳定是大势所趋，人心所向。日方逆时代潮流而动，人为挑动紧张对立，制造借口服务扩军备战、摆脱战后束缚等国内政治目标，引起国际社会高度警惕。在钓鱼岛和东海采取单方面行动挑起事端、改变现状的不是别人，正是日本自己。无论日方试图以何种手段混淆视听，都无法改变钓鱼岛属于中国这一客观事实，也不会动摇中方维护国家领土主权的坚定意志。

4月4日

［纲　文］　中南大学湘雅三医院在长沙宣布，由该院在国内率先开展的三例国产机器人手术于最近一周内顺利完成。这是中国自主研制的手术机器人系统首次运用于临床，

标志着中国走出了一条手术机器人自主创新的道路，打破了国外手术机器人技术在全球的垄断局面。

4月4日

［纲　文］　《人民日报》发表题为《以"三严三实"弘扬焦裕禄精神——论把教育实践活动推向深入》的评论员文章。

4月5日

［纲　文］　《人民日报》报道，国务院批准同意供销合作总社在河北、浙江、山东、广东四省开展供销合作社综合改革试点。

［目　文］　试点按照改造自我、服务农民的要求，大力推进供销合作社组织创新、服务创新、经营创新，完善体制机制。通过健全基层组织，激发内在活力，进一步密切与农民利益联系、拓展服务领域、提高服务质量，推进服务规模化、流通现代化，促进实体性合作经济组织建设。另外，改革力求将供销合作社打造成为农民生产生活服务的生力军和综合平台，为农民提供"保姆式""菜单式"服务。

全国供销合作社系统2014年计划完成100家大型骨干批发市场的现代化改造，完善农产品批发市场的质量检测、包装加工及标准化集配功能，提升市场运营管理水平。鼓励骨干农产品批发市场构建产销一体化流通链条，开展冷藏储存、物流配送、终端直销网点建设。推进城市零售终端建设，逐步把供销合作社网点延伸到城市社区。

4月6—14日

［纲　文］　应国务院总理李克强邀请，东帝汶民主共和国总理凯·腊拉·沙纳纳·古斯芒对中国进行正式访问。

［目　文］　4月8日，国家主席习近平在北京会见沙纳纳。两国领导人一致决定，将双边关系提升为睦邻友好、互信互利的全面合作伙伴关系。习近平表示，中国和东帝汶一贯相互尊重、平等相待、友好合作。中方尊重东帝汶人民自主选择的发展道路。双方要扩大双边贸易和投资规模，加强基础设施建设、互联互通、能源、农业、经济特区等领域合作，促进人文交流。中方愿继续为东帝汶稳定和发展提供力所能及的帮助。沙纳纳表示，中国是维护地区和世界稳定与繁荣的重要力量，两国决定提升双边关系水平对东方具有战略意义。东帝汶作为独立不久的国家，正致力于国家团结、稳定和发展，希望继续得到中国的帮助与合作。东方愿积极参与21世纪海上丝绸之路建设，欢迎中国公司赴东帝汶投资。东方愿为促进葡语国家同中国关系作出贡献。

同日，全国人大常委会委员长张德江在北京会见沙纳纳。张德江说，中国与东帝汶建交以来，两国关系不断巩固发展。中国全国人大愿加强与东帝汶国民议会的友好交往，积极推动并落实好两国领导人达成的重要战略共识，深化交流合作，为两国关系持续健康发展不断注入新的动力，让合作成果更好造福两国和两国人民。沙纳纳说，东帝汶高度赞赏中国在国际和地区和平、安全、发展事务中的积极作用，感谢中国对东帝汶国家建设的支持。希望双方加强在各领域的合作，推动两国关系不断取得更大发展。

4月9日，国务院总理李克强在海南省三亚市同沙纳纳举行会谈。李克强说，中方一贯主张国家无论大小、强弱、贫富，都应在相互尊重、平等互利基础上求合作、谋发展。中国和东帝汶同属发展中国家，都面临发展经济、改善民生的任务。中方愿与东帝汶深化农业、能源、人文等各领域务实合作，使两国关系发展成不同幅员、文化、制度国家友好相处的典范。我们愿与包括东帝汶在内的海上邻国共同推进海上丝绸之路建设，探讨务实合作，实现共同发展。中国重视同葡语国家的关系，愿继续在中国—葡语国家经贸合作论坛框架下，同包括东帝汶在内的各国加强合作。沙纳纳表示，东帝汶视中国为东亚最重要的合作伙伴，愿借鉴中国的发展经验，进一步扩大两国友好互利合作，积极参与21世纪海上丝绸之路建设，为推进葡语国家与中国的合作发挥积极作用。会谈后，两国总理共同见证了双边经济技术、旅游等领域有关合作文件的签署。

4月14日，中国和东帝汶发表《关于建立睦邻友好、互信互利的全面合作伙伴关系联合声明》。

4月7日

［纲　文］　国务院总理李克强向2014中国—东盟文化交流年开幕式致贺信。

［目　文］　李克强对交流年开幕表示祝贺，并祝愿交流年圆满成功。李克强指出，中国和东盟山水相连、文化交融、血脉相亲。在漫长的历史进程中，双方人民创造了丰富多彩、享誉世界的灿烂文明，形成了具有区域特色的多元文化，成为各国生生不息、持续发展的精神支撑和丰厚滋养。文化搭建了沟通的桥梁，打开了心灵的窗户，增进了人民之间的相互了解和友谊，也为中国与东盟关系发展发挥了积极而独特的作用。中方愿同东盟方携手努力，保持中国—东盟友谊之树常青，共同谱写双方关系发展的崭新篇章，共同建设更加紧密的中国—东盟命运共同体，为亚洲及世界和平与发展作出更大贡献。

2014中国—东盟文化交流年开幕式4月7日在北京举行。东盟轮值主席国缅甸总统吴登盛、中国—东盟关系协调国泰国总理英拉也向开幕式发来贺信。

4月7日

［纲　文］　公安部发布《公安机关办理国家赔偿案件程序规定》。

［目　文］　《规定》共7章42条。《规定》要求，公安机关办理国家赔偿案件应当坚持实事求是、有错必纠、依法赔偿、公正高效的原则。

《规定》明确，公安机关及其工作人员行使职权侵犯公民、法人或者其他组织合法权益，造成损害的，该公安机关为赔偿义务机关。公安派出所、具有独立执法主体资格的公安机关内设机构及其工作人员有前款规定情形的，所属公安机关为赔偿义务机关。看守所、拘留所、强制隔离戒毒所等羁押监管场所及其工作人员有第一款规定情形的，主管公安机关为赔偿义务机关。

《规定》明确,公安机关各相关部门应当按照职责分工,配合法制部门共同做好国家赔偿工作。所涉执法办案部门应当与本级法制部门共同研究案情,及时提供国家赔偿所涉执法办案活动的情况及相关证据,共同参加人民法院国家赔偿案件审理活动。信访部门对信访中要求国家赔偿的,告知信访人依法通过国家赔偿程序请求赔偿。监察部门对国家赔偿所涉执法办案活动中的违纪行为进行调查,提出处理意见,受理不服处分的申诉。审计部门监督国家赔偿案件中涉案财物处置和赔偿费用支付。装备财务部门负责向财政机关提出国家赔偿费用支付申请,向赔偿请求人支付财政机关拨付的国家赔偿费用,将追偿的国家赔偿费用上缴财政机关。

《规定》自2014年6月1日起施行。

4月7日

[纲 文] 国家测绘地信局印发《国家测绘地理信息局重点实验室管理办法》,自发布之日起施行。

4月7—11日

[纲 文] 应国务院总理李克强邀请,纳米比亚共和国总理根哥布对中国进行正式访问。

[目 文] 4月8日,国家主席习近平在人民大会堂会见根哥布。习近平表示,纳米比亚是中国在非洲的全天候朋友,由两国老一代领导人缔造的中纳传统友谊是两国共同的宝贵财富。加强同非洲国家团结合作是中国外交政策重要基石,这一点不会因为中国自身发展和国际地位提升而变化。中国在对非合作中秉持正确义利观,注重授人以渔,提升非洲国家自我发展能力,惠及非洲各国人民,真正实现互利共赢,共圆发展振兴之梦。中纳双方要加强政治交往和对话,在重大问题上继续相互坚定支持。中方支持有实力、讲信誉的中国企业赴纳米比亚开展矿业、农业、基础设施建设、制造业等领域合作,建设好大项目。

根哥布表示,中国长期以来为纳米比亚提供了宝贵支持和帮助,是纳米比亚的老朋友、好朋友。纳方正努力加快国家建设,希望深化对华友好合作关系。纳方愿为中国企业投资创造良好条件。非洲正在加速实现和平、稳定、发展。中国真心帮助非洲,纳方愿为非中关系发展发挥更大作用。

同日,全国政协主席俞正声在人民大会堂会见根哥布。俞正声积极评价中纳传统友谊和友好合作关系,表示中国全国政协愿与纳米比亚进一步密切人员往来,加强在民主法制建设、改善民生等方面的交流与合作,为推动各自国家建设和社会发展、促进中纳各领域合作作出新的贡献。

根哥布表示,中国是纳米比亚真诚可靠的朋友。感谢中国对纳米比亚政治独立、经济发展的一贯支持。纳米比亚政府和人民期待与中国拓展全方位和互利共赢的合作。

4月9日,国务院总理李克强在海南省三亚市同根哥布举行会谈。李克强表示,中国高度重视对非关系,将继续坚定支持非洲国家走符合自身国情的发展道路。希望中纳两国加强治国理政经验交流，在务实合作领域寻找互利的新亮点和支撑点。中方鼓励中国企业积极参与纳米比亚基础设施建设，开展投资合作。中方希望纳方尽早批准《中纳投资保护协定》。

根哥布表示，中国是纳米比亚的全天候朋友，两国在各领域开展了良好合作。纳方欢迎中国企业赴纳投资兴业，实现合作共赢。广大非洲国家普遍支持在南南合作框架下加强非中合作。

会谈后，两国总理共同见证了双边经济技术、基础设施建设、矿业、人力资源培训等领域合作文件的签署。

4月8—10日

[纲　文]　应国家主席习近平邀请，以色列国总统西蒙·佩雷斯对中国进行国事访问。

[目　文]　4月8日，习近平在人民大会堂同佩雷斯举行会谈。习近平表示，中华民族和犹太民族长期友好相处，特别是第二次世界大战期间，我们共同反对法西斯和军国主义，相互支持，结下深厚友谊。两国建交以来，政治关系友好，务实合作卓有成效。中方愿同以方继续保持高层交往，早日建立中以政府间经济技术合作机制，加强农业、能源、环保、教育、医疗、科技创新等领域交流合作，不断深化友谊和合作。当前，以巴和谈进入关键阶段。希望以方着眼和平大局，拿出战略智慧，早作勇敢决断，同巴方及国际社会一道，推动和谈早日取得实质性进展。中方将一如既往发挥建设性作用。

佩雷斯表示，以色列钦佩中国爱好和平，中国人民自强不息，沿着自己选择的发展道路，取得了不起的成就。相信中国梦的实现必将为世界和平与发展创造更多机遇。以方希望加强同中国的友好合作关系。以方愿同巴方及国际社会共同努力，克服困难，推进和谈。希望中方为劝和促谈继续发挥重要作用。

4月9日，全国人大常委会委员长张德江在人民大会堂会见佩雷斯。张德江说，中以两国建交以来，双边关系持续健康发展，双方应共同努力，深化相互交流，传承传统友好，把两国友好事业不断推向新高度、达到新水平。中国始终坚持和平发展，主张和平谈判化解争端，衷心希望中东实现和平、人民幸福安康。中国全国人大愿加强与以色列议会的交流合作，发挥各自的独特作用，落实好两国领导人达成的广泛共识，为促进中以关系发展作出新贡献。

佩雷斯说，中国和平发展是人类历史上迄今取得的最伟大成就，以方希学习借鉴中国成功经验，进一步加强以中友好合作，努力推进以巴和谈。

4月8日

[纲　文]　刘云山在北京出席部分省区市党委组织部长座谈会。

[目　文]　中共中央政治局常委刘云山在讲话中说，实现"两个一百年"奋斗目标，实现中华民族伟大复兴的中国梦，迫切需要建设一支宏大的高素质执政骨干队伍；完善和

发展中国特色社会主义制度，推进国家治理体系和治理能力现代化，迫切需要提高对干部队伍的管理治理水平。选人用人始终是关系党和国家事业发展的根本性问题，各级党委要认清形势发展的新要求，充分发挥干部工作"指挥棒"作用，为推进伟大事业、伟大工程提供强有力的组织保证。

刘云山指出，选人用人贵在导向正确，要坚持用党和人民需要的好干部标准选人用人，无论是选拔使用干部还是评价考核干部，都要注重看干部是否做到了信念坚定、为民服务、勤政务实、敢于担当、清正廉洁，真正把德才兼备、以德为先的要求落到实处，把那些党和人民需要的好干部选出来、用起来。要坚持从事业发展出发选人用人，立足岗位需要、注重实践导向，做到人岗相宜、人尽其才，引导干部把心思和精力用在做工作、干实事上。要坚持五湖四海选人用人，拓宽视野渠道，加大交流力度，打破干部部门化地域化，使干部在不同环境不同岗位增长才干。

刘云山说，实现干部工作的风清气正，必须坚持党管干部原则，强化党组织在选人用人中的把关责任。要切实把好资格关，严格选拔任用条件，防止放松标准、降格以求；切实把好程序关，严格选人用人的组织程序，防止程序空转、违规违纪；切实把好廉政关，严格核查廉洁自律情况，防止带病提拔、带病上岗。要着力抓好选人用人突出问题的专项治理，对超职数配备领导干部、冒充人头吃空饷、编造假履历假档案、党政领导干部违规兼职等问题进行集中整治，对跑官要官、买官卖官、打招呼干预下级干部任用、违规破格提拔干部等问题认真严肃查处，狠刹歪风邪气、树立新风正气。

中共中央政治局委员、中央书记处书记、中组部部长赵乐际主持座谈会，中共中央政治局委员、北京市委书记郭金龙出席。北京、天津、河北、内蒙古、辽宁、黑龙江、陕西、甘肃、青海、宁夏、新疆等省区市党委组织部长参加座谈并发言。

4月8日

［纲　文］　国务院副总理汪洋在河北省考察地下水超采综合治理试点工作。

［日　文］　河北是典型的资源型缺水省份，地下水超采量和超采面积均为全国的1/3，是全国最大的地下水漏斗区，地下水超采引发一系列生态和地质灾害问题。汪洋考察了衡水市节水灌溉、旱作农业、河渠坑塘连通蓄水、湿地保护等情况，并主持召开座谈会听取有关方面的意见。他强调，解决地下水超采问题，节约用水是重点。工农业生产和城市生活都要大力推广节水技术。产业布局和城镇建设要充分考虑水资源承载能力，遏制高耗水产业发展，防止盲目扩大城镇规模。农业是节水的重点领域，要适当调减高耗水作物的种植，大力发展节水旱作农业。

汪洋强调，要全面加强水源保护涵养，通过"控""蓄""养"，增强水资源可持续供给能力。"控"就是要坚决控制地下水超采，划定禁采和限采范围、严格用水审批许可、实行总量控制和定额管理，特别要坚决严格限制深水井的开采。"蓄"就是要努力实现雨水洪水资源化，把夏秋季节的雨水洪水蓄住、留下，用天上的水来补充地下水。"养"就是要增强水源涵养能力，全面推进生态建设，努力扩大森林、草原、河流、湖泊、湿地、滩涂等面积，构建水生态安全保障体系。

汪洋强调，地下水超采治理试点要高度重视体制机制创新。要积极推进水价改革，使水价反映水资源稀缺程度。要充分利用市场机制，调动社会力量参与地下水超采治理，促进各行各业节约用水，建设节水型社会。

4月8日

〔纲　文〕　国务院对省级政府消防工作考核部委协调会在北京召开。

〔目　文〕　国务委员、公安部部长郭声琨出席会议并讲话。郭声琨要求，各有关部门要密切配合、通力合作，严格按照考核程序和考核标准，实事求是、客观公正地开展考核，进一步推动政府领导责任、部门监管责任、单位主体责任等消防安全责任制的落实，推动各级政府健全消防工作考核体系、层层落实消防安全责任，着力形成政府统一领导、部门依法监管、单位全面负责、公民积极参与的"四位一体"消防工作格局。

郭声琨强调，各有关部门要认真学习、深刻领会习近平总书记、李克强总理关于加强安全生产工作的系列重要指示和国务院《消防工作考核办法》精神，精心组织好、开展好对省级政府消防工作的首次考核工作，全面推动落实消防安全责任制，不断提高公共消防安全水平，切实保障人民群众生命财产安全。

按照国务院《消防工作考核办法》要求，国务院考核组将每年对省级政府消防工作进行考核，并将考核结果作为对省级政府主要负责人和领导班子综合考核评价的重要依据。

4月8日

〔纲　文〕　国家工商行政管理总局、中宣部、国家互联网信息办、工业和信息化部、国家卫计委、国家新闻出版广电总局、国家食品药品监管总局、国家中医药局就启动整治互联网重点领域广告专项行动在北京召开电视电话会议。

〔目　文〕　会议决定，从4月10日至8月31日，八部门将联合开展整治互联网重点领域广告专项行动。

会议指出，近年来，互联网日益成为商品生产经营者投放广告的重要渠道，与此同时，网上虚假违法广告、虚假信息问题也随之出现，特别是保健食品、保健用品、药品、医疗器械、医疗服务等领域的广告违法问题较为严重。2013年以来，工商总局等八部门联合开展的整治虚假违法医药广告专项行动取得阶段性成效，传统媒体广告违法率大幅下降，但一些违法医药广告开始向互联网媒体转移，寻求新的生存空间。

针对这些新情况、新问题，八部门决定，以保健食品、保健用品、药品、医疗器械、医疗服务等领域，以及大型门户类网站、搜索引擎类网站、视频类网站、电子商务类网站、医疗药品信息服务类网站、医药企业和医疗机构自设网站等网站为重点，在全国范围联合开展整治互联网重点领域广告专项行动。

4月8日

〔纲　文〕　国家发改委印发《境外投资项目核准和备案管理办法》。

〔目　文〕　《管理办法》的主要内容是：一、大幅提高境外投资项目核准权限、缩小核准范围,对一般境外投资项目一律实行备案制。将国家发改委核准权限由资源开发类中方投资 3 亿美元、非资源开发类中方投资 1 亿美元及以上,统一提到中方投资 10 亿美元及以上;中方投资 10 亿美元以下项目一律实行备案。已在境外设立的中资企业在境外实施的再投资项目,如不需要境内投资主体提供融资或担保,不再需要办理核准或备案。二、简化程序、明确时限,提升境外投资项目核准和备案规范化、便利化水平。对国家发改委境外投资项目核准、备案的全流程办理时限均进行了明确,简化了核准、备案条件。三、突出依法行政、明确责任、加强监管、维护秩序。明确规定了国家发改委工作人员如有滥用职权、玩忽职守等违反规定程序和条件办理项目核准、备案等行为的,依据有关规定追究责任。同时,明确规定对于未按规定办理核准或者备案的项目,有关部门不得办理相关手续,金融机构不得发放贷款,从而加强跨部门的工作衔接和联合执法,推进形成境外投资项目管理的合力。

4月8日

[纲　文]　财政部、国家税务总局联合印发《关于小型微利企业所得税优惠政策有关问题的通知》。

[目　文]　《通知》指出,经国务院批准,自 2014 年 1 月 1 日至 2016 年 12 月 31 日,对年应纳税所得额低于 10 万元(含 10 万元)的小型微利企业,其所得减按 50% 计入应纳税所得额,按 20% 的税率缴纳企业所得税。此次出台对小微企业的优惠政策,将减半征收企业所得税的优惠范围扩大,由原来的年应纳税所得额低于 6 万元(含 6 万元)的小微企业,扩大到年应纳税所得额低于 10 万元(含 10 万元)的小微企业,意味着将有更多小微企业享受到税收优惠,切实减轻税负。

4月8日

[纲　文]　中国最先进海洋综合科考船"科学"号首航,赴西太平洋执行战略性先导科技专项任务。

[目　文]　"科学"号从青岛出发赴西太平洋海域,执行中科院"热带西太平洋海洋系统物质能量交换及其影响"战略性先导科技专项的相关科考任务。"科学"号首航,标志着中国新一代海洋科考船正式投入运行。

4月8日

[纲　文]　《人民日报》发表题为《思想上过关是前提——一论以"三严三实"推进教育实践活动》的评论员文章。

4月8—11日

[纲　文]　博鳌亚洲论坛 2014 年年会在海南博鳌举行。

[目　文]　本届年会的主题为"亚洲的新未来:寻找和释放新的发展动力"。来自世界 52 个国家和地区的 1700 多位政、商、学界人士参加了年会。其中包括 80 多位各国政府或地区的部长级官员及国际组织的负责人、150 多位世界 500 强企业高管、众多有影响力的专家学者。国务院总理李克强以及其他 8 个国家的政府首脑应邀出席了本次

年会。

4月10日，李克强在年会开幕大会上发表主旨演讲。李克强指出，当今世界正处于深刻变化之中。今天的亚洲正处在发展的关键时期。解决亚洲的问题，归根结底还是要靠发展。发展仍然是亚洲国家的第一要务。亚洲各国应坚持共同发展的大方向，结成亚洲利益共同体；构建融合发展的大格局，形成亚洲命运共同体；维护和平发展的大环境，打造亚洲责任共同体。中国经济未来发展，一要向改革要动力，二要向调结构要动力，三要向改善民生要动力。中国将永远与亚洲各国一道，荣辱相依，休戚与共，共同开创亚洲发展新未来。

李克强强调，中国将继续坚持走和平发展道路，奉行睦邻友好的周边外交政策。我们维护本国领土主权的意志也是坚定的，愿通过和平手段解决争端的主张也是明确的。南海和平稳定符合包括中国在内的周边国家的共同利益，中方愿在《南海各方行为宣言》（DOC）框架下，稳妥推进"南海行为准则"（COC）磋商进程，共同维护南海的和平稳定和航行自由。

随后，澳大利亚总理托尼·阿博特、韩国总理郑烘原、老挝总理通邢·塔马冯、纳米比亚总理哈格·根哥布、巴基斯坦总理纳瓦兹·谢里夫、东帝汶总理古斯芒、俄罗斯副总理阿·弗·德沃尔科维奇、越南副总理武德担分别在开幕大会上发表了演讲。

本届年会共举办68场分会，分别从结构改革、技术创新、产业结构调整与升级、资源能源与环境、教育与就业、中小企业发展、宏观政策协调、国际经济合作等多领域、多角度深入探讨了亚洲未来可持续发展的动力和方向问题。

4月8日，李克强在海南省三亚市同同前来参加博鳌亚洲论坛2014年年会的老挝总理通邢举行会谈。4月9日，李克强在海南省三亚市分别同前来参加博鳌亚洲论坛2014年年会的东帝汶总理沙纳纳、纳米比亚总理根哥布举行会谈，并同澳大利亚总理阿博特举行了中澳总理年度定期会晤。

4月10日，李克强在海南博鳌分别会见前来出席博鳌亚洲论坛2014年年会的台湾两岸共同市场基金会荣誉董事长萧万长、韩国总理郑烘原、巴基斯坦总理谢里夫、博鳌亚洲论坛理事会成员和中外企业家代表。

4月8—12日

[纲　文]　应国务院总理李克强邀请，老挝人民民主共和国总理通邢·塔马冯对中国进行正式访问。

[目　文]　4月8日，李克强在海南省三亚市同通邢举行会谈。李克强表示，当前中老两国都处在深化改革的关键时期。中国正在按照十八届三中全会部署全面深化改革开放，并继续采取有力措施稳增长、调结构、惠民生。老挝也在加快经济和民生建设，大力推进革新开放事业，这将给双方全面战略合作伙伴关系发展带来新机遇。中老铁路是当前两国大项目合作的重点。中方愿与老方启动两国政府间铁路合作协议的商谈，争取尽早签署，为下一步合作打好基础。通邢表示，近年来，老中关系不断发展，给两国人民带来实

实在在的利益。当前老挝正致力于推进革新开放事业,愿抓住中国发展带来的机遇,与中方进一步加强治国理政经验交流,全面深化各领域合作,重点推进老中铁路合作项目尽早取得实质性成果,共同促进地区和平、稳定与发展。会谈后,两国总理共同见证了双边金融等领域合作文件的签署。

4月11日,国家主席习近平在北京会见通邢。习近平指出,中老友谊千金难换。建设社会主义事业,必须处理好改革发展稳定三者关系。当前,国际和地区形势深刻复杂演变,中老两国都进入改革和发展新阶段,要加强团结合作,永做好邻居、好朋友、好同志、好伙伴,推动中老全面战略合作伙伴关系不断迈上新台阶。双方要保持两党两国高层交往传统,加强战略沟通和协调,交流互鉴治国理政经验,扩大人文交流,拓展能源资源、生态旅游、基础设施建设等领域合作,争取尽早签署中老铁路合作协议。通邢表示,加强老中全面战略合作伙伴关系对老挝国内建设事业具有重要意义。老方愿认真落实两国元首达成的重要共识,加强各领域合作,尤其是积极推进老中铁路项目。老方高度赞赏并愿积极参与中方提出的"一带一路"倡议。国务委员杨洁篪参加会见。

同日,全国政协主席俞正声在北京会见通邢。俞正声表示,中老是好邻居、好朋友、好同志、好伙伴。两国各领域合作不断向深层次、高水平发展。中国全国政协愿与老挝建国阵线加强友好往来,通过多种形式互学互鉴,为促进中老关系发展、推进两国社会主义建设事业作出贡献。通邢表示,老中传统友好,双方合作为两国人民带来实实在在的利益。老挝建国阵线将不断加强同中国全国政协的交流与合作,将老中友好深植两国民心,共同促进双方务实合作,为各自国家的经济发展与社会和谐发挥积极作用。

4月11日,中国和老挝两国政府发表联合新闻公报。

4月8—12日

[纲 文] 应全国人大常委会委员长张德江邀请,缅甸联邦议会议长兼人民院议长吴瑞曼率缅甸联邦议会代表团访问中国。

[目 文] 4月10日,张德江在人民大会堂同吴瑞曼举行会谈。张德江说,中缅是传统友好邻邦,中方重视发展与缅甸的友好合作关系,将遵循"亲、诚、惠、容"理念,本着睦邻、富邻、安邻的原则,进一步密切和深化双方友好往来,进一步巩固和拓展各领域合作,坚定推动中缅友好事业健康持续发展。中国全国人大同缅甸联邦议会有着良好的合作关系。希望双方密切高层、专门委员会之间的友好往来,把合作不断推向更宽领域、更高层次,为中缅友好关系发展发挥更大作用。一是加强治国理政经验交流,特别是在立法方面的交流,为促进各自国内改革、发展、稳定提供借鉴;二是充分发挥立法机关职能作用,保持投资政策和法律的稳定性,保护投资者的合法权益,切实调动企业的积极性,为双方经贸合作创造良好的政策和法律环境;三是加强中国全国人大代表与缅甸议员之间的交流与对话,带动两国政党、人文和民间等各方面友好往来,增进相互了解,加强友好合作,为中缅友好世代传承奠定坚实的社会和民意基础。

吴瑞曼说,缅方赞赏中国实行改革开放政策,钦佩中国经济社会发展取得巨大成就。

缅方坚定奉行一个中国政策,感谢中方在国际场合为缅主持正义。缅联邦议会愿进一步加强与中国全国人大各层次的交往,深入交流治国理政经验,为两国友好关系发展注入新的活力。

会谈后,张德江和吴瑞曼共同签署了《中国全国人大和缅甸联邦议会合作备忘录》。

4月11日,国家主席习近平在人民大会堂会见吴瑞曼。习近平说,中缅是山水相连的友好邻邦。坚持发展中缅睦邻友好合作,符合彼此根本利益。双方要坚持从战略高度和长远角度出发,坚定推进中缅全面战略合作的决心,不断增进政治互信,深化各领域务实合作。中方支持缅甸作为东盟轮值主席国在地区和国际舞台发挥更大作用,愿同缅方保持协调配合,共同推进中国—东盟合作。中国正在进行全面深化改革,缅甸也在积极推动改革、发展经济,双方应进一步加强经济合作与经验交流,造福两国和两国人民。中国共产党愿同缅甸联邦巩固与发展党加强交往,深化治党理政经验交流,推进干部培训合作,促进两党各自执政能力建设。

吴瑞曼表示,缅方高度重视建立在和平共处五项原则基础上的缅中友好关系。中国的成功发展是缅甸的重要机遇。缅政府和议会高度赞赏中国正在进行全面深化改革,愿学习借鉴中国经济社会发展经验,促进缅中友好关系深入发展。

4月9日

[纲　文]　国家主席习近平在人民大会堂会见美国国防部长哈格尔。

[目　文]　习近平指出,2013年,我同奥巴马总统在安纳伯格庄园会晤,一致同意共同构建基于相互尊重、合作共赢的中美新型大国关系。在当前纷繁复杂的国际形势下,中美合作领域更为宽广。中美两军关系是两国关系的重要组成部分。双方应该在构建中美新型大国关系的大框架下发展新型军事关系。双方应该坚持不冲突、不对抗、相互尊重、合作共赢的原则,更加积极有力推动各领域务实合作,有效管控分歧和敏感问题,确保中美新型大国关系始终沿着正确的方向向前发展。

哈格尔表示,此次访华的目的是希望与中方推进奥巴马总统和习主席倡导的美中新型两军关系。21世纪世界的发展在很大程度上取决于美中关系的发展。美方愿与中方加强对话,增进互信,进一步推动两国两军关系发展。

双方还就朝鲜半岛问题交换了看法。

国务委员兼国防部长常万全等会见时在座。

4月9日

[纲　文]　习近平视察中国人民武装警察部队特种警察学院并为"猎鹰突击队"授旗。

[目　文]　习近平在视察中强调,武警部队作为国家反恐维稳的重要力量,要认真贯彻党中央决策部署,坚决有力打击各种暴力恐怖犯罪活动,维护国家安全和社会稳定,保障人民安居乐业。"猎鹰突击队"是国家级反恐拳头部队。广大官兵要牢记强军目标,

严格训练、严格要求、严格管理,做到思想政治非常过硬、专业素质非常过硬、战斗作风非常过硬,努力成为国际一流水平的反恐特战劲旅,永远做党和人民的忠诚卫士。

武警特种警察学院原是1982年成立的反劫机特种警察部队,是武警总部直接领导和指挥的一支国家反恐力量。学院组建以来,先后为国家和军队输送了一大批特战人才,出色完成一系列安保、处突特殊任务,为维护社会稳定作出突出贡献。2014年2月20日,习近平命名学院特种作战大队为中国人民武装警察部队"猎鹰突击队"。

范长龙、许其亮、孟建柱、栗战书、郭声琨等参加有关活动。

4月9日

[纲 文] 国务院副总理、中俄能源合作委员会中方主席张高丽在北京与俄罗斯副总理、俄方主席德沃尔科维奇举行中俄能源合作委员会双方主席会晤。

[目 文] 张高丽说,中俄全面战略协作伙伴关系正在高水平上向前发展。中俄互为能源领域的可靠、优先合作伙伴。中俄能源合作委员会机制运行一年来,积极落实双方达成的合作共识,推动两国能源合作取得了一批重要新成果。我们要按照两国元首达成的共识,进一步加大对双方能源大项目合作的推动力度,全面扩大和深化中俄能源各领域合作。中方愿全面扩大对俄石油、天然气、核能、煤炭、电力、新能源等领域的务实合作。希望双方本着长期合作、互利共赢原则,充分发挥互补优势,按计划实施好东、西两线原油增供项目,扩大石油上游开发合作规模,积极推进天津合资炼厂建设,抓紧商谈东线天然气管道项目,在液化气领域开展全面合作,进一步扩大核能领域合作,不断拓展煤炭和电力合作,大力开展煤电输一体化项目,推动中俄能源合作取得更多实际成果,促进两国经济繁荣发展。

德沃尔科维奇表示,俄方愿加快两国全面战略协作伙伴关系发展步伐,充分发挥双方的优势和潜力,进一步扩大能源各领域务实合作。

会晤结束后,张高丽和德沃尔科维奇共同签署了《中俄政府间能源合作委员会双方主席会晤纪要》。

4月9日

[纲 文] 《人民日报》报道,中央组织部发出通知,对全国组织系统学习贯彻习近平总书记"三严三实"要求作出部署。

[目 文] 通知指出,习近平总书记关于"严以修身、严以用权、严以律己,谋事要实、创业要实、做人要实"的重要论述,是广大党员干部特别是各级领导干部的为政之道、成事之要、做人准则,也是做好新形势下组织工作的重要遵循。各级党委组织部门要认真学习、深刻领会"三严三实"的精神实质,充分认识"三严三实"对于加强党的建设和组织工作的重要意义,以更加严格的标准、更加扎实的作风,推动组织工作取得更大成绩,为全面深化改革、推动经济社会持续健康发展提供坚强有力的组织保证。

通知要求,要突出重点、抓住关键,切实把"三严三实"要求贯穿领导班子和干部队伍建设全过程。要夯实基础、完善措施,切实把"三严三实"要求落实到基层党组织和党员队伍建设各方面。要加强引领、激发活力，切实把"三严三实"要求融入人才工作和人才队伍建设中。各级组织部门要深入学习、带头践行"三严三实"要求，坚持严字当头、实处着力，从严治部、从严律己、从严带队伍，努力把各级组织部门建设成为讲政治、重公道、业务精、作风好的模范部门。

4月9日

[纲　文]　中国人民银行、财政部、银监会、证监会、保监会、国务院扶贫办、共青团中央联合召开全国扶贫开发金融服务工作电视电话会议。

[目　文]　会议提出，力争贫困地区每年各项贷款增速高于当年贫困地区所在省（区、市）各项贷款平均增速，新增贷款占所在省（区、市）贷款增量的比重高于上年同期水平，到2020年使贫困地区金融服务水平接近全国平均水平，初步建成全方位覆盖贫困地区各阶层和弱势群体的普惠金融体系。

会议提出，要重点抓好健全贫困地区金融组织体系、创新金融产品和服务、夯实金融基础设施、优化金融生态环境等重点工作。进一步加大政策扶持力度，力争贫困地区支农再贷款额度占所在省份的比重高于上年同期水平，对贫困地区符合条件的金融机构，其新增支农再贷款额度可在现行优惠支农再贷款利率上再降1个百分点。同时，要求各金融机构要将信贷资源向贫困地区适当倾斜，各级财政部门要进一步落实贷款优惠及奖补政策，健全风险分散补偿机制，各级银行业监管部门要对贫困地区金融机构在存贷比、不良贷款率、资本充足率等方面实施差异化监管。

4月9日

[纲　文]　财政部、商务部印发新《外经贸发展专项资金管理办法》。

[目　文]　新《办法》对财政部、商务部2010年印发的《外经贸发展专项资金管理办法》及有关具体管理办法进行了修改完善。

根据新《办法》，外经贸发展专项资金主要用于以下方向：支持欠发达地区等外经贸发展薄弱领域提高国际化经营能力，促进外经贸协调发展；促进优化贸易结构，发展服务贸易和技术贸易，培育以技术、品牌、质量和服务等为核心的国际竞争新优势；引导有序开展境外投资、对外承包工程、对外劳务合作、境外经济贸易合作区建设等对外投资合作业务；鼓励扩大先进设备和技术、关键零部件、国内紧缺的资源性产品进口；完善贸易投资合作促进、公共商务信息等服务体系，促进优化贸易投资合作环境及其他有利于促进我国外经贸发展事项。

新《办法》规定，商务部会同财政部组织项目申报和评审，提出资金支持方案，对项目实施情况进行评价和监督，并建立信息管理系统，为项目库建设、项目申报、信息反馈、监督管理、绩效评价等工作提供技术手段；财政部负责审核资金支持方案并拨付资金，会同商务部对资金的使用情况进行监督检查和绩效评价。

4月9日

[纲　文]　国家信访局印发《关于进一步规范信访事项受理办理程序引导来访人依

法逐级走访的办法》。

〔目　文〕　《办法》共17条，主要包括四个方面内容：明确分级受理来访事项，即由有权处理信访事项的本级和上一级机关受理办理来访事项；要求各级信访工作机构及其他行政机关依法按程序规范受理办理来访事项，向群众出具相关文书等；强调责任追究，明确规定对不按要求登记录入、应受理而未受理、未按规定期限和程序受理办理来访事项、不执行来访事项处理意见等，要提出改进工作建议、视情通报和启动责任追究；明确相关配套要求，包括加强法制宣传和教育引导、制定配套措施、明确社会团体和企业事业单位参照执行等。

《办法》就来访事项由哪一级受理办理，哪些该受理哪些不受理，受理后怎么办等，作出了明确规定。《办法》规定了有关行政机关不予受理或不再受理的6种信访情况。

《办法》强调，各级人民政府信访工作机构和其他行政机关要及时将信访事项信息及受理、办理环节各项书面文书统一录入全国信访信息系统，确保程序规范、数据完整、信息共享。县级以上人民政府信访工作机构负责督办本级和下级有关行政机关的信访事项受理、办理情况。

《办法》自2014年5月1日起施行。

4月9日

〔纲　文〕　**2013年度十大考古新发现揭晓。**

〔目　文〕　这十大考古新发现是：陕西宝鸡石鼓山商周墓地、湖北随州文峰塔东周墓地、山东沂水纪王崮春秋墓葬、湖南益阳兔子山遗址、四川成都老官山西汉木椁墓、河南洛阳新安汉函谷关遗址、陕西西安西汉长安城渭桥遗址、江苏扬州曹庄隋唐墓（隋炀帝墓）、四川石渠吐蕃时代石刻、江西景德镇南窑唐代窑址。

4月9日

〔纲　文〕　**国防部发言人就美国会众议院通过涉台议案表示，中方坚决反对美向台湾出售先进武器。**

〔目　文〕　有记者问，近日，美国会众议院审议通过"确认《与台湾关系法》重要性和向台转让海军舰只"议案，请问中国军方对此有何评论？

发言人说，美售台武器违反中美三个联合公报特别是"八一七"公报原则，严重干涉中国内政。在当前中美致力于构建新型大国关系和新型军事关系的背景下，美方不顾中方强烈反对，执意通过推动对台军售的议案，这一行动极具破坏性，无疑会对中美两军关系发展和两岸关系和平发展造成严重干扰和损害。台湾问题事关中国主权和领土完整，涉及中国核心利益。中方要求美方充分认识美方上述议案的高度敏感性和严重危害性，切实尊重中方核心利益和重大关切，停止任何损害中美关系和两岸关系和平发展的言行，停止售台武器，多做有利于中美两国两军关系健康稳定向前发展的事。

4月10日

〔纲　文〕　**全国政协主席俞正声在政协礼堂会见泰国公主诗琳通。**

〔目　文〕　俞正声表示，泰国是中国的亲密友好邻邦，也是本地区同中国合作最密切的国家之一。两国已建立全面战略合作伙伴关系，友好交流越来越密切，各领域合作不断深化。中泰关系的健康稳定发展离不开泰国王室的关心和推动。诗琳通公主长期致力于发展中泰友好事业，关心支持两国人文、教育和科技合作，为增进中泰友谊，加深两国人民的相互了解和感情作出了积极贡献，中方对此表示高度赞赏，希望双方继续加强在文化领域的交流互鉴。

诗琳通表示，泰中关系密切，两国人民友谊深厚，双方各领域合作成果丰硕。她愿为泰中友好事业发展继续努力。

4月10日

〔纲　文〕　汪洋在中国（上海）自由贸易试验区调研。

〔目　文〕　国务院副总理汪洋参观了试验区综合服务大厅，实地考察了上海畅联物流公司和国家对外文化贸易基地，并主持召开座谈会听取有关方面意见。他指出，建立中国（上海）自由贸易试验区，是党中央、国务院做出的重大决策，是全面深化改革、扩大开放的重大举措，是国家战略需要。试验区挂牌半年来，上海市和中央有关部门紧紧围绕制度创新这一核心，探索建立了负面清单管理模式，创新了海关质检监管制度，实施了商事登记制度改革，出台了支持金融市场开放的政策意见，试验区建设开局良好，改革效应初步显现，成绩来之不易。

汪洋强调，中国（上海）自由贸易试验区是我国新时期推进改革开放的试验田，肩负着重要的历史使命。要扎扎实实开展各项工作，把党中央、国务院的决策和部署落到实处。要较大幅度缩减外商投资负面清单，进一步提高开放度，增加透明度。进一步减少工商登记前置审批事项，落实"先照后证"登记制度。深化对外贸易监管制度创新，实施更多贸易便利化措施，进一步提高通关效率。要把完善事中事后监管体系摆在突出位置，加快构建外商投资安全审查、反垄断审查、社会信用体系、信息共享与综合执法等监管制度，加强对市场主体"宽进"以后的过程监督和后续管理，为深化改革、扩大开放提供制度保障。中央有关部门要大力支持试验区建设，为试验区"大胆闯、大胆试、自主改"营造良好的法律和政策环境。

4月10日

〔纲　文〕　中央军委印发《关于贯彻落实军委主席负责制建立和完善相关工作机制的意见》。

〔目　文〕　《意见》明确提出，为确保军委主席决策指示的贯彻执行，确保军委主席及时掌握国防和军队建设情况、领导指挥军事斗争准备和重大军事行动，必须建立和完善请示报告、督促检查、信息服务等项工作机制。

4月10日

〔纲　文〕　最高人民法院召开电视电话会议，动员部署在全国法院开展网上申诉信访平台和远程视频接访系统建设工作。

〔目　文〕　最高人民法院要求，各级法院要牢牢抓住涉诉信访信息化建设机遇，全面做好网上申诉信访和视频接访建设工作，努力完成涉诉信访改革任务，为平安中国、法治中国建设作出积极贡献。各级法院要突出重点，全面推进网上申诉信访和视频接访。要建好网上申诉信访平台，确保信访群众在第一时间知晓案件所处的办理环节以及办理结果。要健全远程视频接访系统，变走访为网络视频接访，实现引导息诉服判、加强审判监督的目标。要根据本地区审判工作实际和经济发展水平，加强总体规划和统筹协调，做好本地区网上申诉信访平台和远程视频接访系统的整体设计。针对基层法院软硬件设施相对落后的问题，各地高级人民法院要把更多精力、更多资源向基层法院倾斜，实现四级法院之间以及本地区之间视频接访系统全线贯通。

4月10日

［纲　文］　财政部、工业和信息化部、科技部、商务部联合印发《中小企业发展专项资金管理暂行办法》。

［目　文］　《办法》共9章46条，对规范和加强中小企业发展专项资金的使用和管理作出了具体规定。《办法》指出，中小企业发展专项资金是指中央财政预算安排，用于支持中小企业特别是小微企业科技创新、改善中小企业融资环境、完善中小企业服务体系、加强国际合作等方面的资金。专项资金的宗旨是，贯彻落实国家宏观政策和扶持中小企业发展战略，弥补市场失灵，促进公平竞争，激发中小企业和非公有制经济活力和创造力，促进扩大就业和改善民生。

《办法》规定，专项资金的使用和管理遵循公开透明、突出重点、统筹管理、加强监督的原则，确保资金使用规范、安全和高效，并向中西部地区倾斜。专项资金综合运用无偿资助、股权投资、业务补助或奖励、代偿补偿、购买服务等支持方式，采取市场化手段，引入竞争性分配办法，鼓励创业投资机构、担保机构、公共服务机构等支持中小企业，充分发挥财政资金的引导和促进作用。

《办法》规定，专项资金建立部门共管、专家评审、项目公示、追踪问效的全过程协作管理机制，加强绩效评价及结果运用，实现资金分配的激励和约束。财政部通过政府购买服务等方式，对专项资金分配使用、项目实施及效果等实施评价，在充分听取相关部门意见后形成绩效评价结果，并将其作为专项资金以后年度支持方向预算安排的重要依据。财政部应会同相关部门根据绩效评价结果，及时完善资金使用、项目组织等管理制度，不断改进专项资金管理机制。

4月10日

［纲　文］　**云南高黎贡山独龙江隧道贯通。**

［目　文］　隧道全长6.68公里、净宽7米、净高4.5米，与独龙江公路连接，可全年通车。该隧道的贯通标志着独龙族同胞彻底告别每年大雪封山半年的历史，使当地群众的交通出行得到极大改善。

4月10日

［纲　文］　《人民日报》发表题为《学习教育重在实打实——二论以"三严三实"推

进教育实践活动》的评论员文章。

4月10—11日

［纲　　文］　李克强在海南省考察。

［目　　文］　国务院总理李克强在出席博鳌亚洲论坛年会后，在海南省委书记罗保铭、省长蒋定之陪同下，深入海南基层考察调研。

李克强在海口市工商局考察企业登记和管理制度改革时说，改革就是要把千千万万群众的积极性和创造性调动起来。通过改革，办企业更加顺畅，办事成本也降低了，而创业又可带动就业、提高收入，实现这一低一高需要政府自身改革，也是民众的期盼，显示了改革的红利。推动简政放权，要放管结合。在做好服务的同时，也要更有效地实施事中事后监管，保证市场更加公平有序。李克强强调，放权要真正放给市场，不能被中介机构截留。

李克强在考察海口港时说，中国经济有很大的回旋空间，就在于内需潜力巨大，内需增长能起到很好的支撑作用。李克强对海口港积极打造面向东南亚的航运中心给予肯定，希望海南作为最大的经济特区，要站在国家层面谋划扩大开放的新举措。

考察中，李克强多次强调，发展是第一要务，是解决一切问题的关键。各地区各部门都要勤政务实、敢于担当，主动出实招，积极解难题，以更加奋发有为的精神促改革、调结构、惠民生，更有效地扩大国内需求，着力开拓国际市场，多方施策增强发展动力，使增长和就业不越出下限，通胀不突破上限，保持经济在合理区间平稳运行，切实推动科学发展。

考察期间，李克强听取了海南经济社会发展情况的汇报，希望海南坚持改革创新，凝聚发展力量，建设好富裕、文明、绿色的宝岛。

4月11日

［纲　　文］　国家税务总局印发《关于发布取消涉税文书报表的公告》。

［目　　文］　为进一步简化办税流程、减轻纳税人负担，《公告》取消了15个纳税人填报使用的涉税文书报表。具体包括：税务登记验证申请表、税务登记换证申请表、小额税款退税申请表、有奖发票兑奖申请表、发票真伪鉴定申请表、纳税申报方式认定申请表、定期定额户自行申报（申请变更）纳税定额表、免税出口货物劳务明细表、中国大陆公民（包括华侨）基础信息登记表、香港澳门和台湾同胞基础信息登记表、外籍人员基础信息登记表、变更自然人登记申请表开具个人完税（费）证明申请表、启动相互协商程序申请书、服务贸易等项目对外支付出具税务证明申请表等。《公告》要求，自2014年5月1日起，各级税务机关不得要求纳税人填报以上15个涉税文书报表。

4月11日

［纲　　文］　《人民日报》发表题为《听取意见不能跑偏——三论以"三严三实"推进教育实践活动》的评论员文章。

4月11—13日

[纲　文]　**刘云山在湖北省调研。**

[目　文]　中共中央政治局常委刘云山就第二批教育实践活动和基层党的建设,先后到恩施、黄石、鄂州等地,深入农村、社区、企业和窗口服务单位调研,听取基层干部群众意见建议。刘云山对湖北教育实践活动和基层党建工作给予肯定,希望湖北在作风建设上不断取得新的进展。

刘云山在调研时强调,推进党的群众路线教育实践活动,要深入贯彻习近平总书记在兰考调研时的重要讲话精神,认真落实"三严三实"要求,以焦裕禄为榜样,增强宗旨意识,树立为民情怀,对准人民群众的关切期待改进作风,用解决问题的实际成效凝心聚力。

调研期间,刘云山主持召开第二批教育实践活动专题座谈会,强调各级党组织要坚持高标准、严要求,每一项工作都要把好质量关,每一个环节都要从严对待,把应尽的责任落实到位,把认真的态度贯穿始终。要坚持见思想、见精神,组织党员干部对照党性要求、对照先进典型找差距、补短板,打牢改作风的思想基础。要坚持敞开门、开大门,躬下身子听取群众意见,问需于民、问计于民,边学边改、边查边改,向不良习惯说不,向突出问题叫板,用实际成效说话,让群众不断看到新气象,确保活动不虚不空不偏、不走过场。

刘云山还出席了中组部在武汉召开的部分省区市党委组织部长座谈会。

中共中央政治局委员、中央书记处书记、中央组织部部长赵乐际一同参加调研。

4月12日

[纲　文]　**新华社讯,刘延东在河南省调研。**

[目　文]　国务院副总理刘延东考察了基层卫生计生服务机构、县级医院、城市公立医院、学校和文保单位,主持召开了医改工作座谈会。刘延东指出,健康是幸福的起点,民生的基础,各级政府要切实把医改这一惠及人人的工程抓好抓实,为广大人民群众提供更多优质的公共医疗卫生产品。要打好县级公立医院综合改革这场硬仗,优化医疗资源布局,推动补偿、价格、医保、人事、分配、药品流通等联动改革,发挥中医药特色优势,降低虚高药价,使改革红利惠及广大基层群众。分级诊疗制度事关整个医改成败,要综合运用价格调控、医保支付杠杆撬动等手段,巩固基层、重心下沉,形成基层首诊、双向转诊的就医秩序。要着力推进社会资本办医,发展商业健康保险,统筹社会力量参与卫生事业的改革发展。要深化医保支付方式改革,发挥医保对医疗服务行为的引导和监管作用,让群众看病报销方便,负担减轻。

刘延东强调,要改善薄弱学校办学条件,大力推进义务教育均衡发展。职业教育要深化产教融合、校企合作。要多种措施提高农村学生上重点大学的比例。要做好文物和非物质文化遗产保护工作,促进文博事业繁荣发展,增强国家软实力,提高国际影响力。要统筹解决好文物保护与经济发展、民生改善的关系，努力将文化资源优势转变为经济发展优势、富民优势。要加快推进教育、科技、文化、卫生、体育等领域服务业发展，扩大服务供给，更好地满足人民群众多样化、多层次的需求。

4月12日

［纲　文］　公安部发布《关于废止〈公安机关和公安干警十不准的规定〉和〈集贸市场消防安全管理办法〉的决定》。

［目　文］　《决定》说，经清理，现决定废止1993年9月24日发布实施的《公安机关和公安干警十不准的规定》（公安部令第14号）和1994年12月25日发布实施的《集贸市场消防安全管理办法》（公安部、国家工商行政管理局令第19号）。

《决定》自发布之日起施行。

4月12日

［纲　文］　国家发展和改革委员会根据《国务院关于第六批取消和调整行政审批项目的决定》（国发〔2012〕52号）和《国务院关于取消和下放一批行政审批项目的决定》（国发〔2013〕44号），决定废止《食盐专营许可证管理办法》（2006年4月28日国家发展和改革委员会令第45号发布）。

4月12日

［纲　文］　外交部就日本内阁总务大臣新藤义孝参拜靖国神社向日方提出严正交涉和抗议。

［目　文］　外交部发言人指出，日本内阁成员参拜供奉有二战甲级战犯的靖国神社，再次反映出日本现内阁对待历史问题的错误态度。日本切实正视和深刻反省过去那段侵略历史，同军国主义划清界限，是战后中日关系重建和发展的重要政治基础。我们敦促日方在历史问题上端正态度，认真对待亚洲邻国和国际社会的正义呼声，停止一切与时代潮流背道而驰的挑衅行为。

4月13日

［纲　文］　新华社讯，中央政法委、解放军总政治部联合印发《关于加强维护国防利益和军人军属合法权益工作的意见》。

［目　文］　《意见》指出，维护国防利益和军人军属合法权益，是党和国家的一贯政策和优良传统。做好这项工作，是保持部队高度集中统一和安全稳定，促进社会和谐的必然要求；是建设巩固国防和强大军队，保证实现党在新形势下强军目标的现实需要；是贯彻落实依法治国基本方略和依法治军、从严治军方针，推动国家和军队法治建设的实际举措，对于巩固党的执政地位、维护国家安全、促进军政军民团结，实现中华民族伟大复兴的中国梦，具有重要意义。各级必须高度重视，采取有力措施，切实抓紧抓好。

《意见》明确，建立全国涉军维权工作协调机制，由中央政法委和总政治部牵头，最高人民法院、最高人民检察院、公安部、民政部、司法部、财政部、人力资源和社会保障部、国土资源部、全国双拥工作领导小组办公室、国家人民防空办公室等，指派联络员，定期通报工作情况，研究重大事项。各省（自治区、直辖市）、市、县建立涉军维权工作领导小组和办事机构。

《意见》要求，各级要始终坚持把涉军维权工作的重点放在解决对国防安全和社会稳定有重大影响的涉法问题上，严厉打击窃取出卖军事秘密、破坏军事设施、盗窃军用物资、冒充军人招摇撞骗等刑事犯罪活动，积极维护国防利益和军事安全；妥善处理涉及部队战备执勤、训练演习、国防工程建设、国防科研实验、军用土地权属及非战争军事行动等方面的纠纷及历史遗留问题，有效保障部队战备、训练和管理秩序；及时解决军人军属在婚姻家庭、人身损害、土地征用、拆迁补偿等方面的纠纷和案件，切实维护军人军属的合法权益。政法机关要开辟"绿色通道"，依法对涉军纠纷和案件优先立案、优先办理、优先结案、优先执行，尤其对执行重大军事行动任务部队官兵及家庭遇到的涉法问题，要急事急办、特事特办，及时解除官兵后顾之忧。

《意见》强调，各级党委政法委要加强组织领导工作，积极指导和协调军地有关部门，把涉军维权工作纳入经济社会发展总体规划、纳入综治考核评价体系、纳入"双拥"共建活动范畴，注重宣传推广典型经验，加强骨干队伍建设，完善物质保障措施，为顺利开展这项工作创造良好环境和必要条件。

4月13日

[纲　文]　《人民日报》报道，我国首次在青海省发现大规模可利用干热岩资源。

[目　文]　报道说，青海省地质勘探人员在共和盆地成功钻获温度高达153℃的干热岩。这是我国首次发现大规模可利用干热岩资源。该资源属清洁能源，可用于地热发电。

共和盆地位于青藏高原腹地，这次钻获的干热岩资源具有埋藏浅、温度高、分布范围广的特点，填补了我国一直没有勘查发现干热岩资源的空白。据介绍，在共和盆地钻获的干热岩致密不透水，1600米以下无地下水分布迹象，符合干热岩的特征条件。该岩体在共和盆地底部广泛分布，钻孔控制干热岩面积达150平方公里以上，干热岩资源潜力巨大。从干热岩地热资源区域分布看，青藏高原南部约占我国大陆地区干热岩总资源量的1/5，资源量巨大。

4月13—20日

[纲　文]　应全国人大常委会委员长张德江邀请，巴西众议长阿尔维斯率巴西众议院代表团访问中国。

[目　文]　4月14日，张德江在人民大会堂同阿尔维斯举行会谈。张德江说，中国和巴西分别是东西半球最大的发展中国家。建交40年来，中巴关系始终走在发展中国家团结合作的前列，战略性和全局性影响不断上升。双方在能源、矿业、金融、农业、电力等领域互利合作成果丰硕，在人文领域交流活跃，在重大全球性事务和地区热点问题上保持良好协调配合。当前，中国人民正致力于实现中华民族伟大复兴的中国梦，巴西正积

极推进现代化、加快向全球性大国迈进。在实现各自战略目标的进程中，双方应共同努力，深化战略互信，加强务实合作，推动中巴全面战略伙伴关系迈上新台阶。中国全国人大高度重视发展与巴西众议院的关系，希望双方以此次会谈为契机，推动合作继续向前发展。一是加强各层次友好往来，增进相互了解，充分发挥定期交流机制、友好小组等平台作用，进一步增强交流的针对性和实效性，更好地服务各自国家发展。二是加强在经济发展方式、保障改善民生、维护社会和谐稳定等治国理政方面的经验交流，促进相互学习借鉴。三是积极推动双方已签署协议的落实，鼓励两国企业开展互利合作，为双方经贸合作可持续发展，创造更加稳定、透明、公正的政策和法律环境。四是密切在多边议会组织内的战略协作，加强在全球治理、气候变化等重大议题上的协调配合，推动国际秩序朝着更加公正合理的方向发展。

阿尔维斯完全赞同张德江对两国关系和两国立法机关交往的评价以及加强两国立法机关合作的建议。他表示，巴中关系越来越密切，进一步发展巴中友好是巴西政府、议会和各党派的一致看法。巴众议院愿与中国全国人大携手，增进领导人、专门委员会、友好小组等各层次交流，加强在国际和地区议会组织中的协调与配合，积极推动两国各领域合作深入发展。

4月15日，国家主席习近平在人民大会堂会见阿尔维斯。习近平说，近年来，中巴关系持续深入发展，合作内涵日益丰富，两国人民从中获得了实实在在的利益。中巴关系已经超越双边范畴，战略性和全局性影响不断上升。中巴双方要紧密结合各自发展战略，创新思路，进一步深化两国各领域的互利合作，将中巴合作打造为新兴市场国家平等互利、合作共赢的典范。同时，两国应进一步加强政府、立法机构、政党、人文等领域交流，扩大人员往来，增进彼此了解，推动两国关系在新的历史起点上迈向更高水平。

阿尔维斯赞赏中国取得的发展成就和为实现中华民族伟大复兴中国梦作出的重要努力。他表示，发展好巴中关系是巴西各阶层、各界别和巴西人民的共同信念，巴众议院愿密切与中国全国人大的交流，积极推动两国各领域合作深入发展。

4月14日

［纲　文］　习近平到空军机关调研。

［目　文］　中央军委主席习近平首先来到空军机关指挥楼，了解部队战备值班情况。他观摩了空情处置课目指挥演练，对战备值班部队高度戒备、反应灵敏，展现出的良好军政素质和战斗作风给予高度评价。

习近平对马航失联客机搜寻工作进展情况十分牵挂，专门通过视频听取空军航空兵某师有关搜寻工作情况汇报。他指出，马航客机失联是一起非常不幸的事件，令人痛心。要加强组织领导，搞好同有关方面的协同配合，毫不松懈做好后续搜寻工作。

习近平接见了空军机关副师职以上领导干部，认真听取空军建设发展情况汇报。习近平在讲话中指出，空军是战略性军种，在国家安全和军事战略全局中具有举足轻重的地位和作用。近年来，空军贯彻党中央、中央军委决策指示，扎实推进部队全面建设和军事斗争准备，取得了明显成绩和进步，为维护国家主权、安全、发展利益作出了重要贡献。建设强大空军是党和人民的不懈追求，是实现强军目标的重要组成部分。要强化使命担当，以只争朝夕的紧迫意识、责无旁贷的担当精神、搏击空天的凌云壮志，埋头苦干，加快空军现代化建设步伐。要强化实战准备，牢固树立练兵打仗、带兵打仗思想，牢固树立随时准备打仗的思想，牢固树立立足现有条件打胜仗的思想，狠抓各项战备制度落实，保持常备不懈的战备状态，确保遇有情况能够快速有效处置，坚决完成空军担负的各项军事斗争任务。要坚持仗怎么打兵就怎么练，进一步提高军事训练实战化水平。要紧紧围绕党在新形势下的强军目标，全面加强部队革命化现代化正规化建设，加快建设一支空天一体、攻防兼备的强大人民空军，为实现中国梦、强军梦提供坚强力量支撑。

习近平强调，要强化政治保证，紧紧围绕深入学习贯彻强军目标，坚持不懈抓好中国特色社会主义理论体系武装，扎实开展"牢记强军目标、献身强军实践"主题教育活动，深化革命传统教育和战斗精神培育，加强各级党组织建设，牢牢把握空军建设正确方向。要毫不动摇坚持党对军队绝对领导的根本原则和制度，加强军魂教育，严格组织纪律，确保部队在任何时候、任何情况下都坚决听从党中央、中央军委指挥。要在发扬光大优良传统基础上，研究新情况、解决新问题，不断增强政治工作的时代性和感召力。要持续用力抓好第一批党的群众路线教育实践活动整改落实，准确把握第二批教育实践活动总体要求，下功夫解决"四风"方面的突出问题，解决发生在士兵身边的不正之风，解决服务基层、服务官兵不到位的问题。要广泛开展尊干爱兵、兵兵友爱活动，进一步纯洁部队内部关系，推动基层建设全面发展、全面进步。

范长龙、许其亮、马晓天等参加调研活动。

4月14日

［纲　文］　国务院总理李克强在中南海紫光阁会见德国外长施泰因迈尔。

［目　文］　李克强指出，德国是欧盟重要成员和具有全球影响力的大国。中方愿与德方加强在国际和地区事务中的沟通与协调，在政治上为推动通过对话协商解决分歧和争端发挥建设性作用，在经贸上支持贸易投资自由化便利化，共同维护世界和平与稳定，促进全球经济可持续增长。希望双方认真规划中德长期合作行动纲要，加强制造业和战略性新兴产业合作，推动两国关系与合作在高水平上继续向前发展。

施泰因迈尔表示，德中拥有广泛共同利益，两国合作成果丰硕，前景广阔。德方赞赏中方在国际事务中发挥的建设性作用，愿同中方加强交流互鉴。德方期待双方进一步加强战略合作，提高两国经济竞争力，促进共同发展。

同日，国务委员杨洁篪在北京钓鱼台国宾馆会见了德国外长施泰因迈尔。

4月14日

［纲　文］　王岐山在中央直属机关工委和中央国家机关工委调研。

［目　文］　中共中央政治局常委王岐山在调研中指出，党风廉政建设和反腐败斗争

关乎党的生死存亡，关乎两个百年奋斗目标能否得以实现。当前，党风廉政建设和反腐败斗争形势依然严峻复杂。中央和国家机关党组织要冷静清醒认识当前形势，更加自觉地肩负起党风廉政建设的政治责任。

王岐山强调，党要管党、从严治党必须动员全党力量形成强大合力。中央和国家机关党组织落实主体责任要狠抓改进作风、严明纪律、惩治腐败，在党的建设中发挥带头作用。要坚持巩固深化落实中央八项规定精神，持之以恒纠正"四风"，不断凝聚党心民心。要严明政治纪律、组织纪律、财经纪律、工作纪律和生活纪律，强化党员干部的组织意识和纪律观念。要加强对反腐败工作的统一领导，坚决查处那些不收敛不收手、群众反映强烈的领导干部，形成有力震慑，遏制腐败蔓延势头。

王岐山要求，中央直属机关纪工委、中央国家机关纪工委要聚焦中心任务，转职能转方式转作风，切实履行党风廉政建设监督责任，全面清理反映领导干部的问题线索，摸清底数，提出分类处置意见。要深入剖析典型案例，举一反三，发挥警示教育作用。

中共中央政治局委员、中央书记处书记、中央直属机关工委书记栗战书，中共中央书记处书记、中央纪委副书记赵洪祝，中央国家机关工委负责人等参加调研。

4月14日

［纲　文］　十二届全国人大常委会第二十一次委员长会议在人民大会堂召开。

［目　文］　会议由全国人大常委会委员长张德江主持。会议决定，十二届全国人大常委会第八次会议于4月21—24日在北京举行。

会议建议，十二届全国人大常委会第八次会议继续审议环境保护法修订草案、预算法修正案草案；审议国务院关于提请审议航道法草案的议案；审议委员长会议关于提请审议刑法有关规定的解释草案的议案、关于提请审议刑事诉讼法有关规定的解释草案的议案；审议国务院关于提请审议批准《视听表演北京条约》的议案、关于提请审议批准《中华人民共和国和阿根廷共和国关于刑事司法协助的条约》的议案；审议国务院关于节能减排工作情况的报告；审议全国人大常委会代表资格审查委员会关于个别代表的代表资格的报告；审议有关任免案等。

会议审议通过了全国人大常委会2014年工作要点和立法、监督工作计划。

会上，全国人大常委会副委员长兼秘书长王晨就常委会第八次会议议程草案、日程安排意见作了汇报。全国人大常委会有关副秘书长，全国人大法律委员会、财政经济委员会、外事委员会、环境与资源保护委员会和常委会法制工作委员会、代表资格审查委员会负责人就常委会第八次会议有关议程作了汇报。

全国人大常委会副委员长李建国、王胜俊、陈昌智、严隽琪、沈跃跃、吉炳轩、张平、向巴平措、艾力更·依明巴海、万鄂湘、张宝文、陈竺出席会议。

4月14日

［纲　文］　刘奇葆出席推动媒体融合发展座谈会。

［目　文］　中宣部部长刘奇葆在座谈会上指出，推动媒体融合发展是贯彻落实十八

届三中全会精神、促进媒体改革发展的重要举措。要按照积极推进、科学发展、规范管理、确保导向的要求,以中央主要媒体为龙头,以重点项目为抓手,坚持传统媒体与新兴媒体优势互补、一体发展,坚持先进技术为支撑、内容建设为根本,整合媒体资源,创新传播方式,开创媒体融合发展新局面,开辟党的新闻事业新天地。

刘奇葆强调,推动媒体融合发展,要树立一体化发展观念,强化互联网思维,增强借力发展意识,发扬攻坚破难精神,形成适应融合发展的新观念新认识。要紧盯技术前沿,瞄准发展趋势,不断以新技术新应用引领和推动融合发展。要始终把内容建设摆在十分突出的位置,增强核心竞争力,以内容优势赢得发展优势。要加快改革创新步伐,形成一体化的组织结构、传播体系和管理体制,为融合发展提供坚实保障和有力支撑。

4月14日

〔纲　文〕　国务院印发《关于清理国务院部门非行政许可审批事项的通知》。

〔目　文〕　《通知》明确,各部门面向地方政府等方面的非行政许可审批事项,凡与地方政府之间能够协商处理的,或者直接面向市、县、乡政府的,或者由地方政府管理更方便有效的,或者不适应经济社会发展要求的,要于本通知印发后一年内予以取消或下放。确因工作实际需要保留的,实施部门要在一年内送交国务院审改办审核,并报国务院批准后,统一调整为政府内部审批事项。

此前,国务院在开展行政审批制度改革过程中,陆续取消和调整了一批非行政许可审批事项。但一些部门通过各种形式又先后设定了一批非行政许可审批事项,其中既有属于政府内部管理事务的事项,还有以非行政许可审批名义变相设定的面向公民、法人或其他组织的行政许可事项。此次国务院对现有非行政许可审批事项进行清理是为了规范审批事项、激发市场活力。

4月14日

〔纲　文〕　国务院批复湖南、湖北省人民政府和国家发展改革委,原则同意发展改革委报送的《洞庭湖生态经济区规划》。

〔目　文〕　批复指出,推动洞庭湖生态经济区建设,是深入实施促进中部地区崛起战略的重大举措,对于探索大湖流域以生态文明建设引领经济社会全面发展新路径,促进长江中游城市群一体化发展和长江全流域开发开放具有重要意义。

批复要求,《规划》实施要贯彻落实党中央和国务院的各项决策部署,以推进生态文明建设为主题,以创新体制机制为动力,立足保障生态安全、水安全、国家粮食安全,着力构建和谐人水新关系、现代产业新格局、统筹城乡新福地、合作发展新平台,加快解决血吸虫病、城乡饮水安全等突出民生问题,加快提升区域整体实力和基本公共服务均等化水平,加快推进以人为核心的城镇化,加快推动发展方式转变,努力把洞庭湖生态经济区建设成为更加秀美富饶的大湖经济区。

批复要求,湖南、湖北两省要切实加强组织领导,落实工作责任,完善合作机制,根据《规划》要求制定具体实施方案，编制实施重点领域专项规划，落实协调推进机制，抓紧推进重点工作和相关项目实施。国务院有关部门要按照职能分工，切实加强工作指导，在专项规划编制、项目安排、体制创新等方面给予必要支持，合力解决洞庭湖生态经济区发展中的重大问题。

4月14日

[纲　文]　国务院办公厅转发发展改革委《关于建立保障天然气稳定供应长效机制的若干意见》。

[目　文]　《意见》指出，近年来，我国天然气供应能力不断提升，但由于消费需求快速增长、需求侧管理薄弱、调峰应急能力不足等原因，一些地区天然气供需紧张情况时有发生，民生用气保障亟待加强。应按照责任要落实、监管要到位、长供有规划、增供按计划、供需签合同、价格要理顺的原则，统筹规划，合理调度，增加天然气供应，保障民生用气，支持推进"煤改气"工程，建立有序用气机制，努力做到天然气供需基本平衡、长期稳定供应。《意见》明确，到2020年天然气供应能力达到4000亿立方米，力争达到4200亿立方米，到2020年累计满足"煤改气"工程用气需求1120亿立方米。为此，要统筹供需、做好衔接，多方筹策、增加储备，预测预警、加强监管，推动改革、理顺价格。

《意见》要求，地方各级人民政府要把保障民生用气供应作为改善民生的重要任务，加强组织领导，落实主体责任，科学制定应急预案，妥善处置突发事件，正确引导舆论，维护社会稳定。国务院能源主管部门要加强综合协调，组织制定并实施天然气发展规划，制定清洁能源保障方案，提出年度全国天然气商品量平衡计划，做好天然气年度供需平衡和日常运行协调监管工作，及时协调天然气供需矛盾，提出解决的办法和措施。国务院有关部门要按照职能分工，密切配合，抓紧细化相关政策措施，扎实做好相关工作，确保取得实效。

4月14日

[纲　文]　财政部、民航局印发《关于加强公务机票购买管理有关事项的通知》。

[目　文]　《通知》规定，各级国家机关、事业单位和团体组织工作人员，以及使用财政性资金购买公务机票的其他人员，购票人国内出差、因公临时出国，应当按照厉行节约和支持本国航空公司发展的原则，优先购买通过政府采购方式确定的我国航空公司航班优惠机票。因公临时出国时，购票人应当选择直达目的地国家（地区）的国内航空公司航班出入境，没有直达航班的，应当选择国内航空公司航班到达的最邻近目的地国家（地区）进行中转。

《通知》要求，公务机票应当优先购买通过政府采购方式确定的我国航空公司航班优惠机票。中央预算单位从2014年6月1日起开始实施公务机票购买管理改革；各省级财政部门要统筹安排本地区改革工作，省级预算单位在2014年底前实施，地市级及以下级预算单位在2015年底前全部实施。

《通知》强调，购票人应当做好公务出行计划安排，尽可能选择低价机票，原则上不得购买全价机票。

4月14日

［纲　文］《人民日报》发表题为《细处着眼，润物无声——一论把社会主义核心价值观落细落小落实》的评论员文章。

4月14日

［纲　文］《人民日报》发表题为《荡涤污泥浊水 还网络清朗空间》的评论员文章。

4月15日

［纲　文］习近平主持召开中央国家安全委员会第一次会议并发表讲话。

［目　文］中共中央总书记、中央国家安全委员会主席习近平在讲话中指出，党的十八届三中全会决定成立国家安全委员会，是推进国家治理体系和治理能力现代化、实现国家长治久安的迫切要求，是全面建成小康社会、实现中华民族伟大复兴中国梦的重要保障，目的就是更好适应我国国家安全面临的新形势新任务，建立集中统一、高效权威的国家安全体制，加强对国家安全工作的领导。

习近平强调，增强忧患意识，做到居安思危，是我们治党治国必须始终坚持的一个重大原则。我们党要巩固执政地位，要团结带领人民坚持和发展中国特色社会主义，保证国家安全是头等大事。要准确把握国家安全形势变化新特点新趋势，坚持总体国家安全观，走出一条中国特色国家安全道路。

习近平指出，当前我国国家安全内涵和外延比历史上任何时候都要丰富，时空领域比历史上任何时候都要宽广，内外因素比历史上任何时候都要复杂，必须坚持总体国家安全观，以人民安全为宗旨，以政治安全为根本，以经济安全为基础，以军事、文化、社会安全为保障，以促进国际安全为依托，走出一条中国特色国家安全道路。贯彻落实总体国家安全观，必须既重视外部安全，又重视内部安全，对内求发展、求变革、求稳定、建设平安中国，对外求和平、求合作、求共赢、建设和谐世界；既重视国土安全，又重视国民安全，坚持以民为本、以人为本，坚持国家安全一切为了人民、一切依靠人民，真正夯实国家安全的群众基础；既重视传统安全，又重视非传统安全，构建集政治安全、国土安全、军事安全、经济安全、文化安全、社会安全、科技安全、信息安全、生态安全、资源安全、核安全等于一体的国家安全体系；既重视发展问题，又重视安全问题，发展是安全的基础，安全是发展的条件，富国才能强兵，强兵才能卫国；既重视自身安全，又重视共同安全，打造命运共同体，推动各方朝着互利互惠、共同安全的目标相向而行。

习近平要求，中央国家安全委员会要遵循集中统一、科学谋划、统分结合、协调行动、精干高效的原则，聚焦重点，抓纲带目，紧紧围绕国家安全工作的统一部署狠抓落实。

中央国家安全委员会副主席李克强、张德江出席会议。中央国家安全委员会常务委员、委员出席，中央和国家有关部门负责人列席会议。

4月15日

［纲　文］　国家主席习近平在人民大会堂会见俄罗斯外长拉夫罗夫。

［目　文］　习近平指出，当前，中俄关系处在历史最好时期，并超越了双边范畴，不仅造福两国和两国人民，对世界和平与稳定也具有不可替代的重要作用。双方要把高度政治互信转化为更广泛的务实合作成果，继续保持密切高层交往和战略沟通，不断加大相互政治支持，加快战略性大项目合作，加强在国际和地区事务中的协调和配合。

拉夫罗夫表示，俄中全面战略协作伙伴关系具有举足轻重的全球影响。俄方愿同中方继续加强沟通、协调、合作，不断为俄中关系注入新活力。

国务委员杨洁篪等参加会见。

同日，外交部部长王毅同拉夫罗夫举行了会谈。

4月15日

［纲　文］　中共中央政治局常委刘云山在北京会见以联邦议院联盟党党团主席考德尔为团长的德国联盟党代表团。

［目　文］　刘云山说，党际关系是中德关系重要组成部分。中国共产党愿加强与德国联盟党友好往来和经验交流，促进两党、两国以创新和开放的思维，加强交流互鉴，增进政治互信，深化务实合作，推动两国关系不断向前发展。刘云山还应询介绍了中共十八届三中全会主要精神。

考德尔说，近年来德方对中国发展关注增加。中国改革发展推动力量是中国共产党，联盟党希望通过党际交流深化对中国改革的了解。

4月15日

［纲　文］　国务院副总理汪洋在北京会见日本前众议长、日本贸促会会长河野洋平率领的日本国际贸易促进协会访华团。

［目　文］　汪洋说，中国政府一贯重视发展对日关系，主张在四个政治文件基础上，推动中日关系健康稳定发展。中日互为主要经贸伙伴，深化经贸合作符合双方利益。由于日方原因，当前中日关系面临严重困难，希望日经济界为克服中日交往遇到的困难作出努力，为中日关系改善作出贡献。

河野洋平表示，日本应恪守"村山谈话"等承诺，推进经贸等领域交流合作，为改善日中关系创造条件。

4月15日

［纲　文］　中央军委副主席许其亮在北京会见白俄罗斯国防部第一副部长兼武装力量总参谋长别洛科涅夫。

［目　文］　许其亮说，2013年，中白建立全面战略伙伴关系，为深化两军友好合作奠定了政治基础。希望双方共同努力，不断拓展务实合作领域，提升军事合作水平，推动两国两军关系深入发展。

别洛科涅夫表示，白俄罗斯与中国的友好关系是建立在互信和相互理解的基础上，希望双方在联合训练、人员培训等领域深入合作。

4月15日

［纲　文］　全国第二次地名普查暨加强和改善地名管理电视电话会议在北京召开。

［目　文］　国务委员、国务院第二次全国地名普查领导小组组长王勇出席会议并讲话。王勇指出，地名是重要的地理信息和社会公共信息，地名普查是一项基础性、公益性、战略性的国情调查。地名普查是全面掌握地名信息的根本途径，对于促进经济社会发展、弘扬优秀传统文化和巩固国防意义重大。要认真落实党中央、国务院的决策部署，扎实推进普查工作，加强地名管理，更好地服务经济社会发展。要通过普查查明地名基本情况，规范地理实体命名和地名标志设置，建立完善地名数据档案。

王勇强调，质量是普查的生命线，要严格质量控制，确保普查工作优质高效。要加强理论指导和技术方法创新，坚持边普查、边应用，加快普查成果开发利用。要以普查为契机，理顺地名管理体制机制，健全城乡地名标志体系，加快推进地名信息化建设，传承弘扬优秀地名文化，进一步提高地名管理服务水平。

4月15日

［纲　文］　世界最长高原铁路隧道——青藏铁路西格二线新关角隧道双线正洞全部贯通。

［目　文］　青藏铁路西格二线东起西宁西站，经湟源、德令哈等站，西至格尔木站，全长763.5公里，线路规划运输能力为客车20对、年货运量5000万吨。

新关角隧道全长32.645公里，是我国最长的铁路隧道，也是世界最长的高原铁路隧道。隧道位于青海省海西蒙古族藏族自治州天峻县和乌兰县境内的关角山。新关角隧道最高海拔为3497.45米。自2007年11月6日开工建设，经过6年零5个月的建设，于当日15时许全部贯通。

新关角隧道的贯通，为西格二线全线开通创造了条件。西格二线建成后，不仅将大大提高青藏铁路运输能力，而且也为2014年即将开通运营的拉萨至日喀则铁路和未来的拉萨至林芝铁路等储备了运力，对完善西部地区尤其是青藏两省区的铁路网结构，加强青藏两省区与内地的经济联系和人员往来，促进国土开发、增进民族团结、巩固国防具有重要意义。

4月15日

［纲　文］　工业和信息化部印发《中国（上海）自由贸易试验区外商投资经营增值电信业务试点管理办法》，自印发之日起施行。

4月15日

［纲　文］　原中共中央顾问委员会委员，中共中央调查部党委书记、部长罗青长，在北京逝世，享年96岁。

4月15日

［纲　文］　《人民日报》发表题为《把领导标杆树起来——四论以"三严三实"推进

教育实践活动》的评论员文章。

4月15日

［纲　文］　《人民日报》发表题为《在融合发展中担当使命与责任》的评论员文章。

4月16日

［纲　文］　国家主席习近平就尼日利亚首都阿布贾近郊发生炸弹袭击并造成重大人员伤亡，向尼日利亚总统乔纳森致慰问电。

4月16日

［纲　文］　李克强主持召开国务院常务会议。

［目　文］　会议分析研究了2014年第一季度经济形势，部署落实2014年深化经济体制改革重点任务，确定金融服务"三农"发展的措施，决定延续并完善支持和促进创业就业的税收政策。

会议认为，2014年一季度经济开局平稳。经济增速、就业、物价等主要经济指标处于年度预期目标范围，经济运行继续保持在合理区间。经济结构呈现积极变化，服务业增长势头不减，城乡居民收入实现较快增长。重点领域改革取得新进展，为发展注入新的动力。同时，经济增长下行压力依然存在，一些困难不容低估。要统筹稳增长、坚持促改革、调结构、惠民生，着力增加有效供给，不断满足新增需求，注意防范和化解潜在风险，通过多方共同努力，确保完成全年经济社会发展预期目标任务。

会议听取了国家发展改革委关于2014年深化经济体制改革重点任务的汇报。会议强调，要按照党的十八届三中全会精神，把改革贯彻到政府工作各方面，贯穿于经济社会发展各领域、各环节，充分调动各方面积极因素，全面、有序、协调推进改革。要以强烈的责任感和紧迫感，紧紧抓住破解推动发展和改善民生中的难题，努力在重要领域和关键环节取得新突破。

会议指出，推进金融改革创新，加强金融对"三农"发展的支持，对于强化粮食安全保障、建设现代农业、增加农民收入、缩小城乡差距，具有重要意义。会议确定，一要丰富农村金融服务主体。分类推进农村信用社等金融机构改革，培育发展村镇银行，提高民营资本持股比例，鼓励建立农业产业投资基金，整合放大服务"三农"能力。二要加大涉农资金投放。对符合要求的县域农村商业银行和合作银行适当降低存款准备金率。落实县域银行业法人机构一定比例存款投放当地的政策。三要发展农村普惠金融。完善扶贫贴息贷款政策。推动偏远乡镇基础金融服务全覆盖。四要加大对发展现代农业重点领域的信贷支持。完善农业保险保费补贴政策，建立大灾风险分散机制。五要培育农村金融市场。开展农机金融租赁服务，创新抵（质）押担保方式，发展农村产权交易市场。六要加大政策支持。完善涉农贷款财政奖励、农户小额贷款税收优惠和农村信贷损失补偿等政策，切实防范金融风险。

会议指出，保就业是稳增长的重要目的和惠民生的基本内容。会议决定，将2013年底到期的支持和促进重点群体创业就业税收政策,延长至 2016 年 12 月 31 日,并加以完善。一是取消享受优惠政策的行业和人员范围限制。凡招用登记失业一年以上人员,均可享受税收优惠。二是提高征税扣除额上限。对从事个体经营或企业吸纳就业的,除国家给予定额税收扣减外,地方政府还可按规定再给予比过去更大的税收优惠。三是增加扣减税费种类,把地方教育附加纳入减税范围。四是简化程序,将税收优惠政策管理由审批改为备案,努力营造更好的创业就业环境。

4 月 16 日

[纲　文]　国务院总理李克强应约同匈牙利总理欧尔班通电话。

[目　文]　欧尔班向李克强介绍了匈牙利国会选举情况及匈新一届政府推进对华关系与合作的建议。李克强祝贺欧尔班领导匈牙利青年民主主义者联盟在大选中取得好成绩并蝉联执政,祝愿匈牙利在国家发展和建设中取得更大成就。

李克强指出,总理先生 2014 年初成功访华,我们一致同意进一步巩固中匈传统友谊,深化互利合作。当前,两国有关部门正在积极落实此访成果。希望双方以 2014 年中匈建交 65 周年为契机,密切交往,推进匈塞铁路、布达佩斯南绕城铁路等重点项目合作,加强农牧业、旅游业等合作,推动中匈关系和中国—中东欧国家合作再上新台阶。

欧尔班说,匈牙利新一届政府将致力于推进匈中关系,愿与中方共同办好两国建交 65 周年庆祝活动,落实好大项目合作,深化农业、人文等领域交流合作。匈方愿积极推动中东欧国家—中国及欧中合作取得更大发展。

4 月 16 日

[纲　文]　俞正声在北京会见出席"2014 海峡两岸工会论坛"的台湾工会界主要代表。

[目　文]　全国政协主席俞正声对台湾工会界长期致力于推动两岸关系和平发展表示赞赏。他强调,加强两岸各领域交流与合作,持续推动两岸关系和平发展,是两岸同胞的共同愿望,也是我们坚持不懈的努力方向。两岸工会和职工是推动两岸关系和平发展的重要力量,要继续坚定信心,排除各种干扰和阻碍,共同维护来之不易的两岸关系和平发展良好局面。要争取越来越多的两岸工会界朋友投身到两岸交流合作中来,为两岸关系和平发展注入更为强劲的动力。希望台湾工会界继续发挥积极作用,支持促进两岸经济合作,维护两岸职工共同利益,造福两岸同胞。

4 月 16 日

[纲　文]　刘云山在北京主持召开省部级干部学习贯彻习近平总书记系列重要讲话精神研讨班学员代表座谈会。

[目　文]　中共中央政治局常委刘云山在讲话中指出,习近平总书记系列重要讲话具有重大的政治意义、理论意义和实践意义,学习贯彻习近平总书记系列重要讲话精神是一项长期的政治任务,要在已有基础上不断深入学习,做到深学深悟、常学常新。要把学习讲话精神同学习马克思列宁主义、毛泽东思想、邓小平理论、"三个代表"重要思想、

科学发展观结合起来,读原著、学原文、悟原理,不断深化对党的理论创新成果的理解和把握,增强贯彻落实的主动性坚定性。要采取有力措施推动学习贯彻向广度深度拓展,引导广大党员干部更好地用讲话精神武装头脑、指导实践、推动工作。

刘云山指出,深入学习贯彻习近平总书记系列重要讲话精神,要着眼固本培元,坚定理想信念,增强政治定力,不断提高在中国特色社会主义道路上实现中国梦的思想自觉和行动自觉。要着力增强宗旨意识、树立为民情怀,认真落实"三严三实"要求,大力弘扬党的优良传统和作风。要强化实践导向,增强问题意识,深入研究解决改革发展稳定中的重大问题、干部群众普遍关心的热点难点问题、党的建设面临的紧迫课题,把学习贯彻的成效转化为全面深化改革、促进发展进步的强大动力。

刘云山强调,各级党委要把学习贯彻习近平总书记系列重要讲话精神作为中心组学习的重要内容,作为党校、行政学院、干部学院教育培训的必修课程,坚持不懈地抓紧抓好。各级领导干部要在学习上深一步、认识上高一筹、践行上先一着,成为好学上进、堪当大任的优秀领导干部。要继续深化理论研究和宣传阐释,推动形成学习贯彻讲话精神的浓厚氛围。

中共中央政治局委员、中央书记处书记、中央组织部部长赵乐际出席座谈会。

4月16日

[纲　文]　孟建柱在上海市就开展深化司法体制改革试点工作进行调研。

[目　文]　中共中央政治局委员、中央政法委书记孟建柱在调研中详细了解司法实践需要解决的重点难点问题,征求司法改革意见建议。孟建柱强调,要坚持顶层设计与实践探索相结合,积极稳妥做好司法体制改革试点工作。司法体制改革涉及面广、政策性强,需要从党和国家事业发展全局出发,尊重司法规律,加强总体谋划,确保提出的改革举措符合中央精神。要把思想认识统一到党的十八届三中全会和习近平总书记系列重要讲话精神上来,紧紧抓住司法责任制这个关键,扎扎实实抓好司法改革各项任务的落实,努力促进司法清明、维护社会公平正义。要坚持从实际出发,尊重基层首创精神,鼓励各地因地制宜,在机制改革上进行积极探索,为整体推进改革积累经验。

孟建柱指出,司法责任制是司法体制改革的关键。要按照让审理者裁判、让裁判者负责的要求,完善主审法官责任制、合议庭办案责任制和检察官责任制。同时,要加强对司法权行使的监督制约,认真探索更具针对性的监督机制,确保司法权依法公正运行。

孟建柱强调,司法责任制、司法人员分类管理、法官检察官职业保障、省以下地方法院检察院人财物统一管理等改革,是相互关联的有机整体,牵一发而动全身,必须统筹谋划、配套推进。有关部门要切实增强使命感、责任感,深入调查研究,加强沟通配合,集中攻关改革难题,确保改革取得实实在在的成效。

中共中央政治局委员、上海市委书记韩正,最高人民法院院长周强,最高人民检察院检察长曹建明参加调研。

4月16日

［纲　文］　教育部、国家发展改革委、财政部、审计署、国家新闻出版广电总局联合印发《关于2014年规范教育收费治理教育乱收费工作的实施意见》。

［目　文］　《意见》旨在重点治理有偿补课，强化高校违规招生及乱收费治理。《意见》强调，要集中治理中小学补课乱收费问题。2014年把"课堂内容课外补"、学校组织参与有偿补课、教师在社会培训机构对学生有偿补课、学校通过社会培训机构变相开展有偿补课等问题作为治理工作重点。深入推进高校招生"阳光工程"，强化高校违规招生及乱收费治理。继续巩固高校"点招"问题治理成果。各省（区、市）和高校要向社会公开承诺决不降低标准违规指名录取学生。加强自主招生及其他特殊类型招生监管。严厉打击泄露试题、考前辅导、面试请托、违规录取等暗箱操作、徇私舞弊、以权谋私以及乱收费等违法违纪行为。继续深化义务教育阶段择校乱收费和中小学教辅材料散滥问题治理。以中小学生学籍信息管理系统为手段，逐县（区）、逐校开展择校乱收费问题排查。坚决查处"以钱择校、以分择生、以权入学"等违规行为。要进一步完善教辅材料管理新机制，及时出台或更新教辅材料推荐目录。公办普通高中单方面引进国际课程，以课程改革实验班等名义举办"国际班""国际部"的，所需费用纳入学校办学经费成本核算，不得向学生收取额外费用。

4月16日

［纲　文］　交通运输部、财政部印发《船舶油污损害赔偿基金征收使用管理办法实施细则》，自印发之日起施行。

4月16日

［纲　文］　国务委员杨洁篪在北京会见俄罗斯鞑靼斯坦共和国总统明尼哈诺夫。

［目　文］　杨洁篪说，中俄两国政府高度重视推动双方各地区之间开展互利务实合作。近年来鞑靼斯坦共和国同中国有关地区的合作取得重要成果，中方愿同俄方一道，进一步提升两国地方务实合作水平。

4月16日

［纲　文］　《人民日报》发表题为《小处着手，人人可为——二论把社会主义核心价值观落细落小落实》的评论员文章。

4月17日

［纲　文］　国家主席习近平、国务院总理李克强就韩国客轮"岁月"号沉没事故分别向韩国总统朴槿惠、总理郑烘原致慰问电。

［目　文］　习近平说，惊悉贵国"岁月"号客轮不幸发生严重事故，造成大量人员伤亡和失踪，特别是其中包括许多青年学生，令人深感痛心。我谨代表中国政府和人民，并以我个人的名义，对遇难者表示深切的哀悼，向遇难者和失踪人员家属及伤者致以诚挚的慰问。中韩两国人民有着深厚友谊。我高度关注此事，中方愿随时向韩方提供必要的支

持和帮助。

同日,李克强就韩国客轮"岁月"号沉没造成大量人员失踪和伤亡,向韩国总理郑烘原致慰问电。

4月17日

[纲　文]　国务院总理李克强在中南海紫光阁会见美国新闻集团总裁汤姆森。

[目　文]　李克强介绍了中国经济形势。他指出,2013年以来,面对国内国际各种挑战,中国政府坚持稳中求进,统筹稳增长、调结构、促改革,创新宏观调控方式,实现了经济社会发展主要预期目标。2014年一季度,中国国民经济开局平稳,总体良好,经济运行保持在合理区间。

李克强指出,像中国这样大的经济体,保持7.5%左右的中高速增长很不容易。中国经济持续向好是有条件的。我们将全面深化改革,推动新一轮对外开放,继续推进简政放权,放管结合,进一步激发市场活力和社会创造力,促进中国经济持续健康发展。希望国际媒体全面、客观报道中国,为增进中外相互认知、促进友好合作发挥积极和建设性作用。

汤姆森表示,新闻集团高度关注中国经济发展进程,重视对华报道,愿为增进世界和中国的相互了解与合作作出积极努力。

4月17日

[纲　文]　全国政协召开双周协商座谈会。

[目　文]　座谈会就推进海外华文教育发展开展交流。全国政协主席俞正声主持会议并讲话。全国政协副主席杜青林、张庆黎出席座谈会,全国政协副主席万钢、何厚铧、李海峰在座谈会上发言。

参加座谈会的全国政协委员们认为,海外华文教育是面向广大华侨华人,特别是华裔青少年群体系统开展民族语言学习和中华文化传承的一项重要工作,对于增强中华民族凝聚力、促进中外文化交流、增进友好关系、保持华侨华人的民族特性、提升国家软实力等具有深远意义。委员们围绕加强领导、建立健全支持海外华文教育的工作机制、按照华文教育自身特点和规律进行专项设计和规划、编写教材、培训师资、办好国际学校等发表意见,提出建议。

国务院侨务办公室主任裘援平介绍了海外华文教育工作情况。外交部、教育部、中国侨联有关负责人出席会议。

4月17日

[纲　文]　国家副主席李源潮在北京会见科威特宫廷事务大臣纳赛尔·萨巴赫亲王。

[目　文]　李源潮说,中科是相互信赖、真诚合作的好朋友好伙伴,中国重视同科王室、政府的友好交往,愿与科在建设丝绸之路经济带和21世纪海上丝绸之路框架下加强务实合作,实现优势互补、共同发展,推动中国同科威特及海合会国家友好关系迈上新

台阶。

纳赛尔表示，科威特"丝绸城"等计划与中方的"一带一路"构想高度契合，希望推动双方战略对接与直接合作，促进科中关系发展。

4月17日

[纲 文] 国务委员郭声琨率中国代表团出席在塔吉克斯坦首都杜尚别举行的上海合作组织成员国安全会议秘书第九次会议。

[目 文] 郭声琨在发言中指出，中方赞赏各方在打击"三股势力"方面给予中方的协助和配合。面对国际和地区复杂多变安全形势，中方愿与各方一道，在完善合作机制、拓展合作新领域、加强常设机构组织建设等方面作出不懈努力，进一步深化执法安全务实合作，共同维护国家安全、公共安全和社会稳定，努力构建持久和平、共同繁荣的和谐欧亚地区。

4月17日

[纲 文] 国家发改委召开全国"十三五"规划编制工作电视电话会议。

[目 文] 会议指出，党的十八大以来，我国发展进入了新的阶段，面临的机遇前所未有，面临的风险和挑战也前所未有。世界经济增长格局、国际产业分工、全球投资贸易规则、能源资源版图、地缘政治环境等都在发生深刻变化。面对深刻变化的世情国情，面对全面深化改革的历史重任，规划编制工作必须与时俱进、改革创新，在规划性质和功能定位、规划编制方法和程序、规划内容和表现形式等各方面积极探索、大胆创新，强化全球视野和战略思维，正确处理好政府与市场的关系，科学设定规划目标指标，积极推进市县规划体制改革，坚持开放民主编制规划，使"十三五"规划更加适应时代要求，更加符合发展规律，更加反映人民意愿。

4月17日

[纲 文] 环境保护部和国土资源部在北京联合发布《全国土壤污染状况调查公报》。

[目 文] 根据国务院决定，2005年4月至2013年12月，中国开展了首次全国性土壤污染状况调查。调查范围为中华人民共和国境内（未含香港特别行政区、澳门特别行政区和台湾地区）的陆地国土，调查点位覆盖全部耕地，部分林地、草地、未利用地和建设用地，实际调查面积约630万平方公里。调查采用统一的方法、标准，基本掌握了全国土壤环境质量的总体状况。

《公报》披露，全国土壤总的点位超标率为16.1%，其中轻微、轻度、中度和重度污染点位比例分别为11.2%、2.3%、1.5%和1.1%。超标率最高的是耕地，达到19.4%，其余林地、草地和未利用地的超标率分别为10%、10.4%和11.4%。调查结果显示，南方土壤污染重于北方；长三角、珠三角、东北老工业基地等部分区域土壤污染问题较为突出，西南、中南地区土壤重金属超标范围较大。此外，镉、汞、砷、铅4种重金属含量呈现从西北到东南、从东北到西南方向逐渐升高的态势。

4月17日

［纲　文］　国土资源部印发《养老服务设施用地指导意见》。

［目　文］　《意见》明确，养老主管部门认定的非营利性养老服务机构，其养老服务设施用地可采取划拨供地。营利性养老服务设施用地应当以租赁、出让等有偿方式供应，出让年限最高不超过50年，原则上以租赁方式为主。养老服务设施用地应当纳入国有建设用地供应计划。

《意见》要求，要大力支持养老服务业。新建养老服务机构项目用地涉及新增建设用地，符合土地利用总体规划和城乡规划的，应当在土地利用年度计划指标中优先予以安排。鼓励盘活存量用地用于养老服务设施建设，规定企事业单位、个人对城镇现有空闲厂房、学校、社区用房等进行改造和利用，兴办养老服务机构，经规划批准临时改变建筑使用功能、从事非营利性养老服务且连续经营一年以上的，五年内可不增收土地年租金或土地收益差价，土地使用性质也可暂不作变更。此外，农村集体经济组织可依法使用本集体所有土地，为集体内部成员兴办非营利性养老服务设施。民间资本举办的非营利性养老机构与政府举办的养老机构可依法使用农民集体所有的土地。对闲置土地依法处置后由政府收回的，规划用途符合要求的，可优先用于养老服务设施用地。

《意见》明确指出，养老服务设施用地使用权可整体转让和转租，不得分割转让和转租；不得改变规划确定的土地用途，否则依法收回建设用地使用权。

4月17日

［纲　文］　国家卫生计生委召开全国妇幼健康工作会议。

［目　文］　会议提出，国家免费孕前优生项目要实现农村全覆盖。从2010年开始，国家卫生计生委启动实施国家免费孕前优生健康检查项目，由国家财政出资，为符合生育政策、计划怀孕的农村夫妇免费提供健康教育、健康检查、风险评估、咨询指导等19项孕前优生服务。检查经费由中央和地方财政共同负担。2013年项目实施范围已扩大至全国所有县（市、区），目标人群覆盖全部农村计划怀孕夫妇。

2010—2013年，中央财政共投入16.26亿元，累计为全国2242万名农村计划怀孕夫妇提供免费孕前优生服务，年度目标人群覆盖率平均达80%以上。筛查出的风险人群全部获得针对性咨询指导和治疗转诊等服务。开展免费孕前优生健康检查，推动了出生缺陷预防关口前移，实现了孕前预防和群体预防，是我国出生缺陷预防模式的探索创新。

4月17日

［纲　文］　人民网报道，2013年中国服务进出口总额稳居世界第三位，服务进口跃居世界第二。

［目　文］　报道说，据世贸组织统计，2013年中国服务进出口总额为5396亿美元，稳居世界服务进出口第三位，比2012年增长14.7%，增速比全球6.1%的增速高出8个多百分点，占世界服务进出口总额的6%，所占份额有所提升。其中，出口2105亿美元，位居全球服务出口的第五位，同比增长了10.6%，前四位美国、英国、德国和法国都

是发达国家。进口3291亿美元,首次超越德国,跃居世界服务进口的第二位,同比增长17.5%。

4月17日

[纲 文] 《人民日报》发表题为《先把规定动作做到位——五论以"三严三实"推进教育实践活动》的评论员文章。

4月18日

[纲 文] 李克强主持召开国家能源委员会会议。

[目 文] 会议研究讨论了能源发展中的相关战略问题和重大项目。国务院副总理张高丽出席会议。

国务院总理李克强说,能源是现代化的基础和动力。能源供应和安全事关我国现代化建设全局。要全面落实党中央、国务院各项决策部署,坚持发展第一要务,以科学发展为主题,针对我国人均资源水平低、能源结构不合理的基本国情和"软肋",推动能源生产和消费方式变革,提高能源绿色、低碳、智能发展水平,实施向雾霾等污染宣战、加强生态环保的节能减排措施,促进改善大气质量,走出一条清洁、高效、安全、可持续的能源发展之路,为经济稳定增长提供支撑。

李克强说,我国作为发展中大国,随着"新四化"深入推进和人民生活改善,未来一个时期能源需求还会增长。要立足国内,着力增强能源供应能力,加大陆上、海洋油气勘探开发力度,创新体制机制,促进页岩气、页岩油、煤层气、致密气等非常规油气资源开发,加强国际合作,提高优质能源保障水平,在开放格局中维护能源安全,掌握发展的主动权。要大力实施节约优先战略,从生产和消费两方面着手,加快推进重点领域和单位节能工程,推广节能发电调度办法,提高能源利用效率,以较少的能源消耗促进经济社会较快发展。

李克强要求,要在采用国际最高安全标准、确保安全的前提下,适时在东部沿海地区启动新的核电重点项目建设。在做好生态保护和移民安置的基础上,有序开工合理的水电项目。加强风能、太阳能发电基地和配套电力送出工程建设。发展远距离大容量输电技术,2014年要按规划开工建设一批采用特高压和常规技术的"西电东送"输电通道。积极推进电动车等清洁能源汽车产业化,加快高效清洁燃煤机组的核准进度,对达不到节能减排标准的现役机组坚决实施升级改造,促进煤炭集中高效利用代替粗放使用,保护大气环境。

李克强指出,调整能源结构,关键要推进能源体制改革。要放开竞争性业务,鼓励各类投资主体有序进入能源开发领域公平竞争。积极推进清费立税,深化煤炭资源税改革。加快电力体制改革步伐,推动供求双方直接交易,提供更加经济、优质的电力保障,让市场在电力资源配置中发挥决定性作用。我们的能源装备有基础、有条件、性价比好,要积极创造体制条件,着力完善相关专业服务,努力形成各方合力,推动先进能源技术装备

"走出去"。

4月18日

［纲　文］　中央党的群众路线教育实践活动领导小组在北京召开部委企业高校深化整改工作座谈会。

［目　文］　中共中央政治局常委、中央党的群众路线教育实践活动领导小组组长刘云山出席座谈会并讲话。赵乐际主持座谈会，赵洪祝出席会议。中央和国家机关各部委、各人民团体和中管金融企业、中管企业、中管高校党组（党委）负责人，中央党的群众路线教育实践活动领导小组成员参加会议。

座谈会上，国家发展改革委、教育部、财政部、人力资源社会保障部、全国总工会、中国农业银行、中国建筑工程总公司、天津大学等8个部门和单位负责人作了发言，认为第一批教育实践活动坚持收尾不收场，整改工作取得明显成效，但与中央要求和群众期待相比还有不小差距，作风建设永远在路上，整改工作不能有丝毫放松。

刘云山听取发言后说，第一批教育实践活动单位深化整改工作，要认真贯彻"三严三实"要求，严格对照中央规定进行整改，不折不扣地落实，不搞法不责众、下不为例；严格对照各项承诺进行整改，建立台账一项一项地改，实行销号式管理；严格对照先进典型的标尺进行整改，自觉检视在思想境界、作风形象等方面的不足，切实增强深化整改的内在动力。部委机关要重点解决特权思想、衙门作风等问题，坚决纠正部门不正之风；国有企业要重点解决社会责任感不强、服务意识淡薄等问题，进一步加强内部管理、规范企业服务；高等院校要重点解决办学理念偏差、学风教风校风不正等问题，营造立德树人、风清气正的良好环境。

刘云山强调，各部门各单位党组（党委）主要负责人要把深化整改工作紧紧抓在手上，认真落实本部门本单位的整改措施，协调解决重点难点问题，做到责任到位、整改到位。要坚持综合施策、标本兼治，注重部门联动，坚持不懈打好整改攻坚战。要深刻认识到一些作风问题发生在基层但根子在上面，注意从第二批活动中听取群众反映，做到上下联动，从源头上解决问题。深化整改工作，必须围绕中心、服务大局，着眼促进改革发展，做到两手抓、两促进。要同推进各领域的改革结合起来，同稳增长、调结构、转方式结合起来，同保障和改善民生结合起来，以作风的转变推动改革发展，以改革发展的成果检验整改工作的成效，要让人民群众不断看到作风建设的新成果。

4月18日

［纲　文］　国务院副总理、中俄总理定期会晤委员会中方主席汪洋在俄罗斯符拉迪沃斯托克与俄罗斯副总理、俄方主席罗戈津举行中俄总理定期会晤委员会双方主席会晤。

［目　文］　汪洋表示，此次会晤主要是落实两国元首索契会晤达成的重要共识，推动双方务实合作，为5月普京总统访华和两国元首上海会晤作准备。

汪洋指出，中俄两国政治高度互信，经济高度互补，地区发展战略高度契合，深化务实合作面临天时、地利、人和的优越条件。双方要拓展合作领域、创新合作方式、推动航空、航天、核能、农业、跨境基础设施等大项目合作不断取得新进展。中方愿积极参与俄罗斯远东开发战略，与俄方一起研究建立完善远东开发合作机制，落实重点项目，加快口岸基础设施建设，共同建立开发合作区，强化金融支持，实现优势互补、互利共赢。

双方积极评价联合研制宽体客机等大项目合作进展，就远东开发合作方向及机制建设达成共识。双方商定，抓紧推动成立战略性大项目专项监督工作组、中俄总理定期会晤委员会农业分委会，启动《中俄农业投资合作规划》编制工作等合作项目。

4月18日

［纲　文］　财政部公布中央本级2013年"三公"经费预算执行情况，以及2014年"三公"经费预算安排。

［目　文］　中央本级2013年"三公"经费财政拨款执行数比2013年年初预算减少8.15亿元，下降10.2%；2014年中央本级"三公"经费财政拨款预算比2013年执行数减少0.03亿元，下降0.04%。"三公"经费下降的原因，主要是中央各部门贯彻落实中央"八项规定"要求，坚持勤俭节约，反对铺张浪费，切实采取措施严格控制和压缩"三公"经费支出。

从公开内容上看，2014年中央部门"三公"经费公开有两个明显变化：一是按照要求除涉密内容外，所有财政拨款的"三公"经费都要公开；二是对"公务用车购置及运行费"进一步细化，具体分为"公务用车购置费"和"公务用车运行费"。

财政部表示，未来将继续完善"三公"经费管理制度，细化中央部门"三公"经费预算编制，加强预算执行管理，严控"三公"经费预算规模，确保中央本级年度"三公"经费预算总规模比上年只减不增。

4月18日

［纲　文］　环境保护部印发《关于在化解产能严重过剩矛盾过程中加强环保管理的通知》。

4月18日

［纲　文］　《人民日报》发表题为《实处着力，知行合一——三论把社会主义核心价值观落细落小落实》的评论员文章。

4月18—27日

［纲　文］　外交部部长王毅应邀对古巴、委内瑞拉、阿根廷、巴西进行正式访问。

4月19日

［纲　文］　第五次全国地方志工作会议在北京召开。

［目　文］　国务院总理李克强对会议召开作出批示。批示指出：地方志是传承中华文明、发掘历史智慧的重要载体，存史、育人、资政，做好编修工作十分重要。五年来，全国广大地方志工作者执着守望、辛勤耕耘，地方志工作成绩斐然，这项事业呈现良好发展势头。谨向同志们致以诚挚问候！修志问道，以启未来。希望你们继续秉持崇高信念，

以更加饱满的热情、以求真存实的作风进一步做好地方志编纂、管理和开发利用工作，为弘扬优秀传统文化、服务经济社会发展作出新的贡献。

国务院副总理刘延东与部分会议代表座谈。她强调，各地区各部门要认真贯彻落实李克强总理批示精神，进一步推动地方志事业的发展和繁荣，为全面建成小康社会和全面深化改革提供历史借鉴和智力支持。

刘延东指出，地方志工作是建设文化强国的有机组成部分。中国有着悠久璀璨的历史，有着百折不挠的奋斗历程。连绵不断地编修地方志是中华民族特有的文化基因，为传承文明与进步发挥了重要作用。广大地方志工作者承担着传承文明、记录历史、弘扬文化、服务社会、借史鉴今、启迪后人的光荣使命。

刘延东强调，要把地方志作为重要的文化基础事业切实抓好。要进一步明确各级政府管理和发展地方志事业的重要职责，发挥地方志工作机构的统筹规划、组织协调、督促指导等职能，提高工作水平。要进一步加强质量管理，运用历史唯物主义观点，深化对地方志工作规律和特点的认识，打造无愧于时代、无愧于人民的精品佳志。要把地方志工作纳入公共文化服务体系建设当中，加快方志馆、地情网站、数据库等基础设施建设，用人们喜闻乐见的方式利用地方志、传播地方志，鼓励和倡导全社会"读志""传志""用志"，用历史的智慧推进治理体系和治理能力的现代化，为实现中华民族伟大复兴的中国梦作出新的贡献。

4月20日

[纲　文]　第二批党的群众路线教育实践活动推进会在沈阳召开。

[目　文]　中共中央政治局常委、中央党的群众路线教育实践活动领导小组组长刘云山出席会议并讲话。赵乐际主持会议，赵洪祝出席会议。

会上，辽宁、北京、天津、河北、吉林、黑龙江、上海、江苏、浙江、福建、山东11个省市党委负责人和所属市县委书记代表，以及中央第二巡回督导组组长先后发言。会议认为，第二批教育实践活动开局良好，学习教育、听取意见扎实推进，一些问题得到初步解决，但进展还不平衡，存在重视不够、大而化之、走形式赶进度等问题，要进一步深化思想认识、强化工作措施，把活动切实抓紧抓好。

刘云山在讲话中说，教育实践活动，学习教育是前提，必须始终摆在突出位置，要组织党员干部认真学习近平总书记系列重要讲话，学习中央确定的必读书目，以先过典型为镜，触及思想灵魂、加强党性修养。"四风"问题各级各层都有，关键是要积极主动找、联系实际找，找出来的问题要具体化、像自己。专题民主生活会是一个关键步骤，要出以公心、开门见山、敢于交锋，克服和避免"怕"的思想、"绕"的现象、"空"的问题，确保开出质量和水平。第二批活动同群众关系更直接，更需要开门搞活动，畅通群众参与的渠道，鼓励群众讲真心话、提真意见，各个环节都让群众来评判、来监督。要坚持从严督导、从严把关，突出对领导班子和领导干部的督导，突出对学习教育、专题民主生活会、突出问题专项治理等重点环节的督导，督到关键处、导在点子上。

刘云山强调，搞好第二批教育实践活动，各省区市党委要对组织协调、活动推进负总责，一把手要亲自过问、具体指导。市、县领导干部是第二批活动的重点对象，又是活动的直接组织者，必须发挥好受教育和抓活动两个主体作用，既带头参加活动，为党员干部树标杆、作示范，又切实履行好引领者、组织者的责任。

4月20日

［纲　文］　国务院办公厅印发《关于金融服务"三农"发展的若干意见》。

［目　文］　《意见》指出，农村金融是我国金融体系的重要组成部分，是支持服务"三农"发展的重要力量。近年来，我国农村金融取得长足发展，初步形成了多层次、较完善的农村金融体系，服务覆盖面不断扩大，服务水平不断提高。但总体上看，农村金融仍是整个金融体系中最为薄弱的环节。为贯彻落实党的十八大、十八届三中全会精神和国务院的决策部署，积极顺应农业适度规模经营、城乡一体化发展等新情况新趋势新要求，进一步提升农村金融服务的能力和水平，实现农村金融与"三农"的共赢发展，《意见》提出：一、深化农村金融体制机制改革。要分类推进金融机构改革，丰富农村金融服务主体，规范发展农村合作金融。二、大力发展农村普惠金融。要优化县域金融机构网点布局，推动农村基础金融服务全覆盖，加大金融扶贫力度。三、引导加大涉农资金投放。要拓展资金来源，强化政策引导，完善信贷机制。四、创新农村金融产品和服务方式。要创新农村金融产品和农村抵（质）押担保方式，改进服务方式。五、加大对重点领域的金融支持。要支持农业经营方式创新，支持提升农业综合生产能力，支持农业社会化服务产业发展，支持农业发展方式转变，探索支持新型城镇化发展的有效方式。六、拓展农业保险的广度和深度。要扩大农业保险覆盖面，创新农业保险产品，完善保费补贴政策，加快建立财政支持的农业保险大灾风险分散机制，加强农业保险基层服务体系建设，不断提高农业保险服务水平。七、稳步培育发展农村资本市场。要大力发展农村直接融资，发挥农产品期货市场的价格发现和风险规避功能，谨慎稳妥地发展农村地区证券期货服务。八、完善农村金融基础设施。要推进农村信用体系建设，发展农村交易市场和中介组织，改善农村支付服务环境，保护农村金融消费者权益。九、加大对"三农"金融服务的政策支持。要健全政策扶持体系，加大政策支持力度，完善涉农贷款统计制度，开展政策效果评估，不断完善相关政策措施，更好地引导带动金融机构支持"三农"发展，防范金融风险，加强督促检查。

4月20日

［纲　文］　中国证券监督管理委员会公布《中国证券监督管理委员会上市公司并购重组审核委员会工作规程》（2014年修订），自公布之日起施行。

4月20—21日

［纲　文］　郭声琨在新疆维吾尔自治区调研。

［目　文］　国务委员、公安部部长郭声琨先后到乌鲁木齐、喀什和新疆生产建设兵

团三师，深入公安基层单位和社区、街道，就进一步加强公安基层基础工作进行调研。

郭声琨要求新疆各级公安机关坚持立足当前、着眼长远，大力加强基层基础建设，着力提升基础工作信息化水平，着力提升基层一线实战能力，着力提升群众工作本领，为确保新疆社会稳定和长治久安作出新贡献。广大民警要不断提升做好新形势下群众工作的本领，真心诚意与各族群众交朋友、做亲人，尽心竭力为群众办实事、解难事，让各族群众切身感受到党和政府的温暖。要坚持现代手段和传统方法相结合，强化基础信息采集录入工作，不断提升基层基础工作的质量和水平。要按照面向实战、讲究实用、注重实效的原则，不断改进教育训练方法，努力提高广大民警的实战水平。

郭声琨强调，暴力恐怖活动是赤裸裸的反人类反社会行为。要牢固树立忧患意识，着力强化底线思维，更加注重预警预防、打早打小，更加注重整体防控、专群结合，更加注重标本兼治、源头治理，扎实抓好反恐维稳各项措施的落实，确保新疆社会大局持续稳定。

4月21日

[纲　文]　国务院办公厅印发《贯彻实施质量发展纲要2014年行动计划》。

[目　文]　《行动计划》细化制定了四个方面15条共77项具体任务，对2014年贯彻落实《质量发展纲要》的工作重点作出明确部署，强调要加强重点领域质量安全监管。包括：加强食品、农产品以及消费品等重点产品质量安全监管，开展食品和农产品农兽药残留、有机污染物、包装材料污染物、加工过程产生的有害物质、食品添加剂风险监测和监督抽检。完善学校食品安全相关制度措施。加强进口食品农产品监管，全面实行境外婴幼儿配方乳粉等乳制品生产企业注册。突出对儿童用品、车用汽柴油等消费品的监管。围绕解决好"三农"问题，开展农资、电线电缆等产品专项整治。围绕关系人民群众切身利益的热点领域，要求以在建保障性安居工程、公共建筑为重点，开展全国建筑工程质量监督执法检查。开展村庄人居环境整治。突出对公众聚集场所特种设备的质量安全监管，加快客运索道等使用单位安全管理标准化建设和电梯应急处置平台建设。

《行动计划》要求完善质量升级的配套措施。在推动制造业质量升级方面，要求制定关于加快制造业质量升级促进经济持续健康发展的指导意见。强化对新一代移动通信、集成电路、大数据、先进制造、新能源、新材料的质量安全监管，推动产业发展从国际产业分工低端向高端提升。对钢铁、水泥、玻璃、陶瓷等高耗能高污染高排放行业严格企业准入和强制退出机制。在提升服务业质量方面，要求完善服务质量标准体系，开展服务业质量测评机构采信管理。探索电子商务产品质量监管新模式，促进网络购物发展。同时，要求引导企业加强品牌建设，制定发布品牌价值评价和品牌管理体系国家标准，推动开展自主品牌价值评价。

《行动计划》提出要建立优胜劣汰的质量发展市场机制。要求加快质量诚信体系建设，发布企业产品质量"红黑榜"，加大对质量违法案件和质量失信企业的曝光力度。严厉查处利用网络、电视购物等渠道销售假冒伪劣商品、侵犯知识产权等违法行为。以医疗、药品和保健食品广告为重点，加强广告日常监测检查和监督管理。同时，逐步建立企业产品质量与服务标准自我申明公开制度，开展企业公开承诺采用标准与社会监督试点。落实企业产品质量担保责任，探索实施质量问题先行赔偿、质量责任保险、质量安全约谈等制度。

4月21日

［纲　文］　刘奇葆出席推进志愿服务制度化电视电话会议。

［目　文］　中共中央政治局委员、中央文明委副主任刘奇葆在讲话中强调，要紧紧抓住培育和践行社会主义核心价值观这个根本任务，坚持把志愿服务与学雷锋活动结合起来，坚持以社区为重点，坚持社会化推动，推动建立中国特色志愿服务制度，推进志愿服务制度化。

刘奇葆指出，志愿服务是社会文明程度的重要标志，是加强思想道德建设、培育和践行社会主义核心价值观的重要载体。要大力弘扬奉献、友爱、互助、进步的志愿精神，在弘扬中华传统美德上下功夫，在营造社会氛围上下功夫，在融入上下功夫，培育"我为人人、人人为我"的社会风尚。要加强制度设计，完善志愿服务队伍建设、活动运行、激励回馈、政策法律保障机制，健全社区志愿服务长效机制。要把抓制度落实作为推进工作的重点，严格执行制度，严格按制度办事，切实提高制度执行力，推动志愿服务持续健康发展。

刘奇葆强调，要把推进志愿服务制度化作为精神文明建设的一件大事来抓，充分发挥社区的主导作用和居民的主体作用，广泛开展关爱空巢老人、留守儿童、残疾人等志愿服务活动，把志愿服务做到基层、做进社区、做进家庭，使志愿服务在全社会蔚然成风。

4月21日

［纲　文］　国家副主席李源潮在北京会见马来西亚前总理马哈蒂尔。

［目　文］　李源潮说，加强同东盟睦邻友好与互利合作是中国坚定不移的政策。中方愿与东盟国家携手建设更为紧密的中国—东盟命运共同体，共同建设21世纪海上丝绸之路，开创中国—东盟战略伙伴关系新篇章。

马哈蒂尔表示，马来西亚重视同中国的经贸、文化、旅游等交流合作，愿推动马中关系以及东盟与中国的合作不断取得新的发展。

4月21日

［纲　文］　《人民日报》发表题为《大力培育"我为人人、人人为我"的社会风尚》的评论员文章。

4月21日

［纲　文］　《人民日报》发表题为《督导组要敢于担当——六论以"三严三实"推进教育实践活动》的评论员文章。

4月21—24日

［纲　文］　十二届全国人大常委会第八次会议在北京举行。

［目　文］　会议由全国人大常委会委员长张德江主持。常委会组成人员159人出席会议。

会议听取了全国人大法律委员会副主任委员张鸣起作的关于环境保护法修订草案审议结果的报告。针对环境保护领域的突出问题，修订草案四审稿充实了提高公民环保意识的相关规定，增加了关于划定生态保护红线的规定，完善了关于行政强制措施、区域限批制度的规定，扩大了提起环境公益诉讼的主体范围，加大了对环境违法行为的处罚力度，对大气污染特别是雾霾治理和应对作出了更有针对性的规定。

会议听取了全国人大法律委员会副主任委员李飞作的关于预算法修正案草案修改情况的汇报。根据党的十八届三中全会精神，草案三审稿将规范政府收支行为、建立健全全面规范公开透明的预算制度写入立法目的，确立了四本预算的全口径预算体系，并进一步完善了关于财政管理体制、地方政府债务、加强预算审查和监督等方面的规定。

会议审议了国务院关于提请审议航道法草案的议案。交通运输部部长杨传堂报告了立法的必要性以及草案的主要内容。

会议审议了全国人大常委会委员长会议关于提请审议刑法有关规定的解释草案的议案、关于提请审议刑事诉讼法有关规定的解释草案的议案。全国人大常委会法制工作委员会副主任郎胜就两个解释草案作了说明。两个法律解释草案进一步明确了有关规定的含义和适用问题，有利于增强法律的可执行性和可操作性。

国家新闻出版广电总局副局长阎晓宏作了关于提请审议批准《视听表演北京条约》议案的说明，外交部副部长李保东作了关于提请审议批准《中华人民共和国和阿根廷共和国关于刑事司法协助的条约》议案的说明。

国家发展和改革委员会主任徐绍史作了关于节能减排工作情况的报告，介绍了"十二五"前三年节能减排工作进展情况、存在的主要问题和困难以及下一步工作安排。

会议还听取了全国人大常委会代表资格审查委员会主任委员马公式作的关于个别代表的代表资格的报告；审议了有关任免案。

全国人大常委会副委员长李建国、王胜俊、陈昌智、严隽琪、王晨、沈跃跃、吉炳轩、张平、向巴平措、艾力更·依明巴海、万鄂湘、张宝文、陈竺出席会议。国务委员、中央军委委员常万全，最高人民法院院长周强，最高人民检察院检察长曹建明，全国人大各专门委员会成员，各省（区、市）人大常委会负责人，部分全国人大代表等列席会议。

4月24日，会议闭幕。会议表决通过了修订后的《环境保护法》。国家主席习近平签署主席令（第9号），予以公布，自2015年1月1日起施行。

4月21—22日

［纲　文］　**刘云山在辽宁省调研。**

［目　文］　中共中央政治局常委刘云山就第二批教育实践活动和基层党的建设，先后到沈阳、抚顺、辽阳、本溪等地，深入企业、农村、社区开展调研。刘云山希望辽宁在抓作风、促发展、惠民生方面不断取得新的成绩。刘云山强调，群众路线教育实践活动的

根本目的是推动党的建设、促进改革发展、造福人民群众,要牢牢把握目标遵循,坚持以先进典型为镜,强化宗旨意识、增进为民情怀、树立实践导向,进一步把活动引向深入,用好的作风凝聚起推进党和国家事业发展的强大力量。

刘云山指出,工业是国民经济的基石,企业是经济发展的主体,要以全面深化改革为动力,创新体制机制,实现转型升级,切实增强企业发展的活力和竞争力。要以教育实践活动为有利契机,立足促进生产经营抓党建,着眼增强企业凝聚力改作风,更好发挥党组织的战斗堡垒作用和党员干部的先锋模范作用,不断开创企业改革发展新局面。

学典型用典型,是第二批教育实践活动的一个重要特点。刘云山指出,雷锋精神是有形的正能量,是鲜活的价值观,人人应学、人人可学,党员领导干部尤其要带头学,使学雷锋在全社会蔚然成风。在教育实践活动中,要把雷锋、焦裕禄、杨善洲等先进典型作为生动教材,抓住全心全意为人民服务这个根本,同培育和践行社会主义核心价值观结合起来,深学、细照、笃行,见思想、见精神,找差距、明方向,从现在做起、从小事做起,把为民务实清廉的要求真正落实到行动上。

刘云山强调,第二批教育实践活动与群众贴得更近,同群众关系更紧,尤其是窗口单位、服务部门、城乡社区,身处群众工作第一线,服务态度如何、作风好坏,直接关系党和政府形象,关系人民群众福祉。推进教育实践活动,要坚持边学边改,从群众关切的问题改起,从群众身边的小事抓起,抓一件成一件,积小胜为大胜,在解决具体问题中让群众看到新变化。

4月22日

[纲 文] 国务院在北京召开全国农村金融服务经验交流电视电话会议。

[目 文] 国务院总理李克强对会议召开作出批示。批示指出:"三农"工作是政府工作的重中之重。加强金融对"三农"的支持,对于强化粮食安全保障、建设现代农业、增加农民收入、缩小城乡差距,具有重要意义。要从"三农"发展的要求出发,深化农村金融改革,培育农村金融市场,加大涉农信贷投放和政策支持力度,落实好差别化存款准备金制度,完善金融监管和风险防控机制。涉农金融机构要树立普惠金融理念,充分发挥自身优势,努力下"沉"经营重心,不脱农、多惠农,不断提升农村金融服务能力和水平。

国务院副总理马凯出席会议并讲话。马凯强调,各地区、各部门和金融机构要认真贯彻落实李克强总理重要批示精神,把加强和改进农村金融服务作为一项系统工程,有的放矢,综合施策,狠抓落实,务求实效,全面提升金融服务"三农"的能力和水平。马凯要求,做好农村金融服务要着力抓好以下几项工作:一是深化农村金融改革,充分发挥农村信用社、农业发展银行、农业银行的优势和商业银行的作用,鼓励和引导社会资本进入农村金融领域,形成支持"三农"的合力。二是多渠道筹集资金,对"三农"的信贷只能增加、不能减少,重点投向粮食生产、现代农业、农业科技开发、农村基础设施建设等领域。三是积极鼓励农村金融服务创新，发展农村普惠金融，促进基础金融服务向行政村覆盖延伸。四是大力发展农业保险，建立农业大灾保险制度，丰富农业保险产品。五是改善农村金融环境，保护农村金融消费者权益，守住不发生系统性区域性风险的底线。六是对农村金融实行优惠的财税、呆账核销、存款准备金率、存贷比等政策。

农业部、人民银行、银监会、证监会、保监会以及部分地方政府和金融机构的负责人在会议上作了发言。

4月22日

[纲　文]　国务院在北京召开全国贯彻落实《社会救助暂行办法》电视电话会议。

[目　文]　国务院总理李克强对会议召开作出批示。批示指出：社会救助事关困难群众基本生活和社会公平，是一项托底线、救急难、保民生的基础性制度安排。扶危济困，重在立行。各地区、有关部门要以全面贯彻实施《社会救助暂行办法》为契机，抓紧补"短板"、扫"盲区"，加大投入，健全机制，鼓励参与，落实责任，编织好让困难群众求助有门、受助及时的安全网，发挥社会救助的应有作用，兜住民生底线。

国务委员王勇出席会议并讲话。王勇指出，《社会救助暂行办法》第一次以行政法规形式规定了我国社会救助制度体系的具体内容，填补了制度空白，对于编密织牢保障基本民生安全网，维护困难群众切身利益，促进社会和谐稳定与公平正义具有重大意义和深远影响。王勇要求，要全面贯彻落实党的十八届三中全会、2014年《政府工作报告》和李克强总理批示精神，全力抓好《社会救助暂行办法》的贯彻实施，努力解决群众各类急难问题，切实保障好困难群众基本生活，让人民群众真正感受到党和政府的关怀与温暖。

王勇强调，要抓紧完善政策，坚持托底线、救急难、可持续的方针，扎实推进社会救助体系建设。要着力强化救急难工作，加快建立健全临时救助、重特大疾病医疗救助等制度，统筹发挥各项救助制度在救急难方面的整体合力。要着力健全工作机制，抓紧健全一门受理协同办理机制、居民家庭经济状况核对机制、社会救助信息公开和共享机制，打牢社会救助工作基础。要着力加强工作保障，将更多资金用到民生领域特别是社会救助方面，加大政府向社会力量购买服务力度，创新经办服务方式。

王勇要求，各地区、各部门要加强领导、完善机制，落实责任，加强基层，改进服务，不折不扣地把《社会救助暂行办法》规定的各项任务落实到位。

4月22日

[纲　文]　国务院总理李克强在中南海紫光阁会见德国副总理兼经济和能源部长加布里尔。

[目　文]　李克强表示，中国作为世界第二大经济体，2014年第一季度经济平稳前行。我们不仅要保持当前经济稳定增长，而且要着眼未来实现经济中高速增长和持续健康发展。为此，我们要全面深化改革，着力处理好政府和市场的关系；要以开放带动改革，有序扩大市场准入；要调整经济结构，包括大力发展清洁能源和节能环保技术；要向惠民生要动力，在推进以人为核心的新型城镇化建设方面，中德有很多新的合作机遇。相信这

些都将为包括德国在内的各国企业带来巨大市场和商机。

加布里尔表示，2014年是德中关系不平凡的一年，两国高层互访频繁，各层级交流密切。德国愿陪伴和支持中国全面深化改革进程，希望中国成为德国投资和技术的目的地。德方愿同中方加强创新、技术研发等合作，为两国企业创造更多机遇。

4月22日

[纲　文]　孟建柱出席第一期政法领导干部学习贯彻习近平总书记重要讲话精神专题培训班开班式。

[目　文]　中共中央政治局委员、中央政法委书记孟建柱在开班式上强调，习近平总书记2014年1月7日在中央政法工作会议上的重要讲话，深刻阐述了事关政法工作全局和长远发展的重大问题。政法领导干部要把思想行动统一到习近平总书记重要讲话精神上来，更好地把握大局，提高思想政治和法治素养，提升新形势下维护社会和谐稳定的能力。

孟建柱要求，要善于运用法治思维和法治方式领导政法工作，提高政法工作法治化水平。要信仰法治、坚守法治，严格依照法律授权行使权力，谨慎地恪守正当程序，防止权力滥用。要把打击犯罪与保护人民、保障人权统一起来，用法治保护公民法人合法权益。越是复杂疑难问题，越要用法治思维和法治方式探寻解决之道。

孟建柱强调，要善于把握矛盾发展趋势，增强预防化解矛盾主动性。要善于运用大数据，提升维护稳定工作现代化水平。要善于做不同类型群众的工作，最大限度地把群众凝聚在党和政府周围。要善于运用新媒体，增强维护稳定工作效果。

孟建柱要求，政法领导干部在政治上要有更高的要求，坚定信念、增强党性、坚持原则、坚守清廉、真抓实干，履行好党和人民赋予的职责使命。

郭声琨主持开班式。周强、曹建明出席。

4月22日

[纲　文]　刘延东出席科研项目和资金管理改革座谈会。

[目　文]　国务院副总理刘延东在座谈会上强调，科技体制改革是全面深化改革的重要组成部分，要破除一切束缚创新驱动发展的体制机制障碍，向改革要动力，从改革找出路，释放全社会创新活力，充分发挥科技对经济社会发展的支撑引领作用。

刘延东指出，伴随着科技投入的快速增长和创新成果的不断涌现，全面深化科技体制改革迫在眉睫，必须加大力度，扎实推进。一要加快职能转变，建立科研管理权力清单，从政府主导创新向服务创新转变。二要加强科技基础制度建设，加快建立科技报告、创新调查制度和科技管理信息系统。三要强化科技、产业、财税、金融等政策的协同，落实研发费用加计扣除、项目后补助等政策，形成企业为主体、市场为导向的技术创新机制。四要优化创新生态系统，一视同仁对待各类创新主体，构建优势互补、要素联动的协同创新机制。五要完善科研人员评价激励政策和薪酬制度，改进科技成果转化处置权、收益权管理办法。

刘延东强调，要深化科研项目和资金管理改革，加强对各类科研项目的统筹和布局，避免分散重复。加快建立公开透明的申报、立项、评审制度，确保公平公正。克服重立项、轻监管问题，完善科研信用管理，对学术不端行为"零容忍"。

4月22日

［纲　文］　国务院副总理张高丽在人民大会堂会见伊朗经济事务与财政部部长阿里·塔伊布尼亚。

［目　文］　张高丽指出，中方珍视同伊朗的传统友谊，始终视伊朗为战略层面的重要伙伴。近年来，在双方共同努力下，中伊关系保持良好发展势头。两国高层交往频繁，政治互信得到增强，务实合作稳步推进，双边贸易额稳中有升，人文交流丰富多彩。中方愿与伊方共同努力，不断深化两国在各领域，尤其是财金领域的合作，推动中伊关系持续向前发展。

塔伊布尼亚表示，伊朗高度重视发展对华关系。在新形势下，伊方将加强与中方在经贸、金融、能源、投资、基础设施建设等领域的务实合作，共同推动两国合作取得积极进展。

4月22日

［纲　文］　国务院副总理汪洋在中南海紫光阁会见加拿大加中贸易理事会名誉主席安德烈·德马雷。

［目　文］　汪洋对加中贸易理事会长期以来为促进两国经贸投资合作和友好往来发挥的积极作用表示赞赏，表示中国已经开始新一轮改革开放进程，希望加中贸易理事会为促进双方企业加强交流合作、推动两国深化经贸合作作出更大贡献。

4月22日

［纲　文］　最高人民法院、最高人民检察院、公安部、司法部、国家卫生和计划生育委员会联合印发《关于依法惩处涉医违法犯罪维护正常医疗秩序的意见》。

4月22日

［纲　文］　中国民用航空局公布《民用航空财经信息管理办法》（CCAR-243-R1），自2014年6月1日起施行。

4月22日

［纲　文］　我国自主研制的首台4500米级深海遥控无人潜水器作业系统"海马号"在南海完成海上试验，并通过海上验收。

［目　文］　这是我国深海高技术领域继"蛟龙号"之后的又一标志性成果，标志着我国掌握了大深度无人遥控潜水器的关键技术，并在关键技术国产化方面取得实质性进展。

"海马号"项目是科技部通过863计划支持的重点项目，是我国自主研发的下潜深度最大、国产化率最高的无人遥控潜水器系统。经过近6年的研发攻关，研制人员突破了本体结构、浮力材料、液压动力和推进、作业机械手和工具等关键技术，先后完成了总装联调、水池试验和海上摸底试验等工作。

2014年2月20日至4月22日,"海马号"分三个航段进行了海试。其间,"海马号"共完成17次下潜,3次到达南海中央海盆底部进行作业试验,最大下潜深度4502米;完成水下布缆、沉积物取样、热流探针试验、海底地震仪海底布放等任务,成功实现与水下升降装置联合作业,通过了定向、定高、定深航行等91项技术指标的现场考核。

4月22日

[纲　文]　由中国海军承办的第14届西太平洋海军论坛年会在青岛举行。

[目　文]　这是中国海军首次承办西太平洋海军论坛年会。来自论坛21个成员国和3个观察员国,以及申请成为论坛观察员国的巴基斯坦等25个国家的海军领导人和代表共150余人参加了此次论坛年会。

4月23日,中央军委副主席范长龙在青岛集体会见出席本次论坛年会的各国海军代表团团长。范长龙指出,中国将坚持以总体国家安全观为遵循,对内求发展、求变革、求稳定、建设平安中国,对外求和平、求合作、求共赢、建设和谐世界。中国将致力于走依海富国、以海强国、人海和谐、合作共赢的发展道路,实现建设海洋强国的目标。中国将坚定不移地维护国家主权、安全和发展利益,同时坚持通过平等协商解决海上争端,努力维护地区和平稳定。同日,范长龙还分别会见了马来西亚、巴基斯坦海军领导人。

4月22日

[纲　文]　联合国环境规划署将中国库布其沙漠生态治理区确立为全球沙漠"生态经济示范区",并将其作为全球首个荒漠化地区生态系统的研究对象,进行科学评估。

4月22日

[纲　文]　长三角区域大气污染防治协作小组办公室会议在南京召开。

[目　文]　环境保护部副部长翟青出席会议。长三角区域大气污染防治协作小组办公室成员,三省一市分管省(市)长、副秘书长、环保厅长,三省相关地级市负责人和预警联动负责人,环境保护部相关司局、应急中心、华东环保督查中心负责人等出席会议。

4月22日

[纲　文]　《人民日报》发表题为《书写新时代的雷锋故事》的评论员文章。

4月22日、23日

[纲　文]　第二批党的群众路线教育实践活动推进会中部片会(22日)、西部片会(23日)分别在长沙、重庆召开。

[目　文]　中共中央政治局委员、中央党的群众路线教育实践活动领导小组副组长赵乐际出席会议并讲话。赵乐际强调,要深入学习贯彻习近平总书记在河南兰考调研指导时的重要讲话精神,切实做到"五个准确把握",认真践行"三严三实"要求,聚焦解决"四风"问题,把高标准落实到教育实践活动全过程,确保取得群众满意的实效。

赵乐际指出,要真正把习近平总书记系列重要讲话和中央规定的书目学深学透,读原著、学原文、悟原理,坚定理想信念、增强宗旨意识。要大力弘扬焦裕禄精神,对照先进、查找差距、解决问题。要真心诚意听取群众意见，深刻剖析存在问题，严肃认真开展批评和自我批评，坚持边学边改、边查边改、立行立改。市县领导班子、领导干部要把自己摆进去，树立标杆、当好示范。要建立一把手抓一把手的推进机制，加强领导和分类指导。督导组要坚持标准、严格把关。要坚持两手抓、两促进，以改进作风的新成效，汇聚起全面深化改革的强大力量，推进党的建设新的伟大工程，促进经济社会持续健康发展。

赵乐际还深入湖南韶山村调研，听取县乡村干部和党员代表意见，走访慰问了老党员。

部分省区市、新疆生产建设兵团的党委负责人和市县委书记代表，以及中央第一、二巡回督导组组长分别参加会议。

4月23日

[纲　文]　国家主席习近平同韩国总统朴槿惠通电话。

[目　文]　习近平表示，当前中韩关系发展很好。3月，我们在荷兰出席核安全峰会期间举行了会晤，再次确认不断推动中韩关系发展、维护地区和平稳定的共同意愿。我们保持了经常联系，充分显示了中韩关系的密切和重要。我欢迎总统女士11月来华出席亚太经合组织领导人非正式会议。朴槿惠表示，当前韩中两国在各领域合作紧密，两国人民友谊不断加深。我欢迎并期待着习近平主席访问韩国，愿同习近平主席就两国关系及重大问题深入交换意见。习近平表示愿意在双方方便的时候访问韩国。

习近平表示，韩国"岁月"号客轮不幸发生严重事故，造成大量人员伤亡和失踪，其中包括4名中国人，令人深感痛心。我再次对遇难者表示深切哀悼，向遇难者和失踪人员家属及伤者致以诚挚慰问。根据韩方要求，中方将向韩方提供救援设备，并尽快派往事故海域。朴槿惠对此表示感谢，并向在事故中遇难的中国人表达哀悼。

双方还就当前朝鲜半岛形势交换了意见。习近平强调，中方坚定致力于实现半岛无核化，坚定维护半岛和平稳定，坚持通过和平方式解决问题。中方愿同韩方就半岛问题继续保持密切沟通和协调，也希望有关各方都为缓和局势、维护半岛和平稳定作出努力。朴槿惠表示，韩方赞赏并感谢中方作出的建设性努力，愿同中方保持沟通和合作。

4月23日

[纲　文]　李克强主持召开国务院常务会议。

[目　文]　会议确定进一步落实企业投资自主权的政策措施，决定在基础设施等领域推出一批鼓励社会资本参与的项目，部署促进市场公平竞争维护市场正常秩序工作。

会议认为，让企业拥有投资自主权，是处理好市场与政府关系的必然要求，也是发挥投资关键作用、以结构改革推动结构调整、保持经济稳定增长的重要举措。会议确定，一是进一步缩减投资核准范围，下放核准权限。在2013年修订的政府核准投资项目目录基础上，2014年再作修订。对市场竞争充分、企业能自我调节、可以用经济和法律手段有效调控的项目，由核准改为备案；对现阶段仍需核准的，要明确中央部门和地方的责任。

二是改进和规范核准行为，加快建设和用好全国联网的项目审批、核准和备案信息系统，简化手续、在线运行、限时办结。三是改革创新投资管理，减少、整合和规范前置审批及中介服务，尽快发布企业投资核准办法、外商投资核准备案办法。

会议决定，加快投融资体制改革，推进投资主体多元化，让社会资本特别是民间投资进入一些具有自然垄断性质、过去以政府资金和国企投资为主导的领域，在铁路、港口等交通基础设施，新一代信息基础设施，重大水电、风电、光伏发电等清洁能源工程，油气管网及储气设施、现代煤化工和石化产业基地等方面，首批推出 80 个符合规划布局要求、有利转型升级的示范项目，面向社会公开招标，鼓励和吸引社会资本以合资、独资、特许经营等方式参与建设营运。下一步将推动油气勘查、公用事业、水利、机场等领域扩大向社会资本开放。要完善配套实施细则，推动基础设施和公用事业特许经营等立法，加强对落实情况的督促检查。

会议指出，要继续做好简政放权工作，加强事中事后监管和完善监管体系，营造公平竞争环境，规范市场秩序。一要继续放宽市场准入。加快推进探索负面清单管理模式和建立权力清单制度。政府应以清单方式明确列出禁止和限制投资经营的行业、领域和业务等，对清单以外的，各类主体均可依法平等进入。二要全面清理有关法规和规章制度，坚决废除和纠正妨碍竞争、有违公平的规定和做法。三要加强生产经营等行为监管，强化市场主体责任，坚持依法平等、公开透明，坚决杜绝监管的随意性。四要建立守信激励和失信惩戒机制。对违背市场竞争原则和侵犯消费者、劳动者合法权益的市场主体建立"黑名单"制度，对失信主体在投融资、土地供应、招投标等方面依法依规予以限制，对严重违法失信主体实行市场禁入。五要改进监管方式，整合执法资源，消除多头和重复执法。各地区、各部门要立足大局，推动建立统一开放、竞争有序、诚信守法、监管有力的现代市场体系，促进经济社会持续健康发展。

4月23日

［纲　文］　十二届全国人大常委会第二十二次委员长会议在人民大会堂召开。

［目　文］　会议由全国人大常委会委员长张德江主持。全国人大常委会副委员长李建国、王胜俊、陈昌智、严隽琪、沈跃跃、吉炳轩、张平、向巴平措、艾力更·依明巴海、万鄂湘、张宝文、陈竺出席会议。

会议听取了全国人大法律委员会主任委员乔晓阳作的关于环境保护法修订草案修改意见的汇报和关于全国人大常委会关于刑法、刑事诉讼法有关规定的解释草案审议结果的汇报；听取了全国人大外事委员会主任委员傅莹作的关于《视听表演北京条约》和《中华人民共和国和阿根廷共和国关于刑事司法协助的条约》审议情况及决定草案代拟稿的汇报；听取了全国人大常委会副委员长兼秘书长王晨作的关于个别代表的代表资格的报告、任免案审议情况的汇报等。

4月23日

［纲　文］　国务院副总理张高丽在人民大会堂会见欧盟委员会气候行动委员赫泽高

女士。

［目　文］　双方就绿色低碳发展、全球应对气候变化及进一步加强中欧在气候变化领域的交流与合作等交换了意见。

张高丽表示，中国正在大力推进生态文明建设，努力探索走一条符合中国国情的发展经济与应对气候变化双赢的可持续发展之路。中方愿与欧盟及其成员国进一步加强对话沟通，增进相互理解，与各方一道携手努力，推动建立公平合理的国际气候制度。希望双方将欧盟的先进技术和经验与中方的广阔市场潜力结合，实现优势互补，将气候变化领域的务实合作打造成为中欧合作中的亮点，为中欧关系稳步发展作出贡献。

赫泽高积极评价中国应对气候变化的政策和行动，介绍了欧盟下一步应对气候变化的目标和措施。欧方表示尊重共同但有区别的责任原则，强调所有国家都应采取积极行动应对气候变化，并愿进一步深化欧中在绿色低碳发展领域合作。

4月23日

［纲　文］　**中英高级别人文交流机制第二次会议在北京召开。**

［目　文］　本次会议主题为"交流互鉴，共享未来"。机制中方主席、国务院副总理刘延东与机制英方主席、英国卫生大臣亨特共同主持会议并分别致辞。

刘延东表示，2014年是中英建立全面战略伙伴关系10周年。10年来，两国各领域各层次的务实合作不断拓展和增强，不仅造福两国人民，也为中欧关系和世界和平与发展作出了重要贡献。当前中英都致力于国家繁荣发展，推进改革开放，这不仅为两国加强合作，实现互利共赢创造了更多新的"增长点"，也为两国人文交流提供了难得机遇和巨大潜力。

刘延东积极评价中英高级别人文交流机制建立以来在教育、科技、文化、体育、青年和传媒等方面交流取得的积极成果。她表示，目前在机制框架下双方已设计了上百项活动，涵盖7大领域30多个方面。人文领域合作交流积累的正能量，越来越成为两国增进理解、深化友谊、推动合作的重要因素，为两国关系发展提供了源头活水和不竭动力。

会后，刘延东与亨特共同签署《中英高级别人文交流机制第二次会议纪要》并见证签署双方有关领域合作文件。

会前，刘延东与亨特共同主持了"中英留学40年"活动并分别致辞。

本次会议系中英高级别人文交流机制成立以来在中国举行的第一次会议。国务院总理李克强和英国首相卡梅伦分别向会议发来贺信。

当日下午，李克强在中南海紫光阁会见中英高级别人文交流机制第二次会议英方主席、英国卫生大臣亨特。李克强表示，中英高级别人文交流机制成立两年来，与中英经济财金对话、战略对话一道，构成了两国关系的"三大支柱"，促进了双方宽领域、高水平的合作，推动了中英全面战略伙伴关系的发展。亨特表示，英方愿与中方进一步密切高层交往，充分发挥两国高级别人文交流机制作用，扩大文化、教育、卫生等领域交流合作，增进两国人民之间的相互了解与友谊，推动英中关系取得更大发展。刘延东参加会见。

4月23日

［纲　文］　孟建柱出席全国检察机关队伍建设座谈会。

［目　文］　最高人民检察院检察长曹建明主持座谈会。中央政法委书记孟建柱指出，要认真学习贯彻习近平总书记在中央政法工作会议上的重要讲话精神，加强思想政治、业务能力和党风廉政建设，做有理想、有担当、有能力、有操守的检察干部，努力建设一支党和人民满意的过硬检察队伍。要始终把思想政治建设放在首位，强化科学理论武装，做有信仰、有理想的检察干部。要加强党性修养，做坚持原则、敢于担当的检察干部，抵得住干扰、抗得住诱惑，秉公执法，坚决同消极腐败现象作斗争。

孟建柱要求，要以专业化、职业化为方向，做有较高法律素养和专业水平的检察干部。要提高法律监督能力，及时发现、监督纠正执法不严、司法不公问题，维护人民群众合法权益，提升执法司法公信力。要树立监督者更要接受监督的观念，敢于用比监督别人更严的要求监督自己，确保检察权依法正确行使。要完善工作机制，及时受理符合要求的网络举报，及时公布查处的违法违纪和腐败案件，以实际行动取信于民。

4月23日

［纲　文］　最高人民法院印发《关于减刑、假释案件审理程序的规定》。

［目　文］　《规定》指出，减刑、假释是刑罚变更执行的重要措施，其审理程序与普通刑事案件存在较大差异。由于实践操作中不透明，容易滋生司法腐败。

《规定》明确，法院审理减刑、假释案件，应当在立案后5日内将执行机关报请减刑、假释的建议书等材料依法向社会公示，公示期限为5日。

4月23日

［纲　文］　国土资源部印发《关于开展全国耕地后备资源调查评价工作的通知》。

［目　文］　《通知》指出，在第二次全国土地调查成果基础上，开展全国耕地后备资源调查评价，要全面查清全国耕地后备资源面积、类型、权属和分布情况，相关省份将补充开展二次调查中"不稳定耕地"和新增耕地的调查评价。《通知》明确，新一轮耕地后备资源调查评价于2014年5月启动。

《通知》要求，将"不稳定耕地"和新增耕地被纳入调查评价范围。"不稳定耕地"调查是以二次调查数据库为基础，以二次调查中各省上报的"不稳定耕地"面积为参考，经实地核定位置、范围、质量等级、利用状况等，形成"不稳定耕地"调查结果，实现"不稳定耕地"上图入库。二次调查新增耕地调查是以二次调查结果为基础，对比1998年度土地变更调查结果，在二次调查耕地增加的省份，对二次调查增加耕地，经实地核定位置、范围、质量等级等，形成单位和个人自行开垦的新增加耕地面积调查结果，实现对新增耕地上图入库。

4月23日

［纲　文］　《人民日报》发表题为《警惕教育实践活动"剑走偏锋"》的评论员文章。

4月24—28日

［纲　文］　应国家主席习近平邀请，丹麦女王玛格丽特二世对中国进行国事访问。

［目　文］　4月24日，习近平在人民大会堂同玛格丽特二世举行会谈。习近平表示，女王陛下曾于1979年访华，是中国改革开放后首位访华的西方国家元首。当前，中国正处于新型工业化、信息化、城镇化、农业现代化深入发展的重要时期，投资和消费需求增长潜力巨大。丹麦在上述领域具备丰富经验和技术优势。双方要积极拓展贸易、投资、农业、医疗卫生、食品安全、节能环保等领域合作，扩大人文交流特别是青年学生交往，共同推动中欧关系发展。中方愿同丹方共同努力，推动中丹全面战略伙伴关系迈上新台阶。玛格丽特二世表示，希望通过此次访问，进一步深化两国业已存在的良好关系，增进两国人民相互了解和友谊，推动互利合作取得更多成果。两国元首共同见证了多项合作文件的签署。

4月25日，国务院总理李克强、全国人大常委会委员长张德江分别在人民大会堂会见玛格丽特二世。李克强表示，丹麦是最早同新中国建交的西方国家之一。中方愿与丹方本着相互尊重、平等相待、共同发展的原则，不断丰富中丹关系内涵，促进中欧关系发展。希望中丹加强创新研发、清洁能源、教育文化、生态环保等领域的交流与合作；在中欧城镇化伙伴关系合作框架下，做好双方绿色智慧城市合作试点对接；进一步为两国企业创造更加公平、透明、开放、稳定的投资和经营环境，推动中丹形成全方位、多层次、高水平的合作新格局。玛格丽特二世表示，希望两国进一步加强各领域交流与合作，推动丹中关系取得更大发展。

张德江在会见中表示，中方愿与丹方共同努力，积极落实两国元首达成的广泛共识，推动中丹全面战略伙伴关系不断向前发展。中国全国人大及其常委会愿加强与丹麦议会的交流合作，在立法、治国理政等方面开展互学互鉴，服务各自国家建设。玛格丽特二世表示，丹中两国人民之间有着深厚感情，双方友好合作将不断发展。

4月24日

［纲　文］　**国务院总理李克强在中南海紫光阁会见由美国国会众议院多数党领袖坎托率领的美国议员代表团。**

［目　文］　李克强表示，中美建交35年关系发展的历程表明，两国的发展与繁荣给彼此带来机遇。不久前两国元首出席海牙核安全峰会期间成功会晤。新形势下，双方要相互尊重，在中美三个联合公报原则和国际关系基本准则基础上，扩大对话与合作，妥善处理分歧，推动中美关系健康稳定发展。

李克强强调，中国走和平发展道路的决心坚定不移，维护国家主权和领土完整的意志不可动摇。我们愿与各国一道，共同维护世界和地区的和平与稳定，促进发展与合作。中美之间的互补性很强，合作潜力巨大，共同利益远大于分歧。中国全面深化改革和进一步扩大开放会给中美合作带来更多新机遇。双方要加快投资协定谈判，深化各领域合作。希望美方放宽对华高技术出口限制,为中国企业赴美投资提供公平竞争环境。欢迎美国国会议员多来中国走一走,增进彼此了解,为中美关系发展发挥建设性作用。

坎托表示,美国作为太平洋国家,其未来不仅与亚太紧密相连,而且与不断发展和加强的美中关系息息相关。美国国会众议院及议员愿为增进两国关系,深化互利合作,促进共同繁荣和人民友好相处作出努力。

同日,全国人大常委会委员长张德江在人民大会堂会见了坎托一行。

4月24日

[纲 文] 俞正声在北京会见出席第四届两岸及香港《经济日报》财经高峰论坛的代表。

[目 文] 全国政协主席俞正声指出,香港同胞和台湾同胞都是中华民族子孙,保持香港的繁荣稳定,维护两岸关系和平发展,符合两岸及香港同胞的根本利益。两岸关系和平发展的基础是"九二共识",内地与香港交流合作要在基本法和"一国两制"方针下进行。希望两岸及香港经济界人士共同维护好这些重要的政治基础,共同把经济政策研究好解读好,让民众了解到正确政策的执行将增进他们的福祉。希望两岸和香港同胞进一步加强交流,增进互信,深化经济合作,携手实现中华民族的伟大复兴。

4月24日

[纲 文] 张高丽在中南海紫光阁与第30次南极考察队员举行座谈。

[目 文] 国务院副总理张高丽在座谈时强调,要认真学习贯彻落实中央关于建设海洋强国的战略决策和习近平总书记系列重要讲话,弘扬"爱国、求实、创新、拼搏"极地精神,再接再厉,顽强拼搏,推动我国极地科学考察事业不断迈上新台阶。

张高丽充分肯定了第30次南极考察队取得的显著成绩。他说,全体考察队员在极端艰苦困难的条件下,成功建立了我国第四个南极考察站——泰山站,"雪龙"号船首次实现了环南极大陆航行,开创了我国船舶环南极大陆航行的新航程,胜利完成了各项考察任务。考察期间,还完成对俄罗斯籍遇险客轮乘客的成功救援,为祖国和人民争得了荣誉。在考察队返航途中,还参与了在南印度洋海域马航失联客机的搜寻行动。

张高丽指出,当前我国的极地科学考察事业正面临实现跨越发展的难得机遇。要进一步提升极地考察能力建设水平,推动极地科考事业向深度和广度拓展。要从精神上、物质上和待遇上关心一线科考人员,吸引更多人才投身科考事业,培育一支作风顽强、业务精湛、能打硬仗的科考队伍。深入开展极地科学考察研究,取得更多高水平的研究成果。更加广泛地参与国际极地事务,有效争取和维护国家的极地权益。有关部门要继续加强指导、管理和服务,为极地考察事业发展提供坚强有力的保障。

4月24日

[纲 文] 国家副主席李源潮在北京会见由蒙古政府副总理特尔比什达格瓦率领的蒙古人民革命党代表团。

[目 文] 李源潮说,2014年是中蒙建交65周年,中国党和政府坚持从战略高度和长远角度看待中蒙关系,愿与蒙方共同努力,积极落实好两国领导人达成的共识,深化

互利合作，加强党际交往，互学互鉴治国理政经验，推动中蒙战略伙伴关系发展。

特尔比什达格瓦表示，发展长期互利合作关系是蒙古国的对华方针，愿与中方携手努力，共同推进两国两党关系深入发展。

4月24日

［纲　文］　中国人民银行、银监会、证监会、保监会、外汇局联合印发《关于规范金融机构同业业务的通知》。

［目　文］　为规范金融机构同业业务经营行为，《通知》设置了同业业务风险集中度要求，规定单家商业银行对单一金融机构法人的不含结算性同业存款的同业融出资金，扣除风险权重为零的资产后的净额，不得超过该银行一级资本的50%。单家商业银行同业融入资金余额不得超过该银行负债总额的1/3，农村信用社省联社、省内二级法人社及村镇银行暂不执行。

《通知》对同业业务担保条件和融资期限作出严格规定，要求金融机构开展买入返售和同业投资业务，不得接受和提供任何直接或间接、显性或隐性的第三方金融机构信用担保。同时要求同业借款业务最长期限不得超过三年，其他同业融资业务最长期限不得超过一年，业务到期后不得展期。为了减轻业务规范对银行带来的影响，《通知》发布之日前开展的同业业务到期后结清，而新增业务执行《通知》要求。

4月24日

［纲　文］　财政部、教育部印发《生源地信用助学贷款风险补偿金管理办法》。

［目　文］　《办法》明确，生源地信用助学贷款风险补偿金实行结余奖励和亏空分担。风险补偿金若超出生源地信用助学贷款损失，超出部分由国家开发银行奖励给县级学生资助管理中心；若低于生源地信用助学贷款损失，不足部分由国家开发银行和县级财政部门各分担50%。

《办法》规定，可用于结余奖励的风险补偿金包括：已结清的生源地信用助学贷款合同对应的风险补偿金，这部分资金应分年提取；按一定比例预先动用未结清的生源地信用助学贷款合同对应的风险补偿金，这部分资金应在最终清算结余奖励和亏空分担金额时予以扣减。结余奖励资金用于县级学生资助管理中心生源地信用助学贷款管理工作，专账核算、专款专用。

《办法》自6月1日起施行。

4月24日

［纲　文］　国家税务总局印发《税务系统首问责任制度（试行）》。

［目　文］　《税务系统首问责任制度（试行）》明确提出首位接洽纳税人办理涉税事项的税务人员，必须对纳税人所办事项负责到底，确保纳税人话有人听、惑有人解、事有人办。

首问责任制是规范税务机关为纳税人办理或有效指引纳税人完成办理涉税事项的制度，具体包括：受理纳税人涉税事项，首问责任人要负责到底；职权范围内事项限时办结，职权范围外事项准确引导；跟踪问效承办情况，责任不落实将受追究等。税务总局通过纳税人意见征集、明察暗访、绩效考核等方式，加强督促检查，确保首问责任制落实到位。

自1998年国家税务总局首次提出要在办税服务厅推行首问责任制以来，各地税务机关切实提高了办税效率。此次税务总局出台的首问责任制度，对推进管理创新、全面提升税务机关的纳税服务水平和办事效率具有重要意义，是税务系统最大限度规范税务人、最大限度方便纳税人的一项重要举措。

4月24日

〔纲　文〕　中国首列市域快轨车辆在长春客车股份有限公司厂区内下线试运行。

〔目　文〕　该款列车采用双供电制式的受电弓，并可自动切换。这是我国首次成功研发出此项技术，列车应用该技术可在高速动车组和地铁列车接触网中自由切换，使其成为"全能型"轨道车辆。此款快轨车最高运行时速为160公里，介于地铁车辆和城际动车组之间。

4月24日

〔纲　文〕　中国首家省级生态环境保护执法司法机构在贵州成立。

〔目　文〕　贵州省生态环境保护执法司法专门机构贵州省高级人民法院生态环境保护审判庭、贵州省人民检察院生态环境保护检察处、贵州省公安厅生态环境安全保卫总队挂牌仪式在贵阳举行，标志着中国国内首家省级生态环境保护执法司法机构在贵州正式成立。

4月24日

〔纲　文〕　中国科学家夏军在爱尔兰都柏林举行的国际水文科学大会上获得由国际水文科学协会（IAHS）、联合国教科文组织（UNESCO）和世界气象组织（WMO）联合颁发的"2014年国际水文科学奖—Volker奖章"。

〔目　文〕　"国际水文科学奖"于1979年设立，每年奖励1名国际水文领域的杰出科学家。自1983年首次授奖以来，已表彰多名国际顶尖水文学家，成为全球地学领域国际水文科学界最高学术成就奖。2014年起，该奖项分为两个奖章，即国际水文科学奖—Dooge奖章和国际水文科学奖—Volker奖章，以奖励在全球水文科学及其基础理论和科学实践中作出杰出贡献的水文学家。这是中国科学家首次获得"国际水文科学奖"和首个Volker奖章。

4月24日

〔纲　文〕　《人民日报》发表题为《让制度护航志愿服务》的评论员文章。

4月25日

〔纲　文〕　中共中央政治局召开会议，研究经济形势和经济工作。

〔目　文〕　会议由中共中央总书记习近平主持。会议认为，2014年以来，全党全国按照党中央决策部署，坚持稳中求进、改革创新，积极应对困难和挑战，推动解决深层次矛盾，各方面工作扎实推进，经济发展开局总体平稳，经济运行保持在合理区间。各方面改革按照党的十八届三中全会确定的路线图和时间表有序有力推进，在激发市场主体活力、促进经济发展方式转变、完善市场体系等方面出台一系列改革举措，对外开放进一步扩大。经济形势总体符合宏观调控和发展预期。但是，我国经济发展外部环境仍然存在较大不确定性，经济增长下行压力依然存在，一些困难不容低估，潜在风险需要高度关注。

会议强调，我国经济发展的基本面没有改变，要继续坚持稳中求进工作总基调，统筹处理好稳增长、促改革、调结构、惠民生、防风险的关系，保持宏观政策的连续性和稳定性，财政政策和货币政策都要坚持现有政策基调，创造良好发展预期和透明宏观政策环境。要坚持宏观政策要稳、微观政策要活、社会政策要托底的基本思路，根据形势变化适时调整其内涵，努力实现全年经济社会发展各项预期目标。

会议提出，要加大对实体经济的支持力度，夯实经济发展基础，完善小麦、稻谷等最低收购价和玉米、油菜籽临时收储政策，加快下达拨付中央转移支付资金，合理调节流动性水平，加大对小微企业、"三农"和社会事业等领域的支持力度。要进一步简政放权，着力营造公平竞争市场环境，继续取消和下放行政审批事项，加快建立和完善政府权力清单制度，探索实行负面清单管理模式，继续推进财税、金融、价格、科技管理体制等方面改革。要加快调整优化经济结构，推动提质增效升级，加快发展生产性服务业，促进制造业结构调整和产业升级，推进重大节能环保、资源循环利用等技术装备产业化，支持企业设备更新和研发创新，加快中西部铁路、清洁能源等重点工程建设。要继续支持西部大开发、东北地区等老工业基地全面振兴，推动京津冀协同发展和长江经济带发展，抓紧落实国家新型城镇化规划。要加强就业社保等民生重点工作，完善促进大学毕业生就业创业的各项政策，推进城乡居民大病保险和县级公立医院改革试点，更好运用开发性金融支持棚户区改造，出台促进信息、旅游、体育、养老、健康服务业以及职业教育等领域发展的若干政策，促进居民扩大消费。

4月25日

[纲　文]　习近平主持中共中央政治局第14次集体学习。

[目　文]　中共中央政治局就切实维护国家安全和社会安定进行集体学习。中央政法委员会秘书长汪永清就这个问题进行了讲解，并谈了意见和建议。中共中央政治局组成人员听取讲解，并就有关问题进行了讨论。

中共中央总书记习近平在主持学习时发表讲话。他指出，改革开放以来，我们党始终高度重视正确处理改革发展稳定关系，始终把维护国家安全和社会安定作为党和国家的一项基础性工作。我们保持了我国社会大局稳定，为改革开放和社会主义现代化建设营造了良好环境。同时，必须清醒地看到，新形势下我国国家安全和社会安定面临的威胁和挑战增多，特别是各种威胁和挑战联动效应明显。我们必须强化底线思维，有效防范、管理、处理国家安全风险，有力应对、处置、化解社会安定挑战。各地区各部门要贯彻总体国家安全观，准确把握我国国家安全形势变化新特点新趋势，坚持既重视外部安全又重视内部安全、既重视国土安全又重视国民安全、既重视传统安全又重视非传统安全、既重视发展问题又重视安全问题、既重视自身安全又重视共同安全,切实做好国家安全各项工作。要加强对人民群众的国家安全教育,提高全民国家安全意识。

习近平指出,暴力恐怖活动漠视基本人权、践踏人道正义,挑战的是人类文明共同的底线,既不是民族问题,也不是宗教问题,而是各族人民的共同敌人。反恐怖斗争事关国家安全,事关人民群众切身利益,事关改革发展稳定全局,是一场维护祖国统一、社会安定、人民幸福的斗争,必须采取坚决果断措施,保持严打高压态势,坚决把暴力恐怖分子嚣张气焰打下去。要建立健全反恐工作格局,完善反恐工作体系,加强反恐力量建设。要坚持专群结合、依靠群众,深入开展各种形式的群防群治活动,筑起铜墙铁壁,使暴力恐怖分子成为"过街老鼠"。要发挥爱国宗教人士作用,加强对信教群众的正面引导,既满足他们正常宗教需求,又有效抵御宗教极端思想的渗透。要坚定不移相信和依靠各族干部群众,团结他们一道维护民族团结和社会稳定。

习近平强调,维护国家安全,必须做好维护社会和谐稳定工作,做好预防化解社会矛盾工作,从制度、机制、政策、工作上积极推动社会矛盾预防化解工作。要增强发展的全面性、协调性、可持续性,加强保障和改善民生工作,从源头上预防和减少社会矛盾的产生。要以促进社会公平正义、增进人民福祉为出发点和落脚点,加大协调各方面利益关系的力度,推动发展成果更多更公平惠及全体人民。要完善和落实维护群众合法权益的体制机制,完善和落实社会稳定风险评估机制,预防和减少利益冲突。要全面推进依法治国,更好维护人民群众合法权益。对各类社会矛盾,要引导群众通过法律程序、运用法律手段解决,推动形成办事依法、遇事找法、解决问题用法、化解矛盾靠法的良好环境。

4月25日

[纲　文]　李克强签署国务院令,公布《事业单位人事管理条例》。

[目　文]　《条例》共10章44条,是中国第一部系统规范事业单位人事管理的行政法规。

《条例》适应事业单位改革发展的新形势新要求,将岗位设置、公开招聘、竞聘上岗、聘用合同、考核培训、奖励处分、工资福利、社会保险、人事争议处理,以及法律责任作为基本内容,确立了事业单位人事管理的基本制度。

《条例》的颁布和实施,对于建立权责清晰、分类科学、机制灵活、监管有力、符合事业单位特点和人才成长规律的人事管理制度,建设高素质的事业单位工作人员队伍,促进公共服务发展,具有十分重要的意义。

《条例》自2014年7月1日起施行。

4月25日

[纲　文]　财政部、国家卫生计生委、人力资源和社会保障部联合印发《关于提高2014年新型农村合作医疗和城镇居民基本医疗保险筹资标准的通知》。

[目　文]　《通知》宣布,各级财政对新农合和居民医保人均补助标准在2013年的基础上提高40元,达到320元。其中,中央财政对原有120元的补助标准不变,对200

元部分按照西部地区80%和中部地区60%的比例安排补助，对东部地区各省份分别按一定比例补助。

《通知》明确，农民和城镇居民个人缴费标准在2013年的基础上提高20元，全国平均个人缴费标准达到每人每年90元左右。个人缴费应在参保（合）时按年度一次性缴清。

4月25日

［纲　文］　科技部国家遥感中心在北京宣布，中国自主研发的高精度定位服务系统"羲和"正式播发信号，这将进一步提升中国卫星导航系统的服务能力，加速北斗导航的产业化。

4月25—26日

［纲　文］　2014年全国文化厅局对外及对港澳台文化工作会议在北京举行。

［目　文］　国务院港澳办、国务院台办、国家文物局、中国文联、中国作协，各省区市和计划单列市、新疆生产建设兵团文化部门，文化部相关司局和直属单位的有关负责人参加了本次会议。

文化部党组书记、部长蔡武在讲话中指出，随着国际形势的发展和中国的和平发展，我国外交大局正经历着国家实力建设从侧重硬实力向硬实力和软实力并重、外交内涵和外延更多局限在传统领域向传统领域和新型领域并重等方向的重大转变，这使得我国的外交工作站在了新的历史起点上。文化外交作为我国整体外交工作的重要支柱之一，在开展对外交往中发挥着不可替代的重要作用。当前对外及对港澳台文化工作急需创新发展理念，要深刻领会党的十八届三中全会精神，认识到扩大文化对外开放是建设社会主义强国的必然要求，是增强我国文化软实力的迫切需要，要更好地发挥对外及对港澳台文化工作所具有的"以文化人、以文促情、以文建信"的重要作用。要创新工作思路、形式和内容，加强自上而下的顶层设计和统筹规划，建立具备执行力的发展规划纲要，不断优化海外文化阵地布局，加强对外文化工作中的品牌建设，落实《国务院关于加快发展对外文化贸易的意见》，进一步探索完善对港澳台文化交流长效合作机制。

4月26日

［纲　文］　纪念任弼时同志诞辰110周年座谈会在人民大会堂举行。

［目　文］　任弼时同志是伟大的马克思主义者，杰出的无产阶级革命家、政治家、组织家，中国共产党和中国人民解放军的卓越领导人，是以毛泽东同志为核心的中国共产党第一代中央领导集体的重要成员。

中共中央政治局常委刘云山出席座谈会并讲话。刘云山在讲话中全面回顾了任弼时同志的生平业绩和卓越贡献。他说，任弼时同志为中华民族独立和中国人民解放事业奋斗了一生，贡献出了自己的一切。任弼时同志作为新民主主义革命时期党的主要领导人之一，参与了党的一系列重大决策的制定和实施；是人民军队政治工作的杰出领导人，为创建我们党领导下的政治坚定、纪律严明的新型军队作出了重要的历史贡献；始终站在青年运动的前列，被誉为中国青年运动的导师。任弼时同志的一生，是光辉的一生、战斗的一生，为党和人民事业奉献了自己全部心血。他以坚强的革命意志、高尚的思想品格、真挚的为民情怀，诠释了一位模范共产党员的崇高风范，铸就了一座不朽的精神丰碑。他的丰功伟绩，深深铭刻在中华民族解放斗争的史册上；他的革命精神，永远激励着我们为党和人民的事业努力奋斗。

刘云山指出，任弼时同志"随时准备用自己的生命去殉我们的事业"，为我们树立了坚定理想信念、坚持党性原则的典范；反复强调"共产党员应当善于向群众学习"，为我们树立了贯彻党的群众路线、密切联系群众的典范；处处严格要求自己，为我们树立了无私奉献、忘我工作的典范。这些宝贵精神财富，我们要永远铭记，并在新的形势下很好地继承和发扬。当前，全党和全国各族人民正在为实现"两个一百年"奋斗目标、实现中华民族伟大复兴的中国梦而奋斗。要学习和发扬任弼时同志和老一辈革命家的崇高精神，结合新形势、新任务，结合正在全党开展的党的群众路线教育实践活动，大力弘扬党的光荣传统和优良作风，切实担当起党的历史使命和时代责任，奋力夺取中国特色社会主义新胜利，不断开创党和国家事业发展新局面。

中共中央政治局委员、中央军委副主席许其亮出席座谈会。中共中央政治局委员、中央书记处书记栗战书主持座谈会。

座谈会上，中央文献研究室主任冷溶、中央党史研究室主任曲青山、湖南省委书记徐守盛先后发言。中央和国家机关有关方面负责人和干部代表，任弼时同志亲属和家乡代表等出席座谈会。会前，刘云山会见了任弼时同志亲属。

4月26日

[纲 文] 国务院副总理汪洋在中南海会见日本东京都知事舛添要一。

[目 文] 汪洋说，中方主张在中日四个政治文件基础上，本着"以史为鉴、面向未来"的精神，推动中日关系向前发展。中国有能力应对任何挑衅，维护"二战"胜利成果和战后国际秩序。日方应妥善处理历史等敏感问题，为两国关系改善作出努力。中国政府支持两国地方开展友好交往，希望北京和东京不断深化互利合作。

舛添要一说，日中两国应友好相处，愿通过推进地方友城合作，为改善日中关系发挥积极作用。

4月26日

[纲 文] 国家发展改革委印发《关于改进低价药品价格管理有关问题的通知》。

[目 文] 《通知》提出，在控制日均使用费用的前提下，放开最高零售限价，鼓励低价药品生产供应。国家发展改革委定价范围内的低价药品清单同时公布，共涉及533个品种中的1154个剂型。

根据《通知》，针对每个具体品种规格低价药品的最高零售限价被取消，允许生产经营者在不超过规定日均费用标准前提下，根据药品生产成本和市场供求状况自主制定具体购销价格，形成更加灵敏反映市场供求的定价机制。

《通知》要求，药品生产经营者应当遵循公平、合法和诚实信用的原则合理确定价格；各地价格主管部门要做好低价药品生产成本及实际购销价格的监测工作，对价格变动频繁或变动幅度较大的，要加强调研；对不合理的提价行为，要依法重点监管，并向药品集中招标采购、医疗保险等有关部门通报情况；对价格违法违规行为，要依法严肃查处；各地价格主管部门要积极配合有关部门完善采购办法，推进医保付费方式改革，促进用药结构优化，减轻患者总体医药费用负担。

4月26日
[纲 文] 第三届"朱自清散文奖"在江苏省扬州市举行颁奖典礼。
[目 文] 全国共有5位作家获得本届"朱自清散文奖"。分别是：山东省作协主席张炜、军事科学院研究员贺捷生、观复博物馆馆长马未都、云南师范大学文学院教授于坚、故宫研究院研究员祝勇。

"朱自清散文奖"意在奖掖在散文作品和散文创作中取得卓越成就的散文家，以及表现出色的散文新人。

4月27—30日
[纲 文] 习近平在新疆维吾尔自治区考察工作，并视察驻新疆部队。
[目 文] 中共中央总书记、中央军委主席习近平和全国政协主席俞正声，在新疆维吾尔自治区党政负责人陪同下，先后到喀什和乌鲁木齐等地，深入乡村、企业、部队、学校、基层派出所、清真寺和新疆生产建设兵团，实地了解新疆经济社会发展情况，看望各族干部群众，对做好新疆维护社会稳定、推进跨越式发展、保障和改善民生、促进民族团结、加强党的建设等工作进行指导。

27日下午，习近平前往武警新疆总队驻喀什某部特勤中队、新疆军区某部民族6连看望慰问官兵，接见南疆军区机关干部和驻喀什地区部队团以上领导干部，并专门就做好反恐维稳工作同部队负责人进行座谈。习近平强调，南疆稳定关系新疆、西北稳定，也关系全国稳定。驻南疆部队要从国家安全和发展战略全局的高度，认清肩负的政治责任，强化使命担当，形成整体合力，积极协助地方党委和政府做好反恐维稳各项工作，坚持凡"恐"必打、露头就打，给暴力恐怖势力以毁灭性打击，坚决把暴力恐怖分子嚣张气焰打下去，坚决挤压暴力恐怖活动空间，坚决遏制其蔓延升级势头，切实维护社会稳定、保障人民安居乐业。

28日，习近平到喀什市公安局乃则尔巴格派出所，了解基层公安民警工作生活情况。随后，习近平到疏附县托克扎克镇阿亚格曼干村，了解村级组织运转和开展便民服务情况，视察走访了托克扎克镇中心小学和新疆果业集团有限公司。当天，习近平在喀什主持召开和田、喀什、克州、阿克苏、巴州等南疆5个地州负责人座谈会。习近平指出，改革开放以来，南疆发生了令人振奋的历史性变化，各族群众生活不断得到改善。要切实解决好各族群众面临的教育、社保、住房等问题，解决好群众反映强烈的水、路、电、气等突出问题，认真帮群众办实事、解难事，使民生工程真正成为民心工程。要通过抓发展、惠民生，让群众有事干、有钱挣、有盼头，不断增强党在各族群众中的凝聚力，不断增添爱国爱疆正能量。

29日上午，习近平考察新疆生产建设兵团第六师共青团农场新疆银丰农业装备有限公司，在师部检阅了民兵队列，听取了兵团负责人的工作汇报，就做好兵团工作作出指示。习近平指出，在新疆组建担负屯垦戍边使命的兵团，是党中央治国安邦的战略布局，是强化边疆治理的重要方略。新形势下做好新疆工作，必须把兵团工作摆在重要位置。要发挥好兵团调节社会结构、推动文化交流、促进区域协调、优化人口资源等特殊作用，使兵团真正成为安边固疆的稳定器、凝聚各族群众的大熔炉、先进生产力和先进文化的示范区。要壮大兵团综合实力，提高维稳戍边能力，促进兵地融合发展，全面深化兵团改革，建设高素质兵团队伍。

29日下午，习近平到位于乌鲁木齐市郊的新疆军区综合训练场，观摩特战分队反恐行动等实战化训练课目演示。随后，习近平在新疆军区某红军师接见了军区机关处以上干部和驻乌鲁木齐部队师以上干部。习近平听取了新疆军区和武警新疆总队的工作汇报。习近平指出，新疆安全稳定关系全国改革发展稳定大局，关系祖国统一、民族团结、国家安全。要深刻领会中央关于新疆工作的战略决策，不断增强稳疆兴疆、强边固防的使命感和责任感，自觉扎根新疆、保卫新疆、建设新疆，切实履行好党和人民赋予的神圣使命。

30日上午，习近平在乌鲁木齐市接见新疆劳动模范和先进工作者、先进人物代表，向全国广大劳动者致以"五一"节问候。同日，习近平到乌鲁木齐市洋行清真寺考察，同新疆宗教代表人士进行座谈。习近平希望新疆广大宗教界人士继续发扬爱国爱民的优良传统，旗帜鲜明反对宗教极端思想，通过科学解经引导广大信教群众正确理解宗教教义，让大家都能安安心心发展经济、改善生活。

考察期间，习近平听取了新疆维吾尔自治区党委和政府工作汇报。习近平指出，党中央历来高度重视新疆工作，始终强调新疆工作在党和国家工作全局中具有特殊重要的战略地位。新疆社会稳定和长治久安，关系全国改革发展稳定大局，关系祖国统一、民族团结、国家安全，关系中华民族伟大复兴。反对民族分裂，维护祖国统一，是国家最高利益所在，也是新疆各族人民根本利益所在。要把民族团结紧紧抓在手上，坚持正确的祖国观、民族观，全面贯彻党的民族政策，牢牢把握各民族共同团结奋斗、共同繁荣发展的主题，促进各民族和睦相处、和衷共济、和谐发展。要加强社会主义核心价值体系的学习教育，用先进思想和真善美的言行占领宣传舆论阵地。

习近平指出，反恐怖斗争事关国家安全，事关人民群众切身利益，事关改革发展稳定全局，是一场维护祖国统一、社会安定、人民幸福的斗争，必须做好标本兼治各项工作。对残害生命、穷凶极恶的暴力恐怖活动，要高举法治旗帜，保持严打高压态势，出重手、下重拳，先发制敌，坚决把暴力恐怖分子的嚣张气焰打下去，以震慑敌人、鼓舞人民。

习近平强调，实现新疆社会稳定和跨越式发展，关键在党，根本靠坚强的干部队伍、严密的基层组织体系、管用的群众工作机制。要结合教育实践活动，强化各级干部的政治担当，增强干部队伍团结合力，把关心爱护干部落到实处，切实提高干部队伍建设水平；强化基层基础，选好配强基层组织领导班子，发挥以党组织为核心的基层组织整体功能，切实提高基层组织建设水平；强化群众工作意识，增强群众工作本领，创新群众工作机制，切实提高群众工作水平。

王沪宁、范长龙、栗战书、王正伟和中央有关部门负责人陪同考察。

4月27日

［纲　文］　国家主席习近平与南非总统祖马就中南启动互办国家年活动互致贺信。

［目　文］　习近平在贺信中说，2014年和2015年中南将互办国家年活动。这是中南人文领域的重大活动，也是两国友好交往的重要事件，必将增进两国人民间的了解与友谊，丰富两国全面战略伙伴关系的内涵。中方愿以互办国家年为契机，与南方携手努力，把两国全面战略伙伴关系不断提升至新的水平。习近平并代表中国政府和人民，就新南非成立20周年向祖马总统以及南非政府和人民表示热烈祝贺。

祖马在贺信中说，近年来南中关系取得跨越式发展，应将两国人民间的交流提升至更高水平。2014年是中国南非年，也是南非废除种族隔离民主革命胜利20周年，南非政府和人民希望与中国政府和人民一道欢庆这两大盛事。我们也期待着2015年在南非庆祝中国年的举行。

4月27日

［纲　文］　刘云山在北京主持召开中央党的群众路线教育实践活动领导小组会议。

［目　文］　中央党的群众路线教育实践活动领导小组副组长赵乐际、赵洪祝，中央党的群众路线教育实践活动领导小组成员参加会议。会议认为，第二批教育实践活动启动以来，各级党委认真贯彻中央部署和要求，分层分类扎实推进，学习教育、听取意见逐步深化，边学边改、边查边改初见成效，但同时一些地方和单位也存在工作不扎实、不深入、不到位的问题，会议要求采取有力措施加强薄弱环节、解决突出问题，扎扎实实做好教育实践活动各项工作。

中共中央政治局常委、中央党的群众路线教育实践活动领导小组组长刘云山在讲话中说，在第一批活动中，党员干部普遍反映受教育最深刻的是参加专题民主生活会。要充分用好第一批活动的成功经验，切实贯彻整风精神，发挥好一把手的示范带头作用，确保专题民主生活会开出高质量、高水平。要精心组织好会前谈心交心，力求把问题谈开、把思想谈通；精心组织撰写对照检查材料，把问题列具体、把根源剖析透；精心组织会上开展批评和自我批评，做到开门见山、严肃认真、多点辣味。

刘云山强调，省、市、县党委要进一步强化和落实领导责任，特别是一把手要把活动紧紧抓在手上，把第一责任人的责任落实到位。中央巡回督导组和地方各级督导组要坚持从严督导、从严把关，不放松标准、不降格以求，确保查摆问题、开展批评取得实效、不走过场。

4月27—29日

[纲　文]　李克强在重庆市考察。

[目　文]　国务院总理李克强在重庆市就西部开发开放进行调研，实地考察长江黄金水道建设。李克强先后来到万州经济技术开发区、万州港、果园港、重庆川仪自动化公司进行考察，听取了重庆市经济社会发展情况汇报，对重庆取得的成绩给予肯定，希望重庆抓住西部开发开放和建设长江经济带等重大机遇，推动经济社会发展和民生改善再上新台阶。

28日，李克强在重庆召开长江沿岸11个省（市）政府主要负责人座谈会，研究依托黄金水道建设长江经济带，为中国经济持续发展提供重要支撑。国务院副总理张高丽出席。会上，国家发改委负责人汇报了长江经济带建设总体考虑和相关规划。上海、江苏、浙江、安徽、江西、湖北、湖南、四川、重庆、云南、贵州11个长江经济带覆盖省（市）政府主要负责人汇报了对建设长江经济带的思考和建议。李克强指出，从沿海起步先行、溯内河向纵深腹地梯度发展，是世界经济史上一个重要规律，也是许多发达国家在现代化进程中的共同经历。长江横贯东中西，连接东部沿海和广袤的内陆，依托黄金水道打造新的经济带，有独特的优势和巨大的潜力。贯彻落实党中央、国务院关于建设长江经济带的重大决策部署，对于有效扩大内需、促进经济稳定增长、调整区域结构、实现中国经济升级具有重要意义。

4月28日

[纲　文]　庆祝"五一"国际劳动节暨全国五一劳动奖状奖章表彰大会在人民大会堂举行。

[目　文]　共有305个先进集体荣获全国五一劳动奖状，1218名先进个人荣获全国五一劳动奖章，1081个先进集体荣获全国工人先锋号。

中共中央政治局委员、中华全国总工会主席李建国出席大会并讲话。李建国说，工人阶级是我国先进生产力和生产关系的代表，要牢牢把握我国工人运动的时代主题，做全面深化改革的支持者、推动者、参与者；围绕2014年经济社会发展目标任务，立足本职岗位、争创一流业绩；自觉践行社会主义核心价值观，并以此作为自己日常工作生活的基本遵循。

李建国强调，要把维护职工合法权益工作放在党和国家工作全局中去把握，用依法维权的实际作为回应职工群众的期待和诉求，运用法治思维和法治方式开展工作。他指出，各级党委和政府要把全心全意依靠工人阶级的根本方针贯彻到制定政策、推进工作的全过程，落实到企业经营管理各个方面、各个环节，在推进全面深化改革中重视保护和调动广大职工群众的积极性，维护和发展广大职工群众的利益。

全国人大常委会副委员长兼秘书长王晨、全国政协副主席兼秘书长张庆黎出席会议。

4月28日

[纲　文]　汪洋在天津市调研外贸工作。

[目　文]　国务院副总理汪洋参观了天津东疆海关查验场,实地考察了天津汽车模具公司和天津海鸥表业集团等企业,并主持召开外贸形势座谈会,听取有关方面的意见。汪洋指出,2014年以来,受外部需求不稳、国内成本上升等多种因素影响,对外贸易下行压力较大。要密切跟踪进出口形势,及时研究出台支持外贸发展的政策措施,帮助企业缓解经营中的困难,增强企业发展对外贸易的信心。要加快转变外贸发展方式,进一步优化贸易结构,提高出口产品的技术含量和附加值。要坚持进口与出口并重,支持先进技术设备、关键零部件和短缺资源进口,增加与人民生活密切相关的消费品进口。

汪洋强调,天津是中国北方重要的开放门户,发展开放型经济的区位优势明显。要加快构建开放型经济新体制,推进行政审批制度改革,积极建设社会信用、经营异常企业名录、执法部门信息共享等综合监管体系,努力营造国际化、法治化的营商环境。要按照中央关于推进京津冀协同发展的战略部署,打破行政区域分割,促进国内外生产要素便捷高效流动,提高京津冀地区开放型经济的整体水平。

4月28日

[纲　文]　国务院副总理刘延东代表中国政府向获得"文化交流贡献奖"的外国机构和友好人士颁奖。

[目　文]　刘延东说,中国一向重视发展与世界各国的文化交流与合作,积极吸收和借鉴世界各国的优秀文化和文明成果,同时也推动中华文化走向世界,让世界各国人民了解中国。"文化交流贡献奖"的设立旨在表彰在中外文明交流中作出重要贡献的机构和人士,体现了中国政府和人民加强与世界不同文明和文化交流互鉴的意愿和努力。"文化交流贡献奖"获得者作为中外文化交流的使者,把中国优秀文化传播到世界各地,成为中外文化交流的桥梁与纽带,促进了中国与各国人民相互了解和友谊。希望有关外国机构以及更多有识、有志之士继续参与到中外文化交流与传播事业之中,架起中外文化交流的友谊之桥、各国人民之间沟通理解的心灵之桥、中国与世界合作共赢的希望之桥,让世界各国人民更多地了解中国、认识中国、理解中国,共同谱写中外文化交流事业的新篇章。

1996—2014年,共有49位外国及港澳友好人士和3个外国文化机构获得"文化交流贡献奖"。

4月28日

[纲　文]　《人民日报》发表题为《坚决防止"四风"反弹——一论持之以恒落实八项规定》的评论员文章。

4月28—29日

[纲　文]　马凯在山西省、陕西省等地调研铁路建设施工情况。

[目　文]　国务院副总理马凯在西安主持召开部分地区铁路建设工作会议。马凯指出，全面完成2014年铁路建设任务，时间紧、任务重、难度大，必须全面布局，抓住重点，突破关键，扎实推进。一是要做到四个"确保"。集中建设资源，优化施工方案，加强现场组织，确保重点在建项目顺利推进；加快前期工作，明确时间节点，确保新开工建设一批铁路项目；精心做好工程收尾、初步验收和运营准备，确保按期建成投产一批铁路项目；严格执行质量安全标准，加强现场管理和过程控制，确保质量安全万无一失。二是要强化责任落实。铁路总公司要承担主体责任，做好各项基础和前期工作；有关部门要履行保障责任，依法加快项目审批，完善配套措施，做好服务保障；地方政府要担负共建责任，在征地拆迁、资金落实、项目初审、市政配套等方面主动工作，为顺利推进项目建设创造条件。三是要形成合力。各有关方面要各负其责、密切配合，建立协调机制和定期会商制度，完善重大项目推进机制，及时解决实际困难和问题，确保项目建设顺利进行。20个省（区、市）、国务院有关部门和中国铁路总公司在会议上交流了工作情况，并对2014年新开工项目进行了逐一对接。

4月29日

[纲　文]　**国家主席习近平任免驻外大使。**

[目　文]　习近平根据全国人民代表大会常务委员会的决定任免下列驻外大使：

一、免去邓波清的中华人民共和国驻尼日利亚联邦共和国特命全权大使职务；任命顾小杰为中华人民共和国驻尼日利亚联邦共和国特命全权大使。

二、免去郁红阳的中华人民共和国驻伊朗伊斯兰共和国特命全权大使职务；任命庞森为中华人民共和国驻伊朗伊斯兰共和国特命全权大使。

三、免去张迅的中华人民共和国驻阿拉伯叙利亚共和国特命全权大使职务；任命王克俭为中华人民共和国驻阿拉伯叙利亚共和国特命全权大使。

4月29日

[纲　文]　**国务院总理李克强在中南海紫光阁会见美国前财政部长盖特纳。**

[目　文]　李克强说，中国经济发展取得的巨大成就靠的是改革。中国仍是一个发展中国家，经济发展既蕴藏着巨大潜力和回旋余地，也面临城乡区域不平衡、资源环境瓶颈制约等挑战。改革是经济增长的动力和支撑。要保持中国经济持续健康发展，解决好遇到的问题必须依靠改革。中国全面深化改革和进一步扩大开放将为中美经贸合作开辟更加广阔的空间。面对复杂变化的国际形势，中美坚持不冲突不对抗、相互尊重、合作共赢的原则，积极推进新型大国关系建设，妥善管控分歧摩擦，符合双方利益，有助于促进世界和地区的和平与稳定。

盖特纳表示，面对世界经济下行压力，中国全面深化改革，经济保持良好发展势头。相信中国能够发挥自身优势，取得更大发展。美中关系前景广阔，两国应加强沟通与合作，他将继续为此发挥积极作用。

4月29日

[纲　文]　李克强签署国务院令，公布修订后的《中华人民共和国商标法实施条例》。

[目　文]　《条例》共10章98条。2013年8月30日，第十二届全国人大常委会第四次会议审议通过了《关于修改〈中华人民共和国商标法〉的决定》。为保证商标法顺利实施，需要根据商标法的修改内容对条例进行修订。这次修改，主要是根据商标法修改内容对相关制度予以补充、细化，并根据实践需要，将商标审查、审理和管理工作中一些比较成熟的做法上升到条例中，进一步解决注册商标专用权保护、商标代理等方面的一些具体问题。

商标法新增了商标局和商标评审委员会审查商标注册申请、审理相关商标案件的期限。为了既确保商标局、商标评审委员会在法定期限内完成相关工作，又保证当事人在审查、审理程序中有效地完成举证、答辩、补正等工作，条例规定，商标文件公告送达、当事人补充证据、补正文件的期间以及更换当事人后重新答辩、等待在先权利确定等情形所需的时间不计入商标局、商标评审委员会的审查、审理期限的时间。

商标法规定，当事人可以通过一份申请就多个类别的商品或者服务申请注册同一商标。与此相配套，条例规定了商标申请分割制度，使商标申请中没有被驳回的部分可以先行得到注册，而不必等待被驳回部分的复审结果。

商标法规定，商标国际注册的具体办法由国务院规定。为此，条例增加了"商标国际注册"一章，规定了商标国际注册的范围以及申请商标国际注册的条件、基本程序等。

商标法加大了对侵犯商标专用权行为的处罚力度。为了将相关规定落到实处，条例进一步明确了商标侵权判定中"为侵权人提供便利条件"等术语的具体含义；明确将他人商标用于商品包装、装潢上，误导公众的，属于商标侵权行为。

商标法规定了商标代理机构的行为规范，并规定了商标代理机构违法行为的法律责任。条例对商标法的相关规定作了进一步补充、细化：规定了商标代理机构备案制度；对商标法规定的"以其他手段扰乱商标代理市场秩序"的行为予以具体化；明确商标局、商标评审委员会依据商标法可以决定停止受理商标代理机构代理业务6个月以上直至永久。

《条例》自2014年5月1日起施行。

4月29日

[纲　文]　中共中央政治局常委、中央党校校长刘云山出席中央党校举行2014年春季学期第一批进修班毕业典礼，并为学员颁发毕业证书。

4月29日

[纲　文]　汪洋在北京主持召开全国打击侵犯知识产权和制售假冒伪劣商品工作领导小组全体会议。

[目　文]　国务院副总理汪洋指出，2014年以来各地区各部门保持打击侵权假冒高压态势，重点整治了农资、药品、医疗器械、汽车配件、儿童玩具等领域的制假售假行

为，查办违法犯罪案件2万多件，保障了春节市场秩序和春耕生产安全。汪洋对下一步工作提出四点要求：一是把打击互联网领域侵权假冒作为专项整治工作重点，抓好电子商务诚信建设和产品质量管理，查处一批典型案件。二是从6月1日起在全国范围内推进侵权假冒行政处罚案件信息公开，在震慑违法者的同时，促进严格规范公正文明执法。三是探索完善打击侵权假冒的体制机制，克服多头执法、权责交叉等弊端，提高行政执法效能。四是发挥中央地方两个积极性，总结推广各地好的经验和做法，发挥地方政府在打击侵权假冒工作中的主体作用。

4月29日

[纲　文]　国务院批复食品药品监管总局，同意调整打击生产销售假药部际联席会议制度。

[目　文]　批复确认：一、联席会议牵头单位为食品药品监管总局，召集人由食品药品监管总局局长担任，副召集人由食品药品监管总局分管负责人担任。二、增加商务部为成员单位，将成员单位中原卫生部、原广电总局、原食品药品监管局分别调整为卫生计生委、新闻出版广电总局、食品药品监管总局，监察部不再作为成员单位。三、联席会议工作规则调整为：联席会议原则上每年召开一次全体会议。根据国务院领导同志指示、成员单位要求或工作需要，可以临时召开会议。联席会议由召集人或召集人委托的副召集人主持。研究具体工作事项时，可视情况召集部分成员单位召开会议，也可邀请中央宣传部、高法院、高检院等其他相关部门和单位参加会议。联席会议以会议纪要形式明确会议议定事项，经与会单位同意后印发有关方面，同时抄报国务院。联络员会议根据需要不定期召开，由联席会议办公室负责召集。联络员会议研究年度重点工作建议，协调落实联席会议议定事项，对提交联席会议审议的议题进行预备性研究协调。四、联席会议不刻制印章，不正式行文。

4月29日

[纲　文]　国务院办公厅印发《2014年食品安全重点工作安排》。

[目　文]　根据《工作安排》，2014年围绕重点产品、重点行业，着力开展九个方面的治理整顿：一是开展食用农产品质量安全源头治理，加大土地和水污染治理力度，严格农业投入品管理，严厉打击使用禁用农兽药、"瘦肉精"等违禁物质的行为；二是深入开展婴幼儿配方乳粉专项整治，严厉打击非法添加非食用物质、超范围超限量使用食品添加剂等行为；三是开展畜禽屠宰和肉制品专项整治，依法严惩收购加工病死畜禽、出售不合格肉制品等违法违规行为；四是开展食用油安全综合治理，深入推进餐厨废弃物资源化利用和无害化处理，严禁非法收购、运输、加工餐厨废弃油脂等；五是开展农村食品安全专项整治，重点整治农村地区和城乡结合部的小作坊、小卖部、小超市、流动摊贩、批发市场等；六是开展儿童食品、学校及周边食品安全专项整治，依法严厉查处校园周边销售低价劣质食品，加强中小学生营养餐和学生食堂规范管理；七是开展超过保质期食品、回收食品专项整治，规范对超过保质期食品和回收食品的处置，防止回流餐桌；八是开展

"非法添加"和"非法宣传"问题专项整治，完善《食品中可能违法添加的非食用物质名单》，加大监测抽检力度，巩固和扩大保健食品打"四非"（非法生产、非法经营、非法添加和非法宣传）阶段性成果；九是开展网络食品交易和进出口食品专项整治，严厉查处通过互联网销售"三无"食品、不符合安全标准食品、未经检验检疫进口食品等违法违规行为。

《工作安排》要求，在加强食品安全监管能力建设方面，完善从中央到地方直至基层的食品安全监管体系，探索建立健全符合国情、科学完善的"餐桌污染治理体系"。在加强制度机制建设方面，做好食品安全法等法律法规修订和贯彻落实工作，推进农产品质量安全追溯、肉菜流通追溯、酒类流通追溯、乳制品安全追溯体系建设，完善食品质量标识制度，加快食品安全标准清理整合工作，探索建立企业责任首负制、惩罚性赔偿机制、责任强制保险制度等。各地要将食品安全工作纳入地方政府民生工程，加大支持力度。将食品安全纳入地方政府年度综合目标、党政领导干部政绩考核、社会管理综合治理考核，进一步落实食品安全属地管理责任。建立严格的责任追究制度，依法依纪追究重大食品安全事件中失职渎职责任。

4月29日
[纲　文]　国务院安委会在北京召开安全生产重点工作专项督查汇报会。
[目　文]　国务委员王勇出席会议并讲话。王勇强调，要认真贯彻落实党中央国务院关于安全生产工作的重要部署，进一步加大督促检查工作力度，狠抓各项工作措施落实，严防重特大安全事故发生，确保安全生产形势持续稳定好转。

王勇指出，2013年底以来，各地区、各有关部门按照国务院安委会相关工作部署，扎实开展了安全生产大检查"回头看"和重点行业领域专项整治等工作，国务院安委会组织了全面专项督查，有力推进了各项重点工作的落实，有效遏制了生产安全事故发生。

王勇强调，要针对督查检查中发现的薄弱环节和突出问题，深入推进油气输送管线、城市燃气、危险化学品运输和隧道通行安全三个领域专项整治，狠抓责任落实，加强组织协调，确保取得实效。要下大力气抓好煤矿、消防、尾矿库、交通等各个重点行业领域的隐患排查和治理工作，加大执法监管和责任追究力度，推动形成安全生产良好环境。

4月29日
[纲　文]　财政部、国家税务总局印发《关于将电信业纳入营业税改征增值税试点的通知》。
[目　文]　《通知》指出，为进一步完善税制，释放改革红利，经国务院批准，从2014年6月1日起，将电信业纳入营改增试点范围。根据《通知》，在我国境内提供电信业服务的单位和个人，为增值税纳税人，自6月1日起按相关规定缴纳增值税，不再缴纳营业税。此次电信业实施营改增，实行差异化税率，基础电信服务和增值电信服务分别适用11%和6%的税率。《通知》规定，我国境内单位和个人向境外单位提供电信业服务，免征增值税。

4月29日

［纲　文］　公安部、国家质检总局联合下发《关于加强和改进机动车检验工作的意见》。

［目　文］　《意见》规定，自2014年9月1日起，试行6年以内的在用私家车（非营运轿车和其他小微型客车）免予上线检验，每2年需要定期检验时，车主只需按照《道路交通安全法》和《车船税法》等规定提供交通事故责任强制保险、车船税证明，将交通事故和交通安全违法处理完毕后，可以直接领取检验标志。

4月29日

［纲　文］　国土资源部发布《地质环境监测管理办法》，自2014年7月1日起施行。

4月29日

［纲　文］　《人民日报》报道，经中共中央批准，中共中央纪委对十八届中央候补委员、四川省委原副书记李春城严重违纪违法问题立案检查。

［目　文］　经查，李春城利用职务上的便利为他人谋取利益，收受巨额贿赂；利用职务上的便利为他人谋取利益，其妻、女收受他人所送巨额财物；利用职务上的便利为其弟经营活动谋取利益；滥用职权进行封建迷信活动，造成国家财政资金巨额损失；腐化堕落。

李春城的上述行为已构成严重违纪违法，其中受贿、滥用职权问题已涉嫌犯罪。依据《中国共产党纪律处分条例》和《中华人民共和国公务员法》的有关规定，经中央纪委常委会议研究并报中共中央政治局会议审议，决定给予李春城开除党籍，建议开除公职；收缴其违纪所得；将其涉嫌犯罪问题及涉案款物移送司法机关依法处理。给予其开除党籍处分待召开中央委员会全体会议时予以追认。

2015年10月12日，湖北省咸宁市中级人民法院公开宣判李春城案，判处其有期徒刑13年，没收个人财产100万元。

4月29日

［纲　文］　《人民日报》发表题为《让农民的"小康路"更宽广》的评论员文章。

4月30日

［纲　文］　**李克强主持召开国务院常务会议。**

［目　文］　会议部署了支持外贸稳定增长和优化结构有关工作，确定进一步促进高校毕业生就业创业的政策措施，听取关于劳动者基本权益保障工作汇报并提出要求。

会议认为，外贸发展不仅对稳增长、保就业至关重要，而且有利于促进中国经济与世界经济深度融合。我国外贸形势严峻复杂，必须兼顾当前和长远，采取果断有力措施，促进进出口平稳增长。要优化外贸结构，提高贸易便利化水平，改善融资服务，进一步加快出口退税进度，保证及时足额退税，增强企业竞争力。要坚决防止恶性竞争，加强贸易摩擦应对。会议要求,各地区各部门要顾全大局、积极作为,加强督促检查,确保政策措施尽快落实到位。

会议指出,大学生是国家宝贵的人才资源。要把高校毕业生就业放在就业工作的突出位置,发挥市场作用、着力改革创新,优化就业创业环境,力争使高校毕业生就业创业比例双提高。会议确定,将小微企业招用高校毕业生享受社会保险补贴政策延长至2015年底。启动实施"大学生创业引领计划",落实和完善创业扶持政策,帮助更多高校毕业生自主创业。对离校未就业高校毕业生实现灵活就业并办理实名登记、缴纳社会保险费的,2年内给予一定数额的社会保险补贴。加大就业困难高校毕业生帮扶,将现行只限于城乡低保家庭毕业生的求职补贴扩大到残疾毕业生。国有企业招聘应届高校毕业生,要在政府网站发布信息,对拟聘人员进行公示。同时,要简化高校毕业生在不同地域和所有制单位流动就业的落户等手续。

会议听取了关于劳动者基本权益保障工作的汇报。会议要求,要进一步依法保障劳动者基本权益,维护他们的根本利益。一要加强就业服务,建立终身职业培训体系。二要强化安全生产监督执法,加强安全防护和职业病防治,保障劳动者生命安全和健康。三要健全企业工资分配制度,使劳动者工资增长与经济发展相适应。严厉打击恶意欠薪。四要完善社会保障,逐步建立健全社会保险待遇确定和正常调整机制,让劳动者工作更舒心、生活有保障。

4月30日

[纲　文]　国务院总理李克强应约同澳大利亚总理阿博特通电话,就马航失联客机下阶段搜寻工作进行沟通。

[目　文]　李克强在听取阿博特关于马航失联客机下阶段搜寻工作安排的介绍后表示,国际社会为搜寻客机付出了巨大努力。澳方牵头协调南印度洋搜寻,投入巨大人力和物力,做了大量工作,也为中国舰船和飞机开展搜寻工作提供了大力支持,中方对此表示高度赞赏和诚挚谢意。

李克强指出,目前失联客机搜寻工作已进入新阶段。澳大利亚、马来西亚和中国三方舰船将继续开展搜寻,同时重点将转入更大范围的水下搜寻。难度会更大,任务会更重,时间会更长,但必须保持工作连续性,不能松懈,这是对机上人员家属应尽的责任。中方愿与包括澳方在内的各方一道,尽快商定并落实下步常态化搜寻方案。中方将继续尽自己最大的努力积极参与。

阿博特表示,澳方将加大在南印度洋水下搜寻马航失联客机力度,扩大搜寻范围,毫不放松。澳方赞赏中方派出飞机、舰船大力参与前阶段搜寻,愿与中方和马来西亚方面就下阶段搜寻保持密切沟通协调,希望继续得到中方和马方支持。澳方愿与中方共同努力,不断加强中澳战略伙伴关系。

4月30日

[纲　文]　国务院批转国家发改委《关于2014年深化经济体制改革重点任务的

意见》。

[目　文]　《意见》提出,要规范政府举债融资制度,建立以政府债券为主体的地方政府举债融资机制,剥离融资平台公司政府融资职能。有序放宽金融机构市场准入,在加强监管前提下,允许具备条件的民间资本依法发起设立中小银行等金融机构,引导民间资本参股、投资金融机构和融资中介服务机构。积极稳妥推进资源性产品和交通、电信、医药、医疗服务等价格改革,促进能源等重点行业改革和服务业发展。要以管资本为主加强国有资产监管,推进国有资本投资运营公司试点。有序推进电信、电力、石油、天然气等行业改革。要加快发展混合所有制经济,建立政府和社会资本合作机制。

《意见》要求,2014年要重点取消对投资创业就业影响大、对经济社会发展制约明显的行政审批事项,更大限度地向市场放权、给企业松绑,更大程度地让人民群众受益。要建立统一、公平、透明的投资准入体制,将逐案审批和产业指导目录式的外资管理方式,逐步改革为准入前国民待遇加负面清单管理模式。放宽教育、文化、医疗等服务业市场准入。

《意见》明确,实行差别化落户政策,建立健全与居住年限等条件相挂钩的基本公共服务提供机制,从各地实际出发明确基本公共服务覆盖城镇全部常住人口的时间表。探索农村土地集体所有制的有效实现形式,落实集体所有权、稳定农户承包权、放活土地经营权,引导承包地经营权有序流转,赋予承包地经营权抵押、担保权能,扩大农村承包土地确权登记范围。

《意见》提出,以保基本、兜底线、促公平为核心,深化教育、文化、医药卫生、社会保障、住房保障等领域改革,构建基本民生保障服务体系。全面实施临时救助制度,保障遭遇临时性、突发性困难家庭的基本生活,让突遇不测者得周急之助,因病因灾者去生存之虞,创新创业者无后顾之忧。

《意见》提出,探索编制自然资源资产负债表,加大对自然价值较高的国土空间的保护力度。推动建立跨区域、跨流域生态补偿机制,促进形成综合补偿与分类补偿相结合,转移支付、横向补偿和市场交易互为补充的生态补偿制度。完善资源有偿使用、环境损害赔偿、环境污染责任保险等制度。

4月30日

[纲　文]　国务院批复发展改革委,同意建立由发展改革委牵头的深化收入分配制度改革部际联席会议制度,统筹深化收入分配制度改革。

[目　文]　联席会议主要职责包括:在国务院领导下,统筹协调做好深化收入分配制度改革各项工作。组织研究和协调深化收入分配制度改革中的重大问题,统筹收入分配政策与规划、产业、价格等政策的协调联动,提出年度重点工作安排;整体推进改革总体方案与部门专项改革的衔接配套,加强部门沟通和信息共享,会商推动重点领域和关键环节的专项改革;加强监督检查、跟踪评估和分析总结,做好深化收入分配制度改革工作的督促落实,及时向国务院报告重点工作进展情况。

联席会议由中央编办、发展改革委、教育部、科技部、公安部、民政部、财政部、人力资源社会保障部、国土资源部、住房和城乡建设部、农业部、卫生计生委、人民银行、国资委、税务总局、统计局、法制办、银监会、证监会、扶贫办、全国总工会21个部门和单位组成。联席会议由发展改革委主要负责人担任召集人，其他成员单位有关负责人为联席会议成员。联席会议办公室设在发展改革委，承担联席会议日常工作。联席会议设联络员，由各成员单位有关司局负责人担任。

联席会议根据工作需要定期或不定期召开会议，由召集人或副召集人主持，可根据会议议题视情邀请其他部门参加会议。联席会议以会议纪要形式明确会议议定事项，经与会单位同意后印发有关方面。重大事项按程序报批。

各成员单位要按照职责分工，深入研究深化收入分配制度改革重大问题，认真落实联席会议议定事项，推动深化收入分配制度改革政策措施落实。各成员单位要互通信息、相互配合、相互支持、形成合力，充分发挥联席会议的作用。联席会议办公室要及时向各成员单位通报有关情况。

4月30日

[纲　文]　国务院办公厅印发《大气污染防治行动计划实施情况考核办法（试行）》。

[目　文]　《办法（试行）》共12条，适用于对各省（区、市）人民政府《大气污染防治行动计划》（以下称《大气十条》）实施情况的年度考核和终期考核。

《办法（试行）》明确，考核指标包括空气质量改善目标完成情况和大气污染防治重点任务完成情况两个方面。空气质量改善目标完成情况以各地区细颗粒物（$PM_{2.5}$）或可吸入颗粒物（PM_{10}）年均浓度下降比例作为考核指标。京津冀及周边地区（北京市、天津市、河北省、山西省、内蒙古自治区、山东省）、长三角区域（上海市、江苏省、浙江省）、珠三角区域（广东省广州市、深圳市、珠海市、佛山市、江门市、肇庆市、惠州市、东莞市、中山市9个城市）、重庆市以$PM_{2.5}$年均浓度下降比例作为考核指标。其他地区以PM_{10}年均浓度下降比例作为考核指标。大气污染防治重点任务完成情况包括产业结构调整优化、清洁生产、煤炭管理与油品供应、燃煤小锅炉整治、工业大气污染治理、城市扬尘污染控制、机动车污染防治、建筑节能与供热计量、大气污染防治资金投入、大气环境管理10项指标。

《办法（试行）》规定，年度考核采用评分法，空气质量改善目标完成情况和大气污染防治重点任务完成情况满分均为100分，综合考核结果分为优秀、良好、合格、不合格四个等级。终期考核和全国除京津冀及周边地区、长三角区域、珠三角区域以外的其他地区的年度考核，仅考核空气质量改善目标完成情况。考核结果经国务院审定后向社会公开，并交由干部主管部门按照相关规定，作为对各地区领导班子和领导干部综合考核评价的重要依据。中央财政将考核结果作为安排大气污染防治专项资金的重要依据，对考核结果优秀的将加大支持力度，不合格的将予以适当扣减。在考核中发现篡改、伪造监测数据的，其考核结果确定为不合格，并按照《大气十条》有关规定由监察机关依法依纪严肃追究有关单位和人员的责任。

4月30日

［纲　文］　《中华人民共和国道路交通安全法》实施十周年座谈会在北京举行。

［目　文］　中共中央政治局委员、全国人大常委会副委员长李建国出席座谈会并讲话，公安部部长郭声琨主持座谈会。

李建国指出，《道路交通安全法》是对道路交通安全作出全面规范、推进我国社会治理法治化的一部重要法律，该法实施10年来，保障了道路交通安全形势总体稳定，为促进我国经济社会发展、维护人民群众生命财产安全作出了重要贡献。道路交通安全一头连着经济社会发展，一头连着千家万户，越是交通大发展，越要重视交通安全。

李建国强调，要增强法治观念和法治思维，注重依靠法律手段治理交通重点、难点问题。管理执法部门及其工作人员要严格遵循有法必依、执法必严、违法必究原则，加强执法管理制度建设，主动接受监督，做到让每一次执法管理行为都经得起社会公众检验，让人民群众在每一次执法管理中都感受到公平正义。要深入普法，在全社会营造人人学法、知法、懂法、守法的交通安全法治氛围。

公安部部长郭声琨强调，要切实增强法治思维，坚持改革创新，充分调动各方面积极性、主动性，不断推进道路交通安全治理的科学化、规范化和现代化。

4月30日

［纲　文］　环境保护部在北京召开切实加强饮用水水源保护妥善应对突发环境事件工作视频会议。

［目　文］　环境保护部副部长翟青出席会议并讲话。会议决定，从2014年5月开始，利用4个月时间在全国组织开展集中式饮用水水源保护区专项检查工作。

同日，环境保护部公布国家《"十二五"主要污染物总量减排目标责任书》要求2014年完成的重点项目。

4月30日

［纲　文］　财政部、林业局印发《中央财政林业补助资金管理办法》，自2014年6月1日起施行。

4月30日

［纲　文］　教育部公布首批涉及14个专业类的95个《中等职业学校专业教学标准（试行）》，填补了我国中等职业教育专业教学标准领域的空白。

4月30日

［纲　文］　由世界摄影组织（WPO）主办的索尼世界摄影奖颁奖仪式在英国伦敦举行，来自湖南凤凰的摄影师陈利创作的《古城听雨》获得索尼世界摄影奖公开赛世界总冠军，陈利荣获该赛事唯一年度摄影师称号。这是中国人首次捧回索尼世界摄影奖世界总冠军奖杯。

4月30日

［纲　文］　历时4年建设的昆明地铁1、2号线首期工程全线贯通试运营，标志着中国首条高原地铁全线贯通试运营。

4月30日

［纲　文］　《人民日报》发表题为《不断强化执纪监督——二论持之以恒落实八项规定》的评论员文章。

5 月

5月1日

［纲　文］《人民日报》发表题为《在改革大潮中彰显劳动的力量——庆祝"五一"国际劳动节》的社论。

5月1日

［纲　文］《人民日报》发表题为《坚决把暴恐分子嚣张气焰打下去》的评论员文章。

5月2日

［纲　文］国务院印发《关于加快发展现代职业教育的决定》。

［目　文］《决定》由六部分组成：一、总体要求。二、加快构建现代职业教育体系。三、激发职业教育办学活力。四、提高人才培养质量。五、提升发展保障水平。六、加强组织领导。

《决定》强调，落实好职业教育科研和教学成果奖励制度，用优秀成果引领职业教育改革创新。研究设立职业教育活动周。大力宣传高素质劳动者和技术技能人才的先进事迹和重要贡献，引导全社会确立尊重劳动、尊重知识、尊重技术、尊重创新的观念，促进形成"崇尚一技之长、不唯学历凭能力"的社会氛围，提高职业教育社会影响力和吸引力。

5月2日

［纲　文］《人民日报》发表题为《加大舆论监督力度——三论持之以恒落实八项规定》的评论员文章。

5月3日

［纲　文］习近平给河北保定学院西部支教毕业生群体代表回信。

［目　文］中共中央总书记习近平在回信中指出，你们响应国家号召，怀着执着的理想，奔赴条件艰苦的西部和边疆地区，扎根基层教书育人，十几年如一日，写下了充满激情和奋斗的人生历程。你们的坚守、你们的事迹，令人感动。我在西部地区生活过，深知那里的孩子渴求知识，那里的发展需要人才。多年来，一批批有理想、有担当的青年，像你们一样在西部地区辛勤耕耘、默默奉献，为当地经济社会发展、民族团结进步作出了贡献。同人民一道拼搏、同祖国一道前进，服务人民、奉献祖国，是当代中国青年的正确方向。好儿女志在四方，有志者奋斗无悔。希望越来越多的青年人以你们为榜样，到基层

和人民中去建功立业，让青春之花绽放在祖国最需要的地方，在实现中国梦的伟大实践中书写别样精彩的人生。

2000年，河北保定学院的15名毕业生响应国家西部大开发的号召，放弃多家用人单位的录用及继续深造的机会，带着户口选择到新疆且末县中学任教，并全部扎根在西部大地，参与见证了西部的改变和发展。他们的事迹经《光明日报》报道后引起广泛关注。2014年，这批西部支教毕业生群体代表给习近平写信，汇报了他们的工作和生活情况，表示，一个人的选择只有契合时代要求、符合人民需要，才会有意义有价值。

5月3日

[纲　文]　团中央组织部公布，截至2013年底，全国有共青团员8949.9万名，共有基层团组织384.2万个。这些基层团组织包括基层团委29.7万个，基层团工委2.3万个，团总支22.5万个，团支部329.7万个。

5月4日

[纲　文]　习近平在北京大学考察。

[目　文]　中共中央总书记习近平在北京大学人文学苑，观看人文社科成果展。展览展示了北京大学文学、历史、哲学、考古学科取得的重要学术成就和北大图书馆馆藏重要文献，习近平向马克垚教授、袁行霈教授等了解人文社会科学学科发展情况，对北京大学传承和弘扬中华优秀传统文化取得的成果给予肯定。习近平在研究室同著名哲学家汤一介教授和师生了解编纂大型国学丛书《儒藏》的情况时表示，推进中国改革发展，实现现代化，需要哲学精神指引，需要历史镜鉴启迪，需要文学力量推动。文史哲研究要关注人们的精神世界，关注社会现实问题，积极回应社会关切，帮助人们更好认识自己、认识世界，确立不断前进的方向和信心。这是当代学术研究应该承担的社会责任。习近平欣赏了"青春中国梦，赤忱五四情——北京大学纪念五四运动95周年青春诗会"，称赞学生们的朗诵透着自信，表达了强烈的历史责任感和自豪感，希望他们紧跟时代，既创作出优美的文字诗篇，又创作出壮丽的人生诗篇。

习近平在北京大学英杰交流中心，参加师生座谈会。习近平指出，当代大学生是可爱、可信、可贵、可为的。时间之河川流不息，每一代青年都有自己的际遇和机缘，都要在自己所处的时代条件下谋划人生、创造历史。每个时代都有每个时代的精神，每个时代都有每个时代的价值观念。一个民族、一个国家的核心价值观必须同这个民族、这个国家的历史文化相契合，同这个民族、这个国家的人民正在进行的奋斗相结合，同这个民族、这个国家需要解决的时代问题相适应。确立反映全国各族人民共同认同的价值观，关乎国家前途命运，关乎人民幸福安康。我们提出要倡导富强、民主、文明、和谐，倡导自由、平等、公正、法治，倡导爱国、敬业、诚信、友善，积极培育和践行社会主义核心价值观。青年的价值取向决定了未来整个社会的价值取向，而青年又处在价值观形成和确立的时期，抓好这一时期的价值观养成十分重要。这就像穿衣服扣扣子一样，如果第一粒扣子扣错了，剩余的扣子都会扣错。人生的扣子从一开始就要扣好。核心价值观的养成绝非一日之功，要坚持由易到难、由近及远，努力把核心价值观的要求变成日常的行为准则，进而形成自觉奉行的信念理念。党中央作出了建设世界一流大学的战略决策，我们要朝着这个目标坚定不移前进，不断深化教育体制改革。办好中国的世界一流大学，必须有中国特色。

5月4日

［纲　文］　国家主席习近平就阿富汗发生严重山体滑坡事件造成重大人员伤亡和财产损失，向阿富汗总统卡尔扎伊致慰问电。

5月4日

［纲　文］　国务院办公厅印发《关于支持外贸稳定增长的若干意见》。

［目　文］　《意见》由五部分组成：一、着力优化外贸结构。二、进一步改善外贸环境。三、强化政策保障。四、增强外贸企业竞争力。五、加强组织领导。

《意见》要求，地方各级人民政府要根据形势需要和本地实际，出台有针对性的配套措施，形成政策合力。各相关部门要根据本《意见》抓紧制定具体工作方案，明确时限要求。商务部要派出工作组，宣讲政策，加强指导，督促检查，确保各项政策措施落实到位。

5月4日

［纲　文］　新华社讯，中央党的群众路线教育实践活动领导小组印发《关于做好第二批教育实践活动查摆问题、开展批评工作的通知》。

［目　文］　《通知》要求，要认真贯彻照镜子、正衣冠、洗洗澡、治治病的总要求，紧紧围绕反对"四风"，以理论理想、党章党纪、民心民声、先辈先进为镜，学习弘扬焦裕禄精神，对照"三严三实"要求，采取群众提、自己找、上级点、互相帮、集体议等方式，深入查摆"四风"突出问题和关系群众切身利益的问题、联系服务群众"最后一公里"问题，特别是发生在群众身边的不正之风问题。市、县机关及其直属单位、企事业单位和乡镇、街道领导班子、领导干部要撰写对照检查材料。村、社区党组织及其书记一般应形成简要对照检查材料，条目式列出对照检查的问题清单和整改措施。

《通知》明确，中央政治局常委同志将全程参加第二批教育实践活动联系点的县（旗）委常委专题民主生活会，示范推动教育实践活动深入开展。各级领导干部要以中央政治局常委同志指导推动联系点开展活动为标杆，蹲点指导、发现问题、总结经验、示范带动。要切实把领导和督导责任落到实处，各省（区、市）党委和有关部门单位党委（党组）要落实领导责任，市、县党委要切实负起直接责任，各级一把手要认真履行第一责任人的职责，各级教育实践活动领导小组及其办公室要切实加强分级分类指导，中央巡回督导组和各级督导组要从实督导、从严把关。各级党组织要把整改落实贯穿始终，坚持上下联动、边查边改，把开展教育实践活动同当前稳增长、促改革、调结构、惠民生、防风险等重点工作结合起来，做到两手抓、两促进。

5月4日

［纲　文］　教育部在北京召开2014年大学生和高校辅导员年度人物座谈会。

［目　文］　座谈会由教育部部长袁贵仁主持。国务院副总理刘延东出席并讲话。国

务院副秘书长江小涓，教育部副部长杜玉波、王立英、李卫红、杜占元、刘利民及2014年中国大学生和高校辅导员年度人物出席。

刘延东指出，当前我国已站在新的历史起点上，为青年成才报国提供了广阔舞台，赋予了更大责任。希望广大青年师生把个人梦想与国家梦结合起来，在服务国家和人民的伟大事业中书写多彩人生。要把知识储备与社会实践结合起来，到基层和群众中丰富阅历、建功立业。要把学习传承与创新创造结合起来，既学习传承中华民族优秀文化传统，又敢于突破陈规，勇于创新创业。要把自立自强与团队协作结合起来，既要彰显个性、发挥专长，又要依靠团队、加强协作，凝聚事业发展合力。要把家国情怀与世界眼光结合起来，为世界和平、为中国与各国的人民友谊、合作共赢作出应有贡献。

5月4日

［纲　文］　第七届"全国十大杰出青年法学家"颁奖仪式在北京举行。

［目　文］　获得中国法学会组织评选的第七届"全国十大杰出青年法学家"称号的是：王万华、石静霞、申卫星、冯果、刘艳红、齐延平、肖建国、张生、罗培新、虞政平。在颁奖仪式上，10位杰出青年法学家发表了获奖感言。

同日，中央政法委书记孟建柱在北京会见第七届"全国十大杰出青年法学家"时勉励大家进一步增强历史使命感和责任感，当时代之先锋、担国家之大任，做到思想上有定力、学术上有功力、品格上有魅力，成为繁荣法学研究的带头人、推进法治中国建设的排头兵，创造无愧于人民、无愧于时代的新业绩。

5月4日

［纲　文］　共青团中央在北京召开"我的中国梦——奋斗的青春最美丽"优秀青年座谈会。

［目　文］　座谈会由共青团中央书记处第一书记秦宜智主持。第十八届"中国青年五四奖章"获得者和"中国青年五四奖章集体""全国优秀共青团员""全国优秀团干部""全国五四红旗团委"的代表参加了座谈会。国家副主席李源潮出席座谈会并讲话。

李源潮听取了优秀青年代表的发言后说，当代青年要坚定跟党走中国特色社会主义道路的信念，把青春追求融入国家富强、民族复兴、人民幸福的中国梦，把中国梦化为自己的学业梦、事业梦、家庭梦。要艰苦创业、大胆创新、争先创优，勇于到基层一线和艰苦地方干事创业，围绕国家急需勇攀科技高峰，立足岗位把工作干到最优。要自觉走在改革前列，支持改革、参与改革、探索改革。做有理想、有信念、有奋斗、有贡献的新时代青年，为实现中国梦齐心奋斗。李源潮说，当代青年要把社会主义核心价值观作为基本遵循，向先进模范看齐，加强道德修养，注重道德实践，学习担当社会责任。要用正确的世界观、人生观、价值观看待社会、看待人生，大力弘扬奉献、友爱、互助、进步的志愿服务精神，促进全社会树立新风正气。

5月4日

［纲　文］　《人民日报》发表题为《为实现中国梦激发青春力量——纪念五四运动

九十五周年》的评论员文章。

5月4—11日

[纲 文] 国务院总理李克强应邀对埃塞俄比亚和非盟总部、尼日利亚、安哥拉、肯尼亚进行正式访问并出席第24届世界经济论坛非洲峰会全会。

[目 文] 陪同李克强出访的有李克强夫人程虹等。4—6日,李克强对埃塞俄比亚访问,在亚的斯亚贝巴会见了总统穆拉图;与总理海尔马里亚姆举行会谈,两国总理共同见证了中埃经济技术、工业、基础设施、金融等领域合作文件的签署并共同会见了记者。双方发表了《中华人民共和国和埃塞俄比亚联邦民主共和国联合声明》。李克强与穆拉图一同来到亚的斯亚贝巴阿勒塔医院,看望受益于中国免费白内障手术"光明行"活动的埃塞俄比亚患者;与海尔马里亚姆出席亚的斯亚贝巴—阿达玛高速公路一期竣工揭牌典礼,并为二期工程开工奠基剪彩、参观了东方工业园。

5日,李克强在亚的斯亚贝巴非洲联盟总部会见非盟委员会主席祖马并共同见证了双方经济技术、基础设施等领域合作文件的签署。中非发表了《关于全面深化中国非盟友好合作的联合声明》《中国和非洲联盟加强中非减贫合作纲要》。李克强在非洲联盟总部发表题为《开创中非合作更加美好的未来》的演讲;与海尔马里亚姆、祖马共同参观在亚的斯亚贝巴非盟会议中心举办的中国铁路航空展。

6—8日,李克强对尼日利亚访问,在阿布贾同尼日利亚总统乔纳森举行会谈,共同会见了记者,两国领导人共同见证了双边经济技术、医疗卫生、基础设施、航空、农业等领域合作文件的签署。双方并发表了《中华人民共和国和尼日利亚联邦共和国联合声明》。

8日,李克强在阿布贾出席第24届世界经济论坛非洲峰会全会,发表题为《共同推动非洲发展迈上新台阶》的特别致辞。会议期间,李克强在分别会见与会的坦桑尼亚总统基奎特和贝宁总统亚伊、多哥总统福雷、马里总理马拉、世经论坛执行主席施瓦布,就中国同世界经济论坛的合作交换意见。

8—9日,李克强对安哥拉访问,在安哥拉总统府同安总统多斯桑托斯举行会谈并共同会见记者,两国领导人共同见证了双边经济技术、医疗、金融、人员往来等领域合作文件的签署。

访问期间,李克强在安哥拉首都罗安达召开海外民生工程座谈会,听取在安中资企业和中国公民关于做好海外民生工作的意见建议;看望并慰问中国援安医疗队工作人员;与安哥拉副总统维森特参观中信百年职业学校。

9—11日,李克强对肯尼亚访问,在肯尼亚国家宫同肯总统肯雅塔举行会谈,两国领导人共同见证了双边经济技术、野生动物保护、卫生、农牧渔、金融等领域合作文件的签署。双方发表了《中华人民共和国政府和肯尼亚共和国政府联合声明》,两国领导人还一致同意成立双边咨询委员会;与肯雅塔、乌干达总统穆塞韦尼、卢旺达总统卡加梅、南苏丹总统基尔等东非地区国家领导人,以及坦桑尼亚、布隆迪、非洲开发银行代表共同出席肯尼亚蒙巴萨至内罗毕铁路项目中肯共同融资协议签字仪式,该项目将由中国公司承建;

与肯雅塔共同参观肯尼亚内罗毕国家公园焚烧象牙纪念地，并对中外记者发表讲话。

访问期间，李克强在内罗毕分别会见了肯尼亚副总统鲁托、联合国环境规划署执行主任施泰纳和联合国人居署执行主任克洛斯，看望并慰问中央电视台非洲分台员工，参观肯尼亚国家青年服务队。

5月4—6日

［纲　文］　汪洋在广西壮族自治区调研扶贫和农业工作。

［目　文］　国务院副总理汪洋到都安、马山等国家扶贫开发工作重点县，深入村屯农户，了解扶贫进展时强调，要认真做好贫困人口建档立卡，因地制宜，因户施策，从贫困群众的需要出发，着力解决突出问题，通过劳务输出、特色种养、开发乡村旅游等多种途径，提高扶贫开发实效。要把扶贫成效作为贫困县主要考核指标，建立约束和退出机制，调动脱贫积极性。在武鸣县、扶绥县，汪洋深入田间地头，考察农业生产情况，强调要毫不放松地抓好粮食生产，立足资源优势，以市场需求为导向，积极推进农业结构调整，着力培育壮大特色优势产业，不断提高农业综合效益和农民收入水平。要发展农业适度规模经营，培育新型经营主体，健全农业社会化服务体系。要加快转变政府职能，加强农业基础设施建设，搞好农业公共服务。

汪洋还就农垦改革发展问题进行了调研。他强调，要充分认识新时期农垦的重要作用，完善农垦管理体制、经营体系和运行机制，发挥组织优势、规模优势，培育大型企业集团，增强农垦市场竞争能力和示范带动作用。

5月5日

［纲　文］　住房和城乡建设部印发《工程建设标准解释管理办法》，自2014年5月5日起施行。

5月5日

［纲　文］　新华社讯，全军党的群众路线教育实践活动领导小组通报第一批活动单位解决问题情况。

［目　文］　对军级以上党委机关清理违规住房用车、超配超占人员，以及离退休军职以上领导干部和遗属执行生活待遇规定等情况逐一进行通报，强调要按照"三严三实"要求，做到真改、实改、彻底改。2013年底全军教育实践活动领导小组派出18个工作组，赴四总部和大单位党委机关对整改落实、解决问题情况进行检查；2014年1月将有关情况向四总部和大单位主要领导作了通报，督促继续做好核实清理工作。军委领导专门听取清理违规住房情况汇报，强调要以有力举措进一步巩固扩大成果。

通报认为，第一批党的群众路线教育实践活动开展以来，四总部和各大单位党委坚决贯彻习主席和军委决策部署，聚焦反对"四风"，突出问题导向，围绕军委明确的9个方面问题开展清理整治，运用"说清楚""交明白账"的办法督导整改兑现，清理违规住房用车、超配超占人员等问题取得重要阶段性成果。同时要看到，整改落实与教育实践活动的标准要求还有一定差距,必须引起高度重视。

通报要求,各级要坚决贯彻落实习主席和军委的决策指示,大力学习弘扬焦裕禄精神,自觉践行"三严三实"要求,坚持认真较真,坚持领导带头,坚持从严督导,不断巩固扩大第一批活动整改落实成果,扎实抓好第二批活动各项工作,确保教育实践活动取得实实在在的成效,为实现强军目标、推动全面深化改革提供坚强作风保证。

5月5日

[纲　文]　卫生计生委在天津召开全国医疗纠纷人民调解工作现场会。

[目　文]　国务院副总理刘延东和中央政法委书记孟建柱对这次会议作出批示,提出明确要求。会议总结交流了医疗纠纷人民调解工作经验,现场参观了天津市医疗纠纷人民调解委员会和部分医院,对进一步推进医疗纠纷人民调解工作进行了部署。国家卫生计生委主任李斌、中央综治办主任陈训秋出席会议并讲话,司法部副部长郝赤勇出席会议。卫生计生委副主任马晓伟主持。国务院办公厅、国务院法制办有关同志,全国创建"平安医院"活动工作小组办公室成员单位,各省综治、司法、卫生计生(卫生)部门负责人参加了会议。

会议通报了近年来全国医疗纠纷人民调解工作进展情况。会议指出,各地、各部门要充分认识当前形势,深入学习贯彻习近平总书记等中央领导同志的重要指示精神,认真贯彻落实党中央、国务院关于构建和谐医患关系的重大决策部署,紧密结合党的群众路线教育实践活动,把医疗纠纷预防和处置作为推进"平安医院"创建工作的重要内容,作为服务群众、促进健康、保障民生重要举措,不断创新和完善医疗纠纷预防与处置工作机制。

5月5日

[纲　文]　中国评剧院协办的第四届全国地方戏(北方片)优秀剧目展演活动开幕。

[目　文]　展演活动由文化部主办,文化部艺术司、北京市文化局承办。文化部副部长董伟,北京市委宣传部、北京市文化局、河南省文化厅有关部门相关负责人出席开幕式。河南豫剧院一团创排的豫剧《魏敬夫人》在中国评剧大剧院上演启幕。

从5月5日至6月18日,展演以39家全国地方戏创作演出重点院团的37个地方戏曲剧种为主体,选择50台剧目分别在北京和南京展演。其中北京承办北方地区的25台地方戏展演,南京承办南方地区的25台地方戏展演,两地同时展开。在50台剧目中,既有经典传统保留剧目,如汉剧《宇宙锋》、彩调《刘三姐》、锡剧《珍珠塔》等,也有近年来新创作或整理改编剧目,如评剧《赵锦棠》、秦腔《西京故事》、沪剧《雷雨》、川剧《易胆大》等。这些剧目会集沈铁梅、茅善玉、顾芗、李东桥、柳萍等名家。

5月5日

[纲　文]　全国人大常委会委员长张德江在北京会见以高村正彦会长为团长的日本日中友好议员联盟代表团。

[目　文]　张德江说,1972年中日实现邦交正常化40多年来,中日友好交往不断发展,这符合两国和两国人民的根本利益。近年来,由于日本政府在历史认识、领土争议

问题上的错误做法，导致中日关系面临严峻局势。中国始终坚持走和平发展道路，珍视中日友好交往。希望日方正确面对历史，正确面对现实，正确面对未来，切实按照中日联合声明等四个政治文件的原则和精神发展两国关系。中国全国人大与日本国会在增进两国人民友谊方面具有独特优势。希望在座的各位议员坚定中日友好信念，发扬优良传统，为中日关系健康发展多做工作。

高村正彦表示，愿为日中关系重新回到正确发展轨道贡献力量。

5月5日

[纲　文]　中国风云三号C极轨气象卫星在轨交付仪式在北京举行。

[目　文]　风云三号C极轨气象卫星正式由中国航天科技集团公司交付中国气象局使用。风云三号C星是中国第二代极轨气象卫星的首颗业务星，其成功发射与运行标志着中国第二代极轨气象卫星由科研试验型向业务服务型的转变。

5月5日

[纲　文]　何梁何利基金获奖代表座谈会在北京举行。

[目　文]　国务院副总理刘延东出席并讲话。科技部部长万钢等出席，何梁何利基金评选委员会主任朱丽兰主持并作"何梁何利基金成立20周年工作汇报"。与会30名获奖代表对中国科技工作展开了交流与讨论。

刘延东指出，要深化科技体制改革，完善科技奖励制度，充分调动科技人员积极性创造性，加快推进科技进步和创新，为经济提质增效和民生改善提供有力支撑。科技奖励是推动科技进步的有效途径和重要手段，要瞄准科学前沿，服务国家战略需求，改革创新科技奖励制度，建立信息公开、行业自律、政府指导、第三方评价、社会监督、合作竞争的科技奖励模式，健全政府为主导、社会力量参与的科技奖励体制，凝聚起激励科技创新的合力。

何梁何利基金由香港爱国金融家何善衡、梁銶琚、何添、利国伟1994年3月创立，旨在奖励国内杰出科学家，迄今已累计奖励1048人。

5月5日

[纲　文]　《人民日报》发表题为《把社会稳定和长治久安作为新疆工作的着眼点和着力点——一论学习贯彻习近平同志新疆考察重要讲话精神》的评论员文章。

5月5—8日

[纲　文]　应全国人大常委会委员长张德江的邀请，吉尔吉斯斯坦议长叶延别科夫率团访华。

[目　文]　6日，张德江在北京与叶延别科夫举行会谈时表示，中国全国人大高度重视与吉尔吉斯斯坦议会的友好关系，希望双方以此次签署合作备忘录为契机，加大友好合作力度，提升友好合作水平。一是继续深化政治互信和战略协作，在涉及对方核心利益和重大关切问题上相互支持、守望相助，共同打击包括"东突"在内的"三股势力"，从法律层面予以保障；二是继续在审批双边法律文件、推动重大合作项目方面发挥积极作

用，为两国经贸合作向更深层次、更宽领域拓展创造良好政策和法律环境；三是继续发挥立法机关在促进相互了解、增进人民友谊方面的独特作用，推动两国在教育、科学、文化、地方等方面的友好合作，巩固睦邻友好，为中吉关系长远发展奠定坚实的社会和民意基础。

叶延别科夫表示，建交以来，中方给予吉方无私的帮助与支持，吉人民铭记在心。吉方将恪守两国元首达成的各项共识，坚定、真诚地发展与中国的战略伙伴关系。立法机关交流在促进国家关系发展中发挥着独特作用。吉议会愿与中国全国人大进一步加强交流，推动两国各领域合作深入发展。

会谈后，张德江和叶延别科夫共同签署了《中国全国人大与吉尔吉斯斯坦议会合作备忘录》。

同日，国务委员杨洁篪在北京会见叶延别科夫。

5月6日

[纲　文] 全国政协在北京召开双周协商座谈会，就确保依法独立公正行使审判权检察权座谈交流。

[目　文] 会议由全国政协主席俞正声主持。全国政协副主席杜青林、张庆黎、卢展工出席座谈会，全国政协副主席齐续春代表民革中央发言。全国政协委员陈冀平、施中岩、汤维建、夏先鹏、巩富文、李钺锋、刘红宇、汪利民、彭雪峰、李仁真、朱征夫、钟晓渝、陈志列、谢商华、王俊峰及叶赞平等专家学者在座谈会上发言。最高人民法院常务副院长沈德咏、最高人民检察院常务副检察长胡泽君介绍有关情况。中组部、中央政法委、中编办、财政部、人力资源和社会保障部有关负责人出席会议，与委员、专家学者交流了意见。

委员们认为，中共十八届三中全会对深化司法体制改革作出了决策部署，实现国家治理体系和治理能力现代化，很重要的一个方面就是要形成健全的司法制度、科学的司法权力配置和规范的司法权力运行机制。确保依法独立公正行使审判权检察权，是推进司法体制改革的一个重点，也是推进法治中国建设的基本要求。委员们建议，要有效保障依法独立行使审判权检察权，不断健全司法权运行机制，切实加强对司法活动的监督，建设一支高素质司法队伍。

5月6日

[纲　文] 中央党的群众路线教育实践活动领导小组在北京召开视频会议。

[目　文] 会议内容是：传达学习中共中央总书记习近平指示精神，安排部署下步工作任务。中共中央政治局常委、中央党的群众路线教育实践活动领导小组组长刘云山出席并讲话。中央党的群众路线教育实践活动领导小组副组长赵乐际主持会议。中央党的群众路线教育实践活动领导小组副组长赵洪祝出席会议。中央党的群众路线教育实践活动领导小组成员，各省区市和副省级城市、新疆生产建设兵团，中央和国家机关、人民团体、

中管金融企业、中管企业、中管高校教育实践活动领导小组负责人参加会议。

刘云山说,第二批教育实践活动将陆续进入查摆问题、开展批评的关键环节,必须严格标准要求,按照中央确定的程序步骤做好工作。查摆问题要深入实在,具体到事、具体到人;专题民主生活会前谈心交心要充分到位,主要负责人与班子每个成员必谈,班子成员相互之间必谈,班子成员与分管部门负责人必谈,督导组与班子成员必谈,力求把问题谈透、思想谈通;对照检查材料要见事见人见思想,做到真深实、杜绝假大空;批评和自我批评要动真格有辣味,不为人际关系所累,敢于向好人主义说不,真正红红脸、出出汗,从内心深处受到触动。同时要强化问题导向,立说立改、正风肃纪,对顶风违规违纪的要"零容忍",发现一起、查处一起。推动教育实践活动扎实深入开展,必须加强组织领导、加强检查督导,上下联动、形成合力。各级党委要切实履行领导责任,加强直接指导,发现问题及时提醒纠正,该问责的要问责。中央巡回督导组和地方各级督导组要从严把关、真督实导,把螺丝扣拧紧拧实,把压力传导到位。第一批活动单位要继续深化整改工作,认真听取第二批活动单位意见抓整改,以上带下、以下促上,不断巩固扩大教育实践活动成果。

5月6日

[纲　文]　科技部发布《国家重点实验室评估规则》。

[目　文]　《规则》共5章26条。主要有总则、评估材料、评估程序、评估结果、附则等内容,自2014年5月6日起施行。原《国家重点实验室评估规则》(国科发基〔2008〕731号)同时废止。

5月6日

[纲　文]　中央军委副主席许其亮在北京会见缅甸空军司令钦昂敏。

[目　文]　许其亮说,中缅两国是山水相连的亲密友好邻邦,两国传统友谊不断发展。多年来,两军高层互访频繁,在装备技术、人员培训等方面的互利合作卓有成效。展望未来,双方应继续保持战略沟通,推进务实合作,加强多边协调,共同维护边境地区安宁稳定,为两国关系的发展作出积极贡献。

钦昂敏说,缅甸军队感谢中方长期以来给予缅方的大力支持和援助,愿继续加强双方各领域务实合作,推动两军关系深入发展。

5月6日

[纲　文]　国务委员杨洁篪应约同越南副总理兼外长范平明通电话。

[目　文]　杨洁篪要求越方停止干扰中国企业在中国西沙群岛海域的作业,全面驳斥了越方有关错误言论,表明了中国政府和人民坚定维护西沙群岛主权的严正立场。

2日和4日,外交部副部长刘振民先后召见越南驻华大使阮文诗并同越南外交部副部长胡春山通电话,就越方非法干扰中国企业在西沙群岛海域的作业提出严正交涉。中国外交部并照会越南外交部,重申中方严正立场,并驳回越方无理交涉。

8日,外交部边海司副司长易先良和中海油田服务股份有限公司首席执行官李勇就中方在中国西沙群岛中建南海域钻探作业举行吹风会,要求越方停止对中方企业作业进行任何形式的干扰,并阐述了中方的立场。

16日,外交部边海司司长欧阳玉靖在北京表示,中方已多次要求越方尊重中国主权、主权权利和管辖权,停止对中方企业在中建南海域作业的干扰行动并将船只和人员撤出该海域,但越南船只有增无减,对中国现场船只的冲撞持续不断。中方对此强烈不满,已多次向越方提出交涉,要求越方立即停止对中国企业正常作业的干扰,立即撤走所有船只和人员。中方作业的海域位于中国西沙群岛附近,距离中国中建岛仅17海里,距离越南海岸将近150海里。越方对中方企业在中国近海正当、合法的钻探活动进行干扰是完全没有道理的。中方此次作业并不是2014年或这个月才开始的。10年来,中国企业就一直在这一海域进行基础作业。2013年5至6月,中国企业还在这个海域进行了三维地震作业和井场调查,为钻探作业做必要准备。此次钻探是10年来有关作业的例行延续,中方将坚决确保作业完成。中越之间的沟通交流是通畅的。截至目前,中越两国各个层级已进行过20多次外交沟通。

5月6日

[纲 文] 《人民日报》发表题为《紧密结合改善民生推动发展——二论学习贯彻习近平同志新疆考察重要讲话精神》的评论员文章。

5月6日

[纲 文] 《人民日报》发表题为《坚决遏制形式主义苗头——一论教育实践活动不能走形变样》的评论员文章。

5月6—12日

[纲 文] 王岐山在北京四次主持与部分中央国家机关中央企业国有金融机构负责人座谈会。

[目 文] 中共中央政治局常委王岐山强调,坚持党要管党、从严治党是各级党组织的责任所系、使命所在,落实党风廉政建设主体责任和监督责任关键看行动、根本在担当。中央国家机关是国家治理体系的中枢,中央企业和国有金融机构是中国特色社会主义市场经济的骨干力量,其党组织和党员肩负着重要政治责任,一言一行均关乎党的形象,要增加而不能透支党的信用。权力意味着责任,责任就要担当。要紧密联系实际,深化对党风廉政建设和反腐败斗争严峻复杂形势的认识,准确把握加强党的建设与实现国家治理能力现代化、推动经济社会全面发展的关系,把党的领导充分体现在"五位一体"建设之中。党要管党、从严治党不是空洞的口号,主体责任就是党委切实加强对党风廉政建设和反腐败工作的领导,党委书记是第一责任人。中央国家机关、中央企业和国有金融机构负责人不能忘记自己的党内职务和责任。要守土有责、守土尽责,牢固树立不抓党风廉政建设就是失职的意识,决不能只重业务不抓党风、只看发展指标不抓惩治腐败。对落实主体责任和监督责任不力的要严肃问责。贯彻三中全会决定第36条,要害是抓住落实主体责任这个"牛鼻子"。东西南北中,工农商学兵政党,党是领导一切的。党风廉政建设,党

委不抓谁抓？今年要把主体责任给中央国家机关、省区市和中央企业、国有金融机构党委扛上。中央国家机关首先要抓好机关党的建设，充分发挥机关党委的作用，把机关党风廉政建设抓好，把班子带好，把人用好，继承和弘扬党的优良传统和作风，切实发挥示范带动作用。落实主体责任不是简单表态、不能务虚，必须务实，要抓作风建设、抓严明纪律、抓惩治腐败。要掌握本部门、本单位党风廉政建设情况，持之以恒落实八项规定精神，检查党的纪律执行情况，增强党的观念。党的观念一旦淡漠，就必然导致组织涣散、纪律松弛，必须加强组织纪律性。要分析研判处置反映党员领导干部涉嫌违反党纪和国法的问题线索，对典型案例深入剖析，举一反三。要领班子、带队伍，坚持抓早抓小，决不能出现"灯下黑"。要加大案件查处力度，坚决遏制腐败蔓延势头，使之"不敢腐"。通过全面深化改革和制度创新，把权力关进制度的笼子，对干部加强日常监督管理，逐步实现"不能腐"。党委对纪委工作的领导要旗帜鲜明、坚强有力。派驻纪检机构要负起党风廉政建设监督责任，纪检组长、纪委书记不再分管所在部门、企业的其他工作。对反映干部的问题线索要认真清理、分类处置，处理好"树木"与"森林"的关系，重点查处不收敛不收手、问题线索反映集中、群众反映强烈、现在重要岗位且可能还要提拔任用的党员干部，形成有力震慑。

5月6—9日

［纲　文］ 郭声琨在湖南省调研。

［目　文］ 在公安机关第二批群众路线教育实践活动联系点长沙市望城区公安局，国务委员、公安部部长郭声琨先后召开民警座谈会、群众座谈会，面对面地听取意见建议。他强调，市县公安机关处在维护稳定第一线、服务群众最前沿，要按照中央要求扎实开展教育实践活动，从人民群众最满意的事情做起，从人民群众最不满意的事情改起，以服务一方百姓、守护一方平安的实际成效取信于民。要进一步强化服务意识、提高服务效能，让群众办事更方便、出行更安全、生活更安心。要坚持以信息化引领基层基础工作，加强基础信息采集录入，注重信息资源联通共享，不断提升基础信息支撑决策、服务实战的效能。

郭声琨检查了长沙火车站、商业广场等人员密集场所反恐维稳措施落实情况，要求各级公安机关全面加强社会面治安整体防控，最大限度把警力投向重点场所、重要时段，增强对犯罪分子震慑力，提升人民群众安全感。要始终保持对暴力恐怖活动的严打高压态势，严格落实反恐维稳措施，敢于出重手、下重拳，坚决把暴力恐怖分子的嚣张气焰打下去，坚决把暴力恐怖活动摧毁在行动之前。

5月6—12日

［纲　文］ 政法领导干部学习贯彻习近平总书记重要讲话精神第二期专题培训班在北京举办。

［目　文］ 学员们表示，要深入学习贯彻习近平总书记重要讲话精神，自觉用以统一思想、指导实践、解决问题、推动工作，提升新形势下维护社会和谐稳定的能力和水

平,开创政法工作的新局面。

12日,国务委员、中央政法委副书记郭声琨在培训班结业式上强调,各级政法领导干部要深入学习贯彻习近平总书记重要讲话精神,努力把学习成果转化为做好当前工作的动力,扎实抓好各项工作措施的落实,确保社会大局稳定。要善于运用法治思维和法治方式研究解决复杂疑难问题,把维护稳定、化解矛盾、社会治理纳入法治轨道。要从源头上预防减少矛盾问题的发生,善于从大数据中发现、解决问题,紧紧依靠人民群众,提高维护社会和谐稳定的能力和水平。要贯彻落实中央关于反恐怖工作重要部署,组织开展打击暴力恐怖活动专项行动,发现一批、深挖一批、严惩一批暴力恐怖分子,坚决遏制暴力恐怖活动多发频发势头。要主动顺应人民群众对社会平安的新期待,统筹专项打击与整体防控,充分运用现代信息技术,创新打击犯罪机制,完善立体化社会治安防控体系,进一步提高人民群众安全感、满意度。

5月7日

[纲 文] 习近平在北京会见宋楚瑜一行。

[目 文] 中共中央总书记习近平强调,两岸关系和平发展是两岸同胞顺应历史潮流作出的共同选择。只要我们都从"两岸一家亲"的理念出发,将心比心,以诚相待,就没有什么心结不能化解,没有什么困难不能克服。两岸关系和平发展大局稳定,经得起风浪考验。两岸关系风风雨雨几十年,总体趋势是向前发展的,这是历史的必然。和平发展是两岸同胞的共同追求,两岸共享其利、同受其惠。我们推动两岸关系和平发展的方针政策不会改变,促进两岸交流合作、互利共赢的务实举措不会放弃,团结台湾同胞共同奋斗的真诚热情不会减弱,制止"台独"分裂图谋的坚强意志不会动摇。我们真诚希望台湾社会安定、经济发展、民生改善,台湾同胞过上安宁幸福的生活。两岸关系和平发展任重道远,需要加深两岸同胞相互信任。同胞有了互信,很多难题就容易找到解决办法。我们要积极创造条件,扩大两岸社会各界各阶层民众的接触面,面对面沟通,心与心交流,不断增进理解,拉近心理距离。两岸关系和平发展前景广阔,应该继续开拓进取。大陆全面深化改革和扩大对外开放,将为两岸经济合作带来强劲动力和有利条件。经济融合有利两岸互利双赢,任何时候都不应受到干扰。我们将深入了解台湾民众尤其是基层民众的现实需求,采取积极有效措施,照顾弱势群体,使更多台湾民众在两岸经济交流合作中受益。两岸青少年身上寄托着两岸关系的未来。要多想些办法,多创造些条件,让他们多来往、多交流,感悟到两岸关系和平发展的潮流,感悟到中华民族伟大复兴的趋势,以后能够担当起开拓两岸关系前景、实现民族伟大复兴的重任。

会见中,习近平积极评价宋楚瑜和亲民党在推动两岸关系实现历史性转折中所发挥的重要作用。希望亲民党坚持一个中国立场,继续反对"台独"分裂图谋,同台湾各界人士一道,坚定维护两岸关系和平发展大局,不断增进中华民族整体利益。

宋楚瑜表示,亲民党坚守两岸一中、反对"台独"的基本信念从未动摇,将继续坚持两岸关系和平发展的正确方向，本着"两岸一家亲"的理念，加强两岸对话交流，增进政治互信，促进同胞心灵相通，为实现共圆中华梦的共同理想而努力。

同日，全国政协主席俞正声在北京会见宋楚瑜一行时表示，珍惜两岸关系和平发展成果、保持良好发展势头，是两岸同胞最朴素、最强烈的共同心愿。我们有责任、有信心把两岸关系维护好、发展好。要坚持"九二共识"、反对"台独"，巩固增进两岸政治互信。两岸同胞要多往来，多交流，多沟通，增进相互理解和信任。只要两岸同胞都从一家人的理念和心态出发，就能感受到彼此的真诚和善意，就能携手并肩，继续推动两岸关系和平发展，为实现中华民族伟大复兴的中国梦共同努力奋斗。

5月7日
〔纲　文〕　国土资源部发布《国土资源行政处罚办法》。
〔目　文〕　《办法》共8章47条。内容有总则，管辖，立案、调查和审理，决定，执行，监督管理，法律责任，附则。自2014年7月1日起施行。原地质矿产部1993年7月19日发布的《违反矿产资源法规行政处罚办法》和原国家土地管理局1995年12月18日发布的《土地违法案件查处办法》同时废止。

5月7日
〔纲　文〕　教育部办公厅印发《关于做好2014年普通高校招生考试执法监察工作的通知》。
〔目　文〕　《通知》由五部分组成：一、建立完善高校招生监督制约机制，确保招生权力规范运行。二、加强考务安全的监督检查，确保考试安全平稳进行。三、加强招生录取政策及执行情况的执法监察，维护高考公平公正。四、进一步加大信息公开力度，深入推进高考"阳光工程"。五、严格落实招生工作责任制，严肃查办违纪违法案件。

《通知》强调，增强各级纪检监察部门的责任意识，牢固树立"有问题发现不了是失职，发现问题不及时处理就是渎职"的观念，一旦发现违规行为，要严肃执纪、严格问责，决不能妥协通融、说情开脱。对本部门、本地区、本学校监督不力或不履行监督职责的，要严肃追究相关部门及主要领导的责任。

5月7日
〔纲　文〕　纪念叶飞同志诞辰100周年座谈会在北京召开。
〔目　文〕　全国人大常委会委员长张德江出席座谈会并在会前会见了叶飞亲属。中央军委副主席许其亮出席座谈会。

全国人大常委会副委员长李建国在座谈会上回顾了叶飞同志的光辉业绩和卓越贡献，并强调要继承和发扬老一辈无产阶级革命家的光荣传统，锐意进取、攻坚克难、开拓创新，谱写改革开放伟大事业历史新篇章。

叶飞（1914年5月7日—1999年4月18日）是第六、七届全国人大常委会副委员长、海军原第一政委、司令员。1955年被授予上将军衔，荣获一级八一勋章、一级独立自由勋章和一级解放勋章。第一至三届国防委员会委员。

5月7日

［纲　文］　中央军委副主席范长龙、国务委员杨洁篪在北京分别会见伊朗国防部长达赫甘。

［目　文］　范长龙在会见达赫甘说，中方愿与伊方携手努力，增进政治互信，深化务实合作，推动中伊关系迈上新台阶。中方重视与伊朗军队的关系，对发展两军关系持积极态度。中伊两军友好关系符合两国人民的根本利益，有利于两国关系的全面发展。达赫甘说，希望不断推进两军友好关系深入发展，期待双方交流合作取得新成果。

杨洁篪在会见达赫甘时重申了中方关于伊朗核问题的原则立场，强调中方将继续为最终实现伊核问题的全面、妥善解决而不懈努力。达赫甘说，伊方愿进一步深化拓展两国两军合作，共同为地区和平稳定作贡献。

5日，国务委员兼国防部长常万全在北京与达赫甘会谈时说，中伊关系保持积极、稳健的发展势头。两国高层交往频繁，双边政治互信不断深化。近年来，两军团组互访增多，专业交流与人员培训合作不断扩大。相信在双方共同努力下，两国两军友好关系必将得到进一步发展。达赫甘表示，此访旨在进一步加强两国军事与防务领域合作。希望双方共同为维护地区和平与稳定发挥积极作用。

5月7日

［纲　文］　《人民日报》报道，首都圈地震预警系统建成并投入试运行。

5月7日

［纲　文］　《人民日报》发表题为《大力加强民族团结——三论学习贯彻习近平同志新疆考察重要讲话精神》的评论员文章。

5月8日

［纲　文］　国务院印发《关于进一步促进资本市场健康发展的若干意见》。

［目　文］　《意见》由九部分组成：一、总体要求。二、发展多层次股票市场。三、规范发展债券市场。四、培育私募市场。五、推进期货市场建设。六、提高证券期货服务业竞争力。七、扩大资本市场开放。八、防范和化解金融风险。九、营造资本市场良好发展环境。

5月8日

［纲　文］　银监会印发《关于规范商业银行同业业务治理的通知》。

［目　文］　《通知》要求，商业银行强化法人总部对同业业务的统一管理，对同业业务集中统一授信，不得进行多头授信，不得办理无授信额度或超授信额度的同业业务，并于2014年9月底前实现全部同业业务的专营部门制。

5月8日

［纲　文］　纪念《中华人民共和国水污染防治法》颁布实施30周年座谈会在北京举行。

［目　文］　全国人大常委会副委员长陈昌智出席并讲话。全国人大常委会法工委、

国务院法制办、环保部等单位负责人和专家学者出席并发言。

陈昌智强调，不断完善和深入贯彻实施《水污染防治法》，加大水污染防治法治建设力度，是扭转我国水污染严峻形势的一条根本途径。要进一步修改《水污染防治法》，不断完善水污染防治法律规范；加大《水污染防治法》实施力度，切实发挥法律的功能；加强对《水污染防治法》实施的监督检查，为水环境保护工作创造良好的环境和条件。

5月8日
[纲　文] **国务院副总理张高丽与俄罗斯第一副总理舒瓦洛夫在北京举行会谈。**
[目　文] 张高丽指出，两国投资和金融等领域合作取得了新的重要进展。中方对俄直接投资快速增长，已成为俄罗斯第四大投资来源地。金融合作快速发展，本币结算量进一步增加，开展本币互换等合作正在积极商谈。双方投资和金融等领域的合作，为深化两国务实合作、促进两国经济发展发挥了积极作用。作为全面战略协作伙伴，中方愿与俄方共同推动两国双向投资更快更好增长，为两国经济社会发展增添新的活力。希望双方加强投资合作，充分发挥中俄投资基金等作用，落实好中俄投资合作规划纲要及其首批投资项目，更多开展绿地投资、股权投资、发行债券、并购等形式的合作，为中方企业赴俄远东地区跨越式开发区和各类经济特区投资提供便利。希望双方加强交流，积极探讨合适的合作方式，进一步扩大金融等领域合作，促进两国经济共同繁荣发展。

舒瓦洛夫表示，普京总统5月访华对保持俄中关系高水平发展具有重要意义。俄方愿同中方积极努力，在各领域合作现有成果和进展的基础上，把两国经贸、投资、金融等合作提升到新水平。

5月8日
[纲　文] **中国电子科技集团公司第38研究所研制完成中国首台太赫兹安检仪。**
[目　文] 太赫兹是一种波长介于红外线与微波之间的电磁波，具有很强的穿透性，人体自身会产生这种电磁波并向外辐射。太赫兹技术被誉为"改变未来世界十大技术"之一，此前太赫兹安检核心技术只有欧美少数几个国家掌握，并一直垄断着市场。中国电子科技集团公司第38所利用3年时间研制成功，打破了国外的技术垄断。

5月8日
[纲　文] **《人民日报》报道，"地壳一号"万米大陆科学钻探专用钻机在黑龙江省大庆市安达"松科2井"井场正式开钻。**
[目　文] "地壳一号"由国家深部探测技术与实验研究专项资助，吉林大学和四川宏华集团共同研制，其研发采用国际先进水平的机电数字一体化设计，具备信息化、智能化特点，可最大限度满足钻井新工艺的要求，使我国成为继俄罗斯、德国后，世界上第三个掌握地下万米钻探技术的国家。

5月8日
[纲　文] **"中国西部1∶50000地形图空白区测图工程"获得"世界地理空间信息杰出工程奖"。**

［目　文］　在瑞士日内瓦举办的2014年度世界地理信息论坛上，"中国西部1∶50000地形图空白区测图工程"获得"世界地理空间信息杰出工程奖"。评奖委员会一致认为，由国家测绘地理信息局组织实施、中国测绘科学研究院主要承担的"中国西部1∶50000地形图空白区测图工程"通过一系列科技创新和技术攻关，在5年时间内解决了中国西部平均海拔4500米以上近200万平方公里区域1∶50000测图这一世界难题，实现了中国陆地国土范围内1∶50000地形图的全覆盖，建立了基础地理信息数据库和专题信息系统，基本建成了数字中国地理空间框架。本届奖项竞争格外激烈。经过评奖委员会两轮严格、全面的评审，"中国西部1∶50000地形图空白区测图工程"从80多个国家和地区提名的194个项目中脱颖而出，成为最后获奖的26个项目之一。

"世界地理空间信息杰出奖"由国际地理空间传媒委托评奖委员会组织评选，每年评选一次。该委员会成员来自联合国有关机构、五大洲国家测绘地理信息主管部门、重要国际测绘地理信息组织、世界知名地理信息产业界公司和设有地理信息专业的世界知名大学，并以其公正、可信、权威而著称。

5月8日

［纲　文］　《人民日报》发表题为《旗帜鲜明反对宗教极端思想——四论学习贯彻习近平同志新疆考察重要讲话精神》的评论员文章。

5月8日

［纲　文］　《人民日报》发表题为《拿出切实措施及时纠正——二论教育实践活动不能走形变样》的评论员文章。

5月8日

［纲　文］　《人民日报》报道，中共中央纪委对贵州省委原常委、遵义市委原书记廖少华严重违纪违法问题立案检查。

［目　文］　依据《中国共产党纪律处分条例》等有关规定，经中央纪委审议并报中共中央批准，决定给予廖少华开除党籍，建议开除公职；将其涉嫌犯罪问题及线索移送司法机关依法处理。

2015年4月9日，西安市中级人民法院以受贿罪和滥用职权罪一审宣判廖少华有期徒刑16年，并处没收财产130万元；扣压在案的受贿赃款1324万元依法没收，由扣压机关依法上缴国库。

5月8—11日

［纲　文］　张德江在浙江就乡镇人大工作调研。

［目　文］　全国人大常委会委员长张德江在嘉兴市王店镇、湖州市妙西镇，了解乡镇人大和人大主席团开展工作的情况；在湖州市龙山村、杭州市南星街道和小营街道，走进人大代表联络站，与基层人大代表深入交流，详细询问代表联系选民和服务群众等方面情况；在浙江省人大常委会机关，观摩代表联系群众网站和代表履职服务平台。

调研期间，张德江在嘉兴市、湖州市、杭州市主持召开乡镇人大工作座谈会和浙江省人大工作座谈会。他强调,要坚定坚持党的领导、人民当家作主、依法治国有机统一,安照总结、继承、完善、提高的要求,适应经济社会发展和民主法治建设的需要,在宪法法律范围内积极探索依法履职的新方式、新机制,扎实推动乡镇人大工作取得新发展。要加强对人大代表选举工作的组织领导,充分发扬民主,严格依法选举,确保选举工作风清气正,确保选举结果人民满意。要提高代表服务保障工作水平,加强代表学习培训,建立健全代表联络机构,为代表依法履职搭建更加高效、便捷的服务平台。乡镇人大代表要依法向选民报告履职情况,自觉接受人民群众的监督。要认真开好乡镇人民代表大会会议,根据法律规定和实际需要,合理安排会期和会议次数,有针对性地确定会议议程,完善审议程序,充实会议内容,切实提高会议的质量和效率,全面有效行使乡镇人大的法定职权,更好地展现人民代表大会制度的优越性。

张德江还就转变经济发展方式、发展现代农业、推动城镇化建设、太湖治理和保护等进行了调研。

5月8—17日

[纲 文] 中共中央政治局委员、中央军委副主席许其亮应邀对柬埔寨、孟加拉国和斯里兰卡进行正式友好访问。

[目 文] 许其亮在柬埔寨访问期间,在金边会见了柬埔寨首相洪森;与柬副首相兼国防大臣迪班举行了会谈,就两国两军关系、国际地区形势等深入交换了意见。双方表示,两军将积极落实两国领导人达成的重要共识,继续保持高层交往,拓展交流领域,打造合作新亮点,不断丰富两国全面战略合作伙伴关系内涵。双方签署了《中柬国防部合作协议》等文件。

许其亮在孟加拉访问期间,在达卡分别会见了孟加拉国总统哈米德、总理哈西娜;与孟加拉国总理安全顾问塔里克偕孟陆、海、空军参谋长和总理府武装部队办公室主任等孟军队领导人举行正式会谈。

许其亮在斯里兰卡访问期间,在科伦坡会见了斯里兰卡总统拉贾帕克萨;与斯国防参谋长、陆海空三军司令等军队领导人一起举行了正式会谈,就国际地区形势、两国两军关系深入交换了意见。双方一致认为,两军应携手并进,加强各领域务实合作,为双边关系新发展作出新贡献,造福两国人民,维护地区和平稳定。

5月8—10日

[纲 文] 第43届世界广告大会在北京举行。

[目 文] 由国家工商总局、北京市人民政府共同主办,中国广告协会和北京市工商局共同承办。大会的主题是"创意点亮世界",大会包括开幕式、主题论坛、展览展示、商务交流以及"北京日"活动等主要板块。来自全球广告界约2000名代表共同探讨世界广告发展新趋势。会议发表了《北京宣言——数字时代的国际广告业》。

12日,国家副主席李源潮在北京会见了出席第43届世界广告大会的国际广告协会主席法里斯·阿布哈迈德一行。

5月9—10日

[纲　文]　习近平在河南省考察。

[目　文]　中共中央总书记习近平在指导兰考县委常委班子党的群众路线教育实践活动专题民主生活会时指出,作风建设是永恒课题,要标本兼治,经常抓、见常态,深入抓、见实效,持久抓、见长效,通过立破并举、扶正祛邪,不断巩固和扩大已经取得的成果,努力以优良的党风政风带动全社会风气根本好转。

考察期间,习近平在尉氏县张市镇召开镇村干部和村民代表座谈会,了解乡镇一级教育实践活动情况,听取基层干部群众意见和建议时强调,抓作风,反"四风",中央有规定动作,但必须分类指导,不能上下一般粗。上下同欲者胜。乡镇要从实际出发,把改进作风和增强党性结合起来,把为群众办实事和提高群众工作能力结合起来,把抓发展和抓党建结合起来,以实实在在的成效取信于民。到开封市尉氏县张市镇高标准粮田综合开发示范区考察,在田间,向农技人员了解产量预测,向农户询问田间管理。他叮嘱继续抓好综合技术措施落实,奋力夺取夏粮丰收。在郑州先后考察了郑州市跨境贸易电子商务服务试点项目、郑州国际陆港、中铁工程装备集团有限公司,看展板,听介绍,进车间,详细询问有关情况。在中铁工程装备集团有限公司盾构总装车间,察看了装配情况,对他们攻克科研难题、突破盾构机系统集成技术壁垒的自主创新给予肯定。

习近平听取了河南省委和省政府工作汇报,他希望河南紧紧围绕中部地区崛起,以发展优势产业为主导推进产业结构优化升级,以构建自主创新体系为主导推进创新驱动发展,以强化基础能力建设为主导推进培育发展新优势,以人为核心推进新型城镇化,着力解决好教育、就业、社会保障、医疗卫生等人民群众的切身利益问题,在拓展更大更广发展空间的同时,努力让人民过上更好生活。

习近平指出,事靠人为,事在人为。建设一支德才兼备的高素质执政骨干队伍,是我们事业成功的根本保证。面对纷繁复杂的社会现实,党员干部特别是领导干部务必把加强道德修养作为十分重要的人生必修课,自觉从中华优秀传统文化中汲取营养,老老实实向人民群众学习,时时处处见贤思齐,以严格标准加强自律、接受他律,努力以道德的力量去赢得人心、赢得事业成就。各级党组织要加强对党员干部的教育、管理、监督,用好选人用人考德这根杠杆,引导党员干部堂堂正正做人、老老实实干事、清清白白为官。

5月9日

[纲　文]　国务院办公厅印发《关于做好2014年全国普通高等学校毕业生就业创业工作的通知》。

[目　文]　《通知》由十部分组成:一、高度重视高校毕业生就业创业工作。二、鼓励高校毕业生到城乡基层就业。三、鼓励小型微型企业吸纳高校毕业生就业。四、实施大学生创业引领计划。五、深入实施离校未就业高校毕业生就业促进计划。六、加强就业指导、就业服务和就业援助。七、进一步创造公平的就业环境。八、推动创新高校人才培养

机制。九、加大宣传工作力度。一、加强对高校毕业生就业创业工作的组织领导。

5月9日

[纲　文]　工业和信息化部、发展改革委发布《关于电信业务资费实行市场调节价的通告》。

[目　文]　《通告》说，一、所有电信业务资费均实行市场调节价。二、电信企业自主制定电信业务资费方案时，应当遵循合法、公平、诚信原则，考虑用户的不同需求，提供业务打包等多种资费方案供用户选择。三、电信企业应进一步提高资费透明度，建立资费方案公示制度，通过营业厅、代理代办点、网站等方式公布所有面向公众市场的在售资费方案。四、电信企业与用户签订的协议中应包含资费标准、计费方式、对应服务和适用期限等内容。五、电信企业要严格执行有关政策，履行社会责任，建立健全电信资费内部管理制度，自觉规范经营行为，努力降低经营成本，为用户提供更优质、更低廉、更透明的电信服务。本通告自2014年5月10日起执行。

5月9日

[纲　文]　俞正声在北京主持召开党外人士专题调研座谈会，就司法体制改革、大学生就业创业、化解产能过剩、大数据技术应用等问题座谈交流。

[目　文]　最高人民法院、最高人民检察院、发展改革委、教育部、科技部、工业和信息化部、人力资源和社会保障部、统计局有关负责人参加座谈会并与党外人士互动交流。

会上，民革中央主席万鄂湘提出，司法体制改革要紧紧围绕"内去行政化、外去地方化"两个核心问题，理顺省以下司法机关人财物统管体制，推进审判责任制和检察官办案责任制改革，完善我国专门法院制度。民盟中央主席张宝文说，解决当前大学生就业创业问题，需要全社会共同努力、优化环境，深化高等教育改革，调整高等教育结构，更加注重培养适应社会需求特别是产业发展急需的实用型人才，同时要落实好大学生创业优惠政策。民建中央主席陈昌智说，解决产能过剩，必须从加大改革力度着手，特别注意通过市场手段加强调节，从干部科学考核、落后产能企业退出、支持企业技术创新等方面，研究建立统筹兼顾、标本兼治的长效机制。九三学社中央副主席赖明建议，尽快将大数据等现代技术应用上升为国家战略，同时把数据主权纳入国家核心利益范畴，制定专项发展规划，引导大数据技术和产业快速发展，以提升政府治理能力现代化。

俞正声指出，围绕经济社会发展中的重大问题开展专题调研，是各民主党派中央、全国工商联和无党派人士协商议政的重要方式。开展专题调研，是党外人士参政议政的重要途径，也是推进政党协商的重要方法，要形成制度、坚持下去。全面深化改革的新形势新任务，对发挥党外人士优势作用提出了新要求。要围绕经济社会发展的重大问题和涉及人民群众切身利益的实际问题，结合民主党派各自的特点和优势，开展专题调研，切口要小、视野要宽、对策要实，为中共中央决策提供参考。俞正声希望各部门注意搭建知情平台，定期通报情况、解读政策、回应问题，帮助党外人士提高选题的针对性和调研的实效性。

5月9日

［纲　文］　全国政协主席俞正声在北京会见以野田毅为团长的日本自民党亚非问题研究会代表团。

［目　文］　俞正声说，中方重视发展中日睦邻友好关系，主张在中日四个政治文件基础上，本着以史为鉴、面向未来的精神发展两国关系。改善中日关系必须妥善处理历史、钓鱼岛等突出问题，中方在涉及国家主权和民族尊严等重大问题上的立场坚定不移。希望日本各界人士为推动中日关系重回正确发展轨道发挥积极作用。

野田毅表示，希望同中方加强沟通，在日中四个政治文件基础上推动两国关系早日恢复正常发展。

5月9日

［纲　文］　《人民日报》发表题为《坚决防范和打击暴力恐怖活动——五论学习贯彻习近平同志新疆考察重要讲话精神》的评论员文章。

5月10日

［纲　文］　郭声琨在上海观摩上海市公安机关举行的亚信峰会安保应急处突实战演练。

［目　文］　国务委员、公安部部长郭声琨在观摩演练后指出，反恐维稳形势严峻复杂，亚信峰会安保已进入决战决胜阶段。郭声琨要求，全国公安机关特别是上海公安机关要进一步强化实战训练，坚持从严从难，突出实战实用，加强战法演练，不断提升各种复杂环境下的实战本领；要进一步加强武装巡逻，最大限度地把警力摆上街面，动中备勤、动态巡控，确保一旦发生重大突发案事件，能够快速反应、高效处置；要进一步组织发动群众，坚持专群结合、依靠群众，使暴力恐怖分子成为过街老鼠，坚决把暴力恐怖活动摧毁在预谋阶段，坚决把暴力恐怖分子的嚣张气焰打下去。

5月10日

［纲　文］　《人民日报》发表题为《用好教育实践活动这个载体——六论学习贯彻习近平同志新疆考察重要讲话精神》的评论员文章。

5月10日

［纲　文］　《人民日报》发表题为《以改革促资本市场健康发展》的评论员文章。

5月10—13日

［纲　文］　应全国人大常委会委员长张德江邀请，尼日利亚参议长戴维·马克访华。

［目　文］　12日，张德江在北京与马克举行会谈时表示，作为双边关系的重要组成部分，中国全国人大与尼国民议会应加强友好交往，为深化两国战略伙伴关系发展作出贡献。一是在治国理政方面加强深入探讨。当前，中国正在全面深化改革，推进国家治理体系和治理能力现代化，尼日利亚正致力于经济转型，推进工业化进程，中尼面临着相似

的发展任务，双方有必要深化在治国理政方面理论、实践研讨，相互学习、相互借鉴。二是在立法方面加强交流合作。中国全国人大正围绕中共十八届三中全会提出的重大改革举措，发挥立法在引领、推动和保障改革方面的重要作用，抓紧制定和修改相关法律，确保改革于法有据、有序进行。尼日利亚正致力于法律体系的完善。双方加强立法交流，有利于从法律层面确保国家发展、社会稳定、人民幸福。三是在各领域务实合作方面加强法律保障。中国全国人大愿与尼参议院一道，充分发挥立法机关的作用，从立法机关层面推动双方经贸、投资、人文等方面务实交流，夯实两国友好的民意基础。

马克表示，中国是尼日利亚患难与共的可靠朋友，中国政府对包括尼日利亚在内的非洲国家经济社会发展给予的支持与帮助，影响深远。尼国民议会愿进一步加强与中国全国人大业已存在的友好关系，深入进行立法机关领导人、专门委员会等各层次的交流与沟通，努力推动两国经贸、投资、反恐等各领域的合作取得更大发展。

13日，国务院总理李克强在北京会见马克时表示，中方赞赏尼方作出保障在尼中资机构和人员安全的承诺。中方愿同包括尼日利亚在内的非洲各国一道，秉承"真、实、亲、诚"理念，按照"461"中非合作框架，推进中非全方位互利互惠合作，特别是扩大双边贸易和投资，落实好重大项目，加强人文等领域交流，推动双方关系更上一层楼。希望两国立法机构为促进中尼关系发展作出新贡献。

马克祝贺李克强访非取得圆满成功并表示，尼方高度赞赏和感谢李总理在尼十分困难的时刻如期往访，并出席世界经济论坛非洲峰会。这不仅体现了尼中之间兄弟般的情谊，而且提升了尼政府和人民的士气，是对尼方的坚定支持。尼方欢迎中国企业赴尼投资，将提供安全保障和便利。尼议会期待同中方加强交往与合作，共同促进尼中战略伙伴关系发展。

5月11日

［纲　文］《人民日报》报道，中国首个国家木材储备加工交易示范基地在黑龙江省绥芬河边境经济合作区内正式开建。

［目　文］　该基地由中国林业集团公司负责建设。项目占地33.5万平方米，总投资20亿元。建成后，当年进口木材动态储备加工交易量将达300万—500万立方米，2013年将达800万立方米，成为东北亚地区以木材为主的林产品信息中心、定价中心、现货交易中心、物流中心和木制终端产品集散中心。

中国木材年消耗量近5亿立方米，对外依存度约为50%。预计到2020年，中国木材需求量约为8亿立方米，缺口将达5亿立方米，对外依存度达到65%左右。为缓解突出的供需矛盾，国务院选择满洲里、绥芬河、天津、岚山、张家港、太仓、漳州、深圳、瑞丽9个港口和口岸，进行国家进口木材资源储备加工交易基地建设布局。全部建成后，将形成年3000万立方米的进口木材动态储备和加工交易量，保障国家经济建设所需木材的正常平稳供给和3个月左右的应急供给。

5月11日

［纲　文］《人民日报》发表题为《作风建设是永恒课题——一论不断巩固扩大教育实践活动成果》的评论员文章。

5月11日

［纲　文］《人民日报》发表题为《建设经得起风浪考验的干部队伍——七论学习贯彻习近平同志新疆考察重要讲话精神》的评论员文章。

5月11—13日

［纲　文］应国家主席习近平邀请，土库曼斯坦总统库尔班古力·别尔德穆哈梅多夫对中国进行国事访问。

［日　文］访问期间，习近平在北京同别尔德穆哈梅多夫举行会谈。两国元首高度评价中土战略伙伴关系发展成果，规划下一步合作，达成广泛共识。两国元首决定，坚持世代友好和互利合作，保持密切交往，推动中土关系长期健康稳定发展，实现共同发展繁荣并共同签署了《中华人民共和国和土库曼斯坦友好合作条约》《中华人民共和国和土库曼斯坦关于发展和深化战略伙伴关系的联合宣言》《关于通过〈中华人民共和国和土库曼斯坦战略伙伴关系发展规划（2014年至2018年）〉的声明》，见证了天然气、农业、交通、金融、文化、地方等领域多项合作文件的签署。习近平与别尔德穆哈梅多夫共同出席世界汗血马协会特别大会暨中国马文化节活动。国务院总理李克强、全国人大常委会委员长张德江在北京分别会见别尔德穆哈梅多夫。北京中医药大学授予别尔德穆哈梅多夫名誉教授。

习近平同别尔德穆哈梅多夫会谈时表示，中土关系迎来大合作、大发展的新时期。中方坚定支持土库曼斯坦人民走符合本国国情的发展道路。中土是彼此信赖和相互支持的战略伙伴。中土互为最大的天然气合作伙伴，合作基础扎实、发展前景广阔。双方要加强全方位合作，尽早启动中国—中亚天然气管道D线建设，加快实施气田开发项目，扩大油气加工合作，共同维护两国油气管道和设施安全，携手打造互利共赢的能源战略伙伴。中方支持土方经济多元化发展。双方要拓宽双边贸易渠道，改善贸易结构，促进两国贸易均衡、可持续发展。中方提出的共建丝绸之路经济带倡议为包括中土合作提供了新的历史机遇。双方要挖掘潜力，推动道路联通和跨境运输，促进人文交流。别尔德穆哈梅多夫表示，土方愿同中方共同努力，如期完成天然气合作项目，顺利实现输华天然气新的目标。双方还要积极扩大双边贸易规模，拓展金融、矿产、通信、电力、纺织、制药等领域合作。土方支持丝绸之路经济带建设，带动两国交通基础设施领域合作。土方鼓励加强两国文化、教育、体育、青年交往。土方愿同中方携手打击"三股势力"，共同推动国际能源安全合作。

李克强在会见别尔德穆哈梅多夫时指出，中土共同修建了世界上最长的天然气管道。希望在经营好现有管线的基础上启动新管线建设，扩大天然气贸易规模。中方还愿同土方开拓经济合作的新领域，增强合作的可持续性。开展油气加工、能源设备制造、农牧产品、通信、高科技、交通运输等方面合作，形成以能源合作为主体，多领域合作齐头并进的新格局。中方也愿与土方加强人文领域交流，不断增进两国人民的友好感情。别尔德穆哈梅多夫表示，土方愿进一步扩大天然气对华出口，提高两国能源合作水平，深化经贸、农业、科技、交通、教育等领域合作，丰富两国关系的内涵。

5月12—18日

[纲　文]　应国家主席习近平邀请，葡萄牙总统卡瓦科·席尔瓦对中国进行国事访问。

[目　文]　访问期间，习近平在北京同席尔瓦举行会谈。两国元首一致同意，立足当前，着眼长远，携手推动中葡全面战略伙伴关系迈上新台阶并见证了多项合作文件的签署、共同会见了记者。国务院总理李克强、全国人大常委会委员长张德江在北京分别会见了席尔瓦。席尔瓦还到上海、澳门进行了访问。

习近平同席尔瓦会谈时表示，中葡关系成熟稳定、充满活力，处于历史最好时期。双方要立足当前，着眼长远，继续保持高层交往势头，扩大政府、议会、政党、地方及民间交流合作。中方对葡萄牙正在走出债务危机困境表示祝贺，将一如既往对葡方给予支持，扩大双边贸易和相互投资，推动能源、电信、金融、海洋、环保、新能源等领域合作。双方还要开展形式多样的文化交流活动，加强在国际事务中沟通协调，通过中国—葡语国家论坛等机制，探索开展面向非洲和拉美的三方合作，为有关地区和国家和平、稳定与可持续发展作出贡献。中方一贯坚定支持欧洲一体化建设。不久前，我访问了欧洲4国和欧盟总部，同欧方领导人就共同打造和平、增长、改革、文明四大伙伴关系达成重要共识。葡萄牙是中国在欧盟内的好朋友、好伙伴，希望葡方继续发挥积极和建设性作用，促进中欧全面战略伙伴关系实现更大发展。

席尔瓦表示，葡中相互尊重，友好互信，两国合作取得长足进展。澳门自主权交接以来，保持顺利发展，这有力证明了葡中两国共同的政治智慧。葡方高度赞赏中国的发展成就，对两国全面战略伙伴关系充满期待，希望同中方加强政治交往，扩大经贸、绿色低碳、金融、旅游、教育、科技等领域合作，吸引更多中国企业投资，拓展欧洲市场。葡方支持中方关于加强中国—葡语国家论坛机制的倡议，愿积极参与三方合作。席尔瓦介绍了欧元区和葡萄牙实施改革的情况，感谢中方对欧盟和葡萄牙的支持，表示葡方愿继续积极促进欧中关系发展。

李克强会见席尔瓦时表示，中方愿与葡方以两国建交35周年为契机，通过各层级交往深化政治互信，通过全方位合作加强利益融合，不断提升中葡全面战略伙伴关系水平。葡方积极应对国际金融危机挑战，即将重返国际市场融资，中方对此表示祝贺。两国扩大务实合作面临新的机遇。中方愿与葡方扩大相互贸易和投资规模，拓展海洋开发和利用、新能源、农渔业等领域合作，深化中国与葡语国家共同体的关系。中方支持两国企业发挥各自优势，携手开拓第三方市场，实现互利共赢。

席尔瓦表示，葡方感谢中方为葡克服国际金融危机提供的宝贵支持和帮助。葡方愿与中方共同开拓第三方市场，拓展双边各领域合作，做大做强葡语国家—中国经贸合作论坛，不断深化两国全面战略伙伴关系，实现共同发展。

5月12日

［纲　文］　国家主席习近平向第三届中非民间论坛致贺信。

［目　文］　习近平在贺信中指出，中非民间论坛作为中非民间交流合作的重要机制化平台，为增进民间友好、促进务实合作、推进世界和平发挥了积极而独特的作用。本届中非民间论坛以"分享经验、深化合作、付诸行动——中非人民共同实现减贫脱困的目标"为主题，回应了中非人民的共同关注，必将密切中非人民传统友谊，深化双方在发展理念和经验方面的交流互鉴，有利于增进中非人民福祉，推动非洲实现千年发展目标。中国和非洲国家是休戚与共的命运共同体。真诚友好、互相尊重、平等互利、共同发展是中非关系的本质特征。加强同非洲国家的团结合作，是中国外交政策的重要基石。中国致力于推动全方位和互利共赢的中非合作，始终遵循"真、实、亲、诚"的理念，秉持正确义利观，帮助非洲筑巢引凤、提高自我发展能力，惠及非洲人民，共圆发展振兴之梦。人民友谊是国家关系发展的重要基础。中非民间论坛将日益成为中非人民心灵沟通的桥梁和分享发展经验的平台，不断为中非新型战略伙伴关系注入新的活力。

12—13日，第三届中非民间论坛在苏丹首都喀土穆举办。全国政协副主席、中国国际交流协会副会长王志珍出席论坛开幕式并宣读了习近平致本届论坛的贺信。

论坛由中国民间组织国际交流促进会和苏丹全国组织协会联合主办。主题为"分享经验、深化合作、付诸行动——中非人民共同实现减贫脱困的目标"。论坛旨在落实中非合作论坛第五届部长级会议北京行动计划，从民间角度为2015年在南非召开的中非合作论坛第六届部长级会议做好铺垫和准备。与会嘉宾围绕"中非实现脱贫脱困的经验分享、推进中非民间友好伙伴计划、加强中非企业合作推动共同致富"三个议题进行全会发言和互动讨论。论坛形成《中非民间友好伙伴计划报告书》(即《喀土穆报告书》)，并提交中非合作论坛高官会。

5月12日

［纲　文］　外汇管理局印发《关于发布〈跨境担保外汇管理规定〉的通知》。

［目　文］　《通知》说，为深化外汇管理体制改革，简化行政审批程序，规范跨境担保项下收支行为，国家外汇管理局决定改进跨境担保外汇管理方式，制定了《跨境担保外汇管理规定》及其操作指引（以下简称《规定》）。《规定》自2014年6月1日起实施，之前相关规定与本《规定》内容不一致的，以本《规定》为准。国家外汇管理局各分局、外汇管理部接到本通知后，应及时转发辖内中心支局、支局、城市商业银行、农村商业银行、外资银行、农村合作银行；各中资银行接到本通知后，应及时转发所辖各分支机构。执行中如遇问题，请及时向国家外汇管理局资本项目管理司反馈。

5月12日

[纲　文]　刘奇葆在北京出席国家社科基金项目评审工作会议并讲话。

[目　文]　中共中央政治局委员、全国哲学社会科学规划领导小组组长刘奇葆出席会议时强调，哲学社会科学战线要紧紧围绕坚持和发展中国特色社会主义这个主题主线，坚持问题导向，紧跟学术前沿，注重成果运用，建强人才队伍，以研究回答重大理论和现实问题为主攻方向，为促进全面深化改革、推动经济社会持续健康发展提供强大智力支持和理论支撑。要把研究阐释好习近平总书记系列重要讲话精神作为一项重大政治任务，增强人们对讲话的思想认同、理论认同和情感认同，促进用讲话精神武装头脑、指导实践、推动工作。要加强中国道路、社会主义核心价值观、社会主义民主等重大理论问题研究，加强全面深化改革、维护国家战略利益和安全等重大现实问题研究，积极推进中国特色新型哲学社会科学智库建设，更好地服务党和国家事业发展。要加强基础学科研究，推进学术话语体系建设，增强我国学术的生命力、创造力和影响力。要加强国家社科基金管理工作，创新选题规划、立项资助、成果评估和推广应用机制，健全坚持正确导向、符合科研规律、充满生机活力的工作机制，发挥好基金对繁荣发展哲学社会科学的示范引导作用。

5月12日

[纲　文]　国家减灾委第三届专家委员会第一次全体委员会议在北京召开。

[目　文]　国务委员、国家减灾委员会主任王勇出席会议并讲话。民政部副部长、国家减灾委员会秘书长姜力与专家委主任秦大河院士主持了会议。国家减灾委第三届专家委员会委员等40余人参加了会议。会议通报了2013年国家减灾委工作总结和2014年工作要点，介绍了国家减灾委第三届专家委员会换届情况，研究了国家减灾委第二届专家委工作总结和第三届专家委工作要点。

同日，在全国第六个"防灾减灾日"来临之际，王勇在北京市西城区什刹海街道观摩了由北京市和国家减灾委办公室联合举办的综合防灾减灾演练，他强调，要以全国"防灾减灾日"为契机，广泛开展群众性防灾减灾知识科普宣传，大力组织防灾减灾综合演练活动，切实增强社会公众灾害风险意识和自救互救技能，进一步提升城乡灾害防范应对能力。

5月12日

[纲　文]　国务院副总理刘延东在北京会见联合国儿童基金会执行主任安东尼·莱克。

[目　文]　刘延东积极评价联合国儿童基金会在促进中国妇女儿童事业发展方面的积极作用，表示中国愿进一步深化与联合国儿童基金会的合作，并通过南南合作分享儿童领域的发展经验，帮助其他发展中国家共同发展。

莱克表示，中国在妇女儿童发展领域取得的成绩举世瞩目，联合国儿童基金会愿继续推动双方合作取得新的成果。

5月12日

［纲　文］　新华社讯，常万全在云南边防调研。

［目　文］　国务委员兼国防部长常万全在云南德宏、保山、怒江等地调研边防工作时强调，要深入学习贯彻习主席系列重要讲话精神，掌握丰富内涵和精神实质，真正作为科学指南和根本遵循牢固确立起来，贯穿到边防建设各领域和全过程，深入研究新形势下边防工作的特点规律，进一步强化政治意识、战略意识、大局意识，军地合力，开拓进取，扎实工作，确保边境地区安全稳定，为维护国家主权、安全和发展利益贡献力量。

常万全指出，各级要充分认清我国安全形势的严峻性复杂性，充分认清做好云南边防工作的重大意义，增强责任忧患，强化使命担当，自觉服从服务党和国家工作大局，始终把边防工作摆在突出位置来抓，努力在稳固西南、经略周边上有更大作为。要坚持政治安边、富民兴边、军事强边、外交睦边、科技控边，形成真正的"铜墙铁壁"；树牢战斗力标准，大力提升防卫管控能力，确保平时能管控、战时能打赢；有计划分步骤地推进边防人才队伍、武器装备、基础设施、政策法规等建设；坚持党委把方向、政府总协调、军队当骨干、警方抓治理、民众为基础，凝聚起共管共建的整体合力。要严格边境管控，依法严厉打击暴力恐怖、制毒贩毒等违法犯罪活动，维护安定团结的边疆环境。要以开展党的群众路线教育实践活动为契机，持续纠治"四风"改进作风，确保各项工作落到实处。

5月12日

［纲　文］　《人民日报》发表题为《经常抓　见常态——二论不断巩固扩大教育实践活动成果》的评论员文章。

5月13日

［纲　文］　国务院办公厅印发《深化医药卫生体制改革2014年重点工作任务》。

［目　文］　《任务》由六部分组成：一、加快推动公立医院改革。二、积极推动社会办医。三、扎实推进全民医保体系建设。四、巩固完善基本药物制度和基层运行新机制。五、规范药品流通秩序。六、统筹推进相关改革工作。

5月13日

［纲　文］　新华社讯，习近平为正在中国国家博物馆展出的"名馆·名家·名作——纪念中法建交50周年特展"题写序言。

［目　文］　国家主席习近平在序言中表示，中国和法国文化交流源远流长，两国人民在历史发展中各自创造的独具特色、充满魅力的文化，使两国人民始终相互吸引。长期以来，中华文明和法兰西文明不断相互借鉴，为中法友好增添了绚丽色彩。中法两国博物馆展示着各自民族文化的悠久历史和世界文明的多彩风貌。加强中法博物馆交流在两国文化合作中占有重要位置。在中法建交50周年之际，中国国家博物馆和法国五家博物馆合作，将10幅法国传世油画精品展现给中国观众，有助于人们从法国绘画精品及中法绘画艺术的比照中领略艺术的神奇力量和两国人民对人文精神的不懈探索。文明因交流互鉴而

丰富。文化交流互鉴是推动人类文明进步和世界和平发展的重要动力，祝这次展览取得圆满成功。

为纪念中法建交50周年，中国国家博物馆与法国博物馆联合会主办的"名馆·名家·名作——纪念中法建交50周年特展"于4月11日至6月15日在中国国家博物馆举办。

5月13日

[纲　文]　国务院总理李克强、国务院副总理汪洋在北京分别与美国总统特别代表、财政部长雅各布·卢会见、会谈。

[目　文]　李克强在会见时表示，一个良好的中美关系对两国和世界都很重要，有助于促进全球经济复苏，维护世界和平稳定。新形势下，中美双方要按照两国元首达成的共识，坚持中美关系发展的正确方向，保持高层交往，共同办好新一轮战略与经济对话和人文交流高层磋商。加强在重大国际地区和全球性问题上的沟通协调。切实尊重和照顾彼此核心利益，确保中美关系健康稳定向前发展。中美分别作为最大发展中国家和最大发达国家，经济互补性突出，共同利益远大于分歧。中国巨大的市场潜力是美国巨大的市场机遇。中方愿与美方拓展贸易投资、能源环保、气候变化等领域务实合作，推进双边投资协定谈判进程。希望美方采取切实措施放宽民用高技术物项对华出口，为中国企业赴美投资提供公平竞争环境。

雅各布·卢表示，近年来，在双方共同努力下，美中关系不断得到深化和加强。中国的改革令人鼓舞，中国的发展有利于促进美国和世界经济增长。美方期待中国取得更大发展，愿与中方密切配合，确保新一轮美中战略与经济对话取得成功，就应对气候变化等全球性问题加强沟通、合作，推动两国关系取得更大发展。

汪洋与雅各布·卢举行会谈时表示，当前世界经济总体呈现复苏向好的态势，但实现强劲、可持续、平衡增长任重道远。2014年以来中国经济运行总体平稳，质量、效益进一步提高。中方更加注重通过调结构、促转型、抓改革等办法实现中长期健康发展。作为全球两大重要经济体，中美两国密切协调，相向而行，保持了经济合作的积极势头。2014年是中美建交35周年，7月初将举行第六轮中美战略与经济对话，希望通过对话进一步落实两国元首达成的重要共识，取得更多成果，丰富中美新型大国关系的经济内涵。

雅各布·卢表示，美国乐见中国经济保持良好增长态势，中国经济平稳增长对美有利，美国经济复苏也对中国有利。美国致力于加强美中经济合作，愿与中方建立更加开放、平衡的经济关系。美国政府把落实2010年国际货币基金组织改革方案作为优先政策目标。美方支持中方今年成功主办亚太经合组织第二十二次领导人非正式会议。

双方还就两国重点经济政策、双边投资协定谈判、全球和区域贸易问题等深入交换了意见。

5月13日

[纲　文]　财政部、教育部印发《关于下达2014年第一批义务教育等转移支付预算的通知》。

［目　文］　2014年将农村义务教育公用经费基准定额提高40元，年生均中西部地区小学达到600元，初中达到800元；东部小学达到650元，初中达到850元。此外，从2014年起，在提高基准定额的基础上，进一步提高农村寄宿制学校公用经费。

5月13日

［纲　文］　**全国普通高等学校毕业生就业创业工作电视电话会议在北京召开。**

［目　文］　中共中央政治局委员刘延东、马凯出席并讲话。会议指出，高校毕业生是国家宝贵的人才资源，2014年人数达727万人，为历年最多。做好高校毕业生就业工作，事关大学生个人事业发展和价值实现，事关经济提质增效和转型升级，事关民生改善和社会和谐稳定。必须充分认识这项工作重要性、艰巨性、紧迫性，始终摆在就业工作首要位置，千方百计促进高校毕业生就业创业。

会议要求，各地、各部门、各高校要深入学习领会习近平总书记、李克强总理指示精神，认真贯彻中央的决策部署和国务院办公厅《关于做好2014年全国普通高等学校毕业生就业创业工作的通知》的要求，加强组织领导，落实工作责任，深化就业体制机制和高等教育改革，以钉钉子精神推动各项政策落实，千方百计拓宽就业领域，深入实施大学生就业促进计划，抓紧开展新一轮大学生创业引领计划，以网络信息服务为重点加强就业服务工作，合理调整学科专业布局，提升大学生就业创业能力，加大对困难高校毕业生的就业援助，全力做好高校毕业生就业工作，努力实现今年高校毕业生就业创业比例双提高。

5月13日

［纲　文］　**国务院副总理刘延东在北京会见美国飞虎队飞行员格伦·本尼达家人及美国飞虎队历史组织主席詹姆斯·怀特黑德一行。**

［目　文］　刘延东高度评价中美两国在二战中并肩作战共同抗击法西斯侵略的合作历史，以及美国"飞虎队"队员等援华防空人员为此所作贡献。这段体现两国人民互助互爱、友好合作的历史，对于新时期中美关系的发展具有重要启示意义。希望中美两国人民在历史合作基础上扩大交流，增进友谊，为中美新型大国关系的发展做出不懈努力。

5月13日

［纲　文］　**外交部部长王毅同美国国务卿克里通电话。**

［目　文］　王毅强调，推动中美新型大国关系建设是两国元首达成的重要共识，符合两国共同利益。双方要加强合作，排除干扰，确保两国关系健康稳定向前发展。下阶段中美之间将有一系列重要交往，双方要密切配合，推动取得积极成果。克里表示，美方愿本着构建美中新型大国关系的精神，同中方就重大问题保持沟通与合作。

双方还就朝鲜半岛局势交换了意见。王毅强调，中方坚持实现半岛无核化、坚持维护半岛和平稳定、坚持通过对话协商解决有关问题，这一立场明确而坚定。希望各方着眼大局，保持冷静克制，多做有利于增进互信和局势缓和的事情，为重启六方会谈创造必要条件。中方愿继续做出不懈努力。克里表示，美方坚定推动半岛无核化，愿同中方继续保持密切沟通和协调。关于海上局势，王毅介绍了有关问题的历史经纬、事实真相及中方原则立场，敦促美方客观公允看待，恪守有关承诺，谨言慎行，避免助长有关方面的挑衅行为。克里表示，在领土主权归属问题上，美方不持立场，不选边站队，也无意进行评判。美方希望各方妥善处理，保持地区和平稳定。

5月13日

[纲 文]　浙江省皮肤病防治研究所上柏住院部医疗队先进事迹报告会在北京举行。

[目 文]　会前，国务院副总理刘延东接见报告团全体成员时强调，广大卫生计生工作者要学习上柏住院部医疗队的先进事迹和崇高精神，努力践行社会主义核心价值观，全心全意服务人民健康，用促进全民健康的成果为全面建成小康社会作出应有贡献。

报告会由国家卫生计生委和浙江省委联合举办。中宣部、中央党的群众路线教育实践活动领导小组办公室相关负责人、中央和国家机关干部代表、地方卫生计生工作者代表和首都医护人员、医学生代表，以及新闻记者等700余人参加了报告会。

上柏住院部医疗队以"70后""80后"为主，继承和发扬老一辈医务工作者艰苦奋斗的优良传统，长期坚守在偏僻、艰苦的"中国麻风第一村"，甘于清贫寂寞、乐于无私奉献，为麻风休养员提供了规范的医疗护理、生活照顾和心理呵护，让青春在平凡的岗位上绽放出动人的光彩，以实际行动践行着社会主义核心价值观，谱写"出彩人生"。

5月13日

[纲 文]　中国—中东欧国家合作第三次国家协调员会议在北京举行。

[目 文]　中国外交部副部长、秘书处秘书长王超主持召开了会议。中东欧16国国家协调员和代表、驻华使节出席会议。发展改革委、商务部、科技部、工信部、教育部等秘书处成员单位代表发言，分别通报了各自主管领域合作情况及下一阶段工作设想。中东欧16国协调员和代表积极评价布加勒斯特会晤的后续落实进展情况。他们表示，中国—中东欧国家合作是双边友好合作的新补充，是中欧关系的新引擎。16国将积极参与"中国—中东欧国家合作投资经贸促进年"框架下的各项活动，希望进一步拓展在相互投资和贸易、基础设施、交通物流、金融、农业、科技、能源、旅游、人文等领域合作，支持组建旅游等领域合作联合会，希望在丝绸之路经济带和21世纪海上丝绸之路建设中发挥作用，推动中国—中东欧国家合作全面、深入发展。

同日，外交部部长王毅在北京会见与会的中东欧代表时说，中国和中东欧国家都坚持大小国家一律平等的原则，都致力于振兴本国经济，加强合作符合各方利益，顺应时代潮流。我们要把合作同各自的发展战略和进程结合起来，同中欧关系的整体发展结合起来，同丝绸之路经济带和海上丝绸之路等重大国际合作倡议结合起来，推动合作取得更多务实成果，进一步造福各国人民。

各国协调员积极评价中国—中东欧国家合作，强调合作完全是互利共赢的，相信合作将取得更大发展，更好地服务各自发展。

5月13日

［纲　文］　中国首个海上北斗地基增强系统"渤海湾北斗地基增强系统建设及无验潮水深测量应用研究"项目通过验收。

［目　文］　系统在服务区域内实时动态定位精度达到平面优于3厘米，垂直优于4厘米。这标志着北斗系统海上定位精度进入"厘米"时代。该系统的最大特色在于能够获得高精度的定位、高程信息，基于该系统的高精度实时水深信息服务，将为深吃水船舶乘潮进出港提供有力的安全保障，为海事测绘、海洋工程等提供高精度定位数据。该系统建设、测试和试运行过程中的技术验证和经验积累，将为实现中国沿海的海上高精度快速导航定位奠定坚实的基础。同时，该系统的建成，将推动北斗卫星导航系统在国际航海应用提供支撑。

北斗卫星导航系统简称北斗系统，英文名称为BeiDou Navigation Satellite System，缩写为BDS。北斗系统是中国自主建设、独立运行，与世界其他卫星导航系统兼容共用的全球卫星导航系统，可在全球范围内全天候、全天时，为各类用户提供高精度、高可靠的定位、导航、授时服务。

5月13日

［纲　文］　《人民日报》发表题为《深入抓　见实效——三论不断巩固扩大教育实践活动成果》的评论员文章。

5月13—16日

［纲　文］　"邂逅高山之国——塔吉克斯坦文化展"在北京中华世纪坛举办。

5月14日

［纲　文］　国家主席习近平在北京会见巴基斯坦参议院主席布哈里。

［目　文］　习近平表示，中巴两国是全天候、全方位的战略合作伙伴，两国一直高度互信，在许多重大问题上保持密切沟通与配合。两国人民彼此有天然的亲近感。中巴关系堪称国与国关系的典范。中方感谢巴方在涉及中国核心利益和重大关切问题上给予的一贯支持，高度重视深化中巴传统友谊与务实合作。中方愿同巴方保持高层交往，积极推进中巴经济走廊建设，造福两国和两国人民，带动丝绸之路经济带和21世纪海上丝绸之路建设。中方衷心希望巴基斯坦实现稳定和发展，愿同巴方加强安全领域合作，共同打击"三股势力"。我们愿同巴方加强治国理政经验交流，密切中国全国政协和巴基斯坦参议院的交往，为促进各自国家发展、推动中巴友好交流合作作出更大贡献。

布哈里表示，巴中友谊历久弥坚。巴方高度赞赏中国的发展成就，支持中国人民为实现中国梦而奋斗。中方提出建设"一带一路"重大倡议，为巴基斯坦等沿途国家提供了新的机遇。巴方希望加强两国交往与合作。巴方强烈谴责不久前在中国发生的暴力恐怖事件，愿同中方加强反恐合作。巴方将采取有效措施，确保在巴中资机构和人员的安全。

同日，全国政协主席俞正声在北京会见布哈里时说，中方将一如既往地从战略高度和长远角度看待中巴关系，加强双方在重大国际地区事务中的协调配合，提升两国战略协作水平。中国全国政协高度重视同巴基斯坦参议院的友好关系，愿与巴方共同努力，加强交流合作，为促进中巴关系发展贡献更多智慧和力量。

布哈里表示，巴中友好合作符合两国人民的利益，巴方一贯支持中国的核心利益。巴参议院愿加强与中国全国政协的合作，推动两国关系不断发展。

5月14日

[纲　文]　李克强主持召开国务院常务会议。

[目　文]　会议主要内容是：一、部署加快生产性服务业重点和薄弱环节发展，促进产业结构调整升级。会议认为，按照《政府工作报告》部署，加快发展生产性服务业，是向结构调整要动力、促进经济稳定增长的重大措施，既可以有效激发内需潜力、带动扩大社会就业、持续改善人民生活，也有利于引领产业向价值链高端提升，实现服务业与农业、工业等在更高水平上有机融合，推动经济提质增效升级。会议要求，要进一步深化改革开放，放宽市场准入，减少前置审批和资质认定项目，鼓励社会资本参与发展生产性服务业。简化审批程序，提高生产性服务业境外投资便利化程度，提升中国企业竞争力。有序放开建筑设计、会计审计、商贸物流等领域外资准入限制。完善财税、土地、价格等相关政策。研发设计、检验检测认证、节能环保等生产性服务业企业，可申请认定高新技术企业，享受相应所得税优惠。要继续大力发展生活性服务业，在抓紧落实健康、养老服务和信息消费等方面支持政策的同时，围绕群众迫切需要，采取有力措施，丰富文化、医疗、旅游等服务供给，提高服务水平。使生活性、生产性服务业协同并进，为经济社会持续健康发展打造新引擎。二、讨论通过《中华人民共和国食品安全法（修订草案）》。修订草案重点作了以下完善：一是对生产、销售、餐饮服务等各环节实施最严格的全过程管理，强化生产经营者主体责任，完善追溯制度。二是建立最严格的监管处罚制度。对违法行为加大处罚力度，构成犯罪的，依法严肃追究刑事责任。加重对地方政府负责人和监管人员的问责。三是健全风险监测、评估和食品安全标准等制度，增设责任约谈、风险分级管理等要求。四是建立有奖举报和责任保险制度，发挥消费者、行业协会、媒体等监督作用，形成社会共治格局。

5月14日

[纲　文]　发展改革委印发《政府核准投资项目管理办法》。

[目　文]　《办法》共6章38条。主要有总则、项目申请报告的内容及编制、核准程序、核准内容及效力、监督管理和法律责任、附则等内容。自2014年6月14日起施行。《企业投资项目核准暂行办法》（国家发展和改革委员会第19号令）同时废止。

5月14日

[纲　文]　税务总局发布《电信企业增值税征收管理暂行办法》，自2014年6月1日起施行。

5月14日

［纲　文］　证监会公布《创业板上市公司证券发行管理暂行办法》。

［目　文］　《办法》共6章68条。内容有总则、发行证券的条件、发行程序、信息披露、监管和处罚、附则。自2014年5月14日起施行。

5月14日

［纲　文］　证监会公布《首次公开发行股票并在创业板上市管理办法》。

［目　文］　《办法》共6章57条。内容有总则、发行条件、发行程序、信息披露、监督管理和法律责任、附则。自2014年5月14日起施行。《首次公开发行股票并在创业板上市管理暂行办法》（证监会令第61号）、《关于进一步做好创业板推荐工作的指引》（证监会公告〔2010〕8号）同时废止。

5月14日

［纲　文］　王岐山在山东省考察。

［目　文］　中共中央政治局常委王岐山考察了临沂商城，了解企业产品和市场销售情况时说，术业有专攻，民营企业要守住自己的主业，创出自己的品牌。在临沂商城国际贸易服务中心，考察了商城的服务和管理工作时说，大力发展服务业，对于调整产业结构、增加就业、改善民生具有重要作用。市场监管部门要强化服务意识，寓管理于服务之中，为企业提供优质、高效的服务。在临沂市技师学院的教学车间里，与师生们亲切交流。勉励学生说，要好好学、用心学，积财千万不如薄技在身。只要真正掌握一门手艺，就能把一辈子的饭碗端起来。就业是最大的民生，只有扩大就业才能扩大内需。到山东临工工程机械有限公司，考察车间的生产线，了解产品的研发、销售情时指出，人才和技术创新是企业的核心竞争力，企业要坚持产学研相结合，加大研发投入和人才培养力度。要牢固树立品牌意识，注重专利和知识产权保护，在突破关键核心技术上下功夫。

考察中，王岐山指出，当前党风廉政建设和反腐败斗争形势依然严峻复杂，各级党委要认真贯彻三中全会决定第36条要求，切实担负起党风廉政建设主体责任，增强党的观念，坚持党要管党、从严治党，坚守责任担当，领好班子、带好队伍。纪委的主要职责就是监督执纪问责，要聚焦中心任务，深入推进党风廉政建设和反腐败斗争。

5月14日

［纲　文］　国务委员杨洁篪在北京会见澳大利亚新南威尔士州州督玛丽·巴希尔一行。

［目　文］　杨洁篪表示，中国政府将继续致力于推进中澳关系，加强两国在各领域对话与交流。他赞赏巴希尔州督对中澳关系及两国地方交流与合作作出的贡献，希望两国进一步深化各领域务实合作，加强人文交流，增进民间友谊，推动中澳友好不断向前发展。

巴希尔表示，很高兴能为中澳友谊贡献力量，愿两国继续推进务实合作，加深人民友谊，加强地方政府交往，实现中澳共同繁荣与发展。

5月14日

［纲　文］　外交部部长王毅应约同印度尼西亚外长马蒂通电话。

［目　文］　王毅应询介绍了目前中越海上摩擦的实际情况，强调中方企业是在中国的西沙群岛有关岛屿毗连区内进行正常钻井作业，这一作业从10年前就已启动。越方此时派出大批船只进行强力干扰和野蛮冲撞是造成局势趋于紧张的原因。越方的做法侵犯了中国的主权和管辖权，违反了一系列有关维护海上安全的国际协议，也损害了南海地区的和平与稳定。中方维护自身正当主权权益的立场坚定、明确，不会改变。

5月14日

［纲　文］　《人民日报》发表题为《关键在一把手》的评论员文章。

5月14日

［纲　文］　《人民日报》发表题为《持久抓 见长效——四论不断巩固扩大教育实践活动成果》的评论员文章。

5月15日

［纲　文］　习近平出席中国国际友好大会暨中国人民对外友好协会成立60周年纪念活动并发表讲话。

［目　文］　国家主席习近平在讲话中指出，人民友好是促进世界和平与发展的基础力量，中国人民愿意同世界各国人民和睦相处、和谐发展，共同促进人类和平与发展的崇高事业。民间外交要开拓创新，多领域、多渠道、多层次开展对外友好交流。

会上，中国人民对外友好协会会长李小林回顾了中国人民对外友好协会60年发展历程，表示将继续高举"友好、和平、合作、发展"的旗帜，续写民间友好事业的新篇章。汤加公主图伊塔，日本前首相鸠山由纪夫，圣马力诺中国友好协会主席泰伦齐，非盟委员会前主席、加蓬前外长让·平，美国前总统尼克松外孙考克斯等分别致辞。他们赞赏中国在相互尊重、平等相待、互利共赢基础上同世界各国发展友好合作关系，赞扬中国作为负责任的大国，为维护世界和平、促进共同发展发挥的建设性作用，希望中国人民对外友好协会为促进中外人民相互了解与友谊作出更大贡献，呼吁世界各国人民秉持和平、友爱、合作的理念，携手开创世界美好未来。全国人大常委会副委员长陈昌智，全国人大常委会副委员长艾力更·依明巴海，全国政协副主席王家瑞，有关部委、人民团体和各省区市友协负责人，长期从事民间外交工作的人士，以及各国友好组织和人士代表850人出席大会。会议开始前，习近平会见了与会外国友人代表。

中国人民对外友好协会成立于1954年5月3日，是从事民间外交事业的全国性人民团体。目前已设立46个中外地区和国别友好协会，与157个国家500多个民间团体和组织机构建立了友好合作关系，协调中国与133个国家建立了2106对友好省州、城市关系。

5月15日

［纲　文］　国务院总理李克强在北京会见国际商会主席麦格劳。

［目　文］　李克强表示，国际商会作为重要民间国际经济组织，为推动国际贸易发展和世界经济复苏发挥了积极作用。中国加入国际商会20年来，积极参与相关事务，引进了大量金融与贸易领域的规则和惯例，为完善中国商业环境和提高企业国际化水平提供了帮助。中国正在全面深化改革，进一步扩大开放。我们向中外企业提供一视同仁、公平竞争的营商环境，各国企业在华发展拥有广阔空间。中方愿与国际商会加强合作，共同反对贸易和投资保护主义，维护公正合理的国际经济秩序。希望国际商会及旗下的标准普尔等机构在重大经贸问题上重视倾听中国工商界的声音，为促进中外企业合作发挥积极作用。

麦格劳积极评价中国为促进世界经济发展和增加就业所作的贡献，表示国际商会愿同中国加强沟通与合作，扩大全球贸易投资规模，维护多边贸易体系，共同推动世界经济可持续增长。

5月15日

［纲　文］　国务院办公厅印发《2014—2015年节能减排低碳发展行动方案》。

［目　文］　《方案》由八部分组成：一、大力推进产业结构调整。二、加快建设节能减排降碳工程。三、狠抓重点领域节能降碳。四、强化技术支撑。五、进一步加强政策扶持。六、积极推行市场化节能减排机制。七、加强监测预警和监督检查。八、落实目标责任。

5月15日

［纲　文］　全国政协在北京召开双周协商座谈会，就"发展特高压输电，优化电力布局"议题座谈交流。

［目　文］　全国政协主席俞正声主持。全国政协副主席杜青林、张庆黎出席座谈会，全国政协副主席陈元代表专题调研组发言。全国政协委员钟俊、宁崇瑞、刘吉臻、刘振亚、王抒祥，专家学者舒印彪、丁道齐、王仲鸿、曾德文、蒙定中等在座谈会上发言。能源局副局长王禹民介绍了我国输电建设相关情况。科技部、中国工程院等有关部门负责人出席会议并与委员、专家学者进行了交流。

委员们认为，改革开放以来，我国电力工业、输电建设取得了显著成就，特别是掌握了国际领先的特高压技术，特高压工程实现了重大突破。科学推进特高压输电建设、构建智能电网，对保障我国能源安全、优化资源配置、带动相关产业发展、促进清洁能源开发和生态环境保护，具有重要的战略意义。结合我国经济发展和能源供需区域不平衡这一基本国情，以及东部发达地区环境容量对发展煤电的限制，实行大规模"西电东送""北电南送"，需要加快输电通道建设，发展远距离大容量跨区域输电技术。委员们建议，特高压输电建设应坚持从中国的国情出发，整体规划、科学推进，积极推动电力科技进步，开展电网建设科学论证，健全科学决策机制，进一步深化电力体制改革，促进电力工业健康发展。座谈会上，委员们和有关专家学者充分发表了各种意见。一些委员和专家学者对特高压输电建设的经济技术问题提出了不同见解。

5月15日

[纲　文]　中央党校举行2014年春季学期第二批进修班开学典礼。

[目　文]　中央党校校长刘云山出席并讲话。中共中央政治局委员赵乐际、中央书记处书记赵洪祝出席。中央有关部门负责人、中央党校校委会成员、新入学学员、在校全体学员、分校学员代表和教职工参加开学典礼。

5月15日

[纲　文]　京津冀及周边地区并邀请长三角、珠三角有关省市参加的大气污染防治协作机制会议在北京召开。

[目　文]　国务院副总理张高丽出席并讲话。中共中央政治局委员、北京市委书记郭金龙主持会议。京津冀及周边地区6省区市和上海市、广东省、环保部负责人作了发言。能源局与京津冀三省市及相关企业在会上签订了"煤改气"保供协议、散煤清洁化治理协议和外输电通道建设项目任务书。

张高丽指出，要深入贯彻落实党中央、国务院关于加强大气污染防治工作的重要部署，抓住机遇、改革创新、攻坚克难，持续改善全国重点区域的空气环境质量。2014年一季度，京津冀13个重点城市$PM_{2.5}$浓度同比下降9.5%，PM_{10}浓度下降8.3%，达标天数比例提高了2.6个百分点，长三角、珠三角等区域的空气质量也有所改善。但解决大气环境问题是一项长期、艰巨、复杂的任务，我们必须保持清醒头脑，理性判断形势，坚定治理信心，锲而不舍地抓好各项防治任务的落实。要把治理大气污染和改善环境生态作为京津冀协同发展的重要突破口，进一步理清工作思路，率先在大气污染协同防治上取得进展，通过区域协同发展统筹治理大气污染。各地区、有关部门和单位必须进一步突出重点、攻坚克难，以钉钉子精神推动大气污染防治措施的落实。要抓好重点行业综合整治，扎实推进火电、钢铁、水泥等行业淘汰落后产能、压减过剩产能，加大重点企业环保技术改造力度，确保如期达到新的排放标准。

5月15日

[纲　文]　中央宣传部在深圳举行推动中华文化走出去座谈会。

[目　文]　在座谈会上，光明日报社和经济日报社联合发布了第六届"文化企业30强"。与会专家学者就如何不断提高文化开放水平、加快推动中华文化走出去进行了深入探讨。专家们一致认为，扩大文化领域对外开放，是推动中华文化走出去、提升国家文化软实力的迫切需要，也是吸收各国优秀文明成果、促进文化繁荣发展的必然选择。

中共中央政治局委员、中宣部部长刘奇葆出席会议时指出，要认真学习贯彻习近平总书记系列重要讲话精神，不断提高文化开放水平，加快推动中华文化走出去，尽快形成与我国经济社会发展水平和大国地位相适应的国家文化软实力。

5月15日

[纲　文]　全国妇联在北京举行"最美家庭"揭晓暨五好文明家庭表彰会。

〔目　文〕　全国妇联主席沈跃跃为全国"最美家庭"揭榜。国家副主席李源潮出席并讲话。全国妇联副主席、书记处第一书记宋秀岩参加了表彰会。

2014年以来，全国妇联发动群众自荐互荐、网上评议，层层推选"最美家庭"。会上揭晓了100个全国"最美家庭"，表彰了100个全国五好文明家庭标兵和1000个五好文明家庭。

5月15日

〔纲　文〕　国务院副总理汪洋在北京会见葡萄牙副总理波塔斯。

〔目　文〕　汪洋表示，葡萄牙是中国在欧盟内重要合作伙伴，中方愿同葡方一道，不断深化经贸、投资、能源、金融等领域务实合作，推动两国全面战略伙伴关系迈上新台阶。

波塔斯说，葡萄牙高度重视发展对华关系，愿同中方携手努力，进一步挖掘经贸、投资、金融等领域双边合作潜力，促进两国务实合作。

5月15日

〔纲　文〕　外交部部长王毅就中国在越企业遭受严重暴力袭击事件同越南副总理兼外长范平明紧急通电话，代表中国政府向越方提出严正抗议。

〔目　文〕　王毅表示，越方对不法分子暴力袭击中方企业和人员负有不可推卸的责任。中方郑重要求越方立即采取坚决有效措施，制止一切暴力行为，确保所有在越中国企业和人员的生命和财产安全；立即妥善安置受到袭击的中方企业和人员并全力救助伤员；立即对有关暴力事件展开调查，依法严惩所有犯罪分子，赔偿中国企业和个人的一切损失。

范平明说，越方对当前事态高度重视，已抓捕1000多名嫌犯，并将依法严惩犯罪分子。越方将采取一切措施，保护在越中国人员和机构的生命和财产安全。目前事态已趋于稳定。

同日，中国政府紧急派出以外交部部长助理刘建超率领的跨部门工作组赶赴越南开展工作。外交部副部长刘振民奉命紧急召见越南驻华大使阮文诗，提出严正交涉，要求越方立即采取切实有力措施，坚决制止并严惩违法犯罪行为，确保在越中国公民的安全和权利。

17日，国务委员、公安部部长郭声琨与越南公安部部长陈大光通话，要求越方立即采取有力措施，坚决制止一切暴力活动，严惩打砸抢不法分子，切实保护中方在越机构、企业和人员的人身财产安全。

陈大光表示，事件发生后，越南政府和公安机关采取了有效措施，现已安排大量警力控制事态发展，目前已抓捕一大批暴力犯罪分子，并已启动调查、起诉、处理工作。目前，越南社会治安形势趋于稳定。越方将采取更加有力的措施，全力保护包括中国在内的各国在越机构、企业和人员的安全。

18日，外交部发言人表示，中方从即日起已提升中国公民赴越南旅游安全提示级别，暂停部分双边交往计划，并将视形势发展，研究采取进一步措施。

26日，外交部发言人敦促越方尽快对越南发生的针对外国企业和人员的暴力打砸抢烧事件展开彻底调查，依法严惩不法分子，并对中方有关企业和人员进行赔偿。我注意到有两名男子被判刑，但是我们觉得这还不够。越方要采取切实有效的措施，确保中国在越南的机构、企业和人员安全。只有这样，才能够恢复国际社会对这个国家的信心。

5月15日

[纲　文]　《人民日报》发表题为《立什么破什么要好好把握——五论不断巩固扩大教育实践活动成果》的评论员文章。

5月15日

[纲　文]　《人民日报》发表题为《涵养我们的时代家风》的评论员文章。

5月15—19日

[纲　文]　第10届中国（深圳）国际文化产业博览交易会在深圳举行。

[目　文]　文博会由文化部、商务部、国家新闻出版广电总局、中国国际贸易促进委员会、广东省人民政府、深圳市人民政府主办。本届文博会主展馆展出面积10.5万平方米，共设文化产业综合馆、影视动漫游戏馆、非物质文化遗产馆等8类大展馆。全国31个省、自治区、直辖市及港澳台地区全部参展，广东省各地市也首次全部参展。参展的政府组团、企业和机构共2263个。来自全球95个国家和地区的1.7万名海外采购商参会。

文博会各种配套活动共有855项，设立的分会场54个，比上一届增加11个；与16家境外专业机构建立战略合作关系；举办12场"一对一""一对多"的洽谈会，举办20多场项目推介会。文化项目和产品总成交额2324.99亿元，比上届增长39.64%。其中，文化产品出口交易额为161.38亿元，占总成交额6.94%，同比增长30.33%。

5月16日

[纲　文]　国家主席习近平应约同土耳其总统居尔通电话。

[目　文]　居尔表示，日前土耳其国内发生严重煤矿爆炸事故。矿难发生后，我很快收到习近平主席发来的慰问电，我代表土耳其政府和人民对此表示衷心感谢。居尔介绍了土方矿难抢险救援的最新情况，并表示因为需要应对这一紧急事态，很遗憾无法来华进行国事访问并出席亚洲相互协作与信任措施会议上海峰会。

习近平表示，这次土耳其严重矿难造成重大人员伤亡，我再次代表中国政府和人民向死难者表示哀悼，向死难者亲属及受伤人员表示深切慰问。相信土耳其政府有能力妥善应对矿难事宜。中方愿意根据土方需要，随时向土方提供紧急援助。我对你这次因故无法来华进行国事访问并出席亚信上海峰会表示理解，欢迎你在双方方便的时候访华。下周，中方将从土耳其手中接任亚信主席国。我们相信，在有关各方一道努力下，这次峰会一定能密切各方在亚信平台上的协调和合作，为促进亚洲和平与发展作出积极贡献。中方始终从全局和战略高度重视两国关系。我愿同你保持经常性联系，共同推动中土关系不断向前发展。

居尔表示高度重视土中关系，土方将积极支持中方举办亚信上海峰会，相信在中方主持下，这次峰会一定能取得成功。土方愿通过亚信平台同中方加强合作，共同促进亚洲安全和稳定。

5月16日

[纲　文]　第五次全国自强模范暨助残先进集体和个人表彰大会在北京举行。

[目　文]　习近平、李克强、刘云山、张高丽等党和国家领导人会见受表彰代表。中共中央总书记习近平在会见时强调，残疾人是社会大家庭的平等成员，是人类文明发展的一支重要力量，是坚持和发展中国特色社会主义的一支重要力量。希望各位自强模范再接再厉，希望广大残疾人从自强模范身上汲取力量，自尊、自信、自强、自立，更加勇敢地迎接生活的挑战，更加坚强地为实现人生梦想、为实现我们的共同梦想而努力，推动我国残疾人事业在新的征程中不断迈上新台阶。

国务委员王勇主持表彰大会。张高丽出席表彰大会并讲话。中国残疾人联合会有关负责人介绍了全国"自强与助残"活动开展情况。有关部门负责人宣读表彰决定，授予朱彦夫、周月华等165名残疾人"全国自强模范"称号，表彰中央人民广播电台新闻节目中心专题部《残疾人之友》栏目组等100个全国助残先进集体、孙茂芳等100名全国助残先进个人、哈尔滨道里区残疾人联合会等100个"残疾人之家"和张扬等33名全国残联系统先进工作者。大会向获奖者代表颁发了奖章、奖牌和证书。

5月16日

[纲　文]　《人民日报》报道，中央党的群众路线教育实践活动领导小组办公室印发《关于河南省兰考县委专题民主生活会情况的通报》。

[目　文]　5月9日，中共中央总书记习近平出席指导兰考县委常委班子专题民主生活会并发表讲话，对兰考教育实践活动前一段工作和县委常委班子专题民主生活会给予充分肯定。

《通报》指出，兰考县委常委班子批评和自我批评，做到了干部群众提问题、班子成员相互点问题、班子成员个人找问题相统一，班子集体查摆的问题与班子成员个人查摆的问题相统一，班子成员心里想提的意见、会前谈心沟通时提的意见、会上相互批评时提的意见相统一，人人都红了脸、出了汗，几位同志落了泪，开出了好的氛围、好的效果。《通报》从深入学习，打牢思想基础；坚持群众提、自己找、上级点、互相帮、集体议，找准找实突出问题；深刻剖析，认真撰写对照检查材料；谈心交心，把思想谈通谈透；真刀真枪，批评和自我批评有辣味；加强领导和督导，传好压力把好关6个方面全面介绍了兰考县委查摆问题、开展批评的具体做法，原汁原味反映了县委常委班子专题民主生活会开展批评和自我批评的详细情况。

《通报》要求，各地区各部门各单位要组织广大党员干部认真学习、深入贯彻习近平总书记出席指导兰考县委常委班子专题民主生活会时的重要讲话精神,学习借鉴兰考县委常委班子专题民主生活会的经验效法,坚持高标准、严要求,深入实在查摆问题,掏心窝子交心谈心,深刻进行自我剖析,动真格开展批评和自我批评,使党员干部受到一次严格的党内生活锻炼,高质量地开好专题民主生活会。

5月16日

[纲　文]　国务院办公厅印发《关于改善农村人居环境的指导意见》。

[目　文]　《意见》由四部分组成:一、总体要求。二、规划先行,分类指导农村人居环境治理。三、突出重点,循序渐进改善农村人居环境。四、完善机制,持续推进农村人居环境改善。

《意见》指出,省级人民政府对本地区改善农村人居环境工作负总责,要科学编制规划,建立部门联动、分工明确的协调推进机制,统筹安排年度建设任务,规划及年度工作情况要及时报住房和城乡建设部、环境保护部、农业部备案。各有关部门要认真履行职责,强化协调配合,加强对各地改善农村人居环境工作的指导。住房和城乡建设部、环境保护部、农业部要组织开展监督检查,研究建立农村人居环境统计和评价机制,工作进展情况及时报告国务院。

5月16日

[纲　文]　2014年"5·18国际博物馆日"全国主会场活动在南京博物院举行。

[目　文]　主会场活动由国家文物局、江苏省人民政府主办,南京博物院承办。主题为"博物馆藏品架起沟通的桥梁"。文化部副部长、国家文物局局长励小捷,江苏省副省长曹卫星,国家文物局副局长宋新潮等出席活动开幕式。开幕式上揭晓了2013年度全国博物馆十大精品陈列展览评选结果。南都繁会·苏韵流芳——南京博物院基本陈列、白山·黑水·海东青——纪念金中都建都860周年特展、丝路帆远——海上丝绸之路文物精品七省联展、衡山仰止——吴门画派之文徵明特展、鼎盛中华——中国鼎文化、鹰城古韵——平顶山历史与文化陈列、异趣·同辉——馆藏清代外销艺术精品展、中国出了个毛泽东、共和国枪械的摇篮——庆华军工遗址博物馆基本陈列、巧手良医——陕西历史博物馆文物保护修复工作展10个陈列入围。故宫博物院、南京博物院和宁波博物馆被授予2014年度"最具创新力博物馆"。

5月16日

[纲　文]　高铁长沙南站至长沙黄花国际机场的长沙磁悬浮工程正式开工建设。

[目　文]　这是中国第一条完全自主研发的商业运营磁悬浮线,长沙磁浮快线是服务于湖南省长沙市的一条城市轨道交通线路,是中国首条拥有完全自主知识产权的中低速磁浮列车,设计最高运行时速为120公里。线路全长18.52公里,项目投资估算总额为41.95亿元,技术经济指标为每公里2.265亿元。

磁悬浮列车悬浮在轨道上方约0.8厘米,消除了轮轨摩擦与冲击,与普通轮轨列车相比,具有磨损小、噪声低、振动小等特点。由于磁悬浮列车车体是"抱"在轨道上运行,和路基一体化,因此绝对不可能脱轨,安全系数高。此外,中低速磁悬浮列车是没有尾气排放的交通系统,靠电力运行,是无污染的绿色交通工具。中低速与高速磁悬浮车相比,最为突出的优势是建设及运营成本低。

2016年4月29日,长沙磁浮快线开通投入试运行。

5月16日

[纲　文]　国家副主席李源潮在北京会见由尼泊尔共产党(联合马列)主席卡纳尔率领的干部考察团。

5月16日

[纲　文]　老挝人民革命党总书记、国家主席朱马里在万象会见国务委员兼国防部长常万全。

[目　文]　朱马里说,中国长期向老挝提供多方面帮助和援助,为老维护安全独立、促进经济社会发展发挥了重要作用。近几年来,老中全面战略合作伙伴关系不断深化,各领域交流合作成果显著。老中有着共同理想和奋斗目标,老视中国为值得信赖、生死与共的朋友。在国际地区形势复杂多变的情况下,两党、两国、两军加强交流与合作非常必要、非常重要。

常万全说,中老两国山水相连、唇齿相依,始终平等相待、患难与共、携手合作。两军多年来在高层交往、院校教育、人员培训、后勤医疗、装备建设等方面合作富有成效。我们愿与老方一道,努力把两军关系提升到新水平。

同日,常万全与老副总理兼国防部长当斋举行会谈,就共同关心的问题交换了意见。

5月16日

[纲　文]　《人民日报》发表题为《严守党内政治生活准则——六论不断巩固扩大教育实践活动成果》的评论员文章。

5月16—17日

[纲　文]　俞正声在云南省迪庆藏族自治区调研。

[目　文]　全国政协主席俞正声在香格里拉县建塘镇金龙社区,询问社区民族工作情况,并走进藏族居民家中,查看住房状况,与他们交谈,关切询问低保、养老、医保、就业等情况。俞正声指出,加快藏区发展,根本目的是为了改善群众生活。要把改善民生作为衡量发展质量的重要标准,科学谋划发展思路,进一步把资金和项目向农牧区倾斜、向基层倾斜,促进农牧民增收致富。要立足实际打造特色优势产业,加强基础设施建设,加大劳动技能培训力度,着力办好一些群众迫切需要的大事实事,让各族群众共享改革发展成果。到迪庆藏族自治州藏文中学看望师生,到教室和学生宿舍,了解藏文教学和学生学习生活情况。俞正声强调,要以就业为导向发展教育事业,不断调整教育结构,改进专业设置和课程设置,进一步推进双语教育,加快发展职业教育,努力提高少数民族学生的就业能力。要关心学生的健康成长,引导他们热爱党、热爱祖国、热爱中华民族,做中国特色社会主义事业的合格接班人。

俞正声在松赞林寺和云南佛学院迪庆藏传佛教分院看望宗教界人士，并与他们座谈交流。俞正声指出，做好藏传佛教工作，是做好藏区工作的关键环节。要全面贯彻党的宗教信仰自由政策，依法管理宗教事务，善于按照宗教规律做好宗教工作，对信教群众做到政治上团结、信仰上尊重、风俗上理解，把广大信教群众团结在党和政府周围。要积极引导藏传佛教与社会主义社会相适应，维护信教群众的合法权益，支持宗教界人士学经学法、持戒守法，教育信教群众遵守国家法律、履行公民义务，更好地促进宗教和睦、社会和谐。要教育引导藏传佛教界人士认清十四世达赖集团"中间道路""高度自治"的本质和危害，坚决反对一切分裂国家、破坏党的领导和社会主义制度的行为，坚决维护祖国统一、民族团结和社会和谐稳定。

5月16—18日

［纲　文］　刘奇葆在浙江省调研。

［目　文］　中共中央政治局委员、中宣部部长刘奇葆考察了浙江广电集团、浙江日报报业集团、小百花越剧团、横店影视产业实验区、东阳市的农村文化礼堂和企业等，与基层干部群众座谈交流。

刘奇葆指出，要把培育和弘扬社会主义核心价值观作为凝魂聚气、强基固本的基础工程，体现到文化建设的全过程和各方面，以社会主义核心价值观引领文化改革发展，推动社会主义文化发展繁荣。

5月16日—6月4日

［纲　文］　"中国在哪里——中葡当代艺术展"在北京中华世纪坛世界艺术馆举办。

5月17日

［纲　文］　发展改革委发布《外商投资项目核准和备案管理办法》。

［目　文］　《办法》共8章38条。内容有总则、项目管理方式、项目核准、项目备案、项目变更、监督管理、法律责任、附则。自2014年6月17日起施行。国家发展和改革委员会2004年10月9日发布的《外商投资项目核准暂行管理办法》（国家发展和改革委员会令第22号）同时废止。

5月17—24日

［纲　文］　科技部、中宣部、中国科协等部门举办2014年全国科技活动周。

［目　文］　以"科学生活，创新圆梦"为主题，全国开展1700余项重点科普活动，包括北京大型科普博览、科技列车赣南行、科普讲解大赛等。17日，中共中央政治局委员刘延东、郭金龙参加北京科技周现场活动。

5月17—18日

［纲　文］　2014年亚太经合组织贸易部长会议在青岛举行。

［目　文］　商务部部长高虎城为本届贸易部长会议主席。亚太经合组织21个经济体贸易部长或代表率团与会。会议围绕"共建面向未来的亚太伙伴关系"主题，就支持多

边贸易体制和反对贸易保护主义、推进亚太自贸区建设、促进全球价值链和供应链合作、加强经济技术合作以及促进经济创新发展、改革与增长、加强全方位基础设施和互联互通建设等议题广泛交换了意见，达成了一系列共识，并发表了《2014亚太经合组织贸易部长会议青岛声明》和《亚太经合组织贸易部长支持多边贸易体制的单独声明》。

亚太经合组织是中国参与的重要区域性经济组织。2013年，中国与亚太经合组织其他成员之间的贸易额达2.5万亿美元，占我国对外贸易总额的60%。在我国十大贸易伙伴中，有8个是亚太经合组织成员。

17日，国务院副总理汪洋在青岛会见了亚太经合组织（APEC）21个成员的贸易部长和有关国际组织官员。汪洋指出，本次贸易部长会议是全球经济复苏进入重要关口和亚太经济合作进入重要阶段召开的一次重要会议，也是11月领导人非正式会议的一次重要准备会议。亚太地区是世界经济的重要引擎，APEC不仅有责任促进本地区发展，也有责任为世界经济增长贡献力量，期待会议在支持多边贸易体系发展、推动结构改革、共同应对地区热点问题等方面释放积极信号，为世界经济复苏提供正能量。中国的发展离不开亚太，亚太的繁荣也需要中国。中国高度重视与APEC各成员的合作。我们将以负责任的行动，当好APEC年会的东道主。

5月17日

[纲　文] 《人民日报》发表题为《自强自立 扶残助困》的评论员文章。

5月18日

[纲　文] 中共中央总书记习近平就当斋等老挝领导人遇难向老挝人民革命党总书记朱马里致唁电。

[目　文] 习近平代表中国党、政府和人民，对5月17日老挝人民革命党中央政治局委员、副总理兼国防部长当斋，公安部长通班，万象市委书记苏甘和中宣部长征因飞机失事不幸遇难表示深切的哀悼，向他们的亲属表示诚挚的慰问。

习近平在唁电中说，当斋等四位同志是老挝重要领导人，为老挝革新开放事业作出了重要贡献，并积极推进中老友好合作关系。他们不幸遇难是老挝党和国家建设事业的重大损失，也是中老友好事业的重大损失。

19日，中共中央政治局委员孟建柱、国务委员郭声琨就老挝副总理和公安部长逝世向老挝致唁电，对老挝人民民主共和国政府副总理兼国防部部长当斋·皮芝同志、公安部部长通班·森·阿蓬同志不幸罹难致以最沉痛的哀悼，向他们的家属致以最深切的慰问。唁电高度评价了当斋和通班对中老缅泰湄公河流域执法安全合作所作出的重大贡献。

同日，受孟建柱、郭声琨委派，公安部副部长黄明率代表团在老挝出席相关悼念活动。

5月18日

[纲　文] 《人民日报》发表题为《自贸园区应是"改革高地"》评论员文章。

5月18—21日

[纲　文]　应国家主席习近平邀请，吉尔吉斯共和国总统阿尔马兹别克·阿坦巴耶夫于对中国进行国事访问并出席在上海举行的亚洲相互协作与信任措施会议第四次峰会。

[目　文]　访问期间，习近平在上海同阿坦巴耶夫举行会谈，两国元首高度评价中吉建立战略伙伴关系以来各领域合作取得的成果，决定共同致力于深化两国关系、维护地区和平稳定并共同签署了《中华人民共和国和吉尔吉斯共和国关于进一步深化战略伙伴关系的联合宣言》，见证了安全执法、基础设施建设等领域合作文件的签署。

习近平在会谈时表示，中国是吉尔吉斯斯坦可以信赖和依靠的真诚朋友，将继续为吉方经济社会发展提供力所能及的帮助，鼓励本国企业扩大对吉投资。双方要重点实施好吉方输变电线、热电厂、炼油厂、天然气管道、高产示范种植等合作项目，推动中吉乌公路早日全线贯通。在融资、交通运输等方面为两国合作提供支持和保障。吉方是建设丝绸之路经济带的重要一环，要把中吉有关双边合作同该倡议对接，推进本地区互联互通建设和贸易投资便利化。双方要继续深化安全执法合作，共同打击"三股势力"、贩毒和跨国有组织犯罪。要加强人文交流，不断深化两国人民睦邻友好感情。维护中亚和平稳定和发展繁荣，符合本地区国家根本利益。中方反对外部势力干涉中亚国家内部事务。中方愿同吉方密切在亚信、上海合作组织等框架内合作，树立命运共同体、利益共同体意识，倡导共同、综合、合作、可持续的亚洲安全观，共同促进地区和平、稳定、发展。

阿坦巴耶夫表示，吉方感谢中方提供的无私援助，祝愿中华民族伟大复兴的中国梦早日实现，在涉及中国核心利益和重大关切问题上坚定支持中方。"三股势力"对吉中两国和中亚地区构成严重威胁，吉愿意同中方加强协作、合力防范和打击。吉方愿意积极参与丝绸之路经济带建设，促进两国经贸往来、基础设施互联互通和人文交流。亚洲的事情应该由亚洲国家自己解决。吉方珍惜国家稳定。吉方愿同中方一道，利用亚信平台，维护地区和平安宁。

5月18—26日

[纲　文]　国务院副总理刘延东应邀对以色列和克罗地亚进行正式访问。

[目　文]　在访问以色列期间，刘延东在耶路撒冷分别会见以色列总统佩雷斯和总理内塔尼亚胡。刘延东和佩雷斯共同出席了首届以色列创新大会开幕式并分别致辞。

在克罗地亚访问期间，刘延东在萨格勒布分别会见克罗地亚总统约西波维奇、总理米拉诺维奇；与克第一副总理兼外长普希奇会谈并共同会见记者。

5月18—23日

[纲　文]　应全国人大常委会委员长张德江邀请，萨摩亚议长拉乌利率团访华。

[目　文]　19日，张德江在北京与拉乌利举行会谈说，中萨两国虽然国情差别很大，但同处亚太地区、同为发展中国家，对内有发展经济、改善民生的共同任务，对外有维护地区和平稳定的共同愿望。希望双方继续做相互支持的可靠朋友、互利合作的真诚伙伴。中方赞赏萨政府历来坚持对华友好，在涉及中国核心利益问题上给予中方坚定支持。

中方尊重萨方自主选择的发展道路，支持贵国在发展国内经济、提高人民生活水平、积极参与地区和国际事务等方面所作的努力。中国全国人大和萨摩亚议会在各自国内政治生活中发挥着重要作用。中国全国人大愿加强与萨摩亚议会的友好关系，密切双方友好往来，加强务实合作，为巩固政治互信、增进人民友谊、促进共同发展作出新的贡献。

拉乌利表示，萨摩亚珍视与中国的友好关系，视中国为萨真诚的朋友和兄弟，感谢中方长期以来给予萨的慷慨支持和无私援助，钦佩中国经济社会发展取得的巨大成就。萨尊重中国的主权和领土完整，坚定奉行一个中国政策。萨议会愿与中国全国人大建立更紧密关系，推动两国关系迈上新台阶。

5月18—22日

［纲　文］　应中国政府邀请，联合国秘书长潘基文对中国进行正式访问并出席在上海举行的亚洲相互协作与信任措施会议第四次峰会。

［目　文］　19日，国家主席习近平在上海会见潘基文时指出，国际社会应该共同努力，促进世界和平与发展。一是坚持政治解决冲突的方向。世界上热点问题不少，按下葫芦起了瓢。解决这些问题要既得理又得法，一味示强施压不行，外部武力干预更要不得，政治解决是唯一出路。联合国要高举这面旗帜。二是坚持实现共同发展的目标。联合国要发挥政治、道义优势、统筹协调作用，制定2015年后发展议程，以消除贫困为核心，实现可持续发展。中方希望今年9月举行的联合国气候变化峰会取得成功。三是坚持联合国在国际事务中的引导作用。在反恐问题上，联合国应该有更大作为，倡导鲜明的是非标准，推动国际社会坚决打击任何形式的恐怖主义。在网络问题上，联合国要发挥主渠道作用，讲规则、讲主权、讲透明，尊重各国在信息安全上的关切，实现共同治理。中国将继续坚定支持联合国工作。潘基文表示，联合国感谢中国坚定致力于多边主义，积极参与联合国事务，为促进世界和平、稳定、发展作出了重要贡献。事实证明，中国是联合国强有力的合作伙伴。中国主办亚信峰会，将有力推动亚洲国家增进互信和协作、有效应对安全上的威胁和挑战。

双方还就朝鲜半岛形势、乌克兰、叙利亚、气候变化等问题交换了意见，习近平阐述了中方立场主张。

同日，国务院总理李克强在北京会见潘基文时表示，制定2015年后发展议程是联合国的重要工作之一。为此要把握好增长、包容、合作三个关键词，在推动经济持续增长的基础上逐步消除贫困，兼顾发达国家和发展中国家关切，建立公平、公正、有效的全球伙伴关系，实现共同发展。李克强应询阐述了中国在应对气候变化问题上的立场，强调指出，气候变化既是环境问题，也是发展问题。必须继续坚持并充分体现"共同但有区别的责任"等原则，确保各国承担同自身发展阶段和水平相适应的责任。中方愿与联合国以及有关各方加强合作，共同应对气候变化，促进可持续发展。潘基文表示，中国长期致力于推进多边主义和南南合作，积极参与联合国维和行动，为解决国际地区热点问题、实现联合国千年发展目标、维护世界和平与发展作出了重要贡献。

潘基文访问期间，外交部部长王毅在上海会见潘基文时表示，亚信上海峰会即将召开。中方愿同各方一道努力，探讨形成符合亚洲需要的亚洲安全观，推动建立地区安全架构。亚洲事务应由亚洲国家主导，亚洲国家有能力维护地区和平稳定。潘基文表示，中国举办亚信峰会，将有力推动亚信的发展。联合国支持峰会成功举办。

5月19日

[纲　　文]　国务院总理李克强在北京会见法国外长法比尤斯。

[目　　文]　李克强指出，中方愿与法方继承和发扬独立自主、高瞻远瞩、互利共赢的建交精神，使中法关系的发展为推进中欧关系，促进中、法同非洲开展三方合作，以及应对全球性挑战发挥积极作用。务实合作是中法关系发展的重要引擎。中方愿以两国建交50周年为契机，加强各领域务实合作，在核电等领域共同开拓第三方市场，扩大人文交流，使中法合作不断取得新成果。希望法方在对华科技合作方面采取更加开放的态度。

法比尤斯表示，2014年两国隆重庆祝建交50周年，法中关系提升到全新水平。法方愿进一步扩大两国重点领域合作，共同开拓第三方市场，办好法中高级别人文交流机制，扩大文化、教育、旅游等领域合作。李克强总理不久前成功访非，法方愿同中方在非洲开展三方合作，期待同中方就应对气候变化等全球性问题加强沟通协作。

5月19日

[纲　　文]　保监会发布《保险公司资金运用信息披露准则第1号：关联交易》，自2014年5月19日起施行。

5月19日

[纲　　文]　纪检监察机关"转职能、转方式、转作风"专题研讨班在北京举行。

[目　　文]　中共中央政治局常委、中央纪委书记王岐山出席并讲话。中共中央书记处书记、中央纪委副书记赵洪祝主持会议。

王岐山指出，纪检监察机关要深入贯彻党的十八届二中、三中全会精神，落实中央纪委二次、三次全会部署，明确职责定位，聚焦党风廉政建设和反腐败斗争，紧紧围绕监督执纪问责，深化转职能、转方式、转作风，全面提高履职能力。纪检监察机关要根据党章和党内法规要求，从党中央对党风廉政建设和反腐败的形势判断、提出的工作要求出发，转职能、转方式、转作风。权力就是责任，责任就要担当。纪检监察机关的职责是党章赋予的，要明确定位，聚焦中心任务，不断坚持、巩固和深化落实八项规定精神，增强党的观念，严肃组织纪律，坚决遏制腐败蔓延势头，深入推进党风廉政建设和反腐败斗争。转职能需要转方式来配合，靠优良作风作保障。转职能、转方式难，转作风更难。职责越明确越聚焦，工作就越具体越深入。要改革体制机制，创新组织制度，改进方式方法。"三转"就是要往监督执纪问责上转。监督、执纪、问责三者相互联系、相互作用、浑然一体。纪检监察机关的专责是监督执纪，转变作风尤为重要，要带头纠正"四风"，形成严、细、深、实的工作作风，做到情况明、数字准、责任清、作风正、工作实。要统一思想，付诸行动,与时俱进,随着形势和实践的发展深化"三转"。要求真务实,解决工作发散有余、聚集不足问题,实现内涵与外延的统一,克服越位、缺位、错位现象。要紧密联系本地区本部门本单位实际,在不增加机构、编制、人员的条件下,把更多的力量压到主业上,区别共性和个性,不强求上下一律。完成党的事业最终要靠人,关键是用好干部。对党忠诚是对纪检监察干部最根本的政治要求。广大纪检监察干部要牢记使命、不负重托,坚定理想信念,增强党性观念,严守工作纪律。信任不能代替监督。要加强对纪检监察干部的教育、管理和监督,以铁的纪律打造一支政治强、业务精、作风硬的干部队伍。

5月19日

[纲　文]　刘云山在陕西省调研。

[目　文]　中共中央政治局常委刘云山在宝鸡青铜器博物院、西安易俗社调研时,文物工作者介绍了文物保护情况,艺术家介绍了秦腔艺术和易俗剧社发展情况。刘云山说,优秀传统文化滋养了民族精神、民族之魂,无论社会怎么变化,都不能割断血脉、丢掉根基。要自信自豪地对待传统文化,把不忘本来、吸收外来、着眼将来结合起来,重视文化传承人才培养,结合时代特点推动创新发展,不断增强优秀传统文化的生命力。在陕西日报传媒集团,刘云山询问新闻报道和新媒体发展情况后指出,话语权决定主动权,传播力决定影响力,要牢牢把握正确导向,始终贴近群众需求,加快传统媒体和新媒体融合发展,充分发挥党报在舆论引导中的旗舰作用。刘云山到宝鸡机床集团有限公司、石鼓镇石咀头村调研,在了解基层党建和教育实践活动情况后指出,抓活动改作风,目的是加强党的建设、推动改革发展、改善人民生活,要落实从严要求、贴近基层实际,充分发挥党员先锋模范作用,在联系和服务群众上见实效,让人们感受到活动带来的新变化新气象。

刘云山主持召开文化建设座谈会,陕西宣传文化部门、文化企业、基层文化单位和作家艺术家代表发言,提出意见建议。刘云山在听取发言后指出,文化建设的核心是价值观建设,丰富人们精神世界、提高国家文化软实力,都需要大力培育和弘扬社会主义核心价值观。

5月19日

[纲　文]　国务院副总理汪洋与俄罗斯副总理罗戈津在北京举行中俄总理定期会晤委员会双方主席会晤。

[目　文]　汪洋说,近期两国政府有关部门密切配合,高效工作,为两国元首上海会晤做了充分的准备。希望双方发挥好战略性项目高级别监督工作组的作用,积极推进重点合作项目,推动两国务实合作向更高水平发展,实现互利共赢。罗戈津表示,愿同中方共同努力,提高双方政府间合作机制效率,扩大合作领域,积极推进战略性项目合作。

汪洋和罗戈津签署了《中俄总理定期会晤委员会双方主席会晤纪要》。

5月19日

[纲　文]　外交部部长助理郑泽光召见美国驻华大使博卡斯,就美国司法部不顾中

方强烈反对，执意宣布起诉5名中国军官一事提出严正交涉和抗议。

[目　文]　郑泽光说，美方蓄意捏造事实，以所谓网络窃密为由宣布起诉中国军方人员，严重违反国际关系基本准则，严重破坏中美在网络安全领域的合作，严重损害中美关系。中方对此表示强烈愤慨和坚决反对。中国是网络安全的坚定维护者。中国政府和军队及其相关人员从不从事或参与通过网络窃取商业秘密的活动。美方对中方人员的指责完全是无中生有，别有用心。大量公开披露的信息表明，美方长期以来对中国和其他国家的政府部门、机构、企业、大学甚至个人进行大规模、有组织的网络窃密和监听监控，中方就此多次向美方提出交涉，国际社会也予以广泛谴责。美方迄今不但没有向中方和国际社会作出清楚解释，反而颠倒黑白、倒打一耙。这种做法进一步暴露了美方在网络安全问题上的霸道和虚伪。中方再次要求美方作出清楚的解释，切实停止此类活动。鉴于美方对通过对话合作解决网络安全问题缺乏诚意，中方决定中止中美网络工作组活动，并将根据形势发展，对美方所谓起诉作出进一步反应。中方再次敦促美方立即纠正错误，撤销针对中方人员的所谓起诉。

同日，国防部新闻发言人发表谈话说，中方对此表示强烈愤慨和坚决反对，已向美方提出严正交涉。中方在网络安全问题上的立场是一贯的、明确的。中方是网络安全的坚定维护者，中国政府和军队从未从事或参与任何通过网络窃取商业秘密的活动。美方所谓"网络商业窃密"等说法无中生有，混淆视听，是别有用心的。长期以来，美方有关部门倚仗所掌握的先进技术和基础设施，对外国政要、企业、个人进行大规模、有组织的网络窃密和监听、监控活动，这已是世人皆知的事实。从"维基解密"到"斯诺登事件"，美方在网络安全问题上的虚伪性和双重标准早已昭然若揭。中国军队是美方此类行径的严重受害者。据统计，中国军队接入国际互联网用户终端近年来遭受了大量境外攻击，根据IP地址显示，其中有相当数量攻击源来自美国。中方要求美方就针对中方的网络窃密和监听监控活动作出清楚的解释，并立即停止此类行为。

5月19日

[纲　文]　"和谐亚洲"国际和平艺术家绘画作品展在上海开幕。

[目　文]　中共中央政治局委员、中央政法委书记孟建柱，国务委员兼公安部部长郭声琨与塔吉克斯坦总统拉赫蒙、上海合作组织副秘书长阿科什卡罗夫共同出席并致辞。

作品展由北京和平之旅文化交流中心和中国对外文化交流协会联合主办，以"和谐亚洲"为主题。参展的150幅美术精品出自亚信成员国、观察员国、对话伙伴国等28个国家80位国内外艺术家之手。这些作品紧扣"和谐亚洲"的主题，形式多样、风格迥异、意蕴隽永，生动形象地诠释了亚洲乃至世界各国人民热爱和平的人文思想，传达了丰富而深刻的和谐理念。此次画展在亚信峰会期间举办，为亚信峰会烘托出和谐和睦气氛，激起社会各界的热烈反响，获得媒体和社会公众的赞赏。

5月19日

[纲　文]　《人民日报》发表题为《落实主体责任　才有风清气正》的评论员文章。

5月19—21日

[纲 文] 应国家主席习近平邀请，哈萨克斯坦共和国总统努尔苏丹·纳扎尔巴耶夫对中国进行国事访问并出席在上海举行的亚洲相互协作与信任措施会议第四次峰会。

[目 文] 访问期间，习近平在上海同纳扎尔巴耶夫举行会谈，两国元首就中哈关系以及共同关心的国际和地区问题深入交换意见，决定全面对接两国发展战略，提升战略合作水平，共同推动亚信发展，维护地区安全稳定并共同签署《中华人民共和国和哈萨克斯坦共和国联合宣言》，见证了能源、投融资等领域合作文件的签署；共同出席中哈连云港物流场站项目远程投产仪式，在听取项目双方负责人通过视频连线汇报后，习近平和纳扎尔巴耶夫共同启动控制系统，项目正式投产运营。纳扎尔巴耶夫在习近平见证下，接受了"丝绸之路和平奖"。该奖由中国民间发起、社会各界参与评选，由丝绸之路和平奖委员会颁发，宗旨是弘扬丝绸之路精神，表彰为维护世界和平、促进地区稳定、民族和解作出杰出贡献的各国团体和人士。

习近平在会谈时表示，当前，中哈关系发展顺利，政治互信和各领域合作均达到前所未有的高水平。2013年我们达成的共识正在得到有效落实。2014年是中国全面深化改革开局之年，也是哈萨克斯坦推进"2050年战略"起始之年，两国合作互补互惠大有可为。双方要落实好经贸合作中长期发展规划，扩大双边贸易和投资规模。中方欢迎哈方积极参与上海自由贸易试验区建设，希望双方全面深化能源资源合作，加强农业、通信、创新产业、高新技术等领域合作。双方还要以共同制定中哈毗邻地区合作规划纲要为契机，推动地方合作，密切人文交流。中方愿同哈方加强在打击"三股势力"、禁毒、网络信息安全等领域合作。当前，国际和地区形势复杂多变，中哈双方要加强在上海合作组织内的协调和合作，共同维护地区安全稳定。

纳扎尔巴耶夫表示，哈中两国在许多重大问题上立场一致。我们都主张各国有权根据本国国情选择自己的发展道路。哈方坚定致力于发展哈中全面战略伙伴关系，对深化两国务实合作寄予厚望。哈方愿为中国经济建设提供有力能源支持。哈方欢迎中方扩大对哈方非资源领域投资，优化双边贸易结构。哈方积极支持和参与丝绸之路经济带建设，拉动经贸、交通和边境口岸基础设施建设、金融等领域合作。哈方愿同中方加强反恐合作，共同推动上海合作组织发展，有效应对各种威胁和挑战。

5月20日

[纲 文] 俞正声主持召开政协第十五次主席会议。

[目 文] 全国政协副主席杜青林、董建华、林文漪、罗富和、何厚铧、李海峰、陈元、卢展工、王家瑞、王正伟、马飚、齐续春、陈晓光、马培华、王钦敏等出席会议。

会议审议通过了政协第十二届全国委员会常务委员会第六次会议议程（草案）和日程（草案），拟于6月召开政协第十二届全国委员会常务委员会第六次会议；会议研究了庆祝中国人民政治协商会议成立65周年大会方案；听取了"深化产教融合、校企合作，加快现代职业教育体系建设"专题协商会筹备情况汇报；通过了关于撤销宋林政协第十二届全国委员会委员资格的决定，并将在政协第十二届全国委员会常务委员会第六次会议上追认。

5月20日

［纲　文］　汪洋在北京市调研外贸工作。

［目　文］　国务院副总理汪洋考察了北京平谷国际陆港、天竺综合保税区国际快件监管中心等，并主持召开座谈会，听取北京市和有关外贸企业的意见和建议。他强调，支持外贸发展的政策能不能发挥作用，关键在于抓好贯彻落实。各地区各有关部门要尽快行动起来，抓紧制订具体工作方案，明确时间表，确保中央各项政策措施不折不扣落实到位，努力实现全年进出口增长目标。营商环境是经济软实力的重要内容，也是一个国家和地区外贸竞争力的重要保障。他要求有关部门要努力营造国际化、法治化营商环境，培育外贸竞争新优势。要着力转变政府职能、创新监管方式，加强部门之间协调配合，加快推进区域通关一体化和通关作业无纸化，规范进出口环节经营性服务和收费，提高贸易便利化水平，减轻企业负担。

5月20日

［纲　文］　"月宫一号"成功完成中国首次长期多人密闭试验。

［目　文］　在北京航空航天大学，谢倍珍等三位志愿者经过105天从"月宫一号"密闭舱中走出来，标志着月球基地生命保障人工闭合生态系统地基实验装置"月宫一号"成功完成我国首次长期多人密闭试验。

"月宫一号"的核心为生物再生生命保障系统（BLSS），这是目前世界上最先进的闭环回路生命保障技术，也是人类实现在外太空长期生存的核心技术。其特点是载人飞行器进入外太空后可不再需要或很少需要地面物质支持，氧气、水和食物在系统内通过生物技术实现再生，航天员可长期在其中工作和生活，使得长期载人航天和行星探测成为可能。

5月20日

［纲　文］　中国计量测试学会在北京举行2014年计量测试科技成果推介会，首次发布《新中国计量史》。

［目　文］　我国研制的"量子化霍尔电阻基准"，其不确定度优于国际最好水平10倍，位列国际同类基准之首；"铯冷原子喷泉钟"准确度已相当于1500万年不差一秒，标志着我国成为世界少数具有独立完整时间频率体系的国家之一。

推介会有130多个计量基础研究项目和计量测试技术应用项目参展，涉及能源、环保、海洋、医疗、民生、电力等十多个领域，并且均在各领域得到应用，具有良好的经济效益和社会效益。

5月20日

［纲　文］　中国首部《乌尔都语汉语词典》发布会在复旦大学召开。

［目　文］　发布会由高等教育出版社、巴基斯坦驻华大使馆联合举办，巴基斯坦总

统马姆努恩·侯赛因出席并致辞。侯赛因表示,《乌尔都语汉语词典》的编撰、出版是中巴友好交往的一项重要成就。《乌尔都语汉语词典》为中、乌两种语言架起了学术沟通的桥梁,必将为进一步加强两国人民之间的友好联系作出贡献。

乌尔都语是巴基斯坦国语,在南亚地区使用广泛,覆盖1.04亿人口。高等教育出版社出版的《乌尔都语汉语词典》是中国首部正式出版的乌汉词典,收录词条约6.5万条,1450余页,170余万字。巴基斯坦驻华大使马苏德·哈立德,复旦大学校长杨玉良,《乌尔都语汉语词典》编撰者、北京大学教授孔菊兰出席了会议。

5月20日

[纲　文]　国务院副总理汪洋在北京分别会见世贸组织总干事阿泽维多和巴西交通部部长博尔热斯、国家经济社会发展银行行长科蒂尼奥一行。

[目　文]　汪洋在会见阿泽维多时强调,以世贸组织为代表的多边贸易体制对推动全球贸易投资自由化与便利化发挥了重要作用,中国政府坚定地维护多边贸易体制,一如既往地积极支持世贸组织开展工作。

汪洋在会见博尔热斯、科蒂尼奥一行时表示,中巴同为重要的发展中大国,两国经济互补性强,合作潜力巨大。中国政府鼓励有实力的企业到巴西投资,与巴方开展基础设施等领域合作,推动中巴全面战略伙伴关系不断向前发展。

5月20日

[纲　文]　中国—东盟国防部长会晤在缅甸首都内比都举行。

[目　文]　国务委员兼国防部长常万全、来自东盟国家的防务领导人和东盟秘书处负责人出席。

常万全说,中国倡导以共同安全、综合安全、合作安全和可持续安全为核心的新安全理念,给本地区带来的是发展与合作机遇,中国是地区和平与发展的正能量。关于南海问题,常万全强调,中国致力于同有关当事国在尊重历史事实和国际法的基础上,通过谈判协商解决争议,这一立场是清晰和一贯的,也是各方在《南海各方行为宣言》中的明确共识。将问题国际化、多边化不仅无助于问题解决,也不利于有关进程的推进。中国坚定不移地走和平发展道路,中国同样坚定不移地捍卫主权、安全和发展利益。

5月20日

[纲　文]　《人民日报》报道,中共中央纪委对江西省人大常委会原副主任、省总工会原主席陈安众严重违纪违法问题立案检查。

[目　文]　依据《中国共产党纪律处分条例》等有关规定,经中央纪委审议并报中共中央批准,决定给予陈安众开除党籍,建议开除公职;收缴其违纪所得;将其涉嫌犯罪问题及线索移送司法机关依法处理。

2015年6月19日,安徽省蚌埠市中级人民法院以受贿罪一审宣判陈安众有期徒刑12年,并处没收个人财产人民币80万元。

5月20—21日

[纲　文]　应国家主席习近平的邀请，俄罗斯联邦总统普京对中国进行国事访问并出席亚洲相互协作与信任措施会议第四次峰会。

[目　文]　20日，习近平在上海同普京举行会谈。两国元首就中俄关系及重大国际和地区问题深入交换意见，达成高度一致。对当前中俄关系全方位、多层次顺利发展表示满意，决定不断扩大和深化务实合作，把中俄全面战略协作伙伴关系推向更高水平。两国元首共同签署了《中华人民共和国与俄罗斯联邦关于全面战略协作伙伴关系新阶段的联合声明》，并见证了能源、电力、航空、通信、地方等领域多项合作文件的签署。习近平和普京共同出席中俄海上联合军事演习开始仪式。

习近平同普京会谈时表示，中俄是友好邻居，也是世界舞台上的重要力量。中俄进一步发展全面战略协作伙伴关系，是促进国际公平正义、维护世界和平发展的需要，是两国共同发展繁荣的需要，也是世界多极化发展的必然选择。中俄合作是全方位、多层次的。双方要再加把劲，努力实现2015年前双边贸易额达到1000亿美元的目标。对中俄务实合作，我们既推动量的提升，也重视质的跨越，通过建立中俄投资合作委员会、高级别专项小组等机制，推进经贸、投资、能源、高技术、航空航天、基础设施建设、民生等领域战略性大项目合作。面对复杂多变的国际和地区形势，中俄要加强在双边及上海合作组织框架内安全合作，维护两国和地区安全稳定。中俄两军要在联演联训、军技、反恐等方面深化合作，共同搞好中俄海上联合军演和上海合作组织成员国联合反恐军演。2015年是世界反法西斯战争暨中国人民抗日战争胜利70周年。我和普京总统商定，举行庆祝和纪念活动，同世界各国人民一道，致力于维护二战胜利成果和战后国际秩序，决不允许法西斯主义和军国主义野蛮侵略的悲剧重演。

普京表示，俄方愿积极推进双方油气、核能、电力、高铁、宽体客机、金融等合作项目，愿增加对华油气出口。我高兴地得知，双方就东线天然气项目价格谈判取得重要进展，愿本着互利互惠原则同中方尽早达成最终协议。俄方支持建设丝绸之路经济带，促进交通基础设施互联互通，欢迎中方参与俄罗斯远东地区开发。两军合作很重要，应该继续加强。双方要扩大人文交流，办好今明两年俄中青年友好交流年。俄中在国际舞台上密切协作，是维护世界和平稳定的重要因素。俄方愿同中方加强在联合国、上海合作组织等框架内的协调和配合。

21日，习近平和普京在上海共同见证中俄两国政府《中俄东线天然气合作项目备忘录》、中国石油天然气集团公司和俄罗斯天然气工业股份公司《中俄东线供气购销合同》的签署。

根据双方商定，从2018年起，俄罗斯开始通过中俄天然气管道东线向中国供气，输气量逐年增长，最终达到每年380亿立方米，累计30年。中俄东线天然气合作，是在中俄两国领导人亲自关心和推动下，在两国政府直接指导和参与下，在双方企业长期共同努力下实现的，是中俄加强全面能源合作伙伴关系、深化全面战略协作伙伴关系的又一重要成果，充分体现了互信互利原则。双方将共同努力，落实相关工作，确保项目实施。

5月20—22日

〔纲　文〕　应国家主席习近平邀请，伊朗伊斯兰共和国总统鲁哈尼对中国进行国事访问并出席在上海举行的亚洲相互协作与信任措施会议第四次峰会。

〔目　文〕　习近平在上海同鲁哈尼举行会谈。两国元首共同规划中伊关系发展，决定携手努力，推动各领域友好合作迈上新台阶。

习近平强调，双方要保持高层接触和往来，推动两国政府、议会、地方、民间交往，深化了解和互信，扩大贸易往来，稳步推进油气、石化合作。历史上，中伊两国人民通过丝绸之路开展友好交往。中方欢迎伊方积极参与丝绸之路经济带和21世纪海上丝绸之路建设，带动基础设施建设等领域合作，启动高铁、经济园区等项目。双方要加强安全合作，共同打击恐怖主义、毒品和跨国犯罪。中伊都是文明古国，要加强人文交流，尽早互设文化中心，促进旅游合作。中方愿继续为伊朗核问题早日得到全面妥善解决作出贡献。中方尊重伊朗和平利用核能的权利，始终认为对话谈判是妥善解决伊朗核问题的唯一正确和有效途径。中方对近来伊朗核问题对话取得进展表示欢迎，希望有关各方继续努力，尽早达成全面协议。中方愿继续同伊方加强沟通协调，为推动谈判进程发挥建设性作用。

鲁哈尼表示，我2013年同习近平主席在比什凯克会晤以来，两国关系加快发展。伊中友好交往历史悠久，现实关系不存在障碍，我对两国合作感到乐观。伊方从长远角度重视加强两国经贸、能源、交通基础设施等领域合作，欢迎中国企业投资。伊方支持两国文化交流。中国是促进亚洲和世界和平和发展的重要力量。伊方祝贺亚信上海峰会取得积极成果，愿同中方加强在亚信平台的配合，共同反对恐怖主义和极端势力，维护地区安全稳定。鲁哈尼介绍了伊方有关立场，强调伊方根据《不扩散核武器条约》享有的合法权益应得到保障，通过谈判早日达成全面协议对各方都有利。伊方赞赏中方劝和促谈，希望中方继续发挥积极作用。

5月20—26日

〔纲　文〕　"海上联合—2014"中俄海上联合军事演习在中国东海北部海空举行。

〔目　文〕　演习以海上联合行动为课题，主要演练联合防空、联合反潜、联合对海突击、实际使用武器等战术科目，提高两国海军共同应对海上安全威胁的能力。

19日，中央军委委员、海军司令员吴胜利在上海会见了来华出席中俄"海上联合—2014"军事演习相关活动的俄罗斯海军总司令奇尔科夫上将。吴胜利说，此次"海上联合—2014"军事演习显示了两国共同应对海上安全威胁、携手维护地区安全稳定的信心决心，对于进一步深化全面战略协作伙伴关系、提升两国海军务实合作水平具有重大现实意义。奇尔科夫表示，俄罗斯海军高度重视发展与中国海军的关系，期待双方战略互信和交流合作不断向前发展。

5月21日

[纲　文]　亚洲相互协作与信任措施会议第四次峰会在上海举行,国家主席习近平主持会议并发表讲话。

[目　文]　中国在本次会议上正式接任2014年至2016年亚信主席国。哈萨克斯坦总统纳扎尔巴耶夫、俄罗斯总统普京、阿富汗总统卡尔扎伊、阿塞拜疆总统阿利耶夫、伊朗总统鲁哈尼、吉尔吉斯斯坦总统阿坦巴耶夫、蒙古国总统额勒贝格道尔吉、巴基斯坦总统侯赛因、塔吉克斯坦总统拉赫蒙、乌兹别克斯坦总统卡里莫夫、斯里兰卡总统拉贾帕克萨、柬埔寨首相洪森、联合国秘书长潘基文等出席。

习近平发表题为《积极树立亚洲安全观　共创安全合作新局面》的主旨讲话。习近平指出,中国将同各方一道,积极倡导共同、综合、合作、可持续的亚洲安全观,搭建地区安全和合作新架构,努力走出一条共建、共享、共赢的亚洲安全之路。中国和平发展始于亚洲、依托亚洲、造福亚洲。中国人民愿意同各方一道努力,实现持久和平、共同发展的亚洲梦。

与会各方围绕"加强对话、信任与协作,共建和平、稳定与合作的新亚洲"这一主题交换意见,共商安全合作大计,共谋长治久安良策,共襄发展繁荣盛举,达成广泛共识。就亚洲地区安全形势以及反恐、粮食安全、能源安全、网络安全、核裁军和防扩散等问题广泛交换意见,一致认为,亚洲各国面临的相同任务是发展,需要安全稳定的环境。各方愿发扬团结合作、同舟共济精神,推动亚信进程,加强政治、安全对话和合作,增进互信,把亚洲建成持久和平、共同繁荣的和谐地区。各方高度评价中国为促进亚洲和世界和平、稳定、繁荣作出的重大贡献,赞赏中国坚持和平发展和睦邻友好,支持中方倡导的亚洲安全观,表示愿同中方携手努力,共建丝绸之路经济带,加强经济融合和互联互通,共同应对各种威胁和挑战,协力打击"三股势力",实现共同安全、共同发展、共同繁荣。各方相信中方担任亚信主席国,一定能有力推动亚信发展。这次峰会一定会成为亚信史上新的里程碑。峰会发表了《亚洲相互协作与信任措施会议第四次峰会上海宣言》。

同日,习近平和亚信倡议国哈萨克斯坦总统纳扎尔巴耶夫、亚信上届主席国土耳其总统特别代表、外长达武特奥卢共同会见记者。

会议期间,习近平在上海分别会见了与会的柬埔寨首相洪森、蒙古国总统额勒贝格道尔吉、塔吉克斯坦总统拉赫蒙、阿富汗总统卡尔扎伊、乌兹别克斯坦总统卡里莫夫、阿塞拜疆总统阿利耶夫、斯里兰卡总统拉贾帕克萨、巴基斯坦总统侯赛因、联合国秘书长潘基文等。

20日晚,习近平和夫人彭丽媛在上海国际会议中心举行宴会,代表中国政府和人民,欢迎前来出席亚洲相互协作与信任措施会议第四次峰会的各国贵宾。

5月21日

[纲　文]　李克强主持召开国务院常务会议。

[目　文]　会议主要内容是：一、会议对加快推进节水供水重大水利工程建设作出部署。会议确定，按照统筹谋划、突出重点的要求，在"十三五"期间分步建设纳入规划的172项重大水利工程。工程建成后，将实现新增年供水能力800亿立方米和农业节水能力260亿立方米、增加灌溉面积7800多万亩，使全国骨干水利设施体系显著加强。为此，一要推进重大农业节水工程，突出抓好重点灌区节水改造和严重缺水、生态脆弱地区及粮食主产区节水灌溉工程建设。二要加快实施重大引调水工程，强化节水优先、环保治污、提效控需，统筹做好调出调入区域、重要经济区和城市群用水保障。三要建设重点水源工程，增强城乡供水和应急能力。四要实施江河湖泊治理骨干工程，综合考虑防洪、供水、航运、生态保护等要求，提高抵御洪涝灾害能力。五要开展大型灌区建设工程。坚持高标准规划，在东北平原、长江上中游等水土资源条件较好地区新建节水型、生态型灌区。会议要求，各地区、各部门要改革创新、加强协调，加快前期工作和审批进度。建立政府和市场有机结合的机制，鼓励和吸引社会资本参与工程建设和管理。管好用好建设资金，确保工程质量，强化建后使用和管护。要统筹使用税费、价格等改革措施促进节水增效，加强终端配套设施建设。要使重大水利工程为经济社会持续健康发展提供坚实后盾。二、决定大幅增加国家创投引导资金促进新兴产业发展。会议决定，成倍扩大中央财政新兴产业创投引导资金规模，加快设立国家新兴产业创业投资引导基金，完善市场化运行长效机制，实现引导资金有效回收和滚动使用，破解创新型中小企业融资难题。

5月21日

　　[纲　文]　住房和城乡建设部、工业和信息化部印发《绿色建材评价标识管理办法》。

　　[目　文]　《办法》共5章22条。主要有总则、组织管理、申请和评价、监督检查、附则等内容。自2014年5月21起实施。

5月21日

　　[纲　文]　财政部发出《关于进一步加强财政支出预算执行管理的通知》。

　　[目　文]　《通知》由三部分组成：一、加强支出预算管理。二、加快资金支付进度。三、做好支出预算执行分析评价。

　　《通知》要求，各地区、各部门要充分认识加强预算执行管理的重大意义，加强组织领导，坚持依法理财，提高财政资金使用效益，把预算执行工作抓紧抓实抓好。各级财政部门要协调把握财政支出及时性与均衡性的关系，避免月度间支出水平大起大落，有效发挥财政资金在稳增长、调结构、惠民生等方面的重要作用，确保完成全年经济社会发展预期目标。

5月21日

　　[纲　文]　气象局印发《关于全面深化气象改革的意见》。

　　[目　文]　《意见》由五部分组成：一、全面深化气象改革的重要意义和指导思想。二、深化气象服务体制改革，加快构建开放多元有序的新型气象服务体系。三、深化气象

业务科技体制改革,加快构建世界先进的现代气象业务体系。四、深化气象管理体制改革,加快建立适应气象现代化的气象管理体系。五、加强组织领导,确保气象改革扎实稳步推进。

《意见》要求,各省(区、市)气象局要重点关注地方政府改革相关举措,结合各自工作实际,抓紧研究制定本意见的贯彻落实方案,抓好各项改革措施的组织实施。加强调研总结指导,及时掌握改革进展。围绕影响改革发展的重大问题和群众反映强烈的突出问题,及时分析查找原因,拿出解决办法。深入推进县级气象机构综合改革工作。要强化监督检查,抓好跟踪督办,建立定期评估机制,确保各项改革措施落到实处。

5月21日

[纲　文]　文化部发布《中华人民共和国文化部2013年文化发展统计公报》。

[目　文]　《公报》由八方面组成:一、机构和人员。二、公共文化服务体系。三、艺术创作演出。四、文化产业与文化科技。五、文化市场。六、文化遗产保护。七、对外及对港澳台文化交流。八、文化资金投入。

5月21—24日

[纲　文]　国家副主席李源潮出席第18届圣彼得堡国际经济论坛。

[目　文]　本届论坛的主题是"变革时代增强信任"。约70个国家和地区的近150家大型企业及450余家俄罗斯主要企业的负责人出席了论坛。

李源潮在致辞时表示,各国应携手应对变革挑战、实现共同发展,坚持以开放增信任、以信任促开放,以改革促创新、以创新推改革,以合作求共赢、以共赢促合作,以和平保发展、以发展促和平。中国将高举和平、发展、合作、共赢的旗帜,同各国一道,共同创造世界经济繁荣发展新未来。

23日,俄罗斯总统普京在彼得堡会见了李源潮。

5月22日

[纲　文]　中共中央总书记、国家主席、中央军委主席习近平在上海主持召开外国专家座谈会。

[目　文]　来自22个国家的50名在沪外国专家出席。他们分别在上海的高等学校、科研院所和企业就职,为推动中国重点领域建设取得跨越式发展和重大科学研究取得关键性突破发挥着积极作用。座谈会上,英国籍凝聚态物理专家、上海交通大学教授莱格特,荷兰籍教育文化专家、中欧国际工商学院全球策略执行总监奈斯安,美国籍航空工程专家、中国商用飞机有限责任公司特聘专家鲍盼麒,德国籍病毒学专家、上海巴斯德研究所外方所长艾德铭,美国籍金融专家、上海市陆家嘴国际金融资产交易市场股份有限公司董事长计葵生等5人发言。

习近平指出,任何一个民族、任何一个国家都需要学习别的民族、别的国家的优秀文明成果。中国要永远做一个学习大国,不论发展到什么水平都虚心向世界各国人民学习,以更加开放包容的姿态，加强同世界各国的互容、互鉴、互通，不断把对外开放提高到新的水平。不拒众流，方为江海。当今世界，经济全球化、信息社会化所带来的商品流、信息流、技术流、人才流、文化流，如长江之水，挡也挡不住。中国经济经过改革开放30多年的快速发展，依靠投资驱动、规模扩张、出口导向的发展模式空间已越来越小，必须更多依靠科技创新引领和支撑经济发展和社会进步。各位外国专家把中国作为第二故乡，我们把大家视作中国这个大家庭的一员。希望各位外国专家继续关心、支持、参与中国现代化建设，对中国改革发展建言献策；继续当好中外交流合作的民间大使，用自己的所见所闻和亲身经历，把一个全面、真实、立体的中国传播到世界，让世界对中国多一些理解和支持。外国专家对中国改革发展的见解、辨析、意见，甚至不留情面的批评，有利于我们正视自身问题、解决面临难题。

5月22日

[纲　文]　国家主席习近平致函雅各布·祖马，祝贺他再次当选南非共和国总统。

5月22日

[纲　文]　新疆乌鲁木齐发生严重暴力恐怖案，习近平作出批示。

[目　文]　7时50分许，2辆无牌汽车在新疆乌鲁木齐市沙依巴克区公园北街一早市冲撞群众，此后2辆车发生爆炸起火，造成39名无辜群众遇难、94人受伤。

中共中央总书记习近平在批示中要求迅速侦破案件，从严惩处暴恐分子；及时组织救治受伤群众，安抚受害者家属，全面加强社会面巡控和重点部位防控，严防发生连锁反应。对暴恐活动和恐怖分子必须警钟长鸣、重拳出击、持续保持严打高压态势，全力维护社会稳定。

国务院总理李克强对处置工作作出批示，要求继续加强安全防范工作，查堵薄弱环节，切实维护人民群众生命财产安全和社会秩序稳定。

根据习近平指示，国务委员、公安部部长郭声琨在第一时间带领工作组在新疆指导案件侦办和处置工作。

同日，中央政法委书记孟建柱在北京主持召开全国反恐怖工作紧急视频会议。孟建柱在会议上强调，要认真学习贯彻习近平总书记一系列重要指示和中央决策部署，深刻认识当前严峻复杂的反恐怖斗争形势，以更加坚决果断的态度、更加全面有力的措施，坚决遏制住新疆暴力恐怖活动多发频发态势，坚决把暴力恐怖分子的嚣张气焰打下去。

23日，乌鲁木齐"5·22"严重暴力恐怖案件告破。查明，实施此案的暴恐团伙共有5名成员，4名现场实施犯罪的暴恐分子当场被炸死，参与策划的另一名暴恐团伙成员努尔艾合买提·阿布力皮孜于5月22日晚在新疆巴州被抓获，死亡暴恐分子的身份已经DNA检验认定。经公安机关查明，努尔艾合买提·阿布力皮孜、麦麦提·麦麦提明、热依木江·麦麦提、麦麦提敏·麦合买提、阿卜来提·阿卜杜喀迪尔（均为新疆皮山人）长期受宗教极端思想影响，参加非法宗教活动，收听收看暴力恐怖音视频，于2013年底初步形成了5人暴恐团伙。为实施暴力恐怖犯罪，该团伙购买制爆原料和作案车辆，制作爆炸装置，选定袭击目标。

12月8日，新疆乌鲁木齐市中级人民法院分别以组织、领导、参加恐怖组织罪、爆炸罪、以危险方法危害公共安全罪，数罪并罚，判处"5·22"暴恐袭击案阿卜力孜·达伍提、努尔艾合麦提·阿卜力皮孜等6名被告人死刑，剥夺政治权利终身；肉孜麦麦提·吾布力艾山等2名被告人死刑，缓期2年执行，剥夺政治权利终身；木海买提·依比热合木无期徒刑，剥夺政治权利终身；以参加恐怖组织罪判处阿布迪力米提·麦合木提等2名被告人有期徒刑10年，剥夺政治权利3年。

5月22日

［纲　文］　国土资源部发布《节约集约利用土地规定》。

［目　文］　《规定》共9章38条。内容有总则、规模引导、布局优化、标准控制、市场配置、盘活利用、监督考评、法律责任、附则。自2014年9月1日起实施。

5月22日

［纲　文］　俞正声在北京会见香港特区省级政协委员联谊会访京团。

［目　文］　全国政协主席俞正声充分肯定港区省级政协委员联谊会所做的工作，希望联谊会引导委员带头贯彻落实"一国两制"方针和基本法，团结各界人士，积极正面、客观理性地发声出力，推动香港政制发展在"一国两制"、基本法和全国人大常委会决定的轨道上平稳有序推进；希望联谊会把握经济全球化和内地深化改革所带来的机遇，引领港区的广大政协委员与特区政府一道，多做协调关系、化解矛盾、促进和谐的工作，在增强香港竞争力、发展经济、改善民生等方面发挥更大作用。

俞正声表示，港区政协委员要自觉担当责任，做香港和内地交流交往的纽带，为增进两地交流和理解献计出力；联谊会要密切保持与内地政协组织之间的联系，支持政协的各项工作，多提意见建议，为国家经济社会发展、为人民政协事业的发展多作贡献。

5月22日

［纲　文］　人民银行上海总部发布《中国（上海）自由贸易试验区分账核算业务实施细则》和《中国（上海）自由贸易试验区分账核算业务风险审慎管理细则》。

［目　文］　两项《细则》规范了试验区分账核算业务及其风险审慎管理，两者相辅相成。《业务实施细则》详细规定了上海地区金融机构内部建立试验区分账核算管理制度的具体要求，以及自由贸易账户的开立、账户资金使用与管理等内容。《审慎管理细则》主要对试验区分账核算业务管理的审慎合格标准、业务审慎合格评估及验收、风险管理、资金异常流动监测预警以及各项临时性管制措施等做出了明确规定。

两项《细则》明确自由贸易账户为规则统一的本外币账户，区内主体和境外机构可根据需要开立。有了这一分账制度，金融机构可以为自贸区内的企业、个人、同业、境外机构设立单独的账户，标注为FT（自由贸易），区别于普通账户。自由贸易账户参照国际标准，建立独立的运转、监管体系，为自贸区内主体提供经常项目、直接投资和投融资创新相关等业务的金融服务；同时，按准入前国民待遇原则为境外机构提供相关金融服务。

两项《细则》的落地，标志着中国（上海）自由贸易试验区自由贸易账户制度启动，自贸区风险管理账户体系的政策框架已基本成型，为在试验区先行先试资本项目可兑换等金融领域改革提供了工具和载体。

5月22—23日

[纲　文]　李克强在内蒙古自治区考察。

[目　文]　国务院总理李克强听取城市基础设施规划和建设情况介绍后指出，中西部地区是我国经济发展的巨大回旋余地所在，内蒙古是我国主要能源基地和北方重要生态屏障，在中西部发展中具有重要地位，推进新型城镇化、经济结构升级、绿色低碳发展的前景十分广阔。在德润污水处理厂时说，城市风貌是城市的"面子"，这些年有了很大变化，但污水、垃圾处理等城市基础设施特别是地下管网设施这些城市的"里子"，目前仍很薄弱。要创新机制，吸引更多民间投资，汇聚更大建设合力，补上这方面的"短板"，满足不断扩大的民生之需，这是新型城镇化的应有之义，也是稳增长的有力支撑。在赤峰工业职业技术学院实训车间，李克强与师生们交流，对学校同企业联合订单培养、实现学生全部就业表示赞赏。在国电联合动力技术（赤峰）公司，李克强询问关键技术研发、设备制造和产品销售等情况时说，加快清洁能源发展，是调整能源结构、改善环境质量的重要抓手。要创出自己的核心技术、品牌和标准，更加注重开拓国内市场，积极参与国际竞争，为绿色发展提供强大动力。

李克强在赤峰召开企业和金融机构座谈会，听取对当前经济形势的看法。来自能源、化工、有色、轻纺、食品等领域企业以及国有和地方银行负责人结合自身实际谈情况、提建议。李克强说，当前我国经济运行总体平稳，结构出现积极变化，但经济下行压力仍然较大，不能掉以轻心。金融是经济发展的血液和重要支撑。要针对企业反映的实体经济资金总体紧张特别是小微企业融资难、融资贵等问题，运用适当的政策工具，适时适度预调微调，盘活资金存量，优化金融结构，保持货币信贷合理增长，推进金融改革，营造良好的金融环境。金融机构要围绕企业急需创新服务，更直接更有效地支持实体经济特别是中西部和小微企业发展。企业也要积极适应市场变化，在攻坚克难中打造竞争新优势。

5月22—23日

[纲　文]　2014年亚太经合组织（APEC）妇女与经济论坛在北京举行。

[目　文]　论坛由全国妇联主办。来自亚太经合组织（APEC）20个经济体以及APEC秘书处、APEC工商咨询理事会的300余名代表出席论坛。与会者围绕"凝聚女性力量，繁荣亚太经济"的主题开展了深入研讨。论坛通过了《亚太经合组织妇女与经济论坛声明》，作为本次论坛的成果文件提交2014年亚太经合组织领导人非正式会议。

5月23—24日

[纲　文]　习近平在上海市考察。

［目　文］　中共中央总书记习近平在中国上海自由贸易试验区，在企业、园区、科研基地，考察调研经济社会发展情况。在试验区外高桥综合服务大厅，听取试验区总体建设推进情况汇报，同工商、海关、检验检疫等窗口工作人员交流并指出，上海自由贸易试验区是块大试验田，要播下良种，精心耕作，精心管护，期待有好收成，并且把培育良种的经验推广开来；在试验区内的国家对外文化贸易基地，察看了基地保税仓库，了解利用这一平台推动国内文化企业和文化产品走出去的情况，勉励他们为实施国家文化战略、推动文化事业和文化产业发展多作贡献；在中国商用飞机有限责任公司设计研发中心、上海联影医疗科技有限公司和上海汽车集团股份有限公司考察。

考察期间，习近平听取了上海市工作汇报。习近平指出，上海一定要把培育和践行社会主义核心价值观工作做得更细、更实、更深入人心，努力在这方面走在全国前列。培育和践行社会主义核心价值观，贵在坚持知行合一、坚持行胜于言，在落细、落小、落实上下功夫。要注意把社会主义核心价值观日常化、具体化、形象化、生活化，使每个人都能感知它、领悟它，内化为精神追求，外化为实际行动，做到明大德、守公德、严私德。要面向全社会做好这项工作，特别要抓好领导干部、公众人物、青少年、先进模范等重点人群。发挥上海在长三角地区合作和交流中的龙头带动作用，既是上海自身发展的需要，也是中央赋予上海的一项重要使命。上海建设现代化国际大都市，要进一步提高干部队伍的知识水平和干事创业本领。上海各级干部要放眼全球、放眼全国，不断提高战略思维、战略把握、战略运作能力，谋发展、创业绩，不仅争创国内一流，而且敢于到国际上去比较、去竞争。要力戒浮躁，多用一些时间静心读书、静心思考，主动加快知识更新、优化知识结构，使自己任何时候才不枯、智不竭。要进一步增强改革创新意识，敞开思想谋划新思路，放开手脚追求新突破，善于从事物的对立面、差异性、因果联系中及时发现并解决存在的各种矛盾和问题。要增强信仰力量和道德力量，正确对待权力，正确对待名利，正确对待群众，做到坚定清醒有为、为民务实清廉。

5月23日

［纲　文］　**农业部公布《中华人民共和国渔业船员管理办法》。**

［目　文］　《办法》共8章53条。主要有总则、渔业船员任职和发证、渔业船员配员和职责、渔业船员培训和服务、渔业船员职业管理与保障、监督管理、罚则、附则等内容。自2015年1月1日起施行。农业部1994年8月18日公布的《内河渔业船舶船员考试发证规则》、1998年3月2日公布的《中华人民共和国渔业船舶普通船员专业基础训练考核发证办法》、2006年3月27日公布的《中华人民共和国海洋渔业船员发证规定》同时废止。

5月23日

［纲　文］　**新华社讯，汪洋在山东考察农业科技工作和夏粮生产。**

［目　文］　国务院副总理汪洋来到无棣万亩盐碱地改造试验示范基地，了解"渤海粮仓"科技示范工程实施情况。在有关部委和地方的支持下，中科院组织科研人员对盐碱

荒地改造进行科技攻关,通过集成耐盐优质高产小麦玉米选育、用生物肥料降低盐碱含量等技术进行较大规模应用,在促进粮食增产增效上取得了重要阶段性成果。汪洋对科技示范工程实施取得的成效给予充分肯定,希望进一步完善技术体系和工作机制,在更大范围推广应用。他表示,推进新时期农业科技创新,要紧扣现代农业建设的战略需求,集中力量开展科技攻关,努力在重点领域和关键环节取得突破。汪洋指出,农业科学研究周期较长、条件艰苦,对农业科研人员要给予更多的关心和支持,建立有效的激励机制,营造鼓励创新、宽容失败的科研环境,充分调动他们的积极性和创造性。

汪洋在田间地头,查看小麦长势,了解"三夏"生产情况。他指出,夏粮收获在即,要密切关注天气变化,加强信息引导和农机调度,确保夏粮丰收到手、颗粒归仓。要搞好农资市场调控,组织好农资购销,确保不误农时农事。要认真落实小麦最低收购价政策,根据市场状况及时启动收购预案,坚决防止出现农民"卖粮难"。要积极引导农民增加秋粮播种面积,努力夺取全年粮食和农业丰收。

5月23日

[纲　文]　赵乐际在云南省调研。

[目　文]　中共中央政治局委员、中央党的群众路线教育实践活动领导小组副组长赵乐际在云南玉溪调研教育实践活动开展情况。他指出,要深入学习贯彻习近平总书记在指导兰考县委常委班子专题民主生活会时的重要讲话精神,落实"三严三实"要求,严肃认真开展批评和自我批评,切实解决"四风"突出问题,确保教育实践活动取得人民群众满意的成效。

赵乐际在红塔区黄草坝村召开基层党员干部座谈会上指出,要以习近平总书记和中央政治局常委其他同志联系点专题民主生活会为标杆,坚持高标准、严要求,把专题民主生活会开出好氛围、好效果。听意见要深入基层、深入群众,对照检查要触及思想、触及灵魂,谈心交心要掏心窝子、动真感情,开展批评要真刀真枪、一针见血,真正红红脸、出出汗、排排毒。整改问题要动真格、见实效,即知即改、立行立改、专项整改。要坚持两手抓、两促进,把开展活动与推动中心工作、重点工作有机结合起来,树立正确用人导向,提高党员、干部素质和能力,以转作风的实际成效,使经济社会发展得更好,让老百姓日子越过越红火。

5月23日

[纲　文]　俞正声在北京会见由董事长蔡衍明率领的台湾旺旺中时媒体集团访问团一行。

[目　文]　全国政协主席俞正声表示,两岸关系和平发展符合两岸同胞的共同利益,是谁也阻挡不了的历史趋势。我们将坚持对台方针政策的连续性,维护两岸关系和平发展的政治基础,进一步采取措施,增进两岸同胞相互理解和信任,团结广大台湾同胞坚定不移地继续推动两岸关系和平发展。

俞正声积极评价旺中媒体集团在两岸新闻交流中发挥的重要作用,希望旺中媒体集团坚持一贯理念，继续为两岸关系和平发展营造良好舆论环境。

5月23日

〔纲　文〕　中国文联、中国文艺志愿者协会宣布，将5月23日设立为"中国文艺志愿者服务日"。

〔目　文〕　中国文联、中国文艺志愿者协会宣布将毛泽东《在延安文艺座谈会上的讲话》发表纪念日5月23日定为"中国文艺志愿者服务日"。在今后每年的"中国文艺志愿者服务日"集中展开文艺志愿者服务主题活动。

5月23日

〔纲　文〕　湖北省咸宁市中级人民法院对刘汉、刘维等36人组织、领导、参加黑社会性质组织罪以及故意杀人罪等案件一审公开宣判。

〔目　文〕　判决被告人刘汉、刘维犯组织、领导黑社会性质组织罪、故意杀人罪等罪，均被决定执行死刑，剥夺政治权利终身，并处没收个人全部财产；被告人唐先兵、张东华、田先伟、袁绍林、文香灼、张伟、曾建军、黄谋、刘岗、旷小坪、钟昌华、桓立柱犯参加黑社会性质组织罪、故意杀人罪、故意伤害罪等罪，分别被决定执行死刑、死刑缓期两年执行或无期徒刑，剥夺政治权利终身，并处一定数额罚金；被告人孙华君、缪军、陈力铭、曾建、詹军、李波、旷晓燕、郑旭、仇德峰、李君国、肖永红、孙长兵、王万洪、闵杰、车大勇、王雷、刘光辉、刘小平、刘淼犯参加黑社会性质组织罪、故意杀人罪、故意伤害罪等罪，分别被决定执行或判处20年至3年不等的有期徒刑，其中部分被告人并处一定数额罚金或没收个人部分财产；被告人刘学军、刘忠伟、吕斌犯包庇、纵容黑社会性质组织罪、受贿罪，分别被决定执行有期徒刑16年、13年、11年，并处没收违法所得；被告单位汉龙集团犯骗取贷款、票据承兑、金融票证罪，判处罚金人民币3亿元。共判处5人死刑、5人死刑缓期2年执行，4人无期徒刑，22人有期徒刑。

咸宁市中级人民法院认为，被告人刘汉、刘维伙同他人网罗多人形成较稳定的犯罪组织，该组织人数众多，有明确的组织者、领导者，骨干成员基本固定；有组织地通过违法犯罪活动或者其他手段获取经济利益，具有很强的经济实力，以支持该组织的活动；以暴力、威胁或其他手段，有组织地多次进行故意杀人、故意伤害、非法拘禁等违法犯罪活动，为非作恶，欺压、残害群众；通过实施违法犯罪活动和利用国家机关工作人员的包庇、纵容，称霸一方，在当地形成重大影响，并对广汉市的赌博游戏机行业形成非法控制。严重破坏了上述地区的经济、社会生活秩序，该组织应认定为黑社会性质组织。被告人刘汉、刘维等均犯数罪，应予并罚。其他被告人依各自的犯罪事实，分别构成参加黑社会性质组织罪、故意杀人罪、故意伤害罪、非法拘禁罪、非法买卖枪支罪、非法持有枪支、弹药罪、非法经营罪、敲诈勒索罪、故意毁坏财物罪、妨害公务罪、寻衅滋事罪等罪。

咸宁市中级人民法院判决中，对公诉机关的部分指控依法不予认定、不予采纳或予以纠正。

5月23日

［纲　文］　《人民日报》发表题为《"零容忍"铲除暴恐分子》的评论员文章。

5月24日

［纲　文］　**李志清获法国文化教育领域最高级别的荣誉——金棕榈统帅勋章。**

［目　文］　法国驻华大使白林在青岛中国海洋大学，为该校外语学院教授李志清颁发法国文化教育领域最高级别的荣誉——金棕榈统帅勋章。李志清是继2012年中科院水生生物研究所刘永定研究员之后，第二位获此殊荣的中国人，在中国教育界尚属首例。

5月24日

［纲　文］　《人民日报》发表题为《以中央要求统一思想和行动——一论再接再厉搞好第二批教育实践活动》的评论员文章。

5月24日

［纲　文］　《人民日报》发表题为《依法亮剑　惩处黑恶》的评论员文章。

5月24—26日

［纲　文］　**第16届中国科协年会在昆明举行。**

［目　文］　会议由中国科协和云南省人民政府联合主办。本届年会以"开放、创新与产业升级"为主题，中科院院士、中国工程院院士及国内外著名专家学者和科研、生产、教学一线的科技工作者2000余人与会。中共中央政治局委员、中组部部长赵乐际出席开幕式并讲话。会议包括开幕式和大会特邀报告会、科普活动、专题论坛、专项活动和学术交流会。其中，有17场学术交流会，11项专项活动。重点面向青少年、农民、城镇劳动人口等人群开展5大系列现场科普活动，以促进年会科普资源共享。

5月25—31日

［纲　文］　**应全国人大常委会委员长张德江邀请，拉脱维亚议长阿博尔京娜访华。**

［目　文］　访问期间，国务院总理李克强、全国人大常委会委员长张德江在北京分别与阿博尔京娜会见、会谈。

李克强在会见阿博尔京娜时指出，中国拥有巨大的市场，中国装备也有良好的性价比。中方愿在基础设施建设、经贸、农业、能源等领域同拉方深化合作，积极参与波罗的海联合铁路建设。希望拉方继续支持中国—中东欧国家合作。期待拉议会在推动中欧商签投资协定、适时启动中欧自贸区可行性研究、促进双方人员往来便利化等方面继续发挥积极和建设性作用。

阿博尔京娜表示，拉中关系基础良好，合作前景广阔。拉方期待同中方加强政治、经贸、人文、基础设施建设等合作，欢迎中国企业赴拉投资。拉方愿为促进中东欧国家—中国合作以及欧中关系发展作出努力。

张德江在会谈时说，两国立法机关友好交往是中拉关系的重要组成部分。这些年来，中国全国人大与拉脱维亚议会保持着友好往来，关系发展良好，希望双方在现有良好合作的基础上，把合作重点放在增进相互了解、深化传统友谊上，放在推动经贸合作、促进共同发展上，增强双方合作的针对性和有效性。

阿博尔京娜说，拉脱维亚政府和议会坚定奉行一个中国的立场。拉脱维亚议会与中国全国人大交往密切，在促进两国关系整体发展方面发挥着独特的作用。拉脱维亚即将轮值欧盟主席国，愿积极推动欧中关系的深入发展，促进各领域交流与合作进一步深化。

5月25—30日

[纲　文]　第10届中美工程技术研讨会在北京等地举办。

[目　文]　研讨会由国家外国专家局、科学技术部、水利部、中国工程院、北京市、安徽省、湖南省、福建省等单位联合美洲中国工程师学会、美国机械工程师学会、加拿大土木工程学会共同主办。参加研讨会的中外专家在北京、上海、福建、江苏、安徽、湖南等省市，考察了企业、科技园区、高校及科研院所，参加了"海峡两岸工程技术研讨会"和"新工业革命与智能制造论坛"，就水生态建设、信息技术、绿色城市、先进制造、民用飞机发展等领域的关键技术问题开展现场诊断、研讨，围绕产业发展、技术创新、人才培养等核心内容形成建议书，为探索解决中国企业面临的关键问题和共性问题提供的借鉴和参考价值，还达成一批重点产业合作意向。

30日，第10届中美工程技术研讨会外方专家座谈会在北京召开。国务院副总理马凯出席会议时指出，中美工程技术研讨会举办20多年来，为推动中国企业创新和产业进步作出了积极贡献。中国将继续坚持引进国外人才和智力的长期战略方针，实行更加开放的人才政策，营造尊重、关心、支持外国人才创新创业的良好氛围。中国政府真诚欢迎各国专家来华交流合作，希望中美工程技术研讨会继续发挥好重要平台作用，拓宽交流领域，丰富合作内涵，创新合作方式，为中国和世界发展进步作出贡献。

5月26日

[纲　文]　习近平主持中共中央政治局第15次集体学习。

[目　文]　本次学习的主题是：使市场在资源配置中起决定性作用和更好发挥政府作用。由中央政治局委员自学并交流工作体会，孙春兰、汪洋、韩正等就这个问题作了发言，中央政治局各位委员听取了他们的发言，并就有关问题进行了讨论。

习近平指出，使市场在资源配置中起决定性作用、更好发挥政府作用，既是一个重大理论命题，又是一个重大实践命题。科学认识这一命题，准确把握其内涵，对全面深化改革、推动社会主义市场经济健康有序发展具有重大意义。在市场作用和政府作用的问题上，要讲辩证法、两点论，"看不见的手"和"看得见的手"都要用好，努力形成市场作用和政府作用有机统一、相互补充、相互协调、相互促进的格局，推动经济社会持续健康发展。党的十八届三中全会提出，经济体制改革是全面深化改革的重点，核心问题是处理好政府和市场的关系，使市场在资源配置中起决定性作用，更好发挥政府作用。提出使市场在资源配置中起决定性作用，是我们党对中国特色社会主义建设规律认识的一个新突破，是马克思主义中国化的一个新的成果，标志着社会主义市场经济发展进入了一个新阶段。准确定位和把握使市场在资源配置中起决定性作用和更好发挥政府作用，必须正确认识市场作用和政府作用的关系。提出使市场在资源配置中起决定性作用，其实就是贯彻了问题导向。经过20多年实践，我国社会主义市场经济体制不断发展，但仍然存在不少问题，仍然存在不少束缚市场主体活力、阻碍市场和价值规律充分发挥作用的弊端。科学的宏观调控，有效的政府治理，是发挥社会主义市场经济体制优势的内在要求。坚持党的领导，发挥党总揽全局、协调各方的领导核心作用，是我国社会主义市场经济体制的一个重要特征。改革开放30多年来，我国经济社会发展之所以能够取得世所罕见的巨大成就，我国人民生活水平之所以能够大幅度提升，都同我们坚定不移坚持党的领导、充分发挥各级党组织和全体党员作用是分不开的。新形势下，各级干部特别是领导干部要坚持在实践中深化学习、在学习中深化实践，不断研究新问题、总结新经验，学会正确运用"看不见的手"和"看得见的手"，成为善于驾驭政府和市场关系的行家里手。

5月26日

［纲　文］　习近平主持召开中共中央政治局会议，研究进一步推进新疆社会稳定和长治久安工作。

［日　文］　会议认为，新疆工作在党和国家工作全局中具有特殊重要的战略地位。新疆发展稳定，事关全国改革发展稳定大局，事关祖国统一、民族团结、国家安全。实践证明，中央关于新疆工作的大政方针完全正确。同时，要深刻认识新疆反分裂斗争的长期性、复杂性、尖锐性，充分认识维护新疆社会稳定和实现长治久安的重要性和紧迫性，把新疆工作的着眼点和着力点放到社会稳定和长治久安上来。全党同志要深刻认识维护新疆社会稳定和实现长治久安是我们党治疆方略的方向目标，是新疆各族干部群众的迫切期盼，是实现新疆跨越式发展的重要保障。

会议指出，做好新形势下新疆工作，必须高举中国特色社会主义伟大旗帜，坚决执行中央关于新疆工作大政方针，围绕社会稳定和长治久安这个总目标，以推进新疆治理体系和治理能力现代化为引领，以经济发展和民生改善为基础，以促进民族团结、遏制宗教极端思想蔓延等为重点，坚持依法治疆、团结稳疆、长期建疆，努力建设团结和谐、繁荣富裕、文明进步、安居乐业的社会主义新疆。要全面贯彻执行党的民族政策，把民族团结作为各族人民的生命线，贯穿到新疆工作各个方面，加强和创新民族团结工作，大力推进双语教育，推动建立各民族相互嵌入的社会结构和社区环境，促进各民族交往交流交融，巩固平等团结互助和谐的社会主义民族关系。要坚持党的宗教工作基本方针，坚持保护合法、制止非法、遏制极端、抵御渗透、打击犯罪，加大爱国宗教人士培养力度，努力促进宗教和谐。要围绕民生推进科学发展，坚持就业第一；坚持教育优先，全面提高新疆各级各类学校教育质量，加快农牧区和偏远地区寄宿制学校建设，在南疆全面实行高中阶段免费教育；坚持发展成果惠及各族群众，加大民生建设力度，加快推进惠及各族群众的重大项目建设,在资源开发利用转化过程中提高地方参与程度,加快新疆对外开放步伐;坚持可持续发展,着重水土资源合理配置、集约节约利用与生态建设、环境保护;坚持开放战略,着力打造新疆丝绸之路经济带核心区。

会议强调,要加强和创新社会治理,加强社会面防控,强化网络安全监管,深入开展法制宣传教育,集中开展专项打击行动,保持对"三股势力"严打高压态势,有效遏制恐怖活动在新疆多发频发和向内地蔓延。要加强意识形态工作,用社会主义核心价值体系构筑新疆各民族共有精神家园,坚定占领宣传、文化、教育阵地。要采取特殊措施支持南疆发展,加大以贫困群体为重点的民生改善力度。要加强兵团维稳戍边能力建设,切实发挥好维护祖国统一、维护民族团结、维护新疆稳定的特殊重要作用。做好新疆工作,关键在党,根本靠坚强的干部队伍、严密的基层组织体系、管用的群众工作机制。要加强党的领导,加强领导班子和干部队伍建设,加强基层党组织和政权建设,切实改进干部作风,为新疆社会稳定和长治久安提供坚强的政治、思想、组织保证。

5月26日
[纲　文]　国务院办公厅印发《关于进一步加强林业有害生物防治工作的意见》。
[目　文]　《意见》由四部分组成:一、总体要求。二、主要任务。三、保障措施。四、加强组织领导。《意见》要求,国务院林业主管部门要加强对跨省(区、市)林业有害生物联防联治的组织协调,确保工作成效。

5月26日
[纲　文]　发展改革委、环境保护部在北京召开全国节能减排和应对气候变化工作电视电话会议。
[目　文]　会议就2014—2015年节能减排低碳发展工作作出部署。发展改革委主任徐绍史、环境保护部部长周生贤出席会议并讲话,发展改革委副主任解振华主持会议。河北省环保厅、河南省发展改革委、陕西省环保厅、甘肃省发展改革委负责人作会议发言。国家应对气候变化及节能减排工作领导小组联络员,部分中央企业负责人在主会场参加会议,各省、自治区、直辖市及计划单列市人民政府、新疆生产建设兵团设分会场。

会议指出,加强节能减排,实现低碳发展,是生态文明建设的重要内容,是促进经济提质增效、转型升级的必由之路。要认真贯彻党中央、国务院的部署,按照2014—2015年节能减排低碳发展行动方案的要求,坚持目标不降低,信心不动摇,力度不减弱,坚决打好节能减排降碳攻坚战、持久战,硬碰硬地完成"十二五"节能减排降碳任务。

5月26日
[纲　文]　国务院总理李克强致电祝贺莫迪就任印度共和国总理。

5月26日
[纲　文]　外交部发言人就越南外交部日前提出越方对西沙群岛的所谓"历史法理依据"表示,中国人是西沙群岛无可争辩的主人。
[目　文]　有记者问,越南外交部23日举行新闻发布会,介绍了越南对西沙群岛

的所谓"历史法理依据",中方对此有何评论?

发言人说,大量的历史证据表明,西沙群岛自古以来就是中国固有领土,中国人最早发现、最早命名、最早开发经营、最早进行管辖和行使主权,中国人是西沙群岛无可争辩的主人。早在公元前2世纪,也就是汉代的时候,中国人就已经在南海航行,并且发现了西沙群岛。此后,中国人陆续来到西沙群岛进行开发、经营。有史料证明,唐宋时期就有中国人在西沙群岛从事捕捞活动,北宋海军当时已经巡航到了西沙群岛,这说明中国当时已经对西沙群岛实施了有效管辖。元代时,著名天文学家郭守敬就在西沙群岛设立天文点,证明当时西沙群岛已经在中国的疆域内。

发言人介绍说,20世纪70年代中期之前,越南方面一直公开和正式承认西沙群岛属于中国。1956年,越南外交部负责人对中国驻越南使馆临时代办明确表示西沙群岛属于中国。1958年,中国政府宣布,中华人民共和国的领海宽度为12海里,并且明确指出这项规定适用于中华人民共和国的一切领土,包括西沙群岛。中国政府作出上述宣布后第十天,时任越南总理范文同就照会周恩来总理,表示越南政府承认中华人民共和国关于领海决定的声明,尊重这项决定。长期以来,越方的官方文件、教科书、地图都明确表示西沙群岛属于中国。而1975年后,越方背弃了以前的这些承诺,转而对西沙群岛提出主权要求。越南外交部23日的新闻发布会发表的这些言论,再次证明这个国家歪曲历史、否认事实、出尔反尔、背信弃义。我还想再次强调,中国政府和人民捍卫国家主权领土完整的决心是坚定不移的。

5月26日

[纲　文]　马万祺逝世。

[目　文]　杰出的社会活动家,著名爱国人士,澳门工商界知名人士,中国共产党的亲密朋友,中国人民政治协商会议第八、九、十、十一届全国委员会副主席,中华文学基金会会长,澳门中华总商会永远会长,澳门镜湖医院慈善会永远主席,澳门大华行投资有限公司董事长马万祺先生,因病在北京逝世,享年95岁。马万祺逝世后,习近平、李克强、张德江、俞正声、刘云山、王岐山、张高丽、江泽民、胡锦涛等表示哀悼并向其亲属表示慰问。

6月1日,马万祺先生公祭仪式在澳门举行。受中央委托,全国政协副主席杜青林、何厚铧、张庆黎和澳门特别行政区行政长官崔世安出席悼念和公祭仪式。中央驻澳机构负责人、澳门特别行政区政府主要官员、澳门特别行政区全国人大代表、澳门特别行政区全国政协委员,以及澳门社会各界代表前往送别。中央有关部门,内地有关省、自治区、直辖市,澳门各界人士、机构和团体,以及马万祺先生生前友好等发来唁电、唁函。

5月26日

[纲　文]　《人民日报》发表题为《高度重视苗头性倾向性问题——二论再接再厉搞好第二批教育实践活动》的评论员文章。

5月26—28日

[纲　文]　全球研究理事会2014年全体大会在北京举行。

［目　文］　国务院总理李克强出席大会开幕式并致辞。大会由中国科学院、国家自然科学基金委员会和加拿大自然科学与工程研究理事会共同主办。来自全球50多个国家的70多家研究理事会和主要科研机构的代表参加。会议发布了《塑造未来——支持下一代研究人员》行动声明，呼吁各国加强青年科技人才培养。中国科学院院长白春礼当选为全球研究理事会管理委员会主席。会前，李克强会见了全球研究理事会管理委员会主席、德国研究基金会主席彼得，加拿大自然科学与研究理事会首席运营官詹妮特，美国国家科学基金会主任弗朗斯等参加全球研究理事会北京大会的主要外宾。

全球研究理事会成立于2012年，由国际科学界11家权威机构共同创立，主要致力于科学论文的开放获取、科学研究质量的提高和广泛深入的国际科技合作。

5月26日—6月10日

［纲　文］　首届民营企业高科技成果展览在北京举办。

［目　文］　成果展览由解放军总装备部、工业和信息化部、国防科工局、全国工商联联合举办。展览旨在深入贯彻落实中央军委主席习近平关于军民融合深度发展指示精神，展示民营企业先进科技成果，搭建交流平台，促进信息互通，在武器装备建设领域推动军民融合深度发展，为实现富国强军奠定坚实基础。参展的100多家民营企业中，既有大中型企业也有小微型企业，超过90%的企业拥有多项发明和技术专利，参展产品涵盖网络与通信、制导与控制等10多个专业领域，70%以上的产品和技术属于自主创新成果。首次公开展示的新型无人直升机、相控阵雷达、高性能碳纤维等产品，有些填补了国内空白，部分技术甚至达到世界先进水平。

28日，中央军委副主席范长龙、许其亮，总装备部部长张又侠等参观了成果展览。

5月26—28日

［纲　文］　2014年世界种子大会在北京召开。

［目　文］　大会由国际种子联盟主办。本次大会主题是"小种子·大梦想"。来自美国、荷兰、德国等60个国家和地区的1452名国际种业代表与会，交流良种培育技术和经验，探讨和谋划种业未来发展。大会期间举办贸易洽谈、展览展示、品种展示等11项活动。在5月28日举行的会员大会上，首次发表种业"北京宣言"。国务院副总理汪洋出席开幕式并致辞。

5月26—29日

［纲　文］　第5届全球应对气候变化国际会议在北京大学举行。

［目　文］　此次会议由北京大学工学院主办，来自15个国家和地区的150多名学者就全球变暖、气候变化、能源应用的理论和技术等方面共13个主题展开广泛的讨论和交流。北京大学工学院教授张信荣担任本次国际会议承办方主席。这是全球应对气候变化国际会议第一次在中国举行。此次峰会共分为五大主题日，分别是太阳能、绿色建筑、区域功能、热能优化以及可持续发展与相关政策制定。

5月26—27日

[纲 文] 外交部部长王毅应邀对韩国进行正式访问。

[目 文] 韩国总统朴槿惠在首尔会见王毅时表示,韩方致力于深化和丰富中韩战略合作伙伴关系,愿与中方密切高层交往,大力加强务实领域合作。韩方赞赏中方在解决半岛核问题上发挥的建设性作用。

王毅说,中韩发展方向相融相通。中方愿选择韩国作为今后更重要的合作伙伴,共同实现繁荣发展。中方积极评价朴槿惠总统提出的"半岛信任进程"等设想,支持半岛南北双方谋求改善关系。中方始终坚持半岛无核化目标,愿同韩方一道推动尽早重启六方会谈,把半岛核问题真正纳入可持续、不可逆、有实效的对话进程。

5月27日

[纲 文] 第六次全国军转表彰大会暨2014年军转安置工作会议在北京召开,习近平会见受表彰代表。

[目 文] 中共中央总书记习近平会见受表彰代表时强调,军转安置工作是实现"两个一百年"目标、实现中华民族伟大复兴的中国梦的重要力量。广大军转干部要到党和人民最需要的地方去,积极适应改革开放时代大潮,牢记生命中有了当兵的历史,自觉弘扬人民军队光荣传统和优良作风,在人生的不同阶段、不同岗位上继续出色工作、活出精彩人生。国务院总理李克强、中央书记处书记刘云山参加会见。

刘云山出席大会并讲话。中央组织部部长赵乐际宣读表彰决定,授予161名同志"全国模范军队转业干部"荣誉称号,授予145个单位"全国军队转业干部安置工作先进单位"荣誉称号,授予142名同志"全国先进军转工作者"荣誉称号。受表彰的模范军转干部代表、先进单位代表先后发言。马凯、许其亮、范长龙、栗战书等出席上述有关活动。国务院军转安置工作小组成员,中央和国家机关相关部门负责人,各省、自治区、直辖市有关负责人,军队大单位、武警部队和各省军区有关负责人等参加了会议。

5月27日

[纲 文] 全国政协在北京召开双周协商座谈会,就"化解过剩产能过程中需关注和解决的问题"提出意见建议。

[目 文] 全国政协主席俞正声主持会议。全国政协副主席杜青林、张庆黎等出席座谈会。发展和改革委员会副主任胡祖才介绍了有关情况。工业和信息化部、财政部有关负责人出席会议并与委员、专家学者交流了意见。全国政协委员李毅中、秦博勇、袁伟霞、孙兆学、张建国、钱学明、袁亚非、朱共山、张震宇、郭文圣、胡可一、贾康、刘明康、舒心,行业协会代表和专家学者蒋明麟、徐乐江、李寿生等,围绕贯彻中共十八届三中全会精神,落实《国务院关于化解产能严重过剩矛盾的指导意见》,对工作过程中遇到的困难和问题等发表意见,交流讨论并提出建议。

委员们认为,2013年10月国务院颁布《指导意见》以来,化解过剩产能和淘汰落后产能工作取得了积极进展,但任务依然艰巨繁重,主要问题有:评价产能过剩缺乏统一标准和科学方法;淘汰落后产能工作法规体系不健全;关停落后产能后,企业财产损失和债权债务不易处理,职工安置、补偿任务较重等。委员们认为,导致部分行业产能严重过剩的主要原因是:多年来经济高速发展,市场需求大,使企业投资带有一定的盲目性;某些对市场的不合理干预,也使企业产生错觉,形成投资冲动。

委员们提出,化解产能严重过剩矛盾是一项复杂、艰巨的工作,要立足当前、着眼长远,综合治理、标本兼治;要发挥市场配置资源的决定性作用,形成充分的市场竞争,更好发挥政府作用,完善土地、财税等政策;突出依靠市场力量调整和优化存量产能,建立和完善以市场为主导的化解产能过剩矛盾长效机制。建议重点做好以下工作:推进产能严重过剩行业结构调整,遏制产能盲目扩张,杜绝出现违规项目;完善有关法律法规,制定并执行严格的环保、能耗、质量、安全等标准,运用财政、价格、税收、金融等经济手段,为化解过剩产能提供保障和支持;发展混合所有制经济,调动企业的积极性,推动产能过剩企业的技术改造、转型升级;落实职工安置政策,将压减过剩产能企业的下岗失业人员纳入就业扶持政策体系;开拓国际市场,鼓励优势企业"走出去"转移过剩产能。

5月27日

[纲　文]　中宣部、发展改革委在北京召开节俭养德全民节约行动电视电话会议。

[目　文]　中宣部部长刘奇葆出席会议并讲话。会议对节俭养德全民节约行动进行动员部署,传达了节俭养德全民节约行动的总体方案和具体实施方案。

刘奇葆指出,要认真学习贯彻习近平总书记系列重要讲话精神,立足培育和践行社会主义核心价值观这个根本,坚持教育引导与实践养成相结合,坚持集中活动与建立长效机制相结合,广泛开展节俭养德全民节约行动,努力让勤俭节约在全社会蔚然成风。

同日,中宣部、发展改革委发出开展节俭养德全民节约行动的通知,要求以实现中华民族伟大复兴中国梦为根本目标,紧紧围绕社会主义核心价值观的培育践行,深入进行节俭节约宣传教育,广泛开展多种形式的节俭节约实践活动,在全社会营造厉行节约、拒绝浪费的浓厚氛围。

5月27日

[纲　文]　最高人民法院、最高人民检察院、公安部、司法部在北京联合召开全国社区矫正工作会议。

[目　文]　中央政法委书记孟建柱出席会议并讲话。公安部部长郭声琨、最高人民法院院长周强、最高人民检察院检察长曹建明、中央政法委秘书长汪永清、中央综治办主任陈训秋等出席。中央和国家机关有关部门负责人以及各省(直辖市、自治区)法院、检察院、公安厅(局)相关负责人、司法厅(局)长等参加会议。会议总结了全面试行社区矫正工作取得的成绩和经验,深刻分析了社区矫正工作面临的形势和任务,对全面推进社区矫正工作作出部署。北京市司法局、吉林省公安厅、浙江省司法厅、湖南省司法厅、重庆市高级人民法院、四川省人民检察院代表作经验交流发言。

孟建柱指出，全面推进社区矫正，是深化司法体制改革、促进司法文明进步的必然要求，对维护社会和谐稳定、推进国家治理体系和治理能力现代化具有重要意义。要坚持依法监管，确保国家刑罚有效实施，防止社区服刑人员脱管漏管；坚持科学矫正，把心理矫正与行为矫正结合起来，提高教育矫正工作质量；坚持社会适应性帮扶，搭建好保障社区服刑人员基本生活需求的最后一道防线，增强社区服刑人员回归社会的信心和能力。要健全党委和政府统一领导、司法行政部门组织实施、有关部门密切配合的社区矫正工作机制，统筹整合各方资源，形成工作合力。依靠基层组织和社会力量，提高社区矫正工作社会化水平；利用现代科技手段，提高社区矫正工作信息化、现代化水平；善于运用法治思维和法治方式，提高社区矫正工作法治化水平。

5月27日

〔纲　文〕　《人民日报》报道，中央党的群众路线教育实践活动领导小组印发《关于加强和改进教育实践活动督导工作的通知》，要求各地区各单位切实加强和改进督导工作。

〔目　文〕　《通知》要求，各级督导组要把学习中央精神、统一思想认识摆在首要位置，贯穿督导工作始终，为有力有效开展督导打好坚实基础。要深入学习习近平总书记系列重要讲话特别是在兰考的两次重要讲话精神，深刻领会"五个准确把握"要求，牢牢把握第二批活动总体要求、实践载体、重点对象、指导原则和特点规律；深入学习中央关于教育实践活动的文件，明确中央关于教育实践活动每个环节、每项工作的具体要求。中央有新部署新要求，要在第一时间组织专题学习，准确把握精神实质，做到了然于胸、运用自如。

《通知》指出，各级督导组要沉下去，深入基层一线，直接听取党员群众意见，及时发现问题，督促解决问题。各级督导组要进一步强化督导措施、提高督导质量，坚持严字当头、对标把关，切实担负起督促指导责任。要抓住重点对象进行督导，从严督促市县领导班子和领导干部特别是一把手真正把自己摆进去，充分发挥好受教育和抓活动两个方面的主体作用。

5月27日

〔纲　文〕　财政部、税务总局印发《关于转让优先股有关证券（股票）交易印花税政策的通知》。

〔目　文〕　《通知》说，为落实国务院《关于开展优先股试点的指导意见》（国发〔2013〕46号）精神，现将转让优先股有关证券（股票）交易印花税政策明确如下：在上海证券交易所、深圳证券交易所、全国中小企业股份转让系统买卖、继承、赠与优先股所书立的股权转让书据，均依书立时实际成交金额，由出让方按1‰的税率计算缴纳证券（股票）交易印花税。自2014年6月1日起执行。

5月27日

〔纲　文〕　农业部发出《关于进一步加强农业转基因生物安全监管工作的通知》。

〔目　文〕　《通知》由三部分组成：一、强化重点环节的执法监管。二、进一步落实转基因生物安全监管责任。三、完善转基因生物安全监管保障机制。

《通知》要求，农业转基因生物安全监管涉及面广，社会关注度高，任务繁重。各地农业部门要发挥高度负责、勇于担当、顾全大局、协同推进的精神，以饱满的工作状态和务实的工作作风，采取切实可行的工作措施，毫不松懈地做好农业转基因生物安全监管，确保我国农业转基因生物技术研究、试验、生产、经营和加工等活动规范有序地开展。

5月27日

［纲　文］　中宣部、新闻出版广电总局在北京召开全国电视栏目节目深化社会主义核心价值观宣传工作现场会，总结、推广中央电视台成功经验。

［目　文］　中宣部副部长王世明，新闻出版广电总局党组副书记、副局长聂辰席出席现场会。中央电视台综合频道、综艺频道、科教频道负责人介绍了各自在栏目、节目中融入社会主义核心价值观的成功做法和经验。

中央电视台深耕中华文化沃土，先后推出《中国汉字听写大会》《中国谜语大会》《中国成语大会》等原创文化类节目，社会反响强烈；创新表现形式，推出《中国好歌曲》《开门大吉》《舞出我人生》《出彩中国人》等一批突出公益性、贯穿中国梦和社会主义核心价值观的文艺栏目，观众互动热烈；发挥价值引领，以《道德观察》《从我做起》《感动中国》等日常栏目和品牌节目宣传中华美德，并以"最美乡村医生""最美村官""最美孝心少年""最美消防员"等系列公益活动在社会上掀起"最美热"；坚持打造精品，以《远方的家》《客从何处来》《寻宝》《舌尖上的中国》等探寻传统文化历史根源的品牌栏目，成功向海内外展示中华文化魅力。同时，以在黄金时段播出"文明礼仪""关爱老人"等公益广告，在中国网络电视台推出《图说中国人的生活》《影响一生的24个字》栏目等方式，有效拓展了核心价值观传播范围。

5月27日

［纲　文］　中国作家阎连科获得2014年度卡夫卡文学奖。

［目　文］　这是中国作家首次获得该奖项。卡夫卡文学奖由捷克政府创立于2001年，为纪念出生于布拉格的西方现代文学宗师、德语小说家弗兰茨·卡夫卡而设，每年评选一次。主要颁给那些作品具人文主义关怀的作家，奖金1万美元，同时授予卡夫卡雕像，获奖者不存在国界限制。

5月27日

［纲　文］　纪念欧阳山尊诞辰100周年座谈会在北京举行。

［目　文］　会议由文化部、中国文联联合主办。来自文艺界的领导、专家，欧阳山尊的学生、亲属及家乡代表近百人参加会议，共同缅怀这位导演艺术家、演剧活动家、戏剧教育家。文化部副部长董伟出席座谈会并讲话。

座谈会上，戏剧教育家、导演艺术家徐晓钟总结了欧阳山尊在导演艺术和戏剧教育方面的成就和贡献；表演艺术家郑榕回顾了欧阳山尊筹建北京人民艺术剧院，排演《日出》《带枪的人》的经历；欧阳山尊的学生、影视编导史蜀君追忆了受教恩师的求学历程。

5月27日

［纲　文］　全国政协主席俞正声在北京会见莫桑比克议会第一副议长绍梅拉。

［目　文］　俞正声说，中莫两国是"全天候"朋友，是战友加兄弟的亲密关系。建交39年来，中莫关系始终顺利向前发展。中方愿同莫方共同努力，抓住双方发展带来的重要机遇，进一步深化两国传统友谊和各领域合作，推动中莫关系迈上新台阶。中方高度重视发展中非关系，将继续落实"真、实、亲、诚"的对非政策，在中非合作框架基础上推进双方全方位合作，推动中非新型战略伙伴关系不断发展。中国全国政协愿同莫议会加强交流互鉴，为深化双边关系建言献策，支持两国政府和企业加强务实合作，推动两国人民增进相互了解和友谊。

绍梅拉表示，莫议会将继续为深化两国友谊与合作作出更大贡献。

5月27日

［纲　文］　国家副主席李源潮在北京会见由党的总委员会副书记、国家杜马副主席热列兹尼亚克率领的统一俄罗斯党青年干部考察团。

5月27日

［纲　文］　中央军委副主席范长龙在北京会见马来西亚国防部长希沙姆丁。

［目　文］　范长龙说，中方重视发展中马关系，对马方为马航失联客机搜寻付出的努力给予积极评价，对包括中国乘客在内的下落不明人员表示高度关切，希望马方会同各方继续全力搜寻调查，在查明事件真相前绝不能停止。中方愿与马方密切沟通协调，积极参与相关工作。

希沙姆丁说，马方希望与中方建立更坚强稳固的关系。失联客机搜寻已进入新阶段，马方愿与中方等继续全力做好相关工作。

5月27日

［纲　文］　《人民日报》发表题为《查摆要深实　批评应坦诚——三论再接再厉搞好第二批教育实践活动》的评论员文章。

5月27日—6月1日

［纲　文］　应国务院总理李克强邀请，马来西亚总理纳吉布对中国进行正式访问。

［目　文］　访问期间，国家主席习近平、全国人大常委会委员长张德江在北京分别会见了纳吉布。李克强在北京同纳吉布举行了会谈，两国总理签署了《中华人民共和国和马来西亚建立外交关系四十周年联合公报》并见证了双边经贸、文化、科技、投资等领域合作文件的签署。双方宣布在广西南宁、马来西亚槟城和哥打基纳巴卢设立总领事馆。李克强和纳吉布共同出席中马建交40周年庆祝大会并发表讲话。国务院副总理汪洋与纳吉布共同出席中马经济高层论坛。

习近平在会见纳吉布时强调，双方要继续共同努力，抓住机遇，克服挑战，不断深化中马全面战略伙伴关系。希望双方保持高层互访，加强治国理政经验交流，推进基础设施建设和互联互通、航天、遥感卫星、金融等领域合作，搞好重点项目，带动双边贸易和投资合作迈上新台阶。双方还要加强执法安全和防务合作，共同打击恐怖主义、非法出入境、网络犯罪，扩大人文交流和青年交往。中方在南海问题上的立场是明确、一贯的。我们不会主动挑起事端，但对有关国家的挑衅行为要做出必要的反应。马来西亚是亚洲重要国家，也是海上丝绸之路支点国家。中方愿意同马方加强合作，为建设和平、繁荣、和谐的亚洲作出贡献。马来西亚航空MH370航班失联至今已经近3个月时间，马方和澳大利亚等有关国家投入大量人力物力，开展客机搜寻和家属安抚等工作。希望马方抓紧协调有关国家，尽快制定完善常态化搜寻和善后方案，保持搜寻工作连续性，争取尽快找到飞机下落。

纳吉布表示，东盟和中国相互依赖，彼此是好邻居、好朋友。双方要密切合作，共同致力于实现亚洲的和平、稳定、繁荣。关于南海问题，纳吉布表示，我赞同习近平主席上述主张，认为有关声索国应该通过直接沟通、对话，妥善处理分歧。马方愿积极参与建设21世纪海上丝绸之路和亚洲基础设施投资银行。马航MH370航班失联是世界航空史上未曾有过的非常不幸的事件，马方将尽一切努力继续进行调查，直至找到事件真相和失联客机下落，这是马方对乘客家属的责任。

李克强同纳吉布会谈时指出，希望双方发挥好双边经贸磋商机制作用，充分利用中国—东盟自贸区政策优势，拓展经贸合作，力争实现2017年双边贸易额1600亿美元的目标。加强基础设施建设和互联互通领域的合作，共同推进中马钦州产业园区和马中关丹产业园区建设。加强投资、金融合作，继续扩大本币在贸易和投资中的使用，携手推进亚洲基础设施投资银行筹建工作。

纳吉布赞同李克强关于进一步深化两国合作的建议，表示马方愿进一步扩大两国经贸、投资、金融、基础设施建设、农业、汽车、人文等领域的互利合作，共同开拓东盟国家市场，积极参与21世纪海上丝绸之路建设和亚洲基础设施投资银行筹建工作，促进共同发展。

5月27日—6月2日

[纲　文]　第二届"中非文化产业圆桌会议"在北京、莆田举办。

[目　文]　会议由文化部、商务部、国家新闻出版广电总局、国家体育总局、国家文物局主办，北京市文化局、福建省文化厅、福建省莆田市人民政府协办。中非代表围绕"文化产业作为新兴产业在中国和非洲国家的地位和作用及双方合作前景"这一主题，就中国和非洲文化产业相关政策、发展现状、成功经验、彼此诉求、合作愿景等进行深入探讨与沟通。旨在落实中非合作论坛第五届部长级会议精神，兑现《北京行动计划》文化领域有关承诺。

5月28日

[纲　文]　国务院总理李克强在北京会见世界经济论坛主席施瓦布。

[目　文]　李克强表示，当前世界经济形势乍暖还寒，复苏仍面临诸多不确定、不稳定因素。发达经济体和新兴经济体仍然需要同舟共济，共同应对全球经济领域的重大挑

战，巩固世界经济复苏势头。在外部环境依然复杂严峻的情况下，中国经济运行总体平稳，结构调整出现积极变化。面对下行压力，我们坚持稳中求进，主动有为，统筹推动稳增长、促改革、调结构、惠民生，继续实施积极的财政政策和稳健的货币政策，加强政策协同配合，做好政策储备，适时适度预调微调，营造良好发展环境，调动千千万万人的积极性，努力实现2014年经济社会发展的预期目标。中方愿同世经论坛保持密切合作。希望论坛继续为促进国际社会和中国的相互了解发挥积极作用。

施瓦布表示，李克强总理不久前在世经论坛非洲峰会上发表的演讲令人鼓舞，受到各方积极评价，有力增强了非洲人民应对挑战的信心。中国的改革和发展有利于促进世界经济复苏与增长。世经论坛感谢中方的支持，愿与中方加强合作，通过夏季达沃斯论坛等平台，为改进全球经济治理、推动世界经济发展发挥积极作用。

5月28日

［纲　文］　《人民日报》报道，中央教育实践活动办公室通知要求进一步整治"会所中的歪风"。

［目　文］　通知指出，这次整治的范围主要针对在历史建筑、公园等公共资源中实行会员制的会所、只对少数人开放的场所、违规出租经营的场所。各省（区、市）要制定工作方案，明确任务要求，落实责任单位，组织力量集中时间开展专项清理，切实解决存在的违法设立经营、侵占群众利益、助长奢靡之风、滋生腐败行为等问题。对设在历史建筑、公园等公共资源中的会所依法依规整治，杜绝历史建筑、公园等公共资源违法违规出租现象，建立健全加强监管的长效机制。

通知明确，党员领导干部不得出入实行会员制、只有会员才能出入的会所或不向公众开放、只对少数人开放的餐饮服务、休闲娱乐、美容健身等场所。第二批教育实践活动中，要组织党员领导干部作出不出入私人会所、不接受和持有私人会所会员卡的公开承诺，并纳入对照检查的内容，在专题民主生活会上进行明示，自觉接受监督。对第一批教育实践活动中党员领导干部的承诺情况及整改落实、建章立制情况要进行回头看，发现问题坚决纠正。

通知要求，中央和国务院有关部门要认真履行职责，与省区市密切配合、上下联动。公安、民政、住建、商务、文化、税务、工商、旅游、宗教工作等部门要在认真抓好本系统专项整治的同时，加强工作指导和政策研究，进一步健全完善监管制度，推动专项整治工作深入开展。各地区各部门各单位要强化监督检查，对党员领导干部违规出入私人会所的行为，一经发现，严肃查处；对典型问题通报曝光，以形成威慑，警示教育党员干部。

5月28日

［纲　文］　交通运输部印发《水运工程设计和施工企业信用评价办法（试行）》，自2014年9月1日起施行。

5月28日

［纲　文］　工商总局发布《网络交易平台经营者履行社会责任指引》。

［目　文］　《指引》共4章35条。主要有总则、履行社会责任的主要内容、履行社

会责任的保障措施、附则等部分内容。自 2014 年 5 月 28 日起施行。

5月28日

［纲　文］　工商总局公布《商标评审规则》。

［目　文］　《规则》共 6 章 60 条。主要有总则，申请与受理，审理，证据规则，期间、送达，附则等内容。自 2014 年 6 月 1 日起施行。

5月28日

［纲　文］　质检总局印发《关于加大帮扶企业力度促进外贸稳定增长的意见》。

［目　文］　《意见》由七部分组成：一、减少法检种类，激发外贸出口活力。二、加大整治力度，整顿规范进出口环节经营性服务和收费。三、加强关检合作，全面推进"三个一"工作。四、围绕国家宏观大局，切实做好服务进口工作。五、服务国家区域发展战略，支持区域扩大对外开放。六、坚持以质取胜，促进出口商品提质增效。七、加强技术性贸易措施工作，积极应对贸易摩擦。

《意见》要求，各直属检验检疫局要高度重视支持外贸稳定增长各项工作任务的落实，紧密结合各地外贸发展实际，逐项分解任务，责任落实到人，增强工作的针对性和主动性，努力为外贸稳定增长作出应有贡献。

5月28日

［纲　文］　中国广播电视网络有限公司挂牌运行。

［目　文］　中国广播电视网络有限公司注册资金为 45 亿元，经营范围包括有线电视网络规划、建设、运营和维护。

5月28日

［纲　文］　第 3 届中国海洋可再生能源发展年会暨论坛在哈尔滨举行。

［目　文］　本届年会暨论坛由国家海洋技术中心主办，来自国家海洋局、中国科学院、哈尔滨工程大学、中海油研究总院等单位的代表，就我国海洋能领域的政策规划、技术研发、示范应用等进行了交流和探讨。国家海洋技术中心发布了《中国海洋可再生能源发展年度报告（2013 年）》。

5月28日

［纲　文］　国家副主席李源潮在北京会见米仓弘昌会长率领的日本经团联代表团。

［目　文］　李源潮说，中日作为重要近邻，应坚持和平、友好、合作的大方向。中方主张在中日四个政治文件基础上推进中日关系。改善中日关系需要正确认识和妥善处理历史、钓鱼岛等突出问题，需要日方正确对待中国的发展。希望日本经济界为推动两国关系改善继续做出积极努力。

米仓说，作为日本最大经济团体，经团联将一如既往为日中关系恢复正常发展贡献力量。

5月28日

［纲　文］　《人民日报》发表题为《牢牢把握稳疆兴疆总目标》的评论员文章。

5月28日

［纲　　文］　《人民日报》发表题为《用行动标注道德新高度——一论营造"节俭养德"的时代风尚》的评论员文章。

5月28—29日

［纲　　文］　第二次中央新疆工作座谈会在北京举行。

［目　　文］　党和国家领导人习近平、李克强、俞正声出席并讲话，张德江、刘云山、王岐山、张高丽出席。在京中共中央政治局委员、中央书记处书记，国务委员，最高人民法院院长，最高人民检察院检察长出席会议。新疆维吾尔自治区党政负责人以及各地州市、有关部门主要负责人，新疆生产建设兵团党政主要负责人以及各师、有关部门主要负责人，各省区市负责人，中央和国家机关有关部门、有关中央企业负责人，人民解放军和武警部队有关负责人等出席会议。本次会议全面总结了2010年中央新疆工作座谈会以来的工作，科学分析了新疆形势，明确了新疆工作的指导思想、基本要求、主攻方向，对当前和今后一个时期新疆工作作了全面部署。

中共中央总书记习近平指出，以邓小平理论、"三个代表"重要思想、科学发展观为指导，坚决贯彻党中央关于新疆工作的大政方针，围绕社会稳定和长治久安这个总目标，以推进新疆治理体系和治理能力现代化为引领，以经济发展和民生改善为基础，以促进民族团结、遏制宗教极端思想蔓延等为重点，坚持依法治疆、团结稳疆、长期建疆，努力建设团结和谐、繁荣富裕、文明进步、安居乐业的社会主义新疆。

国务院总理李克强就新疆经济社会发展工作作了讲话。俞正声在会议结束时作了讲话。新疆维吾尔自治区、新疆生产建设兵团、公安部、湖北省、广东省负责人在会上发言。与会代表一致认为，建设团结和谐、繁荣富裕、文明进步、安居乐业的社会主义新疆，是全党全国各族人民的共同意志、共同责任。要认真按照习近平总书记的要求，以社会稳定和长治久安为新疆工作的着眼点和着力点，增强贯彻会议精神的主动性、自觉性、坚定性，将中央的重大战略部署领会好、把握好、实施好，不折不扣认真执行，因地制宜地落实到位，统筹推进各方面工作。

5月28日—6月1日

［纲　　文］　第三届中国（北京）国际服务贸易交易会在北京举办。

［目　　文］　交易会由商务部和北京市人民政府主办，定位于国家级、国际性、综合性的服务交易会。文化贸易板块分为开幕式、展览展示、推介会议、剧目展演、交易洽谈以及签约仪式六大内容，整体上将分为"城市名片""城市映像""城市精神"三大部分。共有117个国家和地区15.3万人次参展参会，首次实现全球服务贸易20强国家和地区均有客商参会，举行了133场展览展示、论坛活动、洽谈交易活动。达成签约项目236个，意向签约额818.3亿美元，比第二届增长4%。

5月29日

[纲　文]　国务院总理李克强同印度新任总理莫迪通电话。

[目　文]　李克强祝贺莫迪履新并表示，经过中印双方共同努力，两国关系近年取得长足发展，共同探索出一条积极拓展合作与妥善管控分歧并行不悖的相处之道。中印都是历史悠久的文明古国，也是当今世界两个最大的发展中国家和具有蓬勃活力的新兴市场国家，是天然合作伙伴。中印携手合作、共同发展，不仅造福两国人民，也将为解决整个人类的发展问题作出重大贡献。2014年适逢中国、印度、缅甸共同倡导的和平共处五项原则发表60周年。中方愿同印方增进互信，将彼此的发展视为机遇。进一步密切合作，共同推进孟中印缅经济走廊建设。加强人文等领域交流，寻找更多利益契合点。共同为地区和世界的和平、稳定与繁荣作出贡献。

莫迪感谢李克强的祝贺并表示，印中是友好邻邦，两国人民的友好往来源远流长。印方为中国发展取得的成就感到高兴，愿意学习借鉴中国的成功经验。发展对华关系是印度外交的重要任务之一。印新一届政府从战略高度重视印中关系，愿同中方一道，全面推进双边各领域合作，通过对话解决存在的问题，使两国友好和谐相处，实现共同发展。

5月29日

[纲　文]　交通运输部发布《推进港口转型升级的指导意见》。

[目　文]　《意见》由三部分组成：一、总体要求。二、主要任务。三、主要措施。

《指导意见》指出，各级交通运输主管部门和港口行政管理部门要高度重视港口转型升级工作，加强领导，明确责任分工，积极争取中央有关部门和地方政府的支持，充分发挥行业中介组织的作用，合力推进。借鉴国内外典型案例和先进做法，从实际出发，分类指导。加强舆论宣传和学习交流，形成推进港口转型升级的良好氛围。

5月29日

[纲　文]　测绘地信局印发《测绘地理信息部门信息化建设指导意见》。

[目　文]　《意见》由九部分组成：一、必要性和迫切性。二、总体思路。三、政务信息化。四、生产信息化。五、服务信息化。六、网络基础设施。七、信息安全保障。八、标准规范体系。九、保障条件。

5月29日

[纲　文]　国务委员兼国防部部长常万全在北京会见白俄罗斯空防军司令德维加列夫。

[目　文]　常万全说，2013年，中白两国元首共同宣布建立全面战略伙伴关系，为两国关系未来发展指明了方向。中白两军友好合作近年来也得到不断发展和提升。中方愿与白方一道，共同努力，不断深化两军关系，为推动两国全面战略伙伴关系发展贡献力量。

5月29日

[纲　文]　2013年中国国际微电影大典优秀作品鉴赏暨表彰仪式在北京举行。

［目　文］　2013年中国国际微电影大典由中国国际广播电台、中国互联网新闻中心、中国网络电视台、中国电影家协会、中央新影集团等29家单位共同发起并联合主办，于2013年9月启动。在历时7个月的海选征集期内，共征集到来自美国、英国等多个国家投送的近3000部微电影。经过近千万网络投票，以及专家评审团的评审，评选出"最佳影片""最佳导演""最佳男（女）主角""最佳制作""最佳动画片""最佳纪实片""网络人气奖"及"组委会特别大奖"等各大奖项。其中，《给爸爸的照片》获得最佳微电影，陈子谦凭借《薄饼》获得最佳导演，阮经天、贾雨萌分别凭借在《给爸爸的照片》《彼岸花开》两部精彩影片中的表演，分获最佳男、女主角。

5月29日

［纲　文］　"大洋一号"科考船完成第30航次科考任务。

［目　文］　"大洋一号"船于2013年12月2日从三亚起航，5月29日返航，历时179天，航程25628海里。本航次是我国履行"西南印度洋多金属硫化物勘探合同"规划的首个航次，重点在合同区开展了4个航段的海底多金属硫化物资源勘探，并兼顾深海环境和深海生物多样性调查等工作。在此次航行中，我国多金属硫化物资源勘探取得重大突破，勘探技术方法得到迅速发展，深海高新技术装备获得成功应用。

"大洋一号"船在多金属硫化物资源勘探方面，共发现11个海底热液区，使我国在大洋中脊发现的海底热液区达到44个。同时还在合同区获得了大量环境资料与生物样品，首次测得深海热液羽流中的溶解氧气含量数据。本航次还对国际海底管理局选派人员进行了培训，来自喀麦隆、泰国和阿根廷的3名培训人员参加了本航次调查。

5月29日

［纲　文］　《人民日报》发表题为《解决问题才是硬道理——四论再接再厉搞好第二批教育实践活动》的评论员文章。

5月29日

［纲　文］　《人民日报》发表题为《让服务成为基层党组织的鲜明主题》的评论员文章。

5月29—30日

［纲　文］　首届驻华外交官"中国文化之旅"活动在江西景德镇举办。

［目　文］　活动由文化部外联局发起。来自卢森堡、俄罗斯、匈牙利等19个国家的外交官参观了建国陶瓷文化创意园区、古窑民俗博览区、瑶里古镇、御窑厂遗址、景德镇陶瓷馆，亲手制作陶器、绘制陶盘，并欣赏了独具特色的瓷乐表演。

5月30日

［纲　文］　习近平参加北京市海淀区民族小学庆祝"六一"国际儿童节活动。

［目　文］　中共中央总书记习近平参加学校少先队主题队日活动，了解学生们学习和课余活动、特别是学校开展多种活动积极引导学生培育和践行社会主义核心价值观方面的情况。习近平在主题为《从小积极培育和践行社会主义核心价值观》的讲话中强调，少

年儿童是祖国的未来，是中华民族的希望。各方面要共同努力，让社会主义核心价值观的种子在少年儿童心中生根发芽、真正培育起来。

5月30日

[纲　文]　李克强在八一儿童医院看望残疾孤儿。

[目　文]　国务院总理李克强来听取了"残疾孤儿手术康复明天计划"情况的介绍。李克强对此充分肯定并表示，党和政府始终高度重视少年儿童的成长，关爱和保障残疾孤儿等的生活、成长是民生工作的重点，也是社会文明程度的重要标志。要进一步加大投入，支持"明天计划"拓展规模、提高水平，使更多患儿特别是农村和贫困地区的孩子受益。要动员更大慈善力量和社会资源，把千千万万爱的力量汇聚起来，防止发生冲击道德底线的事，让残疾孤儿拥有灿烂的明天。

5月30日

[纲　文]　李克强主持召开国务院常务会议。

[目　文]　会议主要内容是：一、确定进一步减少和规范涉企收费、减轻企业负担。会议确定，一是正税清费。取消政府提供普遍公共服务或体现一般性管理职能的收费项目。把暂免小微企业管理类、登记类、证照类行政事业性收费改为长期措施。依法将有税收性质的收费基金项目并入相应税种。二是建立涉企收费清单管理制度，所有收费纳入清单，对外公开，接受监督。清单外的一律不得收费，清单内的逐步减少数量。三是清理规范行政审批前置服务收费。需实行政府定价或指导价的，实行目录管理。严格规范行业协会、中介组织收费。四是新设涉企行政事业性收费和政府性基金项目，必须有法律法规规定。建立企业负担举报和反馈机制，严查乱收费、乱罚款和摊派等行为。二、部署落实和加大金融对实体经济的支持。会议指出，一要保持货币信贷和社会融资规模合理增长。加大"定向降准"措施力度，对发放"三农"、小微企业等符合结构调整需要、能够满足市场需求的实体经济贷款达到一定比例的银行业金融机构适当降低准备金率。扩大支持小微企业的再贷款和专项金融债规模。通过加大呆账核销力度、推进信贷资产证券化、改进宏观审慎管理等，盘活贷款存量。二要降低社会融资成本。规范同业、信托、理财、委托贷款等业务，清理不必要的资金"通道""过桥"环节，缩短融资链条。开展银行业收费专项检查，只收费不服务的坚决取消。降低小微企业担保费用。三要优化融资结构。坚持有扶有控，加大对国家重点建设、企业改造、服务业等的支持。四要改进金融服务。提高贷款审批效率。加强农村信用体系和抵质押担保体系建设。扩大农业保险覆盖面。五要强化风险监测监管，健全金融市场违约、破产处置机制，强化地方政府性债务管理，防范金融风险。三、决定对国务院已出台政策措施落实情况开展全面督查。会议决定，对国务院已出台政策措施落实情况开展全面督查。重点针对落实进展缓慢的，查找原因、提出对策，打通抓落实的"最先一公里"和"最后一公里"，力破"中梗阻"，消除影响政策落地的体制机制障碍。目前已建立了权力清单制度，不允许为官乱为，也要明确和强化责任，克服"只要不出事、宁愿不做事"的为官不为和"不求过得硬、只求过得去"的敷衍了事，

5月30日

［纲　文］　中央各部门各单位党的群众路线教育实践活动专项推进会在北京召开。

［目　文］　中央党的群众路线教育实践活动领导小组组长刘云山出席并讲话。中央党的群众路线教育实践活动领导小组副组长赵乐际主持会议。中央党的群众路线教育实践活动领导小组副组长赵洪祝出席会议。交通运输部、海关总署、税务总局、工商总局、质检总局、民政部、中国银行、中国航空集团公司负责人发言。中央和国家机关、人民团体、中管金融企业、中管企业教育实践活动领导小组负责人，中央党的群众路线教育实践活动领导小组成员及办公室负责人参加会议。

刘云山指出，各部门各单位要认真学习贯彻习近平总书记重要指示精神，进一步增强思想自觉，落实"三严三实"要求，坚持上下联动，认真解决群众反映的突出问题，把行业系统教育实践活动不断引向深入。

5月30日

［纲　文］　孟建柱在北京出席反恐怖工作专题会议并讲话。

［目　文］　中央政法委书记孟建柱指出，第二次中央新疆工作座谈会是一次十分重要的会议。习近平总书记在会议上的重要讲话，从战略和全局高度，科学分析了新疆形势，深刻阐述了新疆工作一系列重大问题，对新疆工作特别是社会稳定和长治久安工作作了全面部署，是指导新形势下新疆工作的纲领性文献。各级政法机关要把思想和行动统一到中央重大决策部署上来，牢牢把握新疆社会稳定和长治久安总目标，为建设团结和谐、繁荣富裕、文明进步、安居乐业的社会主义新疆作出新贡献。

孟建柱要求，各级政法机关要把严厉打击暴力恐怖活动作为当前工作的重点，高举社会主义法治旗帜，坚决把暴力恐怖分子的嚣张气焰打下去。要创新情报工作体制机制，深挖幕后、深挖勾联渠道、深挖组织指挥体系，下大力气提高预警发现能力，坚决把暴力恐怖活动消灭在萌芽状态。要打一场反恐人民战争，把严厉打击暴力恐怖活动专项行动各项部署落到实处，加强社会面巡逻防控，形成严打高压态势，稳定人心、安定秩序。坚决打掉暴恐音视频，最大限度地切断煽动指挥暴力恐怖活动的渠道。坚决打击组织非法出境的"蛇头"，切断群体性非法出境的通道。集中整治重点地区、场所，尽快改变面貌。做好防范抵御宗教极端思想渗透工作，从源头上遏制暴力恐怖活动多发频发势头。深化国际反恐合作，服务国家反恐怖工作大局。

5月30日

［纲　文］　国家税务总局、财政部、人力资源社会保障部、教育部、民政部印发《关于支持和促进重点群体创业就业有关税收政策具体实施问题的公告》。

［目　文］　《公告》由四部分组成：一、个体经营税收政策。二、企业、民办非企业单位吸纳税收政策。三、创业就业政策管理。四、本公告自2014年1月1日起施行。《国家税务总局财政部人力资源社会保障部教育部关于支持和促进就业有关税收政策具体实施

问题的公告》（国家税务总局公告 2010 年第 25 号）同时废止。

5 月 30 日

［纲　文］　工业和信息化部、财政部印发《国家物联网发展及稀土产业补助资金管理办法》。

［目　文］　《办法》共 7 章 35 条。主要有总则、支持内容、支持方式及标准、申请条件、补助资金的申请及审核拨付、监督检查及绩效评价、附则等内容。自 2014 年 5 月 30 日起施行。《财政部工业和信息化部关于印发〈物联网发展专项资金管理暂行办法〉的通知》（财企〔2012〕225 号）和《财政部工业和信息化部关于印发〈稀土产业调整升级专项资金管理办法〉的通知》（财企〔2012〕375 号）同时废止。

5 月 30 日

［纲　文］　中组部在北京召开全国大学生村官工作座谈会。

［目　文］　中组部部长赵乐际出席会议并讲话。中组部常务副部长陈希主持会议。中组部副部长陈向群、中组部部务委员兼全国基层办主任吴玉良出席会议。中央宣传部、中央编办、教育部、公安部、民政部、财政部、人力资源和社会保障部、农业部、中国人民银行、国资委、国家林业局、国家公务员局、国务院扶贫办、共青团中央、全国妇联等中央国家机关领导参加会议，31 个省（区、市）和新疆生产建设兵团党委组织部负责大学生村官工作的领导和相关处室部门负责人出席会议。

赵乐际指出，要深入学习贯彻习近平总书记关于大学生村官工作的重要指示精神，坚持稳中求进、改革创新、狠抓落实，把握工作定位，优化整体结构，保持适度规模，完善政策措施，从严教育管理，使大学生村官队伍成为推进农村改革发展的生力军、成为建设中国特色社会主义的一支重要后备力量。

5 月 30 日

［纲　文］　国家海洋局发布《南极考察活动行政许可管理规定》。

［目　文］　《规定》共 5 章 33 条。主要有总则、申请与受理、审查与决定、监督管理、附则等内容。自 2014 年 5 月 30 日起实施。

5 月 30 日

［纲　文］　江西省庐山管理局公安局原政委柯善梅同志先进事迹报告会在北京举行。

［目　文］　报告会由中央政法委、公安部、江西省委联合举办。中央国家机关干部代表和首都公安民警、群众代表约 800 人参加报告会。柯善梅同志生前任庐山管理局公安局政委。2014 年 2 月 13 日，柯善梅同志不顾身体不适，坚守抗击冰雪第一线，因劳累过度突发心脏病，不幸牺牲，年仅 55 岁。公安部追授柯善梅同志"全国公安系统二级英雄模范"荣誉称号。

报告会前，中共中央政治局委员、中央政法委书记孟建柱会见了柯善梅同志亲属和先进事迹报告团成员。他强调，广大政法干警要认真学习柯善梅同志的先进事迹和崇高精神,忠诚使命,服务群众,坚守清廉,把个人的价值追求融入到党和人民的事业中,为维护社会大局稳定、促进社会公平正义、保障人民安居乐业作出新贡献。

5月30日

[纲　文]　中国文艺评论家协会成立大会在北京举行。

[目　文]　大会选举产生了中国文艺评论家协会第一届理事会理事和负责人,仲呈祥当选中国文艺评论家协会主席,李准被推选为协会名誉主席。中宣部副部长黄坤明,中国文联党组书记、副主席赵实参加了成立大会。

中国文艺评论家协会是由文艺评论家、文艺评论工作者组织和关心支持文艺评论工作的相关单位自愿组成,按照章程开展活动的全国性、联合性、非营利性社会团体组织,接受中国文联和民政部的指导。

5月30日

[纲　文]　国家副主席李源潮在北京会见苏丹副总统、全国大会党领导局成员哈赛卜。

[目　文]　李源潮说,中国坚持从战略高度和长远角度看待中苏关系,愿同苏丹全面深化、积极开拓各领域友好合作。中国共产党愿同苏丹全国大密切高层交往,深化治国理政经验交流,促进中苏传统友好关系深入发展。

哈赛卜表示,苏中长期友好,愿共同努力推动两国两党关系深入发展。

5月30日

[纲　文]　《人民日报》发表题为《牢牢把握新疆社会稳定和长治久安总目标》的社论。

5月30日

[纲　文]　《人民日报》发表题为《让核心价值在全民行动中彰显——二论营造"节俭养德"的时代风尚》的评论员文章。

5月31日

[纲　文]　国家主席习近平与马来西亚最高元首哈利姆互致贺电庆祝中马建交40周年。

[目　文]　习近平在贺电中说,建交40年来,中马关系取得长足发展。两国政治互信不断增强,经贸、金融、基础设施、人文等领域合作成效显著,防务和执法安全合作成为新亮点。我愿同你一道,推动中马关系不断迈上新台阶。

哈利姆在贺电中说,马中关系40年来不断发展,双方各领域友好交流与合作蓬勃开展。马方相信,两国牢固的友谊一定能够继续得到加强,为本地区乃至世界的和平、安全与繁荣作出重要贡献。

5月31日

[纲　文]　交通运输部印发《交通运输部安全生产事故责任追究办法(试行)》,自

2014年7月1日起施行。

5月31日

［纲　文］　财政部、发展改革委、国土资源部、住房和城乡建设部、人民银行、税务总局、新闻出版广电总局印发《关于支持电影发展若干经济政策的通知》。

［目　文］　《通知》由九部分组成：一、加强电影事业发展专项资金的管理。二、加大电影精品专项资金支持力度。三、通过文化产业发展专项资金重点支持电影产业发展。四、对电影产业实行税收优惠政策。五、实施中西部地区县级城市影院建设资金补贴改策。六、加强和完善电影发行放映的公共服务和监管体系建设。七、对电影产业实行金融支持政策。八、实行支持影院建设的差别化用地政策。九、狠抓落实，加强管理。

5月31日

［纲　文］　《人民日报》发表题为《形成全民节约的生动局面——三论营造"节俭养德"的时代风尚》的评论员文章。

6 月

6月1日

［纲　文］　《人民日报》发表题为《各级领导不能当"甩手掌柜"——五论再接再厉搞好第二批教育实践活动》的评论员文章。

6月2日

［纲　文］　《光明日报》报道，我国最大的藏医药学古籍抢救类出版项目——《中国藏医药影印古籍珍本》30卷正式出版。

［目　文］　《中国藏医药影印古籍珍本》共30卷2700万字，由西藏藏医学院历时4年编纂完成，再现了藏医药学独特的理论与诊疗方法。该卷丛书均为手抄版本，收录了《四部医典》《药师佛祷文五部》《五行历算秘籍月光》《时轮历算新月光》等100余部珍贵藏医药学及天文历算古籍手抄本，内容涵盖藏医药学历史、基础理论、临床经验、药物药理、药物方剂、炮制工艺、天文历算等多方面藏医药理论与实践资料。在挖掘、研究、整理、出版藏医药文献珍本过程中，西藏藏医学院采用影印的方式，直接将收集到的藏医药古籍文献作为母本进行影印复制，充分体现了古籍文献的原始性、真实性、完整性。

6月2日

［纲　文］　《人民日报》发表题为《从战略全局高度谋划新疆工作——一论学习贯彻习近平总书记新疆工作座谈会重要讲话精神》的评论员文章。

6月2日

［纲　文］　《人民日报》发表题为《以深化"三转"打造纪检铁军》的评论员文章。

6月2—5日

［纲　文］　应国务院总理李克强邀请，科威特国首相贾比尔·穆巴拉克·哈马德·萨巴赫对中国进行正式访问。

［目　文］　6月3日，李克强在人民大会堂同贾比尔举行会谈。李克强表示，科威特是最早同中国建交的海湾阿拉伯国家，两国业已成为相互信赖的好朋友和真诚合作的好伙伴。中方愿同科方加强高层交往和政治互信，在涉及彼此核心利益和重大关切问题上相互支持，推动中科关系迈上新台阶。两国要扩大经贸、投资、财经、金融、基础设施建设等合作，中方愿参与科威特铁路项目建设，欢迎科威特积极参与"一带一路"建设，以及亚洲基础设施投资银行筹建工作，希望科方向中国石油企业开放油气上游勘探开发市场，

加强在国际、地区事务中的沟通协调，共同致力于维护地区和平与稳定。中国高度重视发展同海湾合作委员会和阿拉伯国家的关系。希望科方继续推动早日重启并完成中海自贸区谈判，促进中阿论坛建设以及中阿战略合作关系不断取得新成果。贾比尔表示，科方坚定致力于发展对华关系，愿同中方加强高层互访，在经贸、投资、能源、文化、教育、科研等领域开展多元化合作，发挥科威特区域和资金优势，积极参与"一带一路"建设和亚洲基础设施投资银行筹建工作，促进共同发展。中国是阿拉伯国家的好朋友，科方赞赏中方在国际、地区事务中发挥的重要建设性作用，将为阿中关系和海中关系发展发挥积极推动作用。会谈后，两国领导人共同见证了双边经贸、金融、能源、航空等领域合作文件的签署。

6月4日，国家主席习近平在人民大会堂会见贾比尔。习近平表示，中科双方是彼此信赖的好朋友、好伙伴。双方要加强交往，增进互信，继续在涉及彼此核心利益和重大关切问题上相互坚定支持。双方要着力构建涵盖上中下游的能源战略伙伴关系，同时推进基础设施建设、新能源等领域合作。推动尽早重启并完成中国—海湾国家合作委员会自由贸易区谈判，共建"一带一路"，加强两国及地区国家间互联互通、贸易畅通、民心相通。中方高度关注西亚北非形势。我们主张维护国际核不扩散体系，支持建立中东无核武器区，反对以任何形式发展核武器，反对干涉海合会国家内政。中方支持科方在地区事务中发挥积极作用，愿同包括科威特在内的本地区国家一道，推动有关问题的政治解决，共同维护地区和平稳定，促进中海、中阿关系不断取得新发展。贾比尔表示，科方高度赞赏中方在中东海湾地区有关问题上一贯秉持客观公正立场，希望中方为推动实现本地区和平稳定继续发挥建设性作用。科方坚定支持中方维护国家主权、安全和领土完整，打击"三股势力"。科方愿意继续扩大和深化两国合作，积极参与"一带一路"建设，提升双边贸易和双向投资水平，推进金融、基础设施建设、物流等领域合作，大力推动海合会—中国自贸区谈判。

同日，全国人大常委会委员长张德江在人民大会堂会见贾比尔。张德江说，科威特是中国在中东海湾地区重要的合作伙伴，此次双方在新形势下就进一步加强各领域合作达成了广泛共识，丰富、拓展了中科关系内涵。中国全国人大愿与科威特国民议会加强友好往来，密切交流合作，共同推动中科关系健康稳定发展，使中科合作成果更多地惠及两国人民。贾比尔表示，科方将积极推动科中、阿中关系发展。

访问期间，贾比尔出席了在北京举行的中国—阿拉伯国家合作论坛第六届部长级会议开幕式。

6月3日

［纲　文］　**国家主席习近平在人民大会堂出席2014年国际工程科技大会并发表主旨演讲。**

［目　文］　习近平在大会上发表题为《让工程科技造福人类、创造未来》的主旨演

讲。习近平指出，工程科技与人类生存息息相关。新中国成立60多年特别是改革开放30多年来，中国经济社会快速发展，其中工程科技创新驱动功不可没。当今世界，科学技术作为第一生产力的作用愈益凸显，工程科技进步和创新对经济社会发展的主导作用更加突出。发展科学技术是人类应对全球挑战、实现可持续发展的战略选择。

习近平指出，信息技术、生物技术、新能源技术、新材料技术等交叉融合正在引发新一轮科技革命和产业变革。这将给人类社会发展带来新的机遇。未来几十年，新一轮科技革命和产业变革将同人类社会发展形成历史性交汇，工程科技进步和创新将成为推动人类社会发展的重要引擎。共创人类美好未来，是工程科技发展的强大动力，全球工程科技人员要切实承担起这个历史使命。

习近平强调，工程科技的灵魂在于开放。工程科技国际合作是推动人类文明进步的重要动力。中国将在更大范围深化工程科技领域国际交流合作，加强政府间、半官方及民间合作，继续参加或牵头开展国际大科技合作工程，加强信息交流和人才培养，携手应对人类共同挑战，实现各国共同发展。中国是世界上最大的发展中国家。要发展，就必须充分发挥科学技术第一生产力的作用。中国拥有4200多万人的工程科技人才队伍，这是中国开创未来最可宝贵的资源。我们把创新驱动发展战略作为国家重大战略，着力推动工程科技创新，实施可持续发展战略，通过建设一个和平发展、蓬勃发展的中国，造福中国和世界人民，造福子孙后代。

会议开始前，习近平会见了联合国教科文组织总干事博科娃、国际工程与技术科学院理事会秘书长萨尔曼等与会外方代表。习近平指出，中国正在推进新型工业化、信息化、城镇化、农业现代化，我们从战略高度重视工程科技和创新驱动在提升国家综合国力方面的巨大作用。联合国教科文组织积极推动不同文明交流互鉴，国际工程与技术科学院理事会是国际工程科技界最重要的学术组织，希望中方同这两个组织的交流合作取得更多成果，携手提高世界工程科技水平。博科娃和萨尔曼赞赏中国政府大力支持工程科技事业发展，积极促进国际合作，表示联合国教科文组织和国际工程与技术科学院理事会愿意继续加强同中方的交往与合作。

国务院副总理刘延东，全国政协副主席、中国科学技术协会主席韩启德，全国政协副主席、科技部部长万钢等出席上述活动。

2014年国际工程科技大会由中国工程院、联合国教科文组织、国际工程与技术科学院理事会于6月2—3日在北京联合举办，主题为"工程科技与人类未来"。一些国家工程院院长、中国工程院院士和外籍院士、中外工程科技界代表等约1500人出席大会。

6月3日

[纲　文]　全国政协在北京召开"深化产教融合、校企合作，加快现代职业教育体系建设"专题协商会。

[目　文]　全国政协主席俞正声主持会议并讲话。中共中央政治局委员、国务院副总理刘延东出席会议并讲话。全国政协副主席杜青林、董建华、万钢、罗富和、张庆黎、

王正伟、齐续春、陈晓光、马培华、王钦敏出席会议。

俞正声指出，职业教育问题关系国家经济转型升级和长远竞争力提升，关系亿万劳动力就业，既是教育问题，更是重大民生问题和经济问题。党中央、国务院高度重视，党的十八大和十八届三中全会提出明确要求，习近平总书记也多次作出重要指示。发展职业教育非常重要，要切实转变观念，加强政策引导，加大投入力度，健全体制机制，端正办学方向，有针对性地研究解决具体问题，把办学质量提上去，大力培养具有特殊技能的应用技术人才，为学生服务、为企业服务，为建设人力资源强国，实现"两个一百年"奋斗目标提供有力支撑。俞正声要求，人民政协要继续发挥自身优势，加强调研和协商工作，为党政部门多提有价值的意见建议，使出台的政策措施行之有效、行之久远。

刘延东指出，发展职业教育是利国利民的大事。要把职业教育摆在更加突出的战略位置，以构建现代职业教育体系为主攻方向，搭建人人成才的"立交桥"；以提高人才培养质量为核心，深化产教融合、校企合作；以深化改革为动力，发挥市场机制作用，鼓励社会力量办学，推进政府简政放权，激发学校办学活力。各级政府要切实担负起推动职业教育改革发展的重要职责，努力打造具有中国特色、世界水平的现代职业教育体系。

27位政协委员和专家围绕完善职业教育发展的制度创新、产业变革与职业教育融合发展、改革职业技能鉴定机制、民族地区职业教育发展、民办职业培训机构发展、完善职业教育经费投入机制等问题作发言，分析了当前职业教育存在的问题，对推动现代职业教育发展提出了意见和建议。中共中央办公厅、国务院办公厅以及有关部门和单位的负责人到会听取意见，国务院有关部门负责人介绍了职业教育工作的情况并与委员开展了互动交流。

6月3日

[纲　文]　国务院办公厅印发《关于加强城市地下管线建设管理的指导意见》。

[目　文]　《意见》指出，近年来，地下管线建设规模不足、管理水平不高等问题凸显，一些城市相继发生大雨内涝、管线泄漏爆炸、路面塌陷等事件，严重影响了人民群众生命财产安全和城市运行秩序。为此，要把加强城市地下管线建设管理作为履行政府职能的重要内容，全面加强城市地下管线建设管理。

《意见》提出，要在2015年底前，完成城市地下管线普查，建立综合管理信息系统，编制完成地下管线综合规划。力争用5年时间，完成城市地下老旧管网改造，将管网漏失率控制在国家标准以内，显著降低管网事故率，避免重大事故发生。用10年左右时间，建成较为完善的城市地下管线体系，使地下管线建设管理水平能够适应经济社会发展需要，应急防灾能力大幅提升。

《意见》要求，要加强规划统筹，严格规划管理。开展地下空间资源调查与评估，制定城市地下空间开发利用规划，组织编制地下管线综合规划。要统筹工程建设，提高建设水平。统筹安排各专业管线工程建设，力争一次敷设到位。严格控制道路挖掘，杜绝"马路拉链"现象。要加大老旧管线改造力度。对存在事故隐患的供热、燃气、电力、通信等地下管线进行维修、更换和升级改造。对存在塌陷、火灾、水淹等重大安全隐患的电力电缆通道进行专项治理改造，推进城市电网、通信网架空线入地改造工程。要加强维修养护，建立地下管线巡护和隐患排查制度。制定应急防灾综合预案，提高事故防范、灾害防治和应急处置能力。要开展普查工作，完善信息系统。城市地下管线普查实行属地负责制，各城市要在普查的基础上，建立地下管线综合管理信息系统。

6月3日

［纲　文］　赵乐际主持召开中央人才工作协调小组第四十次会议。

［目　文］　中共中央政治局委员、中央组织部部长赵乐际强调，要深入学习贯彻习近平总书记关于人才工作的重要指示精神，坚持党管人才原则，大力推进人才发展体制机制改革和政策创新，狠抓工作谋划和落实，在全社会大兴识才、爱才、敬才、用才之风，为实现"两个一百年"奋斗目标、实现中华民族伟大复兴的中国梦提供有力人才支撑。

赵乐际指出，要加快建立集聚人才体制机制，遵循社会主义市场经济规律、人才成长规律、人才流动规律，完善人才评价、流动、激励机制，充分激发人才创新创业活力。要加快实施更加开放的人才政策，打开大门、敞开胸怀，择天下英才而用之。要更大力度推进重大人才工程，"千人计划"要更加突出"高、精、尖、缺"导向，进一步优化引才结构、提升引才质量，"万人计划"要落实各项特殊支持政策。要大力培育高技能人才，解决好制约我国制造业提升竞争力、向产业链高端攀登的瓶颈问题。要多同人才交朋友，多听取意见建议，多帮助解决实际困难，大力宣传各类优秀人才创新创业、报效国家的事迹，营造尊重劳动、尊重知识、尊重人才、尊重创造的良好社会氛围。要加强统筹协调，充分调动各方面的积极性，形成做好人才工作的强大合力。

6月3日

［纲　文］　中共中央办公厅印发《中国共产党发展党员工作细则》，并发出通知，要求各地区各部门遵照执行。

［目　文］　通知指出，党员是党的肌体的细胞和党的活动的主体，发展党员工作是党的建设一项经常性重要工作。1990年中央组织部印发的《中国共产党发展党员工作细则（试行）》，对规范发展党员工作、保证发展党员质量发挥了重要作用。随着形势任务的发展变化，发展党员工作出现了许多新情况新问题，《中国共产党发展党员工作细则（试行）》已经不能完全适应工作需要。

通知强调，《细则》体现了党的十八大、十八届三中全会和习近平总书记系列重要讲话精神，体现了党要管党、从严治党方针，体现了实践探索的新经验，是做好新形势下发展党员工作的重要遵循。《细则》的颁布实施，对于深入贯彻党中央关于党员队伍建设的新部署新要求，保证发展党员质量，建设一支规模适度、结构合理、素质优良、纪律严明、作用突出的党员队伍，具有十分重要的意义。

通知要求，各地区各部门要认真贯彻控制总量、优化结构、提高质量、发挥作用的总要求，坚持标准，严格程序，严肃纪律，确保发展党员工作有领导、有计划地进行。要加强组织领导，明确工作责任，切实做好《细则》的学习、宣传和实施，进一步提高发展党员工作的科学化水平。

6月3日

［纲　文］　国务院批复山东省人民政府，同意设立青岛西海岸新区。

［目　文］　青岛西海岸新区位于胶州湾西岸，包括青岛市黄岛区全部行政区域，其中陆域面积约2096平方公里，海域面积约5000平方公里，具备推进陆海统筹、城乡一体、军民融合发展的独特条件。设立并建设好青岛西海岸新区，对于全面实施海洋战略、创新军民融合机制、深化海洋管理体制改革、推进深远海开发与陆海统筹发展和建设海洋强国具有重要意义。

国务院在批复中要求，青岛西海岸新区建设要充分发挥区位条件、科技人才、海洋资源、产业基础、政策环境等综合优势，服务于青岛建设区域性经济中心和国际化城市的发展定位，以海洋经济发展为主题，统筹海洋经济与陆域经济、经济建设与国防建设、资源开发与生态保护、新型工业化与新型城镇化，以全面深化改革为动力，推进创新驱动和体制机制创新，大力发展海洋经济和海洋新兴产业，加强生态文明建设，深化对外对内开放，把新区发展成为海洋科技自主创新领航区、深远海开发战略保障基地、军民融合创新示范区、海洋经济国际合作先导区、陆海统筹发展试验区，为探索全国海洋经济科学发展新路径发挥示范作用，为促进东部沿海地区经济率先转型发展、建设海洋强国发挥积极作用。

6月3日

［纲　文］　最高人民法院印发《关于人民法院为企业兼并重组提供司法保障的指导意见》。

6月3日

［纲　文］　国家卫生计生委、发展改革委、教育部、财政部、中医药局联合印发《村卫生室管理办法（试行）》，自印发之日起施行。

6月3日

［纲　文］　中央军委副主席许其亮、国务委员兼国防部长常万全在北京分别会见刚果（金）副总理兼国防部长卢巴。

［目　文］　许其亮在会见中说，中刚两国建交以来，两国关系健康稳定持续向前发展。中刚两军长期保持密切的交往与合作。近年来，两军在人员培训、装备技术等方面进行了富有成果的合作。中方高度重视中刚关系，愿与刚方一道，推动两国两军友好合作关系不断向前发展。

卢巴表示，多年来，刚中两国始终保持着友好关系，两国在军事领域的合作进展顺利、成果丰硕。

常万全在会见中说，中刚建交以来，两国平等相待，开展了真诚友好的合作，取得了丰硕成果。中国军队愿进一步扩大合作领域、丰富合作内涵、提高合作质量，共同将两军友好合作关系推向新阶段。

卢巴表示,刚方对进一步发展两军友好伙伴关系充满期待,愿与中方一道,不断加强两军友谊与各领域的务实合作。

6月3日

［纲　文］　《人民日报》发表题为《筑牢民族团结的生命线——二论学习贯彻习近平总书记新疆工作座谈会重要讲话精神》的评论员文章。

6月4日

［纲　文］　国家主席习近平任免驻外大使。

［目　文］　习近平根据全国人民代表大会常务委员会的决定任免下列驻外大使:

一、免去孔铉佑的中华人民共和国驻越南社会主义共和国特命全权大使职务;任命洪小勇为中华人民共和国驻越南社会主义共和国特命全权大使。

二、免去刘建超的中华人民共和国驻印度尼西亚共和国特命全权大使职务;任命谢锋为中华人民共和国驻印度尼西亚共和国特命全权大使。

三、免去崔志伟的中华人民共和国驻马其顿共和国特命全权大使职务;任命温振顺为中华人民共和国驻马其顿共和国特命全权大使。

四、免去章均赛的中华人民共和国驻加拿大特命全权大使职务;任命罗照辉为中华人民共和国驻加拿大特命全权大使。

6月4日

［纲　文］　国家主席习近平致电祝贺塞西当选埃及总统。

6月4日

［纲　文］　国家主席习近平致电祝贺波罗申科当选乌克兰总统。

6月4日

［纲　文］　国务院总理李克强主持召开国务院常务会议。

［目　文］　会议确定进一步简政放权促进创业就业,部署石化产业科学布局和安全环保集约发展,讨论通过《中华人民共和国广告法(修订草案)》。

会议认为,简政放权是深化政府改革、加快转变政府职能的关键之举。会议确定,2014年在简政放权方面,一是取消和下放新一批共52项行政审批事项,其中关系投资创业的34项审批事项,有利于减少中间不必要环节,让优惠政策落地,释放市场活力;涉及事业单位、社会组织业务的10项审批事项,将扩大高校办学研究自主权,推动科研创新;涉及资质资格的8项审批事项,有助于降低执业门槛,促进扩大就业。二是为进一步提高人力资源配置效率,在保持资质资格水平不降的前提下,减少部分职业资格许可和认定。先期取消一批准入类专业技术职业资格。逐步建立由行业协会、学会等社会组织开展水平评价的职业资格制度。三是围绕促进投资创业便利化、优化营商环境,将36项工商登记前置审批事项改为后置审批。会议要求,各地区、各部门要加大工作落实力度,既要解决越权越位问题，又要加强事中事后监管，做到放活不放任，防止截留改革红利。确保2014年简政放权、放管结合各项目标任务按时完成。

会议指出，石化产业是国民经济的重要支柱，产业链条长，产品覆盖面广，与人民生活息息相关。在全球竞争加剧、资源环境约束加大、部分产品过多依赖进口的情况下，必须遵循经济规律，按照安全环保优先、科学合理规划、提高产业效益、保障能源安全的原则，搞好石化产业布局，使产业发展与民生改善相促进。会议强调，石化产业规划布局方案一经确定，必须严格执行。要以现有产业基地和优势企业挖潜改造为重点，促进石化产业提质增效升级。要严格环评、科学论证，做好项目选址，避免盲目违规乱上。切实加强安全环保监管，落实企业主体责任，及时排查隐患。从严查处环境违法事件。要加强信息公开、科普宣传和解疑释惑，保障公众知情权，推动石化产业绿色、安全、高效发展。

会议讨论通过了《中华人民共和国广告法（修订草案）》。为规范广告活动，更好保护消费者权益，草案补充和完善了药品、保健食品等广告准则，加大了对虚假广告等的惩处力度。

6月4日

[纲　文]　　国务院印发《关于促进市场公平竞争维护市场正常秩序的若干意见》。

[目　文]　　《意见》明确了简政放权、依法监管、公正透明、权责一致和社会共治等基本原则，强调立足于促进企业自主经营、公平竞争，消费者自由选择、自主消费，商品和要素自由流动、平等交换，建设统一开放、竞争有序、诚信守法、监管有力的现代市场体系，加快形成权责明确、公平公正、透明高效、法治保障的市场监管格局，到2020年建成体制比较成熟、制度更加定型的市场监管体系。

《意见》提出了七个方面的工作任务。一是放宽市场准入。凡是市场主体基于自愿的投资经营和民商事行为，只要不属于法律法规禁止进入的领域，不损害第三方利益、社会公共利益和国家安全，政府不得限制进入。改革市场准入制度、大力减少行政审批事项、禁止变相审批、打破地区封锁和行业垄断、完善市场退出机制。二是强化市场行为监管。创新监管方式，强化生产经营者主体责任、强化依据标准监管、严厉惩处垄断行为和不正当竞争行为、强化风险管理、广泛运用科技手段实施监管，保障公平竞争。三是夯实监管信用基础。加快市场主体信用信息平台建设、建立健全守信激励和失信惩戒机制、积极促进信用信息的社会运用，营造诚实、自律、守信、互信的社会信用环境。四是改进市场监管执法。严格依法履行职责、规范市场执法行为、公开市场监管执法信息、强化执法考核和行政问责，确保依法执法、公正执法、文明执法。五是改革监管执法体制。解决多头执法、消除多层重复执法、规范和完善监管执法协作配合机制、做好市场监管执法与司法的衔接，整合优化执法资源，提高监管效能。六是健全社会监督机制。发挥行业协会商会的自律作用、发挥市场专业化服务组织的监督作用、发挥公众和舆论的监督作用，调动一切积极因素，促进市场自我管理、自我规范、自我净化。七是完善监管执法保障。及时完善相关法律规范、健全法律责任制度、加强执法队伍建设,强化执法能力保障,确保市场监管有法可依、执法必严、清正廉洁、公正为民。

《意见》强调,各级政府要建立健全市场监管体系建设的领导和协调机制,各地区各部门要结合实际研究出台具体方案和实施办法。要把人民群众反映强烈、关系人民群众身体健康和生命财产安全、对经济社会发展可能造成大的危害的问题放在突出位置,切实解决食品药品、生态环境、安全生产、金融服务、网络信息、电子商务、房地产等领域的问题。要加强督查,务求实效,确保各项任务和措施落实到位。

6月4日

[纲 文] 国务委员杨洁篪在北京会见联合国亚太经社会执行秘书阿赫塔尔。

[目 文] 杨洁篪指出,当前亚太地区面临良好发展机遇,亚太经社会可发挥自身优势,聚焦发展,积极向发展中国家提供支持和帮助,推动亚太务实合作。中方愿加强与亚太经社会互利合作,共同推动地区发展、繁荣和进步。

阿赫塔尔赞赏中国在亚太地区发挥的重要积极作用,表示亚太经社会愿加强与中方在可持续发展和地区互联互通等领域合作,共同推动亚太经济社会发展。

6月4日

[纲 文] 国务院新闻办公室在北京举行新闻发布会,发布《2013年中国环境状况公报》。

[目 文] 发布会上,环境保护部副部长李干杰回答了中外记者的提问。李干杰说,2013年环保工作得到进一步加强,国务院印发了《大气污染防治行动计划》(以下简称《大气十条》),提出了10条35项综合治理措施。有关方面制定了京津冀及周边地区落实《大气十条》的实施细则,建立了京津冀及周边地区、长三角、珠三角大气污染防治协作机制和全国大气污染防治部际协调机制。生态文明建设取得新进展,全国新增72个生态文明建设试点,已有16个省(区)开展生态省(区)建设,1000多个市(县)开展生态市(县)建设。进一步发挥环境保护优化经济发展作用,共批复建设项目环评文件241件,涉及总投资1.9万亿元;推进环评审批制度改革,下放25类建设项目环评文件审批权限。突出源头预防和生态保护,落实生物多样性保护战略与行动计划,完善生态补偿机制。强化环境执法监管,持续开展环保专项行动及安全大检查,全国共出动环境执法人员183万人(次),检查企业81万家(次),查处环境违法问题及风险隐患近1万个。持续推进重点领域污染防治,启动重点地区地下水污染修复,深入实施"以奖促治"政策措施,中央财政安排60亿元专项资金,支持农村环境综合整治。核与辐射安全监管工作进一步加强。但是,全国生态环境保护形势依然严峻,还面临不少困难和挑战。其中,全国水环境质量不容乐观,全国近岸海域水质总体一般,全国土地环境形势和全国城市环境空气质量形势严峻。同时,全国城市声环境质量总体较好,全国辐射环境质量总体良好,全国森林和草原资源保持稳定,生态环境质量总体稳定。

6月4日

［纲　文］　环境保护部批准《规划环境影响评价技术导则 总纲》为国家环境保护标准，自2014年9月1日起实施。

6月4日

［纲　文］　武汉汉街万达广场灯光新媒体艺术项目《深》获得国际照明设计师协会年度卓越奖。

［目　文］　国际照明设计师协会年度颁奖会于4日在美国拉斯维加斯举行。国际照明设计师协会年度奖代表世界照明设计的最高水平，有全球照明设计"奥斯卡"奖之称。这是中国照明项目获得的最高级别国际奖项。

6月4日

［纲　文］　《人民日报》发表题为《精心做好宗教工作——三论学习贯彻习近平总书记新疆工作座谈会重要讲话精神》的评论员文章。

6月4—5日

［纲　文］　汪洋在云南省考察水利和农业工作。

［目　文］　国务院副总理汪洋先后到石林县和陆良县实地调研，详细了解供水管理、人饮解困、抗旱保春耕等情况。汪洋对当地推进水价改革、组建农民用水协会、设立抗旱服务队等做法给予了充分肯定。

汪洋要求，要统筹考虑价格、税费等综合措施，适当提高农业用水价格，增强节水意识，强化节水措施，推广节水技术和模式，提高水资源利用效率；加强灌区建设和农田节水灌溉工程改造，完善末级渠系等配套设施，着力疏通农田水利"最后一公里"；抓好控制性骨干水利工程建设，鼓励兴办小型农田水利，增强水资源支撑保障能力。要积极探索利用市场机制，通过财政补助、奖励、贴息等办法，调动市场主体、合作组织、农民等参与水利建设和运行管护的积极性，使政府和市场"两只手"有机结合、相得益彰，确保水利设施不仅能够建成而且能够长期发挥效益。

汪洋强调，要高度重视做好防汛抗洪工作，防止旱涝急转，严防山洪、泥石流等次生灾害，确保安全度汛。要加强雨水情监测预警，强化应急值守，及时有效处置各类险情。要落实病险水库除险加固、损毁水利工程修复等重点任务，加强水利工程科学调度，提高防洪避险能力。

6月4—6日

［纲　文］　国务委员王勇在黑龙江省调研国有企业。

［目　文］　国务委员王勇先后到哈尔滨市、齐齐哈尔市部分国有企业调研，并主持召开座谈会，了解企业生产经营、技术创新和深化改革情况，听取意见建议。他充分肯定了国有企业改革发展取得的成绩，分析了存在的问题和困难。他指出，国有企业是国民经济的重要支柱，努力保持国有经济平稳较快发展和提质增效升级，对于国民经济持续健康发展意义重大。

王勇强调，国有企业要把稳增长作为首要任务，在保持国民经济稳定增长中发挥更大作用。要转变观念，深化改革，转换机制，积极有序发展混合所有制经济，解决历史遗留问题，不断增强企业发展活力。要通过结构调整实现转型升级，依靠创新增强企业发展动力，对标一流企业全面加强管理，大力提升国有经济发展的质量和效益。各级国资委要加强监管和帮助指导，完善考核体系，强化分类考核，强化激励约束机制。要加强和改进国有企业党的建设，充分发挥党组织政治核心作用，深入开展反腐倡廉活动，为国有企业改革发展提供坚强政治保证。

6月5日

[纲　文]　中阿合作论坛第六届部长级会议在北京召开，国家主席习近平出席开幕式并发表讲话。

[目　文]　本次会议的主线是"建设现代丝绸之路，促进中阿共同发展"。中国和阿盟成员国外长或代表、阿盟秘书长以及中方相关部门负责人等200余人出席。习近平在人民大会堂出席会议开幕式并发表了题为《弘扬丝路精神，深化中阿合作》的讲话。国务委员杨洁篪等出席开幕式。外交部部长王毅主持开幕式。

习近平指出，千百年来，丝绸之路承载的和平合作、开放包容、互学互鉴、互利共赢精神薪火相传，在文明交流互鉴史上写下了重要篇章。中阿人民在维护民族尊严、捍卫国家主权的斗争中相互支持，在探索发展道路、实现民族振兴的道路上相互帮助，在深化人文交流、繁荣民族文化的事业中相互借鉴。当前，中阿都面临实现民族振兴的共同使命和挑战。希望双方弘扬丝绸之路精神，以共建丝绸之路经济带和21世纪海上丝绸之路为新机遇新起点，不断深化全面合作、共同发展的中阿战略合作关系。"一带一路"是互利共赢之路。中阿双方应该坚持共商、共建、共享原则，打造中阿利益共同体和命运共同体。要积极构建"1+2+3"的合作格局，即以能源合作为主轴，以基础设施建设、贸易和投资便利化为两翼，以核能、航天卫星、新能源三大高新领域为新的突破口，加快协商和推进中国—海湾阿拉伯国家合作委员会自由贸易区、阿拉伯国家参与亚洲基础设施投资银行，争取早期收获。

科威特首相贾比尔，会议阿方主席、摩洛哥外交与合作大臣梅祖阿尔，阿拉伯国家联盟秘书长阿拉比分别致辞。他们高度评价阿中合作论坛取得的成就，赞同习近平提出的加强论坛建设、发展阿中战略合作关系的主张，支持中方提出的共建"一带一路"倡议，愿意同中方加强沟通和协调，推动阿拉伯有关问题的政治解决，共同致力于促进地区和平、稳定、发展。

同日，中阿合作论坛第六届部长级会议在北京钓鱼台国宾馆芳华苑闭幕。会议就以中阿友好为基调、共建"一带一路"为主线、实现共同繁荣为目标，进一步深化政治互信、加强政策协调、开展全方位合作等达成广泛共识。会议通过了《北京宣言》《2014年至2016年行动执行计划》《2014年至2024年发展规划》三个文件。

同日，习近平在人民大会堂会见出席中阿合作论坛第六届部长级会议的阿拉伯国家代表团团长。习近平表示，中国珍视同阿拉伯国家的关系，始终从战略高度和长远角度推动中阿关系发展。对阿拉伯朋友，我们坚持"四个不动摇"。一是支持中东和平进程，维护阿拉伯民族合法权益的立场不动摇。二是全力推动政治解决，促进中东和平稳定的方向不动摇。三是支持自主探索发展道路，帮助阿拉伯国家发展的理念不动摇。四是推进文明对话，倡导文明新秩序的价值追求不动摇。科威特首相贾比尔和会议阿方主席、摩洛哥外交与合作大臣梅祖阿尔表示，阿方高度赞赏中方在阿拉伯问题上一贯秉持的正义立场，阿方愿同中方一道，把阿中合作论坛发展好，着力推动"一带一路"建设，合力反对恐怖主义，共同致力于维护世界和地区和平稳定。

6月5日

[纲　文]　全国人大常委会委员长张德江在北京会见巴基斯坦陆军参谋长拉希勒。

[目　文]　张德江说，近年来，中巴两国领导人互访频繁，达成了广泛的重要共识，两国关系进入了新的发展阶段，充分体现了中巴高水平的战略合作伙伴关系。中巴双方要进一步加强各领域的紧密合作，促进共同发展，实现共同繁荣，打造中巴命运共同体。中方愿继续加强与巴方在安全领域的合作，为维护亚洲地区和平稳定作出积极贡献。中国全国人大愿继续加强与巴议会的友好交往，不断深化两国和两国人民的友谊。拉希勒说，巩固和发展巴中友谊非常重要，巴方将致力于提高两国两军交流合作水平，维护共同利益。

6月4日，中央军委副主席范长龙在北京会见拉希勒。范长龙说，巴基斯坦是中国真正的朋友，发展中巴全天候友谊是两国人民的共同选择。中方感谢巴方在打击"东伊运"上给予的坚定支持，愿与巴方进一步深化反恐合作。中巴两军合作潜力巨大，希望双方务实、长远交流合作。拉希勒表示，巴方在事关中国核心利益的问题上坚定支持中方。"东伊运"是两国共同的敌人，巴方将不遗余力坚决打击。

6月5日

[纲　文]　张高丽到中国环境科学研究院和中国环境监测总站调研环保科技工作，并主持召开院士专家座谈会。

[目　文]　6月5日是世界环境日。国务院副总理张高丽先后到环境基准与风险评估国家重点实验室、机动车污染控制与模拟重点实验室、二公式英和持久性有机污染物实验室、水环境监测实验室，了解科学研究情况。他指出，要认真学习贯彻习近平总书记系列重要讲话精神，坚持环境保护基本国策，坚持保护优先，在保护中发展，在发展中保护，以对人民群众、对子孙后代高度负责的态度，科学系统谋划推动环保工作，坚决向污染宣战，下决心把环境污染治理好、把生态环境建设好，推进生产方式、生活方式和消费模式的绿色转型。他要求，环境保护的数据要确保真实、准确，要加强基础研究、污染源解析、监测预警研究，做好技术开发与推广，强化科技对环保工作的支撑。

张高丽在座谈会上指出，在党中央、国务院的坚强领导下，各地区各部门大力推进生态文明建设，积极探索环境保护新路，不断加强资源节约、污染防治，环保工作取得积极进展。同时要看到，国家资源环境约束日益趋紧，大气、水体、土壤等污染问题仍然突出。他要求，要把生态环境保护与产业结构调整、创新驱动发展、化解过剩产能紧密结合起来，坚持问题导向，统筹兼顾、抓住重点、远近结合、综合施策，不断提高环境保护工作的科学化水平。要深入研究提出生态文明体制和生态环境保护管理体制改革方案，制定实施生态文明建设目标体系，划定并严守生态保护红线，推进生态文明建设示范区创建。要加大环保科技研发力度，创建和扶持一批环保领域的产学研协同创新联盟，加强环保科技国际交流与合作，加快先进技术、重要装备和产品的推广应用。要着力解决突出的环境问题，坚持不懈抓好大气治理各项任务的落实，加紧编制实施水、土壤污染防治行动计划。要做大做强环保产业，推动环保产业成为新的经济增长点。要以构建法规政策标准体系、环境监测预警体系、环境执法监督体系和环境信息化支撑体系为重点，不断加强环保能力建设。要动员全民参与环境保护，加强宣传教育，形成人人自觉践行绿色生活方式的社会风尚。

6月5日

［纲　文］　国家副主席李源潮在北京会见尤尼亚斯基·克雷斯波率领的古巴共产主义青年联盟代表团。

［目　文］　李源潮说，古巴是拉美第一个与新中国建交的国家，希望两党两国巩固传统友谊，互鉴治党治国经验，促进各自党的建设和社会主义事业发展。希望两国青年和青年组织加深相互了解，促进中古友好代代相传，当好社会主义事业建设者和接班人。

克雷斯波表示，愿深化两国共青团组织交流合作，促进两国青年友谊和两国人民友好。

6月5日

［纲　文］　国务院批复内蒙古自治区人民政府、发展改革委，同意设立内蒙古二连浩特重点开发开放试验区。

［目　文］　批复说，二连浩特外接蒙古国人口经济集聚区、资源富集区，靠近俄罗斯东西伯利亚地区政治经济中心，是目前我对蒙古国开放的最大口岸、对蒙经贸合作的主要通道和对俄经贸合作的重要平台，也是丝绸之路经济带的重要节点。建设试验区有利于扩大我与蒙古国、俄罗斯的经贸合作，有利于探索沿边地区开发开放新模式，有利于进一步完善我全方位对外开放格局，对于加快内蒙古自治区向北开放桥头堡建设、加快沿边地区开发开放步伐、推动丝绸之路经济带建设、促进边境地区民族团结与社会和谐稳定，具有重要意义。

批复强调，试验区建设要深入贯彻落实党中央、国务院的决策部署，紧紧抓住建设丝绸之路经济带的重大机遇，以深化改革、扩大开放为动力，积极发挥对蒙开放合作主要通道的优势，进一步解放思想，先行先试，着力创新体制机制，着力扩大对外开放，着力加强基础设施建设，着力培育特色优势产业，着力保障和改善民生，努力把试验区建设成为我国向北开放国际通道的重要枢纽、深化中蒙战略合作的重要平台、沿边地区重要的经济增长极和睦邻安邻富邻示范区。

批复要求，内蒙古自治区人民政府要切实加强对试验区建设的组织领导，有力有序有效推进试验区建设发展。要认真做好建设总体规划和有关专项规划的编制工作。要执行国家统一财税政策，着力优化空间布局，严格保护生态环境，切实节约集约利用土地，严格保护耕地和基本农田，切实保护和节约水资源。要进一步明确发展思路，突出发展重点，创新发展方式，充分发挥市场配置资源的决定性作用，有效引导社会资源，合理配置公共资源，扎实推进试验区建设。国务院有关部门要按照职能分工，在规划编制、政策制定、项目安排、体制创新、对外开放等方面对试验区给予积极支持。要加强部门之间的沟通协调，深入调查研究，及时总结经验，指导和帮助地方政府切实解决试验区建设发展中遇到的问题，进一步为试验区发展营造良好环境。

6月5日、6日

［纲　文］　中俄执法安全合作机制首次会议和中俄第十轮战略安全磋商在北京召开。

［目　文］　6月5日，中共中央政治局委员、中央政法委书记孟建柱在北京同帕特鲁舍夫举行中俄执法安全合作机制首次会议。孟建柱指出，中俄建立执法安全合作机制，是全面落实两国元首共识的重要步骤。希望两国执法安全和司法检察部门推动合作向更加便捷高效务实方向发展，共同应对威胁与挑战，充实两国全面战略协作伙伴关系内涵。帕特鲁舍夫表示，俄方愿与中方一道，为维护俄中安全利益和发展利益作出更大贡献。国务委员、公安部部长郭声琨参加会议。

6月6日，国务委员杨洁篪在北京同帕特鲁舍夫举行中俄第十轮战略安全磋商。双方就中俄关系、国际和地区安全形势、有关热点问题深入交换意见，达成高度共识。双方认为，当前国际形势复杂多变，影响国际和地区安全的不稳定、不确定因素增多。中俄作为联合国安理会常任理事国和高度互信的全面战略协作伙伴，应该进一步落实两国元首达成的重要共识，加强战略沟通协调，深化外交、经贸、防务、反恐等领域务实合作，在国际关系中倡导并践行联合国宪章的宗旨和原则，共同应对各种威胁和挑战，维护各自主权、安全和发展利益，促进世界和地区和平、稳定与发展。

6月5日

［纲　文］　安徽省政协原主席史钧杰在合肥逝世，享年89岁。

6月5日

［纲　文］　《人民日报》发表题为《"归国潮"彰显中国魅力》的评论员文章。

6月5日

［纲　文］　《人民日报》发表题为《紧贴民生推动新疆更好更快发展——四论学习贯彻习近平总书记新疆工作座谈会重要讲话精神》的评论员文章。

6月5—6日

［纲　文］　世界语言大会在苏州举行。

［目　文］　本次大会由中国政府和联合国教科文组织共同举办，是历史上首次由一国政府与联合国教科文组织联合召开的语言类国际大会。国务院副总理刘延东、联合国教科文组织总干事博科娃出席开幕式并发表讲话。本次大会以"语言能力与人类文明和社会进步"为主题，分别以"语言能力与社会可持续发展""语言能力与语言教育创新""语言能力与国际交流合作"3个专题同时展开研讨。来自全世界100多个国家和地区的400位学者、政府官员和学术团体代表参加了会议。

刘延东在开幕致辞中指出，语言文字是人类文明代代相传的载体，是打开沟通理解之门的钥匙，是促进文明交流互鉴的纽带。中国政府高度重视语言文字工作，大力推广普及国家通用语言文字，科学保护各民族语言文字，促进了人际沟通、知识传播、文化繁荣、对外交流与合作，对现代化建设和社会和谐产生了重要推动作用。当今世界正处于一个多样文明交融互通的时代，不同语言文化的交流合作已成为时代的紧迫需求。各国应尊重各国语言文化的特色和优势，相互借鉴，取长补短，共享人类语言文化成果，使友好合作的社会基础更加坚实。构建优质语言教育体系，创新教育理念和教学方法，保障人人享有接受语言教育的机会。积极开展科学研究，加强国际合作，为语言文字的开发、保护、利用和可持续发展提供支撑。完善语言文字法律法规体系和规范标准体系，促进社会语言生活健康发展。

大会通过《苏州共识》，首次在联合国教科文组织会议上提出了"语言能力建设"的概念。

6月6日

［纲　文］　习近平主持召开中央全面深化改革领导小组第三次会议。

［目　文］　中央全面深化改革领导小组副组长李克强、刘云山、张高丽，中央全面深化改革领导小组成员出席。中央和国家有关部门负责人列席会议。会议审议了《深化财税体制改革总体方案》和《关于进一步推进户籍制度改革的意见》，建议根据会议讨论情况进一步修改完善后按程序报批实施。会议审议通过了《关于司法体制改革试点若干问题的框架意见》《上海市司法改革试点工作方案》和《关于设立知识产权法院的方案》。会议还部署了当前和今后一个时期工作。

中共中央总书记、中央全面深化改革领导小组组长习近平强调，改革要坚持从具体问题抓起，着力提高改革的针对性和实效性，着眼于解决发展中存在的突出矛盾和问题，把有利于稳增长、调结构、防风险、惠民生的改革举措往前排，聚焦、聚神、聚力抓落实，做到紧之又紧、细之又细、实之又实。财税体制改革不是解一时之弊，而是着眼长远机制的系统性重构。主要目的是明确事权、改革税制、稳定税负、透明预算、提高效率，加快形成有利于转变经济发展方式、有利于建立公平统一市场、有利于推进基本公共服务均等化的现代财政制度，形成中央和地方财力与事权相匹配的财税体制，更好发挥中央和地方两个积极性。深化财税体制改革，涉及面广，政策性强，利益调整难度大，落实工作任务艰巨而繁重。推进人的城镇化重要的环节在户籍制度，加快户籍制度改革，是涉及亿万农业转移人口的一项重大举措。总的政策要求是全面放开建制镇和小城市落户限制，有序放开中等城市落户限制，合理确定大城市落户条件，严格控制特大城市人口规模，促进有能力在城镇稳定就业和生活的常住人口有序实现市民化，稳步推进城镇基本公共服务常住人口全覆盖。完善司法人员分类管理、完善司法责任制、健全司法人员职业保障、推动省以下地方法院检察院人财物统一管理、设立知识产权法院，都是司法体制改革的基础性、制度性措施。

习近平指出，中央全面深化改革领导小组第二次会议召开以来，各地区各部门按照中央部署，推进各项改革任务，工作抓得比较紧。总的看，改革势头较好。目标是否坚定，决定改革的成败；落实能否到位，决定蓝图的实现。各地区各部门要敢于担当，积极有为推进改革攻坚。推进改革既要管宏观，也要统筹好中观、微观。要突出具有结构支撑作用的重大改革，把握好重大改革的次序，优先推进基础性改革。

6月6日

［纲　文］　习近平在北京会见第七届世界华侨华人社团联谊大会代表并发表讲话。

［目　文］　中共中央总书记习近平强调，团结统一的中华民族是海内外中华儿女共同的根，博大精深的中华文化是海内外中华儿女共同的魂，实现中华民族伟大复兴是海内外中华儿女共同的梦。共同的根让我们情深意长，共同的魂让我们心心相印，共同的梦让我们同心同德。当前，中国人民正在为实现"两个一百年"奋斗目标、实现中华民族伟大复兴的中国梦而奋斗。在这个伟大进程中，广大海外侨胞一定能够发挥不可替代的重要作用。中国梦是国家梦、民族梦，也是每个中华儿女的梦。广大海外侨胞有着赤忱的爱国情怀、雄厚的经济实力、丰富的智力资源、广泛的商业人脉。国家好、民族好，大家才会好。世界好，中国才会好。我们的和平发展，是世界繁荣发展的正能量。希望大家为中国与世界的交流合作牵线搭桥，更好融入和回馈当地社会，与世界人民共同努力进一步建设持久的世界和平与繁荣。习近平希望大家继续弘扬中华文化，不仅自己要从中汲取精神力量，而且要积极推动中外文明交流互鉴，讲述好中国故事、传播好中国声音，促进中外民众相互了解和理解，为实现中国梦营造良好环境。

6月6—7日，第七届世界华侨华人社团联谊大会在北京举行。大会由国务院侨务办公室与中国海外交流协会共同举办。大会以"服务社区、和谐发展"为主题，旨在着眼国家大局、关注侨界民生，探讨在新形势下引导海外侨团机制化、规范化发展，推动实施海外系列惠侨举措，提升海外华人社区服务功能，深化海外和谐侨社建设，凝聚海内外中华儿女力量同圆共享中国梦。来自119个国家和地区的500余名侨团负责人出席大会。

6月6日

［纲　文］　国家主席习近平在北京会见俄罗斯联邦安全会议秘书帕特鲁舍夫。

［目　文］　习近平表示，发展中俄全面战略协作伙伴关系是中方的既定方针，希望双方有关部门落实好两国元首达成的各项共识和两国各项协议，不断加强务实合作。中俄

举行执法安全合作机制首次会议,是落实我和普京总统上海会晤成果的重要举措,具有开创意义和深远影响。中俄两国和本地区都面临复杂安全形势,双方要继续加强执法安全合作,共同打击"三股势力",维护两国和地区稳定与安宁。国际形势越是复杂多变,中俄就越有必要加强沟通和协调。希望双方继续合作,共同推动地区热点问题的政治解决,携手促进世界和平、稳定、发展。

帕特鲁舍夫表示,俄方愿通过执法安全合作和战略安全磋商等机制,同中方保持密切沟通和协调,在涉及彼此主权、安全的重大问题上继续相互坚定支持,共同维护国际和地区和平与稳定。相信在两国元首坚定意志的引领下,俄中全面战略协作伙伴关系一定会在高水平上不断向前推进。

6月6日

[纲 文] **李克强在北京主持召开部分省市经济工作座谈会。**

[目 文] 国务院副总理张高丽出席。刘延东、马凯、王勇、周小川等参加座谈会。会上,北京市市长王安顺、河北省省长张庆伟、山西省省长李小鹏、黑龙江省省长陆昊、江苏省省长李学勇、浙江省省长李强、广东省省长朱小丹、四川省省长魏宏汇报了2014年以来贯彻落实党中央国务院决策部署情况、存在的问题和下一步打算。

国务院总理李克强说,当前经济运行总体平稳,经济增长、城镇新增就业、物价总水平等都处在合理区间。但也要看到经济发展稳中有忧,下行压力仍然较大,风险和挑战不容忽视,各地发展不平衡,有的方面还比较突出。一方面要狠抓已出台政策措施的落实,务求早见实效;另一方面要针对经济运行中的新情况和突出问题,创新宏观调控方式,精准发力、定向调控,多措并举支持实体经济,稳定社会预期,在统筹稳增长、促改革、调结构、惠民生中敢于担当,勇于攻坚,善破难题。无论是克服当前困难,还是谋求长远发展,关键是在调结构、促升级上要有新进展、新成效。调结构,"主引擎"在市场,各级政府要发挥引导作用和当好"助推手"。惠民生是各级政府的责任,也是促发展的重要抓手。稳增长、促改革、调结构都要向改善民生聚焦,多做雪中送炭的事情。对扩大就业、中西部交通水利基础设施、棚户区改造、农村饮水安全、集中连片特困地区扶贫攻坚等重大民生工程,要加大力度、加快进度,切实回应群众期盼、解决实际问题,到年底交出有内容、有数字的成绩单,使广大人民受益、为经济发展助力。完成2014年经济社会发展主要目标任务,是各级党委政府不可推卸的重大责任。面对发展中的难题,各地区、各部门要不等不靠、主动作为、真抓实干,创造性地开展工作,做到守土有责、守土尽责,不能敷衍了事,更不能为官不为。国务院已作出部署,近期将开展全面督查,政策不落实、工作不到位的要问责。

6月6日

[纲 文] **国务院部门行政审批制度改革工作推进会在北京召开。**

[目 文] 国务院总理李克强作出批示指出,一年多来行政审批制度改革成效显著,有力激发了市场活力和发展内生动力,应予肯定。深化行政体制改革任重道远,要继

续奋力攻坚，聚焦投资创业创新等经济社会发展领域，再取消和下放200项以上含金量高、能够激发市场活力的行政审批事项，更多释放改革红利。各部门要进一步解放思想，转变职能，放管结合，取信于民。深入研究解决疑难问题，确保改革平稳推进。

会议指出，在党中央、国务院科学部署和有力领导下，各部门、各方面齐心协力，取消和下放了一批行政审批等事项，摸清并公布了国务院各部门现有行政审批事项清单，严格规范和控制新增行政审批事项，事中事后监管不断加强，有效激发了市场活力、发展动力和社会创造力，改革成效还将不断显现。

会议强调，党的十八届三中全会从发挥市场配置资源决定性作用和更好发挥政府作用的高度，对深化行政审批制度改革、加快转变政府职能提出了新的更高要求。各部门要按照党中央、国务院的决策部署，协同配合抓好行政审批制度改革的组织落实。要加大对经济增长、促进就业创业密切相关审批事项的改革力度，重点是取消或简化前置性审批。要认真清理非行政许可审批事项，消除审批管理的"灰色地带"。要继续清理各类资质资格审批项目，减少行政事业性收费和专项转移支付。要坚持放管结合、放管并举，创新监管方式，加强和改进事中事后监管。要着力推进行政审批规范化，最大限度减少自由裁量权，促进廉洁高效政府建设。

6月6日

[纲　文]　国务院印发《关于对稳增长促改革调结构惠民生政策措施落实情况开展全面督查的通知》。

[目　文]　《通知》主要由四部分组成：一、督查目的。二、督查重点。三、督查方式。四、督查安排。

《通知》明确，此次督查的主要内容是：《政府工作报告》部署的2014年重点工作和2013年下半年以来国务院出台的稳增长、促改革、调结构、惠民生各项政策措施落实情况，包括19个方面的重点内容。这次督查将创新方式，采取自查与实地检查相结合、督查与第三方评估相结合、督查与社会评价相结合、督查与舆论引导相结合。6月25日前，各地区各部门开展自查并向国务院上报自查报告；6月25日至7月5日，国务院派出8个督查组分赴有关部门、单位和部分省（区、市）进行实地督查；7月10日前，各督查组将督查报告上报国务院。

6月6日

[纲　文]　国务院办公厅转发工业和信息化部、发展改革委、财政部、食品药品监管总局制订的《推动婴幼儿配方乳粉企业兼并重组工作方案》。

[目　文]　《方案》主要由五部分组成：一、工作目标和基本原则。二、范围和条件。三、工作重点和任务。四、政策保障。五、工作要求。

《方案》指出，婴幼儿配方乳粉质量安全既是重大民生问题，也是重大经济和社会问题。近年来，各地区、各有关部门认真贯彻党中央、国务院的决策部署，加强婴幼儿配方乳粉企业清理整顿，强化监管，淘汰了一批奶源无保障、生产技术落后的企业，婴幼儿配方乳粉产业结构得到了改善，质量安全总体水平不断提升，但行业集中度不高、自主品牌竞争力不强、消费者对国产品牌缺乏信心等问题依然突出，影响产品质量安全的因素仍然存在。为进一步规范市场秩序，推动企业兼并重组，优化产业结构，提升质量效益，促进婴幼儿配方乳粉产业健康发展，特制订本工作方案。

《方案》要求，各有关省（区、市）人民政府要根据当地实际，建立健全组织协调机制，加强对婴幼儿配方乳粉企业兼并重组工作的领导和服务，及时出台和落实地方配套政策，协调解决兼并重组工作中遇到的问题。各地特别是黑龙江、陕西、广东、内蒙古等省份的工业和信息化部门要会同相关部门，对辖区内婴幼儿配方乳粉生产布局和企业结构等情况进行调查摸底，并根据当地奶源条件和经济社会发展状况，统筹协调资源整合与兼并重组的关系，有序引导和支持企业兼并重组，有关工作进展情况及时报送工业和信息化部。

6月6日

［纲　文］　第三届"中华非物质文化遗产传承人薪传奖"和"中华非物质文化遗产保护贡献奖"颁奖仪式在北京举行。

［目　文］　"中华非物质文化遗产传承人薪传奖"和"中华非物质文化遗产保护贡献奖"由中国艺术研究院·中国非物质文化遗产保护中心设立，旨在激发社会各界保护非物质文化遗产的积极性和主动性，表彰在非物质文化遗产保护实践中作出突出贡献的个人和机构。"中华非物质文化遗产传承人薪传奖"是我国首个由非物质文化遗产专业工作机构设立的国家级专业奖项，每年评选一次，每次表彰杰出非物质文化遗产传承人60名，在2012年、2013年已成功举办两届。2014年，汪世瑜等60位杰出非遗传承人获"中华非物质文化遗产传承人薪传奖"，中国泛海控股集团有限公司、宝马（中国）汽车贸易有限公司、华晨宝马汽车有限公司获得首次设立的"中华非物质文化遗产保护贡献奖"。

6月6日

［纲　文］　财政部发布，2014年农村义务教育经费保障机制资金878.97亿元，在学生人数减少的情况下，仍比2013年增加约50.6亿元，增长6.1%。

6月6日

［纲　文］　教育部"985工程"高校研究生科研诚信研讨会在南开大学举行，会议发布国内首份《中国研究生科研诚信公约》。

6月6日

［纲　文］　《人民日报》发表题为《不断增强各族人民文化认同——五论学习贯彻习近平总书记新疆工作座谈会重要讲话精神》的评论员文章。

6月6日

［纲　文］　《人民日报》发表题为《知识分子在中国大有可为》的评论员文章。

6月6—11日

［纲　文］　应国务院总理李克强邀请，孟加拉国总理谢赫·哈西娜对中国进行正式访问。

[日 文] 6月9日，李克强在人民大会堂同哈西娜举行会谈。李克强表示，中国同孟加拉国是传统友好邻邦，始终相互尊重、理解和支持。中方愿以2015年两国建交40周年为契机，增进政治互信，深化互利合作，密切各领域交流，不断推进中孟全面合作伙伴关系。中孟经济互补性强，合作潜力巨大。中方愿同孟方扩大经贸、投资、能源、通讯、基础设施建设等合作，推进科技、农业、海洋、防灾救灾等领域合作，拓展互联互通合作，共同开展孟中印缅经济走廊早期收获项目合作，推动走廊建设早见成效。哈西娜表示，中国是孟加拉国值得信赖的朋友和伙伴，进一步深化孟中全面合作伙伴关系是孟加拉国外交政策的重要基石。孟方愿同中方深化经贸、基础设施建设、农业、科技、海洋、通讯、人文等领域互利合作，携手推进孟中印缅经济走廊建设。孟方将继续为南盟与中国关系发展发挥积极推动作用。会谈后，两国总理共同见证了双边经济、技术、能源、基础设施建设等领域合作文件的签署。

6月10日，国家主席习近平在人民大会堂会见哈西娜。习近平表示，孟加拉国是南亚和印度洋地区的重要国家。中方高度重视中孟关系，视孟加拉国为南亚和印度洋地区重要发展伙伴和合作伙伴。中方支持孟方走符合本国国情的发展道路，愿在农业等领域同孟方分享技术和经验，帮助孟方实现减贫和发展。中方欢迎孟方积极参加"一带一路"建设，同时推进孟中印缅经济走廊建设，打造利益共同体，造福两国和本地区人民。双方还要保持在重大问题上沟通和协调，加强维和、反恐等领域合作。哈西娜表示，孟中两国有着深厚传统友谊，两国睦邻关系发展良好。孟方感谢中方长期以来给予的支持和帮助，希望借鉴中国发展的成功经验，同中方加强合作。在涉及中国核心利益和重大关切问题上，孟方将继续坚定支持中方。孟方赞同中方提出的"一带一路"重要倡议，愿积极参与孟中印缅经济走廊建设。

同日，全国政协主席俞正声在人民大会堂会见哈西娜。俞正声说，孟加拉国近年来经济连年较快增长，希望双方将各自发展战略结合起来，发挥各自优势，共同实现强国富民的梦想。中国全国政协愿密切同孟方友好往来，加强治国理政经验交流，带动和促进两国学界、商界、地方和人文交流不断向前发展。哈西娜感谢中方长期以来对孟的支持和帮助，表示孟将坚持对华友好，全面深化同中方在各领域的合作。

同日，中孟两国发表关于深化更加紧密的全面合作伙伴关系的联合声明。双方认为，孟中印缅经济走廊与本地区其他互联互通倡议形成重要互补，为中孟深化互利合作和实现可持续发展提供了重要平台。应通过孟中印缅经济走廊释放本地区全面发展的潜力，实现地区和平、稳定和公平及可持续发展。双方同意在2015年全年共同举办形式多样的活动，纪念中孟建交40周年。

访问期间，哈西娜出席了在昆明举行的第二届中国—南亚博览会暨第22届昆交会开幕式。

6月6—9日

[纲 文] 俞正声在湖北省调研。

[目　文]　全国政协主席俞正声先后来到黄冈市、武汉市，深入企业、科技园区，与基层干部群众共商改革发展大计。调研期间，俞正声专程前往黄麻起义和鄂豫皖苏区纪念园，向革命烈士纪念碑敬献花篮，深切缅怀革命先烈；主持召开了部分民营企业家座谈会和五省统战部长座谈会。

俞正声在与民营企业家座谈时，了解民营企业遇到的困难和问题，认真听取意见建议，指出非公有制经济是社会主义市场经济的重要组成部分，是我国经济社会发展的重要基础。发展非公有制经济不是权宜之计，而是必须始终坚持的战略方针。我们要把促进非公有制经济发展摆在重要位置，着力破除体制机制障碍，加大对中小企业扶持力度，努力创造良好的市场环境、政策环境、法制环境和社会环境。在了解非公有制经济如何实现转型升级时强调，非公有制经济发展出路在转型升级，动力活力也在转型升级。要着力提升创新驱动能力，推进产学研深度融合，培养创新型人才，培育更多具有核心竞争力和发展后劲的自主品牌。要积极发展新能源、新材料、生物医药、节能环保等新兴产业，在产业结构调整中把握先机、赢得主动。在武汉东湖国家自主创新示范区，考察国有企业时指出，民营企业有活力，国有企业有优势，在产业优化升级中要相互配合、相互支持、相互促进。关于非公有制经济人士健康成长是企业发展的关键问题指出，广大非公有制经济人士要克服困难、开拓进取，注重发展质量，不盲目追求规模，努力把企业办好。要更加坚定对中国特色社会主义的信念、对党和政府的信任、对企业发展的信心、对社会的信誉，遵守法律法规，履行社会责任，做合格的中国特色社会主义事业建设者。

6月6—10日

[纲　文]　第二届中国—南亚博览会暨第22届昆交会在昆明举行。

[目　文]　本届博览会由商务部和云南省人民政府共同主办，来自南亚、东盟为主的46个国家和地区的1000余家企业参展、参会，实现了从传统展销方式向全领域综合化经贸服务平台的跨越。外交部、商务部、贸促会，以及与中国建交的7个南亚国家的副部级高管，共同组成了本届南博会的组委会。国务院副总理汪洋出席第二届中国—南亚博览会开幕式，并发表题为《让茶马古道精神永放光芒》的致辞。

6日，汪洋在昆明分别会见出席第二届中国—南亚博览会开幕式的孟加拉国总理哈西娜、尼泊尔总理柯伊拉腊、马尔代夫副总统贾米勒、老挝副总理宋萨瓦、斯里兰卡副议长维拉科迪和南亚区域合作联盟秘书长塔帕。

6月7日

[纲　文]　国务院办公厅印发《能源发展战略行动计划（2014—2020年）》。

[目　文]　《计划》指出，能源是现代化的基础和动力。能源供应和安全事关我国现代化建设全局。为贯彻落实党的十八大精神，推动能源生产和消费革命，打造中国能源升级版，必须加强全局谋划，明确我国能源发展的总体方略和行动纲领，推动能源创新发展、安全发展、科学发展。

《计划》由三部分组成：一、总体战略。坚持"节约、清洁、安全"的战略方针，加快构建清洁、高效、安全、可持续的现代能源体系。重点实施节约优先、立足国内、绿色低碳、创新驱动四大战略。二、主要任务。（一）增强能源自主保障能力。推进煤炭清洁高效开发利用，稳步提高国内石油产量，大力发展天然气，积极发展能源替代，加强储备应急能力建设。（二）推进能源消费革命。严格控制能源消费过快增长，着力实施能效提升计划，推动城乡用能方式变革。（三）优化能源结构。降低煤炭消费比重，提高天然气消费比重，安全发展核电，大力发展可再生能源。（四）拓展能源国际合作。深化国际能源双边多边合作，建立区域性能源交易市场。（五）推进能源科技创新。明确能源科技创新战略方向和重点，抓好科技重大专项，依托重大工程带动自主创新，加快能源科技创新体系建设。三、保障措施。（一）深化能源体制改革。（二）健全和完善能源政策。（三）做好组织实施。

《计划》明确，到2020年，一次能源消费总量控制在48亿吨标准煤左右，煤炭消费总量控制在42亿吨左右，能源自给能力保持在85%左右，石油储采比提高到14—15，非化石能源占一次能源消费比重达到15%，天然气比重达到10%以上，煤炭消费比重控制在62%以内，能源储备应急体系基本建成，基本形成统一开放竞争有序的现代能源市场体系。

《计划》强调，国务院有关部门、各省（区、市）和重点能源企业要将贯彻落实本行动计划列入本部门、本地区、本企业的重要议事日程，做好各类规划计划与本行动计划的衔接。国家能源委员会办公室要制定实施方案，分解落实目标任务，明确进度安排和协调机制，精心组织实施。国家能源委员会办公室要密切跟踪工作进展，掌握目标任务完成情况，督促各项措施落到实处、见到实效。在实施过程中要定期组织开展评估检查和考核评价，重大情况及时报告国务院。

6月7日

[纲　文]　　国家发展改革委印发《规范价格行政处罚权的若干规定》。

[目　文]　　《规定》共18条。《规定》明确，价格主管部门依法行使行政处罚权，对价格违法行为是否给予行政处罚、给予何种行政处罚和给予何种幅度行政处罚进行裁量。价格主管部门实施行政处罚，应当与违法行为的事实、性质、情节、社会危害程度相当。价格行政处罚裁量结果分为不予处罚、减轻处罚、从轻处罚、一般处罚、从重处罚5种情形。当事人不具有不予处罚、减轻、从轻、从重处罚情形的，应当予以一般处罚。

《规定》要求，价格主管部门作出从重、从轻、减轻处罚决定的，应当在行政处罚决定书中说明理由。价格主管部门应当定期对作出的行政处罚案件进行自查，发现行政处罚权行使不当的，应当主动纠正。上级价格主管部门对下级价格主管部门行使行政处罚权行为进行监督，发现下级价格主管部门行政处罚权行使明显不当的，应当责令纠正。

《规定》自2014年7月1日起施行。原国家计委2001年发布的《关于对无违法所得的违法经营者减轻罚款的办法》（计价检〔2001〕2063号）同时废止。

6月7日

[纲　文]　纪念中国文物学会成立30周年座谈会在北京举行。

[目　文]　中国文物学会的前身是中国老年文物研究会，成立于1984年6月21日。1986年6月，中国老年文物研究会更名为中国文物学会。文化部副部长、国家文物局局长励小捷，中国文物学会会长、故宫博物院院长单霁翔以及中国文物学会名誉会长王定国、谢辰生、彭卿云，文博界专家和学会分支机构负责人等出席座谈会。

励小捷说，中国文物学会成立30年来，团结文博界专家学者、各个层面的技术人员，团结社会各界热心支持、积极参与文物保护的人士，以文物保护为中心做了大量工作，在学术研究、推动文物保护以及解决一些重点、难点问题上作出了重要的、不可替代的贡献。他希望学会的研究工作能够进一步贴近全国文物工作的重点，与实际工作相结合，为文物管理部门行政权力的运用提供专业的、理论上的指导和支撑。

单霁翔表示，中国文物学会将进一步体现中国特色，紧紧围绕文化遗产保护做文章，体现了文物本体；搞调研、做学问，出学术成果，培养专业人才，体现了学会职能。

6月7日

[纲　文]　《人民日报》发表题为《充分发挥党的领导核心作用——六论学习贯彻习近平总书记新疆工作座谈会重要讲话精神》的评论员文章。

6月8日

[纲　文]　刘延东到教育部考试中心检查2014年高考工作。

[目　文]　国务院副总理刘延东通过国家教育考试考务指挥系统查看了各地考场、试卷保管和分发场所等情况，要求继续做好安全隐患排查、突发事件应急准备、严肃考风考纪、考生服务保障和舆论宣传等工作，保障高考安全顺利实施。刘延东强调，高考是国家选拔人才、实现社会纵向流动的重要途径，涉及近千万考生切身利益，事关社会公平公正，各地、各有关部门和各考场要进一步严密措施，精心组织，为考生提供周到细致服务，确保实现公正考试、平安考试、诚信考试的目标。

刘延东指出，阅卷、录取工作是实现高考公平公正的关键环节，必须周密安排、规范操作、从严要求。要选聘责任心强、业务水平高的评卷人员，严格执行评卷质量监控、复查和数据备份制度，防止发生错评、漏评，让考生满意、社会放心。要深入实施高校招生"阳光工程"，加强信息公开，接受社会监督，严格执行国家招生录取政策，严肃查处违规违纪违法招生行为，切实维护高考公平公正。要通过深化改革，进一步建立完善高考制度。

2014年全国高考报名人数939万，比2013年增加27万，计划录取698万人；全国共设考点7131个、考场30多万个。

6月8日

[纲　文]　中国工程院院士传记丛书和院士文集首发式在北京举行。

［目　文］　中国工程院院长周济出席首发式并讲话。周济指出，2014年是中国工程院建院20周年。院士传记丛书和院士文集是弘扬科学精神、加强院士队伍建设的一项重要工作，是珍贵的新中国工程科技发展史料，能营造崇尚创新的良好社会氛围，使爱国主义和民族精神在青年一代中传承。要用"院士传记"的形式记录院士们的人生历程，用"院士文集"的形式记录院士们的学术成果，使其成为青年一代最好的人生教科书。

院士传记丛书作为中国唯一一套权威的中国工程院院士传记，列入"十二五"国家重点图书出版规划。院士文集收录了院士的传略、学术论著、中外论文及其目录、讲话文稿与科普作品等。其中，既有院士们早年初涉工程科技领域的学术论文，也有他们成为学科领军人物后，学术观点日趋成熟的思想硕果。

6月8日

［纲　文］　国务委员杨洁篪在宁波会见来华出席中国—中东欧国家经贸促进部长级会议的各国代表。

［目　文］　杨洁篪表示，中国同中东欧国家传统友谊深厚，合作历史悠久。中东欧国家是欧洲最具经济活力和潜力的区域之一，中国的改革开放正进入新的发展阶段，双方进一步加强合作，有利于发挥互补优势，实现合作共赢。希望双方进一步加强交流，创新思路，密切往来，推动投资经贸等领域合作不断向广度、深度发展。

中东欧国家代表表示，愿加强与中方合作，寻求更多发展机遇。

6月8日

［纲　文］　《人民日报》发表题为《中央规定就是铁律——一论深化第一批教育实践活动整改工作》的评论员文章。

6月9—13日

［纲　文］　中国科学院第十七次院士大会、中国工程院第十二次院士大会在北京举行。

［目　文］　6月9日，中共中央总书记、国家主席、中央军委主席习近平出席开幕式并发表讲话。开幕式由中国科学院院长白春礼主持。中国工程院院长周济致开幕词。1300多位两院院士、中央和国家机关有关部门负责人、在京有关科研机构的科技人员和高等院校师生代表出席大会。中共中央政治局常委李克强、刘云山、张高丽和部分在京中共中央政治局委员、中央书记处书记，部分全国人大常委会、国务院、全国政协以及中央军委的负责人出席大会。

习近平在开幕式上讲话指出，党的十八大作出了实施创新驱动发展战略的重大部署，这是党中央综合分析国内外大势、立足我国发展全局作出的重大战略抉择。实施创新驱动发展战略，最根本的是要增强自主创新能力，最紧迫的是要破除体制机制障碍，最大限度解放和激发科技作为第一生产力所蕴藏的巨大潜能，努力实现关键技术重大突破，把关键技术掌握在自己手里。习近平强调，实施创新驱动发展战略是一个系统工程。要深化科技体制改革，处理好政府和市场的关系，推动科技和经济社会发展深度融合，加快建立健全国家创新体系，让一切创新源泉充分涌流。要着力加快制定创新驱动发展战略的顶层设计，改革国家科技创新战略规划和资源配置体制机制，加强科技创新统筹协调，加快建立健全各主体、各方面、各环节有机互动、协同高效的国家创新体系。要着力围绕产业链部署创新链、围绕创新链完善资金链，聚焦国家战略目标，集中资源、形成合力，突破关系国计民生和经济命脉的重大关键科技问题。要把人才资源开发放在科技创新最优先的位置，努力造就一批世界水平的科学家、科技领军人才、工程师和高水平创新团队，注重培养一线创新人才和青年科技人才。

6月10日，国务院总理李克强在大会上作经济形势报告。李克强说，2014年以来，国内外环境错综复杂，全国上下共同努力，全面贯彻党中央国务院决策部署，经济运行总体平稳、主要指标处在合理区间，结构调整发生积极变化，市场预期稳中向好。但是，经济下行压力仍然较大，各地发展不平衡，制约发展的不利因素依然较多。李克强指出，我国仍是最大发展中国家，仍将长期处于社会主义初级阶段，发展始终是第一要务。我们完全有条件、有能力在过去三十多年快速增长的基础上，跨越中等收入陷阱，继续保持较长时期的中高速增长。为此，必须推动发展向中高端水平迈进。要合理确定科技创新战略布局，以体制创新提高科技创新的效率，由市场决定创新资源配置，把股权激励、科技成果处置权收益权改革等鼓励创新的政策和机制推广到更大范围，通过开放合作汇集更多创新资源、凝聚更多创造力量。

会前，李克强会见了金怡濂、王小谟、王永志、吴孟超、吴良镛、郑哲敏等曾获国家最高科技奖的院士代表。刘延东、陈竺、韩启德、万钢及两院院士等共1100多人参加报告会。

6月9日

［纲　文］　国务院召开稳增长促改革调结构惠民生政策措施落实情况督查动员电视电话会议。

［目　文］　会议指出，本次督查是深入贯彻党的十八大和十八届二中、三中全会以及中央经济工作会议精神的重大举措，是促进经济平稳运行、确保如期实现经济社会发展预期目标的有力保障，也是促进政风转变、推动科学决策的有效手段，意义十分重大。本次督查时间紧、任务重、要求高，要准确把握重点，精心组织实施，务求取得实效。要面对面听取人民群众和一线同志的意见建议，真正做到访实情、听民声，实事求是反映情况，扎扎实实解决问题。要切实增强各地区各部门的大局意识和责任感、紧迫感，进一步把国务院政策举措落到实处，让人民群众真正受益、拥护，有效提升政府的公信力和执行力。

6月9日

［纲　文］　国务院办公厅印发《关于进一步加强贸易政策合规工作的通知》。

［目　文］　《通知》对进一步加强贸易政策合规工作，加快构建开放型经济新体制作

出了部署。

《通知》指出，国务院各部门、地方各级人民政府及其部门制定的有关或影响货物贸易、服务贸易以及与贸易有关的知识产权等方面的规章、规范性文件和其他政策措施，应当符合《世界贸易组织协定》及其附件和后续协定、《中华人民共和国加入议定书》和《中国加入工作组报告书》相关规定。

《通知》明确，商务部负责接收世贸组织成员对国务院各部门、地方各级人民政府及其部门制定的贸易政策提出的书面意见，商有关部门研究提出合规性意见；有关部门或地方人民政府做好后续工作。

《通知》要求，国务院各部门应在拟定贸易政策的过程中进行合规性评估，如有必要，应当进一步征求商务主管部门的意见。各地区参照上述程序开展本地区的相关工作，抓紧制定具体措施，并指定商务主管部门或有关机构具体负责。

6月9日

［纲　文］　国务院办公厅印发《推进长江危险化学品运输安全保障体系建设工作方案》。

［目　文］　《工作方案》指出，长江是我国横贯东中西部地区的黄金水道，在促进区域经济社会协调发展中发挥了重要纽带作用。近年来，随着大量化工园区沿长江集中布局，长江干线危险化学品运输量快速增长，对危险化学品生产、仓储、装卸、运输、污染物处置等各环节的安全管理带来了严峻挑战。为加快推进长江危险化学品运输安全保障体系建设，确保长江危险化学品运输安全和居民饮用水安全，特制订本工作方案。

《工作方案》的主要内容是：一、总体要求。（一）指导思想。深入贯彻落实党的十八大和十八届三中全会精神，坚持科学发展安全发展，通过优化产业布局、推进信息共享、改善设施装备、提高应急能力，完善长江危险化学品运输安全保障体系，提升运输安全水平，保障长江沿岸居民饮用水安全和生态文明建设，促进沿江经济社会可持续发展，为依托黄金水道建设长江经济带创造良好环境。（二）工作目标。长江沿江化工园区布局优化，合理控制上游地区沿江石化、化工产业发展；长江沿线取水口水源保护区防控措施完备；长江危险化学品运输动态监管信息互联共享，形成监管合力；长江危险化学品生产、储存、运输等相关装备设施、人员素质及安全监管和应急处置能力适应安全发展需要。二、主要任务。（一）优化沿江石化、化工产业布局，提高化工园区风险防控能力。（二）构建长江危险化学品动态监管信息平台，加强饮用水水源保护。（三）加强长江危险化学品运输装备设施建设，促进企业转型升级。（四）完善危险化学品应急救援体系，提高应急处置能力。三、保障措施。（一）加强组织领导，落实责任。（二）建立协调机制，齐抓共管。

6月9日

［纲　文］　中国常驻联合国代表团临时代办王民大使就越南非法强力干扰中建南项目事照会联合国秘书长潘基文表明中国政府立场。

［目　文］　王民转去中国的立场文件《"981"钻井平台作业：越南的挑衅和中国

的立场》，并要求秘书长将中国的立场文件作为联合国大会文件散发给联合国全体会员国。立场文件附有中国企业在中国西沙群岛毗连区内的作业位置图以及长期以来越方承认中方对西沙群岛主权的相关材料。

照会递交后，王民向媒体表示，中方递交照会的目的是向国际社会表明立场，讲清真相，以正视听。王民介绍了"981"钻井平台作业的基本情况，指出越方对中方正常作业进行非法强力干扰，严重侵犯了中方的主权、主权权利和管辖权，严重违反了《联合国海洋法公约》等相关国际法，破坏了该海域的航行自由与安全，有损于地区和平稳定。同时，越方还纵容其国内反华游行示威，越南不法分子残酷杀害4名并打伤300多名中国在越公民，并造成重大财产损失。

王民强调，西沙群岛是中国固有领土，不存在任何争议。1974年以前，越南历届政府从未对中国西沙群岛的主权提出过任何异议，无论在其政府声明、照会里，还是在报刊、地图和教科书中，都正式承认西沙群岛自古以来就是中国的领土。越南政府现在违背自己所作的承诺，对中国西沙群岛提出领土要求，严重违背"禁止反言"等国际法原则和国际关系基本准则。

6月9日

［纲　文］　财政部、农业部印发《中央财政农业资源及生态保护补助资金管理办法》，自印发之日起施行。

6月9日

［纲　文］　《人民日报》发表题为《敢于担当，拿得出魄力——一论全面深化改革如何着力》的评论员文章。

6月9日

［纲　文］　《人民日报》发表题为《立了军令状就要有结果——二论深化第一批教育实践活动整改工作》的评论员文章。

6月10日

［纲　文］　教育部、民政部、发展改革委、财政部、人力资源社会保障部、卫生计生委、中央文明办、共青团中央、全国老龄办联合印发《关于加快推进养老服务业人才培养的意见》。

［目　文］　《意见》指出，加快发展养老服务业是应对人口老龄化、保障和改善民生的重要举措，对促进社会和谐，推动经济社会持续健康发展具有重要意义。现阶段中国养老服务业人才培养存在规模小、层次单一、质量参差不齐等问题，一定程度上制约了养老服务业的快速发展。《意见》进一步明确了关于加快推进养老服务业人才培养的总体思路、工作目标、任务措施和组织保障。

《意见》明确了加快推进养老服务相关专业教育体系建设、全面提高养老服务相关专业教育教学质量、大力加强养老服务从业人员继续教育、积极引导学生从事养老服务事业等方面的举措,其中包括推行养老服务相关专业"双证书"制度。

《意见》提出,推动职业院校与养老服务相关职业技能鉴定机构深入合作,实行专业相关课程的考试考核与职业技能鉴定统筹进行,推动职业院校学生在取得毕业证书的同时,获得相关职业资格证书。对于已取得养老服务业相关职业资格证书,且符合条件的从业人员,可由职业院校按相关规定择优免试录取,经考核合格后可获取相应学历证书。

《意见》提出,加快推进养老服务业人才培养的工作目标是,力争到2020年基本建立以职业教育为主体,应用型本科和研究生教育层次相互衔接,学历教育和职业培训并重的养老服务人才培养培训体系,培养一支数量充足、结构合理、质量较好的养老服务人才队伍,适应和满足国家养老服务业发展需求。

《意见》要求,建立教育部、民政部牵头,国家发展改革委、财政部、人力资源社会保障部、国家卫生计生委、中央文明办、共青团中央、全国老龄办等部门协同配合、各负其责的工作机制,加强养老服务业人才培养的宏观指导和政策保障。

6月10日

〔纲　文〕　国务院新闻办发表《"一国两制"在香港特别行政区的实践》白皮书。这是中央政府第一次发表关于"一国两制"及香港问题的白皮书。

6月10日

〔纲　文〕　环境保护部批准《城镇污水处理厂运行监督管理技术规范》等五项标准为国家环境保护标准,自2014年9月1日起实施。

6月10日

〔纲　文〕　国务院副总理张高丽在北京会见美国通用电气公司董事长兼首席执行官杰夫·伊梅尔特。

〔目　文〕　张高丽表示,当前中美经贸投资合作的规模不断扩大,领域不断拓展,利益融合更加深入。中国全面深化改革,构建开放型经济新体制,将为中美两国企业带来持续发展的红利。希望通用电气公司抓住机遇,以战略和长远的眼光继续深入推进与中国各领域合作,与中方合作伙伴形成利益共同体,实现合作共赢、共同发展,为中国经济社会持续健康发展作出积极贡献,也为中美新型大国关系的构建贡献力量。

伊梅尔特表示,通用电气公司将继续落实对中国的长期承诺和投资,为中国全面深化改革、经济社会发展作出积极贡献。

6月10日

〔纲　文〕　中共中央政治局委员孟建柱在北京会见坦桑尼亚内政部部长奇卡维。

〔目　文〕　孟建柱表示,中坦友谊源远流长。建交50年来,双方始终相互尊重、相互信任、相互支持。希望双方进一步加强执法安全合作,采取有效措施维护对方国家在本国人员和机构的合法权益,为中坦发展互利共赢的全面合作伙伴关系创造良好环境。

奇卡维表示,坦方愿与中方加强执法安全合作,严厉打击各类跨国犯罪,有效维护两国经贸和人员往来的正常秩序。

国务委员兼公安部部长郭声琨参加会见。

6月10日

［纲　文］　在克罗地亚斯普利特市召开的2014年国际数学化学科学院年会上，中国数学家、南开大学组合数学中心教授李学良当选为国际数学化学科学院副主席，任期3年。这是该组织成立以来中国学者首次担任领导职务。

6月10日

［纲　文］　《人民日报》发表题为《以先进典型为标尺——三论深化第一批教育实践活动整改工作》的评论员文章。

6月10—12日

［纲　文］　应国务院总理李克强邀请，意大利共和国总理马泰奥·伦齐对中国进行正式访问。

［目　文］　6月11日，习近平在人民大会堂会见伦齐。习近平表示，中意建交以来，两国始终坚持从战略高度和长远角度处理双边关系，是重要合作伙伴。2014年是中意建立全面战略伙伴关系10周年，2015年是中意建交45周年。希望双方共同努力，扩大合作，把两国关系提升到新水平。双方要在涉及彼此核心利益和重大关切问题上继续相互理解和支持，加深政治互信，加强改革理念交流，开拓节能环保、可持续城镇化、现代农业等领域合作，开展形式多样的文化交流活动，扩大地方和民间交往和旅游合作，加强在重大国际问题上的沟通和协调，促进世界和平与发展。伦齐表示，意方愿意同中方保持密切高层交往，加强治国理政经验交流，深化经贸、投资、科技创新、文化等领域合作，便利两国人员往来。意方将一如既往，积极促进欧中合作，在国际事务中同中方相互支持和配合。

同日，李克强在人民大会堂同伦齐举行会谈。李克强表示，中方愿同意方共同发挥好两国政府委员会的引领和指导作用，加快制定中长期贸易促进计划，提升双边贸易水平；增加相互投资，鼓励两国企业特别是中小企业联手合作，希望意方进一步放宽投资行业限制，为中国企业提供更好的投资环境、法律保障和便利化措施；深化科技环保等合作，更好开展高新科技和高端人才联合培养等合作；加强教育、文化等领域合作。希望意方继续致力于深化中欧关系，积极推动中欧加快投资协定谈判和启动中欧自贸区可行性研究，在科技、基础设施建设、航空航天、新型城镇化等领域促成一些重大合作项目，与中方共同反对贸易保护主义。伦齐表示，意方愿进一步扩大两国经贸、旅游、农业、食品、科技、城镇化、人文等领域合作，推动两国全面战略伙伴关系取得更大发展。意方将继续为促进欧中关系发展发挥积极作用。会谈后，两国总理共同见证双边经贸、能源、航空、基础设施建设等领域合作文件的签署，并共同会见了记者。

同日，李克强在人民大会堂与伦齐共同出席中意企业家委员会成立大会暨中意经贸合作论坛并致辞。李克强表示，当前中国正在全面深化改革，推进新一轮对外开放。随着中国新型工业化、城镇化快速推进，13亿人口的巨大市场潜力将不断释放。伦齐表示，意方坚定致力于意中关系发展,希望两国企业界发挥两国经济互补优势,加强交流合作,造福两国人民。

同日,张德江在人民大会堂会见伦齐。张德江说,中国全国人大愿在现有良好的合作基础上继续加强与意大利议会的友好交往,充分发挥定期交流机制的独特作用,围绕改革开展立法、治国理政等方面的经验交流,为夯实中意友好的社会和民意基础、推动双边关系持续健康发展作出积极贡献。伦齐说,意大利人民对中国充满向往,意方愿继续深化同中方各领域合作。

访问期间,中意两国政府发表新的《中意关于加强经济合作的三年行动计划》,对双边各领域合作作出了全面规划和指导。

6月10—19日

[纲　文]　中共中央政治局常委、中央书记处书记刘云山应邀分别对丹麦、芬兰、爱尔兰、葡萄牙进行正式访问。

[目　文]　6月10—12日,刘云山访问丹麦,在哥本哈根分别会见丹麦首相托宁-施密特,议长吕克托夫特,公主贝内迪克特,经济内政大臣韦斯塔格。刘云山指出,中国党和政府始终坚持从战略高度看待欧洲,支持欧洲一体化建设,支持一个团结、稳定、繁荣的欧盟在国际事务中发挥更大作用。丹麦是欧盟重要成员国,希望丹方在中欧投资协定谈判、中欧自贸区可行性研究等方面发挥积极作用,推动中欧全面战略伙伴关系进一步向前发展。访问期间,刘云山出席了"欧洲学者眼中的中国共产党"国际研讨会和丹麦中国文化中心揭牌仪式。

6月12—15日,刘云山访问芬兰,在赫尔辛基分别会见芬兰总统尼尼斯特,总理卡泰宁,议长海内卢奥马,社民党主席、财政部长林内和中间党主席西皮莱。刘云山表示,中国和欧盟是世界上两支重要力量,打造中欧和平、增长、改革、文明四大伙伴关系有利于世界的繁荣发展。中国党和政府支持欧洲一体化建设,愿进一步提升中欧关系的全球影响力。中国共产党坚持以开放的态度学习借鉴其他国家和政党在推动改革创新等方面的成功经验,愿意与芬兰各政党就治国理政深化交流,更好造福两国人民。访问期间,刘云山出席了中芬有关文化艺术合作及交流活动的谅解备忘录签字仪式,考察了教育科研机构。

6月15—17日,刘云山访问爱尔兰,在都柏林会见爱尔兰总统希金斯,总理、统一党领袖肯尼,副总理兼外交与贸易部长、工党领袖吉尔摩。刘云山说,中爱关系长期稳定发展,形成了政治互信、经济互利、文化互鉴的多层次交往格局,成为不同幅员、制度、发展阶段的国家平等相待、友好合作的典范。当前,中国正在调整经济结构,加快转变经济发展方式,爱尔兰也面临进一步恢复经济平衡和发展的任务,双方合作潜力巨大、前景广阔。访问期间,刘云山参加了都柏林大学孔子学院教学楼奠基仪式,出席欧洲地区孔子学院联席会议开幕式并致辞。

6月17—19日,刘云山访问葡萄牙,在里斯本会见葡萄牙总统席尔瓦、总理科埃略、社会党总书记塞古罗和葡萄牙共产党总书记德索萨。刘云山说,中葡建交35年来,特别是 2005 年中葡建立全面战略伙伴关系后，双边关系保持健康平稳发展。中葡友好合作之所以能不断取得新成果，是因为双方秉持互尊互信、互利共赢的原则，从战略高度、以长远眼光看待和发展双边关系，在涉及彼此核心利益问题上相互理解和支持。中方愿进一步推进双方各领域务实合作，深化人文交流，不断丰富中葡全面战略伙伴关系内涵，推动中欧和平、增长、改革、文明四大伙伴关系建设。访问期间，刘云山还出席了中葡互设文化中心谅解备忘录、中央电视台与葡萄牙广播电视公司合作协议等合作文件签字仪式，并出席了中国文化周开幕式。

6月10—13日

[纲　文]　杜青林在宁夏回族自治区、云南省调研。

[目　文]　全国政协副主席杜青林深入民族村寨、民族团结进步示范社区和居民家中，了解各族群众生产生活情况，并就做好民族工作、加强民族团结，与干部群众、专家学者、各界代表人士座谈访谈。杜青林指出，要坚定不移地贯彻党的民族工作理论和方针政策，把民族团结贯穿民族工作各方面，用社会主义核心价值体系构筑各民族共有精神家园。要深入学习贯彻党中央关于民族工作的新思想新要求，着眼推进国家治理体系和治理能力现代化，以实事求是、改革创新精神确保不折不扣落到实处。

在与干部和专家学者座谈时，杜青林指出，党的民族理论政策是做好民族工作的根本依据，实践证明符合国情、完全正确。要充分认识坚持完善民族区域自治制度的历史必然性和现实必要性，全面科学阐释其鲜明"中国特色"和独特优势，不断增强政治定力和制度自信。

在与基层群众和各界代表人士交谈时，杜青林希望他们牢固树立国家意识、公民意识、中华民族共同体意识，共同营造人人重团结、人人促团结的社会氛围，使各民族同呼吸、共命运、心连心的优良传统代代相传。

6月11—19日

[纲　文]　应国家主席习近平邀请，刚果共和国总统萨苏对中国进行国事访问。

[目　文]　6月12日，习近平在人民大会堂同萨苏举行会谈。习近平表示，中刚双方要密切政府、议会、政党交往，交流治国理政经验，保持高水平政治互信，就共同关心的重大问题加强沟通和配合，推动国际秩序和国际体系朝着更加公正合理方向发展。双方要开拓进取，充分挖掘互补优势和增长潜力，继续搞好"石油、信贷、工程"一揽子合作框架下项目，积极探讨新的合作模式，扎实推进合资银行和刚方铁路、港口、民生等建设工程。双方还要促进人员往来和文化交流，增进友好感情。萨苏表示，刚中建交 50 年来，两国友好基础牢固，合作成果丰硕。中方长期以来积极支持和帮助刚果共和国经济建设，改变了刚方的国家面貌。刚方希望扩大同中方合作，持续推进一揽子合作项目，欢迎中国企业参与刚方钾盐资源开发、基础设施建设和经济特区发展。刚方愿意同中方加强在联合国事务中的沟通和协调，支持中非合作论坛框架下各项合作倡议。两国元首还共同见证了

涉及经贸、基础设施建设、融资、银行、文化等领域多项双边合作文件的签署。

6月13日，国务院总理李克强在人民大会堂会见萨苏。李克强表示，中国同刚果共和国传统友谊深厚。中国政府鼓励和支持中方企业积极参与刚果共和国铁路网、经济特区等建设并投资制造业。中方愿帮助非洲建设高速铁路、高速公路、区域航空三大交通网络，加速非洲大陆互联互通和一体化建设，并将毫无保留地同非洲国家分享发展经验和相关技术，促进非洲和平稳定与繁荣发展，实现中非合作互利共赢。萨苏表示，刚果共和国感谢中方长期以来给予的宝贵支持，愿同中方深化各领域互利合作，欢迎中国企业到刚果共和国参与经济建设，实现共同发展。

同日，中国和刚果共和国建交50周年庆祝招待会在北京钓鱼台国宾馆举行。全国人大常委会委员长张德江同萨苏共同出席并致辞。张德江说，中国梦、非洲梦、刚果梦息息相通，互为机遇，互为动力。中国的发展必将为包括非洲在内的世界各国带来更加广阔的合作空间，非洲的发展、刚果的发展也将为中国带来更加巨大的合作舞台。萨苏说，在中国共产党领导下，中国实现经济腾飞，政治社会稳定，并始终慷慨支持包括刚果在内的非洲国家发展。刚中将继续巩固和发展友好合作，为实现自由、尊严和发展而共同努力。招待会前，张德江与萨苏举行了会见。

访问期间，萨苏出席了在上海举行的太湖世界文化论坛第三届年会。6月18日，国务院副总理刘延东在上海会见了萨苏。刘延东说，刚果共和国始终走在中非人文交流合作的前列。中方愿与刚方深化教育、文化、科技等领域务实合作，促进双方交往，增进友好感情，推动两国关系在新的历史起点上不断向前发展。萨苏表示，刚中友谊牢固，两国人文交流与合作活跃，刚方愿与中方携手推动两国合作取得更大发展。

6月11日
[纲　文]　国务院总理李克强主持召开国务院常务会议。

[目　文]　会议部署了建设综合立体交通走廊打造长江经济带的具体事宜，讨论通过《物流业发展中长期规划》，决定简化合并增值税特定一般纳税人征收率，减轻企业负担。

会议认为，建设长江经济带，要注重发挥水运运量大、成本低、节能节地的优势，抓好综合立体交通走廊建设。一是加快实施重大航道疏浚整治工程，消除通行瓶颈，扩大三峡枢纽通过能力和干线过江通行能力，提升长江黄金水道功能。二是建设快速大能力铁路通道、高等级广覆盖公路网和航空网络，加强各种运输方式与港区的衔接，完善油气运输通道和储备系统，大力发展江海联运、干支线直达和铁水、空铁、公水等多式联运。三是推进内河船型标准化，研究推广三峡船型和江海直达船型，鼓励发展节能环保船舶。要特别注重发展与环境相结合，在推进综合立体交通走廊建设中，切实加强和改善长江生态环境保护治理。改革创新区域协调发展体制机制，打破行政区划"门户"，立足全局、统筹"落子"，通过基础设施共建共享，促进形成统一开放市场体系。

会议指出，物流业是融合运输、仓储、货代、信息等产业的复合型服务业，是市场经济发展的必要条件，具有基础性、战略性作用。会议通过了《物流业发展中长期规划》，确定了农产品物流、制造业物流与供应链管理、再生资源回收物流等12项重点工程，提出到2020年基本建立现代物流服务体系，提升物流业标准化、信息化、智能化、集约化水平，提高经济整体运行效率和效益。建设现代物流体系要突出重点。一要着力降低物流成本。加快物流管理体制改革，打破条块分割和地区封锁，加强市场监管，清理整顿乱收费、乱罚款等各种"雁过拔毛"行为，形成物畅其流、经济便捷的跨区域大通道。二要推动物流企业规模化。推进简政放权，支持兼并重组，健全土地、投融资、税收等扶持政策，培育发展大型现代物流企业，形成大小物流企业共同发展的良好态势。三要改善物流基础设施，完善交通运输网络，改进物流配送车辆城市通行管理，加快解决突出的"卡脖子"问题，提升物流体系综合能力，服务和联通千百万企业，方便和丰富广大群众的多彩生活。

会议指出，规范税制、公平税负，有利于营造良好发展环境、激发市场活力和内生动力，对稳增长、保就业具有积极意义。会议决定，从2014年7月1日起，将自来水、小型水力发电等特定一般纳税人适用的增值税6%、5%、4%、3%四档征收率合并为一档，统一按现行简易计税办法，执行3%的征收率。

会议还研究了其他事项。

6月11日

［纲　文］　国家副主席李源潮在北京出席俄罗斯驻华使馆举行的俄罗斯国庆招待会。

［目　文］　李源潮表示，俄罗斯在国家发展振兴事业中不断取得新的成就，中国人民将一如既往给予支持。中方愿与俄方一道，全面落实两国元首共识，更好地促进两国共同发展繁荣，更好地造福两国人民，更好地维护地区及世界的和平与稳定。

6月11日

［纲　文］　国防部新闻发言人就美国2014年度《中国军事与安全态势发展报告》发表谈话。

［目　文］　发言人说，美方发表2014年度《中国军事与安全态势发展报告》，继续渲染"中国军事威胁""中国军力不透明"等陈词滥调，对中国的军事战略、军队现代化建设等妄加评论，在台湾问题、太空与网络安全、东海防空识别区等方面对中方横加指责。中方对此表示强烈不满和坚决反对。

发言人介绍，美方在报告中指责中方在领土主权和海洋权益争端方面更加强硬，增加了地区国家担忧。然而事实是，美方近年来推行"亚太再平衡"战略，突出军事安全议程，强化地区军事存在，频繁举行具有明显针对地区国家的联合军演，特别是在领土争议问题上不断释放错误信号，给地区和平安全稳定添乱。

发言人介绍，美方在报告中表示致力于发展中美新型大国关系和新型军事关系，愿与中国军队加强对话交流与务实合作。然而，美政府和军队官员不时公开指责中方，美司法部捏造事实"起诉"中国军人，美军一直保持高频度对华抵近侦察。美方的上述做法，严重损害双方互信，与构建中美新型大国关系和建立与之相适应的新型军事关系背道而驰。我们敦促美方拿出诚意来，以实际行动推动两国两军关系健康稳定发展。

6月11日

［纲　文］　教育部印发《高等学校体育工作基本标准》，要求学生掌握科学锻炼的基础知识、基本技能和有效方法，学会至少两项终身受益的体育锻炼项目。

6月11日

［纲　文］　《人民日报》发表题为《全面准确地贯彻"一国两制"》的社论。

6月11日

［纲　文］　《人民日报》发表题为《动真碰硬，顶得住压力——二论全面深化改革如何着力》的评论员文章。

6月11日

［纲　文］　《人民日报》发表题为《质量是发展党员的生命线》的评论员文章。

6月11—12日

［纲　文］　汪洋在江苏省调研外贸工作。

［目　文］　国务院副总理汪洋详细了解企业出口订单、生产经营和研发等情况，并召开座谈会听取进出口运行情况介绍和有关方面意见建议。

汪洋指出，要充分认识进出口形势的严峻性和复杂性，把抓好政策落实摆在更加突出的位置，加快出台实施方案，让支持外贸发展的各项政策措施早落地、早见效，为实现全年进出口增长目标提供坚实保障。江苏是外贸大省，面对国际市场需求不旺、贸易环境趋紧、生产制造成本上升等多重压力，江苏外贸企业迎难而上、开拓创新，实现了增长总体平稳、结构持续优化的良好局面。要以落实支持稳定外贸增长的政策措施为契机，切实解决企业普遍反映的收费多、负担重、融资难等问题，为企业发展创造良好的经营环境。

汪洋强调，国家级经济技术开发区是我国开放型经济发展的重要载体。要以国家级经济技术开发区创建30周年为契机，进一步改革开发区管理体制，创新涉外投资审批体制，营造更加公开、透明、可预期的发展环境，更好地发挥开发区在我国改革开放中的引领作用。

6月12日

［纲　文］　全国政协在北京召开双周协商座谈会，就"利用大数据技术提升政府治理能力"提出意见建议。

［目　文］　全国政协主席俞正声主持座谈会并讲话。全国政协副主席韩启德、张庆黎、马飚出席座谈会。全国政协委员赖明、蒋耀平、李心、严望佳、李彦宏、李玉光、蓝闽波、马秀珍、孙洁、潘建伟、郭为、钟章队、王茜、李晓明、吕建、贺强，以及马云、曹珍富等专家，围绕政府如何支持大数据技术的应用与推广、建立中国特色的数据法律体

系、建立大数据资源部门共建共享机制、制定大数据发展国家战略、完善数据开放和运用机制等问题座谈交流，发表意见建议。

委员们认为，大数据等现代技术发展迅猛，正对全球经济社会产生重大影响，在政府治理中运用大数据等现代技术，能够显著提高政府科学决策、监管市场、公共服务、社会管理和生态文明建设等能力，是建设透明、效能、服务、责任型政府的迫切需要。

委员们建议，要提高认识，明确目的，加强顶层设计，以创造价值、提升效率、改进服务为目标，加快建立国家级大数据标准化体系；要推动数据立法，完善相关法律法规和数据管理机制，重视个人数据隐私，明确政府主管部门责任，制定相关标准和规范，强化安全措施；要加快技术研发，选择医疗、金融、食品安全等重点领域开展大数据重大应用示范工程，支持企业和学术界在基础技术领域进行研究，抢占大数据技术竞争的国际制高点；要以提升政府治理能力现代化为切入点，利用大数据为社会提供更好的服务。俞正声认真听取了发言，并同大家进行了交流。

6月12日

[纲　文]　《人民日报》报道，中央党的群众路线教育实践活动领导小组印发《关于在第二批教育实践活动中深化"四风"突出问题专项整治的通知》。

[目　文]　《通知》要求，要以"准狠韧"劲头打好专项整治攻坚战，紧紧扭住"四风"突出问题不放，确保教育实践活动取得人民群众满意的成效。要项目化推进，对照专项整治各项任务，特别是发生在群众身边的不正之风问题，结合实际确定重点整治项目，制定具体方案。要上下联动整治，省、市、县党委要抓住群众反映强烈的整治问题，逐级梳理分析，对发生在基层、根子在上面的问题，要自上而下分解任务、明确责任，建立系统联动整改机制，确保快速回应、及时解决群众诉求。要善于从基层单位反映的情况中发现问题，认真研究具体办法和措施，努力从源头上加以破解。要加强第一批和第二批教育实践活动的相互衔接，把推动第一批单位整改落实与解决第二批单位突出问题结合起来。要坚持群众参与，通过情况通报、新闻发布、公示等形式，公开整治项目、过程和结果，把政策规定交给群众，让群众充分知情，全程接受群众监督。要强化正风肃纪，通过巡查抽查、专项检查、明察暗访等多种方式，及时查处各种违规违纪行为，特别是对侵害群众利益行为等典型案例，要发现一起、查处一起、曝光一起。对整治中搞形式主义、弄虚作假的单位以及顶着不办、拖着不改的人和事，要严肃追究主要领导和当事人的责任。

6月12日

[纲　文]　共青团中央、全国妇联、中国科协、中国侨联在北京联合召开培育和践行社会主义核心价值观交流会。

[目　文]　中共中央政治局委员李源潮出席交流会并讲话。李源潮指出，要深入贯彻党中央和习近平总书记要求，发挥组织优势，体现群众性特点，做好重点群体工作，为推动培育和践行社会主义核心价值观作出贡献。

李源潮说，要立足人民团体实际，抓好重点群体培育和践行社会主义核心价值观工作。要带好青年，开展理想信念教育和志愿服务等活动，使广大青年身体力行社会主义核心价值观。要通过少先队的组织教育、自主教育、实践活动，用形象化、榜样化、行动化的方式，帮助少年儿童从小养成好思想好品格。要融入家庭，引导广大妇女主导文明家庭建设，弘扬家庭美德、树立良好家风。要发挥科技工作者示范作用，影响带动全社会崇尚科学、追求进步。要充分体现群众性特点，知行合一、重在实践、广泛动员，把社会主义核心价值观变成广大群众的具体实践；积极鼓励、典型引路、创优争先，使社会主义核心价值观深入人心、深入家庭、深入社会。

与会者一致认为，党中央和习近平总书记对青年、妇女、少年儿童、科技工作者等培育和践行社会主义核心价值观提出了殷切期望，人民团体要充分认识肩负的责任，把这一重大任务抓紧抓实抓好。

6月12日

[纲　文]　环境保护部、国家发展改革委、工业和信息化部、司法部、住房和城乡建设部、国家工商总局、国家安全监管总局、国家能源局等国务院八部委在北京联合召开电视电话会议，部署2014年全国整治违法排污企业保障群众健康环保专项行动。

[目　文]　中共中央政治局常委、国务院副总理张高丽对2014年环保专项行动作出批示。环保专项行动部际联席会议召集人、环境保护部部长周生贤出席会议并对专项行动作出部署，环保部副部长翟青主持会议。工业和信息化部副部长苏波、司法部副部长张彦珍以及国家发展改革委、国家工商总局、国家安全监管总局、国家能源局相关负责人参加会议。

6月12日

[纲　文]　《人民日报》发表题为《善作善成，发挥好能力——三论全面深化改革如何着力》的评论员文章。

6月13日

[纲　文]　习近平主持召开中央财经领导小组第六次会议。

[目　文]　会议研究了国家能源安全战略问题，听取了国家能源局关于我国能源安全战略的汇报，并进行了讨论。中央财经领导小组副组长李克强、张高丽和中央财经领导小组其他成员出席会议。

中共中央总书记、中央财经领导小组组长习近平在讲话中指出，经过长期发展，我国已成为世界上最大的能源生产国和消费国，形成了煤炭、电力、石油、天然气、新能源、可再生能源全面发展的能源供给体系，技术装备水平明显提高，生产生活用能条件显著改善，但也面临着能源需求压力巨大、能源供给制约较多、能源生产和消费对生态环境损害严重、能源技术水平总体落后等挑战。能源安全是关系国家经济社会发展的全局性、战略性问题，对国家繁荣发展、人民生活改善、社会长治久安至关重要。面对能源供需格局新变化、国际能源发展新趋势，保障国家能源安全，必须推动能源生产和消费革命。

习近平就推动能源生产和消费革命提出五点要求。第一，推动能源消费革命，抑制不合理能源消费。坚决控制能源消费总量，有效落实节能优先方针，把节能贯穿于经济社会发展全过程和各领域，坚定调整产业结构，高度重视城镇化节能，树立勤俭节约的消费观，加快形成能源节约型社会。第二，推动能源供给革命，建立多元供应体系。立足国内多元供应保安全，大力推进煤炭清洁高效利用，着力发展非煤能源，形成煤、油、气、核、新能源、可再生能源多轮驱动的能源供应体系，同步加强能源输配网络和储备设施建设。第三，推动能源技术革命，带动产业升级。立足我国国情，紧跟国际能源技术革命新趋势，以绿色低碳为方向，分类推动技术创新、产业创新、商业模式创新，把能源技术及其关联产业培育成带动我国产业升级的新增长点。第四，推动能源体制革命，打通能源发展快车道。坚定不移推进改革，还原能源商品属性，构建有效竞争的市场结构和市场体系，形成主要由市场决定能源价格的机制，转变政府对能源的监管方式，建立健全能源法治体系。第五，全方位加强国际合作，实现开放条件下能源安全。在主要立足国内的前提条件下，在能源生产和消费革命所涉及的各个方面加强国际合作，有效利用国际资源。

习近平强调，要抓紧制定2030年能源生产和消费革命战略，研究"十三五"能源规划。继续建设以电力外送为主的千万千瓦级大型煤电基地，提高煤电机组准入标准，对达不到节能减排标准的现役机组限期实施改造升级，继续发展远距离大容量输电技术。在采取国际最高安全标准、确保安全的前提下，抓紧启动东部沿海地区新的核电项目建设。务实推进"一带一路"能源合作，加大中亚、中东、美洲、非洲等油气的合作力度。加大油气资源勘探开发力度，加强油气管线、油气储备设施建设，完善能源应急体系和能力建设，完善能源统计制度。积极推进能源体制改革，抓紧制定电力体制改革和石油天然气体制改革总体方案，启动能源领域法律法规立改废工作。

6月13日

[纲　文]　**刘奇葆到光明日报社调研。**

[目　文]　中共中央政治局委员、中宣部部长刘奇葆参观了光明日报社史展、考察了光明网等部门，听取了有关情况介绍，充分肯定了光明日报社的工作。刘奇葆指出，以知识分子为对象的办报特色，是《光明日报》独有的精神气质和文化魅力。要坚守报纸定位，增强角色意识，以团结知识分子、服务知识分子为己任，吸引知识界特别是中青年知识分子关注报纸，培育"光明"情结，把光明日报办成一张知识分子爱看的报纸。要加强马克思主义新闻观教育，深化"走转改"，增强新闻采编人员的忠诚度、事业心和责任感，提高文化素养和专业水平，争当学者型编辑记者。要加快推动传统媒体和新兴媒体融合发展，大力培养"全媒记者""全媒编辑"，生产"全媒产品"，把《光明日报》办成一张始终站在时代前沿的报纸。

6月13日

[纲　文]　**全国征兵工作电视电话会议在北京召开。**

[目　文]　会议对2014年全国征兵工作作出全面部署。会议决定，2014年征兵工

作把重心放在征集高素质兵员上，自8月1日全面展开，至9月30日结束。

会议要求各级地方党委、政府和兵役机关坚决执行国务院、中央军委征兵命令，结合各地区实际研究制定吸引高素质青年参军入伍的政策措施，严把征兵工作质量关，把工作重心放在征集高素质兵员上来，下大力气把全国的优秀青年输送到部队，征集到军营。同时，要依法维护士兵合法权益，坚决防止和纠正征兵工作中的不正之风，以更加强烈的责任感和更加务实的作风抓好征兵工作。

6月13日

［纲　文］　经国务院同意，国家发改委发出《关于印发青岛西海岸新区总体方案的通知》。

［目　文］　《通知》明确规划建设青岛西海岸新区的重大意义、指导思想、战略定位、发展目标、总体格局、重点任务和保障措施。

《通知》明确，青岛西海岸新区位于京津冀都市圈和长江三角洲地区紧密联系的中间地带，是沿黄河流域主要出海通道和亚欧大陆桥东部重要端点，具有辐射内陆、连通南北、面向太平洋的战略区位优势，海洋科技优势突出，港口航运实力雄厚，产业集聚效应明显，军民融合特色鲜明，积极推进青岛西海岸新区高水平建设，对引领山东半岛蓝色经济区创新发展、打造海洋强国战略支点和全面实施海洋战略具有重大意义。

《通知》要求，山东省政府要全面做好《青岛西海岸新区总体方案》的组织实施工作，依据《方案》和依法批准的土地规划、城镇规划组织编制青岛西海岸新区发展规划。认真落实《方案》提出的战略定位、空间布局、发展重点等各项任务，确保实现《方案》确定的发展目标。要加强组织领导，完善机制，明确分工，落实责任，积极探索有利于青岛西海岸新区健康发展的体制机制。

6月13日

［纲　文］　中国证券监督管理委员会公布《沪港股票市场交易互联互通机制试点若干规定》，自公布之日起施行。

6月13日

［纲　文］　国家副主席李源潮在北京会见新加坡外交部长兼律政部长尚穆根。

［目　文］　李源潮说，新加坡是中国的重要合作伙伴，近年来，双方多领域高水平互利合作发展顺利。中方坚持从战略高度和长远角度看待双边关系，愿同新方共同努力，进一步增进政治互信，扎实推进现有合作项目，不断提升合作水平、拓展合作深度，互学互鉴、共同发展。

尚穆根表示，新方希望在已有合作成果基础上，拓展两国合作领域，将双边关系提升到新高度。

6月12日，国务委员杨洁篪会见了尚穆根。

6月13日

［纲　文］　《人民日报》发表题为《勇毅笃行，保持住定力——四论全面深化改革如

何着力》的评论员文章。

6月14日

［纲　文］　国务院印发《社会信用体系建设规划纲要（2014—2020年）》。

［目　文］　这是中国首部国家级社会信用体系建设专项规划。《纲要》就加快建设社会信用体系、构筑诚实守信的经济社会环境作出了具体部署。

《纲要》指出，社会信用体系是社会主义市场经济体制和社会治理体制的重要组成部分。它以法律、法规、标准和契约为依据，以健全覆盖社会成员的信用记录和信用基础设施网络为基础，以信用信息合规应用和信用服务体系为支撑，以树立诚信文化理念、弘扬诚信传统美德为内在要求，以守信激励和失信约束为奖惩机制，目的是提高全社会的诚信意识和信用水平。加快社会信用体系建设是全面落实科学发展观、构建社会主义和谐社会的重要基础，是完善社会主义市场经济体制、加强和创新社会治理的重要手段，对增强社会成员诚信意识，营造优良信用环境，提升国家整体竞争力，促进社会发展和文明进步具有重要意义。

《纲要》围绕政务诚信、商务诚信、社会诚信和司法公信等四大重点领域，明确了与人民群众切身利益和经济社会健康发展密切相关的34个方面的具体任务，并提出了三大基础性措施。一是加强诚信教育与诚信文化建设，弘扬诚信文化、树立诚信典型、开展诚信主题活动和重点行业领域诚信问题专项治理，在全社会形成"诚信光荣、失信可耻"的良好风尚。二是加快推进信用信息系统建设和应用，建立自然人、法人和其他组织统一社会信用代码制度，推进行业间信用信息互联互通和地区内信用信息整合应用，形成全国范围内的信用信息交换共享机制。三是完善以奖惩制度为重点的社会信用体系运行机制，健全守信激励和失信惩戒机制，对守信主体实行优先办理、简化程序、"绿色通道"等激励政策，对失信主体采取行政监管性、市场性、行业性、社会性约束和惩戒，建立健全信用法律法规和标准体系，培育和规范信用服务市场，保护信用信息主体权益，强化信用信息安全管理。

《纲要》强调，社会信用体系建设要按照"政府推动，社会共建；健全法制，规范发展；统筹规划，分步实施；重点突破，强化应用"的原则有序推进。到2020年，实现信用基础性法律法规和标准体系基本建立，以信用信息资源共享为基础的覆盖全社会的征信系统基本建成，信用监管体制基本健全，信用服务市场体系比较完善，守信激励和失信惩戒机制全面发挥作用。

6月14日

［纲　文］　国家主席习近平特使、全国人大常委会副委员长陈竺在玻利维亚圣克鲁斯出席77国集团成立50周年纪念峰会，并拜会玻利维亚总统莫拉莱斯。

［目　文］　陈竺首先转达了习近平主席的祝贺与问候，指出77国集团成立50周年纪念峰会是包括中国和玻利维亚在内的全世界发展中国家的一大盛事。中方愿同玻方一

道，不断深化两国政治互信，推动各领域合作取得更多成果，惠及两国和两国人民。

莫拉莱斯说，习主席派陈竺特使出席此次峰会，是中国给予玻利维亚政府和人民的巨大支持和荣誉，极大提升了峰会的影响力。玻方愿与中方共同促进两国互利友好合作关系不断深入发展。

6月14—15日，77国集团成立50周年纪念峰会在玻利维亚中部城市圣克鲁斯举行。峰会承诺将继续维护发展中国家权益，推动建立公正合理的国际经济新秩序，进一步加强在国际范围内的合作，改善南北发展不平衡局面。会议闭幕时，参会的130多个成员和中国共同签署《圣克鲁斯宣言》。

6月14日

［纲　文］　经中共中央批准，中央纪委对十二届全国政协原副主席苏荣严重违纪问题立案审查。

［目　文］　2015年2月12日，中央政治局会议决定给予苏荣开除党籍，建议开除公职，将其涉嫌犯罪问题及线索移送司法机关依法处理。

经查，苏荣违反组织、人事纪律，个人擅自改变组织决定；利用职务上的便利，在干部选拔任用、企业经营等方面为他人谋取利益，收受巨额贿赂；滥用职权，造成国有资产重大损失；未落实党风廉政建设主体责任，对江西省出现的严重腐败问题负有主要领导责任。苏荣的上述行为已构成严重违纪违法，其中受贿、滥用职权问题涉嫌犯罪。

2017年1月23日，山东省济南市中级人民法院依法对苏荣受贿、滥用职权、巨额财产来源不明案公开宣判，对被告人苏荣以受贿罪判处无期徒刑，剥夺政治权利终身，并处没收个人全部财产；以滥用职权罪判处有期徒刑7年；以巨额财产来源不明罪判处有期徒刑7年。决定执行无期徒刑，剥夺政治权利终身，并处没收个人全部财产。

6月15日

［纲　文］　第六届海峡论坛在厦门举行。

［目　文］　全国政协主席俞正声出席论坛开幕式并致辞。俞正声说，本届论坛以"和谐发展、幸福两岸"为主题，讲出了两岸民众的心里话。对美好生活的向往是两岸同胞共同的追求。两岸关系和平发展是中华民族之幸，是两岸同胞之福。我们都要珍惜这一来之不易的良好局面，沿着这条道路坚定不移地走下去。

俞正声强调，两岸关系不断向前迈进，必然会触及一些深层问题。只要我们巩固反对"台独"、坚持"九二共识"的共同基础，维护一个中国框架的共同认知，两岸关系就能行稳致远。我们欢迎更多的台湾同胞，不分党派，不分行业，不分地域，都参与到两岸交流的进程中来，同大陆的兄弟姐妹一道，维护好两岸关系发展的良好局面，建设好我们共同的家园。

俞正声表示，以人为本、为民谋利是我们的执政理念，也是我们制订和实施各项对台政策的出发点和落脚点。我们将继续坚持两岸关系和平发展的方针政策，继续推动对台湾民众有利的务实举措，同时广泛听取台湾社会各界的意见建议，深入了解台湾民众的现实需求，不断扩大两岸交流合作的参与面和受益面，不断增强两岸关系和平发展的民意基础。

俞正声强调，只要两岸同胞都"手牵着手，肩并着肩"，"团结起来，相亲相爱"，就一定能在不断推动两岸关系和平发展的进程中实现过上更加美好幸福生活的愿望，共同促进中华民族伟大复兴的中国梦早日实现。

中国国民党副主席洪秀柱等在发言中表示，两岸齐心，其利断金，期盼两岸共同努力，让两岸交流的成果为更多基层民众所分享，让和平发展的理念深入人心。

开幕式之前，俞正声还会见了参加论坛的部分两岸嘉宾和主办单位代表，参观了两岸"同名村"活动图片展。林文漪、顾秀莲等参加会见并出席论坛开幕式。

6月15日

［纲　文］　新华社讯，常万全在河南省调研国防动员工作。

［目　文］　国务委员兼国防部长常万全在调研中强调，要进一步强化忧患意识、大局意识和责任意识，切实把国防动员工作摆上位、抓到位，把握特点规律，理清工作思路，牢牢把握国防动员建设发展的正确方向。要在聚焦保障打赢中强化能力建设，把人民武装动员、国民经济动员、人民防空、交通战备、国防教育等各领域工作统起来抓、合起来建，全面提高国防动员能力。要从政治和战略全局高度深刻认识军民融合的重大意义，找准国防动员和经济建设发展的契合点，推进军民融合向全社会各领域、各行业拓展延伸，在军民深度融合中不断积蓄动员潜力。要进一步解放思想、更新观念，加大对国防动员重大现实问题的研究攻关力度，努力在体制机制、政策法规、动员准备等重点领域推出新举措、实现新突破，推动国防动员事业不断创新发展。

6月15日

［纲　文］　最高人民检察院检察长曹建明在北京会见国际反贪局联合会2014年第一期研讨班代表。

6月15日

［纲　文］　《人民日报》发表题为《听一听来自群众的呼声——再议教育实践活动中的形式主义倾向》的评论员文章。

6月16—21日

［纲　文］　国务院总理李克强应邀对英国和希腊进行正式友好访问。

［目　文］　6月16—19日，李克强对英国进行正式访问并举行两国总理年度会晤。双方就中英双边关系、各领域务实合作以及共同关心的国际和地区问题进行了深入讨论。双方一致认为，中英全面战略伙伴关系建立10年来，双边关系取得长足发展。作为联合国安理会常任理事国，中英继续深化双边关系不仅符合两国根本利益，而且有利于维护世界和平和稳定。双方同意共同努力，重点推进中英在增长、改革和创新等领域的合作。

17日上午,李克强在温莎宫会见英国女王伊丽莎白二世。

17日下午,李克强在伦敦唐宁街10号首相府同英国首相卡梅伦举行中英总理年度会晤。双方一致同意以中英建立全面战略伙伴关系10周年为契机,推动中英两国关系再上新台阶。会晤后,两国领导人共同见证了双边金融、科技、教育、能源、基础设施建设等领域合作文件的签署,并共同会见了记者。

17日下午,李克强与英国首相卡梅伦共同举行中英全球经济圆桌会。国际货币基金组织总裁拉加德、世界银行行长金墉、经济合作与发展组织秘书长古里亚和英国财政大臣奥斯本及金融稳定基金会主席、英格兰银行行长卡尼等出席。会议就全球经济问题进行了探讨交流。

17日晚,李克强在伦敦自然历史博物馆出席中英工商界人士举行的欢迎晚宴并致辞。

17日,中英两国政府发表《联合声明》和《气候变化联合声明》。

18日上午,李克强在伦敦金融城市长官邸面向英国皇家国际问题研究所和国际战略研究所两大智库发表题为《共建包容发展的美好世界》的演讲;出席由中国人民银行和英国财政部共同举办的中英金融论坛并致辞。

18日下午,李克强在伦敦会见英国议会上院议长迪苏莎女男爵;会见英国工党领袖埃德·米利班德;会见英国48家集团俱乐部主席佩里和"青年破冰者"代表,并同他们进行了交流。

6月19—21日,李克强对希腊进行正式访问。访问期间,李克强分别会见了希腊总统帕普利亚斯和议长米马拉基斯,并同希腊总理萨马拉斯举行了会谈。

19日下午,李克强在雅典同希腊总理萨马拉斯举行会谈,双方就进一步推进中希关系发展,拓展务实合作达成广泛共识。会谈后,两国总理共同见证了双边文化、经贸、投资、海洋、防灾、基础设施建设等领域合作文件的签署,并共同会见了记者。会谈前,李克强向希腊无名战士纪念碑献了花圈。

19日下午,李克强在希腊议会大厦会见希腊议长梅伊马拉奇斯。会见前,梅伊马拉奇斯代表希腊议会向李克强授予了议会金质勋章。

20日上午,李克强在雅典与希腊总理萨马拉斯共同出席中希海洋合作论坛并发表题为《努力建设和平合作和谐之海》的演讲,并与萨马拉斯共同考察中国远洋运输集团比雷埃夫斯集装箱码头。

20日下午,李克强在雅典总统府会见希腊总统帕普利亚斯。

20日,中国和希腊两国政府发表《关于深化全面战略伙伴关系的联合声明》。

21日上午,李克强与希腊总理萨马拉斯共同出席希腊伊拉克利翁博物馆新馆开馆仪式并发表讲话。开馆仪式前,两国总理共同参观了馆内展品。

21日上午,李克强在希腊克里特省首府伊拉克利翁会见该省省长阿尔纳乌塔基斯。

6月16日

[纲 文] 十二届全国人大常委会第二十四次委员长会议在人民大会堂召开。

［目　文］　全国人大常委会委员长张德江主持会议。会议决定，十二届全国人大常委会第九次会议于6月23—27日在北京举行。

全国人大常委会副委员长兼秘书长王晨就常委会第九次会议议程草案、日程安排意见作了汇报。全国人大常委会有关副秘书长，全国人大法律委员会、财政经济委员会、教育科学文化卫生委员会、外事委员会和常委会预算工作委员会、代表资格审查委员会负责人就委员长会议建议的常委会第九次会议有关议程的主要内容作了汇报。

全国人大常委会副委员长李建国、王胜俊、陈昌智、严隽琪、吉炳轩、张平、向巴平措、艾力更·依明巴海、万鄂湘、张宝文出席会议。

6月16日

［纲　文］　国务院办公厅印发《关于进一步加强涉企收费管理减轻企业负担的通知》。

［目　文］　《通知》提出，进一步提高涉企收费政策的透明度，对按照法律、行政法规和国家有关政策规定设立的涉企行政事业性收费、政府性基金和实施政府定价或指导价的经营服务性收费，实行目录清单管理。各地区、各部门必须严格执行目录清单，目录清单之外的涉企收费，一律不得执行。

《通知》要求，从严审批涉企行政事业性收费和政府性基金项目，自本通知印发之日起，新设立涉企行政事业性收费和政府性基金项目，必须依据有关法律、行政法规的规定。对没有法律、行政法规依据但按照国际惯例或对等原则确需设立的，由财政部会同有关部门审核后报国务院批准。

《通知》强调，要切实规范行政审批前置服务项目及收费，全面清理行政审批前置服务项目及收费，对没有法律法规依据的行政审批前置服务项目一律取消；要将涉及收费的行政审批前置服务项目公开，并引入竞争机制；规范行业协会、中介组织涉企收费行为；要坚决查处各种侵害企业合法权益的违规行为，严禁擅自提高收费标准、扩大收费范围，严禁以各种方式强制企业赞助捐赠、订购报刊、参加培训、加入社团、指定服务，严禁行业协会、中介组织利用行政资源强制收取费用等行为。

《通知》要求，要全面深化涉企收费制度改革。要按照"正税清费"原则，进一步清理取消、整合规范现行涉企行政事业性收费和政府性基金项目，逐步减少项目数量。

6月16日

［纲　文］　国务院办公厅发出《关于调整河北衡水湖等4处国家级自然保护区的通知》。

［目　文］　《通知》发给河北省、内蒙古自治区、甘肃省、新疆维吾尔自治区人民政府和环境保护部、国家林业局。

《通知》说：一、国务院同意调整河北衡水湖、内蒙古图牧吉、甘肃祁连山和新疆托木尔峰国家级自然保护区的范围和功能区划。调整后保护区的面积、范围和功能分区等由环境保护部予以公布。二、有关地区要按照批准的调整方案组织勘界，落实自然保护区土地权属，并在规定的时限内标明区界，予以公告。三、有关地区和部门要严格执行《中华人民共和国自然保护区条例》和《国家级自然保护区调整管理规定》等有关规定，切实加强对自然保护区工作的领导、协调和监督，妥善处理好自然保护区管理与当地经济建设及居民生产生活的关系，确保各项管理措施得到落实。

6月16日

［纲　文］　国家安全监管总局等五部门联合印发《关于加强城乡规划和建筑、管线工程设计安全管理工作的通知》

［目　文］　《通知》要求加强城乡规划和建筑、管线工程设计安全管理工作，有效防范和坚决遏制类似山东省青岛市"11·22"中石化东黄输油管道泄漏爆炸特别重大等生产安全事故发生。

《通知》称，"11·22"事故暴露出一些地区在城乡规划和管线工程设计中存在着隐患和问题，部分城乡规划和管线工程设计对安全生产要求考虑不充分，产生安全隐患；违反已经批准的城乡规划进行设计、建设，产生隐蔽致灾隐患；因城乡规划和建筑、管线工程设计与建设不符合国家标准规范而发生事故或险情。《通知》要求，要准确把握区域经济和社会发展特点，筑牢加强城乡规划和建筑、管线工程设计安全防线。

《通知》指出，制定城乡规划时，要加强对规划区域的安全风险的前期研究和分析，加强各类管网设施新、改、扩建的规划制定和工程设计的监督管理，已纳入城乡规划的管网建设用地，不得擅自改变用途，以确保管道运行安全。

6月16日

［纲　文］　教育部、国家发展改革委、财政部、人力资源社会保障部、农业部、国务院扶贫办联合印发《现代职业教育体系建设规划（2014—2020年）》。

［目　文］　《规划》明确了优化职业教育服务产业布局、统筹职业教育区域发展布局、加快民办职业教育发展步伐等12个方面的任务措施。《规划》指出，现代职业教育是服务经济社会发展需要，面向经济社会发展和生产服务一线，培养高素质劳动者和技术技能人才并促进全体劳动者可持续职业发展的教育类型。建立现代职业教育体系，是促进现代职业教育服务转方式、调结构、促改革、保就业、惠民生和工业化、信息化、城镇化、农业现代化同步发展的制度性安排，对打造中国经济升级版，创造更大人才红利，促进就业和改善民生，加强社会建设和文化建设，满足人民群众生产生活多样化的需求，实现中华民族伟大复兴的中国梦都具有重要意义。

《规划》提出，我国现代职业教育体系建设的总体目标是：牢固确立职业教育在国家人才培养体系中的重要位置，到2020年，形成适应发展需求、产教深度融合、中职高职衔接、职业教育与普通教育相互沟通，体现终身教育理念，具有中国特色、世界水平的现代职业教育体系，建立人才培养立交桥，形成合理教育结构，推动现代教育体系基本建立、教育现代化基本实现。

《规划》提出，在体系建设的重点任务方面，要优化职业教育服务产业布局，统筹职业教育区域发展布局，加快民办职业教育发展步伐，推动职业教育集团化发展，加强中等职业教育基础地位，优化高等职业教育结构，完善职业人才衔接培养体系，建立职业教育质量保障体系，改革职业教育专业课程体系，完善"双师型"教师培养培训体系，加速数字化、信息化进程，建设开放型职业教育体系。在体系建设的制度保障和机制创新方面，要完善职业教育法律体系和标准体系，推进职业教育管办评分离改革，深化职业教育招生考试制度改革，完善校企合作的现代职业院校治理结构，创新校企协同的技术技能积累机制，构建适应现代职业教育体系的投入机制，健全促进职业教育公平的体制机制，创新职业教育区域合作机制，建立职业教育服务社区机制。

6月16日

[纲　文]　郭声琨出席全国公安机关视频会议。

[目　文]　国务委员、公安部部长郭声琨要求，要进一步强化底线思维，始终把工作基点放在随时应对各种风险挑战上，认真检查落实反恐维稳各项措施。要进一步加强情报信息工作，做到预知预警预防，打早打小打苗头、防微防渐防端倪，严防形成现实危害。要进一步推进严厉打击暴力恐怖活动专项行动，建立健全举报奖励制度，广泛发动群众举报线索，以"零容忍"的态度依法严厉打击暴恐分子，始终保持高压震慑态势。要进一步抓好网络管理，坚决切断宗教极端思想传播渠道和煽动策划暴恐行动的勾联渠道。要进一步强化社会面整体防控，坚决不给暴恐分子以任何可乘之机，坚决防止发生影响公共安全的重特大案事件，确保社会大局持续稳定。

6月16日

[纲　文]　国务委员杨洁篪在北京会见伊朗最高领袖外事顾问韦拉亚提。

[目　文]　杨洁篪表示，中方高度重视发展中伊关系，愿同伊方共同努力增进各层次交往，深化务实合作，密切人文交流。希望两国智库加强沟通与交流，为双边关系发展建言献策。

韦拉亚提表示，伊中关系发展前景广阔，伊方愿加强伊中各领域友好合作。

6月16日

[纲　文]　著名社会活动家，九三学社的杰出领导人，中国共产党的亲密朋友王文元在北京逝世，享年83岁。

6月16日

[纲　文]　《人民日报》发表题为《松绑除障，激发出活力——五论全面深化改革如何着力》的评论员文章。

6月16—19日

[纲　文]　马凯在辽宁省、江苏省调研。

[目　文]　国务院副总理马凯先后到大连、无锡、泰州、南通等地，深入造船、海洋工程装备、相关配套及航运企业调研了解实施方案落实情况，主持召开座谈会听取意见建议。他充分肯定了实施方案政策落实取得的进展和成效，指出，当前船舶工业发展面临

的形势仍然复杂严峻,产能过剩和需求不足的矛盾没有根本改变,经营困难局面没有根本改观,深层次问题没有根本缓解,稳定增长和转型升级任务十分紧迫。

马凯强调,当前和今后时期,是我国船舶工业稳定增长的关键时期,转型升级的攻坚时期。要加大工作力度,完善政策措施,努力完成实施方案确定的各项目标任务。重点抓好以下几项工作。一是切实改善需求结构。稳外需、扩内需,积极开发符合国际新规范、新公约、新标准的节能安全环保的船舶产品,扩大国际市场份额;加快推进老旧船舶报废更新、行政执法船建造和渔船、内河航运船更新改造等工作。二是大力推进科技创新。加大研发投入,突破核心关键技术,以技术先进、成本经济、建造高效为目标,加快新产品研发,抢占产业发展和技术竞争制高点。三是全面加强企业管理。建立现代造船模式,提高精细化管理水平,加强成本管控,推进节本降耗,提高生产效率,提升发展质量和效益。四是着力深化改革。建立现代企业制度,加快企业内部改革,大力推动企业兼并重组,化解产能过剩矛盾,提高产业集中度。五是落实完善支持政策。狠抓已有政策落地,进一步完善金融、财税和产业政策,加强行业管理和服务,为企业发展创造更加良好环境。

6月17日

[纲　文]　习近平在人民大会堂接见空军第十二次党代会代表并发表讲话。

[目　文]　中央军委主席习近平在讲话中强调,建设空天一体、攻防兼备的强大人民空军,是时代赋予空军的重大使命,是新形势下维护国家主权、安全、发展利益的必然要求。加强党的领导是完成这个庄严使命的根本保证。空军党委要按照党中央、中央军委的要求,切实抓好空军党的建设。要坚持党要管党、从严治党,重点在铸牢党对军队绝对领导的军魂上下功夫,在坚定理想信念上下功夫,在培养战斗精神、提高战斗力上下功夫,在强化党的组织上下功夫,在改进作风、弘扬正气上下功夫,为实现强军目标提供可靠保证。

中共中央政治局委员、中央军委副主席范长龙,中共中央政治局委员、中央军委副主席许其亮,中央军委委员常万全、赵克石、吴胜利、马晓天、魏凤和参加接见。

6月17日

[纲　文]　中国经济社会理事会四届一次会议在北京召开。

[目　文]　全国政协主席俞正声会见与会代表并讲话。中共中央书记处书记、全国政协副主席杜青林当选为中国经社理事会新一届主席。中国经济社会理事会成立于2001年7月,是全国性的经济社会研究咨询服务组织。

俞正声对中国经济社会理事会的工作提出四点要求:一是努力在促进经济社会发展方面取得新成绩,要紧紧围绕全面深化改革目标任务,紧扣经济社会领域和改革发展中的重大问题,切实提高意见建议的针对性和实效性。二是努力在扩大对外友好交往方面拓展新领域,要充分发挥理事会作为经社理事会和类似组织国际协会创始成员和领导机构管委会成员的作用,加强同国外相关组织、政府机构、重要智库、主流媒体等的联系,增进相互了解,为更好地服务总体外交发挥积极作用。三是努力在推进政协履行职能方面作出新贡献，要自觉把推进理事会工作和履行政协职能紧密结合起来，认真做好调研和成果转化工作。四是努力在加强自身建设方面迈上新台阶，创新工作机制，为理事发挥主体作用提供有力保障。

杜青林参加会见并在中国经济社会理事会四届一次会议上讲话。他指出，新一届理事会要适应新形势新要求，着重提升品位、增强活力，推进理事会工作扎实有效开展。要把握理事会工作方向和定位，着眼服务党和国家工作大局，主动对接全国政协工作部署，立足自身特色充分发挥作用；要聚焦理事会工作的着力重点，加强对重大理论和实际问题研究，及时有效发挥决策咨询作用；开展双边和多边交流合作，努力提高服务质量和工作水平；要着重加强理事会制度建设，彰显和激发理事会潜能，认真抓好理事会队伍建设。

全国政协副主席兼秘书长张庆黎、第三届中国经济社会理事会主席王刚参加会见。

6月17日

[纲　文]　全国政协办公厅、中央统战部在北京联合召开纪念黄埔军校建校90周年座谈会。

[目　文]　全国政协主席俞正声出席座谈会并讲话。俞正声指出，黄埔精神是黄埔军校给后人留下的宝贵精神财富，其核心是为统一中国、振兴中华而矢志不渝、顽强奋斗的爱国主义。今天我们传承弘扬黄埔精神，最主要的就是致力于祖国统一和民族复兴。

俞正声表示，尽管当前两岸关系仍然面临一些困难和挑战，前进征程上还会有各种艰难险阻，但两岸关系和平发展的道路是正确的，是谁也阻挡不了的历史趋势。我们将继续坚持推动两岸关系和平发展的方针政策，巩固两岸双方坚持"九二共识"、反对"台独"的共同基础，全方位促进两岸交流合作，让更多的台湾同胞在交流中受益，推动"两岸一家亲"理念深入人心。

俞正声强调，在新形势下，黄埔军校同学会要始终坚持中央对台工作大政方针，牢牢把握两岸关系和平发展主题，进一步发挥联系、服务黄埔同学的功能和作用，深化两岸黄埔同学及各界民众的交往交流，促进两岸同胞共襄和平发展局面，共享和平发展成果。

中央书记处书记、全国政协副主席杜青林出席座谈会。全国人大常委会副委员长、民革中央主席万鄂湘致辞，黄埔军校同学会会长林上元、黄埔同学代表杜伯园发言。海峡两岸、港澳和海外黄埔同学及亲属代表、有关黄埔组织代表近200人出席会议。

6月17日

[纲　文]　中共中央政治局委员、中宣部部长刘奇葆在北京会见出席第二届中非媒体合作论坛的外方代表。

[目　文]　刘奇葆说，媒体合作是中非合作的重要组成部分，希望中非进一步加强广播电影电视等方面的交流合作，并以本届论坛为契机，进一步深化中非媒体合作，为促进中非友好关系，为实现中国梦和非洲梦作出新贡献。

刚果民主共和国媒体、与议会关系与新公民意识启蒙部部长门德·奥马兰加代表非洲各国代表表示，将进一步推动非中媒体合作，把非中新型战略伙伴关系提升到新的水平。

6月17日

［纲　文］　中国保险业监督管理委员会发布《关于开展老年人住房反向抵押养老保险试点的指导意见》，自2014年7月1日起实施。

6月17日

［纲　文］　中央军委副主席许其亮在北京会见澳大利亚空军司令布朗。

［目　文］　许其亮对澳方在马航失联客机搜寻行动中付出的努力和向中方参加搜寻人员提供的协助表示感谢。他向澳方介绍了中日关系现状，敦促日方立即停止危害中日海空安全的危险举动，以实际行动为改善中日关系创造条件。

布朗说，澳方期待与中方加强交流合作，推动两国两军关系不断深入发展。

6月17日

［纲　文］　《人民日报》发表题为《蹄疾步稳，保持好耐力——六论全面深化改革如何着力》的评论员文章。

6月18日

［纲　文］　国务委员杨洁篪在越南河内同越南政府副总理兼外交部长范平明举行中越双边合作指导委员会团长会晤。

［目　文］　杨洁篪是应范平明邀请对越南进行工作访问的。双方就中越关系及海上局势深入交换了意见。杨洁篪表示，中国党和政府始终从战略高度和长远角度重视中越关系，推动中越全面战略合作伙伴关系健康稳定向前发展。当前，中越关系正面临困难局面，这是由于越方近来持续非法干扰中方在西沙群岛近海的钻井平台作业造成的。西沙群岛是中国固有领土，不存在任何争议。中国企业有关作业位于西沙群岛近海，完全合法合理合情。中方将采取一切必要措施维护国家主权和海洋权益，确保有关作业安全顺利进行。对于当前海上问题，双方要从维护两党两国关系大局出发，坚持管控海上局势，坚持双边沟通，坚持正确舆论导向，排除各种干扰，通过政治外交努力，寻求妥善的解决办法，把局势尽快稳定下来，避免有关问题扩大化、复杂化、国际化。越方应停止对中方作业的干扰，停止炒作有关问题，并采取有效措施，确保在越中国机构、企业和人员的安全，为双方协商解决问题，并为各领域交流合作尽快恢复正常创造必要条件和气氛。

范平明表示，越方珍惜两国传统友谊，希望继续保持和推进两国各领域合作，愿同中方共同努力，改善和发展越中关系。范平明阐述了越方对海上问题的立场和看法，表示越方愿意遵守两国领导人就妥善处理双边关系中的敏感问题，避免使之干扰两党两国关系全局达成的重要共识，愿意就海上局势同中方继续保持密切沟通，管控紧张局势，妥善解决有关问题。

同日，越共中央总书记阮富仲在河内会见杨洁篪。阮富仲表示，越南党、政府和人民高度重视越中两国人民友谊和两国全面战略合作伙伴关系，维护、巩固、发展两党、两国关系，是越南外交的优先方向。无论遇到什么困难，越方都愿意同中方保持接触和沟通，着眼大局，努力找到妥善解决问题的办法，这是越方的一贯立场。越方愿意同中方妥善处理海上有关问题，管控局势。越方也希望继续落实两国之间达成的各项共识和协议，推进各领域合作。

杨洁篪表示，中国和越南是近邻，都处在改革发展的关键期，有着广泛的共同利益。面对复杂多变的国际地区形势，双方要排除干扰，深化合作，共谋发展。杨洁篪全面阐述了中方的有关原则立场，强调双方要本着对历史和两国人民高度负责的态度，妥善解决海上问题，共同维护两国关系大局。双方要坚持通过双边沟通，把事态尽快稳定下来。希望越方采取切实行动，为双方协商解决问题，恢复双方正常合作创造条件。

同日，杨洁篪还会见了越南总理阮晋勇，双方就两国关系和海上问题交换了意见。

6月18日

［纲　文］　财政部、民政部联合印发《中央专项彩票公益金支持精神病人福利机构项目管理办法》。

［目　文］　《办法》明确，2014—2015年，利用中央财政安排的中央专项彩票公益金支持建设精神病人福利机构。其中，新建、迁建每个机构可获3000万元资助，改扩建每个机构可获2000万元资助。获支持机构专指对城镇"三无"、农村五保、流浪乞讨人员、复员退伍军人等城乡特殊困难群体中精神障碍患者开展救治、救助、康复、护理和照料等服务的精神病人社会福利院。

《办法》强调，项目将重点资助在本地区具有填补空白意义或有辐射示范和带动作用的，具有精神障碍患者救治、救助、康复、长期护理照料等服务功能的精神病人福利机构。

《办法》要求，所获资助机构，除要求土地由所在地政府无偿提供之外，还须满足每个新建、迁建项目新增床位不少于300张、每个改扩建项目新增床位不少于200张要求。同时，该福利机构应包括门诊室、医技科室、工疗室、康复训练（医疗康复、职业康复、社会康复）、护理照料、保障系统等设施用房，无障碍设施建设应符合《无障碍环境建设条例》要求，医疗设备配置标准应符合卫生部门的要求。

6月18日

［纲　文］　交通运输部发布《内河渡口渡船安全管理规定》，自2014年8月1日起施行。

6月18—19日

［纲　文］　太湖世界文化论坛第三届年会在上海举行。

［目　文］　本届年会以"加强文化软实力互动，促进世界和平与发展"为主题，有关国家政要、中外知名专家学者、中外企业领军人物、媒体人士等约500人出席会议。会议围绕"加强文化软实力交流和互动，构建中美新型大国关系""加强文化软实力交流和互动，发展中外友好关系""深入文化产业创新与互动，提升国家文化软实力"等议题开展了深入对话与交流。

6月18日，国务院副总理刘延东出席论坛开幕式，并发表题为《加强文化交流互鉴，促进世界和平与发展》的主旨演讲。中共上海市委书记韩正出席开幕式并致辞。

刘延东指出，文化的传承发展跨越时空、历久弥新。文化因交流而丰富、因互鉴而多彩。加强文化交流互鉴，是消除误解与偏见、增进理解与信任的一剂良方，是世界和平与发展的基石与动力，有利于增进各国人民共同福祉。她倡议，各国应以超越前人的智慧和勇气，坚持相互尊重，摒弃零和博弈思维，促进多元文化包容互鉴、和谐共生；坚持传承创新，弘扬优秀文化传统，增进文化自觉自信，实现共同发展；坚持根植民间，夯实合作基础，使人民成为国家友好关系的支持者、建设者和受益者；坚持与时俱进，加强文化对话与互动，让和平与友谊代代相传，推动建设持久和平、共同繁荣的和谐世界。

6月18—19日

[纲　文]　中俄核安全监管工作会议在北京举行。

[目　文]　环境保护部副部长、国家核安全局局长李干杰，俄罗斯联邦环境、工业和核安全监督局局长阿里克谢·阿雷辛出席会议并讲话。

李干杰说，中国始终坚持"安全第一、质量第一"的根本方针，在核电建设和运营管理工作中坚持依法依规，严格监管。日本福岛核事故后，国家核安全局充分借鉴国际研究成果和经验，制定和发布了《福岛核事故后核电厂改进行动通用技术要求》。中国所有商业运行核电机组业绩良好，在建机组质量受控。在中俄全面战略协作伙伴关系框架下，两国在能源、环保等领域的合作日益深入，核与辐射安全监管领域的合作也正面临新的发展机遇。随着两国和平利用核能事业的不断发展，两国核安全监管机构、职责、人员等方面也发生了较大变化，双方有必要签署新的合作协议，以推动双方进一步加强和深化合作与交流，共同为保证全球核安全作出积极贡献。

阿里克谢·阿雷辛高度评价中我双方在核安全监管方面的合作，并对中方的提议表示赞同。他表示，俄方愿与中方进一步扩大核安全领域的交流合作，共享核安全监管经验，提高两国核安全监管能力和水平。

6月19—20日

[纲　文]　汪洋在重庆市调研农村改革工作。

[目　文]　国务院副总理汪洋深入重庆巴南区等地的家庭农场、合作社、龙头企业，了解生产经营情况，对重庆生猪交易、土地复垦及交易进行了调研，并主持召开座谈会，听取基层干部群众和有关专家学者的意见和建议。他强调，要健全农村现代市场体系，完善市场交易和运行规则，加强物流设施建设，推动农村资源配置效益最大化和效率最优化。要培育新型经营主体，构建新型农业经营体系，引导土地有序规范流转，发展适度规模经营和农业社会化服务。要强化和完善农业金融、保险服务，努力满足新型农业经营主体发展和规模经营的需要。要构建多元化的农业投融资体制，调动社会各方面投资农业的积极性，加快完善农业基础设施，不断提高农业综合生产能力。

汪洋指出，深化农村改革，要着力维护农民的土地承包经营权益，保障集体的土地权益，探索集体经济有效实现形式，不断完善和巩固中国特色的农村基本经济制度。要扎实做好土地确权登记颁证等基础性工作，积极发展农民股份合作制，保障农民集体经济组织成员权利。发挥供销社系统完备、扎根农村的优势，努力打造为农民生产生活服务的综合平台。深化农垦体制机制改革，增强其经济活力和影响力，为保障重要农产品供应和维护市场稳定作出更大贡献。

汪洋要求，要紧紧围绕使市场在资源配置中起决定性作用和更好发挥政府作用，推进农村改革创新，加快建立健全有利于激发农村内部发展活力和营造良好外部环境的制度安排。要尊重基层和群众首创精神，鼓励探索实践，搞好试点试验，及时总结推广好的经验和做法，不断将农村改革引向深入。

6月19日

[纲　文]　《人民日报》发表题为《准确把握香港特别行政区宪制基础》的评论员文章。

6月20日

[纲　文]　**中央统战部在北京召开党外人士专题调研座谈会。**

[目　文]　座谈会邀请民进中央、农工党中央、致公党中央、台盟中央、全国工商联、无党派人士代表交流专题调研情况。全国政协主席俞正声主持会议并讲话。

座谈会上，民进中央主席严隽琪建议，设立长江上游经济带经济体制和生态文明体制综合改革试验区，作为生态文明建设的优先地区，依托黄金水道，加强长江上游与中下游的经济交流与产业互动。农工党中央主席陈竺说，卫生立法是医药卫生体制改革顶层设计的法制体现，建议制订《基本医疗卫生法》，探索一条符合中国特色社会主义本质特征的医药卫生体制改革道路。致公党中央主席万钢提出，解决装备制造业面临的突出问题，需要着力教育、培养和造就各类创新人才，落实好普惠、普适性创新政策，坚持自主创新，推动产业走向高端。台盟中央主席林文漪建议，落实好首都城市战略定位，要以首都社会治理现代化为抓手，注重处理好人口调控与水资源保障的关系，推进落实创新驱动战略，着力转变城市发展和管理方式。全国工商联主席王钦敏提出，激发中小微企业技术创新活力，必须从充分发挥市场配置创新资源的决定性作用和更好发挥政府的支持引导作用着手，营造鼓励技术创新的良好环境，实行普惠式税收政策。无党派人士代表徐济超建议，推动省以下地方法院、检察院人财物统一管理，以强化法官检察官的选任和管理为重点，建立符合法官检察官职业化、专业化、正规化特点的保障制度。

俞正声听取发言后指出，党外人士要自觉承担起为党和政府分忧、为国家发展尽力的责任，关注全面深化改革的重点难点问题，深入调查研究，提出真知灼见，为中共中央决策提供参考。

6月20日

〔纲　文〕　中国南车集团公司宣布,由其自主设计建造的国内首条、世界第二条8英寸IGBT专业芯片生产线在湖南株洲全面建成。

〔目　文〕　同时,一块编号为00001的IGBT芯片被中国科技馆永久收藏。这标志着中国大功率电力电子技术的研制和产业化取得重大突破,打破国外垄断,跻身世界一流行列。

IGBT,全称绝缘栅双极型晶体管,是用于电能转换和控制的核心器件,被誉为电力电子行业的"心脏"和现代变流工业"皇冠上的明珠"。现代电子技术发展至今,产生了两个分支,一是向微型化发展的信息电子技术,以CPU为代表;二是向大功率发展的电力电子技术,以IGBT等为代表。长期以来,中国IGBT芯片及相关产品99%以上依赖进口。8英寸IGBT芯片突破了元胞与保护环设计、高能质子掺杂、芯片铜金属化工艺等关键技术,使芯片负载提高50%,材料成本下降20%,并改变了原有芯片生产模式。由中国南车集团公司株洲所研制的这枚IGBT芯片可在数千伏高压下、约1秒时间内实现数万次电流开关动作,将风能、太阳能等不稳定的能源输入转换为稳定的电流输出。

中国南车集团公司集合上百位专家,积20余年之功,累计投入超过3亿元,在IGBT芯片设计、封装测试、可靠性试验、系统应用上攻克了30多项重大难题,最终全面掌握了该器件的成套技术,建立起完整的IGBT规模化、专业化生产工艺体系,实现了中国IGBT技术从弱到强的转变。

6月20日

〔纲　文〕　环境保护部批准《环境保护产品技术要求 旋流除砂装置》标准为国家环境保护标准,自2014年9月1日起实施。

6月20日

〔纲　文〕　中国证券业监督管理委员会公布《关于上市公司实施员工持股计划试点的指导意见》,自公布之日起施行。

6月20日

〔纲　文〕　国家安全生产监督管理总局公布《非煤矿山企业安全生产十条规定》,自公布之日起施行。

6月20日

〔纲　文〕　《人民日报》报道,截至2013年12月31日,中国海船船员注册总数为574117人,承担中国90%的对外贸易运输,中国已成为世界上海员数量最多的国家。

6月20日

〔纲　文〕　《科技日报》报道,中国首个高时空分辨率碳同化反演系统——中科院碳追踪同化系统发布。

〔目　文〕　中科院碳追踪同化系统是继美国和欧盟之后,世界上第三个全球尺度碳追踪同化系统。该系统采用自上而下的方法,以海洋碳源碳汇、人为排放以及生物质燃烧等二氧化碳排放数据、全球网格化气象数据以及近地表二氧化碳浓度观测数据为基础数据，应用大气模型反推出陆地生态系统在每个网格单元上的碳源碳汇时空动态分布信息。该系统可以通过大气二氧化碳浓度的观测数据来估算陆地生态系统碳源碳汇的分布信息。该系统强化了中国陆地生态系统的碳源碳汇模拟，提高了中国区域的模拟精度，能够为中国参加全球气候变化谈判、进行生态管理和资源优化提供有力支撑。此前，该系统的命名和成果发布，已得到美国国家海洋与大气局和欧盟全球碳追踪同化系统研发团队的官方认可。

2007年，美国国家海洋与大气局正式发布了其研发的、以北美为重点关注区的全球碳追踪同化系统。2009年6月，中国科学院地理科学与资源研究所研究员陈报章入选中科院"百人计划"回国，开始组建团队研发中国碳追踪同化系统。

6月20日

［纲　文］《人民日报》发表题为《香港与祖国同发展共繁荣》的评论员文章。

6月21日

［纲　文］　第三届世界和平论坛在北京举行。

［目　文］　本届论坛主题为"追求共同安全：和平、互信、责任"。国务委员杨洁篪出席论坛开幕式并发表主旨演讲。论坛主席、前国务委员唐家璇在开幕式上致辞。包括多位外国前政要、知名智库学者在内的中外来宾约500人出席论坛。

杨洁篪表示，建设一个更加美好的亚洲，需要为地区安全与合作开辟新思路、探索新办法、推出新举措。习近平主席在亚洲相互协作与信任措施会议第四次峰会上倡导共同、综合、合作、可持续的亚洲安全观，凝聚了亚洲国家共识，丰富发展了安全合作理念，增添了亚洲及世界安全合作动力，对增进地区国家互信与协作、实现本地区乃至世界的持久和平与共同发展，意义重大，影响深远。

杨洁篪强调，中国将践行亚洲安全观，坚定不移走和平发展道路。中国坚持在和平共处五项原则基础上深化同世界各国的友好合作，坚持弘扬丝绸之路精神，坚持通过和平方式解决国家间的分歧和争端，坚持为解决地区热点问题发挥建设性作用。中国始终是促进亚洲和世界和平与发展的坚定力量。我们愿与各国一道，继续为亚洲与世界的持久和平与共同繁荣作出更大贡献。

6月21日

［纲　文］《人民日报》报道，住房和城乡建设部、国家发展改革委、财政部联合发出通知，要求各地切实做好2014年农村危房改造工作。

［目　文］　通知指出，2014年中央安排230亿元补助资金支持全国266万贫困农户改造危房。通知要求各地要定期监督检查资金管理和使用情况，建立健全农村危房改造绩效评价制度，完善激励约束并重、奖惩结合的资金分配和管理机制，逐级开展年度绩效评价。

6月22日

[纲　文]　中国人民银行发布《银行办理结售汇业务管理办法》。

[目　文]　《办法》共5章33条。《办法》将结售汇业务区分为即期结售汇业务和人民币与外汇衍生产品业务，分别制定管理规范。降低银行结售汇业务市场准入条件，简化市场准入管理。转变银行结售汇头寸管理方式，赋予银行更大的自主权，以充分发挥市场主体在外汇业务发展中的主观能动性。取消部分行政许可和资格要求，实现以事前审批为重向以事后监管为重的转变。根据外汇实践发展，修订了部分罚则内容。

《办法》自2014年8月1日起施行。

6月22日

[纲　文]　中国保监会印发《保险资金运用内控与合规计分监管规则》。

[目　文]　《规则》共6章31条。根据《规则》，保监会每年对保险机构资金运用内控与合规计分进行两次评价，根据分数高低，将保险机构分为A、B、C、D四类。评价等级为C类和D类的保险机构，将被列为重点监管对象，保监会可以加大现场检查和非现场检查频率，采取限制资金运用渠道、范围或比例等监管措施。

在评价期内，保险机构资金运用业务存在以下六种情形的，保监会可将其本评价期的级别直接确定为C类或者D类：一是提交的监管信息、数据、报表、报告和投资计划注册材料，以及对外信息披露存在虚假记载、误导性陈述或者重大遗漏，但是投资计划注册材料中由所投资企业或者独立第三方提供的文件存在虚假记载，保险资产管理机构能够证明自己没有过错的除外。二是违反监管规定，经监管提示或者超过监管要求的整改期限仍不改正。三是挪用保险资金。四是未按委托人投资指引、合同及书面约定运用保险资金。五是被依法采取责令整顿，或者被中国保险保障基金有限责任公司采取接管等风险处置措施。六是中国保监会认定的其他情形。

《规则》自发布之日起实施。

6月22日

[纲　文]　在卡塔尔首都多哈召开的第38届世界遗产大会上，"丝绸之路""大运河"被正式列入世界遗产名录。

[目　文]　截至2014年6月，联合国世界遗产项目已达1000个。其中，中国世界遗产项目达47个，数量居世界第二。

大运河具有河道距离长、流域范围广、修建年代久远、遗产类型丰富、利用功能多样、保存现状复杂等特点，保存下来的与大运河相关遗存总数已超过1100处。最终列入申遗范围的大运河遗产分布在中国2个直辖市、6个省、25个地级市。申报的系列遗产分别选取了各河段的典型河道段落和重要遗产点，包括河道遗产27段，总长度1011公里，相关遗产共计58处。

"丝绸之路：起始段和天山廊道的路网"是中国首次进行跨国联合申遗的项目，由中国与吉尔吉斯斯坦、哈萨克斯坦联合申报，整个项目横跨欧亚大陆，线路跨度近5000公里，涉及中国、哈萨克斯坦、吉尔吉斯斯坦3个国家的33处遗迹，中国境内有22处考古遗址、古建筑等遗迹，其中包括河南省4处、陕西省7处、甘肃省5处、新疆维吾尔自治区6处。世界遗产委员会认为，丝绸之路是东西方之间融合、交流和对话之路，近2000年来为人类的共同繁荣作出了重要贡献。

6月23日

［纲　文］　中共中央办公厅印发《2014—2018年全国党员教育培训工作规划》。

［目　文］　《规划》提出，从2014年开始，用5年时间，在深入开展党的群众路线教育实践活动、切实加强经常性教育的基础上，对广大基层党员普遍进行教育培训，使广大党员理想信念进一步坚定，党性观念进一步增强，改革意识进一步强化，优良作风进一步发扬，履职服务能力进一步提高，先锋模范作用进一步发挥，不断增强党的生机活力。为此，应坚持以理想信念为重点，开展主题教育培训；针对不同领域特点，开展分类教育培训；围绕深化党的建设制度改革，健全教育培训工作体系。

《规划》确定了基层党组织书记培训、农村党员远程教育培训、非公有制经济组织和社会组织党员培训、新党员培训、流动党员培训、边疆民族地区基层党员教育培训、党员创业就业技能培训七项重点工作。提出改进方式方法，增强党员教育培训的针对性实效性；创新载体手段，提高党员教育培训现代化水平；开发整合资源，为党员教育培训提供有力保障；加强制度建设，推进党员教育培训工作科学化；加强学风建设，营造勤奋好学、求真务实的良好风气等五项主要措施。

《规划》强调，各级党委（党组）要高度重视党员教育培训工作，将其列入重要议事日程，纳入党建工作责任制，作为党建工作述职、评议、考核的重要内容，一级抓一级、层层抓落实。要健全中央和地方各级党委党员教育培训联席会议制度，在党委统一领导下，由组织部门牵头，宣传部门、党校等为成员单位，负责党员教育培训工作的安排部署、指导协调、督促检查，联席会议每年至少召开一次。基层党组织要履行具体组织实施党员教育培训的职责，落实各项教育培训任务。各级组织部门要切实加强对党员教育培训工作的督促检查。2016年对各地区各部门实施本规划情况进行中期检查评估，2018年底对本规划落实情况进行全面考评。各级党组织每年要向上级党组织报告党员教育培训工作情况。

6月23日

［纲　文］　国务院批复辽宁省人民政府，同意设立大连金普新区。

［目　文］　批复要求，大连金普新区建设要以加快转变经济发展方式为主线，认真落实党中央、国务院的决策部署，进一步释放改革红利，增强开放动力，激发创新活力，充分发挥比较优势，增强综合实力，在东北地区率先实现全面振兴和现代化。要提升产业层次，完善服务功能，提高国际竞争力，努力将大连金普新区建设成为我国面向东北亚区

域开放合作的战略高地、引领东北地区全面振兴的重要增长极、老工业基地转变发展方式的先导区、体制机制创新与自主创新的示范区、新型城镇化和城乡统筹的先行区，为将大连建设成为东北亚国际航运中心和国际物流中心，带动东北地区等老工业基地全面振兴，深入推进面向东北亚区域开放合作发挥积极作用。

批复要求，辽宁省人民政府要切实加强对大连金普新区建设的组织领导，明确思路、落实责任、完善工作机制，加大支持力度，积极探索创新体制机制。国务院有关部门要按照职能分工，加强对大连金普新区建设发展的支持和指导，在规划编制、政策实施、项目布局、体制创新、对外开放等方面给予积极支持，为大连金普新区发展营造良好的环境。

大连金普新区位于辽宁省大连市中南部，范围包括大连市金州区全部行政区域和普兰店市部分地区，总面积约2299平方公里。建设大连金普新区，有利于进一步深化改革开放，引领辽宁沿海经济带加速发展，带动东北地区振兴发展，进一步深化与东北亚各国各领域的合作。设立并建设好大连金普新区，对于促进东北地区等老工业基地全面振兴、深入推进面向东北亚区域开放合作具有重要意义。

6月23日

[纲　文]　国务院办公厅印发《关于开展2015年全国1%人口抽样调查的通知》。

[目　文]　《通知》指出，国务院决定于2015年开展全国1%人口抽样调查。开展此次抽样调查，有利于查清2010年以来我国人口在数量、素质、结构、分布以及居住等方面的变化情况，为科学制定国民经济和社会发展规划，提供科学准确的统计信息支持。

《通知》明确，2015年全国1%人口抽样调查将在我国境内抽取约6万个调查小区，覆盖人口约1400万人。主要调查人口和住户的基本情况，内容包括：姓名、性别、年龄、民族、受教育程度、行业、职业、迁移流动、社会保障、婚姻、生育、死亡、住房情况等。调查时点为2015年11月1日零时。

《通知》要求，按照"统一领导、分工协作、分级负责、共同参与"的原则，由国家统计局会同有关部门成立2015年全国1%人口抽样调查工作协调小组，做好调查的组织和实施工作。各有关部门要按照职能分工，认真做好相关工作。县级以上地方各级人民政府要切实加强组织领导，建立相应机构，确保调查任务顺利完成。

《通知》强调，要坚持依法调查，调查取得的数据应严格限定用于调查目的，不得作为对各级行政管理工作实施考核、奖惩的依据，不得作为对调查对象实施处罚的依据，各级调查机构及其工作人员必须严格履行保密义务。

6月23日

[纲　文]　国务院办公厅印发《关于加强和规范政府信息公开情况统计报送工作的通知》。

[目　文]　《通知》说，为进一步加强和规范政府信息公开情况统计报送工作，建立指标统一、项目规范、口径一致、数据准确的政府信息公开情况统计报送制度，凡是具有法定行政职能、依法承担政府信息公开义务的国务院部门，地方各级人民政府及县（市）

级以上地方人民政府部门，法律、法规授权的具有管理公共事务职能的组织都应列入统计范围。统计内容为主动公开、依申请公开、政策解读、回应社会关切、行政复议、行政诉讼、举报投诉、机构建设和政府信息公开相关培训等情况。

《通知》要求，各省（自治区、直辖市）人民政府、国务院各部门要高度重视政府信息公开统计工作，将其作为编制政府信息公开年度报告、总结和推进政府信息公开工作的重要内容，认真组织实施。各有关单位应于每年3月底前，将上一年度全年统计数据报送国务院办公厅政府信息公开办公室。各地区、各部门办公厅（室）要采取逐级审查、抽查等方式，加强统计数据审核工作，确保填报的数据真实、准确、完整。

6月23日

［纲　文］　中宣部、中组部发出通知，要求认真组织学习《习近平总书记系列重要讲话读本》。

［目　文］　《习近平总书记系列重要讲话读本》（以下简称《读本》）由学习出版社、人民出版社联合出版，分12个专题，全面准确阐述了习近平总书记系列重要讲话的重大意义、科学内涵、精神实质和实践要求，阐述了讲话提出的一系列重大战略思想和重大理论观点。

中宣部、中组部在通知中要求，各级党组织要在组织党员干部认真学习习近平总书记原著和讲话原文的同时，组织好《读本》的学习，并同学习贯彻党的十八大和十八届三中全会精神结合起来，同开展党的群众路线教育实践活动结合起来，同开展中国特色社会主义和中国梦宣传教育结合起来，引导广大党员干部不断深化对讲话精神的领会和把握，更好地把思想和行动统一到讲话精神上来，统一到中央一系列重大决策部署上来。各级党委（党组）中心组要把《读本》的学习作为重要内容，各级党校、行政学院、干部学院要把《读本》纳入培训教学内容，各高校要把《读本》作为师生理论学习教材。各级党委讲师团要围绕《读本》的内容，组织好对党员干部和基层群众的宣讲活动。

6月23日

［纲　文］　最高人民法院印发《关于全面加强环境资源审判工作为推进生态文明建设提供有力司法保障的意见》。

6月23日

［纲　文］　中国证券监督管理委员会公布《非上市公众公司重大资产重组管理办法》和《非上市公众公司收购管理办法》，均自2014年7月23日起施行。

6月23日

［纲　文］　以桂林喀斯特（广西）、施秉喀斯特（贵州）、金佛山喀斯特（重庆）和环江喀斯特（广西）组成的中国南方喀斯特第二期在第38届世界遗产大会上获准列入世界遗产名录。中国南方喀斯特二期是第一期项目的拓展，共同组成一个更加完整的系列遗产，不单独占用世界遗产名录名额。

6月23—24日

［纲　文］　全国职业教育工作会议在北京举行。

[目　文]　这次会议是改革开放后国务院召开的第三次全国职业教育工作会议。中共中央总书记、国家主席习近平就加快职业教育发展作出指示。习近平指出，职业教育是国民教育体系和人力资源开发的重要组成部分，是广大青年打开通往成功成才大门的重要途径，肩负着培养多样化人才、传承技术技能、促进就业创业的重要职责，必须高度重视、加快发展。要树立正确人才观，培育和践行社会主义核心价值观，着力提高人才培养质量，弘扬劳动光荣、技能宝贵、创造伟大的时代风尚，营造人人皆可成才、人人尽展其才的良好环境，努力培养数以亿计的高素质劳动者和技术技能人才。要牢牢把握服务发展、促进就业的办学方向，深化体制机制改革，创新各层次各类型职业教育模式，坚持产教融合、校企合作，坚持工学结合、知行合一，引导社会各界特别是行业企业积极支持职业教育，努力建设中国特色职业教育体系。要加大对农村地区、民族地区、贫困地区职业教育支持力度，努力让每个人都有人生出彩的机会。各级党委和政府要把加快发展现代职业教育摆在更加突出的位置，更好支持和帮助职业教育发展，为实现"两个一百年"奋斗目标和中华民族伟大复兴的中国梦提供坚实人才保障。

国务院总理李克强在会前接见与会全体代表并讲话。李克强说，职业教育大有可为，也应当大有作为。要把提高职业技能和培养职业精神高度融合。要用改革的办法把职业教育办好做大。要走校企结合、产教融合、突出实战和应用的办学路子，依托企业、贴近需求，建设和加强教学实训基地，打造具有鲜明职教特点的师资队伍。各级党委和政府要采取各种措施，关心和帮助职业教育工作者，推动社会各方形成合力，让现代职业教育助推经济社会取得更大更好发展，为推动经济发展和保持比较充分就业提供支撑。

国务院副总理刘延东、马凯出席会议并讲话。刘延东指出，加快发展现代职业教育，是优化教育结构的重要举措，是基本实现教育现代化的内在要求。要进一步突出职业教育战略地位，构建以就业为导向、体现终身教育理念、面向人人的现代职业教育体系，促进职业教育与其他类型教育有机衔接，畅通人才多元化成长渠道。马凯指出，要把握职业教育规律，坚持把促进就业作为办学导向，把提高能力作为办学目标，把校企合作作为办学制度，把立德树人作为办学根本，努力提高技能人才培养水平。

会上，天津市人民政府、上海市人民政府、山东省人民政府、黑龙江省人民政府、中国民用航空局、中华职业教育社、北京汽车集团有限公司、铜仁职业技术学院、黄淮学院、四川现代教育集团10个单位作了典型发言。各省、自治区、直辖市和计划单列市人民政府、新疆生产建设兵团有关负责人，中央和国家机关有关部门、有关人民团体负责人，部分行业协会（学会）、企业、职业院校、职业教育科研机构负责人以及部分特邀代表，分别在主会场和分会场参加会议。

6月23—27日

[纲　文]　十二届全国人大常委会第九次会议在北京举行。

[目　文]　23日，会议开幕。全国人大常委会委员长张德江主持会议。常委会组成人员166人出席会议。

会议听取了全国人大法律委员会副主任委员孙宝树作的关于军事设施保护法修正案草案审议结果的报告；国家食品药品监督管理总局局长张勇作了关于食品安全法修订草案的说明；最高人民法院院长周强代表最高人民法院，并受最高人民检察院委托，对关于授权在部分地区开展刑事案件速裁程序试点工作的决定草案作了说明；外交部副部长刘振民作了关于提请审议批准中国和波黑关于刑事司法协助的条约、中国和波黑关于民事和商事司法协助的条约、中国和波黑引渡条约、中国和乌兹别克斯坦友好合作条约等四个议案的说明；司法部负责人作了关于提请审议批准中国和蒙古关于移管被判刑人的条约议案的说明；全国人大常委会副委员长陈竺作了关于检查专利法实施情况的报告。会议还听取了全国人大常委会代表资格审查委员会作的关于个别代表的代表资格的报告；审议了有关任免案。

全国人大常委会副委员长李建国、王胜俊、陈昌智、严隽琪、王晨、沈跃跃、吉炳轩、张平、向巴平措、艾力更·依明巴海、万鄂湘、张宝文出席会议。国务委员、中央军委委员常万全，最高人民检察院检察长曹建明，全国人大各专门委员会成员，各省（区、市）人大常委会负责人，部分全国人大代表等列席会议。

会议期间，张德江分别于25日、27日主持召开了十二届全国人大常委会第二十五次、二十六次委员长会议。

27日，会议闭幕。张德江主持会议并讲话。常委会组成人员163人出席会议。

会议经表决，通过了全国人大常委会关于修改军事设施保护法的决定；决定免去姜伟新的住房和城乡建设部部长职务，任命陈政高为住房和城乡建设部部长，国家主席习近平签署主席令（第10号、第11号）分别予以公布；表决通过了全国人大常委会关于授权最高人民法院、最高人民检察院在部分地区开展刑事案件速裁程序试点工作的决定；分别表决通过了全国人大常委会关于批准中国和波黑关于刑事司法协助的条约、中国和波黑关于民事和商事司法协助的条约、中国和波黑引渡条约、中国和蒙古国关于移管被判刑人的条约、中国和乌兹别克斯坦友好合作条约等五个决定；表决通过了全国人大常委会关于批准2013年中央决算的决议，批准了2013年中央决算；表决通过了全国人大常委会代表资格审查委员会关于个别代表的代表资格的报告。会议还表决了其他任免案。

全国人大常委会副委员长李建国、王胜俊、陈昌智、严隽琪、王晨、沈跃跃、吉炳轩、张平、向巴平措、艾力更·依明巴海、万鄂湘、张宝文、陈竺出席会议。国务院副总理刘延东，最高人民法院院长周强，最高人民检察院检察长曹建明，全国人大各专门委员会成员，各省（区、市）人大常委会负责人，部分全国人大代表等列席会议。

6月23—25日

[纲　文]　全国政协十二届常委会第六次会议在北京举行。

[目　文]　23日，会议开幕。会议的主要议题是围绕"发挥市场在资源配置中的决定性作用和更好发挥政府作用"建言献策。全国政协主席俞正声主持开幕会。国务院副总理汪洋出席会议并作报告。

俞正声在主持会议时指出，发挥市场在资源配置中的决定性作用和更好发挥政府作用，是中共十八届三中全会提出的重大理论和实践命题。切实开好本次专题议政性常委会议，对于充分发挥人民政协协商民主的重要渠道作用，做好围绕中心、服务大局履职的各项工作，具有重要意义。

汪洋在报告中指出，在新的历史时期，我国经济发展要行稳致远，必须正确处理政府和市场关系，使市场在资源配置中起决定性作用和更好发挥政府作用。要遵循市场经济一般规律，结合我国国情和发展阶段，寻求市场和政府发挥作用的最佳结合点、平衡点、协同点。要着力推进保障市场在资源配置中发挥决定性作用的制度建设，建立公平开放透明的市场规则，完善主要由市场决定价格的机制，健全生产要素市场体系，完善产权保护制度。要依法规范政府和市场关系，加强市场经济法律制度体系建设，建立社会主义市场经济新秩序。

24日，会议举行全体会议。14位委员围绕"发挥市场在资源配置中的决定性作用和更好发挥政府作用"主题作大会发言。全国政协副主席万钢主持会议。俞正声出席会议。

25日，会议闭幕。全国政协副主席杜青林主持闭幕会。俞正声出席闭幕会并讲话。俞正声就人民政协全面贯彻落实中共十八届三中全会精神、围绕"发挥市场在资源配置中的决定性作用和更好发挥政府作用"积极建言献策，认真履行职能，提出两点希望：一是对全面深化改革中的重大问题和政策执行中的难点问题、具体问题深入调查研究，提出切实可行的解决思路和办法。二是加强民主监督，对贯彻中央重大措施不坚决、不得力的要提出意见和建议，对政府越位、缺位和不作为的要敢于和善于提出问题，发挥好政协民主监督的作用。俞正声还就做好全国政协下半年重点工作作出了具体部署。

会议闭幕后，政协十二届常委会举办了第四次学习讲座。国务院法制办公室副主任甘藏春作了《努力探索中国特色社会主义法治道路》的报告。

6月24日

[纲　文]　国家主席习近平在人民大会堂会见来华参加夏令营活动的哈萨克斯坦纳扎尔巴耶夫大学师生代表团。

[目　文]　习近平对师生们表示热烈欢迎。习近平表示，中国是一个有着5000多年历史的文明古国。中华文明在发展进程中兼容并蓄、博采众长，既独具特色，又丰富多彩，为中华民族自强不息提供了强大精神动力。中国人民正在为实现中华民族的伟大复兴而奋斗。

习近平指出，中哈是友好邻邦，两国人民有着天然的亲近感。早在2000多年前，古老的丝绸之路就把我们两个民族连接起来。我同纳扎尔巴耶夫总统是亲密的朋友，我们保持密切沟通和交往，共同探讨如何推动两国关系发展，加强合作，加深两国人民之间的友好感情。国之交在于民相亲。民相亲，关键在于青年之间的交往。希望你们通过这次访问，了解一个真实的中国，留下美好记忆。相信你们今后会成为中哈友谊的建设者。

国务院副总理刘延东等参加会见。

6月24日

［纲　文］　国家主席习近平在人民大会堂会见马来西亚国会下议院议长潘迪卡尔。

［目　文］　习近平说，中国政府高度重视发展同马来西亚的友好关系，将推进中马关系作为周边外交的重要方向。双方应以庆祝建交40周年为契机，作好顶层设计，规划好各领域互利合作，推动中马全面战略伙伴关系实现快速发展。

习近平指出，中国高度重视与周边国家的睦邻友好关系。我们提出了"亲、诚、惠、容"的外交理念，倡导共同、综合、合作、可持续的亚洲安全观，提出携手建设更为紧密的中国—东盟命运共同体、丝绸之路经济带、21世纪海上丝绸之路等一系列合作倡议。这充分表明，中国愿与周边国家和睦相处、共同发展。2015年马来西亚将担任东盟轮值主席国，中方将予以积极支持，愿与包括马方在内的有关国家一道，推动中国—东盟关系取得更大发展。

习近平说，2014年3月，马来西亚航空MH370客机失联，这是一起非常不幸的事件。希望马方继续抓紧协调有关国家，制定完善常态化搜寻和善后方案，争取尽快找到飞机下落。

潘迪卡尔表示，马来西亚国会下议院坚定支持马中两国政府达成的各项共识，愿为进一步巩固马中友好关系作出贡献。

全国人大常委会副委员长兼秘书长王晨参加会见。

6月24日

［纲　文］　全国政协主席俞正声在北京会见由党首吉田忠智率领的日本社民党代表团。

［目　文］　俞正声说，中日几代领导人和各界有识之士为发展中日关系倾注了无数心血，需要倍加珍惜。改善中日关系必须妥善处理历史、钓鱼岛等突出问题，关键是日方要同中方相向而行，拿出诚意和实际行动。中方愿继续在中日四个政治文件原则基础上发展中日关系，赞赏社民党改善发展中日关系的积极态度和政治勇气，愿与日方加强党际交流合作，继续为改善中日关系、维护东亚地区和平稳定积累正能量。

吉田忠智说，社民党重视发展与中国共产党的友好关系，愿发扬"村山谈话"精神，铭记历史教训，恪守日中四个政治文件原则，为推动日中友好和维护东北亚和平发展而继续努力。

全国政协副主席、中联部部长王家瑞参加会见。

6月24日

［纲　文］　中共中央政治局常委王岐山在北京会见丹麦议会监察专员索伦森率领的丹麦议会监察署代表团。

［目　文］　王岐山说，中国共产党的执政地位是人民赋予的。党风廉政建设和反腐败斗争关系党、国家和民族的生死存亡。我们的目标就是要从执政党自身抓起，坚持从严

治党，加强党风廉政建设，坚决遏制腐败蔓延势头。

索伦森表示，愿与中方分享预防和治理腐败的经验。

6月24日

[纲　文]　**刘云山主持召开党的群众路线教育实践活动领导小组会议。**

[目　文]　中共中央政治局常委、中央党的群众路线教育实践活动领导小组组长刘云山指出，参加第二批教育实践活动的基层党组织将陆续召开专题组织生活会、开展民主评议党员工作，这是严格党内生活、加强党性锻炼的重要举措，要认真贯彻中央要求，坚持从严从实，扎扎实实做好各项工作。要回应群众关切、坚持问题导向、强化正风肃纪，把解决群众反映强烈的突出问题作为重要着力点，对基层党员干部不正之风和违法违纪行为进行专项治理，该批评教育的批评教育，该组织处理的组织处理，该依法查处的依法查处，尽快让群众看到变化。

刘云山强调，第二批教育实践活动在市、县、乡镇和基层单位开展，为加强基层党组织建设提供了有利契机。要树立强基固本、重视基层的鲜明导向，把基层党组织建设作为重要内容，把整顿软弱涣散基层组织作为紧迫任务，认真落实党建工作责任制，不断增强基层党组织的凝聚力战斗力。要以基层服务型党组织建设为抓手，着力健全基层组织体系，选好、用好、管好基层党组织带头人，使基层基础工作真正强起来；着力完善基层组织民主管理制度，确保正确行使权力，防止暗箱操作、损害群众利益；着力加强对基层的扶持保障，全面推行驻村联户、结对帮扶制度，引导党员干部在直接联系服务群众中转变作风、受到教育。

中共中央政治局委员、中央党的群众路线教育实践活动领导小组副组长赵乐际，中央书记处书记、中央党的群众路线教育实践活动领导小组副组长赵洪祝，中央党的群众路线教育实践活动领导小组成员参加会议。

6月24日

[纲　文]　**国务院副总理张高丽在北京会见澳大利亚国库部长霍基、贸易和投资部长罗布。**

[目　文]　张高丽说，近年来，中澳关系发展良好，两国在经贸投资、人文、多边等领域的务实合作持续深化，已互为重要贸易和投资伙伴，为两国人民带来了实实在在的利益。中方重视发展中澳关系，愿与澳方共同努力，不断拓宽合作领域，提升合作水平，推动中澳战略伙伴关系不断向前发展。中方愿同澳方加强在相关多边框架下的交流与合作，将多边事务合作打造成为两国关系的新亮点。

澳方两位部长表示，澳方高度重视澳中关系，将继续致力于拓展双方在能源资源、农业、制造业、金融等领域的合作，实现优势互补、互利共赢。

6月24日

[纲　文]　**汪洋主持召开三峡工程整体竣工验收委员会全体会议。**

[目　文]　国务院副总理、国务院长江三峡工程整体竣工验收委员会主任汪洋指

出，经过 20 年艰苦努力，三峡工程建设任务如期完成并连续经受了 6 年的试验性蓄水检验。开展三峡工程整体竣工验收，是全面完成工程的必经程序。要严格遵循国家批准的三峡工程初步设计建设的内容、标准和范围，按照国务院批准的《关于长江三峡工程整体竣工验收工作的意见》和此次会议讨论审定的验收大纲开展工作。要抓紧组建验收机构和人员队伍，完善技术规范，细化验收任务，强化协作配合，加强督促检查，确保按期完成竣工验收的各项任务。

6 月 24 日

［纲　文］　住房和城乡建设部印发《关于并轨后公共租赁住房有关运行管理工作的意见》。

［目　文］　《意见》要求各地进一步做好公共租赁住房和廉租住房并轨运行有关管理工作。

《意见》提出，并轨后公租房的保障对象，包括原廉租房保障对象和原公租房保障对象，即符合规定条件的城镇低收入住房困难家庭、中等偏下收入住房困难家庭以及符合规定条件的新就业无房职工、稳定就业的外来务工人员。各地应根据实际需要，结合当地经济社会发展水平和政府财政能力，科学制订公租房年度建设计划。

《意见》明确，各地应当根据本地实际情况，合理确定公租房轮候期，对登记为轮候对象的申请人，应当在轮候期内给予安排。

6 月 24 日

［纲　文］　《人民日报》发表题为《奏响加快发展职业教育的时代强音》的评论员文章。

6 月 24—27 日

［纲　文］　刘奇葆在内蒙古自治区调研。

［目　文］　中共中央政治局委员、中宣部部长刘奇葆前往呼和浩特、包头和呼伦贝尔，深入宣传文化单位、企业、农村和牧民家庭，考察公共文化服务、历史文化保护、生态文明建设和对外宣传等工作情况。

刘奇葆指出，要积极培育和践行社会主义核心价值观，党员干部带好头，面向全民抓落实，在落细、落小、落实上下功夫。要坚持以文化人，抓好结合融入，用文化传播和滋养社会主义核心价值观，使社会主义核心价值观落地生根、枝繁叶茂。要着力抓好民族团结进步教育，引导内蒙古各族干部群众牢固树立平等团结互助和谐的思想，增进对伟大祖国和中华民族的热爱，共同团结奋斗、共同繁荣发展，打造祖国北部边疆亮丽风景线。

刘奇葆要求，要把公共文化服务体系建设与扶贫攻坚结合起来，与农牧民新村建设结合起来，大力实施文化惠民工程，积极推进"边疆万里数字文化长廊"建设，推动农牧区的文化设施和文化服务实现跨越发展。要保护和传承民族民间文化，做好整理挖掘和创新发展工作，激活其生命力，使民族民间文化活起来、传下去。要抓好对外传播能力建设，依托内蒙古特殊的地缘优势和文化优势，发挥边境口岸的重要作用，积极对外宣传阐释中国梦，传播当代中国价值观念，展示中华优秀传统文化独特魅力，塑造我国良好国家形象。

6月24—26日

［纲　文］　外交部部长王毅应邀对蒙古国进行正式访问。

6月25日

［纲　文］　习近平、李克强分别对加强禁毒工作作出重要指示和批示。

［目　文］　在6月26日国际禁毒日到来之际，中共中央总书记习近平对禁毒工作作出重要指示。习近平指出，禁毒工作是事关人民幸福安康、社会和谐稳定的一项重要工作。近年来，各地区各部门贯彻落实中央关于禁毒工作的决策部署，深入开展禁毒斗争，取得了明显成效。当前，我国正临的禁毒形势依然严峻，禁毒工作依然任重道远。习近平强调，要强化重点整治，严厉打击各类毒品犯罪活动，坚决遏制毒品问题蔓延势头。要标本兼治、多管齐下，坚持源头治理、系统治理、综合治理、依法治理，统筹运用法律、行政、经济、教育、文化等手段，综合采取禁吸、禁贩、禁种、禁制等措施，加强宣传引导，广泛发动群众，最大限度减少毒品的社会危害，为保护人民身心健康、维护社会秩序、实现"两个一百年"奋斗目标作出积极贡献。

国务院总理李克强对禁毒工作作出批示指出，毒品是人类公害。禁毒工作事关人民群众身心健康和民族振兴，是一件必须引起全社会高度重视的大事，务必抓紧抓好。国家禁毒委员会各单位要坚持预防为主，增强全民意识，完善综合治理体系，严打和惩戒教育并举，创新体制机制，务实开展国际合作，坚决遏制毒品问题蔓延发展。

6月25日

［纲　文］　中共中央、国务院印发《关于加强禁毒工作的意见》。

［目　文］　《意见》指出，近年来，各地区各有关部门认真贯彻落实《禁毒法》和党中央、国务院决策部署，深入开展禁毒人民战争，全面落实综合治理措施，禁毒工作取得了阶段性成效。但是，受国际毒潮持续泛滥和国内多种因素影响，我国毒品问题已进入加速蔓延期，毒情形势严峻复杂。加强禁毒工作，治理毒品问题，对深入推进平安中国、法治中国建设，维护国家长治久安，保障人民群众健康幸福，实现"两个一百年"奋斗目标和中华民族伟大复兴的中国梦，具有十分重要的意义。

《意见》提出，到2020年，实现全民禁毒意识普遍增强，新吸毒人员滋生速度明显减缓；戒毒康复体系更加科学完善，戒治挽救吸毒人员能力明显增强；境外毒品走私渗透、国内制贩毒活动受到严厉打击，毒品问题严重地区和突出毒品问题得到有效整治；禁毒国际合作务实开展，境外毒源地对我国危害减少；禁毒工作责任全面落实，党委和政府统一领导、禁毒委员会组织协调、有关部门齐抓共管、全社会共同参与的禁毒工作社会化格局真正形成，毒品治理能力明显提高；禁毒专业力量不断加强，各项保障更加有力，法律法规日益完善，切实掌握禁毒斗争主动权。

《意见》要求，要深入开展毒品预防教育，将其作为国民教育和社会主义精神文明建设的重要组成部分，在全社会营造珍爱生命，远离毒品的禁毒氛围。要创新吸毒人员服务管理，把吸毒人员纳入网格化社会管理服务体系，构建戒毒治疗、康复指导、救助服务相结合的戒毒工作体系。要严厉打击毒品违法犯罪活动，严厉打击制毒、跨境跨区域贩毒和互联网涉毒等违法犯罪活动，严厉打击幕后组织者、团伙骨干和"保护伞"，严厉打击毒品洗钱犯罪和为毒品犯罪提供资金的活动。要加强易制毒化学品和麻醉药品、精神药品管理，建立非列管易制毒化学品、新精神活性物质及其他非药用物质临时列管机制和监管责任追究制度，建立健全易制毒化学品流失追溯制度。要务实开展禁毒国际合作，认真履行国际禁毒公约义务，积极参与联合国禁毒机构倡导的活动，建立与世界各国和国际组织多层次、全方位的禁毒国际合作格局。

《意见》强调，各地区各有关部门要加强对禁毒工作的组织领导，建立禁毒工作考评和责任追究制度，将禁毒工作纳入党政领导班子和领导干部政绩考核内容。各级禁毒委员会要加强对本地区禁毒工作的组织、协调和指导，各级禁毒委员会成员单位要认真落实同级禁毒委员会的部署要求，各级禁毒委员会办公室要加强禁毒对策研究和沟通协调、督导考核。要积极引导全社会力量参与禁毒工作，鼓励社会资金参与禁毒公益事业。逐步建立禁毒社会工作专业人才和志愿者队伍，发挥中国禁毒基金会等禁毒社会组织作用。按照国家有关规定表彰奖励对禁毒工作作出突出贡献的集体和个人，建立举报毒品违法犯罪奖励制度。要完善禁毒工作保障机制，加强禁毒法制建设，加大禁毒科技攻关力度，加强禁毒基础设施建设，不断提升保障水平。

6月25日

[纲　文]　**李克强主持召开国务院常务会议**。

[目　文]　会议部署了做好粮食收储和仓储设施建设工作，研究决定完善农产品价格和市场调控机制，确定促进产业转移和重点产业布局调整的政策措施。

会议指出，近年来我国粮食持续增产，2014年夏粮丰收已成定局，但仓容总体紧张，部分地区严重不足。要多措并举，加强收储和仓储设施建设，确保粮食颗粒归仓。一要大力促销腾库，采取定向销售等办法，消化临储粮和陈粮，为新粮腾出仓容。二要创新投融资方式，引导社会资本积极参与仓储设施建设。支持主产区农民合作社、专业大户等建设有烘干设备的储粮设施。三要完善粮食经营者库存制度，奖补结合，鼓励企业多购多存。四要强化地方政府特别是销区责任，严格落实地方储备任务，2014年增加地方储备500亿斤。同时，提高仓储管理信息化水平，保证粮储安全。

会议认为，更多发挥市场作用，完善农产品价格和市场调控机制，是新形势下更好调动农民生产积极性、保障国家粮食安全的一项重要制度安排。会议确定，一是在保护农民利益前提下，推动最低收购价、临时收储和农业补贴政策逐步向农产品目标价格制度转变。从大豆和棉花入手，分品种推进补贴试点。二是明确政府责任。中央政府重点调控谷物、棉花、油料、糖料等，其他农产品主要通过市场调节，地方政府也要承担稳定市场的责任。三是在保证谷物基本自给、口粮绝对安全的基础上,发挥好进出口和国家储备调节市场供求的作用,防止农产品价格过度波动。

会议指出,顺应经济发展规律,引导东部部分产业向中西部有序转移,对于促进区域梯度、联动、协调发展,带动中西部新型城镇化和贫困地区致富,拓展就业和发展新空间,推动经济向中高端水平跃升,具有重大意义。为此,一要营造承接产业转移的良好"硬环境"和"软环境"。加大薄弱环节投资力度,加快改善中西部交通、信息、能源等基础设施,强化财税、金融等服务,做好人才开发和产业配套。二要发挥市场主导作用,注重政策引导,促进东部地区产业创新升级和生产性服务业发展,推动劳动密集型产业和加工组装产能向中西部转移。结合"一带一路"和长江经济带等建设,发展特色优势产业。三要发挥资源禀赋和区位优势,强化资源型产业布局导向。有序推进西部煤炭和现代煤化工、西南水电、北方风电、沿海造船等基地建设。四要深化产业国际合作。在西部地区建设向西开放产业平台,支持优势企业到境外开拓市场。五要实施差别化区域产业政策,切实保护环境,节约集约用地用水。通过产业转移和布局优化促进中国经济提质升级、行稳致远。

6月25日

[纲 文] 国家发展改革委、财政部、交通运输部联合印发《铁路发展基金管理办法》。

[目 文] 《办法》首次对铁路发展基金的募集方式、收益分配权利及退出机制进行界定与说明。中国铁路总公司将作为政府出资人代表,以及铁路发展基金主发起人,吸引社会投资人,共同发起设立中国铁路发展基金股份有限公司。铁路发展基金存续期15至20年,不低于基金总额70%的钱将用于国家批准的铁路项目资本金,其余资金投资土地综合开发等经营性项目,提高整体投资效益。

《办法》规定了中国铁路总公司、社会投资人的权利与义务。中国铁路总公司将管理基金公司,保证社会投资人按约定取得稳定合理回报。社会投资人作为优先股股东,不直接参与铁路发展基金经营管理。投入铁路发展基金的中央财政性资金,记作中国铁路总公司的国家资本金,资金来源包括铁路建设基金、中央预算内投资、车辆购置税。

《办法》明确了铁路发展基金的募集方式。中国铁路发展基金股份有限公司可以通过增资方式或设立子基金等方式筹集资金,子基金采用有限合伙制等方式设立。基金公司可以通过发行期限不超过一年期的债券或银行流动资金贷款等方式筹集资金,用于弥补因日常运营产生的流动性缺口。基金公司首次发行、增资扩股均按股份票面金额发行股份。

《办法》规定,铁路发展基金不得用于担保、期货交易、衍生金融产品等高风险领域,临时闲置资金可以存款形式存放于银行和开展银行间市场业务。在收益分配方面,中国铁路总公司保证社会投资人获得稳定合理回报,具体回报水平按照募集时的市场等情况,与社会投资人协商确定。社会投资人根据约定优先获得稳定合理的投资回报,不再参与剩余利润的分配。基金公司股东取得的投资回报为税后分红。基金公司当期自身可分配收益不足以支付社会投资人约定回报时，中国铁路总公司对基金公司予以补足；收益超过社会投资人约定回报后，超出部分先补偿铁路总公司累计承担补足部分，其余留作中国铁路总公司对铁路发展基金的新增资本金，待清算时上缴国库。

《办法》还规定，铁路发展基金存续期内，中国铁路总公司不得退出，社会投资人出资到位一年后可以依法转让。

6月25日

［纲　文］　张志军在台湾桃园与王郁琦会面，就两岸关系形势和进一步推进两岸关系发展达成积极共识。

［目　文］　国务院台湾事务办公室主任张志军在与台湾方面陆委会主席王郁琦会面时表示，1949年以来，海峡两岸曾经战火纷飞、尖锐对峙、相互隔绝，紧张动荡的局面直到2008年才有了根本性的转变。两岸双方在坚持"九二共识"的政治基础上，开辟了两岸关系和平发展的历史新局。两岸民众在共享和平发展成果，不断深化骨肉同胞情谊的同时，也对未来有着更大的期待。双方应当精心维护两岸关系和平发展良好局面，以更多的和平发展成果来满足两岸民众的期待。2014年以来，两岸关系保持大局稳定，取得新的进展。虽然出现了一些新情况，但两岸关系和平发展的方向没有改变，各领域交流合作的步伐没有停止，支持两岸关系和平发展仍是两岸的主流民意。双方要进一步巩固两岸关系和平发展的政治基础，继续推进两岸各界大交流，继续坚定走和平发展的道路。这是国台办主任首次赴台参访，标志着两岸事务主管部门建立了常态化联系沟通机制。

张志军阐明了在涉及中国主权和领土问题上的立场。双方讨论了两岸关系发展中的若干重要事项，表示：一、继续坚持两岸关系和平发展的正确方向，进一步推进两岸各领域交流合作，更好地回应两岸民众期待，不断造福两岸民众。二、继续完善国台办和陆委会联系沟通机制，充分发挥作用，加强两部门沟通，妥善处理和解决两岸关系发展中的突出问题，更好地服务两岸民众。三、继续深化两岸经济合作和推进ECFA后续商谈进程，不断扩大两岸共同利益，努力使合作成果广泛惠及两岸民众尤其是基层民众。双方尽快启动共同研究工作，务实探讨两岸经济共同发展与区域经济合作进程相衔接的适当方式与可行途径。四、继续协商海协会与海基会互设办事机构，在就探视问题作出合情合理安排基础上，务实妥善解决其他遗留问题，尽早完成协商。五、继续积极推动研究解决大陆旅客在台湾中转和进一步便利两岸同胞往来的问题，支持两岸有关方面通过适当渠道适时进行沟通。六、继续共同培育两岸旅游市场，努力维护旅游品质，推动两岸旅游业健康有序和可持续发展，支持两岸有关方面适当扩大大陆居民赴台个人游。七、继续扩大深化两岸文教科技交流合作，推动两岸新闻交流，大力支持开展两岸基层民众和青年学生交流，加强彼此了解，增进同胞感情，共同推进两岸关系和平发展。

6月25日

［纲　文］　住房和城乡建设部发布《建筑工程施工许可管理办法》，自2014年10月25日起施行。

6月25日

［纲　文］　住房和城乡建设部发布《建筑施工企业主要负责人、项目负责人和专职安全生产管理人员安全生产管理规定》，自2014年9月1日起施行。

6月25日

［纲　文］　《人民日报》发表题为《不贪不占，岂能也不干——一论领导干部要奋发有为》的评论员文章。

6月26日

［纲　文］　国家主席习近平致电祝贺非洲联盟第23届首脑会议在赤道几内亚首都马拉博召开。

［目　文］　习近平在贺电中高度评价非洲联盟及其前身非洲统一组织为加强非洲国家团结合作、促进非洲经济振兴发展、维护地区和平稳定作出的重大贡献。习近平表示，中方坚定支持非洲联合自强和一体化进程，真心希望看到一个团结的非洲、强大的非盟，衷心祝愿非洲国家和人民在和平与发展的道路上不断取得新成就，非洲复兴的伟大梦想早日实现。

习近平强调，中非友好合作事关23亿人口的福祉，也有利于促进发展中国家团结合作。无论国际形势如何变化，中国将永远做非洲的可靠朋友和真诚伙伴。当前，中非合作面临前所未有的机遇。中方将秉承"真、实、亲、诚"理念，弘扬传统友好，加强同非洲国家和非盟的合作，推动中非新型战略伙伴关系再上新台阶。

6月26日

［纲　文］　**全国政协召开双周协商座谈会。**

［目　文］　全国政协主席俞正声主持座谈会。会议就"大学毕业生创业就业环境优化"问题建言献策。多位全国政协委员和专家学者围绕政策保障、制度建设、教育改革、人才质量、资金支持等问题座谈交流，提出了意见建议。委员们认为，党中央、国务院高度重视大学毕业生就业和创业问题，大学毕业生是国家宝贵的人才资源。在全面深化改革过程中，产业结构、就业结构发生了新的变化，目前高等教育规模快速增长、就业压力逐渐增加，切实解决大学毕业生就业和创业问题非常重要。

委员们建议，完善政策措施，政府要积极鼓励和引导市场吸收大学毕业生，探索一条政府出资、社会化管理的支持大学生创业的路子；不断深化高等教育综合改革，优化高等教育结构，努力适应社会需求；加快推进大学生创业引领计划，着力营造大学生充分就业和自主创业的良好环境，尤其要重视困难家庭和民族地区大学毕业生的就业问题；要重视创业，注重培养创业精神，树立正确的就业观，鼓励和支持大学毕业生到祖国需要的地方去建功立业，开辟大学生在农村基层创业就业的新天地。

教育部部长袁贵仁介绍了大学毕业生就业创业的有关情况。工业和信息化部、人力资源和社会保障部、国家税务总局的负责人出席会议并与委员们互动交流。全国政协副主席杜青林、万钢、张庆黎、陈晓光出席座谈会。

6月26日

［纲　文］　国务委员杨洁篪在北京会见由前参谋长联席会议主席理查德·迈尔斯率领的美国对外政策理事会代表团。

［目　文］　杨洁篪表示，习近平主席与奥巴马总统2013年共同决定构建中美新型大国关系，这为两国关系指明了方向，中美双方应认真落实两国元首达成的重要共识，进一步扩大合作领域，妥善处理分歧，推动中美关系沿着正确健康的轨道向前发展。希望美对外政策理事会发挥积极影响，促进美各界客观全面认识当今中国和中美关系。

迈尔斯表示，美对外政策理事会愿成为美中两国加强沟通、增进理解的渠道。

6月26日

［纲　文］　2014年全国文化财务工作会议在兰州召开。

［目　文］　全国各省、自治区、直辖市文化厅（局），各计划单列市文化局，新疆生产建设兵团文化广播电视局，文化部各直属单位相关负责人及财务处长140余人参加会议。会议总结、交流了2013年以来文化财务工作取得的成绩和经验，明确了2014年及未来一个时期内文化财务工作的总体思路和具体任务，同时提出了下一阶段的工作要求。文化部副部长丁伟出席会议并讲话。

会议指出，2013年以来，全国文化系统财务部门以贯彻落实"八项规定"和开展党的群众路线教育实践活动为契机，紧紧围绕文化中心工作，以争取投入、提高效能为核心，积极发挥职能，各项工作取得显著成效。文化投入总量实现快速增长，文化投入结构更趋优化合理，重点业务工作得到有效拓展，文化投入模式得到创新完善，文化设施建设取得长足进步，财务管理能力扎实稳步提升。文化财务工作在对口援疆、援藏、区域扶贫开发等方面也发挥了重要作用。

会议提出，2014年及未来一个时期，文化财务工作要围绕文化改革发展大局和中心工作，结合党的群众路线教育实践活动的整改要求，突出争取投入和强化管理两大主题，在保发展、促改革、转方式、重管理四方面下功夫。要进一步强化财务管理和队伍建设，完善工作体系，做好廉政工作。

6月26日

［纲　文］　《人民日报》发表题为《要调心态，更要在状态——二论领导干部要奋发有为》。

6月26—30日

［纲　文］　应国家副主席李源潮邀请，印度共和国副总统安萨里对中国进行正式访问。

［目　文］　6月28日，安萨里在北京出席和平共处五项原则发表60周年纪念大会并致辞。安萨里表示，和平共处五项原则具有永恒的生命力。印中缅三国发展阶段不同，本着和平共处五项原则，可以聚同化异，交流互鉴，加强合作，共同发展。国际社会应该

践行和平共处五项原则，携手应对各种全球性挑战，推动建立和平、稳定、繁荣、安全的世界。

同日，国务院总理李克强在人民大会堂会见安萨里。李克强表示，中印作为当今世界两个最具活力的新兴市场国家，发展战略契合，合作潜力巨大。我们愿同印方一道，将中印两大市场更好对接，抓住彼此发展带来的重要机遇，不仅助推两国经济发展，而且形成以中印为双引擎的经济增长区，促进地区经济蓬勃有力发展。中国的发展需要和平稳定的地区和国际环境。中方愿同印方通过和平谈判妥善解决边界问题，共同维护边境地区的和平与安宁。安萨里表示，印中是好朋友、好邻居，作为两大发展中国家，两国有着相近的历史文化和共同的发展目标。双方加强合作不仅有利于两国，也有利于亚洲和世界。印方愿同中方在和平共处五项原则基础上扩大政治、经贸、人文等领域交流与合作，照顾彼此重大关切，推动两国关系不断迈上新台阶。

6月29日，国家副主席李源潮在钓鱼台国宾馆与安萨里等共同参观由中国人民对外友好协会举办的和平共处五项原则发表60周年图片展。中印双方一致表示，两国将进一步加强交流合作，共同弘扬和平共处五项原则，为亚洲和世界的和平与发展作出新的贡献。

6月30日，国家主席习近平在人民大会堂会见安萨里。习近平表示，中印互为重要邻邦，也是两个最大的发展中国家和新兴市场国家，战略契合点很多。双方要以高度的历史责任感，发展好中印睦邻友好关系。中印作为世界多极化进程的重要力量，要共同秉持和弘扬和平共处五项原则，为促进世界和平与发展发挥更大作用。中方视印度为重要战略合作伙伴。中方愿同印方保持密切高层交往，加强政党、立法机构、地方政府之间的联系，增进了解、互信、共识。双方要把各自发展战略对接起来，加强治国理政经验交流，挖掘合作潜力，推进孟中印缅经济走廊建设，带动区域发展。双方要着眼大局和长远，妥善处理分歧。安萨里表示，印中是邻居，也是两个人口最多的发展中大国，发展印中睦邻友好关系，不仅符合两国和两国人民的根本利益，也可以树立国与国和谐相处、共同发展的典范。印方愿同中方一道，遵循和平共处五项原则，加强交往与合作，处理好分歧和问题，推动两国关系不断向前发展，共同为建立更加公正合理的国际秩序作出新贡献。国务委员杨洁篪参加会见。

同日，李源潮在人民大会堂同安萨里举行会谈。李源潮说，中印都处在实现民族复兴的伟大进程中，都面临着发展经济、改善民生的历史重任。中印各自的强国富民梦相互契合，应建立紧密发展伙伴关系，实现和平发展、合作发展、包容发展。中方愿同印方一道，抓住机遇，推动中印战略合作伙伴关系取得更大发展。

6月27—30日

［纲　文］　应国家主席习近平邀请，缅甸联邦共和国总统吴登盛对中国进行国事访问。

［目　文］　6月27日，习近平在人民大会堂同吴登盛举行会谈。习近平表示，中缅山水相连、命运相系。当前，中缅两国都处在深化改革的重要阶段。双方应该从两国人民根本和长远利益出发，坚持中缅友好正确方向，坚定推进全面战略合作，推动中缅关系继续健康稳定向前发展。中方坚定发展对缅友好，这一政策不会因一时一事而改变。中缅双方要保持高层互访，加强战略沟通和协作，深化两国执政党交流，相互借鉴治党理政经验，加强防务、执法安全等领域合作，共同打击恐怖主义和跨境犯罪，维护地区安全稳定。中方鼓励更多中国企业赴缅甸投资，希望双方共同营造良好环境，确保能矿、油气管道、水电开发等大合作项目安全顺利运营。中方欢迎缅方参与21世纪海上丝绸之路建设，开展经济开发区、基础设施互联互通等合作，同时推进孟中印缅经济走廊建设。吴登盛表示，中国是缅甸的好邻居、好朋友、好伙伴。缅方感谢中国长期以来给予的支持和帮助，将继续在中方核心利益和重大关切问题上支持中方。缅方愿同中方传承传统友谊，推动缅中全面战略合作伙伴关系不断向前发展。缅方希望进一步提升双边贸易水平，欢迎中国企业投资，将积极落实好双方达成的各项合作协议，并在防灾救灾等领域拓展新的合作。两国元首还共同见证了文化、教育、卫生等领域合作文件的签署。

同日，全国人大常委会委员长张德江在人民大会堂会见吴登盛。张德江说，中缅双方要牢牢把握中缅关系发展正确方向，不断增进战略互信，坚持合作共赢，不为外力所扰，推动两国关系始终沿着健康稳定的轨道深入发展。中国全国人大愿与缅甸议会一道，加强经验交流，密切友好交往，增进人民间的相互了解和深厚友谊，不断丰富中缅友好关系的内涵。吴登盛说，中国是缅甸最好的朋友和邻居之一，缅方愿继承两国传统"胞波"友谊，推动缅中全面战略合作。

6月28日，国务院总理李克强在人民大会堂会见吴登盛。李克强表示，中缅友谊源远流长。中方愿同缅方巩固政治互信，密切高层交往，结合两国发展战略和产业规划，发挥资源、资金、市场等互补优势，拓展合作领域，提升合作水平。双方要确保油气管道、矿业开发、港口建设等重大合作项目顺利实施和安全运营。中方愿同各方推进孟中印缅经济走廊建设，在丝绸之路经济带和21世纪海上丝绸之路框架下加强区域互联互通，实现互利共赢。吴登盛表示，中国的发展为缅甸和亚洲带来了新的机遇。缅方愿与中方一道，继承和发扬和平共处五项原则，落实好两国合作协议，扩大经贸、能源、基础设施等领域合作。

访华期间，吴登盛出席了中国、印度、缅甸三国政府共同举办的和平共处五项原则发表60周年纪念活动。

6月27—29日

［纲　文］　第五次全国边海防工作会议在北京举行。

［目　文］　6月27日，会议开幕，习近平接见全体与会代表。习近平指出，新中国成立以来，党和国家高度重视边海防工作，边海防战线紧密团结协作，忠诚履行职责，为建设和巩固边海防作出了突出贡献。要坚持把国家主权和安全放在第一位，贯彻总体国家

安全观，周密组织边境管控和海上维权行动，坚决维护领土主权和海洋权益，筑牢边海防铜墙铁壁。要坚持军民合力共建边海防，统筹边海防建设和边境沿海地区经济社会发展，巩固军政军民团结和民族团结，发挥军警民联防的特色和优势，坚决维护边疆安全稳定和繁荣发展。要坚持发扬改革创新精神，着力解决制约边海防工作的体制机制问题，加强边海防各项建设，不断增强新形势下防卫管控能力。要坚持狠抓边海防工作落实，国家边海防委员会要发挥好统筹协调作用，各地区各部门各系统要做到守边有责、守边负责、守边尽责，齐心协力把党中央的治边方略和决策部署落到实处。习近平强调，边海防工作是治国安邦的大事，关系国家安全和发展全局。边海防战线的全体同志要强化忧患意识、使命意识、大局意识，勇于作为，敢于担当，努力建设强大稳固的现代边海防。中共中央政治局常委李克强、张高丽，以及范长龙、许其亮、栗战书、常万全、杨洁篪、郭声琨和中央军委委员等参加接见。

会议期间，国家边海防委员会主任常万全出席会议并讲话。他说，要认真学习贯彻习近平总书记对边海防工作的重要指示精神，坚持总体国家安全观，着眼有效捍卫国家主权权益、维护边海防安全稳定，加强筹划指导，推进战略转型，强化体系建设，深化改革创新，努力建设强大稳固的现代边海防，为实现"两个一百年"奋斗目标、实现中华民族伟大复兴的中国梦提供坚强保障。

国家边海防委员会成员，各军区、沿边沿海省区市边海防委员会及有关涉边涉海部门负责人，解放军四总部有关部门负责人，全国边海防工作先进集体代表和卫国戍边英模等出席会议。

6月27日

［纲　文］　习近平签署主席令，公布《全国人民代表大会常务委员会关于修改〈中华人民共和国军事设施保护法〉的决定》，自2014年8月1日起施行。

6月27日

［纲　文］　中共中央决定设立中央反腐败协调小组国际追逃追赃工作办公室。

6月27日

［纲　文］　十二届全国人大常委会在人民大会堂举行第11讲专题讲座。

［目　文］　全国人大常委会委员长张德江主持讲座。人力资源和社会保障部社会保障研究所所长金维刚作了题为《建立更加公平可持续的社会保障制度》的讲座。讲座围绕党的十八届三中全会明确的我国社会保障制度改革的目标，介绍了国际社会保障发展的主要趋势、我国社会保障发展形势和我国社会保障体系建设面临的主要问题，并对促进社会保障公平可持续发展提出了对策建议。

全国人大常委会副委员长李建国、王胜俊、陈昌智、严隽琪、王晨、沈跃跃、吉炳轩、张平、向巴平措、艾力更·依明巴海、万鄂湘、张宝文、陈竺听取讲座。

6月27日

［纲　文］　俞正声在北京会见出席中国侨商投资企业协会第三次会员代表大会的全

体代表。

［目　文］　全国政协主席俞正声说，侨商是中国建设和发展的一支重要力量。在中国革命、建设、改革的各个历史时期，广大侨商为中华民族的独立和解放，为中国的繁荣和发展，都作出了不可替代的重要贡献。特别是改革开放以来，广大侨商心系祖国，敢为人先，积极返乡投资兴业，不仅带来国内急需的资金、技术、人才和先进的管理经验，还坚定了外国投资者对中国的信心，促进了中国经济与世界经济的接轨融合。中国改革开放和现代化建设取得的伟大成功，广大侨商功不可没。

俞正声指出，中共十八届三中全会对未来中国改革开放作出了全面部署。中国的发展将对世界作出越来越大的贡献，也给包括侨商在内的广大侨胞提供更加难得的机遇和更加广阔的舞台。希望广大侨商把握时代机遇，踊跃参与中国现代化建设；推动两岸交流，坚定支持祖国和平统一大业；传播中华文化，积极促进中外文化交流互鉴；融入当地社会，努力树立海外侨胞良好形象。

俞正声强调，中国侨商投资企业协会作为联系和服务侨商的重要桥梁和纽带，要秉持"联谊、服务、合作、发展"的宗旨，认真倾听侨商呼声，提高服务侨商能力，维护侨商合法权益，促进侨商团结合作，为我国全面建成小康社会发挥更加重要的作用。

国务院侨办、全国政协港澳台侨委员会、中国侨联等有关方面负责人参加会见。

6月27日

［纲　文］　俞正声在北京会见郝龙斌一行。

［目　文］　全国政协主席俞正声在会见中国国民党副主席、台北市市长郝龙斌时表示，两岸关系和平发展是两岸同胞顺应历史潮流作出的共同选择，符合两岸同胞的共同利益和中华民族的长远利益。我们将继续同台湾同胞一道，巩固深化坚持一个中国，反对"台独"的共同政治基础，继续扩大两岸交流合作，努力推动两岸关系取得新进展，造福两岸民众，共同开创中华民族伟大复兴的光明前景。

俞正声积极评价郝龙斌及其团队为推动两岸交流合作作出的努力，希望他继续为增进国共两党政治互信，增进台北市与大陆各地交流合作，推动两岸关系和平发展发挥更大的积极作用。

郝龙斌表示，两岸和平绝不能因为困难而走回头路，双方都应秉持两岸人民出自于同一个中华民族、同一个中华文化的信念，持续推进交流合作，累积更深厚的互信。

6月27日

［纲　文］　中组部、人力资源社会保障部印发《事业单位工作人员申诉规定》。

［目　文］　《规定》共6章35条，分别对事业单位工作人员申诉的管辖、申请与受理、审理与决定、执行与监督等情况作出了具体规定。

《规定》明确，事业单位工作人员对涉及本人的人事处理不服的，可以依照本规定申请复核；对复核结果不服的，可以依照本规定提出申诉、再申诉。处理事业单位工作人员申诉，应当坚持合法、公正、公平、及时的原则，依照规定的权限、条件和程序进行。复核、申诉、再申诉期间不停止人事处理的执行。事业单位工作人员不因申请复核或者提出申诉、再申诉而被加重处理。复核、申诉、再申诉应当由事业单位工作人员本人申请。本人丧失行为能力、部分丧失行为能力或者死亡的,可以由其近亲属或监护人代为申请。

《规定》自2014年7月1日起施行。

6月27日

[纲　文]　中国证监会发布《证券期货违法违规行为举报工作暂行规定》。

[目　文]　为鼓励举报人提供证券期货违法违规线索,《暂行规定》建立了举报奖励制度。对于符合奖励条件的一般举报,给予不超过10万元的奖励;对于举报在全国有重大影响或罚没款金额特别巨大的,奖励金额不受上述限制,但最高不超过30万元。

为方便社会公众举报,中国证监会设立了证券期货违法违规行为举报中心。举报人可以通过中国证监会互联网站开通的举报专栏、信函、来访和电话的方式向举报中心举报。除举报中心外,中国证监会各证监局也受理和处理举报工作。通过举报专栏、电话、书面等方式,举报中心或各证监局将受理情况和办理结果答复实名举报人。

《暂行规定》从多方面强化举报保密措施,防止实名举报人身份信息泄露,解除举报人顾虑,包括对实名举报人身份信息进行编码管理。编码用于代替实名举报人身份信息,在后续调查、处罚和举报奖励评审等各阶段均使用该编码。

6月27日

[纲　文]　国务院副总理刘延东在北京会见日本公明党前党首、国土交通大臣太田昭宏。

[目　文]　刘延东积极评价日本公明党为中日关系改善发展所作贡献,表示中方主张在中日四个政治文件基础上,本着"以史为鉴、面向未来"的精神发展中日关系,双方应妥善处理敏感问题,继续推进各领域对话交流,增进政治互信,改善国民感情。希望日方正视历史,以实际行动为改善两国关系作出努力。

太田昭宏说,日中关系对两国都极为重要,日本政府坚持日中四个政治文件,继承"村山谈话"的立场不会改变。公明党坚定支持日中友好,愿为推动克服当前日中关系困难竭尽全力。

6月27日

[纲　文]　《人民日报》发表题为《千难万难,畏难才真难——三论领导干部要奋发有为》的评论员文章。

6月28日

[纲　文]　和平共处五项原则发表60周年纪念大会在人民大会堂举行。

[目　文]　国家主席习近平出席纪念大会并发表主旨讲话。国务院总理李克强主持大会。中央政治局常委张德江、俞正声等与缅甸总统吴登盛、印度副总统安萨里出席大会。

习近平在会上发表了题为《弘扬和平共处五项原则 建设合作共赢美好世界》的主旨讲话。习近平指出，60年前，中国、印度、缅甸顺应历史潮流，共同倡导了互相尊重主权和领土完整、互不侵犯、互不干涉内政、平等互利、和平共处五项原则。这是国际关系史上的重大创举，为推动建立公正合理的新型国际关系作出了历史性贡献。60年来，和平共处五项原则作为一个开放包容的国际法原则，集中体现了主权、正义、民主、法治的价值观，已经成为国际关系基本准则和国际法基本原则，有力维护了广大发展中国家权益，为推动建立更加公正合理的国际政治经济秩序发挥了积极作用。习近平强调，和平共处五项原则是中国外交政策的基石。中国是当代国际体系的参与者、建设者、贡献者。中国将坚定不移走和平发展道路，坚定不移在和平共处五项原则基础上发展同世界各国的友好合作，坚定不移奉行互利共赢的开放战略。中国梦同世界各国人民的美好梦想息息相通，中国人民愿意同各国人民在实现各自梦想的过程中相互支持、相互帮助，中国愿意同各国尤其是周边邻国共同发展、共同繁荣。

吴登盛在致辞中表示，和平共处五项原则经受住时间的考验，日臻成熟，已经成为国际关系的基本准则，也是缅甸外交政策的基石。在和平共处五项原则基础上，缅中印三国睦邻友好合作关系全面发展，缅中两国和平解决了边界问题。我们倡议各国都遵循和平共处五项原则，共同致力于促进世界和平、稳定、发展。

安萨里在致辞中表示，和平共处五项原则具有永恒的生命力。印中缅三国发展阶段不同，本着和平共处五项原则，可以聚同化异，交流互鉴，加强合作，共同发展。国际社会应该践行和平共处五项原则，携手应对各种全球性挑战，推动建立和平、稳定、繁荣、安全的世界。

李克强在主持大会时指出，习近平主席在讲话中全面阐述了和平共处五项原则的历史贡献、现实意义，以及中方在新形势下如何继承和发扬和平共处五项原则的立场。三国领导人一致强调在新形势下要大力弘扬和平共处五项原则，共同建设合作共赢的美好世界。在新的历史时期，中国愿巩固中印、中缅睦邻友好与互利合作纽带，维护亚洲和平稳定与共同发展的良好局面，共同打造世界和平与包容发展的美好未来。

王沪宁、李源潮、栗战书、张宝文、杨洁篪、王家瑞等出席纪念大会。

中央、全国人大、国务院、全国政协有关部门负责人，有关人民团体、学术机构和高校代表，各国驻华使节、国际组织驻华代表等约700人参加纪念大会。

纪念大会开始前，习近平还与吴登盛、安萨里共同会见了出席纪念和平共处五项原则发表60周年座谈会的中缅印三国代表。

6月28日

［纲　文］　国家主席习近平分别同印度总统慕克吉和缅甸总统吴登盛互致贺电，祝贺和平共处五项原则发表60周年。

6月28日

［纲　文］　《人民日报》报道，中央组织部、中央党的群众路线教育实践活动领导小

组印发《关于在第二批党的群众路线教育实践活动中进一步加强基层党组织建设的通知》。

［目　文］　《通知》要求各级党组织把加强基层党组织建设作为整改落实的重要任务，着力解决联系服务群众"最后一公里"问题。

《通知》要求，要以村、社区为重点，选好、用好、管好基层组织带头人。结合村、社区"两委"换届，选优配强基层党组织书记。加强后备人才队伍建设，着力解决基层组织后继乏人的问题。认真落实从优秀村、社区党组织书记和大学生村官中选拔乡镇街道领导干部、考录乡镇街道公务员、招聘事业编制人员的有关规定。加强对基层带头人队伍的监督管理，严格考核奖惩，健全民主评议、述职述廉、离任审计等制度。

《通知》明确，全面推行驻村联户、结对帮扶制度。地方各级机关和企事业单位党组织至少结对帮扶1个村，重点联系基层党组织软弱涣散、发展滞后、困难多、情况复杂的村。鼓励机关和企事业单位党员干部联系贫困户、五保户、残疾人、农村空巢老人和留守儿童，帮助解决实际困难和问题。

《通知》要求，推动机关在职党员到社区报到为群众服务，严格党员组织生活，健全落实"四议两公开"等民主管理制度，加大严肃查处不正之风和违法违纪行为的工作力度，加大基层基础保障力度，认真落实地方党委、部门党组（党委）抓基层党建工作责任制，坚持书记抓、抓书记，建立健全市、县、乡党委书记基层党建工作述职评议考核制度。

《通知》要求，要切实加强对基层党组织建设的领导。对基层党组织建设重视不够、履行责任不到位的，要及时约谈提醒；对有关政策不落实、工作推进不力的，要限期整改；对喊空口号、摆花架子甚至弄虚作假的，要严肃批评、严格追责。

6月29日

［纲　文］　刘云山到人民日报社调研。

［目　文］　中共中央政治局常委刘云山在调研中强调，要牢牢把握正确舆论导向，充分发挥宣传舆论的积极作用，扎实推进社会主义核心价值观建设，为坚持和发展中国特色社会主义、实现中华民族伟大复兴的中国梦凝聚强大精神力量。中宣部部长刘奇葆陪同调研。

在调研中，刘云山就发挥主流媒体在宣传社会主义核心价值观中的作用与报社负责人和编辑记者代表进行了座谈。刘云山指出，做好新形势下的宣传舆论工作，一项具有全局意义的重要任务就是培育和弘扬社会主义核心价值观。要深刻认识核心价值观建设的重大意义、目标任务，进一步增强思想自觉、认清责任使命，把弘扬核心价值观要求体现到宣传舆论工作各方面。

刘云山强调，社会主义核心价值观继承了中华民族优秀文化传统，植根于改革开放的成功实践，体现着中国特色社会主义道路、理论体系、制度的独特优势，要增强价值观自信，坚守正确的价值立场，高扬社会主义核心价值观的精神旗帜。要深入持久地宣传阐释核心价值观的丰富内涵、历史渊源、现实基础和道义力量，宣传阐释优秀传统文化与核心价值观的内在联系,不断增强人们对核心价值观的认知认同。要贯彻落细、落小、落实的要求,注重接地气、贴民心,找准与时代的对接点、与百姓的共鸣点,把核心价值观宣传渗透和体现到各领域宣传报道之中,努力做到潜移默化、润物无声。新闻工作者承担着引领社会风尚、推动文明进步的重要责任,要恪守职业道德,做社会主义核心价值观的践行者、推动者、引领者。

6月29日

[纲　文]　《人民日报》报道,中央党的群众路线教育实践活动领导小组印发《关于在第二批党的群众路线教育实践活动中基层党组织召开专题组织生活会并开展民主评议党员工作的通知》。

[目　文]　《通知》要求,基层党组织以严肃认真的态度开好专题组织生活会并做好民主评议党员工作,确保广大党员经受一次严格的党内生活锻炼,受到一次马克思主义群众观点和党的群众路线教育。

《通知》要求,要认真组织学习,组织广大党员进一步学习党章,学习中央关于开展教育实践活动有关要求,学习习近平总书记关于教育实践活动一系列重要指示精神,让广大党员搞清楚党员的条件和标准,搞清楚召开专题组织生活会和民主评议党员的目的和方法,切实增强思想自觉和行动自觉。基层党组织要深入细致地做好思想政治工作,引导党员正确对待自身存在的不足,正确对待群众提出的意见,正确对待党组织指出的问题,进一步增强发挥先锋模范作用的自觉性。

《通知》要求,要加强组织领导和督查指导。各省(区、市)党委和有关部门单位党组(党委)要制定实施方案,精心组织推动。各级教育实践活动领导小组及其办公室要及时发现和解决问题。市县乡党委要把握政策、靠前指导,防止走形式、搞变通、出偏差。党员领导干部要以普通党员身份参加所在党支部的专题组织生活会。上级党组织要派人参加专题组织生活会,指导民主评议党员工作。各基层单位党组织要从实际出发,研究提出具体方案,报上级党组织审核把关。中央巡回督导组和地方各级督导组要注重加强点对点、面对面指导。要坚持时间服从质量,对没有准备好的,不急于开会;对敷衍应付的,要批评教育、及时纠正;对民主评议流于形式、失真失实的,要责令重新进行。

6月29日

[纲　文]　公安部发布《关于修改部分部门规章的决定》。

[目　文]　《决定》说,根据2013年12月28日全国人大常委会发布的《关于废止有关劳动教养法律规定的决定》,公安部对涉及劳动教养的部门规章进行了清理。经清理,公安部决定,对9件部门规章的部分条款予以修改。一、删去《公安机关内部执法监督工作规定》(1999年6月11日公安部令第40号发布)第6条第4项中的"劳动教养"。二、删去《公安机关人民警察执法过错责任追究规定》(1999年6月11日公安部令第41号发布)第6条第5项和第8项中的"劳动教养"。三、删去《中华人民共和国边境管理区通行证管理办法》(1999年9月4日公安部令第42号)第14条第3项,其他各项顺延。

四、删去《收容教育所管理办法》(2000年4月24日公安部令第50号发布)第53条中的"劳动教养"。五、将《公安机关执法质量考核评议规定》(2001年10月10日公安部令第60号发布)第7条第4项修改为"依法提前解除收容教育"。六、删去《台湾渔船停泊点边防治安管理办法》(2001年12月11日公安部令第63号发布)第16条第4项,其他各项顺延。七、删去《公安机关人民警察奖励条令》(2003年7月24日公安部令第66号发布)第40条第3项中的"劳动教养"。八、删去《公安机关人民警察证使用管理规定》(2008年2月28日公安部令第97号修订发布)第10条第2款中的"劳动教养"。九、删去《公安机关办理行政案件程序规定》(2012年12月19日公安部令第125号发布)第136条第5项中的"劳动教养解除";删去第147条第1款第5项,其他各项顺延。

《决定》自发布之日起施行。

6月29—30日

[纲　文]　国务院副总理汪洋在哈尔滨与俄罗斯副总理罗戈津举行中俄总理定期会晤委员会双方主席会晤,并共同出席首届中国—俄罗斯博览会开幕式。

[目　文]　汪洋表示,习近平主席和普京总统2014年5月在上海成功会晤,推动双方能源、航空等领域务实合作取得历史性突破,确定了双方下一步深化合作的方向和重点。两国政府和各部门正在积极落实两国元首达成的共识。希望双方抓住历史机遇,用好政府合作机制,重点推动航空航天、核能、机械制造、金融、跨境基础设施建设等领域的战略性大项目合作,做好中俄总理下半年定期会晤的准备工作。汪洋希望双方共同努力,把中俄博览会办成促进中俄务实合作的新平台,展示两国发展成就的新窗口,巩固中俄友好的新标志,并为区域经济合作提供广阔舞台。希望各国企业用好中俄博览会这个平台,抓住中俄全方位合作带来的新机遇,加快自身发展,造福各国人民。

罗戈津表示,俄中双方共同举办博览会,是扩大两国务实合作的新举措。俄方愿与中方共同努力,积极发挥政府间合作机制和博览会平台的作用,把经贸特别是战略性大项目合作提升到新水平。

首届中国—俄罗斯博览会于6月30日—7月4日在哈尔滨举行。博览会由中国商务部、黑龙江省人民政府和俄罗斯经济发展部、工业和贸易部共同主办,主题为"新机遇、新平台",中俄双方共20多个部门及50多个省州政府和数百家大型企业代表参加了博览会。汪洋和罗戈津共同出席了俄罗斯馆开馆仪式、地方和企业座谈会、卫星导航工作圆桌会议开幕式。

中俄博览会前身为中国哈尔滨国际经济贸易洽谈会。2013年10月,中俄两国总理定期会晤期间商定将该洽谈会更名为中国—俄罗斯博览会,以创新中俄经贸合作平台,拓展合作领域,提升合作水平。

6月30日

[纲　文]　中共中央政治局召开会议。

[目　文]　会议由中共中央总书记习近平主持。会议审议通过了《深化财税体制改革总体方案》《关于进一步推进户籍制度改革的意见》《党的纪律检查体制改革实施方案》；听取中央军委纪律检查委员会《关于对徐才厚严重违纪案的审查报告》，决定给予徐才厚开除党籍处分，对其涉嫌受贿犯罪问题及问题线索移送最高人民检察院授权军事检察机关依法处理。

会议指出，财税体制在治国安邦中始终发挥着基础性、制度性、保障性作用。新一轮财税体制改革是一场关系国家治理体系和治理能力现代化的深刻变革，是立足全局、着眼长远的制度创新。深化财税体制改革的目标是建立统一完整、法治规范、公开透明、运行高效，有利于优化资源配置、维护市场统一、促进社会公平、实现国家长治久安的可持续的现代财政制度。深化财税体制改革涉及中央和地方、政府和企业以及部门间权利调整，是一场牵一发动全身的硬仗。各级党委和政府要全面贯彻党中央决策部署和要求，增强大局意识，以高度的政治责任感和历史使命感，加强组织领导，周密安排部署，注重统筹协调，把握力度节奏，精心组织实施，确保改革取得成功。

会议指出，加快户籍制度改革是涉及亿万农业转移人口的一项重大措施。要坚持以人为本，着力促进有能力在城镇稳定就业和生活的常住人口有序实现市民化，稳步推进城镇基本公共服务常住人口全覆盖。要积极推进城镇基本公共服务由主要对本地户籍人口提供向对常住人口提供转变，逐步解决在城镇就业居住但未落户的农业转移人口享有城镇基本公共服务问题。会议强调，户籍制度改革要完善农村产权制度，维护好农民的土地承包经营权、宅基地使用权、集体收益分配权。要区别情况、分类指导，由各地根据中央的总体要求和政策安排，因地制宜地实行差别化落户政策。要促进大中小城市和小城镇合理布局、功能互补，增强中小城市和小城镇经济集聚能力，为农业转移人口落户城镇创造有利条件。

会议指出，党的纪律检查体制改革是全面深化改革的重要组成部分，是党要管党、从严治党的必然要求，必须立足纪检监察工作实际，坚持从具体问题抓起，为党风廉政建设和反腐败斗争提供体制机制的制度保障。会议强调，深化党的纪律检查体制改革，关键在落实党风廉政建设主体责任和监督责任。各级党委的主体责任是前提、是基础，各级领导干部既要洁身自好、管住自己，更要敢于担当，切实抓好党风廉政建设和反腐败工作。各级纪委要聚焦中心任务，监督执纪问责，更好履行党章赋予的职责。要逐步落实中央纪委向中央一级党和国家机关派驻纪检机构，派驻机构要全面履行监督职责。实现巡视工作对地方、部门和企事业单位全覆盖，探索开展专项巡视，突出发现问题、强化震慑作用。

会议认为，对徐才厚严重违纪问题的查处，进一步体现了党中央从严治党、从严治军的鲜明态度，表明了我们党坚决反对腐败、以零容忍态度惩治腐败的坚定决心。全党全军必须充分认识反腐败斗争的长期性、复杂性、艰巨性，任何人不论权力大小、职务高低，只要触犯党纪国法，都要严肃查处，决不姑息、决不手软。党内军内决不允许有腐败分子藏身之地。会议强调，各级党委要加强对党员干部特别是高中级干部的教育、管理、监督,严明党的纪律,不断增强自我净化、自我完善、自我革新、自我提高能力,不断取得党风廉政建设和反腐败斗争新成效,永葆党的先进性和纯洁性。

6月30日

[纲　文]　中共中央政治局举行第16次集体学习。

[目　文]　本次集体学习以加强改进作风制度建设为主题。中共中央总书记习近平主持学习并讲话。中央组织部常务副部长陈希就群众路线教育实践活动总的情况作了汇报,贵州省委书记赵克志就夯实基层基础、加强改进作风建设制度建设,国家发展改革委党组书记、主任徐绍史就推进体制机制改革、加强"四风"源头治理,国家工商总局党组书记、局长张茅就锤炼过硬作风、强化制度执行谈了认识和体会。中央政治局各位同志听取了他们的发言,并就有关问题进行了讨论。

习近平在主持学习时指出,党的作风就是党的形象,关系人心向背,关系党的生死存亡。作风问题核心是党同人民群众的关系问题。加强作风建设,必须坚持马克思主义群众观点、贯彻党的群众路线,把出发点和落脚点归结到实现好、维护好、发展好最广大人民根本利益上来,归结到为民务实清廉上来,使改进作风的过程成为贯彻执行党的理论和路线方针政策的过程,成为推动改革开放和社会主义现代化建设顺利进行的过程。

习近平指出,中国特色社会主义最本质的特征就是坚持中国共产党的领导,中国的事情要办好首先中国共产党的事情要办好。实现"两个一百年"奋斗目标,应对和战胜前进道路上的各种风险和挑战,关键在党。我们要聚精会神抓好党的建设,按照树立科学理念、积极改革创新、遵循客观规律、注重实际成效的思路,切实把从严治党的要求落到实处,使我们党越来越成熟、越来越强大、越来越有战斗力。这是全党的政治责任,首先是中央政治局的政治责任。

习近平强调,加强党的建设,必须要营造一个良好从政环境,也就是要有一个好的政治生态。营造良好从政环境,要从各级领导干部首先是高级干部做起。领导干部要坚守正道、弘扬正气,坚持以信念、人格、实干立身;要襟怀坦白、光明磊落,对上对下讲真话、实话;要坚持原则、恪守规矩,严格按党纪国法办事;要严肃纲纪、疾恶如仇,对一切不正之风敢于亮剑;要艰苦奋斗、清正廉洁,正确行使权力,在各种诱惑面前经得起考验。

习近平强调,贯彻执行党的群众路线是一项长期任务,解决作风问题是一项经常性工作,必须在抓常、抓细、抓长上下功夫。要体现改革精神和法治思维,把中央要求、群众期盼、实际需要、新鲜经验结合起来,努力形成系统完备的制度体系,以刚性的制度规定和严格的制度执行,确保改进作风规范化、常态化、长效化,切实防止"四风"问题反弹。

6月30日

[纲　文]　《人民日报》报道中国共产党组织建设情况。

[目　文]　报道说,中央组织部党内统计数据显示,截至2013年底,中国共产党党员总数为8668.6万名,比上年净增155.9万名,增幅为1.8%;党的基层组织总数达

430.4万个，比上年增加10.2万个，增幅为2.4%。数据表明，中央关于党员队伍建设和基层党组织建设的新部署新要求得到了较好落实。

党员总量增速放缓，发展党员调控效果明显。各级党委认真贯彻中央关于党员队伍总量控制的要求，在保证发展党员质量的前提下，适当控制党员数量增长速度。2013年，全国共发展党员240.8万名，较上年减少82.5万名；中国共产党党员总数增幅，比上年下降1.3%。

党员队伍结构进一步改善，基层一线党的力量不断增强。党员队伍构成数据显示，全国女党员2109.0万名，占党员总数的24.3%，所占比例较上年增加0.5%；少数民族党员595.4万名，占党员总数的6.9%，所占比例较上年增加0.1%；具有大专及以上学历的党员3606.8万名，占党员总数的41.6%，所占比例较上年增加1.6%；35岁及以下的党员2237.6万名，所占比例较上年增加0.2%。从党员的职业看，工人734.3万名，农牧渔民2570.3万名，企业专业技术人员501.9万名，企业管理人员506.9万名，事业单位、民办非企业单位管理人员、专业技术人员1088.0万名，党政机关工作人员730.3万名，学生260.4万名，离退休人员1589.1万名，其他职业人员687.4万名。

传统领域基本实现党组织全覆盖，新兴领域党的覆盖面进一步扩大。162.7万个非公有制企业已建立党组织，占非公有制企业总数的58.4%，所占比例较上年增加4.1%。11.5万个社会组织已建立党组织，占社会组织总数的41.9%，所占比例较上年增加6.8%。

6月30日

［纲　文］《人民日报》报道，中央党的群众路线教育实践活动领导小组、中央组织部、中央宣传部印发《关于广泛开展向全国优秀共产党员王胜、于海河、毕世祥、文朝荣同志学习活动的通知》。

［目　文］《通知》号召，全国各条战线的党员、干部都要向王胜、于海河、毕世祥、文朝荣同志学习。学习他们信念坚定、对党忠诚的政治品质，始终坚持革命理想高于天，为党和人民事业不懈奋斗；学习他们牢记宗旨、心系群众的公仆情怀，始终与人民群众心连心、同呼吸、共命运；学习他们埋头苦干、真抓实干的务实作风，努力做到谋事实、创业实、做人实；学习他们敢于担当、攻坚克难的奋斗精神，始终保持奋发进取、开拓创新的昂扬锐气；学习他们清正廉洁、一心为公的道德情操，严以修身、严以律己、严以用权，永葆共产党人清廉本色。广大党员、干部要以先锋模范为镜，向先进典型看齐，深学、细照、笃行，讲党性、重品行、作表率，努力创造无愧于时代、历史、人民的业绩。

《通知》指出，当前，第二批党的群众路线教育实践活动正在深入开展，人民群众热切期盼教育实践活动出真功、见实效。各级党组织要把学习宣传王胜、于海河、毕世祥、文朝荣等4名同志先进事迹作为开展第二批教育实践活动的重要内容，组织广大党员、干部认真学习他们的崇高精神，强化马克思主义群众观点，贯彻党的群众路线，改进工作作风，下大气力解决人民群众反映强烈的形式主义、官僚主义、享乐主义和奢靡之风问题，密切党同人民群众的血肉联系。

《通知》要求，各地区各部门各单位要高度重视、精心组织开展向王胜、于海河、毕世祥、文朝荣同志学习活动，通过中心组学习、组织生活会、座谈交流、专题讨论等多种方式开展学习教育，推动思想认识进一步提高、作风进一步转变、党群干群关系进一步密切、为民务实清廉形象进一步树立、基层基础进一步夯实，引导广大党员、干部自觉践行全心全意为人民服务的根本宗旨，更加紧密团结在党中央周围，积极投身中国特色社会主义伟大事业，为实现中华民族伟大复兴的中国梦而努力奋斗。

6月30日

[纲　文]　教育部、国家卫生计生委、国家中医药管理局、国家发展改革委、财政部、人力资源社会保障部联合印发《关于医教协同深化临床医学人才培养改革工作的意见》。

[目　文]　《意见》指出，加快构建标准化、规范化医学人才培养体系，是建立中国特色现代临床医学教育制度的重大突破，也是实现医教协同深化临床医学人才培养机制改革的重大创新，标志着我国临床医学教育发展进入新的历史阶段，意义重大，影响深远。

《意见》提出，到2020年，基本建成院校教育、毕业后教育、继续教育三阶段有机衔接的具有中国特色的标准化、规范化临床医学人才培养体系。院校教育质量显著提高，毕业后教育得到普及，继续教育实现全覆盖。近期任务是要加快构建以"5+3"（5年临床医学本科教育+3年住院医师规范化培训或3年临床医学硕士专业学位研究生教育）为主体、以"3+2"（3年临床医学专科教育+2年助理全科医生培训）为补充的临床医学人才培养体系。

《意见》重点从三个方面阐述了医教协同深化临床医学人才培养改革的举措：一是深化院校教育改革，提高人才培养质量。二是建立健全毕业后教育制度，培养合格临床医师。三是完善继续教育体系，提升卫生计生人才队伍整体素质。

《意见》从全面提高临床医学人才培养质量的角度，明确了医教协同深化临床医学人才培养的保障措施。一是要加强组织领导，健全有关部门之间、中央和地方之间、教育和卫生计生系统内部的医学教育工作协调机制，加强对临床医学人才培养的宏观规划、政策保障、工作指导和检查评估。二是要完善教育培训体系建设，修订完善各阶段临床医学人才培养标准和临床实践教学、培训基地标准，加快认定一批住院医师规范化培训基地（含全科医生规范化培养基地）、专科医师规范化培训基地及继续医学教育基地。三是要健全投入机制，统筹利用政府、学校、医院、社会等各方面资源，健全多渠道筹措经费的机制。四是要强化激励措施，多途径切实提高卫生计生岗位吸引力，完善基层和急需紧缺专业岗位卫生计生人才收入分配激励约束机制，向全科医生和到中西部农村地区就业的人员倾斜。

6月30日

［纲　文］　国家新闻出版广电总局印发《新闻从业人员职务行为信息管理办法》。

［目　文］　《办法》要求，新闻单位应加强对新闻从业人员职务行为信息的规范管理。

《办法》明确，新闻单位的记者、编辑、播音员、主持人等新闻采编人员及提供技术支持等辅助活动的其他新闻从业人员，在从事采访、参加会议、听取传达、阅读文件等职务活动中，获取的各类信息、素材以及所采制的新闻作品，其中包含国家秘密、商业秘密、未公开披露信息等，都属于职务行为信息，应加强管理。各新闻单位应依法与所属的新闻从业人员签订保密承诺书和职务行为信息保密协议，完善内部管理制度。

《办法》规定，新闻单位应健全保密制度，对新闻从业人员在职务行为中接触的国家秘密信息，应明确知悉范围和保密期限，健全国家秘密载体的收发、传递、使用、复制、保存和销毁制度，禁止非法复制、记录、存储国家秘密，禁止在任何媒体以任何形式传递国家秘密，禁止在私人交往和通信中涉及国家秘密。

《办法》规定，新闻从业人员不得违反保密协议的约定，向其他境内外媒体、网站提供职务行为信息；不得违反保密协议的约定，通过博客、微博、微信公众账号或个人账号等任何渠道，以及论坛、讲座等任何场所，透露、发布职务行为信息；不得利用职务行为信息谋取不正当利益。

6月30日

［纲　文］　外交部宣布，中国决定恢复驻索马里使馆。

［目　文］　外交部发言人在外交部例行记者会上宣布，为进一步推动中国和索马里友好合作关系发展，中国政府决定恢复驻索马里使馆，并于7月1日向索马里派出复馆小组。

发言人说，索马里是第一个同中国建交的东非国家。1991年索马里陷入内战后，中国驻索马里使馆撤离。此后，中国同国际社会一道，为帮助索马里恢复和平稳定作出了不懈努力。2012年，索马里和平进程取得突破性进展，成立21年来首个正式政府和议会，索马里进入国家重建的历史新时期。中索关系也迎来新的发展机遇。

发言人说，中方决定恢复驻索马里使馆并派出复馆小组，体现了中方对中索关系的高度重视和对索马里国家重建的坚定支持。中方将以恢复驻索使馆为契机，同索方全面加强各领域友好合作，共同开创中索关系新局面，为索实现持久和平和国家重建作出贡献。

6月30日

［纲　文］　国家税务总局发布《非居民企业从事国际运输业务税收管理暂行办法》，自2014年8月1日起施行。

6月30日

［纲　文］　经中共中央批准，中共中央纪委对第十八届中央委员、国务院国资委原主任、党委副书记蒋洁敏严重违纪违法问题立案审查。

[目 文] 经查，蒋洁敏利用职务上的便利为他人谋取利益，索取、收受巨额贿赂。蒋洁敏的上述行为已构成严重违纪，其中受贿问题涉嫌违法犯罪。依据《中国共产党纪律处分条例》等有关规定，经中央纪委常委会议研究并报中共中央政治局会议审议，决定给予蒋洁敏开除党籍处分，待召开中央委员会全体会议时予以追认；由监察部报请国务院批准给予其行政开除处分；将其涉嫌犯罪问题及线索移送司法机关依法处理。

2015年10月12日，湖北省汉江市中级人民法院公开宣判蒋洁敏受贿、巨额财产来源不明、国有公司人员滥用职权案，一审判处有期徒刑16年，并处没收个人财产人民币100万元。

6月30日

[纲 文] 经中共中央批准，中共中央纪委对第十八届中央委员，中央防范和处理邪教问题领导小组原副组长、办公室主任，公安部原党委副书记、副部长李东生严重违纪违法问题立案审查。

[目 文] 经查，李东生利用职务上的便利为他人谋取利益，索取、收受巨额贿赂。李东生的上述行为已构成严重违纪，其中受贿问题涉嫌违法犯罪。依据《中国共产党纪律处分条例》等有关规定，经中央纪委常委会议研究并报中共中央政治局会议审议，决定给予李东生开除党籍处分，待召开中央委员会全体会议时予以追认；由监察部报请国务院批准给予其行政开除处分；将其涉嫌犯罪问题及线索移送司法机关依法处理。

2016年1月12日，天津市第二中级人民法院对李东生受贿案作出一审判决，判处被告人李东生有期徒刑15年，没收非法所得100万元。

6月30日

[纲 文] 经中共中央批准，中共中央纪委对第十八届中央候补委员，中国石油天然气集团公司原副总经理、党组成员王永春严重违纪违法问题立案审查。

[目 文] 经查，王永春利用职务上的便利为他人谋取利益，收受巨额贿赂。王永春的上述行为已构成严重违纪，其中受贿问题涉嫌违法犯罪。依据《中国共产党纪律处分条例》等有关规定，经中央纪委常委会议研究并报中共中央政治局会议审议，决定给予王永春开除党籍处分，待召开中央委员会全体会议时予以追认；由监察部报请国务院批准给予其行政开除处分；将其涉嫌犯罪问题及线索移送司法机关依法处理。

2015年10月13日，湖北省襄阳市中级人民法院一审公开宣判中国石油天然气集团公司原副总经理王永春受贿、巨额财产来源不明、国有公司人员滥用职权案。王永春被判处有期徒刑20年，并处没收个人财产200万元。

6月30日

[纲 文] 《人民日报》发表题为《依基本法正确处理中央与香港特区的关系——一论全面贯彻"一国两制"方针政策》的评论员文章。

7 月

7月1日

[纲　文]　国家主席习近平任免驻外大使。

[目　文]　习近平根据全国人民代表大会常务委员会的决定任免下列驻外大使：

一、免去刘玉和的中华人民共和国驻阿尔及利亚民主人民共和国特命全权大使职务；任命杨广玉为中华人民共和国驻阿尔及利亚民主人民共和国特命全权大使。

二、免去王乐友的中华人民共和国驻科摩罗联盟特命全权大使职务；任命肖明为中华人民共和国驻科摩罗联盟特命全权大使。

三、免去智昭林的中华人民共和国驻黑山特命全权大使职务；任命崔志伟为中华人民共和国驻黑山特命全权大使。

四、免去宫小生的中华人民共和国驻土耳其共和国特命全权大使职务；任命郁红阳为中华人民共和国驻土耳其共和国特命全权大使。

五、免去陈公来的中华人民共和国驻毛里塔尼亚伊斯兰共和国特命全权大使职务；任命武东为中华人民共和国驻毛里塔尼亚伊斯兰共和国特命全权大使。

7月1日

[纲　文]　农业部在哈尔滨市召开全国现代农业示范区建设经验交流会。

[目　文]　153个国家现代农业示范区、全国农业部门相关负责人参加了会议。在经验交流期间，代表们纷纷表示，借此机会学习借鉴其他省市发展现代农业的经验，全面深化综合配套改革，加快推进现代农业示范区建设。

国务院副总理汪洋出席会议并讲话。他说，要紧紧围绕确保国家粮食安全和主要农产品供给、确保农民收入持续增长两大目标，深化改革创新，充分发挥市场作用和我们的制度优势，加快推进现代农业建设，为经济社会持续健康发展提供有力支撑。农业现代化是国家现代化的基础和支撑。近些年，我国农业发展取得巨大成就，现代化水平不断提高，但仍是经济发展的薄弱环节，是"四化同步"的明显短板，必须加快推进现代农业建设。要立足我国基本国情和农情，积极发展农业适度规模经营，探索适应现代农业发展的经营方式，大力改善设施装备条件，强化科技支撑，健全社会化服务，构建现代产业体系，加强农业资源保护和环境治理，不断提高土地产出率、资源利用率、劳动生产率，全面增强农业抗风险能力、国际竞争能力和可持续发展能力。要围绕使市场在资源配置中起决定性作用、更好发挥政府作用和维护农民主体地位，深化农村改革，创新体制机制，稳定和完善农业经营制度，健全农业市场制度，强化农业支持保护制度，建立有效利用国际市场和资源制度，努力形成有利于现代农业建设的制度安排。国家现代农业示范区是推进现代农业建设的重要抓手。要着眼发挥引领作用，坚持因地制宜，突出各自特色，积极探索可复制、可推广的发展模式。各地各部门要强化对示范区的政策扶持和管理指导，合力把示范区办好。

7月1日

〔纲　文〕　国务院批复民政部，同意建立全国社区建设部际联席会议制度。

〔目　文〕　批复指出，同意建立由民政部牵头的全国社区建设部际联席会议制度。联席会议不刻制印章，不正式行文，请按照有关会议和文件精神认真组织开展工作。

在国务院批复函中标题为《全国社区建设部际联席会议制度》的附件指出：为加强对全国社区建设工作的组织领导，强化部门间的协调配合，切实做好社区建设工作，经国务院同意，建立全国社区建设部际联席会议（简称联席会议）制度。

7月1日

〔纲　文〕　国家测绘地信局发出《关于印发测绘资质管理规定和测绘资质分级标准的通知》。

7月1日

〔纲　文〕　香港举行庆祝回归祖国和特区成立17周年活动。

〔目　文〕　全国政协副主席董建华、香港特区行政长官梁振英、中央政府驻港联络办公室主任张晓明出席上午在金紫荆广场举行的升旗仪式，大批市民专程到现场的公众观礼区观看升旗礼。随后，香港特别行政区成立17周年酒会在会议展览中心举行，梁振英在酒会上致辞。由32个大型社团及工商团体组成的香港各界庆典委员会，在香港各区举办200项活动，参与的团体超过2600个。

7月1日

〔纲　文〕　《人民日报》发表题为《锻造更为坚强的领导核心——热烈庆祝中国共产党成立九十三周年》的社论。

7月1日

〔纲　文〕　《人民日报》发表题为《铲除腐败决不手软》的评论员文章。

7月2日

〔纲　文〕　国家主席习近平在北京会见美国前财长保尔森。

〔目　文〕　习近平说，中方一贯从战略高度和长远角度看待和处理中美关系，不因一时一事而改变。两国的共同利益和相互联系远大于差异和分歧。发展中美关系，双方要按照我同奥巴马总统就构建中美新型大国关系达成的重要共识，始终坚持增进和积累互信，扩大利益契合点，加强合作，多栽花、少栽刺，排除干扰，避免猜忌和对抗。中国的国情决定了我们必须坚持中国共产党的领导，坚持走符合中国国情的中国特色社会主义道路，这是历史的必然和人民的选择。我们要维护国家的统一，不断推进改革，加强党的建设，实现国家发展，让13亿中国人民都过上幸福美好的生活。保尔森说，美国工商界支持早日签署美中双边投资协定，希望两国关系尤其是经贸合作取得更多实际成果。

7月2日

[纲　文]　**李克强主持召开国务院常务会议**。

[目　文]　会议部署严肃整改审计查出的问题，确定促进旅游业改革发展的政策措施，决定深化科技成果使用、处置和收益管理改革试点。会议指出，按照宪法法律规定，充分发挥审计监督作用，是建设现代政府的重要一环，是规范权力运行和反腐败的利器。各相关部门和单位"一把手"是整改的第一责任人，要列出整改任务清单，排出时间表，实行对账销号，10月底向国务院报告整改情况，并在向全国人大报告后对社会公布。要通过整改促进稳增长、调结构。要着力构建长效机制。用改革的办法解决前进中的问题，克服屡审屡犯的"牛皮癣"。从公开透明的预算制度入手，推动建立现代财政制度。进一步简政放权，将适合地方管理的事项连同项目确定权和相关资金分配权一并下放。强化责任追究，建立和落实决策审批终身责任制、执行监督连带责任制，依法规范财政收支行为。

会议认为，旅游业是现代服务业的重要组成部分，带动作用大。要以改革开放增强旅游业发展动力。推动旅游市场向社会资本全面开放，进一步深化对外合资合作，提升旅游业水平。减少行政审批，在投融资、用地、宣传推广等方面加大政策扶持，做大做强旅游企业。要优化旅游发展软硬环境。加大对旅游基础设施、公共服务和人才培养等的投入。加强旅游市场监管，严厉打击乱涨价、"黑导游"和强迫消费等行为。要提升旅游产品品质和内涵。大力开发老年、民俗、养生、医疗旅游等。

会议强调，中国经济保持中高速增长、向中高端水平迈进，要以科技创新为支撑、体制创新作保障。必须在强化基础研究的同时，注重打通科技成果向现实生产力转化的通道，积极探索把科技成果的使用权、处置权和收益权赋予创造成果的单位，进一步为创新创造松绑加力。会议决定，在国家自主创新示范区和自主创新综合试验区选择部分中央级事业单位，开展为期一年的科技成果使用、处置和收益管理改革试点。允许试点单位采取转让、许可、作价入股等方式转移转化科技成果，所得收入全部留归单位自主分配，更多激励对科技成果创造作出重要贡献的机构和人员，进一步调动科技人员创新积极性。会议要求，各有关部门要协调联动，及时跟踪解决问题，试点成熟后向更大范围推广。

7月2日

[纲　文]　**公安部发出部门规章清理公告**。

[目　文]　公告说，公安部对现行的部门规章（截至2014年4月）和规范性文件（截至2013年2月）进行了清理，决定保留部门规章71件、规范性文件412件，废止规范性文件45件。根据清理结果，公安部编制了《公安部现行有效规章及规范性文件目录》和《公安部决定废止的规范性文件目录》。

7月2日

［纲　文］　国家卫生计生委印发《关于加强计划生育基层基础工作的指导意见》。

［目　文］　《意见》提出如下要求：加快推进计划生育治理体系和治理能力现代化，全面提高基层计划生育服务管理水平，为落实计划生育基本国策、逐步调整完善生育政策、促进人口长期均衡发展奠定坚实的基础，提供有力的保障；规范社会抚养费征收管理，严格执行"收支两条线"。积极推进生育服务证制度改革，简化再生育审批；深入开展"关爱女孩行动"，依法查处"两非"案件，综合治理出生人口性别比偏高问题；深入开展阳光计生行动，做好信访维稳工作。严格禁止非医学需要的大月份引产。全面实施免费孕前优生健康检查项目，开展出生缺陷综合防治，提高出生人口素质。落实国家免费计划生育基本技术服务项目，严格服务规程，确保服务质量。落实法定奖励政策，实施农村部分计划生育家庭奖励扶助制度、计划生育家庭特别扶助制度和西部地区"少生快富"工程等"三项制度"。做好计划生育特殊困难家庭的经济扶助、养老保障、医疗保障、社会关怀等工作。

7月2日

［纲　文］　国务院副总理汪洋在北京分别会见斯里兰卡总统特使、经济发展部长巴西尔·拉贾帕克萨一行以及法国国民议会前议长贝尔纳·阿夸耶一行。

7月2日

［纲　文］　新华社讯，中共中央纪委对海南省原副省长冀文林严重违纪违法问题立案审查。

［目　文］　经查，冀文林利用职务上的便利为他人谋取利益，收受、索取巨额贿赂；与他人通奸。冀文林的上述行为已构成严重违纪，其中受贿问题已涉嫌违法犯罪。依据《中国共产党纪律处分条例》和《行政机关公务员处分条例》的有关规定，经中央纪委审议并报中共中央批准，决定给予冀文林开除党籍处分；经监察部报国务院批准，决定给予其行政开除处分；将其涉嫌犯罪问题及线索移送司法机关依法处理。

2016年3月30日，天津市第一中级人民法院对冀文林受贿案作出一审宣判，对冀文林以受贿罪判处有期徒刑12年，并处罚金人民币100万元。

7月2日

［纲　文］　《人民日报》发表题为《坚持以爱国者为主体的"港人治港"——二论全面贯彻"一国两制"方针政策》的评论员文章。

7月2日

［纲　文］　《人民日报》发表题为《法纪面前没有例外》的评论员文章。

7月2—5日

［纲　文］　张高丽在宁夏回族自治区、甘肃省调研。

［目　文］　国务院副总理张高丽到固原市看望少数民族群众，走进回族群众家中详细询问搬迁移民生活状况，实地考察神华宁煤集团、海默科技、兰石机械设备、四联光电

科技等企业的生产经营情况，深入到银川阅海湾中央商务区、兰州新区、丝绸之路交通枢纽兰州西客站工程施工现场，了解中阿经济合作、承接东部地区产业转移、交通基础设施建设等情况，听取建设丝绸之路经济带的意见建议。4日下午，张高丽在兰州主持召开了陕西、甘肃、青海、宁夏、新疆五省区政府负责人参加的座谈会。张高丽说，要认真贯彻落实党中央、国务院的决策部署，扎实推进丝绸之路经济带建设，深入实施西部大开发战略，确保实现本年发展主要预期目标，努力推动经济社会持续健康发展。

7月2—5日

[纲 文] 马凯在河南省、湖北省调研。

[目 文] 国务院副总理马凯到洛阳、武汉等地，深入军工及民口企业、科研院所、高校，调研了解国防科技工业军民融合发展情况，主持召开座谈会听取意见建议。马凯强调，要坚决贯彻落实党的十八大和十八届三中全会精神，坚持战略导向和问题导向，充分发挥国家主导和市场机制两大作用，服务国防军队建设和经济社会发展两大需求，抓住民参军、军转民两大关键，依靠深化改革和科技创新两大动力，完善政策法规制度，改进加强行业管理，以更大力度推动军民融合深度发展。

7月2—3日

[纲 文] 丝绸之路经济带媒体合作论坛在北京举行并签署《丝绸之路经济带媒体合作论坛联合宣言》。

[目 文] 论坛由人民日报社主办，来自11个国家的47家媒体机构参加，以"丝路联通梦想，媒体共促发展"为主题。2日，全国政协副主席李海峰、人民日报社社长杨振武、俄罗斯塔斯社总编辑马拉特·阿布哈金、土库曼斯坦驻华大使齐纳尔·鲁斯塔莫娃等出席开幕式并致辞，人民日报社总编辑李宝善主持开幕式。李海峰在致辞中说，2013年9月，中国国家主席习近平在哈萨克斯坦纳扎尔巴耶夫大学发表演讲，提出共同建设丝绸之路经济带的战略构想，为新时期亚欧各国进一步深化合作勾勒了宏伟蓝图，为进一步促进各国及区域发展提供了崭新机遇。中国希望同沿途各国一道，不断增进互信、巩固友好、加强合作，以新的形式把互利合作不断推向新的历史高度，共同建设好丝绸之路经济带。论坛设丝绸之路经济带城市发展研讨会和丝绸之路经济带媒体合作论坛圆桌对话会两个分论坛。来自中国、俄罗斯、哈萨克斯坦、吉尔吉斯斯坦、土库曼斯坦、塔吉克斯坦、乌兹别克斯坦、印度、巴基斯坦、伊朗、土耳其等10多个国家的近百名政府官员、外交使节、主流媒体代表，围绕"平等互利，合作共赢""媒体助力，共筑梦想""区域发展，交流互惠"三个议题畅所欲言、坦诚交流。

3日，与会中外主流媒体代表签署了《丝绸之路经济带媒体合作论坛联合宣言》。《联合宣言》指出：通过论坛的主旨演讲和各国主流媒体圆桌对话会的发言以及论坛期间各种形式的交流与互动，我们达成4条共识。中共中央政治局常委刘云山在人民大会堂会见来华参加丝绸之路经济带媒体合作论坛的外方代表。刘云山说，落实好中国国家主席习近平提出的共建丝绸之路经济带和21世纪海上丝绸之路倡议，有助于实现中国与周边和亚欧国家发展战略的对接，中方愿始终秉持合作共赢的精神，与有关国家一道积极推动"一带一路"建设。俄罗斯俄塔社总编辑马拉特·阿布哈金说，"一带一路"倡议把各方利益融合提升到更高水平，这一论坛对推进沿路国家和地区的和平与发展将发挥积极作用。

7月2—5日

［纲　文］　印度军队参谋长委员会主席兼陆军参谋长比克拉姆·辛格率代表团访问中国。

［目　文］　在代表团访问期间，中方有关领导人就两国两军关系和地区安全形势等共同关心的问题，与辛格交换意见。国家副主席李源潮在会见时说，中国梦和印度梦息息相通、相互契合，中印合作大有可为。中国愿秉持"亲、诚、惠、容"的周边外交理念，与印度新政府携手合作，推动中印战略合作伙伴关系向前发展，共同实现各自梦想，造福两国人民。辛格说，印度高度重视印中关系。印中两军合作富有成果，潜力巨大。印方愿与中方加强现有合作机制，共同致力于保持两国边境地区的和平与安宁。中央军委副主席范长龙在会见时指出，中印两国都是文明古国、发展中大国，互为重要邻国，两国之间的共同利益远大于分歧，相信两国有足够智慧和能力处理好历史难题。两军关系是两国关系的重要组成部分，中印两军要将两国领导人的共识落到实处，增进战略互信，加强务实合作，妥善管控分歧，构建与两国战略合作伙伴关系相适应、相协调的军事关系。中方愿与印方一道，推动两国两军关系取得新的发展。辛格说，印方高度重视印中关系，愿与中方深化各领域务实合作，在各层面加强沟通，共同维护边境和平与安宁，进一步提升两军关系发展水平。外交部副部长张业遂也会见了辛格，双方就中印双边关系及共同关心的问题交换了意见。

7月2—22日

［纲　文］　文化部、中国社会科学院联合主办，中外文化交流中心承办的"2014青年汉学家研修计划"第一期研修班在北京举行。

［目　文］　文化部副部长丁伟、中国社会科学院副院长李扬出席开班仪式并致辞。来自法国、比利时、保加利亚、白俄罗斯、乌克兰、哈萨克斯坦、乌兹别克斯坦、印度、印尼、韩国、加纳、美国、智利、墨西哥、秘鲁15个国家的18位优秀青年汉学家应邀参加研修班。研修期间，青年汉学家聆听厉以宁、王蒙、葛剑雄等著名专家学者的专题讲座，并分赴中国社会科学院、中国艺术研究院、故宫博物院、中国美术馆、北京大学、北京语言大学等合作单位，与中国专家学者一道开展为期两周的课题研究。青年汉学家来华研修的课题涵盖文学、哲学、公共管理、国际关系、宗教、美术、电影等多个领域。7月22日，第一期"2014青年汉学家研修计划"研修班在北京故宫博物院举行结业仪式。

7月3—4日

［纲　文］　国家主席习近平应邀对韩国进行国事访问。

［目　文］　3日，习近平抵达韩国首都首尔，与韩国总统朴槿惠举行会谈并发表

《中华人民共和国和大韩民国联合声明》。《声明》指出：两国元首一致认为，自1992年建交以来，中韩两国双边关系在各领域实现跨越式发展，这为增进两国互惠互利、实现东北亚地区共同繁荣作出了贡献。双方商定，将以《中韩面向未来联合声明》和本《联合声明》为基础推动两国关系发展。同日，习近平在韩国《朝鲜日报》《中央日报》《东亚日报》同时发表题为《风好正扬帆》的署名文章。

4日，习近平在韩国国立首尔大学发表题为《共创中韩合作未来 同襄亚洲振兴繁荣》的演讲。习近平与朴槿惠共同出席中韩经贸合作论坛，发表题为《携手合作，共创未来》的讲话，希望双方抓住机遇，不断提高中韩经贸合作水平。习近平会见韩国国会议长郑义和以及韩国各政党领袖和友好议员代表，习近平肯定了郑义和长期致力于中韩友好，希望双方继续开展多形式、多层次、多渠道交往合作，希望韩国各政党和议员继续关心、支持、推动中韩关系发展。习近平会见韩国总理郑烘原时指出，经贸合作是中韩关系的亮点，为两国关系健康稳定发展提供了重要动力。陪同习近平出访的有：习近平夫人彭丽媛，中共中央政治局委员、中央政策研究室主任王沪宁，中共中央政治局委员、中央书记处书记、中央办公厅主任栗战书，国务委员杨洁篪等。

习近平在与朴槿惠会谈时说，双方应该重点在以下几个方面作出努力。第一，做实政治安全合作。第二，做大经贸互利合作。第三，做活人文交流。第四，做深地区和国际事务中的合作。两国元首就朝鲜半岛形势深入交换意见。习近平强调，中方在半岛问题上秉持客观公正立场，坚定致力于实现半岛无核化目标，坚定致力于维护半岛和平稳定，坚定致力于通过对话协商解决问题。中方认为，应该平衡解决各方关切，通过同步对等的办法把朝核问题纳入可持续、不可逆、有实效的解决进程。当前半岛形势仍存在许多不确定性，有关各方应共同妥善管控形势，避免紧张，防止失控，不再起大的波澜。中方积极评价朴槿惠总统倡导的半岛信任进程，支持南北改善关系，实现和解合作，最终实现自主和平统一。中韩双方达成4点共识。一是实现半岛无核化，保持半岛和平稳定，符合六方会谈成员国共同利益，有关各方应该通过对话协商解决问题。二是六方会谈成员国2005年9月19日达成的共同声明和联合国安理会有关决议应予以切实履行。三是有关各方应该继续坚持不懈推进六方会谈进程，加强双边和多边沟通和协调。四是六方会谈成员国应凝聚共识，为重启六方会谈创造条件。中韩双方支持六方会谈团长以多种形式进行有意义的接触和对话，为推动半岛无核化取得实质进展作出努力。

7月3日

［纲　文］　**全国政协在北京召开深化司法体制改革专题座谈会。**

［目　文］　全国政协主席俞正声主持会议。中央政法委秘书长汪永清介绍了司法体制改革的有关情况。中央组织部、中央编办、最高人民法院、最高人民检察院、公安部、国家安全部、司法部、财政部、人力资源和社会保障部等有关单位负责人到会听取意见。全国政协副主席杜青林、张庆黎、齐续春、陈晓光出席会议。11位全国政协委员发言，一致认为，中央确定的司法体制改革方案，方向正确、思路清晰、措施有力、步骤稳

妥，相信这些改革举措对于进一步完善司法管理体制，切实规范司法权力运行，努力提高监督制约实效，完善和发展公正高效权威的中国特色社会主义司法制度具有重要意义，希望积极稳妥依法有序推进，确保取得改革成效。委员们提出，司法体制改革是全面深化改革中的重大课题。深化司法体制改革，要坚持党的领导，坚持在实践中探索，坚持于法有据的原则；要坚持问题导向，解决突出问题。要加强司法专业化，完善司法人员分类管理制度，明确规定担任法院院长、检察院检察长应当有相应的法律专业或法律职业背景；科学设置法官、检察官遴选委员会，构建公开透明、民主化、多元化的选任机制；改革审委会制度，建立案件回访制度；充分发挥协商民主的优势，完善以人民陪审员制度为主的多元化公众参与制度，使以公众参与为特点的协商民主成为司法民主的基本形式，为司法改革营造氛围、凝聚共识、攻坚克难。

7月3日
[纲　文]　国家工商行政管理总局发布《驰名商标认定和保护规定》。
[目　文]　《规定》指出：涉及驰名商标保护的商标违法案件由市（地、州）级以上工商行政管理部门管辖；当事人请求驰名商标保护应当遵循诚实信用原则，并对事实及所提交的证据材料的真实性负责；本规定自公布之日起30日后施行；2003年4月17日国家工商行政管理总局公布的《驰名商标认定和保护规定》同时废止。

7月3日
[纲　文]　《人民日报》发表题为《军队形象不容玷污》的评论员文章。

7月3日
[纲　文]　《人民日报》发表题为《全面提高党员队伍素质能力》的评论员文章。

7月3—4日
[纲　文]　李克强在湖南省调研，并主持召开部分省份和企业座谈会。
[目　文]　调研期间，国务院总理李克强在湖南省主要负责人陪同下，在长沙、株洲深入工地、车间、粮库、校园考察。李克强在沪昆高铁施工现场时说，推动中西部铁路等有助于促进结构调整和加强薄弱环节的重大项目建设，是实施定向调控的重要举措。李克强在湖南大学考察时说，全社会都要鼓励创新创业，宽容失败，政府要当好"服务员"，让创业者都有施展才华的舞台。李克强在中国南车株洲公司考察时说，创新的潜力有多大，市场的潜力就有多大。中国装备要在国际市场立足生根，竞争力在于性价比，生命力在于高质量。大家要一起努力，让先进的中国装备享誉全球。李克强来到中储粮直属库，查看库存，了解新粮收储准备。他说，要解决好收储问题，避免出现农民"卖粮难"。储备粮库要完善粮食轮换机制，促粮食"买得进、存得好、卖得出"，为稳定经济、稳定市场、稳定物价提供有力支撑。

湖南、福建、山东、河南省主要负责人汇报了本地经济形势，部分企业负责人谈了企业经营情况。大家在发言中说，经济发展仍面临很多困难和挑战，但制造业采购经理指数等先行指标持续向好，出口增长开始由负转正，发电量、货运量等指标上升，表明国家出台的稳增长、促改革、调结构、惠民生各项政策效应正在显现,经济运行中的积极变化逐渐增多,各方面对中国经济的信心不断增强。李克强说,中国经济运行总体平稳,处于合理区间。城镇就业继续扩大,结构调整稳中有进,服务业比重进一步提高,产品创新、业态创新势头良好,二季度经济发展状况比一季度有所改善。我国经济能有这样的表现,是地方认真贯彻党中央、国务院决策部署和企业积极应对市场变化的结果,也显示了中国经济的巨大韧性、巨大潜力和巨大回旋余地。同时,要看到世界经济仍然复杂多变,我国经济发展中一些长期积累的矛盾也在凸显,我们不能忽视存在的困难和问题,不能轻视经济的下行压力。

7月3—4日

〔纲 文〕 王岐山在内蒙古自治区锡林郭勒盟调研,并召开部分省区市巡视工作座谈会。

〔目 文〕 中共中央政治局常委王岐山到巴彦德力格尔嘎查"两委"活动室和牧民家中,了解基层党建和牧民生活情况;考察了锡林浩特市牧场王子农牧业公司、义合良种马繁育基地、内蒙古海装风电设备有限公司。中共中央政治局委员、中组部部长、中央巡视工作领导小组副组长赵乐际陪同调研并出席会议。王岐山说,中央巡视和省一级巡视工作要上下联动,形成全国"一盘棋"的态势。省、自治区、直辖市党委要加强党风廉政建设和反腐败斗争,要用好巡视这把"利剑",按照中央要求加强和改进巡视工作,聚焦中心任务,围绕"四个着力",发现问题、形成震慑。党的十八大以来,党中央从党风廉政建设和反腐败斗争形势出发,进一步明确巡视工作方针和定位,中央政治局常委会多次听取巡视工作汇报,习近平作出一系列重要指示。巡视发现的问题印证了党中央对党风廉政建设和反腐败斗争形势依然严峻复杂的判断是完全正确的,警示我们要把遏制腐败蔓延势头作为目标任务,须臾不可懈怠。党章规定,党的中央和省、自治区、直辖市委员会实行巡视制度。巡视是党章赋予的重要职责,是党要管党、从严治党的重要手段,是党内监督的战略性制度安排。对巡视工作重视与否,反映的是党的观念强不强,从严治党的措施硬不硬,责任担当够不够。做好巡视工作是党风廉政建设主体责任的具体化。省、自治区、直辖市党委要认真落实主体责任,切实加强对巡视工作的领导,使巡视真正成为发现问题的"尖兵"。要完善巡视工作体制机制,抓紧工作部署,认真听取巡视情况汇报,充分运用巡视成果。对巡视发现的问题线索要深入分析研判,依纪依规分类处置,该查处的查处,该诫勉的诫勉,该警示教育的警示教育,对反映不实的及时澄清,做到事事有回音、件件有着落。省、自治区、直辖市党委要督促被巡视地方、部门和企事业单位整改落实,整改结果要向社会公布,接受党内、群众和舆论的监督,整改不力就要严肃问责。巡视是给党的肌体作"体检",党内监督没有禁区、没有例外。

7月3—9日

〔纲 文〕 应全国人大常委会委员长张德江邀请,瑞士联邦议会联邦院议长汉纳斯·格尔曼率领代表团访问中国。

〔目　文〕　3日，张德江在人民大会堂与瑞士联邦议会联邦院议长举行会谈。张德江说，瑞士是最早同新中国建立外交关系的西方国家之一。建交以来，中瑞关系一直保持良好发展势头，各领域合作成果丰硕。虽然中瑞两国的政治体制不同，选择的道路不同，但追求持久和平繁荣的目标是相同的。希望中瑞双方进一步增进对彼此制度、国情的了解和理解，继续在涉及彼此核心利益和重大关切问题上的相互支持，不断夯实两国关系的政治基础。格尔曼说，瑞中自贸协定正式生效对巩固和发展瑞中传统友好关系具有里程碑意义。瑞士奉行一个中国政策，愿在两国良好政治关系基础上，进一步发展经贸关系，深化两国各领域务实合作。瑞士联邦议会高度重视与中国全国人大的友好交往，愿与中国全国人大加强交流、增进了解、互学互鉴，为瑞中友好深入发展作出贡献。3日，全国政协副主席、中共中央对外联络部部长王家瑞以及环境保护部部长周生贤，在北京分别会见了瑞士联邦议会联邦院议长格尔曼，双方就中瑞关系、环保领域合作交换了意见。7日，瑞士联邦议会联邦院议长格尔曼率代表团一行6人访问同济大学，在中德大楼、中法中心和中芬中心与相关机构领导座谈，对同济大学及其国际化工作进行了考察了解。

7月4日

〔纲　文〕　**中央政法委员会第十一次全体会议在北京召开。**

〔目　文〕　中共中央政治局委员、中央政法委书记孟建柱在讲话中说，要深入学习贯彻习近平总书记系列重要讲话和在中央政治局第十六次集体学习时的重要讲话精神，大力加强政法队伍作风建设和反腐倡廉建设，全力维护国家安全和社会安定，创新社会治理、深化平安建设，扎实推进司法体制改革，不断提高新形势下政法工作水平。要把政法队伍作风建设和反腐倡廉建设摆在更加突出的位置，努力营造良好的从政环境。各级政法机关要认真贯彻落实中央决策部署，把工作基点放在防范、应对各种风险和挑战上，全力维护社会大局稳定。要创新社会治理，深化平安建设。要推进司法体制各项改革工作，凝聚改革共识，赢得社会各界的理解支持。中央政法各单位和各级政法机关都要主动适应新形势，研究把握新规律，进一步增强履职能力，不断提高新形势下政法工作水平，把各项工作做得更好。中央政法委副书记郭声琨、中央政法委委员周强等出席会议并发言。

7月4日

〔纲　文〕　**国家税务总局发布《纳税信用管理办法（试行）》。**

〔目　文〕　《办法》规定：纳税信用信息包括纳税人信用历史信息、税务内部信息、外部信息。纳税信用信息采集工作由国家税务总局和省税务机关组织实施，按月采集。省税务机关可以根据本办法制定具体实施办法。《办法》自10月1日起施行，2003年7月17日国家税务总局发布的《纳税信用等级评定管理试行办法》同时废止。

7月4日

〔纲　文〕　**《人民日报》发表题为《中央对香港基本方针政策一以贯之——三论全面贯彻"一国两制"方针政策》的评论员文章。**

7月5日

［纲　文］　中央党的群众路线教育实践活动领导小组第十三次会议在北京召开。

［目　文］　中共中央政治局常委、中央书记处书记、中央党的群众路线教育实践活动领导小组组长刘云山主持会议，中共中央政治局委员、中央党的群众路线教育实践活动领导小组副组长赵乐际，中央书记处书记、中央党的群众路线教育实践活动领导小组副组长赵洪祝，中央党的群众路线教育实践活动领导小组成员参加了会议。会议传达学习习近平总书记在中央政治局第十六次集体学习时重要讲话精神，审议并原则通过了《关于认真学习贯彻习近平总书记重要讲话精神深入推进教育实践活动的通知》，对教育实践活动下步工作作出部署。中央政治局委员、中央书记处书记、中组部部长、中央党的群众路线教育实践活动领导小组副组长赵乐际传达习近平重要讲话。中央书记处书记、中央纪委副书记、中央党的群众路线教育实践活动领导小组副组长赵洪祝和领导小组成员就学习贯彻习近平总书记重要讲话精神、做好当前有关工作发言，并对《通知》稿进行了认真讨论。陈希汇报前段工作情况，并就《关于认真学习贯彻习近平总书记重要讲话精神深入推进教育实践活动的通知》稿作说明。大家发言后，刘云山讲话。会议指出，要切实用习近平总书记重要讲话精神统一思想和行动。在我们党成立93周年之际，中央政治局围绕深入开展党的群众路线教育实践活动，加强和改进党的作风建设进行集体学习，充分反映了以习近平同志为总书记的党中央对教育实践活动的高度重视，对推进党的作风建设的高度自觉。习近平总书记在主持集体学习时发表的重要讲话充分肯定了教育实践活动的成效，系统总结了教育实践活动对作风建设的重要启示，深刻阐明了加强党的建设的重要任务和努力方向，对善始善终搞好教育实践活动提出明确要求。讲话统揽伟大事业和伟大工程，把握党的执政使命和历史责任，贯穿着强烈的问题意识和忧患意识，体现着狠抓作风的坚定决心和责任担当，有许多新思想新观点新要求，有很强的思想性针对性指导性，为善始善终抓好教育实践活动、全面深入推进党的建设提供了重要遵循。

7月6日

［纲　文］　新华社讯，范长龙等中央军委领导到军队第二批党的群众路线教育实践活动联系点参加指导专题民主生活会。

［目　文］　中共中央政治局委员、中央军委副主席范长龙，中共中央政治局委员、中央军委副主席许其亮，中央军委委员、国务委员兼国防部长常万全，中央军委委员赵克石、张又侠、吴胜利、马晓天、魏凤和等，近期分别到各自的第二批教育实践活动联系点，参加指导党委专题民主生活会，强调要坚持持久用力，常抓长治，一以贯之抓好作风建设，不断巩固发展教育实践活动成果。

7月6日

［纲　文］　原铁道部党组成员、纪委书记狄子才在北京逝世，享年95岁。

7月6—8日

[纲　文]　应国务院总理李克强邀请，德国总理默克尔对中国进行正式访问。

[日　文]　6日，李克强在北京会见默克尔。同日，默克尔到成都参观了一汽大众汽车工厂和社会工作中心，出席中国（四川）—德国新型城镇化论坛开幕式。

7日，国家主席习近平在北京会见默克尔。习近平说，3月我对德国进行国事访问，两国确立了全方位战略伙伴关系的新定位。目前双方正在推出一些新的重要机制和成果。默克尔总理这次访华，双方签署了一系列合作协议，这必将给双边关系带来新的推动力。习近平指出，中德互为战略伙伴，又都是大国，双方应该在世界大棋局里审视和运筹中德关系，相互尊重，相互谅解，交流互鉴，不断增进战略沟通与互信，加强战略协调与合作，共同推动全球经济治理和国际体系变革发展，促进世界和平、稳定、繁荣。习近平强调，中德务实合作是全方位的，双方步伐应更大一些，打造更响亮的合作品牌。双方要落实好已经决定的合作项目，当前应着力打造两国制造业合作，共同运作好法兰克福人民币离岸市场建设。对尚未开展具体合作的领域，要着眼长远，开拓创新。两国还要放眼全球，发挥各自优势，加强在全球产业链中每个环节的合作。中方欢迎德方共同参与丝绸之路经济带建设。中方将继续有序推进开放，欢迎德国继续参与中国市场竞争。习近平表示，中德要持之以恒推进人文交流，大力促进双方人员往来，通过合作编写教材、推广对方杰出文学艺术等方式，增进两国青年一代相互了解和友谊。我们还要引导两国媒体全面、客观报道对方，帮助两国民众相互客观认知。默克尔表示，习近平主席上次对德国的国事访问取得成功，再次证明德中关系很好。我们进行了深入交谈，令我记忆犹新，使我们相信两国合作将结出更丰硕成果。德方希望利用德中政府磋商等机制，加强两国对话，创新合作，在金融、工业信息化、航空航天、社会保障等领域培育新的增长点。德方将改善投资环境，吸引更多中国企业投资，愿积极采取措施，便利两国人员往来。德方愿在二十国集团等框架内同中方加强沟通协调。默克尔介绍了欧盟内部实施改革、克服债务危机影响的情况，感谢中方给予的支持。习近平表示，中方支持欧洲一体化，是欧洲的好伙伴，希望德国继续为促进中欧关系发挥重要作用。

7日，李克强在北京同默克尔举行会谈。李克强指出，中方愿与德方更好发挥两国政府磋商机制的引领和指导作用，加快制定中德中长期合作行动纲要；加强在科技、工业、信息技术、节能环保等领域合作，推动投资贸易便利化；深化两国创新合作，中方愿作为合作伙伴国参加明年汉诺威电子、信息和通信博览会，并共同办好"2015中德创新合作年"；深化财金领域合作，适时启动中德高级别财金对话机制；扩大人文交流，实现两国签证更加便利，促进两国人民的相互了解与友谊；加强在国际事务中的协调与合作，共同应对全球性挑战，促进世界和平与共同发展。默克尔表示，德方愿与中方建立并发展创新伙伴关系，扩大经贸、金融、科技、农业、人文等领域合作，促进各自经济、社会发展。德方支持欧盟同中国加强交流与对话，愿为欧中关系发展发挥积极作用。会谈后，两国总理共同见证了双边经贸、航空、生态环保等领域合作文件的签署。同日，李克强与默克尔共同会见了出席中德经济顾问委员会首次会议的代表，两国总理还在天坛会见了出席中德语言年闭幕式活动的两国青少年代表。

7日，全国人大常委会委员长张德江在北京会见默克尔。

7月7日

[纲 文] 首都各界在卢沟桥举行仪式纪念全民族抗战爆发77周年，习近平发表讲话。

[目 文] 上午10时，纪念仪式开始。中国人民解放军军乐团奏响《义勇军进行曲》。习近平等党和国家领导人同现场1000多名各界代表齐声高唱中华人民共和国国歌。全国政协主席俞正声主持纪念仪式。中共中央总书记习近平按下启动按钮，为"独立自由勋章"雕塑揭幕。习近平发表讲话。他说，我们在这里隆重举行纪念全民族抗战爆发77周年仪式，目的是铭记历史、缅怀先烈、珍视和平、警示未来，坚定不移走和平发展道路，坚定不移维护世界和平。习近平指出，1937年7月7日，日本侵略者为了达到以武力吞并全中国的罪恶野心，悍然炮轰宛平城，制造了震惊中外的卢沟桥事变。从卢沟桥事变肇始，平津危急，华北危急，中华民族危急，中华民族到了最危险的时候。在此民族危难之际，中国共产党秉持民族大义，担负起民族救亡的历史重任，呼吁建立以国共合作为基础的抗日民族统一战线，以抵抗日寇侵略、驱逐日寇出中国。习近平强调，从那时起，大江南北，长城内外，全体中华儿女冒着敌人的炮火共赴国难，无论是正面战场，还是敌后战场，千千万万爱国将士浴血奋战、视死如归，各界民众万众一心、同仇敌忾，奏响了一曲气壮山河的抗击日本侵略的英雄凯歌，用生命和鲜血谱写了一首感天动地的反抗外来侵略的壮丽史诗。习近平强调，我们在这里为独立自由勋章雕塑揭幕，就是要缅怀在争取民族独立和自由过程中英勇献身的烈士们，就是要缅怀为追求和平正义作出重要贡献的人们，告慰在那场战争中不幸遇难的同胞们。我们永远缅怀他们、铭记他们。习近平指出，伟大的中国人民抗日战争，是中国人民近代以来争取独立自由史册上可歌可泣的一页，是中华民族历史发展进程中饱经沧桑的一章。伟大的中国人民抗日战争，使中华民族的觉醒和团结达到了前所未有的高度。伟大的中国人民抗日战争，开辟了世界反法西斯战争的东方主战场，为挽救民族危亡、实现民族独立和人民解放，为争取世界和平的伟大事业，作出了彪炳史册的贡献。纪念仪式后，习近平等党和国家领导人和各界代表走进展厅，参观"伟大胜利——纪念中国人民抗日战争暨世界反法西斯战争胜利"大型主题展览。参观结束后，习近平等看望了参加仪式的抗战老战士和老同志代表。

7月7日

[纲 文] 国务院批复国家发展改革委，同意建立推进新型城镇化工作部际联席会议制度。

[目 文] 国务院批复说，同意建立由国家发展改革委牵头的推进新型城镇化工作部际联席会议制度。联席会议不刻制印章，不正式行文，按照党中央、国务院有关文件精

神认真组织开展工作。批复有一个标题为《推进新型城镇化工作部际联席会议制度》的附件，主要内容如下：为贯彻落实《国家新型城镇化规划（2014—2020年）》等文件要求，加强对新型城镇化工作的统筹协调，经国务院同意，建立推进新型城镇化工作部际联席会议（以下简称联席会议）制度。一、主要职责。（一）在国务院领导下，统筹推进国家新型城镇化规划实施和政策制定落实，协调解决新型城镇化工作中的重大问题，提出年度重点工作安排，落实好各项任务分工，确保实现发展目标。（二）加强会商沟通和信息共享，协调有关部门搞好配套政策的研究、制定和落实，推进人口管理、土地管理、财税金融等重点领域和关键环节改革。（三）加强监督检查、跟踪评估和分析总结，推动落实新型城镇化相关工作，及时向国务院报告重点工作进展情况。（四）承办国务院交办的其他事项。二、成员单位。三、工作规则。四、工作要求。

7月7日

［纲　文］　国家银监会发出《关于完善银行理财业务组织管理体系有关事项的通知》。

7月7日

［纲　文］　国家证监会公布《公开募集证券投资基金运作管理办法》《关于实施〈公开募集证券投资基金运作管理办法〉有关问题的规定》，自2014年8月8日起施行。

7月7日

［纲　文］　税务总局发出《关于创新税收服务和管理的意见》。

7月7日

［纲　文］　全国政协主席俞正声在北京会见赖正镒理事长率领的台湾商业总会大陆经贸考察团。

7月7日

［纲　文］　中央军委副主席范长龙在北京分别会见希腊军队国防参谋长科斯塔拉科斯、土耳其海军司令博斯坦奥。

7月7日

［纲　文］　"从都峰会—2014中澳经济论坛"在广州从都国际会议中心举行。

［目　文］　论坛由中国人民对外友好协会主办、澳大利亚中国友好交流协会协办。全国政协副主席马培华、澳大利亚前总理约翰·霍华德、中国驻澳大利亚大使马朝旭、广东省副省长招玉芳、中国人民对外友好协会副会长谢元、民建中央专职副主席宋海等200多位中澳政界、商界人士及知名企业家出席了此次论坛，就中国与澳大利亚之间经贸往来的热点、难点及疑点问题进行深入探讨，为推进中澳全面伙伴关系和中澳经贸关系的可持续稳定发展建言献策。马培华说，自1972年12月中澳正式建交以来，两国关系取得跨越式发展。两国高层及各级别交往密切，在经贸和人文等各领域开展了积极有效的合作，在国际地区问题上也保持着密切沟通与协调。经贸合作是中澳关系的重要推动力。双方经济互补性很强。只要双方秉持相互尊重、互利双赢的精神，坚持从长远角度和战略高度把握

中澳关系，不断加强对话，拓展合作，就能推动中澳战略伙伴关系取得新的更大发展，更好造福两国人民。霍华德就中国与澳洲经济发展、中澳经济合作大趋势及历史机遇等方面发表了主旨演讲。他表示，澳政府一直致力于发展与中国的友好关系和经贸往来，双方应继续加强在各个领域间的合作，在继续深化已有合作的基础上，不断开拓新的合作领域，把中澳经贸合作推向更高水平。在圆桌讨论中，企业代表们与参会者分享了他们在中澳发展的经验，就如何洞察中澳经贸优势捕捉黄金商机等方面进行了交流，并提出了有针对性的解决方案。

7月7日

[纲　文]　《人民日报》发表题为《历史悲剧决不允许重演》的社论。

7月8日

[纲　文]　习近平主持召开经济形势专家座谈会。

[目　文]　王沪宁、栗战书、周小川和有关部门负责人参加座谈会。在座谈会上，王战、刘世锦、李扬、林毅夫、胡鞍钢、樊纲分别就国际经济形势、推动我国经济发展、推进经济结构调整、强化金融工作、扩大对外开放、加强经济治理等谈了看法。他们认为，当前我国经济发展具有诸多有利条件，经济运行基本面是好的，经济结构调整取得积极成效，全面深化改革稳步推进，实现长期发展前景乐观。同时，也要看到，世界经济形势错综复杂，对我国经济发展带来的不利影响增多，需要冷静观察，对各类风险隐患早做准备、加强防范。他们提出，要坚持稳中求进工作总基调，保持宏观政策连续性和稳定性，针对经济运行中的突出问题有效实施一些兼顾当前和长期的政策措施，特别是要加大改革落实力度，不断为我国经济社会发展提供动力，增强我国经济社会发展活力。

中共中央总书记习近平听取各位专家发言，并同他们进行讨论交流。习近平强调，实现我们确定的奋斗目标，必须坚持以经济建设为中心，坚持发展是党执政兴国的第一要务，不断推动经济持续健康发展。发展必须是遵循经济规律的科学发展，必须是遵循自然规律的可持续发展。各级党委和政府要学好用好政治经济学，自觉认识和更好遵循经济发展规律，不断提高推进改革开放、领导经济社会发展、提高经济社会发展质量和效益的能力和水平。他指出，党的十八大确立了"两个一百年"奋斗目标，党中央提出要实现中华民族伟大复兴的中国梦。发展是硬道理，把经济建设搞上去，是实现"两个一百年"奋斗目标的重要基础，也是国家繁荣、社会稳定、人民幸福的重要基础。我们要立足国情，根据条件变化，加快转变经济发展方式，加快调整经济结构，加快全面深化改革步伐，使市场在资源配置中起决定性作用，更好发挥政府作用。习近平强调，我国具备持续健康发展的有利条件，我们牢牢把握着发展主动权。转方式、调结构是民心所向、大势所趋。我们要本着对历史负责、对人民负责的态度，准确把握改革发展稳定的平衡点，准确把握近期目标和长期发展的平衡点，准确把握改革发展的着力点，准确把握经济社会发展和改善人民生活的结合点，在转方式、调结构、保民生、推动可持续发展方面不断取得实实在在的成效。习近平指出，党的十八大和十八届三中全会要求加强中国特色新型智库建设，建立健全决策咨询制度。广泛听取各方面专家学者意见并使之制度化，对提高党的执政能力、提高国家治理能力具有重要意义。

7月8日

〔纲　文〕　国家主席习近平接受巴林驻华大使安瓦尔、塞浦路斯驻华大使洛伊索、卢旺达驻华大使卡永加、匈牙利驻华大使齐丽、缅甸驻华大使提林翁、马其顿驻华大使伊萨伊洛夫斯基、加纳驻华大使戴安等七国新任驻华大使递交国书。

7月8日

〔纲　文〕　国家主席习近平在北京会见世界银行行长金墉。

〔目　文〕　习近平说，世界银行是中国重要的发展伙伴，在中国改革开放进程中，中方和世界银行开展了良好合作。世界银行在帮助中国消除贫困、推动经济社会发展等方面发挥了积极作用。中国正在全面深化改革，完善体制机制，推动科技创新，加快实现新型工业化、信息化、城镇化和农业现代化，提高人民生活水平，促进社会公平。新形势下，中国同世界银行的合作大有可为。希望双方与时俱进，创新方式，立足中国国情，抓住中国改革发展的重点和难点，扩大和深化合作，发展平等互利、合作共赢的新型发展伙伴关系。中方将继续支持世界银行为促进全球减贫事业和世界共同繁荣作出积极贡献。金墉说，过去30多年来，世界银行同中国的合作富有成果，我们感谢中方对世界银行改革和全球减贫事业作出的积极贡献，赞赏中国坚定不移推进改革开放，促进人类福祉和公平正义。世界银行高度重视加强同中国的交流合作，愿积极参与中国城镇化和医疗卫生体制改革进程。

7月8日

〔纲　文〕　国务院总理李克强在北京会见世界银行行长金墉和世界卫生组织总干事陈冯富珍。

〔目　文〕　金墉和陈冯富珍表示，中国政府高度重视医药卫生事业发展，全力推进相关改革，取得令人钦佩的成绩。中国人民健康水平不断提高，有力促进了经济发展和社会进步。世行和世卫组织愿进一步加强同中国的交流与合作，积极建言献策，共同推动中国医疗卫生服务体系建设取得跨越式发展。李克强表示，随着中国的发展，13亿人对医疗卫生服务的要求日益提高。中国政府多年来围绕"保基本、强基层、建机制"，大力推进医药卫生体制改革，目的是适应改善民生的要求，解决人民群众看病难、看病贵的问题，更好应对人口老龄化等挑战。中国政府将继续坚持医疗、医保、医药"三医"联动，推动医改向纵深发展。李克强指出，人的健康也是发展的动力。中国产业结构最大的调整是发展服务业，医药卫生事业完全可以先行。围绕提供更好的医疗卫生服务，一方面政府要加大投入，尽可能让人民群众少花钱、有效预防和治疗疾病。另一方面要增加优质医疗资源和公共产品，鼓励社会资本进入医疗卫生领域，更好适应患者需求。中国医药卫生事业改革和发展将惠及全体人民，同时可以带动经济增长和更多就业，为中国经济发展注入新的活力。李克强赞赏世行和世卫组织对中国医药卫生事业改革与发展的支持,表示中国政府愿同世行、世卫组织在此领域开展研究和项目合作,这本身就是一种创新。

7月8日

[纲　文]　国务院总理李克强在北京会见来中国出席生态文明贵阳国际论坛2014年年会的埃塞俄比亚总统穆拉图。

7月8日

[纲　文]　国务院印发《关于珠江—西江经济带发展规划的批复》。

[目　文]　《批复》指出,《规划》实施要以推进协同发展为主线,以保护生态环境为前提,以全面深化改革开放为动力,坚持基础设施先行,着力打造综合交通大通道;坚持绿色发展,着力建设珠江—西江生态廊道;坚持优化升级,着力构建现代产业体系;坚持统筹协调,着力推进新型城镇化发展;坚持民生优先,着力提高公共服务水平;坚持开放引领,着力构筑开放合作新高地,努力把珠江—西江经济带打造成为我国西南、中南地区开放发展新的增长极,为区域协调发展和流域生态文明建设提供示范。《批复》强调,广东、广西两省区要切实加强组织领导,密切协调配合,明确分工,落实责任,完善机制,制定实施方案,推动《规划》实施。

7月8日

[纲　文]　**全国电影工作座谈会在北京召开。**

[目　文]　中共中央政治局委员、中宣部部长刘奇葆在讲话中说,中国电影已进入发展快车道,迎来繁荣发展的关键时期,要全面贯彻"二为"方向和"双百"方针,坚持以人民为中心的创作导向,以社会主义核心价值观为引领,坚持把社会效益放在首位、社会效益和经济效益相统一,着力增强创新创造能力,推动我国由电影大国向电影强国迈进。要繁荣电影创作,用电影体现和传播社会主义核心价值观,通过精彩的故事情节、鲜活的镜头语言、丰满的银幕人物,生动形象传播核心价值观。中国梦充满想象,得其大可兼其小,见其小可观其大,要以中国梦为重要主题,植根中华文化沃土,把人们追梦寻梦的奋斗表现出来、筑梦圆梦的激情汇聚起来。电影创作要坚持题材多样、创意制胜,既要善于大中取材,积极反映历史大势、讴歌人间真情、塑造美好心灵、追求幸福生活;也要善于小中见大,从凡人小事、生活情趣、乡村山廓、走进自然中发现真善美,写出为时代和百姓称道的好剧本,推出更多唱响主旋律、传递正能量的好影片。要促进电影艺术与现代科技深度融合,加强评论引导,推动优秀国产影片更好地提高水平赢得观众。

与会电影编剧、导演、演员、制片人及业界专家,围绕如何做强中国电影展开讨论。中国电影股份有限公司董事长喇培康在发言中说,电影是表现中国梦的有效手段和载体,以电影的形式展现中国梦能够起到团结人民、鼓舞大众、振奋精神、凝聚力量的作用。中国电影家协会主席李雪健在发言时说,改革开放给了我们很多机会,使我们的电影得到了长足的发展。

7月8日

［纲 文］ 工业和信息化部发出《关于印发建筑卫生陶瓷行业准入公告管理暂行办法的通知》。

［日 文］ 《通知》说，为规范实施《建筑卫生陶瓷行业准入标准》，加强事中事后监管，便于社会监督，工业和信息化部制定了《建筑卫生陶瓷行业准入公告管理暂行办法》。请依据本暂行办法，及时将本地区符合《建筑卫生陶瓷准入标准》的企业申报材料及审核意见（一式两份，并提交电子文档）报送工业和信息化部原材料工业司。

7月8日

［纲 文］ 住房和城乡建设部、民政部、财政部、中国残联、全国老龄办联合印发《关于加强老年人家庭及居住区公共设施无障碍改造工作的通知》。

［日 文］ 《通知》指出，各地住房和城乡建设主管部门要会同民政、财政、残联、老龄等主管部门制定年度老年人家庭无障碍改造计划，明确目标任务、工作进度、质量标准和检查验收要求，并对改造完成情况进行汇总。老年人家庭无障碍改造应体现个性化需求，并重点解决居家生活基本需要。年度改造计划制定应遵循公平、公正、公开原则，优先安排贫困、病残、高龄、独居、空巢、失能等特殊困难老年人家庭。同时，对纳入年度改造计划的贫困老年人家庭，县级以上地方人民政府可以给予适当补助，由民政主管部门会同财政主管部门确定资金补助标准，并明确资金监管要求，财政主管部门要对补助资金使用情况进行审核和监管。

7月8日

［纲 文］ 国务院办公厅向国家卫生计生委发出《关于同意国家人口和计划生育委员会兼职委员制度调整为国家卫生和计划生育委员会计划生育兼职委员制度的函》。

［日 文］ 国务院办公厅在《函》中说，卫生计生委《关于继续保留兼职委员会议制度并调整兼职委员单位组成职责及兼职委员的请示》收悉。经国务院领导同志同意，现函复如下：一、同意根据国务院机构改革后部门职责、人员变动情况及计划生育工作发展的需要，将国家人口和计划生育委员会兼职委员制度调整为国家卫生和计划生育委员会计划生育兼职委员制度，同时对兼职委员单位及其职责和兼职委员进行相应调整。二、国家卫生和计划生育委员会计划生育兼职委员会议在国务院领导下，负责研究提出计划生育工作的重大政策措施，为国务院决策提供意见建议；督促检查相关计划生育政策落实情况和任务完成情况，协调解决政策落实中的难点问题。兼职委员会议原则上每年召开一次，由国务院分管计划生育工作的领导同志召集，也可委托卫生计生委主要负责人或联系计划生育工作的国务院副秘书长召集。会议议题由卫生计生委提出，报召集人确定。会议议定事项以会议纪要形式明确，由召集人签发。三、卫生计生委承担联系兼职委员单位的具体工作，各兼职委员单位指定一名司局级干部担任联络员。四、各兼职委员单位要切实履行职责，按照分工密切配合卫生计生委共同做好计划生育工作。

7月8日

［纲　文］　国家卫生计生委印发《关于做好新型农村合作医疗几项重点工作的通知》。

［目　文］　《通知》要求全面推开利用新农合基金购买大病保险工作。在巩固儿童白血病、终末期肾病、重性精神疾病、艾滋病机会性感染、肺癌等20个病种的大病保障工作基础上，将儿童苯丙酮尿症和尿道下裂纳入大病保障范围。《通知》要求，坚持政府主导、市场运作、群众受益和保本微利的原则，以地市或省为单位引入商业保险机构承办大病保险。2014年力争将联通的省份扩大到15个左右。有条件的地区，探索通过新农合信息平台、自主协商和委托商业保险机构经办等方式，开展参合农民跨省异地就医结报试点。

7月8日

［纲　文］　教育部公布《普通高等学校招生违规行为处理暂行办法》。

7月9日

［纲　文］　国家主席习近平在北京同埃塞俄比亚总统穆拉图会谈。

［目　文］　习近平说，穆拉图总统是中国人民的老朋友，长期以来为推动中埃友好合作作出了重要贡献。中埃相互支持、相互帮助，两国关系成果丰硕，走在了中非关系前列，也是发展中国家团结合作的典范。中方积极支持埃塞俄比亚实现国家振兴繁荣，愿意同埃方开展治国理政交流，深化各领域务实合作，鼓励有实力的中国企业和金融机构赴埃塞俄比亚投资兴业，同埃方分享招商引资、建设经济特区和工业园区方面的经验，加强技术转移和人力资源培训等方面合作。中方愿意同埃方加强在国际和地区事务中的协调和配合，不断充实中埃全面合作伙伴关系战略内涵，打造中非合作样板。穆拉图说，埃中两国一直相互理解，相互信任，两国友谊基础坚实。埃塞俄比亚政府和人民感谢中国多年来提供的支持和帮助。埃塞俄比亚正在加快经济发展，希望借鉴中国成功经验，欢迎中方投资，在农业、制造业、基础设施建设等领域扩大合作。相信埃中合作必将为非中关系发展作出更大贡献。

7月9日

［纲　文］　国家主席习近平等在北京会见俄罗斯总统办公厅主任伊万诺夫。

［目　文］　习近平在人民大会堂会见伊万诺夫时说，我同普京总统保持了密切交往，这体现了中俄关系的特殊性。年内，我们还有多次会面的机会。我期待着在巴西金砖国家领导人会晤期间同普京总统再次会面，欢迎普京总统11月来华出席亚太经合组织领导人非正式会议，相信我们将就进一步深化和扩大两国合作达成更多共识。两国有关部门要密切配合，确保双方各种沟通合作机制运转顺畅，把我和普京总统达成的各项共识落到实处。2015年中俄将共同举办世界反法西斯战争胜利70周年纪念活动，希望双方加强配合，使这些活动取得成功。伊万诺夫说，普京总统和习近平主席保持了频繁交往，有力推

动了俄中全面战略协作伙伴关系发展。普京总统前不久对中国进行了成功国事访问，双方签署了一系列重要合作协议，具有划时代意义。俄方愿同中方一道，落实好两国元首达成的重要共识，大力推进务实合作，搞好重点项目，互相办好青年友好交流年，加强安全执法合作，携手打击"三股势力"。我们还要共同隆重庆祝世界反法西斯战争胜利70周年，显示俄中两国作出的巨大贡献。

同日，中共中央政治局委员、中央办公厅主任栗战书在人民大会堂同伊万诺夫举行会谈。

7月9日
[纲　文] 国家主席习近平在北京会见澳大利亚前总理霍华德。

[目　文] 习近平说，两国人员交往密切，各领域合作势头良好。展望未来，中国仍将处在重要发展机遇期。我们将加快调整经济结构，推动经济持续健康发展，这将给中澳合作带来新的机遇。中澳双方要放眼长远，紧密围绕共同利益，共享发展机遇，照顾彼此重大关切，加强务实合作，加快推进中澳自由贸易协定谈判，使两国战略伙伴关系取得更大发展。习近平赞赏霍华德担任澳大利亚总理期间为促进中澳关系发展作出的贡献，希望他继续发挥积极作用。霍华德表示，中国的改革发展有利于世界，对澳大利亚是重要机遇。澳中两国有广泛的共同利益和很强的互补性，澳大利亚经济增长得益于中国的发展。澳方积极致力于加强同中国的交往与合作，相信双方早日签署澳中自贸协定将推动两国合作再上新台阶。

7月9日
[纲　文] 李克强主持召开国务院常务会议。

[目　文] 会议部署加快发展现代保险服务业，决定免征新能源汽车车辆购置税，围绕推进简政放权，通过相关法律修正案草案和行政法规修改决定。会议指出，保险业是现代服务业发展的重点，具有巨大潜力。加快发展现代保险服务业，能够帮助企业和群众对冲经营和生活中的风险、增强安全感，激发社会创造创业动力，有利于增加就业、促进经济结构优化、推进社会治理创新，可以一举多得。会议强调，要以改革为动力，突出重点、协调联动，加快发展现代保险服务业。一是促进保险与保障紧密衔接，把商业保险建成社会保障体系的重要支柱。支持有条件的企业建立商业养老健康保障计划。支持符合资质的保险机构投资养老产业、参与健康服务业整合，鼓励开发多样化的医疗、疾病保险等产品。二是将保险纳入灾害事故防范救助体系。逐步建立财政支持下以商业保险为平台、多层次风险分担为保障的巨灾保险制度。积极发展财产、工程、意外伤害等保险。三是通过保险推进产业升级。创新保监支农惠农方式，支持保险机构提供保障适度、保费低廉、保单通俗的"三农"保险产品。鼓励保险资金采取多种方式，支持新型城镇化、重大基础设施建设和棚户区改造等，支持股票、债券市场长期稳定发展。完善科技保险体系，发展小微企业信用保险和个人消费贷款保证保险。大力发展出口信用、境外投资等保险。四是运用保险机制创新公共服务。积极探索推进商业保险机构开展社会保险经办服务。以与公

众利益密切相关的环境污染、食品安全、医疗责任等为重点，开展强制责任保险试点。鼓励发展治安保险等新兴业务。五是深化保险业改革开放。加快建设现代保险企业制度，推进保险市场准入退出机制改革。引入国外保险先进经验和技术，努力扩大保险服务出口，提高保险业对外开放水平。加快发展再保险和中介市场。加强信用信息等基础建设。强化监管，规范经营。提升全社会保险意识。用优质、丰富的保险产品和服务，助推经济发展，助力民生改善。会议强调，发展新能源汽车是我国交通能源战略转型、推进生态文明建设的重要举措。会议决定，自2014年9月1日至2017年底，对获得许可在中国境内销售（包括进口）的纯电动以及符合条件的插电式（含增程式）混合动力、燃料电池三类新能源汽车，免征车辆购置税。会议通过政府采购法、注册会计师法等5部法律修正案草案和国务院关于对矿产资源开采登记管理办法等21部行政法规进行修改的决定草案，确定将法律修正案草案提请全国人大常委会审议。两个草案共修改了涉及审批项目取消、下放的67个条款，并完善了政府部门事中事后监管职责。两个草案还提出取消政府采购招标代理机构乙级资格认定等3项审批项目。

7月9日

〔纲　文〕　国务院总理李克强在北京会见马耳他总理穆斯卡特。

〔目　文〕　李克强在人民大会堂会见来华出席生态文明贵阳国际论坛2014年年会的马耳他总理穆斯卡特。李克强表示，中马传统友好，在双边和国际事务中相互理解，密切合作，是不同幅员人口、文化传统、社会制度国家之间和谐共处的典范。中国重视发展同马耳他的关系，愿同马方落实好两国政府合作中期规划，为中马关系注入新的活力和内涵。李克强指出，马耳他地处地中海心脏，具备辐射地中海沿岸的区位优势。中马合作互补性强，潜力巨大。中方愿同马方深化经贸、能源、基础设施建设、海洋、旅游等领域合作，希望马耳他作为中国在欧盟内的好朋友、好伙伴，继续为促进中欧关系发展发挥积极作用。穆斯卡特表示，马中关系建立在相互理解、相互尊重基础上，近年来取得巨大发展。马方愿以双方签署两国政府合作中期规划为契机，扩大各领域互利合作，并发挥马耳他的区位优势，推动欧中合作取得更多成果。会见后，两国总理共同见证了《中马政府合作中期规划谅解备忘录（2014—2019）》的签署。

7月9日

〔纲　文〕　国务院副总理张高丽在北京会见美国总统顾问波德斯塔。

〔目　文〕　双方就全球应对气候变化及进一步加强气候变化领域的交流与合作等交换了意见。张高丽表示，中国正在大力推进生态文明建设，努力探索走一条符合中国国情的发展经济与应对气候变化双赢的可持续发展之路。按照两国元首达成的共识，中美加强应对气候变化领域的合作，符合两国的共同利益，有利于促进中美关系健康稳定发展，造福两国人民，推动全球应对气候变化的多边进程。希望中美双方进一步加强对话交流，深化相关领域务实合作，把气候变化合作打造成中美构建新型大国关系中的一大亮点。波德斯塔表示，美方赞赏中国积极应对气候变化的政策措施，愿与中方进一步加强可再生能源、核电、清洁煤、节能等低碳技术领域的务实合作。

7月9日

［纲　文］　国务院副总理刘延东、国务委员杨洁篪同美国国务卿克里共同出席中美打击野生动植物非法交易宣传活动。

7月9日

［纲　文］　中国人民对外友好协会发起的全球首席执行官委员会第二届圆桌峰会在北京召开。

［目　文］　圆桌峰会在北京人民大会堂召开，大众汽车、IBM、西门子、诺基亚、渣打银行等世界500强跨国公司董事长、首席执行官分别就经济发展、创新驱动、金融合作、节能环保、中国改革等广泛议题发言并提出建议。国务院总理李克强同他们深入交流并回答提问。

李克强指出，中国经济要在中长期内实现中高速增长和持续健康发展，必须坚持科学发展，努力转变发展方式，积极调整经济结构，着力提质增效升级。要推进产业向中高端水平迈进，走新型工业化道路，突破能源资源瓶颈制约，推动绿色发展。要加大金融对实体经济的支持，促进经济发展，维护金融安全。

李克强表示，中国的发展必须依靠改革创新，关键是处理好政府与市场的关系。要进一步推进简政放权，放宽市场准入，增加公共产品有效供给。同时要加强事中事后监管，依法处理假冒伪劣、侵犯知识产权等违法违规行为，营造市场公平竞争环境，激发企业创新创造活力。中国全面深化改革和进一步扩大开放，将为跨国公司在华发展提供更多机遇和更广阔空间。

7月9日

［纲　文］　国家测绘地信局发出《关于印发〈注册测绘师执业管理办法（试行）〉的通知》。

7月9日

［纲　文］　《人民日报》发表题为《一鼓作气，防止前紧后松——一论确保教育实践活动取得实效》的评论员文章。

7月9—10日

［纲　文］　第六轮中美战略与经济对话和第五轮中美人文交流高层磋商在北京举行，国家主席习近平出席联合开幕式并发表讲话。

［目　文］　中美双方高度重视本轮对话，派出了主要经济金融部门的负责人参加。美方代表团包括18个部门的负责人，中方代表团包括17个部门的负责人。国家主席习近平、国务院总理李克强分别会见了美方代表团主要成员。中美双方围绕"推进相互尊重、合作共赢的中美经济伙伴关系"的主题，就宏观经济和结构改革、深化贸易与投资合作、金融业改革开放与跨境监管合作三大议题举行了专题会议。本轮中美战略与经济对话分别由习近平主席特别代表、国务院副总理汪洋和国务委员杨洁篪与奥巴马总统特别代表、国

务卿克里和财政部长雅各布·卢共同主持。本轮中美人文交流高层磋商由国务院副总理刘延东和美国国务卿克里共同主持。本轮战略对话议题十分广泛，涉及双边、地区和全球层面的重大问题。双方就中美关系、各自内外政策、双边重要敏感问题、两国在亚太地区的互动以及共同关心的国际地区问题和全球性挑战深入交换了意见，加深了相互了解，增进了相互信任，减少了分歧和摩擦，促进了各个领域的务实合作和交流，进一步充实中美新型大国关系的内涵，推动两国关系持续健康稳定发展。本轮人文磋商以"缔结青年纽带，塑造和平未来"为主线，分别就两国教育、科技、文化、体育、妇女、青年等领域合作情况进行总结，探讨下一步合作方向及举措，推动双方积极落实两国元首对中美人文交流的殷切希望。磋商期间举行了4场亮点活动。习近平9日出席在钓鱼台国宾馆芳华苑举行的第六轮中美战略与经济对话和第五轮中美人文交流高层磋商联合开幕式并发表题为《努力构建中美新型大国关系》的致辞。习近平指出，35年来，中美关系虽然历经风风雨雨，但总体是向前的，得到了历史性发展，两国利益深度交融。中美合作不仅造福中美两国人民，而且促进了亚太地区和世界和平、稳定、繁荣。美国总统奥巴马在书面致辞中表示，美中两国联系不断加强，经济相互依存日益加深，双方需要围绕共同利益、共同责任和共同挑战建设两国关系。

10日，国家主席习近平、国务院总理李克强在北京分别会见美国总统奥巴马特别代表、国务卿克里和财政部长雅各布·卢。习近平说，第六轮中美战略与经济对话和第五轮中美人文交流高层磋商取得了积极成果，释放了改善和发展中美关系的重要信息。克里和雅各布·卢说，两天来，我们同中方同事进行了富有成果的对话和磋商。奥巴马总统欢迎并希望看到一个强大、繁荣、稳定的中国，美方绝对无意遏制中国，无意同中国对抗、冲突。

7月10日

[纲　文]　俞正声主持召开全国政协双周协商座谈会。

[目　文]　全国政协副主席杜青林、罗富和、张庆黎、马培华出席座谈会。国务院南水北调办公室主任鄂竟平介绍了南水北调中线水源地水质保护有关工作情况。国家发展和改革委员会、环境保护部、水利部、国家林业局有关负责人出席会议，与委员们交流了意见。全国政协委员张基尧、朱永新、王光谦、胡四一、杨忠岐、马中平、孙丹萍、江泽慧、叶冬松、张桃林、李原园、张震宇、印红、李晓东、刘炳江、李长安，以及王浩、陈天会、马荣才等专家学者在座谈会上发言。委员们认为，南水北调中线工程是中央解决华北地区特别是首都缺水问题的重大战略决策，本年汛期后中线工程即将正式通水。为保护好水源地水质，确保"一泓清水永续北上"，湖北、河南、陕西做出了重大贡献。现在水源地丹江口水库水质总体良好，基本符合通水水质要求。对水源地水质保护面临的一些问题，要继续积极加以解决。委员们建议，要进一步落实国务院批复的关于库区水污染防治和水土保持的相关规划，处理好水源地保护与库区经济社会发展的关系。要对南水北调中

线工程环境影响和配套工程进行评估,把后续项目纳入《国民经济和社会发展第十三个五年规划纲要》,落实资金、落实要求、落实责任、落实查处、落实管理。要转变经济发展方式和调整产业结构,建立库区及上游水资源和生态环境保护的长效机制。控制污染物排放总量,加强农业面源污染治理,搞好综合整治,完善生态补偿机制,开展对口协作。座谈会上,全国政协主席俞正声不时插话,与发言者交流讨论。

7月10日

[纲　文]　国家银监会印发《关于完善银行理财业务组织管理体系有关事项的通知》。

7月10日

[纲　文]　工业和信息化部印发《部分产能严重过剩行业产能置换实施办法》。

[目　文]　《办法》规定,钢铁、电解铝、水泥、平板玻璃等产能严重过剩行业项目建设,须制定产能置换方案,实施等量或减量置换,在京津冀、长三角、珠三角等环境敏感区域,实施减量置换。《办法》指出,只有2013年度及以后列入工业和信息化部公告的企业淘汰落后和过剩产能,才可用于新(改、扩)建项目产能置换,且不得重复使用。另外,已超过国家明令淘汰期限的落后产能,不得用于产能置换。《办法》明确支持跨地区产能置换,引导国内有效产能向优势企业和更具比较优势的地区集中。鼓励各地积极探索实施政府引导、企业自愿、市场化运作的产能置换指标交易。《办法》明确产能等量或减量置换实施期限暂定至2017年底,并根据产业发展情况适时修订。

7月10日

[纲　文]　国家民航局公布《民用航空器驾驶员和地面教员合格审定规则》,自2014年9月1日起施行。

7月10日

[纲　文]　世界知识产权组织中国办事处在北京成立。

[目　文]　国家工商总局局长张茅参加了世界知识产权组织中国办事处揭牌仪式,总局副局长刘俊臣代表国家工商总局参加了世界知识产权组织中国办事处揭牌答谢会。全国人大常委会委员、教科文卫委员会主任委员柳斌杰在人民大会堂会见了世界知识产权组织总干事高锐一行。11日,张茅会见了来访的世界知识产权组织总干事弗朗西斯·高锐一行。

7月10—19日

[纲　文]　中共中央政治局委员、北京市委书记郭金龙访问埃塞俄比亚、肯尼亚和津巴布韦。

[目　文]　郭金龙与三国党政和地方领导人及各界人士广泛接触,积极宣传中共十八届三中全会精神和我国领导人关于中非关系的新理念、新方略,推动我国与三国双边各领域交流合作,在深化传统友谊、推动互利合作、共谋发展繁荣的同时,展现了当代中国共产党人求真务实、开放自信的良好形象。访问期间,北京市组织了大型文艺演出、展

览和电视剧展播活动，拉近了中非人民心灵的距离。在埃塞俄比亚和津巴布韦，"魅力北京"图片展、"北京之夜"文艺演出、"北京非物质文化遗产展示"，从不同侧面展示了北京厚重的历史积淀和蓬勃的发展活力，在当地引发轰动效应。郭金龙在出席"魅力北京"图片展时，亲自做"解说"。许多观众表示，通过展演活动，惊喜地发现中国和北京是如此丰富多彩和可近可亲，今后一定要到中国亲身体验。展演结束后，票款所得捐给了当地灾区人民和孤儿院，为非洲社会民生事业尽一份力量。在肯尼亚，郭金龙出席了"北京电视剧非洲展播季"启动仪式，向各界人士表示，中国人民和非洲人民有着相同的情感和追求，希望以广播影视为媒，让双方心灵贴得更近，让彼此梦想深度融合。

7月10—12日

[纲 文] 生态文明贵阳国际论坛2014年年会在贵阳举行。

[目 文] 本次年会的主题是"改革驱动，全球携手，走向生态文明新时代"，近千名中外嘉宾参加。10日，国际论坛年会举办了以"资本市场的雄心与困境"为主题的电视辩论会，举办了以生态文明进程中责任教育、中华文化与生态文明等为主题的多场讨论。国家副主席李源潮在贵阳分别会见了来华出席生态文明贵阳国际论坛2014年年会的埃塞俄比亚总统穆拉图、马耳他总理穆斯卡特、瑞士联邦议会联邦院议长格尔曼、俄罗斯总统办公厅主任伊万诺夫、瓦努阿图副总理利尼以及澳大利亚前总理陆克文、泰国前副总理素拉杰、英国前副首相普雷斯科特。

11日，国务院总理李克强向国际论坛年会致贺信。他表示，生态文明源于对发展的反思，也是对发展的提升，事关当代人的民生福祉和后代人的发展空间。中国把生态文明建设放在国家现代化建设更加突出的位置，坚持在发展中保护、在保护中发展，健全生态文明体制机制，下大力气防治空气雾霾和水、土壤污染，推进能源资源生产和消费方式变革，继续实施重大生态工程，把良好生态环境作为公共产品向全民提供，努力建设一个生态文明的现代化中国。李克强强调，人类只有一个地球。保护生态环境、促进绿色发展是各国利益的汇合点。中国把生态环保作为对外开放的重要领域，将继续加强同世界各国、国际组织的环境合作，深入推进国际环境公约的履约，携手应对气候变化，共同推动人类环境与发展事业。李克强表示，本次论坛年会以"改革驱动，全球携手，走向生态文明新时代"为主题，体现了结构改革推动结构调整，体现了各方面对生态文明建设的共同责任。相信年会将凝聚新的共识，为全球可持续发展作出新的探索。

11日，国际论坛年会举行开幕式，国家副主席李源潮出席开幕式并致辞。埃塞俄比亚总统穆拉图、马耳他总理穆斯卡特、瑞士联邦议会联邦院议长格尔曼、俄罗斯总统办公厅主任伊万诺夫、瓦努阿图副总理利尼等在开幕式上演讲，联合国秘书长潘基文发来贺信。11—12日，贵阳国际论坛以智慧能源、绿色建筑、生态体育、流域保护、原生态民族文化、佛教文化、工业固体废物整治和综合利用等为主题，分别举行了多场讨论会。

7月11日

［纲　文］　中央军委在北京八一大楼举行晋升上将军衔仪式，习近平颁发命令状。

［目　文］　中央军委副主席许其亮主持晋衔仪式，中央军委副主席范长龙宣读6月30日中央军委主席习近平签署的晋升上将军衔命令。这次晋升上将军衔的4位军官是：副总参谋长戚建国，沈阳军区司令员王教成、政治委员褚益民，广州军区政治委员魏亮。习近平向他们颁发命令状。中央军委委员常万全、赵克石、张又侠、吴胜利、马晓天、魏凤和出席晋衔仪式，解放军各总部、驻京各大单位和军委办公厅领导等也出席了晋衔仪式。

7月11日

［纲　文］　国务院总理李克强在北京会见世界知识产权组织总干事高锐。

［目　文］　李克强说，当前中国经济正处在中高速增长中向中高端水平迈进的关键阶段，创新起着支撑作用。中国政府把创新驱动放在更突出的位置，不断加大科技创新和体制创新力度，通过简政放权为企业和市场主体松绑，激发全社会创新创造活力；通过科研成果处置权收益权改革、股权激励等机制，调动科研机构和科技人员积极性，使改革与创新相互支撑、齐头并进。李克强指出，知识产权是人类对发明创造从自发到自觉的认识升华。保护知识产权就是保护创新，用好知识产权就能激励创新，是给创新的火花加油。中国政府对中外企业和各类主体的创新成果一视同仁、同等保护，正不断加大行政和司法保护力度，严厉打击假冒伪劣等侵权行为，努力营造公平公正、规范透明的法制和市场环境。同时，通过健全知识产权评价标准、完善技术交易市场和服务等，更好运用知识产权，促进科技成果向现实生产力转化，努力建设知识产权强国。中方愿同世界知识产权组织加强合作，推动国际知识产权规则朝着普惠、包容方向发展，让创新创造更多惠及各国人民。高锐感谢中国对世界知识产权组织的支持，表示中国政府高度重视创新和知识产权保护并取得显著成就，这不又有利于中国经济转型升级，也有利于世界经济增长。世界知识产权组织愿与中方加强交流合作，共同维护多边主义，推进全球范围的创新和知识产权保护，欢迎中国在相关国际规则制定方面发挥更大建设性作用。

7月11日

［纲　文］　公安部召开全国公安机关电视电话会议。

［目　文］　会议指出，户口登记管理清理整顿工作取得初步成效。在2013年清理注销79万个重复户口的基础上，2014年上半年全国又清理注销重复户口27.1万个，查办伪造买卖户口证件案件149起，已依法依纪查处责任民警和辅警46人。公安部要求，进一步加大案件侦办力度，通过主动发掘线索、强化线索核查、加强案件侦办，严厉打击买卖假户口案件，将买卖假户口的犯罪团伙和公安机关内部的害群之马一网打尽；进一步加大系统建设力度，2014年底前各地要全部建成人像比对系统，实现全国人像比对跨省联网应用；进一步加大重点督导力度，加强重点案件挂牌督办，做到案件事实不查清决不放

过、涉案人员不到案决不放过、责任人员不处理决不放过。清理整顿工作中，发现拥有2个以上户口、身份证的党员领导干部，都必须通报当地纪检、组织部门。建立假户口、假身份证"黑名单"制度，对持有假户口、假身份证人员，在依法处理的同时，将适时向社会公开曝光。公安部强调，尽管户口登记管理中大量错、重问题是由于过去历史资料不全不准和一些地方买房入户等多种原因造成的，但严格户口、身份证管理，是公安机关必须切实履行好的一项重要职责；尽管公安队伍中的害群之马是极个别的，但危害严重、影响恶劣，要直面问题、揭露问题、解决问题。各地公安机关要坚持一手抓规范执法、一手抓从严治警，绝不为自己和任何人办假户口、假身份证，坚决守住法律和道德底线。要严格落实公安部"四个一律"的规定，对不作为、乱作为的必须严肃追究责任，构成违法犯罪的要坚决依法严惩。凡是办理假户口、假身份证的，必须坚决清除出公安队伍；凡是收受好处为他人办理假户口、假身份证的，必须受到法律的严惩。要实行户口登记管理终身责任制，对滥用职权违法违规办理户口的，无论职务、岗位有什么变动，即使已经退休、辞职的，也要倒查追究责任。

7月11日

［纲　文］　国家卫生计生委、司法部、中国保监会、财政部、国家中医药管理局五部门在北京召开加强医疗责任保险工作电视电话会议。

［目　文］　会议要求到2015年底前，全国三级公立医院参加医疗责任保险率应当达到100%，二级公立医院参保率应当达到90%以上。会议提出，各地要统一组织、推动各类医疗机构特别是公立医疗机构参加医疗责任保险，即由医疗机构购买医疗责任保险，一旦发生医疗损害责任事件，由保险公司代为赔付。会议要求进一步完善医疗责任保险合同、条款，科学合理厘定医疗责任保险费率，逐步扩大保障内容和范围，简化理赔程序。加强人民调解和保险赔偿的衔接，支持保险机构提早、全程介入医疗纠纷处理工作，多渠道调处医疗纠纷。

7月11日

［纲　文］　文化部、工业和信息化部、财政部联合印发《关于大力支持小微文化企业发展的实施意见》。

［目　文］　《实施意见》明确了小微文化企业的含义，首次将支持小微文化企业发展与公共文化服务体系建设结合起来，明确要求完善相关扶持举措，鼓励小微文化企业参与公共文化服务和政府采购。针对小微文化企业专业人才普遍缺乏的状况，《实施意见》明确提出加强对小微文化企业培训工作的扶持，要求打破人才职称评定的体制壁垒，逐步建立面向社会文化艺术人才开放的职称评定制度，为小微文化企业培养和留住优秀人才创造条件。

7月11日

［纲　文］　许其亮主持召开中央军委巡视工作领导小组第三次会议。

［目　文］　经中央军委主席习近平和中央军委批准，4月下旬至6月下旬，中央军

委巡视组分两个小组对广州军区、成都军区党委班子及其成员进行了巡视。本日，中央军委副主席许其亮主持召开中央军委巡视工作领导小组第三次会议，贯彻习近平关于巡视工作的重要指示，听取巡视情况汇报，研究审议反馈巡视情况和移交有关问题线索，部署军委巡视组下一步工作。许其亮对军委第二次巡视工作给予充分肯定，明确要求，对发现的问题线索按有关规定尽快移交、严肃认真查处。强调指出，要认真学习习近平重要指示、领悟决心意图，进一步坚定做好军队巡视工作的决心信心；向中央巡视组学习，加强和改进军队巡视工作；善于发现问题线索，真正起到查处一批人、挽救一批人、教育一批人、塑造一批人的作用。

7月11日

〔纲　文〕　新华社讯，中共中央纪委对政协第十二届全国委员会经济委员会原副主任杨刚严重违纪违法问题进行了立案审查。

〔目　文〕　经查，杨刚利用职务上的便利为他人谋取利益，收受巨额贿赂；与他人通奸。杨刚的上述行为已构成严重违纪，其中受贿问题已涉嫌违法犯罪。依据《中国共产党纪律处分条例》等有关规定，经中央纪委审议并报中共中央批准，决定给予杨刚开除党籍、开除公职处分；将其涉嫌犯罪问题及线索移送司法机关依法处理。

2016年1月20日，北京市第三中级人民法院公开宣判全国政协经济委员会原副主任杨刚受贿案，认定被告人杨刚犯受贿罪，判处有期徒刑12年，并处没收个人财产人民币100万元。

7月11日

〔纲　文〕　《人民日报》发表题为《上下衔接，防止矛盾积压——二论确保教育实践活动取得实效》的评论员文章。

7月11—16日

〔纲　文〕　李源潮在贵州省调研。

〔目　文〕　国家副主席李源潮在贵阳、遵义、毕节的城市新区、开发区、基层社区和山区农村调研。考察贵阳市和北京中关村共同建设的大数据中心时，李源潮希望贵阳用好劳动力优势，积极发展外包服务业。在20世纪60年代内迁遵义的长征电气公司，李源潮叮嘱企业加快产品创新，再创老国企新辉煌。在贵安新区、遵义开发区、毕节开发区，李源潮提出，贵州要以规划为引领，探索有山区特色的新型工业化、城市化道路。李源潮考察了毕节市科技馆，叮嘱要把科技馆管好用好，同时要运用网络科普手段。在遵义医学院，李源潮与团员青年亲切交谈，勉励他们树立为人民健康服务的志向，做对社会有益的人。李源潮在贵阳召开群团工作座谈会，听取基层负责人和群众代表意见。

7月11日—9月23日

〔纲　文〕　中国开展并完成第六次北极科学考察。

〔目　文〕　本次科考队由科研人员、组织协调与管理人员、后勤保障人员、媒体记者等128人组成，其中包括6名来自美国、俄罗斯、法国、德国的科学家和1名来自中国台湾地区的科学家。

7月11日，科考队乘坐"雪龙"号科学考察船从位于上海浦东的中国极地考察国内基地码头启程。9月23日，科考队乘坐"雪龙"号科学考察船返回上海浦东。本次"雪龙"号科考船总航行约2.2万公里，最北到达北纬81度11分50秒，西经156度30分52秒。本次考察海域主要位于我国历次北极科考的传统考察海域——北冰洋太平洋扇区，包括白令海盆、白令海陆架、楚科奇海、楚科奇海台和加拿大海盆等海域。考察期间，共完成12条断面累计90个站位作业和1个为期10天的长期冰站、7个短期冰站观测，超额完成各项任务，获得多项科学成果。考察队首次在北纬55度以北太平洋海域布放一套海气界面锚碇浮标；首次在极地海域开展了近海底磁力测量，获得了2条测线592公里的高精度、高分辨率的地磁探测数据；通过中美国际合作，首次在北纬80度左右及以北的加拿大海盆波弗特环流区布放了3套深水冰基拖曳浮标；完成国内首次海冰浮标阵列布放，共布放4组。

此次考察是中国成为北极理事会正式观察员后实施的首次北极科考，也是国务院批准的极地专项支持的第二个北极航次考察，对进一步加强中国对北极环境变化的了解、强化对北极战略地位的认识、提升中国在北极事务中的国际地位具有重要战略意义。

7月12日

［纲　文］　中共中央办公厅、国务院办公厅印发《关于全面推进公务用车制度改革的指导意见》。

［目　文］　《意见》主要内容如下：一、充分认识公务用车制度改革的重要意义。二、指导思想、基本原则和总体目标。力争在2014年底前基本完成中央和国家机关及其所属参照公务员法管理的事业单位公务用车制度改革，2015年底前基本完成地方党政机关公务用车制度改革，用2—3年时间全面完成公务用车制度改革。通过改革，切实实现公务出行便捷合理、交通费用节约可控、车辆管理规范透明、监管问责科学有效，基本形成符合国情的新型公务用车制度。三、主要任务。（一）改革公务交通保障方式。（二）合理确定党政机关公务交通补贴标准。（三）妥善安置司勤人员。（四）公开规范处置公务用车。四、健全公务用车管理和保障制度。（一）加强定向化保障车辆管理。（二）完善财务管理。（三）加强公务用车监督检查。（四）切实保障公务出行。五、认真做好组织实施工作。（一）加强领导，明确责任。（二）精心组织，扎实推进。（三）加强舆论引导，营造良好氛围。

7月12日

［纲　文］　中共中央办公厅、国务院办公厅印发《中央和国家机关公务用车制度改革方案》。

［目　文］　《改革方案》主要内容如下：一、主要任务。（一）参改范围。1.机构范围：中央纪委机关和中央各部门，全国人大机关，国务院各部门，全国政协机关，最高人

民法院、最高人民检察院、各人民团体、群众团体、各民主党派中央、全国工商联 中央和国家机关所属参公事业单位。2.人员范围：在编在岗的司局级及以下工作人员。3.车辆范围：取消一般公务用车，保留必要的机要通信、应急、特种专业技术用车和符合规定的一线执法执勤岗位车辆及其他车辆。（二）改革方式。1.对参改的司局级及以下工作人员适度发放公务交通补贴，自行选择公务出行方式，在北京市行政区域（城区）内公务出行不再报销公务交通费用。2.按照节约成本、保证公务、便于操作、简化档次的要求，合理确定各职级工作人员公务交通补贴标准。具体为：司局级每人每月1300元，处级每人每月800元，科级及以下每人每月500元。各单位可根据实际情况，从公务交通补贴中划出一定比例作为单位统筹部分，集中用于解决不同岗位之间公务出行不均衡等问题，比例原则上不超过补贴总额的10%。统筹资金使用要公开透明，具体管理办法由各单位自行制定。3.公务交通补贴属于改革性补贴，列入财政预算，在交通费中列支、按月发放，用于保障公务人员普通公务出行。适时适度调整公务交通补贴标准。4.执法执勤部门统一参加公务用车制度改革，按规定保留的执法执勤用车要严格配备在一线执法执勤岗位，执法执勤部门的其他一般公务用车一律纳入改革范围。5.对未参改单位和人员，不得发放公务交通补贴。（三）车辆处置。（四）司勤人员安置。二、保障措施。三、加强组织实施。

7月12日

［纲　文］　《人民日报》发表题为《慎重处置，防止简单粗糙——三论确保教育实践活动取得实效》的评论员文章。

7月13—16日

［纲　文］　国家主席习近平前往巴西参加金砖国家领导人第六次会晤，途中在希腊过境访问，应约同美国总统奥巴马通电话。

［目　文］　13日，习近平抵达希腊罗德岛，在前往巴西出席金砖国家领导人第六次会晤并对拉美四国进行国事访问途中进行技术经停，会见希腊领导人，就两国关系发展交换意见。习近平指出，中国和希腊是两大文明古国，都创造了对人类文明影响深远的独特文明，两国人民相互欣赏、相互尊重，中希关系基础坚实、发展很好。希腊总统帕普利亚斯表示，希腊人民热烈欢迎习近平主席过境访问，希方愿意继续加强同中方的友好合作，积极参与中方关于建设丝绸之路经济带和21世纪海上丝绸之路的重要倡议，扩大海洋、基础设施建设等领域合作，欢迎中国公司前来投资。

14日，习近平到达巴西福塔莱萨，接受了巴西《经济价值报》、阿根廷《国民报》、委内瑞拉国家通讯社、古巴拉丁美洲通讯社的联合采访。习近平在巴西福塔莱萨分别会见了俄罗斯总统普京、南非总统祖马、印度总理莫迪。国家主席习近平在巴西福塔莱萨应约同美国总统奥巴马通电话。习近平表示，中方一贯从战略高度和长远角度看待和处理对美关系，愿同美方一道，为构建中美新型大国关系不懈努力。奥巴马表示，第六轮美中战略与经济对话和第五轮美中人文交流高层磋商富有成果、取得成功，证明美中两国共同致力于建设一个积极、安全和繁荣的未来。两国元首就伊朗核问题形势交换了意见。习近平指出，伊朗核谈判既取得了进展，也面临不少需要克服的困难。中方希望各方全力以赴，早日达成全面协议。中方愿同美方加强沟通和协调，推动各方相向而行，争取尽早达成一项全面持久解决伊朗核问题的协议。奥巴马表达了美方立场，表示赞赏中方发挥的重要和建设性作用，愿意同中方保持沟通和合作。双方还就朝鲜半岛局势等问题交换了看法。

15—16日，金砖国家领导人第六次会晤在巴西福塔莱萨举行，中国国家主席习近平、巴西总统罗塞夫、俄罗斯总统普京、印度总理莫迪、南非总统祖马出席。五国领导人围绕"实现包容性增长的可持续解决方案"主题，就世界经济形势、国际政治安全问题交换意见，达成广泛共识，取得重要成果。习近平发表了题为《新起点，新愿景，新动力》的主旨讲话，总结金砖国家合作经验，提出今后合作方向，表示中国将继续参与金砖国家合作，为维护世界和平、促进共同发展作出更大贡献。习近平强调，金砖国家在许多重大国际和地区问题上共同发声、贡献力量，致力于推动世界经济增长、完善全球经济治理、推动国际关系民主化，是国际关系中的重要力量和国际体系的积极建设者。习近平指出，金砖国家应该秉持开放、包容、合作、共赢精神，在总结过去5年经验基础上，规划新的合作蓝图，发展更紧密、更全面、更牢固的伙伴关系。五国领导人决定，成立金砖国家开发银行，总部设在中国上海；建立金砖国家应急储备安排。会议发表《福塔莱萨宣言》。

7月13日

［纲　文］　原中共中央调查部副部长陈忠经在北京逝世，享年99岁。

7月13日

［纲　文］　《人民日报》发表题为《巩固成果，防止短期效应——四论确保教育实践活动取得实效》的评论员文章。

7月14日

［纲　文］　李克强主持召开经济形势企业负责人座谈会。

［目　文］　国务院总理李克强主持召开经济形势座谈会，听取部分中央企业、地方国企和民营企业负责人的看法和建议。国务院副总理张高丽出席，国务院副总理刘延东、汪洋、马凯和国务委员王勇等参加。会上，中国通用技术集团贺同新、中建总公司易军、交通银行牛锡明、格力集团董明珠、东方希望集团刘永行、搜狐公司张朝阳等，谈了对当前经济形势的看法和企业面临的难题。李克强说，2014年以来，我国经济负重前行、迎难而进，在形势错综复杂、下行压力较大的情况下，各方面包括广大企业按照党中央、国务院决策部署，经过奋发努力，经济运行保持在合理区间，市场预期向好，深化改革、调整结构、改善民生都有新的进展，显示了中国经济的巨大韧性、增长潜力和回旋余地。我们对经济能够实现中高速增长和持续健康发展充满信心。李克强指出，企业是经济的基本细胞，是市场主体。企业兴则经济兴。营造企业发展的良好环境，政府责无旁贷。要继续下好简政放权"先手棋"，为企业松绑。各级政府都要尽快出台实施公开透明的权力清单

制度，坚持放管结合，切实取消不必要的审批，严厉打击假冒伪劣、侵犯知识产权等违法违规行为，推进公平公正的监管执法，让市场主体敢说话、说真话。完善支持实体经济的各项政策，多措并举、对症下药。有效降低融资和交易成本，减轻企业特别是小微企业负担，促进比较充分的竞争，保护公平竞争。向民间资本更多敞开准入大门，使企业有更多投资选择、更大发展舞台，让13亿勤劳智慧中国人的创造力充分迸发。李克强强调，实现经济持续稳定增长、向中高端水平迈进，归根到底要靠企业。当前经济平稳运行，但仍面临很多风险和挑战，下行压力和困难在一段时期内会持续存在，要有清醒认识和应对准备。面对世界经济纷繁复杂、全球竞争日趋激烈的局面，企业不能坐等观望，而要抢抓机遇、敢闯敢试、主动转型。当前一些企业逆势增长，充分说明抓紧促改革、调结构、推动转型升级才是摆脱困境的根本出路。各类企业都要着力改革创新，运用新技术，发展新产业，培育新业态，在闯市场中不能仅靠价格竞争、更要靠质量取胜，在市场搏击中强筋健骨，提升竞争能力，努力冲出传统发展方式的"重围"，实现提质增效的"新生"，在稳增长、促改革、调结构、惠民生中作出新贡献。

7月14日

[纲　文]　国务院办公厅印发《关于加快新能源汽车推广应用的指导意见》。

[目　文]　《意见》提出，贯彻落实发展新能源汽车的国家战略，以纯电驱动为新能源汽车发展的主要战略取向，重点发展纯电动汽车、插电式（含增程式）混合动力汽车和燃料电池汽车。《意见》提出，要破除地方保护。严格执行全国统一的新能源汽车和充电设施国家标准和行业标准；执行全国统一的新能源汽车推广目录，各地制定的地方推广目录一律废止，不得阻碍外地生产的新能源汽车进入本地市场，不得限制消费者购买某一类新能源汽车。《意见》要求，制定充电设施发展规划和技术标准，将充电设施建设和配套电网建设与改造纳入城市规划；完善用电价格政策，对居民家庭住宅、居民住宅小区等非经营性分散充电桩，按其所在场所执行分类目录电价，同时执行峰谷分时电价。《意见》要求进一步放宽市场准入，明确提出鼓励社会资本进入新能源充电设施建设和运营，支持社会资本和具有技术创新能力的企业参与新能源汽车科研生产。

7月14日

[纲　文]　国务院批复浙江省人民政府，同意将浙江省湖州市列为国家历史文化名城。

[目　文]　批复说：一、同意将湖州市列为国家历史文化名城。湖州市历史悠久，遗存丰富，太湖溇港文化景观价值突出，城区传统格局和风貌保存完好，具有重要的历史文化价值。二、浙江省及湖州市人民政府要根据本批复精神，按照《历史文化名城名镇名村保护条例》的要求，正确处理城市建设与保护历史文化遗产的关系，深入研究发掘历史文化遗产的内涵与价值，明确保护的原则和重点。编制好历史文化名城保护规划，并将其纳入城市总体规划，划定历史文化街区、文物保护单位、历史建筑的保护范围及建设控制地带，制定严格的保护措施。在历史文化名城保护规划的指导下，编制好重要保护地段的

详细规划。在规划和建设中,要重视保护城市格局,注重城区环境整治和历史建筑修缮,不得进行任何与名城环境和风貌不相协调的建设活动。三、浙江省和住房和城乡建设部、国家文物局要加强对湖州市国家历史文化名城规划、保护工作的指导、监督和检查。

7月14日

[纲 文] 工商总局发布《关于公布规范性文件清理结果的公告》。

[目 文] 《公告》说:根据党的十八届三中全会《决定》关于"使市场在资源配置中起决定性作用和更好发挥政府作用"的精神,为适应全面深化改革、转变政府职能的要求,工商总局对历年发布的规范性文件进行了清理。清理中对与行政管理相对人权利义务无关、部署系统内部工作的文件不再列入保留的规范性文件目录。清理结果已经总局局务会议审议通过,其中,继续有效的规范性文件406件,废止271件,失效94件。现将清理结果目录予以公布。

7月14日

[纲 文] 教育部发出《关于印发〈高校国际合作联合实验室建设与管理办法〉的通知》。

[目 文] 《通知》说:现将《高校国际合作联合实验室建设与管理办法》印发给你们,请按照执行,并将执行中出现的情况和问题及时反馈教育部科技司。《高校国际合作联合实验室建设与管理办法》的主要内容如下:一、为落实《国家中长期教育改革和发展规划纲要(2010—2020年)》,加强与国外高水平大学合作,建立教学科研合作平台,联合推进高水平科学研究,规范高校国际合作联合实验室(以下简称联合实验室)建设和认定,特制定本办法。二、联合实验室建设采取国际合作联合研究中心模式、国际合作联合实验室模式、省部共建国际合作联合实验室模式三种模式。三、高校应根据自身整体发展规划,重点遴选符合科技前沿发展趋势,具备冲击世界一流的基础与能力的优势学科,自主寻找世界一流水平的国外合作伙伴,有目标、有重点地建设联合实验室,中外双方共同确定实验室研究方向并共同投入实质性资源进行建设。四、建设期满的联合实验室可由依托单位向教育部提出验收认定申请。验收指标体系包括学科发展、科学研究、人才培养、学术队伍、运行管理五方面内容。五、高校是联合实验室建设和运行管理的具体负责单位,承担管理职能。高校是联合实验室建设投入和发展管理的主体。教育部积极创造条件,加强对联合实验室的支持,采取后补助方式对通过验收认定的联合实验室给予持续稳定的支持。

7月14—15日

[纲 文] 全国优秀年轻干部培养选拔工作座谈会在北京举行。

[目 文] 中共中央政治局委员、中组部部长赵乐际主持会议。各省、自治区、直辖市党委组织部部长,中央和国家机关各部委、各人民团体,各中管金融企业、部分国有骨干企业和高等学校党委(党组)分管负责人等参加会议。刘云山14日出席全国优秀年轻干部培养选拔工作座谈会并讲话,强调培养选拔优秀年轻干部是事关党和国家事业长远

发展的根本大计,要深入贯彻习近平总书记系列重要讲话精神,认真落实好干部标准,以培养锻炼为基础,以选准用好为根本,以从严管理为保障,改进创新培养选拔方式,努力建设一支高素质的优秀年轻干部队伍,为实现中华民族伟大复兴的中国梦提供坚强的组织保证。刘云山指出,培养优秀年轻干部,坚定理想信念是第一位要求,要坚持不懈抓好理论武装,引导年轻干部打牢思想根基、补足精神之"钙",增强道路自信、理论自信、制度自信,做社会主义核心价值观的践行者引领者。实践是培养干部的有效途径,要强化实践导向,坚持必要台阶、递进式历练,让年轻干部多"墩墩苗",到基层一线和艰苦地区经风雨见世面,在急难险重任务中锻炼提高,在改革发展稳定实践中增强担当,始终走与人民群众实践相结合的成长道路。好干部是教育培养出来的,也是管理监督出来的。好人主义培养不出好干部,要坚持从严管理,加强监督约束,引导年轻干部强化规矩意识、增强纪律观念,心存敬畏、手握戒尺,清白做官、踏实做事。刘云山指出,选人用人体现着干部工作导向,要按照拓宽来源、优化结构、改进方式、提高质量的要求,切实改进创新优秀年轻干部选拔工作。

7月14—17日

[纲　文]　"澳门美术家作品展——庆祝澳门回归十五周年"展览在中国国家博物馆举办。

7月15日

[纲　文]　**李克强主持召开经济形势专家座谈会。**

[目　文]　国务院副总理张高丽,国务院副总理刘延东、汪洋、马凯和国务委员王勇等参加座谈会。来自高校、研究机构、行业学会的李稻葵、宋国青、赵晋平、刘胜军、柴强、刘迎秋等专家学者,围绕宏观经济、金融、外贸、体制改革、房地产、民营经济等谈了看法。大家认为,当前我国经济运行总体平稳,宏观调控继续创新,改革红利不断显现,但也要充分估计存在的困难、风险和下行压力。李克强与他们深入讨论交流。国务院总理李克强说,必须保持中国经济运行长期处于合理区间。我国仍然是发展中国家,实现现代化还有很长的路要走。要贯彻党的十八大和十八届二中、三中全会精神,牢牢扭住经济建设这个中心,坚持推进科学发展,不断深化改革,增强发展动力,实现投资、消费、出口协调拉动。把握经济运行合理区间,既要关注经济增长,保持今年经济增速在7.5%左右,也要关注物价水平,把物价涨幅控制在3.5%左右,更要突出就业、收入等民生内容。只要我们的发展有就业、增收入,有质量、提效益,节能环保,没有水分、实实在在,增速比7.5%高一点或低一点,都是可以接受的。李克强指出,必须坚持在区间调控的基础上,注重实施定向调控,也就是保持定力、有所作为、统筹施策、精准发力,在调控上不搞"大水漫灌",而是抓住重点领域和关键环节,更多依靠改革的办法,更多运用市场的力量,有针对性地实施"喷灌""滴灌"。李克强强调,必须依靠创新推动中国经济由中低端向中高端水平迈进。李克强要求有关部门认真研究专家学者提出的意见建议,也

希望专家们集中更多智慧，为改革发展多出实招、多谋良策。

7月15日

［纲　文］　中央党校举行2014年春季学期毕业典礼，刘云山出席并为学员颁发毕业证书。

［目　文］　中央书记处书记赵洪祝、中央有关部门负责人、中央党校负责人出席毕业典礼。中央党校常务副校长何毅亭在毕业典礼上讲话。中央党校本期毕业学员637人。学员们反映，在党校培训期间，通过认真学习党的十八大和十八届三中全会精神，认真学习习近平总书记系列重要讲话精神，进一步加深了对党中央精神的理解，增强了问题意识，强化了责任担当；通过系统学习马克思主义基本理论特别是中国特色社会主义理论体系，提高了理论素养和党性修养；通过勤学善思，充实了知识，提高了能力。

7月15日

［纲　文］　最高人民法院印发《关于人民法院在审判执行活动中主动接受案件当事人监督的若干规定》。

7月15日

［纲　文］　全国干部监督工作会议在北京召开。

［目　文］　中组部部长赵乐际强调，要深入学习贯彻习近平总书记系列重要讲话精神，坚持原则、敢于担当、尽职守责，用最坚决的态度、最严格的措施加强干部监督，大力营造良好的用人环境和从政环境，更好地管住人、选好人、用对人，为实现"两个一百年"奋斗目标、实现中华民族伟大复兴的中国梦作出新的贡献。赵乐际指出，加强干部监督，是党依靠自身力量解决自身问题的重要体现，是解决干部队伍和选人用人突出问题的重要途径。要强化领导干部日常管理监督，经常性地深入谈话，运用巡视成果有针对性地提醒教育，持续用力抓好教育实践活动整改落实，着力提高监督制度执行力，实现抓常抓细抓长。要坚决整治选人用人不正之风，严格执行《党政领导干部选拔任用工作条例》，对违反干部任用标准、程序，跑官要官、买官卖官、说情打招呼等问题，开展专项整治、严肃认真查处、纯洁用人风气。要监督领导班子和领导干部认真贯彻民主集中制、严格落实组织生活制度，增强党内生活的政治性原则性战斗性。要坚持严以修身、严以用权、严以律己，谋事要实、创业要实、做人要实，自觉做到面对矛盾问题敢于迎难而上，面对歪风邪气敢于坚决斗争，切实以好的作风把干部监督工作抓出实效。

7月15日

［纲　文］　全国人大常委会委员长张德江在北京会见俄罗斯国家杜马第一副主席梅利尼科夫。

［目　文］　张德江说，中俄全面战略协作伙伴关系呈现强劲发展势头。双方应进一步落实两国元首达成的重要共识，加大在涉及彼此核心利益问题上的相互支持，开展更加全面、更加深入、更加紧密的务实合作，维护两国共同利益，促进世界和平稳定。张德江表示，中国全国人大与俄联邦委员会、国家杜马合作委员会是中国与外国建立的唯一一个

高水平的立法机关交往机制。双方要适应新形势，围绕两国关系发展、两国战略协作以及立法、治国理政等方面加强交流合作，为推进中俄关系持续健康发展作出更大贡献。梅利尼科夫表示，俄国家杜马愿继续为两国关系深入发展贡献力量。

7月15日

[纲　文]　中美副外长级反恐磋商在华盛顿举行。

[目　文]　磋商由中国外交部副部长程国平和美国国务院反恐事务协调员凯达诺大使共同主持，美国副国务卿休尼尔致辞，两国有关部门代表参加。磋商中，中美双方就国际和地区反恐形势、各自反恐形势和政策举措交换看法，并着重就在平等合作、双向互利基础上加强反恐交流合作进行深入探讨，取得广泛共识。双方一致谴责并坚持反对一切形式的恐怖主义，共同致力于加强反恐合作。中方强调"东伊运"恐怖组织的恐怖本质，要求美方摒弃"双重标准"，理解和支持中国打击以"东伊运"为代表的"东突"恐怖势力的努力。此次反恐磋商是落实第六轮中美战略与经济对话框架下战略对话成果的一项具体举措。双方商定适时在中国举行第二次中美副外长级反恐磋商。

7月15日

[纲　文]　新华社讯，中共中央纪委对湖南省政协原党组副书记、副主席阳宝华严重违纪违法问题立案审查。

[目　文]　经查，阳宝华利用职务上的便利为他人谋取利益，收受巨额贿赂；与他人通奸。阳宝华的上述行为已构成严重违纪，其中受贿问题已涉嫌违法犯罪。依据《中国共产党纪律处分条例》的有关规定，经中央纪委审议并报中共中央批准，决定给予阳宝华开除党籍处分；将其涉嫌犯罪问题及线索移送司法机关依法处理。

2015年11月3日，桂林市中级人民法院对湖南省政协原党组副书记、副主席阳宝华受贿案进行公开开庭宣判。法庭认定被告人阳宝华犯受贿罪，判处有期徒刑11年，并处没收个人财产人民币100万元；对受贿犯罪所得财物予以追缴上缴国库。阳宝华当庭表示服从判决不上诉。

7月15日

[纲　文]　《人民日报》发表题为《改革是块试金石——一谈解开思想扣子、迈开改革步子》的评论员文章。

7月15—17日

[纲　文]　刘奇葆在黑龙江省调研。

[目　文]　中共中央政治局委员、中宣部部长刘奇葆到哈尔滨、黑河、绥化，深入宣传文化单位、企业、社区、农村，调研了基层文化建设、文化改革发展、文明城市创建、对外宣传等工作情况。刘奇葆在调研时强调，要深入学习宣传贯彻习近平总书记系列重要讲话精神，把培育和践行社会主义核心价值观作为凝魂聚气、强基固本的基础工程，坚持党员干部带好头、面向全民抓落实，抓好结合融入，在落细落小落实上下功夫，推动全社会形成崇德向善的强大力量。刘奇葆指出，要加快推进文化改革发展，健全完善文化

管理体制和文化生产经营机制，大力发展文化事业和文化产业，传承弘扬中华优秀传统文化，进一步增强文化整体实力和竞争力。要大力推进现代公共文化服务体系建设，健全协调机制，统筹设施建设，完善指标体系，促进基本公共文化服务标准化、均等化。

7月16日

[纲　文]　新华社讯，中共中央总书记习近平给"南京青奥会志愿者"回信。

[目　文]　第二届夏季青年奥林匹克运动会定于8月16日在南京开幕，习近平给"南京青奥会志愿者"回信，对他们积极参与志愿服务的精神给予充分肯定，并对他们在青奥会上的工作提出殷切希望。习近平在信中表示，得知你们积极参与志愿服务，正接受赛会服务工作培训，准备以真诚的微笑和周到的服务迎接来自世界各地的朋友们，感到由衷的高兴。习近平指出，青奥会不仅是体育竞技的舞台，也是中国青年和各国青年分享青春、交流思想、畅谈未来的舞台。作为志愿者，无论是在台前还是幕后，无论是迎来送往还是默默值守，都可以在这场青春盛会中展现自己的风采。习近平希望志愿者们弘扬奥林匹克精神和志愿服务精神，热情参与、真情奉献，提供细致周到的服务，积极传播中华文化、讲好中国故事，用青春的激情打造最美的"中国名片"，促进中国梦和各国人民的梦相通相融，共同为人类和平与发展的崇高事业作出贡献。

7月16日

[纲　文]　李克强主持召开国务院常务会议。

[目　文]　国务院总理李克强听取了国务院出台政策措施推进情况督查汇报。会议指出，为树立勤政守信的良好政风、推动已出台政策措施落实，国务院派出8个督查组，在各地区、各部门自查基础上，对16个省（区、市）、27个部门和单位进行了督查。总的看，地方和部门推进各项政策措施取得积极进展，政策效应逐步显现，对稳增长、促改革、调结构、惠民生发挥了重要作用。但督查也发现一些问题，主要是：部分政策落实环节多、进度慢，一些地方和部门重布置轻落实，存在推诿扯皮现象；部分干部缺乏责任意识，遇到困难"躲着走"、不作为、不担当，懒政松懈，有的搞选择性落实、象征性执行。这既暴露出一些地方和部门对抓落实认识有偏差、作风不扎实，也反映出一些深层次的体制机制弊端。会议要求，对督查发现的问题，既要依法依规追责问责，又要列出清单，明确时限、落实责任、逐项整改、兑现承诺。需要细化配套措施的，要限期出台；落实条件不完全具备的，要促进尽快到位；协调机制不健全的，要抓紧建立机制、明确责任人，同时加快完善相关法规制度。整改情况要限期报告国务院，决不允许"走过场"，确保政策措施全面落实到位。会议强调，2014年《政府工作报告》确定的经济社会发展主要目标任务是中央经济工作会议明确、全国人大审议通过的，是对人民的庄严承诺，必须保证完成。各地区、各部门要充分认识我国仍处于社会主义初级阶段这个最大的国情，坚持党的基本路线一百年不动摇，以经济建设为中心，把发展作为第一要务，着力推动科学发展，咬定青山不放松，奋发有为不懈怠。

7月16日

[纲　文]　国务院总理李克强致电视贺容克当选欧盟委员会主席。

7月16日

[纲　文]　2014年中央第二轮巡视工作动员部署会在北京召开。

[目　文]　中共中央政治局委员、中央书记处书记、中央巡视工作领导小组组长赵乐际，中共中央书记处书记、中央巡视工作领导小组副组长赵洪祝出席会议。会议宣布，经中央批准，中央巡视组将对广西、上海、青海、西藏、浙江、河北、陕西、黑龙江、四川、江苏10个省区市开展常规巡视，同时对国家体育总局、中国科学院、一汽集团开展专项巡视。中共中央政治局常委、中央巡视工作领导小组组长王岐山在讲话中强调，要不折不扣落实习近平总书记关于巡视工作的重要讲话精神，按照中央巡视工作方针，聚焦中心任务，围绕"四个着力"发现问题，强化震慑，发挥利剑作用，使顶风违纪者收敛，让伸手的人收手，坚决遏制腐败蔓延势头。王岐山指出，党中央对巡视工作高度重视，习近平总书记主持召开中央政治局常委会多次听取汇报，提出明确要求，为巡视工作指明了方向。面对依然严峻复杂的形势，我们党进行的党风廉政建设和反腐败斗争有立场、有目标。立场方向就是有腐必惩、有贪必肃，以零容忍态度惩治腐败；坚持不懈纠正"四风"，以优良党风政风带动社风民风。当前目标是遏制腐败蔓延势头，保持高压态势；重点查处党的十八大后、中央八项规定出台和开展教育实践活动后的顶风违纪行为，越往后执纪越严，强化使之"不敢"的氛围。做好巡视工作是落实党委主体责任的具体体现，要旗帜鲜明、态度坚决，站稳立场、把握方向，哪里问题集中就巡视哪里，谁问题突出就巡视谁，巡视过后再杀个回马枪，给党员干部以警示，发挥更大威慑力。

7月16日

[纲　文]　中华全国总工会第十六届执委会主席团第四次全体会议在北京召开。

[目　文]　中共中央政治局委员、中华全国总工会主席李建国主持会议。会议部署了工会下半年工作，专题研究了新形势下加强基层工会建设问题。全总副主席、书记处第一书记陈豪就上半年工作情况和下半年工作安排向主席团作了报告。北京、辽宁、上海、江苏、河南、湖北、广东、四川8个省（市）总工会就学习贯彻习近平总书记关于工人阶级和工会工作一系列重要讲话精神，加强基层工会建设等作了发言。李建国说，要坚持不懈地推进基层工会建设，充分发挥基层工会作用。牢牢把握正确的政治方向，始终把坚持党的领导和社会主义制度作为基层工会工作的根本政治原则。全心全意依靠职工群众开展工作，积极扩大工会工作覆盖面。扎扎实实服务基层、解决问题，坚持工作重心下沉、资源配置下沉和组织力量下沉，改进对基层工会工作的指导服务，着力解决基层工会任务繁重、资源手段不足等问题，使基层工会工作更加适应全面深化改革的要求，适应劳动关系和职工队伍发展变化的要求。高举维护职工权益的旗帜，准确把握全面深化改革对维权工作提出的新要求，突出维护职工劳动经济权益，促进劳动关系和谐稳定。

7月16日

［纲　文］　住房和城乡建设部发出《关于印发〈工程建设工法管理办法〉的通知》。

［目　文］　《通知》说，现将修订后的《工程建设工法管理办法》印发给你们，请认真贯彻执行。原《工程建设工法管理办法》同时废止。《工程建设工法管理办法》主要内容如下：工法分为企业级、省（部）级和国家级，实施分级管理；工法必须符合国家工程建设的方针、政策和标准，具有先进性、科学性和适用性，能保证工程质量安全、提高施工效率和综合效益，满足节约资源、保护环境等要求；申报国家级工法的条件和程序；国家级工法评审分为形式审查、专业组审查、评委会审核三个阶段。

7月16日

［纲　文］　教育部发布《普通高等学校理事会规程（试行）》。

［目　文］　《规程》主要内容如下：高等学校应当结合实际，充分发挥理事会的作用；各方面代表在理事会所占的比例应当相对均衡；理事会组成人员一般不少于21人，可分为职务理事和个人理事；理事会应当建立例会制度；理事会会议应遵循民主协商的原则；高等学校应当向社会公布理事会组成及其章程。本规程自2014年9月1日起施行。

7月16日

［纲　文］　中共中央政治局常委刘云山在北京会见由党首海江田万里率领的日本民主党代表团。

7月16日

［纲　文］　新华网讯，中共中央纪委对青海省委原常委、西宁市委原书记毛小兵严重违纪问题立案审查。

［目　文］　经查，毛小兵利用职务上的便利为他人谋取利益，索取、收受巨额贿赂；与他人通奸。毛小兵的上述行为已构成严重违纪，其中受贿问题已涉嫌违法犯罪。依据《中国共产党纪律处分条例》等有关规定，经中央纪委审议并报中共中央批准，决定给予毛小兵开除党籍、开除公职处分；将其涉嫌犯罪问题及线索移送司法机关依法处理。

2017年5月11日，甘肃省兰州市中级人民法院公开宣判青海省委原常委、西宁市委原书记毛小兵受贿、挪用公款案，对被告人毛小兵以受贿罪判处无期徒刑，剥夺政治权利终身，并处没收个人全部财产；以挪用公款罪判处有期徒刑10年，数罪并罚，决定执行无期徒刑，剥夺政治权利终身，并处没收个人全部财产。对毛小兵受贿所得财物予以追缴，上缴国库。毛小兵当庭表示服判，不上诉。

7月16—19日

［纲　文］　中央军委副主席范长龙应澳大利亚国防部长戴维·约翰斯顿邀请，对澳大利亚进行正式访问。

［目　文］　范长龙会见了澳大利亚总理托尼·阿博特、外交部长朱莉·毕晓普，并与国防部长戴维·约翰斯顿及高级防务官员举行了会谈。与约翰斯顿会谈期间，双方一致认为，维护亚太地区和平稳定，以及在相互尊重基础上推进两国防务关系发展是共同的优

先考虑。范长龙和约翰斯顿强调中国与澳大利亚、中澳与地区伙伴和组织之间在安全事务上合作与交流的重要性。阿博特说，澳中战略伙伴关系发展迅速，两军之间举行的多个双边、多边演练，为地区稳定做出了积极贡献，也积极促进了澳中战略伙伴关系的发展。澳中两军舰机共同参与马航失联客机搜寻，是双方合作的良好典范。范长龙阐述了中方在钓鱼岛和南海问题的立场，希望澳方在上述问题上不选边站队，在发展与其他国家关系时不要影响中澳关系的发展。

7月17—23日

[纲　文]　国家主席习近平应邀对巴西、阿根廷、委内瑞拉、古巴进行国事访问，并出席中国—拉美和加勒比国家领导人会晤。

[目　文]　17日，中国—拉美和加勒比国家领导人会晤在巴西利亚举行。会晤由中方倡议，中国国家主席习近平、巴西总统罗塞夫、哥斯达黎加总统索利斯、古巴国务委员会主席兼部长会议主席劳尔·卡斯特罗、厄瓜多尔总统科雷亚、苏里南总统鲍特塞、哥伦比亚总统桑托斯、智利总统巴切莱特、圭亚那总统拉莫塔尔、乌拉圭总统穆希卡、委内瑞拉总统马杜罗、安提瓜和巴布达总理布朗等出席。巴西总统罗塞夫主持会议。墨西哥总统培尼亚因日程原因无法出席这次会晤，他专门致信习近平主席并派特使与会。习近平同与会各国领导人在亲切、友好、务实的气氛中，围绕"平等互利、合作共赢、共同发展"的主题，共叙友谊，共谋发展，共商合作，一致决定建立平等互利、共同发展的中拉全面合作伙伴关系，共同宣布成立中国—拉共体论坛。习近平发表了题为《努力构建携手共进的命运共同体》主旨讲话，宣布中方对促进中拉合作的倡议和举措，提出构建政治上真诚互信、经贸上合作共赢、人文上互学互鉴、国际事务中密切协作、整体合作和双边关系相互促进的中拉关系五位一体新格局，打造中拉携手共进的命运共同体。习近平强调，中拉领导人相聚在一起，共商中拉关系发展大计，这是具有世界影响的历史事件。习近平提议，通过这次会晤，共同宣布建立平等互利、共同发展的中拉全面合作伙伴关系。拉美和加勒比国家领导人表示，我们本着团结合作的精神相聚在一起，共同规划合作未来，揭开拉中关系和南南合作新篇章。拉中有着传统友好关系，双方合作平等互利，潜力巨大。中国是拉美和加勒比国家重要合作伙伴，中国的发展是拉美和加勒比国家的重要机遇。会后，中拉双方发表了《中国—拉美和加勒比国家领导人巴西利亚会晤联合声明》。

17日，习近平应总统迪尔玛·罗塞夫邀请对巴西进行国事访问，双方发表了《关于进一步深化中巴全面战略伙伴关系的联合声明》。18—20日，习近平应阿根廷总统克里斯蒂娜邀请，对阿根廷进行国事访问，双方发表了《中华人民共和国和阿根廷共和国关于建立全面战略伙伴关系的联合声明》。20—21日，习近平应委内瑞拉总统马杜罗邀请对委内瑞拉进行国事访问，双方发表了《中华人民共和国和委内瑞拉玻利瓦尔共和国关于建立全面战略伙伴关系的联合声明》。21—23日，习近平应邀对古巴进行国事访问，同古巴国务委员会主席兼部长会议主席劳尔·卡斯特罗举行会谈，探望古巴革命领袖菲德尔·卡斯特罗。

24日，习近平在结束对古巴的国事访问回国途中，在葡萄牙特塞拉岛进行技术经停，他会见了葡萄牙总统代表、副总理波塔斯。波塔斯向习近平转交了总统席尔瓦的亲笔信。

7月17日

［纲　文］　俞正声主持召开全国政协第十八次主席会议。

［目　文］　全国政协副主席杜青林、韩启德、万钢、林文漪、罗富和、何厚铧、李海峰、陈元、卢展工、王家瑞、王正伟、马飚、齐续春、陈晓光、马培华、刘晓峰、王钦敏等出席会议。会议审议通过了政协第十二届全国委员会常务委员会第七次会议议程（草案）和日程，决定于8月下旬召开政协第十二届全国委员会常务委员会第七次会议；审议通过了政协第十二届全国委员会专门委员会委员增补名单；会议听取了"构建现代公共文化服务体系"专题协商会筹备工作情况的汇报和全国政协2014年上半年主要工作情况的汇报。全国政协副主席兼秘书长张庆黎、全国政协副秘书长仝广成等，分别就有关议题作了说明和汇报。会议指出，2014年是全面深化改革的开局之年，全国政协深入贯彻落实中共十八大、十八届三中全会和习近平总书记系列重要讲话精神，按照中共全国政协党组2014年工作要点、政协全国委员会2014年协商工作计划，聚焦全面深化改革，组织政协委员和各参加单位开展视察调研，推进协商民主，积极议政建言，各项工作扎实有序，取得了良好效果。会议部署了全国政协下半年的重点工作，强调要以庆祝人民政协成立65周年为契机，认真总结人民政协事业发展的生动实践和宝贵经验，充分发挥人民政协作为协商民主重要渠道作用，推进协商民主广泛多层制度化发展。要认真履行职能，深入调研，精心组织一系列重要会议和活动，不断增强人民政协生机与活力。

7月17日

［纲　文］　国家卫生计生委、国家发展改革委、财政部、国务院扶贫办、国家中医药管理局联合印发《关于扎实推进农村卫生和计划生育扶贫工作的实施方案》。

［目　文］　《方案》明确了农村卫生和计划生育扶贫工作的主要目标：到2015年，贫困地区县、乡、村三级卫生计生服务网络基本健全，县级医院的能力和水平明显提高，每个乡镇有1所政府举办的卫生院，每个行政村有卫生室；新型农村合作医疗参合率稳定在90%以上；逐步提高儿童医疗卫生保障水平；重大传染病和地方病得到有效控制。《方案》要求，采取有效措施逐步解决因病致贫、因病返贫问题。巩固完善新型农村合作医疗制度，继续稳定参合率，逐步提高筹资水平和财政补助标准，到2015年，政府补助标准提高到每人每年360元以上，中央财政继续向中西部地区倾斜。全面推进重大疾病保障工作，加快建立疾病应急救助制度。全面加强公共卫生工作。逐步提高人均基本公共卫生服务经费标准，2015年达到人均40元。积极实施农村孕产妇住院分娩补助、农村适龄妇女"两癌"检查、预防艾滋病母婴传播、国家免疫规划、农村改厕等重大公共卫生项目，全面落实免费计划生育基本技术服务项目。

7月17日

［纲　文］　全国政协主席俞正声在北京会见台湾民意代表交流参访团。

［目　文］　俞正声指出，全国政协委员与台湾民意代表通过五轮互访和十次主题座谈，建立了坦诚友好的合作关系，对于促进两岸各方面的理解和互信，巩固和平发展的局面，维护一个中国框架的共同认知，汇聚两岸民意民智发挥了积极的作用。俞正声强调，两岸关系和平发展的局面来之不易，需要倍加珍惜。两岸关系和平发展的道路曲折前行，需要用心对待。两岸关系和平发展的前景光明宽阔，需要倾注全力。两岸中国人有智慧、有能力克服困难，不断促进和平发展的进程。希望全国政协委员与台湾民意代表的机制化交流平台在两岸关系发展中继续发挥作用，团结更多两岸同胞尤其是台湾基层民众和青年一代，增加交流交往，增强理解互信，为实现中华民族伟大复兴的中国梦共同努力奋斗。

7月17日

［纲　文］　由文化部、中央文明办主办的2014年"春雨工程"全国文化志愿者宁夏行在银川启动。

［目　文］　启动仪式后，来自国家图书馆、山东、山西、陕西省的文化志愿者在宁夏以"大舞台""大讲堂""大展台"的形式，举办了群众艺术团巡演、文津图书奖评选推广、"网络书香·掠美瞬间"图片展览等一系列活动。国家公共文化专家学者举办了宁夏基层文艺骨干培训班，把多彩的文化送到基层群众中，让广大人民群众共享文化发展的成果。

7月17日

［纲　文］　由共青团中央主办的"少年志、民族情、中国梦——各族少年心向党文艺联欢会"在北京举行。

［目　文］　105名来自新疆各族少年儿童代表和北京少年儿童代表共同唱响民族团结进步主旋律。共青团中央书记处第一书记秦宜智观看表演，并与现场各民族小朋友合唱《歌唱祖国》。

7月17日

［纲　文］　《人民日报》发表题为《确保公车改革改成改好》的评论员文章。

7月17—18日

［纲　文］　文化部在鄂尔多斯市举行2014年全国文化厅局长座谈会。

［目　文］　文化部党组书记、部长蔡武出席会议，在会上作了题为《继往开来、不辱使命，谱写中华优秀传统文化传承弘扬新篇章》的讲话。会议围绕深入贯彻落实十八届三中全会精神和习近平总书记系列重要讲话精神，充分理解和认识弘扬中华优秀传统文化、培育和践行社会主义核心价值观的重大意义，对文化系统下一步工作做出具体部署。内蒙古自治区党委副书记、自治区主席巴特尔出席会议并代表自治区党委、政府致辞，对文化部长期关心支持内蒙古自治区文化改革发展表示感谢。

7月17—19日

[纲　文]　刘云山在青海省调研。

[目　文]　中共中央政治局常委刘云山到青海省海东市、西宁市的农村、社区、企业和窗口单位,就教育实践活动和基层党建工作进行调研,对青海教育实践活动、基层党组织建设取得的成效给予肯定,希望青海在转作风、抓改革、促发展、惠民生方面不断取得新进步。在海东市互助土族自治县总寨村菜篮子基地、东山乡白牙合村、西宁市南山西社区,当地干部群众介绍了特色农业发展、教育实践活动、社区网格化服务等情况。刘云山对基层党组织充分调动群众积极性搞好教育实践活动的做法表示赞赏,强调群众路线教育实践活动就是要让群众来参与,始终坚持开门搞活动。基层组织根本职责在于造福群众,百姓最大期盼就是生活幸福。要扎实推进基层服务型党组织建设,强化基层党员干部的宗旨意识、群众观点,拓宽服务渠道,提高服务本领,更好地满足群众物质生活和精神文化生活需求,让群众的日子过得一天比一天好。刘云山到互助土族自治县中医院、青海省政府行政服务和公共资源交易中心、青海藏医药文化博物馆,详细了解群众看病就医、医保报销、政府简化行政审批、规范招标采购以及藏医药文化传承等情况,强调窗口服务单位转变作风是教育实践活动的一个重点,要积极回应群众关切,在解决事关群众切身利益的问题上下功夫,真正让群众好办事、把群众的事办好。

7月17—19日

[纲　文]　张高丽在福建省调研。

[目　文]　国务院副总理张高丽对福建平潭综合实验区建设高度重视,专程到实验区听取规划建设汇报,调研娘宫二线卡口运作,考察平潭港区吉钓码头,走进宸鸿科技公司了解台资企业入驻情况。调研期间,张高丽还到福州科立视公司、福清核电项目、福建奔驰公司、厦门三安光电公司、泉州新型城镇化建设五店市项目、泉州港后渚作业区和安踏公司等单位,了解企业运营、工程建设和听取干部职工意见。19日上午,张高丽与福建省部分领导干部,就推进海上丝绸之路建设、做好当前经济工作、推动福建改革开放科学发展进行座谈。张高丽在充分肯定福建经济社会发展取得的成绩后指出,推进"一带一路"建设,对于我国构建开放型经济新体制、形成全方位开放新格局,对于实现"两个一百年"奋斗目标、实现中华民族伟大复兴的中国梦具有极其重要的意义。福建要合理确定功能定位,既符合国家长远发展战略,又体现自身特色和比较优势。要全面加强与海上丝绸之路沿线国家和地区的经贸往来,进一步扩大双向投资规模。要建好港口、铁路等重大基础设施,构筑沿海地区连接中西部地区的快速运输大通道。要大力发展海洋经济,提高海洋经济质量效益。要用好多边双边等多种合作机制,促进各领域务实合作。

7月17—18日

[纲　文]　汪洋在山西省调研。

[目　文]　国务院副总理汪洋深入村庄农户、田间地头,了解农业生产、农村改革和政策落实情况,与干部群众共商兴农富农之道。他指出,今年夏粮再获丰收,农业农村

保持良好发展势头，同时也面临很多突出矛盾和制约因素，不少积累甚久，属于痼疾顽症，解决起来很不容易，但又绕不开、躲不过、拖不得。我们要直面矛盾，以舍我其谁的勇气和担当推进农村改革，敢于涉险滩，敢于啃硬骨头。要勇于负责，真抓实干，扎实解决农村改革发展中的困难和问题。要尊重群众首创精神，善于发现和总结基层和群众的创新创造，将其机制化、规范化并在更大范围推广。

7月17—19日

[纲　文]　刘奇葆在吉林省调研。

[目　文]　中共中央政治局委员刘奇葆考察了吉林省电台电视台、出版集团、长春电影制片厂和高校、企业、社区、农村、科研单位，与基层干部群众座谈交流。刘奇葆强调，学习宣传贯彻习近平总书记系列重要讲话精神，是全党的一项重大政治任务，是一个持续推进、逐步深化的过程。要坚持及时学、专题学、深入学，以党委中心组学习为重点带动全体党员干部学习，加强面向社会的宣传教育，把讲话精神转化为全党全社会的统一意志和实际行动。刘奇葆指出，要把培育和践行社会主义核心价值观的任务落细落小落实，立足今天，从现在做起，坚持党员干部带好头、面向全民抓落实，在全社会叫响12个主题词24个字，用文化传播和滋养社会主义核心价值观，深入开展主题教育实践活动，有内涵地建立和规范礼仪制度，推动核心价值观内化于心外化于行。要广泛开展爱国主义教育，做好日军侵华档案的发掘整理、翻译出版、课题研究、宣传报道等工作。

7月17—18日

[纲　文]　全国妇联十一届三次常委会议暨省区市妇联主席会议在北京举行。

[目　文]　全国妇联主席沈跃跃出席会议并讲话，强调要深入学习贯彻习近平总书记重要讲话精神，以改革创新精神建设服务型基层妇联组织，努力把妇联建成可信赖依靠的"妇女之家"。沈跃跃指出，要把建设服务型基层妇联组织作为履行妇联职责、筑牢妇联工作生命线的战略任务，坚持党建带妇建，坚持需求导向，立足妇女特别是普通妇女群众的需求和困难，把服务大局、服务妇女、服务基层落到实处；要进一步巩固深化党的群众路线教育实践活动成果，以求真务实、真抓实干的作风，以脚踏实地、钉钉子的精神，切实把联系服务妇女群众的工作落到基层。全国妇联副主席、书记处第一书记宋秀岩在会上作报告。

7月18日

[纲　文]　国家主席习近平就马来西亚航空公司客机坠毁事件分别致电马来西亚最高元首哈利姆、荷兰国王威廉—亚历山大表示慰问。

7月18日

[纲　文]　商务部和财政部联合发布《对外劳务合作风险处置备用金管理办法（试行）》。

[目　文]　《办法》主要内容如下：一、备用金的缴存。对外劳务合作企业应当自获

得对外劳务合作经营资格并在工商行政管理部门登记之日起5个工作日内，在指定银行缴存备用金。二、备用金的使用。对外劳务合作企业拒绝或无力承担违反国家规定收取应退还给劳务人员的服务费或按照约定应向劳务人员支付的劳动报酬的，在劳务人员向商务主管部门投诉并提供相关合同以及收费凭证或者工资凭条等证据后，商务主管部门应书面通知对外劳务合作企业在5个工作日内退还或支付劳务人员有关费用。三、备用金的管理。备用金实行专款专用；备用金由商务主管部门负责使用、管理，同级财政部门负责监督，并接受审计部门的审计。四、本办法自2014年8月17日起施行。2001年11月27日原对外贸易经济合作部、财政部发布的《对外劳务合作备用金暂行办法》及其补充规定同时废止。

7月18日

［纲　文］　国家发展改革委、国家测绘地信局发出《关于印发国家地理信息产业发展规划（2014—2020年）的通知》。

［目　文］　《通知》说：为促进地理信息资源开发利用，提升地理信息产业核心竞争力，我们会同国务院有关部门组织编制了《国家地理信息产业发展规划（2014—2020年）》。现印发你们，请按照实施。

《国家地理信息产业发展规划（2014—2020年）》的主要内容如下：一、总体要求。（一）指导思想。（二）基本原则。1.需求牵动、市场主导。2.政府调控、规范管理。3.科技引领、创新驱动。4.重点突破、整体推进。（三）发展目标。到2020年，政策法规体系基本建立，结构优化、布局合理、特色鲜明、竞争有序的产业发展格局初步形成。二、重点领域和主要任务。（一）测绘遥感数据服务。（二）测绘地理信息装备制造。（三）地理信息软件。（四）地理信息与导航定位融合服务。（五）地理信息应用服务。（六）地图出版与服务。三、政策措施。四、规划实施保障。

7月18日

［纲　文］　环境保护部、发展改革委、工业和信息化部、财政部、住房和城乡建设部、能源局联合发出《关于印发〈大气污染防治行动计划实施情况考核办法（试行）实施细则〉的通知》。

［目　文］　《通知》说：环境保护部会同国务院有关部门制订了《大气污染防治行动计划实施情况考核办法（试行）实施细则》。现印发给你们，请认真组织落实。

《大气污染防治行动计划实施情况考核办法（试行）实施细则》主要内容包括：一、为明确和细化《大气污染防治行动计划》（以下简称《大气十条》）年度考核各项指标的定义、考核要求和计分方法，加快落实考核工作，制定本实施细则。二、对于各项指标的考核要求，《大气污染防治目标责任书》（以下简称《目标责任书》）中有年度目标的，按照《目标责任书》进行考核，否则遵照本实施细则进行考核。三、依据本实施细则提供的计分方法，对空气质量改善目标完成情况、大气污染防治重点任务完成情况分别评分。京津冀及周边地区、长三角区域、珠三角区域共10个省（区、市）评分结果为两类得分中较低分值；其他地区评分结果为空气质量改善目标完成情况分值。四、考核结果划分为优秀、良好、合格、不合格四个等级，评分结果90分及以上为优秀、70分（含）至90分为良好、60分（含）至70分为合格，60分以下为不合格。

7月18日

［纲　文］　教育部、国家发展改革委、财政部联合印发《关于印发全面改善贫困地区义务教育薄弱学校基本办学条件底线要求的通知》。

［目　文］　《通知》提出"全面改薄"20项底线要求。底线要求以国家标准、教育行业标准及相关政策文件为基本依据，要求各地通过实施"全面改薄"项目，用3到5年时间，全面消除D级危房，确保学生1人1桌1椅（凳），寄宿学生每人1个床位，消除"大通铺"现象，消除66人以上超大班额。同时，还要求新建校舍抗震设防类别不低于重点设防类，满足综合防灾要求。学校具备适合学生特点的体育活动场地和设施设备，有利于开展具有当地特色的体育活动。学校要设置旗台、旗杆，按要求升国旗。除特别干旱地区外，寄宿制学校应设置淋浴设施。寄宿制学校或供餐学校具备食品制作或加热条件。学校配备开水供应设施设备。有条件的地方，新建校舍一般设置水冲式厕所，厕位够用，按1:3设置男女蹲位，旱厕应按学校专用无害化卫生厕所设置。

7月18日

［纲　文］　财政部、教育部、中国人民银行、银监会联合印发《关于调整完善国家助学贷款相关政策措施的通知》。

［目　文］　《通知》要求自7月1日起调整国家助学贷款资助标准，进一步细化资助比例。《通知》规定，全日制普通本专科学生在同一学年内不得重复申请获得校园地国家助学贷款和生源地信用助学贷款，只能选择申请办理其中一种。全日制研究生原则上申请办理校园地国家助学贷款。

7月18—21日

［纲　文］　俞正声在内蒙古自治区调研。

［目　文］　全国政协主席俞正声先后到鄂尔多斯市、呼和浩特市，走进企业园区、高等院校、牧民新村，深入库布其沙漠防沙治沙一线，与各族干部群众共商改革发展大计。调研期间，俞正声还多次召开座谈会，并看望了内蒙古自治区政协机关干部。俞正声对少数民族和民族地区发展十分关心。在神华鄂尔多斯煤制油分公司、鄂尔多斯羊绒集团现代羊绒产业园、伊利实业集团股份有限公司，他深入考察企业生产经营、技术创新、产业发展、节能减排以及转型升级情况。在库布其沙漠亿利生态治理区，他实地察看沙漠治理和沙产业发展带来的变化。在内蒙古博物院，他仔细了解我国北方民族历史文化及其保护发展情况。俞正声强调，要抓住全面深化改革的机遇，认真落实国家出台的稳增长、促改革、调结构、惠民生的各项政策，大力发展特色优势产业，促进产业结构优化升级，努力实现经济持续健康发展。要加大少数民族文化保护力度，强化政策支持。要正确处理经济发展和环境保护的关系，加强生态环境保护和建设，努力实现生态保护与生产发展的良

性循环、经济效益和生态效益的有机统一。各族群众生产生活如何,俞正声一直牵挂在心。他专程来到牧民新村,深入牧民家中,关切询问住房、收入和种植业、养殖业情况。在内蒙古大学,他详细了解蒙古学教学、科研以及学生就业情况。

7月18—22日

〔纲　文〕　孟建柱在西藏自治区调研。

〔目　文〕　中央政法委书记孟建柱先后到拉萨市和山南地区,深入政法基层单位、街道社区、镇村牧区、学校、企业,向各族干部群众、政法干警致以亲切慰问和崇高敬意,就进一步做好西藏稳定工作进行调研。他指出,西藏的安全稳定事关国家安全和全国社会大局稳定。要深刻认识反分裂斗争的长期性,切实增强政治意识、忧患意识和责任意识,始终把反分裂斗争作为西藏发展稳定的首要政治任务,严密防范、坚决打击各种分裂破坏活动和涉恐涉暴等严重刑事犯罪,切实维护国家统一和社会稳定。孟建柱要求,政法机关要牢固树立宗旨意识,坚持执法为民、司法为民,着力提高广大干警为人民服务的本领,多做为民、便民、利民、惠民的好事,为人民群众安居乐业提供强有力的执法司法保障,紧紧把各族人民团结在党和政府的周围。要进一步加强政法队伍建设,不断提高政治素质、业务素质和拒腐防变能力,建设一支对党忠诚、能力过硬、能打胜仗的政法队伍,为实现西藏持续稳定、长期稳定、全面稳定奉献智慧和力量。孟建柱走访了大昭寺、哲蚌寺、昌珠寺、色拉寺,与藏传佛教各教派的僧人代表、驻寺干部座谈交流。

7月19日

〔纲　文〕　国务院总理李克强就马航MH17航班坠毁事件向马来西亚总理纳吉布、荷兰首相吕特致慰问电。

7月19日

〔纲　文〕　《人民日报》发表题为《干部的价值在干事——二谈解开思想扣子、迈开改革步子》的评论员文章。

7月20日

〔纲　文〕　新华社电,中组部印发《关于在干部教育培训中加强理想信念和道德品行教育的通知》。

〔目　文〕　《通知》要求各地区各部门加强理想信念和道德品行教育,引导和帮助干部始终坚定共产主义理想和中国特色社会主义信念,始终坚守共产党人的精神家园。《通知》指出,干部的理想信念和道德品行状况关系党在人民心目中的形象,关系党和国家事业的兴衰成败。《通知》指出,开展理想信念教育,关键是要引导干部把理想信念建立在对科学理论的理性认同上、对历史规律的正确认识上、对基本国情的准确把握上。要深入开展马克思列宁主义、毛泽东思想、邓小平理论、"三个代表"重要思想、科学发展观的教育,尤其要深入学习领会习近平总书记系列重要讲话精神,使干部真正领会贯穿其中的马克思主义立场观点方法，坚定对马克思主义的信仰，防止在西方宪政民主、"普世价值"、"公民社会"等言论的鼓噪下迷失方向，防止在封建迷信和宗教的影响下失去自我。《通知》指出，开展道德品行教育，关键是要引导干部明大德、守公德，成为一个高尚的人、一个纯粹的人、一个有道德的人、一个脱离了低级趣味的人、一个有益于人民的人。《通知》要求，各级党校、行政学院、干部学院要把理想信念和道德品行教育作为必修内容；在主体班次中建立学员党支部，有针对性地开展支部活动，严格党内生活，强化教育管理；学制1个月以上的主体班次，都要进行党性分析并撰写报告。其他干部教育培训机构也要做出相应安排。在教育培训中，要坚持务实管用原则，灵活运用各种方式方法，增强理想信念和道德品行教育的说服力感染力。《通知》还对理想信念和道德品行教育的能力建设、长效机制等提出了要求。

7月21日

[纲　文]　国家防汛抗旱总指挥部第二次全体会议在北京召开。

[目　文]　国家防汛抗旱总指挥部全体成员参加会议，国务院副总理、国家防汛抗旱总指挥部总指挥汪洋主持会议。国家防总秘书长、水利部副部长刘宁，中国气象局局长郑国光分别汇报防汛抗旱工作和气象预测情况。解放军总参谋部、武警部队、发展改革委、财政部、民政部、国土资源部负责人在会上发言。汪洋强调，要认真贯彻中共中央总书记习近平、国务院总理李克强关于防汛抗灾救灾工作的重要指示精神，坚持把保障人民生命安全放在首位，强化措施，落实责任，全面做好防汛抗旱各项工作，确保安全度汛，为促进经济社会发展提供有力保障。汪洋指出，本年入汛以来，面对频繁发生的洪涝、台风等灾害，各地区、各有关部门积极组织开展防汛救灾工作，取得阶段性成效。目前全国正处在"七下八上"的防汛关键期，天气复杂多变，一些江河存在发生大洪水的可能性，城乡防洪设施不完善，应急管理工作仍有薄弱环节。要认真落实国家防总部署，强化责任，严肃纪律，加强对防汛工作的检查督导，确保各项措施落实到位。要密切监测天气和汛情旱情发展变化，加强预报预警，完善应急处置预案，发挥水利工程作用，科学调度洪水，坚持防汛抗旱两手抓，最大限度减轻灾害损失。针对超强台风"威马逊"带来的重大损失，中央财政将拨付专门资金，支持灾区救灾和农业生产恢复。

7月21日

[纲　文]　国务院办公厅发出《关于进一步加强棚户区改造工作的通知》。

[目　文]　《通知》主要内容如下：一、进一步完善棚户区改造规划。各地区要进一步摸清待改造棚户区的底数、面积、类型等情况。区分轻重缓急，结合需要与可能，按照尽力而为、量力而行的原则，有计划有步骤地组织实施。各地区要在摸清底数的基础上，抓紧编制完善2015—2017年棚户区改造规划，将包括中央企业在内的国有企业棚户区纳入改造规划，重点安排资源枯竭型城市、独立工矿区和三线企业集中地区棚户区改造，优先改造连片规模较大、住房条件困难、安全隐患严重、群众要求迫切的棚户区。省级人民

政府尚未审批棚户区改造规划的,要抓紧审批,并报国务院有关部门。各地区编制完善2015—2017年棚户区改造规划,应突出前瞻性、科学性。二、优化规划布局。(一)完善安置住房选点布局。棚户区改造安置住房实行原地和异地建设相结合,以原地安置为主,优先考虑就近安置;异地安置的,要充分考虑居民就业、就医、就学、出行等需要,在土地利用总体规划和城市总体规划确定的建设用地范围内,安排在交通便利、配套设施齐全地段。(二)改进配套设施规划布局。配套设施应与棚户区改造安置住房同步规划、同步报批、同步建设、同步交付使用。三、加快项目前期工作。(一)做好征收补偿工作。棚户区改造实行实物安置和货币补偿相结合,由棚户区居民自愿选择。(二)建立行政审批快速通道。四、加强质量安全管理。(一)强化在建工程质量安全监管。(二)开展已入住安置住房质量安全检查。五、加快配套建设。(一)加快配套设施建设。(二)完善社区公共服务。六、落实好各项支持政策。(一)确保建设用地供应。(二)落实财税支持政策。(三)加大金融支持力度。七、加强组织领导。

7月21日

[纲 文] 文化部在银川召开全国文物局长座谈会,国家文物局在银川召开加强文物合理利用工作交流会。

[日 文] 国家文物局副局长董保华、童明康、顾玉才、宋新潮出席会议,各省区市、计划单列市和新疆生产建设兵团文物部门,国家文物局机关各司室和各直属单位主要负责人参加会议。文化部部长蔡武出席会议并讲话,宁夏回族自治区政府副主席姚爱兴致辞。文化部副部长、国家文物局局长励小捷就文物工作作上半年工作总结和下半年工作部署。蔡武在讲话中强调,要认真学习领会习近平总书记关于弘扬中华优秀传统文化重要讲话精神,充分认识文物工作在弘扬中华优秀传统文化、塑造社会主义核心价值观方面的重要作用,努力为社会主义核心价值观的培育阐发涵养源泉,为社会主义核心价值观的教育引导构筑阵地,为社会主义核心价值观的实践养成添砖加瓦。

下午,国家文物局在银川召开加强文物合理利用工作交流会,对文物合理利用工作进行了专题研究。励小捷提出,推动文物合理利用工作必须首先解决对合理利用的认识问题,认清文物保护与利用的辩证关系,解决文物利用工作存在的利用"不够"和利用"不当"两个方面的突出问题。北京市文物局、陕西大明宫国家考古遗址公园等12个单位的负责人作了典型发言。

7月21日

[纲 文] 《人民日报》发表题为《有能力才能解压力——三谈解开思想扣子、迈开改革步子》的评论员文章。

7月21—22日

[纲 文] 教育部直属高校工作咨询委员会第二十四次全体会议在北京举行。

[日 文] 75所教育部直属高校工作咨询委员会咨询委员、86所其他部委和地方所属高校主要负责人,教育部党组全体同志,相关部委负责人,以及教育部有关司局和直

属单位主要负责人等参加了本次会议。教育部党组书记、部长袁贵仁出席会议并在会上做咨询应答。国务院副总理刘延东21日出席会议时强调，高校要切实贯彻党的十八届三中全会和习近平总书记系列重要讲话精神，聚焦聚神聚力深化综合改革，当好教育改革排头兵，为建设高等教育强国、实现两个百年目标和中国梦作出贡献。刘延东强调，要增强高等教育综合改革的使命感、责任感，走中国特色社会主义高等教育发展之路，为经济社会发展、民生福祉改善提供人才、智力支撑。要把立德树人、提高质量贯穿综合改革全过程，推动社会主义核心价值观入脑入心，创新人才培养机制，切实落实人才培养中心地位。高校要合理定位、特色发展，优化专业结构，防止"同质化"，提高学生就业创业能力。要深化考试招生制度改革，促进学生健康成长，科学选拔人才、确保公平公正。要深化高校人事制度改革，加强教师队伍建设，调动广大教师的积极性创造性。要进一步推进简政放权，切实转变政府职能，完善高校内部治理结构，构建现代大学制度。要发挥高校在国际合作、人文交流方面的独特作用。高校领导班子要狠抓党风廉政建设工作，敢于担当、积极有为，统筹协调、形成合力，确保改革沿着正确方向有序推进，实现我国高等教育的新跨越。

7月22日

［纲　文］　　国务院总理李克强在北京会见出席第六轮中美工商领袖和前高官对话的美方代表并座谈。

［目　文］　　美国全国商会会长多诺霍、前总统国家安全事务助理伯杰、前贸易谈判代表巴尔舍夫斯基以及通用电气、联邦快递、万事达卡国际组织、花旗银行等全球500强企业负责人，分别就中国改革开放和经济发展、中美经贸、金融等合作发表看法。李克强同他们深入交流并回答提问。李克强表示，一个良好的中美关系对彼此有利，也具有全球影响，是中美创造更大全球化利益的空间所在。双方要按照两国元首达成的共识，坚持相互尊重、平等相待，在增强互信、深化合作、拓展利益、管控分歧上多下功夫，不仅加强官方交往，而且密切商业、智库等各界交流，让中美合作的列车平稳健康前行。李克强指出，中国政府统筹稳增长、促改革、调结构、惠民生、防风险，就是要更多运用改革的办法和市场的力量，增强经济增长的内生动力与活力，推动经济向中高端水平迈进，实现中国经济升级和民生不断改善，这也有利于世界的发展与繁荣。我们将构建更加开放的格局，建设好、管理好上海自由贸易试验区，形成可复制可推广的经验，完善对中外企业一视同仁的公平竞争市场环境。中国愿做国际经贸新体系建设的参与者和贡献者。希望美方以更加开放的姿态为两国深化合作创造更多有利条件。多诺霍等美方代表表示，美中是重要而紧密的合作伙伴，进一步扩大合作将使双方获益，也有利于世界经济增长。中国的改革开放取得巨大成就，为美中合作开辟了广阔空间。美国工商界将继续致力于扩大两国贸易、投资等合作，推动美中关系取得更多成果。

7月22日

［纲　文］　　全国政协在北京召开"构建现代公共文化服务体系"专题协商会。

[目　文]　全国政协主席俞正声主持会议。中共中央政治局委员、中央书记处书记、中宣部部长刘奇葆出席并讲话。全国政协副主席杜青林主持上午的会议。全国政协副主席韩启德、林文漪、张庆黎、李海峰、陈元、卢展工、周小川、王家瑞、马飚、刘晓峰出席会议。俞正声指出，中共中央、国务院高度重视文化建设。中共十八大和十八届三中全会对构建现代公共文化服务体系提出明确要求，习近平总书记也多次作出重要指示。加强公共文化服务体系建设意义重大，涉及社会主义核心价值观和道德建设，关系到民族精神、国家长治久安和核心竞争力，要精心组织和实施。现代公共文化服务体系建设将伴随整个现代化进程，要正确处理好文化设施建设和内容建设的关系、政府和市场的关系、传统传播方式和新媒体的关系，高度重视基层文化建设，政府部门要进一步改进对公共文化服务的管理。俞正声强调，人民政协要继续发挥自身优势，广泛动员社会各方面力量参与公共文化建设。希望政协委员努力创作出更多思想深刻、艺术精湛、群众喜闻乐见的文化精品，努力推动形成有利于构建公共文化服务体系的良好氛围。刘奇葆认真听取了委员们的发言。他说，全国政协围绕推进公共文化服务体系建设深入调研，积极建言出力，做了大量卓有成效的工作。刘奇葆指出，构建现代公共文化服务体系是保障和改善民生的重要举措，要牢固树立以人民为中心的工作导向，坚持以社会主义核心价值观为引领，加快推进基本公共文化服务标准化、均等化，做到保障基本、统一规范、全面覆盖、促进公平，把公共文化服务体系建设提高到一个新的更高层次。要抓好统筹协调、健全指标体系、完善基础设施、注重内容供给，进一步加强管理力量，提高群众参与程度，推动边远贫困地区实现跨越发展，加快构建现代公共文化服务体系，更好保障人民群众基本文化权益。27位政协委员围绕推进现代公共文化服务体系建设标准化、均等化，加强公共文化服务硬件和软件建设、提升服务质量和效能，创新体制机制、健全完善公共文化服务保障机制作发言，分析了当前公共文化服务体系建设存在的问题并提出意见建议。中共中央办公厅、国务院办公厅以及有关部门和单位的负责人到会听取意见，文化部、国家民委、国家新闻出版广电总局、中央文明办、财政部等有关部门负责人介绍了我国公共文化服务体系建设的情况并与委员互动交流。

7月22日

[纲　文]　**国务院安全生产委员会全体会议在北京召开。**

[目　文]　国务院安委会主任马凯、国务院安委会副主任郭声琨出席并讲话。国务院安委会副主任王勇主持会议。会议指出，2014年以来，各地区、各部门和各单位认真贯彻落实习近平总书记、李克强总理重要指示精神，深入开展安全专项整治，强化督促检查，狠抓治本攻坚，安全生产各项工作取得积极进展。但事故总量仍然较大，重特大事故仍时有发生，安全生产形势依然严峻。会议强调，要深刻吸取事故教训，充分认识安全生产工作的长期性、艰巨性和复杂性，强化红线意识和底线思维，坚持标本兼治，狠抓各项责任和措施落实，全力做好下一步安全生产工作。要加快建立健全安全生产责任体系，进一步强化企业安全生产主体责任，强化地方各级党委、政府和行业主管部门安全生产职

责，强化安全监管部门的监管责任。继续抓好道路交通、消防、危化品等重点行业领域专项整治。集中力量打好油气管道隐患整治攻坚战，加强统筹协调和政策支持，妥善解决突出问题。大力推动煤矿整顿关闭和瓦斯综合治理。深入开展"打非治违"专项行动，积极稳妥推进安全生产改革及试点，切实加强安全生产基础工作，强化汛期安全防范和值守应急，确保全国安全生产形势持续稳定好转。

7月22日

［纲　文］　国务院印发《关于取消和调整一批行政审批项目等事项的决定》。

［目　文］　《决定》取消和下放45项行政审批事项，取消11项职业资格许可和认定事项，将31项工商登记前置审批事项改为后置审批。本次取消和下放的45项行政审批事项中，关系投资创业创新就业等经济社会发展的约30项，涉及社会组织、事业单位业务活动的约10项，涉及企业资质的约5项。取消的11项职业资格许可和认定事项，涉及国际商务、质量、税务、资产评估、土地登记、矿业权评估、品牌管理等多个专业领域。同时，国务院决定取消各地区自行设置的各类职业资格。31项行政审批事项改为后置审批的工商登记事项，主要集中在生产经营服务领域，如"自费出国留学中介服务机构资格认定""设立内资娱乐场所审批""设立内资演出经纪机构审批"等。这些事项改为后置审批，有利于推进创业投资便利化，释放就业创业创新活力，减轻企业负担，激发市场活力。国务院建议取消和下放7项依据有关法律设立的行政审批项目，把5项依据有关法律设立的工商登记前置审批事项改为后置审批，将依照法定程序提请全国人大常委会修订有关法律。2013年国务院提请全国人大常委会修改法律的行政审批项目，有8项全国人大常委会已同意修改相关法律，本次一并公布。

7月22日

［纲　文］　教育部发出《关于做好全国中小学生学籍信息管理系统全面应用工作的通知》。

［目　文］　《通知》要求各地教育部门全面应用全国中小学生学籍信息管理系统，通过学籍系统监测流动人口随迁子女流动情况，教育部将为每位学生核发全国唯一的学籍号。教育部将全面开展以学生身份基本信息为核心的数据审核工作，减少问题学籍，确保数据质量。教育部要求省级教育行政部门要与公安机关协作，对本省（区、市）学籍进行查重、查错，向县级教育行政部门提供问题学籍清单。县级教育行政部门和学校对问题学籍进行核查处理。各省（区、市）内问题学籍处理工作原则上应于今年7月底前完成，全部问题学籍处理工作结束后，教育部将为每位学生核发全国唯一的学籍号。教育部将利用全国学籍系统管理基础教育阶段学生的学籍建立和学籍正常变动、学籍异动，监测学生上学考勤情况，监测随迁子女流动情况，加强留守儿童管理，建立动态登记监测制度。

7月23日

［纲　文］　国家主席习近平致电佐科·维多多，祝贺其当选印度尼西亚新一届

总统。

7月23日

［纲　文］　李克强主持召开国务院常务会议。

［目　文］　会议指出，企业是经济活动的基本细胞。当前我国货币信贷总量不小，但企业特别是小微企业融资不易、成本较高的结构性问题依然突出，不仅加重企业负担、影响宏观调控效果，也带来金融风险隐患。有效缓解这一问题，既可为企业"输氧供血"，促进当前稳增长，又能形成金融与实体经济良性互动，使经济固本培元、行稳致远。要按照定向调控要求，多措并举、标本兼治，推动结构性改革和调整，深化金融体制改革，加强金融服务和监管，为做强实体经济、扩大就业和改善民生提供金融支持。会议确定，一要继续坚持稳健的货币政策，保持信贷总量合理增长，着力调整结构，优化信贷投向。加大支农、支小再贷款和再贴现力度，提高金融服务小微企业、"三农"和支持服务业、节能环保等重点领域及重大民生工程的能力。二要抑制金融机构筹资成本的不合理上升，遏制变相高息揽储，维护良好的金融市场秩序。三要缩短企业融资链条，清理不必要的环节，整治层层加价行为。理财产品资金运用原则上应与实体经济直接对接。四要清理整顿不合理收费，对直接与贷款挂钩、没有实质服务内容的收费，一律取消。规范担保、评估、登记等收费。严禁"以贷转存""存贷挂钩"等行为。五要优化商业银行小微企业贷款管理，采取续贷提前审批、设立循环贷款等方式，提高贷款审批发放效率。对小微企业贷款实行差别化监管要求。六要积极稳妥发展面向小微企业和"三农"的特色中小金融机构，加快推动具备条件的民间资本依法发起设立中小型银行等金融机构，促进市场竞争，增加金融供给。七要大力发展直接融资，发展多层次资本市场，支持中小微企业依托中小企业股份转让系统开展融资，扩大中小企业债务融资工具及规模。八要完善商业银行考核评价指标体系，引导商业银行纠正单纯追逐利润、攀比扩大资产规模的行为。九要大力发展支持小微企业等获得信贷服务的保险产品，开展"保险＋信贷"合作。积极发展政府支持的担保机构，扩大小微企业担保业务规模。十要有序推进利率市场化改革，充分发挥金融机构利率定价自律机制作用，增强财务硬约束，提高自主定价能力。综合考虑我国宏微观经济金融形势，完善市场利率形成和传导机制。会议要求，各有关部门要抓紧制定实施配套办法，定期督促检查，引入第三方评估，确保政策尽快落实、见到实效。会议审议通过《企业信息公示暂行条例（草案）》，建立了反映企业基本经营状况的年度报告公示制度，并要求即时公布股东出资、股权变更等信用信息，有关部门要对公示信息进行抽查。设立经营异常企业名录和严重违法企业名单制度，对不按时公示或隐瞒情况、弄虚作假的企业采取信用约束措施，在政府采购、工程招投标、国有土地出让等工作中依法予以限制或禁入。建立部门间互联共享信息平台，运用大数据等手段提升监管水平。对不守法、不诚信行为"广而告之"，让违法企业一处违规、处处受限；为诚实守信的企业树"金字招牌"，让诚信企业在公平竞争中不断增多壮大。

7月23日

［纲　文］《人民日报》发表题为《稳中有进，彰显战略谋划力——从上半年经济数据看全局之一》的评论员文章。

7月24日

［纲　文］习近平向台湾空难遇难同胞表示哀悼。

［目　文］23日19时许，台湾复兴航空一架从高雄飞往澎湖的GE222次航班因天气不佳紧急迫降时失事，造成47人罹难，11人受伤。国务院台办负责人立即同台湾陆委会和中国国民党中央大陆事务部联系，转达中共中央总书记习近平对遇难同胞的深切哀悼和对其亲属的诚挚慰问。该负责人表示，正在拉美地区访问的中共中央总书记习近平得悉台湾一架客机失事造成重大人员伤亡，深感痛心，他专门要求国务院台办立即向台湾有关部门转达他本人和大陆人民对遇难者的深切哀悼、对其亲属的诚挚慰问。台湾方面对此表示感谢。海协会负责人也向台湾海基会负责人转达了习近平总书记对遇难同胞的深切哀悼和对其亲属的诚挚慰问。

7月24日

［纲　文］纪念全国供销合作总社成立60周年电视电话会议在北京召开。

［目　文］中共中央总书记习近平就继续办好供销合作社作出批示。他强调，供销合作社是促进农村经济社会发展的重要力量。60年来，供销合作社紧紧围绕党和国家工作大局，在促进农业农村发展、保障商品供给、服务城乡群众等方面作出了重要贡献。习近平总书记向全国供销合作社系统广大干部职工致以诚挚的问候，向受表彰的先进集体和先进个人表示热烈的祝贺。习近平指出，在新的历史条件下，要继续办好供销合作社，发挥其独特优势和重要作用。各级党委和政府要关心和支持供销合作社改革发展，供销合作社要全面深化改革，加快建成适应社会主义市场经济需要、适应城乡发展一体化需要、适应中国特色农业现代化需要的组织体系和服务机制，努力成为服务农民生产生活的生力军和综合平台，谱写发展农业、富裕农民、繁荣城乡的新篇章，为全面建成小康社会、实现中华民族伟大复兴的中国梦作出新的更大贡献。国务院总理李克强批示说，供销合作社历史悠久，网点广布，新的历史条件下仍具有为农服务的深厚基础和独特优势。希望供销合作社在建设现代农业、发展农村现代流通、服务农民生产生活中发挥更大作用。

国务院副总理汪洋在会上讲话，回顾了中华全国供销合作总社成立60年来的发展历程和经验启示，从新的历史起点出发对加快供销合作社改革发展提出要求。他强调，各级党委和政府要认真落实好习近平总书记、李克强总理的重要批示精神，站在加快推进中国特色农业现代化、巩固党在农村执政基础的战略高度，把供销合作社改革纳入全面深化改革的总体部署，树立重视供销合作社就是重视农业、扶持供销合作社就是扶持农民的理念，切实加强对供销合作社的领导，把供销合作社作为党和政府在农村工作的一个重要抓手很好用起来。会上，全国供销合作社系统先进集体和先进工作者受到表彰，劳动模范和先进工作者代表、供销合作社综合改革试点省和县乡镇基层社代表作了发言。

7月24日

［纲　文］　全国政协在北京召开双周协商座谈会,就更好地发挥社会组织在社会治理中的作用提出建议。

［目　文］　全国政协主席俞正声主持会议。全国政协副主席杜青林、林文漪、张庆黎、卢展工出席座谈会。全国政协委员甄砚、吉林、王名、杨健、王小兰、何伟、郭长江、迟福林、江利平、骆沙鸣、翁华建、胡有清、柯锦华、蔡国雄、梁嘉琨,以及李君如、黄浩明、马仲良等专家学者在座谈会上发言。委员们认为,社会治理是在党的领导和政府主导下,政府与社会、市场等多元主体协商协作,凝聚社会共识、解决社会问题,促进社会和谐发展的动态过程。社会组织广泛代表着各阶层和团体的权益,是进行社会协商的重要载体,也是推动实现社会治理的有益力量。《中共中央关于全面深化改革若干重大问题的决定》为推进社会组织健康有序发展指明了方向。在全面深化改革、发展社会主义市场经济的过程中,发展社会组织有利于民主科学决策、提高政府效率、加强社会服务和道德建设。委员们充分肯定了改革开放以来社会组织在促进经济发展、繁荣社会事业、创新社会治理、提供公共服务等方面发挥的重要作用。委员们建议,发展社会组织特别是公益性社会组织,关键是要加强立法,清晰准确地界定非营利组织的界限,明确权力和责任,确立规则。要做好政府向社会组织购买服务工作,购买服务范围要从后勤服务扩展到养老、医疗、研究等公共服务项目。完善社会组织税收制度,稳步推进志愿服务制度化,推进行业协会的改革,从体制上为行业协会发展松绑,加强社会组织人才队伍建设。座谈会上,委员们和专家学者坦诚建言,俞正声不时插话,与大家进行交流。中央编办、中央综治办、财政部的负责人出席会议并与委员们互动交流。

7月24日

［纲　文］　国务院印发《关于进一步推进户籍制度改革的意见》。

［目　文］　《意见》明确了进一步推进户籍制度改革的指导思想、基本原则、发展目标、政策措施和实现路径,要求适应推进新型城镇化需要,进一步推进户籍制度改革,落实放宽户口迁移政策。《意见》指出,改革要坚持积极稳妥、规范有序,坚持以人为本、尊重群众意愿,坚持因地制宜、区别对待,坚持统筹配套、提供基本保障。到2020年,基本建立与全面建成小康社会相适应,有效支撑社会管理和公共服务,依法保障公民权利,以人为本、科学高效、规范有序的新型户籍制度,努力实现1亿左右农业转移人口和其他常住人口在城镇落户。《意见》就进一步推进户籍制度改革提出三方面十一条具体政策措施。一是进一步调整户口迁移政策。全面放开建制镇和小城市落户限制,有序放开中等城市落户限制,合理确定大城市落户条件,严格控制特大城市人口规模,有效解决户口迁移中的重点问题。二是创新人口管理。建立城乡统一的户口登记制度,建立居住证制度,健全人口信息管理制度。三是切实保障农业转移人口及其他常住人口合法权益。完善

农村产权制度，扩大义务教育、就业服务、基本养老、基本医疗卫生、住房保障等城镇基本公共服务覆盖面，加强基本公共服务财力保障。

11月17日，国务院召开全国进一步推进户籍制度改革工作电视电话会议，贯彻落实党的十八大、十八届三中、四中全会精神和《国务院关于进一步推进户籍制度改革的意见》，全面动员部署推进户籍制度改革各项工作。

7月24日

［纲　文］　中共中央政治局常委刘云山在北京会见由副议长李锡玄率领的韩国超党派国会议员代表团。

7月24日

［纲　文］　国务委员兼国防部部长常万全在北京会见来华参加中韩第四次国防战略对话的韩国国防部副部长白承周。

7月24—25日

［纲　文］　李克强在山东省考察。

［目　文］　国务院总理李克强在山东省委书记姜异康、省长郭树清陪同下，在济南、德州考察。李克强先后到省交通厅服务窗口和济南市工商局，调研改革进展。在浪潮集团，他详细了解企业与政府合作，运用云计算、大数据等手段，推进完善政府服务与监管的情况。他说，要贯彻党的十八大和十八届二中、三中全会精神，继续简政放权，打通抓落实的"最先一公里"和"最后一公里"，消除"中梗阻"，避免截留改革红利，让千千万万愿意创业的人更方便拿到市场"入场券"。同时也要完善监管，创造公平环境，让市场活起来。他强调，要应用现代信息技术，为政府管理提供更及时、充分、准确的信息，使政府服务和监管更加到位。李克强到德州陵县雨污分流工地查看管网铺设。他说，基础设施建设是以人为核心的新型城镇化要害所在，特别在县一级基础薄弱、需求巨大。政府要加大投入，更要通过改革，创新投融资方式，吸引社会资金进入，加快建设，造福当代，惠及子孙。李克强到德州景津公司，得知员工大多是当地农民工，他说，大家从小块地走出来，干上了大工业，是新产业工人，既长了本事，创造了价值，也增加了收入。要大力发展这样的劳动密集型产业，带动更多农民就近就业，在城市安居和发展。李克强十分关心现代农业发展。他到陵县德强家庭农场，了解农业机械化、测土施肥、土地流转等情况，对农场创新经营模式表示肯定。李克强说，发展现代农业潜力无限。我国地域辽阔，各地发展不平衡，推进农业现代化要因地制宜，探索前进。关键是以尊重农民意愿为基础，以现代农业技术为依托，以依法规范为保障，开展多种形式合作，发展适度规模经营。改变传统农业模式，会使农民更多得利，经营者、国家也都受益。农民收入提高了，大家的生活就能芝麻开花节节高。

7月24—26日

［纲　文］　汪洋在青海省考察调研牧区发展和扶贫工作。

［目　文］　国务院副总理汪洋先后到乌兰县、德令哈市、格尔木市等地了解草原生

态、农牧生产、游牧民定居等情况。他强调，要把草原生态保护建设作为牧区发展的切入点和着力点，建立长效机制，遏制草原超载过牧，防止草原退化沙化盐碱化，加快草原改良，扩大人工种草，加强鼠害等防治，提高草原质量和可持续发展能力。要积极引导和帮助牧民创新经营模式，发展生态畜牧业，扩大牛羊舍饲圈养，推进草原畜牧业由粗放型向质量效益型转变。要认真实施游牧民定居工程，立足牧区优势，大力发展特色产业，拓宽牧民增收和就业渠道。汪洋很关心贫困农牧民生产生活状况，他强调，要认真抓好中央扶贫政策的落实，加快贫困户建档立卡，有针对性地开展帮扶工作。加强贫困地区职业教育和技术培训，帮助贫困农户开展特色种植养殖。重视发掘贫困地区民族文化、民俗文化、草原文化，发展以自然风光、民族风情等为特色的旅游业，加强旅游景区基础设施建设，打造精品旅游产品。

7月25日

［纲　文］　李源潮到《知识就是力量》杂志社调研。

［目　文］　中共中央政治局委员李源潮在调研中指出，要深刻领会习近平"知识就是力量，人才就是未来"的重要思想，大力传播科学知识，点燃青少年的科学梦想。

7月25日

［纲　文］　国家卫生计生委、商务部联合发出《关于开展设立外资独资医院试点工作的通知》。

［目　文］　《通知》规定，允许境外投资者通过新设或并购的方式在北京市、天津市、上海市、江苏省、福建省、广东省、海南省设立外资独资医院。除中国香港、澳门和台湾投资者外，其他境外投资者不得在上述省（市）设置中医类医院。《通知》规定，申请设立外资独资医院的境外投资者应是能够独立承担民事责任的法人，具有直接或间接从事医疗卫生投资与管理的经验，并符合下列要求之一：能够提供国际先进的医院管理理念、管理模式和服务模式；能够提供具有国际领先水平的医学技术和设备；可以补充或改善当地在医疗服务能力、医疗技术、资金和医疗设施方面的不足。外资独资医院的设置审批权限下放到省级。申请设置外资独资医院的境外投资者应向拟设置外资独资医院所在地设区的市级卫生计生行政部门提出申请，设区的市级卫生计生行政部门提出初审意见，报省级卫生计生行政部门审批。省级商务主管部门凭省级卫生计生行政部门的行政许可，依据外商投资法律法规进行外资独资医院设立的审批工作。

7月25日

［纲　文］　加强和改进军队院校学员思想政治工作座谈会在北京召开。

［目　文］　中央军委副主席许其亮在讲话中说，要深刻领悟习近平关于加强军校学员思想政治工作的重要指示精神，强化培养强国强军新一代革命军人的使命担当，造就中国特色社会主义事业建设者和接班人，为实现中国梦强军梦提供人才支持。许其亮指出，要充分认清军队院校地位作用，勇于扛起培育强国强军人才的时代重任。要确保培养的人

听党话跟党走、用得上靠得住。要引导学员做大写的人、优秀的共产党人、合格的革命军人。要突出抓好中国特色社会主义理论体系武装，特别是学好习主席系列重要讲话精神，使之内化为信仰信念和立场观点方法。学员思想政治工作要切实立起服务战斗力、服务培养强军人才的检验标准。许其亮强调，要探索体系化设计、工程化推进的育人路子，着力推进政治工作运行模式和指导方式现代化。要以强军目标引领院校政治工作改革创新，把学员思想政治工作做得更加鲜活富有成效。政治工作者要坚持知行合一、表里如一，大力弘扬我军好传统好作风，让政治工作在新的时代条件下重焕形象威力。

7月26日

［纲　文］　海南省三沙市永兴（镇）工委、管委会在永兴岛揭牌成立，标志着三沙市西沙岛礁基层政权的建立。

7月26日

［纲　文］　《人民日报》发表题为《定向施策，塑造精准调控力——从上半年经济数据看全局之二》的评论员文章。

7月26日

［纲　文］　《人民日报》发表题为《摆正位置看待遇——四谈解开思想扣子、迈开改革步子》的评论员文章。

7月27日

［纲　文］　新华社讯，经中央军委主席习近平批准，由解放军总参谋部、总政治部、总后勤部、总装备部制定的《军队奖励和表彰管理规定》印发全军和武警部队。

［目　文］　《规定》共5章42条，明确军队所称奖励，是依照《中国人民解放军纪律条令》规定的对单位和个人给予嘉奖，记一、二、三等功，授予荣誉称号；所称表彰，是指团以上单位、各级机关以通报形式对单位和个人给予褒扬。《规定》明确，总政治部主管全军奖励和表彰工作，总政治部组织部承办全军奖励和表彰管理有关工作。《规定》提出奖励和表彰管理工作应当坚持标准、控制数量、严格程序、归口管理，即牢固树立战斗力这个唯一的根本的标准，实施奖励和表彰向能打仗、打胜仗聚焦，向战备训练、遂行重大任务和作战部队倾斜；适当提高对驻边远艰苦地区部队的奖励比例，调整新型作战力量基层单位的审批权限，大幅压缩对领导干部和机关的奖励表彰；合理确定奖励比例和表彰数量，严格控制高等级奖励和高规格表彰；明确奖励和表彰管理的职能部门，建立表彰申报审批制度，坚持按权限和程序实施奖励和表彰。《规定》首次对表彰工作进行了规范，对表彰的项目数量、申报审批、办理程序、承办部门等作了明确；《规定》明确，为受表彰单位颁发的奖牌、奖状，为受表彰个人颁发的证书、证章式样由总政治部规定；明确表彰一律不发奖金。《规定》对宣扬激励的仪式形式作了统一规定，对佩带勋章奖章的时机和场合进行了明确；制定了检查监督措施，对检查监督内容、惩处办法、责任追究等作了

完善。

7月27日

[纲　文]　新华社讯，李克强召开部分新登记企业负责人座谈会。

[目　文]　十余位新创企业负责人参加座谈。国务院总理李克强说，大家来自最基层，代表着最新创业力量的声音，你们敢于创业的精神值得充分肯定。李克强开宗明义发问：办企业的动力和资金从哪来，经营范围是什么，希望政府帮助解决哪些困难。企业负责人纷纷表示，国家简政放权、实施"先照后证"和将注册资本改为认缴制的改革举措，极大激发了社会创业的热情，为有创业意愿的人提供了施展拳脚的舞台。同时他们也反映新创小微企业贷款难还很突出、一些方面前置审批还较多、部分行业税费负担重等问题。李克强认真听取他们的发言，就相关问题与大家深入交流。李克强说，上半年经济运行保持在合理区间，市场预期稳中向好。但也要看到当前仍存在下行压力，必须坚持区间调控，注重定向调控，持续激发市场活力，增强发展动力。新登记企业是市场经济发展的新生力量，而且大多从事服务业，可以为群众提供更多消费选择，带动大量就业，符合国家结构调整和产业升级大方向，发展潜力很大。企业进入市场，就意味着要承担经营风险和社会责任，政府也有义务为大家发展加油助力。一是要继续简政放权，创造好的营商环境。决不能让企业被各种不合理的制度规定捆住手脚，走不动，行不远，甚至关门停业。政府要加快取消不必要前置审批和资质资格认证等，下决心打掉前进路上一个个"障碍栏"，使企业经营更加便利。二是要加大对新创企业的财政支持和金融服务。针对融资难、成本高等问题，研究对新创小微企业的扶持政策，金融机构既要讲经济效益，也要讲社会效益，承担社会责任，为小微企业发展服务。三是政府和企业要共同营造公平竞争的市场环境。市场经济是法治经济，也是道德经济，要靠信用做基础，靠公平规则竞争，企业要讲诚守信，政府也要依法严格监管，打击处罚违法违规失信行为，这也是为诚信经营助力。总之，要通过深化改革、转变政府职能，把该放的放开，该扶的扶好，该管的管住，使新创企业在公平公正的环境中不断成长壮大，持续健康发展。你们的成功具有标杆意义，会吸引更多的后来者创业，最终让群众受益，也为经济发展和结构调整作出贡献。

7月27日

[纲　文]　《人民日报》发表题为《好形象要共同塑造——五谈解开思想扣子、迈开改革步子》的评论员文章。

7月28日

[纲　文]　中共中央总书记、国家主席习近平在北京同老挝人民革命党中央总书记、国家主席朱马里会谈。

[目　文]　双方就两党两国关系、执政治国理念及共同关心的国际和地区问题深入交换意见，达成重要共识，强调无论国际风云如何变幻，都要坚持推动中老两党两国关系不断向前发展，做好邻居、好朋友、好同志、好伙伴。习近平指出，中老两国人民始终以心相交、以诚相待、守望相助、世代友好，丰富和发展了高度互信互助互惠的中老全面战

略合作伙伴关系。当前，中老两国都肩负着改革发展稳定的艰巨任务，国际和地区形势出现了不少新变化。中老双方要坚定支持对方维护本国核心利益，走符合本国国情的发展道路，坚定支持对方办好自己的事情。相信老挝党中央一定能够团结和带领全党和全国人民坚持有原则的全面革新路线，实现老挝党第九次全国代表大会提出的各项目标任务。习近平强调，中方愿意同老方保持高层交往，及时就重大问题加强战略沟通，加强两党交流合作，互学互鉴，提高各自执政能力和水平。双方要对接发展战略，推进现代化农业、能源、水电、基础设施建设等领域合作，不断提高务实合作水平。双方要深化执法安全合作，加强湄公河流域联合巡逻执法和边境管理，合力打击恐怖主义和跨国犯罪。双方要积极开展文化、教育、青少年、地方等领域交流合作，促进边境地区共同发展繁荣。中方愿意同老方在国际和地区事务中保持密切沟通和协调，共同推动中国—东盟关系健康发展，促进地区和平、稳定、发展。朱马里说，老中两党都坚持走社会主义道路，有着共同的理想，老中两国长期以来同甘共苦、同舟共济，有着广泛的共同利益和深厚情谊。我们感谢中国党和政府对老挝的支持和帮助，愿学习中国在党的建设和国家发展方面的经验，推动老中友好不断发展。习近平和朱马里共同见证了两国政府间经济技术合作协定等文件的签署。

同日，中共中央政治局常委王岐山在北京会见朱马里。

7月28日

［纲　文］　国家主席习近平就阿尔及利亚航空公司客机坠毁事件分别致电阿尔及利亚总统布特弗利卡、法国总统奥朗德表示慰问。国务院总理李克强就阿尔及利亚航空公司客机坠毁事件分别向阿尔及利亚总理塞拉勒、法国总理瓦尔斯致慰问电。

7月28日

［纲　文］　国务院印发《关于加快发展生产性服务业促进产业结构调整升级的指导意见》。

［目　文］　《指导意见》提出了引导市场主体行为的发展导向，明确了政府创造良好环境的工作重点。《指导意见》强调，要以产业转型升级需求为导向，引导企业进一步打破"大而全""小而全"的格局，分离和外包非核心业务，向价值链高端延伸，促进我国产业逐步由生产制造型向生产服务型转变：一是鼓励企业向产业价值链高端发展；二是推进农业生产和工业制造现代化；三是加快生产制造与信息技术服务融合。《指导意见》明确，现阶段我国生产性服务业重点发展研发设计、第三方物流、融资租赁、信息技术服务、节能环保服务、检验检测认证、电子商务、商务咨询、服务外包、售后服务、人力资源服务和品牌建设，并提出了发展的主要任务。

7月28日

［纲　文］　国务院在上海召开全国学校体育工作座谈会。

［目　文］　国务院副总理刘延东、教育部部长袁贵仁、上海市市长杨雄等领导同志

出席会议。刘延东主持会议并讲话。国务院有关部委负责人，部分省（市、区）人民政府副省长，各省（区、市）教育、体育行政部门负责人等200多人参会。刘延东强调，健康是青少年成长成才和幸福生活的根基，关系国家民族未来和亿万家庭福祉，各级党委政府要认真贯彻习近平总书记关于增强青少年体质的重要论述精神，树立"健康第一"的理念，组织引导学校、社会和家庭为青少年强身健体创造良好条件，为实现中国梦提供人才保障。刘延东指出，近年来，学校体育办学条件有了明显改善，全国亿万学生阳光体育运动掀起了校园体育锻炼热潮，但青少年"运动不足"问题仍然突出、体质健康状况还没有根本改变。刘延东强调，加强学校体育工作是促进学校回归育人本原、促进学生全面发展的重要途径，要通过学校体育活动使学生强健体魄、健全人格，养成终身体育锻炼习惯和健康生活方式。要深化学校体育体制机制改革，建立科学的评价体系，加强师资队伍建设，加大经费投入，改善学校体育设施条件。要坚持德智体美"四育融合"，防止重智育、轻体育，重营养、轻锻炼，重技能、轻体能的倾向。要加强科学锻炼，确保"每天锻炼一小时"，组织校内、校际体育比赛，突出重点项目，推动校园足球发展，广泛开展校园篮球、排球、武术等体育活动和具有地方特色、民族特色的运动项目，让青少年全面发展、健康成长。

7月28日

［纲　文］　国务院副总理张高丽在北京会见新加坡副总理兼国家安全统筹部长及内政部长张志贤。

7月28日

［纲　文］　新疆莎车县发生严重暴力恐怖袭击事件。

［目　文］　28日凌晨，一伙暴徒持刀斧袭击艾力西湖镇政府、派出所，并有部分暴徒窜至荒地镇，打砸焚烧过往车辆，砍杀无辜群众，造成数十名维汉族群众伤亡，31辆车被打砸，其中6辆车被烧。公安民警迅速依法处置，击毙暴徒数十名。

10月13日，喀什地区中级人民法院对莎车县"7·28"严重暴恐袭击案部分被告人作出一审判决并公开宣判，以组织领导参加恐怖组织罪、故意杀人罪、非法制造爆炸物罪、放火罪、绑架罪、以危险方法危害公共安全罪，分别判处奥斯曼·阿卜来提、玉苏普·阿不来提、居麦·喀迪尔、麦麦提依明·艾麦尔等12名被告人死刑，剥夺政治权利终身；判处热合曼·萨德尔等15名被告人死刑，缓期二年执行，剥夺政治权利终身；判处艾力·图尔荪等9名被告人无期徒刑，剥夺政治权利终身；判处阿尔孜古丽·阿曼等20名被告人20年至4年不等的有期徒刑；另有2名被告人被判处缓刑。法庭经审理查明，被告人奥斯曼·阿卜来提参加努拉买提·萨吾提（又名努尔买买提，系"7·28"案首犯，已被击毙）暴恐团伙，煽动拉拢胁迫他人参加暴恐活动，在公路上砍杀过往车辆司机，造成3名被害人死亡；被告人玉苏普·阿不来提积极参加努拉买提·萨吾提暴恐团伙，伙同其他暴徒共同杀害5名无辜群众；被告人居麦·喀迪尔与其他暴徒拦截打砸焚烧过往车辆，杀害2名无辜群众；以被告人麦麦提依明·艾麦尔为首的犯罪团伙拦截打砸焚烧过往车辆，并制作了大量爆炸装置预谋袭击警察。

7月28日

［纲　文］　第二届中新社会治理高层论坛在北京举行。

［目　文］　中共中央政治局委员、中央政法委书记、中央综治委主任孟建柱，新加坡副总理兼国家安全统筹部长及内政部长张志贤出席开幕式并发表主旨讲话。来自中新两国的代表和专家学者100多人参加论坛。中央政法委秘书长、国务院副秘书长、中央综治委副主任汪永清，中央政法委副秘书长、中央综治委副主任、中央综治办主任陈训秋，中央综治办专职副主任徐显明，民政部副部长顾朝曦；新加坡社会及家庭发展部部长兼国防部第二部长陈振声，贸易及工业部兼国家发展部高级政务部长李奕贤，社会及家庭发展部兼文化、社区及青年部政务次长及西南区市长刘燕玲，在论坛上发言。

孟建柱说，科学有效的社会治理，是人民幸福安康、社会和谐稳定、国家长治久安的重要保障。孟建柱指出，中国在长期探索实践中，对坚持依法治理、建设法治社会形成了以下基本认识：一是坚持从中国国情出发，把人类法治文明发展一般规律创造性地运用于社会治理实践，坚定不移地走中国特色社会主义法治道路，积极推进社会治理体系自我完善和发展。二是坚持人民主体地位，以促进社会公平正义、增进人民福祉为出发点和落脚点，紧紧依靠人民推进社会治理。三是坚持推进多层次多领域依法治理，努力形成党政善治、社会共治、基层自治的良好局面。四是坚持以法治思维和法治方式防范化解社会风险，引导和支持人民群众理性表达诉求、依法维护权益，促进社会和谐稳定。五是坚持把增强全民法治观念作为依法治理的长期性、基础性工作，在全社会推动形成办事依法、遇事找法、解决问题用法、化解矛盾靠法的法治环境。六是坚持把制度创新作为社会治理体系和治理能力现代化的重要保障，加强社会治理领域基础性制度建设，提高社会治理制度化、规范化、程序化水平。张志贤在讲话时指出，社会治理对正面临社会转型的新中两国而言日趋重要。两国文化内涵相似，有利于双方互相借鉴经验。

7月28日

［纲　文］　国务委员杨洁篪、外交部部长王毅在北京分别会见来华参加中不第二十二轮边界会谈的不丹外交大臣仁增·多吉。

7月28日—8月2日

［纲　文］　第十二届全国学生运动会在上海举办。

［目　文］　本届运动会由教育部、国家体育总局、团中央主办，上海市人民政府承办，是在原全国大学生运动会和中学生运动会合并后首次举办的全国学生运动会。运动会以"团结、奋进、文明、育人"为宗旨，倡导"阳光运动，健康成长"的办赛理念，并在传统竞技比赛基础上加入更多健康元素。7月28日晚，运动会在上海东方体育中心拉开帷幕，刘延东宣布运动会开幕。本届全国学生运动会的规模超过此前历届全国中学生运动会。本届运动会除设有田径、游泳、篮球、排球、足球、武术、健美操、乒乓球8个竞

赛项目外，还增设桥牌等友谊赛。有来自各省、自治区、直辖市、新疆生产建设兵团和香港、澳门特别行政区的34个代表团参赛，参会运动员、教练员、裁判员数量达6000余名。8月2日晚运动会在上海落幕。整场闭幕式采取极具上海特色的浦江夜游方式进行。本届运动会赛事竞技水平总体较上届明显提高，在田径和游泳赛场上，26人次、17次、14项打破全国学生运动会（中学生组）纪录，另有24名运动员达到健将标准，200多人达到国家一级运动员标准。上海、江苏、北京代表团分列奖牌榜前三位。运动会期间，还举行了学校体育科学论文报告会、青少年阳光体育非竞技类评选、国家级体育传统项目学校评选、100所国家级体育传统学校命名表彰、学校体育国际研讨会等活动。

7月29日

［纲　文］　习近平主持召开中共中央政治局会议。

［目　文］　会议主要议程是，中共中央政治局向中央委员会报告工作，研究全面推进依法治国重大问题。会议决定10月在北京召开十八届四中全会。会议认为，依法治国，是坚持和发展中国特色社会主义的本质要求和重要保障，是实现国家治理体系和治理能力现代化的必然要求，事关我们党执政兴国、事关人民幸福安康、事关党和国家长治久安。全面建成小康社会、实现中华民族伟大复兴的中国梦，全面深化改革、完善和发展中国特色社会主义制度，提高党的执政能力和执政水平，必须全面推进依法治国。会议认为，2014年以来，国际形势错综复杂，国内改革发展任务十分繁重，在党中央、国务院正确领导下，各地区各部门认真贯彻落实党的十八大和十八届三中全会精神，认真落实中央经济工作会议决策部署，坚持稳中求进工作总基调，保持宏观政策连续性和稳定性，创新宏观调控思路与方式，注重适时适度预调微调，有针对性地解决突出矛盾和问题，着力以全面深化改革促进经济发展、结构调整、民生改善、风险化解，保持了经济社会发展总体平稳和和谐稳定。会议指出，做好下半年经济工作，要全面贯彻落实党的十八大和十八届三中全会精神，全面落实中央经济工作会议决策部署，准确把握改革发展稳定的平衡点，准确把握近期目标和长期发展的平衡点，准确把握经济社会发展和人民生活改善的结合点，坚持稳中求进工作总基调，坚持宏观政策要稳、微观政策要活、社会政策要托底的基本思路，保持宏观政策连续性和稳定性，针对经济运行中的突出问题，更加注重定向调控，有效实施一些兼顾当前和长远的政策措施，加快深化改革开放，着力推动结构调整，妥善防范化解风险，不断改善民生工作，促进经济持续健康发展，努力实现全年经济社会发展预期目标。会议强调，实现"两个一百年"奋斗目标、实现中华民族伟大复兴的中国梦，必须坚持以经济建设为中心，坚持发展是党执政兴国的第一要务，坚定不移推动经济持续健康发展，这是国家繁荣、社会稳定、人民幸福的重要基础。要增大简政放权的含金量，加紧深化投资体制改革，尽快放开自然垄断行业的竞争性业务，加快服务业有序开放，放宽制造业准入限制，同时放管结合，加强市场监管。会议要求，要发挥好财政金融资源效力，加大对实体经济支持力度，优化财政金融资源配置，提高财经资金使用效益，积极拓

宽实体经济融资渠道。要积极扩大有效投资，发挥好投资的关键作用，进一步释放民间投资潜力，着力提高投资质量和效益。要努力扩大消费需求，发挥好消费的基础作用。顺应居民消费结构升级趋势，完善消费政策，改善消费环境，不断释放消费潜力。要努力稳定对外贸易，提高对外开放水平，落实完善促进外贸发展政策，坚持积极有效利用外资，有力推动出口升级和贸易平衡发展。要加快推进经济结构调整，培育新经济增长点和区域增长极，完善创新驱动政策环境，推进生态文明建设，落实国家新型城镇化规划。要增加民生社保等有效供给，继续改善人民生活，完善社会保障制度，促进就业创业，加强医药卫生事业。

7月29日

[纲 文] 中共中央在北京召开党外人士座谈会。

[目 文] 中共中央总书记习近平主持会议并发表讲话。各民主党派中央、全国工商联负责人和无党派人士代表参加会议。李克强、俞正声、刘云山、张高丽出席座谈会。李克强通报了上半年经济工作有关情况，介绍了中共中央、国务院关于做好下半年经济工作的考虑。座谈会上，民革中央主席万鄂湘、民盟中央主席张宝文、民建中央主席陈昌智、民进中央主席严隽琪、农工党中央主席陈竺、致公党中央主席万钢、九三学社中央主席韩启德、台盟中央主席林文漪、全国工商联主席王钦敏、无党派人士代表林毅夫先后发言。他们赞同中共中央、国务院对当前我国经济形势的分析和下半年经济工作的考虑，并就推进农村土地制度改革、支持企业技术创新、发展资本市场、规范和发展互联网金融、防范和化解金融风险、大力发展服务贸易、加大医保体制改革力度、推进城镇化健康发展、提高公共投资效益、重视引进外国高端人才、推进农民工市民化、支持大学生就业创业、强化水生态承载力等内容提出意见和建议。

在认真听取大家发言后，习近平作了重要讲话。习近平指出，2014年以来，各民主党派中央、全国工商联和无党派人士紧紧围绕党和国家中心工作，聚焦全面深化改革目标任务、经济社会发展重大问题、人民群众关注的重点难点问题，主要负责人亲自带头，深入10余个省市200多家基层一线单位，就化解过剩产能、装备制造业结构调整、大数据技术运用、生态环境保护、大学生就业创业环境优化、中小微企业技术创新、医卫和司法体制改革等问题进行深入调研，为中共中央决策提供了重要依据。习近平强调，在充分肯定我国经济发展成绩的同时，也要看到，我国经济运行正面临着一些困难，特别是出现了一些可能引发经济下行和风险增大的边际变化。我们必须审时度势，全面把握和准确判断国内国际经济形势变化，坚持底线思维，做好应对各种新挑战的准备。要把转方式、调结构放在更加突出的位置，针对突出问题，主动作为，勇闯难关，努力提高创新驱动发展能力、提高产业竞争力、提高经济增长质量和效益，实现我国社会生产力水平总体跃升。要发扬钉钉子精神，一步一个脚印扎实推进经济发展方式转变、经济结构调整，不断取得实实在在的成效。习近平指出，实现"两个一百年"奋斗目标、实现中华民族伟大复兴的中国梦，必须坚持以经济建设为中心，坚定不移推动经济持续健康发展，同时发展必须是遵循经济规律的科学发展。要围绕稳增长、调结构、防风险、惠民生，加快推进改革，加大产权保护力度，加紧深化投资体制改革，增大简政放权的含金量，加快放宽民间投资准入，深化金融体制改革，加快服务业有序开放，完善对外开放体制机制。习近平对民主党派、工商联和无党派人士提出4点希望。

7月29日

[纲　文]　国务院公布《关于修改部分行政法规的决定》。

[目　文]　《决定》指出，为了依法推进行政审批制度改革和政府职能转变，发挥好地方政府贴近基层的优势，促进和保障政府管理由事前审批更多地转为事中事后监管，进一步激发市场活力、发展动力和社会创造力，根据2014年1月28日国务院公布的《国务院关于取消和下放一批行政审批项目的决定》，国务院对取消和下放的行政审批项目涉及的行政法规进行了清理。经过清理，国务院决定，对21部行政法规的部分条款予以修改。本决定自公布之日起施行。

7月29日

[纲　文]　国务院办公厅印发《关于支持铁路建设实施土地综合开发的意见》。

[目　文]　《意见》主要内容如下：一、土地综合开发的基本原则。（一）支持铁路建设与新型城镇化相结合。（二）政府引导与市场自主开发相结合。（三）盘活存量铁路用地与综合开发新老站场用地相结合。二、支持盘活现有铁路用地，推动土地综合开发。（一）科学编制既有铁路站场及周边地区改建规划。（二）给予既有铁路站场综合开发用地政策支持。（三）促进铁路运输企业盘活各类现有土地资源。（四）鼓励提高铁路用地节约集约利用水平。三、鼓励新建铁路站场实施土地综合开发。（一）支持新建铁路站场与土地综合开发项目统一联建。（二）合理确定土地综合开发的边界和规模。（三）明确站场建设和土地综合开发的规划要求。（四）采用市场化方式供应综合开发用地。四、完善土地综合开发配套政策。（一）统筹土地综合开发相关规划管理。（二）完善综合开发用地供应模式。（三）落实综合开发用地指标支持政策。（四）完善相关工程建设标准规范。五、加强土地综合开发的监管和协调。（一）实行备案管理制度。（二）严格土地开发利用管理。（三）切实加强建设管理。

7月29日

[纲　文]　中共中央决定由中纪委对周永康立案审查。

[目　文]　经查，周永康严重违反党的政治纪律、组织纪律、保密纪律；利用职务便利为多人谋取非法利益，直接或通过家人收受巨额贿赂；滥用职权帮助亲属、情妇、朋友从事经营活动获取巨额利益，造成国有资产重大损失；泄露党和国家机密；严重违反廉洁自律规定，本人及亲属收受他人大量财物；与多名女性通奸并进行权色、钱色交易。调查中还发现周永康其他涉嫌犯罪线索。周永康的所作所为完全背离党的性质和宗旨，严重违反党的纪律，极大损害党的形象，给党和人民事业造成重大损失，影响极其恶劣。

12月5日，中共中央政治局会议审议并通过中共中央纪律检查委员会《关于周永康严重违纪案的审查报告》,决定给予周永康开除党籍处分,对其涉嫌犯罪问题及线索移送司法机关依法处理。

2015年6月11日,天津市第一中级人民法院依法对周永康受贿、滥用职权、故意泄露国家秘密案进行了一审宣判,认定周永康犯受贿罪,判处无期徒刑,剥夺政治权利终身,并处没收个人财产;犯滥用职权罪,判处有期徒刑7年;犯故意泄露国家秘密罪,判处有期徒刑4年。三罪并罚,决定执行无期徒刑,剥夺政治权利终身,并处没收个人财产。周永康当庭表示,服从法庭判决,不上诉;进入司法调查以来,办案机关依法办案、文明执法,讲事实、讲道理,充分体现了我国司法的进步,使他认识到自己违法犯罪的事实给党的事业造成的损失,给社会造成了严重影响,再次表示认罪悔罪。

7月29日

[纲　文]　最高人民法院印发《关于人民法院赔偿委员会审理国家赔偿案件适用精神损害赔偿若干问题的意见》。

7月29日—8月4日

[纲　文]　第12届中国国际合唱节暨国际合唱联盟青少年合唱教育大会在北京举行。

[目　文]　中国国际合唱节是我国举办的规模最大、规格最高的国际合唱艺术盛会,已经成为具有中国特色和重大国际影响力的合唱盛会。大会由中华人民共和国文化部对外联络局、中国对外文化集团公司、北京市教育委员会、北京市西城区人民政府、国际合唱联盟、中国合唱协会共同主办,中国文化国际旅行社、中国对外演出公司、西城区文化委员会共同承办。

7月29日,合唱节在人民大会堂举行开幕式。来自全球43个国家和地区的188支合唱团参加。文化部副部长董伟、国际合唱联盟主席迈克尔·杰·安德森出席开幕式并致辞。

8月4日,合唱节落幕。经过角逐,广东深圳龙岗纯美声音女教师合唱团、匈牙利佩齐市男声合唱团、广东广州荔湾区青少年宫合唱团荣获本届中国国际合唱节总冠军前三名。

7月29日

[纲　文]　《人民日报》发表题为《简政放权,激发社会创新力——从上半年经济数据看全局之三》的评论员文章。

7月30日

[纲　文]　习近平看望慰问驻福建部队官兵。

[目　文]　八一建军节到来之际,中央军委主席习近平来到福建,亲切看望慰问部队官兵和双拥模范代表,代表党中央、中央军委向解放军指战员、武警部队官兵、民兵预备役人员致以诚挚的问候和节日的祝贺。习近平接见了驻福州部队师以上领导干部,同大

家合影留念,随后发表重要讲话。他充分肯定驻闽部队为维护国家主权、安全和领土完整,促进地方经济社会发展作出的重要贡献。习近平强调,要铸牢强军之魂,毫不动摇坚持党对军队的绝对领导,把福建革命老区的红色资源利用好、红色传统发扬好,坚定不移听党的话、跟党走。要提高实战化水平,坚持从难从严训练部队,大力培育敢打必胜的战斗精神,确保召之即来、来之能战、战之必胜。要改作风正风气,高标准抓好党的群众路线教育实践活动,坚决纠治"四风"、坚决惩治腐败,始终保持人民军队良好形象。要加强军政军民团结,不断谱写军民鱼水情时代新篇。习近平强调,拥军优属、拥政爱民是我党我军特有的政治优势,坚如磐石的军政军民关系是我们战胜一切艰难险阻、不断从胜利走向胜利的重要法宝。地方各级党委、政府和广大人民群众要把支持部队建设作为义不容辞的责任,为部队多办好事、实事。部队的同志要视人民为亲人、把驻地当故乡,积极支持和参加地方经济社会建设。军地双方要共同努力,把双拥工作抓得更加扎实有效,为实现中国梦强军梦提供坚强保证。

7月30日

[纲 文] **李克强主持召开国务院常务会议**。

[目 文] 会议部署做好为农民工服务工作,有序推进农业转移人口市民化;讨论《不动产登记暂行条例(征求意见稿)》,决定向社会公开征求意见;确定适时发布大城市城镇调查失业率数据,更好服务经济社会发展。会议指出,农民工是产业工人的重要组成部分,为我国经济社会发展作出了巨大贡献。适应"新四化"同步发展要求,以人为本、改革创新,进一步做好为农民工服务工作,有利于造就支撑产业转型升级的较高素质劳动新军,促进扩大消费的新群体,参与城市发展、共享发展成果的新市民,推进社会公平正义和经济持续健康发展。会议认为,建立不动产统一登记制度是推进简政放权,整合部门职能职责、减少多头管理、逐步实现一个窗口对外,方便企业和群众、降低创业成本的有效举措。会议讨论了《不动产登记暂行条例(征求意见稿)》,强调已经发放的权属证书继续有效,已经依法享有的不动产权利不因登记机构和程序的改变而受影响。会议决定,按照立法程序要求,将征求意见稿向社会公开征求意见,之后再推进相关法律修改工作。会议指出,保就业是政府重要职责,也是区间调控必须确保的民生"下限"。通过科学的抽样调查,采集失业率数据,可以更好监测就业状况,引导更加注重有就业的增长。经过几年探索,目前我国发布使用城镇调查失业率数据的条件已具备。会议确定,扩大调查失业率统计范围,完善办法,由统计部门依法适时发布大城市调查失业率数据,以更加全面动态反映失业情况,让社会和公众及时了解经济社会发展态势,使宏观经济决策更加"心中有数",为促进比较充分的就业提供支持。

7月30日

[纲 文] **刘云山在北京主持召开中央党的群众路线教育实践活动领导小组会议**。

[目 文] 中共中央政治局委员、中央党的群众路线教育实践活动领导小组副组长赵乐际,中央书记处书记、中央党的群众路线教育实践活动领导小组副组长赵洪祝出席

会议，中央党的群众路线教育实践活动领导小组成员参加会议。中央党的群众路线教育实践活动领导小组组长刘云山指出，市、县党委领导班子专题民主生活会已大体开完，第二批教育实践活动陆续进入整改落实、建章立制环节，这是活动出成果、见实效的关键所在。整改承诺作出了，就要言而有信、说到做到，如果光说不练，就是不讲诚信，就会失信于民。要坚持即知即改、立行立改，认真回应征求到的群众意见，回应对照检查材料查摆的突出问题，回应专题民主生活会和专题组织生活会上提出的批评意见，回应上级党组织和督导组点明的问题，一项一项列出整改清单、建立台账，明确整改的目标和责任，明确整改的措施和时限。刘云山指出，整改落实、解决问题关键是具体化，坚持从具体事情抓起。要把握第二批活动在基层开展的特点，认真整治群众办事难的问题，整治乱收费乱罚款乱摊派的问题，整治落实惠民政策缩水走样的问题，整治拖欠群众钱款克扣群众财物的问题，坚决纠正发生在群众身边的不正之风。对第一批活动中部署的专项整治重点任务要继续抓住不放、深入推进；对在活动中群众反映强烈的突出问题，如会所中的歪风、培训中心的腐败、裸官问题、奢华浪费建设，以及干部走读、吃空饷、收红包及购物卡、党员干部参赌涉赌、领导干部参加天价培训等，要纳入整改范围、认真整治。刘云山指出，第二批活动单位要承接和落实好中央出台的制度规定，并从实际出发完善自身有关规章制度。市、县机关要重点完善科学民主决策、党务政务公开和各领域办事公开的制度；执法监管部门要重点健全公正执法、规范执法、阳光执法的制度；窗口单位、服务行业要重点建立便民服务、高效服务、优质服务的制度；乡镇、街道和村、社区要重点健全联系服务群众、加强民主管理、维护群众合法权益的制度。要切实抓好制度的贯彻执行，加强督促检查，出台一个就落实好一个。

7月30日

[纲　文]　国务院作出《关于全国对口支援三峡库区合作规划（2014—2020年）的批复》。

[目　文]　《批复》说，三峡办会同有关方面编制的《全国对口支援三峡库区合作规划（2014—2020年）》收悉。原则同意《全国对口支援三峡库区合作规划（2014—2020年）》，请认真组织实施。

《全国对口支援三峡库区合作规划（2014—2020年）》的主要内容如下：一、三峡库区发展现状和面临形势。二、总体思路和主要目标。三、支持引导产业发展。（一）支持发展生态农业。（二）支持发展旅游业。（三）支持发展商贸物流业。（四）搭建制造业合作平台。四、推进移民小区帮扶和农村扶贫开发。（一）实施移民小区帮扶工程。（二）重点支持农村小型基础设施建设。（三）扶持致富带头人创业。（四）广泛动员和鼓励社会力量参与库区农村扶贫开发。五、提高基本公共服务能力。（一）继续支持库区基础教育。（二）支持库区提升职业教育水平。（三）加大对库区医疗卫生支持力度。（四）支持库区科技、文化、体育等领域发展。（五）支持库区加快完善社会保障体系。六、强化就业培训服务。（一）支持库区强化就业培训。（二）支持库区提高就业服务能力。（三）积极开展劳务输出合作。七、加强生态环境保护和治理。（一）支持库区水环境保护。（二）支持三峡生态屏障区建设。（三）探索生态环境保护的合作新模式。八、组织保障和政策支持。（一）加强对口支援三峡库区合作工作的指导与协调。（二）加大国家有关部门和中央企业支援库区合作工作力度。（三）深化支援省（区、市）对口支援三峡库区合作工作。（四）强化湖北省、重庆市在对口支援三峡库区合作工作中的作用。（五）强化库区县（区）在受援工作中的作用。

7月30日

［纲　文］　财政部、海关总署、国家税务总局联合印发《关于扩大启运港退税政策试点范围的通知》。

［目　文］　《通知》说，决定自9月1日起扩大启运港退税政策试点。启运港退税，作为出口退税管理模式的创新，将出口退税时间点提前到货物起运，企业享受出口退税更加及时，有利于缓解企业资金困难。2012年8月起，我国在青岛、武汉至上海洋山保税港区之间试行启运港退税政策。此次启运港退税政策试点范围扩大后，适用启运港退税政策的启运地口岸为：南京市龙潭港、苏州市太仓港、连云港市连云港港、芜湖市朱家桥港、九江市城西港、青岛市前湾港、武汉市阳逻港、岳阳市城陵矶港，出口口岸为洋山保税港区，运输方式为水路运输。《通知》规定，适用启运港退税政策的出口企业应同时满足以下条件：纳税信用级别被税务机关评价为B级及以上，并且不属于出口退税审核关注信息中关注企业级别为一至三级的自营出口企业。

7月30日

［纲　文］　发展改革委发布《煤炭经营监管办法》。

［目　文］　《办法》主要内容如下：一、煤炭经营。从事煤炭经营活动应遵守有关法律、法规和规章，符合煤炭产业政策和行业标准，保证煤炭质量，促进环境保护。煤炭经营应取消不合理的中间环节。鼓励加工、销售和使用洁净煤，推广动力配煤、工业型煤，节约能源，减少污染。禁止行政机关设立煤炭供应的中间环节和额外加收费用。二、监督管理。县级以上地方人民政府煤炭经营监督管理部门加强与工商、质检、环保、国土等部门的协调配合，依法对煤炭经营活动进行监督管理。煤炭经营监督管理部门实施监督管理所需经费，可通过本级财政预算现有渠道予以支持。三、罚则。煤炭经营企业未按规定备案或备案内容不真实，未按规定提交年度报告或报告内容不真实，未配合煤炭经营监督管理部门接受监督检查的，由县级以上地方人民政府煤炭经营监督管理部门责令限期改正，逾期不改的，列入违法失信名单并向社会公示。四、本办法自2014年9月1日起施行。国家发展改革委2004年12月27日发布的《煤炭经营监管办法》同时废止。

7月30日

［纲　文］　工商总局发布《网络交易平台合同格式条款规范指引》。

［目　文］　《指引》主要内容如下：一、总则。本指引所称网络交易平台合同格式条款是网络交易平台经营者为了重复使用而预先拟定，并在订立合同时未与合同相对人协商

的以下相关协议、规则或者条款：（一）用户注册协议；（二）商家入驻协议；（三）平台交易规则；（四）信息披露与审核制度；（五）个人信息与商业秘密收集、保护制度；（六）消费者权益保护制度；（七）广告发布审核制度；（八）交易安全保障与数据备份制度；（九）争议解决机制；（十）其他合同格式条款。二、合同格式条款的基本要求。三、合同格式条款的履行与救济。网络交易平台合同格式条款可以包含当事各方约定的争议处理解决方式。对于小额和简单的消费争议，鼓励当事各方采用网络消费争议解决机制快速处理。四、本规范指引自发布之日起实施。

7月30日

[纲　文]　食药监总局公布《体外诊断试剂注册管理办法》。

[目　文]　《办法》主要内容如下：一、总则。国家鼓励体外诊断试剂的研究与创新，对创新体外诊断试剂实行特别审批，促进体外诊断试剂新技术的推广与应用，推动医疗器械产业的发展。二、基本要求。体外诊断试剂注册申请人和备案人应当建立与产品研制、生产有关的质量管理体系，并保持有效运行。三、产品的分类与命名。根据产品风险程度由低到高，体外诊断试剂分为第一类、第二类、第三类产品。四、产品技术要求和注册检验。五、临床评价。六、产品注册。七、注册变更。八、延续注册。九、产品备案。十、监督管理。十一、法律责任。本办法自2014年10月1日起施行。

7月30日

[纲　文]　食药监总局公布《医疗器械说明书和标签管理规定》。

[目　文]　《规定》要求：医疗器械说明书和标签的内容应当科学、真实、完整、准确，并与产品特性相一致。医疗器械说明书和标签的内容应当与经注册或者备案的相关内容一致。医疗器械标签的内容应当与说明书有关内容相符合。医疗器械说明书和标签对疾病名称、专业名词、诊断治疗过程和结果的表述，应当采用国家统一发布或者规范的专用词汇，度量衡单位应当符合国家相关标准的规定。医疗器械最小销售单元应当附有说明书。本规定自2014年10月1日起施行。2004年7月8日公布的《医疗器械说明书、标签和包装标识管理规定》同时废止。

7月30日

[纲　文]　食药监总局公布《医疗器械经营监督管理办法》。

[目　文]　《办法》主要内容如下：一、经营许可与备案管理。从事医疗器械经营，应当具备以下条件：（一）具有与经营范围和经营规模相适应的质量管理机构或者质量管理人员，质量管理人员应当具有国家认可的相关专业学历或者职称；（二）具有与经营范围和经营规模相适应的经营、贮存场所；（三）具有与经营范围和经营规模相适应的贮存条件，全部委托其他医疗器械经营企业贮存的可以不设立库房；（四）具有与经营的医疗器械相适应的质量管理制度；（五）具备与经营的医疗器械相适应的专业指导、技术培训和售后服务的能力，或者约定由相关机构提供技术支持。二、经营质量管理。医疗器械经营企业应当按照医疗器械经营质量管理规范要求，建立覆盖质量管理全过程的经营管理制

度，并做好相关记录，保证经营条件和经营行为持续符合要求。三、监督管理。四、法律责任。五、本办法自 2014 年 10 月 1 日起施行。2004 年 8 月 9 日公布的《医疗器械经营企业许可证管理办法》同时废止。

7 月 30 日

［纲　文］　食药监总局公布《医疗器械注册管理办法》。

［目　文］　《办法》主要内容如下：一、基本要求。医疗器械注册申请人和备案人应当建立与产品研制、生产有关的质量管理体系，并保持有效运行。二、产品技术要求和注册检验。三、临床评价。四、产品注册。五、注册变更。六、延续注册。七、产品备案。八、监督管理。九、法律责任。十、本办法自 2014 年 10 月 1 日起施行。2004 年 8 月 9 日公布的《医疗器械注册管理办法》同时废止。

7 月 30 日

［纲　文］　食药监总局公布《医疗器械生产监督管理办法》。

［目　文］　《办法》主要内容如下：一、生产许可与备案管理。从事医疗器械生产，应当具备以下条件：（一）有与生产的医疗器械相适应的生产场地、环境条件、生产设备以及专业技术人员；（二）有对生产的医疗器械进行质量检验的机构或者专职检验人员以及检验设备；（三）有保证医疗器械质量的管理制度；（四）有与生产的医疗器械相适应的售后服务能力；（五）符合产品研制、生产工艺文件规定的要求。二、委托生产管理。医疗器械委托生产的委托方应当是委托生产医疗器械的境内注册人或者备案人。医疗器械委托生产的受托方应当是取得受托生产医疗器械相应生产范围的生产许可或者办理第一类医疗器械生产备案的境内生产企业。三、生产质量管理。医疗器械生产企业应当按照医疗器械生产质量管理规范的要求，建立质量管理体系并保持有效运行。四、监督管理。食品药品监督管理部门依照风险管理原则，对医疗器械生产实施分类分级管理。五、法律责任。六、本办法自 2014 年 10 月 1 日起施行。2004 年 7 月 20 日公布的《医疗器械生产监督管理办法》同时废止。

7 月 30 日

［纲　文］　《人民日报》发表题为《从严治党，坚定不移》的评论员。

7 月 31 日

［纲　文］　李克强主持召开国务院振兴东北地区等老工业基地工作会议。

［目　文］　国务院副总理张高丽，国务院副总理刘延东、汪洋、马凯，国务委员王勇以及万钢、周小川、王正伟出席会议，内蒙古、辽宁、吉林、黑龙江四省区政府负责人和国务院振兴东北等老工业基地领导小组成员参加会议。会议分析了当前东北经济面临的新情况新问题，研究了推进东北发展的相关工作。国务院总理李克强说，东北是新中国工业的摇篮，为国家工业化作出了突出贡献。东北地区等老工业基地振兴战略实施十多年来，东北经济迈上新台阶，社会事业蓬勃发展，民生显著改善。但目前也面临新的挑战，

去年以来经济增速持续回落，部分行业生产经营困难，一些深层次体制机制和结构性矛盾凸显。习近平总书记等中央领导对东北发展和振兴十分关心。要按照党中央、国务院的决策部署，振奋精神，迎难而上，采取有效措施，促进东北经济稳定增长。李克强强调，发展是第一要务。东北资源、产业、人才等支撑能力较强，发展空间和潜力巨大。要着力推动科学发展，以深化改革激发活力，以扩大开放增添动力，以创新驱动提升竞争力，以改善民生释放潜力，依靠内生发展推动东北经济在提质增效中向中高端水平迈进。李克强指出，当前要集中力量抓好几件一举多得的大事，努力破解东北发展难题。要更加注重深化改革、搞好定向调控。一是进一步推进简政放权，激发市场活力，为企业经营和创新创业提供公平的市场环境，促进小微企业和民营经济加快发展，试点设立民营银行。支持在国企改革方面先行先试，抓紧解决历史遗留问题，推动资源型城市转型。二是加强民生保障，增加公共产品有效供给。完善和做实社会保障体系。加强交通、水利、铁路改造等重大基础设施建设，加快棚户区、城区老工业区、独立工矿区改造。创新投融资方式，吸引社会资金投入。三是紧扣转方式、调结构，做强实体经济。着力提升企业研发和配套能力，延伸产业链，加快发展新兴产业。推动生产性和生活性服务业齐头并进，加快补上"短板"。李克强说，推进东北经济发展，要注重发挥东北自身优势。一要做强装备制造业，抓住高铁、核电、特高压等重大项目建设契机，促进技术、产品创新，推动"东北装备"走向世界。二要推动东北走在全国农业现代化前列。推进现代农业综合配套改革试验，在尊重农民意愿基础上发展适度规模经营，支持农产品深加工，加快粮食仓储建设，实施深松整地、黑土地保护工程，改善生态环境。三要面向东北亚加强开放平台建设，推进互联互通，以沿海经济带和沿边口岸带动开放。李克强要求，各部门要加强指导、做好服务，东北各级干部要敢于担当、奋发有为，努力攻坚克难，推动经济企稳向好，着力提质增效，实现老工业基地在改造中升级。

7月31日

[纲　文]　党的群众路线教育实践活动中央巡回督导组工作座谈会在北京召开。

[目　文]　中央党的群众路线教育实践活动领导小组组长刘云山出席会议并讲话。中共中央政治局委员、中央党的群众路线教育实践活动领导小组副组长赵乐际主持座谈会。中央书记处书记、中央党的群众路线教育实践活动领导小组副组长赵洪祝出席会议。中央党的群众路线教育实践活动领导小组成员，14位中央巡回督导组负责人参加会议。座谈会上，14位中央巡回督导组负责人介绍了第二批教育实践活动督导工作情况，普遍认为活动进展顺利，特别是专题民主生活会开出了高质量，改作风改出了新气象，同时有的地方和单位也存在松口气的情绪、整改不力的现象以及重形式轻效果等问题。刘云山强调要认真贯彻习近平总书记重要指示精神，把从严从实要求贯穿督导工作全过程，持续用劲、上紧发条，以扎实有力的督导保障活动不虚不空不偏、不走过场，取得人民满意的实效。刘云山在讲话中对中央巡回督导组工作给予肯定，指出教育实践活动正处于最需要上劲的关键时候，确保活动善始善终、善做善成，既需要各级党组织的内力驱动，也需要督

导工作的强力推动。中央巡回督导组和地方各级督导组要发扬钉钉子的精神，把督导工作做扎实做到位，坚决防止前紧后松、防止矛盾积压、防止简单粗糙、防止短期效应。刘云山指出，做好下一步督导工作，要坚持严字当头、注重实效，聚焦当前重点任务抓好督导。要督促各地开好乡镇领导班子专题民主生活会，做好基层党组织专题组织生活会和民主评议党员工作，无论是谈心谈话、对照检查、开展批评，还是个人自评、党员互评、民主测评，都要严格标准、严格要求，让每一名党员、干部都受到严肃的党内生活锻炼。要加强整改落实、建章立制工作的督导，督促各地区各部门各单位强化问题导向，认真抓好各项专项整治重点任务的落实，着力解决群众反映强烈的突出问题，建立改进作风的常态化长效化机制。要督促推动各级党委一把手既把自己摆进去、带头兑现整改承诺，又切实履行第一责任人的职责，确保教育实践活动深入推进。

7月31日

[纲　文]　国务院扶贫开发领导小组第三次全体会议在北京召开。

[目　文]　国务院副总理、国务院扶贫开发领导小组组长汪洋主持会议。汪洋强调，要认真贯彻中共中央总书记习近平、国务院总理李克强关于扶贫开发的一系列重要指示精神，进一步强化责任，加大力度，切实把扶贫工作部署和政策措施落实到位，确保完成2014年减贫1000万人以上的目标任务。汪洋指出，2014年以来，各地区、各有关部门在落实扶贫工作部署、政策和改革方面，行动快、力度大，很多地方都是党政一把手亲自抓，取得了明显成效。他强调，要抓紧出台贫困县考核办法，把扶贫成效作为党政领导班子和领导干部的主要考核指标，完善贫困县约束和退出机制。要加强精准扶贫，加快贫困人口建档立卡进度，有针对性地制定帮扶措施。要加快推进各项扶贫重点工作，注重与精准扶贫相互配合、与区域发展相互衔接，增强扶贫实效。要鼓励扶贫工作探索创新，尊重基层和群众的首创精神，及时总结推广好的经验和做法，继续完善干部驻村帮扶、财政专项资金管理、金融服务、社会参与等机制，不断提高扶贫开发工作水平。

7月31日

[纲　文]　民政部印发《关于开展第二批全国未成年人社会保护试点工作的通知》。

[目　文]　《通知》要求，将第二批试点工作扩展至北京市朝阳区等78个地区。《通知》指出，试点地区将探索建立未成年人社会保护"监测预防、发现报告、帮扶干预"联动反应机制，构建覆盖城乡的未成年人社会保护网络，推动建立"以家庭监护为基础、社会监督为保障、国家监护为补充"的监护制度，形成"家庭、社会、政府"三位一体的未成年人社会保护工作格局，为全面建立未成年人社会保护制度提供实践基础和政策依据。《通知》指出，第二批全国未成年人社会保护试点工作要将救助保护对象延伸至困境未成年人，包括因监护人服刑、吸毒、重病重残等原因事实上无人抚养的未成年人，遭受家庭暴力、虐待、遗弃等侵害的未成年人，缺乏有效关爱的留守流动未成年人，因家庭贫困难以顺利成长的未成年人，以及自身遭遇重病重残等特殊困难的未成年人。《通知》强调，试点地区要加强监测预防基础工作，指导基层政府、自治组织开展摸底排查，建立本区域

困境未成年人基础台账。要建立困境未成年人发现报告机制,强化教师、医生、社区工作者等特殊职责人员及亲友的发现报告义务,建立民政、公安、教育、医疗、司法、法院、检察院、妇联等部门信息通报制度,设立未成年人社会保护热线。

7月31日

[纲 文] 住房和城乡建设部颁布《建筑施工安全生产标准化考评暂行办法》。

[目 文] 《办法》主要内容如下:一、项目考评。建筑施工企业应当建立健全以项目负责人为第一责任人的项目安全生产管理体系,依法履行安全生产职责,实施项目安全生产标准化工作。建筑施工项目实行施工总承包的,施工总承包单位对项目安全生产标准化工作负总责。施工总承包单位应当组织专业承包单位等开展项目安全生产标准化工作。二、企业考评。建筑施工企业应当建立健全以法定代表人为第一责任人的企业安全生产管理体系,依法履行安全生产职责,实施企业安全生产标准化工作。三、本办法自发布之日起施行。

7月31日

[纲 文] 外交部部长王毅出席在塔吉克斯坦首都杜尚别举行的上海合作组织外长会议。

[目 文] 王毅说,上合组织以成员国间高位运行的政治互信和睦邻关系、高度契合的安全理念和国际主张、高速增长的合作需求和发展潜力,日益受到地区国家和国际社会的广泛认同和重视,展现出一个新型区域合作组织的良好成长性和旺盛生命力。王毅说,上合组织始终是中国外交重要优先方向。中方愿与各方秉持"上海精神",以2014年杜尚别峰会和阿斯塔纳总理会为契机,推动组织各领域合作取得实质性进展和突破。应加强顶层设计,把握上合组织发展的大方向;加大相互支持,增进团结互助;加强执法合作,提高维稳能力;深化务实合作,破除发展瓶颈;践行开放原则,做好扩员准备。

7月31日

[纲 文] 《人民日报》发表题为《下好户籍改革一盘棋》的评论员文章。

7月31日

[纲 文] 《人民日报》发表题为《惩治腐败,深得人心》的评论员文章。

7月31日

[纲 文] 《人民日报》发表题为《以制度建设孕育"诚信中国"》的评论员文章。

8 月

8月1日

［纲 文］ 习近平向台湾高雄燃气爆炸事件遇难同胞表示哀悼、对遇难者家属及受伤同胞表示诚挚慰问。

［目 文］ 台湾高雄市发生燃气爆炸事件，造成重大人员伤亡。事件发生后，中共中央总书记习近平指示中共中央台办、国务院台办负责人向台湾有关方面转达他和大陆人民对在本次事件中不幸遇难同胞的深切哀悼、对遇难者家属及受伤同胞的诚挚慰问。国台办立即启动紧急联系机制，通过台湾陆委会转达了习近平和大陆人民对台湾伤亡同胞及其家属的哀悼和慰问。

同日，卫生计生委通过《海峡两岸医疗卫生合作协议》渠道，询问伤员救治情况，表达了提供医疗协助的意愿。中国红十字总会决定向台湾红十字组织捐款50万美元。中共宁波市委通过对口交流渠道捐款100万元人民币。在台湾投资的大陆企业纷纷表示将联合捐款。国台办主任张志军表示，大陆曾发生过类似事故，有一定的处置经验，如台湾方面需要，愿提供相关协助。

8月1日

［纲 文］ 农业部印发《关于推动金融支持和服务现代农业发展的通知》。

［目 文］ 《通知》由六部分组成：一、抓住机遇，努力开创金融支农工作新局面。二、明确思路，把握好金融支持现代农业的重点。三、开阔视野，积极推动金融支农服务创新。四、发挥优势，推动完善农业保险。五、创新机制，充分发挥财政促进金融支农作用。六、主动配合，推动形成良好的部门合作机制。

《通知》要求，在推动金融支农工作中，各省（区、市）农业部门要全面准确了解本地区金融支农的情况，认真总结好的做法和经验，分析存在的问题并提出合理的政策建议，相关情况及时通报我部。

8月1日

［纲 文］ 发展改革委公布《电力监控系统安全防护规定》。

［目 文］ 《规定》共6章24条。主要有总则、技术管理、安全管理、保密管理、监督管理、附则等内容。自2014年9月1日起施行。2004年12月20日原国家电力监管委员会发布的《电力二次系统安全防护规定》（国家电力监管委员会令第5号）同时废止。

8月1日

[纲　文]　国土资源部、财政部、住房和城乡建设部、农业部、林业局印发《关于进一步加快推进宅基地和集体建设用地使用权确权登记发证工作的通知》。

[目　文]　《通知》由三部分组成：一、结合新形势，充分认识宅基地和集体建设用地使用权确权登记发证工作的重要意义。二、因地制宜，全面加快推进宅基地和集体建设用地使用权确权登记发证工作。三、采取有效措施，切实保障宅基地和集体建设用地使用权确权登记发证顺利进行。

《通知》指出，全国加快推进农村集体土地确权登记发证工作领导小组办公室将继续实行"一省一策""分片包干""定期上报"等工作制度，加强督促检查，对工作进度缓慢、工作质量不高的地区，进行重点督导。省级国土资源主管部门应在本省（区、市）基本完成宅基地和集体建设用地使用权确权登记发证工作的基础上，对尚未完成工作任务的地区，进一步加强督促和指导，集中研究解决难题，限时完成工作目标，同时组织好验收总结，切实保证工作成果质量。

8月1日

[纲　文]　林业局印发《林业植物新品种保护行政执法办法》，自2014年9月1日起施行，有效期至2019年8月31日。

8月1日

[纲　文]　环境保护部、公安部、工业和信息化部、工商总局、质检总局印发《关于印发新生产机动车环保达标监管工作方案的通知》。

8月1日

[纲　文]　外交部发言人表示，日本对钓鱼岛附属岛屿命名非法无效。

[目　文]　有记者问：据报道，日本政府8月1日公布对158个无名离岛的命名，其中5个为中国钓鱼岛附属岛屿。中方对此有何评论？

发言人表示，中方已全部命名钓鱼岛及其附属岛屿，日本对包括中国钓鱼岛附属岛屿在内的158个无名离岛的命名是非法和无效的。钓鱼岛及其附属岛屿是中国固有领土，中方已全部命名。中方坚决反对日方损害中国领土主权的行为，日方为此采取的任何单方面措施都是非法和无效的，改变不了钓鱼岛及其附属岛屿属于中国的事实。

同日，中国驻日本大使馆就此事向日方提出交涉，表示抗议。

8月1日

[纲　文]　《人民日报》发表题为《党纪国法　不容违逆》的评论员文章。

8月1—4日

[纲　文]　郭声琨在新疆维吾尔自治区调研指导反恐维稳工作。

[目　文]　国务委员、公安部部长郭声琨前往莎车县，调研指导"7·28"严重暴力恐怖袭击案处置工作，看望慰问战斗在反恐维稳第一线的公安民警、武警官兵和基层干部群众，并就进一步做好反恐维稳工作召开座谈会。

郭声琨指出，要毫不手软地严厉打击暴恐活动，始终保持高压震慑态势，坚决把暴恐分子的嚣张气焰打下去。要大力加强情报信息工作和社会面整体防控，切实提高预警预防和应急处置能力，决不能给暴恐分子以任何可乘之机。要着力夯实基层基础工作，充分发动群众，把防范打击等工作措施落实到每村每户，努力形成反恐维稳工作的强大合力。要着眼长远、标本兼治，深入推进"去极端化"工作，坚决铲除暴恐活动滋生的土壤。要以对党对人民对事业高度负责的精神，勇于担当、敢于负责，强化措施、明确责任，更加扎实有效地抓好反恐怖各项工作。

8月1—4日

〔纲　文〕　第24届全国图书交易博览会在贵阳举行。

〔目　文〕　书博会由国家新闻出版广电总局、贵州省人民政府共同主办，主题为"文耀贵州·书博天下"。来自全国31个省（区、市）、解放军和武警代表团、新疆生产建设兵团、港澳台的参展单位800多家，共设展位2395个，比上一届增长10%。本届书博会将开展170多项活动，涉及名家讲坛、学术研讨、产业论坛、新书签售、演讲大赛等。精品图书展汇集了近两年中国出版政府奖获奖图书、大众喜爱的优秀图书、"三个一百"原创图书和十八大以来弘扬社会主义核心价值观的精品图书800余种，集中展示了近年来出版业取得的丰厚成果。读者大会邀请王蒙、吴敬琏、欧阳自远、阎崇年、曹文轩等著名作家、学者，与读者交流了读书的心得。

本届书博会设贵阳市主会场和遵义市、安顺市、黔东南州、贵阳孔学堂4个分会场。展会期间，组委会组织向少数民族地区和革命老区的农家书屋、图书馆、社区、学校等捐赠了图书。

8月2日

〔纲　文〕　江苏苏州昆山市开发区中荣金属制品有限公司汽车轮毂抛光车间发生爆炸，习近平作出指示。

〔目　文〕　中共中央总书记习近平立即作出指示，要求江苏省和有关方面全力做好伤员救治，做好遇难者亲属的安抚工作；查明事故原因，追究责任人责任，吸取血的教训，强化安全生产责任制。正值盛夏，要切实消除各种易燃易爆隐患，切实保障人民群众生命财产安全。

李克强作出批示，要求全力组织力量对现场进行深入搜救，千方百计救治受伤人员，抓紧排查隐患，防止发生次生事故，强化安全生产措施，坚决遏制此类事故再度发生。

7时34分，位于江苏省苏州市昆山市昆山经济技术开发区的昆山中荣金属制品有限公司轮毂抛光二车间发生特别重大铝粉尘爆炸事故，当天造成75人死亡、185人受伤。依照《生产安全事故报告和调查处理条例》规定的事故发生后30日报告期，共有97人死亡、163人受伤（事故报告期后，经全力抢救医治无效陆续死亡49人，尚有95名伤员在医院治疗，病情基本稳定），直接经济损失3.51亿元。

12月30日，国务院对江苏昆山市中荣金属制品有限公司"8·2"特别重大铝粉尘爆炸事故调查报告作出批复，认定这是一起生产安全责任事故，同意对事故责任人员及责任单位的处理建议，依照有关法律法规，对涉嫌犯罪的18名责任人已移送司法机关采取措施，对其他35名责任人给予党纪、政纪处分。

8月2日

[纲　文]　教育部印发《义务教育学校管理标准（试行）》。

[目　文]　《标准（试行）》由三部分组成：一、基本理念。二、基本内容。三、实施要求。

《标准（试行）》强调，本标准是对学校管理的基本要求，适用于全国所有义务教育阶段的学校。鉴于全国各地区的差异，各省、自治区、直辖市教育行政部门可以依据本标准和本地实际提出实施意见，细化标准要求。在实施过程中要因地制宜，分类指导，分步实施，逐步完善，促进当地学校治理水平的提升。

8月2日

[纲　文]　中国文学翻译家许渊冲荣获国际翻译界最高奖项之一——国际翻译家联盟（国际译联）2014"北极光"杰出文学翻译奖。

[目　文]　在柏林举行的第二十届世界翻译大会会员代表大会上，中国文学翻译家许渊冲成为该奖项1999年设立以来首位获此殊荣的亚洲翻译家。"北极光"杰出文学翻译奖由国际译联设立，为国际翻译界最高奖项之一，旨在推动文学翻译发展，改善译文质量，突出翻译家在促进世界人民紧密团结中发挥的重要作用。该奖项每三年评选一次，每次评选一人。

8月2日

[纲　文]　《人民日报》发表题为《以制度力量培育诚信自觉》的评论员文章。

8月2—3日

[纲　文]　第19届国际大数据与信息质量权威会议在西安交通大学管理学院举行。

[目　文]　本届会议主题为"大数据、数据管理和数据质量"，来自美国、加拿大、澳大利亚、中国等国家近百位大数据领域方面的专家学者与会。本届会议是国际大数据与信息质量权威会议首次在亚洲召开。开幕式由管理学院院长黄伟主持。中国科学院院士、西安交大副校长、大数据领域的数据分析专家徐宗本在大会作了题为《探索大数据分析：基础科学问题》的主题报告。此次大会设六个分会场，与会专家分别围绕"数据挖掘和数据质量""信息质量评估及提升""数据质量和信息质量管理""数据质量和信息质量应用""大数据及商业管理"等主题展开研讨。

该国际会议是国际上大数据与数据质量最权威的国际会议，由麻省理工学院于1992年创办，旨在促进信息质量和数据科学领域在研究、技术、实践等方面的发展和交流。会议已在全球范围内成功举办18届，历届会议吸引了包括美国、加拿大、澳大利亚、中国、英国、爱尔兰、德国、法国、芬兰、西班牙、意大利、印度、巴西、阿根廷等世界各国的知名学者和企业代表参与。

8月3日

[纲　文]　云南省昭通市鲁甸县发生6.5级地震，习近平作出重要指示。

[目　文]　16时30分许，云南省昭通市鲁甸县境内（北纬27.1度，东经103.3度）发生6.5级地震，震源深度12公里。地震共造成617人死亡，其中鲁甸县526人、巧家县78人、昭阳区1人、会泽县12人；112人失踪，3143人受伤。

地震发生后，中共中央总书记习近平立即作出指示，要求当前把救人放在第一位，努力减少人员伤亡，妥善做好群众安置工作。有关方面要抓紧了解灾情，组织群众避险，全力投入抗震救灾。要加强余震监测预报，密切防范次生灾害发生。

国务院总理李克强作出批示，要求有关部门千方百计抢救被掩埋和受伤人员。要确保群众有饭吃、有衣穿、有干净水喝、有临时住处、有病能得到及时治疗。要保障救灾物资、人员运输和通讯畅通，维护灾区社会秩序。

根据习近平的指示和李克强的批示，国家减灾委秘书长、民政部副部长姜力率有关部门组成的国务院工作组赶赴地震灾区代表党中央、国务院慰问灾区群众，指导救灾工作。国家减灾委、民政部已紧急启动国家Ⅲ级救灾应急响应。

4日，受习近平委派，李克强代表党中央、国务院，代表习近平，率工作组赶赴鲁甸地震灾区实地察看灾情，指挥抗震救灾工作。

5日，国务院办公厅印发《关于有序做好支援云南鲁甸地震灾区抗震救灾工作的通知》。

8月4日

[纲　文]　新华社讯，中央党的群众路线教育实践活动领导小组印发通知，要求各地区各部门各单位把清理整治奢华浪费建设纳入教育实践活动整改范围，进行全面清理。

[目　文]　通知要求，各地区各部门各单位要认真贯彻落实中共中央、国务院《党政机关厉行节约反对浪费条例》和中央办公厅、国务院办公厅《关于进一步严格控制党政机关办公楼等楼堂馆所建设问题的通知》《关于党政机关停止新建楼堂馆所和清理办公用房的通知》精神，紧密结合实际，认真研究部署，重点对挪用扶贫款、救灾款等专项资金，超规模、超标准、超投资概算，举借和使用政府性债务资金，建豪楼、造地标等奢华浪费建设进行清理整治。

通知要求，第一批教育实践活动单位要把清理整治奢华浪费建设作为整改的重要内容，第二批教育实践活动单位要把清理整治奢华浪费建设作为专项整治的重要项目，认真开展全面清理。对违规违纪行为特别是党的十八大以来顶风违纪的要严肃查处，并追究相关责任人的责任。要加强舆论引导，及时宣传报道清理整治工作进展情况及成效，加大对典型问题的曝光力度，营造清理整治工作的良好氛围。

8月4日

［纲　文］　住房和城乡建设部印发《建筑工程施工转包违法分包等违法行为认定查处管理办法（试行）》，自2014年10月1日起施行。

8月4日

［纲　文］　环境保护部印发《合成氨企业环境守法导则》。

8月5日

［纲　文］　新华社讯，中央党的群众路线教育实践活动领导小组印发《关于做好第二批教育实践活动整改落实、建章立制工作的通知》。

8月5日

［纲　文］　国务院办公厅印发《关于多措并举着力缓解企业融资成本高问题的指导意见》。

［目　文］　《意见》由十部分组成：一、保持货币信贷总量合理适度增长。二、抑制金融机构筹资成本不合理上升。三、缩短企业融资链条。四、清理整顿不合理金融服务收费。五、提高贷款审批和发放效率。六、完善商业银行考核评价指标体系。七、加快发展中小金融机构。八、大力发展直接融资。九、积极发挥保险、担保的功能和作用。十、有序推进利率市场化改革。

《意见》要求，各地区、各部门要高度重视降低企业融资成本的相关工作，加强组织领导和分工协作，注重工作实效。对各项任务落实要有布置、有督促、有检查。国务院办公厅对重点任务落实情况进行跟踪督查。各部门落实有关进展情况，由人民银行定期汇总后报国务院。

8月5日

［纲　文］　环境保护部印发《关于加强废烟气脱硝催化剂监管工作的通知》。

8月5日

［纲　文］　《人民日报》发表题为《经济形势闪耀新亮点——新常态下的中国经济（上）》的评论员文章。

8月5日

［纲　文］　《人民日报》报道，中共中央纪委对江西省原副省长姚木根严重违纪问题立案审查。

［目　文］　中央纪委依据《中国共产党纪律处分条例》等有关规定，经中央纪委审议并报中共中央批准，决定给予姚木根开除党籍处分；由监察部报请国务院批准给予其行政开除处分；将其涉嫌犯罪问题及线索移送司法机关依法处理。

2015年12月18日，厦门中院公开宣判江西省人民政府原副省长姚木根受贿一案。姚木根因受贿罪被判有期徒刑15年，并处没收个人财产人民币300万元。

8月5—6日

［纲　文］　刘延东在南京市考察第二届夏季青年奥林匹克运动会筹办工作。

[目　文]　国务院副总理刘延东检查了主运行中心、安保中心、新闻中心等机构的筹备工作，考察了青奥村、奥体中心、"青奥之家"、青奥体育公园和羽毛球、网球、足球、篮球、拳击、击剑、橄榄球等场所、比赛场馆及开幕式彩排，慰问在一线奋战的工作人员和志愿者，对筹办工作给予充分肯定。

刘延东指出，各有关方面要认真贯彻中央部署，进一步加强领导，凝心聚力，狠抓落实，努力把青奥会办成一届有中国特色、精彩成功的青年体育文化友谊盛会。

8月6日

[纲　文]　**新华社讯，习近平就川藏、青藏公路通车60周年作出批示。**

[目　文]　中共中央总书记习近平指出，2014年是川藏、青藏公路建成通车60周年。这两条公路的建成通车，是在党的领导下新中国取得的重大成就，对推动西藏实现社会制度历史性跨越、经济社会快速发展，对巩固西南边疆、促进民族团结进步发挥了十分重要的作用。当年，10多万军民在极其艰苦的条件下团结奋斗，创造了世界公路史上的奇迹，结束了西藏没有公路的历史。60年来，在建设和养护公路的过程中，形成和发扬了一不怕苦、二不怕死，顽强拼搏、甘当路石，军民一家、民族团结的"两路"精神。新形势下，要继续弘扬"两路"精神，养好两路，保障畅通，使川藏、青藏公路始终成为民族团结之路、西藏文明进步之路、西藏各族同胞共同富裕之路。

西藏和平解放后，中国人民解放军、四川和青海等省各族人民群众以及工程技术人员组成了10多万人的筑路大军，在极为艰苦的条件下奋勇拼搏，3000多名英烈捐躯高原，于1954年建成了总长4360公里的川藏、青藏公路，结束了西藏没有现代公路的历史，在"人类生命禁区"的"世界屋脊"创造了公路建设史上的奇迹。在改造、整治和养护过程中，一代代交通人秉承传统，以路为家，不断丰富和发展"两路"精神，为西藏交通运输事业的发展注入了强大精神动力。

8月6日

[纲　文]　**受中共中央总书记习近平委托，刘云山在北戴河看望参加2014年暑期休假活动的专家并同大家座谈。**

[目　文]　中组部部长赵乐际主持座谈会，国务院副总理马凯参加。中国科学院院士赵忠贤、郑晓静，西南石油大学教授赵金洲，北京大学教授林毅夫，中国社会科学院研究员李景源，中国工程院院士杨小牛先后发言。大家结合工作实际和个人经历，介绍科研情况，畅谈心得体会，就加强基础研究、实施创新驱动发展、繁荣人文科学、培养青年人才等提出意见建议。

中共中央政治局常委刘云山在听取专家代表发言后说，人才的意义和价值，从来都与国家和民族的命运联系在一起。实现"两个一百年"奋斗目标、实现中华民族伟大复兴的中国梦，关键在人才，优秀人才越多、作用发挥得越好，事业发展就越充满希望。专家人才作为"梦之队"的成员，作为富有活力和创造力的群体，应始终走在时代前列，把爱国之情、报国之志转化为实际行动，更好地用自己的聪明才智助力中国梦。创新者进、创新者胜、创新者强，面对新一轮科技革命和产业变革，谁能抓住机遇加快科技创新步伐，谁就能赢得发展的优势和主动。各级党委要认真贯彻习近平总书记关于人才工作的重要论述，坚持党管人才原则，广开进贤之路、广纳天下英才，更好地识才、爱才、敬才、用才。

邀请专家到北戴河休假，是党和国家关心重视专家人才的具体体现，已成为一项制度性安排。自2001年以来，党中央、国务院先后邀请14批700多位专家参加休假活动，2014年有50多人参加。

8月6日

[纲　文]　国务院批复黑龙江省人民政府，同意将齐齐哈尔市列为国家历史文化名城。

[目　文]　批复说，一、同意将齐齐哈尔市列为国家历史文化名城。二、你省及齐齐哈尔市人民政府要根据本批复精神，按照《历史文化名城名镇名村保护条例》的要求，正确处理城市建设与保护历史文化遗产的关系，深入研究发掘历史文化遗产的内涵与价值，明确保护的原则和重点。编制好历史文化名城保护规划，并将其纳入城市总体规划，划定历史文化街区、文物保护单位、历史建筑的保护范围及建设控制地带，制定严格的保护措施。在历史文化名城保护规划的指导下，编制好重要保护地段的详细规划。在规划和建设中，要重视保护城市格局，注重城区环境整治和历史建筑修缮，不得进行任何与名城环境和风貌不相协调的建设活动。三、你省和住房和城乡建设部、国家文物局要加强对齐齐哈尔市国家历史文化名城规划、保护工作的指导、监督和检查。

8月6日

[纲　文]　国务院办公厅印发《关于进一步推进排污权有偿使用和交易试点工作的指导意见》。

[目　文]　《意见》由四部分组成：一、总体要求。二、建立排污权有偿使用制度。三、加快推进排污权交易。四、强化试点组织领导和服务保障。

《意见》指出，试点省份每年要向国务院报告试点工作进展情况，其他地方可参照本意见开展试点工作。财政部、环境保护部、发展改革委要跟踪总结试点地区的经验做法，加强政策研究，为全面推行排污权有偿使用和交易制度奠定基础。

8月6日

[纲　文]　司法部发布《关于进一步加强公证工作的意见》。

[目　文]　《意见》由八部分组成：一、充分认识加强公证工作的重要性。二、加强公证工作的总体要求。三、依法履行公证工作职责。四、规范公证执业行为。五、加强公证工作管理。六、加强公证队伍建设。七、加强公证工作领导。八、认真做好组织实施工作。

《意见》指出，各地司法行政机关根据本意见，结合本地实际情况，制定具体实施办法，细化工作要求，明确任务分工，明确路线图、时间表，落实工作责任制，确保各项工作任务落到实处。

8月6日

[纲　文]　汪洋在北京主持召开国家防汛抗旱总指挥部专题会议。

[目　文]　会议议题是研究部署抗旱工作。国务院副总理汪洋指出，要认真贯彻中共中央总书记习近平、国务院总理李克强等中央领导同志的指示批示精神，紧急行动起来，采取强有力的应急抗旱举措，并立足长远推进综合治理，尽最大努力把灾害损失减少到最低程度。受旱地区要把抗旱减灾工作放在突出位置来抓。要保障城乡居民饮水安全，决不能让一户群众没水喝。要强化农业抗旱技术指导和服务，因时、因地、因水、因苗制定抗旱灌溉和田间管理方案，保障粮食和农业生产稳定发展。要加强水源统一管理和调度，把各项节水措施落实到用户。要坚持抗旱防汛两手抓，加强气象监测预报预警，做好应急值守，强化各项灾害防御措施，确保安全度汛。中央财政将再次下拨特大抗旱经费和农业生产救灾资金，支持重旱地区抗旱和农业生产恢复。要立足长远，综合施治，努力解决长期影响我国农业生产和人民生活的干旱问题。要抓紧落实全国抗旱规划和高标准农田建设总体规划，优化作物种植结构，积极推广农业节水灌溉和旱作农业技术，加快推进水价改革，推动全社会节约用水，逐步减少干旱对经济社会发展的影响。

8月6日

[纲　文]　《人民日报》发表题为《经济运行呈现新特征——新常态下的中国经济（中）》的评论员文章。

8月6日

[纲　文]　《人民日报》报道，中共中央纪委对云南省原副省长沈培平严重违纪问题立案审查。

[目　文]　依据《中国共产党纪律处分条例》等有关规定，经中央纪委审议并报中共中央批准，决定给予沈培平开除党籍处分；由监察部报请国务院批准给予其行政开除处分；将其涉嫌犯罪问题及线索移送司法机关依法处理。

2015年12月3日，北京市第一中级人民法院对云南原副省长沈培平受贿案作出一审判决，以受贿罪判处沈培平有期徒刑12年。

8月6日

[纲　文]　《人民日报》报道，中共中央纪委对陕西省政协原副主席祝作利严重违纪问题立案审查。

[目　文]　中央纪委依据《中国共产党纪律处分条例》等有关规定，给予祝作利开除党籍、开除公职处分；将其涉嫌犯罪问题及线索移送司法机关依法处理。

2015年11月19日，河北廊坊市中级人民法院对陕西省政协原副主席祝作利受贿案进行公开开庭宣判。法庭认定被告人祝作利犯受贿罪，判处有期徒刑11年，并处没收个人财产人民币 50 万元；对查封、扣押在案的祝作利受贿犯罪所得财物及孳息予以追缴，上缴国库。祝作利当庭表示服从判决，不上诉。

8月6—15日

[纲　文]　第32届中国·哈尔滨之夏音乐会暨第11届全国声乐比赛在哈尔滨举办。

[目　文]　比赛由文化部和哈尔滨市人民政府共同主办，来自国内及美国、俄罗斯、德国、奥地利等近20个国家和地区的音乐人参会。共有1130名个人选手和25支合唱队伍报名，367名个人选手和13支合唱队伍入围现场比赛。音乐会期间举行勋菲尔德国际弦乐比赛、国际手风琴艺术周等赛事。英国皇家爱乐乐团、美国铜管五重奏、俄罗斯功勋歌唱家独唱音乐会等专场演出，中外音乐团体同场竞技。

8月7日

[纲　文]　国务院公布《企业信息公示暂行条例》，自2014年10月1日起施行。

8月7日

[纲　文]　第五届"意会中国——阿拉伯知名艺术家访华采风活动"暨"海上丝绸之路舟山行"活动在浙江舟山启动。

[目　文]　活动由文化部主办、中国对外文化集团公司承办。来自黎巴嫩、科威特、伊拉克、约旦、突尼斯、苏丹、也门、科摩罗、毛里塔尼亚、阿尔及利亚、摩洛哥的11位阿拉伯世界知名艺术家，在舟山市进行为期一周的以"海上丝绸之路"为主线的采风活动。

中国和阿拉伯世界各国具有深厚的传统友谊，2004年成立的"中阿合作论坛"是双方集体对话与交流合作的主要平台。列入中阿合作论坛执行计划之一的"意会中国——阿拉伯知名艺术家访华采风活动"此前先后在浙江、宁夏、黑龙江、新疆举办4届，已成为中阿各国文化领域重要的多边交流平台之一。

8月7日

[纲　文]　外交部发言人就日本发表2014年版《防卫白皮书》表示强烈不满和坚决反对。

[目　文]　发言人说，日本新版《防卫白皮书》再次罔顾事实，对中国正常的军力发展和海洋活动说三道四，恶意渲染所谓"中国威胁"，人为制造紧张。划设东海防空识别区是中方的正当权益，符合国际法和国际惯例。中方维护国家领土主权和海洋权益的意志坚定不移，同时一贯致力于通过对话磋商解决领土海洋争端。日方这种做法完全罔顾上述事实，恣意指责中方，其意图就是企图通过渲染周边安全威胁，为自身军事松绑、摆脱战后束缚制造借口。这是危险和不负责任的。中方敦促日方从两国人民根本利益和本地区和平稳定大局出发，正确看待中国的发展，奉行积极的对华政策，为增进两国政治安全互信、改善两国关系做出实实在在的努力。

8月7日

［纲　文］　《人民日报》发表题为《经济发展迈入新阶段——新常态下的中国经济（下）》的评论员文章。

8月8日

［纲　文］　国务院印发《关于近期支持东北振兴若干重大政策举措的意见》。

［目　文］　《意见》由十一部分组成：一、着力激发市场活力。二、进一步深化国有企业改革。三、紧紧依靠创新驱动发展。四、全面提升产业竞争力。五、增强农业可持续发展能力。六、推动城市转型发展。七、加快推进重大基础设施建设。八、切实保障和改善民生。九、加强生态环境保护。十、全方位扩大开放合作。十一、强化政策保障和组织实施。

《意见》指出，支持东北地区全面深化改革、创新体制机制、实现经济社会持续健康发展，是新时期新阶段实施东北地区等老工业基地振兴战略的必然要求，对于稳增长、促改革、调结构、惠民生具有重大意义。各有关方面要切实增强责任意识和忧患意识，坚定信心，迎难而上，奋发有为，真抓实干，为促进东北地区全面振兴、培育中国新的经济支撑带作出更大贡献。

8月8日

［纲　文］　文化部、财政部印发《推动特色文化产业发展的指导意见》。

［目　文］　《意见》由三部分组成：一、总体要求。二、主要任务。三、保障措施。

《意见》强调，强化文化市场监管和执法，创造良好市场环境。加强宣传，积极营造全社会支持特色文化产业发展的良好氛围。充分发挥各级各类文化产业协会（商会、学会）在信息服务、行业自律、人才培训、制定标准、国际交流等方面的重要作用。

8月8日

［纲　文］　科技部、财政部发布《国家科技成果转化引导基金设立创业投资子基金管理暂行办法》。

［目　文］　《办法》共7章36条。主要有总则、子基金的设立、投资管理、托管银行、收入收缴、管理与监督、附则等内容。自发布之日起30日后施行。

8月8日

［纲　文］　教育部、国家发展改革委、财政部印发《关于加快西藏和四省藏区中等职业教育发展的指导意见》。

8月8日

［纲　文］　中国文物学会在北京召开中国大运河世界遗产保护座谈会。

［目　文］　中国文联主席孙家正和故宫博物院院长、中国文物学会会长单霁翔出席座谈会。与会专家发出倡议，要巩固大运河申遗成果，以全球视野和标准做好大运河遗产保护和管理工作，提升保护管理级别，接受国际社会监督。

座谈会上，与会专家们总结了大运河保护和申遗工作的经验，分析了大运河列入《世界遗产名录》以后面临的新形势、新任务，为传承大运河世界遗产建言献策。会议向全社会发出《加强中国大运河世界遗产保护的倡议》，呼吁积极推进大运河遗产保护的科学立法工作，制定国家法律法规层面的《大运河世界遗产保护管理条例》，充分考虑大运河文化遗产点多、线长、面广、活态的特点，妥善处理文化遗产保护与水利、航运、南水北调、城乡建设等工程建设的关系，成为大运河世界遗产保护管理的准则。

8月8日

〔纲　文〕　人民银行印发《中国人民银行关于全面推进深化农村支付服务环境建设的指导意见》。

〔目　文〕　《意见》由十部分组成：一、指导思想。二、基本原则。三、推进综合性惠农支付服务建设。四、优化农民工银行卡特色服务。五、丰富支付服务主体。六、持续推广非现金支付。七、不断完善政策扶持体系。八、加强风险管理。九、强化宣传培训长效机制建设。十、工作要求。

《意见》要求，请人民银行副省级城市中心支行以上分支机构及时将本意见转发至辖区内地方法人银行业金融机构和支付机构。

8月8日

〔纲　文〕　国家海洋局海发布了《2013年全国海水利用报告》。

〔目　文〕　《报告》分为七部分，对2013年我国海水淡化、海水直接利用、海水化学资源利用及政策与管理等方面的情况进行了梳理和阐述。

《报告》指出，截至2013年底，全国已建成海水淡化工程103个，工程总规模达到日产90.08万吨，最大海水淡化工程规模为日产20万吨。2013年，全国新建成海水淡化工程8个，新增海水淡化工程产水规模日产水12.55万吨，每吨成本5—8元。新发布海水利用相关标准14项，包括国家标准2项、行业标准12项。

8月8日

〔纲　文〕　上海市第一中级人民法院对英籍被告人汉弗莱、美籍被告人虞英曾涉嫌非法获取公民个人信息罪一案进行公开开庭审理。

〔目　文〕　这是中国首例在华外国人非法窃取公民个人信息案。公诉机关起诉称，2009年4月至2013年7月，汉弗莱和其妻子虞英曾利用在上海注册成立的摄连公司，接受境内外客户委托，对多家公司或个人进行"背景调查"。两名被告人按每条人民币800元到2000元不等的价格，先后向周红波、刘玉和蔡志诚购买公民的户籍、出入境记录、移动电话记录等信息资料累计达256条，并在制作"调查报告"后卖给委托客户。

上海市第一中级人民法院判决：英籍被告人彼特·威廉·汉弗莱犯非法获取公民个人信息罪，判处有期徒刑2年6个月，并处罚金人民币20万元及驱逐出境。美籍被告人虞英曾犯非法获取公民个人信息罪，判处有期徒刑2年，并处罚金人民币15万元。

8月8—11日

［纲　文］　外交部部长王毅应邀出席在缅甸内比都举行的中国—东盟（10+1）外长会、东盟与中日韩（10+3）外长会、东亚峰会外长会和东盟地区论坛外长会，并访问缅甸。

［目　文］　9日，王毅出席中国—东盟（10+1）外长会时表示，中国—东盟战略伙伴关系经历了"黄金十年"，正在步入起点更高、内涵更广、合作更深的崭新阶段。无论国际风云如何变幻，中国始终把东盟作为周边外交的优先方向，坚定支持东盟的发展壮大，坚定支持东盟在区域合作中的主导地位，坚定支持东盟2015年建成共同体。

同日，王毅在出席东盟与中日韩（10+3）外长会时表示，东亚是世界经济增长的重要引擎，东亚合作前景广阔，潜力巨大。在东亚多个合作机制中，10+3合作具有良好基础，建成了2400亿美元的外汇储备库，设立了78万吨大米紧急储备，有17个部长级会议机制，在24个领域开展务实合作，建立了65个对话与合作机制。还制定了《2013—2017年工作计划》，确定了约130个合作项目。

10日，王毅出席东亚峰会外长会时表示，东亚峰会积极推进成员间战略对话，推动能源与环保、金融、教育、公共卫生、灾害管理、互联互通等六大重点领域合作，地区影响和作用不断扩大。中方将与各国共建"一带一路"，推进区域全面经济伙伴关系、亚太自贸区谈判进程，应对非传统领域安全威胁，共同促进地区一体化。

同日，王毅出席第21届东盟地区论坛外长会时表示，中方倡导各方应践行共同、综合、合作、可持续的亚洲安全观，努力走出一条共建、共享、共赢的安全之路，得到了亚洲国家的广泛认同和支持。亚洲安全观倡导协商对话，而不是武力威胁；开放包容，而不是互相排斥；合作共赢，而不是零和博弈。东盟地区论坛今后的发展应突出信任，坚持以建立信任措施为核心，预防性外交应注重凝聚共识；突出务实，深化救灾、反恐、打击跨国犯罪、维护海上安全、网络安全等非传统安全合作；突出包容，与时俱进，不断提高有效性和生命力。

11日，缅甸总统吴登盛在内比都总统府会见了王毅。

8月8—9日

［纲　文］　第一届全国武术运动大会在天津举办。

［目　文］　本届大会由国家体育总局武术运动管理中心、中国武术协会、国家武术研究院和天津市体育局共同主办，天津市武术运动协会、天津市体育局竞赛处和竞赛管理中心承办，天津市工业大学体育部、付村训练基地协办，包含竞技、表演、文化三大部分。比赛涉及44个分项、103个小项，33个省市和单位的1408人参加了比赛。其中竞赛项目部分分为武术套路、传统武术比赛和武术散打比赛；表演部分分为武术段位制表演、武术特色拳种、太极推手以及短兵表演；文化部分涵盖了武术文化论坛和产品展示。北京队、江苏队、浙江队分别以304分、302分和295分获得团体总分前三名。

8月8—12日

［纲　文］　"第四届中国·呼和浩特少数民族文化旅游艺术活动"在呼和浩特举办。

［目　文］　艺术活动由国家民委、文化部和内蒙古自治区人民政府主办，自治区民族事务委员会、自治区文化厅、自治区旅游局、呼和浩特市人民政府承办。以"共同团结奋斗、共同繁荣发展、弘扬民族文化、共建和谐家园"为主题，包括"首届全国少数民族优秀舞蹈作品展演""全国少数民族地区旅游摄影作品展"和少数民族舞蹈创作专题讲座等活动项目。

8月9日

［纲　文］　国务院印发《关于促进旅游业改革发展的若干意见》。

［目　文］　《意见》由五部分组成：一、树立科学旅游观。二、增强旅游发展动力。三、拓展旅游发展空间。四、优化旅游发展环境。五、完善旅游发展政策。

《意见》要求，各地要加强规划引导，重视对旅游资源和生态环境的保护，防止重复建设。各有关部门要抓紧制定相关政策措施的实施细则。要深入贯彻实施《中华人民共和国旅游法》，落实配套法规。发展改革委、旅游局要定期汇总各地区及有关部门对本意见的贯彻执行情况并开展督促检查。各级旅游行政管理及相关部门要充分发挥职能优势，加强协调配合，促进旅游业健康可持续发展。

8月9日

［纲　文］　文化部艺术发展中心文化创意产业研究院在北京揭牌成立。

8月9—17日

［纲　文］　应国家主席习近平邀请，来自切尔诺贝利核事故灾区的200名白俄罗斯青少年来华疗养。

［目　文］　疗养团团长沙普罗夫代表全体团员感谢国家主席习近平的邀请和中方给予的热情接待，表示这次访华之旅将在白中人民之间架起一座新的友谊桥梁。

11日，国务委员杨洁篪在北京会见疗养团一行时指出，人文交往是中白全面战略伙伴关系的重要组成部分。此次青少年来华疗养体现了两国领导人对青年一代成长的关心以及培养中白友好事业接班人的高度重视。希望双方以此为契机进一步扩大交往，使中白友好更加深入人心。

8月10日

［纲　文］　国家主席习近平分别致电几内亚总统阿尔法·孔戴、塞拉利昂总统欧内斯特·巴伊·科罗马、利比里亚总统埃伦·约翰逊—瑟利夫，对三国近期爆发埃博拉疫情造成重大人员和经济损失表示慰问。

8月10日

［纲　文］　国务院印发《关于加快发展现代保险服务业的若干意见》。

〔目　文〕　《意见》由十部分组成：一、总体要求。二、构筑保险民生保障网，完善多层次社会保障体系。三、发挥保险风险管理功能，完善社会治理体系。四、完善保险经济补偿机制，提高灾害救助参与度。五、大力发展"三农"保险，创新支农惠农方式。六、拓展保险服务功能，促进经济提质增效升级。七、推进保险业改革开放，全面提升行业发展水平。八、加强和改进保险监管，防范化解风险。九、加强基础建设，优化保险业发展环境。十、完善现代保险服务业发展的支持政策。

《意见》要求，各地区、各部门要充分认识加快现代保险服务业发展的重要意义，把发展现代保险服务业作为促进经济转型、转变政府职能、带动扩大就业、完善社会治理、保障改善民生的重要抓手，加强沟通协调，形成工作合力。有关部门要根据本意见要求，按照职责分工抓紧制定相关配套措施，确保各项政策落实到位。省级人民政府要结合实际制定具体方案，促进本地区现代保险服务业有序健康发展。

8月10日

〔纲　文〕　卫生计生委公布《医师资格考试违纪违规处理规定》。

〔目　文〕　《规定》共5章25条。主要有总则、考生及相关人员违纪违规行为的认定与处理、命审题人员和考试工作人员违纪违规行为的认定与处理、违纪违规行为的认定与处理程序、附则等内容。自2014年9月10日起施行。

8月10—12日

〔纲　文〕　2014中国（青海）世界山地纪录片节在青海省格尔木举办。

〔目　文〕　本届山地纪录片节由国务院新闻办、国家新闻出版广电总局、中国电视艺术家协会、青海省委宣传部联合主办。以"山地族群的生存记忆与被拯救中的边缘影像"为主题，展现山地文明在现实文明冲击下的生存状态，表达纪录片创作者对山地这一永恒主题的人文关怀。自本届起，中国世界山地纪录片节将永久落户格尔木市。36个国家和地区的500多部影片参加角逐，经多轮评选，由央视纪录频道报送的《茶，一片树叶的故事》、中央新影集团报送的《乡村里的中国》、芬兰影视基金会报送的《丛林传奇》，分别获"玉昆仑"国际纪录片人文类、社会类、自然类三大类的纪录片大奖。

8月11日

〔纲　文〕　国务院办公厅印发《发达省（市）对口支援四川云南甘肃省藏区经济社会发展工作方案》。

〔目　文〕　《方案》由五部分组成：一、重要意义。二、总体要求。三、时间安排与结对关系。四、重点任务。五、保障措施。

《方案》指出，建立健全考核评价、监督检查、统计报告、信息通报、违规责任追究等工作制度，及时掌握对口支援工作进展，推动对口支援各项工作有序开展。经济社会发展组要加强对对口支援三省藏区工作的跟踪分析与督促检查，协调解决工作中出现的困难和问题，重大问题及时向国务院报告。

8月11日

［纲　文］　交通运输部印发《公路水路交通运输主要技术政策》。

［目　文］　《政策》由七部分组成：一、公路工程。二、水运工程。三、运输服务。四、城市交通。五、安全应急。六、节能环保。七、信息化。1997年6月颁布执行的《公路、水运交通主要技术政策》同时废止。

8月11日

［纲　文］　《人民日报》报道，中央财政投入约50亿元支持文化场馆免费开放。

［目　文］　报道说，为贯彻落实党的十八届三中全会精神，支持构建现代公共文化服务体系，保障广大人民群众基本文化权益，近日中央财政下达了全国博物馆、纪念馆、美术馆、公共图书馆、文化馆（站）免费开放专项资金49.57亿元，2014年共支持地方1815个博物馆、纪念馆，1005个市级和5542个县级美术馆、公共图书馆和文化馆，以及34706个乡镇文化站面向社会免费开放，并提供基本公共文化服务。

8月11日

［纲　文］　教育部、中央文明办、国家发展改革委、民政部、财政部、人力资源和社会保障部、文化部印发《关于推进学习型城市建设的意见》。

8月11日

［纲　文］　环境保护部发布《"同呼吸、共奋斗"公民行为准则》。

8月11日

［纲　文］　《人民日报》发表题为《凝聚战胜灾难的无尽力量》的评论员文章。

8月11—13日

［纲　文］　第三届亚洲陶笛艺术交流大会（亚洲陶笛艺术节）在北京昌平举办。

［目　文］　大会由亚洲陶笛学会、中国致公党中央文化委员会、致公党北京市委员会、北京市昌平区人民政府主办，以"相约中国长城 放飞陶笛梦想"为主题，来自亚洲有关国家和地区的700多位陶笛艺术家、爱好者参与。大会推出陶笛音乐讲座、陶笛展览、社区陶笛音乐会等文化艺术交流活动，与会人士还将齐聚居庸关长城，用陶笛齐奏《龙的传人》《友谊地久天长》。

亚洲陶笛艺术节两年举办一届，前两届分别于2010年在韩国仁川、2012年在日本名古屋举办。

8月12日

［纲　文］　保监会公布《中国保监会废止规范性文件目录（2014年）》。

［目　文］　《目录（2014年）》包括《关于规范保险机构向保监会行文的通知》（保监办发〔2000〕3号）、《关于2000年末人身保险责任准备金计算有关要求的通知》（保监发〔2000〕229号）等49件。

8月12日

［纲　文］　搭载中国"蛟龙"号载人潜水器的"向阳红09"船圆满结束2014至

2015 年试验性应用航次第一航段科考任务。

〔目　文〕　本航段从青岛起航以来历时 52 天，航程 9000 多海里。完成了 16 个站位的常规调查作业，"蛟龙"号先后在西北太平洋采薇海山区和西太平洋马尔库斯—威克海山区开展了 10 次下潜作业，精确定位取样获取各种生物样品 116 个，获得 21 块富钴结壳样品共 99.2 公斤、多金属结核样品 24.32 公斤、22 块岩石样品共 107.7 公斤、沉积物样品 26 管、海水样品 1232 升，并获得了一大批高质量的视像资料。

8 月 12 日

〔纲　文〕　《人民日报》发表题为《扣好最后一粒扣子——一论敬终如始搞好教育实践活动》的评论员文章。

8 月 12—13 日

〔纲　文〕　"2014·中国西藏发展论坛"在拉萨举办。

〔目　文〕　全国政协主席俞正声致信祝贺。论坛由国务院新闻办公室和西藏自治区人民政府共同举办，主题为"西藏发展的机遇与选择"，并设有"西藏的可持续发展之路""西藏文化的传承与保护"和"西藏的生态与环境保护"三个分议题。来自世界 30 多个国家和地区的近百位嘉宾参加。会议发布了《拉萨共识》。

8 月 13 日

〔纲　文〕　新华社讯，中央党的群众路线教育实践活动领导小组办公室要求，持续用力推动落实中央部署的专项整治任务，面向社会设立专项整治工作监督举报电话和网站。

〔目　文〕　通知指出，第一批教育实践活动单位要对照中央部署的专项整治项目及其重点内容清单，深化整治文山会海、检查评比泛滥、门难进、脸难看、事难办，公款送礼、公款吃喝、奢侈浪费，超标配备公车、多占办公用房、新建滥建楼堂馆所，"三公"经费开支过大，"形象工程"和"政绩工程"，侵害群众利益行为七个方面问题，坚决整治"会所中的歪风"、培训中心的腐败浪费、奢华浪费建设、"裸官"问题、干部"走读""吃空饷"、收"红包"及购物卡、党员干部参赌涉赌、领导干部参加天价培训、党政领导干部企业兼职 10 个问题。第二批教育实践活动单位在第一批整治任务基础上，增加严肃整治群众办事难，乱收费、乱罚款、乱摊派，落实惠民政策缩水走样，拖欠群众钱款、克扣群众财物 4 个发生在群众身边的不正之风问题。

通知要求，各地区各部门各单位要对专项整治情况逐项逐条进行自查自纠，确保每个整治项目的计划、目标要求、牵头单位、责任主体、进度时限和推进措施落实到位。要通过巡查抽查、专项检查、明察暗访等方式，严肃查处各种违规违纪行为，对落实整治不力的单位和个人严肃问责。

中央党的群众路线教育实践活动领导小组办公室设立专项整治工作监督举报电话和网站。监督举报电话：010—12380；监督举报网站网址：www.12380.gov.cn。从 2014 年

8月15日起受理业务，受理的主要内容为：本地区本部门本单位对中央部署的21项专项整治任务落实情况以及对做好专项整治工作的意见建议。其他不属于受理范围的信访问题等，将按规定由相关地区部门单位认真处理。

8月13日

［纲　文］　教育部、财政部、人力资源和社会保障部印发《关于推进县（区）域内义务教育学校校长教师交流轮岗的意见》。

8月13日

［纲　文］　人力资源和社会保障部印发《关于减少职业资格许可和认定有关问题的通知》。

［目　文］　《通知》由四部分组成：一、减少职业资格许可和认定的原则要求；二、进一步加大职业资格清理力度；三、推进行业协会、学会有序承接水平评价类职业资格具体认定工作；四、切实加强职业资格设置实施的监督管理。

《通知》指出，减少资格许可和认定是推进政府职能转变的一项重要工作，涉及面广，政策性强，情况复杂，各地区、各部门要高度重视，切实做好本地区、本部门取消职业资格有关工作。国务院人力资源和社会保障部门要加强督导和检查，指导各地区、各部门做好取消职业资格和后续相关工作，确保平稳有序。

8月13日

［纲　文］　第二届中俄青少年主题夏令营开营。

［目　文］　以"铭记历史、珍爱和平、携手未来"为主题的第七届俄罗斯青少年黑河活动营暨第二届中俄青少年主题夏令营开营。胜山要塞是侵华日本关东军在占领东北后为进军苏联而修建的"东方马其诺防线"上重要的军事基地。来自中俄双方近140名青少年在全景式模拟攻占胜山要塞的游戏中，身临其境地体验了日军侵占孙吴、奴役百姓、中国人民奋起反抗、苏联红军出兵中国东北、攻占胜山要塞，最终取得反法西斯胜利的历史。除了体验游戏，营员在5天的活动中还参观了侵华日军罪证陈列馆、日军军人会馆等二战遗址、进行军事野营拉练、祭扫烈士墓。

8月13日

［纲　文］　《解放军报》报道，中国卫星海上测控部9名女船员成为首批航天远洋测量船女船员。

8月13日

［纲　文］　《人民日报》发表题为《把解决问题放在最重要位置——二论敬终如始搞好教育实践活动》的评论员文章。

8月14日

［纲　文］　证监会公布《中国证券监督管理委员会信访工作规则》。

［目　文］　《规则》共6章46条。主要有总则、信访工作机构及职责范围、信访事

项的提出、信访事项的受理、信访事项的办理和督办、附则等内容。自2014年8月14日起施行。《中国证券监督管理委员会信访工作规则（试行）》（证监发〔2005〕70号）同时废止。

8月14日

［纲　文］　《人民日报》发表题为《让群众说出心里的话——三论敬终如始搞好教育实践活动》的评论员文章。

8月15日

［纲　文］　习近平在南京看望第二届夏季青年奥林匹克运动会中国体育代表团。

［目　文］　中共中央总书记习近平代表党中央、国务院、全国各族人民，向全体运动员、教练员、工作人员、志愿者致以诚挚的问候和良好的祝愿，祝青少年运动员赛出成绩、赛出风格、赛出当代中国青少年的风采并强调，南京青奥会的理念是"分享青春，共筑未来"，希望你们身体力行践行这个理念。大家都是本届青奥会的东道主，既是参赛运动员，也是中国青少年的友好使者。希望你们发扬奥林匹克精神和中华体育精神，摆平心态、放下包袱，胜不骄、败不馁，尽情享受青奥会期间比赛、学习、交流的每一个过程。大家要同世界各国各地区青少年相互交流，增进了解和友谊。

8月15日

［纲　文］　国务院印发《关于促进海运业健康发展的若干意见》。

［目　文］　《意见》由四部分组成：一、总体要求。二、重点任务。三、保障措施。四、组织实施。

《意见》强调，有关地区和部门要按照本意见的要求，实事求是，因地制宜，切实加强对推动海运业健康发展各项工作的组织领导。要统筹谋划，突出重点，落实责任，加强协调配合，形成合力。要尽快制定具体实施方案，完善和细化相关政策措施，扎实做好各项工作，确保取得实效。

8月15日

［纲　文］　安全监管总局公布《严防企业粉尘爆炸五条规定》，自2014年8月15日起施行。

8月15日

［纲　文］　民用航空局公布修改后的《定期国际航空运输管理规定》《中国民用航空国内航线经营许可规定》《公共航空运输企业经营许可规定》，自2014年10月26日起施行。

8月15日

［纲　文］　财政部发布，中央财政2014年上半年共下拨2198.20亿元支持保障性安居工程建设。

［目　文］　下达城镇保障性安居工程资金1968.20亿元，下达农村保障性安居工程

资金 230 亿元。上半年,全国财政实际用于保障性安居工程支出 1521.03 亿元,同比增长 36.6%。其中,公共预算支出 1172.46 亿元,同比增长 36.6%;政府性基金预算支出 348.57 亿元,同比增长 36.3%。分项目看,全国财政用于廉租住房支出 257.01 亿元,同比下降 19.8%,主要是廉租住房建设任务减少 24.5%;用于公共租赁住房支出 372.51 亿元,同比增长 11.6%;用于棚户区改造支出 419.61 亿元,同比增长 148.1%;用于游牧民定居工程支出 5.45 亿元,同比增长 159.5%;用于农村危房改造支出 123.76 亿元,同比下降 12.9%,主要是农村危房改造建设任务减少 7.5%;用于配套基础设施等其他支出 330.84 亿元,同比增长 126.5%。

8月15日

[纲 文] 《人民日报》发表题为《抓实抓好基层党建这个关键——四论敬终如始搞好教育实践活动》的评论员文章。

8月15日—9月15日

[纲 文] "中国梦军垦魂"——新疆生产建设兵团成立 60 周年历史文物展在中国国家博物馆举办。

[目 文] 文物展由新疆生产建设兵团和中国国家博物馆联合举办,展出了战略决策、长期建疆、团结稳疆、安边固疆、展望未来 5 个部分、9 个单元共计 200 多幅摄影作品和 160 余件历史文物,全方位展现了新疆生产建设兵团"生在井冈山、长在南泥湾、转战千万里、屯垦在天山"的光辉历程,再现了新疆生产建设兵团艰苦创业、屯垦戍边、维护民族团结、维护社会稳定、推进新疆经济社会发展、造福新疆各族人民的光辉业绩。

8月15日—9月20日

[纲 文] "甲午·甲午——百年强国梦"在广东美术馆举办。

[目 文] 本展览是文化部"2014 全国美术馆馆藏精品展出季"入选项目。由广东省文化厅主办,广东美书馆承办。展出了 350 余件作品,展览共分为三大主题,一层展厅展示一个主题。一楼展厅主题为"雄关漫道真如铁(1894—1949)",分为"雄狮渐醒""国民革命""屹立东方"和"抗日烽火"四大部分。二楼展厅以"人间正道是沧桑(1949—1976)"为题,展出了 1949 年后,社会主义改革到改革开放的故事。三楼展厅以"乘风破浪会有时(1978 至今)"为题,由"真理的标准""春天的故事""多元状态"三部分组成。

8月16日

[纲 文] 国务院总理李克强在北京会见美国国会众议员舒斯特率领的议员代表团。

[目 文] 李克强表示,中美分别是世界上最大的发展中国家和发达国家,合作互补性强、前景广阔。面对复杂多变的国际形势,两国要坚持相向而行,加强政府、议会、

政党等交往与互动,深化互利务实合作,应对国际、地区问题以及全球性挑战,本着相互尊重、聚同化异的精神妥处分歧,推动两国关系平稳健康发展。中国改革开放以来,交通等基础设施建设取得巨大发展,但东西部之间仍存在较大差距,中西部地区基础设施依然薄弱,同时也存在很大发展需要和潜力。中国将在加强中西部基础设施建设的同时,推动中国高铁、高速公路等先进技术装备走出去,这也是扩大对外开放的措施。中方愿积极参与美国交通基础设施升级换代,通过合作实现互利共赢。中国提倡以邻为伴、讲信修睦,致力维护和平的国际环境和稳定的周边环境。作为现行国际体系的维护者和贡献者,我们将一如既往承担与自身发展水平相称的国际责任,同各国一道维护世界和平,促进共同发展。

舒斯特表示,美中是世界上两个最大经济体,两国关系十分重要。美国欢迎中国在国际和地区事务中发挥更大作用,愿同中方增进相互了解和信任,扩大互利合作,共同应对挑战。在座美国议员表示愿意全面了解中国,为美中关系发展发挥积极作用。

8月16日

[纲 文] 《人民日报》发表题为《分享青春 共筑未来——热烈祝贺第二届夏季青年奥运会开幕》的评论员文章。

8月16—28日

[纲 文] 第二届夏季青年奥林匹克运动会在南京举行,习近平出席开幕式并宣布运动会开幕。

[目 文] 国家主席习近平出席开幕式并宣布运动会开幕。国务院总理李克强出席闭幕式。来自204个国家和地区的3700余名运动员参赛,中国体育代表团的123名运动员在本届运动会上表现出色,他们在赛场内获得了37枚金牌、13枚银牌、13枚铜牌。

南京青奥会的项目有28个大项、222个小项,大项包括:水上运动(跳水、游泳)、射箭、田径、羽毛球、篮球(3人制)、拳击、皮划艇、自行车(小轮车、山地自行车)、马术(障碍赛)、击剑、足球、体操、手球、曲棍球、柔道、现代五项、赛艇、帆船、射击、乒乓球、跆拳道、网球、铁人三项、沙滩排球、举重、摔跤(女子自由式摔跤、男子古典式摔跤)、高尔夫球、橄榄球等。

16日,习近平在南京举行宴会,与国际奥委会主席巴赫分别致辞。习近平欢迎前来出席第二届夏季青年奥林匹克运动会开幕式的国际嘉宾并强调,青奥会不仅是展示和切磋运动技艺的体育赛事,更是促进文化交流融合的重要平台,是属于全世界青少年的青春盛会。参与青奥会的每一位青少年都将成为加深了解、传播友谊、促进合作的奥运大使、和平大使、亲善大使,这将极大夯实各国友好交往的民意基础,推动建设持久和平、共同繁荣的和谐世界。和平、发展、合作、共赢是各国人民共同心愿。中国人民正在为实现中华民族伟大复兴的中国梦不懈奋斗。体育是提高人民健康水平的重要手段,也是实现中国梦的重要内容,能为中华民族伟大复兴提供凝心聚气的强大精神力量。南京青奥会不仅是中国青少年的机会,也是全世界青少年的机会。南京将向世界奉献一场精彩纷呈、充满活力、有中国特色的青春盛会。

国际奥委会主席巴赫在致辞中表示，2008年，北京举办了一届无与伦比的奥运会。6年后中国又举办青奥会。国际奥委会感谢中国对奥林匹克运动的大力支持，祝贺中国体育事业发展取得的成就，赞赏中国在世界体育舞台上发挥重要作用。

开幕式期间，习近平在南京分别会见了出席开幕式的国际奥委会主席巴赫、布隆迪总统恩库伦齐扎、马尔代夫总统亚明、联合国秘书长潘基文、新加坡总统陈庆炎、摩纳哥亲王阿尔贝二世、黑山总统武亚诺维奇、斐济总统奈拉蒂考、瓦努阿图总理纳图曼。习近平夫人彭丽媛邀请出席开幕式的部分外方领导人夫人参观南京博物院。

28日，李克强在南京举行宴会，欢迎出席第二届夏季青年奥林匹克运动会闭幕式的国际贵宾。国际奥委会主席巴赫、国际奥委会名誉主席罗格、安提瓜和巴布达总理布朗、吉布提总理卡米勒、马达加斯加总理库卢、克罗地亚议长莱科等出席。

李克强在致辞中代表中国政府感谢国际奥委会和国际奥林匹克大家庭对南京青奥会的支持、配合和帮助，祝贺各国和地区运动员取得优异成绩。

闭幕会期间，李克强在南京分别会见出席第二届夏季青年奥林匹克运动会闭幕式的国际奥委会主席巴赫、吉布提总理卡米勒、马达加斯加总理库卢、克罗地亚议长莱科；看望第二届夏季青年奥林匹克运动会志愿者。

17日，国务院副总理刘延东在南京会同国际奥委会主席巴赫、名誉主席罗格参观南京奥林匹克博物馆、2014南京青奥会美术大展。

8月17日

［纲　文］　新华社讯，范长龙在驻西藏、青海部队调研。

［目　文］　中央军委副主席范长龙代表中央军委主席习近平和中央军委，向驻守雪域高原、忠诚卫国戍边的官兵致以诚挚问候和崇高敬意并强调，全军和武警部队要深入学习贯彻习近平主席系列重要讲话精神，紧紧围绕实现党在新形势下的强军目标，着眼能打仗、打胜仗，持续深入大抓实战化军事训练，提高部队履行职能使命能力，坚决完成党和人民赋予的各项任务。我军是党绝对领导下的人民军队，必须政治坚定、作风过硬。全军和武警部队要坚决贯彻党中央、习近平主席的决策部署，坚决拥护党中央对周永康立案审查、对徐才厚进行查处的正确决定，自觉在思想上政治上行动上同党中央保持高度一致，坚决听从党中央、中央军委和习近平主席指挥。要坚持不懈地改作风正风气，善始善终抓好党的群众路线教育实践活动，着力纠治发生在士兵身边的不正之风，坚决反对腐败，严肃惩治腐败，始终保持人民军队的性质、宗旨和本色。领导干部要筑牢思想防线和精神支柱，发扬我党我军光荣传统和优良作风，以自身良好形象带出部队的虎虎生气、融融暖气、堂堂正气。

8月18日

［纲　文］　习近平在北京主持召开中央全面深化改革领导小组第四次会议。

[目　文]　中央全面深化改革领导小组副组长李克强、刘云山、张高丽出席。中央全面深化改革领导小组成员出席，中央和国家有关部门负责人列席会议。

会议审议了《中央管理企业主要负责人薪酬制度改革方案》《关于合理确定并严格规范中央企业负责人履职待遇、业务支出的意见》《关于深化考试招生制度改革的实施意见》，建议根据会议讨论情况进一步修改完善后按程序报批实施；会议审议通过了《关于推动传统媒体和新兴媒体融合发展的指导意见》《党的十八届三中全会重要改革举措实施规划（2014—2020年）》《关于上半年全面深化改革工作进展情况的报告》；会议总结了改革工作，分析了改革形势，部署了下一阶段工作。

中央全面深化改革领导小组组长习近平强调，国有企业特别是中央管理企业，在关系国家安全和国民经济命脉的主要行业和关键领域占据支配地位，是国民经济的重要支柱，在我们党执政和我国社会主义国家政权的经济基础中也是起支柱作用的，必须搞好。改革开放以来，中央管理企业负责人薪酬制度改革取得积极成效，对促进企业改革发展发挥了重要作用，同时也存在薪酬结构不尽合理、薪酬监管体制不够健全等问题；合理确定并严格规范中央企业负责人履职待遇、业务支出，是改作风的深化，也是反"四风"的深化，国有企业要做贯彻落实中央八项规定精神、厉行节约反对浪费的表率。要合理确定并严格规范中央企业负责人履职待遇、业务支出，除了国家规定的履职待遇和符合财务制度规定标准的业务支出外，国有企业负责人没有其他的"职务消费"，按照职务设置消费定额并量化到个人的做法必须坚决根除。考试招生制度是国家基本教育制度。总体上看，我国考试招生制度符合国情，同时也存在一些问题。必须通过深化改革，促进教育公平、提高人才选拔水平，适应培养德智体美全面发展的社会主义建设者和接班人的要求。推动传统媒体和新兴媒体融合发展，要遵循新闻传播规律和新兴媒体发展规律，强化互联网思维，坚持传统媒体和新兴媒体优势互补、一体发展，坚持先进技术为支撑、内容建设为根本，推动传统媒体和新兴媒体在内容、渠道、平台、经营、管理等方面的深度融合，着力打造一批形态多样、手段先进、具有竞争力的新型主流媒体，建成几家拥有强大实力和传播力、公信力、影响力的新型媒体集团，形成立体多样、融合发展的现代传播体系。要一手抓融合，一手抓管理，确保融合发展沿着正确方向推进。党的十八届三中全会重要改革举措实施规划（2014—2020年），对未来7年的改革实施工作作出整体安排，突出了每项改革举措的改革路径、成果形式、时间进度，是指导今后一个时期改革的总施工图和总台账。

8月18日

[纲　文]　习近平在北京主持召开中央财经领导小组第七次会议。

[目　文]　中央财经领导小组副组长李克强，中央财经领导小组成员刘云山、张高丽，中央财经领导小组成员出席会议，中央和国家有关部门负责人列席会议。会议听取了科技部和发展改革委关于实施创新驱动发展战略的汇报，领导小组成员进行了讨论。

中共中央总书记、中央财经领导小组组长习近平在讲话指出，创新始终是推动一个国家、一个民族向前发展的重要力量。我国是一个发展中大国，正在大力推进经济发展方式转变和经济结构调整，必须把创新驱动发展战略实施好。实施创新驱动发展战略，就是要推动以科技创新为核心的全面创新，坚持需求导向和产业化方向，坚持企业在创新中的主体地位，发挥市场在资源配置中的决定性作用和社会主义制度优势，增强科技进步对经济增长的贡献度，形成新的增长动力源泉，推动经济持续健康发展。

习近平阐述了实施创新驱动发展战略的基本要求，提出四点意见。一是紧扣发展，牢牢把握正确方向。要跟踪全球科技发展方向，努力赶超，力争缩小关键领域差距，形成比较优势。要坚持问题导向，从国情出发确定跟进和突破策略，按照主动跟进、精心选择、有所为有所不为的方针，明确我国科技创新主攻方向和突破口。二是强化激励，大力集聚创新人才。创新驱动实质上是人才驱动。为了加快形成一支规模宏大、富有创新精神、敢于承担风险的创新型人才队伍，要重点在用好、吸引、培养上下功夫。三是深化改革，建立健全体制机制。要面向世界科技前沿、面向国家重大需求、面向国民经济主战场，精心设计和大力推进改革，让机构、人才、装置、资金、项目都充分活跃起来，形成推进科技创新发展的强大合力。四是扩大开放，全方位加强国际合作。要坚持"引进来"和"走出去"相结合，积极融入全球创新网络，全面提高我国科技创新的国际合作水平。

8月18日

［纲　文］　张德江在北京主持召开十二届全国人大常委会第二十七次委员长会议。

［目　文］　全国人大常委会副委员长王胜俊、陈昌智、严隽琪、沈跃跃、吉炳轩、张平、向巴平措、艾力更·依明巴海、万鄂湘、张宝文、陈竺出席会议。会议决定，十二届全国人大常委会第十次会议8月25日至31日在北京举行。

委员长会议建议，十二届全国人大常委会第十次会议继续审议预算法修正案草案、安全生产法修正案草案、行政诉讼法修正案草案；审议全国人大常委会委员长会议关于提请审议立法法修正案草案的议案；审议国务院关于提请审议广告法修订草案的议案、关于提请审议保险法等5部法律的修正案草案的议案；审议最高人民法院关于提请审议关于在北京、上海、广州设立知识产权法院的决定草案的议案。委员长会议建议常委会第十次会议审议香港特别行政区行政长官关于香港特别行政区2017年行政长官及2016年立法会产生办法是否需要修改的报告。委员长会议建议的会议议程还有：审议国务院关于今年以来国民经济和社会发展计划执行情况的报告、关于今年以来预算执行情况的报告、关于深化行政审批制度改革加快政府职能转变工作情况的报告；审议全国人大常委会执法检查组关于检查未成年人保护法实施情况的报告；审议全国人大常委会代表资格审查委员会关于个别代表的代表资格的报告。

8月18日

［纲　文］　人力资源和社会保障部印发《关于进一步加强基本医疗保险医疗服务监管的意见》。

［目　文］　《意见》由五部分组成：一、强化医疗保险医疗服务监管，将监管对象延伸到医务人员。二、优化信息化监控手段，建立医疗保险费用监控预警和数据分析平台。

三、明确医疗保险基金监管职责,充分发挥各方面的监督作用。四、分类处理监管发现的问题,妥善解决争议。五、加强配合,协同做好工作。

《意见》要求,部社会保险基金监督司、医疗保险司、社会保险事业管理中心、信息中心按各自职责,负责相关工作的指导和检查。

8月18日

〔纲　文〕　教育部发布《关于实施卓越教师培养计划的意见》。

〔目　文〕　《意见》由七部分组成:一、明确实施卓越教师培养计划的目标要求。二、分类推进卓越教师培养模式改革。三、建立高校与地方政府、中小学"三位一体"协同培养新机制。四、强化招生就业环节。五、推动教育教学改革创新。六、整合优化教师教育师资队伍。七、加强卓越教师培养计划的组织保障。

《意见》强调,各地各有关高校要认真贯彻落实本意见精神,结合实际,研究制订具体实施方案,确保卓越教师培养计划各项任务落到实处。

8月18日

〔纲　文〕　俞正声在北京会见台湾工业总会大陆经贸考察团。

〔目　文〕　全国政协主席俞正声对台湾工业总会多年来为促进两岸经济交流合作、推动两岸关系和平发展所作努力表示肯定并指出,两岸经济合作是连结两岸同胞的利益纽带,是促进两岸关系和平发展的重要动力。我们推动两岸经济合作的政策和方向不会改变。大陆一直在积极努力为两岸企业的合作发展创造条件,愿让台湾同胞首先分享大陆发展的机遇。希望台湾工业总会及其会员为两岸经济合作和两岸关系和平发展作出更大贡献。

8月18日

〔纲　文〕　国家副主席李源潮在北京会见日本公明党政调会副会长远山清彦率领的超党派年轻政治家代表团。

〔目　文〕　李源潮说,中国一贯重视中日关系,愿在中日四个政治文件基础上,本着以史为鉴、面向未来的精神发展两国关系。日方应妥善处理历史、钓鱼岛等突出问题,正确看待中国发展。希望日本青年政治家为推动中日关系改善发展注入正能量。

远山清彦说,作为年轻议员愿为改善日中关系,走两国友好、互利、合作的道路作出努力。

8月18日

〔纲　文〕　沈阳军区国动委第八次全体会议在沈阳召开。

〔目　文〕　国务委员兼国防部长常万全出席会议并讲话。他强调,要深入学习贯彻习主席系列重要讲话精神,坚决落实党中央、国务院、中央军委决策部署,紧紧围绕能打仗、打胜仗,牢记使命任务,聚焦打赢要求,锐意进取,真抓实干,推动国防动员建设不断创新发展。军地各级特别是领导干部要切实增强忧患意识、危机意识、使命意识。要始终坚持战斗力这个唯一的根本的标准,着力构建满足应急应战要求的国防动员体系,在更广范围、更高层次、更深程度上推进军民融合，为实现中国梦强军梦提供有力支撑。

8月18日

［纲　文］　新疆伊犁哈萨克自治州成立60周年庆祝大会在伊宁市举行。

［目　文］　全国人大常委会、国务院发来贺电。贺电说，60年来，伊犁哈萨克自治州经济发展，民族团结，社会稳定，人民生活不断改善，各项事业全面推进，取得了重大成就。希望伊犁各族干部群众紧密团结在以习近平同志为总书记的党中央周围，深入学习贯彻党的十八大和十八届二中、三中全会以及第二次中央新疆工作座谈会精神，高举中国特色社会主义伟大旗帜，以邓小平理论、"三个代表"重要思想、科学发展观为指导，坚持各民族共同团结奋斗、共同繁荣发展，以自治州成立60年为新的起点，深入贯彻落实党中央、国务院关于支持新疆经济社会发展的一系列政策措施，解放思想，改革开放，凝聚力量，攻坚克难，为实现新疆跨越式发展和长治久安，为实现中华民族伟大复兴中国梦，作出新的更大贡献。

60年来，伊犁综合实力显著增强。2013年，全州生产总值1439.3亿元，比1954年增长119倍；人均生产总值30710元，比1954年增长20倍。伊犁向西开放桥头堡作用显著增强，"丝绸之路"北道要冲正焕发着勃勃生机。伊犁471万各族群众生活水平显著提高。

8月18日

［纲　文］　中共中央文献研究室编辑的《邓小平文集（1949—1974）》和撰写的《邓小平传（1904—1974）》分别由人民出版社和中央文献出版社出版。

［目　文］　《邓小平文集（1949—1974）》为三卷本，共406篇文稿，80余万字，集中反映了这一时期邓小平同志关于新中国经济、政治、文化建设和民族、统战及党的建设等方面的重要思想。特别是集中反映了邓小平同志作为以毛泽东同志为核心的党的第一代中央领导集体的重要成员，在参与一系列重大决策的制定与实施过程中，对中国社会主义建设道路的思考和探索。这部文集，是对《邓小平文选》的重要补充，对于深入学习邓小平理论，了解邓小平同志开创中国特色社会主义的历史和理论渊源，理解邓小平理论与毛泽东思想一脉相承、继承发展的关系，具有重要意义。

《邓小平传（1904—1974）》为两卷本，100余万字，全面记叙了邓小平同志从少年时代到"文化大革命"中被打到后复出工作70年间的主要经历，反映了他为民族独立、人民解放和社会主义建设作出的光辉业绩和重大贡献，反映了他在各个历史时期的主要思想及思想发展脉络，反映了他始终坚持实事求是、一切从实际出发的思想品格及密切联系群众、艰苦奋斗的工作作风。作为传记作品，不仅深刻展示了一代伟人崇高的精神世界，而且真实描写了他同普通人一样的情感活动。这部传记，是学习和研究邓小平同志的思想、业绩、品德和作风的重要读物，对于深入研究邓小平这位伟大人物，研究党的光辉历史，具有重要意义。

8月18—20日

［纲　文］　第2届中国（郑州）国际街舞大赛在河南郑州举办。

［目　文］　本次大赛由中国舞蹈家协会、郑州市委宣传部和郑州市金水区政府共同主办，来自北京、上海、天津、重庆等23个省区市和港澳台地区，以及俄罗斯、法国、波兰、日本、韩国、老挝等11个国家的2000余名选手参加了比赛。其中，年龄最小的只有5岁，最大的45岁。大赛分为成人组单人斗舞、少儿组单人斗舞、团体齐舞、团体斗舞4个部分，奖金总金额将近13万元。大赛期间还举办了4场国际街舞大师现场授课活动。

8月19日，首届中国舞蹈家协会街舞委员会年会在郑州举行。年会总结了委员会自2013年成立以来的工作成果，宣布了新增补的街舞委员会常务理事、理事名单，邀请专家结合中国街舞的发展现状发言、讨论，并颁布了《全国街舞考级计划》。

8月19日

［纲　文］　中共中央在北京召开党外人士座谈会，就中共中央关于全面推进依法治国若干重大问题的决定听取各民主党派中央、全国工商联领导人和无党派人士的意见和建议。

［目　文］　中共中央总书记习近平主持会议并讲话。中共中央政治局常委张德江、俞正声、王岐山出席座谈会。王沪宁、许其亮、李建国、汪洋、孟建柱、栗战书、杜青林、郭声琨、周强、曹建明等中共中央、国务院有关部门负责人出席座谈会。

民革中央主席万鄂湘、民盟中央主席张宝文、民建中央主席陈昌智、民进中央主席严隽琪、农工党中央主席陈竺、致公党中央主席万钢、九三学社中央主席韩启德、台盟中央副主席黄志贤、全国工商联主席王钦敏、无党派人士郭雷先后发言。他们赞同中共中央关于全面推进依法治国若干重大问题的决定，并就维护宪法权威、保障宪法贯彻实施、完善立法制度、提高立法质量，坚持依法行政、规范执法行为，深化司法改革、维护社会公平正义，加强法治监督、推进廉政建设法制化，加强市场法治建设、创新社会治理体制、完善高层次人才引进中的法律法规体系、完善律师制度，发挥民主党派在立法和民主监督中的作用等方面提出意见和建议。

习近平指出，全面推进依法治国是贯彻落实中共十八大和十八届三中全会精神的重要内容，是顺利完成各项目标任务、全面建成小康社会、加快推进社会主义现代化的重要保证。改革开放以来，我们党一贯高度重视法治建设，把依法治国同中共自身建设、人民当家作主一道置于政治建设的首要地位加以强调。中共十八大提出，法治是治国理政的基本方式，要加快建设社会主义法治国家，全面推进依法治国。我们面对的改革发展稳定任务之重前所未有，矛盾风险挑战之多前所未有，依法治国地位更加突出、作用更加重大。统一战线人才集聚、智力密集、联系广泛，成员中有很多法律方面高层次的专家学者，有的直接从事立法、执法、司法和法律监督工作。希望大家围绕全面推进依法治国中的重大问题和人民群众普遍关心的现实问题、热点问题深入开展调研，及时向中共中央提出建设性、可操作性的意见和建议。希望大家深化对全面推进依法治国重要性和必要性的认识，带头遵守宪法和法律，带动广大成员成为法治的忠实崇尚者、自觉遵守者、坚定捍卫者。希望大家善于运用法治思维和法治方式想问题、作判断、出措施，努力以法治凝聚改革共识、规范发展行为、促进矛盾化解、保障社会和谐，为全面深化改革、实现"两个一百年"奋斗目标凝聚人心、汇聚力量。

8月19日

[纲 文] 李克强主持召开国务院常务会议。

[目 文] 会议主要内容是：一、听取云南鲁甸地震抗震救灾最新情况汇报、研究安排恢复重建等工作。会议指出，在党中央、国务院坚强领导下，云南省和国务院有关部门、解放军武警官兵迅速行动，各地区和社会各界全力支援，抢险救援、医疗救治、群众安置、道路抢通等工作科学、高效、有序开展。下一步，要在巩固前期工作的同时，贯彻中央政治局常委会议精神，不松劲、不减力，扎实做好抗震救灾和恢复重建各项工作。全力救治伤员，最大限度减少伤残，做好灾后心理抚慰，并确保大灾之后无大疫。做好过渡安置，在实施3个月过渡期救助的基础上，对无房可住、无生活来源、无自救能力的受灾群众再延长3个月的救助。抓紧调集棉帐篷等防寒物资，确保灾区群众顺利过冬。加强余震监测和地质灾害等次生灾害防范，确保集中安置点不受灾害侵袭。全力保障路、水、电、通信等通畅。抓紧搭建学校帐篷、板房，确保如期开学。二、决定推出进一步简政放权措施、持续扩大改革成效。会议决定，在各部门晒出权力清单、开展社会评议的基础上，顺应群众期盼，有针对性地推出行政审批制度改革新措施。三、部署加快发展科技服务业、为创新驱动提供支撑。

8月19日

[纲 文] 俞正声主持召开全国政协主席办公会议。

[目 文] 会议主要内容是：研究重点提案办理工作，听取关于"发挥市场决定性作用，化解造船产能过剩，促进海工产业健康发展"重点提案办理落实情况的汇报。全国政协副主席杜青林、韩启德、罗富和、张庆黎、李海峰、卢展工、马飚、齐续春、陈晓光、马培华、刘晓峰、王钦敏等出席会议。工业和信息化部、发展改革委、人民银行、海洋局负责人代表提案承办单位介绍了提案办理落实情况。

会议指出，全国政协第一次以主席办公会议的形式研究重点提案办理工作，把提案办理协商作为推进协商民主的重要形式和途径，推进提案办理工作制度化规范化程序化，促进有关部门进一步高度重视政协提案办理和落实。会议提出，要进一步推动落实国务院关于化解产能严重过剩矛盾的要求，利用金融等手段，支持优质企业发展，促进过剩产能退出，引导扶持企业积极开展海洋工程装备科技研发，提升自主创新能力。

8月19日

[纲 文] 水利部公布《关于废止和修改部分规章的决定》。

[目 文] 《决定》包括：一、废止《生产建设项目水土保持监测资质管理办法》（2011年12月2日水利部令第45号公布）；二、修改《水利工程建设项目管理规定（试行）》

（1995年4月21日水利部水建〔1995〕128号印发）、《占用农业灌溉水源、灌排工程设施补偿办法》（1995年11月13日水利部、财政部、国家计委水政资〔1995〕457号印发）、《水利工程建设程序管理暂行规定》（1998年1月7日水利部水建〔1998〕16号印发）、《水土保持生态环境监测网络管理办法》（2000年1月31日水利部令第12号公布）、《水利工程建设安全生产管理规定》（2005年7月22日水利部令第26号公布）、《水利工程建设项目验收管理规定》（2006年12月18日水利部令第30号公布）；三、本决定自2014年8月19日起施行。

8月19日

［纲　文］　工商总局公布《企业公示信息抽查暂行办法》《企业经营异常名录管理暂行办法》《个体工商户年度报告暂行办法》《农民专业合作社年度报告公示暂行办法》《工商行政管理行政处罚信息公示暂行规定》，自2014年10月1日起施行。

8月19日

［纲　文］　国务院副总理刘延东在北京会见塔吉克斯坦中小学生来华夏令营代表团。

［目　文］　刘延东指出，中塔两国山水相连，友谊情深，各领域合作不断深化。青少年是国家的未来和希望，希望中塔两国青少年通过丰富多彩的交流活动，增进理解和友谊，为促进中塔世代友好做出新贡献。

此次夏令营是应2013年11月国务院总理李克强出席上合组织成员国总理会晤时邀请成员国2000名中小学生来华参加夏令营而举办，塔吉克斯坦198名中小学生作为首批客人来华。

8月19日

［纲　文］　中国—乌兹别克斯坦经贸合作论坛在北京举行。

［目　文］　论坛由上海合作组织睦邻友好合作委员会主办。中共中央政治局委员、中乌政府间合作委员会中方主席孟建柱与乌兹别克斯坦第一副总理、中乌政府间合作委员会乌方主席阿齐莫夫共同出席论坛开幕式并致辞。商务部国际贸易谈判代表兼副部长钟山，外交部副部长、上海合作组织睦邻友好合作委员会主席程国平在论坛上发言。来自陕西、吉林、新疆、宁夏、黑龙江、兰州、温州、义乌等省区市政府和企业界代表，以及乌政府部门和商界人士260多名嘉宾与会。

孟建柱指出，扩大和深化中乌互利合作，符合两国和两国人民的根本利益，也有利于促进地区和平、稳定与发展。双方应抓住机遇，共同开创经贸合作新局面。要坚持真诚互信，夯实合作基础，努力实现合作的可持续发展。要坚持互利共赢，挖掘合作潜能，不断优化和改善商品贸易结构，提升贸易整体质量和水平。要坚持沟通协调，共谋发展利益，为两国企业营造更加公平、开放、宽松的投资和经营环境。

阿齐莫夫表示，乌中经贸合作符合两国共同利益，有利于不断深化传统友谊。希望双方发挥互补优势，加强交流合作，并欢迎中国企业积极赴乌投资兴业。

同日，孟建柱在北京会见了阿齐莫夫。

8月19日

［纲　文］　中共中央政治局委员孟建柱在北京会见塔吉克斯坦内务部部长拉希姆佐达。

［目　文］　孟建柱表示，中塔执法部门友好合作关系发展良好，成果显著。希望双方不断深化安全互信，进一步加强在打击"三股势力"和跨国犯罪活动、情报信息交流、执法人员培训等方面的务实合作，为维护两国及本地区安全稳定作出更大贡献。中方愿全力协助塔方做好2014年9月份上海合作组织元首峰会安保工作。

拉希姆佐达表示，塔方高度重视发展与中方的执法安全合作关系，愿与中方继续深化各领域务实合作，推动中塔执法安全合作健康、稳定、快速发展。

8月19日

［纲　文］　中国在太原卫星发射中心用长征四号乙运载火箭成功发射高分二号卫星，卫星顺利进入预定轨道。

［目　文］　高分二号卫星分辨率达到亚米级（优于1米），是当前中国分辨率最高的光学遥感卫星。卫星相机拍照幅宽45公里，是当前同类型卫星中国内焦距最长、国际亚米级幅宽最大的。

8月19日

［纲　文］　《人民日报》发表题为《维护制度尊严　净化政治生态》的评论员文章。

8月19—20日

［纲　文］　应国家主席习近平邀请，乌兹别克斯坦共和国总统伊斯拉姆·卡里莫夫对中国进行国事访问。

［目　文］　访问期间，习近平在北京同卡里莫夫举行会谈，两国元首决定，继续相互坚定支持，深化合作，携手共建平等互利、安危与共、合作共赢的中乌战略伙伴关系并共同签署了《中华人民共和国和乌兹别克斯坦共和国联合宣言》，见证了经贸、能源、金融等领域合作文件的签署。两国元首讨论了上海合作组织发展，同意加强沟通、协调、配合，推动上合组织在经济、安全合作方面迈出更多实质步伐。国务院总理李克强在北京会见了卡里莫夫。卡里莫夫还在陕西参观访问。

习近平同卡里莫夫会谈时表示，中方支持乌方走符合本国国情的发展道路以及为维护国家主权和安全、促进经济发展采取的各项措施。今天我们将批准中乌战略伙伴关系未来5年发展规划，双方要抓住时机，推动合作向更高水平、更高层次跨越，取得更多成果。双方要不断扩大贸易和投资规模，加强能源、金融、农业、交通基础设施建设等领域合作，共同建设丝绸之路经济带，重点建设和运营好中国—中亚天然气管道D线，积极推进中国—吉尔吉斯斯坦—乌兹别克斯坦铁路项目。中方鼓励本国企业扩大对乌投资、参与乌方工业园区建设，支持乌方加入世界贸易组织。双方要继续加强安全执法合作，严厉打击恐怖极端势力和毒品犯罪，维护两国安宁及地区和平稳定。

卡里莫夫表示，乌方赞赏中国对中亚国家真诚奉行睦邻友好和互利合作政策，愿意积极参与中方建设丝绸之路经济带和亚洲基础设施投资银行的重要倡议，全力确保中亚—中国天然气管线如期完成，加快推进乌吉中铁路。乌方希望进一步扩大双边贸易，欢迎中方企业投资，加强矿业、交通等领域合作。乌方积极支持开展两国人文交流和地方合作。乌中双方要加强配合，合力打击"三股势力"。

李克强会见卡里莫夫时指出，中方愿同乌方及地区其他国家一道，推进丝绸之路经济带建设，让交通基础设施建设先行，深化能源、工业园区、金融等合作，大力开展人文交流，夯实双边关系的民意基础。中方也愿同乌方密切在国际和地区事务中的沟通协调，共同应对挑战，促进地区安全与繁荣。

卡里莫夫表示，中国是维护世界和平、促进共同发展的重要力量。面对深刻复杂变化的国际、地区形势，乌方愿同中方落实好两国领导人达成的共识，全面推进交通基础设施、能源、人文等领域合作，积极参与丝绸之路经济带建设，维护地区和平与稳定，使彼此之间信息更流通、道路更畅通、民心更接近。

8月20日

［纲　文］　中共中央在北京举行纪念邓小平同志诞辰110周年座谈会。

［目　文］　中共中央总书记习近平发表讲话。中共中央政治局常委李克强、张德江、俞正声、王岐山、张高丽出席座谈会，中共中央政治局常委刘云山主持座谈会。

习近平在讲话中回顾了邓小平同志一生的丰功伟绩，总结了邓小平同志为我国革命、建设、改革作出的卓越贡献，强调邓小平同志为中华民族独立、繁荣、振兴和中国人民解放、自由、幸福奋斗的辉煌人生和伟大贡献，将永远书写在祖国辽阔的大地之上。邓小平同志始终在人民中间，也始终在人民心间。

习近平强调，信念坚定，是邓小平同志一生最鲜明的政治品格，也永远是中国共产党人应该挺起的精神脊梁。革命理想高于天。没有一大批具有坚定共产主义理想的中华儿女，就没有中国共产党，也就没有新中国，更没有今天我国的发展进步。要把我国发展得更好，离不开理想信念的力量。我们共产党人锤炼党性，首要的就是坚定共产主义远大理想和中国特色社会主义共同理想，坚忍不拔、风雨无阻朝着我们的目标奋勇前进。热爱人民，是邓小平同志一生最深厚的情感寄托，也永远是中国共产党人应该坚守的力量源泉。爱祖国、爱人民，是最深沉、最有力量的情感，是博大之爱。我们要始终为人民利益而奋斗，任何时候任何条件下都忠于祖国、忠于人民，脚踏实地践行党的宗旨，把自己的一生交给党和人民，为党和人民事业鞠躬尽瘁、死而后已。实事求是，是邓小平同志一生最重要的思想特点，也永远是中国共产党人应该遵循的思想方法。事实是真理的依据，实干是成就事业的必由之路。我国革命、建设、改革的历史反复证明，只有制定符合实际的政策措施，采取符合实际的工作方法，党和人民事业才能走上正确轨道，才能取得人民满意的成效。我们要善于运用辩证唯物主义和历史唯物主义观察世界、处理问题，掌握真实情况，把握客观规律，发扬务实高效、不尚空谈的工作作风，踏踏实实把党的基本理论、基本路线、基本纲领、基本经验、基本要求贯彻落实好。

座谈会上，中央文献研究室主任冷溶，中央党史研究室主任曲青山，四川省委书记王东明等发言。在京中共中央政治局委员、中央书记处书记，部分全国人大常委会、国务院、全国政协领导同志，中央党政军群有关部门、北京市、四川省委负责人，各民主党派中央、全国工商联负责人和无党派人士代表，邓小平原身边工作人员和亲属子女及家乡代表，以及出席"全国纪念邓小平同志诞辰110周年学术研讨会"的代表等出席了会议。

邓小平（1904年8月22日—1997年2月19日），四川广安人，原名邓先圣，学名邓希贤。邓小平是中国共产党第二代领导集体核心领导者，伟大的马克思主义者，无产阶级革命家、政治家、军事家、外交家，中国共产党、中国人民解放军、中华人民共和国的主要领导人之一，中国社会主义改革开放和现代化建设的总设计师，邓小平理论的创立者。

8月20日

[纲　文] 中共中央政治局常务委员会在北京召开会议。

[目　文] 中共中央总书记习近平主持会议。会议主要内容是听取国务院抗震救灾指挥部关于云南鲁甸6.5级地震抗震救灾情况汇报，研究部署下一步抗震救灾及灾后恢复重建工作。

会议认为，当前要重点抓好以下工作：一是要做好受灾群众安置工作；二是要做好灾区卫生防疫工作；三是要做好恢复正常生产生活秩序工作；四是要做好防范次生灾害工作；五是要做好交通、通信、供电、供水保通工作。

会议指出，要在客观全面评估灾害损失基础上，科学制定灾后恢复重建规划。坚持以人为本、尊重自然、统筹兼顾、立足当前、着眼长远的基本要求，发扬自力更生、艰苦奋斗精神，创新体制机制，把恢复重建与生态修复、城镇化建设、新农村建设有机结合起来，实施防震安居工程和农村危房改造。重建中要科学安排建设时序，优先解决受灾群众最关心、要求最迫切的住房、学校、医院等问题，统筹考虑居民点选址、公共服务配套、基础设施建设等，力争使灾区建设水平有一个新的提升。要加强对救灾和灾后恢复重建工作的组织领导，发挥好各级党组织的作用。云南省政府对鲁甸地震灾后恢复重建负总责，国务院有关部门按照职责分工加强指导和做好相关协调工作。要制定重建规划实施方案，合理调配施工力量，科学安排工作时序，确保各项重建工作科学、高效、有序进行。要加强对恢复重建资金物资使用各环节的监督检查，确保资金和物资合理使用。要做好宣传引导，鼓舞和激励各族干部群众同心协力、团结互助、顽强拼搏，克服一切艰难险阻，共同夺取灾后恢复重建全面胜利。

8月20日

[纲　文] 财政部印发《地方行政单位国有资产处置管理暂行办法》。

[目　文] 《办法》共8章39条。主要有总则、管理规定、无偿转让、有偿转让和

置换、报废和报损、收入管理、监督检查、附则等内容。自2014年10月1日起施行。

8月20日

［纲　文］　　发展改革委发布《西部地区鼓励类产业目录》。

［目　文］　　《目录》由两部分组成：一、国家现有产业目录中的鼓励类产业；二、西部地区新增鼓励类产业。自2014年10月1日起施行。

8月20日

［纲　文］　　发展改革委发布《关于进一步疏导环保电价矛盾的通知》。

［目　文］　　《通知》说，决定自9月1日起在保持销售电价总水平不变的情况下，适当降低燃煤发电企业上网电价，平均每千瓦时降低0.93分钱，这部分电价空间重点用于对脱硝、除尘环保电价矛盾进行疏导。

8月20日

［纲　文］　　第9届中国青少年科技创新奖颁奖大会在北京举行。

［目　文］　　国务院副总理刘延东出席并讲话。团中央书记处第一书记秦宜智主持会议。中国青少年科技创新奖评审委员会主任、中国科学院院士杨乐介绍了评审情况，团中央书记处常务书记贺军科宣读了表彰决定。第十届全国政协副主席、中国工程院主席团名誉主席、中国青少年科技创新奖评委会名誉主任徐匡迪，邓小平同志亲属邓楠，中央文献研究室、中央党史研究室、中国科协、教育部、科技部、中国科学院、中国工程院等有关部门负责人，第九届中国青少年科技创新奖获奖学生、中国青少年科技创新奖励基金支持的大学生"小平科技创新团队"所在学校团委负责人和学生代表、中学生科技创新示范竞赛项目负责人、"小平科技创新实验室"创建学校负责人，以及北京市大、中学生代表共约600人参会。

刘延东指出，邓小平同志高度重视并倾力推动科教事业改革发展，十分关心青少年健康成长。根据邓小平同志遗愿用他的全部稿费设立的中国青少年科技创新奖，对于激励引导青少年追求科学理想、参与创新实践发挥了重要作用。青少年是祖国的未来、民族的希望，是科技创新发展的有生力量。她希望广大青少年胸怀远大理想，强化责任担当，让青春在为祖国和人民的竭诚奉献中焕发光彩，做实现中国梦的奋进者；按照"勤学、修德、明辨、笃实"的要求，认真学习科学知识，自觉加强思想品德修养，恪守尊重规律、追求真理的科学精神，做社会主义核心价值观的践行者；积极投身科学实践，勇攀科技高峰，做实施创新驱动发展战略的参与者。各级政府要高度重视青少年科学素养和创新实践能力培养，深入推进素质教育，加强科普工作和科技资源开放共享，弘扬创新文化，为青少年成长成才营造良好环境。

中国青少年科技创新奖由共青团中央、全国青联、全国学联、全国少工委组织评选，至今已评选9届，共有900名大、中、小学生获奖。

8月20日

［纲　文］　　"埃博拉病毒核酸检测试剂"获得中国人民解放军总后勤部卫生部正式生

产批文。

［目　　文］　依托军事医学科学院放射与辐射医学研究所建设的"传染病分子诊断新技术北京市重点实验室"，依据埃博拉病毒基因序列研制出具有自主知识产权的"埃博拉病毒核酸检测试剂"，为我国埃博拉病毒的早期诊断和防控提供重要技术储备。该试剂现已被江苏省、河北省等地疾病预防控制中心采购储备，还将被送到非洲疫区维和部队进行试用。

该重点实验室于2013年获得北京市科委专项支持开展"复合探针产业化技术平台的建立及其应用"的研发工作。此前，基于该技术平台开发的人感染H7N9禽流感病毒核酸检测试剂获得了国家医疗器械注册证书，是全国三家获批试剂之一。此次埃博拉病毒（扎伊尔型）核酸检测试剂盒（荧光PCR法）也是基于该技术平台所开发，可在3—4小时内完成埃博拉病毒的检测。

8月20日

［纲　　文］　《光明日报》报道，在澳大利亚布里斯班召开的第18届国际生物物理大会上，中国生物物理学会理事长饶子和院士接任国际纯粹与应用生物物理联合会（IUPAB）主席一职，成为IUPAB自1961年成立以来的首位华人主席。

8月20—21日

［纲　　文］　2014年亚太经合组织（APEC）第三次高官会在北京举行。

［目　　文］　2014年APEC会议筹委会主任、国务委员杨洁篪出席开幕式并致辞。APEC高官会主席、外交部副部长李保东主持会议。商务部部长助理王受文与会。包括21个APEC经济体、秘书处、工商咨询理事会及观察员的高官和代表出席会议。

此会议核心工作是为11月5日至11日在北京举行的APEC领导人非正式会议做好全面准备。21个成员高官在"共建面向未来的亚太伙伴关系"主题下，围绕区域经济一体化，经济创新发展、改革与增长，全方位互联互通与基础设施建设等重要议题进行深入讨论，进一步凝聚共识，落实合作倡议。在2014年前两次高官会成果的基础上，各方进一步利用本次会议深入交流，扩大共识。各方普遍认为应继续推动亚太区域经济一体化，启动亚太自贸区进程；进一步推进各成员推动经济结构改革，促进创新发展，挖掘新的经济增长动力和亮点；积极推进APEC互联互通蓝图的制定，为加强区域互联互通建设提供顶层设计和坚实保障。

8月21—22日

［纲　　文］　国家主席习近平应邀对蒙古国进行国事访问。

［目　　文］　陪同习近平出访的有：习近平夫人彭丽媛、中央政策研究室主任王沪宁、中央办公厅主任栗战书、国务委员杨洁篪等。

21日，习近平在乌兰巴托同蒙古国总统额勒贝格道尔吉举行会谈。两国元首共同总结中蒙关系发展，规划各领域交流合作，达成一系列重要共识，一致决定将中蒙关系提升为全面战略伙伴关系，坚持睦邻友好、守望相助、增进互信、深化合作，共谱中蒙关系发展新的历史篇章。两国元首共同签署并发表了《中华人民共和国和蒙古国关于建立和发展全面战略伙伴关系的联合宣言》，并共同见证两国多项合作文件的签署，涉及外交、经贸、过境运输、矿产、基础设施建设、金融、文化、住房建设等领域。

习近平指出，中方将发展中蒙关系作为外交政策优先方向，我们愿意同蒙方一道努力，做相互信任和负责任的好邻居、好伙伴、好朋友，永做心相近、情相系、利相融的友邻和善邻，相互支持，相互帮助，实现共同振兴和发展。额勒贝格道尔吉表示，同习近平主席的会谈是亲切、友好、务实的。蒙中一致决定，将两国关系提升为全面战略伙伴关系，为两国关系未来发展指明了方向。蒙方感谢中方给予的支持和帮助，愿同中方在相互尊重、平等互利基础上，共同开辟两国关系新前景。

22日，习近平在乌兰巴托会见蒙古国国家大呼拉尔主席恩赫包勒德、蒙古国总理阿勒坦呼亚格并在蒙古国国家大呼拉尔发表题为《守望相助，共创中蒙关系发展新时代》的演讲，话中蒙友好合作，谈中国周边外交，论亚洲国家相处之道，强调互尊互信、聚同化异、守望相助、合作共赢，共创中蒙关系发展新时代，共促亚洲稳定繁荣。

访问期间，习近平在蒙古国总统额勒贝格道尔吉陪同下前往乌兰巴托市郊观看那达慕；和阿勒坦呼亚格共同出席中蒙经贸合作回顾展开幕式，并为展览剪彩。彭丽媛和额勒贝格道尔吉总统夫人包勒尔玛共同出席了为庆祝中蒙建交65周年暨"中蒙友好交流年"举行的中国文化周开幕式并剪彩。习近平在蒙古国《日报》《今日报》《世纪新闻报》《民族邮报》和蒙古新闻网同时发表题为《策马奔向中蒙关系更好的明天》的署名文章。

8月21日

[纲 文] **李克强在北京同国家杰出青年科学基金获得者代表座谈。**

[目 文] 刘延东、陈竺、韩启德、万钢等参加座谈会。座谈中，老科学家张存浩和陈竺、白春礼、潘建伟、杨卫等十几位"杰青"基金获得者代表踊跃发言，就加大对基金支持力度、创新基金扶持方式等建言献策。

国务院总理李克强说，人才特别是优秀青年人才是国家科技实力、创新能力和竞争力的重要体现，代表着国家创新的未来。做好这方面工作，对加快转变发展方式、实施创新驱动战略具有重大意义。要最大限度释放人才红利。中国经济要保持中高速发展、向中高端水平迈进，既有诸多机遇，也面临新的挑战。在这个关键阶段，不仅继续需要财力物力投入和付出辛勤汗水，更要依靠13亿人的创造潜能和无穷智慧，通过深化改革挖掘人才资源富矿，使改革红利与人才红利叠加，推动中国经济在发展中提质增效升级，跃上新台阶。要推动科技与经济社会发展更加紧密结合，为千千万万人创业提供支撑，促进创新创造创业的深度融合。要打破束缚人才的制度羁绊，让创新血液在全社会自由流动，让创造活动拥有更广阔空间。鼓励更多科技人员积极创业，用创新创造成果引领新一轮生产力解放，培育新的经济增长点，开发更多就业岗位，提供更多适应群众消费升级需要的产品和服务，更好发挥对稳增长、调结构、惠民生的重要作用。要完善创新的激励机制，加大科技投入，加强对"杰青"基金的支持，做好与各类相关基金的衔接，更好发挥政府投入"四两拨千斤"的作用，把更多资源用在"人"而不是"物"上，做到看准人、多支持、少干预；保护科研人员知识产权和合法权益，营造公平公正环境，使创新人才不为侵权剽窃所扰，不为不必要的审批、评比所累，专心致志搞创新、出成果。打造中国经济升级版，要靠数亿掌握知识和技能的人才大军。青年人最富创新梦想和激情，在知识更新加速的时代，许多新技术、新创意往往出自那些有初生牛犊、"青苹果"之称的年轻人。要创新体制机制，加大对青年优秀人才的扶持，不搞论资排辈，摒弃门户之见。老一辈科学家要奖掖后学、甘为人梯。广聚天下英才，让更多"千里马"竞相奔腾。

国家杰出青年科学基金是为促进青年科技人才成长、加快培育优秀学术带头人而设立，累计资助超过 3000 人。

8 月 21 日

[纲　文]　全国政协在北京召开双周协商座谈会，就推进"丝绸之路经济带"建设需要重视的问题及建议座谈交流。

[目　文]　全国政协主席俞正声主持。全国政协副主席杜青林、张庆黎、陈元、王家瑞出席座谈会。发展改革委副主任何立峰介绍了"丝绸之路经济带"建设的有关情况。外交部、交通运输部、商务部正负责人出席会议并与委员们互动交流。全国政协委员潘云鹤、陈健、高宏峰、裘援平、万季飞、吴刚、吕建中、努尔兰·阿不都满金、黄泽民、罗正富、黄友义、周立群、李克农、张道宏，以及曲星、童文红、辜胜阻等专家学者在座谈会上发言。

委员们一致表示，要认真贯彻落实中共中央总书记习近平关于推进"丝绸之路经济带"建设的总体要求，大力弘扬和平合作、开放包容、互学互鉴、互利共赢的丝路精神，努力实现政策沟通、道路联通、贸易畅通、货币流通、民心相通的目标任务。委员们建议，要建立友好和谐的周边和沿线国家关系，以经济合作为核心，以需求为导向，加强统筹协调，充分发挥市场在资源配置中的决定性作用。及时研判并妥善应对各种因素影响，把沿线国家的需求和利益融合起来，扎实推进基础设施互联互通，重视交通和物流产业建设，推动贸易投资便利化。加大能源资源和生态环境领域合作力度，搭建金融支持平台，发展跨境电子商务，建立边境合作区和跨国产业链，突出企业主体和项目支撑作用，加强文化交流，造福沿线国家和人民。

8 月 21 日

[纲　文]　纪念邓小平同志诞辰 110 周年学术研讨会在北京举行。

[目　文]　中共中央政治局常委刘云山出席并讲话。中共中央政治局委员、国务院副总理刘延东出席会议，中共中央政治局委员、中宣部部长刘奇葆主持会议。研讨会由中宣部、中央党校、中央文献研究室、中央党史研究室、教育部、中国社会科学院、解放军总政治部联合举办。会议入选论文 100 余篇，集中反映了邓小平生平和邓小平理论研究成果。来自全国各地 150 多位专家学者在会上进行学术交流。

刘云山指出，要认真学习贯彻习近平总书记在纪念邓小平同志诞辰110周年座谈会上的重要讲话精神，深刻认识邓小平同志的历史地位和卓越贡献，学习弘扬邓小平同志的崇高风范，不断深化对邓小平理论的研究阐释，为夺取中国特色社会主义新胜利、实现中华民族伟大复兴的中国梦凝聚强大精神力量。邓小平理论是中国特色社会主义理论体系的开创之作，是指引我们胜利前进的伟大旗帜。新形势下深化邓小平理论研究，要紧紧围绕中国特色社会主义这个主题，引导人们增强道路自信、理论自信、制度自信，坚定实现中华民族伟大复兴的中国梦的信念信心；始终坚持党的思想路线，解放思想、实事求是、与时俱进、求真务实，不断推进实践基础上的理论创新；深入总结改革开放的成功实践和宝贵经验，更好地凝聚全面深化改革的共识，坚定不移把改革开放伟大事业推向前进；着眼于巩固全党全国各族人民团结奋斗的共同思想基础，推动全社会大力培育和弘扬社会主义核心价值观，更好地凝魂聚气、强基固本；准确把握马克思主义执政党建设规律，深入研究党的建设面临的新情况新问题，全面推进党的建设新的伟大工程。深化邓小平理论研究，要与研究马克思列宁主义、毛泽东思想结合起来，与研究"三个代表"重要思想、科学发展观结合起来，与研究阐释习近平总书记系列重要讲话精神结合起来，推动用马克思主义中国化最新成果武装全党、教育人民。要紧密结合全面深化改革新的伟大实践，深入研究阐释党的十八大和十八届三中全会提出的重大理论观点、重大决策部署，推出一批高质量的研究成果，为全面深化改革提供理论支撑。要坚持以实际问题为中心，敢于正视问题、敏锐发现问题、主动聚焦问题，研究回答全局性、战略性、前瞻性重大问题，在推动解决问题过程中不断取得新的认识成果。

8月21日

[纲　文] 证监会公布《私募投资基金监督管理暂行办法》。

[目　文] 《办法》共10章41条。主要有总则、登记备案、合格投资者、资金募集、投资运作、行业自律、监督管理、关于创业投资基金的特别规定、法律责任、附则等内容。自2014年8月21日起施行。

8月21日

[纲　文] 卫生计生委印发《关于推进医疗机构远程医疗服务的意见》。

[目　文] 《意见》由四部分组成：一、加强统筹协调，积极推动远程医疗服务发展。二、明确服务内容，确保远程医疗服务质量安全。三、完善服务流程，保障远程医疗服务优质高效。四、加强监督管理，保证医患双方合法权益。

《意见》要求，医疗机构之间运用信息化技术，在一方医疗机构使用相关设备，精确控制另一方医疗机构的仪器设备（如手术机器人）直接为患者进行实时操作性的检查、诊断、治疗、手术、监护等医疗活动，其管理办法和相关标准规范由我委另行制定。医疗机构与境外医疗机构之间开展远程医疗服务的，参照本意见执行。执行过程中有关问题，请及时与我委医政医管局联系。

8月21日

[纲　文] 卫生计生委发布《关于进一步加强基层医疗卫生机构药品配备使用管理

工作的意见》。

[目　文]　《意见》由六部分组成：一、继续巩固和扩大基本药物制度实施成果。二、严格控制和规范药品增补。三、加强基层药品配送监管。四、加强基层药品合理使用管理。五、坚持中西药并重。六、积极推进合理用药宣传培训。《意见》指出，各地要按照上述意见要求制订具体实施办法。

8月21—22日

[纲　文]　**汪洋在辽宁省考察指导抗旱救灾工作。**

[目　文]　7月以来，辽宁发生1951年以来最为严重的旱灾。国务院副总理汪洋到葫芦岛、朝阳等地深入查看灾情和农作物长势，详细了解抗旱救灾工作情况，与基层干部群众共商应对措施。

汪洋指出，要千方百计保障人畜饮水需要，安排好受灾群众生活。区分轻重缓急，科学调度有限的水资源，加强技术服务指导，搞好田间管理，引导和支持农民开展生产自救，努力减少灾害损失。密切防范森林火灾。要落实抗旱救灾行政首长负责制，增加抗旱投入。中央财政将再次拨付特大抗旱补助经费和农业生产救灾资金，帮助重旱区克服困难。要加快推进水利工程、高标准农田、节水设施等基础建设，切实增强农业抵御自然灾害的能力。坚持政府和市场两手发力，加快构建多主体、多渠道、多形式的水利建设运营机制，推进农业用水价格改革，调动社会各方面投入水利建设和节约用水的积极性。要在水资源短缺的地区，推进农业生产结构调整，发展节水的设施农业和养殖业，以水定产，提高水资源利用效率。

8月21—26日

[纲　文]　**第29届全国青少年科技创新大赛在北京举行。**

[目　文]　大赛由中国科办、教育部、科学技术部、环境保护部、国家体育总局、共青团中央、全国妇联、国家自然科学基金委员会和北京市人民政府共同主办。本届大赛的主题是"中国梦　科学梦　青春梦"。有来自全国31个省、市、自治区，新疆生产建设兵团、军队子女学校和香港、澳门特别行政区共35个代表队459名学生和203名科技辅导员以及来自印度、挪威、瑞典、巴西、日本、德国、法国、日本、泰国、丹麦、卢森堡、韩国、墨西哥、奥地利等13个国家的60名国际代表来京参赛。同时，组委会还邀请了7名第65届英特尔国际科学与工程大奖赛获奖选手来京与参赛学生交流。

24日，国家副主席李源潮参观参赛作品。25日，李源潮出席大赛总结会时说，实现中华民族伟大复兴的中国梦要靠一代又一代青少年创新创造，希望广大青少年树立报效国家的科学志向，保持探索未知的科学兴趣，培养追求真理的科学精神，学习服务社会的科学情怀，努力成为有益于国家、有益于社会、有益于人民的栋梁之才。

8月21—22日

[纲　文]　**第6届中国美术陶瓷技艺大赛在河北省邯郸市峰峰矿区举行。**

[目　文]　大赛由中国工艺美术协会、河北省工艺美术协会主办，中共峰峰矿区委

员会、峰峰矿区人民政府承办。大赛设陶瓷造型技艺、陶瓷装饰·刻花技艺、陶瓷装饰·彩绘技艺和陶瓷雕塑技艺四个比赛项目,来自河北、江西、湖南、湖北、江苏、山西、陕西、浙江、云南和河南等10个省(市)陶瓷产区的85名陶瓷艺术从业人员参加了大赛。同期举办了主题论坛。中国美术陶瓷技艺大赛是国内美术陶瓷行业最高规格大赛,每年在陶瓷历史文化悠久和陶瓷产业发达地区举行。

峰峰矿区是"中国磁州窑之乡",中国北方的高档出口瓷生产基地、全国八大瓷区之一。区内磁州窑文化遗存俯拾皆是,现代陶瓷企业星罗棋布。磁州窑开创性地将中国传统绘画、书法技艺与制瓷工艺结合起来,形成质朴、豪放、洒脱、明快的艺术风格,对中国乃至世界陶瓷发展产生了深远影响。

8月22日

[纲　文]　李克强在中国铁路总公司考察。

[目　文]　国务院总理李克强在调度中心听取了运营调度、暑期运输、安全保障情况汇报并主持召开座谈会。李克强说,2013年国务院机构改革撤销铁道部,组建中国铁路总公司,这是深化改革的重大举措。过去一年,通过扭住政企分开这个"牛鼻子",在转观念、改体制、换机制上啃"硬骨头""革自己命",做了大量工作,铁路总公司各项改革平稳有序,转型发展成效明显,对国企改革具有示范作用。贯彻党的十八大和十八届二中、三中全会精神,深化国企改革,要继续突出政企政资分开,进一步破除各种形式的行政垄断,科学厘清政府和企业权责边界。政府要加大简政放权力度,不直接干预企业经营活动,创新监管方式,营造公平竞争环境,寓监管于服务之中,做到"放""管"双到位。国有企业特别是自然垄断行业要放开竞争性业务,推进公共资源配置市场化,完善法人治理结构,真正成为自主经营、充满活力的市场主体。

李克强指出,投资对稳增长、调结构具有关键作用,要深化投融资体制改革,加快投资审批制度改革,最大限度地取消或简化前置审批,推进审批流程透明化和投资便利化,为各类市场主体自主决策和投资创造良好环境。加快铁路建设不能只靠国家投资"单打独斗",要拿出市场前景好的项目和竞争性业务吸引民间资本共同参与,通过创新融资方式、丰富多元投资主体,为铁路发展注入新动力。高铁等中国装备具有性价比高等竞争优势,推动中国装备走向国际市场是扩大开放的重要之举,对提升我国对外合作水平、优化外贸结构意义重大,这反过来又会促进国内产业转型升级。要继续深化改革,充分用好对外合作平台,创造有利于企业和装备走出去的环境。企业要抢抓机遇,优势互补,形成拳头,为中国装备在世界市场赢得良好声誉。

8月22日

[纲　文]　卫生计生委印发《住院医师规范化培训管理办法(试行)》。

[目　文]　《办法(试行)》共7章34条。主要有总则、组织管理、培训基地、培训招收、培训实施、培训考核、附则等内容。自2014年8月22日起施行。

8月22日

[纲　文]　第2届国家教育咨询委员会第一次全体会议在北京召开。

[目　文]　国务院副总理刘延东出席并讲话。10位咨询委员作了发言。刘延东指出，要认真贯彻中央关于全面深化改革的决策部署，围绕深化教育综合改革核心任务，积极开展教育咨询，推进科学民主决策，努力办好人民满意教育，为全面建成小康社会和实现中国梦提供人才和智力支撑。近年来我国教育事业加快发展，教育改革不断深化，教育公平迈出重大步伐，国家教育咨询委员会积极参与教育公共政策咨询谋划，认真指导教育改革试点和社会舆论引领，为推动我国教育改革发展发挥了积极作用。当前是深化教育综合改革的关键期，也是到2020年基本实现教育现代化的攻坚期。要始终坚持中国特色社会主义教育的根本方向，立足国情，弘扬传统，遵循教育规律，借鉴国际先进经验，努力办出中国特色、高水平的现代教育。要突出教育综合改革重点任务，坚持问题导向，改革资源配置方式促进教育公平，改革人才培养模式提升教育质量，改革管理方式激发教育活力。希望教育咨询委员勇于担当，坚持真理，围绕改革深入调研，切实肩负起为国家谋大计、为教育献良策的神圣使命。

第二届国家教育咨询委员会由71位委员组成，下设素质教育改革组等10个专题组。

8月22—23日

[纲　文]　中国青年科技工作者协会第五届会员代表大会在北京举行。

[目　文]　国家副主席李源潮、团中央书记处第一书记秦宜智、中国科协党组书记尚勇出席并讲话。第四届中国青年科技工作者协会会长、河北省人民政府省长张庆伟作了工作报告。全国250多名科技战线各领域青年科技工作者参会。大会选举产生了协会新一届领导班子。中国科学技术大学副校长潘建伟当选第五届中国青年科技工作者协会会长，清华大学生命科学学院院长施一公等16人当选为副会长。第五届中国青年科技工作者协会有会员1022名，其中国科学院院士3人，千人计划、长江学者、国家级科技进步一等奖获得者、国务院政府特殊津贴等118人，正高级以上职称590人，占会员总数的58%，协会还吸收了20家省级青少年科技团体作为团体会员。

8月22—23日

[纲　文]　中国环境科学学会2014年学术年会在成都市举行。

[目　文]　会议的主题是"环境科技创新·产业升级·新型城镇化"。来自全国各地环保部门的管理人员、全国环境科研院所及监测人员、中科院系统及各高等院校的专家学者、企业界及社会各界人士共1500多人参加了会议。与会者共商环境科学促进环保事业发展路径，就新型城镇化与生态环境红线、水环境管理与水污染治理等15个专题进行深入研讨。2014年学术年会设主会场和15个专题分会场，探讨包括污水资源再生利用技术、空气质量管理与大气污染综合防治、固体废物污染防治与产业发展、应对气候变化发展战略——城市低碳发展与绿色建筑主题等专题。200多位专家学者在会上作了主题报告和学术交流。

8月23日

［纲　文］　国防部发言人表示，中方敦促美方切实遵守有关国际法和国际惯例，减少直至停止对华抵近侦察活动。

［目　文］　发言人介绍，8月19日上午9时许，美国海军一架P—3反潜机和1架P—8巡逻机飞抵我海南岛以东220公里附近空域进行抵近侦察，中国海军航空兵一架歼—11飞机起飞进行例行性识别查证。其间，中方飞行员的相关操作是专业的，并与美机保持了安全距离。美方对中方大规模、高频度的抵近侦察才是危及中美海空军事安全、导致意外事件发生的根源。中方敦促美方切实遵守有关国际法和国际惯例，尊重沿岸国的安全关切，妥善处理双方在海空军事安全问题上存在的分歧。美方应从构建中美新型大国关系的高度出发，本着"不冲突、不对抗、相互尊重、合作共赢"的原则，采取切实举措，减少直至停止对华抵近侦察活动，为两军关系发展营造良好气氛。

8月23日

［纲　文］　新疆对8名暴力恐怖犯罪分子执行死刑。

［目　文］　新华社讯，经最高人民法院核准，乌鲁木齐、阿克苏、喀什、和田四地（市）中级人民法院依法对犯有组织、领导、参加恐怖组织罪，故意杀人罪，放火罪，非法制造、储存、运输爆炸物罪，以危险方法危害公共安全罪的玉山江·吾许尔、玉苏甫·吾买尔尼亚孜、玉苏普·艾合麦提等5案8名罪犯执行死刑。

这5起案件涉及北京天安门广场暴力恐怖案，阿克苏地区抢夺枪支、袭警案，喀什地区非法制爆案、故意杀人案，和田地区组织、领导、参加恐怖组织、放火焚烧检查站、杀害国家干部案。上述案件对人民群众生命财产造成重大损失，严重危害公共安全。

8月24日

［纲　文］　国务院印发《关于公布第一批国家级抗战纪念设施、遗址名录的通知》。

［目　文］　《通知》说，为隆重纪念中国人民抗日战争暨世界反法西斯战争胜利，经党中央、国务院批准，现将第一批80处国家级抗战纪念设施、遗址名录予以公布。各地区、各有关部门要加强抗战纪念设施、遗址的保护管理，深入挖掘抗战纪念设施、遗址的历史内涵和现实意义，广泛组织开展群众性拜谒、参观和纪念活动，教育引导广大群众特别是青少年充分认清日本法西斯侵略者犯下的罪行，牢记中华民族抵御侵略、奋勇抗争的历史以及中国人民在世界反法西斯战争中作出的巨大牺牲和不可磨灭的历史贡献，学习宣传抗日英烈的英雄事迹，大力培育和弘扬伟大的爱国主义精神，进一步增强民族凝聚力、向心力，为实现中华民族伟大复兴的中国梦提供强大精神动力。

8月24日

［纲　文］　教育部印发《高等学校学生学籍学历电子注册办法》。

［目　文］　《办法》共6章28条。主要有总则、学籍电子注册、学历电子注册、查

询及认证、监管与责任、附则等内容。自2014年9月1日起施行。其他有关文件规定与本办法不一致的，以本办法为准。

8月24日

[纲　文]　中国公布世界首个辣木基因组图谱。

[目　文]　由云南农业大学、云南省高原特色农业产业研究院等6家单位联合组成的科研团队，经过一年多的努力，破译了辣木的3.16亿对碱基排序，完成了世界上首个辣木基因组精细图谱绘制工作。该基因组的解析，为辣木的育种、药理研究、病虫害防治、推广等提供了重要的依据，将辣木研究带入到分子育种时代。

辣木在热带地区生长速度飞快，其叶片蛋白质含量极高，可多年生长随时采收，因此辣木作为联合国粮农组织推荐的多年生粮食作物之一，用于解决欠发达地区的粮食短缺问题，向非洲和南美洲等国家推荐种植。

8月24日

[纲　文]　《人民日报》发表题《为建设美丽乡村　扮靓美丽中国》的评论员文章。

8月24—28日

[纲　文]　应国家主席习近平邀请，津巴布韦共和国总统穆加贝对中国进行国事访问。

[目　文]　访问期间，习近平在北京同穆加贝举行会谈，两国元首共同见证了两国政府经济技术合作协定及粮食、融资、旅游等领域合作文件的签署。国务院总理李克强、全国人大常委会委员长张德江在北京分别会见穆加贝。

习近平在同穆加贝会谈时指出，中方将继续坚持原则，主持正义，坚定支持津方维护国家主权、安全、发展利益，相信津巴布韦人民有智慧、有能力处理好自己的事务。双方要保持高层交往，加强党际联系和治国理政、改革开放经验交流。中方支持津方发展经济、改善民生的努力，将继续为津方培养建设人才，同津方探讨互惠互利的合作模式和融资途径，传授和转让农业适用技术，帮助津方增加粮食产量和农业收入。中方愿意参与津方经济特区、工业园区建设，带动基础设施建设、矿业、制造业等领域合作，鼓励更多中国企业赴津巴布韦投资。中国和非洲国家是患难之交，患难之交不能忘。在对非关系中，中方秉持真、实、亲、诚的理念和正确义利观，言必信、行必果。津方明年将接任非洲联盟轮值主席国，中方愿意同津方共同努力，推动中非新型战略伙伴关系迈上新台阶。

穆加贝表示，津巴布韦正致力于加快经济发展，提高农业、工业、矿业和基础设施建设水平，为人民提供良好的教育和卫生条件，希望同中方加强合作，推动两国关系在新时期不断向前发展。津方感谢中方在国际上秉持公正，赞赏中方尊重非洲、平等对待非洲、真诚帮助非洲国家提高自主发展能力，愿意同中方携手促进非中关系发展。

李克强在会见穆加贝时表示，中国积极支持非盟主席祖马女士提出的在非洲国家首都和主要商业中心之间建设高铁的倡议，愿帮助非洲推进工业化进程。过去30多年，中国依靠改革开放实现长足发展。2014年面对复杂形势和较大下行压力，中国经济运行继续保持在合理区间。中方没有采取强刺激措施，还是靠改革激发社会活力和创业。简政放权等催生了大量新企业，促进了服务业特别是新兴业态发展，结构调整出现新变化，为扩大就业、增加居民收入、促进经济可持续发展发挥了重要支撑作用。随着改革不断深化，中国经济具有巨大韧性、潜力和发展空间的优势将更加显现。中国有信心推动经济保持中高速增长，向中高端水平迈进。

穆加贝表示，他此次访华取得丰硕成果。津方钦佩中国取得的巨大发展成就，感谢中方长期以来给予的无私帮助和宝贵支持，愿学习借鉴中国的发展经验，继续与中方相互信任、相互支持，深化传统友谊，扩大互利合作，加强在国际、地区事务中的沟通协调，推动两国关系和非中关系取得更大发展。

8月24日—9月5日

[纲　文]　"中国人 中国梦"摄影艺术展在中国国家博物馆举办。

[目　文]　艺术展由中国艺术研究院主办，《中国摄影家》杂志社承办。艺术展以"汇聚正能量，抒写中国梦——摄影创作塑造中国梦"为主题，是落实中宣部、文化部、中国文联等中央五部委以中国梦为主题进行文艺创作通知精神的一次实际行动。从1.29万余幅（组）作品评选出240余幅（组）参加展览。

8月24—31日

[纲　文]　第12届中国长春电影节举办。

[目　文]　电影节由中华人民共和国广播电影电视部、吉林省人民政府、长春市人民政府主办。共征集参赛、参展影片188部，15部代表华语电影创作水平的佳作角逐"金鹿奖"各奖项。最佳华语故事片奖：《中国合伙人》；最佳导演奖：陈可辛《中国合伙人》；最佳男主角奖：黄晓明《中国合伙人》；最佳女主角奖：巩俐《归来》；最佳男配角奖：佟大为《中国合伙人》；最佳女配角奖：索朗卓嘎《西藏天空》；最佳摄影奖：杜可风《中国合伙人》；最佳视觉效果奖：《狄仁杰之神都龙王》；最佳编剧奖：刁亦男《白日焰火》；最佳音乐奖：尼古拉斯·艾瑞拉《扫毒》；最佳青年导演处女作奖：陈思诚《北京爱情故事》；华语电影艺术成就奖：吴思远、李雪健，评委会特别荣誉奖：《白日焰火》《索道医生》。

8月25日

[纲　文]　国务院办公厅印发《关于进一步加强政府督促检查工作的意见》。

[目　文]　《意见》由五部分组成：一、深刻把握督促检查工作的总体要求。二、进一步明确督促检查工作的主要任务。三、不断完善督促检查工作机制。四、建立健全督促检查工作制度。五、加强对督促检查工作的组织领导。

《意见》要求，各地区、各部门要结合实际，抓紧研究制定进一步加强政府督促检查工作的具体办法，确保本意见提出的各项措施落到实处。

8月25日

[纲　文]　质检总局公布修改后的《组织机构代码管理办法》，自2014年8月25

日起施行。

8月25日

[纲　文]　税务总局印发《关于发布〈纳税信用评价指标和评价方式（试行）〉的公告》。

[目　文]　《公告》说，为规范纳税信用管理和评价，保证纳税信用评价结果的统一性，提高纳税人依法诚信纳税意识和税法遵从度，根据《纳税信用管理办法（试行）》（国家税务总局公告2014年第40号），税务总局制定了《纳税信用评价指标和评价方式（试行）》，自2014年10月1日起施行。

8月25日

[纲　文]　住房和城乡建设部印发《建筑工程五方责任主体项目负责人质量终身责任追究暂行办法》，自2014年8月25日起施行。

8月25日

[纲　文]　教育部印发《关于开展现代学徒制试点工作的意见》。

[目　文]　《意见》由五部分组成：一、充分认识试点工作的重要意义。二、明确试点工作的总要求。三、把握试点工作内涵。四、稳步推进试点工作。五、完善工作保障机制。

《意见》强调，加强对试点工作的监控，建立试点工作年报年检制度。各试点单位应及时总结试点工作经验，扩大宣传，年报年检内容作为下一年度单招核准和布点的依据。对于试点工作不力或造成不良影响的，将暂停试点资格。

8月25日

[纲　文]　国务院在北京召开全国口岸工作座谈会。

[目　文]　国务院副总理汪洋出席会议并讲话。汪洋指出，要以党的十八届三中全会精神为指导，适应构建开放型经济新体制的要求，健全协调机制，强化执法协作，促进口岸通行安全便利，努力开创口岸工作新局面。改革开放以来，我国口岸数量大幅增长、功能逐步拓宽、运量持续增加，为发展开放型经济和维护国家安全做出了重要贡献。同时，口岸执法体制和协调机制不健全，通关环节多、效率低、成本高的问题较为突出，需要引起高度重视。健全口岸协调机制、提高综合执法效能，是口岸工作面临的紧迫任务。要加快推动口岸各部门"信息互换、监管互认、执法互助"，加快实现执法信息数据全面共享，推动查验结果互认，扩大联合执法范围。要抓好国际贸易"单一窗口"试点工作，2015年推广到所有沿海口岸。要在全国范围内加快推进关检"一次申报、一次查验、一次放行"合作。口岸工作既要立足当前，解决企业和群众关心的问题，也要着眼长远，夯实口岸发展的基础。要统筹口岸发展布局，适当增设内陆口岸，大力支持沿边口岸，全面提升沿海口岸。尽快制订查验配套设施相关建设标准。整顿和规范口岸经营性服务和收费，坚决遏制各类乱收费行为。加强信息化、智能化建设，提升口岸监管能力和服务水平。

8月25日

［纲　文］　对口援藏工作20周年电视电话会议在北京召开。

［目　文］　全国政协主席俞正声出席并讲话。国务院副总理张高丽及杜青林、郭声琨、王正伟等出席会议。大会表彰了对口支援西藏先进个人。西藏自治区、上海市、中组部、发展改革委、国家电网公司的负责人和援藏干部代表作了交流发言。中央和国家机关有关部门、有关人民团体、援藏中央企业、西藏自治区党委和政府的负责人以及援藏干部代表等600多人在主会场参加会议。会议在16个对口援藏省市和西藏、四川、云南、甘肃、青海五省区设立分会场，有关党委、政府及部门负责人在分会场参加会议。

俞正声指出，20年来，承担对口支援任务的有关省市、中央部门和中央企业，从人力、物力、技术等方面全面开展对口支援西藏工作，促进了各民族交往交流交融，支持了西藏经济社会发展，维护了国家统一和西藏社会稳定，加强了干部人才队伍建设。实践证明，对口援藏工作的重大决策是完全正确的，符合我国国情、西藏区情和全国各族人民的根本利益。做好新形势下对口支援西藏工作，要深入贯彻落实党的十八大、十八届三中全会精神和习近平总书记系列重要讲话精神，始终坚持"一个中心、两件大事、四个确保"新时期西藏工作指导思想，坚持"依法治藏、长期建藏、争取人心、夯实基础"的重要原则，充分认识和把握对口支援西藏工作的长期性、群众性、科学性，大力实施经济援藏、教育援藏、就业援藏、科技援藏、干部人才援藏，进一步完善全方位、多层次、宽领域的对口支援西藏工作格局，推进西藏跨越式发展和长治久安。对口支援西藏工作的指导思想、基本要求、工作方法对四川、云南、甘肃、青海四省藏区也是适用的。要组织动员各方力量，不断提高对口支援四省藏区的工作水平，加快西藏和四省藏区经济社会发展，提高群众生产生活水平，促进各民族交往交流交融，实现各民族共同团结奋斗、共同繁荣发展。

8月25—31日

［纲　文］　十二届全国人大常委会第十次会议在北京举行。

［目　文］　全国人大常委会委员长张德江主持了开、闭幕会。会议主要内容是：一、会议表决通过全国人大常委会关于修改预算法的决定、关于修改安全生产法的决定、关于修改保险法等五部法律的决定，习近平签署主席令（第12号、第13号、第14号）予以公布。表决通过全国人大常委会关于香港特别行政区行政长官普选问题和2016年立法会产生办法的决定。二、会议表决通过了全国人大常委会关于设立烈士纪念日的决定，全国人大常委会关于在北京、上海、广州设立知识产权法院的决定。三、会议表决通过了全国人大常委会代表资格审查委员会关于个别代表的代表资格的报告。

张德江在闭幕会上说，本次会议的一项重要内容，是审议通过了关于香港特别行政区行政长官普选问题和2016年立法会产生办法的决定。支持香港特别行政区依照基本法的规定发展符合香港实际的民主制度，是中央一贯的、明确的立场。希望香港社会各界在香港基本法和全国人大常委会决定的框架下，继续理性务实探讨，不断凝聚共识，通过香港特别行政区政府和广大香港同胞的共同努力，依法妥善处理政制发展问题，顺利实现2017年行政长官由普选产生的目标；本次会议通过了关于修改预算法的决定。这次修改，是预算法施行20年来的第一次修改，是贯彻落实党的十八大和十八届三中全会精神、深化财税体制改革、推动建立现代财政制度的一项重大举措；安全生产事关人民群众生命财产安全，事关经济发展和社会稳定大局。常委会在认真总结实践经验、深入调研的基础上，对安全生产法作出重要修改。有关方面要以这次修改完善法律为契机，牢固树立以人为本、安全发展的理念，始终把人民群众生命安全放在第一位，确保法律各项规定得到全面有效落实；本次常委会会议听取审议了国务院的相关工作报告，并开展了专题询问。希望国务院和地方各级政府紧紧围绕使市场在资源配置中起决定性作用和更好发挥政府作用的要求，继续深入推进行政审批制度改革，加快建设法治政府和服务型政府。

8月25—27日

［纲　文］　全国政协十二届常委会第七次会议在北京举行。

［目　文］　本次会议的主要议题是围绕"深入落实八项规定精神，以优良的党风政风带动民风社风"建言献策。中共中央政治局常委、中央纪律检查委员会书记王岐山应邀出席开幕会并作报告。常委会组成人员一致拥护中共中央决策部署，一致认为王岐山的报告生动实在，有很强的思想性、针对性、指导性。大家紧扣会议议题深入讨论，畅所欲言，提出意见建议。会议期间，全国政协主席俞正声主持召开了全国政协第十九次主席会议，听取分组讨论情况的汇报。

俞正声在闭幕会讲话中就人民政协为党风廉政建设和反腐败斗争献计出力，以及加强自身作风建设等问题提出三点要求。一是坚决拥护中共中央关于加强党风廉政建设和反腐败斗争的部署和决策。中共十八大以来，以习近平同志为总书记的中共中央制定并带头落实八项规定，深入开展群众路线教育实践活动，以"零容忍"态度重拳惩治腐败，取得重大进展，凝聚了党心民心。人民政协要始终在思想上政治上行动上与以习近平同志为总书记的中共中央保持高度一致。加强党风廉政建设和反腐败斗争是一项长期艰巨的历史任务，要切实增强政治意识、大局意识、忧患意识、责任意识，多做宣传引导和解疑释惑的工作，最大限度地凝聚反腐共识，营造良好环境。二是要为党风廉政建设和反腐败斗争积极献计出力。要善于发现问题、敢于提出问题、深入研究问题，有针对性地通过对具体案例和改革过程中可能滋生的新的腐败现象的研究，提出解决问题的意见建议。要更加积极有效地开展政协民主监督，进一步探索和完善政协民主监督的有效形式。三是人民政协和广大政协委员要切实加强作风建设、树立良好形象。要加强学习，加强廉洁自律，加强委员队伍建设，发挥引领表率作用。要拒绝冷漠和懈怠，拒绝浮躁和脱离国情的极端主张，拒绝奢靡和一切利用权力或影响谋取私利的行为，珍惜政协委员的荣誉和责任，清清白白做人，干干净净做官，为形成优良党风政风、民风社风作出积极贡献。

8月25—31日

[纲　文]　应国务院总理李克强邀请，安提瓜和巴布达总理布朗对中国进行正式访问。

[目　文]　访问期间，国家主席习近平在北京会见了布朗。李克强在北京同布朗举行会谈，两国总理共同见证了双边经济技术、医疗卫生、应对气候变化等领域合作文件的签署。布朗出席了在南京举行的第二届夏季青年奥林匹克运动会闭幕式。

习近平会见布朗时强调，安巴在许多重大问题上坚定支持中方，中方愿意交安巴这样的好朋友。当前，两国关系发展顺利，各领域合作不断取得新进展，我对此感到满意并充满信心。布朗总理此次访华期间，同中方签署了一批合作文件，我表示祝贺。今后双方要重点推进基础设施建设、新能源等领域合作，扩大教育、文化交流，支持青年学生交往，加深相互了解。中安同为发展中国家，在联合国改革、气候变化、可持续发展等重大问题上有广泛的共同语言，双方要继续相互支持、密切协调，增加发展中国家代表性和发言权，维护发展中国家共同利益。上个月，我们在巴西共同出席了首次中拉领导人会晤，见证了中拉全面合作伙伴关系的建立和中国—拉共体论坛的成立。安巴是加勒比和拉美地区一体化的先行者，作为加勒比共同体轮值主席国，为此做了大量工作，中方表示赞赏。中方愿同安方一道，建设好中拉论坛，推动中加关系、中拉整体合作不断取得新成果。

布朗表示，安巴支持中方在国际多边事务中的立场和主张，愿意同中方保持沟通和协调。安巴认为，首次中拉领导人会晤非常成功，成立中拉论坛将有力推动双方合作，助力拉美和加勒比国家发展。安巴希望在论坛框架内同中方加强交往与合作，为推动拉中、加中关系发展贡献力量。

李克强同布朗会谈时表示，中方愿同安巴深化政治互信，加强公路、机场、港口建设等基础设施合作，结合各自优势，分享开发清洁能源经验，扩大人文等领域交流，提升两国合作水平。中方理解安巴等小岛屿国家的诉求和发展面临的实际困难，愿提供力所能及的帮助，共同提高适应和应对气候变化的能力，维护发展中国家的利益。中方重视发展同加勒比国家的关系，愿就安理会改革等国际和地区事务加强沟通协调。希望安巴作为加勒比共同体轮值主席，为促进中加关系和中拉整体合作作出新的贡献。

布朗表示，对华友好是安巴外交政策的核心，安巴愿与中方进一步扩大各领域合作，欢迎更多中国企业和公民赴安巴投资、旅游，安巴将提供签证等便利。加勒比国家扩大对华合作的意愿十分强烈，安巴将为促进加中关系发展发挥积极作用。

8月26日

[纲　文]　国务院印发《关于授权国家互联网信息办公室负责互联网信息内容管理工作的通知》。

[目　文]　《通知》说，为促进互联网信息服务健康有序发展，保护公民、法人和其

他组织的合法权益，维护国家安全和公共利益，授权重新组建的国家互联网信息办公室负责全国互联网信息内容管理工作，并负责监督管理执法。

8月26日

［纲　文］　最高人民检察院发布《人民检察院办理减刑、假释案件规定》，自2014年8月26日起施行。

8月26日

［纲　文］　财政部、发展改革委、民政部、全国老龄委办公室印发《关于做好政府购买养老服务工作的通知》。

［目　文］　《通知》由四部分组成：一、把握政府购买养老服务的基本原则。二、明确政府购买养老服务的工作目标。三、积极有序地开展政府购买养老服务工作。四、落实政府购买养老服务的工作责任。

《通知》要求，各地要建立健全由购买主体、养老服务对象以及第三方组成的综合评审机制，加强购买养老服务项目绩效评价。在绩效评价体系中，要更侧重受益对象对养老服务的满意度评价。

8月26日

［纲　文］　第八届中华图书特殊贡献奖颁奖仪式在人民大会堂举行。

［目　文］　国务院副总理刘延东代表中国政府向获奖的外国专家颁奖并表示祝贺。共有10位专家入选，这10位获奖者分别是：美国汉学家康达维、法国作家贝尔纳·布里赛、印度汉学家墨普德、意大利汉学家马西尼、日本东方书店社长山田真史、墨西哥汉学家莉亚娜·阿尔索夫斯卡、塞尔维亚贝尔格莱德地缘政治出版社社长弗拉蒂斯拉夫·巴亚茨、土耳其新生出版社社长吉姆·克齐泽、英国企鹅出版集团（中国）董事总经理周海伦和美裔中国籍汉学家沙博理。

中华图书特殊贡献奖是国家新闻出版广电总局于2005年设立的国家级政府奖项，主要表彰在介绍中国、翻译和出版中国图书、促进中外文化交流等方面作出突出贡献的外籍和外裔中国籍作家、翻译家和出版家。

8月26日

［纲　文］　教育部办公厅印发《关于做好2014年普通高等学校录取新生复查和学籍电子注册工作的通知》。

［目　文］　《通知》由五部分组成：一、认真做好新生入学资格复查工作。二、及时做好新生学籍电子注册工作。三、继续做好新生保留入学资格工作。四、进一步做好在校生学年电子注册工作。五、严格执行《普通高等学校招生违规行为处理暂行办法》。

《通知》请各省级教育行政部门将本通知转发至本行政区域内所有具有2014年普通高等学历教育招生资格的高校和研究生培养单位（教育部直属高校除外）。

8月26日

［纲　文］　总政治部组织编写的《习主席国防和军队建设重要论述读本》印发全军。

［目　文］　《读本》分十个专题，全面准确地阐述了中央军委主席习近平国防和军队建设重要论述的重大意义、科学内涵、精神实质和实践要求，深入阐发了习近平围绕强军兴军提出的一系列重大战略思想、重大理论观点、重大决策部署，是部队官兵和院校学员学习贯彻习近平国防和军队建设重要论述的辅助材料。

8月26日

［纲　文］　汪洋在北京主持召开全国打击侵权假冒工作领导小组第六次全体会议。

［目　文］　国务院副总理汪洋强调，打击侵权假冒工作是政府改变重审批轻监管管理方式、加强事中事后监管的重要举措，是提高市场监管水平的工作重点。要健全法规制度，落实工作责任，加强督促检查，提高打击侵权假冒的实效，努力维护公平竞争的市场环境。2014年以来，各地区、各有关部门围绕农资、药品、汽车配件、建筑材料等重点商品的侵权假冒行为开展集中整治，取得新的战果。起诉和审结案件数量、生效判决人数均有大幅增长。一些地方和企业创造性地开展工作，探索出不少行之有效的经验和做法。农村市场是假冒伪劣商品的重灾区。要下决心对农村和城乡结合部开展市场整治，抓住关键商品，突出重点时节，集中执法力量，下移监管重心，查处和曝光违法犯罪案件。要深入开展互联网领域的专项整治，进一步抓好侵权假冒行政处罚案件信息公开，强化对侵犯知识产权行为的治理。要注重发挥龙头企业的示范作用和行业组织的自律作用，加快形成社会共治的市场监管格局。

8月26日

［纲　文］　中宣部在北京召开学习贯彻习近平总书记关于媒体融合发展重要讲话精神座谈会。

［目　文］　会议指出，传统媒体和新兴媒体的融合发展，是一项重大改革。要牢固树立一体化发展观念，强化互联网思维，坚持先进技术为支撑、内容建设为根本、机制创新为动力、重点项目为抓手、队伍建设为基础，把各项工作抓到位，加快推动传统媒体和新兴媒体深度融合。中央主要新闻媒体要走在融合发展前列，努力成为拥有强大实力和传播力、公信力、影响力的新型媒体集团。

8月26日

［纲　文］　国家副主席李源潮在北京会见由副主席托斯腾·舍费尔—君贝尔率领的德国社民党代表团。

［目　文］　李源潮说，中国视德国为重要战略伙伴，两国关系发展面临新机遇。今年是中国共产党与德国社民党建立关系30周年，希望双方以此为契机，保持两党各层次往来，办好各种对话机制，加强治国理政经验交流，推动各领域务实合作，促进中德全方位战略伙伴关系向前发展。

君贝尔说，社民党希望加强与中国共产党的交流对话，更好应对双方面临的共同挑战。

8月26日

［纲　文］　《人民日报》发表题为《发展必须是遵循经济规律的科学发展——新常态

下我们怎样发展（上）》的评论员文章。

8月26日—9月1日

［纲　文］　国务院副总理张高丽应邀出席在土库曼斯坦、捷克、俄罗斯举行的有关会议。

［目　文］　在土库曼斯坦期间，张高丽在阿什哈巴德与土库曼斯坦副总理霍贾穆罕默多夫共同主持中土合作委员会第三次会议，双方表示，要落实两国元首共识，不断深化在油气、贸易、投资、交通、农业、人文等领域的互利合作并共同出席中土合作委员会第三次会议纪要签署仪式；与会期间张高丽会见了土库曼斯坦总统别尔德穆哈梅多夫。

在捷克期间，张高丽在布拉格出席"第二次中国—中东欧国家地方领导人会议"暨"2014年中国投资论坛"并发表讲话。张高丽宣读了国务院总理李克强的贺信并表示，这次会议将"地方合作—中国—中东欧国家合作的重要引擎"作为主题，紧扣"16+1"合作当前发展重点，必将为中国—中东欧国家合作凝聚新的正能量。中方愿同16国携手努力，将中国梦同中东欧国家各自发展梦想结合起来，推动"16+1"合作不断迈上新台阶，造福各自国家和人民，为推动中欧关系发展，为促进世界繁荣稳定作出新的更大的贡献；与会期间会见了捷克总统泽曼、总理索博特卡；还在捷克众议长哈马切克陪同下考察了斯柯达汽车公司。

在俄罗斯期间，张高丽在莫斯科与俄罗斯副总理德沃尔科维奇共同主持中俄能源合作委员会第十一次会议。双方一致表示，要密切协调，持续推进能源领域大项目合作，为两国实现共同发展作出积极贡献。双方还就两国能源各领域合作深入交换意见，达成广泛共识并签署了会议纪要；会见了俄罗斯总统普京并共同出席中俄东线天然气管道俄境内段开工仪式；分别会见了俄罗斯总统能源发展战略和生态安全委员会秘书长兼俄罗斯石油公司总裁谢钦、俄罗斯天然气工业股份公司总裁米勒。

8月26—28日

［纲　文］　2014（第13届）中国互联网大会在北京举办。

［目　文］　大会由工业和信息化部、国家互联网信息办公室等单位指导，中国互联网协会主办。以"创造无限机会——打造新时代经济引擎"为主题，针对互联网业界的热门领域、热点话题共设立论坛21个，邀请政府部门代表、专家学者、行业代表，从不同角度围绕移动互联网、互联网金融、智能交通、大数据、云计算等方面，展开广泛而深入的探讨。有400余家企业和机构参与本届大会，300多位嘉宾作主题演讲。

8月27日

［纲　文］　中共中央总书记习近平在北京会见越南共产党中央总书记特使、越共中央政治局委员、书记处常务书记黎鸿英。

［目　文］　黎鸿英转达了越共中央总书记阮富仲、越南国家主席张晋创致习近平的口信。

习近平指出，近几年，两国关系发展总体良好，但近期受到很大冲击，引起两国人民和国际社会高度关注。阮富仲总书记派你作为特使专程来华进行两党高层会晤，体现了越方希望改善和发展两国关系的愿望。我重视阮富仲总书记和张晋创主席的口信，希望越方同中方一道努力，使中越关系重新回到正确发展轨道。中越两党高层应该把握大局，保持并加强交往，及时就重大问题深入沟通，坚持从战略高度和长远角度引领中越关系，特别是在关键时候要做出正确的政治决断。中方将继续秉持长期稳定、面向未来、睦邻友好、全面合作的方针，把中越两党两国关系巩固好、发展好。中越传统友谊是两党两国老一辈领导人亲手缔造精心培育的，值得倍加珍惜和维护。邻居之间磕磕碰碰在所难免，关键是以什么样的态度和方式来对待和处理。中越双方要坚持从维护中越传统友谊和中越关系大局出发，排除各种干扰，妥善处理好有关问题，特别是坚持正确舆论导向，培育好、维护好两国人民友好感情。今天，刘云山同志在同你的会谈中全面阐述了中国党和政府对中越关系的立场。双方要把这次两党高层会晤达成的共识和成果落到实处，推动中越关系切实得到改善和发展。

黎鸿英表示，我将把习近平总书记的话如实、完整向越南党和政府汇报。越方愿意尽最大努力，同中方一道，保持高层交往，进行真诚沟通，增进相互了解和信任，加强团结合作，妥善处理问题，共同推动越中两党两国全面战略合作伙伴关系不断巩固和发展，这符合两国和两国人民根本和长远利益，也有利于地区和平、稳定、繁荣。

同日，中共中央政治局常委刘云山在北京与黎鸿英举行会谈。双方就下一步中越关系发展达成三点原则共识：一是两党两国领导人将进一步加强对双边关系发展的直接指导，推动中越关系始终健康稳定发展。二是双方要继续深化党际交往，着眼长远恢复并加强国防、经贸、执法安全、人文等领域合作。三是双方同意恪守两党两国领导人达成的重要共识，认真落实《关于指导解决中越海上问题基本原则协议》，用好中越政府边界谈判机制，寻求双方均能接受的基本和长久解决办法，积极研究和商谈共同开发问题，不采取使争议复杂化、扩大化的行动，维护中越关系大局以及南海和平稳定。

8月27日

[纲　文]　习近平在北京听取兰考县委和河南省委党的群众路线教育实践活动情况汇报。

[目　文]　汇报会上，兰考县委书记王新军汇报了兰考县教育实践活动的情况，特别是召开县委常委班子专题民主生活会以来的情况。河南省委书记郭庚茂汇报了河南省教育实践活动的情况。中央第一巡回督导组组长周声涛向习近平汇报了督导工作有关情况。

习近平指出，党的十八大以来，党中央突出抓整治"四风"问题，做的是正本清源、发扬传统的工作。改进党风政风有了一个良好开局，但用达到作风建设的理想状态来衡量还有差距。做好党的群众路线教育实践活动这段时间工作很关键，一定要敬终如始、一鼓作气、善作善成，确保活动取得实效。教育实践活动有期限，加强作风建设无尽期。解决作风方面存在的问题，根本要靠坚持不懈抓常、抓细、抓长。我当时联系兰考，一个重要考虑就是要倡导全党结合时代特点大力学习弘扬焦裕禄精神。我们倡导学习弘扬焦裕禄精神，同这次教育实践活动的主题高度契合。全党用了一年多时间开展教育实践活动，最终取得什么样的成效？向群众交出一份什么样的答卷？要切实做到防止前紧后松、防止矛盾积压、防止简单粗糙、防止短期效应。要着力抓好整改落实，向群众公布了整改清单、作出了整改承诺，说出一条就要做到一条，抓整改要动真碰硬，严明责任、加强监督。全党开展教育实践活动总体形势是好的，广大党员、干部认识正确、态度认真、行动坚决，在解决"四风"问题上取得了扎扎实实的成效。要坚持不懈强化宗旨意识，解决好党员、干部是人民公仆的角色定位问题，党员、干部只有为人民服务的责任和义务，必须严格要求自己，各级党组织要加强教育引导、加强监督检查、加强纪律约束。

在第二批教育实践活动中，中共中央总书记习近平以河南兰考县为联系点，分别于3月中旬、5月上旬两次到兰考就教育实践活动实地调研，参加兰考县委常委班子专题民主生活会，指导当地教育实践活动。进入整改落实、建章立制环节后，习近平多次了解活动进展情况，作出指示。

8月27日

[纲 文] 新华社讯，中央军委主席习近平签署命令，给1个单位、1名个人授予荣誉称号。

[目 文] 授予空军某试飞大队"英雄试飞大队"荣誉称号。命令指出，长期以来，该大队坚持以发展民族航空事业和建设强大空中力量为使命，教育引导试飞员把个人理想融入强军实践，官兵始终保持了旺盛斗志；积极探索理论、参与设计、试验飞行，圆满完成各项试验试飞任务，填补我国航空领域13项空白；自觉抵制诱惑、坦然面对生死，多次挑战装备和生理极限，有2名同志献出生命。特别是为圆满完成歼—15飞机在辽宁舰上成功实施阻拦着舰和滑跃起飞任务做出重大贡献。

授予海军某舰载航空兵部队副部队长戴明盟"航母战斗机英雄试飞员"荣誉称号。命令指出，戴明盟同志被遴选为首批舰载战斗机试飞员以来，带头试飞高难课目和风险项目，第一个驾机在航母上成功实施阻拦着舰和滑跃起飞，实现了我国固定翼飞机由"岸基"向"舰基"的突破，为加快歼—15舰载机研制定型和航母战斗力建设做出卓著贡献。

8月27日

[纲 文] 新华社讯，中央军委主席习近平签署通令，给1个单位、24名个人记功。

[目 文] 给在完成重大任务中做出突出贡献的91053部队记三等功。给在本职岗位上做出突出成绩和完成任务中表现出色的信息工程大学指挥军官基础教育学院教学科研办公室原主任刘小明追记一等功；给总参谋部某研究所高级工程师郑辉，63620部队总工程师郑永煌，92474部队部队长王红理、空军某部飞行员邹建国，第261医院精神病科总护士长蔡红霞记一等功；给61046部队研究员冉崇伟，第三军医大学第一附属医院病理科主任、教授卞修武，第三○二医院主任医师陈菊梅，军事医学科学院研究员金宁一，解放军总医院主任医师、教授汪建新，解放军总医院主任医师、教授王鲁宁记二等功；给总参

谋部某研究所高级工程师黄永勤、谢向辉，重庆通信学院教授胡中豫，沈阳炮兵学院教授夏忠武，信息工程大学教授孙群，陆军军官学院教授钱立志，61489部队研究员顾金才，第三军医大学第三附属医院研究员赖西南，军事医学科学院研究员杨瑞馥，解放军总医院主任医师、教授冯玉泉，63961部队高级工程师单绍敏，海军工程大学教授朱石坚记三等功。

8月27日
[纲　文]　国家主席习近平任免驻外大使。
[目　文]　习近平根据全国人民代表大会常务委员会的决定任免下列驻外大使：

一、免去周欲晓的中华人民共和国驻赞比亚共和国特命全权大使职务；任命杨优明为中华人民共和国驻赞比亚共和国特命全权大使。

二、免去潘和钧的中华人民共和国驻马拉维共和国特命全权大使职务；任命张清洋为中华人民共和国驻马拉维共和国特命全权大使。

三、免去张万学的中华人民共和国驻塞尔维亚共和国特命全权大使职务；任命李满长为中华人民共和国驻塞尔维亚共和国特命全权大使。

8月27日
[纲　文]　李克强主持召开国务院常务会议。
[目　文]　会议主要内容是：一、确定加快发展商业健康保险，助力医改、提高群众医疗保障水平。会议确定，一要全面推进商业保险机构受托承办城乡居民大病保险，从城镇居民医保基金、新农合基金中划出一定比例或额度作为保险资金，建立城乡居民大病保险制度，提高大病患者医疗报销比例。目前这项制度试点已取得成效，要抓紧向全国推开。二要加大政府购买服务力度，引入竞争机制，支持商业保险机构参与各类医疗保险经办服务。鼓励医疗机构成为商业保险定点医疗机构，降低不合理医疗费用支出。三要丰富商业健康保险产品，开发面向老年人、残疾人等的保险产品。加快发展医疗责任等执业保险，提高覆盖面。四要加大政策支持。完善企业为职工支付补充医疗保险费的企业所得税政策，鼓励社会资本设立健康保险公司，支持商业保险机构新办医疗、社区养老、体检等机构。五要加强监管，规范商业健康保险市场秩序，查处违法违规行为，确保有序竞争。二、部署推进生态环保养老服务等重大工程建设，以调结构促发展、推升级。会议确定，今明两年抓紧推进以下工程：一是实施大气污染和重点流域水污染防治、天然林资源保护二期、退耕还林还草等工程，推动改善生态环境。二是加快建设综合医院、中医医院、康复医院等健康服务体系，建设养老院、农村养老设施等养老服务体系，提高服务基层群众能力。建设公众健身活动中心等，推动便捷体育健身设施在城乡广覆盖。三是大力发展清洁能源，开工建设一批风电、水电、光伏发电及沿海核电项目。会议要求，要做好项目前期工作，完善和落实配套政策，改革投融资机制，更多吸引社会资本参与，促进项目顺利实施。三、听取政策措施落实第三方评估汇报，改革创新政府管理方式。会议要求，要结合政府转职能，进一步抓好政策落实。一

是继续推进简政放权、放管结合,重点解决"会批不会管""对审批迷恋、对监管迷茫"等问题。建立与审批相关的中介机构信息公开制度。二是以垄断性较强的领域和行业为重点,推出一批适合民间资本投资意愿和能力的好项目。三是盘活存量资金,加大对农村、贫困地区等的财政支持,确保按期完成棚改、减贫、饮水安全等年度"硬任务"。会议强调,第三方评估对政府工作既是监督,也是推动,要形成制度。对发现的问题,相关部门要落实责任,抓紧整改,使政策落实成为一场"接力赛",确保"抵达终点",让群众得到更多实惠。

8月27日

[纲　文]　最高法、最高检、公安部、司法部印发《关于全面推进社区矫正工作的意见》。

[目　文]　《意见》由四部分组成:一、充分认识全面推进社区矫正工作的重要性和必要性。二、全面推进社区矫正工作的指导思想和基本原则。三、全面推进社区矫正工作的主要任务。四、切实加强对全面推进社区矫正工作的组织领导。

《意见》指出,要紧紧依靠党委政府的领导,把社区矫正工作纳入经济社会发展总体规划,及时研究解决工作中的重大问题。要加强部门之间的沟通协调和衔接配合,落实各项政策措施,确保社区矫正工作全面推进。要坚持改革创新,创造性地开展工作,创新监督管理方法手段,丰富教育矫正内容,注重社会适应性帮扶的针对性和实效性。要坚持求真务实、真抓实干,发扬钉钉子精神,把社区矫正工作各项任务落到实处、见到实效,切实提高社区矫正工作水平。

8月27日

[纲　文]　发展改革委、工业和信息化部、科技部、公安部、财政部、国土资源部、住房和城乡建设部、交通运输部印发《关于促进智慧城市健康发展的指导意见》。

[目　文]　《意见》由六部分组成:一、指导思想、基本原则和主要目标。二、科学制定智慧城市建设顶层设计。三、切实加大信息资源开发共享力度。四、积极运用新技术新业态。五、着力加强网络信息安全管理和能力建设。六、完善组织管理和制度建设。

《意见》要求,各省级人民政府要切实加强对本地区智慧城市建设的领导,采取有力措施,抓好全过程监督管理。城市人民政府是智慧城市建设的责任主体,要加强组织,细化措施,扎实推进各项工作,主动接受社会监督,确保智慧城市建设健康有序推进。

8月27日

[纲　文]　税务总局发布修订后的《营业税改征增值税跨境应税服务增值税免税管理办法(试行)》自2014年10月1日起施行。

8月27日

[纲　文]　国家邮政局印发《邮政业消费者申诉处理办法》。

[目　文]　《办法》共7章38条。主要有总则、受理、处理、调查、调解、监督管理、附则等内容。自2014年9月1日起施行。国家邮政局2011年6月24日发布的《邮

政业消费者申诉处理办法》(国邮发〔2011〕116号)同时废止。

8月27日

［纲　　文］　住房和城乡建设部发布修改后的《房屋建筑和市政基础设施工程施工分包管理办法》,自2014年8月27日起施行。

8月27日

［纲　　文］　国务院总理李克强、全国政协主席俞正声在北京分别会见巴基斯坦前总统扎尔达里。

8月27日

［纲　　文］　国务委员杨洁篪在北京会见苏丹外长卡尔提。

［目　　文］　杨洁篪表示,中方高度重视同苏丹发展友好合作关系,愿与苏方共同努力,不断开拓创新,使两国关系基础更夯实,合作更全面。杨洁篪赞赏苏方在处理南北苏丹关系上的灵活、务实政策,希望两苏不断积累互信,早日妥善解决未决问题。

卡尔提感谢中方长期以来给予苏丹的大力支持和帮助,表示苏方高度重视苏中关系,愿推动双边关系迈向更高层次。苏方将继续致力于改善两苏关系,维护地区和平稳定。

8月27日

［纲　　文］　《人民日报》发表题为《发展必须是遵循自然规律的可持续发展——新常态下我们如何发展(中)》的评论员文章。

8月27—31日

［纲　　文］　第21届北京国际图书博览会举办。

［目　　文］　博览会由国家新闻出版广电总局、国务院新闻办公室、教育部、科技部、文化部、北京市人民政府、中国出版协会、中国作家协会主办。国内500多家出版单位及来自英、法、美、日等80多个国家和地区的2100多家中外出版机构参展,参观人数约20万人次。

31日,中共中央政治局常委刘云山在参观第21届北京国际图书博览会时强调,出版战线要树立世界眼光,弘扬改革精神,增强创新意识,以高度文化自觉和文化自信讲好中国故事、传播中国声音,为满足人民群众日益增长的精神文化需求,为推动中华文化走出去作出新的贡献。

8月28日

［纲　　文］　上海合作组织成员国军队总参谋长会议在北京召开,中央军委主席习近平会见各国军队总参谋长。

［目　　文］　中国、哈萨克斯坦、吉尔吉斯斯坦、俄罗斯、塔吉克斯坦、乌兹别克斯坦总参谋长与会。与会各方回顾总结了近年来成员国在防务安全领域发展历程,对取得的合作成果表示满意,并愿为不断深化上合组织防务安全合作作出新的努力。各方代表高度评价中方为此次会议举行所作的贡献。与会各国军队总参谋长共同签署了《上海合作组织

成员国军队总参谋长会议纪要》，并集体会见了媒体记者。

习近平在会见时指出，中方高度重视上海合作组织在地区安全和发展中的积极作用，愿同各方一道开好今年杜尚别峰会，全面落实成员国长期睦邻友好合作条约及其实施纲要，推动上海合作组织在维护安全、发展经济、促进人文交流三大领域发挥更大作用。多年来，上海合作组织各成员国防务部门和军队认真贯彻落实元首共识，完善领导会议机制，开展各领域互利合作，特别是打造了"和平使命"系列演习品牌，产生了深远影响，为维护地区安全和稳定作出了积极贡献。中国坚持走和平发展道路，坚持亲、诚、惠、容的周边外交方针，愿与周边邻国同舟共济，共同发展，共同繁荣。中方愿与上海合作组织各成员国密切战略沟通，合力打击"三股势力"，携手应对地区新威胁新挑战。目前，上海合作组织防务安全合作一系列活动正在中国进行。在各方积极支持和配合下，成员国军队总参谋长会议在北京开得很成功，军乐节和"和平使命—2014"联合反恐军事演习正在顺利进行，相信这些活动的成功组织一定能够为深化上海合作组织防务安全合作发挥积极作用。

上海合作组织轮值主席国塔吉克斯坦总长沙里夫佐达代表外方表示，上海合作组织成立以来，各成员国防务安全合作富有成效，此次总长会议就深化该领域合作达成重要共识。各成员国军队要切实落实元首共识，加强包括打击"三股势力"、贩毒等领域合作，共同应对地区面临的安全威胁和挑战，维护地区和平、稳定、发展。

27日，中央军委副主席范长龙在北京会见俄罗斯国防部第一副部长兼武装力量总参谋长格拉西莫夫。

8月28日

［纲　文］　新华社讯，解放军总政治部印发《军队党员领导干部参加党的组织生活若干规定》。

［目　文］　《规定》明确，每名党员领导干部，必须编入党的一个支部、小组，以普通党员身份参加党的组织生活，不允许有任何不参加党的组织生活、不接受党组织和党内外群众监督的特殊党员。党员领导干部应当按照规定过好双重组织生活，除参加不级党委民主生活会外，还必须参加所在党支部或党小组的民主生活，向所在党支部或党小组汇报思想、学习、工作和廉洁自律情况，参加所在党支部的党课教育或主题党日活动，主动参加所在党支部的民主评议党员。党员领导干部应当按规定由本人按月向所在党小组交纳党费。党员领导干部应当把参加党支部的组织生活情况作为民主生活会、述职述廉的一项重要内容，接受监督和评议。

《规定》要求，各级党委、纪委和政治机关应当加强对党员领导干部参加党的组织生活情况的指导和检查，每年对党员领导干部参加党的组织生活情况进行讲评或通报，对无故不参加的及时提醒和批评教育。

8月28日

［纲　文］　安全监管总局、煤矿安监局印发《煤矿安全监察执法监督办法（试行）》。

〔目　文〕　《办法（试行）》共4章26条，内容有总则、执法监督的范围与方式、执法监督的实施、附则。自2014年8月28日施行。

8月28日

〔纲　文〕　国家卫生计生委、国家中医药管理局联合印发《医学科研诚信和相关行为规范》。

〔目　文〕　《规范》共5章35条，从医学科研方案设计、立项申请、开展研究、论文发表、奖励申报等环节提出诚信行为规范要求，强调医学科研人员须遵守科研伦理原则，保护受试者，尊重实验动物福利要求，并进一步从医学研究样本采集、过程记录、不良事件处理等方面提出诚信行为规范。

8月28日

〔纲　文〕　国家文物局在北京召开抗战文物保护利用工作座谈会。

〔目　文〕　文化部副部长、国家文物局局长励小捷出席会议并讲话，国家文物局副局长童明康主持会议。中国文物报社通报了正在开展的抗战文物保护利用状况调研的有关情况。河北省文物局、重庆市文物局、北京焦庄户地道战遗址纪念馆等文物部门和文保单位，汇报了已开展的抗战文物保护利用工作和下一步工作计划。与会代表围绕抗战文物保护利用进行了交流。

励小捷指出，各类抗战文物是抗日战争这段历史最为真实和直观的物证，在我国文物资源构成中占有重要地位，要把加强抗战文物保护和利用作为文物工作的一项重要任务。2014年以来，国家文物局在短时间内落实了一批抗战文物保护工程项目，在文物保护专项经费中重点倾斜，安排2亿多元用于补助46个抗战文物保护规划编制、修缮抢险和展示利用项目，项目之多、支持力度之大前所未有。今年底前，全国将新增开放29个国保抗战文物点，新建9个抗战纪念馆、陈列馆，24处抗战文物保护单位开放面积有所增加，55处抗战文物点实现展示提升。另外，将有大批工程项目明年竣工，届时全国的抗战文物保护利用水平将实现整体提升。

8月28日

〔纲　文〕　国家主席习近平特使、水利部部长陈雷在安卡拉出席土耳其总统埃尔多安就职典礼。

8月28—31日

〔纲　文〕　应全国人大常委会委员长张德江的邀请，克罗地亚议长莱科率团访华，并出席在南京举行的第二届夏季青年奥林匹克运动会闭幕式。

〔目　文〕　张德江在北京与莱科举行会谈。张德江表示，中国全国人大重视加强与克罗地亚议会的关系，希望双方在现有良好合作基础上，开展更加积极的合作，更好服务国家关系发展大局。一要继续加强立法、治国理政等经验交流，特别是在构建开放型经济、完善社会保障等方面，取长补短、相互学习。二要继续发挥立法机关的独特优势，以更加积极、开放的态度推动互利合作，拓展合作领域。三要增进相互了解和人民友谊，促进人文、教育、旅游等双边合作，努力为合作顺利开展创造良好的政策环境、法制环境和社会环境。

莱科说，克中两国相互尊重、平等相待，两国之间的友谊源远流长。克方坚定奉行一个中国政策，将一如既往地视中国为可靠的朋友，克议会愿与中国全国人大一道，加强各层次的往来，推动两国各领域的合作取得更大成果。

8月28—30日

[纲　文]　国务委员杨洁篪应邀对新加坡进行正式访问。

[目　文]　访问期间，杨洁篪会见新加坡总理李显龙时指出，加强同东盟的睦邻友好与互利合作是中方坚定不移的政策。中方愿意同东盟积极商签睦邻友好合作条约，共同推进21世纪海上丝绸之路和亚洲基础设施投资银行建设，提升中国—东盟自贸区水平。新加坡2015年将接任东盟与中国关系协调国，中方愿意同新方携手推动中国—东盟关系取得更大发展。欢迎李显龙2014年9月赴南宁出席中国—东盟博览会，11月赴北京出席亚太经合组织领导人非正式会议，希望双方加强沟通和协调，推动有关会议取得积极成果，推进亚太地区贸易自由化、便利化，促进地区繁荣。杨洁篪还阐述了中方在南海问题上的原则立场。

李显龙表示，新加坡希望以两国建交25周年为新的里程碑，推动两国合作取得更丰硕成果，希望为纪念两国建交25周年实现双方领导人互访，欢迎习近平主席对新加坡进行国事访问。新加坡愿意为推动东盟—中国关系发展发挥建设性作用。期待赴华出席中国—东盟博览会和亚太经合组织领导人非正式会议，愿意同中方合作，使这两场活动取得成功。新方重视中方在南海问题上的立场，希望有关各方共同努力，维护南海和平稳定。

杨洁篪还分别会见了新加坡副总理兼财长尚达曼、名誉国务资政吴作栋、外长尚穆根，同他们就发展两国关系和务实合作，以及共同关心的国际和地区问题深入交换意见。

8月28—29日

[纲　文]　甲午战争120周年研讨会在停泊于威海新港的海军88船举行。

[目　文]　中央军委副主席范长龙出席并讲话。研讨会由海军与军事科学院联合举办。中央军委委员、海军司令员吴胜利，海军政委刘晓江，军事科学院院长刘成军、政委孙思敬以及军委、海军、军事科学院和沈阳、济南军区，海军各舰队、院校领导，以及中国史学会、北京大学、清华大学、国防大学等军地高校和研究机构专家学者和优秀论文作者代表共150余人参加会议。

范长龙指出，要认真学习贯彻习主席重要指示精神，深刻总结反思甲午战争历史教训，以史为鉴、知耻奋进，站在实现中国梦的高度肩负起强军兴军历史责任，坚决维护国家政治安全，坚决维护国家统一，坚决维护国家主权和领土完整，坚决维护国家发展的重要战略机遇期和国家发展利益，坚决维护地区和世界和平，为实现"两个一百年"奋斗目标、实现中华民族伟大复兴的中国梦贡献力量。

8月28日—9月2日

〔纲　文〕　首届全国助残美术作品展在中国美术馆举行。

〔目　文〕　展览由文化部、中国文联、中国残联共同主办,中国美协、中国书协、中国国家画院、中国美术馆等单位协办,以"大美华夏·人道主义的呼唤"为主题。组委会收到艺术家及社会各界捐赠的各类作品916幅(其中残疾人作品118幅),共选出200多幅作品展出。展览中有沈鹏、李铎、欧阳中石、张海、林岫、吕章申、孙晓云等书法家的作品,有刘勃舒、龙瑞、冯远、杨晓阳、崔如琢、韩书力等名家的绘画佳作。此外,展厅中专门设置了盲人"无视觉绘画"特邀展区,展出来自河北省邢台市平乡县孟杰盲人学校30位学生的油画作品,并配有无视觉绘画现场的纪录片和纪实照片。

本次展览结束后,通过拍卖入选作品等形式筹集善款,所得款项用于贫困地区残疾人文化设施及服务的投入,包括向中西部贫困地区的100个公共图书馆盲人阅览室捐赠盲人读物和盲人阅读器等辅助设施。

8月29日

〔纲　文〕　习近平主持召开中共中央政治局会议。

〔目　文〕　会议审议通过了:一、《深化党的建设制度改革实施方案》,会议强调,党的组织制度改革,重点是坚持和完善民主集中制、严格党内生活,进一步健全和完善党内民主制度体系。干部人事制度改革,要在完善科学有效的选人用人机制上下功夫,通过制度改革和严格执行制度,解决长期存在的老大难问题,使各方面优秀干部充分涌现。要完善人才工作领导体制和工作格局,形成具有国际竞争力的人才制度优势,把各方面优秀人才集聚到党和国家事业中来。推进党的建设制度改革,党委(党组)要抓,各级党建工作领导小组要抓,有关职能部门要抓。要严格督查,及时发现解决推进中遇到的问题。要严肃纪律,制度一经形成就必须严格执行。二、《中央管理企业负责人薪酬制度改革方案》,会议认为,深化中央管理企业负责人薪酬制度改革,要从我国社会主义初级阶段基本国情出发,适应国有资产管理体制和国有企业改革进程,逐步规范企业收入分配秩序,实现薪酬水平适当、结构合理、管理规范、监督有效,对不合理的偏高、过高收入进行调整。三、《关于合理确定并严格规范中央企业负责人履职待遇、业务支出的意见》,要按照依法依规、廉洁节俭、规范透明的原则,对中央企业负责人公务用车、办公用房、培训、业务招待、国内差旅、因公临时出国(境)、通信等设置上限标准,明确禁止性规定,进行严格规范。要严肃财经纪律,严禁公款用于个人支出。严禁企业按照职务为企业负责人个人设置定额的消费。取缔企业用公款为负责人办理的理疗保健、运动健身和会所、俱乐部会员、高尔夫等各种消费卡。严禁用公款支付企业负责人履行工作职责以外的、应当由个人承担的消费娱乐活动、宴请、礼品及培训等各种费用,坚决制止与企业经营管理无关的各种消费行为。四、《关于深化考试招生制度改革的实施意见》,会议指出,考试招生制度是国家基本教育制度,是人才培养的枢纽环节,关系到国家发展大计,关系每一个家庭的切身利益，关系亿万青少年学生前途命运。改革开放以来，我国教育考试招生制度不断改进，为学生成长、国家选才、社会公平作出了重要贡献。深化考试招生制度改革，要全面贯彻党的教育方针，坚持立德树人，适应经济社会发展对多样化高素质人才的需要，认真总结经验，突出问题导向，回应社会关切，进一步促进教育公平、提高选拔水平，培养德智体美全面发展社会主义建设者和接班人。教育部等有关部门要抓紧研究制定配套文件，积极稳妥推进改革。要充分考虑教育的周期性，提前公布考试招生制度改革实施方案。

8月29日

[纲　文]　习近平主持中共中央政治局第17次集体学习。

[目　文]　本次学习的主题是世界军事发展新趋势和推进我军军事创新。国防大学战略教研部肖天亮教授就这个问题进行讲解，并谈了意见和建议。中共中央政治局各位委员听取讲解，并就有关问题进行了讨论。

中共中央总书记习近平指出，世界新军事革命对我们既是机遇，也是挑战。我们要登高望远、见微知著，看到世界军事领域发展变化走向，看到世界新军事革命重大影响，形成科学的认识和判断，与时俱进大力推进军事创新，有针对性推进国防和军队建设改革，更好坚持党对军队绝对领导、坚持人民军队根本宗旨，使我军真正担当起党赋予的历史重任。中央政治局专门组织一次关于军事问题的集体学习，主要目的是通过研究当今世界军事发展新趋势，分析我军军事创新面对的形势和任务，引起全党对军事问题、国防和军队建设、军事斗争准备的重视，增强搞好国防和军队建设改革的责任感；研究军事问题，首先要科学判断世界发展大势，准确把握世界军事发展新趋势。当前，国际形势正处在新的转折点上，各种战略力量加快分化组合，国际体系进入了加速演变和深刻调整的时期；这场世界新军事革命是全方位、深层次的，覆盖了战争和军队建设全部领域，直接影响着国家的军事实力和综合国力，关乎战略主动权。这场新军事革命，不仅反映在军事科技突飞猛进上，也反映在军事理论不断创新上，还反映在军事制度深刻变革上；面对世界新军事革命的严峻挑战和难得机遇，只有与时俱进、大力推进军事创新，才能尽快缩小差距、实现新的跨越。我军87年的发展史就是一部创新史。军事创新任务繁重，需要做的工作很多，在加强总体筹划的同时，应该重点把握以下原则要求：一是要坚持强军目标、积极引领；二是要坚持解放思想、转变观念；三是要坚持抓住重点、整体推进；四是要坚持突出特色、自主创新。

8月29日

[纲　文]　证监会发布《中国证券监督管理委员会公告〔2014〕40号》。

[目　文]　《公告》说，根据《国务院关于修改部分行政法规的决定》(国务院令第653号，以下简称《决定》)，现就有关事项公告如下：一、对于《决定》中取消的"证券公司境内分支机构负责人任职资格核准"，自《决定》公布之日起，中国证监会及其派出机构不再受理当事人提起的有关申请。二、与"证券公司境内分支机构负责人任职资格核准"有关的后续管理方式和衔接工作，中国证监会将专门发布文件。三、中国证监会将着

手清理"证券公司境内分支机构负责人任职资格核准"有关的部门规章和规范性文件，清理结果将对外公布。四、"证券公司境内分支机构负责人任职资格核准"取消后，中国证监会将根据审慎监管的原则，通过制定管理规范和标准，完善监管手段，加大事中检查、事后稽查处罚力度等措施，进一步加强对投资者的保护和有关业务活动的监督和管理。

8月29日

［纲　文］　中国文联在北京召开文艺工作者带头践行社会主义核心价值观座谈会。

［目　文］　中国文联党组书记、副主席赵实，中国文联党组成员、副主席左中一、夏潮，各艺术门类的艺术家代表，各全国文艺家协会和文联机关有关部室的负责人参加了座谈会。中国戏剧家协会主席尚长荣宣读了《文艺工作者践行社会主义核心价值观倡议书》，与会艺术家在倡议书上签名。

《倡议书》提出，全国文艺工作者更加自觉更加主动地将社会主义核心价值观体现到文艺创作和文艺活动中，传递真善美，贬斥假恶丑，弘扬主旋律，传播正能量；做社会主义核心价值观的坚定守护者，为社会注入正能量，为各界群众践行社会主义核心价值观做出表率。全国文艺工作者要积极践行文艺界"爱国、为民、崇德、尚艺"的价值要求，坚决反对拜金主义、享乐主义、极端个人主义，坚决抵制"黄、赌、毒、黑"等违法乱纪行为，修身律己、磨砺品行、德艺双馨、行为世范。

8月29日

［纲　文］　国家环境咨询委员会与环境保护部科学技术委员会第8次全体委员会议在北戴河召开。

［目　文］　会议通报了《国家环境保护"十三五"规划》编制总体思路以及学习贯彻实施新修订的《环境保护法》的对策措施。与会者围绕"十三五"环保规划基本定位、总体思路、任务设计和保障措施及如何贯彻实施落实好新修订的《环境保护法》等内容进行了讨论。

8月29日

［纲　文］　《人民日报》发表题为《发展必须是遵循社会规律的包容性发展——新常态下我们怎样发展（下）》的评论员文章。

8月29日

［纲　文］　《人民日报》发表题为《祝福青春　相约未来——热烈祝贺第二届夏季青年奥运会闭幕》的评论员文章。

8月29日

［纲　文］　《人民日报》发表题为《修身律己，校准价值航向——一论树立弘扬社会主义核心价值观的公共标杆》的评论员文章。

8月30日

［纲　文］　中国记协在北京召开新闻工作者践行社会主义核心价值观座谈会。

［目　文］　人民日报、新华社、光明日报、经济日报、中央电台、中央电视台等新闻媒体的80多位编辑记者代表出席座谈会。发出《新闻工作者践行社会主义核心价值观倡议书》，倡议全国新闻工作者，学习好、宣传好、践行好社会主义核心价值观，做社会主义核心价值观建设的排头兵。新闻工作者是专业的传播者，深入阐释和传播社会主义核心价值观是新闻工作者的责任，如何使价值观的宣传报道做得更深、更实、更有成效是摆在全国新闻工作者面前的一个任务。新闻工作者也是公众人物，新闻工作者在关注社会的同时，社会也在关注着新闻工作者，希望从业人员加强道德修养和价值观修炼，在全社会树立新闻工作者的良好形象。

8月30日

［纲　文］　《人民日报》发表题为《以身载道，彰显人格力量——二论树立弘扬社会主义核心价值观的公共标杆》的评论员文章。

8月30—31日

［纲　文］　汪洋在新疆维吾尔自治区考察调研。

［目　文］　国务院副总理汪洋在阿克苏、五家渠、昌吉等地，到乡村农户、兵团农场、棉花收储和纺织企业，了解基层干部群众和企业对改革试点工作的意见和建议。他指出，要着力增强改革实施方案的可操作性，科学测定补贴数量，优化补贴发放流程，做好政策宣传解读，确保补贴资金及时足额兑现到农户。要充分认识到我国棉花产量与需求之间存在较大缺口，国内供求关系总体是紧张的。要强化市场信息服务，搞好市场调控，增加棉花进口和储备棉投放透明度，稳定市场预期。要做好收购资金供应，支持棉企积极入市，鼓励棉农择机售棉。对试点过程中可能出现的问题，要有充分估计和足够准备。要加强对政策实施情况的跟踪了解，及时处置和化解各种矛盾，促进市场稳定运行。继续认真落实国家支持棉花生产的各项政策，加强农田水利等基础设施建设，大力发展节水灌溉和旱作农业，在综合考虑棉花市场容量、资源承载能力等基础上，优化棉花区域布局，促进棉花生产可持续发展。

8月31日

［纲　文］　国务院办公厅转发科技部《关于加快建立国家科技报告制度的指导意见》。

［目　文］　《意见》由四部分组成：一、总体要求。二、建立科技报告逐级呈交的组织管理机制。三、推动科技报告的持续积累和开放共享。四、营造科技报告工作良好环境。

《意见》明确，财政性资金资助的科技项目必须呈交科技报告。按照统一标准、分步实施、分类管理、分工协作的基本原则，科技行政主管部门、项目主管机构、项目承担单位各负其责，建立健全国家科技报告组织管理机制和开放共享体系，逐步完善相关政策、标准和规范，形成统一的国家科技报告制度，为提升我国科技实力、深入实施创新驱动发展战略提供支撑。

8月31日

［纲　文］　十二届全国人大常委会在北京举行第12讲专题讲座。

［目　文］　全国人大常委会委员长张德江主持。全国人大常委会副委员长李建国、王胜俊、陈昌智、严隽琪、王晨、沈跃跃、吉炳轩、张平、向巴平措、艾力更·依明巴海、万鄂湘、张宝文、陈竺听取讲座。专题讲座的题目是：关于深化司法体制改革。主讲人中央政法委秘书长汪永清介绍了深化司法体制改革的总体思路、目标、原则和任务，以及具体进展情况。

汪永清说，党的十八届三中全会对司法体制改革作出重大部署。中共中央总书记习近平对深化司法体制改革作出一系列指示批示，为深化司法体制改革指明方向、提出要求。深化司法体制改革的总体思路是，坚持党的领导，坚持中国特色社会主义方向，立足社会主义初级阶段基本国情，遵循司法规律，推动中国特色社会主义司法制度自我完善和发展。紧紧围绕确保依法独立公正行使审判权检察权、健全司法权力运行机制、完善人权司法保障制度三个方面重点任务，通过完善制度体制机制，着力解决影响司法公正、制约司法能力的深层次问题，破解体制性、机制性、保障性障碍，加快建设公正高效权威的社会主义司法制度，让人民群众在每一个司法案件中都感受到公平正义。

8月31日

［纲　文］　澳门举行第四任行政长官选举，现任特首崔世安当选新一届行政长官候任人。

［目　文］　寻求连任的现任行政长官崔世安获得了400位选委中的380票，当选第四届行政长官候任人。根据澳门基本法规定，澳门特区行政长官由一个具有广泛代表性的行政长官选举委员会依法选出，由中央人民政府任命，任期5年，可连任一次。崔世安2009年当选第三任行政长官，任期于2014年12月19日届满。根据修订后的澳门特区《行政长官选举法》，澳门特区行政长官选举委员会由原来的300人增加至400人，行政长官候选人应获得选委提名的下限也由原来的50人增至66人。7月15日，崔世安举行记者会正式宣布参选争取连任，其竞选代理人7月25日提交了由331名选委会委员联署的提名表；8月6日，崔世安被确定为澳门特区第四任行政长官选举的唯一候选人。

根据相关规定，31日的选举结果须经澳门终审法院确认并在特区公报刊登，再由澳门特区政府向中央政府报告选举结果。崔世安须由中央人民政府任命，宣誓后正式就任第四任澳门特区行政长官。

8月31日

［纲　文］　《人民日报》发表题为《始终绷紧作风建设这根弦——一论贯彻习近平在听取河南兰考教育实践活动情况汇报时讲话精神》的评论员文章。

8月31日

［纲　文］　《人民日报》发表题为《牢记责任，引领社会风尚——三论树立弘扬社会

主义核心价值观的公共标杆》的评论员文章。

8月31日—9月2日

[纲　文]　应国务院总理李克强邀请，罗马尼亚总理蓬塔对中国进行正式访问。

[目　文]　访问期间，国家主席习近平、全国人大常委会委员长张德江在北京分别会见了蓬塔。李克强在北京同蓬塔举行了会谈，两国总理共同见证了双边能源、金融、基础设施建设等领域合作文件的签署并共同会见记者。

习近平在会见蓬塔时介绍了中国全面深化改革的情况并强调，我们已经确立了"两个一百年"的奋斗目标，有信心、有能力克服各种困难和挑战，促进经济持续健康发展，继续为世界经济增长提供动力。中国欢迎世界各国搭乘中国发展的快车，共享机遇，共同发展。中方愿意同罗方在实现各自美好梦想的道路上携手前行。2014年3月，习近平访问了欧洲，同欧盟领导人一致决定，共同打造中欧和平、增长、改革、文明四大伙伴关系，实现中欧两大力量、两大市场、两大文明相结合。罗马尼亚是中国在欧盟内的好朋友、好伙伴，也是中东欧重要国家，中罗双方要在双边层面落实好中欧、中国和中东欧国家的共识，把中罗友好合作提升到更高水平。

蓬塔表示，罗方钦佩中国共产党带领全国人民坚定走中国特色社会主义道路，重视中国为促进世界和平与发展发挥的重要作用，将继续坚定支持中方为维护国家主权和领土完整所做的努力。中国的发展为罗马尼亚提供了重要机遇，罗方希望同中方扩大人文交往，加强合作，深化友谊。罗马尼亚是中国在欧盟内的友好力量，愿意为促进欧中全面战略伙伴关系发展、推动中东欧国家同中国的合作作出积极贡献。

李克强同蓬塔会谈时表示，希望双方发挥好经贸联委会的规划作用，努力提升经贸合作规模和水平；推进核电、火电、风电等能源领域合作；加快对建设布加勒斯特至康斯坦察高速铁路项目的研究，搞好重大基础设施项目合作；深挖农业合作潜力，促进农业领域科技合作和贸易投资；丰富人文交流，加强青年、教育等领域交往，夯实两国友好的民意基础。2013年在罗马尼亚举行的第二次中国—中东欧国家领导人会晤取得诸多成果，《布加勒斯特行动纲要》确定贸易投资、金融、互联互通、科技创新、人文、地方交往的六大领域合作正在全面推进和显现成效。中国同中东欧国家深化合作，也将有利于提升中欧合作整体水平，使中欧关系全面、均衡发展，促进欧盟的稳定、团结与繁荣。

蓬塔表示，罗方坚定致力于推进罗中友好，愿全面深化两国基础设施、能源、农业等领域互利合作，在国际和地区事务中加强沟通协调。罗方作为中国在欧盟和中东欧的可靠朋友和伙伴，将继续为促进欧中关系和中东欧国家—中国合作发挥积极作用。

张德江在会谈中表示，中国全国人大愿与罗马尼亚议会加强立法和治国理政经验交流，为深化两国各领域合作提供更好的法律保障和人文环境，不断推动两国关系提升到新的水平。

蓬塔表示，罗中两国长期友好合作，罗方是中国在欧盟的好朋友和在国际上的好伙伴，希望进一步深化两国政治关系、议会交往以及在经贸、人文等各领域的互利合作。

9 月

9月1日

［纲　文］　国务院在北京召开加强重大疾病防治专题会。

［目　文］　会议议题是贯彻落实党中央、国务院决策部署，研究癌症、血吸虫病、结核病、病毒性肝炎、严重精神病等重大疾病防治有关工作。

国务院副总理刘延东主持会议时指出，在党中央、国务院的高度重视和各方共同努力下，我国重大疾病防控体系逐步完善，近10年来各级财政公共卫生补助资金增长11倍，其中中央财政增加41倍，重大疾病防治能力明显提升，为人民群众健康提供了有力保障，但重大疾病防治形势依然严峻复杂。加强重大疾病防治是重大民生问题，也是各级政府重要职责。各地区、各有关部门要切实巩固成果，进一步加大力度，继续扎实做好重大疾病防治工作。加大重大疾病监测预警和预防干预力度，加快推广一批预防干预措施，开展血液筛查，加强致癌因素综合干预，强化食品安全监管、饮用水安全保障和大气污染治理。做好重大疾病医疗救治工作，增强基层防治服务能力，充分发挥中医药的作用，不断提高医疗保障水平。大力开展科研攻关和成果转化，加强创新药品研制生产。广泛开展防病知识宣传，普及健康生活方式。

9月1日

［纲　文］　全国人大常委会《关于香港特别行政区行政长官普选问题和2016年立法会产生办法的决定》简介会在香港举行。

［目　文］　简介会由香港特别行政区与中央人民政府驻香港联络办公室共同举办。全国人大常委会副秘书长李飞、全国人大常委会法工委副主任张荣顺、国务院港澳事务办公室副主任冯巍，以及香港社会各界人士出席。

李飞介绍了全国人大常委会审议的情况及决定的内容并表示，全国人大常委会决定是以香港特区基本法的规定为依据，在充分考虑了香港社会各界的意见和建议的基础上，本着对国家、对香港高度负责的精神作出的，是庄严而审慎的；谈到关于提名委员会人数、组成和委员产生办法问题，李飞表示全国人大常委会根据基本法规定并坚持均衡参与的原则，提出沿用目前选举委员会的产生办法，由1200人、四大界别同等比例组成，有利于凝聚社会共识；针对行政长官候选人必须获得提名委员会过半数支持问题，李飞同样认为这是符合香港基本法的规定，并有利于保持提名制度的公平公正。从提名委员会规定的立法原意来看，由提名委员会提名行政长官候选人，目的是降低政治对抗、宪制危机、民粹主义的风险。李飞还与现场听众分享了对决定的体会："决定体现了中央对香港特区政治体制的决定权，为实现行政长官普选奠定了法律基础，并且有利于创造崭新的社会政治生态。"

9月1日

［纲　文］　体育总局公布《关于废止和修改部分规章和规范性文件的决定》。

［目　文］　《决定》的主要内容有：一、废止《关于授予"体育工作荣誉奖章"的规定》（1989年9月22日国家体育运动委员会令第8号公布）、《个人业余无线电台管理暂行办法》（1992年9月23日国家体育运动委员会、国家无线电管理委员会公布，（92）体训竞一字261号，（92）国无管字15号）等12件规章和规范性文件。二、修改下述2件规章和规范性文件：（一）将《经营高危险性体育项目许可管理办法》（国家体育总局令第17号）第二条修改为"本办法所称经营高危险性体育项目，是指各类法律主体，从事按照《全民健身条例》规定公布的高危险性体育项目的经营活动"；（二）将《全国运动员注册与交流管理办法（试行）》（体竞字〔2003〕82号）第三十九条修改为"交流协议须报全国性单项体育协会或运动项目管理中心审核"。三、本决定自2014年9月1日起施行。

9月1日

［纲　文］　环境保护部、国家发展改革委和财政部联合印发《关于调整排污费征收标准等有关问题的通知》。

9月1日

［纲　文］　中共中央党校举行秋季学期开学典礼。

［目　文］　中央党校校长刘云山出席并讲话。赵乐际、赵洪祝出席开学典礼。中央有关部门负责人、中央党校校委成员、新入学学员、在校全体学员、分校学员代表和部分教职工参加开学典礼。刘云山指出，党员干部要认真学习贯彻习近平总书记重要指示精神，深入领会"三严三实"的深刻内涵和具体要求，切实做到严以修身、严以用权、严以律己，谋事要实、创业要实、做人要实，更好履行共产党人的崇高职责。

9月1日

［纲　文］　邓小平、习仲勋"爱我中华、修我长城"题词发表30周年纪念大会在北京召开。

［目　文］　会议由中国文物保护基金会、中国长城学会、中国军事文化研究会等主办。国家文物局所属的中国文物保护基金会在会上宣布组建长城保护专项基金，并设立长城保护专项基金管理委员会。来自长城沿线管理机构代表、专家学者、长城保护志愿者和关心长城保护事业的企业界代表共200余人出席纪念大会。为促进解决长城保护修缮的资金不足问题，长城保护专项基金还接受了首批社会捐赠，冀中能源峰峰集团武安市南名河铁矿有限公司、咸阳古建设计研究院等一批企业捐款1819万余元，捐款将全部用于长城本体保护。

9月1日

[纲　　文]　《人民日报》发表题为《坚决反对党内政治生活庸俗化——二论贯彻习近平在听取河南兰考教育实践活动情况汇报时讲话精神》的评论员文章。

9月1日

[纲　　文]　《人民日报》发表题为《走好香港政制发展的关键一步》的社论。

9月1日

[纲　　文]　《人民日报》发表题为《"两路"精神让西藏挺起脊背》的评论员文章。

9月1—6日

[纲　　文]　第4届中国—亚欧博览会在新疆乌鲁木齐举办。

[目　　文]　博览会由新疆维吾尔自治区人民政府等主办,以"开放合作,共建丝绸之路经济带"为主题。国务院副总理汪洋出席开幕式并致辞。博览会共举办了13场论坛、120余场各类投资贸易促进活动,60个国家和地区参展参会。对外贸易总额达60.86亿美元,比上届增长近7%;内联项目签约243个,总额达2875.23亿元,较上届增长3.5%。

1日,汪洋在乌鲁木齐分别会见与会的哈萨克斯坦总理马西莫夫、吉尔吉斯斯坦总理奥托尔巴耶夫和格鲁吉亚副议长基吉古里。

9月2日

[纲　　文]　李克强主持召开国务院常务会议。

[目　　文]　会议主要内容是:一、研究完善预算管理促进财政收支规范透明的相关意见。会议指出,当前,重点要大力推进三个"强化",开展两项"行动",做到两个"规范"。一是强化预算约束。二是强化预算公开。三是强化国库资金管理。四是开展清理整顿"小金库"行动,取缔各单位形形色色的"私房钱",堵塞公共资金的"跑冒滴漏"。五是开展整顿"乱收费"行动,坚决取消不合法、不合理的收费基金项目,尤其要看住加重小微企业负担的乱伸的"手"。六是规范税收征管和非税收入管理。七是规范地方政府性债务。二、部署加快发展体育产业、促进体育消费推动大众健身。一要简政放权、放管结合,取消商业性和群众性体育赛事审批,放宽赛事转播权限制,最大限度为企业"松绑"。推进职业体育改革,鼓励发展职业联盟,让各种体育资源"活"起来,适应群众多样化、个性化健身需求。二要盘活、用好现有体育设施,积极推动公共体育设施向社会开放,在更好地服务群众的同时提高自我运营能力。完善财税、价格、规划、土地等政策,积极支持社会力量兴办面向大众的体育健身场所设施。三要优化市场环境,支持体育企业成长壮大。加快专业人才培养。推动体育健身与医疗、文化等融合发展,大力发展体育旅游、运动康复、健身培训等体育服务业。让体育产业强健人民体魄,让大众健身消费助力经济社会发展。

9月2日

[纲　　文]　李克强在北京主持召开国务院组成部门和相关单位负责人会议。

［目　文］　会议的内容是研究部署"十三五"国民经济和社会发展规划编制启动工作。张高丽、刘延东、汪洋、马凯等出席会议。

国务院总理李克强说，"十二五"规划实施以来，面对错综复杂的国内外形势，在党中央、国务院坚强领导下，各地区各部门坚持稳中求进、改革创新、攻坚克难，在稳定经济增长、深化改革开放、调整经济结构、保障改善民生、防范化解风险等方面取得来之不易的成绩。要认真总结和全面评估"十二五"规划前中期实施情况，扎实推进后期工作，确保完成规划的主要目标任务，为未来发展奠定良好基础。"十三五"时期是全面建成小康社会最后冲刺的五年，也是全面深化改革要取得决定性成果的五年。编制好"十三五"规划，必须贯彻党的十八大和十八届二中、三中全会精神，充分认识国际环境的深刻变化、我国发展新的阶段性特征和面临的风险挑战，坚持发展第一要务，突出改革创新，着力在推动科学发展、转变发展方式、破解深层次矛盾上奋发有为、取得更大进展，促进中国经济保持中高速发展、迈向中高端水平，实现提质增效升级。研究编制"十三五"规划，要远近结合，更加注重以解决长远问题的办法来应对当前挑战。既要以五年为主，衔接2020年全面建成小康社会各项目标，又要考虑更长时期的远景发展。着力用结构性改革破解结构性难题，用简政放权激发市场活力和释放发展潜力，用科技创新、大众创业增添经济发展新动能，用提升开放水平拓展发展空间，使经济更有效率、社会更加公平、发展更可持续。要科学谋划"十三五"发展，必须立足国情、把握关键，紧扣国计民生、着眼发展需要、顺应人民期盼，认真研究一批对经济发展和结构调整全局带动性强的重大工程，对推进社会建设、生态环保、改善民生作用显著的重大项目，对解决突出矛盾、增进公平效率有力有效的重大政策，为补短板、增后劲、促均衡、上水平提供支撑。编制"十三五"规划时间紧、要求高、涉及面广，必须精心组织。要通盘考虑、统筹协调，坚持从实际出发，因地制宜，注重发挥中央和地方两个积极性。要尊重群众首创精神，问计于民、集思广益，最大程度地汇聚民智。规划不是要挂在墙上，而是要落到地上。

9月2日

［纲　文］　**国务院批准设立喀什综合保税区。**

［目　文］　该区位于喀什国际机场北部东侧区域，规划面积3.56平方公里。保税区包括保税仓储、保税物流、保税加工、展览展示、口岸操作、航空货运和综合配套服务等七大功能区，具备国际中转、国际配送、国际采购、国际转口贸易和出口加工等功能。喀什综合保税区的主要税收政策包括：国内货物入区视同出口，实行退税；国外货物入区保税；货物出区进入国内销售按货物进口的有关规定办理报关手续，并按货物实际状态征税；区内企业之间的货物交易不征增值税和消费税。

9月2日

［纲　文］　**中共中央政治局常委刘云山在北京会见由主席斯塔尼舍夫率领的欧洲社会党代表团。**

［目　文］　刘云山说，中方高度重视中欧关系，愿与欧方一道落实习近平主席与欧

方领导人达成的重要共识，围绕打造和平、增长、改革、文明四大伙伴关系，执行好《中欧合作2020战略规划》，深化各领域务实合作。中国共产党愿与欧洲社会党发展良好党际关系，通过多种形式深化治国理政经验交流，促进中欧全面战略伙伴关系持续健康发展。刘云山应询介绍了中共党建有关情况。

斯塔尼舍夫说，欧中关系是建立在互利合作与相互尊重基础上的，明年是欧洲社会党与中国共产党建立关系10周年，欧方希望通过党际交流进一步加深对中国的了解，推动欧中战略合作。

1日，国家副主席李源潮在北京会见了斯塔尼舍夫。

9月2日

［纲　文］　亚太经合组织（APEC）第11届能源部长会议在北京召开。

［目　文］　本次会议的主题是"携手通向未来的亚太可持续能源发展之路"。21个成员经济体代表团和有关国际组织出席。会议发表了《2014年第11届APEC能源部长会议北京宣言》。国务院副总理张高丽出席开幕式并致辞，会见了与会代表团团长和有关国际组织官员。

9月2日

［纲　文］　政协江苏省第八届委员会主席、党组书记曹克明在南京逝世，享年81岁。

9月2日

［纲　文］　《人民日报》发表题为《解决好党员干部的角色定位问题——三论贯彻习近平在听取河南兰考教育实践活动情况汇报时讲话精神》的评论员文章。

9月2日

［纲　文］　《人民日报》报道，中共中央纪委对重庆市人大常委会原副主任、党组原副书记谭栖伟严重违纪问题立案审查。

［目　文］　依据《中国共产党纪律处分条例》等有关规定，经中央纪委审议并报中共中央批准，决定给予谭栖伟开除党籍、开除公职处分；将其涉嫌犯罪问题及线索移送司法机关依法处理。

2016年1月7日，河北省衡水市中级人民法院公开宣判谭栖伟受贿案，认定被告人谭栖伟犯受贿罪，判处有期徒刑12年，并处没收个人财产人民币100万元。法院审理查明：谭栖伟直接或间接多次非法收受他人所送的财物，共计折合人民币1143万余元。案发后，赃款及孳息全部追缴。

9月3日

［纲　文］　中共中央、国务院、中央军委在北京举行纪念中国人民抗日战争暨世界反法西斯战争胜利69周年座谈会。

［目　文］　中共中央总书记习近平出席并发表讲话。中央书记处书记刘云山主持

座谈会。国务院总理李克强，刘奇葆、许其亮、范长龙、栗战书、郭金龙、王晨、李海峰等出席座谈会。参加过抗日战争的老战士和老同志代表，抗战烈士亲属代表，中央党政军群有关部门负责人，各民主党派中央、全国工商联负责人和无党派人士代表，为中国人民抗日战争胜利作出贡献的国际友人遗属代表，首都各界群众代表等出席。中央党史研究室主任曲青山、参加过抗日战争的老战士代表王成斌、青年学生代表杨子强等发言。

习近平在讲话中指出，历史无法重来，未来可以开创。站在新的历史起点上，我们纪念中国人民抗日战争暨世界反法西斯战争的伟大胜利，就是要铭记历史、警示未来，动员全党全军全国各族人民肩负起历史重任，动员全党全军全国各族人民更加奋发有为地为实现中华民族伟大复兴而奋斗。

9月3日

[纲　文]　纪念中国人民抗日战争暨世界反法西斯战争胜利69周年向抗战烈士敬献花篮仪式在中国人民抗日战争纪念馆举行。

[目　文]　纪念仪式由国务院总理李克强主持，习近平、张德江、俞正声、刘云山、王岐山、张高丽等党和国家领导人同1000多名各界代表代表一起，向抗战烈士敬献花篮。纪念仪式后，习近平等党和国家领导人和各界代表走进展厅，参观《伟大贡献——中国与世界反法西斯战争》专题展览。展览通过150余件套文物、200余幅照片和视频资料，全面展现了中国人民为世界反法西斯战争胜利作出的不可磨灭的贡献。

将9月3日确定为中国人民抗日战争胜利纪念日，是2014年2月举行的十二届全国人大常委会第七次会议作出的决定。以立法形式确定这个纪念日，集中反映了中国人民的共同意志，表明了中国人民反对侵略战争、捍卫人类尊严、维护世界和平的坚定立场。

9月3日

[纲　文]　国务院印发《关于深化考试招生制度改革的实施意见》。

[目　文]　《意见》由三部分组成：一、总体要求。二、主要任务和措施。三、加强组织领导。

《意见》要求，各地各有关部门要高度重视考试招生制度改革，切实加强领导。教育部等有关部门要抓紧研究制定配套文件。各省（区、市）要结合实际制订本地考试招生制度改革实施方案，经教育部备案后向社会公布。要充分考虑教育的周期性，提前公布考试招生制度改革实施方案，给考生和社会以明确、稳定的预期。及时研究解决改革中遇到的新情况新问题，不断总结经验，调整完善措施。要加大对改革方案和政策的宣传解读力度，及时回应社会关切，解疑释惑、凝聚共识，营造良好改革氛围。

9月3日

[纲　文]　最高人民法院印发《关于人民法院执行流程公开的若干意见》。

[目　文]　《意见》由六部分组成：一、总体要求。二、公开的渠道和内容。三、公开的流程。四、职责分工。五、责任与考评。六、附则。自2014年9月3日起执行。

9月3日

［纲　文］　交通运输部发布《关于加快转变政府职能深化行政审批制度改革的意见》。

［目　文］　《意见》由四部分组成：一、指导思想。二、基本原则。三、主要任务。四、工作要求。

《意见》要求，各级交通运输部门要对转变政府职能和深化行政审批制度改革建立考核制度，加强实施效果的动态跟踪和阶段性评估，切实落实责任。定期组织开展专项督查活动，检查发现工作中存在的问题和薄弱环节，及时总结经验，督促改进工作。要将转变政府职能和深化行政审批制度改革考评结果纳入交通运输部门重点工作任务目标考核和绩效考核体系，作为领导干部选拔任用、培养管理、激励约束的重要依据。

9月3日

［纲　文］　发展改革委、环境保护部、商务部、海关总署、工商总局、质检总局发布《商品煤质量管理暂行办法》，自2015年1月1日起施行。

9月3日

［纲　文］　环境保护部发布《水质　黄磷的测定　气相色谱法》《固体废物汞、砷、硒、铋、锑的测定　微波消解/原子荧光法》，自2014年11月1日起施行。

9月3日

［纲　文］　中国"对地观测大数据应对全球变化"获联合国奖项。

［目　文］　中国科学院遥感与数字地球研究所公布，该所院士郭华东的"对地观测大数据应对全球变化"团队获联合国"全球脉动"计划奖项，并将在2014年联合国气候峰会期间展示。

联合国"全球脉动"计划（UN Global Pulse）旨在推动快速数据收集和分析体式格局的创新，于2009年由联合国秘书长潘基文发起。2014年5月，他们与联合国秘书长气候变化支持小组联合启动"大数据应对气候挑战"奖项评选活动，目的是提出气候变化条件下数据驱动人类福祉的见解和行动。

9月3—4日

［纲　文］　第4届中国长春世界雕塑大会在长春雕塑公园举行。

［目　文］　大会由中国城雕委、文化部艺术司及长春市人民政府共同举办。以"雕塑与未来"为主题，举办了七项雕塑专题展览、大会主旨论坛等系列主题活动。来自40个国家和地区的300余名代表与会。闭幕式上，举行了长春世界雕塑公园联盟签约仪式、曹春生作品捐赠仪式、首届中国当代青年雕塑作品展颁奖仪式等活动。

9月3—8日

［纲　文］　应国家主席习近平邀请，马来西亚最高元首哈利姆对中国进行国事访问。

［目　文］　4日，习近平在北京会见哈利姆时表示，中马两国友好交往源远流长。

建交40年来，两国关系发展良好。2013年10月我访问马来西亚，受到哈利姆最高元首热情、隆重接待，给我留下深刻、美好印象。你是中马关系发展的重要推动者和见证者。40年前，你首次担任马来西亚最高元首期间，中马建立外交关系。在两国建交40周年之际，你再次访华，我们对此表示赞赏，相信你的这次访问将进一步促进两国友谊与合作。哈利姆表示，习近平主席去年对马来西亚的访问取得圆满成功，有力推动了两国关系发展。2014年5月，纳吉布总理访华，马中双方就加强全面战略伙伴关系达成新的重要共识，我对此感到高兴。我期待着通过这次访问，增加对中国的了解，深化两国传统友谊。

5日，国务院总理李克强在北京会见哈利姆时表示，中方愿同马方巩固传统友谊，挖掘新的合作潜力，充实中马全面战略伙伴关系的时代内涵。中马在应对马航MH370航班失联事件中始终保持密切协作。希望马方继续同中方加强沟通，做好相关后续工作，中方将提供必要帮助与配合。中国坚定不移奉行加强同东盟睦邻友好与互利合作的政策。马来西亚是第一个同中国建交的东盟国家，明年将担任东盟轮值主席国。中方愿同马方共同推进中国—东盟关系和东亚合作，维护和促进地区和平、稳定与发展。哈利姆表示，马中关系十分紧密，两国保持密切的高层交往，马来西亚人民对中国人民怀有友好感情。两国加强合作对双方有益。我此次访华十分成功。马方感谢中方在搜寻马航MH370失联航班方面的支持，将继续与中方保持密切沟通。

9月3—5日

[纲　文]　"2014中国共产党与世界对话会"在北京举行。

[目　文]　对话会由中国当代世界研究中心和中国和平发展基金会共同主办，主题为"中国改革：执政党的角色"。全国政协副主席、中联部部长王家瑞出席并发表主旨讲话。来自30多个国家的60多名专家学者和中方代表与会。各国专家学者从不同的视角和专业领域，对中国改革的优势、挑战与前景等进行了多层次交流，提出了很多有独到见解的观点和看法，增进了对中国改革和执政党角色的了解和理解。

4日，国家副主席李源潮在北京会见与会代表时说，中国正在全面深化改革、扩大开放，中国共产党始终高举和平、发展、合作、共赢的旗帜。希望与会代表实地了解中国发展变化，坦诚交流对话，全面客观地向世界介绍中国共产党领导改革开放的历程和成就，为推动中国与国际社会的良性互动作出贡献。与会代表表示，中国共产党持续推进改革开放，是充满活力、充满希望的政党，相信未来会取得更大成功。

9月4日

[纲　文]　国务院印发《关于在中国（上海）自由贸易试验区内暂时调整实施有关行政法规和经国务院批准的部门规章规定的准入特别管理措施的决定》。

[目　文]　《决定》说，为适应在中国（上海）自由贸易试验区进一步扩大开放的需要，国务院决定在试验区内暂时调整实施《中华人民共和国国际海运条例》《中华人民共和国认证认可条例》《盐业管理条例》以及《外商投资产业指导目录》《汽车产业发展政策》

《外商投资民用航空业规定》规定的有关资质要求、股比限制、经营范围等准入特别管理措施。国务院有关部门、上海市人民政府要根据上述调整，及时对本部门、本市制定的规章和规范性文件作相应调整，建立与进一步扩大开放相适应的管理制度。国务院将根据试验区改革开放措施的实施情况，适时对本决定的内容进行调整。

9月4日

［纲　文］　中组部、人力资源和社会保障部、国家公务员局印发《关于做好艰苦边远地区基层公务员考试录用工作的意见》。

［目　文］　《意见》由六部分组成：一、高度重视基层公务员考录工作。二、适当降低基层公务员进入门槛。三、拓宽基层公务员来源渠道。四、保持基层新录用公务员稳定。五、夯实基层公务员考录工作基础。六、加强基层公务员考录工作领导。

《意见》要求，各地要根据本意见，结合当地实际，明确艰苦边远地区的范围及相关配套政策，制定具体实施办法。实施办法要报中央公务员主管部门备案。中央公务员主管部门将加强对各地降低门槛政策执行情况的监督检查。

9月4日

［纲　文］　京津冀协同发展领导小组第三次会议在北京召开。

［目　文］　国务院副总理、京津冀协同发展领导小组组长张高丽主持会议并讲话。王沪宁、孙春兰、郭金龙、王勇、徐匡迪和京津冀协同发展领导小组成员、专家咨询委员会部分成员参加了会议。会议主要内容是：学习中共中央总书记习近平和国务院总理李克强关于京津冀协同发展的重要讲话和批示精神，听取发展改革委关于京津冀协同发展工作情况的汇报，讨论京津冀区域功能定位，审议京津冀交通一体化、生态环境保护、产业协同发展三个重点领域率先突破工作方案和支持京津冀协同发展重大改革政策措施，研究部署下一阶段工作。

张高丽指出，2014年2月26日，习近平总书记在北京考察工作时对推动京津冀协同发展作了深刻阐述，提出了明确要求和"七个着力"的重点任务。要进一步把思想认识统一到中央决策部署上来，把智慧力量汇聚到落实各项任务上来。要按照全面深化改革的要求，加快体制机制创新，破除行政管理、资源配置、功能布局等方面存在的体制机制障碍，切实解决环境污染和特大城市病等突出问题，通过调查研究，正确把握，建立优势互补、互利共赢的区域一体化发展制度体系。要深化研究论证京津冀区域和三省市功能定位，科学合理确定在国家和区域发展大局中的"角色"和"职责"，合理分工，优化配置，并和环渤海地区发展协调衔接。要加快实施交通、生态、产业三个重点领域率先突破，着力推动网络化布局、智能化管理、一体化服务，构建安全可靠、便捷高效、经济实用、绿色环保的综合交通运输体系；着力推进绿色循环低碳发展，加强生态环境保护，发挥重点治理工程带动作用，节约集约利用资源，形成区域良好生态格局；着力实施创新驱动发展战略，促进产业有序转移承接，推动产业结构调整优化升级。要尽快完善协同发展规划总体思路框架，为编制总体规划奠定坚实基础。

9月4日
[纲 文] **国务院在北京召开国家级经济技术开发区工作会议。**

[目 文] 国务院副总理汪洋出席会议并讲话。商务部部长高虎城作工作报告。国土资源部、住房和城乡建设部及部分经济技术开发区负责人分别在会上发言。出席会议主会场的包括中央政研室、中央财办、中央综治办、中央编办、外交部、发展改革委等29个部门、部分开发区及中国开发区协会负责人共110人。

汪洋指出，要以党的十八届三中全会精神为指导，适应全面深化改革、扩大开放的新形势，推动开发区由追求速度向追求质量转变、由政府主导向市场主导转变、由同质竞争向差异化发展转变、由硬环境见长向软环境取胜转变，使开发区成为构建开放型经济新体制的"探路者"和培育产业竞争新优势的"顶梁柱"。30年来开发区走过了不平凡的历程，成为经济发展的强大引擎、对外开放的重要载体、体制改革的试验基地，为我国改革开放和现代化建设作出了重要贡献，创造了世界工业化、城镇化发展史上的奇迹。开发区的未来发展方向是，加速转型升级，实现创新发展。要创新开发区行政管理体制，深化行政审批制度改革，加强事中事后监管。把保护知识产权和提高创新能力摆在更加突出的位置，研究出台支持开发区新兴产业发展、技术创新、品牌建设的政策措施。强化土地节约集约利用。创新开发区投融资体制。加强宏观指导和动态管理，对土地利用效率低、环保不达标、发展水平滞后的开发区要降级或淘汰。完善开发区考核体系，重点考核创新能力、投资环境、品牌建设、知识产权保护等内容，引导开发区走质量效益型发展之路。

9月4日
[纲 文] **国家艺术基金管理中心在北京召开专家培训工作电视电话会议。**

[目 文] 会议由国家艺术基金管理中心副主任王勇主持，国家艺术基金理事会副理事长、秘书长赵少华讲话，国家艺术基金管理中心主任韩子勇作了培训报告。

会议指出，各位专家在评审工作中要充分考虑并尊重艺术的多样性特点，遵循艺术创作规律，用高度的敏锐性和专业的洞察力把握艺术发展趋势，全面深入地分析申报项目的合理性和可行性，全面考察项目实施团队的操作能力，注意导向性、示范性，立足高标准、严要求，坚持质量第一、宁缺毋滥，充分发挥出各位专家的艺术鉴别力和学术判断力。在政府扶持艺术工作的科学化、规范化和专业化的进程中，要充分合理地发挥专家作用，严格把控项目的质量，保证国家艺术基金的运行质量，切实推动文化的繁荣发展。

国家艺术基金管理中心根据具有全国人大代表、全国政协委员、享受国务院政府津贴、中宣部"四个一批"人才、文化部优秀专家、中组部人社部"千百万人才"等称号，在本专业领域或本地区具有一定代表性、影响力的原则，同时适当考虑地区、艺术门类、单位间的平衡，按照"同行评审、双向匿名、地区回避"的原则，从中遴选出1328名初评专家。其中，艺术专家1017名、项目管理专家212名、财务专家99名。又从初评专家中遴选出复评专家520名，其中，艺术专家319名、项目管理专家149名，财务专家52名。

9月4日

［纲　文］　国家级教学成果奖首次实现基础教育职业教育高等教育全覆盖。

［目　文］　教育部批准2014年国家级教学成果奖获奖项目，共计1320项项目获奖。其中，基础教育领域共有417项成果获奖，特等奖2项，一等奖48项，二等奖367项；高等教育领域共有452项成果获奖，特等奖2项，一等奖50项，二等奖400项；职教领域共有451项教学成果获奖，特等奖1项，一等奖50项，二等奖400项。这是新中国成立65年来，第一次以国家奖的名义在基础教育、职业教育、高等教育三大领域颁发教学成果奖。

9月4日

［纲　文］　环境保护部印发《环境空气颗粒物来源解析监测技术方法指南（试行）》《全国农村环境质量试点监测工作方案》《全国农村环境质量试点监测技术方案》。

9月4日

［纲　文］　全国水下文化遗产保护工作会议在青岛召开。

［目　文］　国家文物局副局长童明康主持会议。外交部、科学技术部、公安部、交通运输部、国家海洋局和海军等"国家水下文化遗产保护工作协调小组"成员单位代表，沿海和部分内水水域的各有关省（区、市）文物部门等110余人参加了会议。国家文物局水下文物遗产保护中心分别与国家海洋局第三海洋所、国家海洋博物馆、丹东港集团签署了合作协议。国家文物局水下文化遗产保护中心代表汇报了工作。国家海洋局、中国文化遗产研究院、山东省文物局、广东省文物考古研究所等单位的代表也作了发言。

文化部副部长、国家文物局局长励小捷做了题为"凝神聚气，务实创新，开启水下文化遗产保护事业发展的新篇章"的讲话。他指出，随着国家文物局水下文化遗产保护中心独立建制，我国水下文化遗产保护"立足沿海、兼顾内水，依托中央、调动地方"的宏观布局初步形成。国家建设海洋强国和"21世纪海上丝绸之路"战略为事业发展带来新的历史机遇，需要我们进一步加强宏观战略研究，着力解决法制体系建设、管理体系建设、开放体系建设问题。

9月4日

［纲　文］　中国人民对外友好协会在北京举办纪念中美建交35周年招待会。

［目　文］　国家副主席李源潮、中美友协会长徐匡迪、国侨办主任裘援平、全国友协会长李小林，外交部、商务部、国台办、全国妇联、全国工商联等部委领导以及美国前总统卡特和来自中美各界400余名嘉宾出席招待会。中美学生在招待会上联合演唱了中美友好歌曲。李源潮说，中美建交35年来，两国关系得到历史性发展。双方应认真落实两国领导人重要共识，坚定不移沿着构建中美新型大国关系的正确方向走下去，坚持不冲突、不对抗、相互尊重、合作共赢。

9月4日

［纲　文］　中白政府间合作委员会第一次会议在北京召开。

[目　文]　中共中央政治局委员、中央政法委书记、中国和白俄罗斯政府间合作委员会中方主席孟建柱与白俄罗斯副总理、白方主席托济克举行会见并共同主持，正式启动委员会工作。孟建柱和托济克共同签署了有关文件。双方商定于2016年在白俄罗斯举行委员会第二次会议。

同日，国务院总理李克强在北京会见托济克时表示，2014年初，中白两国政府宣布实施《中白全面战略伙伴关系发展规划》，确定了未来五年合作"路线图"。希望双方发挥好委员会的统筹协调作用，中方愿推动中国装备参与白俄罗斯铁路等基础设施建设，支持中国企业进入白俄罗斯工业园区，促进共同发展，实现互利共赢。中国作为世界第二大经济体，一些产业仍处于中低端水平。我们需要通过结构性调整和创新，提升中国产品的技术和质量水平。白俄罗斯在高科技领域研究成果丰硕。中方愿同白方加强合作，围绕创新链完善资金链，促进更多科技成果实现产业化，更好造福两国人民。

托济克表示，白俄罗斯视中国为真诚朋友和可靠伙伴，将对华关系视为外交优先方向之一。欢迎中方参与白俄罗斯基础设施建设，期待更多中国企业赴白俄罗斯投资兴业。

9月4日

[纲　文]　国务院副总理汪洋、国务委员杨洁篪在北京分别会见来华出席中南联合工作组首次会议的南非国际关系与合作部长恩科阿纳—马沙巴内一行。

[目　文]　汪洋表示，中南两国合作空间广阔，双方应积极落实两国领导人达成的重要共识，以召开中南联合工作组首次会议为契机，进一步加强在贸易、投资、基础设施建设、金融等领域的互利合作，不断充实两国全面战略伙伴关系内涵。

杨洁篪表示，中南同为重要发展中大国，双方合作成效显著，在国际事务中协调配合，维护了发展中国家的共同利益。中方愿与南方共同努力，把中南关系打造成发展中大国团结合作的典范。

9月4日

[纲　文]　"中国考古01号"在青岛首航。

[目　文]　由我国自行设计建造的首艘水下考古专业工作船"中国考古01号"投入使用，标志我国结束了"租用渔船"进行水下考古的历史。该船采用全电力推进系统，全长57.91米，型宽10.8米，型深4.8米，满载吃水深度2.883米，满载排水量980吨，航速12节，续航力1000海里，核定载员30人，主要工作海域为中国近海与西沙海域。首航赴辽宁省丹东港开展水下沉船遗址重点调查。

同日，全国水下文化遗产保护工作会议在青岛召开。文化部副部长、国家文物局局长励小捷作了题为《凝神聚气，务实创新，开启水下文化遗产保护事业发展的新篇章》的讲话。会上，国家文物局水下文化遗产保护中心分别与国家海洋局第三海洋所、国家海洋博物馆、丹东港集团签署了合作协议。

9月4日

[纲　文]　中国在酒泉卫星发射中心用长征二号丁运载火箭，成功将创新一号04

星发射升空。

[目　文]　本次任务还同时搭载发射了一颗灵巧通信试验卫星。创新一号04星主要用于水利、水文、气象等领域各类监测站点的数据采集和传输任务。

9月4—19日

[纲　文]　第二期"2014青年汉学家研修计划"活动在北京举办。

[目　文]　活动由文化部、中国社会科学院联合主办。来自美国、俄罗斯、英国、埃及、印度、韩国等25个国家的38位青年汉学家参加本期研修，研修方向涉及中国的文学、历史、哲学、艺术、语言、政治、当代社会、国际关系等诸多领域。

青年汉学家在北京接受了为期一周的集中授课，由葛剑雄、樊纲、严绍璗、李希光、单霁翔等专家、学者为其举办"中国的形成及其疆域变迁""中国经济发展阶段的国际比较""中国文化本体论""中国道路""故宫的历史"等专题讲座，以便对我国社会经济和历史文化发展有一个全景式的了解。在中国社科院、中国艺术研究院、故宫博物院、北京外国语大学等合作单位，与对口领域的研究机构和专家学者开展为期近两周的专业研讨和交流实践。在京期间，青年汉学家还将参观故宫、北京规划展览馆，并考察北京乡村，亲身感受中国的历史文化和当代发展。

9月4—8日

[纲　文]　外交部部长王毅应邀对新西兰、澳大利亚进行正式访问。

[目　文]　5日，新西兰总理约翰·基在奥克兰会见王毅时表示，新中关系发展良好，新方愿与中方将两国关系提高到新水平。新方将继续理解和尊重中国的核心利益，视中国的发展为新西兰的机遇，欢迎更多中国企业到新投资、更多中国游客到新旅游。

王毅表示，中新创造了中国同发达国家关系上的多个"第一"，中新合作具有开拓性和示范性意义。中新关系当前处于历史最好时期，中方愿同新方共同打造中新互利共赢的利益共同体，实现共同发展。

7日，王毅在澳大利亚悉尼与澳外长毕晓普举行第二轮中澳外交与战略对话。双方就中澳战略伙伴新定位、贸易投资合作新蓝图、人民交往新规划进行了深入讨论，达成广泛共识。

8日，澳大利亚总理阿博特在堪培拉会见王毅说，中国的发展给包括澳大利亚在内的世界各国带来重要机遇。中国是澳重要合作伙伴，澳中关系对澳极为重要，澳方希望拓展和深化澳中关系。澳方将继续与中方和马来西亚方面开展马航MH370失联客机搜寻。

王毅说，深化中澳关系符合两国人民根本和长远利益。双方要不断促进互利合作，提升政治互信，使其齐头并进，相辅相成，为中澳关系打下更加坚实的基础，开辟更为广阔的前景，打造两国更为稳定的战略伙伴关系。

9月5日

[纲　文]　中共中央、全国人大常委会在人民大会堂举行庆祝全国人民代表大会成

立60周年大会。

　　［目　文］　中共中央总书记习近平出席并讲话。全国人大常委会委员长张德江主持大会。中共中央政治局常委李克强、俞正声、刘云山、王岐山、张高丽出席。中央党政军群有关部门主要负责人，各省、自治区、直辖市人大常委会和香港中联办、澳门中联办、全国台联主要负责人，各民主党派中央、全国工商联负责人和无党派人士代表，全国人大常委会委员、全国人大各专门委员会组成人员，部分基层全国人大代表和部分在京第一届全国人大代表，在京全国政协常委，北京市主要负责人，首都各界代表，中央国家机关干部职工代表，外国和有关国际组织驻华使节等约3000人出席大会。

　　习近平在讲话中指出，人民代表大会制度是中国特色社会主义制度的重要组成部分，也是支撑中国国家治理体系和治理能力的根本政治制度。新形势下，我们要高举人民民主的旗帜，毫不动摇坚持人民代表大会制度，也要与时俱进完善人民代表大会制度，坚定不移走中国特色社会主义政治发展道路，继续推进社会主义民主政治建设、发展社会主义政治文明。中国特色社会主义政治制度之所以行得通、有生命力、有效率，就是因为它是从中国的社会土壤中生长起来的。中国特色社会主义政治制度过去和现在一直生长在中国的社会土壤之中，未来要继续茁壮成长，也必须深深扎根于中国的社会土壤。

9月5日

　　［纲　文］　国家主席习近平、国务院总理李克强分别致电祝贺图斯克当选欧洲理事会主席。

9月5日

　　［纲　文］　新华社讯，习近平等中共中央政治局常委在北京分别听取联系点县委和所在省区党委教育实践活动情况汇报。

　　［目　文］　按照中央开展党的群众路线教育实践活动安排，在第二批教育实践活动中，中央政治局常委分别联系一个县。8月27日，习近平在中南海听取兰考县委和河南省委教育实践活动情况汇报。此后，中共中央政治局常委李克强、张德江、俞正声、刘云山、王岐山、张高丽分别听取了翁牛特旗委和内蒙古自治区党委、上杭县委和福建省委、武定县委和云南省委、礼泉县委和陕西省委、蒙阴县委和山东省委、农安县委和吉林省委情况汇报。2014年3月和5月，常委们分别到各自联系点实地调研指导，参加联系点县委常委班子专题民主生活会。进入整改落实、建章立制环节后，常委们多次了解联系点活动进展情况，对落实中央部署、抓好整改工作提出明确要求。

　　兰考县委书记王新军、翁牛特旗委书记敖日格勒、上杭县委书记邓菊芳、武定县委书记黄云雁、礼泉县委书记孙矿玲、蒙阴县委书记朱开国、农安县委书记周贺分别汇报了联系点开展教育实践活动特别是召开县委常委班子专题民主生活会以来的情况，表示按照中央和省区党委要求，坚持重点突破抓整改，专项整治已取得初步成效。一些联系点在汇报中还谈了开展教育实践活动的体会和巩固扩大活动成果的打算。河南省委、内蒙古自治区党委、福建省委、云南省委、陕西省委、山东省委、吉林省委等分别汇报了联系点所在省区教育实践活动情况，表示持续抓好第一批活动单位深化整改工作，高标准严要求推进第二批活动，目前"四风"方面突出问题得到整治，党员干部思想受到触动，干事创业氛围更加浓厚。中央第一、第二、第三、第四、第五、第六、第七巡回督导组负责人分别向常委们汇报了督导工作有关情况。

听取汇报后，常委们对联系点和联系点所在省区教育实践活动给予充分肯定，指出联系点县委认真贯彻中央要求，高起点、高标准、高质量推进活动，在把联系点建成示范点上作出积极努力，特别是专题民主生活会后下大力气解决群众反映强烈的突出问题，在纠正发生在群众身边的不正之风方面取得初步成效。

常委们指出，集中性教育实践活动有期限，但贯彻群众路线、加强作风建设是一个永恒课题，需要我们认真总结经验，着力深化对新形势下贯彻党的群众路线的规律性认识。要以实现好维护好发展好最广大人民根本利益为出发点和落脚点，把教育实践活动转化为强大的发展动力，推进科学发展，不断改善民生，通过教育实践活动吃透民心、赢得民心。要坚持严的标准、严的措施、严的纪律，以教育实践活动为契机，严格党内政治生活，使发扬理论联系实际、密切联系群众、批评和自我批评的优良作风成为一种常态。要发扬改革精神、树立法治思维，把中央要求、群众期盼、实际需要、新鲜经验结合起来，加大制度创新力度，形成系统完备的制度体系，逐步铲除不良作风滋生蔓延的土壤。

9月5日

〔纲　文〕《人民日报》报道，中央党的群众路线教育实践活动领导小组印发《关于认真学习贯彻习近平总书记在听取兰考县委和河南省委党的群众路线教育实践活动情况汇报时重要讲话精神的通知》。

〔目　文〕《通知》指出，要持之以恒推进作风建设。要在充分看到教育实践活动取得扎实成效的同时，看到、看够、看深存在的问题。要坚持不懈开展作风教育，始终绷紧作风建设这根弦，教育引导党员干部自觉真学真信真用马克思主义基本原理、中国特色社会主义基本理论，深学细照笃行焦裕禄同志对群众的那股亲劲、抓工作的那股韧劲、干事业的那股拼劲。要着力抓好整改落实。要梳理尚未完成的整改事项，拉单子、建台账，逐一整改、达标销号。要动真碰硬解决突出问题，不折不扣落实中央部署的专项整治任务。要严明责任、加强监督，确保兑现承诺。要着力抓好制度建设。要继续聚焦改作风转作风的重点难点问题，不断拓展制度建设的内容，抓住党员干部的思想底线、思想觉悟建制度立规矩，把政治生活准则具体化。要挖掘问题背后的深层次原因，着力提升制度的科学性、系统性和可操作性。要强化制度执行，建立完善落实制度的监督奖惩机制，以上率下、抓细抓实，确保制度出台一个就执行落实好一个。

《通知》要求，省区市党委和各部门各单位党委（党组）要切实加强领导和指导，各级教育实践活动领导小组及其办公室要以钉钉子精神把整改落实抓到位、总结工作做扎实、长效机制制定好，市、县党委要在认真抓好本级整改工作的同时，加强对基层单位的具体指导，中央巡回督导组和各级督导组要持续用力、严格把关。要继续做好宣传舆论工作，发挥好舆论的引导、督促和监督作用。

9月5日

［纲　文］　证监会公布修改后的《证券期货市场诚信监督管理暂行办法》，自2014年10月15日起施行。

9月5日

［纲　文］　由文化部主办的"2014年香江明月夜"庆中秋活动在香港文化中心大剧院举办。

9月5日

［纲　文］　国务院副总理汪洋在北京分别会见以色列前总理巴拉克一行和澳大利亚新南威尔士州州长迈克尔·贝尔德一行。

9月5日

［纲　文］　马凯在江苏省调研。

［目　文］　国务院副总理马凯在江苏南京基层银行、小额贷款公司和企业进行调研，并召开座谈会。马凯指出，2014年以来，我国金融运行总体平稳，金融风险总体可控，有力支持了经济社会发展。为进一步加大金融对实体经济的支持力度，国务院先后出台了金融支持经济结构调整和转型升级、促进"三农"和小微企业发展以及缓解企业融资成本高问题的一系列政策措施，各地区、各有关部门和金融机构要坚持金融服务实体经济的本质要求，以抓铁有痕的精神把这些政策措施落实到位，见到实效。

马凯强调，缓解企业融资成本高问题对于当前稳增长、调结构、促改革、惠民生具有重要意义，要按照国务院的要求，多措并举，标本兼治，切实让企业特别是小微企业在融资便利度和成本方面感受到明显变化。一要坚持执行稳健的货币政策，适时适度预调微调，保持货币信贷和社会融资规模的合理适度增长。二要不折不扣地将定向降准、扩大支农支小再贷款等政策落到实处，努力实现"三农"和小微企业贷款总量和增幅"两个不低于"的目标。三要加强对金融机构同业业务、理财业务等方面的管理，清理不必要的资金"通道"和"过桥"环节，缩短融资链条。四要下大力气清理整顿金融服务收费，取消没有实质服务内容的收费项目，以及"以贷转存"等变相的不合理收费。五要改进服务，优化审贷业务流程，缩短审批时间，提高贷款审批发放效率。六要探索运用大数据、云计算等互联网技术，大力发展政府支持的担保机构，改进增信和信息服务。七要深化金融机构体制机制改革，完善金融机构考核机制，有效防范风险。

9月5日

［纲　文］　亚太经合组织（APEC）第21次中小企业部长会议在南京召开。

［目　文］　APEC中小企业部长会议主席、工业和信息化部部长苗圩主持会议。国

务院副总理马凯出席开幕式并致辞。亚太经合组织各经济体负责中小企业事务的部长和代表以及相关国际机构的官员、工商界人士共约150人参加了会议。会议听取了中国APEC高官、APEC秘书处、APEC中小企业工作组、APEC工商咨询理事会、APEC中小企业工商论坛有关报告。会议围绕"创新与可持续发展"主题,针对"增强中小企业创新能力""改善中小企业创新政策环境""推动中小企业创新发展"等三个议题深入讨论交流,发表了《关于促进中小企业创新发展的南京宣言》和《第21次APEC中小企业部长会议部长联合声明》。

9月5—7日

[纲　文]　第2届中国北京国际魔术大会在北京举行。

[目　文]　大会由文化部、中国文联、北京市政府主办。来自18个国家和地区的80多位知名魔术师参与。本届魔术大会举办了"金长城杯"世界魔术冠军争霸赛,还组织召开了以"保护原创·合作共赢"为主题的"国际魔术产业发展高端峰会",发布了《国际魔术产业发展北京共识》。北京市文化局、北京市文联、北京市昌平区政府、国际魔术师协会等单位的10位代表,在开幕式上共同签署了《关于支持发起设立国际魔术合作促进会的公约》。此外,大会还举办了国际魔术大师讲座、魔术沙龙以及魔术道具展览等多项与魔术有关的文化活动。

9月6日

[纲　文]　国家主席习近平向中欧高级别人文交流对话机制第二次会议致贺信。

[目　文]　习近平对会议的举行表示祝贺并指出,中国和欧盟是世界上两支重要力量。中欧关系是世界上最重要的双边关系之一。在经济全球化、世界多极化深入发展的今天,中欧关系的战略性不断提升,越来越具有全球影响。中欧高级别人文交流对话对打造中欧和平、增长、改革、文明四大伙伴关系具有重要意义。扩大中欧人文交往,对增进互相了解、促进社会繁荣、不断深化互利共赢的中欧全面战略伙伴关系至关重要。教育、科技、文化、媒体、青年和今年新增的妇女领域交流,正在成为中欧交流合作的亮点。希望双方通过深化人文交流,增进相互理解和信任,为中欧关系长期稳定健康发展奠定广泛社会基础。

同日,中欧高级别人文交流对话机制第二次会议在北京举行。国务院副总理刘延东与欧盟教育、文化、多语言和青年事务委员瓦西利乌共同主持并签署了《联合公报》。欧洲理事会主席范龙佩和欧盟委员会主席巴罗佐联合发来贺信。

刘延东首先宣读了习近平的贺信并表示,中国和欧盟建交近40周年来,双方相互支持、互利共赢,各领域合作取得累累硕果。当前,中欧关系最重要的任务就是落实好领导人共识,把中欧和平、增长、改革、文明四大伙伴关系落到实处,推动中欧关系迈上新台阶。在中欧领导人共同关心推动下,中欧高级别人文交流对话机制取得积极进展,人文交流与政治互信、经贸合作成为中欧关系的三大支柱。双方应抓住发展机遇,把握全面战略伙伴关系大方向不动摇，相互尊重、相互包容，共筑"中国梦""欧洲梦"和"世界梦"。刘延东就中欧人文交流提出三点倡议：第一，加强交流互鉴，做增进理解信任的"孵化器"；第二，坚持以人为本，做强化中欧合作的"稳定器"；第三，促进文明共荣，做发展全球治理的"推进器"。

9月6日

［纲　文］　商务部发布《境外投资管理办法》。

［目　文］　《办法》共5章39条。内容包括：总则、备案和核准、规范和服务、法律责任、附则。自2014年10月6日起施行。商务部2009年发布的《境外投资管理办法》（商务部令2009年第5号）同时废止。

9月6日

［纲　文］　文化部在澳门文化中心举办2014年"濠江月明夜"大型中秋晚会。

［目　文］　文化部部长蔡武率团出席活动，全国政协副主席何厚铧、中央政府驻澳联络办主任李刚等与澳门千余名观众一同观看了演出。

同日，文化部部长蔡武在澳门特区政府总部与特区行政长官崔世安会晤，双方就澳门的多元文化发展、内地与澳门的文化交流合作以及横琴文化项目等议题交换了意见。

9月6日

［纲　文］　《人民日报》发表题为《人民民主是中国共产党始终高举的旗帜——一论贯彻习近平在全国人大成立60周年大会讲话精神》的评论员文章。

9月6—7日

［纲　文］　第四届世界汉学大会在北京举行。

［目　文］　大会由孔子学院总部和中国人民大学共同举办，本届大会主题为"东学—西学400年"。来自38个国家和地区的200多名专家学者出席大会。国务院副总理刘延东出席开幕式并致辞。本届汉学大会设有"文化沟通与双向影响：历史钩沉的'中国记忆'""文化传统与制度选择：当今世界的'中国角色'"等议题。继第三届大会提出"新汉学"与"大汉学"的构想后，本届大会意在继续扩展汉学的外延，跨越传统文化和政治经济等学科主题，从多角度回顾东西方交流400多年的学术传统。

9月7日

［纲　文］　国务院、中央军委印发《关于进一步加强军人军属法律援助工作的意见》。

［目　文］　《意见》由五部分组成：一、加强军人军属法律援助工作的重要性和总体要求。二、进一步扩大军人军属法律援助覆盖面。三、健全军人军属法律援助工作机制。四、积极提供政策支持和相关保障。五、切实加强组织领导。

《意见》指出，要把军人军属作为重点援助对象，对军人军属申请法律援助的案件，经济困难条件应适当放宽，并逐步将民生领域与军人军属权益密切相关的事项纳入法律援助范围。开展多种形式法律援助服务,积极帮助解决军人军属日常工作、生产生活中发生的矛盾纠纷,为他们排忧解难。完善案件指派工作,提高案件办理专业化水平。健全办案质量监督机制,督促法律援助机构和人员依法履行职责,提高办案质量,确保军人军属获得优质高效的法律援助。健全军人军属法律援助工作机制,拓宽申请渠道,优化办理程序。完善政策措施,让更多的军人军属受益受惠,努力实现应援尽援。加强经费保障,将军人军属法律援助经费纳入财政保障范围,并根据经济社会发展水平逐步加大经费投入。

9月7日

[纲　文]　《人民日报》发表题为《党的领导是人民当家作主的根本保证——二论贯彻习近平在全国人大成立60周年大会讲话精神》的评论员文章。

9月8日

[纲　文]　**中国首颗视频成像体制微卫星"天拓二号"发射成功。**

[目　文]　由国防科技大学自主设计与研制的采用视频成像体制的微卫星"天拓二号",在太原卫星发射中心用长征四号乙遥二十八运载火箭,以"一箭双星"方式,与中国"遥感卫星21号"一同发射升空,准确进入预定轨道。

"天拓二号"的研制成功并进入预定轨道运行,是国防科大继研制成功世界上首颗单板纳星——"天拓一号"之后,在航天领域取得的又一重要创新成果。"天拓二号"重量为67公斤,有效载荷为4台不同性能的摄像机,采用视频成像和视频图像实时传输的工作方式,能实现对动态运动过程的连续观测和跟踪,获取观测区域的视频数据,其主要任务是进行视频成像与实时传输、动态目标连续跟踪观测等科学试验,为发展高分辨率视频成像卫星奠定了技术基础。"天拓二号"视频卫星作为一种新型对地观测卫星,在资源普查、灾害监测、动态事件观测等方面具有广泛的应用前景。

9月8日

[纲　文]　《人民日报》发表题为《中国特色社会主义政治制度生长于中国土壤——三论贯彻习近平在全国人大成立六十周年大会讲话精神》的评论员文章。

9月8—11日

[纲　文]　**第18届中国国际投资贸易洽谈会在厦门举行。**

[目　文]　投洽会由商务部主办,由联合国贸发会议、联合国工发组织、世界贸易组织、经济合作与发展组织、世界银行国际金融公司、世界投资促进机构协会联合主办,福建省人民政府、厦门市人民政府、商务部投资促进事务局承办。以"引进来"和"走出去"为主题,以"突出全国性和国际性,突出投资洽谈和投资政策宣传,突出国家区域经济协调发展,突出对台经贸交流"为主要特色,是中国目前唯一以促进双向投资为目的的国际投资促进活动,也是通过国际展览业协会(UFI)认证的全球规模最大的投资性展览会。国务院副总理汪洋出席并发表演讲。

本届投洽会共有来自境外126个国家和地区的670个团组、15685位境外客商参会,共签订各类投资项目1455个，总投资金额4639亿人民币，比2013年增加了433亿元。其中，利用外资2200亿人民币，对外投资236亿人民币，区域合作2203亿人民币。

9月9日

［纲　文］　习近平在北京师范大学考察。

［目　文］　中共中央总书记习近平在北京师范大学考察，看望教师学生，观摩课堂教学，进行座谈交流，向全国广大教师和教育工作者致以崇高的节日敬礼和祝贺。

习近平在考察中指出，百年大计，教育为本。教育大计，教师为本。国家繁荣、民族振兴、教育发展，需要我们大力培养造就一支师德高尚、业务精湛、结构合理、充满活力的高素质专业化教师队伍，需要涌现一大批好老师。全国广大教师要做有理想信念、有道德情操、有扎实知识、有仁爱之心的好老师，为发展具有中国特色、世界水平的现代教育，培养社会主义事业建设者和接班人作出更大贡献。各级党委和政府要坚持把教育放在优先发展的战略位置，继续大力推动教育改革发展，使我国教育越办越好、越办越强。

9月9日

［纲　文］　国家主席习近平在北京会见丹麦首相托宁—施密特。

［目　文］　习近平欢迎托宁—施密特来华出席夏季达沃斯论坛年会并指出，双方要以此为新的里程碑，坚持从战略高度和长远角度把握两国关系，在涉及彼此核心利益和重大关切问题上继续相互理解和支持，不断增进互信，扩大务实合作，推动两国关系在更坚实基础上迈向新台阶。中国正在推进新型工业化、信息化、城镇化、农业现代化，丹麦在相关领域具有独特经验和优势技术，双方可以加强交流互鉴，拓展合作。双方还要扩大人员交往，支持青年学生交流，增进相互了解和友谊。我2014年3月访问欧洲四国和欧盟总部，同欧洲领导人就打造中欧和平、增长、改革、文明四大伙伴关系达成重要共识。我高兴地看到，中欧合作正沿着这个方向推进。中国—北欧次区域合作有着扎实基础和有利现实条件。双方可继续在绿色经济、生态农林、机械制造、北极科研等领域开展合作，希望丹麦在促进中欧及中国—北欧合作方面发挥引领作用。

托宁—施密特表示，丹方积极支持中国全面深化改革，愿意继续积极参与中国经济社会发展，深化两国在经贸、新能源、水资源、科技创新、社会管理、地方、可持续发展等领域合作。丹方希望以双方共同庆祝两国建交65周年为契机，促进两国人员往来和文化、教育交流。丹方高度赞赏丹中合作，共同参与完成了叙利亚化学武器的运输和护航，愿意就国际和地区事务继续同中方加强沟通和协调，为促进欧盟和北欧同中国友好合作关系发展作出积极贡献。

9月9日

［纲　文］　国家主席习近平、中央军委副主席范长龙在北京分别会见美国总统国家安全事务助理赖斯。

〔目　文〕　习近平在会见赖斯时指出，在当前复杂多变的国际形势下，加强中美合作愈显重要。中方愿意同美方一道，构建中美新型大国关系，使中美关系沿着不冲突不对抗、相互尊重、合作共赢的轨道持续健康发展。构建中美新型大国关系就像建造一座大厦，首先要夯实战略互信基础。中国人民正在为实现中华民族伟大复兴的中国梦而奋斗。使13亿中国人民过上幸福美好的生活，是我们的所思所想。我们比任何时候都需要一个和平稳定的外部环境，中国坚定不移走和平发展道路。中美要加强对话，增进了解，尊重和照顾彼此核心利益和重大关切，妥处分歧、减少摩擦。构建中美新型大国关系大厦需要不断添砖加瓦。中美两国拥有广泛共同利益，对世界和地区和平、稳定、繁荣都肩负重要责任。两国应该合作、可以合作的领域很多。双方要扩大和深化经贸、金融、基础设施建设、安全、人文等领域交流合作，加快双边投资协定谈判，发展两军关系，加强在气候变化、反恐以及重大国际地区热点问题上的沟通与协调。我期待奥巴马总统11月来华出席亚太经合组织领导人非正式会议并访华，愿同他就中美关系及共同关心的重大问题深入交换意见。相信在双方共同努力下，奥巴马总统此行将会取得积极成果。

赖斯表示，美方坚定致力于加强美中合作，推进新型大国关系建设。我非常赞同习近平主席将美中新型大国关系比喻为一座大厦，美方愿意同中方一道，为这座大厦打牢地基、添砖加瓦。美方希望同中方进行坦诚的对话，增进互信，管控好分歧和摩擦，不让它们妨碍两国合作。美方希望同中方促进两国人民交往，深化经贸关系和其他各领域务实合作，加强在重大国际和地区问题上的沟通与协调。奥巴马总统非常期待2014年11月来华出席亚太经合组织领导人非正式会议并访华，期待同习近平主席进行会晤。相信这次访问将进一步加强和深化美中建设性合作，为两国人民和世界人民带来更多福祉。

范长龙在会见赖斯时指出，当前，中美两军关系总体发展顺利。希望美方正确看待中国军队的正常发展，妥善管控双方分歧，减少直至停止舰机对华抵近侦察活动，以实际行动推动中美新型军事关系健康发展。

赖斯说，两国应尽可能减少存在的分歧，寻找新的方法开展更加有效的合作，不断深化两国两军关系。

同日，外交部部长王毅在北京会见赖斯。

8日，国务委员杨洁篪在北京同赖斯举行会谈时表示，习近平主席7月同奥巴马总统通电话，两国元首同意继续推进中美新型大国关系建设。下阶段，双方要认真落实两国元首重要共识。中方欢迎奥巴马总统11月来华出席亚太经合组织领导人非正式会议并访华，愿同美方加强沟通与配合，确保访问取得成功。

赖斯表示，美方把美中关系置于优先位置。奥巴马总统十分期待11月来华，相信此访将成为美中关系发展进程中重要的里程碑。

9月9日

〔纲　文〕　国家主席习近平在北京会见印度总理特使、国家安全顾问多瓦尔。

〔目　文〕　习近平指出，在我即将对印度进行国事访问之际，莫迪总理派你作为特使访华，体现了莫迪总理和印度政府对我这次访问和中印关系的高度重视，也向外界发出了积极信号，我对此表示赞赏。

习近平指出，中印都是发展中大国和新兴市场国家，都处在民族复兴的关键阶段，两国友好交往源远流长。发展中印关系是两国人民的共同期望，前景广阔。2014年7月，我同莫迪总理在巴西金砖国家领导人会晤期间第一次见面，感觉一见如故。我同莫迪总理谈得很好，达成许多共识。我们都认为，中印关系具有高度战略性，两国合作，不仅有利于各自发展振兴，造福两国和两国人民，也将惠及亚洲和世界。我期待再过几天访问印度，同莫迪总理再次见面，共商合作发展大计，增进相互了解和互信，拓展和深化务实合作，推动两国关系取得新的更大发展。

多瓦尔转达了莫迪总理致习近平主席的口信。莫迪在口信中表示，印中都是人口大国，互为邻国，也同是两个最大的新兴经济体，两国在和平友好的气氛中加强合作，不仅有利于各自发展，也将为地区和世界繁荣作出重要贡献。我相信，习近平主席即将对印度进行的国事访问必将加深我们两国相互理解、友谊和信任，为双方合作注入新的动力和内涵，成为中印关系发展进程中又一重要里程碑。多瓦尔表示，印度政府和人民对习近平主席的访问表示热烈欢迎并充满期待。印方将同中方一道精心准备，确保访问取得成功，推动印中关系迈上新台阶。

同日，国务委员杨洁篪、外交部部长王毅分别同多瓦尔举行会谈、会见。杨洁篪表示，莫迪总理派你作为特使访华，为习近平主席即将对印度的国事访问做准备。习主席此访是当前中印关系中的头等大事，具有承前启后、继往开来的重大意义。双方应共同努力，确保此访圆满成功，为中印关系未来发展明确方向、作出规划，开启两国关系发展新篇章。

多瓦尔表示，印方热切期待习主席的访问，将同中方密切配合，确保这次历史性访问推动印中关系深入发展。

9月9日

［纲　文］　国务院批复旅游局，同意建立国务院旅游工作部际联席会议制度。

［目　文］　批复说，同意建立由国务院领导同志牵头负责的国务院旅游工作部际联席会议制度。联席会议不刻制印章，不正式行文，请按照国务院有关文件精神认真组织开展工作。撤销全国假日旅游部际协调会议，其职能并入国务院旅游工作部际联席会议。

9月9日

［纲　文］　张德江主持召开十二届全国人大常委会委员长会议，学习贯彻习近平总书记在庆祝全国人民代表大会成立六十周年大会上的重要讲话精神。

［目　文］　全国人大常委会副委员长李建国、王胜俊、陈昌智、严隽琪、王晨、沈跃跃、吉炳轩、张平、向巴平措、艾力更·依明巴海、万鄂湘、张宝文、陈竺出席会议。

会议认为，人民代表大会制度是符合中国国情和实际、体现社会主义国家性质、保证人民当家作主、保障实现中华民族伟大复兴的好制度。学习贯彻习近平总书记重要讲话，坚持中国特色社会主义制度自信，首先要坚定人民代表大会制度自信，不断增强走中国特色社会主义政治发展道路的信心和决心。坚持和完善人民代表大会制度，必须毫不动摇坚持中国共产党的领导。党的领导是中国特色社会主义最本质的特征。必须坚持党总揽全局、协调各方的领导核心作用，通过人民代表大会制度，保证党的路线方针政策和决策部署在国家工作中得到全面贯彻和有效执行，维护党和国家权威、维护全党全国团结统一。

会议强调，习近平总书记重要讲话是做好新形势下人大工作的根本遵循。全国人大和地方各级人大要深入学习贯彻习近平总书记重要讲话精神，在人大工作中全面贯彻落实讲话精神。全国人大作为最高国家权力机关，在坚持和完善人民代表大会制度、全面推进依法治国中担负着重要政治责任。我们要切实增强责任感和使命感，按照总结、继承、完善、提高的原则，加强和改进人大工作，依法行使立法、监督、决定、任免等职权，不断推进人民代表大会制度理论和实践创新，努力开创人大工作新局面。

9月9日

[纲　文]　教育部在北京举办庆祝第30个教师节暨全国教育系统先进集体和先进个人表彰大会，习近平、李克强、刘云山、张高丽等会见代表。

[目　文]　中共中央总书记习近平向受到表彰的先进集体和先进个人表示热烈祝贺，向全国广大教师和教育工作者致以节日的问候。马凯、王沪宁、刘延东、刘奇葆、栗战书、艾力更·依明巴海、卢展工等参加会见。

教育部部长袁贵仁主持大会。人力资源和社会保障部、教育部联合表彰了500个"全国教育系统先进集体"，797名"全国模范教师"和"全国教育系统先进工作者"。教育部表彰了1998名"全国优秀教师"和"全国优秀教育工作者"，授予1320项"2014年国家级教学成果奖"。此前，教育部等还推选了10位"全国教书育人楷模"。国务院副总理刘延东出席表彰大会并讲话。全国模范教师代表、四川省阿坝藏族羌族自治州汶川中学初中部教师张霞，全国教书育人楷模代表、江苏省南京市溧水区特殊教育学校校长葛华钦，全国教育系统先进集体代表、河北省阜平县职教中心校长李丙亮，国家级教学成果奖获得者代表、复旦大学上海医学院教授汪玲分别在会上发言。

9月9日

[纲　文]　中俄投资合作委员会第一次会议在北京召开。

[目　文]　国务院副总理、中俄投资合作委员会中方主席张高丽与俄罗斯第一副总理舒瓦洛夫共同主持，就投资和金融合作进行卓有成效的会谈。

张高丽说，当前，中俄全面战略协作伙伴关系进入了新的发展阶段。我们今天共同举行中俄投资合作委员会第一次会议，启动这个新的政府间合作机制，是要进一步落实好两国元首达成的重要合作共识，为两国总理举行第十九次定期会晤做相关准备。目前中方累计对俄罗斯各类投资达到320亿美元，成为俄罗斯第四大投资来源地。两国越来越多的企业愿意到对方国家开展深度投资和融资合作，扩大投资、金融等领域合作面临新的机遇。希望双方充分发挥中俄投资合作委员会机制的作用，营造更加规范便利的投资环境，挖掘潜力，优势互补，合作共赢，重点推动落实能源、高铁、通讯、采矿、保障房建设、基础设施等领域的大项目合作，同时扩大金融领域的合作，更好地促进两国经济发展，使合作成果惠及两国人民。

舒瓦洛夫表示，在俄中全面战略协作伙伴关系顺利快速发展的形势下，加强俄中投资合作对扩大和深化两国全面务实合作至关重要，是双方合作的重要组成部分。俄方愿积极发挥俄中投资合作委员会的推动、指导、协调作用，为中方投资者开放更多投资领域，提供更有利的投资条件和更便利的金融服务，促进双方投资合作迈向新水平。

9月9—11日

［纲　文］　第四届文化财产返还国际专家会议在甘肃敦煌举行。

［目　文］　会议由国家文物局主办，甘肃省文物局、敦煌研究院承办。联合国教科文组织、国际刑警组织、世界海关组织等及来自埃及、希腊、瑞士、美国、墨西哥、加拿大、尼日利亚、塞浦路斯、法国、韩国、阿富汗等近20个国家的政府官员和专家，以及中国最高人民法院、最高人民检察院、外交部、司法部、海关总署、海警局、国家文物局等90余人与会。

与会者就被盗出境考古类文物的保护与归还、文物追索和返还的实践、今后如何开展文物追索和文化财产犯罪预防等问题进行了专业的讨论并通过了《关于保护和归还非法出境的被盗掘文化财产的敦煌宣言》。这是考古类文化财产返还领域第一个由中国主导的宣言性文件。

9月10日

［纲　文］　中国—阿拉伯国家友好年暨第三届阿拉伯艺术节开幕式在北京举行，国家主席习近平致贺信。

［目　文］　习近平祝愿友好年活动圆满成功并表示，中国和阿拉伯国家的友好交往历史久远，双方传统友谊历久弥新。中阿友好年活动的举办将增进双方人民相互了解和友好感情，为中阿交往和合作夯实民意基础。当前，中阿关系正处于承上启下、继往开来的新起点上，和平合作、开放包容、互学互鉴、互利共赢已成为中阿关系发展的重要特征。我高度重视中阿关系发展。中方始终从战略高度和长远角度看待中阿关系，愿同阿拉伯各国携手努力，把中阿全面合作、共同发展的战略合作关系不断提高到新的水平。

国务院副总理刘延东出席开幕式并宣布中阿友好年暨第三届阿拉伯艺术节开幕。开幕式上来自阿盟国家的100多名艺术家和中国的艺术家们联袂演出。阿拉伯国家联盟首脑理事会轮值主席国科威特埃米尔萨巴赫也向中阿友好年发来贺信。

本届艺术节由文化部、外交部和阿拉伯国家联盟秘书处联合主办，以"扩大交流，增进友谊"为宗旨，以"丝路精神，再谱新篇"为主题。2014年是中阿友好年、中阿合作论坛成立10周年，也是中共中央提出"一带一路"倡议的开局之年，所以本届艺术节的活动内容更加丰富多彩，涵盖文艺会演、论坛、非遗与艺术展览、电影节、书展、研修班、艺术工作室等众多领域，时间持续近3个月。近10个省区市参与本届艺术节活动，北京作为主会场，陕西西安、宁夏银川和福建泉州等城市作为分会场。

同日，第三届阿拉伯艺术节丝绸之路系列文化论坛之中阿文化部长论坛在北京召开。文化部部长蔡武和19个阿拉伯国家的政府文化代表团团长以及阿拉伯联盟代表出席会议。就进一步扩大中阿文化交流与合作、在文化领域共建"一带一路"、增进中阿民心相通等方面达成了共识，通过了《中阿文化部长论坛北京宣言》。论坛结束后，与会的所有阿拉伯文化部长共同出席了在中国美术馆举办的《意会中国—阿拉伯知名艺术家访华采风精品展》。

9月10日

［纲　文］　环境保护部、发展改革委、财政部印发《水质较好湖泊生态环境保护总体规划（2013—2020年）》。

［目　文］　《规划》由五部分组成：一、我国湖泊生态环境保护基本情况。二、水质较好湖泊生态环境保护形势。三、总体要求。四、保护策略。五、保障措施。

《规划》要求，加强环境宣传与教育，倡导绿色生活，有效利用社会媒体、宣传橱窗等渠道宣传湖泊生态环境保护的相关举措，普及水质较好湖泊保护的基础知识，提高公众湖泊生态环境保护意识，动员公众关心、支持、参与湖泊生态环境保护工作。

9月10日

［纲　文］　国土资源部发布《国土资源违法行为查处工作规程》，自2014年10月1日起施行。

9月10日

［纲　文］　清华大学软件学院刘云浩教授团队的论文在夏威夷召开的第20届ACM移动与无线通信年会（ACM MobiCom 2014）上获得唯一最佳论文奖。

9月10日

［纲　文］　国务院副总理张高丽在北京会见美国得克萨斯州州长里克·佩里。

［目　文］　张高丽说，当前中美关系保持稳定发展势头，两国在经贸、人文、能源、环保、地方等领域的务实合作取得新进展，就重大国际问题保持沟通和协调。双方应继续推进中美新型大国关系建设，深化务实合作，推动中美关系始终沿着健康稳定轨道向前发展，造福两国人民和世界人民。构建中美新型大国关系离不开两国地方间交流合作，希望得州同中国有关省市加强经贸、投资、能源、医疗、高科技等领域合作，为中美交流合作注入新动力。

里克·佩里表示得州重视对华关系，愿意积极发展对华务实合作，促进中美关系健康发展。

9月10日

［纲　文］　《人民日报》发表题为《当好"梦之队"的筑梦人——写在第三十个教师节》的评论员文章。

9月10—12日

[纲　文]　　第8届夏季达沃斯论坛在天津举行。

[目　文]　　国务院总理李克强出席论坛开幕式并发表《紧紧依靠改革创新 增强经济发展新动力》特别致辞。论坛的主题为"推动创新 创造价值"。来自世界各地的500强企业代表人，企业代表人，各国、地区代表人等全球90个国家的2100多名嘉宾与会。

会议期间，李克强在天津分别会见与会的马里总统凯塔、塞尔维亚总理武契奇、阿尔巴尼亚总理拉马和丹麦首相托宁—施密特、俄罗斯副总理德沃尔科维奇、蒙古国副总理特尔比希达格瓦、格鲁吉亚副总理克维卡里什维利。

9日，李克强在天津同出席第八届夏季达沃斯论坛的中外企业家代表对话交流。200多位全球跨国公司负责人和研究机构、新闻媒体等各界代表对话交流。世界经济论坛主席施瓦布主持对话会。

9月10—12日

[纲　文]　　张德江在贵州省调研。

[目　文]　　全国人大常委会委员长张德江在毕节市七星关区区人大"代表之家"、信访室等部门，与区人大代表和人大干部职工深入交流；在花溪区青岩镇，走进镇人大代表活动室，与正在讨论地方性法规草案的基层人大代表交谈；在贵阳市人大，与全体常委会组成人员和工作人员交谈。

12日，张德江在贵州省人大主持召开座谈会，畅谈学习贯彻中共中央总书记习近平讲话精神，听取人大工作情况时强调，当前和今后一个时期，学习贯彻习近平总书记重要讲话精神是全国人大和地方各级人大工作的重中之重。必须充分认识讲话的重大意义，准确把握讲话的精神实质，坚持好完善好发展好人民代表大会制度。要坚持走中国特色社会主义政治发展道路，发展社会主义民主政治，切实增强对人民代表大会制度的信心和决心。要坚定坚持党的领导、人民当家作主、依法治国有机统一，坚持民主集中制，充分发挥人民代表大会制度的优势和特点。要从坚持和发展中国特色社会主义的高度出发，加强和改进人大立法、监督等各项工作，扎实推进人民代表大会制度的完善和发展。他指出，地方各级人大是人民代表大会制度的重要组成部分，要按照总结、继承、完善、提高的原则，发挥地方人大的独特优势，提高人大工作水平。全国人大和地方人大要加强工作联系，增强人大工作的整体实效。

9月10—15日

[纲　文]　　太空探索者协会第27届年会在北京举行。

[目　文]　　年会由中国载人航天工程办公室承办，主题是"合作：共圆人类航天梦"。来自中国、美国、俄罗斯等18个国家的93名航天员共同参会。举办了全体航天员大会、主题会议、技术分会、航天员社会活动日及文化参观等多项活动。国务院副总理马凯出席开幕式并致辞。

太空探索者协会于1985年成立，会员均为已执行过载人航天飞行任务的航天员，目前由来自35个国家的近400名航天员组成。

9月10—15日

[纲　文]　**2014中国长白山国际生态论坛在吉林长白山举办。**

[目　文]　论坛由环境保护部、国家林业局、吉林省人民政府共同主办，论坛主题为"弘扬生态文明、实现绿色发展"。来自联合国教科文组织、世界自然保护联盟的代表及中外生态保护组织、自然保护区、国家公园的代表和国际著名的生态学专家学者与会。

主要包括全球性环境问题对策研究、生态学研究与生物多样性保护、自然保护区建设与管理、生态文化的传承与发展等分论坛活动，以及胡润——养生报告白皮书发布及"慢生活"论坛活动、"国际自然保护区联盟"成立筹备暨第十六届中国人与生物圈保护区网络大会、第二届"大长白山"区域合作发展座谈会、2014全国竞走锦标赛、"生态长白山"书画摄影作品展、长白山生态林公益募捐及千人公益骑行等活动。

9月10—11日

[纲　文]　**中古两党首届理论研讨会在北京举行。**

[目　文]　中共中央政治局委员、北京市委书记郭金龙，古巴共产党中央政治局委员、古巴国务委员会副主席、哈瓦那市委第一书记拉萨拉·梅赛德斯·洛佩斯出席并致辞。来自中国和古巴两党代表就共产党在中国改革开放和古巴经济社会模式更新进程中应起的作用展开交流。

11日，中共中央政治局常委刘云山在北京会见出席研讨会的拉萨拉·梅赛德斯·洛佩斯一行。

9月11—19日

[纲　文]　**国家主席习近平应邀对塔吉克斯坦、马尔代夫、斯里兰卡、印度进行国事访问并出席上海合作组织成员国元首理事会第十四次会议。**

[目　文]　陪同习近平出访的有：习近平夫人彭丽媛、中央政策研究室主任王沪宁、中央办公厅主任栗战书、国务委员杨洁篪等。10日，习近平在塔吉克斯坦《人民报》和"霍瓦尔"国家通讯社发表题为《让中塔友好像雄鹰展翅》的署名文章。

11—12日，上海合作组织成员国元首理事会第十四次会议在塔吉克斯坦杜尚别举行。国家主席习近平、哈萨克斯坦总统纳扎尔巴耶夫、吉尔吉斯总统阿坦巴耶夫、俄罗斯联邦总统普京、塔吉克斯坦总统拉赫蒙、乌兹别克斯坦总统卡里莫夫出席会议。习近平在会上发表《凝心聚力　精诚协作　推动上海合作组织再上新台阶》的讲话。成员国元首签署《上海合作组织成员国元首杜尚别宣言》并批准了一系列决议。会议发表了《上海合作组织元首理事会会议新闻公报》。

与会期间，习近平分别会见了俄罗斯总统普京、哈萨克斯坦总统纳扎尔巴耶夫、土库曼斯坦总统别尔德穆哈梅多夫、吉尔吉斯斯坦总统阿坦巴耶夫、巴基斯坦总理国家安全和外事顾问阿齐兹；同俄罗斯总统普京、蒙古国总统额勒贝格道尔吉举行中俄蒙元首会晤。

12—14日，习近平对塔吉克斯坦进行国事访问。习近平在杜尚别同拉赫蒙举行会谈，两国元首就深化中塔关系达成重要共识，批准了中塔战略伙伴关系未来5年发展规划，一致决定全面加强务实合作，实现共同发展、共同繁荣、共同安全。共同签署了《中华人民共和国和塔吉克斯坦共和国关于进一步发展和深化战略伙伴关系的联合宣言》并见证了经贸、农业、能源、基础设施建设等领域多项合作文件的签署。习近平和拉赫蒙共同出席中塔两国重大合作项目——杜尚别2号热电厂一期工程竣工仪式、二期工程开工仪式和中国—中亚天然气管道D线塔吉克斯坦境内段开工仪式。习近平在杜尚别分别会见塔吉克斯坦议会下院议长祖胡罗夫、塔吉克斯坦总理拉苏尔佐达。

14—16日，习近平对马尔代夫进行国事访问并在马尔代夫《今晚报》和太阳在线网发表题为《真诚的朋友，发展的伙伴》的署名文章。

15日，习近平同马尔代夫总统亚明在马累举行会谈。两国元首在亲切友好的气氛中就双边关系和共同关心的问题交换意见，一致同意建立中马面向未来的全面友好合作伙伴关系。两国元首共同出席了外交、经贸、基础设施建设等领域合作文件签字仪式，并为中方参与建设的马尔代夫拉穆环礁连接公路项目和民用住宅项目揭牌。习近平分别会见马尔代夫议长马斯赫和前总统、执政党马尔代夫进步党主席加尧姆。双方发表了《中华人民共和国和马尔代夫共和国联合新闻公报》。

16—17日，习近平对斯里兰卡进行国事访问并在斯里兰卡《每日新闻》报发表题为《做同舟共济的逐梦伙伴》的署名文章。

16日，习近平在科伦坡同斯里兰卡总统拉贾帕克萨举行会谈，在两国元首见证下，双方签署《中斯关于深化战略合作伙伴关系的行动计划》以及经贸、基础设施建设、海洋科研、文化、教育等领域合作协议。习近平和拉贾帕克萨共同为斯里兰卡中国文化中心和2014年科伦坡书展中国主宾国活动揭牌、共同出席中斯重要合作项目——普特拉姆燃煤电站视频连线启用仪式、考察中斯重要合作项目——科伦坡港南集装箱码头并出席港口城开工仪式。17日，习近平在科伦坡分别会见斯里兰卡议长恰马尔、斯里兰卡总理贾亚拉特纳。

17—19日，习近平对印度进行国事访问并在印度《印度教徒报》和《觉醒日报》发表题为《携手共创繁荣振兴的亚洲世纪》的署名文章。

18日，习近平在新德里会见印度总统普拉纳布·慕克吉；同印度总理莫迪举行会谈。两国领导人一致同意，携手构建更加紧密的发展伙伴关系，抓住发展机遇，实现各自发展目标，促进亚洲和平、稳定、繁荣，推动国际秩序朝着更加公正合理的方向发展。习近平和莫迪共同出席了经贸、金融、交通运输、海关、文化等领域双边合作文件的签字仪式。双方发表了《中华人民共和国和印度共和国关于构建更加紧密的发展伙伴关系的联合声明》。习近平在印度世界事务委员会发表题为《携手追寻民族复兴之梦》的演讲。

访问期间，习近平在新德里分别会见了印度副总统兼联邦院议长安萨里、印度外长斯瓦拉杰、印度人民院议长马哈詹、印度国大党主席索尼娅·甘地和前总理辛格，印度友好人士、友好团体代表并颁发和平共处五项原则友谊奖，表彰他们长期致力于中印友好事业。

9月11日

［纲　文］　李克强在天津市考察。

［目　文］　国务院总理李克强在滨海新区行政审批局办事大厅，工作人员介绍，过去审批事项多，各部门审批专用章共有109个。现在通过减少审批、整合职能、优化流程等改革，所有必要的审批都集中到一起，只需盖一个章，新注册企业井喷式增长，创造了大量就业岗位。李克强赞许地说，109个章变一个章，是政府自我革命的大动作，要让不必要的审批成为历史。设立政府权力清单和责任清单，就是要划定政府权力界限，明确政府责任担当，不仅让审批流程从"拜多家庙的万里长征"变成"进一个门的指日可待"，而且服务和监管都要跟上，为大众创业、万众创新敞开大门，放权于市场，让利于百姓，建设公正法治的市场环境。

在天津新港海关，过检的司机向总理反映，新的通关措施大大节省了时间。李克强说，这为企业降低了成本，也为国家积累了财富，会助推提升企业国际竞争力，为扩大我国对外开放作贡献。他对新港海关利用电脑摇号随机选择抽检对象、随机确定检查人员、不搞选择性监管给予充分肯定。他说，这种做法体现了监管的科学性和执法的公正性，对转变政府职能、建设廉洁高效政府有积极意义。要把权力关进制度笼子，不断加强制度性和法制建设，使寻租无门，腐败无路。

2013年底，李克强在天津西于庄看望住房困难群众，要求加快改造这片天津最大的棚户区，并承诺一年后再来。时隔9个月，李克强如约来到迁建施工现场。看到这里59栋楼房拔地而起，2015年就能入住，他十分高兴。一些拆迁安置群众正在看房，见到总理，他们纷纷表达对政府的感谢之情。李克强说，群众的需求就是我们的动力。棚户区是历史的欠账，也是城市的"疮疤"，要一茬接一茬干，抚平这个"疮疤"，兑现党和政府承诺，切实保障困难群众基本生活。他叮嘱随行地方同志，要确保施工质量，搞好小区学校、道路、市场等配套建设，让居民住"暖心房"、圆安居梦。

9月11日

［纲　文］　全国政协在北京召开双周协商座谈会，就民族地区城镇化进程中的就业问题提出意见和建议。

［目　文］　全国政协主席俞正声主持会议。全国政协副主席杜青林、张庆黎、王正伟、马飚出席座谈会。全国政协委员朱维群、杜鹰、马志伟、刘新乐、陈旗、王正荣、姚爱兴、郑福田、李嵘、磨长英、索朗多吉、艾尼瓦尔·依明、陈俊骢、贾殿赠、潘刚、乌恩、武鸿麟，以及专家学者顾胜华等在座谈会上发言。人力资源和社会保障部副部长信长星介绍了我国民族地区城镇化进程中就业问题的有关情况。国家发展改革委、教育部、国家民委的负责人出席会议，并与委员们互动交流。

委员们建议，解决民族地区就业问题，首先是领导重视。必须把就业摆在更加突出的位置，把提高人民生活水平作为衡量地方发展的最重要标准。要制定符合本地区实际的切实可行的招工就业政策,并采取特殊的帮助措施。民族地区要提升经济总量,调整优化产业结构,发展符合当地资源禀赋的产业,进一步增强民族地区就业吸纳能力。要高度重视民族地区的双语教育工作,加快民族地区院校的教育改革,以就业为导向调整高校专业设置和培养模式,推动学生转变就业观念。要大力发展适合市场需求的职业教育培训,提高劳动者就业技能。推动进城农牧民与城镇居民平等享有就业就学、社会保障等基本权益,逐步实现城镇基本公共服务对常住人口全覆盖。

9月11日

［纲　文］　新华社讯,解放军总政治部印发《关于加强战斗精神培育的意见》。

［目　文］　《意见》就贯彻落实中央军委主席习近平指示要求,深入推进战斗精神培育,建立战斗精神培育长效机制,作出部署安排。

《意见》指出,加强战斗精神培育,必须以党的军事指导理论为根本遵循,认真学习贯彻中央军委主席习近平国防和军队建设重要论述,坚持思想领先、训育一体、全面锤炼、结合渗透、改进创新的原则,加强思想教育引导,融入训练管理磨砺,结合重大任务锤炼,运用战斗文化熏陶,强化政策制度激励。各级党委要把抓好战斗精神培育作为重要职责,列入议训议教内容,统筹各方力量,解决矛盾问题,确保培育工作有力有效落实。机关各部门要结合职能任务细化落实措施,政治部门要发挥牵头协调作用,其他部门要积极配合、密切协作,形成齐抓共管的培育工作格局。

9月11日

［纲　文］　银监会公布《中国银监会外资银行行政许可事项实施办法》。

［目　文］　《办法》共7章152条。主要有总则、机构设立、机构变更、机构终止、业务范围、董事和高级管理人员任职资格核准、附则等内容。自2014年9月11日起施行,《中国银行业监督管理委员会外资金融机构行政许可事项实施办法》(中国银行业监督管理委员会令2006年第4号)同时废止。

9月11日

［纲　文］　国家信访局印发《关于进一步加强初信初访办理工作的办法》,自2014年11月1日起施行。

9月11日

［纲　文］　中国文化馆协会成立大会在北京举行。

［目　文］　来自全国各省区市文化厅(局)相关负责人、各级文化馆(站)代表,民政部、全国妇联、中华全国总工会、共青团中央、中国科学技术协会等相关部委和社会团体代表,以及文化部有关司局和直属单位代表共计200余人参加了会议。

中国文化馆协会是由文化馆(站)、群众艺术馆、文化活动中心、与文化馆(站)相关的企事业单位、社会组织及个人组成的全国性、行业性、非营利性社会组织。

9月11日

［纲　文］　中央军委副主席许其亮在北京会见塞浦路斯国防部长福凯季斯。

〔目　文〕　许其亮说，中塞两国友好，中方愿与塞方加强交流，不断增进了解和互信，推动两军关系不断向前发展。

福凯季斯说，塞坚定奉行一个中国政策，重视发展塞中关系，希望两国在能源、经济等方面加强合作。塞浦路斯军队愿与中方共同努力，进一步加强两军友好交流与合作。

9月11日

〔纲　文〕　国家副主席李源潮在北京会见英国英中贸易协会前主席、议会上院议员鲍威尔勋爵。

9月11日

〔纲　文〕　《人民日报》报道，中共中央纪委对四川省政协原主席李崇禧严重违纪问题立案审查。

〔目　文〕　依据《中国共产党纪律处分条例》等有关规定，经中央纪委审议并报中共中央批准，决定给予李崇禧开除党籍、开除公职处分；将其涉嫌犯罪问题及线索移送司法机关依法处理。

2015年11月3日，江西南昌市中级人民法院公开宣判李崇禧受贿案，认定被告人李崇禧犯受贿罪，判处有期徒刑12年，并处没收个人财产人民币100万元；对李崇禧受贿财物予以追缴，作案工具录音笔一支予以没收，一并上缴国库。李崇禧当庭表示服从判决，不上诉。

9月11—12日

〔纲　文〕　汪洋在广东省调研外贸工作。

〔目　文〕　国务院副总理汪洋在广东深圳、东莞、珠海等地调研外贸工作时强调，要适应经济社会发展新常态，坚定不移地推进结构调整和转型升级，加快培育国际竞争新优势，促进进出口稳定增长，努力构建对外贸易新格局。面对国内外发展环境的深刻变化，必须把转方式、调结构、促转型摆在更加突出的位置，千方百计推进创新驱动，引导企业从拼汗水向拼创新转变，提高核心竞争力；千方百计培育新的商业模式，大力发展跨境电子商务和外贸综合服务平台，抢占国际竞争的制高点；千方百计防止外贸增长失速，做好政策储备，为促进国民经济发展和扩大就业创造必要条件；千方百计优化进出口结构，鼓励一般贸易和服务贸易发展，加快加工贸易转型升级，支持企业培育品牌和营销网络，保持外贸发展的可持续性；千方百计改进政府服务，创新政府监管模式，推进贸易便利化，规范和清理进出口环节的收费，营造国际化、法治化的营商环境。

9月11—22日

〔纲　文〕　"2014港澳视觉艺术双年展"在中华世纪坛世界艺术馆举办。

〔目　文〕　展览由文化部港澳台办公室、香港特区政府民政事务局、澳门特区政府文化局主办。香港展区以"乐·活·当下"为主题，12位香港摄影艺术家，用摄影的方式从不同角度记录了300个港人家庭的日常生活。澳门展区以"妈阁·延伸"为主题，汇聚10余位摄影家的作品，展现澳门从一个渔舟唱晚的村落到今天高楼林立的大都会的变迁历程，诉说澳门人对这块土地的深厚感情。

9月12日

[纲　文]　国务院印发《关于依托黄金水道推动长江经济带发展的指导意见》。

[目　文]　《意见》指出，长江是货运量位居全球内河第一的黄金水道。长江通道是我国国土空间开发最重要的东西轴线，在区域发展总体格局中具有重要战略地位。依托黄金水道推动长江经济带发展，打造中国经济新支撑带，是党中央、国务院审时度势，谋划中国经济新棋局作出的既利当前又惠长远的重大战略决策。

《意见》由八部分组成：一、重大意义和总体要求。二、提升长江黄金水道功能。三、建设综合立体交通走廊。四、创新驱动促进产业转型升级。五、全面推进新型城镇化。六、培育全方位对外开放新优势。七、建设绿色生态廊道。八、创新区域协调发展体制机制。

《意见》包括《长江经济带综合立体交通走廊规划（2014—2020年）》。《规划》内容主要有：一、规划基础。二、总体思路和发展目标。三、打造长江黄金水道。四、建设综合立体交通走廊。五、加快城市群交通网络建设。六、保障措施。七、规划环评。

9月12日

[纲　文]　国务院印发《物流业发展中长期规划（2014—2020年）》。

[目　文]　《规划》由七部分组成：一、发展现状与面临的形势。二、总体要求。三、发展重点。四、主要任务。五、重点工程。六、保障措施。七、组织实施。

《规划》要求，各地区、各部门要充分认识促进物流业健康发展的重大意义，采取有力措施，确保各项政策落到实处、见到实效。地方各级人民政府要加强组织领导，完善协调机制，结合本地实际抓紧制定具体落实方案，及时将实施过程中出现的新情况、新问题报送发展改革委和交通运输部、商务部等有关部门。国务院各有关部门要加强沟通，密切配合，根据职责分工完善各项配套政策措施。发展改革委要加强统筹协调，会同有关部门研究制定促进物流业发展三年行动计划。

9月12日

[纲　文]　国务院印发《关于进一步做好为农民工服务工作的意见》。

[目　文]　《意见》由六部分组成：一、进一步做好为农民工服务工作的总体要求。二、着力稳定和扩大农民工就业创业。三、着力维护农民工的劳动保障权益。四、着力推动农民工逐步实现平等享受城镇基本公共服务和在城镇落户。五、着力促进农民工社会融合。六、进一步加强对农民工工作的领导。

《意见》要求，各地区、各有关部门要按照本意见要求，结合实际抓紧制定和完善配套政策措施，积极研究解决工作中遇到的新问题。国务院农民工工作领导小组每年要针对重点工作和突出问题进行督察，及时向国务院报告农民工工作情况。

9月12日

[纲　文]　发展改革委、环境保护部、能源局印发《煤电节能减排升级与改造行动

计划（2014—2020年）》。

［目　文］　《计划》由七部分组成：一、指导思想和行动目标。二、加强新建机组准入控制。三、加快现役机组改造升级。四、提升机组负荷率和运行质量。五、推进技术创新和集成应用。六、完善配套政策措施。七、抓好任务落实和监管。

9月12日

［纲　文］　银监会印发《商业银行内部控制指引》，自2014年9月12日起实施。

9月12日

［纲　文］　中央政法委在北京召开全国继续推进打黑除恶专项斗争电视电话会议。

［目　文］　中央政法委秘书长、国务院副秘书长汪永清主持会议。公安部部长郭声琨出席并讲话。最高人民法院、最高人民检察院、公安部、司法部有关负责人发言。全国打黑除恶专项斗争协调小组成员、全国打黑除恶专项斗争协调小组办公室成员在主会场出席会议。各省（区、市）及新疆生产建设兵团党委政法委及政法部门负责人、打黑除恶专项斗争领导小组成员及领导小组办公室成员在分会场参加会议

郭声琨指出，各地区、各有关部门要认真学习贯彻习近平总书记系列重要讲话精神，以对党和人民高度负责的精神不断推进专项斗争向纵深发展，依法严厉打击黑恶势力犯罪，不断增强人民群众安全感。要坚持"打早打小、露头就打"，以"零容忍"的态度重拳出击、依法严惩，始终对黑恶势力犯罪保持高压态势。要准确把握黑恶势力犯罪出现的新情况、新动向，对重点行业、重点领域、重点地区抓好摸底排查。要坚持依法治理，运用法治思维和法治方式推进专项斗争，真正把查处的每一件黑恶势力犯罪案件都办成铁案。要坚持除恶务尽，对充当黑恶势力"保护伞"的，要发现一起查处一起，决不姑息迁就。要健全黑恶势力打防管控一体化运行机制，最大限度地压缩黑恶势力滋生空间。

9月12日

［纲　文］　国家副主席李源潮在北京会见由革命党双亲会总书记赛义夫·穆罕默德率领的坦桑尼亚革命党高级干部考察团。

9月12日

［纲　文］　第6次中英经济财金对话在伦敦举行。

［目　文］　国务院副总理马凯和英国财政大臣奥斯本共同主持。双方围绕"促进中英经济的共同增长与包容发展"主题，就宏观经济、金融经贸、基础设施、城镇化、国际经济合作等议题进行深入沟通，取得积极成果。

双方一致认为，中英经济互补性强，当前两国都在推进结构性改革，面临新的合作机遇。双方充分肯定上次对话以来取得的成绩，推动基础设施、能源、交通、财税金融等领域合作实现新的突破。中方赞赏英方支持中国企业积极参与欣克利角项目，在未来控股开发英国新核电项目并使用中国核反应堆技术；承诺积极推进高铁2号线建设等战略项目合作，建立中英高铁联合工作组机制；批准中国工商银行在伦敦设立分行并欢迎包括中国建设银行在内的更多中资银行申请在英设立分行；中方欢迎英方宣布有意向发行以人民币计

价的英国国债；英方欢迎中国再保险（集团）有限公司在英国设立中再承保代理有限公司。中方同意劳合社设立北京分公司。双方同意深化基础设施建设、可持续城镇化、政府与社会资本合作（PPP）领域的合作。双方还就伦敦离岸人民币市场、金融改革与监管、审计监管合作等达成了重要共识。

11日，英国首相卡梅伦在伦敦会见马凯时表示，近年来，英中关系不断增强，对话层次提高，经贸、双向投资密切，希望此次对话为英中关系带来新突破。英方欢迎中国企业来英投资，这是英国经济和英中关系未来的力量。希望双方提高在核能、高铁等大型基础设施领域的合作水平，在二十国集团布里斯班峰会共同反对贸易保护主义。

马凯说，本次中英经济财金对话主要任务是推动落实两国领导人关于中英经济财金合作达成的重要共识，进一步推进务实合作。马凯介绍了中国全面深化改革的重大举措及成效，表示当前中英都在推进改革和结构调整，面临新的合作机遇。中方愿与英方深化务实合作，关键是抓好核电、高铁、金融和科技等重点合作，为中英全面战略伙伴关系不断注入新的动力。

9月12日

〔纲　文〕　中国航天发动机专家郑日恒当选国际宇航联合会委员，成为中国首位在该机构任委员的专家。

9月12日

〔纲　文〕　"生态环境法治保障"系列活动启动仪式暨中央部门座谈会在北京召开。

〔目　文〕　会议由环境保护部、中国法学会共同举办。中国法学会党组书记、常务副会长陈冀平主持，原中共中央政治局委员、中国法学会会长王乐泉出席会议并讲话，环境保护部党组成员、副部长潘岳作总结发言，中国法学会党组成员、副会长、学术委员会主任张文显参加会议。来自中央立法、执法、司法部门以及相关重要研究机构的近40名领导、专家参加了座谈。

来自全国人大环资委、全国人大常委会法工委、国务院法制办、国土资源部、农业部、国家食品药品监管总局的同志介绍了本单位参与环境保护立法的情况，并对进一步推动环境法治建设提出了意见和建议。来自最高人民法院、最高人民检察院、公安部的同志介绍了本部门加强环境资源案件审判、完善环境行政执法与司法衔接、侦办环境案件等方面的工作。来自国务院发展研究中心资源与环境政策研究所、国家司法文明协同创新中心和中国环境资源法学研究会的有关学者，也对我国环境法治建设工作提出了建议。

9月12日

〔纲　文〕　文化部原党组书记、代部长，中国文联第六届、七届主席，中国文联第八届、九届名誉主席周巍峙，在北京逝世，享年98岁。

9月12—13日

〔纲　文〕　培育和践行社会主义核心价值观工作经验交流会在北京举行。

〔目　文〕　中共中央政治局常委刘云山出席并讲话。中共中央政治局委员、国务院副总理刘延东主持会议。中共中央政治局委员、中宣部部长刘奇葆作总结讲话。中央有关部门和地方基层代表共 24 位同志作了经验发言。

刘云山指出,要深入学习、深刻领会习近平总书记关于培育和践行社会主义核心价值观的重要指示精神,真正做到思想更自觉、行动见成效,推动核心价值观建设不断向广度和深度拓展。

9月12—15日

[纲　文]　俞正声在山东省调研。

[目　文]　全国政协主席俞正声在山东财经大学舜耕校区、山东大学中心校区,看望新疆、西藏籍等少数民族地区学生,并与济南部分高校新疆籍、西藏籍学生座谈,询问他们的家庭收入、学费缴纳、所学专业、就业去向、农牧民家庭学生的比例等情况;他在西藏中学、济南长清区长清一中,看望西藏班学生和新疆内高班学生,了解学生的学习生活情况;在济南清真南大寺了解宗教活动情况。俞正声指出,做好少数民族内地学生的教育培养工作是促进民族团结的一件大事。要做好教育帮扶工作,真正像自己的孩子一样关心教育少数民族学生,多组织开展结对子、走进汉族家庭、外出旅游等活动,引导少数民族学生增强对伟大祖国的认同、对中华民族的认同、对中华文化的认同、对中国特色社会主义道路的认同。要帮助他们选好专业、学好汉语、掌握好专业技能,切实解决好学习和生活上的困难,做好就业指导服务工作,努力让他们成为民族团结的骨干,成为新疆、西藏发展进步的骨干。

俞正声主持召开援疆工作座谈会,对山东的对口援疆工作给予了肯定。他强调,要坚持以社会稳定和长治久安为着眼点和着力点,以改善民生、凝聚人心为目的,进一步发挥援受双方两个积极性,抓好就业、教育、人才援疆,进一步加大产业援疆力度,重点发展劳动密集型企业,增加就业特别是少数民族就业人数,完善援疆工作机制,努力开拓对口援疆工作新局面。俞正声还来到滨州市邹平县生产企业、韩店镇西王社区,考察产业发展和民生保障等情况。他鼓励企业要充分利用新疆的资源优势和优惠政策,到新疆创办企业,为促进新疆就业发挥作用。

9月12—13日

[纲　文]　第三届台胞社团论坛在北京举行。

[目　文]　全国政协主席俞正声出席论坛开幕式并致辞。论坛由中华全国台湾同胞联谊会主办。以"深化交流合作、促进和平发展"为主题,来自全球100多个台胞社团的负责人与会,两岸台胞社团签署了14项旨在落实交流合作制度化和规范化的《台胞社团交流合作伙伴协议》。

9月12—27日

[纲　文]　首届"丝绸之路国际艺术节"在西安举办。

[目　文]　艺术节由文化部和陕西省政府共同主办,是全国第一个有关丝绸之路的国家级艺术节,邀请了丝绸之路经济带、海上丝绸之路沿线国家和关联国家以及国内部分省区30多个优秀剧(节)目参加35场演出。汇集了中外文艺会演、非遗展览、丝路文化

论坛、惠民公益巡演等 4 大版块内容。

9 月 13 日

〔纲　文〕　公安部发布《公安机关办理刑事复议复核案件程序规定》，自 2014 年 11 月 1 日起施行。

9 月 13 日

〔纲　文〕　中宣部在北京举行第十三届精神文明建设"五个一工程"表彰座谈会。

〔目　文〕　《中国合伙人》《周恩来的四个昼夜》等 27 部电影，《毛泽东》《历史转折中的邓小平》等 30 部电视剧，《焦裕禄》等 33 部戏剧，《重整河山待后生》等 22 部广播剧，《我们的中国梦》等 31 首歌曲，《兴国之魂——社会主义核心价值体系释讲》等 28 部图书等脱颖而出，共 186 部作品获得"优秀作品奖"，浙江省委宣传部、云南省委宣传部等 25 个单位获得"组织工作奖"。

中宣部部长刘奇葆出席座谈会并指出，广大文艺和出版工作者要认真学习贯彻习近平总书记系列重要讲话精神，全面贯彻"二为"方向和"双百"方针，确立崇高的文化理想和艺术追求，促进文艺创作的繁荣和发展，讲好中国故事、记录时代变迁，赞颂人间大爱、抒发百姓情怀，不断培植我们的精神家园。

9 月 13 日

〔纲　文〕　第八届亚太经合组织（APEC）旅游部长会议在澳门召开。

〔目　文〕　国务院副总理汪洋出席开幕式并发表题为"共创亚太旅游合作与发展新未来"的演讲。会议由国家旅游局主办、澳门特别行政区政府承办。与会者以"共创亚太旅游合作与发展新未来"为主题，就旅游市场一体化、旅游与其他产业融合发展、智慧旅游、旅游产业的互联互通、低碳发展 5 个重要议题展开充分讨论。会议确定了在 2025 年努力实现 APEC 成员体国际旅游人数总规模超过 8 亿人次的目标，倡议 APEC 各成员将旅游业作为支柱产业加以优先发展。通过了《澳门宣言》。

汪洋在澳门出席第八届 APEC 旅游部长会议开幕式期间，会见了澳门特别行政区行政长官崔世安。

12 日，汪洋集体会见了与会的成员经济体代表和部分国际组织代表时指出，澳门是中国城市旅游的一张名片，希望大家进一步增进对澳门的了解，扩大 APEC 成员与澳门的旅游交流与合作，促进澳门经济繁荣发展。

9 月 13 日

〔纲　文〕　中国诗歌学会正式命名河南省鹤壁市的淇河为"中国诗河"，这是中国首条以诗歌命名的河流。

9 月 14 日

〔纲　文〕　刘奇葆出席全国外宣工作会议。

［目　文］　中共中央政治局委员刘奇葆指出，对外宣传是一项全局性战略性的工作，要认真学习贯彻习近平总书记系列重要讲话精神，围绕党和国家工作大局，以塑造国家良好形象、维护国家根本利益、传播中华优秀文化、服务党和国家对外战略为基本任务，讲好中国故事、传播好中国声音、阐释好中国特色，营造于我有利的国际舆论环境。要深化中国梦对外宣传，传播当代中国价值观念，阐释我坚持和平发展、促进共同发展的理念，着力扩大认知、增进理解。要大力宣传我国经济发展成就和对世界经济发展的重要贡献，介绍我国民主政治、社会进步、民生改善、民族团结和科技创新，讲述中国人、中国家庭的精彩故事，引导国际社会全面客观认识当代中国。要大力推介中华优秀传统文化和当代文化创新成果，展示中华文化独特魅力。要坚持国家站位、全球视野，加强国际传播能力和对外话语体系建设，强化数字传播能力，打造报道中国的权威媒体，加强重大主题对外宣传，创新方式方法，增强对外宣传工作的针对性实效性权威性。要树立大宣传工作理念，整合力量资源，切实推动内宣外宣一体化发展。

9月14日

［纲　文］　中俄人文合作委员会第十五次会议在俄罗斯乌里扬诺夫斯克召开。

［目　文］　国务院副总理、中俄人文合作委员会中方主席刘延东与俄罗斯副总理、俄方主席戈洛杰茨共同主持。

刘延东说，在习近平主席和普京总统的战略引领下，中俄关系呈现出强劲发展势头，双方密切协作，在教育、文化、卫生、体育、旅游、媒体、电影、档案、青年等领域的合作卓有成效。中俄人文合作正成为大国间文明对话的典范，影响力、亲和力、感召力逐步显现。特别是年初启动的中俄"青年友好交流年"已完成近200项活动，交流规模达数万人次。此次会议进一步落实了两国元首今年5月上海会晤达成的重要共识，确定了明年两国人文合作的方向和重点领域，为两国总理年内举行第19次会晤做了准备。中方将全面落实本次会议达成的九大领域合作项目。两国将开展"百校万人"大学生交流活动，扩大互派留学生规模，在2020年达到10万人；明年中俄将共同庆祝世界反法西斯战争暨中国人民抗日战争胜利70周年，在人文领域也将开展系列活动，以铭记历史，共创未来。希望两国继续做好中共六大会址修复工作，深化语言教学合作，开展中俄创新对话。

9月14日

［纲　文］　《人民日报》发表题为《鼓起我们时代的精神风帆》的评论员文章。

9月14日

［纲　文］　《人民日报》发表题为《让文艺作品承载价值与梦想》的评论员文章。

9月15日

［纲　文］　庆祝全国人民代表大会成立60周年理论研讨会在北京举行。

［目　文］　全国人大常委会委员长张德江出席研讨会。全国人大常委会副委员长李建国主持会议。全国人大常委会副委员长王胜俊、陈昌智、严隽琪、王晨、沈跃跃、吉炳

轩、张平、向巴平措、艾力更·依明巴海、万鄂湘、张宝文、陈竺出席会议。理论研讨会是由全国人大常委会办公厅和中国人民代表大会制度理论研究会共同举办。

张德江指出，要认真学习贯彻习近平总书记在庆祝全国人民代表大会成立60周年大会上的重要讲话精神，在以习近平同志为总书记的党中央领导下，坚定不移走中国特色社会主义政治发展道路，坚持和完善人民代表大会制度，充分发挥人民代表大会制度的根本政治制度作用，切实履行宪法和法律赋予的职责，认真做好新形势下人大工作，为社会主义民主政治建设作出新贡献。

9月15日

［纲　文］　党的群众路线教育实践活动理论研讨会在北京召开。

［目　文］　中央党的群众路线教育实践活动领导小组组长刘云山出席并讲话。赵乐际主持会议。刘奇葆、赵洪祝出席会议。河南省、浙江省、云南省、中直机关工委、商务部、中国华能集团、吉林大学、国防大学等8个单位作大会发言。中央教育实践活动领导小组成员，各省区市、新疆生产建设兵团党委，中央和国家各部委、各人民团体以及中管企业、金融机构和高等院校党组（党委），全国党建研究会有关负责人，120多位入选论文代表参加会议。

刘云山指出，要深入学习贯彻习近平总书记系列重要讲话精神，认真总结党的群众路线教育实践活动成功经验，着力深化对作风建设的规律性认识，把贯彻党的群众路线不断引向深入。这次党的群众路线教育实践活动紧紧围绕为民务实清廉的主题，认真贯彻"照镜子、正衣冠、洗洗澡、治治病"的总要求，针对形式主义、官僚主义、享乐主义和奢靡之风，开展严肃批评和自我批评，进行突出问题专项整治，坚决扫除作风之弊、行为之垢，有力促进了党风政风好转，取得了重要的实践成果、制度成果、理论成果。实践表明，党的群众路线是永不褪色的生命线和永不过时的传家宝，必须坚持不懈地贯彻到党治国理政全部实践之中。总结阐释好这次教育实践活动成功经验是理论工作者的重要责任，要弘扬理论联系实际的学风，善于从基层的探索创新中获得启发，对鲜活的实践经验作出理论概括，加强对党的群众路线基本内涵、实践要求和实现途径的研究阐释，为深入贯彻党的群众路线提供有力的理论支撑。

9月15日

［纲　文］　国务院批复广东省人民政府，同意在汕头经济特区设立华侨经济文化合作试验区。

［目　文］　批复说，一、同意在汕头经济特区设立华侨经济文化合作试验区（以下简称试验区）。二、支持试验区着力转型升级，推动海外华侨华人与祖国经济深度融合发展。三、支持试验区搭建海外华侨华人文化交流平台，深化与有关国家（地区）的人文合作。四、支持试验区全面深化改革，构建开放型经济新体制。五、加大政策支持，统筹推进试验区建设发展。试验区规划建设要符合土地利用总体规划、城市总体规划，着力优化空间布局，切实节约集约利用土地和海域资源，对尚不在《汕头市城市总体规划（2002—

2020年)》范围内的20平方公里，待其纳入城市总体规划并得到国务院批准后再实施。执行国家统一财税政策，涉及的重大政策和建设项目要按规定程序报批。六、加强组织协调，有力有序推动试验区发展。广东省人民政府要切实加强组织领导，完善工作机制，明确工作责任，加大支持力度，扎实推进试验区建设发展。

9月15日

［纲　文］　文化部颁布《全国重点美术馆评估办法》和《全国重点美术馆评估标准》，均自2014年9月15日起施行。

9月15日

［纲　文］　首届中国质量（北京）大会在人民大会堂举行。

［目　文］　大会的主题是"质量、创新、发展"，来自美欧等国家和地区及国际质量组织负责人、中外企业家和专家学者等600多人出席。

国务院总理李克强出席大会并发表讲话指出，提升质量归根到底靠企业。市场经济是法治经济，也是讲道德、讲诚信的经济。企业要坚守商业道德，担起产品和服务质量的主体责任，在创新、管理和提高劳动者素质上下功夫。各行各业都要瞄准质量顽症，加快技术创新，淘汰落后产品。要完善质量管理体系，坚持严字当头，注重基础和细节，向管理要质量。要着力提高从业人员素质技能，培育职业精神，造就责任心强、有专业素养的职业队伍。政府要加快转变职能，营造公平规范的市场秩序，激励企业诚信经营、多出优品、打造精品。完善事中事后监管，特别是强化对关乎群众健康和安全的产品质量监管。努力塑造中国产品和服务的良好品牌，不仅让国内消费者喜爱，而且在国外声誉良好，做到"双满意"。要努力构建全社会质量共治机制，坚持标准引领、法制先行，树立中国质量新标杆。要加快相关法规建设，完善国家标准体系，推进强制性标准改革，提升标准和检测的有效性、先进性和适用性。公开产品和服务标准，确立中国质量对市场的硬承诺。鼓励消费者对产品和服务的优劣"用脚去投票"，举报质量违法行为，充分利用市场机制倒逼质量提升，形成"人人重视质量、人人创造质量、人人享受质量"的社会氛围。维护质量安全是世界共同责任。各国应加强质量检测、技术研发等方面合作，建立强有力的监管合作机制。中国开放的大门将越开越大，我们将致力于构建更高水平的对外开放与合作体系，坚持倡导贸易自由化，不断加大进口，不断放宽服务业市场准入，欢迎更多外国企业到中国市场公平竞争，在互利共赢的合作中实现共同发展。

9月15日

［纲　文］　环境保护部联合国家发展改革委、公安部、财政部、交通运输部、商务部五部门印发《2014年黄标车及老旧车淘汰工作实施方案》。

9月15日

［纲　文］　第二次中法高级别经济财金对话在巴黎举行。

［目　文］　国务院副总理马凯、法国财政和公共账目部长萨潘共同主持。双方围

绕"推进紧密持久的中法经济财金战略伙伴关系"的主题，就全球经济形势与经济治理、中法两国宏观经济与结构改革、双边财政金融与贸易投资合作等议题进行了深入的沟通。双方共达成了46项互利共赢的成果，将在宏观经济政策协调、全球经济治理、金融财税、贸易投资、核能、航空航天等领域开展合作。双方一致认为，当前全球经济复苏仍面临挑战，中法两国在继续推进各自经济结构调整的同时，应加强宏观经济政策沟通与协调，共同推动全球经济治理改革，双方期待即将举行的二十国集团布里斯班峰会取得积极成果，呼吁落实国际货币基金组织2010年治理与改革方案，两国银行业监管当局承诺认可对方的监管能力，在考核对方国家银行分行的资本充足率时实行同等待遇。

同日，法国总理瓦尔斯在巴黎会见与会的马凯时说，两国在航空、民用核能、汽车、旅游等领域有着良好、深入的合作。希望双方在深化传统合作基础上不断开拓新领域，如金融、城镇化、医疗卫生、农业食品等。法方支持加强人民币在国际货币体系中的地位。

马凯说，中法高级别经济财金对话是2013年4月奥朗德总统访华期间两国元首共同决定建立的重要合作机制。本次对话主要任务是落实习主席2014年访法期间两国元首达成的一系列重要共识，把共识转化为行动，把行动转化为现实。对话坦诚、深入，成果丰硕。金融财税成为双方合作新的重点和亮点，民用核能合作取得新进展，汽车领域合作得到深化。希望双方继续保持高层交往良好势头，不断增进政治互信，推进务实合作。

9月15日

［纲　文］　**中国海域发现首个自营深水高产大气田。**

［目　文］　中国海洋石油有限公司宣布，"海洋石油981"钻井平台在南海北部琼东南盆地深水区的陵水17—2构造测试获得高产油气流，日产天然气5650万立方英尺，即9400桶油当量。这是中国海域自营深水勘探的首个重大油气发现，标志着我国已基本掌握自主勘探开发深水油气资源的全套能力。

9月16日

［纲　文］　**国家主席习近平任免驻外大使。**

［目　文］　习近平根据全国人民代表大会常务委员会的决定任免下列驻外大使：

一、免去魏苇的中华人民共和国驻印度共和国特命全权大使职务；任命乐玉成为中华人民共和国驻印度共和国特命全权大使。

二、免去杨万明的中华人民共和国驻智利共和国特命全权大使职务；任命李宝荣为中华人民共和国驻智利共和国特命全权大使。

9月16日

［纲　文］　**新华社讯，习近平给新疆维吾尔自治区巴音郭楞蒙古自治州尉犁县兴平乡达西村党支部书记沙吾尔·芒力克和全体村民回信。**

[目　文]　中共中央总书记习近平在回信中说，你们的来信收到，看后感到很欣慰。5年前，我到你们达西村，同乡亲们交谈得很好，至今记忆犹新，一直惦记着大家。得知在村党支部带领下，近年来村里又有了不少新变化，各族群众像沙漠里的胡杨一样根连着根、心连着心，日子越过越好，我为你们高兴。达西村的发展变化说明，有党的好政策，有各族群众齐心奋斗，就一定能让乡亲们过上舒心幸福的生活。兴疆稳疆，重在基层。希望村党支部充分发挥战斗堡垒作用，像吸铁石一样把乡亲们紧紧凝聚在一起，坚定跟党走的决心和信心，把党的好政策落实到每家每户，把生产搞得更好，把民族团结搞得更好，让乡亲们的日子一天比一天更好。

2009年6月，习近平曾深入达西村考察基层党建工作。2014年4月，习近平在新疆考察时提到了沙吾尔·芒力克，讲到了达西村的村训——"口袋里要鼓囊囊，精神上要亮堂堂"。消息传来，沙吾尔·芒力克和全体村民十分激动，给习近平写信，汇报了近年来村里的发展变化，表达了对美好生活的向往和信心。

9月16日

[纲　文]　**李克强在北京主持召开推进新型城镇化建设试点工作座谈会。**

[目　文]　国务院副总理张高丽出席座谈会。发展改革委、住房和城乡建设部和安徽省及云南红河州、福建晋江市、山东桓台县马桥镇负责人汇报了推进新型城镇化的思路、做法和建议。

国务院总理李克强对各地的探索给予肯定。李克强指出，我国各地情况差别较大、发展不平衡，推进新型城镇化要因地制宜、分类实施、试点先行。国家在新型城镇化综合试点方案中，确定省、市、县、镇不同层级、东中西不同区域共62个地方开展试点，并以中小城市和小城镇为重点。所有试点都要以改革为统领，按照中央统筹规划、地方为主、综合推进、重点突破的要求，紧紧围绕建立农业转移人口市民化成本分担机制、多元化可持续的投融资机制、推进城乡发展一体化、促进绿色低碳发展等重点，积极探索，积累经验，在实践中形成有效推进新型城镇化的体制机制和政策措施，充分发挥改革试点的"先遣队"作用。同时鼓励未列入试点地区主动有为，共同为推进新型城镇化作贡献。新型城镇化贵在突出"新"字、核心在写好"人"字，要以着力解决好"三个1亿人"问题为切入点。要公布实施差别化落户政策；探索实行转移支付同农业转移人口市民化挂钩；允许地方通过股权融资、项目融资、特许经营等方式吸引社会资本投入，拓宽融资渠道，提高城市基础设施承载能力；把进城农民纳入城镇住房和社会保障体系，促进约1亿农业转移人口落户城镇，不能让他们"悬在半空"。要科学规划，创新保障房投融资机制和土地使用政策，更多吸引社会资金，加强公共配套设施建设，促进约1亿人居住的各类棚户区和城中村加快改造，让困难群众早日"出棚进楼"、安居乐业。

9月16日

[纲　文]　**中央军委授予空军某试飞大队"英雄试飞大队"荣誉称号暨给邹建国记一等功命名庆功大会在西安举行。**

［目　文］　中央军委委员、空军司令员马晓天出席大会，宣读了中央军委主席习近平签署的命令、通令，并分别为"英雄试飞大队"颁发奖旗、为邹建国颁发奖章和证书。

空军某试飞大队担负着国产歼击机、歼击轰炸机和航空发动机、机载武器鉴定定型试飞任务。长期以来，这个大队坚持以发展民族航空事业和建设强大空中力量为使命，积极探索理论、参与设计、试验飞行，圆满完成各项试验试飞任务，填补我国航空领域13项空白，先后有2名同志献出生命。特别是歼—15飞机在辽宁舰上实施阻拦着舰和滑跃起飞任务中，这个大队作出了重大贡献。大队飞行员邹建国入伍20多年来，先后完成20多个型号飞机、发动机的鉴定定型试飞任务，特别是担任航母舰载机着舰指挥员任务中，精心指挥歼—15舰载机首次在辽宁舰上成功实施阻拦着舰和滑跃起飞，为加快舰载机研制定型和航母战斗力建设作出重大贡献。

9月16日
［纲　文］　**共青团中央、全国创建"青年文明号"活动组委会在北京举办"岗位建功创一流　文明点亮中国梦"青年文明号20周年交流展示活动。**

［目　文］　交流展示活动在北京铁路局大型养路机械运用检修段进行，国家副主席李源潮和100多位青年代表、组委会成员单位负责人参加。李源潮希望青年文明号牢记党中央和习近平总书记要求，服务国家、服务青年、服务社会，让青年文明号成为弘扬社会主义核心价值观的具体行动。

"青年文明号"是在基层一线岗位开展的青年职业文明创建活动。20年来，全国30多个行业、30余万个青年集体积极参加，涌现出先进集体1.3万个。

9月16日
［纲　文］　**中国宗教界和平委员会四届一次会议在北京召开。**

［目　文］　全国政协副主席、中国宗教界和平委员会第三届委员会主席帕巴拉·格列朗杰继续当选为新一届委员会主席。会议发表了帕巴拉·格列朗杰的书面讲话。

同日，全国政协主席俞正声接见出席会议人员时说，作为中国宗教界参与国际跨宗教领域活动的全国性社会团体，"中宗和"成立20年来始终遵循"友好、和平、合作、发展"的宗旨，在"世宗和""亚宗和"等组织中逐步扩大影响，在台湾、涉藏、涉疆、涉"法轮功"等问题上坚决捍卫国家核心利益，向世界阐述我国宗教政策，解疑释惑，为维护祖国统一、民族团结、宗教和睦，为维护世界和平与发展，做了大量卓有成效的工作。"中宗和"的主要任务是促进世界和平，加强与国际宗教和平组织的友好交往，积极宣传我国的宗教政策，不断增进国际社会对我宗教政策的理解。他强调，要坚定不移走中国特色社会主义道路，坚持全面贯彻党的宗教信仰自由政策，坚持依法管理宗教事务，坚持独立自主自办原则，坚持积极引导宗教与社会主义社会相适应。"中宗和"要成为党和政府联系宗教界人士和广大信教群众的重要桥梁纽带，要进一步发挥作为全国政协开展对外交往的重要平台的独特作用。要进一步加强"中宗和"自身建设，进一步提升工作成效和水平。

中国宗教界和平委员会于1994年7月由我国著名宗教界人士赵朴初、丁光训发起，主要由中国佛教、道教、伊斯兰教、天主教、基督教代表性人士组成。"中宗和"第四届委员共123人,其中宗教界人士107名,占87%。

9月16日

[纲　文]　张德江在北京会见以林淑仪女士为团长的香港工会联合会访京团全体成员。

[目　文]　全国人大常委会委员长张德江听取了香港工会联合会会长林淑仪女士关于香港工会联合会自身情况的介绍和对香港形势的看法,肯定了该会的工作,希望该会秉持爱国爱港精神,继续坚定支持特区政府依法施政,努力加强自身建设,不断提高服务水平,为维护香港繁荣稳定作出更大贡献。张德江指出,中央坚定支持香港特别行政区依法循序渐进发展民主,全国人大常委会日前作出的有关决定,符合"一国两制"原则和基本法,符合香港的实际情况,得到了广大香港市民的支持和拥护,为香港特别行政区落实行政长官普选奠定了坚实的宪制基础。希望香港社会各界在行政长官和特区政府的带领下,理性沟通、凝聚共识,依法落实行政长官普选,共同谱写香港民主发展的新篇章。

9月16日

[纲　文]　环境保护部发布《土壤和沉积物　酚类化合物的测定　气相色谱法》《土壤有效磷的测定　碳酸氢钠浸提—钼锑抗分光光度法》,自2014年12月1日起施行。

9月16—18日

[纲　文]　孟建柱在吉林省调研。

[目　文]　中央政法委书记孟建柱在长春基层政法单位,多次主持召开会议,分别与政法单位负责人、基层政法干警、法学专家和律师代表进行座谈,听取司法改革意见建议时指出,要从推进国家治理体系和治理能力现代化的战略高度,增强推进司法体制改革的政治责任感和历史使命感。要有应对挑战的勇气和破解难题的智慧,着力解决影响司法公正、制约司法能力的深层次问题,破解体制性、机制性、保障性障碍。要坚持顶层设计与实践探索相结合,走出一条具有中国特色、符合司法规律的改革之路。试点工作要在中央层面顶层设计和政策指导下进行,确保司法体制改革的方向、思路、目标符合中央精神。试点地方要根据中央确定的改革方向和政策导向,立足本地实际,按照可复制、可推广的要求,积极探索、总结经验,推动制度创新。中央政法各单位要切实履行职责,研究论证具体改革方案,指导地方解决试点中遇到的难题,确保改革部署落到实处。

孟建柱在考察长春市朝阳区人民法院便民诉讼工作时指出,要坚持为民宗旨、秉持百姓情怀,把便民诉讼的举措体现在工作流程中、落实在具体程序上,让人民群众切实感受到司法的公正、便捷、温暖。在长春市公安局南关区分局,孟建柱查看公安特警装备,慰问特警队员并勉励他们永葆忠诚本色,不断提升法律素养、磨砺技战本领,为打击犯罪、服务百姓作出新贡献。在吉林省公安厅指挥中心,他观看了公安信息化建设和应用成果演示,要求公安机关和广大民警扎扎实实推进平安建设,更好地保障人民群众安居乐业、维护国家长治久安。

9月16—19日

[纲　　文]　国际农业与生物系统工程学会第18届世界大会在北京举行。

[目　　文]　本届大会以"提升人类生活品质"为主题，由CIGR、中国农业机械学会、中国农业工程学会共同主办，中国农业机械化科学研究院、农业部规划设计研究院与中国农业大学共同承办。大会自1930年CIGR组织成立以来，首次在亚洲举办，第一次登陆中国。国务院副总理汪洋出席开幕式并致辞。来自全球45个国家的近2000名农业与生物系统工程领域的专家学者和企业家共同探讨如何利用农业与生物系统工程的先进科研成果提升人类生活品质。

会议期间，汪洋会见了国际农业与生物系统工程学会孙大文主席等一行。

9月16—18日

[纲　　文]　第10届环境与发展论坛在北京举办。

[目　　文]　论坛由中华环保联合会、联合国环境规划署主办，以"深化改革，推进环境治理"为主题。在大气、水环境、土壤污染治理、环保法律法规和城市污水处理国际合作等方面设立了5个分论坛和绿色金融、节能环保产业发展等5个专题论坛，共有演讲嘉宾80多人，与会人员达千人。

第六届中国（国际）建设环境友好型社会成果展览会暨2014中国国际生态环境技术与装备博览会在同期同地举办。

9月16—19日

[纲　　文]　第11届中国—东盟博览会和中国—东盟商务与投资峰会在南宁举行。

[目　　文]　国务院副总理张高丽出席开幕式并发表《携手共建21世纪海上丝绸之路 共创中国—东盟友好合作美好未来》的主旨演讲。本届中国—东盟博览会和投资峰会共举办13场高层论坛、2300多家参展企业、5.7万参展参会客商，围绕"海上丝绸之路"建设的互联互通、产业合作、海上合作、金融合作等重点领域，博览会务实举办系列活动，拓宽服务领域区域，推动中国—东盟合作迈向更高水平。

15日，张高丽在南宁分别会见出席第11届中国—东盟博览会和中国—东盟商务与投资峰会的新加坡总理李显龙、柬埔寨首相洪森、老挝国家副主席本扬、缅甸副总统年吞、泰国副总理兼外长他那萨和越南副总理兼外长范平明。

9月17日

[纲　　文]　李克强主持召开国务院第三次全体会议。

[目　　文]　国务院副总理张高丽、汪洋，国务委员常万全、郭声琨、王勇等以及国务院全体会议其他组成人员出席会议。会议审议了澳门特别行政区政府关于选举崔世安为澳门特别行政区第四任行政长官人选的报告，听取了国务院港澳事务办公室主任王光亚关于澳门特别行政区第四任行政长官人选产生过程的汇报。

国务院总理李克强说，澳门特别行政区第四任行政长官选举依法进行，完全符合澳门特别行政区基本法和有关法律的规定，体现了公开、公平、公正的原则。崔世安先生高票当选，反映了澳门社会对崔世安先生的广泛认同和支持。在过去5年的行政长官任期内，崔世安先生带领澳门特别行政区政府，在中央政府支持下，不断改善社会民生，拓展区域经济合作，使澳门经济保持了高增长、低失业态势。由崔世安先生担任第四任行政长官，符合澳门各界的意愿，有利于巩固目前澳门良好的社会政治经济形势，保持澳门长期繁荣、稳定和发展。

李克强指出，2014年是澳门回归祖国15周年。15年来，"一国两制"在澳门的实践取得了举世公认的成功。中央政府将继续坚定不移地贯彻"一国两制"、"澳人治澳"、高度自治方针，严格按照基本法办事，全力支持澳门特别行政区行政长官和政府依法施政，全力支持澳门应对各种困难挑战，为澳门保持繁荣稳定提供坚强后盾。相信崔世安先生就任行政长官后，一定会带领澳门特别行政区政府，与澳门各界人士一道，务实进取，共同开创澳门更加美好的明天。

依据《中华人民共和国澳门特别行政区基本法》的规定，国务院全体会议决定任命崔世安为澳门特别行政区第四任行政长官。李克强当即签署了任命崔世安为澳门特别行政区第四任行政长官的国务院第655号令。

9月17日

[纲　文]　**李克强主持召开国务院常务会议。**

[目　文]　会议主要内容是：一、部署进一步扶持小微企业发展推动大众创业万众创新。会议确定，在继续实施好现有小微企业支持政策的同时，重点推出以下新政策：一是加大进一步简政放权力度。二是加大税收支持。三是加大融资支持。四是加大财政支持。五是加大中小企业专项资金对小微企业创业基地的支持，鼓励地方中小企业扶持资金将小微企业纳入支持范围。六是加大服务小微企业的信息系统建设，方便企业获得政策信息，运用大数据、云计算等技术提供更有效服务。二、决定全面建立临时救助制度、为困难群众兜底线救急难。会议决定，按照《社会救助暂行办法》，全面建立临时救助制度，对遭遇突发事件、意外伤害、重大疾病或其他特殊原因导致生活陷入困境，其他社会救助暂时无法覆盖或救助之后基本生活仍有严重困难的家庭或个人，给予应急、过渡性救助，做到兜底线、救急难，填补社会救助体系"缺项"。临时救助实行地方政府负责制，救助资金列入地方预算，中央财政给予适当补助。引导大中型企业、慈善组织等设立公益基金，发挥好社会服务机构、志愿者的积极作用。社会力量参与救助的，按规定享受财政补贴、税收优惠、费用减免等政策。临时救助实施情况定期向社会公开，加强救助资金监督检查，严肃查处挤占挪用资金、骗取救助等行为。

9月17日

[纲　文]　**李克强签署《中华人民共和国国务院令（第655号）》。**

[目　文]　《国务院令（第655号）》说，依照《中华人民共和国澳门特别行政区基本法》的有关规定，根据澳门特别行政区第四任行政长官选举委员会选举产生的人选，

任命崔世安为中华人民共和国澳门特别行政区第四任行政长官，于 2014 年 12 月 20 日就职。

9 月 17 日

［纲　文］　**国务院批复发展改革委，同意《国家应对气候变化规划（2014—2020 年）》。**

［目　文］　批复说，一、原则同意《国家应对气候变化规划（2014—2020 年）》（以下简称《规划》），请认真组织实施。二、《规划》实施要牢固树立生态文明理念，坚持节约能源和保护环境的基本国策，统筹国内与国际、当前与长远，减缓与适应并重，坚持科技创新、管理创新和体制机制创新，健全法律法规标准和政策体系，不断调整经济结构、优化能源结构、提高能源效率、增加森林碳汇，有效控制温室气体排放，努力走一条符合中国国情的发展经济与应对气候变化双赢的可持续发展之路。要坚持共同但有区别的责任原则、公平原则、各自能力原则，深化国际交流与合作，同国际社会一道积极应对全球气候变化。三、通过《规划》实施，到 2020 年，实现单位国内生产总值二氧化碳排放比 2005 年下降 40%—45%、非化石能源占一次能源消费的比重达到 15% 左右、森林面积和蓄积量分别比 2005 年增加 4000 万公顷和 13 亿立方米的目标，低碳试点示范取得显著进展，适应气候变化能力大幅提升，能力建设取得重要成果，国际交流合作广泛开展。四、积极应对气候变化事关中华民族和全人类的长远利益，事关我国经济社会发展全局。各地区、各部门要从全局和战略的高度，充分认识加强应对气候变化工作的重要性和紧迫性，把应对气候变化工作摆在更加突出、更加重要的位置，增强责任感和使命感，采取更加有力的措施，确保完成《规划》确定的各项任务，努力实现绿色发展、低碳发展、循环发展，为携手应对全球气候变化作出积极贡献。五、发展改革委要会同有关部门加强组织领导，切实履行职责，强化协作配合，做好跟踪分析和督促检查，认真研究解决《规划》实施中出现的问题，工作进展情况及时向国务院报告。

9 月 17—18 日

［纲　文］　**中国—东盟环境合作论坛在广西南宁市举行。**

［目　文］　论坛由环境保护部与广西壮族自治区政府、东盟秘书处联合主办，以"可持续发展的国家战略和区域合作：新挑战和新机遇"为主题，分别围绕"生态文明与绿色转型的制度创新""环境可持续城市建设伙伴关系"和"环境保护技术研发与应用合作"三个主题，从国家、城市、企业三个不同层次、不同角度开展中国—东盟环境保护合作探讨。来自东盟各国和东盟秘书处的高级官员，联合国环境规划署、亚洲开发银行等国际合作代表，以及我国环保部、广西、香港和澳门特别行政区的有关官员、学者和企业界代表近 200 人出席了论坛。

与会代表认为，可持续发展战略已成为国际共识，加强国际和区域环境合作是实现可持续发展的重要手段。在推动生态文明与绿色转型的过程中，中国和东盟各国在污水治理、大气污染控制、重金属污染防治以及海洋开发、新能源开发等方面有很大的合作空间。双方应携手应对环境挑战，抓住发展机遇，通过推动节能环保产业的发展，搭建环保技术与产业交流平台，鼓励中国与东盟地方政府、企业界共同参与，推进中国—东盟环保产业合作，在探索可持续发展的进程中促进区域绿色合作。

9月18日

［纲　文］　中法高级别人文交流机制启动仪式暨首次会议在巴黎召开，国家主席习近平、国务院总理李克强向会议致贺信。

［目　文］　习近平在贺信中指出，中法关系一直是世界大国关系中的一组特殊关系，中法两国人民的友好交往历史悠久。尤其是两国正式建交以来，双方人文交流合作不断发展，拉近了两国民众心与心的距离，促进了中法在诸多领域开展创新性务实合作，为两国人民带来了实实在在的福祉。希望中法高级别人文交流机制继往开来，为发展稳定、可持续、预见性强的中法关系和健康深入的中欧关系注入新的动力。愿中法两国人民携手引领文明互容、文明互鉴、文明互通的潮流，为人类文明进步作出积极贡献。

李克强在贺信中希望中法双方在机制框架下，互尊互信、聚同化异、开拓进取，不断深化教科文卫和地方交流等各领域务实合作，为开创紧密持久的中法全面战略伙伴关系新时代而努力。

国务院副总理刘延东与法国外长法比尤斯共同主持中法高级别人文交流机制启动仪式暨首次会议。刘延东宣读了国家主席习近平、国务院总理李克强发来的贺信。刘延东说，2014年适逢中法建交50周年，习近平主席3月成功访法，与奥朗德总统就建立中法高级别人文交流机制达成重要共识，推动中法关系进入全面提速的新时期。双方签署了《联合宣言》。

同日，刘延东在巴黎会见联合国教科文组织总干事博科娃。

9月18日

［纲　文］　俞正声在中国政协文史馆参观《开天辟地——中华人民共和国国旗国歌国徽诞生珍贵档案展》和《团结·和谐——庆祝人民政协成立65周年美术书法作品展》。

［目　文］　《开天辟地——中华人民共和国国旗国歌国徽诞生珍贵档案展》由全国政协办公厅主办。《团结·和谐——庆祝人民政协成立65周年美术书法作品展》由全国政协办公厅、全国政协书画室、全国政协教科文卫体委员会、全国政协民族和宗教委员会共同举办。

《开天辟地——中华人民共和国国旗国歌国徽诞生珍贵档案展》通过200余件（幅）珍贵档案和资料，真实讲述了国旗、国歌、国徽诞生的经过，生动反映了人民政协在国家政治生活中发挥的重要作用和历史贡献。《团结·和谐——庆祝人民政协成立65周年美术书法作品展》展出了担任过全国政协委员的著名艺术家、宗教界代表人士和部分当代杰出艺术家创作的80余幅（件）美术、书法精品，体现了人民政协为促进民族团结、宗教和谐、社会稳定所做的积极贡献。

9月18日

[纲　文]　刘云山在沈阳出席"勿忘九一八"撞钟鸣警仪式。

[目　文]　仪式在九一八历史博物馆残历碑广场举行，中共中央政治局常委刘云山出席并讲话。刘奇葆、汪洋、张平、罗富和等出席仪式。参加过抗日战争的老战士和老同志代表，抗战烈士亲属代表，中央党政军群有关部门和辽宁省、吉林省、黑龙江省负责人，各界群众代表等1000多人参加仪式。

刘云山指出，举行"勿忘九一八"撞钟鸣警仪式，就是要牢记历史、缅怀先烈、勿忘国耻、圆梦中华。中国人民抗日战争血与火的历史启示我们，落后就要挨打，只有不断提升国家综合实力，才能使中华民族更加坚强有力地屹立于世界民族之林；团结就是力量，万众一心就能压倒一切困难和敌人；以爱国主义为核心的伟大民族精神是中国人民从胜利走向胜利的决定因素，是中华民族从历史走向未来的强大精神力量；中国共产党始终是中华民族的中流砥柱，始终是中国革命、建设和改革事业的坚强领导核心。历史不能忘记，未来充满光明。我们要紧密团结在以习近平同志为总书记的党中央周围，大力弘扬伟大抗战精神，形成团结奋进的精神纽带，保持自强不息的精神动力，坚定不移为实现中华民族伟大复兴的中国梦而奋斗，用坚持和发展中国特色社会主义的新成就告慰英烈、开启未来。

讲话结束后，刘云山等领导同志和群众代表神情凝重地推动钟槌击响"警世钟"。14响钟声，寓意着中国人民14年抗战历程。9时18分，沈阳全城拉响防空警报。同一时间，辽宁省其余13座城市也拉响防空警报3分钟，火车、轮船汽笛齐鸣。

刘云山等领导同志还同各界群众代表一道参观了九一八历史博物馆。

9月18日

[纲　文]　张高丽在北京主持召开第三次全国经济普查领导小组会。

[目　文]　会议听取领导小组办公室关于普查工作和主要数据结果的汇报，部署下一阶段任务。国务院副总理、国务院第三次全国经济普查领导小组组长指出，要充分肯定普查取得的重大阶段性成果，牢固树立普查为民的思想，强化对普查资料的开发应用，更好地服务改革开放和现代化建设。

第三次全国经济普查标准时点是2013年12月31日，已经相继完成方案设计、普查试点、单位核查、填报登记、数据审核、数据处理、事后质量抽查等诸项工作。普查的主要数据将择时公布。

9月18日

[纲　文]　教育部召开《全国老年教育发展规划（2015—2020年）》编制工作座谈会，启动规划编制工作。

9月18—19日

[纲　文]　李克强在上海自贸区考察。

〔目　文〕　国务院总理李克强到外高桥综合服务大厅，自贸区负责人介绍，区内企业已由设区前的 8000 多家猛增到 2 万多家。外资准入管理原有 1000 多项审批，2013 年实行负面清单后减少到 190 项，2014 年又减少到 139 项。李克强说，政府搞权力"瘦身"，是自身改革，就是要给市场让出空间，激发市场活力和大众创业、万众创新热情。放权后政府责任更大，管理要求更高。我们要进行更多探索，促进在诸多方面与国际接轨，对中外企业一视同仁，形成更公平、更开放的环境。

李克强来到中国银行自贸区分行，知道这里实行了自由贸易账户、人民币跨境使用等改革试验并取得积极进展时说，要继续推进金融改革创新和扩大对外开放，以开放带动改革，促进实体经济发展；还对自贸区采取的金融风险防范措施表示肯定并说，监管到位，才有更大底气去放，放管结合，才能营造更加开放的竞争环境。

李克强与 10 余位中外企业负责人座谈交流。李克强请与会者直来直去，谈遇到哪些困难、有什么建议，并与大家深入交流。他说，建设上海自贸区是政府自身革命。推进简政放权、放管结合，一要处理好政府与市场的关系，探索负面清单管理模式，完善事中事后监管。不能因政府管了不该管的事、实施过多审批，让企业输在竞争起跑线上。二要处理好发展与开放的关系。以改革开放促发展。中国开放的大门会越开越大。欢迎各国企业来华兴业，这也会给中国带来发展和就业机会。三要深化金融改革加快创新。希望企业多给政府出"题目"、提建议，政府也会为企业解难题，服好务。

李克强主持召开自贸区工作座谈会，听取上海市负责人汇报。李克强说，设立上海自贸区是党中央、国务院的重要决策。自贸区运行以来，裂变出巨大新能量，有了良好开端。自贸区范围有限，改革潜力无限，要继续当好改革领跑者、树立开放新标杆，以敢为人先的勇气和富于创造的智慧，为深化政府行政管理体制改革探路，推进更高水平的对外开放，在上海可辐射。同时，使先进理念和成熟经验在面上可复制、可推广，带动全国涌现更多改革开放高地，形成改革开放新动能，打造中国经济升级发展新的发动机。

9 月 18—19 日

〔纲　文〕　刘奇葆在辽宁省调研。

〔目　文〕　中共中央政治局委员、中宣部部长刘奇葆考察了宣传文化单位和社区、企业时强调，深入学习宣传贯彻习近平总书记系列重要讲话精神，是全党的一项重大政治任务。要把讲话精神的学习作为理论武装工作的重中之重，坚持及时学、专题学、深入学，抓好党委中心组学习，面向社会开展对象化、互动式的宣传教育，使讲话精神转化为全党全社会的统一意志和实际行动。要加快文化改革发展，抓好重点领域和关键环节改革，促进基本公共文化服务标准化均等化，振兴地方戏曲艺术，推动文化发展繁荣。要加快推动传统媒体和新兴媒体深度融合，坚持一手抓融合、一手抓管理，确保融合发展沿着正确方向推进。

9 月 18—19 日

〔纲　文〕　首届中国—东盟网络空间论坛在广西举行。

［目　文］　中共中央政治局常委、中央网络安全和信息化领导小组副组长刘云山致贺信。论坛由国家互联网信息办公室与广西壮族自治区人民政府共同举办。论坛旨在增进中国与东盟在网络安全和信息化领域的交流与合作。近200名来自中国及东盟10国的政府、企业和学术界代表以"发展与合作"为主题，围绕互联网基础设施建设与数字鸿沟缩小、网络经济发展与国际合作、网络空间安全与网络治理、网络信息技术在防灾减灾领域的应用四个议题交流经验，并签署多项合作协议。

9月19日

［纲　文］　亚太经合组织（APEC）第三届农业与粮食部长会议在北京召开。

［目　文］　国务院副总理汪洋出席开幕式并致辞。中国农业部部长韩长赋和国家粮食局局长任正晓共同主持会议。来自亚太经合组织20个经济体的农业与粮食部长和有关国际组织约200名代表出席了会议。与会代表围绕会议主题"加强区域合作　保障粮食安全"展开了发言交流，为加强本地区农业与粮食领域交流与合作献计献策，共同谋划本区域农业与粮食发展战略，勾画区域粮食安全蓝图，并以科技创新为支撑，促进农业与粮食生产，加强产后管理、减损增效，加强区域合作、提高粮食安全水平三大议题为主干，达成了重要共识，通过了《亚太经合组织粮食安全北京宣言》。

会前，汪洋集体会见了与会经济体农业部长。

9月19日

［纲　文］　安全监管总局、交通运输部、国资委、铁路局印发《隧道施工安全九条规定》。

9月20日

［纲　文］　刘云山在北京主持召开中央党的群众路线教育实践活动领导小组会议。

［目　文］　会议就学习贯彻中共中央总书记习近平指示精神，研究安排教育实践活动总结等工作作出部署。中共中央政治局委员、中央党的群众路线教育实践活动领导小组副组长赵乐际，中央书记处书记、中央党的群众路线教育实践活动领导小组副组长赵洪祝出席会议。

中共中央政治局常委、中央党的群众路线教育实践活动领导小组组长刘云山在讲话中指出，在全党深入开展党的群众路线教育实践活动是坚持党要管党、从严治党的一次生动实践。教育实践活动开展以来，作风建设扎实推进、成效显著，取得了重要的实践成果、制度成果、理论成果，形式主义、官僚主义、享乐主义和奢靡之风得到遏制，贯彻群众路线、改进党的作风长效机制和刚性约束初步形成，党的创造力、凝聚力、战斗力进一步增强。同时要看到，用达到作风建设的理想状态来衡量还有差距，一定要坚定信心、保持清醒，不断把作风建设引向深入。在教育实践活动中，各级党组织和广大党员干部围绕贯彻群众路线、加强作风建设深入探索实践，创造了许多好做法好经验，这是一笔宝贵财富。

搞好活动总结，重要的是把成功经验提炼好。现在人们最担心的是不良作风反弹，最盼望的是把改进作风的好态势坚持下去。要树立常态化长效化的思想意识，坚持不懈开展作风教育，坚持不懈严格党内政治生活，坚持不懈强化宗旨意识。教育实践活动到了盘点交账的关键时刻，要发扬钉钉子精神，带着高度责任深化整改工作，言而有信落实整改任务，努力取得更多实实在在的成果。要对整改任务进行一次全面梳理，明确了整改期限的要坚决如期完成，需要较长时间解决的问题要持续抓住不放，不达目的不罢休。

9月20—26日

[纲　文]　中国科协、教育部、科技部、中科院举办"2014年全国科普日"。

[目　文]　活动主题是"创新发展，全民行动"。围绕这一主题，全国各地组织开展7700多项科普活动。

20日，中央书记处书记刘云山和刘奇葆、李源潮、郭金龙、韩启德等来到中国科技馆，参加全国科普日北京主场活动。刘云山指出，科技进步重在自主创新、贵在全民参与，要大力弘扬科学精神，广泛普及科技知识，充分激发全社会的创造潜能和创新活力，为实施创新驱动发展战略提供有力支撑。

9月21日

[纲　文]　习近平在北京出席庆祝中国人民政治协商会议成立65周年大会并讲话。

[目　文]　中共中央政治局常委李克强、张德江、刘云山、王岐山出席。全国政协主席俞正声主持大会。在京中共中央政治局委员、中央书记处书记，部分全国人大常委会副委员长，国务委员，最高人民法院院长、最高人民检察院检察长，全国政协副主席，曾担任过全国政协领导职务的老同志出席大会。中央和国家机关有关部门、有关人民团体主要负责人，各民主党派中央、全国工商联负责人和无党派人士代表，在京全国政协常委，地方政协和有关方面代表等800多人出席大会。

中共中央总书记习近平在大会上发表讲话指出，人民政协是人民民主的重要形式。人民政协要适应推进国家治理体系和治理能力现代化的要求，坚持改革创新精神，推进人民政协理论创新、制度创新、工作创新，丰富民主形式，畅通民主渠道，有效组织各党派、各团体、各民族、各阶层、各界人士共商国是，推动实现广泛有效的人民民主。社会主义协商民主，是中国社会主义民主政治的特有形式和独特优势，是中国共产党的群众路线在政治领域的重要体现。实行人民民主，保证人民当家作主，要求我们在治国理政时在人民内部各方面进行广泛商量。在中国社会主义制度下，有事好商量，众人的事情由众人商量，找到全社会意愿和要求的最大公约数，是人民民主的真谛。我们要坚持有事多商量、遇事多商量、做事多商量，商量得越多越深入越好，推进社会主义协商民主广泛多层制度化发展。人民群众是社会主义协商民主的重点，涉及人民群众利益的大量决策和工作，主要发生在基层。要按照协商于民、协商为民的要求，大力发展基层协商民主，重点在基层群众中开展协商。凡是涉及群众切身利益的决策都要充分听取群众意见，通过各种方式、在各个层级、各个方面同群众进行协商。要完善基层组织联系群众制度,加强议事协商,做好上情下达、下情上传工作,保证人民依法管理好自己的事务。要推进权力运行公开化、规范化,完善党务公开、政务公开、司法公开和各领域办事公开制度,让人民监督权力,让权力在阳光下运行。

9月21日

[纲　文]　国务院印发《关于加强地方政府性债务管理的意见》。

[目　文]　《意见》由七部分组成:一、总体要求。二、加快建立规范的地方政府举债融资机制。三、对地方政府债务实行规模控制和预算管理。四、控制和化解地方政府性债务风险。五、完善配套制度。六、妥善处理存量债务和在建项目后续融资。七、加强组织领导。

《意见》要求,各地区、各部门要高度重视,把思想和行动统一到党中央、国务院决策部署上来。地方政府要切实担负起加强地方政府性债务管理、防范化解财政金融风险的责任,结合实际制定具体方案,政府主要负责人要作为第一责任人,认真抓好政策落实。

9月21日

[纲　文]　全军参谋长会议在北京召开,习近平接见会议代表。

[目　文]　会议的主要内容是深入学习贯彻中央军委主席习近平指示和中央军委部署要求,围绕实现党在新形势下的强军目标,深入研究信息化条件下司令机关建设问题,讨论修订司令部建设有关法规,观摩作战指挥演示演练,表彰先进典型,就加强新型司令机关建设作出部署。

22日,中央军委主席习近平在接见会议代表时指出,面对国家安全新形势和军事斗争准备新要求,必须努力建设听党指挥、善谋打仗的新型司令机关,推动军事工作创新发展,不断增强组织指挥部队打赢信息化局部战争能力。司令部门作为军队的指挥中枢,在推进军事建设和军事斗争准备中肩负着重要职责。近年来,全军各级司令部门认真贯彻党中央、中央军委决策指示,精心筹划组织军事建设和军事行动,有效完成了各项重大任务,自身建设也取得显著进步。要强化号令意识,坚定理想信念,对党绝对忠诚,坚决听从指挥,确保政令军令畅通,确保党中央、中央军委决策指示有效贯彻落实。要强化善谋打仗,树立战斗力标准,培育战斗精神,不断提高训练实战化水平,着力解决战斗力建设中的突出问题,一门心思谋打仗、聚精会神抓准备。认真分析国际战略格局和国内安全形势,认真研究世界新军事革命态势,争当学习型参谋。要强化作风建设,巩固党的群众路线教育实践活动成果,扎扎实实做好各项整改工作,严格整肃军纪,加强教育管理,促进部队全面建设向更高水平发展。要强化改革创新,自觉解放思想、转变观念,服从服务于改革大局,自觉拥护改革、支持改革、投身改革,在深化国防和军队改革中身体力行、交出合格答卷。

中央军委副主席范长龙、许其亮等参加接见。

9月21—22日

[纲　文]　汪洋在宁夏回族自治区考察调研。

[目　文]　国务院副总理汪洋在永宁县、贺兰县的移民村庄、贫困农户、产业扶贫园区和葡萄种植园、畜牧养殖场，询问群众生产生活情况和产业扶贫进展时指出，要根据不同贫困类型和致贫原因，因地制宜、因户施策，提高扶贫开发的针对性和有效性。要逐步将生活在不适宜居住环境的贫困人口搬迁出来，围绕"移得出、稳得住、逐步能致富"的目标，从当地实际出发，发展现代农业和二、三产业，拓展就业空间。要加强移民的职业培训，增强就业致富能力。实施精准扶贫是新时期加快推进扶贫开发的重要举措。要把建档立卡工作搞扎实，使扶贫工作真正瞄准需要扶持的贫困对象，量身定制帮扶方案。扶贫资金的分配要引入竞争机制，与扶贫工作考核、资金使用绩效相挂钩。要加强资金监管，坚决杜绝跑冒滴漏。要明确扶贫任务、贫困人口脱贫时限，将扶贫责任落到实处。

汪洋在考察了农业科技示范园区时说，要创新农业科技进步机制，加大科技成果推广力度，重视运用市场的办法调动农业科技人员创新创业积极性。要完善农业科技特派员制度，加强农村科技信息服务，使科技在农业发展和扶贫开发中发挥更大作用。

9月21—23日

[纲　文]　应全国人大常委会委员长张德江的邀请，俄罗斯联邦委员会主席马特维延科率团访华。

[目　文]　访华期间，国家主席习近平、国务院总理李克强在北京分别会见了马特维延科。张德江在北京与马特维延科举行会谈并共同主持中国全国人大与俄罗斯联邦委员会合作委员会第八次会议，双方高度评价了中国全国人大与俄罗斯联邦委员会合作委员会成立9年来所取得的成效和积累的经验并指出，2013年合作委员会第七次会议以来，双方积极落实会议成果，在加强立法交流、促进青年交往、推动企业和地方往来等方面有了新的更为紧密的合作，取得可喜的成绩；签署了中俄议会合作委员会章程。张德江和马特维延科出席中俄建交65周年暨中俄友协成立65周年招待会并致辞。

习近平在会见马特维延科时说，2015年两国将共同举办庆祝第二次世界大战胜利70周年活动。两国立法机构也可以积极参与，并在多边议会组织中密切配合，共同发声发力，扩大宣传，维护好第二次世界大战成果和战后国际秩序。希望俄罗斯联邦委员会继续发挥积极作用，监督落实双方已经签署的合作协议，为双方正在商谈的合作项目提供法律保障，为两国企业合作和人员往来创造更加便利的条件。马特维延科说，俄联邦委员会愿与中国全国人大一道，携手推动两国元首达成的各项共识得以贯彻落实，促进两国地方合作和民间交流，造福两国和两国人民。

李克强在会见马特维延科时表示，中俄务实合作是长期、稳定、全方位的。我们愿同俄方扩大经贸、投资、能源、高科技、人文等领域合作。中国相关装备制造业在质量、性价比、市场竞争力等方面都具有优势，愿积极参与俄高铁、铁路改造升级等基础设施建设，实现互利共赢。希望俄联邦委员会继续为促进两国地方、民间等交流与合作发挥积极作用。马特维延科表示，两国投资、能源、人文等合作机制健全，为落实双方领导人共识发挥了重要作用。欢迎李克强总理尽早访俄。中国经济持续发展为俄中合作带来新的机遇，俄方愿同中方密切各领域交流与合作。

张德江与马特维延科举行会谈时说，希望双方进一步加强交流互鉴，深入探讨立法机关更好发挥作用的问题，为促进中俄共同发展振兴提供法律保障；进一步加强在重大国际和地区问题上的沟通与协商，充分利用多边合作机制，维护共同利益，促进世界和平稳定；进一步拓展双方立法机关合作的深度和广度，按照新签署的合作委员会章程规定原则，积极开展新的合作委员会建设，创新合作形式，充实交流内容，不断推动两国立法机关友好关系迈上新台阶、达到新水平。

马特维延科说，俄联邦委员会愿与中国全国人大一道以签署新的合作章程为契机，开辟合作新局面。

9月22日

[纲　文]　习近平、李克强在北京分别会见当选并获任命的澳门特别行政区第四任行政长官崔世安。

[目　文]　国家主席习近平会见澳门特别行政区行政长官崔世安时说，过去5年，你领导特区政府稳健施政、务实有为，妥善应对各种困难和挑战，在发展经济、改善民生、加强与内地交流合作等方面做了大量工作，澳门总体形势继续向好发展。中央政府对你和特区政府的工作是肯定的。当前澳门的内外环境发生了很大变化，这对行政长官和新一届特区政府提出了更高的要求。希望你牢记中央政府重托和广大澳门居民信任，依法履职尽责，增强前瞻意识和忧患意识，提高特区治理水平，扎实谋划和推进澳门可持续发展，为"一国两制"在澳门的成功实践打下更为坚实的基础。

国务院总理李克强会见崔世安时，颁发任命崔世安为中华人民共和国澳门特别行政区第四任行政长官的国务院令并指出，澳门回归祖国15年来，"一国两制"实践取得巨大成功。这是在中央政府大力支持下，特区政府和澳门社会各界团结奋斗、拼搏努力的结果。中央政府将继续全面准确地贯彻"一国两制"、"澳人治澳"、高度自治方针和基本法，全力支持行政长官和特区政府依法施政，积极推动内地与澳门的交流合作，充分发挥澳门在国家发展全局中的独特作用。希望崔世安领导新一届特区政府积极进取，勇于担当，认真落实参选政纲，抓住国家发展带来的新机遇，积极推动澳门实现经济社会可持续发展，进一步促进社会公正和谐，不断开启"一国两制"实践的新里程。

崔世安感谢中央政府的任命和对澳门特区政府工作的支持，表示将再接再厉，履行好行政长官职责，促进澳门的长期繁荣、稳定与发展。

9月22日

[纲　文]　习近平在北京会见以董建华为团长的香港工商界专业界访京团。

[目　文]　国家主席习近平听取了访京团部分成员的发言。习近平指出，"一国两制"是国家的一项基本国策。不断推进"一国两制"事业，是包括香港同胞在内的全体中华儿女的共同愿望，符合国家根本利益和香港长远利益，也符合外来投资者利益。办好香

港的事情，关键是要全面准确理解和贯彻"一国两制"方针，维护基本法权威。中央对香港的基本方针政策没有变，也不会变。中央政府将坚定不移贯彻"一国两制"方针和基本法，坚定不移支持香港依法推进民主发展，坚定不移维护香港长期繁荣稳定。我们对祖国和香港的未来充满信心。习近平肯定包括香港工商界、专业界人士在内的广大香港同胞为国家发展和香港繁荣稳定作出的贡献，希望香港社会各界齐心协力，在中央政府的大力支持以及行政长官和特区政府带领下，共同开创香港更加美好的未来，为国家的现代化建设和中华民族伟大复兴作出新的更大贡献。

张德江、李源潮、栗战书、杨洁篪等参加了会见。

9月22日

[纲　文]　国务院总理李克强致电新西兰总理约翰·基，祝贺他连任新西兰总理。

9月22日

[纲　文]　国务院总理李克强向国际原子能机构第58届大会致贺信。

[目　文]　李克强指出，中国加入国际原子能机构30年来，双方始终密切合作，在核能、核科研、核安全等领域取得丰硕成果，为促进核能在全球范围内安全、有效利用和防止核武器扩散作出了重要贡献。当前中国政府正在着力推进绿色、循环、低碳发展，建设美丽中国。我们坚持推进能源节约、控制能源消费总量、优化能源结构、提高清洁能源比重，在确保安全的基础上高效发展核电。中国愿同国际原子能机构及其他成员国一道，拓展合作范围，提升合作水平，携手应对挑战，共同推进人类和平利用核能事业。

同日，国际原子能机构第58届大会在维也纳召开，来自全球100多个国家和地区的代表参加本届国际原子能机构大会，讨论和平利用核技术的相关问题，其中包括核电发展、核安全、核安保、核不扩散等问题。中国国家原子能机构主任许达哲在大会上代表中国代表团发表讲话，并宣读了李克强的贺信。

9月22日

[纲　文]　全国政协在北京举行庆祝人民政协成立65周年理论研讨会。

[目　文]　全国政协主席俞正声出席会议并讲话。全国政协副主席杜青林主持会议。全国政协副主席韩启德、张庆黎、李海峰、陈元、卢展工、马飚和中国人民政协理论研究会名誉会长郑万通等出席。全国政协副主席、农工党中央常务副主席刘晓峰，中央社会主义学院党组书记、第一副院长叶小文，浙江省政协主席乔传秀，全国政协办公厅研究室主任刘佳义，中共中央党校原副校长李君如，中国人民大学教授周淑真围绕"人民政协与中国协商民主"主题发言。

俞正声指出，要进一步增强责任感使命感，坚持问题导向，加强理论研究，不断深化对政协工作的规律性认识。一是从理论、工作和制度层面深入研究如何更好地坚持中国共产党的领导。加强党对政协工作的领导是民主政治建设的需要，也是政协工作更好完成党交给任务的需要。要进一步研究和健全政协重大工作主动报告、重要事项及时反映等制度，研究探索加强政协党员队伍建设的有效举措。二是准确把握人民政协的性质定位。人民政协不属于权力机关,而是发扬民主、政治协商、统一战线的平台,政协委员各抒己见、畅所欲言,有助于改进工作、增进共识,有助于党委和政府的决策更加科学、谨慎。三是切实贯彻团结和民主两大主题。在坚持共同思想政治基础上,支持各种意见的交流交锋交融,切实营造民主、活跃、求实、宽松的协商氛围。四是提高政协协商民主有效性。要有针对性地选择协商议题,深入调查研究,改进提案工作,更好发挥界别作用。

9月22日

[纲　文]　商务部、发展改革委发布《餐饮业经营管理办法(试行)》,自2014年11月1日起实施。

9月22日

[纲　文]　教育部启动实施首批卓越农林人才教育培养计划试点项目。

[目　文]　确定了试点高校99所、项目140项。至12月份,部校共建新闻学院工作已指导24个地方党委宣传部门与28所高校、推动3家中央新闻单位与5所高校签署了共建新闻学院协议。一系列培养计划的相继实施,标志着我国高校在创新人才培养模式上实现了新的突破。

9月22日

[纲　文]　第五届全国杰出专业技术人才表彰大会在北京举行。

[目　文]　国务院副总理马凯出席表彰大会。中央组织部、中央宣传部、人力资源和社会保障部、科技部联合表彰了99名全国杰出专业技术人才和96个专业技术人才先进集体。

会前,中共中央政治局常委刘云山会见与会代表并讲话,强调要认真贯彻习近平总书记关于科技工作和人才工作重要指示,大力实施科教兴国、人才强国战略,充分激发各类专业技术人才的创造活力,为实现"两个一百年"奋斗目标和中华民族伟大复兴的中国梦提供有力支撑。

9月22日

[纲　文]　全国环境政策法制工作研讨会在北京召开。

[目　文]　会议就《新〈环境保护法〉解读》《环境审判专门化及环境公益诉讼若干问题》《司法鉴定与纠纷解决》和《探索生态环境资产核算,构建生态文明制度体系》作了专题讲座。参加会议的各省区市环保厅局、新疆生产建设兵团环保局、解放军环保局等120余人,围绕全力实施新环保法和新形势下的新问题,结合实际工作展开研讨,为推进生态文明制度创新建言献策。

9月22日

[纲　文]　国务委员兼国防部长常万全在北京与印度尼西亚国防部长普尔诺莫举行会谈。

[目　文]　常万全说,两国元首2013年共同决定将中印尼关系提升为全面战略伙伴关系,两国防务部门和军队关系进一步发展。中方愿与印尼方一道,加强互动,拓展交

流合作领域。

普尔诺莫说，印尼方愿与中方加强各领域各层次务实合作，提升两军关系水平。

9月22日

［纲　文］　《人民日报》发表题为《党领导人民政协创造辉煌历史——一论贯彻习近平在人民政协成立65周年大会讲话精神》的评论员文章。

9月22—25日

［纲　文］　第18届国际银行监督官大会在天津举行。

［目　文］　国务院副总理马凯出席并致辞。大会由巴塞尔银行监管委员会发起，由中国银监会承办。来自90多个国家和地区、120家银行监管机构和国际经济组织的230多名代表参会，研讨后巴塞尔Ⅲ时期的国际监管改革和金融如何更好地促进经济增长。

26日，国务院总理李克强在北京会见来华出席第18届国际银行监督官大会的巴塞尔委员会主席英格维斯以及亚、欧、美洲多国金融监管机构负责人，同他们进行座谈。李克强表示，当前世界经济形势错综复杂，全球金融体系仍存在一定脆弱性。实体经济是金融发展的根基，推进国际金融监管改革旨在维护金融体系稳健运行，促进实体经济健康发展。中国愿同巴塞尔委员会和各国一道，加强宏观调控和结构性改革，增强金融体系韧性，提高抗风险能力，共同促进全球金融稳定。中国金融改革开放已进入新阶段。我们将以更大决心和力度推动金融改革创新，通过放宽市场准入，允许各类资本平等参与金融市场竞争；通过建立存款保险制度，更好保护存款人利益；有序扩大资本和货币市场对外开放。同时，继续改革和加强金融监管，守住不发生系统性区域性风险的底线。中国金融改革的逐步推进，将有助于推动大众创业、万众创新，缓解一些企业特别是中、小企业融资难、融资贵问题，为实体经济发展提供支撑，促进中国经济长期持续健康发展。

英格维斯等表示，中国经济发展良好，金融改革进展顺利。巴塞尔委员会和各国金融监管机构愿加强同中方的合作，共同维护国际金融体系稳定，防范金融风险，促进实体经济发展，推动世界经济复苏进程。

9月22—24日

［纲　文］　"2014年国际和平日纪念活动"在西安举行。

［目　文］　活动由中国人民争取和平与裁军协会、联合国驻华系统和陕西省人民政府联合举办，主题是"人民期盼更加安全的亚洲"。全国政协副主席、中国人民争取和平与裁军协会会长韩启德出席开幕式并作题为《亚洲人民携手维护和平与安全，通力共建和平繁荣安全的明天》的主旨讲话。联合国秘书长潘基文发来贺词。纪念活动包括开、闭幕式，高端对话会和四场分论坛，并将举行和平艺术展暨"一缕阳光工程"启动仪式、和平祈福等活动。

联合国将每年9月21日设立为"国际和平日"，以号召全世界维护和平、反对战争。作为中国最大的和平组织，中国人民争取和平与裁军协会已连续多年举办各类纪念活动。

24日，国家副主席李源潮在北京会见了来华参加2014年国际和平日纪念活动的塞浦路斯前总统季米特里斯·赫里斯托菲亚斯。

9月22—26日

[纲　文]　国际文物修护学会会议在香港举行。

[目　文]　会议由国际文物修护学会主办，主题为"源远流长：东亚艺术文物与文化遗产的修护"，各专家学者在会上交流专业知识，分享最新的研究成果。来自全球30个国家和地区约400名文物保护专家和学者与会。香港是首个举办国际文物修护学会双年度会议的亚热带地区的城市。

9月23日

[纲　文]　国务院印发《关于表彰全国民族团结进步模范集体和模范个人的决定》。

[目　文]　《决定》说，2009年全国民族团结进步表彰大会以来，全国各族人民在党中央、国务院领导下，积极投身建设中国特色社会主义的伟大实践，各地区、各行业涌现出一大批认真贯彻执行党和国家民族政策，为巩固和发展平等团结互助和谐的社会主义民族关系，促进少数民族和民族地区经济社会发展作出重要贡献的模范集体和模范个人，他们是推进我国民族团结进步事业的优秀代表。为彰显他们的先进思想、模范事迹和崇高品质，促进我国民族团结进步事业的不断发展，国务院决定授予678个集体全国民族团结进步模范集体荣誉称号，授予818人全国民族团结进步模范个人荣誉称号。希望受到表彰的集体和个人，珍惜荣誉，再接再厉，继续发挥模范表率作用，为促进中华民族大家庭和睦相处、和衷共济、和谐发展作出新的更大贡献。全国各族人民要以他们为榜样，自觉做国家统一、民族团结和社会稳定的维护者，做各民族交往、交流、交融的促进者，紧密团结在以习近平同志为总书记的党中央周围，高举中国特色社会主义伟大旗帜，以邓小平理论、"三个代表"重要思想、科学发展观为指导，认真贯彻落实党中央、国务院的决策部署，求真务实、甘于奉献、开拓进取，为进一步加强民族团结、维护社会稳定和国家统一，促进各民族共同繁荣与进步，全面建成小康社会，实现中华民族伟大复兴的中国梦而努力奋斗。

9月23日

[纲　文]　工业和信息化部公布《关于废止和修改部分规章的决定》。

[目　文]　《决定》的内容是：一、废止《民用爆破器材生产流通管理暂行规定》（1999年11月26日中华人民共和国国防科学技术工业委员会令第2号公布）、《互联网电子公告服务管理规定》（2000年10月8日中华人民共和国信息产业部令第3号公布）。二、修改《电信服务质量监督管理暂行办法》（中华人民共和国信息产业部令第6号）、《公用电信网间互联管理规定》（中华人民共和国信息产业部令第9号）、《电信设备进网管理办法》（中华人民共和国信息产业部令第11号）、《电信网码号资源管理办法》（中华人民共和国信息产业部令第28号）、《工业和信息化部行政许可实施办法》（中华人民共和国工业和信息化部令第2号）5件规章的部分条款。三、决定自2014年9月23日起施行。

9月23日

［纲　文］　国家主席习近平特使、国务院副总理张高丽出席在美国纽约联合国总部举行的联合国气候峰会。

［目　文］　张高丽在峰会全会上发表题为《凝聚共识 落实行动 构建合作共赢的全球气候治理体系》的讲话中说，中国高度重视应对气候变化，愿与国际社会一道，积极应对气候变化的严峻挑战。中国国家主席习近平指出，应对气候变化是中国可持续发展的内在要求，也是负责任大国应尽的国际义务，这不是别人要我们做，而是我们自己要做。中国在发展中国家中最早制定实施应对气候变化国家方案，近期又出台《国家应对气候变化规划》，确保实现2020年碳排放强度比2005年下降40%—45%的目标。中国致力于积极推进节能减排、低碳发展和生态建设，取得显著成效。2013年与2005年相比，中国碳排放强度下降28.5%，相当于少排放二氧化碳25亿吨。

来自200多个国家和国际组织的代表出席峰会。美国总统奥巴马、坦桑尼亚总统基奎特、瑙鲁总统瓦卡、联合国秘书长潘基文等也在全会上发表讲话。

22日，张高丽在纽约联合国总部会见了联合国秘书长潘基文，并与潘基文共同出席中国政府向联合国捐赠30米分辨率全球地表覆盖数据仪式。

会议期间，张高丽在纽约分别会见了出席联合国气候峰会的美国总统奥巴马、法国总统奥朗德、玻利维亚总统莫拉莱斯、秘鲁总统乌马拉、罗马尼亚总理蓬塔、欧盟委员会主席巴罗佐、荷兰首相吕特、荷兰王后马克西玛。

9月23日

［纲　文］　国家版权局、发展改革委公布《使用文字作品支付报酬办法》，自2014年11月1日起施行。

9月23日

［纲　文］　民政部公布《军队离休退休干部服务管理办法》，自2014年9月23日起施行。

9月23日

［纲　文］　国务院总理李克强在北京会见哈萨克斯坦国防部长艾哈迈托夫。

［目　文］　李克强指出，中哈关系发展进入新阶段，两国政治、经济、军事、人文等领域的全方位合作富有成果，在彼此核心利益和重大关切问题上相互坚定支持。当前中国正在积极推动新一轮对外开放，特别是扩大向西开放。中方愿同哈方以及其他上合组织成员国一道，加强包括防务安全在内的各领域务实合作，推动经济持续发展，促进民生不断改善，共同维护地区安全稳定。我期待年内访哈并出席上合组织总理会议，推动中哈关系和上合组织建设取得新进展。

艾哈迈托夫表示，哈中友谊不断巩固，两国关系日益深化。哈方愿同中方加强国防、军技等合作。哈萨克斯坦总理马西莫夫期待李总理年内访哈并出席上合组织总理会议。

22日，国防部部长常万全在北京与艾哈迈托夫会谈时说，建交20多年来，中哈全面战略伙伴关系健康稳定发展。在两国元首的关怀和推动下，双方政治互信和各领域合作均达到前所未有的高水平。两军高层交往密切，在多边框架内保持密切互动。中国军队希望双方进一步加大各领域合作力度，推动两军关系不断迈上新台阶。

艾哈迈托夫说，哈萨克斯坦一直视发展与中国关系为外交政策的主要方向之一，希望两军继续深化在军事技术等领域合作。

9月23日

[纲　文]　俞正声主持召开全国政协第二十次主席会议。

[目　文]　会议主要内容是：一、学习贯彻中共中央总书记习近平在庆祝中国人民政治协商会议成立65周年大会上的重要讲话。二、会议审议通过了政协第十二届全国委员会常务委员会第八次会议议程（草案）和日程，第八次常委会议拟于10月下旬召开；审议通过了关于撤销白云、孙兆学政协第十二届全国委员会委员资格的决定，并将在政协第十二届全国委员会常务委员会第八次会议上追认。

全国政协主席俞正声强调，学习贯彻习近平总书记重要讲话是人民政协的一项重大政治任务，要切实把思想和行动统一到习近平总书记重要讲话精神上来，用讲话精神总结工作、明确工作定位、研究和谋划2015年的工作，把人民政协事业推向前进。

全国政协副主席杜青林、董建华、万钢、林文漪、罗富和、何厚铧、张庆黎、李海峰、陈元、卢展工、王家瑞、王正伟、马飚、齐续春、陈晓光、刘晓峰等围绕学习贯彻习近平总书记重要讲话精神作了发言。

9月23日

[纲　文]　中央党校新疆民族干部培训班创办60周年座谈会在北京召开。

[目　文]　中共中央政治局常委、中央党校校长刘云山出席座谈会并讲话。全国政协副主席、国家民委主任王正伟出席会议。中央党校、中央组织部、新疆维吾尔自治区党委负责人和新疆班新老学员代表在会上发言。

刘云山强调，要深入贯彻第二次中央新疆工作座谈会和习近平总书记重要讲话精神，牢牢把握新疆工作总目标，切实加强民族干部培训，努力建设高素质干部队伍，为维护新疆社会稳定和实现长治久安提供干部人才支撑。

中央党校新疆民族干部培训班自1954年9月创办以来，先后举办高中级干部轮训班、理论宣传干部班、中青年干部培训班等共82期，培训学员3885人次，为推动新疆经济社会发展、促进民族团结、维护社会稳定发挥了重要作用。

9月23日

[纲　文]　"千名中西部大学校长研修计划"中期成果汇报会在北京举行。

[目　文]　国务院副总理刘延东出席会议并讲话。会议由教育部、李兆基基金、香港培华教育基金会主办，教育部部长袁贵仁主持。

刘延东强调，要把发展中西部高等教育摆在更加重要的位置，着力提升办学能力和整体水平，加快中西部高校基本实现教育现代化的步伐。我国已进入全面深化改革和扩大开放的发展新阶段。中西部高校要主动服务中西部经济社会发展目标,深化高校综合改革,创新人才培养机制与管理体制,促进中西部高等教育整体跃升。要坚持质量第一,结合中国实际、弘扬优秀传统、借鉴国外有益经验,走中国特色内涵发展道路。要发挥地缘优势,加强与周边国家教育科技合作,积极参与中外人文交流,为提升国家软实力作贡献。

"千名中西部大学校长研修计划"由李兆基基金和香港培华教育基金会出资,2012年启动,已有25个中西部省区307所高校的432名学员参加国内外高等教育考察培训。会前,刘延东会见了李兆基一行。

9月23日

[纲 文] 第六届鲁迅文学奖颁奖典礼在北京中国现代文学馆举行。

[日 文] 中国作协主席铁凝、中国作协党组书记李冰、中宣部副部长黄坤明,35位本届鲁迅文学奖的获奖作家以及评奖委员会委员出席颁奖典礼。

从符合申报条件的1359篇(部)参评作品中,在中篇小说、短篇小说、报告文学、诗歌、散文杂文、文学理论评论、文学翻译7个门类中评选出34篇(部)获奖作品。其中,格非的《隐身衣》、滕肖澜的《美丽的日子》等获中篇小说奖,马晓丽的《俄罗斯陆军腰带》、徐则臣的《如果大雪封门》等获短篇小说奖,黄传会的《中国新生代农民工》、任林举的《粮道》、铁流和徐锦庚的《中国民办教育调查》等获报告文学奖,阎安的《整理石头》、大解的《个人史》等获诗歌奖,刘亮程的《在新疆》、贺捷生的《父亲的雪山母亲的草地》等获散文杂文奖,孟繁华的《文学革命终结之后——新世纪文学论稿》、鲁枢元的《陶渊明的幽灵》等获文学理论评论奖,赵振江的《人民的风》、刘方的《布罗岱克的报告》等获文学翻译奖。

9月23日

[纲 文] 中央军委副主席许其亮在北京会见斯里兰卡国防与城市发展部常务秘书戈塔巴亚·拉贾帕克萨。

[日 文] 许其亮说,习近平主席刚刚成功对斯里兰卡进行国事访问,两国元首就推动中斯战略合作伙伴关系深入发展达成了许多重要共识,把两国关系推向了新的发展阶段。两军关系是两国领导人都十分关注的重要领域,希望双方进一步挖掘潜力,加强各领域务实交流与合作。

拉贾帕克萨说,希望双方加强协作,提升两军合作水平,不断增进彼此友谊。

9月23日

[纲 文] 青海格尔木昆仑山国家地质公园被批准为世界地质公园。

[日 文] 在加拿大圣约翰市举行的联合国教科文组织第六届国际地质公园大会上,青海格尔木昆仑山国家地质公园被批准为世界地质公园。

格尔木昆仑山世界地质公园作为中国唯一的开放式世界地质公园、中国海拔最高的世界地质公园,将在保护昆仑山地质遗迹、普及地学知识、带动高原旅游发展、弘扬昆仑文化、促进经济社会发展等方面发挥重要作用。

9月23日

［纲　文］　《人民日报》发表题为《人民政协是人民民主的重要形式——二论贯彻习近平在人民政协成立65周年大会讲话精神》的评论员文章。

9月23—24日

［纲　文］　中非文化遗产保护论坛在北京举行。

［目　文］　论坛围绕"中非文化遗产保护政策和国际合作"主题，就各国文化遗产保护国际公约的履约情况，中国和非洲国家文化遗产保护政策、现状、经验，如何加强中非在此领域的国际合作等议题进行了深入探讨。文化部、国家文物局等政府有关部门，学术研究机构及非洲18国的文化主管部门官员、专家50余人出席会议。

本届论坛的召开是深入贯彻落实国家主席习近平2013年3月访非讲话精神，兑现中非合作论坛《北京行动计划（2013—2015）》关于"进一步加强在文化遗产保护方面的交流与合作，适时召开中非文化遗产保护圆桌会议，推动双方签订政府间合作协定"的承诺，推动中非文化遗产保护合作，为加强中非在文化遗产保护领域的交流与合作搭建平台。

25日，来自非洲的官员代表及专家在江苏省南京市，与南京文化遗产保护领域相关负责人和专家学者等进行交流，并考察当地文化遗产保护现状。

9月23日—10月7日

［纲　文］　"丹青中国梦——庆祝中华人民共和国成立65周年美术作品展"在中国美术馆举办。

［目　文］　作品展由文化部主办，文化部艺术司、中国美术馆承办。展览分为"寻·民族振兴之梦""筑·国家富强之梦""追·人民幸福之梦"三个篇章，共计展出优秀美术作品300余件，以中国美术馆馆藏的不同时期的经典作品为主，涵盖了包括中国画、油画、版画、雕塑、连环画、年画和新媒体艺术在内的多种艺术形式。

9月23—27日

［纲　文］　第二届"尼泊尔文化节·尼泊尔——中国唐卡艺术展"在首都图书馆举办。

［目　文］　艺术展由中华人民共和国文化部、尼泊尔联邦民主共和国文化部文化、旅游及民航部和尼泊尔驻华大使馆共同主办，中国对外文化集团公司、首都图书馆承办。艺术展汇集了尼泊尔及中国艺术家创作的约50幅精美唐卡作品。

唐卡作为藏传佛教所特有的一种绘画形式，对西藏原生绘画、印度绘画和中国传统绘画等艺术形式都有所吸收。然而记录最广泛的说法认为，唐卡艺术原是一种尼泊尔艺术形式，是随着尼泊尔尺尊公主与吐蕃（今西藏）王松赞干布的联姻传入西藏，并在7世纪引入了观音菩萨和其他尼泊尔神祇的形象。也正在此时，佛教文化通过尼泊尔传入西藏。

9月24日

［纲　文］　习近平在北京出席纪念孔子诞辰2565周年国际学术研讨会暨国际儒学

联合会第五届会员大会开幕会并讲话。

[日　文]　国家主席习近平在大会开幕会上发表讲话指出，不忘历史才能开辟未来，善于继承才能善于创新。只有坚持从历史走向未来，从延续民族文化血脉中开拓前进，我们才能做好今天的事业。推进人类各种文明交流交融、互学互鉴，是让世界变得更加美丽、各国人民生活得更加美好的必由之路。

24—27日，纪念孔子诞辰2565周年国际学术研讨会暨国际儒学联合会第五届会员大会在北京举行。组织方为国际儒学联合会、联合国教科文组织、中国孔子基金会。会议主题为"儒学：世界和平与发展"，下设8个子题。50多个国家和地区的300多位知名专家学者出席会议。本次会议主要议程有纪念孔子诞辰2565周年国际学术研讨会、国际儒学联合会会员大会和理事大会、庆祝国际儒学联合会成立20周年大会、庆祝纪念孔子诞辰2565周年国际学术研讨会暨国际儒学联合会第五届会员大会全国百位书画家作品展、部分代表赴山东曲阜参加祭孔大典等活动。

9月24日

[纲　文]　李克强主持召开国务院常务会议。

[日　文]　会议主要内容是：一、部署完善固定资产加速折旧政策、促进企业技术改造、支持中小企业创业创新。会议确定，一是对所有行业企业在2014年1月1日后新购进用于研发的仪器、设备，单位价值不超过100万元的，允许一次性计入当期成本费用在税前扣除；超过100万元的，可按60%比例缩短折旧年限，或采取双倍余额递减等方法加速折旧。二是对所有行业企业持有的单位价值不超过5000元的固定资产，允许一次性计入当期成本费用在税前扣除。三是对生物药品制造业，专用设备制造业，铁路、船舶、航空航天和其他运输设备制造业，计算机、通信和其他电子设备制造业，仪器仪表制造业，信息传输、软件和信息技术服务业等行业企业在2014年1月1日后新购进的固定资产，允许按规定年限的60%缩短折旧年限，或采取双倍余额递减等加速折旧方法，促进扩大高技术产品进口。根据实施情况，适时扩大政策适用的行业范围。会议要求加快落实上述政策，努力用先进技术和装备武装"中国制造"，推出附加值更高、市场竞争力更强的产品。二、决定进一步开放国内快递市场、推动内外资公平有序竞争。会议决定，全面开放国内包裹快递市场，对符合许可条件的外资快递企业，按核定业务范围和经营地域发放经营许可。会议强调，要坚持放管结合，确保快递行业有序健康发展。一是完善经营许可程序，加强资质审核。简化手续，提高效率。二是推进快递与电子商务、制造业联动发展，与综合交通运输体系顺畅对接，支持解决城市快递车辆通行难等问题。保障寄递安全。三是鼓励快递企业兼并重组，完善和落实重组备案、外资并购审查等制度。加强代理和加盟企业管理，严肃查处非法经营、超范围经营、违规代理等行为。让快递这一朝阳产业更加红火，为刺激居民消费创造条件，便利广大商家和亿万群众。

9月24日

[纲　文]　民政部公布《家庭寄养管理办法》，自2014年12月1日起施行。

9月24日

［纲　　文］　中国4处灌溉工程入选首批世界灌溉工程遗产名录。

［目　　文］　在韩国光州举行的第22届国际灌溉排水大会暨国际灌溉排水委员会（ICID）第65届国际执行理事会上，公布了首批世界灌溉工程遗产名录17处。其中，中国有4处，分别是浙江丽水通济堰、四川乐山东风堰、湖南新化紫鹊界梯田及福建莆田木兰陂。

丽水通济堰位于浙江省丽水市莲都区瓯江支流松阴溪上，始建于南朝梁天监四年，是具有1500多年历史的有坝引水灌溉工程，灌溉农田面积3万余亩。其工程体系包括渠首枢纽、渠系工程、调蓄工程及防洪工程，有"低建坝、精筑堰、巧排沙、妙分水、兼通航、惠千顷、立堰规、共守诚、通古今、济百业"之说。在"九山半水半分田"的浙西南，60平方公里的碧湖平原依靠通济堰水利，成为重要的产粮区；乐山东风堰位于长江三级支流青衣江夹江段左岸，始建于清康熙元年（1662年）；新化紫鹊界梯田位于湖南省娄底市新化县水车镇，由苗、瑶两族开凿，至今已有2000余年历史，梯田依山就势而造；莆田木兰陂位于福建省莆田市城厢区霞林街道木兰村，距出海口26公里，全长219米，建成于公元1083年。木兰陂采用筏型基础，用巨石砌筑拦河坝闸，是具代表性的拒咸蓄淡灌溉工程，也是中国现存最完整的古代灌溉工程之一。

9月24日

［纲　　文］　首届"日知世界史奖"颁奖典礼在北京举行。

［目　　文］　这是我国世界史研究领域的首个全国性专业学术奖项，由东北师范大学出资设立。著名历史学家、北京大学教授马克垚凭借其著作《西欧封建经济形态研究》获得一等奖。"日知世界史奖"以已故我国著名历史学家、东北师范大学荣誉教授林志纯（笔名日知）的名字命名。来自教育部、中国社会科学院、北京大学、南开大学、北京师范大学、首都师范大学、东北师范大学、首都博物馆、中国出版集团、商务印书馆等单位的世界史学者参加活动。

"日知世界史奖"于2012年11月14日林志纯先生逝世五周年时启动，计划每四年举办一届，首届入选成果为改革开放以来至2007年12月31日前海内外学者公开出版的中文世界史研究学术专著。该奖项评奖委员会由国内重点高校和研究机构的著名世界史专家组成，申报成果需获得两名同行专家联名推荐，并经评奖委员会充分讨论、评议和民主投票等环节确定最终获奖著作。

9月24日

［纲　　文］　《人民日报》发表题为《协商民主是社会主义民主政治的特有制度——三论贯彻习近平在人民政协成立65周年大会讲话精神》的评论员文章。

9月24—29日

［纲　　文］　国务院副总理张高丽应邀对罗马尼亚、白俄罗斯进行正式访问。

［目　　文］　张高丽在访问罗马尼亚期间，在布加勒斯特同罗马尼亚第一副总理德拉

格内亚举行会谈,会见了罗马尼亚议会众议长兹戈内亚、副总理奥普雷亚。

张高丽在访问白俄罗斯期间,在明斯克会见了白俄罗斯总统卢卡申科;同白俄罗斯总理米亚斯尼科维奇举行会谈。双方共同出席两国经贸、文化等合作文件签字仪式。张高丽还与米亚斯尼科维奇共同出席明斯克北京饭店开业仪式并分别致辞。

9月24—27日

[纲　文]　应国务院总理李克强邀请,西班牙首相马里亚诺·拉霍伊对中国进行正式访问。

[目　文]　访问期间,国家主席习近平、全国人大常委会委员长张德江在北京分别会见拉霍伊。李克强在北京同拉霍伊举行了会谈,双方一致同意继续相互理解、支持彼此核心利益和重大关切,深化务实合作,丰富两国全面战略伙伴关系内涵,推动中欧关系健康稳定发展。两国总理共同见证了双边经贸、文化、金融、电信、能源等领域合作文件的签署。

习近平会见拉霍伊时强调,2015年是中西建立全面战略伙伴关系10周年,两国关系站在新的历史起点上,面临新的发展机遇。双方要加强政府、议会、政党、地方等交流合作,增进相互理解,把握好两国关系大局。双方要深挖潜力,加强务实合作。当前,中欧货运班列发展势头良好,"义新欧"铁路计划从浙江义乌出发,抵达终点马德里,中方欢迎西方积极参与建设和运营,共同提升两国经贸合作水平。中西同为文明古国,双方要加强人文、旅游、体育交流和民间交往,促进文明互鉴,增进传统友谊。西班牙是中国在欧盟的好朋友和重要合作伙伴。中方愿同西方共同努力,推动中欧关系发展。中方支持西方在国际和地区事务中发挥积极作用,愿意同西方保持沟通协调。

拉霍伊表示,事实证明,中国是西班牙的好朋友,西方非常珍惜这份友谊和互信。当前,两国关系面临很好的发展机遇,我希望通过这次访问,加强两国政治关系,推动经贸、投资、能源、铁路、电信、金融等领域合作,扩大西班牙农产品对华出口,促进两国文化交流和人员往来。西班牙将一如既往积极推动欧中关系健康发展,同中方加强在联合国、气候变化等事务中协调合作。

李克强同拉霍伊会谈时指出,两国要扩大贸易投资规模,推动双边贸易持续平衡增长;加强能源、金融、生物医药、航天等领域合作,打造新亮点;密切人文交流,办好文化中心、塞万提斯学院和孔子学院,扩大双向语言教学和互派留学生规模。中国政府鼓励本国企业赴西班牙投资兴业,希望西班牙为中国在西企业和人员提供更多法律政策保障和签证便利。中方赞赏西班牙为推动中欧关系发展发挥的积极作用,愿同西班牙一道努力,落实中欧和平、增长、改革、文明伙伴关系和《中欧合作2020战略规划》,加快推动中欧投资协定谈判和中欧自贸区可行性研究,共同促进贸易投资自由化、便利化,反对保护主义。

拉霍伊表示,当前两国都在推进改革。中国取得巨大发展成就,西班牙愿进一步扩大同中国的友好互利合作,这有利于促进西班牙的经济增长。西班牙欢迎更多中国游客赴西旅游观光,将提供48小时快速签证办理便利。西班牙将为欧中关系发展发挥积极推动作用。

9月24—27日

[纲　文]　第23届中国金鸡百花电影节在兰州举办。

[目　文]　最佳影片奖被王家卫执导的《一代宗师》收入囊中,优秀故事片奖由《周恩来的四个昼夜》和《中国合伙人》摘得,最佳导演奖由首次执导电影的赵薇凭《致我们终将逝去的青春》获得,黄晓明(《中国合伙人》)、章子怡(《一代宗师》)分获最佳男女主角奖,佟大为获得最佳男配角奖,最佳女配角奖则归于电影《全民目击》的演员邓家佳。兰州籍演员马浴柯因在电影《扫毒》中成功塑造毒贩段坤的形象获得最佳新人奖,最佳编剧奖由《致我们终将逝去的青春》编剧李樯获得。电影史学专家陈季华、资深编剧史超以及著名演员王心刚、庞学勤荣获金鸡奖终身成就奖。

9月25日

[纲　文]　国家主席习近平在北京会见柬埔寨国王西哈莫尼和王太后莫尼列。

[目　文]　习近平指出,柬埔寨王室为中柬关系发展作出了历史性贡献。西哈努克太皇同中国几代领导人共同缔造和培育了中柬友谊,成为中柬友好的永恒象征。我们这一代人从小就受到中柬友谊的熏陶。西哈莫尼国王坚定不移地继承和推进对华友好路线,我们对此高度赞赏。西哈莫尼国王和莫尼列太后是中国人民的老朋友、好朋友,我们十分珍视同柬埔寨王室的友谊,一直非常牵挂你们。看到你们身体健康,精神饱满,我感到非常高兴。北京就是你们的家,欢迎你们常回家看看。当前,中柬关系发展很好。中方高度重视发展对柬关系,坚定奉行对柬友好政策,坚定支持柬埔寨走自己选择的发展道路,将一如既往支持柬埔寨国家建设。我们愿同柬方一道,不断开创中柬关系更加美好的未来,让两国人民世世代代友好下去。

西哈莫尼和莫尼列表示,习近平主席今天的会见和充满深情的讲话令我们十分感动。柬中友谊牢不可破,历久弥新。柬埔寨王室感谢中方给予柬埔寨的支持和帮助,也感谢中国政府给予西哈努克太皇的精心照料,以及在西哈努克太皇去世后,继续给予我们的关心。我们对中国怀有特殊深厚的感情,很高兴看到柬中关系发展很好,对中国的发展感到由衷欣慰。柬埔寨王室将继承西哈努克太皇开辟的对华友好路线,积极促进两国关系不断向前发展。

9月25日

[纲　文]　全国政协在北京召开双周协商座谈会,就积极推进医养结合型养老护理模式建设提出意见和建议。

[目　文]　全国政协主席俞正声主持。全国政协副主席杜青林、张庆黎、卢展工、刘晓峰出席座谈会。民政部、卫生计生委负责人介绍了养老服务与医疗卫生服务结合的有关情况。财政部、人力资源和社会保障部的负责人出席会议,并与委员们互动交流。全国

政协委员何维、黄洁夫、蔡威、王路、杨金生、高体健、王建业、孙铁英、任国胜、于文明、姚克、范利、赵平、徐亮、丁金宏、郑静晨、刘荣玉，以及基层代表孙煜航等在座谈会上发言。

委员们建议，解决好医养结合型养老护理模式建设问题，要建立机构，完善机制。政府要制定适合的标准、进行相应的建设，推动医养结合型养老护理模式走上正确发展途径。要建立相关部门联席会议制度，及时协调解决有关问题。要推动医养结合进社区，这是医养结合发展的主要方向。对贫困的失能半失能老人，政府要提供基本的医疗保障服务。在发达地区、欠发达地区搞好试点，使政策更加符合实际。充分发挥市场机制作用，使医保政策适合养老的特点。鼓励医疗机构创办或托管养老护理机构，缓解床位紧张问题。对规模较大的养老机构，鼓励其申请办理内设医疗机构并纳入住院医保管理体系。要落实好财政支持、税收优惠、政府购买、商业保险等政策，鼓励引导社会资本投办养老护理机构、提供养老服务产品。鼓励医护院校开设医养结合型老年护理专业，大力培养老年护理专业人才。

9月25日

[纲　文]　汪洋在北京主持召开国务院旅游工作部际联席会议第一次全体会议。

[目　文]　国务院副总理汪洋指出，落实《国务院关于促进旅游业改革发展的若干意见》，是当前旅游工作的首要任务。要发挥联席会议的统筹协调作用，明确职责分工，加强督促检查，鼓励大胆探索，调动各方面的积极性、创造性，确保各项任务和政策措施落到实处。建立旅游工作部际联席会议制度，是贯彻落实《旅游法》的具体行动，也是推动旅游业改革发展的重要举措。联席会议要坚持想大事、议大事、谋长远，围绕经济社会发展大局确定旅游工作重点，围绕人民群众日益增长的旅游需求促进改善旅游供给，围绕旅游业发展战略提出旅游业改革发展政策，围绕旅游业发展中的突出问题探索治本之策。要进一步提高旅游业在国民经济和社会发展中战略地位的认识，把支持旅游业发展摆在更加重要的位置。要按照属地管理的要求，落实地方政府的责任，发挥地方政府、旅游业组织者、实施者、管理者的作用。有关部门要按照职责分工，抓紧制定相关政策的实施细则，把旅游法和国务院的政策要求落到实处。要认真做好国庆节期间的旅游工作，鼓励地方开展景区门票预约、游客流量控制等改革试点，确保"十一"长假安全平稳运行。

9月25日

[纲　文]　《人民日报》发表题为《新风劲吹，风气正起来——一论营造党内生活新常态》的评论员文章。

9月25—26日

[纲　文]　马凯在天津市调研。

[目　文]　国务院副总理马凯在动力电池研发、生产、应用等企业和新能源汽车充换电站调研，并主持召开动力电池研发生产企业座谈会。马凯指出，近年来，我国动力电池研发和产业化取得了积极进展，在部分领域取得了突破，为新能源汽车加快发展奠定了

较好的基础。但也要看到，同国际先进水平相比还有一定差距，还不能很好满足新能源汽车大规模推广应用的需要，行业发展还存在散乱现象。动力电池是新能源汽车的心脏，是新能源汽车产业发展的关键。当前，新能源汽车和动力电池行业正处在发展的关键时期，面临着前所未有的机遇，也面临不少风险和挑战。各地区、各部门和有关企业、行业组织要共同努力，加快把动力电池研发生产提升到一个新水平。要加大关键共性技术研发力度，着力突破电池成组和系统集成技术瓶颈，生产一代、研发一代、储备一代，形成可持续的技术支撑体系。要进一步完善技术标准体系，加强基础性标准研究，积极参与和主导国际标准制定，推动中国标准走出去。要大力推进协同创新，整合研发资源，建立跨行业、跨领域的创新联盟，形成创新研发合力。要积极探索发展多种特色商业模式，鼓励电池厂商向综合服务商转变，加快培育发展一批专业运营服务公司。要加快研究出台相关政策法规，探索利用多种方式，促进电池回收和再利用。要宣传好、落实好已有政策措施，进一步加大财政、税收、金融、产业等政策支持力度。要加强行业规范和引导，鼓励企业兼并重组，做大做强优势企业，促进行业持续健康发展。

9月25—26日

[纲　文]　"中国标准化论坛"在四川成都举行。

[目　文]　论坛由中国标准化协会主办。以"市场践行标准化"为主题，就"标准化改革方向与政策""标准化创新研究与方法""标准化市场应用与实践"三大专题展开讨论。我国标准化领域的知名专家、学者，研究机构，各省、各行业标准技术管理负责人以及全国20多个省、自治区、直辖市的450多名标准化工作者和跨国集团企业代表与会。与会代表到成都国家高新技术产业标准化示范区的企业进行现场考察和技术交流。

9月25—27日

[纲　文]　首届中国西藏旅游文化国际博览会在拉萨举办。

[目　文]　藏博会由文化部、国家旅游局和西藏自治区政府共同举办，以"人间圣地·天上西藏"为主题。展会期间，还举办了中国西藏旅游文化论坛、展览展示、经贸洽谈等活动，共接待160多名嘉宾和100多位企业家。中外政要、学者专家在论坛上为西藏旅游、文化发展积极建言献策。藏博会共签约经济合作项目33个，总投资387亿元人民币。

9月26日

[纲　文]　习近平、俞正声在北京分别会见台湾和平统一团体联合参访团。

[目　文]　中共中央总书记习近平首先肯定参访团各位成员为推动两岸关系发展、推进国家和平统一进程作出的积极贡献并指出，当前两岸关系虽然面临一些新情况新问题，但和平发展的大趋势没有改变。两岸同胞应该坚定信心、携手努力，继续推动两岸关系和平发展，共同开创中华民族伟大复兴的光明前景。国家统一是中华民族走向伟大复兴的历史必然。中华民族在探寻民族复兴强盛之道的过程中饱经苦难沧桑。"统则强、分必乱"，这是一条历史规律。在涉及国家统一和中华民族长远发展的重大问题上，我们旗帜

鲜明、立场坚定，不会有任何妥协和动摇。习近平强调，遏制"台独"分裂活动是确保两岸关系和平发展的必然要求。2008年前的一段时间，"台独"分裂势力利用执政推行分裂路线，损害国家主权、领土完整，破坏台海和平稳定，挑动两岸对抗紧张，给两岸民众尤其是台湾同胞带来深重祸害。对于任何分裂国家的行径，我们绝不会容忍。历史已经并将继续证明，"台独"之路走不通。我愿再次重申，我们对台湾同胞一视同仁，无论是谁，不管以前有过什么主张，只要现在愿意参与推动两岸关系和平发展，我们都欢迎。

来访的台湾和平统一团体人士表示，两岸要站在"振兴中华""共圆中国梦"的战略高度看待国家和平统一，进一步加深感情，增进认同，共同反对"台独"，携手推动两岸关系和平发展，特别是要让更多台湾青年体认到，台湾的命运系于中华民族的伟大复兴，从而义无反顾地接下复兴中华的重责大任。

全国政协主席俞正声在会见台湾和平统一团体联合参访团时表示，国家统一事关国家主权和领土完整，与中华民族伟大复兴紧密相连，牵动着海内外亿万华夏儿女的心。实现国家统一是我们坚定不移的目标，在这个问题上我们的态度是明确的、坚定的，没有丝毫妥协的余地。和平统一最符合两岸同胞的整体利益，我们会尽最大努力争取和平统一的前景。我们要坚持走两岸关系和平发展的道路，不断增进两岸政治互信，坚决遏制"台独"分裂图谋，让两岸在和平发展的进程中实现共同发展，两岸同胞越走越近、越走越亲，和平统一的基础越来越牢固。

9月26日

[纲　文]　中共中央总书记、国家主席习近平在北京会见俄罗斯联邦共产党中央委员会主席久加诺夫率领的俄共代表团。

[目　文]　习近平指出，当前，中俄全面战略协作伙伴关系发展很好，我同普京总统保持着密切沟通交往，就加强两国务实合作达成高度共识。中国共产党同俄罗斯联邦共产党一直保持友好交往。当前中俄关系的发展要求我们加强党际关系。我们愿意同俄共加大人员交往以及在党的建设和思想理论等方面的交流，为促进中俄友好合作作出更大贡献。习近平向客人介绍了中国共产党治国理政理念和中国特色社会主义道路，强调中国共产党坚持以为人民服务为宗旨，坚持立足中国国情、尊重历史规律，坚持实践是检验真理的唯一标准，坚持与时俱进、开拓进取。我们正全面深化改革，加强执政党建设，带领全国各族人民朝着实现"两个一百年"和中华民族伟大复兴的奋斗目标不断前进。我们将沿着中国特色社会主义这条正确道路坚定不移走下去。

久加诺夫表示，俄共坚定支持发展俄中全面战略协作伙伴关系，祝贺中国各项事业取得的巨大成就，钦佩中国共产党的执政理念和能力。我们愿意同中共加强交流合作，向俄罗斯各界积极介绍中国的改革开放成就和经验，为增进两国人民相互了解和友谊，促进俄中关系发展发挥更大作用。当前国际形势复杂多变，俄中更应该加强协作，更好地维护世界和平稳定。

9月26日

[纲　文]　国务院印发《关于深化预算管理制度改革的决定》。

〔目　文〕　《决定》由四部分组成：一、充分认识深化预算管理制度改革的重要性和紧迫性。二、准确把握深化预算管理制度改革的总体方向。三、全面推进深化预算管理制度改革的各项工作。四、切实做好深化预算管理制度改革的实施保障工作。

《决定》要求，各地区、各部门要从大局出发，进一步提高认识，把思想和行动统一到党中央、国务院的决策部署上来。要以高度的责任感、使命感和改革创新精神，切实履行职责，加强协调配合，认真落实各项改革措施，合力推进预算管理制度改革。

9月26日

〔纲　文〕　司法部、中央综治办、教育部、民政部、财政部、人力资源和社会保障部发布《关于组织社会力量参与社区矫正工作的意见》。

〔目　文〕　《意见》由五部分组成：一、充分认识社会力量参与社区矫正工作的重要性。二、进一步鼓励引导社会力量参与社区矫正工作。三、做好政府已公开招聘的社区矫正社会工作者的保障工作。四、着力解决社区服刑人员就业就学和社会救助、社会保险等问题。五、进一步加强对社会力量参与社区矫正工作的组织领导。

《意见》指出，社区矫正是我国的一项重要法律制度，是将管制、缓刑、假释、暂予监外执行的罪犯置于社区内，由专门的国家机关在相关人民团体、社会组织和社会志愿者的协助下，在判决、裁定或决定确定的期限内，矫正其犯罪心理和行为恶习，促进其顺利回归社会的刑罚执行活动。社区矫正是深化司法体制改革和社会体制改革的重要内容，是法治中国建设的重要方面，社会力量的参与则是健全社区矫正制度、落实社区矫正任务的内在要求。

9月26日

〔纲　文〕　汪洋在北京市调研食品药品监管工作。

〔目　文〕　国务院副总理汪洋考察了北京市食品监控和风险评估中心及广外街道、卢沟桥乡食品药品监管所，看望了基层执法人员，并召开座谈会听取有关意见建议。

汪洋指出，改革食品药品监管体制，是保障食品药品安全的重要制度安排。北京市积极推进改革，行动快、力度大，发挥了表率作用。尚未完成改革任务的地方要制定时间表、拿出硬措施，抓紧将各级食品药品监管机构组建到位。要加强基层执法和技术力量，消除监管的死角盲区，提升食品药品安全保障水平。保障食品药品安全是一项长期艰巨的任务。要切实落实属地管理责任，用最严格的监管营造公平竞争的市场环境，用最严厉的处罚震慑违法犯罪分子，用最严肃的问责追究失职渎职人员的责任。

9月26日

〔纲　文〕　刘奇葆在北京市调研戏曲工作。

〔目　文〕　中共中央政治局委员、中宣部部长刘奇葆来到中国戏曲学院，观摩京剧表演剧目课和戏曲动漫创作课，了解戏曲艺术发展情况和存在的问题，与戏曲艺术工作者座谈，听取了李维康、于魁智、张火丁、赵葆秀、傅谨、韩剑光、冯静、侯少奎、三英会、孙东兴、戴颐生等人的意见建议。大家认为，近年来在党和政府的关心支持下，我国戏曲事业在剧目创作、人才培养、院团发展、理论建设等方面都取得很大成绩。同时受到新的文化样式和传播方式的冲击，戏曲艺术生存发展遇到不少困难，有的剧种面临消亡的危险。要采取有力措施，推动戏曲艺术发展繁荣。

刘奇葆指出，戏曲艺术是表现和传承中华文化的重要载体。千百年来，城里乡间搭台唱戏，是中国社会一道独有的文化风景线。我们必须从传承弘扬中华文化的战略高度，认识和看待戏曲艺术，自觉承担起振兴戏曲艺术的使命和责任。要继承好经典传统剧目，把那些立得住、传得久，经得起时间和观众检验的老剧目传承好，演绎精品，保持魅力不衰。要贴近现代人的欣赏习惯和生活方式，适应"微时代"传播特点，大力推动戏曲艺术创新发展，使之展现新魅力、焕发新光彩。要深化戏曲院团改革，完善扶持政策，加强和规范政府购买服务，鼓励有条件的地方把戏曲产品纳入地方公共文化服务体系，为戏曲院团营造良好发展环境。

9月26日

[纲　文]　外交部部长王毅出席联合国维和行动问题高级别会议。

[目　文]　王毅在会上指出，中国是联合国维和行动的坚定支持者和积极参与者，是安理会5个常任理事国中派遣维和人员最多的国家，共向联合国维和行动派出2.5万多人次维和人员。目前仍有2100多名中国维和人员正在冲突地区为和平值守。中国将继续坚定支持并扩大参与联合国维和行动，即将向联合国驻南苏丹特派团增派700人的维和步兵营，正积极考虑向联合国维和行动派遣直升机和更多维和民警。

会议期间，王毅会见俄罗斯外长拉夫罗夫、欧盟外交与安全政策高级代表阿什顿、海湾合作委员会"三驾马车"科威特副首相兼外交大臣萨巴赫、卡塔尔外交大臣哈立德、海合会秘书长扎耶尼及巴基斯坦总理国家安全和外事顾问阿齐兹等。王毅还应约与日本外相岸田文雄非正式会面，双方就当前中日关系及面临的问题交换了意见。

9月26日

[纲　文]　《人民日报》发表题为《"严"字当头，按规矩办事——二论营造党内生活新常态》的评论员文章。

9月27日

[纲　文]　首个全球"孔子学院日"启动仪式在北京举行，习近平、李克强致信祝贺。

[目　文]　国家主席习近平在信中表示，值此全球孔子学院建立10周年之际，我收到来自90个国家和地区286名孔子学院校长、院长的来信。你们在来信中谈到，孔子学院是中国为世界和平与国际合作而不懈努力的象征，是连接中国人民和世界人民的纽带，并对孔子学院的光明未来充满信心。我对此深表赞赏。10年来，孔子学院积极开展汉语教学和文化交流活动，为推动世界各国文明交流互鉴、增进中国人民与各国人民相互了解和友谊发挥了重要作用。你们为促进文化知识传播、人民心灵沟通倾注了大量热情和

心血，这是一项十分有意义的工作。世界各国人民创造的灿烂文化，是人类共同的宝贵财富。我们应该通过交流互鉴和创造性发展，使之在当今世界焕发出新的生命力。孔子学院属于中国，也属于世界。中国政府和人民将一如既往支持孔子学院发展。让我们一起努力，推动人类文明进步、推动人民心与心的交流，共同创造人类更加美好的明天。

国务院总理李克强在信中希望孔子学院坚持中外合作办学模式，不断提高办学质量和水平，加深中外文化交融，让"和为贵""和而不同"的理念得到传承和发扬，为促进世界文明多样性和各国人民和谐共进作出更大贡献。

启动仪式由教育部部长、孔子学院总部理事会副主席袁贵仁主持。国务院副总理、孔子学院总部理事会主席刘延东出席活动并宣读习近平、李克强贺信并致辞。孔子学院总部常务理事、理事，43个国家和机构的驻华使节，30所高校校长以及中外学生、市民等200余人参加了启动仪式。100多个国家和地区的400多位大学校长、院长和机构发来贺信。

目前全球123个国家和地区已建立465所孔子学院和713个中小学孔子课堂。2013年12月，全球孔子学院大会代表一致通过，决定2014年9月27日举办首个全球"孔子学院日"，表达对孔子学院的支持和祝贺。

9月27日

［纲　文］　新华社讯，中共中央办公厅、国务院办公厅、中央军委办公厅印发《关于做好烈士纪念日纪念活动的通知》。

［目　文］　《通知》要求，各地区各部门各单位要精心组织安排烈士纪念日各项纪念活动。一要举行公祭烈士活动。烈士纪念日当天，国家将举行公祭烈士活动，地方各级党委、政府和有我烈士纪念设施国家的我驻外使领馆，都要举行公祭烈士活动，深切缅怀烈士的不朽功绩，表达继往开来、接续奋斗的坚定信心。二要向烈士墓敬献鲜花。烈士纪念日当天，各地要动员和组织党政机关干部、学校师生、部队官兵以及社会各界群众向烈士墓敬献鲜花；我驻外使领馆要动员和组织使领馆工作人员、华人华侨、留学生、中资机构代表等向我在境外的烈士墓敬献鲜花，永远铭记烈士的英名和壮举，进一步增强历史责任感和使命感。三要开展网上纪念烈士活动。烈士纪念日前后，各地要充分运用现代信息技术手段，开辟网上缅怀纪念烈士栏目，倡导社会各界群众特别是青少年通过网络缅怀纪念烈士，学习烈士英雄事迹，继承烈士遗志，进一步激发爱国热情、凝聚奋进力量。四要关怀慰问烈士遗属。烈士纪念日前后，各地要组织走访慰问烈士遗属，积极为他们解决实际困难，同时动员社会力量为烈士遗属送温暖献爱心，让他们切实感受到全社会的尊重，进一步增强荣誉感。

9月27日

［纲　文］　《人民日报》发表题为《"实"字着力，有位当有为——三论营造党内生活新常态》的评论员文章。

9月28日

[纲　文]　新华社讯，中共中央办公厅、国务院办公厅印发《关于严禁党政机关到风景名胜区开会的通知》。

[目　文]　《通知》说，一、各级党政机关一律不得到八达岭—十三陵、承德避暑山庄外八庙、五台山、太湖、普陀山、黄山、九华山、武夷山、庐山、泰山、嵩山、武当山、武陵源（张家界）、白云山、桂林漓江、三亚热带海滨、峨眉山—乐山大佛、九寨沟—黄龙、黄果树、西双版纳、华山21个风景名胜区召开会议，禁止召开会议的区域范围以风景名胜区总体规划确定的核心景区地域范围为准。二、地方各级党政机关的会议一律在本行政区域内召开，不得到其他地区召开；因工作需要确需跨行政区域召开会议的，必须报同级党委、政府批准。风景名胜区核心景区与地方政府主要行政区域高度重合的，当地党政机关应当在机关内部会议场所或定点饭店召开会议。中央和国家机关各部门到京外召开会议的，必须严格执行会议费管理有关规定。会议主办单位要合理安排会议日程，严格遵守报到、离会时限，严禁超出规定时限为参会人员提供食宿，严禁组织与会议无关的参观、考察等活动。三、党政机关召开涉及旅游、宗教、林业、地震、气象、生态环保、国土资源以及景区规划等工作的专业性会议，确需到禁止名单中的风景名胜区召开的，应当完善管理制度，从严控制、严格审批。垂直管理单位应当报上一级主管部门批准，其他单位报同级党委、政府批准。四、严禁各级党政机关以召开会议等名义组织公款旅游。严禁在会议费、培训费、接待费中列支风景名胜区等各类旅游景点门票费、导游费、景区内设施使用费、往返景区交通费等应由个人承担的费用。严禁向下级单位以及旅游景区管理部门、接待服务场所、旅游中介公司等单位转嫁上述费用。严禁违反规定要求旅游景区管理部门、有关企业等单位免除上述费用。五、财政部门要建立会议经费定期或不定期财政监督检查制度，审计机关要建立会议费经常性审计监督制度，加大审计结果公开力度，必要时对旅游景区管理部门、接待服务场所、会议培训中介机构等单位开展延伸监督检查和审计，防止转嫁费用，并及时将违规违纪线索移交纪检监察机关。六、本通知适用于各级党的机关、人大机关、行政机关、政协机关、审判机关、检察机关，以及工会、共青团、妇联等人民团体和参照公务员法管理的事业单位。七、此前有关规定与本通知不一致的，以本通知为准。

9月28日

[纲　文]　国务院办公厅印发《关于做好2014年国庆期间旅游工作的通知》。

[目　文]　《通知》由五部分组成：一、落实地方政府的责任。二、认真抓好旅游安全工作。三、切实提升旅游服务质量。四、加强信息通报和应急值守。五、各部门要各负其责。

《通知》要求，各有关部门要严格依照法律法规和有关规定，忠实履行职责，切实做好本部门国庆期间旅游相关工作，加强对本系统的业务指导和督促检查，并及时掌握本行业的运行情况。要加强部门间的协同配合,共同维护国庆期间旅游市场秩序,保护旅游者的合法权益。

9月28日

［纲　文］　国务院办公厅印发《关于进一步加强食品药品监管体系建设有关事项的通知》。

［目　文］　《通知》要求,健全从中央到地方直至基层的食品药品监管体制,建立覆盖从生产加工到流通消费全过程的最严格监管制度,确保中央政令畅通,执行不搞变通、不打折扣。食品药品监管体制改革进度缓慢的地方要制定时间表、拿出硬措施,抓紧完成地方各级食品药品监管机构组建工作,加强基层监管执法和技术力量,健全食品药品风险预警、检验检测、产品追溯等技术支撑体系,确保各级食品药品监管机构有足够力量和资源有效履行职责;要把监管触角延伸到基层和乡镇(社区),尽量缩短改革过渡期,打通监管执法的"最后一公里",消除监管死角盲区,着力防范区域性、系统性风险。

《通知》明确,已经组建食品药品监管局的市(地、州)、县(市、区),要加强监管人员业务培训,提高人员素质,规范执法行为,提高监管水平,尽快让机构正常运转起来。

9月28日

［纲　文］　保监会发布《保险公司所属非保险子公司管理暂行办法》,自2014年9月28日起施行,施行期限为3年。

9月28日

［纲　文］　食品药品监督管理总局、海关总署、体育总局公布《蛋白同化制剂和肽类激素进出口管理办法》,自2014年12月1日起施行。

9月28日

［纲　文］　庆祝中华人民共和国成立65周年外国专家招待会在北京举行。

［目　文］　中共中央政治局常委刘云山出席并致辞,代表中国政府,代表国家主席习近平,向所有关心、支持、参与中国改革建设事业的外国专家和国际友人表示衷心感谢和诚挚问候。马凯、沈跃跃、杨洁篪、张庆黎等出席招待会。国家外国专家局局长张建国主持。长期在华工作的外国老专家,在华外国技术、经济、管理、文教专家及配偶,中央和国家机关有关部门、北京市有关负责人约1800人出席招待会。

9月28日

［纲　文］　环境保护部发布《环境标志产品技术要求 印刷 第三部分:凹版印刷》,自2014年12月1日起施行。

9月28日

［纲　文］　中央军委副主席许其亮在北京会见罗马尼亚国防部长杜沙。

［目　文］　许其亮说,罗马尼亚是最早同中国建交的国家之一,中国视罗马尼亚为中东欧地区值得信赖的好朋友、好伙伴。中方重视发展与罗马尼亚军队的友好合作关系,

愿与罗方加强交流，不断增进了解和互信，推动两军关系发展。

杜沙表示，罗中两军交往历史悠久，各领域合作密切。在两国即将庆祝建交 65 周年之际，希望通过此次访问进一步推动两军交流与合作。

9 月 28 日

［纲　文］　《人民日报》发表题为《用烈士精神激发复兴力量》的评论员文章。

9 月 28 日

［纲　文］　《人民日报》发表题为《"廉"字打底，自己先要硬——四论营造党内生活新常态》的评论员文章。

9 月 28—29 日

［纲　文］　中央民族工作会议暨国务院第六次全国民族团结进步表彰大会在北京举行。

［目　文］　习近平、李克强、张德江、俞正声、刘云山、王岐山出席会议。在京中共中央政治局委员、中央书记处书记，部分全国人大常委会副委员长，国务委员，最高人民法院院长，最高人民检察院检察长，部分全国政协副主席出席会议。内蒙古、广西、西藏、宁夏、新疆 5 个自治区党政主要负责人，各省区市、新疆生产建设兵团及副省级城市分管民族工作负责人，中央和国家机关有关部门、有关人民团体主要负责人，军队及武警部队负责人，受表彰的模范集体和模范个人代表、港澳台特邀代表、民族工作荣誉代表等约 1100 人参加会议。

中共中央总书记习近平在会上发表讲话，全面分析我国民族工作面临的国内外形势，深刻阐述当前和今后一个时期我国民族工作的大政方针。国务院总理李克强就加快民族地区发展、促进全面建成小康社会作了讲话。全国政协主席俞正声在会议结束时作总结讲话。

这次会议的主要任务是：准确把握新形势下民族问题、民族工作的特点和规律，统一思想认识，明确目标任务，坚定信心决心，提高做好民族工作能力和水平。会议对 1496 个全国民族团结进步模范集体和模范个人进行了表彰，习近平等为受表彰的模范集体和模范个人代表颁奖。中共中央政治局委员、国务院副总理刘延东宣读了《国务院关于表彰全国民族团结进步模范集体和模范个人的决定》。广东省、云南省、宁夏回族自治区、发展改革委负责人作大会交流发言。

9 月 29 日

［纲　文］　习近平在北京主持召开中央全面深化改革领导小组第五次会议。

［目　文］　中央全面深化改革领导小组副组长李克强、张高丽出席。中央全面深化改革领导小组成员出席，中央和国家有关部门负责人列席会议。会议审议了《关于引导农村土地承包经营权有序流转发展农业适度规模经营的意见》《积极发展农民股份合作赋予集体资产股份权能改革试点方案》《关于深化中央财政科技计划（专项、基金等）管理改

革的方案》，建议根据会议讨论情况进一步修改完善后按程序报批实施。

中央全面深化改革领导小组组长习近平指出，要高度重视改革方案的制定和落实工作，做实做细调查研究、征求意见、评估把关等关键环节，严把改革方案质量关，严把改革督察关，确保改革改有所进、改有所成。现阶段深化农村土地制度改革，要更多考虑推进中国农业现代化问题，既要解决好农业问题，也要解决好农民问题，走出一条中国特色农业现代化道路。我们要在坚持农村土地集体所有的前提下，促使承包权和经营权分离，形成所有权、承包权、经营权三权分置、经营权流转的格局。积极发展农民股份合作、赋予集体资产股份权能改革试点的目标方向，是要探索赋予农民更多财产权利，明晰产权归属，完善各项权能，激活农村各类生产要素潜能，建立符合市场经济要求的农村集体经济运营新机制。我们的科技计划在体系布局、管理体制、运行机制、总体绩效等方面都存在不少问题，突出表现在科技计划碎片化和科研项目取向聚焦不够两个问题上。要彻底改变政出多门、九龙治水的格局，坚持按目标成果、绩效考核为导向进行资源分配，统筹科技资源，建立公开统一的国家科技管理平台，构建总体布局合理、功能定位清晰、具有中国特色的科技计划体系和管理制度，以此带动科技其他方面的改革向纵深推进，为实施创新驱动发展战略创立一个好的体制保障。研究、思考、确定全面深化改革的思路和重大举措，必须进行全面深入的调查研究。要下功夫查找突出问题和现实困难，下功夫发现基层的有益探索，下功夫了解党内外对改革的各种意见和建议，下功夫了解群众的所想所盼，精准把脉、精确制导，为方案制定接地气、攒底气。要主动听取各方面意见，是什么问题就解决什么问题。随着改革方案不断出台，抓落实的任务越来越重。要把抓改革举措落地作为重要政治责任，强化主责部门和一把手责任，要敢于担当，主动作为。不仅要重视改革施工方案质量，更要考核验收改革竣工结果，没有完成或完成不到位的要问责。对通过的方案要查哨查铺，确保落实到位。要调配充实专门督察力量，开展对重大改革方案落实情况的督察，做到改革推进到哪里、督察就跟进到哪里。

9月29日

[纲　文]　　李克强主持召开国务院常务会议。

[目　文]　　会议主要内容是：一、确定加强进口的政策措施，促进扩大对外开放。会议确定，一是鼓励扩大先进技术设备和关键零部件进口，调整《鼓励进口技术和产品目录》；支持金融和融资租赁企业开展进口设备融资租赁业务；完善科教和科技开发用品进口税收政策，助力企业创新、推动产业升级。二是扩大研发设计、节能环保、环境服务等高端生产性服务进口。三是稳定国内需要的资源进口，合理增加与群众生活密切相关的牛羊肉、水产品等一般消费品进口。四是推动进口管理便利化。二、决定实施煤炭资源税改革，推进清费立税、减轻企业负担。会议决定，在做好清费工作的基础上，从2014年12月1日起，在全国将煤炭资源税由从量计征改为从价计征，税率由省级政府在规定幅度内确定。三、部署强化审计工作，推动政策措施落实、服务经济社会发展。一要围绕稳

增长、促改革、调结构、惠民生、防风险,把审计范围扩大到国家重大政策措施落实、重大项目落地、简政放权推进等方面,推动解决财政资金沉淀问题,把宝贵的资金用在刀刃上。二要加强重点审计,及时发现财政金融、国有资产、能源资源、民生和环境保护等领域的薄弱环节、风险隐患,特别是重大违法违纪案件线索,维护财经纪律,完善防范机制,促进廉政建设。三要加大对依法行政情况的审计力度,纠正损害群众利益、妨害公平竞争等问题,维护市场秩序和公平正义。四要完善审计工作机制。各地区、各部门要积极协助审计工作,依法接受审计监督,提供完整准确真实的信息资料,狠抓审计发现问题的整改落实。

9月29日

[纲 文] 庆祝中华人民共和国成立65周年音乐会"美丽中国 光荣梦想"在北京举行。

[目 文] 习近平、李克强、张德江、俞正声、刘云山、王岐山、张高丽等党和国家领导人和从党和国家领导职务上退下来的老同志江泽民、李鹏、吴邦国、李岚清、曾庆红、贺国强等,出席第六次全国民族团结进步表彰大会代表,驻京部队和武警官兵代表,各国驻华使节,首都各界代表约3000人观看演出。

9月29日

[纲 文] 国土资源部、农业部印发《关于进一步支持设施农业健康发展的通知》。

[目 文] 《通知》由四部分组成:一、合理界定设施农用地范围。二、积极支持设施农业发展用地。三、规范设施农用地使用。四、加强设施农用地服务与监管。

《通知》要求,各省(区、市)国土资源主管部门和农业部门要高度重视设施农用地管理工作,按照本通知的规定要求,进一步完善实施办法和有关规定要求,切实加强和规范设施农用地管理。本《通知》下发后,国土资源部、农业部《关于完善设施农用地管理有关问题的通知》(国土资发〔2010〕155号)停止执行。本通知有效期为五年。

9月29日

[纲 文] 安全监管总局公布《有限空间安全作业五条规定》,自2014年9月29日起施行。

9月29日

[纲 文] 教育部发布《关于建立健全高校师德建设长效机制的意见》。

[目 文] 《意见》由五部分组成:一、深刻认识新时期建立健全高校师德建设长效机制的重要性和紧迫性。二、建立健全高校师德建设长效机制的原则和要求。三、建立健全高校师德建设长效机制的主要举措。四、充分激发高校教师加强师德建设的自觉性。五、切实明确高校师德建设工作的责任主体。

《意见》要求,高校主管部门要把师德建设摆在教师队伍建设的首位,主要领导亲自负责,并落实具体职能机构和人员。建立和完善师德建设督导评估制度,不断加大督导检查力度。支持高校设立师德建设研修基地,搭建教育交流平台,积极探索师德建设的特点和规律,不断提升师德建设科学化水平。各地各校要根据实际制订具体的实施办法。

9月29日

[纲　文]　全国政协办公厅、中共中央统战部、国务院侨办、国务院港澳办、国务院台办在北京联合举行国庆招待会。

[目　文]　全国政协主席俞正声出席并致辞。招待会由国务委员杨洁篪主持。部分在京中共中央政治局委员、书记处书记,全国人大、国务院、全国政协领导同志与来自海内外的新老朋友欢聚一堂,共同庆祝中华人民共和国成立65周年。

9月29日

[纲　文]　纪念谷牧同志诞辰100周年座谈会在北京举行。

[目　文]　全国政协主席俞正声出席座谈会,并在会前会见了谷牧同志亲属。全国政协副主席兼秘书长张庆黎主持座谈会。全国政协副主席杜青林、周小川出席座谈会。

中共中央政治局委员、国务院副总理马凯在座谈会上回顾了谷牧同志的光辉业绩和卓越贡献,并指出要学习他对党和人民无限忠诚的政治品格;学习他不畏艰难推进改革开放事业的革命精神;学习他善于团结各方面人士献身革命事业的优良作风;学习他始终保持共产党人政治本色的高尚情操。

谷牧(1914年9月—2009年11月6日)是中国共产党第十一届、十二届中央书记处书记,国务院原副总理,第七届全国政协副主席。

9月29日

[纲　文]　2014年度中国政府"友谊奖"颁奖大会在北京举行。

[目　文]　国务院副总理马凯出席并讲话。国家外国专家局局长张建国宣读了授予100名外国专家中国政府"友谊奖"的决定。

中国政府"友谊奖"是为表彰在中国现代化建设中作出突出贡献的外国专家而设立的最高荣誉奖项。本年度共有来自25个国家的100名外国专家获得"友谊奖"。

30日,国务院总理李克强在北京会见2014年度中国政府"友谊奖"获奖外国专家以及他们的亲属时强调,中国政府将努力为外国专家和亲属做好服务保障工作,希望大家把世界先进技术、管理经验和优秀文化成果带到中国来,把真实、全面、立体的中国介绍给世界,让中国与世界各国的互联互动更加缤纷多彩。

获奖外国专家感谢李克强会见和中国政府授奖,表示将一如既往地为中国现代化建设献策出力。外国专家和他们的亲属还应李克强邀请出席中华人民共和国成立65周年招待会。

9月29日

[纲　文]　中国超级杂交稻第4期亩产1000公斤攻关取得成功。

[目　文]　由湖南杂交水稻研究中心牵头的国家"十二五""863"计划课题"超高产水稻分子育种与品种创制"宣布最新成果,"Y两优900"湖南隆回百亩高产示范片,经湖南省科技厅组织的专家组现场测产,平均亩产达到1006.1公斤,首次实现了超级稻百亩片过千公斤的目标,标志着第4期超级稻研究的重大突破。

9月29日

［纲　文］　《人民日报》发表题为《"清"字为本，生态好起来——五论营造党内生活新常态》的评论员文章。

9月29日—10月5日

［纲　文］　2014中国艺术品产业博览交易会在北京通州举行。

［目　文］　本届艺博会由国家文化部、北京市人民政府主办，通州区人民政府承办，中国对外文化集团公司、北京文创国际公司联合执行。80余个国家的艺术珍品，国内外120余家重要艺术机构、300名原创艺术家参与的主题展作品横跨半个世纪，吴昌硕、齐白石、林风眠、傅抱石等众多大家的艺术珍品大量呈现。其间，还召开了2014中国艺术品产业博览交易会创新高峰论坛暨中国艺术品投融资论坛。

9月30日

［纲　文］　**中共中央政治局在北京召开会议。**

［目　文］　中共中央总书记习近平主持会议。研究全面推进依法治国重大问题，总结全党深入开展党的群众路线教育实践活动，研究部署巩固扩大教育实践活动成果工作。

会议决定，中国共产党第十八届中央委员会第四次全体会议于10月20日至23日在北京召开。中共中央政治局听取了《中共中央关于全面推进依法治国若干重大问题的决定》稿在党内外一定范围征求意见的情况报告，决定根据这次会议讨论的意见进行修改后将文件稿提请十八届四中全会审议。

9月30日

［纲　文］　**烈士纪念日向人民英雄敬献花篮仪式在北京举行。**

［目　文］　习近平、李克强、张德江、俞正声、刘云山、王岐山、张高丽等党和国家领导人在天安门广场，与首都各界代表一起，向人民英雄敬献花篮，深切缅怀近代以来为了反对内外敌人、争取民族独立和人民自由幸福，为了国家繁荣富强英勇献身的烈士们，表达沿着中国特色社会主义道路奋勇前进的坚定决心。中共中央政治局委员、中央书记处书记，部分全国人大常委会副委员长，国务委员，最高人民法院院长，最高人民检察院检察长，部分全国政协副主席和中央军委委员出席仪式。敬献花篮仪式由中共中央政治局委员、北京市委书记郭金龙主持。

9月30日

［纲　文］　**国务院在人民大会堂举行庆祝中华人民共和国成立65周年国庆招待会。**

［目　文］　中共中央总书记习近平发表讲话。国务院总理李克强主持招待会。张德江、俞正声、刘云山、王岐山、张高丽、江泽民、胡锦涛出席，与3000余名中外人士欢聚一堂，共庆佳节。

习近平代表党中央、国务院，向全国各族人民、全体共产党员，向中国人民解放军指战员和武警部队官兵，向各民主党派和无党派人士致以崇高的敬意；向香港特别行政区同胞、澳门特别行政区同胞、台湾同胞和广大海外侨胞致以诚挚的问候；向支持和帮助新中国建设事业的友好国家和国际友人致以衷心的感谢。习近平指出，我们要加强中国共产党全党的团结，加强中国共产党同各民主党派的亲密合作，保持党同人民群众的血肉联系。我们要巩固和发展全国各族人民的大团结，加强海内外中华儿女的大团结，大力培育和践行社会主义核心价值观，用共同理想信念凝聚民族意志，用中国精神激发中国力量，动员全体中华儿女共同创造中华民族新的伟业。

9月30日

［纲　文］　国务院总理李克强在北京会见31国新任驻华使节。

［目　文］　李克强欢迎各位使节来华工作并表示，2014年是中华人民共和国成立65周年，中国人民欢度国庆有一个传统，"逢五逢十"更为隆重。当前，中国正在全面深化改革，进一步扩大开放。中国的发展给世界带来发展机遇和巨大市场。我们将坚定不移走和平发展道路，始终作国际体系的积极参与者、建设者和贡献者，致力于维护睦邻友好大局与世界和平稳定。中国愿同各国加强互利合作，实现共同发展。希望外国驻华使节继续为增进中外了解和友谊，促进各国同中国的友好合作关系发挥积极作用。

使节们感谢李克强会见，转达了各国领导人对中国国庆的祝贺，以及对中国人民和领导人的问候。使节们积极评价中国在维护世界和平稳定、促进世界经济增长、合作应对全球性挑战等方面发挥的作用，强调各国都非常重视发展同中国的关系，愿进一步深化对华合作。使节们愿为促进各国同中国关系的发展、增进彼此人民之间的了解和友谊作出新贡献。

会见后，各国驻华使节应李克强邀请出席了中华人民共和国国庆65周年招待会。

9月30日

［纲　文］　海关总署公布修改后的《中华人民共和国海关〈中华人民共和国与智利共和国政府自由贸易协定〉项下进口货物原产地管理办法》，自2014年10月1日起施行。

9月30日

［纲　文］　交通运输部公布《出租汽车经营服务管理规定》和《水上交通事故统计办法》，均自2015年1月1日起施行。

9月30日

［纲　文］　教育部印发《中小学教科书选用管理暂行办法》，自2014年9月30日起施行。

9月30日

［纲　文］　《人民日报》发表题为《汇聚中华民族大团结的磅礴力量》的社论。

9月30日—10月2日

［纲　文］　外交部部长王毅应美国国务卿克里的邀请访问美国。

［目　文］　10月1日，王毅在华盛顿会见美国总统奥巴马时表示，美方提出中美应共同努力使合作最大化、分歧最小化。中方欢迎奥巴马总统访华，愿与美方一道，深化双

方战略互信,拓展各领域互利合作,推动中美新型大国关系建设真正落到实处。香港事务完全是中国的内政,外部势力无权干涉,各国都应尊重中国的主权,这也是国际关系的基本准则。奥巴马表示,期待着11月访问中国,与习近平主席就进一步推动构建美中新型大国关系进行深入沟通,促进两国各领域务实合作,共同应对气候变化、埃博拉疫情、恐怖主义等国际和地区问题的挑战。

同日,王毅在华盛顿会见克里时说,中国政府已经非常清晰、坚定地表明了我们的立场,香港是中国的内政,各国都应尊重中国的主权,这也是国际关系的基本的准则。我认为任何国家、任何社会都不会允许无视法治,破坏公共秩序的非法的行为,美国是这样,香港也是这样。我们相信香港特区政府完全有能力依法来处理好当前的事态。王毅还同美国总统国家安全事务助理赖斯举行会晤,就共同关心的问题交换了意见,达成广泛共识。

访问期间,王毅在华盛顿分别会见美国前总统国家安全事务助理布热津斯基和多尼隆。

9月30日—10月6日

[纲　文]　"中国梦——塑造中国新形象美术作品展"在中国人民革命军事博物馆举行。

[目　文]　展览由中国文学艺术界联合会、中国美术家协会、中国文学艺术基金会共同主办。此次展览是中国梦主题文艺实践活动的成果展示。邀请全国各画种80余位美术家,分批次组织在江苏苏州新农村、河北邢台冀中矿区、内蒙古阿尔山、赤峰某空军部队等地进行写生创作。展览共展出290余件作品,涉及中国画、油画、版画等多个画种,呈现祖国现代化进程的工农业生产、社会建设和都市生活的内容,多角度、多方位地反映了当代人民的精神风貌,展现了中国人民追梦、筑梦过程中坚毅的品质以及为中国梦而努力奋斗的热情。

9月30日—11月8日

[纲　文]　"开渠百年——纪念刘开渠诞辰110周年展"在中国国家博物馆举办。

[目　文]　年展由文化部主办,国家博物馆和刘开渠艺术研究院承办。此次展览精选了刘开渠最具代表性的51件雕塑作品和珍贵的历史文献资料,分为四个单元:"为现代中国人造像(1914—1949)""立民族之碑(1949—1978)""向新时代致敬(1978—1993)"和"世纪回望"。这四个相对独立的单元呈现了刘开渠的艺术人生,介绍了他为中国美术事业作出的贡献。在年展开幕式结束后,刘开渠的家属刘米娜和米洁将家中珍藏的42件刘开渠雕塑原作捐赠给国家博物馆。

刘开渠,安徽萧县人,是中国美术、雕塑、美术馆事业的开拓者和奠基人之一,人民艺术家、美术教育家和社会活动家。他在70年的雕塑生涯中将西方雕塑观念、技巧与中国民族精神相融汇,形成了朴素、洗练、沉稳和重于内在生命表现的艺术风格。他的代表作包括《"一·二八"淞沪抗战阵亡将士纪念碑》《川军抗日英雄纪念碑》等群像雕塑,以及《毛泽东主席像》《周总理像》《蔡元培像》等人像雕塑。

10 月

10月1日

[纲　文]　香港、澳门特别行政区举行国庆庆祝活动。

[目　文]　香港特区政府在金紫荆广场举行隆重的升旗仪式，共2500名香港社会各界人士到场观礼，共同庆祝中华人民共和国65周年华诞。升旗仪式结束后，特区政府在会议展览中心举行了香港国庆酒会。行政长官梁振英在酒会致辞中表示，香港要继续发展，要同时发挥好"一国"和"两制"的双重优势。香港和内地的发展紧扣在一起，中国梦靠大家携手建构。作为国家的一分子，香港要与全国人民一起，为国家的进步作出贡献，共同谱写中华民族繁荣发展的新篇章。

澳门特区政府在新口岸金莲花广场隆重举行国庆升旗仪式。升旗仪式后，澳门特区政府在旅游塔会展中心举行大型酒会，与社会各界共同庆祝65周年国庆。行政长官崔世安在酒会致辞中表示，中华人民共和国成立65年来，在中央的领导下，中华儿女同心同德，战胜各种艰难曲折，推动国家不断发展，创造出辉煌成果。祖国的发展令澳门人备受鼓舞，广大澳门市民必定与祖国人民一道，为顺利实现"两个一百年"奋斗目标和中华民族伟大复兴的中国梦而不懈奋斗。全国政协副主席何厚铧、外交部驻澳特派员公署特派员胡正跃、解放军驻澳部队司令员王文等以及各界人士数百人出席了酒会。

10月1日

[纲　文]　《人民日报》发表题为《珍惜良好发展局面，维护香港繁荣稳定》的评论员文章。

10月1—7日

[纲　文]　"全球华人书画展"在北京举行。

[目　文]　此次画展由国务院侨办与文化部联合主办。国务委员杨洁篪出席开幕式。国务院侨办主任裘援平、文化部部长蔡武陪同出席活动。蔡武指出，中国画、书法等是中华民族传统文化的代表，记录了中华民族五千年璀璨的文明，展现了中国人民的精神气质与文化修养。海外华侨华人虽身居海外，却心系桑梓，热爱中华文化，此次展示作品题材多样，形式多样，极大表现了当代海外华侨华人书画家的艺术成就。中华民族的伟大复兴离不开海外华侨华人的参与和支持，中国文化的繁荣发展也离不开海外华侨华人艺术家的努力与奉献，海外华人文化事业的发展将增强中国的文化软实力。

"全球华人书画展"旨在庆祝中华人民共和国成立65周年，弘扬中华优秀文化，团结海外侨胞司圆共享中国梦,此次展览共展出五大洲50个国家和地区100余位书画家的200余件作品。

10月2日

[纲　文]　国务院批复四川省人民政府,同意设立四川天府新区。

[目　文]　批复如下:一、同意设立四川天府新区。要把建设四川天府新区作为深入实施西部大开发战略、积极稳妥扎实推进新型城镇化、深入实施创新驱动发展战略的重要举措,为发展内陆开放型经济、促进西部地区转型升级、完善国家区域发展格局等发挥示范和带动作用。二、四川天府新区建设要以邓小平理论、"三个代表"重要思想、科学发展观为指导,认真落实党中央、国务院的决策部署,创新体制机制,着力促进要素有序自由流动、资源高效配置、市场深度融合,提升国际综合竞争能力;着力发展高端产业,建立完善现代产业体系;推进生态文明建设,保护和传承历史文化,促进人与自然和谐发展,努力把天府新区建设成为以现代制造业为主的国际化现代新区,打造成为内陆开放经济高地、宜业宜商宜居城市、现代高端产业集聚区、统筹城乡一体化发展示范区。三、四川省人民政府要切实加强对四川天府新区建设发展的组织领导,进一步明确发展思路,突出发展重点,创新发展方式,完善工作机制,明确落实责任,加大支持力度,探索与现行体制协调、联动、高效的管理方式,有力有序有效推进四川天府新区建设。要认真做好四川天府新区发展总体规划的编制工作,规划建设必须符合土地利用总体规划、城市和镇总体规划、环境保护规划、水资源综合规划等相关专项规划的要求。要坚持最严格的耕地保护制度和最严格的节约土地制度,合理安排建设用地的规模、结构、布局和时序,统筹新增建设用地和存量土地挖潜,切实节约集约利用土地,抓紧开展环境影响评价,切实保护和节约水资源。要执行国家统一的财税政策,涉及的重要政策和重大建设项目要按规定程序报批。四、国务院有关部门要按照职能分工,加强对四川天府新区建设发展的指导,在有关规划编制、政策实施、项目布局、资金安排、体制创新、对外开放等方面给予积极支持,为四川天府新区发展创造良好的政策环境。发展改革委要会同有关部门做好有关重大发展政策的落实工作,加强信息沟通,协调解决四川天府新区建设过程中遇到的困难和问题。设立并建设好四川天府新区,对于积极探索西部地区开发开放新路子、构建内陆开放型经济高地、推进经济结构战略性调整等具有重要意义。各有关方面要统一思想、协同配合,开拓创新、扎实工作,共同推动四川天府新区持续健康发展。

10月2日

[纲　文]　国务院办公厅印发《国务院办公厅关于做好全国人大代表建议和全国政协委员提案办理结果公开工作的通知》。

[目　文]　《通知》说,各省、自治区、直辖市人民政府,国务院各部委、各直属机构:根据国务院常务会议关于探索逐步向社会公开全国人大代表建议和全国政协委员提案(以下简称建议和提案)办理结果的要求,为促进建议和提案办理结果公开工作规范、

有序开展,更好地回应社会关切,提升政府公信力,经国务院同意,现就有关事项通知如下:一、提高对建议和提案办理结果公开工作的认识。各地区、各部门要高度重视建议和提案办理结果公开工作,切实加强组织领导,认真履行公开职责,按照积极稳妥、逐步深化的原则,不断推进建议和提案办理结果公开。二、分阶段推进建议和提案办理结果公开,逐步扩大公开范围。建议和提案办理结果公开工作分两个阶段实施。第一阶段,推进建议和提案办理复文摘要公开。第二阶段,从2017年开始,各地区、各部门在总结第一阶段工作的基础上,进一步推动建议和提案办理复文全文公开。对于涉及公共利益、公众权益、社会关切及需要社会广泛知晓的建议和提案办理复文,原则上都应全文公开。三、规范建议和提案办理结果的公开主体、公开程序和公开方式。对于独办、主会办的建议和提案,独办单位和主办单位是办理复文公开的主体;对于分办的建议和提案,各分办单位是办理复文公开的主体。四、积极回应公众关切,做好解读和舆论引导工作。建议和提案办理结果公开工作政治性、政策性强,社会影响大,各地区、各部门要切实做好解读、回应和舆论引导工作。五、加强对建议和提案办理结果公开工作的督促检查。各地区、各部门要结合工作实际,精心组织,周密安排,确保建议和提案办理结果公开工作规范、有序开展。建议和提案办理结果公开情况,要作为政府信息公开工作年度报告的内容。各地区应根据本通知精神,结合实际,逐步做好地方人大代表建议和政协委员提案办理结果公开工作。

10月2日

[纲 文] 国务院印发《关于加快发展体育产业促进体育消费的若干意见》。

[目 文] 《意见》由四部分组成:一、总体要求;二、主要任务;三、政策措施;四、组织实施。

《意见》指出,近年来,中国体育产业快速发展,但总体规模依然不大、活力不强,还存在一些体制机制问题。为进一步加快发展体育产业,促进体育消费,要把全民健身上升为国家战略,把增强人民体质、提高健康水平作为根本目标,把体育产业作为绿色产业、朝阳产业进行扶持,强调向改革要动力,向市场要活力,力争到2025年,体育产业总规模超过5万亿元,成为推动经济社会持续发展的重要力量。

10月2日

[纲 文] 国务院批复工业和信息化部,同意香港、澳门服务提供者在广东省提供在线数据处理与交易处理业务持股比例扩大到55%。

[目 文] 批复内容为:一、同意香港服务提供者和澳门服务提供者在广东省设立合资企业提供在线数据处理与交易处理业务(仅限于经营性电子商务网站)的持股比例上限扩大到55%。此项政策自本批复印发之日起实施。二、本批复所指香港服务提供者和澳门服务提供者,应分别符合《内地与香港关于建立更紧密经贸关系的安排》和《内地与澳门关于建立更紧密经贸关系的安排》及其补充协议中的有关规定。三、你部要会同有关方面做好组织实施工作,加强监督指导,完善相关政策和标准规范,确保网络信息安全和市

场公平竞争。四、其他事项按照《外商投资电信企业管理规定》执行。

10月2日

［纲　文］《人民日报》发表题为《"敢"字为先，贵在有担当——六论营造党内生活新常态》的评论员文章。

10月2日

［纲　文］《人民日报》发表题为《坚决贯彻"三个坚定不移"》的评论员文章。

10月3日

［纲　文］国务院办公厅复函天津市人民政府，同意《中国—新加坡天津生态城建设国家绿色发展示范区实施方案》。

［目　文］复函指出，国务院原则同意《中国—新加坡天津生态城建设国家绿色发展示范区实施方案》。《方案》的实施要把生态文明建设放到更加突出的位置，坚持生态优先、改革创新、市场驱动、协同发展的原则，着力优化城市空间布局，促进绿色低碳发展，推动资源节约高效循环利用，积极培育绿色文化，努力把中国—新加坡天津生态城建设成为生产发展、生活富裕、生态良好的宜居城区，为探索中国特色新型城镇化道路提供示范。

复函明确，天津市人民政府要加强对《方案》实施的组织领导，完善工作机制，制定配套措施，落实工作责任，加强与新加坡有关方面的协调合作，确保《方案》确定的目标任务如期实现。重要政策和重大建设项目要按规定程序报批。

10月3日

［纲　文］国务院印发《关于全面建立临时救助制度的通知》。

［目　文］《通知》由五部分组成：一、充分认识全面建立临时救助制度的重要意义。党和政府高度重视社会救助工作。二、明确建立临时救助制度的目标任务和总体要求。三、临时救助制度的主要内容。四、建立健全临时救助工作机制。五、强化临时救助制度实施的保障措施。《通知》指出，临时救助是国家对遭遇突发事件、意外伤害、重大疾病或其他特殊原因导致基本生活陷入困境，其他社会救助制度暂时无法覆盖或救助之后基本生活暂时仍有严重困难的家庭或个人给予的应急性、过渡性救助。《通知》对临时救助的对象范围、申请受理、审核审批、救助方式等制度内容进行了规范，要求各地建立"一门受理、协同办理"机制、社会救助信息共享机制、社会力量参与机制以及临时救助资金筹集机制等工作机制。

10月3日

［纲　文］《习近平总书记系列重要讲话读本》少数民族文字版出版发行。

［目　文］为使少数民族地区的广大干部群众及时准确了解和掌握习近平总书记系列重要讲话精神，切实用讲话精神武装头脑、指导实践、推动工作，民族出版社与广西民族出版社、四川民族出版社联合翻译出版了《习近平总书记系列重要讲话读本》蒙古、藏、

维吾尔、哈萨克、朝鲜、彝、壮等7种少数民族文字版。

10月3日

[纲 文] 《人民日报》发表题为《"党"字不忘，信仰是灵魂——七论营造党内生活新常态》的评论员文章。

10月3日

[纲 文] 《人民日报》发表题为《坚决维护全国人大常委会的决定》的评论员文章。

10月3日

[纲 文] 《人民日报》发表题为《让每一个老年人都能安享晚年》的评论员文章。

10月4日

[纲 文] 中国伊斯兰教协会在北京举行古尔邦节招待会。

[目 文] 国务院副总理刘延东等到会祝贺。全国人大常委会副委员长艾力更·依明巴海，全国政协副主席、国家民委主任王正伟，全国政协副主席马飚等到会祝贺。阿拉伯国家驻华使团团长、阿曼驻华大使阿卜杜拉·萨阿迪及40多位伊斯兰国家驻华使节，在京外国穆斯林代表，中央和北京市有关部门负责人，首都各界穆斯林代表共280余人出席了招待会。

全国政协常委、中国伊斯兰教协会会长希拉伦丁·陈广元大阿訇在招待会上致辞，代表中国伊斯兰教协会向全国和世界各国穆斯林兄弟姐妹致以节日问候和良好祝愿。希拉伦丁·陈广元大阿訇表示，伟大祖国刚刚迎来了65周年华诞，值此"双节"喜庆时刻，祝愿正在沙特朝觐的各族穆斯林圆满完成朝觐功课，祝愿祖国繁荣昌盛、人民幸福安康，祝愿人类团结和睦、世界和平安宁。

10月4日

[纲 文] 《人民日报》发表题为《坚决维护香港的法治》的评论员文章。

10月5日

[纲 文] 中共中央办公厅、国务院办公厅印发《关于进一步加强和改进新形势下高校宣传思想工作的意见》。

[目 文] 《意见》由七部分组成：一、加强和改进高校宣传思想工作是一项重大而紧迫的战略任务；二、指导思想、基本原则和主要任务；三、切实推动中国特色社会主义理论体系进教材进课堂进头脑；四、大力提高高校教师队伍思想政治素质；五、不断壮大高校主流思想舆论；六、着力加强高校宣传思想阵地管理；七、切实加强党对高校宣传思想工作的领导。

《意见》强调指出，意识形态工作是党和国家一项极端重要的工作，高校作为意识形态工作前沿阵地，肩负着学习研究宣传马克思主义，培育和弘扬社会主义核心价值观，为实现中华民族伟大复兴的中国梦提供人才保障和智力支持的重要任务。做好高校宣传思想工作，加强高校意识形态阵地建设，是一项战略工程、固本工程、铸魂工程，事关党对高校的领导，事关全面贯彻党的教育方针，事关中国特色社会主义事业后继有人，对于巩固马克思主义在意识形态领域的指导地位，巩固全党全国人民团结奋斗的共同思想基础，具有十分重要而深远的意义。

10月6日

［纲　文］　张海迪当选新一届康复国际代表大会主席。

［目　文］　康复国际代表大会在波兰首都华沙举行，来自28个国家的71名代表参加会议。经过竞选英文演讲和投票表决等会议程序，中国残联主席张海迪高票当选新一届康复国际主席。

张海迪当选康复国际主席，是国际社会对中国残疾人事业取得成就的高度肯定。近年来，中国残联积极发展与康复国际等国际残疾人组织和国际机构的合作与交流，积极推动联合国《残疾人权利公约》的制定，认真做好履约工作，成功举办北京残奥会、上海特奥会和广州亚残运会，并在上海世博会首次设立残疾人展馆，向全世界宣传中国残疾人事业的成就，展示中国人权保障的良好形象，赢得了国际社会的广泛赞誉。

康复国际于1922年成立于美国，现有来自100多个国家和地区的会员，包括全世界残疾人权利和康复领域的主要组织和机构。

10月6日

［纲　文］　拥有中国国内最高土石坝的雅砻江两河口水电站正式开工建设。

［目　文］　两河口水电站位于四川省甘孜藏族自治州雅江县境内，为雅砻江中游的"龙头"电站，是雅砻江干流中游规划建设的7座梯级电站中装机规模最大的水电站，也是目前中国藏区开工建设综合规模最大的水电站工程。电站建设将克服高海拔、高边坡、高土石坝、高泄洪流速等诸多世界级技术难题与挑战，推动我国高土石坝建设跨入国际先进行列。水电站建成后，与雅砻江下游锦屏一级、二滩水电站两座大水库联合运行，总调节库容达149亿立方米。

10月6—9日

［纲　文］　刘延东率中央代表团参加新疆生产建设兵团成立60周年庆祝活动。

［目　文］　6日，庆祝新疆生产建设兵团成立60周年文艺演出在新疆人民会堂举行。国务院副总理、中央代表团团长刘延东率中央代表团观看。中共中央政治局委员、新疆维吾尔自治区党委书记张春贤，全国政协副主席、国家民委主任王正伟，以及新疆生产建设兵团主要负责人、中央代表团全体成员共同观看了演出。中央代表团由20人组成，成员包括中央和国家机关有关部门负责人。

7日，庆祝新疆生产建设兵团成立60周年大会在新疆人民会堂举行。中共中央、国务院、中央军委向大会致贺信。贺信说，党中央、国务院、中央军委向新疆生产建设兵团270多万各族干部职工群众表示热烈的祝贺！向战斗在维稳一线的兵团军事指挥部和武警部队官兵、政法干警、民兵表示诚挚的慰问！向兵团事业创业者和老一代兵团人表示崇高的敬意！中央充分肯定新疆生产建设兵团为祖国和人民建立的历史性功绩，兵团的战略作用不可替代。希望新疆生产建设兵团始终牢记党和人民重托，在以习近平同志为总书记的党中央坚强领导下，把思想和行动统一到中央决策部署上来，坚持国家利益就是兵团利益、新疆大局就是兵团大局，紧紧围绕维护新疆社会稳定和实现长治久安这个总目标，扭住发挥维稳戍边特殊作用这个关键，处理好屯垦和维稳戍边、特殊管理体制和市场机制、兵团和地方的关系，立足兵团自身特殊优势，加强维稳戍边能力建设，推动兵地融合发展，充分发挥兵团调节社会结构、推动文化交流、促进区域协调、优化人口资源的重要作用，使兵团真正成为安边固疆的稳定器、凝聚各族群众的大熔炉、先进生产力和先进文化的示范区。

刘延东出席大会并讲话。刘延东说，站在新的历史起点上，兵团要以第二次中央新疆工作座谈会特别是习近平总书记重要讲话精神为指引，在维护祖国统一和民族团结、维护新疆社会稳定和实现长治久安中争取更大作为。一是忠于职守，牢记维稳戍边光荣使命，不断增强维稳戍边、安边固疆这一看家本领。二是模范引领，着力促进民族团结、兵地团结，促进各民族交往交流交融。三是改革创新，不断提升兵团综合实力，让发展成果更好惠及各族群众。会后，刘延东等会见了新疆维吾尔自治区党政军负责人、老战士及劳动模范代表、对口支援兵团省市代表并合影。

刘延东还率中央代表团赴兵团五家渠市、伊犁兵团四师慰问考察。张春贤、王正伟，以及新疆生产建设兵团主要负责人、中央代表团全体成员参加了考察。

10月6—17日

[纲　文]　环境保护部副部长吴晓青率中国政府代表团出席在韩国平昌举行的生物多样性公约第12次缔约方大会。

[目　文]　来自160个公约缔约方的2200多名代表，以及国际组织、非政府组织和观察员代表出席大会。吴晓青出席了大会高级别会议并发言。吴晓青说，中国是贫困人口数量较多的国家，针对中国贫困地区多为生物多样性重要区域的国情特点，中国政府高度重视贫困地区的生物多样性保护，支持贫困地区资源合理开发利用，使贫困地区群众在保护生物多样性过程中获得实惠。中国政府积极推动生物多样性保护工作，但在工作过程中仍面临困难与挑战，期望联合国机构、公约秘书处及国际社会能够提供先进经验和成功模式，给予中国的生物多样性保护事业更多的科学和技术支持。

会议期间，吴晓青还会见了丹麦环境大臣、日本环境副大臣及大自然保护协会国际项目负责人，就大会谈判议题及双边合作事宜交换了意见。

10月7日

[纲　文]　《新疆生产建设兵团成立60周年》纪念邮票首发式在乌鲁木齐美术馆举行。

［目　文］　纪念邮票1套3枚，内容分别为艰苦创业、维稳成边、再创辉煌。整套邮票设计突出屯垦戍边主题，方寸之间，浓缩了组建60年来新疆生产建设兵团为祖国屯垦事业发挥的独特作用和特殊贡献，全套邮票面值3.60元。纪念邮票的顺利发行，对进一步宣传中央治疆方略和兵团屯垦戍边事业，弘扬兵团精神、提高兵团在全国乃至世界的知名度和影响力具有重要作用。

10月7日

［纲　文］　**云南省普洱市景谷县境内发生6.6级地震，习近平、李克强分别就救灾工作作出重要指示和批示**。

［目　文］　21时49分，云南省普洱市景谷县境内（北纬23.4度，东经100.5度）发生6.6级地震，震源深度5公里。截至8日15时，地震已造成1人死亡、324人受伤、6988间房屋倒塌、5个县（区）12.46万人受灾。

8日，中共中央总书记习近平作出指示，强调有关地方和部门要全力以赴抢救受伤群众，要求驻地解放军、武警部队等有关方面迅速投入抗震救灾，妥善做好群众避险和安置工作，加强余震监测预报，密切防范次生灾害发生，把地震灾害造成的损失减少到最低程度，同时统筹做好鲁甸地震灾区重建工作，确保受灾群众安全过冬。

国务院总理李克强作出批示，要求有关部门和地方迅速核实灾情，全力以赴组织抢险救援和伤员救治，尽快组织抢修受损的基础设施，抓紧调运救灾物资，严密防范次生灾害，千方百计减少人员伤亡，及时发布灾情信息，维护灾区社会秩序，安定人心。

根据习近平指示和李克强要求，国家减灾委、国务院抗震救灾指挥部已紧急启动国家相应等级救灾应急响应，并组成联合工作组紧急赶赴灾区，协助和指导地方开展抗震救灾，做好受灾群众基本生活救助工作。

10月7—12日

［纲　文］　**第45届世界体操锦标赛在南宁举行**。

［目　文］　这是中国首次在少数民族边疆地区举办重要国际性体育赛事。赛事设置了男子6个单项（自由操、鞍马、吊环、跳马、双杠、单杠），女子4个单项（跳马、高低杠、平衡木、自由操）和男女团体、男女个人全能共14个项目。在此次比赛中，中国队获得了男子团体、女子高低杠和男子吊环3金，以3金3银1铜的成绩位列奖牌榜第2位，美国队4金2银4铜居首。

10月8日

［纲　文］　**党的群众路线教育实践活动总结大会在北京召开**。

［目　文］　中共中央总书记习近平出席会议并讲话，中共中央政治局常委李克强、张德江、俞正声、王岐山、张高丽出席会议，刘云山主持会议。中共中央政治局委员、中央书记处书记，全国人大常委会党员副委员长，国务委员，最高人民法院院长，全国政协党员副主席出席会议。中央党的群众路线教育实践活动领导小组成员，各省区市和副省级

城市、新疆生产建设兵团党委有关负责人，中央和国家机关各部委、各人民团体以及中央管理的企业、金融机构和高等院校党组（党委）主要负责人，党的群众路线教育实践活动中央巡回督导组组长、副组长，人民解放军和武警部队有关负责人参加会议。各省区市和副省级城市、新疆生产建设兵团以及各市（地、州、盟）、县（市、区、旗）班子成员和直属部门负责人，人民解放军、武警部队团级以上单位领导干部在当地分会场参加会议。

习近平在讲话中指出，在全党开展以为民、务实、清廉为主要内容的党的群众路线教育实践活动，是党的十八大作出的一项战略决策。党中央对开展这次活动高度重视，进行了深入调研和周密准备，决心以抓铁有痕、踏石留印的精神把活动抓好。从2013年6月开始，活动自上而下分两批开展，目前已基本结束。各级党组织和广大党员、干部积极响应党中央号召，高度重视、踊跃参与，广大人民群众热烈响应、热情支持，整个活动进展有序、扎实深入，达到了预期目的，取得了重大成果。经过这次活动，全党改进作风有了一个良好开端，但取得的成果还是初步的，基础还不稳固。这一次党的群众路线教育实践活动基本结束了，但贯彻党的群众路线、保持党同人民群众的血肉联系的历史进程永远不会结束。习近平就新形势下坚持从严治党提出八点要求。一是落实从严治党责任。二是坚持思想建党和制度治党紧密结合。三是严肃党内政治生活。四是坚持从严管理干部。五是持续深入改进作风。六是严明党的纪律。七是发挥人民监督作用。八是深入把握从严治党规律。

刘云山在主持会议时指出，习近平总书记重要讲话充分肯定了党的群众路线教育实践活动取得的重大成果，深刻总结了教育实践活动的成功经验，对新形势下坚持从严治党作出全面部署、提出明确要求。各级党委要组织广大党员干部深入学习领会习近平总书记重要讲话精神，切实用讲话精神武装头脑、指导实践、推动工作。要坚持以习近平总书记重要讲话精神为指导，认真落实管党治党主体责任，推动形成一心一意谋发展、聚精会神抓党建的新局面。

10月8日

[纲　文]　李克强主持召开国务院常务会议。

[目　文]　会议主要内容是：一、决定再次修订政府核准的投资项目目录，促进有效投资和创业。会议确定了以下原则：一是进一步缩减核准范围。对市场竞争充分、企业能自我调节、可以用经济和法律手段有效调控的项目，由核准改为备案。二是进一步下放核准权限。对现阶段仍需核准的项目，明确中央部门和地方责任。三是进一步完善监管。下放的核准事项由地方政府按国家规划进行核准，并落实"各负其责、依法监管"要求，建立完善纵横联动协管机制。会议决定，对城市道路、供水、化肥等15类项目取消核准，改为备案，并运用产业、用地、环保等相关政策和技术标准等手段，提高管理科学性和有效性。除少数另有规定外，境外投资项目一律取消核准。向地方政府全部或部分下放通用机场、非跨境跨省电网等23类项目核准权限。二、会议听取了国有重点大型企业监事会对中央企业监督检查情况的汇报。会议指出，从监督检查情况看，中央企业扎实推进

改革，加快转型升级，为经济社会发展作出积极贡献，但部分企业存在经营风险，保值增值压力较大。会议强调，下一步，监事会要创新监督形式，进一步提高监督的针对性、有效性，探索推进国有企业财务预算等重大信息公开，参照有关监督机构及上市公司监事会信息披露的做法，采取适当方式，公开监事会对中央企业监督检查情况，主动回应社会关切，努力打造"阳光央企"，有效保障国有资产安全和保值增值，促进企业健康发展。

10月8日

[纲 文] 国务院召开部门负责人会议。

[目 文] 国务院总理李克强主持会议，国务院副总理张高丽出席会议。国务院副总理汪洋、马凯，国务委员常万全、王勇等参加会议。会议部署做好下一阶段经济社会发展工作。

李克强说，国务院各部门要认真学习贯彻中央精神，增强践行群众路线的自觉性、坚定性，紧密结合政府工作，持之以恒抓好作风建设，把教育实践活动成果转化为做好各项工作的新动力，一心一意谋划好经济社会发展。要看到我国初级阶段的基本国情、人民日益增长的物质文化需要同落后的社会生产之间的主要矛盾、发展中国家的国际地位"三个没有变"，必须紧紧围绕经济建设这个中心，抓住发展这个第一要务，努力实现科学发展。要落实国务院部署，推进六大举措。一是持续推进简政放权，并抓住有利时间窗口，有序推进非基本公共服务、资源、环保等价格改革。二是瞄准群众急需、迟早要干的薄弱环节，年内在水利、环保、信息网络等领域再开工一批重大项目。推开项目融资、特许经营等模式，鼓励社会投资。三是完善促进消费政策，提高居民收入，扩大消费需求。四是以结构性改革推动结构调整，更好支持"三农"、小微企业、新产业特别是以互联网为基础的新业态成长。五是用好用活财政货币政策，适时适度运用定向举措，推进普遍性降费，支持实体经济，缓解"融资贵、融资难"。六是研究出台扩大开放、培育外贸竞争新优势的措施。对2014年主要目标任务进展和完成情况要加强督查，最终结果年底要盘点交账，对尸位素餐、违法违纪的要严肃问责，做到勤政廉政两手抓，欢迎社会舆论监督政府工作。各地区各部门要出实招、治懒政、求实效，在完成好2014年任务的同时，谋划好2015年经济社会发展。

10月8日

[纲 文] 国家税务总局公布《融资租赁货物出口退税管理办法》。

[目 文] 《办法》规定，融资租赁出口货物的，以出口货物报关单（出口退税专用）上注明的出口日期为准；融资租赁海洋工程结构物的，以融资租赁出租方收取首笔租金时开具的发票日期为准。《办法》自2014年10月1日起施行。

10月8日

[纲 文] 海关总署公布《中华人民共和国海关企业信用管理暂行办法》。

[目 文] 《办法》共5章24条，内容包括：总则、企业信用信息采集和公示、企业信用状况的认定标准和程序、管理原则和措施、附则。《办法》指出，为了推进社会信

用体系建设,建立企业进出口信用管理制度,保障贸易安全与便利,海关根据企业信用状况将企业认定为认证企业、一般信用企业和失信企业,按照诚信守法便利、失信违法惩戒原则,分别适用相应的管理措施。《办法》自2014年12月1日起施行。

10月8日
[纲　文]　交通运输部发布《内河乡镇渡口建设有关技术标准暂行规定》。

[目　文]　《规定》共6章16条。内容包括:总则、分类标准、设计水位、选址要求、建设内容、附则。《规定》指出,内河乡镇渡口是农村河网地区人民群众生产、生活和出行不可或缺的基础性、服务性交通基础设施。近年来,内河渡口面貌发生了较大的变化,但仍普遍存在基础设施落后、服务能力不强、安全隐患较多等问题,尤其是占内河渡口总量90%以上的乡镇渡口,分布广、单体规模小、投资少,其建设难以适用国家现行的通用建设技术标准,建设标准化程度低。《规定》要求,为加强渡口建设管理,规范内河乡镇渡口建设技术要求,提高渡口标准化建设水平,各地可根据《规定》,结合本地区的实际情况制订完善地方建设标准,并报部备案。今后各地新建和改造内河乡镇渡口按《规定》执行;其他渡口根据国家基本建设管理有关规定,按照铁路、公路、港口有关行业建设技术标准执行。《规定》自2014年10月8日起施行。

10月8日
[纲　文]　中共中央政治局常委刘云山在北京会见国际工会联合会总书记夏兰·巴洛率领的国际工联代表团。

[目　文]　刘云山说,中华全国总工会与国际工联建立对话交流关系以来,双方对话领域不断扩大,交往广度和深度得到提升。全心全意依靠工人阶级是我们一贯方针,中国党和政府历来倡导劳动光荣、工人伟大,重视发挥工会作用,中国工会在促进改革发展稳定、维护职工合法权益等方面作出重要贡献。希望全总和国际工联进一步加强交流合作,共同为实现劳动者权益作出积极努力。夏兰·巴洛赞赏中国65年来在促进社会全面发展、维护劳动者权益方面所取得的巨大成就,希望加强同中国工会在APEC和G20框架中的伙伴关系。

10月8—13日
[纲　文]　中国代表团出席"2014中俄关心下一代论坛"等活动。

[目　文]　值中俄建交65周年之际,为进一步提升两国青年交流的广度和深度,加深友谊,促进中俄世代友好,实现共同发展,中俄两国有关部门在俄罗斯首都莫斯科共同举办了"中俄关心下一代论坛""中俄青少年文艺交流晚会""中俄青年书画艺术展"等活动。中国关心下一代工作委员会主任、"中俄青年友好交流活动代表团"团长顾秀莲一行393人,先后赴莫斯科和圣彼得堡,分别与俄罗斯教育、文化、艺术等方面的专家学者,以及中俄两国的学生代表等就中俄双方关心下一代的话题,以论坛、文艺晚会、书画艺术展的形式进行了面对面交流。

12日,正在莫斯科陪同李克强总理出席中俄总理第十九次定期会晤的国务院副总理、中俄人文合作委员会中方主席刘延东与俄罗斯副总理戈罗杰茨一同出席了由中国关心下一代工作委员会和俄罗斯教育科学部、俄罗斯联邦文化部、俄罗斯联邦教育科学部国际合作司共同主办，中国民办教育协会、中国社会福利基金会关心下一代基金承办的"中俄关心下一代论坛"并致辞。出席本次论坛的还有中华人民共和国外交部副部长程国平、教育部副部长郝平、中国驻俄罗斯公使张霄，俄罗斯教育科学部第一副部长特列季亚克、俄罗斯圣彼得堡国立大学第一副校长格尔林斯基。中国关工委常务副主任、中国驻俄罗斯原大使武韬主持。

刘延东在致辞中说，增进和深化两国青年的相互理解对于传承和发展中俄传统友谊至关重要。今明两年两国分别举办青年友好交流年，2015年将共同庆祝第二次世界大战胜利70周年，希望双方组织更多青少年参与有关活动，让两国青少年在交流交往中增进了解和友谊，将实现个人梦想、国家振兴的梦想与世界和平繁荣的梦想结合起来。要掌握本领，提高素质，勇于担当。要发挥聪明才智，为中俄人民友谊与合作注入青春活力。

刘延东、戈罗杰茨等两国领导人以及参加论坛的各界代表一同出席了在克里姆林宫举行的"中俄青少年文艺交流晚会"，观看两国青少年表演的舞蹈、合唱和管乐等精彩节目。

10月9日

[纲　文]　经中共中央批准，中共中央纪委对第十八届中央候补委员、广东省委原常委、广州市委原书记万庆良严重违纪问题立案审查。

[目　文]　万庆良利用职务上的便利为他人谋取利益，索取、收受巨额贿赂；严重违反中央八项规定精神，多次出入私人会所。万庆良的上述行为已构成严重违纪违法，其中受贿问题涉嫌犯罪。依据《中国共产党纪律处分条例》和参照《行政机关公务员处分条例》的有关规定，经中央纪委常委会议研究并报中共中央政治局会议审议，决定给予万庆良开除党籍、开除公职处分；将其涉嫌犯罪问题及线索移送司法机关依法处理。给予其开除党籍处分待召开中央委员会全体会议时予以追认。2014年10月23日，中国共产党第十八届中央委员会第四次全体会议审议并通过了中共中央纪律检查委员会关于万庆良严重违纪问题的审查报告，确认中央政治局之前作出的给予万庆良开除党籍的处分。

2016年9月30日广西壮族自治区南宁市中级人民法院公开宣判万庆良受贿案，对被告人万庆良以受贿罪判处无期徒刑，剥夺政治权利终身，并处没收个人全部财产；对万庆良受贿所得财物予以追缴，上缴国库。

10月9日

[纲　文]　国务院印发《关于加强审计工作的意见》。

[目　文]　《意见》由七部分组成：一、总体要求。二、发挥审计促进国家重大决策部署落实的保障作用。三、强化审计的监督作用。四、完善审计工作机制。五、狠抓审计发现问题的整改落实。六、提升审计能力。七、加强组织领导。

《意见》指出，重点围绕稳增长、促改革、调结构、惠民生、防风险等政策措施落实情况，以及公共资金、国有资产、国有资源、领导干部经济责任履行情况进行审计，实现审计监督全覆盖。《意见》强调，各级政府要加强对审计工作的组织领导，主要负责人要依法直接领导本级审计机关，及时研究解决审计工作中遇到的突出问题，并把审计结果作为相关决策的重要依据；要维护审计的独立性，保障审计机关依法审计、依法查处问题、依法向社会公告审计结果。

10月9日

[纲　文]　国务院印发《关于加快科技服务业发展的若干意见》。

[目　文]　这是国务院首次对科技服务业发展作出的全面部署。《意见》由三部分组成：一、总体要求。二、重点任务。三、政策措施。《意见》指出，加快科技服务业发展，是推动科技创新和科技成果转化、促进科技经济深度融合的客观要求，也是调整优化产业结构、培育新经济增长点的重要举措，对于深入实施创新驱动发展战略、推动经济提质增效升级具有重要意义。各有关部门要抓紧研究制定配套政策和落实分工任务的具体措施，为科技服务业发展营造良好环境。《意见》要求，部署培育和壮大科技服务市场主体，创新科技服务模式，延展科技创新服务链，促进科技服务业专业化、网络化、规模化、国际化发展，为建设创新型国家、打造中国经济升级版提供重要保障。

10月9日

[纲　文]　水利部印发《〈水利统计管理办法〉的通知》。

[目　文]　《通知》指出，为进一步规范水利统计工作，提高水利统计效率，强化统计监督，保障数据质量，水利部根据有关法律和行政法规规定，结合水利统计实际，对1999年出台的《水利统计管理办法》（水规计〔1999〕734号）进行了全面修订。修订后的《水利统计管理办法》共3*条。《办法》规定，各级水行政主管部门对水资源开发、利用、节约、保护和防治水害以及与此相关的管理服务活动开展的统计工作，应当遵守本办法。各流域管理机构、各省级水行政主管部门可根据本办法，制定水利统计管理办法实施细则。《办法》自印发之日起施行。1999年12月16日水利部发布的《水利统计管理办法》同时废止。

10月9日

[纲　文]　全国煤电节能减排升级与改造动员电视电话会议在北京召开。

[目　文]　国家能源局监管总监谭荣尧主持会议，国家发改委副主任、国家能源局局长吴新雄，环境保护部副部长翟青出席会议并讲话。国家能源局总工程师、总经济师，国家发展改革委、环境保护部、国家能源局有关部门，各省（区、市）发改委（能源局）、经信委、环保厅负责人，国家电网公司、五大发电集团、各省（区、市）主要电力企业相关负责人等，共计1000余人，分别在主会场及各分会场参加了会议。

会议指出，煤电节能减排升级改造是一项系统工程，涉及面广、任务艰巨、责任重大。电力企业要抓好任务分解落实、加强改造任务组织实施、积极推广应用先进技术经验、加强调度运行管理；地方能源主管部门要把好新建机组"准入关"、现役机组"改造关",切实加强监督管理和配套政策落实;国家能源局要抓好火电建设规划、树立先进典型示范、强化目标任务考核、深入开展监管。各级环保部门要积极配合发展改革和能源主管部门,一是在各地方政府领导下制定和细化工作方案,明确环保各项措施和具体要求;二是严格煤电行业环境监管;三是强化信息公开;四是要在推进煤电行业升级改造的同时,继续加大其他行业和民用燃煤的污染治理力度。

会议宣读了《关于授予"煤电节能减排示范电站和示范基地"称号的通知》,并授予浙江浙能嘉华电厂、河北国华三河电厂、内蒙古国电布连电厂"国家煤电节能减排示范电站"称号,授予上海申能外高桥第三电厂"国家煤电节能减排示范基地"称号。浙江省发改委(能源局)、国电集团、神华集团、申能集团代表在会上作了发言。

10月9日

［纲　文］　《人民日报》发表题为《坚持中国特色解决民族问题的正确道路——一论学习贯彻习近平中央民族工作会议重要讲话精神》的评论员文章。

10月9—15日

［纲　文］　中国队在第61届军事五项世锦赛中获得5枚金牌。

［目　文］　本届世锦赛在韩国永川举行,设军事五项比赛和500米障碍接力赛两大项目,来自34个代表团的约200名选手参赛。其中,军事五项比赛科目包括300米大口径步枪射击、500米障碍跑、50米障碍游泳、手榴弹投准和投远、越野(男子8公里、女子4公里)。参赛队员五项比赛的总分决出男女个人金牌,各队男子前四名、女子前三名的总分之和决定团体冠军的归属。

八一军体大队大队长邬忠新率领的中国代表团成功获得男女个人全能、女子团体和男女500米障碍接力共5枚金牌,创造英雄军五男团"十九连冠"、女团"十四连冠"的新辉煌。男子团体金牌被俄罗斯队夺走,中国男团赢得这个项目的银牌。这是中国队在本届赛事上唯一未能获得金牌的项目。

军事五项世锦赛每年举办一次。此前,中国人民解放军八一军体大队军事五项队先后夺得93个世界冠军,64人次打破世界纪录,被中央军委命名为"英雄军事五项队",涌现出王恋英、李忠等先进模范人物。

10月9—17日

［纲　文］　国务院总理李克强应邀对德国、俄罗斯、意大利进行正式访问。

［目　文］　9—11日,李克强应德意志联邦共和国总理默克尔的邀请访问德国。李克强在柏林总理府与默克尔共同主持第三轮中德政府磋商。中德两国政府26位部长参加磋商。两国总理听取了双方部长各自领域对口磋商成果汇报,并分别发表讲话。两国制定并发表《中德合作行动纲要》。访问期间,李克强会见了德国总统高克、卢森堡首相贝特尔,德国汉堡市市长肖尔茨;出席第七届中德经济技术合作论坛并发表发表题为《在开放中再续合作黄金季》的演讲,出席中欧论坛汉堡峰会第六届会议并发表题为《树立互利共赢的新标杆》的主旨演讲。

12—13日，李克强应俄罗斯联邦政府总理梅德韦杰夫的邀请访问俄罗斯。李克强在莫斯科同梅德韦杰夫共同主持中俄总理第19次定期会晤。会晤后，两国总理签署《中俄总理第十九次定期会晤联合公报》，并见证经贸、投资、能源、金融、高科技、人文等领域近40项重要合作文件的签署。访问期间，李克强会见了俄罗斯总统普京、联邦委员会主席马特维延科、国家杜马主席纳雷什金。李克强还应邀与俄罗斯总理梅德韦杰夫共同出席第三届"开放式创新"莫斯科国际创新发展论坛开幕式，并发表题为《以创新实现共同发展包容发展》的演讲。第三届"开放式创新"莫斯科国际创新发展论坛由俄罗斯联邦政府主办，中方应俄方邀请作为唯一"伙伴国"参加。来自世界各国的科技、投资、经贸、教育界人士共约800人出席开幕式。

14—17日，李克强应意大利共和国总理伦齐的邀请访问意大利。李克强与伦齐举行会谈。双方就全面推进中意关系发展深入交换意见，达成广泛共识。会谈后，两国总理共同见证了双边有关合作文件的签署。访问期间，李克强会见了意大利总统纳波利塔诺、意大利参议长格拉索、意大利众议长博尔德里尼、中意企业家委员会委员及企业家代表、联合国粮农组织总干事格拉齐亚诺，同欧洲理事会主席范龙佩和欧盟委员会主席巴罗佐举行会晤，并在联合国粮农组织总部发表题为《依托家庭经营推进农业现代化》的演讲。李克强还在意大利米兰出席第十届亚欧首脑会议全会，并在第一次全会上作引导性发言，就促进亚欧合作提出三点建议：一是共同维护亚欧和平安全与稳定发展。二是共同推进亚欧互联互通和贸易投资自由化。三是共同促进亚欧人文交流和社会发展。会议期间，李克强会见了法国总统奥朗德、韩国总统朴槿惠、越南总理阮晋勇、希腊总理萨马拉斯、泰国总理巴育、拉脱维亚总统贝尔津什、新加坡总理李显龙、芬兰总理斯图布。本届亚欧首脑会议的主题为"构建负责任伙伴关系，促进可持续增长与安全"，讨论互联互通与亚欧经济金融合作、全球问题、国际和地区热点等议题，来自亚欧53个国家和国际组织的领导人出席会议。亚欧会议是亚洲与欧洲之间的政府间论坛，旨在加强亚欧两大洲的对话、了解与合作，为经济社会发展创造有利条件，维护世界和平稳定。每两年举行一次。此次会议接纳克罗地亚和哈萨克斯坦为正式成员。

10月9—31日

[纲　文]　第17届北京国际音乐节暨第12届北京国际交响乐演出季在北京保利剧院举行。

[目　文]　此次活动由文化部、北京市人民政府共同主办。北京市文化局、中国国际友好联络会、北京国际音乐节艺术基金会等相关部门的百余位嘉宾共同出席开幕式。开幕仪式后，德国三大交响乐团之一慕尼黑爱乐乐团在指挥家安德里斯·波嘉的带领下上演了题为"跨越巅峰"的精彩音乐会。

本届音乐节持续20多天，以纪念德国传奇作曲家理查·施特劳斯诞辰150周年为主题，演出形式多样，涵盖6场交响乐、2部三场歌剧、3场免费公益音乐会、2场室内乐、1场爵士乐、1场艺术歌曲、2场民族原生态音乐会、1场钢琴独奏音乐会等。世界级歌剧院、交响乐团以及多位顶级指挥大师将与音乐节携手呈现理查·施特劳斯的经典作品。

北京国际音乐节创办于1998年，由文化部、北京市政府主办，中国国际友好联络会联合主办，北京国际音乐节艺术基金会承办，迄今已成功举办了16届，不仅成为一年一度金秋时节北京富有魅力的文化盛事，也跻身于全球知名音乐节之列。

10月10—11日

[纲　文]　全国党委秘书长会议在北京举行，习近平作出批示。

[目　文]　会前，中共中央总书记习近平作出批示。批示说，要崇尚实干、狠抓落实。如果不沉下心来抓落实，再好的目标，再好的蓝图，也只是镜中花、水中月。党的十八大以来，党委办公厅系统为落实中央决策部署做了大量工作，发挥了重要作用，这次全国党委秘书长会议又专题研究抓落实问题。希望各级党委办公厅（室）更好地发挥基本职能作用，投入更大的力量、采取更有力的措施推动中央精神的贯彻落实，确保中央政令畅通、决策落地生根。

中共中央政治局委员、中央书记处书记、中央办公厅主任栗战书在会上说，推动中央决策部署贯彻落实是全党的共同责任，更是党委办公厅（室）工作的核心职责，各级党委办公厅（室）要认真贯彻习总书记指示要求，把抓落实放在更加突出的位置，主动谋事、勇于担当，切实抓好"一项基本任务、三项重要工作"，确保中央决策部署得到不折不扣的贯彻执行。

会议交流了党的十八大以来党委办公厅系统抓落实的经验做法，并就进一步落实中央决策部署的内容、重点、目标、措施等进行具体研究部署。会议认为，中央办公厅和各级党委办公厅（室）作为党中央和各级党委的综合办事机构，紧紧围绕党和国家中心工作，充分发挥基本职能作用，以坚决的态度、有力的举措和过硬的作风抓落实，在保证中央政令畅通、推动中央决策部署落地上取得了明显成效，为党和国家事业发展作出了应有贡献。会议指出，当前和今后一个时期，全国党委办公厅系统对"一项基本任务、三项重要工作"要继续抓住不放，深入推动。"一项基本任务"，就是抓中央重大决策部署落实；"三项重要工作"，就是深入学习贯彻习近平总书记系列重要讲话精神，进一步落实中央八项规定精神，切实改进和转变作风，学习贯彻总书记在中办视察调研时的重要讲话精神，全面加强党委办公厅（室）建设。

参加会议的有各省、自治区、直辖市党委秘书长，香港工委、澳门工委秘书长，计划单列市、新疆生产建设兵团党委秘书长，中央和国家机关有关部委、有关人民团体办公厅（室）主任等。中央办公厅副主任陈世炬、丁薛祥、王仲田出席会议。

10月10日

[纲　文]　张高丽在西安主持召开推进"一带一路"建设工作座谈会。

[目　文]　张高丽听取征求陕西、新疆、福建等与"一带一路"相关的部分省区市负责人意见建议。张高丽说，要把思想行动统一到党中央、国务院的决策部署上来，科学

规划，积极作为，重在落实，扎实实施"一带一路"重大战略，努力打造全方位对外开放新格局。张高丽指出，实施"一带一路"重大战略，首先要统一思想认识，搞好顶层设计，科学制定规划，明确重点方向，有力有序稳妥推进。要突出工作重点，搞好互联互通，深化与沿线国家交流合作，强化国内支撑，努力打造对外开放新高地。要加强统筹协调，用好合作机制，凝聚"一带一路"建设的强大推动力。要抓好重大项目，发挥示范效应，推动产业深度对接，加强能源资源、现代农业、先进制造业、现代服务业、海洋经济等领域合作。要突出核心理念，促进互利共赢，建设利益共同体、命运共同体和责任共同体。要抓住重大机遇，做到远近结合，培育新的经济增长点，推动经济社会持续健康发展。各级领导和广大党员干部一定要认真学习贯彻习近平总书记在党的群众路线教育实践活动总结大会上的重要讲话精神，巩固和拓展教育实践活动成果。要落实好国务院部门负责人会议的部署，做好三季度经济形势分析和四季度经济工作，努力实现全年经济社会发展预期目标。

10月10日

［纲　文］　最高人民法院、最高人民检察院、公安部、外交部四部门联合印发《关于敦促在逃境外经济犯罪人员投案自首的通告》。

［目　文］　《通告》是继"猎狐2014"境外追逃专项行动后，有关部门出台的又一重要追逃举措。根据《通告》，在逃境外经济犯罪人员自本通告发布之日起至2014年12月1日前向公安机关、人民检察院、人民法院，或通过驻外使领馆向公安机关、人民检察院、人民法院自动投案，如实供述自己罪行，自愿回国的，可以依法从轻或者减轻处罚。其中，积极挽回受害单位或受害人经济损失的，可以减轻处罚；犯罪较轻的，可以免除处罚。《通告》指出，在规定期限内拒不投案自首的，司法机关将依法从严惩处。对威胁、报复举报人、控告人，构成犯罪的，依法追究刑事责任。

10月10日

［纲　文］　第3届中国非物质文化遗产博览会在济南举行。

［目　文］　本届博览会由文化部和山东省政府共同主办，主题为"非遗：我们的生活方式"。博览会首次引入"国家级和省级文化生态保护区成果展"，18个国家级文化生态保护区全部参展，部分省级文化生态保护区集体亮相，以特装展位的形式集中宣传当地最具地域特色的文化遗产及生态环境。非博会会徽采用中国传统元素卷轴扇形、祥云等组成会徽主体，扇形似打开的画卷，喻义将非遗精髓一一展现在人们面前，飘动的祥云体现非遗将永久流传、永不失传的美好愿景，喻义中国非遗的民族传统和文化底蕴。吉祥物名为"兔娃"，取材自济南民间传统"兔子王"的形象，眼睛为泉水水滴形状，身上纹饰取自济南市花荷花，身体最下端以泉水概念表示趵突泉"三泉"。中国非遗博览会是全国非遗项目集中博览交易的平台，两年举办一届。

10月10日

［纲　文］　国务院副总理张高丽在北京会见俄罗斯天然气工业股份公司总裁米勒。

［目　文］　张高丽说，中俄全面战略协作伙伴关系正在高水平上不断向前发展。我们这次会见，是落实两国元首达成的扩大能源合作共识的一个重要步骤，是进一步为两国总理举行第19次定期会晤做能源合作方面的准备。天然气领域合作是两国能源合作的重要组成部分。希望双方充分发挥互补优势，深入挖掘合作潜力，按计划组织实施好东线天然气管道项目，积极推进西线天然气管道项目谈判，开展天然气上下游全面合作，推动中俄天然气合作不断取得更多新成果，更好地维护两国能源安全，促进两国经济发展，造福两国人民。

米勒表示，能源合作是俄中全方位合作的优先方向之一，俄罗斯视中国为可信赖的能源战略合作伙伴，愿继续致力于加强双方在天然气领域的合作，推动双方感兴趣的天然气合作项目尽快取得积极进展。

10月10日

［纲　文］　《人民日报》发表题为《作风建设永远在路上——一论贯彻习近平在教育实践活动总结大会讲话精神》的评论员文章。

10月10日

［纲　文］　《人民日报》发表题为《筑牢中华民族共同体的思想基础——二论学习贯彻习近平中央民族工作会议重要讲话精神》的评论员文章。

10月10—12日

［纲　文］　斑马鱼1号染色体全基因敲除计划结题会暨第二届全国斑马鱼PI大会在武汉举行。

［目　文］　国家斑马鱼资源中心名誉理事长朱作言院士、理事长孟安明院士、中科院水生生物研究所所长赵进东院士以及来自全国各地的斑马鱼相关科研人员150余人参加了本次大会。会上科学家们宣布，中国科学家基本敲除了斑马鱼1号染色体上的1333个基因，这是世界上科学家首次完成斑马鱼1号染色体全基因敲除计划，为研究人类疾病演化及治疗奠下科学基石。

10月11日

［纲　文］　李源潮在北京市调研少先队工作。

［目　文］　2014年是中国少年先锋队建队65周年，国家副主席李源潮来到北京市调研少先队工作，与少先队工作者和少先队员代表座谈。李源潮说，少先队要切实增强社会主义核心价值观教育的民族传承性、时代进步性、教育针对性、思想有效性，继承中华民族优良传统，弘扬时代进步精神，解决当前突出问题，使之入心入脑成为人生之魂。要发挥少先队组织独特优势，把握少年儿童特点，使社会主义核心价值观教育形象化、情感化、榜样化、行动化，为培养中国特色社会主义事业接班人作出应有贡献。

10月11日

［纲　文］　司法部发布《监狱提请减刑假释工作程序规定》。

［目　文］　《规定》共4章22条。内容包括有：一、总则；二、监狱提请减刑、假释的程序；三、监狱管理局审核提请；四、附则。《规定》要求，监狱提请减刑、假释，应当根据法律规定的条件和程序进行，遵循公开、公平、公正的原则，严格实行办案责任制。《规定》自2014年12月1日起施行。

10月11日
［纲　文］　**中国特色现代大学制度建设取得重大进展。**

［目　文］　根据《中华人民共和国高等教育法》《高等学校章程制定暂行办法》，经教育部高等学校章程核准委员会评议，教育部公布了北京师范大学、厦门大学等15所高校章程核准书，于10月11日起正式生效，至此，已有47所直属高校章程通过核准并发布。按照教育部要求，核准书所附章程为最终文本，自即日起生效，未经法定程序不得修改。学校应当以章程作为依法自主办学、实施管理和履行公共职能的基本准则和依据，按照建设中国特色现代大学制度的要求，完善法人治理结构，健全内部管理体制，依法治校、科学发展。

此前，为促进高等学校规范和加强学术委员会建设，完善内部治理结构，教育部于2014年1月29日发布《高等学校学术委员会规程》，对高校学术委员会的组成、职责及运行等重要问题，分别作出规定。7月16日，发布《普通高等学校理事会规程（试行）》，全面规定了国家举办高等学校设立理事会（董事会）的宗旨作用，理事会的地位、职责、组成及运行规则等主要问题。7月25日，发布《高等学校信息公开事项清单》，共10大类50条，要求确保信息真实及时，建立即时公开制度，完善年度报告制度，构建统一公开平台，加强公开监督检查。各项规程的建设切实推动了现代大学制度建设，成为新一轮高等教育改革的突出标志。

10月11日
［纲　文］　**全军党的群众路线教育实践活动总结大会在北京召开。**

［目　文］　中央军委副主席范长龙、许其亮出席会议并讲话。会议主要任务是学习贯彻习近平在党的群众路线教育实践活动总结大会上的重要讲话精神，总结军队教育实践活动，并对巩固拓展活动成果，在新的起点上全面贯彻从严治党要求、深入推进军队作风建设进行部署。

范长龙说，全军和武警部队要深入学习贯彻习主席重要讲话精神，围绕实现强军目标，把从严治党的要求落实到位，把改作风的好势头保持下去。要继续贯彻好中央八项规定和军委十项规定精神，坚决防止松劲松懈。要持续用力纠治"四风"方面的重点难点问题，巩固清房清车清人成果，端正选人用人风气，严格经费管理使用，改进训风演风考风。要坚定不移地反对腐败、惩治腐败，保持高压态势，加强监督、查案惩腐，落实党风廉政建设责任制，坚决铲除滋生腐败的土壤，坚决惩处腐败分子。要用依法治军、从严治军保证作风建设常态长效。各级领导机关要牢固树立法治观念，提高依法治军素养，使好作风成为好习惯、新常态。

许其亮说,要深刻领悟习主席治党治国治军的大方略;要认清作风问题依然突出,保持驰而不息的韧劲耐心;要把习主席的决心要求变成全军自觉行动。要坚决落实从严治党从严治军要求,着力推动作风建设形成常抓长治的新常态。总的是按照党中央、习主席全面推进从严治党的决策部署,常态化抓建、法治化推进,形成崇清尚德、厉行法治、正气充盈、务实干事的新风尚新生态。

10月11日

[纲　文]　中俄总理定期会晤委员会第18次会议在俄罗斯索契召开。

[目　文]　国务院副总理、中俄总理定期会晤委员会中方主席汪洋与俄罗斯副总理、委员会俄方主席罗戈津共同主持会议,会议为即将举行的中俄总理第19次定期会晤做准备。

汪洋表示,中俄经济合作是长期、稳定和可持续的,这种合作既符合两国利益,也惠及世界。中方愿意扩大向俄方出口油气装备、通信设备、工业消费品、农产品等优势产品,也希望进口更多俄方的机电和高技术产品,与俄方共同努力,力争实现2015年双边贸易达到1000亿美元的目标。中方鼓励企业赴俄投资兴业,支持两国企业开展合资、参股、并购等形式的合作,推进双方合作向现代农业、先进制造、高新技术、清洁能源、金融、物流、电子商务等新领域拓展。

罗戈津表示,俄中元首频繁会晤为加强两国务实合作开辟了新渠道。2014年以来,俄中贸易额稳步上升,工业、农业等领域合作快速发展,希望拓宽双方在高科技等领域的合作。俄方愿与中方密切合作,为下周两国总理会晤做好充分准备。

双方在会议中积极评价远程宽体客机、核能、卫星导航系统、航空航天等战略性大项目合作。双方商定,将于下周两国总理会晤期间签署本币互换协议,推动在重大合作项目中使用本币结算。扩大两国海关监管结果互认试点,推进贸易便利化。加快联合研制远程宽体客机和重型直升机进程,推进核能、跨界桥梁、农业开发和地方等领域合作。共同办好2015年第二届中俄博览会,中国将担任2015年俄罗斯创新工业展主宾国。

其间,汪洋与罗戈津还共同出席第9届中俄经济工商界高峰论坛。

10月11日

[纲　文]　《人民日报》发表题为《管党治党成于严——二论贯彻习近平在教育实践活动总结大会讲话精神》的评论员文章。

10月11日

[纲　文]　《人民日报》发表题为《加快民族地区奔向全面小康的步伐——三论学习贯彻习近平中央民族工作会议重要讲话精神》的评论员文章。

10月12日

[纲　文]　中央党的群众路线教育实践活动领导小组会议在北京召开。

[目　文]　中央党的群众路线教育实践活动领导小组组长刘云山主持会议。中共中

央政治局委员、中央党的群众路线教育实践活动领导小组副组长赵乐际,中央书记处书记、中央党的群众路线教育实践活动领导小组副组长赵洪祝出席会议。会议对深入学习贯彻习近平总书记在党的群众路线教育实践活动总结大会上的重要讲话精神进行研究部署。

刘云山说,习近平总书记重要讲话是在新的起点上深化作风建设、坚持从严治党的纲领性文献。学习贯彻讲话精神,要充分认识教育实践活动重大成果,增强抓作风改作风的信心和动力,使党中央关于作风建设部署落地生根;深入把握教育实践活动成功经验,不断深化作风建设规律性认识,把成功经验融入作风建设经常性工作之中,固化为务实管用的制度机制;深刻领会坚持从严治党各项要求,把严的意识立起来,把严的规矩建起来,把严的风气树起来,增强党自我净化、自我完善、自我革新、自我提高能力,更好保持和发展党的先进性和纯洁性。

刘云山指出,教育实践活动确定了21项专项整治任务,各地区各部门各单位都作出了整改承诺,必须扭住不放、一抓到底,确保责任到位、措施到位、落实到位。各级教育实践活动领导小组办公室保留一段时间,要继续发挥组织协调作用,督促抓好整改落实工作。各级党委要进一步强化从严治党的思想观念,树立认真的态度、发扬认真的精神,把党建工作和中心工作一起谋划、一起部署、一起考核,切实做到真管真严、敢管敢严、长管长严。要坚决落实从严治党的主体责任,把管党治党责任扛在肩上,把抓好党建作为最大政绩,党委书记必须成为从严治党的书记,真正负起第一责任人的责任。要建立健全党要管党、从严治党的考评机制,确保一级抓一级、层层抓落实,形成一心一意谋发展、聚精会神抓党建的生动局面。

10月12日

[纲　文]　中共中央、国务院印发《关于加强和改进新形势下民族工作的意见》。

[目　文]　《意见》由六部分组成:一、坚定不移走中国特色解决民族问题的正确道路。二、围绕改善民生推进民族地区经济社会发展。三、促进各民族交往交流交融。四、构筑各民族共有精神家园。五、提高依法管理民族事务能力。六、加强党对民族工作的领导。

《意见》指出,要深刻认识我国统一多民族国家的基本国情,明确民族地区经济社会发展基本思路,以提高基本公共服务水平、改善民生为首要任务,以扶贫攻坚为重点,以教育、就业、产业结构调整、基础设施建设和生态环境保护为着力点,以促进市场要素流动与加强各民族交往交流交融相贯通为途径,把发展落实到解决区域性共同问题、增进群众福祉、促进民族团结上,推动各民族和睦相处、和衷共济、和谐发展,走出一条具有中国特色、民族地区特点的科学发展路子。要推动建立相互嵌入式社会结构和社区环境,促进各民族群众相互了解、相互尊重、相互包容、相互欣赏、相互学习、相互帮助。要积极培育中华民族共同体意识,引导各族干部群众深刻认识中国是全国各族人民共同缔造的国家,中华文化是包括56个民族的文化,中华文明是各民族共同创造的文明,中华民族是各民族共有的大家庭,牢固树立各民族水乳交融、唇齿相依、休戚相关、荣辱与共的观念。要加强民族工作法律法规建设，认真贯彻落实民族区域自治法，修订完善有关民族工作的法规条例。要完善民族工作领导体制和工作机制，加强干部队伍建设，大力培养、大胆选拔、充分信任、放手使用少数民族干部，培养长期在民族地区工作的汉族干部，保持干部队伍合理结构。要造就优秀知识分子队伍，重视民族地区知识分子特别是少数民族知识分子骨干培养。要加强基层组织和政权建设，加强党风廉政建设。

10月12日

［纲　文］　中国西部首条成建制空中医疗通道在第四军医大学西京医院正式启用，陕西省成为全国首个直升机医疗救援全域覆盖的行政省。

［目　文］　中国首条成建制空中医疗通道的建立，对车祸引起的创伤、休克、多发伤和突发性心肌梗死、脑出血、脑梗死等心脑血管疾病，以及肺栓塞、主动脉夹层、急性中毒等急危重症患者的快速转运及转运途中生命体征维持将提供高效医疗服务。

直升机医疗救援为公益性医疗服务，只收取飞行成本费，若遇到自然灾害、突发公共事件、抢险救灾将实施免费救援。

10月12日

［纲　文］　《人民日报》发表题为《从严治党重在实——三论贯彻习近平在教育实践活动总结大会讲话精神》的评论员文章。

10月12日

［纲　文］　《人民日报》发表题为《做好民族工作关键在党关键在人——四论学习贯彻习近平中央民族工作会议重要讲话精神》的评论员文章。

10月12—18日

［纲　文］　"北京国际摄影周2014"举行。

［目　文］　本届摄影周由文化部与北京市人民政府主办，中国艺术摄影学会、中国摄影家协会、新华通讯社图片中心和北京歌华文化发展集团承办，中国艺术研究院摄影艺术研究所和北京市中华世纪坛艺术基金会协办。摄影周以"视界·无界"为主题，主体内容包括开幕活动、系列展览、摄影讲堂、专题活动、系列奖项五大部分30余项活动。2014年恰逢摄影艺术诞生175周年，本届摄影周选取具有代表性和影响力的175幅世界摄影大师的原作精品，回顾摄影艺术发展的百年历程。国际摄联（FIAP）、英国皇家摄影学会（RPS）、国际摄影家联盟（UPI）三大国际摄影机构合作为本届摄影周呈现8场主题摄影展览，来自美国、德国、意大利、阿根廷、缅甸、伊朗、日本等10国的摄影组织主席的作品首次集体在中国展出，100余位摄影师的2000余幅精品精彩亮相。专设的系列展览"中国梦——人民生活与社会变迁"展示了100年来中国人寻梦的过程，用影像折射中国发生的巨大变化，用镜头记录北京的发展变迁。

10月12—28日

［纲　文］　第三届中国越剧艺术节在浙江温州举行。

［目　文］　本届中国越剧艺术节由文化部、浙江省人民政府共同主办，文化部艺术

司、浙江省文化厅、温州市人民政府承办。艺术节围绕"戏曲故里，文化浙江；越剧盛会，人民节日"主题，突出"汇集越剧精品，展示地域特色，实践文化惠民，凸显市场运作"的办节思路，搭建起优秀传统文化的交流平台，集中展示中国越剧艺术繁荣的最新成果，进一步推动越剧艺术事业的可持续发展。中国越剧艺术节是唯一永久落户在浙江的国家级艺术节，每四年举办一届。温州是继绍兴、宁波之后的第三站举办地。

10月13日

[纲　文]　**中共中央政治局举行第18次集体学习**。

[目　文]　中共中央总书记习近平主持学习。中国社会科学院历史研究所研究员卜宪群就我国历史上的国家治理进行讲解，并谈了意见和建议。中共中央政治局各位同志听取了卜宪群的讲解，并就有关问题进行了讨论。

习近平说，历史是最好的老师。在漫长的历史进程中，中华民族创造了独树一帜的灿烂文化，积累了丰富的治国理政经验，其中既包括升平之世社会发展进步的成功经验，也有衰乱之世社会动荡的深刻教训。我国古代主张民惟邦本、政得其民，礼法合治、德主刑辅，为政之要莫先于得人、治国先治吏，为政以德、正己修身，居安思危、改易更化，等等，这些都能给人们以重要启示。治理国家和社会，今天遇到的很多事情都可以在历史上找到影子，历史上发生过的很多事情也都可以作为今天的镜鉴。中国的今天是从中国的昨天和前天发展而来的。要治理好今天的中国，需要对我国历史和传统文化有深入了解，也需要对我国古代治国理政的探索和智慧进行积极总结。

习近平指出，要重视中华传统文化研究，继承和发扬中华优秀传统文化。中华优秀传统文化是我们最深厚的文化软实力，也是中国特色社会主义植根的文化沃土。每个国家和民族的历史传统、文化积淀、基本国情不同，其发展道路必然有着自己的特色。一个国家的治理体系和治理能力是与这个国家的历史传承和文化传统密切相关的。解决中国的问题只能在中国大地上探寻适合自己的道路和办法。数千年来，中华民族走着一条不同于其他国家和民族的文明发展道路。我们开辟了中国特色社会主义道路不是偶然的，是我国历史传承和文化传统决定的。我们推进国家治理体系和治理能力现代化，当然要学习和借鉴人类文明的一切优秀成果，但不是照搬其他国家的政治理念和制度模式，而是要从我国的现实条件出发来创造性前进。

习近平强调，实现"两个一百年"奋斗目标、实现中华民族伟大复兴的中国梦，需要充分发挥全党全国各族人民今天所具有的伟大智慧，也需要充分运用中华民族5000多年来积累的伟大智慧。中华民族的历史智慧是中国人民世世代代形成和积累的，我们要总结发扬，使之服务于实现中华民族伟大复兴的伟大事业。

10月13日

[纲　文]　**"中国阿拉伯国家图书馆馆长论坛"在北京中国国家图书馆举行**。

[目　文]　本届论坛由中国文化部、阿拉伯国家联盟秘书处主办，中国国家图书

馆、中国对外文化集团公司承办。中阿图书馆馆长代表就建立信息领域合作机制、图书馆资源共享与合作发展、文献典籍保护与利用、数字图书馆发展合作等共同关注的问题进行研讨交流，通过了《中国阿拉伯国家图书馆馆长论坛公报（2014年10月13日北京倡议）》。《公报》声明，中阿双方在图书馆、信息与文献保存领域建立长效合作机制，包括中阿双方每两年定期召开一次图书馆、信息与文献保存领域内的专家（包括工作人员、从业人员等）大会；建立中国与阿拉伯国家各大信息文献图书中心之间的联系网络，致力于制作中阿信息文献图书中心名录；为阿拉伯国家和阿盟秘书处的图书馆与信息领域专家制定专业培训计划，以分享中国图书馆在该领域的经验等内容。本次论坛的召开填补了中国图书馆界与阿拉伯国家图书馆合作的空白，同时，为2015年召开的中阿图书馆信息专家会议打下基础。

10月13日

[纲　文]　中央军委副主席范长龙在北京会见澳大利亚国防部长戴维·约翰斯顿。

[目　文]　范长龙说，中澳两国同为亚太地区的重要国家，拥有广泛而深厚的共同利益。当前，在两国领导人的关心推动下，两国关系面临新的发展机遇。作为两国关系的重要组成部分，中澳两军关系保持良好发展势头，高层交往频繁，防务战略磋商机制运行顺畅，各领域务实合作不断深化。中方愿同澳方一道，以重要高层交往为契机，进一步加强两军对话、交流与合作，为中澳战略伙伴关系增加新的积极因素。约翰斯顿表示，澳方对发展两军关系持积极态度，认为两军合作前景广阔，希望通过此访为进一步推动两军交流与合作奠定更加坚实的基础。副总参谋长王宁等参加了会见。

10月13日

[纲　文]　《人民日报》发表题为《落实党内政治生活新要求——四论贯彻习近平在教育实践活动总结大会讲话精神》的评论员文章。

10月13—15日

[纲　文]　第三届全球海洋生物多样性大会在山东青岛举行。

[目　文]　会议由中国科学院海洋研究所主办，主题是"变化的海洋与海洋中的生命"，来自全球55个国家的300余名科学家共同探讨海洋生物多样性及生态环境领域的重大科学问题。海洋所所长孙松研究员担任大会主席，孙松表示，我们不仅要关注海洋生物多样性的变化，更要关注种类的改变、功能类群的变化，例如许多海域饵料生物被水母等胶质类生物所取代引起生态系统的失衡等问题，海洋生态系统是否会因此发生结构性的改变进而影响其对人类的服务功能，这些科学问题应当引起高度关注。

全球海洋生物多样性大会每三年举行一届，是国际海洋生物多样性领域学术水平最高、规模最大的学术会议。本次会议是全球海洋生物多样性大会首次在中国召开，为国内外研究学者搭建了广阔交流平台的同时，也将促进和推动我国在海洋生物多样性及其相关领域开展更为广泛的国际合作，提升中国在此领域的国际地位和学术影响力。

10月13—17日

[纲　文]　应国家副主席李源潮邀请，密克罗尼西亚联邦副总统阿利克对中国进行

正式访问。

[目　文]　14日，李源潮会见阿利克时说，中密都是亚太地区的发展中国家，拥有广泛的共同利益。中方愿与密方共同努力，推动两国关系不断取得新进展，永远做相互尊重、相互支持、互利合作、共同发展的好朋友好伙伴。阿利克说，密联邦政府高度重视发展密中关系，恪守一个中国政策，欢迎中国企业扩大对密投资。

同日，全国人大常委会委员长张德江会见阿利克时说，建交25年来，中国高度重视发展中密关系，历来主张国家间应相互尊重、平等相待，对密的帮助历来都不附加任何政治条件，高度赞赏密方坚持一个中国政策，两国关系发展势头良好。中方愿以中密建交25周年为新的起点，进一步加强友好交往，深化务实合作，将两国关系提升到新的水平。中国全国人大愿同密联邦国会一道，加强治国理政、立法等方面交流，进一步发挥在各自国家政治生活中的重要作用，不断推动两国关系深入发展。阿利克说，两国关系保持强有力发展。密方感谢中方提供的大量援助。密方始终奉行一个中国政策，愿同中方共同推动两国关系持续向前发展。

10月14日

[纲　文]　国家主席习近平在北京会见出席中韩政党政策对话首次会议的韩国新国家党党首金武星。

[目　文]　习近平说，2014年7月我对韩国进行了国事访问，同朴槿惠总统就充实和深化中韩战略合作伙伴关系达成一系列重要共识。中方愿同韩方共享发展机遇，共同应对挑战，全面深化合作，为实现两国繁荣发展、促进地区和平稳定不懈努力。请你转达我对朴槿惠总统的诚挚问候和良好祝愿，我期待在亚太经合组织领导人非正式会议期间同她会晤。习近平指出，中国共产党与韩国新国家党的交流与合作对促进两国关系发挥着重要作用。双方应该进一步加强高层交往、深化治国理政经验交流、推进青年政治家友好往来，为构筑更加成熟、更高水平的中韩战略合作伙伴关系作出积极贡献。金武星转达了朴槿惠总统对习近平总书记的问候。

金武星表示，自建交以来，特别是在两国元首的亲自引领和推动下，韩中关系获得举世瞩目的发展。韩国新国家党愿通过政党对话同中方加强沟通，分享经验，推动两国关系不断深化，也衷心祝愿中国早日实现伟大的中国梦。

同日，主题为"建设法治体系，推进反腐倡廉"的中韩政党政策对话首次会议在北京举行开幕式，全国政协副主席、中联部部长王家瑞与金武星共同出席开幕式并分别致辞。双方就中韩两国关系和党际交流深入交换意见。

10月14日

[纲　文]　新华社讯，中央党的群众路线教育实践活动领导小组印发《关于认真学习贯彻习近平总书记在党的群众路线教育实践活动总结大会上的重要讲话的通知》。

[目　文]　《通知》要求，各级党委（党组）把学习贯彻习近平总书记重要讲话精神

作为当前的一项重要政治任务抓紧抓好，不断深化思想认识、增强党性观念、破除思想障碍、增强行动自觉，为深入推进作风建设增添动力，把从严治党要求落到实处。

《通知》强调，要认真领会把握《讲话》的主要内容和精神实质，深刻认识教育实践活动的重大意义，始终保持清醒头脑，继续把作风建设摆在突出位置，以钉钉子精神持续整改、长期整改。要深刻认识教育实践活动的成功经验，坚持突出重点、聚焦问题，坚持领导带头、以上率下，坚持以知促行、以行促知，坚持严字当头、从严从实，坚持层层压紧、上下互动，坚持相信群众、敞开大门。要深刻认识从严治党的重要性紧迫性，教育引导党员、干部在思想上真正明确，在行动上真管真严、敢管敢严、长管长严，把讲认真贯彻到一切工作中去，在从严治党上继续探索、不断前进。要深刻认识新形势下从严治党的各项要求，落实从严治党责任，把抓好党建作为最大的政绩；坚持思想建党和制度治党紧密结合，加强党性和道德教育，加强警示教育，结合落实制度规定开展思想教育；严肃党内政治生活，坚持和发扬实事求是、理论联系实际、密切联系群众、开展批评和自我批评、坚持民主集中制等优良传统；坚持从严管理干部，始终以严的标准要求、以严的措施监管、以严的纪律约束干部；持续深入改进作风，加强治本工作，使党员、干部不敢、不能、不想沾染歪风邪气；严明党的纪律，积极探索纪律教育经常化、制度化的途径，不断完善纪律规定，切实履行执纪职责；发挥人民监督作用，畅通建言献策渠道和批评监督渠道；深入把握从严治党规律，增强从严治党的系统性、预见性、创造性、实效性。

《通知》要求，坚持用《讲话》精神巩固和拓展教育实践活动成果，加强党的作风建设，全面推进从严治党。持续深入抓好整改落实，梳理整改情况，扭住专项整治不放，进一步把责任明确到位、措施落实到位、问题解决到位，及时向社会公开，自觉接受群众监督。坚持不懈抓好作风建设，紧紧盯住作风领域出现的新变化新问题，及时跟进相应的对策措施，扎紧织密制度"笼子"，狠刹权力滥用，推进作风建设常态化长效化。坚定不移抓好从严治党，认真落实党建工作责任制，加强监督检查，加强管党治党责任考核，切实改变一些地方和单位看起来党在管党治党，但没有管到位上、严到份上的现象。

10月14日

[纲　文]　中国科学院院士朱日祥获得"法中奖"，成为首次获得此奖的中国科学家。

[目　文]　在中法建交50周年之际，法国研究院科学院特别设立了"法中奖"，用于表彰在自身科研领域获得重要成就且对推动法中两国科研人员合作有突出贡献的中国科研人员。朱日祥因其在地球科学和人类演化理论领域取得的诸多国际前沿性研究成果，以及在法中两国科研人员、实验室之间开展合作方面发挥的重要推动作用，成为首位获得"法中奖"的中国科学家。

10月14日

[纲　文]　《人民日报》发表题为《把握新形势下从严治党规律——五论贯彻习近平在教育实践活动总结大会讲话精神》的评论员文章。

10月15日

[纲　文]　全军老干部工作暨"三先"表彰电视电话会议在北京召开。

[目　文]　"三先"即全军老干部工作暨先进干休所、先进离退休干部、先进老干部工作者。会议总结了过去5年全军老干部工作,明确了当前和今后一个时期主要任务,表彰了全军97个先进干休所、170名先进离退休干部、144名先进老干部工作者。中共中央政治局委员、中央军委副主席许其亮出席会议并讲话。中央军委委员、四总部、全军各大单位、武警部队和军委办公厅领导等,分别在主会场和分会场出席会议。

中共中央总书记、国家主席、中央军委主席习近平发来贺信。贺信说,军队离退休干部为党领导的革命、建设、改革事业作出了重要贡献,是党、国家、军队的宝贵财富。要在全军广泛宣传先进离退休干部的先进事迹,弘扬老同志的高尚品德,进一步形成尊重老同志、爱护老同志、学习老同志、重视发挥老同志作用的良好氛围。习近平指出,军队老干部工作是党和军队的一项重要工作。各级党委和机关要高度重视老干部工作。要加强离退休干部党组织建设、提高老干部服务管理工作水平、丰富老干部精神文化生活,让所有老干部都能安享晚年。希望广大军队离退休干部向先进学习,永葆革命本色,在弘扬我党我军光荣传统和优良作风、支持国家和军队建设改革、关心教育下一代等方面继续发挥作用,为实现中国梦强军梦作出新的贡献。

许其亮在讲话中说,要坚持政治上尊重、思想上关心、生活上照顾、精神上关怀,把老干部工作做深做细做到位。要适应新的形势,创新老干部服务管理模式,完善老干部政策制度规定,改革老干部安置管理体制机制,以改革创新精神破解重难点问题,努力把老干部工作提高到新水平。

10月15日

[纲　文]　习近平在北京主持召开文艺工作座谈会。

[目　文]　中共中央总书记习近平在讲话中指出,文艺事业是党和人民的重要事业,文艺战线是党和人民的重要战线。文艺工作者应该牢记,创作是自己的中心任务,作品是自己的立身之本,要静下心来、精益求精搞创作,把最好的精神食粮奉献给人民。要坚持百花齐放、百家争鸣的方针,发扬学术民主、艺术民主,营造积极健康、宽松和谐的氛围,提倡不同观点和学派充分讨论,提倡体裁、题材、形式、手段充分发展,推动观念、内容、风格、流派切磋互鉴。

习近平指出,文艺工作者要自觉坚守艺术理想,不断提高学养、涵养、修养,加强思想积累、知识储备、文化修养、艺术训练,认真严肃地考虑作品的社会效果,讲品位,重艺德,为历史存正气,为世人弘美德,努力以高尚的职业操守、良好的社会形象、文质兼美的优秀作品赢得人民喜爱和欢迎。要把满足人民精神文化需求作为文艺和文艺工作的出发点和落脚点,把人民作为文艺表现的主体,把人民作为文艺审美的鉴赏家和评判者,把为人民服务作为文艺工作者的天职。

习近平指出，文学、戏剧、电影、电视、音乐、舞蹈、美术、摄影、书法、曲艺、杂技以及民间文艺、群众文艺等各领域都要跟上时代发展、把握人民需求，以充沛的激情、生动的笔触、优美的旋律、感人的形象创作生产出人民喜闻乐见的优秀作品，让人民精神文化生活不断迈上新台阶。要虚心向人民学习、向生活学习，从人民的伟大实践和丰富多彩的生活中汲取营养，不断进行生活和艺术的积累，不断进行美的发现和美的创造。要始终把人民的冷暖、人民的幸福放在心中，把人民的喜怒哀乐倾注在自己的笔端，讴歌奋斗人生，刻画最美人物，坚定人们对美好生活的憧憬和信心。

习近平强调，优秀的文艺作品，最好是既能在思想上、艺术上取得成功，又能在市场上受到欢迎。广大文艺工作者要高扬社会主义核心价值观的旗帜，把社会主义核心价值观生动活泼、活灵活现地体现在文艺创作之中，用栩栩如生的作品形象告诉人们什么是应该肯定和赞扬的，什么是必须反对和否定的，做到春风化雨、润物无声。要把爱国主义作为文艺创作的主旋律，引导人民树立和坚持正确的历史观、民族观、国家观、文化观，增强做中国人的骨气和底气。要通过文艺作品传递真善美，传递向上向善的价值观，引导人们增强道德判断力和道德荣誉感，向往和追求讲道德、尊道德、守道德的生活。要结合新的时代条件传承和弘扬中华优秀传统文化，传承和弘扬中华美学精神。各级党委要把文艺工作纳入重要议事日程，贯彻好党的文艺方针政策，把握文艺发展正确方向。

中共中央政治局常委刘云山、王沪宁、刘延东、刘奇葆、许其亮、栗战书出席座谈会。中央和国家机关有关部门、解放军总政治部负责人，各领域文艺工作者代表等参加座谈会。座谈会上，中国作协主席铁凝，中国剧协主席、上海京剧院艺术指导尚长荣，空政文工团一级编剧阎肃，中国美协副主席、中国美术学院院长许江，中国舞协主席、国家大剧院舞蹈艺术总监赵汝蘅，中国作协副主席、上海市作协副主席叶辛，中国影协主席、国家话剧院一级演员李雪健先后发言。

10月15日

［纲　文］　新华社讯，中共中央办公厅印发《关于坚持和完善普通高等学校党委领导下的校长负责制的实施意见》。

［目　文］《意见》由五部分组成：一、党委统一领导学校工作。二、校长主持学校行政工作。三、健全党委与行政议事决策制度。四、完善协调运行机制。五、加强组织领导。

《意见》围绕坚持党对高校的领导，明确了党委领导和校长负责的主要方式和内容，高校党委会设置和全委会、常委会、校长办公会（校务会议）的议事范围、议事规则及重大事项的议事决策程序，从强化领导班子分工负责、健全党委书记和校长沟通制度、加强领导班子协调配合、严格党内组织生活等方面作出规定，要求选好配强高校领导班子特别是党委书记和校长，加强基层党组织建设和思想政治工作，为加强高校党的建设工作和完善中国特色现代大学制度提供了重要遵循。

10月15日

［纲　　文］　中国证券监督管理委员会公布《关于改革完善并严格实施上市公司退市制度的若干意见》。

［目　　文］　《意见》由七部分组成：一、健全上市公司主动退市制度。二、实施重大违法公司强制退市制度。三、严格执行不满足交易标准要求的强制退市指标。四、严格执行体现公司财务状况的强制退市指标。五、完善与退市相关的配套制度安排。六、加强退市公司投资者合法权益保护。七、进一步落实退市工作责任。

《意见》认为，进一步改革完善并严格执行退市制度，有利于健全资本市场功能，降低市场经营成本，增强市场主体活力，提高市场竞争能力，有利于实现优胜劣汰，惩戒重大违法行为，引导理性投资，保护投资者特别是中小投资者合法权益。《意见》强调，要充分尊重并保护市场主体基于其意思自治作出的退市决定，而不是将退市与否作为评判一家公司好坏的绝对标准。《意见》自2014年11月16日起施行。

10月15日

［纲　　文］　住房和城乡建设部发布《历史文化名城名镇名村街区保护规划编制审批办法》。

［目　　文］　《办法》共27条。《办法》指出，为了规范历史文化名城、名镇、名村、街区保护规划编制和审批工作，根据《中华人民共和国城乡规划法》和《历史文化名城名镇名村保护条例》等法律法规，制定本办法。历史文化名城、名镇、名村、街区保护规划的编制和审批，适用本办法。《办法》强调，编制保护规划，应当保持和延续历史文化名城、名镇、名村、街区的传统格局和历史风貌，维护历史文化遗产的真实性和完整性，继承和弘扬中华民族优秀传统文化，正确处理经济社会发展和历史文化遗产保护的关系。《办法》自2014年12月29日起施行。

10月15日

［纲　　文］　中国散裂中子源项目建设取得重大进展。

［目　　文］　中国散裂中子源项目工程主要装置之一的加速器首台设备——负氢离子源在位于广东东莞市大朗镇的散裂中子源园区顺利进入隧道安装，标志着该项目的建设即将全面进入设备安装阶段。

中国散裂中子源是我国目前最大的大科学装置，也是发展中国家拥有的第一台散裂中子源，与美国、日本和英国散裂中子源一起成为世界四大脉冲式散裂中子源。作为整个装置的起点，当日安装的加速器首台设备——负氢离子源能否提供高品质和稳定性好的束流，关系到整个散裂中子源装置的性能和效率。据悉，该设备产生的负氢离子在直线加速器不断加速后，通过快循环同步加速器注入区的剥离膜装置转换成质子，并继续加速到设计能量，质子束流从快循环同步加速器引出后轰击重金属靶，生成的中子慢化后被谱仪接收，科学家们得以探测物质的内部世界。此前，这套设备已经在东莞理工学院调试运行近两年，性能指标达到设计要求。

中国散裂中子源项目总投资约22亿元,由中国科学院和广东省人民政府共同建设,于2018年前后建成。

10月15日

［纲　文］　《人民日报》发表题为《坚决支持特区政府依法施政》的评论员文章。

10月15—17日

［纲　文］　马凯在山东省调研。

［目　文］　国务院副总理马凯赴山东济南、莱芜、淄博、滨州等市调研公路交通工作,并主持召开座谈会。马凯指出,要全面贯彻落实党的十八大和十八届三中全会精神,按照转变交通运输发展方式、加快构建综合交通运输体系的要求,坚持建设、管理、养护、服务、安全并举,深化公路体制改革,创新运行机制,强化科技支撑,完善法规政策,实现公路科学发展、安全发展、可持续发展,为经济社会发展和人民群众安全便捷出行作出更大贡献。

马凯指出,当前公路发展处在加速成网的关键阶段,要坚持适度超前的原则,统筹规划、分步实施、优化结构、注重质量,尽快打通国家高速公路"断头路"和普通国道"瓶颈段",并把建设资金更多地向中西部地区特别是贫困地区倾斜。公路"三分建、七分养",要构建资金保障体系,积极推动管理养护体制改革,大力提升公路管理养护水平。公路是"窗口行业",要着力提高服务水平,加快推进ETC全国联网,加强服务区建设管理,及时提供出行信息服务,让人民群众顺畅出行、舒心出行。公路安全运行责任重大,要组织实施好道路安全生命防护工程,提高公路防灾抗灾和应急处置能力,严打超限超载行为,全面提高公路安全防护水平。

10月16日

［纲　文］　国家主席习近平任免驻外大使。

［目　文］　习近平根据全国人民代表大会常务委员会的决定任免下列驻外大使:

一、任命韦宏添为中华人民共和国驻索马里联邦共和国特命全权大使。

二、任命张卫东为中华人民共和国驻冰岛共和国特命全权大使。

三、免去殷恒民的中华人民共和国驻阿根廷共和国特命全权大使职务;任命杨万明为中华人民共和国驻阿根廷共和国特命全权大使。

10月16日

［纲　文］　解放军总参谋部、总政治部、总后勤部、总装备部联合发布新修订的《军队领导干部经济责任审计规定》。

［目　文］　《规定》拓展了审计范围,突出了监督重点。明确军队负有经济责任的领导干部全部纳入审计范围,把经济权力相对集中的领导干部、列入或者拟列入后备的领导干部、拟提升使用的领导干部、一年内达到平时服现役最高年龄或者任职最高年限的领导干部、群众反映不履行或者不正确履行经济责任的领导干部作为重点审计对象,为实行先

审后提、先审后离，防止"带病"上岗、"带病"提拔创造了有利条件。

《规定》调整了任务分工，强化了业务领导。各级审计部门按照能级管理、下审一级的原则，负责审计本级机关业务部门的领导干部，所属单位及其司令机关、政治机关、后勤（联勤）机关、装备机关的领导干部。上级审计部门根据需要，对下级审计部门组织实施的领导干部经济责任审计项目进行现场督导，对下级审计部门出具的审计报告进行复议，确保审计质量。

《规定》完善了审计内容，严格了审计处理。把领导干部在经济权力行使、公共财物使用、公务接待以及住房、用车、公勤人员使用等方面廉洁自律情况，作为重点审计内容之一。建立审计约谈制度，对性质比较严重的问题，要约谈负有相关责任的领导干部，给予批评警告、责令限期整改；完善审计移送制度，达到立案标准或者处分条件的，要及时向检察机关或者纪检部门移送相关材料，不以对"事"的整改代替对"人"的问责。

新修订的《规定》对军队领导干部经济责任审计制度作了全面改进和创新，为做好新形势下军队领导干部经济责任审计工作提供了基本依据，对于健全权力运行制约和监督体系，确保军队领导干部依法行使经济权力，促进军队作风纪律建设和反腐倡廉建设，具有重要作用。

10月16日

［纲　文］　中央军委副主席许其亮、国务委员兼国防部长常万全在北京分别会见苏丹国防部长阿卜杜勒·拉希姆。

［目　文］　许其亮说，中苏两国虽然相距遥远，但两国人民之间的友谊源远流长。中国军队一贯重视发展中苏两军友好合作，愿与苏丹朋友一道，积极推进两军之间的务实合作，并不断开拓新的合作领域，使两军友好合作关系不断向前发展。阿卜杜勒·拉希姆赞赏中方对苏丹经济发展与社会稳定给予的帮助，愿通过此访进一步深化两国两军合作。

常万全说，中苏始终真诚相待、相互支持。中方感谢苏方在涉台、涉藏、涉疆等问题上给予中方一贯支持。愿与苏方巩固两军传统友谊，扩大务实交流与合作，推动两军关系持续健康发展。阿卜杜勒·拉希姆说，一个繁荣统一的中国对世界和平与发展具有重要意义。苏方感谢中方给予的支持，愿与中方加强军事等领域合作。

10月16日

［纲　文］　中央军委副主席范长龙在北京会见法国三军参谋长德维里耶。

［目　文］　范长龙说，中法建交50周年之际，习近平主席与奥朗德总统一致决定，开创紧密持久的中法全面战略伙伴关系新时代，这是中法关系发展史上的又一个里程碑。中方愿与法方一道，把两国高水平的政治关系和深厚的民意基础转化为双方合作的务实举措，不断推动两国关系迈上新台阶。两军关系体现两国战略互信水平，建设与中法两国关系相适应的高水平的两军关系，是两国军队的重要责任。中方愿在现有基础上，进一步拓展和深化双方安全合作，把两军多层次多领域友好合作关系提高到一个新水平。

德维里耶说，法中两国同为联合国常任理事国，有维护世界和平的共同意愿。希望法中两军进一步加强在训练、反恐等方面的交流合作，推动两军关系不断迈上新台阶。

10月16日

［纲　文］　国家副主席李源潮在北京会见东帝汶前总统若泽·拉莫斯·奥尔塔。

［目　文］　李源潮说，中国和东帝汶建交以来，两国始终坚持平等相待、友好合作。希望双方共同努力，深化传统友谊，拓展务实合作，推动中东两国睦邻友好、互信互利的全面合作伙伴关系向前发展。

奥尔塔说，感谢中国长期以来给予东帝汶民族独立和国家建设的帮助和支持，愿继续为两国关系稳步健康发展作出努力。

10月16日

［纲　文］　《人民日报》发表题为《坚持和完善党委领导下的校长负责制》的评论员文章。

10月16—18日

［纲　文］　第27届世界佛教徒联谊会大会在陕西举行。

［目　文］　大会的主题是"佛教与公益慈善"。来自泰国、斯里兰卡、尼泊尔、越南、韩国、新加坡、美国、加拿大等30多个国家和地区的高僧大德、宗门领袖、佛教居士和嘉宾近千人云集宝鸡，共同就如何加强佛教界联系、推动佛教界为公益慈善事业和人道主义服务等进行交流。这是世佛联大会首次在中国大陆举办，在中国佛教界与世佛联的友好交往史上具有里程碑意义。

全国政协主席俞正声向大会致贺信。贺信说，本次大会以"佛教与公益慈善"为主题，充分体现了佛教的慈悲精神与现实关怀，凝聚了各国佛教徒对增进人类福祉的共同关注，具有十分重要的意义。希望各国佛教界携手合作，和衷共济，化心愿为动力，增进各国人民相互了解和信任，推动不同文明交流互鉴，为促进世界持久和平与共同繁荣，为增进全人类的福祉，作出新的更大贡献。

中共中央书记处书记、全国政协副主席杜青林应邀出席开幕式并致辞。致辞说，中国奉行宗教信仰自由政策，依法保障公民的宗教信仰自由权利，保护宗教界的合法权利；致力于推动中华优秀传统文化的传承与弘扬，鼓励和支持佛教界在促进经济社会发展、文化繁荣、社会和谐中发挥积极作用；致力于倡导宗教和谐理念，鼓励各宗教和谐共存、和睦相处、合作共事，共同承担促进和谐与维护和平的历史责任；致力于参与和推动不同国家、不同文明在平等基础上的对话交流，鼓励和支持佛教界以及其他宗教为促进文明交流互鉴发挥独特作用。

10月17日

［纲　文］　国务院召开全国社会扶贫工作电视电话会议。

［目　文］　会议传达了习近平总书记、李克强总理的批示，宣读了对社会扶贫先进

集体和先进个人的表彰决定,并就下一阶段社会扶贫工作作重要部署。国务院副总理汪洋宣布扶贫日活动正式启动。

会议要求,各地区、各部门要切实加大工作力度,充分调动社会各方面力量,进一步加强扶贫开发和社会扶贫工作,努力开创全社会关心支持、积极参与扶贫事业的新局面。副市长杨文喜在高邮分会场收听收看。会议总结了社会扶贫工作经验,表彰了社会扶贫先进集体和先进个人,部署了下一阶段社会扶贫工作任务,并启动扶贫日活动。会议要求,各级各部门要认真总结过去行之有效的扶贫经验,认真做好社会扶贫工作,努力营造社会扶贫"人人皆愿为"的社会氛围,积极倡导社会扶贫"人人皆可为"的公共理念,逐步建立社会扶贫"人人皆能为"的扶贫机制,继续打好扶贫攻坚战,努力开创全社会开展社会扶贫的新局面。

习近平的批示说,我国将每年10月17日设立为"扶贫日",并于2014年第一个扶贫日之际表彰社会扶贫先进集体和先进个人,进一步部署社会扶贫工作,对于弘扬中华民族扶贫济困的传统美德,培育和践行社会主义核心价值观,动员社会各方面力量共同向贫困宣战,继续打好扶贫攻坚战,具有重要意义。全党全社会要继续共同努力,形成扶贫开发工作强大合力。各级党委、政府和领导干部对贫困地区和贫困群众要格外关注、格外关爱,履行领导职责,创新思路方法,加大扶持力度,善于因地制宜,注重精准发力,充分发挥贫困地区广大干部群众能动作用,扎扎实实做好新形势下扶贫开发工作,推动贫困地区和贫困群众加快脱贫致富奔小康的步伐。

李克强的批示说,当前扶贫已进入新的攻坚期,要通过进一步深化改革、创新机制、完善政策,增强贫困地区"造血"功能和发展后劲,实行更科学更有效的扶贫。坚持把集中连片地区作为主战场,注重整体推进与精准到户、加快发展与保护生态、各方支持与贫困地区自身奋斗相结合,汇聚强大力量,努力啃下扶贫攻坚的"硬骨头",戮力同心打赢这场硬仗。

汪洋在会上指出,各地要健全组织动员机制,搭建社会参与平台,培育多元社会扶贫主体,完善政策支撑体系,营造良好环境,让社会扶贫人人皆可为、人人皆能为。

10月17日

[纲 文] 全国人大常委会第三十二次委员长会议在北京举行。

[目 文] 张德江委员长主持会议。全国人大常委会副委员长李建国、王胜俊、陈昌智、严隽琪、沈跃跃、吉炳轩、张平、向巴平措、艾力更·依明巴海、万鄂湘、张宝文、陈竺出席会议。

委员长会议建议,常委会第十一次会议继续审议行政诉讼法修正案草案、反间谍法草案;审议全国人大常委会委员长会议关于提请审议刑法修正案(九)草案的议案,关于提请审议反恐怖主义法草案的议案,关于提请审议全国人大常委会关于民法通则第九十九条第一款、婚姻法第二十二条的解释草案的议案;审议最高人民法院关于人民法院规范司法行为工作情况的报告、最高人民检察院关于人民检察院规范司法行为工作情况的报告。委员长会议建议的议程还有：审议全国人大常委会执法检查组关于检查大气污染防治法实施情况的报告；分别审议全国人大内务司法委员会、财政经济委员会、外事委员会关于十二届全国人大二次会议主席团交付审议的代表提出的议案审议结果的报告；审议全国人大常委会代表资格审查委员会关于个别代表的代表资格的报告；审议任免案等。

委员长会议上，全国人大常委会副委员长兼秘书长王晨就常委会第十一次会议议程草案、日程安排意见作了汇报。全国人大常委会有关副秘书长，全国人大有关专门委员会、常委会有关工作委员会和代表资格审查委员会负责人就常委会第十一次会议的相关议程作了汇报。会议决定，十二届全国人大常委会第十一次会议10月27日至11月1日在北京举行。

10月17日

［纲　文］　党的群众路线教育实践活动中央巡回督导组工作总结会在北京召开。

［目　文］　中共中央政治局常委、中央党的群众路线教育实践活动领导小组组长刘云山出席会议并讲话。中共中央政治局委员、中央党的群众路线教育实践活动领导小组副组长赵乐际主持会议。中央书记处书记、中央党的群众路线教育实践活动领导小组副组长赵洪祝出席会议。14个中央巡回督导组、中央教育实践活动办全体同志参加会议。会上，14位中央巡回督导组组长介绍了第二批教育实践活动督导工作情况，交流了经验做法和认识体会。

刘云山说，教育实践活动取得重大成果，最根本的来自以习近平同志为总书记的党中央的高度重视、从严要求、坚强领导和率先垂范，来自各级党组织和广大党员干部的积极响应和自觉参与，来自人民群众的热情支持和监督评判，同时与严肃认真、扎实有力、卓有成效的督导工作密不可分。中央的要求和部署是根本遵循，只有狠抓贯彻落实，确保中央政令畅通，督导工作才能保持正确方向；从严要求是做好一切工作的重要保障，只有坚持严督实导，树立严的标准，敢于唱黑脸、当包公，督导工作才能取得实效；"四风"是群众反映强烈的问题，只有坚持问题导向、聚焦突出问题，督导工作才能找准切入点、着力点；一把手带头是关键所在，只有督促一把手示范带动，一级抓一级、层层抓落实，督导工作才能更好传导压力；打铁还需自身硬，只有严于律己，以良好的作风抓督导，督导工作才能增强说服力。各地区各部门各单位要把教育实践活动督导工作经验运用到今后工作之中，推动党的建设各项工作不断开创新局面。

10月17日

［纲　文］　纪念民族区域自治法颁布实施30周年座谈会在北京召开。

［目　文］　全国人大常委会委员长张德江、刘延东、刘奇葆、杜青林、王晨，艾力更·依明巴海、王正伟、马飚、齐续春出席座谈会。全国人大常委会副委员长向巴平措主持座谈会。中央统战部、全国人大民族委员会、国家发展改革委、国家民委、司法部、全国政协民族与宗教委员会和新疆维吾尔自治区、西藏自治区人大常委会负责人分别作了发言。部分曾担任过全国人大常委会、全国政协领导职务的老同志，中央和国家机关有关部

门、5个自治区和有关省市人大常委会负责人，少数民族人士代表等120余人出席座谈会。

座谈会上，中共中央政治局委员、全国人大常委会副委员长李建国阐述了民族区域自治法的核心要义，提出了贯彻实施民族区域自治法的具体要求。李建国说，要认真学习好、贯彻实施好、宣传普及好民族区域自治法，监督检查好民族区域自治法的实施，加强对民族区域自治相关法规和制度的研究，坚定中国特色社会主义道路自信、理论自信、制度自信，坚持中国特色解决民族问题的正确道路，坚持和完善民族区域自治制度，把民族区域自治法的贯彻实施提高到一个新的水平。

10月17日

[纲　文]　2015年度全国党报党刊发行工作视频会议在北京召开。

[目　文]　会议要求，要认真贯彻落实中央办公厅关于做好2015年度重点党报党刊发行工作的通知精神，采取切实有效措施，把中央重点党报党刊的发行工作落到实处。

会议指出，《人民日报》、《求是》杂志等中央重点党报党刊，肩负着为加强党的建设、开创中国特色社会主义事业新局面提供强大精神动力、思想保证和舆论支持的重要任务。会议要求，各级党组织要高度重视做好中央重点党报党刊发行工作，党委有关负责人要亲自部署、加强领导，党委办公厅（室）、宣传部门、组织部门、邮政部门等要各司其职、通力合作、形成合力，采取切实有效措施，确保党报党刊发行数量稳定。会议强调，各级党组织负责征订的重点党报党刊是指《人民日报》、《求是》杂志和地方党委机关报刊，《光明日报》、《经济日报》参照《人民日报》、《求是》杂志执行，其他各类报刊包括党报党刊所属子报子刊均不得列入党报党刊征订范围，不得搭车发行、强制摊派或变相摊派发行其他报刊。要加大纠正报刊征订工作中不正之风的力度，坚决制止层层加码、突破征订范围和公费限额，增加基层和群众负担的行为，对违反规定、影响恶劣的案件要坚决查处，公开曝光，切实规范党报党刊征订秩序。会议强调，党报党刊要坚持正确舆论导向，深入践行群众路线，深化"走转改"活动，弘扬主旋律、传播正能量，努力提高报刊质量，不断提升亲和力、吸引力、感染力，以高质量的新闻报道赢得广大读者的尊重和信任。

10月17日

[纲　文]　保险监督委员会印发《关于〈保险资产风险五级分类指引〉的通知》。

[目　文]　《通知》说，为加强保险集团（控股）公司、保险公司的全面风险管理，提高保险资金使用效率，提升资产质量，特制定本指引。《指引》共8章34条。主要有：一、总则；二、固定收益类资产分类标准；三、权益类资产分类标准；四、不动产类资产分类标准；五、资产分类的基本要求；六、资产分类的组织与实施；七、资产分类的监督与管理；八、附则。《指引》要求，评估保险机构资产质量，应以风险为基础，将资产分为正常、关注、次级、可疑和损失五类，后三类合称为不良资产。资产风险分类应当以资产价值安全程度为核心，以投资成本为基准，合理评估资产风险和实际价值，并遵循以下原则：（一）风险原则。（二）真实原则。（三）定性与定量分析相结合的原则。（四）动态原则。《指引》自发布之日起施行。

10月17日

[纲　文]　财政部印发《城镇保障性安居工程贷款贴息办法》。

[目　文]　《办法》共7章23条，内容包括：一、总则；二、贴息资金来源和规模；三、贴息范围和期限；四、贴息申请和支付；五、贴息资金账务处理；六、贴息资金监督管理；七、附则。

《办法》要求，对保障房项目实施单位专项用于城市棚户区改造项目和公共租赁住房购建、运营管理的贷款，予以一定比例和一定期限的利息补贴。《办法》规定，城镇保障性安居工程贴息资金来源于下列渠道：市县财政预算安排用于城市棚户区改造、公共租赁住房的资金；省级财政预算安排用于城市棚户区改造、公共租赁住房的补助资金；中央财政预算安排用于城市棚户区改造、公共租赁住房的专项资金。贴息率由项目所在地市县财政部门根据年度贴息资金预算安排和贴息资金需求等因素确定，贴息利率以中国人民银行公布的同期贷款基准利率为准，原则上不超过2个百分点。贴息期限按项目建设、收购、运营管理周期内实际贷款期限确定。其中，对于公共租赁住房运营管理贷款，贴息期限最长不超过15年。《办法》自2015年1月1日起施行。

10月17日

[纲　文]　教育部党组、共青团中央联合印发《关于在各级各类学校推动培育和践行社会主义核心价值观长效机制建设的意见》。

[目　文]　《意见》由六部分组成：一、推动培育和践行社会主义核心价值观长效机制建设的重要意义、指导思想和主要原则。二、推动社会主义核心价值观融入教育教学。三、推动社会主义核心价值观融入社会实践。四、推动社会主义核心价值观融入文化育人。五、推动社会主义核心价值观融入制度建设。六、加强组织领导，推进社会主义核心价值观研究传播。

《意见》要求，为深入贯彻党的十八大、十八届三中全会和习近平总书记系列重要讲话精神，落实中央《关于培育和践行社会主义核心价值观的意见》（中办发〔2013〕24号），深入持久、扎实细致地推进社会主义核心价值观培育践行工作长效化常态化科学化，现就在各级各类学校推动培育和践行社会主义核心价值观长效机制建设提出以下意见。

《意见》提出，从五个方面促进社会主义核心价值观"融入"教育教学和管理服务各环节。一是融入教育教学，形成各级学校有机衔接的课程教材和教育教学体系。具体举措有：研制中国学生发展核心素养体系；修订德育、语文、历史教材；实施高校课程体系和教育教学创新计划等。二是融入社会实践，形成政府、学校、企业、社会共同参与的实践育人模式。具体举措有：建立完善师生志愿服务体系，成立教师志愿服务组织，制订实施《学生志愿服务管理办法》等。三是融入文化育人，形成涵养优秀传统文化和校园文化品牌的培育机制。具体举措有：创新社会主义核心价值观主题教育活动，形成系列校园文化品牌等。四是融入制度建设，形成体现社会主义核心价值观的系列制度安排。具体举措有：推进现代学校制度建设，完善学校规章制度，修订师生行为准则，建立和规范学校礼仪制度等。五是融入研究传播，形成学校培育和践行社会主义核心价值观宣传工作机制。具体举措有：设立研究专项，深入开展理论研究等。

10月17日

［纲　　文］　教育部印发《关于深入推进高等学校惩治和预防腐败体系建设的意见》

［目　　文］　《意见》由六部分组成：一、总体要求。二、狠抓党的作风建设，落实立德树人根本任务。三、保持高压态势，坚决有力惩治腐败。四、突出监管重点，提高治理水平。五、科学有效预防腐败，规范权力运行。六、明确职责定位，强化组织领导与综合保障。

《意见》指出，要加强高等学校国有资产管理，严防借改革之机侵吞国有资产、牟取私利。加强校办企业管理，加快建立现代企业制度。加强对附属医院、附属学校等高等学校直属单位管理，理清权属关系，创新体制机制，消除腐败隐患。

《意见》要求，清理高考录取加分政策，严禁和整治各种突破招生计划录取、突破公示优惠分值录取、降低标准录取、录取时变更专业等违规行为；规范干部的选拔任用，整治选人用人上的不正之风，并做好整治"裸官"相关工作；强化对附属医院大型医疗器械耗材和药品采购等环节的有效管控，严禁在采购活动中违规收受回扣、手续费；严禁教师利用职务之便或学术资源、评价权力，要求、默许学生及家长支付应由学校、教师等承担的任何费用。严禁教师在参与论文课题评审、职务（职称）评聘、院士评选等各类评审评比评估过程中，接受利益相关人的礼品、礼金、支付凭证、有价证券或高消费娱乐活动。

10月17日

［纲　　文］　国家副主席李源潮在北京会见南苏丹苏丹人民解放运动代总书记安·伊托·莱奥纳多率领的干部考察团。

［目　　文］　李源潮说，中南建交以来，政治互信不断增强，务实合作稳步推进。中方高度重视中南关系，支持南人民根据本国国情自主选择发展道路。中国共产党愿与苏人解加强各层次交往和治国理政经验交流，推动中南友好合作关系不断发展。安·伊托说，苏人解愿与中国共产党加强经验交流和各领域务实合作，促进南苏丹实现和平、稳定与发展。

10月17日

［纲　　文］　环境保护部发布《甲醇中10种挥发性有机化合物（VOCs）混合（Ⅰ）标准样品》等49项国家环境标准样品。

10月17日

［纲　　文］　《人民日报》发表题为《创作更多无愧于时代的优秀作品——一论学习贯彻习近平在文艺工作座谈会上重要讲话》的评论员文章。

10月17日

［纲　　文］　《人民日报》发表题为《带着贫困人口奔小康——写在首个国家扶贫日》的评论员文章。

10月17日—11月16日

［纲　文］　第16届上海国际艺术节在上海举行。

［目　文］　本届艺术节由文化部主办、上海市人民政府承办,期间共献演45台中外优秀剧目、105场演出,举办13项展览博览活动,名家集聚,精品荟萃,出票率、上座率都近9成,体现了"好节目集中、好节目惠民"的理念。本届艺术节新推出"艺术天空"演出版块,继续举办"青年艺术创想周"、陕西文化周、加拿大文化周、无锡分会场以及一批节中节活动,使艺术节更加凸显"艺术的盛会、人民大众的节日"的鲜明特点。艺术节群文活动不断创新活动样式,3000多场群文活动丰富多彩,吸引450多万群众热情参与。

上海国际艺术节,是经中华人民共和国国务院批准,由中华人民共和国文化部主办,上海市人民政府承办的国家级国际艺术节,是我国最高规格的对外文化交流节庆活动之一。中国上海国际艺术节以吸收世界优秀文化,弘扬中华民族艺术,推动中外文化交流为宗旨。中国上海国际艺术节从1999年起,每年举办一届。

10月17—18日

［纲　文］　国家副主席李源潮、国务委员兼国防部长常万全、中央军委副主席范长龙分别会见越共中央军委副书记、国防部长冯光青。

［目　文］　国家副主席李源潮会见冯光青时说,中越都处在经济社会发展关键阶段,双方应加强战略沟通,增进政治互信,管控好海上分歧,推动共同开发,加强务实合作,保持两党两国关系健康稳定发展。冯光青说,越中两国联系密切,有着广泛共同利益。越军愿为推动两国两军关系健康稳定长期发展、维护地区和平稳定作贡献。

国务委员兼国防部长常万全与冯光青会谈时表示,中越两军将恪守中越两党两国领导人达成的有关重要共识,为妥善处理海上问题,维护和平稳定局面发挥积极作用。

中央军委副主席范长龙与越南国防部长冯光青举行会谈时指出,中越两国友好相处、妥处分歧、共同发展符合双方共同利益。中越两军在维护和发展两国关系上负有重要责任和历史担当。要始终贡献正能量,管控好部队,不说伤害两国人民感情的话,不做影响两国关系大局的事。冯光青说,越方愿同中方加强团结合作,妥善处理矛盾分歧。希望两国军队在维护双边关系、维护地区和平稳定方面积极发挥作用。

10月18日

［纲　文］　国家主席习近平主席和法国总统奥朗德就法国机械龙马来华巡演和即将在巴黎开幕的"汉风——中国汉代文物展"互致贺信。

［目　文］　习近平在贺信中指出,2013年底以来,两国举办了一系列深受民众喜爱的活动,使中法友谊更加深入人心。"龙马精神"机械作品融合了法国高技术与中华民族自强不息的精神内涵,具有积极的象征意义,相信这个表演会引起中国民众的极大兴趣。汉代是中国历史上的一个重要时期,留下了无数体现中华文明特质的珍贵文物,相信中国

汉代文物展将为增进法国人民对源远流长的中华文明的了解作出贡献。

奥朗德在贺信中高度评价法中建交50周年活动。奥朗德表示，机械龙马是由法中团队共同打造的精美艺术品，巡游表演借助创新技术，依托中国传统历史背景，面向广大公众，希望能得到中国观众喜爱。"汉风——中国汉代文物展"将有助于法国和其他国家民众更好地了解汉朝这一为中华文明作出巨大贡献的繁荣朝代。

10月18日

〔纲　文〕　中宣部在北京召开学习贯彻习近平总书记在文艺工作座谈会上的重要讲话精神工作会议。

〔目　文〕　中共中央政治局委员、中宣部部长刘奇葆主持会议。各省区市和新疆生产建设兵团党委宣传部部长、中央宣传文化单位负责人等参加会议。

刘奇葆指出，习近平总书记主持召开文艺工作座谈会并发表重要讲话，充分体现了党中央对文艺工作的高度重视、对文艺工作者的亲切关怀。讲话深刻阐述了文艺和文艺工作的重大使命，科学回答了事关文艺繁荣发展的一系列重大问题，丰富和发展了马克思主义文艺观和社会主义文艺理论，大大提升了我们对文艺工作的规律性认识，是指导文艺工作和文化建设的纲领性文献，是推动文艺繁荣发展、开创文化建设新局面的行动指南。宣传思想文化战线要把学习宣传贯彻习近平总书记重要讲话精神作为重要政治任务，深刻领会讲话关于文艺工作的新思想新观点新论断，切实把思想和行动统一到讲话精神上来。

刘奇葆强调，贯彻落实习近平总书记重要讲话精神，要坚持以人民为中心的创作导向，高扬社会主义核心价值观的旗帜，把创作生产优秀作品作为中心环节，坚持把社会效益放在首位，坚持思想性艺术性观赏性有机统一，创作更多无愧于时代的优秀作品，推动文化大发展大繁荣。

10月18日

〔纲　文〕　国务委员杨洁篪在波士顿同美国国务卿克里举行会谈。

〔目　文〕　双方就发展中美新型大国关系交换意见。杨洁篪表示，2013年6月，习近平主席同奥巴马总统成功举行安纳伯格庄园会晤，两国元首就构建中美新型大国关系达成重要共识。一年多来，中美关系在许多方面取得了新的积极进展。中美双方要相向而行，加强战略沟通，增进战略互信，深化合作，妥处分歧，把不冲突不对抗、相互尊重、合作共赢的原则落实到两国关系方方面面，体现在实际行动上，确保中美关系健康稳定发展，并共同为世界和地区和平、稳定、发展作出积极努力。杨洁篪表示，中方欢迎奥巴马总统下个月赴中国出席亚太经合组织领导人非正式会议并访华，愿同美方一道，做好各项准备，确保两国元首会晤取得积极成果，进一步推进中美新型大国关系建设。中美双方还要加强沟通与协调，使这次亚太经合组织领导人非正式会议取得预期成果，推动区域一体化进程。中美双方应加强在亚太事务中的合作，促进该地区稳定与繁荣。

克里表示，展望未来，美中两国可以并且能够合作的领域很多。美方愿同中方一道，加强沟通、对话、合作，超越不同和分歧，不断充实美中新型大国关系内涵。奥巴马总统非常重视下个月对中国的访问，希望利用这一重要契机，同习近平主席进一步探讨加强两国合作。美方愿同中方配合，推动这次亚太经合组织领导人非正式会议取得成功。

双方还就中美经贸和两军关系、合作应对气候变化和埃博拉疫情，以及朝核、伊朗核、伊拉克、阿富汗、反恐等问题交换了意见。

10月18日

［纲　文］　《人民日报》发表题为《人民需要文艺　文艺需要人民——二论学习贯彻习近平在文艺工作座谈会上重要讲话》的评论员文章。

10月18日

［纲　文］　《人民日报》发表题为《原创烛照时代　经典走近大众——祝贺第十六届中国上海国际艺术节开幕》的评论员文章。

10月18—24日

［纲　文］　2014亚洲残疾人运动会在韩国仁川文鹤体育场举行，中国体育代表团奖牌和金牌总数均列第一。

［目　文］　在7天的赛期中，来自亚洲残奥委员会41个会员国家和地区的近3000名残疾人运动员围绕23个竞技大项、443个小项展开角逐。中国体育代表团奖牌总数达317枚，其中金牌174枚、银牌95枚、铜牌48枚，奖牌和金牌总数均列第一。

10月19日

［纲　文］　中央军委印发《中国人民解放军总部机关二级部党组织工作规定（试行）》。

［目　文］　这是第一部系统规范总部机关二级部党组织的党内法规，为总部机关管党治党提供了重要遵循。《规定》紧紧围绕实现党在新形势下的强军目标，以党章和政治工作条例为依据，从总部机关党组织的特点出发，着眼建设对党绝对忠诚、善于战略谋划、精通作战指挥、富有战斗精神的领率机关，明确了二级部党组织的设置和组成、基本职责，对二级部党组织在加强教育管理、党内监督、作风建设以及落实党内生活制度等方面提出了要求。《规定》的印发施行，对于贯彻习近平主席关于党要管党、从严治党要求，加强总部机关党的建设，对于推动党对军队绝对领导的根本原则和制度在总部机关有效落实具有重要保障作用。

10月19日

［纲　文］　中华全国新闻工作者协会主办的第24届中国新闻奖和第13届长江韬奋奖评选揭晓。

［目　文］　来自全国报社、通讯社、电台、电视台和新闻网站的283件作品获中国新闻奖，其中特别奖4件，一等奖45件（含7个新闻名专栏），二等奖88件，三等奖146件；20名新闻工作者获长江韬奋奖，其中长江系列10名，韬奋系列10名。

10月19日

［纲　文］　《人民日报》发表题为《以中国精神铸就民族之魂——三论学习贯彻习近平在文艺工作座谈会上重要讲话》的评论员文章。

10月19日

［纲　文］　中共中央办公厅、国务院办公厅转发住房和城乡建设部等部门《关于严禁在历史建筑、公园等公共资源中设立私人会所的暂行规定》。

10月19—21日

［纲　文］　世界中文报业协会第47届年会在北京举行。

［目　文］　本届年会由世界中文报业协会主办、中国记协协办、新华社主办的经济参考报社承办。年会以"中文报业的转型与创新"为主题，来自香港特别行政区、台湾地区和马来西亚、新加坡、日本、韩国、泰国、印度尼西亚、美国、加拿大、俄罗斯、新西兰的80多位中文报业高层人士出席。

中共中央政治局委员、中央书记处书记、中宣部部长刘奇葆出席了开幕式并代表中共中央政治局常委、书记处书记刘云山向大会表示热烈祝贺，向来自世界各地的中文报界代表问好。刘奇葆说，改革开放30多年来，中国发生了翻天覆地的变化，发展取得了历史性进步，国际地位大幅提升，日益走向世界舞台的中心。当前，中国人民正沿着中国特色社会主义道路，为实现全面建成小康社会、实现中华民族伟大复兴的中国梦而努力奋斗。希望海外中文报纸更加积极主动地向国际社会介绍中国，更加生动准确地介绍中国道路和中国梦，传播当代中国价值观念，展示中华文化独特魅力，为增进海外华人对伟大祖国的深厚感情、增进中国人民与世界各国人民的了解和友谊作出更大贡献。

世界中文报业协会首席会长张晓卿致辞表示，随着新媒体时代来临，全球中文报业将迎来众多挑战，但也面临新的机遇。传统媒体如能积极适应新媒体时代的受众需求，一定会开拓新的格局。世界中文报业协会主席、香港《文汇报》社长王树成致辞表示，近年来华人在全球各地的影响力不断增大，中文报业在全球得到了极大发展。当前，必须推动传统报业与新兴媒体融合互补，开拓传统报业的发展领域，并延伸和增强中文报业的影响力。

世界中文报业协会于1968年在香港成立，以联系全球中文报业从业人员、维护和促进中文报业发展为宗旨，迄今已有会员近百家，具有较为广泛的代表性和影响力。

10月20日

［纲　文］　国务院办公厅印发《关于建立病死畜禽无害化处理机制的意见》。

［目　文］　《意见》由八部分组成：一、总体思路。二、强化生产经营者主体责任。三、落实属地管理责任。四、加强无害化处理体系建设。五、完善配套保障政策。六、加强宣传教育。七、严厉打击违法犯罪行为。八、加强组织领导。

《意见》指出，按照推进生态文明建设的总体要求，以及时处理、清洁环保、合理利用为目标，坚持统筹规划与属地负责相结合、政府监管与市场运作相结合、财政补助与保险联动相结合、集中处理与自行处理相结合，尽快建成覆盖饲养、屠宰、经营、运输等各环节的病死畜禽无害化处理体系，构建科学完备、运转高效的病死畜禽无害化处理机制。

《意见》要求，地方各级人民政府要加强组织领导和统筹协调，明确各环节的监管部门，建立区域和部门联防联动机制，落实各项保障条件。切实加强基层监管力量，提升监管人员素质和执法水平。建立责任追究制，严肃追究失职渎职工作人员责任。各地区、各有关部门要及时研究解决工作中出现的新问题，确保病死畜禽无害化处理的各项要求落到实处。

10月20日

［纲　文］　环境保护部发布《环境影响评价技术导则　输变电工程》和《建设项目竣工环境保护验收技术规范　输变电工程》两项国家环境保护标准，自2015年1月1日起实施。

10月20日

［纲　文］　国务院办公厅印发《关于成立国务院油气输送管道安全隐患整改工作领导小组的通知》。

［目　文］　《通知》说，各省、自治区、直辖市人民政府，国务院各部委、各直属机构：为加快推动油气输送管道安全隐患整治，进一步强化油气输送管道安全保护工作的统筹规划、组织领导和政策协调，国务院决定成立国务院油气输送管道安全隐患整改工作领导小组（以下简称领导小组）。现将有关事项通知如下：一、主要职责：统一组织领导全国油气输送管道安全隐患整改工作，部署深入开展油气输送管道隐患整治攻坚战。研究拟订和审议油气输送管道安全隐患整改的重大方针、政策、措施。指导和督促检查各地区、各部门和有关中央企业开展油气输送管道安全隐患整改工作。统筹协调油气输送管道安全隐患整改中的重大问题，推动构建油气输送管道保护和安全管理长效机制。二、组成人员：组长：王勇；副组长：吴新雄、肖亚庆；成员：连维良、黄明、刘昆、汪民、王宁、陈钢、孙华山、胡可明、张玉清、沈殿成、章建华、刘健。领导小组建立联络员制度，联络员由各成员单位相关司局和部门负责人担任，具体负责日常工作的联系和协调。三、工作机构：领导小组办公室设在国务院安全生产委员会办公室，承担领导小组日常工作，国务院安全生产委员会办公室副主任、安全监管总局副局长孙华山兼任领导小组办公室主任，安全监管总局总工程师、安全监督管理三司司长王浩水任领导小组办公室副主任。领导小组实行全体会议和办公室会议制度。全体会议由领导小组全体成员组成，会议由领导小组组长或其委托的副组长主持，原则上每半年召开一次。领导小组成员调整由各成员单位向领导小组办公室提出，报领导小组组长批准。

10月20日

［纲　文］　国务院副总理汪洋在北京会见奥地利副总理兼经济部长米特勒纳。

［目　文］　汪洋说，中奥两国经济具有较强的互补性，合作潜力巨大。中方愿与奥

方共同努力，围绕节能环保、高技术、农产品等奥优势产业，继续扩大合作，推动中奥经贸合作向前发展。米特勒纳表示，奥方高度重视发展良好的对华关系，愿与中方共同努力，进一步深化两国经贸合作。

10月20日
[纲　文]　中国科学家乔方利获"伍斯特奖"。

[目　文]　在韩国丽水举行的北太平洋海洋科学组织（PICES）第25届大会开幕式上，中国国家海洋局第一海洋研究所研究员乔方利荣获由PICES科学委员会主席颁发的伍斯特奖，这是中国科学家首次获得该奖项。

乔方利是海洋与气候数值模式领域的优秀科学家，担任多个国际学术期刊的编委，发表论文200余篇。长期以来，乔方利与研究组一起在波致垂向混合、海洋与气候模式发展领域开展了原创性研究，提出小尺度海浪在非破碎情况下对大尺度环流以及气候系统具有重要影响，而过去海浪过程通常与海洋环流分离开展研究，将海浪与大尺度环流、气候耦合，能显著提高海洋模式的模拟与预测能力。此次乔方利荣获伍斯特奖，表明我国科学家在海洋与气候预报模式研究领域已居于世界领先水平。

伍斯特奖是PICES的一个重要奖项，自2001年起，每年选择一位在海洋科学领域作出突出贡献的科学家授予此奖。

10月20日
[纲　文]　中国建成世界最大的地震预警网。

[目　文]　地震预警四川省重点实验室、成都高新减灾研究所宣布，中国25个省市部分区域已建成5010个地震预警台站，面积近200万平方公里，覆盖约6.5亿人，是世界最大的预警网。

10月20—23日
[纲　文]　中国共产党第十八届中央委员会第四次全体会议在北京举行。

[目　文]　全会由中央政治局主持。出席全会的有中央委员199人，候补中央委员164人。中央纪律检查委员会常务委员会委员和有关方面负责人列席了会议。党的十八大代表中部分基层同志和专家学者也列席了会议。

会议主要内容有：一、全会充分肯定党的十八届三中全会以来中央政治局的工作，高度评价长期以来特别是党的十一届三中全会以来我国社会主义法治建设取得的历史性成就，研究了全面推进依法治国若干重大问题，认为全面建成小康社会、实现中华民族伟大复兴的中国梦，全面深化改革、完善和发展中国特色社会主义制度，提高党的执政能力和执政水平，必须全面推进依法治国。二、全会明确了全面推进依法治国的重大任务，这就是：完善以宪法为核心的中国特色社会主义法律体系，加强宪法实施；深入推进依法行政，加快建设法治政府；保证公正司法，提高司法公信力；增强全民法治观念，推进法治社会建设；加强法治工作队伍建设；加强和改进党对全面推进依法治国的领导。三、全会分析了当前形势和任务，强调全党同志要把思想和行动统一到中央关于全面深化改革、全面推进依法治国重大决策部署上来,既要有抓住和用好重要战略机遇期推进改革发展的战略定力,又要敏锐把握国内外环境的变化,以钉钉子精神,继续做好保持经济持续健康发展工作,继续做好改善和保障民生特别是帮扶困难群众工作,继续做好作风整改工作,继续做好从严治党工作,继续做好保持社会和谐稳定工作,为2015年开局打好基础。四、全会听取和讨论了习近平受中央政治局委托作的工作报告,审议通过了《中共中央关于全面推进依法治国若干重大问题的决定》。习近平就《决定(讨论稿)》向全会作了说明。五、全会按照党章规定,决定递补中央委员会候补委员马建堂、王作安、毛万春为中央委员会委员。六、全会审议并通过了中共中央纪律检查委员会关于李东生、蒋洁敏、王永春、李春城、万庆良严重违纪问题的审查报告,审议并通过了中共中央军事委员会纪律检查委员会关于杨金山严重违纪问题的审查报告,确认中央政治局之前作出的给予李东生、蒋洁敏、杨金山、王永春、李春城、万庆良开除党籍的处分。七、全会号召,全党同志和全国各族人民紧密团结在以习近平同志为总书记的党中央周围,高举中国特色社会主义伟大旗帜,积极投身全面推进依法治国伟大实践,扎实工作,为建设法治中国而奋斗!

10月20—21日

[纲 文] 2014年度艾滋病学术交流大会在北京举行。

[目 文] 这是中国性病艾滋病防治协会成立20余年来所举办的规模最大的一次学术交流大会。本次大会同时邀请到国内外数十位精英学者到会报告,传递艾滋病与丙型肝炎及相关疾病防治研究领域最前沿的信息。中外专家们的报告,涉及艾滋病与丙型肝炎及相关疾病防治领域的新政策、各相关工作与研究的新进展。

10月20—25日

[纲 文] 首届"丝绸之路国际电影节"在西安举行。

[目 文] 本届电影节由中国国家新闻出版广电总局、陕西省人民政府、福建省人民政府主办,国家新闻出版广电总局电影局、陕西省新闻出版广电局承办,旨在以电影为纽带,促进丝路沿线各国文化交流与合作,传承丝路精神,弘扬丝路文化,为"一带一路"建设创造良好的人文条件。

电影节共征集到25个丝路沿线国家的187部影片,观影人数超过12万人次,电影市场的交易额达到30亿元人民币。由7位国内外影像界知名人士组成的终评委员会最终评出最佳影片、最佳导演、最佳编剧等专业奖项。《Bike与旧电钢》获最佳影片大奖,《巴克禾马罗》(格鲁吉亚)获得最佳导演奖,《鱼》获得最佳编剧奖,《Stefania日记》获得最佳摄影奖,《寻找天伦》(以色列)获得最佳人文关怀奖,《消融的时光》获得最佳技术制作奖。

作为"丝绸之路影视桥工程"的重点项目,丝绸之路国际电影节今后每年一届,由陕西、福建两省轮流主办。

10月21—26日

[纲 文] 应国家主席习近平邀请,坦桑尼亚联合共和国总统贾卡亚·姆里绍·基

奎特对中国进行国事访问。

[日 文] 习近平与基奎特会谈时说，欢迎基奎特总统在中坦建交50周年之际访华，中方愿意同坦方一道，为深化中非友好互利合作发挥引领和示范作用。第一，中坦要做风雨同舟、患难与共的友好典范。第二，中坦要做互利共赢、共同发展的合作典范。第三，中坦要做全面发展、共同进步的发展典范。第四，中坦要做促进世界和平、维护共同利益的国际合作典范。中方支持坦方维护地区和平稳定的努力。2015年，中非合作论坛将举行第六届部长级会议。我们愿意同包括坦桑尼亚在内的非洲国家一道，把会议办好，推动中非新型战略伙伴关系迈上新台阶。两国元首一致同意，继往开来，携手推动中坦互利共赢的全面合作伙伴关系发展。习近平宣布，中国政府将向西非国家抗击埃博拉疫情提供第四轮援助。

基奎特表示，坦方正致力于实现国家工业化、现代化，我们希望同中方加强交往，学习借鉴中国的成功经验，扩大各领域合作。非洲人民感激中方为西非国家抗击埃博拉疫情及时提供的帮助，感谢习近平主席刚才宣布中方将提供新一轮援助。

会谈后，两国元首共同见证了两国政府经济技术合作协定等文件的签署。

国家副主席李源潮同坦桑尼亚总统基奎特会谈时说，中坦建交50年来，两国人民相互支持、患难与共，已成为全天候的好朋友。中方愿同坦方一道，落实好两国元首重要共识，全面深化各领域务实合作，推动中坦互利共赢的全面合作伙伴关系取得新的更大发展。基奎特说，坦中长期友好，相互坚定支持，希望双方全面拓展各领域合作。

国务院总理李克强会在见坦桑尼亚总统基奎特时表示，中方愿同坦方深化农业、工业园区、金融等方面合作。开展区域航空合作，鼓励两国航空企业通过成立合资公司等方式加强合作，希望坦方支持中国适航技术标准纳入东非航空安全统一标准。中国、坦桑尼亚、赞比亚三国应携手努力，创新思维，发挥市场主导作用，优先激活坦赞铁路，让这条三国"友谊之路"焕发出新的活力，成为新时期非洲铁路运营管理的示范性项目。基奎特表示，坦中建交50年来，始终相互理解和支持，双边关系不断向前发展。坦方感谢中方对坦桑尼亚经济社会发展的帮助和支持，愿同中方深化传统友谊，扩大各领域互利合作，并同赞比亚一道运营好坦赞铁路，促进地区共同发展，推动坦中、非中合作取得更多成果。

全国人大常委会委员长张德江在会见基奎特时说，基奎特是中国人民的老朋友，对其为中坦关系全面发展作出的重要贡献表示赞赏。2013年两国元首将中坦关系提升为互利共赢的全面合作伙伴关系，2014年是中坦建交50周年，中方愿同坦方一道，共同把两国关系打造成为中非互利共赢、共同发展的典范。中方将继续为帮助非洲抗击和战胜埃博拉疫情作出贡献。中国全国人大高度重视发展与坦桑尼亚国民议会的关系，愿进一步深化交流合作，发挥立法机关在推进中坦关系深入发展中的积极作用。基奎特说，坦桑尼亚愿继续深化与中国的全方位合作，造福两国人民。坦桑尼亚国民议会愿与中国全国人大共同努力，推动两国关系不断向前发展。

10月21日

［纲　文］　国务院总理李克强应约就应对埃博拉疫情同联合国秘书长潘基文通电话。

［目　文］　李克强表示，埃博拉疫情对疫区国家人民的健康与生命安全造成损害，严重影响了当地经济发展和社会稳定，对全球公共卫生安全构成紧迫威胁。当务之急是向疫区提供更多物资、资金和医护人员等援助，并引导民众正确看待和应对疫情，坚定战胜疫情的信心。从长远看，要加大对非洲国家的发展援助，提升其公共卫生能力。李克强指出，中方对疫区国家深感忧虑，第一时间提供了人道主义援助，之后又提供了多批紧急援助，并派出大量专家和医护人员赴疫区参与防控工作。中方正在积极研究新一轮援助方案，包括加大公共卫生、物资等援助，帮助非洲国家提升疫情防控能力。中方高度重视联合国成立的多方信托基金，将提供力所能及的帮助，支持联合国在援助非洲和抗击疫情中发挥领导和统筹作用。

联合国秘书长潘基文高度赞赏中方对非洲疫区国家的援助和对联合国工作的支持，表示中国的援助有力支持了疫区国家抗击疫情的工作，增强了疫区人民战胜疫情的信心。联合国将进一步推动国际社会团结合作，发挥联合国特派团和多方信托基金的作用，加大全球援助非洲国家抗击疫情的力度，有效防控疫情蔓延。联合国愿同中方继续保持密切沟通与合作。

10月21日

［纲　文］　中国文化艺术政府奖第二届动漫奖在北京举行颁奖仪式。

［目　文］　此次活动由文化部、财政部、教育部、科技部、工业和信息化部、商务部、税务总局、工商总局、国家新闻出版广电总局共同主办，扶持动漫产业发展部际联席会议办公室承办。

文化部部长蔡武致信对本次活动表示祝贺。此次活动评选出12个类别的30个获奖项目。《青蛙王国》《我们的朋友熊小米》《向日葵男孩》《滚蛋吧！肿瘤君：我与癌症斗争的一年里》《绝对小孩》《阿狸梦之岛·我的云》《功夫兔与菜包狗》等17部作品分别获得最佳动画电影奖、最佳动画电视片奖、最佳漫画作品奖、最佳漫画出版物奖、最佳动漫舞台剧奖、最佳新媒体动漫作品奖、最佳动漫形象奖7类奖项；最佳动漫创作者或团队奖、最佳动漫传播机构奖、最佳动漫教育机构奖、最佳动漫技术奖、最佳动漫国际市场开拓奖5类13个获奖项目由北京重磅动漫文化传媒有限公司、湖南广播电视台金鹰卡通频道、中国传媒大学、3D两足角色动画生成平台、《喜羊羊与灰太狼系列》等获得。

中国文化艺术政府奖动漫奖是经中央批准，由文化部在中国文化艺术政府奖中增设的国家级奖项，与文华奖、群星奖并列，是我国动漫产业的政府奖、最高奖，每3年评选一次，每次设立30个奖项。

10月21日

［纲　文］　《人民日报》发表题为《用法治中国凝聚复兴力量——标注依法治国新高度》的评论员文章。

10月22日

[纲　文]　第21届亚太经合组织财政部长会议在北京召开。

[目　文]　中共中央政治局常委、国务院副总理张高丽出席开幕式并致辞，中国财政部部长楼继伟主持会议。来自21个成员经济体的财政部长（或代表团团长）、国际机构负责人和工商部门高级代表参加了此次会议。

张高丽致辞的主要内容有：一、这次财长会议是亚太经合组织中国年的一场重要活动，会议围绕全球及亚太地区宏观经济形势、促进基础设施投融资合作、推动经济结构调整的财税政策与改革、金融支持区域实体经济发展等议题展开讨论，针对性很强，具有重要的现实意义。二、亚太地区是全球经济增长的主要动力和引擎，亚太经合组织应切实承担起推动本地区和全球发展的重要使命，推动形成亚太地区政策协调、增长联动、利益融合的开放发展格局。要加强宏观经济政策对话，减少政策调整带来的负面溢出效应，维护区域经济金融稳定。要深化经济结构调整，有针对性地采取结构性改革措施，激发市场活力，加强人力资本积累，推动技术创新，使亚太地区经济更有活力、更加包容和更可持续。要加强基础设施建设合作，创新投融资模式，调动亚太地区丰富的储蓄进入基础设施领域，构建亚太全方位互联互通新格局。要加强能力建设和经验共享，更好地相互学习和借鉴彼此成功经验。三、中国是亚太大家庭的一员，中国的发展与亚太的发展不可分割。中国将以改革创新驱动发展，推动科技创新，加快体制机制创新、管理创新、商业模式创新，推动经济持续健康发展、迈向中高端水平。中国将实行更加积极主动的开放战略，不断完善营商环境，继续吸引外国企业来华投资兴业。四、合作与发展是亚太地区的时代潮流、人心所向。我们愿与各经济体一道，以更加宽广的视野、更加坚定的步伐，加强改革创新和互利共赢合作，大力推动区域经济一体化进程，推动可持续发展，为亚太地区和世界的持久发展、繁荣和进步作出新的更大贡献。

财长们就"区域宏观经济形势与展望""基础设施投融资合作""促进经济结构调整的财税政策与改革"和"金融支持区域实体经济发展"等区域经济发展与重大问题开展了广泛深入的交流，形成了广泛共识和务实成果。会议发表了《2014亚太经合组织财长联合声明》及附件《APEC区域基础设施PPP实施路线图》。财长们一致认为，亚太地区作为世界经济增长的引擎，应当为引领全球经济复苏，实现强劲、可持续和平衡增长作出贡献。为此，应实施适宜的宏观经济政策，支持经济增长，创造就业。与此同时，各方承诺将进一步推进结构改革，采取必要措施解决现有经济发展中的瓶颈和弱点，释放经济潜在增长的新动力。

会前，国务院总理李克强在北京会见了参加第21届亚太经合组织财长会的各经济体代表团团长。李克强指出，中国致力于积极推动亚太区域经济发展与合作，愿同APEC成员一道，推进世界和本地区经济强劲、可持续、平衡增长。希望APEC财长会积极探索亚太经济未来转型发展之路，促进区域经济务实合作，为APEC合作注入新的内容与活力。

澳大利亚财长霍基代表与会 25 个经济体及国际组织表示，中国经济社会发展取得了非凡成就。中国经济的成功不仅是亚太的福音，对世界也具有重要意义。各经济体愿同中方共同努力，使 APEC 会议取得成功。

10 月 22 日

［纲　文］"汉风——中国汉代文物展"在法国国立吉美亚洲艺术博物馆开幕，中国国家主席习近平和法国总统奥朗德为展览题写序言。

［目　文］习近平在序言中说，2014 年是中法建交 50 周年，我同奥朗德总统决定，两国共同举办系列庆祝活动，以增进两国人民相互了解和友谊。"汉风——中国汉代文物展"在法国国立吉美亚洲艺术博物馆举办，就是其中一个重要项目。

习近平指出，汉代是中国历史上十分重要的一个时代，为中华文明宝库留下了璀璨的成果。这次展览将展出来自中国 27 家博物馆的 450 多件精美文物，从多个侧面展示中国汉代多姿多彩的社会风貌，传递中华民族不断进行文明创造的智慧结晶。习近平指出，中法分别是东西方文明的重要代表，两国加强文明交流互鉴，有助于夯实中法关系的民意基础，有利于促进中华文化和法兰西文化交相辉映，有利于推动世界文明多样化发展。

奥朗德总统在序言中表示，中国是一个拥有伟大文明的国家，在庆祝两国建交 50 周年之际举办"汉风——中国汉代文物展"是两国最高领导层的共同意愿。法国印象派的代表作和五大博物馆收藏的精品也将在中国进行为期一年的展出。这些文化活动为突出我们两国交流的质量与活力提供了契机，并提升了文化、旅游、经济、科学以及教育等各领域的交流水平。

此次展览由中国国家文物局与法国国立吉美亚洲艺术博物馆共同主办，是中法互办文化年以来在法举办的最大规模的中国文物展，展出来自中国 9 个省区市的精美文物，2015 年 3 月 2 日，为期 4 个多月的展览结束。

10 月 22 日

［纲　文］北京地坛医院艾滋病病房主任赵红心获得第 15 届英国贝利·马丁艾滋病防治突出贡献奖。

［目　文］颁奖仪式在北京地坛医院举行。赵红心是 2014 年该奖唯一的获奖者。赵红心从事传染病医疗工作已有 25 年。1999 年她所在的病房开始收治艾滋病患者，15 年来，赵红心接诊过的艾滋病感染者和患者不下 3000 人。许多患者延长了生存周期，有机会享受国家免费抗病毒治疗。

贝利·马丁奖——由英国慈善家马丁·哥顿设立，以表彰在中国为艾滋病教育、预防、治疗和关怀作出突出贡献的医务工作者或医疗机构。自 2000 年设立以来，已连续举办了 15 届。2004 年北京地坛医院王克荣护士长作为中国第一个护士获此殊荣。

10 月 22 日

［纲　文］《人民日报》发表题为《用法治精神推进改革大业——标注依法治国新高度》的评论员文章。

10月23日

[纲　文]　国务院印发《关于取消和调整一批行政审批项目等事项的决定》。

[目　文]　《决定》要求，取消和下放58项行政审批项目，取消67项职业资格许可和认定事项，取消19项评比达标表彰项目，将82项工商登记前置审批事项调整或明确为后置审批等。本次取消和下放行政审批事项有三个特点。一是"含金量"高。其中，涉及投资、企业经营45项，占78%；金融类12项，占21%。二是取消事项多。直接取消的事项达42项，占72%。对面向公民、法人和其他组织的非行政许可审批事项，以取消为主，彻底改革。三是非行政许可审批事项比重大。共有25项，占43%。这些事项的取消和下放，有利于降低企业投融资成本、减轻企业负担，加快建立透明诚信的市场秩序。

10月23日

[纲　文]　国务院办公厅发布《关于加强进口的若干意见》。

[目　文]　《意见》由八部分组成：一、继续鼓励先进技术设备和关键零部件等进口。二、稳定资源性产品进口。三、合理增加一般消费品进口。四、大力发展服务贸易进口。五、进一步优化进口环节管理。六、进一步提高进口贸易便利化水平。七、大力发展进口促进平台。八、积极参与多双边合作。

《意见》要求，各地区、有关部门要进一步统一思想，加快职能转变，简化行政审批，健全工作机制，及时帮助企业解决实际困难和问题。有关部门要抓紧制订具体工作方案，明确时限，确保在2014年年内发挥政策效应。商务部要加强政策协调和督促检查，确保各项政策措施落实到位。

10月23日

[纲　文]　财政部印发《地方政府存量债务纳入预算管理清理甄别办法》。

[目　文]　《办法》指出，清理甄别工作的目的，是清理存量债务，甄别政府债务，为将政府债务分门别类纳入全口径预算管理奠定基础。本办法所指存量债务是指截至2014年12月31日尚未清偿完毕的债务。清理甄别工作由地方政府统一领导、财政部门具体牵头、部门单位各负其责。地方各级政府要结合清理甄别工作，认真甄别筛选融资平台公司存量项目，对适宜开展政府与社会资本合作（PPP）模式的项目，要大力推广PPP模式，达到既鼓励社会资本参与提供公共产品和公共服务并获取合理回报，又减轻政府公共财政举债压力、腾出更多资金用于重点民生项目建设的目的。

《办法》要求，清理甄别工作按照先清理、后甄别的顺序开展。清理工作由地方政府性债务存量的举借单位（以下简称债务单位）具体负责，主管部门和财政部门审核把关。债务单位应与债权人共同协商确认，根据合同逐笔核对债务明细数据。对核对无误的债务数据，债务单位要根据审计口径确定的地方政府负有偿还责任的债务、地方政府负有担保责任的债务及地方政府可能承担一定救助责任的债务分类填报，经主管部门审核汇总报送财政部门。

《办法》共21条，自印发之日起实施。

10月23日

[纲　文]　中国证券监督管理委员会公布《上市公司重大资产重组管理办法》。

[目　文]　《办法》共61条。《办法》指出，为了规范上市公司重大资产重组行为，保护上市公司和投资者的合法权益，促进上市公司质量不断提高，维护证券市场秩序和社会公共利益，根据《公司法》《证券法》等法律、行政法规的规定，制定本办法。本办法适用于上市公司及其控股或者控制的公司在日常经营活动之外购买、出售资产或者通过其他方式进行资产交易达到规定的比例，导致上市公司的主营业务、资产、收入发生重大变化的资产交易行为（以下简称重大资产重组）。上市公司发行股份购买资产应当符合本办法的规定。上市公司按照经中国证券监督管理委员会核准的发行证券文件披露的募集资金用途，使用募集资金购买资产、对外投资的行为，不适用本办法。《办法》强调，任何单位和个人不得利用重大资产重组损害上市公司及其股东的合法权益。上市公司实施重大资产重组，有关各方必须及时、公平地披露或者提供信息，保证所披露或者提供信息的真实、准确、完整，不得有虚假记载、误导性陈述或者重大遗漏。上市公司的董事、监事和高级管理人员在重大资产重组活动中，应当诚实守信、勤勉尽责，维护公司资产的安全，保护公司和全体股东的合法权益。《办法》自2014年11月23日起施行。

10月23日

[纲　文]　西部国家版权交易中心在陕西西安揭牌成立。

[目　文]　西部国家版权交易中心是经国家版权局正式批准设立的西部地区唯一一家国家级版权贸易机构。该交易中心以文化创意产业核心领域的版权市场交易和版权社会服务为目标，搭建形成文化产业全领域覆盖的版权服务体系，推动版权贸易常态化、规范化发展。该交易中心由陕西省版权局依托陕文投集团西安电视剧版权交易中心建设并运营。根据规划，该交易中心将采用市场化运营模式，构建涵盖文学艺术、广播影视、新闻出版等领域的版权交易体系。通过打造版权信息交流平台、版权交易服务平台、版权投融资平台、版权专业服务平台，提供文字、图片、影视等多个门类的版权交易服务，同时开展行业咨询、市场调查、项目推荐、产业园运营等业务。

10月23日

[纲　文]　国务院副总理刘延东在北京会见瑞典卡罗琳医学院院长哈姆斯滕一行。

[目　文]　刘延东积极评价卡罗琳医学院在医学教育和研究领域的杰出成就，对其为促进中瑞两国医学教育和研究所作贡献表示赞赏，希望该院进一步扩大与中国高校和科研机构的交往与合作，为中瑞友谊和人类健康事业的发展作出新贡献。刘延东还简要介绍了中国共产党十八届四中全会以及中国教育、卫生领域的发展情况。

10月23日

[纲　文]　华中科技大学脉冲强磁场实验装置通过国家竣工验收，标志着中国拥有了国际顶级水平的脉冲磁场实验装置，成为继美、德、法之后第四个拥有大型脉冲磁场实验装置的国家。

10月23日

［纲　文］　国际电信联盟第19次全权代表大会选举中国推荐的赵厚麟为国际电联秘书长，成为国际电信联盟150年历史上首位中国籍秘书长。

［目　文］　国际电信联盟156个成员国参与投票，现任国际电信联盟副秘书长赵厚麟作为唯一候选人，在首轮投票中获得152票支持，当选新一任秘书长。赵厚麟将于2015年1月1日正式上任，任期4年。

赵厚麟是国际电信联盟150年历史上首位中国籍秘书长。此前，陈冯富珍和李勇分别当选国际卫生组织总干事和联合国工业发展组织总干事。

10月23日

［纲　文］　《人民日报》发表题为《用法治观念夯实执政根基——标注依法治国新高度》的评论员文章。

10月23日

［纲　文］　《人民日报》发表题为《依法推进香港民主发展》的评论员文章。

10月23日—11月3日

［纲　文］　第15届中国西部国际博览会在成都举行。

［目　文］　本届西博会以"改革引领发展，创新开辟未来"为主题，首次分两段举办。共有来自全球98个国家和地区的6万余名境内外嘉宾参会，近9000家企业报名参展。美国、德国、法国、意大利、澳大利亚、南非等14个国家专门设立了国家馆。格鲁吉亚、保加利亚、乌兹别克斯坦首次参展。此次西博会新增了通用航空、智能汽车、新型平板显示、应急装备、可穿戴设备等高新产业展区。

国务院副总理马凯出席此次博览会开幕式并发表主旨演讲。马凯说，西部地区已经成为中国经济增长的新引擎，西部大开发站在了新的历史起点上。中国将深入实施西部大开发战略，继续实行有利于西部地区加快发展的优惠政策，更加注重基础设施建设和生态环境保护，更加注重产业结构调整和区域布局优化，更加注重体制机制创新和扩大对内对外开放，更加注重社会事业发展和民生改善，努力推动西部地区经济社会又好又快发展。中国愿与世界各国携起手来，共谋开放合作、共享发展机遇、共促创新创造、共推转型发展，为世界的繁荣和进步作出应有贡献。

10月24—27日

［纲　文］　应国家主席习近平的邀请，捷克总统泽曼访问中国。

［目　文］　习近平与泽曼举行会谈时说，2014年2月，我同你在出席索契冬奥会开幕式期间进行了坦诚深入交谈，就中捷关系指导性原则达成重要共识，开启了双边关系新篇章。中捷合作前景广阔。我们要加强高层往来和各层次对话，增进互信，确保双边关系持续健康稳定发展。习近平指出，捷克在飞机制造、绿色能源、环境保护等领域独具特色，中方在核电、工业园区和经贸园区等领域具有一定优势，我们要共同努力，提升双边

贸易和双向投资水平。我们要促进文化交流和人员往来,加深相互了解和友谊。捷克是欧盟重要成员国,也是中东欧重要国家,希望捷方为促进中欧关系发展和中国—中东欧国家合作发挥更大作用。

泽曼表示,我同习近平主席在索契谈得很好,达成重要共识。捷克决心在相互尊重、互不干涉内政基础上,以实际行动维护和发展同中国的友好合作关系。捷克在台湾、涉藏等问题上坚定支持中方立场。捷方希望同中方加强高层互访,我邀请习近平主席早日访问捷克。捷方大力支持两国企业交往,扩大相互投资,促成更多合作项目。希望两国开展更多人文交流,特别是青年学生交往。捷克将积极致力于促进欧中合作。

会谈后,两国元首共同见证了外交、民用核能、金融、医疗卫生、文化等领域合作文件的签署。

李克强在会见泽曼时说,当前中捷关系沿着正确轨道向前发展。习近平主席同泽曼总统举行了务实友好的会谈。相信以中捷建交65周年为契机,将把两国友好合作关系推向新阶段。中捷务实合作潜力巨大,前景广阔。中方在核电、高铁等装备制造业方面拥有先进技术、丰富经验、雄厚实力和良好性价比。中国政府鼓励有实力的中方企业积极参与捷克核电设施扩建改造等项目。中国—中东欧国家合作符合双方共同利益,有利于中欧关系全面平衡发展。中方愿同包括捷克在内的中东欧各国加强务实合作,实现互利共赢。

泽曼表示,捷方愿同中方深化互利合作,欢迎中国企业扩大对捷投资,积极参与捷克核电等基础设施建设。捷克成功举办了中东欧国家—中国地方领导人会议,将继续为促进双方合作发挥积极作用。

10月24日

[纲　文] 中国等21个国家在北京签署筹建亚洲基础设施投资银行(亚投行)备忘录。

[目　文] 亚投行是习近平2013年10月访问东南亚时提出筹建的倡议。此次参与签署《筹建亚投行备忘录》的21个国家包括孟加拉国、文莱、柬埔寨、中国、印度、哈萨克斯坦、科威特、老挝、马来西亚、蒙古国、缅甸、尼泊尔、阿曼、巴基斯坦、菲律宾、卡塔尔、新加坡、斯里兰卡、泰国、乌兹别克斯坦和越南。备忘录提出了亚投行的基本框架,涵盖了涉及该行宗旨的关键要素,包括运作、资本、会员条件和治理结构。

签约仪式结束后,中国国家主席习近平会见各国代表。习近平说,亚投行的建立代表了各方团结合作共谋发展的愿望、决心和行动。希望各方共同努力,将亚投行建设成为一个平等、包容、高效的基础设施投融资平台和适应本地区各国发展需要的多边开发银行。习近平指出,"要想富,先修路",亚投行应该加快促进本地区基础设施互联互通,推动区域经济合作,为亚洲经济发展注入新动力;"人心齐,泰山移",亚投行应该秉承开放包容的区域主义,欢迎所有有兴趣的国家积极参与,实现合作共赢。亚投行还要坚持多边主义,同现有多边开发机构相互补充,加强合作,共同促进亚洲和世界经济繁荣。习近平强调,中国正在全面深化改革,朝着"两个一百年"的奋斗目标向前迈进。中国经济将继续保持健康发展态势。我提出共同建设丝绸之路经济带和21世纪海上丝绸之路,并提出建立亚投行的倡议,目的就是深化亚洲国家经济合作,实现共同发展。我们将努力促中国自身发展更好惠及亚洲和世界各国。

新加坡副总理尚达曼代表各国代表发言。尚达曼说,我们感谢中方倡议建立亚投行并引领筹建工作。习近平主席就亚投行发展提出的意见很重要,是我们今后应该遵循的原则。我们将秉持开放的多边主义,精诚合作,使亚投行早日成立并规范、良好运作,实现互利共赢,为新形势下国际多边合作发挥示范作用。

亚投行是一个政府间性质的亚洲区域多边开发机构,重点支持基础设施建设,促进区域合作与伙伴关系,总部设在北京,2015年底前投入运作。

10月24日

[纲　文] 国家主席习近平同印度尼西亚总统佐科通电话。

[目　文] 习近平祝贺佐科就任印尼新一届总统。习近平指出,中国和印尼是关系融洽、彼此信任的好邻居、好朋友。两国面临相似国情和发展任务,在双边、地区、国际事务中拥有广泛共同利益。印尼是东盟领头羊和全球新兴经济体的主要代表之一,加强两国全方位战略合作符合两国共同利益,也有利于地区乃至世界和平、稳定、繁荣。我愿意同你建立良好工作关系,共同促进双边交流合作,推进21世纪海上丝绸之路建设,推动中印尼全面战略伙伴关系不断取得新进展,实现互利共赢、共同发展。我欢迎你下个月来北京出席亚太经合组织领导人非正式会议,期待届时同你会见。

佐科表示,发展印尼同中国全面战略伙伴关系对两国、对亚洲和世界都很重要,我本人高度重视加强两国友好合作。印尼方希望同中方深化经贸、投资、基础设施建设等领域合作。我期待赴华出席亚太经合组织领导人非正式会议并同习近平主席会见,使两国合作取得更多新成果。

10月24日

[纲　文] 李克强主持召开国务院党组会议。

[目　文] 会议主要内容有:一、党的十八届四中全会审议通过了《中共中央关于全面推进依法治国若干重大问题的决定》,明确了全面推进依法治国的指导思想、总体目标、五大原则、主要任务。当前和今后一个时期,各级政府要把深入学习贯彻全会精神作为一项重要任务,按照全会关于依法治国的总体部署,落实依法治国首先是依宪治国、依法执政首先是依宪执政的要求,依法全面履行政府职能,深入推进依法行政,加快建设职能科学、权责法定、执法严明、公开公正、廉洁高效、守法诚信的法治政府。二、要按照十八届四中全会的决策部署和习近平总书记重要讲话精神,重点抓好以下工作。一是依法推进政府职能转变。继续大力推进简政放权、放管结合,加快建立权力清单、责任清单和负面清单,让政府法无授权不可为、法定职责必须为,提高行政效能和服务水平。二是加强和改进政府立法,健全政府依法决策机制,主动适应改革和经济社会发展的需要,坚持立改废释并举,推动重点领域立法,做到重大改革于法有据,决策和立法紧密衔接。三是

深化行政执法体制改革，梳理各部门执法权，推进综合执法，着力解决权责交叉、多头执法问题。全面推进政务公开，实现决策、执行、结果公开透明，增强政府公信力。三、政府的一切权力来自人民、源自法授。要严格规范公正文明执法，所有行政行为都依法办事、程序正当。各级政府及工作人员要带头遵守宪法和法律，不断提高法治意识和依法行政能力，用法治引领改革发展破障闯关、推动民生改善和社会公正。要强化权力制约和监督，筑牢法治"篱笆"、遏制权力"越线"。以更加奋发有为的精神状态，在法治轨道上推动政府各项工作迈上新台阶。

10月24日

[纲　文]　李克强主持召开国务院常务会议。

[目　文]　会议主要内容有：一、创新投融资机制，在更多领域向社会投资特别是民间资本敞开大门，与其他简政放权措施形成组合拳，以改革举措打破不合理的垄断和市场壁垒，营造权利公平、机会公平、规则公平的投资环境，使投资者在平等竞争中获取合理收益。会议决定，一是进一步引入社会资本参与水电、核电等项目，建设跨区输电通道、区域主干电网、分布式电源并网等工程和电动汽车充换电设施。二是支持基础电信企业引入民间战略投资者，引导民间资本投资宽带接入网络建设运营，参与卫星导航地面应用系统等国家民用空间设施建设，研制、发射和运营商业遥感卫星。三是加快实施引进民间资本的铁路项目，鼓励社会资本参与港口、内河航运设施及枢纽机场、干线机场等建设，投资城镇供水供热、污水垃圾处理、公共交通等。四是支持农民合作社、家庭农场等投资生态建设项目。五是落实支持政策，吸引社会资本对教育、医疗、养老、体育健身和文化设施等加大投资。二、要大力创新融资方式，积极推广政府与社会资本合作（PPP）模式，使社会投资和政府投资相辅相成。优化政府投资方向，通过投资补助、基金注资、担保补贴、贷款贴息等，优先支持引入社会资本的项目。创新信贷服务，支持开展排污权、收费权、购买服务协议质（抵）押等担保贷款业务，探索利用工程供水、供热、发电、污水垃圾处理等预期收益质押贷款。采取信用担保、风险补偿、农业保险等方式，增强农业经营主体融资能力。发挥政策性金融作用，为重大工程提供长期稳定、低成本资金支持。发展股权和创业投资基金，鼓励民间资本发起设立产业投资基金，政府可通过认购基金份额等方式给予支持。支持重点领域建设项目开展股权和债券融资。三、会议通过《鲁甸地震灾后恢复重建总体规划》。会议确定，根据灾损规模和灾区实际，中央财政加强对恢复重建的资金支持，重建资金实行总量包干，由云南省统筹使用。综合采取财税、金融、土地、产业、社保等政策，减轻灾区企业负担，调动市场和社会力量，充分发挥地方政府和群众主体作用，在切实做好灾区防寒过冬等工作的同时，积极开展生产自救，努力建设美好新家园。会议还研究了其他事项。

10月24日

[纲　文]　全国人大常委会党组召开会议，专题学习贯彻党的十八届四中全会精神。

[目　文]　全国人大常委会委员长、中共十二届全国人大常委会党组书记张德江主持会议。会议认为，全会通过的关于全面推进依法治国若干重大问题的决定，着眼全局长远，总结实践经验，坚持问题导向，提出了全面推进依法治国的指导思想、总目标、基本原则、总体部署和重大举措，具有很强的思想性、指导性、针对性和可操作性，是新形势下全面推进依法治国、加快建设社会主义法治国家的重要纲领性文献，必将对党和国家事业产生重大而深远的影响。会议强调，全国人大及其常委会作为最高国家权力机关，在全面推进依法治国中担负着重要职责。要切实增强责任感和使命感，把坚持依法治国、维护宪法法律权威作为重要任务，依法行使职权、积极开展工作，充分发挥人大在建设社会主义法治国家中的重要作用。健全宪法实施和监督制度，加强宪法实施，维护宪法权威。完善以宪法为核心的中国特色社会主义法律体系，抓住提高立法质量这个关键，完善立法体制，深入推进科学立法、民主立法，加强重点领域立法，努力使每一项立法都符合宪法精神、反映人民意愿、得到人民拥护。加强和改进人大监督工作，加强对法律实施情况的监督检查，推动"一府两院"严格执法、公正司法，维护社会公平正义。在依法行使职权、开展工作中加强法治宣传教育，弘扬法治精神，建设法治文化，在全社会营造良好法治氛围。

10月24日

[纲　文]　全国政协党组召开会议，专题学习贯彻党的十八届四中全会精神。

[目　文]　全国政协主席、党组书记俞正声主持会议。会议指出，党的十八届四中全会通过的《中共中央关于全面推进依法治国若干重大问题的决定》，明确提出了全面推进依法治国的指导思想、总体目标、基本原则，提出了关于依法治国的一系列新观点、新举措，回答了党的领导和依法治国关系等一系列重大理论和实践问题，是加快建设社会主义法治国家的纲领性文件。会议强调，人民政协要把学习贯彻全会精神作为重大政治任务，切实把思想和行动统一到全会精神上来，开拓创新、扎实工作，为建设社会主义法治国家作出贡献。

会议认为，党的十八届三中全会以来，国际形势错综复杂，国内改革发展任务极为繁重，以习近平同志为总书记的党中央团结带领全党全国各族人民，统筹国内国际两个大局，坚持稳中求进工作总基调，保持战略定力，全面推进改革发展稳定、内政外交国防、治党治国治军各项工作，党和国家事业发展打开新局面。会议要求，要紧密结合实际，把全会精神贯彻落实到人民政协履行职能的全过程。一是始终坚定不移走中国特色社会主义法治道路，坚持中国共产党的领导、坚持人民主体地位、坚持法律面前人人平等、坚持依法治国和以德治国相结合、坚持从中国实际出发，牢牢把握正确政治方向。二是发挥政协优势和作用，围绕全面推进依法治国重大问题认真履行政治协商、民主监督、参政议政职能。三是教育和引导广大政协委员争做社会主义法治的模范践行者，自觉学法、尊法、信法、守法、用法、护法，增强法治理念，树立法治信仰。四是大力加强政协制度建设，不断提高履行职能的制度化、规范化、程序化水平。五是政协委员中的共产党员特别是领导干部要严守政治纪律和政治规矩,切实做到政治信仰坚定不移、政治立场旗帜鲜明、政治定力坚如磐石。全国政协机关党组也召开党员干部大会,传达学习全会精神。

10月24日

[纲　文]　京津冀及周边地区大气污染防治协作小组第三次会议在北京举行。

[目　文]　北京市委书记郭金龙主持会议。国务院副总理张高丽出席会议并讲话。张高丽说,党中央、国务院高度重视亚太经合组织会议空气质量保障工作。《大气十条》实施一年多,大气污染防治工作取得积极进展和一定成效。但也要清醒看到,雾霾天气仍然严重,大气环境形势十分严峻,解决大气污染问题是一项长期、艰巨、复杂的任务。亚太经合组织会议期间,正值秋冬交替、静稳天气多的季节,北方地区也开始燃煤取暖,重污染天气概率大,空气质量保障面临巨大压力和挑战。六省区市和各部门各单位要以高度的责任感、紧迫感和使命感,不折不扣地做好亚太经合组织会议空气质量保障工作。要坚决抓好以电力、冶金、建材、石化、焦化等行业为重点的工业企业停产限产,减少污染排放;坚决抓好施工工地停工,严控扬尘污染;坚决抓好机动车管理,加强进京车辆环保管理,倡导"绿色出行";坚决及时启动应急减排措施,有效应对可能遇到的极端不利气象条件;坚决查处违法排污行为,加大监督检查力度,确保各项保障措施落到实处。

张高丽指出,冬春季是我国大气污染较为集中的时期,做好今冬明春大气污染防治工作,是对各地区各部门落实《大气十条》的一次重大考验。要切实减少燃煤污染,加快黄标车及老旧车淘汰进度,确保完成全年淘汰600万辆任务,坚决遏制秸秆焚烧、控制燃放烟花爆竹,加强执法监管,严惩违法行为,完善监测预警和应急响应机制,切实减少重污染天气对人民群众健康和生产生活的影响。

10月24日

[纲　文]　国务院召开全国冬春农田水利基本建设电视电话会议。

[目　文]　国务院副总理汪洋出席会议并讲话。中央有关部门负责人在主会场出席会议。各省、自治区、直辖市、计划单列市人民政府和新疆生产建设兵团分管负责人及其有关部门负责人,水利部各流域管理机构负责人在分会场参加会议。内蒙古、山东、四川3省(区)人民政府负责人在分会场发言。

汪洋说,要深入贯彻落实党的十八届三中、四中全会精神和党中央、国务院关于加强水利建设的决策部署,大力推进体制机制创新,强化法治保障,深入开展农田水利基本建设,构筑更加稳固牢靠的农业持续发展和国家粮食安全支撑。汪洋指出,加强农田水利基本建设,要"抓大补小",在推进重大水利工程建设的同时,着力搞好"五小水利"工程建设,加快灌区续建配套和节水灌溉技术推广,确保完成农村居民饮水安全工程建设任务。健全水利工程管护机制,确保长久发挥效益。各级政府要加大水利投入,引导农民和社会资本增加投入,形成多渠道、多主体、多形式推进农田水利建设新格局。推进农业水价综合改革试点。要认真研究依法治农问题,及时把行之有效的"三农"政策提炼上升为法律规定,加强农业综合执法和农村普法教育,提高"三农"工作法治化水平。要认真做好秋粮收购、冬春农业生产、植树造林、动物疫病防控和森林草原防火等工作。

10月24日

［纲　文］　国务院办公厅印发《关于促进内贸流通健康发展的若干意见》。

［目　文］　《意见》由五部分组成：一、推进现代流通方式发展。二、加强流通基础设施建设。三、深化流通领域改革创新。四、改善营商环境。五、加强组织领导。

《意见》指出，近年来，我国国内贸易稳定发展，现代流通方式快速推进，流通产业的基础性和先导性作用不断增强。在当前稳增长促改革调结构惠民生防风险的关键时期，加快发展内贸流通，对于引导生产、扩大消费、吸纳就业、改善民生，进一步拉动经济增长具有重要意义。

10月24日

［纲　文］　最高人民法院、最高人民检察院、公安部、司法部、国家卫生计生委印发《暂予监外执行规定》。

［目　文］　《规定》指出，为了正确贯彻实施修改后的刑事诉讼法，进一步完善暂予监外执行制度，保障暂予监外执行工作严格依法规范进行，按照中央司法体制改革的要求，最高人民法院、最高人民检察院、公安部、司法部、国家卫生计生委联合制定了《暂予监外执行规定》。

《规定》共计34条，2014年12月1日起施行。最高人民检察院、公安部、司法部1990年12月31日发布的《罪犯保外就医执行办法》同时废止。

10月24日

［纲　文］　环境保护部发布《淀粉废水治理工程技术规范》和《发酵类制药工业废水治理工程技术规范》两项国家环境保护标准，自2015年1月1日起实施。

10月24日

［纲　文］　探月工程三期再入返回飞行试验器成功发射。

［目　文］　2时整，中国自行研制的探月工程三期再入返回飞行试验器，在西昌卫星发射中心用长征三号丙运载火箭发射升空，准确进入近地点高度为209公里、远地点高度为41.3万公里的地月转移轨道，标志着中国探月工程首次实施的再入返回飞行试验首战告捷。16时29分，探月工程三期再入返回飞行试验器成功实施了地月转移轨道首次中途修正。

10月24日

［纲　文］　全国人大常委会委员长张德江、全国政协主席俞正声在北京分别会见巴哈马参议长威尔逊。

［目　文］　在会见威尔逊时，张德江说，建交17年来，两国关系取得长足发展，特别是2013年习近平主席同克里斯蒂总理会晤达成的重要共识，为中巴关系发展注入了新的动力和活力。习近平说，中国共产党十八届四中全会作出了全面推进依法治国的战略部署，中国全国人大愿与世界各国立法机关加强立法、治国理政等方面的经验交

流,相互学习借鉴;愿与巴哈马议会在现有良好的合作基础上,进一步加强交流,为两国政治关系、经贸合作、人文交往提供可靠的法律保障,推动中巴关系提升到更高水平。

威尔逊祝贺中国共产党十八届四中全会成功召开,感谢中国给予巴哈马的支持援助,愿加强合作,促进两国关系进一步发展。

在会见威尔逊时,俞正声说,巴哈马是中国在加勒比地区的重要合作伙伴。自去年习近平主席对加勒比地区进行历史性访问以来,双方关系不断取得新发展。目前中巴关系正处于历史最好时期。中方愿同巴方一道,继续认真落实好双方领导人达成的共识,深化政治互信,加强务实合作,扩大人文交流,密切国际协作,提升合作水平。中国全国政协愿加强与巴方相关机构合作,促进中巴关系进一步发展。全国政协副主席兼秘书长张庆黎参加会见。

威尔逊表示,巴方致力于发展长期对华友好合作关系,感谢中方为巴哈马经济社会发展提供的有力支持和帮助,愿意继续为促进两国各方面合作作出积极努力。

10月24日

[纲 文] 中共中央政治局常委王岐山在北京会见清华大学经管学院顾问委员会海外委员。

[目 文] 王岐山指出,观察一个国家,可以从宏观出发,分析其现实和历史的政治、经济、社会、文化、教育;亦可从微观入手,通过一次重要会议判断其发展方向。刚刚闭幕的中共十八届四中全会,对全面推进依法治国作出总体部署。依法治国必然要求依规治党。拥有8600多万党员的执政党纪律问题,关乎人心向背和国家民族命运。中共十八大以来,党中央坚持从严治党,深入推进党风廉政建设和反腐败斗争,得到党内和广大人民群众的衷心拥护。党风廉政建设和反腐败斗争永远在路上,必须强化监督执纪问责,踩着不变的步伐,持之以恒坚持下去。希望海外委员整合国际优势资源,在微观上为清华经管学院做出探索,在宏观上为中国教育事业发展做出示范。

清华大学经济管理学院顾问委员会主席、凯雷集团董事总经理鲁宾斯坦等海外委员表示,愿继续为中国经济发展和教育事业作出积极努力。国务院副总理刘延东参加会见。

10月24日

[纲 文] 国家副主席李源潮在北京会见以青年事务署署长波斯佩洛夫为团长的俄罗斯百名青年代表团。

[目 文] 李源潮说,2013年习近平主席和普京总统共同决定举办中俄青年友好交流年,这是着眼中俄关系长远发展的重大决策。希望两国青年朋友放眼中俄友好未来,梦想相通、共同进步,为两国的合作和人民的友谊贡献青春力量!

波斯佩洛夫说,希望俄中青年作为好邻居、好朋友的友谊不断加强,共创两国关系更加美好的未来。

10月24日

［纲　文］《人民日报》发表题为《实现依法治国的历史跨越》的社论。

10月24—29日

［纲　文］第七届海峡两岸文化产业博览交易会在福建厦门举行。

［目　文］本届文博会在秉持"一脉传承、创意未来"主题、强化两岸特色的基础上，进一步突出专业化、市场化、品牌化和升级展会服务理念。主展区由一个主题展区和工艺艺术品展区、创意设计展区、数字内容展区、文创旅游展区、两岸非物质文化遗产展区5个专业展区组成，展览总面积达5万平方米，总参展企业1583家。产业投资签约项目140个，签约额387.7亿元，其中合同项目56个、合同金额179.7亿元。现场总交易额7.77亿元。展会期间，总观展人次约26万人次，其中主展馆近20万人次。

海峡两岸（厦门）文博会由中共中央台办、文化部、国家新闻出版广电总局和福建省人民政府共同主办，厦门市人民政府和亚太文化创意产业协会（台湾）承办，是全国唯一以"海峡两岸"命名并由两岸共同举办的国家级综合性文化产业博览交易会。

10月25日

［纲　文］国家主席习近平和俄罗斯总统普京向2014浦江创新论坛致贺信。

［目　文］全国政协副主席、科技部部长万钢，俄罗斯总统教育科学委员会副主席、总统顾问富尔先科分别在论坛开幕式上宣读了习近平和普京的贺信。

习近平在贺信中对论坛的召开致以热烈的祝贺，习近平指出，科技引领发展，创新改变世界。当今世界，新一轮科技革命和产业变革正在孕育兴起，科学技术越来越成为推动经济社会发展的主要力量。中国正在实施创新驱动发展战略，推进以科技创新为核心的全面创新。中国将全方位加强国际科技创新合作，积极参与全球创新网络，同世界各国人民携手应对人类面临的共同挑战。希望会议传播创新发展理念、促进创新思想交流、搭建创新合作平台，为推进国际科技创新合作和人类文明进步作出积极贡献。习近平还向出席论坛的俄罗斯代表团和来自世界各国的嘉宾表示诚挚的欢迎，习近平表示，俄罗斯在科技创新方面具有独特实力，在许多科技领域取得了重大创新成果。

普京在贺信中表示，俄罗斯与中国拥有独一无二的经济潜力，在很多领域具有丰富的合作经验。加强协作、促进相互投资、积极实施有前景的创新项目、拓展两国科技界和工商界之间的直接联系，在今天显得尤为重要。相信2014浦江创新论坛将为两国全面合作关系的巩固注入新的活力。

浦江创新论坛创办于2008年，由科技部和上海市人民政府共同主办，每年举办一次。论坛以创新为主题，聚焦国家需求，坚持国际视野，针对国内外创新领域中的各类热点问题开展深入交流。本届论坛以"协同创新，共享机遇"为主题，俄罗斯受邀担任本届论坛主宾国。

10月25日

［纲　文］中国共产党第十八届中央纪律检查委员会第四次全体会议在北京召开。

［目　文］　全会由中央纪律检查委员会常务委员会主持。出席这次全会的有中央纪委委员123人。中共中央政治局常委、中央纪委书记王岐山发表讲话。全会的主要任务是，认真学习贯彻党的十八届四中全会精神，对纪检监察系统落实全会精神进行部署，推动党风廉政建设和反腐败斗争深入开展，为全面推进依法治国提供坚强有力保证。全会选举刘金国为中共中央纪律检查委员会常务委员会委员、副书记。

王岐山在会议上指出，四中全会是在中国特色社会主义事业发展进程中召开的一次十分重要的会议。全会审议通过的《中共中央关于全面推进依法治国若干重大问题的决定》，是新形势下全面推进依法治国、加快建设社会主义法治国家的纲领性文件。习近平总书记作了重要讲话，对贯彻落实全会精神、做好当前党和国家各项工作提出明确要求。贯彻落实四中全会精神是全党的重大政治任务。广大纪检监察干部要迅速行动起来，原原本本学习全会文件，深刻领会四中全会精神，结合贯彻十八大、十八届二中、三中全会和习近平总书记系列重要讲话精神，融会贯通，真正把思想和行动统一到全会的部署上来。思想认识的提高最终要体现在行动上。各级纪检监察机关要紧密结合自身实际，全面履行党章赋予的职责，加强对四中全会精神落实情况的监督检查，强化监督执纪问责，确保中央政令畅通。各级纪检监察机关要聚焦中心任务，按照全面推进依法治国的要求。纪检监察干部要心存敬畏和戒惧，做遵纪守法的表率。要强化自身监督，以铁的纪律打造一支忠诚、干净、担当的纪检监察队伍。

10月25日

［纲　文］　国家副主席李源潮在杭州会见出席第2届中法青年领导者论坛的双方代表。

［目　文］　李源潮说，2014年是中法建交50周年，中方愿同法方一道，切实落实习近平主席访法成果，增进了解和互信，提升务实合作水平，共同开创紧密持久的中法全面战略伙伴关系新时代。希望两国青年加强交往，为中法友好关系长远健康发展作出贡献。法国青年代表表示，对中国未来的发展充满信心，愿当好法中人文交流的使者，促进两国人民友谊向前发展。

10月25日

［纲　文］　《人民日报》发表题为《为中华民族伟大复兴提供法治保障——一论深入学习贯彻十八届四中全会精神》的评论员文章。

10月26日

［纲　文］　中国首颗低轨移动通信卫星试验成功。

［目　文］　清华大学与信威通信产业集团联合宣布：中国首颗低轨移动通信卫星——灵巧通信试验卫星已完成全部在轨测试试验，工程任务取得圆满成功。这颗卫星重约130公斤、在高度约为800公里的太阳同步轨道运行。

灵巧通信试验卫星于9月4日在酒泉卫星发射中心成功搭载发射，通信覆盖区直径约

2400公里，实现了覆盖区内卫星手持终端语音业务、数据业务和移动互联网业务，主要指标达到国际领先水平。该卫星工程的实施，促进了中国自主可控、低成本小卫星技术的持续发展，为后续开展小卫星通信新技术和新方法试验提供了创新平台。

10月26日

[纲　文]　《人民日报》发表题为《准确把握全面推进依法治国总目标——二论深入学习贯彻十八届四中全会精神》的评论员文章。

10月26—27日

[纲　文]　国务院副总理张高丽在苏州会见新加坡副总理张志贤，共同主持中新三个高层合作机制会议。

[目　文]　张高丽表示，中国和新加坡有着特殊的友好合作关系。中新建交以来，双边关系快速发展。2014年8月，习近平主席与来华出席南京青奥会开幕式的陈庆炎总统进行了富有成效的会晤，就中新关系下一步发展达成广泛共识，为本次双边合作机制会议确定了任务和方向。2015年将迎来中新建交25周年，两国关系面临重要发展机遇。中方愿同新方共同努力，积极落实两国领导人达成的共识，进一步增进战略互信，深化互利合作，推动中新关系在新的起点上实现更大发展。张志贤表示，新中两国关系密切，合作领域广泛。苏州工业园区、天津生态城等合作项目是新中两国互利合作的样板，发挥了示范作用。新方愿与中方携手努力，推进有关项目迈向新的发展阶段。

张高丽和张志贤共同主持中新双边合作联委会第十一次会议、苏州工业园区联合协调理事会第十六次会议和天津生态城联合协调理事会第七次会议。中新双方总结了各方面合作进展情况，就进一步深化经济转型、金融合作、人文交流、包容和可持续发展等领域合作深入交换意见，达成一系列重要共识。会议审议通过了《关于苏州工业园区开发建设情况和下一步发展的报告》。会议提出天津生态城要以建设国家绿色发展示范区为统领，狠抓产业发展，改善综合环境，注重改革创新，推动生态城发展再上新台阶。双方就在中国西部开展中新第三个政府间合作项目进行了讨论。会上，张高丽还宣布中国外汇交易中心正式推出人民币对新加坡元直接交易。会后，张高丽和张志贤共同出席了两国有关合作文件的签字仪式。

10月27日

[纲　文]　中央全面深化改革领导小组第六次会议在北京召开。

[目　文]　中共中央总书记、中央全面深化改革领导小组组长习近平主持会议。中共中央政治局常委、中央全面深化改革领导小组副组长李克强、刘云山出席。中央全面深化改革领导小组成员出席，中央和国家有关部门负责人列席会议。会议审议了《关于加强社会主义协商民主建设的意见》《关于中国（上海）自由贸易试验区工作进展和可复制改革试点经验的推广意见》《关于加强中国特色新型智库建设的意见》，审议通过了《关于国家重大科研基础设施和大型科研仪器向社会开放的意见》，建议根据会议讨论情况进一步

修改完善后按程序报批实施。

习近平在会议上说，党的十八届四中全会通过了全面推进依法治国的决定，与党的十八届三中全会通过的全面深化改革的决定形成了姊妹篇。全面深化改革需要法治保障，全面推进依法治国也需要深化改革。学习贯彻党的十八届四中全会精神是当前和今后一个时期全党全国的重大政治任务，各地区各部门务必抓紧抓好，切实提高运用法治思维和法治方式推进改革的能力和水平。

10月27日

［纲　文］　国家主席习近平在北京会见蒙古国国家大呼拉尔主席恩赫包勒德。

［目　文］　习近平首先回顾了2014年8月对蒙古国进行国事访问时的情景。习近平说，访问期间，双方达成许多重要共识，并将两国关系提升为全面战略伙伴关系。中方把发展对蒙关系作为周边外交重要方向，始终尊重蒙方的独立、主权和领土完整，尊重蒙古国人民自主选择的发展道路，愿同蒙方一道，进一步增进政治互信，深化务实合作，丰富人文交流，不断为两国关系增添新内涵，让两国人民从中蒙友好合作中得到更多实实在在的利益。习近平说，中蒙立法机构间合作发展迅速，有力地促进了两国关系的发展。希望双方利用好定期交流机制这一新的合作平台，加强交流，互学互鉴，为彼此国家发展提供有益参考。

恩赫包勒德高度评价习近平主席访蒙取得的丰硕成果。恩赫包勒德说，蒙方正与中方加强沟通协调，积极落实两国元首达成的重要共识。中国坚持共同发展的周边外交政策，为蒙中合作的全面发展提供了重要机遇。包括蒙古国国家大呼拉尔在内的蒙古各方面愿与中方共同努力，深化两国各领域友好合作，推动蒙中关系迈上新台阶。恩赫包勒德表示，蒙方将在台湾、涉藏、涉疆等涉及中国核心利益问题上继续支持中方立场，维护并促进蒙中全面战略伙伴关系健康稳定发展。

10月27日

［纲　文］　张高丽在江苏省调研。

［目　文］　国务院副总理张高丽考察了飞依诺科技有限公司产品展示和研发中心、东菱振动试验仪器有限公司振动设备测试中心，然后到无锡物联网感知中心考察技术中心，看望研发人员，并与江苏省部分中小企业负责人座谈，听取他们对经济形势的看法和政策建议。

张高丽说，中小企业在促进经济增长、技术创新、增加税收、吸纳就业、改善民生等方面具有不可替代的重要作用。各地区各部门一定要贯彻落实好中央出台的促进中小企业发展的各项政策措施，不断优化中小企业发展环境。要加快转变政府职能，进一步取消和下放行政审批事项，继续为中小企业发展松绑。要完善财税金融政策，切实减轻税费负担，畅通融资渠道，加大对中小企业发展的支持。要深入实施创新驱动发展战略，大力推动中小企业转型升级，加快培育一批具有创新能力、知识产权和知名品牌的创新型中小企业。要牢固树立国际视野，积极参与国际市场合作竞争，鼓励和帮助中小企业走出去。要加快完善中小企业服务体系，积极推进公共服务平台建设，帮助中小企业解决成长过程中遇到的困难和问题。"打铁还需自身硬"，中小企业要在市场经济的大风大浪中，加强自身建设，坚持诚信守法经营，提升管理水平，提供优质产品，打造优秀品牌，增强企业核心竞争力，努力为促进经济持续健康发展作出更大贡献。

10 月 27 日

[纲　文]　纪念杨成武同志诞辰100周年座谈会在北京举行。

[目　文]　全国政协主席俞正声出席座谈会，并在会前会见了杨成武同志亲属。全国政协副主席兼秘书长张庆黎主持座谈会。

中共中央政治局委员、中央军委副主席范长龙在座谈会上回顾了杨成武同志的光辉业绩和革命风范。他指出，杨成武同志的一生，是革命的一生，战斗的一生，为党和人民无私奉献的一生，他为中国革命和建设事业建立的卓越功勋和不朽业绩，永远值得我们学习和缅怀。

杨成武同志曾任中国人民解放军副总参谋长、中央军委副秘书长、中央军委委员、第六届全国政协副主席。

10 月 27 日

[纲　文]　国务院办公厅印发《关于加快发展商业健康保险的若干意见》。

[目　文]　《意见》由六部分组成：一、充分认识加快发展商业健康保险的重要意义。二、加快发展商业健康保险的总体要求。三、扩大商业健康保险供给。四、推动完善医疗保障服务体系。五、提升管理和服务水平。六、完善发展商业健康保险的支持政策。

《意见》提出，到2020年，基本建立市场体系完备、产品形态丰富、经营诚信规范的现代商业健康保险服务业。《意见》要求，商业保险机构要加强健康保险管理和专业技术人才队伍建设，强化从业人员职业教育，持续提升专业能力；要精心做好参保群众就诊信息和医药费用审核、报销、结算、支付等工作，提供即时结算服务，简化理赔手续，确保参保群众及时、方便享受医疗保障待遇；开展异地转诊、就医结算服务。同时，要加大对商业健康保险监督检查力度，强化销售、承保、理赔和服务等环节的监管，严肃查处销售误导、非理性竞争等行为。

10 月 27 日

[纲　文]　中央军委副主席许其亮、国务委员兼国防部部长常万全与芬兰国防部长哈格隆德举行会谈。

[目　文]　许其亮说，中国军队对发展同芬兰军队的友好关系持积极态度，愿进一步拓展和深化双方的务实合作，把两军多层次、多领域的友好合作关系提高到新水平。哈格隆德说，芬兰高度重视发展与中国军队的友好关系，愿与中方一道努力，不断为两国关系增添新的内涵。

常万全说，中芬两军高层往来密切，对话交流机制运转顺畅，专业领域合作收效良好。中方愿进一步推动中芬两军友好务实合作关系不断深入发展。哈格隆德说，芬兰希望继续加强与中国军队在国际维和、网络安全和联合训练等领域的交流与合作。

10月27—28日

[纲　文]　国务委员杨洁篪应越南副总理兼外长范平明邀请访问越南,并同范平明共同主持中越双边合作指导委员会第七次会议。

[目　文]　27日,国务委员杨洁篪和越南副总理兼外交部长范平明共同主持会议。杨洁篪表示,当前,中越关系正处于改善和发展的关键时期。中越要坚持从两国关系大局出发,从各自发展的需要着眼,从互利共赢的具体合作入手,共同努力调动双边关系中的积极因素,妥善处理存在的问题,巩固和深化中越全面战略合作伙伴关系。范平明表示,坚持越中睦邻友好、互利合作是越南党和政府的战略选择,是越南人民的共同愿望,越方将始终坚持这一方针。双方同意按照双边有关协议和共识的精神,妥善处理好海上问题,用好中越政府间边界谈判机制,寻求双方均能接受的基本和长久解决办法。管控好海上分歧,不采取使争议复杂化、扩大化的行动,维护中越关系大局以及南海和平稳定。

28日,国务委员杨洁篪在河内会见越共中央总书记阮富仲和越南国家主席张晋创。杨洁篪说,当前中越关系处在改善和发展的重要阶段。搞好中越关系是双方各自实现发展的现实需要,符合两国共同利益。双方要牢牢把握中越关系的正确方向,坚持睦邻友好,推进互利合作。要加强高层交往,发挥其对双边关系的重要引领作用。要牢牢扭住共同发展这个主题,实现共同繁荣。要积极开展各种形式的民间交流,增进两国人民相互了解,巩固双边关系民意根基。要切实落实两国有关协议和共识,坚持通过双边协商解决海上分歧,避免海上问题干扰双边关系。阮富仲表示,对华关系是越南外交的头等优先方向。越方愿与中方保持高层互访,开展治国理政经验交流,发挥双边合作指导委员会作用,推进务实合作,加强地方、青年等人文交流。双方应妥善处理海上问题,维护双边关系稳定。张晋创表示,越南长期以来高度重视越中关系。双方应不断增进互信,推进合作,将越中关系提高到新水平。

10月27日

[纲　文]　《人民日报》发表题为《把党的领导贯彻到依法治国全过程——三论深入学习贯彻十八届四中全会精神》的评论员文章。

10月27日—11月1日

[纲　文]　十二届全国人大常委会第十一次会议在北京举行。

[目　文]　张德江委员长主持了开幕式、闭幕式并发表讲话。会议表决通过全国人大常委会关于修改行政诉讼法的决定,表决通过反间谍法,国家主席习近平分别签署主席令(第15号、第16号)予以公布。表决通过全国人大常委会关于设立国家宪法日的决定和关于民法通则第九十九条第一款、婚姻法第二十二条的解释;表决通过了全国人大内务司法委员会、财政经济委员会、外事委员会关于第十二届全国人民代表大会第二次会议主席团交付审议的代表提出的议案审议结果的报告;表决通过了全国人大常委会关于接受陈豪辞去全国人大常委会委员等职务的请求的决定;表决通过了全国人大常委会代表资格审

查委员会关于个别代表的代表资格的报告。

在会议完成各项表决事项后，张德江发表讲话。张德江说，一、本次会议表决通过了关于修改行政诉讼法的决定。有关单位和部门要认真宣传好、贯彻好修改后的行政诉讼法，依法及时准确审理行政诉讼案件，不断增强法治观念，提高依法行政、公正司法水平，引导公民、法人和其他组织通过法律途径和法治方式保护自己的权益。二、本次会议审议通过的反间谍法，对现行国家安全法从名称到内容进行了全面修订。本次会议还对反恐怖主义法草案进行了初次审议。要抓紧修改完善，争取尽快制定出台，为全面加强反恐怖主义斗争、最大限度消除恐怖主义威胁提供有力的法律保障。三、本次会议审议通过了关于设立国家宪法日的决定，将12月4日设立为国家宪法日，国家通过多种形式开展宪法宣传教育活动。要认真组织好国家宪法日的活动，切实增强全社会的宪法意识，弘扬宪法精神，树立宪法权威，加强宪法实施。四、全国人大及其常委会要把学习贯彻十八届四中全会精神作为重大政治任务，认真学习领会，全面贯彻落实，自觉把思想和行动统一到十八届四中全会精神上来。一要深刻认识全面推进依法治国的重大意义，坚定不移走中国特色社会主义法治道路。二要坚定不移坚持党的领导，把党的领导贯彻到依法治国全过程和各方面。三要坚持立法先行，建设中国特色社会主义法治体系。四要健全宪法实施和监督制度，加强宪法实施。五要加强和改进人大监督工作，促进严格执法、公正司法。六要加强和改进人大新闻宣传工作，推动法治宣传教育。七要大力加强自身建设，努力打造一支高素质的人大工作队伍。

10月27—31日

［纲　　文］　国际原子能机构（IAEA）第三届技术与科学支持机构（TSO）国际会议在北京举行。

［目　　文］　这是自日本福岛核事故后面向全球核安全领域TSO召开的最大规模会议。来自国际原子能机构成员国核安全监管机构、TSO以及经合组织核能署、世界核电运营者协会、欧洲技术支持网络等组织的300多名代表共同探讨如何加强核安全监管。中国环境保护部副部长、国家核安全局局长李干杰，IAEA副总干事丹尼斯·弗劳利等出席开幕式并致辞。李干杰指出，现代建筑学强调基础和支撑的力学搭配，强调四梁八柱。而核安全监管大厦的"四梁"是法规制度、机构队伍、技术能力、精神文化，"八柱"是审评许可、监督执法、辐射监测、事故应急、经验反馈、技术研发、公众沟通和国际合作。同时，针对TSO未来发展，李干杰倡议未来各国TSO要发展成评价和审查中心、技术研发和应用中心、信息收集和交流中心以及人才培养和储备摇篮。

TSO活动是国际原子能机构（IAEA）为提高核安全技术和科学支持机构能力、促进国际核安全交流与合作而搭建的重要平台，至今已举办两届。

10月28—31日

［纲　　文］　应国家主席习近平邀请，阿富汗总统加尼对中国进行国事访问。

[目　文]　28日，习近平与加尼举行会谈，在会谈中祝贺加尼就任阿富汗总统，欢迎加尼上任不久即把中国作为正式出访的首个国家并出席阿富汗问题伊斯坦布尔进程北京外长会开幕式。习近平说，2015年是中阿建交60周年，也是"中阿友好合作年"，双方要扩大人文交流，增进相互了解和友谊。中方即将承办伊斯坦布尔进程第四次外长会，这是阿富汗新政府成立后首个涉阿富汗问题国际会议，中方愿意同阿方密切配合，争取地区国家和国际社会对阿富汗的支持。中方支持阿富汗融入地区合作，欢迎阿方积极参与丝绸之路经济带建设。加尼表示，阿富汗人民渴望早日实现和平、稳定、发展，感谢中国对阿富汗和平进程和经济重建的支持。阿方愿意在和平共处五项原则基础上，发展阿中长期战略合作伙伴关系。两国元首共同见证了两国政府经济技术合作协定等文件的签署。双方还发表了关于深化中阿战略合作伙伴关系的联合声明。

29日，国务院总理李克强在会见加尼时说，中国支持阿富汗和平重建进程，愿积极参与阿富汗铁路、公路、水利、电力等基础设施建设，同阿方及国际社会共同努力，促进阿富汗经济发展和长治久安，维护地区和平稳定。全国人大常委会委员长张德江会见加尼时说，中国全国人大愿与阿富汗议会共同努力，着眼阿富汗和平稳定，加强治国理政经验交流；着眼可持续发展，为务实合作创造良好环境；着眼全方位合作，发扬光大中阿传统友谊，加强各层级各领域交流合作，推动中阿战略合作伙伴关系在新时期取得新发展。

31日，阿富汗问题伊斯坦布尔进程第四次外长会在北京举行，李克强与加尼共同出席并致辞。李克强在开幕式致辞中说，中方就解决阿富汗问题提出五点主张：一是坚持"阿人治阿"；二是推进政治和解；三是加快经济重建；四是探索发展道路；五是加强外部支持。中国政府一直坚定支持、积极推动阿富汗和平与重建进程，向阿方提供了力所能及的援助。加尼在致辞中对李克强总理提出的五点主张表示赞同。加尼说，伊斯坦布尔进程有利于阿富汗问题的早日解决，也有利于地区的和平稳定，中国等有关各方为推动进程作出了重要贡献。阿方将在国际社会的支持下，推进和平和解，为地区发展发挥积极作用。

会议由外交部部长王毅和阿富汗外长奥斯马尼共同主持。王毅表示，阿富汗正处于政治、安全、经济三重过渡期，既呈现重要机遇，又面临严峻挑战。在此关键时刻，本次外长会应发出地区国家和国际社会坚定支持阿平稳过渡和安全发展的明确信号，开展支持阿政治和解、和平重建的各项努力，以促进阿富汗和本地区的持久和平与稳定。会议通过《北京宣言》，确定了6大领域64个优先合作项目，宣布下届会议将于2015年在巴基斯坦举行。

阿富汗问题伊斯坦布尔进程成立于2011年，是目前唯一由地区国家主导的涉阿地区合作机制，为促进阿富汗和平重建发挥了积极作用。此系中国首次承办涉阿大型国际会议，14个地区成员国、16个域外支持国、12个国际和地区组织和4个主席国客人的外长或高级代表出席。

10月28日

[纲　文]　**全国公安机关爱民模范集体代表和爱民模范先进事迹报告会在北京**

举行。

[目　文]　全国公安系统100个爱民模范集体和100名爱民模范受到表彰。中共中央总书记习近平会见全国公安机关爱民模范集体代表和爱民模范，并发表讲话。习近平说，中国正处在全面建成小康社会、全面深化改革、全面推进依法治国的重要时期，改革发展稳定的任务繁重艰巨，公安机关肩负着光荣使命。希望全国公安机关和广大公安民警以爱民模范为榜样，认真学习贯彻党的十八届四中全会精神，坚定理想信念，忠诚党的事业，一心服务群众，扎实做好各项工作，为维护社会大局稳定、促进社会公平正义、保障人民安居乐业，为全面推进依法治国、建设社会主义法治国家，不断作出新的更大贡献。

"全国公安机关爱民模范"是近年来全国公安机关表彰英雄模范人物的最高荣誉，是广大群众对人民警察的最高褒奖。

10月28日

[纲　文]　马凯在北京出席贯彻落实《国务院关于进一步做好为农民工服务工作的意见》电视电话会议。

[目　文]　国务院副总理马凯说，农民工已成为中国产业工人的主体，是推动国家现代化建设的重要力量。新形势下做好为农民工服务工作，将农民工培养成为稳定就业的新型产业工人、发展成为在城镇常住并平等享受公共服务的新市民，是推进以人为核心城镇化的重要任务，是提高劳动者素质、转变经济发展方式的迫切需要，是统筹解决"三农"问题、全面建成小康社会的重要举措，必须下大力气抓紧抓好。要认真贯彻党的十八大和十八届三中、四中全会精神，深入落实《国务院关于进一步做好为农民工服务工作的意见》，紧紧围绕有序推进农民工市民化的发展方向，着力稳定和扩大农民工就业创业，不断夯实农民工市民化基础；着力维护农民工的劳动保障权益，努力为农民工市民化创造条件；着力推动农民工逐步实现平等享受城镇基本公共服务和在城镇落户，不断提高农民工市民化水平；着力促进农民工社会融合，不断提高农民工市民化质量。要加强组织领导，完善工作机制，加大经费投入，提高服务能力，努力开创农民工工作新局面。

10月28日

[纲　文]　新华社讯，中共中央纪委对辽宁省政协原副主席陈铁新严重违纪问题立案审查。

[目　文]　经查，陈铁新利用职务上的便利为他人谋取利益，收受巨额贿赂，收受礼金礼品；与他人通奸。已构成严重违纪违法，其中受贿问题涉嫌犯罪。依据《中国共产党纪律处分条例》等有关规定，经中央纪委审议并报中共中央批准，决定给予陈铁新开除党籍、开除公职处分；收缴其违纪所得；将其涉嫌犯罪问题及线索移送司法机关依法处理。

2016年11月22日，黑龙江省哈尔滨市中级人民法院公开宣判陈铁新受贿案。对被告人陈铁新以受贿罪判处有期徒刑13年9个月，并处没收个人财产人民币200万元；对陈铁新受贿所得财物及其孳息予以追缴，上缴国库。

10月28日

［纲　文］　全国人大常委会委员长张德江在北京会见哈萨克斯坦议会下院副议长纳扎尔巴耶娃。

［目　文］　张德江说，哈萨克斯坦是中国的友好邻邦和全面战略伙伴。习近平主席与纳扎尔巴耶夫总统多次会晤，结下了深厚友谊，就深化双边关系达成了许多重要共识。中国全国人大愿在现有基础上进一步加强与哈议会的友好往来，加强立法、治国理政经验交流，促进各自国家的法治建设，积极促进人文交流，为深化双方在建设丝绸之路经济带及能源、基础设施等领域合作创造良好的法律环境。要发挥哈首任总统基金会和中国对外友协等合作平台作用，夯实中哈友好的民意基础。纳扎尔巴耶娃表示，哈议会下院愿加强与中国全国人大的全面合作，推动哈中合作迈上新台阶。

10月28日

［纲　文］　国务院副总理张高丽在北京会见美国总统顾问波德斯塔。

［目　文］　张高丽表示，中美作为最大的发展中国家和最大的发达国家，加强应对气候变化领域的合作，符合两国的共同利益，有利于促进中美关系健康稳定发展。希望中美双方坚持共同但有区别的责任原则，进一步加强关于各自国内政策及国际谈判的对话交流，深化相关领域务实合作，实现优势互补、互利共赢，把气候变化合作打造成中美构建新型大国关系中的一大亮点。波德斯塔表示，美中均高度重视应对气候变化，2014年正值中美关系正常化35周年，希望两国气候变化合作取得新进展，使之成为构建美中新型大国关系的重要支柱。

10月28日

［纲　文］　国家副主席李源潮在北京会见由党的副领袖阿贝拉率领的马耳他工党代表团。

［目　文］　李源潮说，中马建交以来，两国始终相互尊重、平等相待，友好相处、密切合作。2015年是两党建立关系30周年，希望双方以此为契机，落实好两党未来五年交流规划，加强治国理政经验互学互鉴，促进中马关系不断向前发展。阿贝拉说，马耳他工党珍视对华友好关系，愿积极参与中方倡导的21世纪海上丝绸之路建设，促进马中、欧中开展全方位务实合作。

10月28日

［纲　文］　《人民日报》发表题为《用法治为全面深化改革护航——四论深入学习贯彻十八届四中全会精神》的评论员文章。

10月28—30日

［纲　文］　2014"汉学与当代中国"座谈会在北京举行。

［目　文］　本次座谈会由文化部和中国社会科学院主办，中国艺术研究院和中外文化交流中心承办，国家图书馆协办。中共中央政治局委员、中宣部部长刘奇葆出席座谈

会。来自美国、英国、德国、意大利、韩国、南非、印度、土耳其等17个国家的20名汉学家，就"中国梦与当代中国价值追求""中华文化的当代阐释""现当代作品的翻译与传播"等议题进行了深入交流，在理论、实践方面形成了一系列具有可操作性的研究成果。

10月29日

［纲　文］　习近平就中国国际文化交流中心成立30周年作出重要批示。

［目　文］　中共中央总书记习近平在批示中指出，中国国际文化交流中心成立30年来，为扩大对外文化交流、推动中华文化走向世界、服务国家工作大局、增进中国人民与世界各国人民的友谊，作出重要贡献。希望认真总结经验，发挥民间往来优势，坚持社会主义先进文化前进方向，大力弘扬中华优秀传统文化，在推进人类各种文明的交流交融、互学互鉴中，增强中国的文化软实力，维护世界和平。

中国国际文化交流中心成立于1984年，是从事民间国际文化交流的全国性、非营利性、具有社团法人资格的社会团体。

10月29日

［纲　文］　国家主席习近平在北京会见博鳌亚洲论坛理事会代表。

［目　文］　习近平介绍了中国发展态势和对亚洲发展前景的看法，希望博鳌亚洲论坛为促进中外交流合作和亚洲发展繁荣作出积极贡献。习近平说，当前，中国经济稳中求进，我们着力转变经济发展方式，促进经济结构调整和产业优化升级，推动经济持续健康发展；我们正在全面深化改革，扩大对外开放，坚持依法治国，加强执政党建设，朝着实现"两个一百年"的奋斗目标迈进。中国发展同亚洲命运息息相关。亚洲国家应该坚持联合自强，互利合作，包容开放，实现共同发展繁荣。中国坚定不移走和平发展道路，践行亲、诚、惠、容的周边外交理念，奉行开放的区域主义。我提出建设丝绸之路经济带和21世纪海上丝绸之路的倡议，目的是共同打造沿线区域经济一体化新格局。习近平指出，博鳌亚洲论坛在凝聚亚洲共识、促进亚洲发展、提升亚洲影响方面发挥了独特而重要作用。中国政府高度重视并将继续支持论坛发展。

博鳌亚洲论坛理事长福田康夫、理事拉法兰、咨询委员霍克、咨询委员捷列先科、理事李在镕、理事卡特林等先后发言。他们表示，中国是亚洲发展的发动机、世界和平的稳定器。习近平主席提出建设"一带一路"的倡议对促进各国共同发展意义重大，中国的发展对亚洲和世界是机遇。论坛感谢中国政府的大力支持，愿意继续为中国改革开放和亚洲发展繁荣建言献策，为增进中国与亚洲和世界的相互了解和融合发挥更大作用。

10月29日

［纲　文］　李克强主持召开国务院常务会议。

［目　文］　会议的主要内容有：一、部署推进消费扩大和升级，促进经济提质增效。要瞄准群众多样化需求，改革创新，调动市场力量增加有效供给，促进消费扩大和升级，带动新产业、新业态发展，推动发展向中高端水平迈进，打造中国经济升级版。一要

增加收入，让群众"能"消费。分批出台深化收入分配制度改革配套措施和实施细则，多渠道促进农民增收，努力实现居民收入增长和经济发展同步。二要健全社保体系，让群众"敢"消费。提高医疗保险保障水平，全面推开大病保险。三要改善消费环境，让群众"愿"消费。推进消费品安全立法，严惩"黑心"食品、旅游"宰客"等不法行为。会议要求重点推进六大领域消费。一是扩大移动互联网、物联网等信息消费，提升宽带速度，支持网购发展和农村电商配送。二是促进绿色消费，推广节能产品，对建设城市停车、新能源汽车充电设施较多的给予奖励。三是稳定住房消费，加强保障房建设，放宽提取公积金支付房租条件。四是升级旅游休闲消费，落实职工带薪休假制度，实施乡村旅游富民等工程，建设自驾车、房车营地。五是提升教育文体消费，完善民办学校收费政策，扩大中外合作办学。六是鼓励养老健康家政消费，探索建立产业基金等发展养老服务，制定支持民间资本投资养老服务的税收政策，民办医疗机构用水用电用热与公办机构同价。二、决定进一步放开和规范银行卡清算市场，提高金融对内对外开放水平。符合条件的内外资企业，均可申请在中国境内设立银行卡清算机构。仅为跨境交易提供外币清算服务的境外机构原则上无须在境内设立清算机构。要完善管理，防范风险，维护持卡人合法权益，使开放的金融市场便利和惠及消费者。三、确定发展慈善事业措施，汇聚更多爱心扶贫济困。发展慈善事业，引导社会力量开展慈善帮扶，是补上社会建设"短板"、弘扬社会道德、促进社会和谐的重要举措。一要落实和完善公益性捐赠减免税政策，推出更多鼓励慈善的措施。二要优先发展具有扶贫济困功能的慈善组织。地方政府和社会力量可通过公益创投等方式，为初创期慈善组织提供支持。三要强化行业自律和社会监督。引导慈善组织依法依规募捐，严格规范使用捐赠款物，及时公开项目运作、款物募集及使用等情况。加强监管，依法查处违规募捐、违约使用捐赠款物、无正当理由拒不兑现捐赠承诺等行为。

10月29日

[纲　文]　何梁何利基金2014年度颁奖大会在北京举行。

[目　文]　2014年度何梁何利基金授予中国科学院物理所研究员赵忠贤和清华大学教授薛其坤"科学与技术成就奖"，授予陈恕行等36名科技工作者"科学与技术进步奖"，授予李劲松等14名科技工作者"科学与技术创新奖"。52位获奖人拥有专利1370项，人均27.4项，比2013年有较大提升。获奖科学家平均年龄55.6岁，中青年科学家成为获奖主体。中共中央政治局委员、国务院副总理刘延东，全国人大常委会副委员长陈竺，全国政协副主席、科技部部长万钢出席大会，并为获奖人颁奖。

何梁何利基金由香港爱国金融家何善衡、梁銶琚、何添、利国伟于1994年创立，旨在奖励中国杰出科学家，促进祖国科学技术进步与创新。20年来，何梁何利基金共表彰了1100位杰出科技工作者。

10月29日

[纲　文]　国务院印发《关于调整城市规模划分标准的通知》。

[目　文]　《通知》对原有城市规模划分标准进行了调整，明确了新的城市规模划分

标准。新的城市规模划分标准以城区常住人口为统计口径，将城市划分为5类7档。

《通知》指出，与原有城市规模划分标准相比，新标准有4点重要调整：一是城市类型由4类变为5类，增设了超大城市。二是将小城市和大城市分别划分为两档。三是人口规模的上下限普遍提高。小城市人口上限由20万提高到50万，中等城市的上下限分别由20万、50万提高到50万、100万，大城市的上下限分别由50万、100万提高到100万、500万，特大城市下限由100万提高到500万。四是将统计口径界定为城区常住人口。城区是指在市辖区和不设区的市、区、市政府驻地的实际建设连接到的居民委员会所辖区域和其他区域。常住人口包括：居住在本乡镇街道，且户口在本乡镇街道或户口待定的人；居住在本乡镇街道，且离开户口登记地所在的乡镇街道半年以上的人；户口在本乡镇街道，且外出不满半年或在境外工作学习的人。

10月29日

[纲　文] **证监会印发《期货公司监督管理办法》。**

[目　文] 《办法》共8章100条。内容包括：总则，设立、变更与业务终止，公司治理，业务规则，客户资产保护，监督管理，法律责任，附则。

《办法》指出，2005年8月19日发布的《关于香港、澳门服务提供者参股期货经纪公司有关问题的通知》、2007年2月25日发布的《关于加强期货公司客户风险控制有关工作的通知》、2007年4月9日发布的《期货公司管理办法》、2011年11月3日发布的《期货营业部管理规定（试行）》、2012年5月10日发布的《关于期货公司变更注册资本或股权有关问题的规定》同时废止。

《办法》自公布之日起施行。

10月29日

[纲　文] **中国核与辐射安全监管30年座谈会在北京举行。**

[目　文] 环境保护部部长周生贤出席会议并讲话。环境保护部副部长、国家核安全局局长李干杰主持会议并作总结发言。周生贤指出，当前和今后一段时期，中国将在确保安全的前提下继续发展核电，切实发挥核能的基础性能源作用，以确保能源安全、优化能源结构、减少碳和污染物排放。李干杰指出，我国核与辐射安全监管经历了起步探索、整合提高、快速发展三个阶段。当前，我国正在推动国家治理体系和治理能力现代化，未来核与辐射安全监管领域的首要任务是完成核与辐射安全监管体系和监管能力的现代化。通过夯实核与辐射安全监管大厦的四座基石，即法规制度基石、机构队伍基石、技术能力基石、精神文化基石，构筑核与辐射安全监管大厦的八项支撑，即审评许可支撑、监督执法支撑、辐射监测支撑、监测事故应急支撑、文化培育经验反馈支撑、技术研发支撑、公共宣传沟通支撑以及国际合作支撑，不断推动核与辐射安全工作稳步向前发展。

来自国家能源局、国防科工局、中国核能行业协会、中国核工业集团公司等单位的专家代表分别作了会议发言。全国人大环资委、中编办、国家发改委、科技部、国家卫计委、国务院法制办和商务部等单位代表参加了此次座谈会。

10月29日

〔纲　文〕　中共中央政治局常委王岐山在北京会见法国社会党第一书记、欧洲社会党第一副主席让—克里斯托夫·冈巴德利斯一行。

〔目　文〕　王岐山指出，国家和政党间的交往，要尊重文化多样性，通过了解彼此历史与现实观察和展望未来。中国特色社会主义道路自信、理论自信、制度自信，根源于对中华民族传统文化的自信。中共十八大以来，党中央紧紧围绕坚持和发展中国特色社会主义事业谋篇布局。腐败侵蚀党的执政基础，危害社会公平正义。反腐败事关人心向背，关乎党和国家事业成败，必须对握有权力的人进行强有力的纪律约束，坚持有腐必惩、有贪必肃，为建设社会主义法治国家提供有力保证。冈巴德利斯表示，愿深入了解中国优秀历史文化，加强两党两国友好交流。

10月29日

〔纲　文〕　国务院副总理、中俄能源合作委员会中方主席张高丽应约同俄罗斯副总理德沃尔科维奇通电话。

〔目　文〕　张高丽说，李克强总理不久前成功访俄，和梅德韦杰夫总理共同举行中俄总理第十九次定期会晤，推动中俄全面战略协作伙伴关系继续向前发展。希望双方积极落实两国领导人就扩大能源等各领域合作达成的共识，为两国元首在亚太经合组织领导人北京非正式会议期间再次会晤做准备。德沃尔科维奇说，中国是俄罗斯可信赖的能源合作伙伴。俄方愿同中方共同努力，进一步扩大和深化两国能源合作，特别是不断扩大双方煤炭贸易领域的合作。双方就能源具体领域的合作深入交换了意见。

10月29日

〔纲　文〕　《人民日报》发表题为《以法治守护公平正义的核心价值——五论深入学习贯彻十八届四中全会精神》的评论员文章。

10月29日

〔纲　文〕　《人民日报》发表题为《牢记公安为民的庄严承诺》的评论员文章。

10月29日—11月13日

〔纲　文〕　第二届中国歌剧节在湖北省武汉市举行。

〔目　文〕　本届歌剧节由文化部和湖北省人民政府在武汉主办，是一次以中国梦为主题的全国性歌剧盛会，汇集了全国各地的20台优秀剧目，演出38场，3000余名歌剧艺术工作者参演，开展论坛讲座、赴基层演出等惠民活动10余场，观众达到9万余人次，体现了"歌剧艺术的盛会，人民群众的节日"这一宗旨。剧目数量、演出场次、观众人数、社会关注程度均创下历史之最。

10月30日

〔纲　文〕　全国政协在北京召开双周协商座谈会，就"利用水泥窑协同处置垃圾废弃物"问题建言献策。

[目　文]　全国政协主席俞正声主持会议，全国政协副主席杜青林、罗富和、张庆黎、马培华出席座谈会。

座谈会上，全国政协委员仇保兴、王小康等专家学者，围绕"利用水泥窑协同处置垃圾废弃物"问题座谈交流，提出意见建议。委员们建议，要高度重视"利用水泥窑协同处置垃圾废弃物"问题，关键要制定具体可行的政策，并确保政策落地。已有布点的工作要做好，稳步有序推进试点，要防止蜂拥而起，更不能借此扩大产能。利用水泥窑协同处置垃圾废弃物不能代替垃圾焚烧。要进一步加强城市生活垃圾和固体废弃物管理的法规建设，加大财税政策扶持力度，引入一些市场机制。要完善相关标准体系和评价体系，加强协同处置全过程的监管，加强关键技术的研发与创新，加快先进技术的推广应用。国家发展和改革委员会副主任解振华介绍了利用水泥窑协同处置垃圾废弃物的有关情况。工业和信息化部、财政部、环境保护部、住房和城乡建设部的负责人出席会议并与委员们互动交流。全国政协对"利用水泥窑协同处置垃圾废弃物"问题非常关注，此前人口资源环境委员会专门赴湖北、北京进行了实地调研。

10月30日

[纲　文]　第2届国医大师表彰大会在北京举行。

[目　文]　此活动由人力资源和社会保障部、国家卫生和计划生育委员会、国家中医药管理局共同举办。大会授予干祖望等29位中医名家"国医大师"荣誉称号；同时追授维医巴黑·玉素甫"国医大师"荣誉称号。较之首届"国医大师"的评选，此次评选更加注重面向基层和临床一线，并适当放宽从业年限。第2届"国医大师"平均年龄80岁，年纪最小的68岁，最大的102岁，专业涉及内科、外科、妇科、耳鼻喉、骨伤、针灸、中药及藏、蒙、维等民族医药。30名人选涉及22个省（区、市），其中有两名院士石学敏和陈可冀入选，并产生了第一位女性"国医大师"刘敏如和3名民族医：藏医占堆、蒙医吉格木德、维医巴黑·玉素甫。

会前，国务院副总理刘延东接见国医大师代表并座谈。刘延东说，中医药是我国独特的卫生资源、潜力巨大的经济资源、具有原创优势的科技资源、优秀的文化资源、重要的生态资源，挖掘利用好中医药资源，具有重大现实和长远意义。各地区、各有关部门要把握机遇，科学谋划，改革创新，不断提高中医药工作水平。要加强顶层设计，科学规划中医药事业发展；弘扬国医大师精神，发挥中医药在深化医药卫生体制改革中的特色优势；提高中医药服务能力，加强法制建设，筑牢各级特别是基层中医药服务网；强化人才培养和传承创新，打牢中医药发展的人才和科技基础。要大力培育弘扬优秀中医药文化，推动中医药走出去，不断提升中华文化软实力。

10月30日

[纲　文]　国务院办公厅印发《关于促进国家级经济技术开发区转型升级创新发展的若干意见》。

［目　文］　《意见》由六部分组成：一、明确新形势下的发展定位。二、推进体制机制创新。三、促进开放型经济发展。四、推动产业转型升级。五、坚持绿色集约发展。六、优化营商环境。《意见》要求各地区、各有关部门要进一步深化对促进国家级经开区转型升级、创新发展工作重要意义的认识，切实加强组织领导和协调配合，明确任务分工，落实工作责任，尽快制定具体实施方案和配套政策措施，确保工作取得实效。

10月30日

［纲　文］　财政部、教育部印发《关于建立完善以改革和绩效为导向的生均拨款制度，加快发展现代高等职业教育的意见》。

［目　文］　《意见》由三部分组成：一、意义和原则。二、主要内容和措施。三、工作要求。

《意见》指出，目前高职教育投入仍然不同程度地存在一些突出问题：多渠道筹措经费和财政生均拨款稳定投入机制还不够健全；高职院校总体投入水平仍然偏低，区域间差异较大；财政投入激励高职院校改革的导向作用不够明显；高职教育经费绩效管理基础薄弱等。《意见》要求，新形势下，建立完善以改革和绩效为导向的高职院校生均拨款制度，进一步加大高职教育财政投入，逐步健全多渠道筹措高职教育经费的机制，鼓励引导社会力量举办职业教育，有利于推动高职教育深化改革，整体提高现代职业教育办学水平和人才培养质量，优化高等教育结构，培养更多高素质技术技能型人才；有利于高职教育更好地为深入实施创新驱动发展战略，加快转方式、调结构、促升级提供人才支撑；有利于促进就业和改善民生。

10月30日

［纲　文］　环境保护部发布《环境噪声监测技术规范　噪声测量值修正》和《环境噪声监测技术规范　结构传播固定设备噪声》两项国家环境保护标准，自2015年1月1日起实施。

10月30日

［纲　文］　中国工程院发布中国首份关于气候变化对重大工程影响报告。

［目　文］　"气候变化对我国重大工程的影响与对策研究"课题启动于2013年12月，由10位院士和60余位专家参与研究。该报告是中国首次将气候变化对重大工程的影响进行系统梳理研究。根据该重大工程的分类，课题下设水工程和水安全、道路工程、能源工程和安全、沿海工程安全、生态环境与安全、电网安全6个专题。

10月30日

［纲　文］　全国人大常委会委员长张德江在北京会见由公正俄罗斯党主席米罗诺夫率领的公正俄罗斯党代表团。

［目　文］　张德江说，中俄全面战略协作伙伴关系堪称当前大国关系的典范。2014年以来，两国元首多次会晤，达成一系列重要共识，为中俄关系发展指明了方向。党际交往和立法机关间的交流与合作是两国关系的重要组成部分，中国共产党高度重视同公正俄

罗斯党的友好关系，中国全国人大愿继续深化同俄联邦会议的全方位合作。张德江还介绍了中国共产党十八届四中全会精神。米罗诺夫表示，俄中关系发展令人振奋。公正俄罗斯党愿进一步加强与中国共产党的交流互鉴，深化两党合作。全国政协副主席、中联部部长王家瑞参加会见。

10月30日

［纲　文］　中国南极考察队首次在南极地区建设北斗卫星导航系统基准站，首次在南极应用北斗卫星导航系统获取相关数据。

［目　文］　第31次南极考察队乘"雪龙"号极地考察船从上海出发，执行南极考察任务。本次考察队由281名队员组成，将执行"一船三站"（中山站、泰山站、昆仑站）任务，计划2015年4月10日左右返回上海港，总航程约3万海里，历时163天。在此次考察活动中，中国将调试安装北斗卫星导航系统的接收机及辅助设备，获取相关数据，并以基准站为基础，利用北斗卫星导航系统数据接收机，进行长城站站区全球导航卫星系统大地控制点联测，着重解决南极地区北斗卫星数据处理、多源卫星导航坐标框架无缝衔接以及不同基准框架一致性等关键问题，为中国实现自主卫星导航系统应用和南极北斗测绘基准体系的建立提供数据和技术支持。

10月30日

［纲　文］　《人民日报》发表题为《坚持中国特色社会主义法治道路——六论深入学习贯彻十八届四中全会精神》的评论员文章。

10月31日

［纲　文］　国务院总理李克强向首届"世界城市日"致贺信。

［目　文］　国务院总理李克强代表中国政府和人民，对首届"世界城市日"系列活动在上海开幕表示祝贺。贺信说，城市是人类文明进步和各国经济社会发展的重要平台。"世界城市日"以"城市让生活更美好"为总主题、以"城市转型与发展"为本年度主题，反映了城市的功能和本质，体现了人们对新时期城市发展的思考和行动。中国作为拥有13亿人口的发展中大国，正在推进新型城镇化，核心是以人为本、写好"人"的大字，实现城镇和谐、包容发展，新型城镇化和农业现代化相辅相成。中国致力于东中西部地区城镇合理布局、大中小城市和小城镇协调发展，创新产业形态，注重文化传承，实现城镇高质量、可持续发展。国际社会应当加强绿色城市、智慧城市和城市治理、城市文化等交流与合作，让城市在历史继承中更好地创造未来。

2013年12月6日，第68届联合国大会第二委员会通过有关人类住区问题的决议，决定自2014年起将每年的10月31日设为"世界城市日"。这是中国首次在联合国推动设立的国际日，获得了联合国全体会员国的支持。

10月31日

［纲　文］　俞正声在北京会见由台湾工商企业联合会、工商协进会、中小企业总会

组成的联合参访团。

［目　文］　全国政协主席俞正声对联合参访团来访表示欢迎，对他们多年来为促进两岸经济交流合作、推动两岸关系和平发展所作的努力表示肯定。俞正声指出，大陆的经济发展对台湾是重要机遇，两岸加强经济合作机制化建设，推动经济加快融合发展，有利于共同应对全球化挑战。希望台湾工商界、中小企业和基层民众更多地参与、支持两岸交流合作，为两岸关系和平发展作出更大贡献。

10月31日

［纲　文］　国务院印发《关于扶持小型微型企业健康发展的意见》。

［目　文］　《意见》由十部分组成。《意见》要求：一、充分发挥现有中小企业专项资金的引导作用，鼓励地方中小企业扶持资金将小型微型企业纳入支持范围（财政部、发展改革委、工业和信息化部、科技部、商务部、工商总局等部门负责）。二、认真落实已经出台的支持小型微型企业税收优惠政策，根据形势发展的需要研究出台继续支持的政策。三、加大中小企业专项资金对小企业创业基地（微型企业孵化园、科技孵化器、商贸企业集聚区等）建设的支持力度。四、对小型微型企业吸纳就业困难人员就业的，按照规定给予社会保险补贴。五、鼓励各级政府设立的创业投资引导基金积极支持小型微型企业。六、进一步完善小型微型企业融资担保政策。七、鼓励大型银行充分利用机构和网点优势，加大小型微型企业金融服务专营机构建设力度。八、高校毕业生到小型微型企业就业的，其档案可由当地市、县一级的公共就业人才服务机构免费保管（人力资源社会保障部、工业和信息化部、工商总局等部门负责）。九、建立支持小型微型企业发展的信息互联互通机制。十、大力推进小型微型企业公共服务平台建设，加大政府购买服务力度，为小型微型企业免费提供管理指导、技能培训、市场开拓、标准咨询、检验检测认证等服务。

10月31日

［纲　文］　国务院发布《关于〈政府核准的投资项目目录（2014年本）〉的通知》。

［目　文］　《通知》指出，为进一步深化投资体制改革和行政审批制度改革，加大简政放权力度，切实转变政府投资管理职能，使市场在资源配置中起决定性作用，确立企业投资主体地位，更好发挥政府作用，加强和改进宏观调控，发布《政府核准的投资项目目录（2014年本）》。《目录》由十二部分组成，分别是：一、农业水利；二、能源；三、交通运输；四、信息产业；五、原材料；六、机械制造；七、轻工；八、高新技术；九、城建；十、社会事业；十一、外商投资；十二、境外投资。本目录自发布之日起执行，《政府核准的投资项目目录（2013年本）》即行废止。

10月31日

［纲　文］　环境保护部发布《环境影响评价技术导则　钢铁建设项目》和《建设项目竣工环境保护验收技术规范　纺织染整》两项国家环境保护标准，自2015年1月1日起实施。

10月31日

［纲　　文］　民政部印发《关于确定全国和谐社区建设示范单位的通知》。

［目　　文］　《通知》确定江苏省南京市等14个城市为全国和谐社区建设示范城市、北京市东城区等140个城区为全国和谐社区建设示范城区、北京市东城区东花市街道等200个街道为全国和谐社区建设示范街道、北京市东城区崇文门外街道新怡家园社区等1000个社区为全国和谐社区建设示范社区。《通知》要求，各级民政部门要加强对全国和谐社区建设示范单位的跟踪指导和动态管理，全国和谐社区建设示范城市、全国和谐社区建设示范城区要率先开展社区公共服务综合信息平台建设工作，逐步实现社区公共服务事项的一站式受理、全人群覆盖、全口径集成和全区域通办。

10月31日

［纲　　文］　《人民日报》发表张德江委员长题为《完善以宪法为核心的中国特色社会主义法律体系》的文章。

10月31日—11月2日

［纲　　文］　全军政治工作会议在福建古田举行。

［目　　文］　会议主要任务是，贯彻整风精神，研究解决新的历史条件下党从思想上政治上建设军队的重大问题。范长龙、许其亮、王沪宁、栗战书和常万全、赵克石、张又侠、吴胜利、马晓天、魏凤和分别参加有关活动。四总部有关领导，大单位主要领导和政治部主任，军委办公厅领导，副大军区级和军级单位政治委员，总部和大单位机关有关同志，基层和英模代表，以及公安部有关领导共420余名代表出席会议。

中央军委主席习近平出席会议并发表讲话。习近平说，军队政治工作的时代主题是，紧紧围绕实现中华民族伟大复兴的中国梦，为实现党在新形势下的强军目标提供坚强政治保证。加强和改进新形势下我军政治工作，当前要重点抓好以下5个方面：第一，着力抓好铸牢军魂工作。第二，着力抓好高中级干部管理。第三，着力抓好作风建设和反腐败斗争。第四，着力抓好战斗精神培育。第五，着力抓好政治工作创新发展。

10月31日—11月6日

［纲　　文］　第11届中国武汉光谷国际杂技艺术节在武汉举行。

［目　　文］　本届杂技节的参赛国家和地区创历届之最，共有来自17个国家和地区的28个节目参赛。其中，国（境）外20个节目参赛，国内8个节目参赛。有来自俄罗斯、西班牙、德国、越南、朝鲜、中国和中国台湾等20个国家和地区的300多名中外演员参加比赛演出。杂技节期间，还举办杂技产品交易会、中国杂技发展论坛。同时开展杂技艺术进社区、进学校、进广场、进企业等"四进"惠民联欢活动，让人们与世界顶尖杂技艺术家亲密接触。

中国武汉国际杂技艺术节创办于1992年，每两年举办一次，经过20余年的磨砺和打造，武汉杂技节成为与摩纳哥蒙特卡洛国际马戏节、法国巴黎明日国际杂技节、中国吴桥杂技节齐名的四大国际杂技节之一。

11 月

11月1日

［纲　文］　习近平签署中华人民共和国主席令（第15号、第16号）。

［目　文］　主席令（第15号）说，《全国人民代表大会常务委员会关于修改〈中华人民共和国行政诉讼法〉的决定》已由中华人民共和国第十二届全国人民代表大会常务委员会第十一次会议于2014年11月1日通过，现予公布，自2015年5月1日起施行。主席令（第16号）说，《中华人民共和国反间谍法》已由中华人民共和国第十二届全国人民代表大会常务委员会第十一次会议于2014年11月1日通过，现予公布，自公布之日起施行。

11月1—2日

［纲　文］　习近平在福建省调研。

［目　文］　中共中央总书记习近平来到平潭综合实验区和福州市，深入口岸、码头、企业、社区考察，就推动经济社会发展、推进依法治国、推进作风建设进行调研。王沪宁、栗战书、万鄂湘和中央有关部门负责人分别陪同参加考察活动。

考察期间，习近平听取了福建省委和省政府工作汇报，对福建经济社会发展取得的成绩和各项工作给予肯定。习近平指出，福建在自然资源、人文资源、人力资源方面独具优势，要大力推进产业优化升级，以前瞻性眼光把项目规划好，推动主导优势产业加快发展、战略性新兴产业快速成长、传统产业升级改造，推动信息化和工业化深度融合；要深化科技体制改革，向创新要活力、要动力、要出路、要效益；要大力保护生态环境，实现跨越发展和生态环境协同共进。要围绕建设特色现代农业，努力在提高粮食生产能力上挖掘新潜力，在优化农业结构上开辟新途径，在转变农业发展方式上寻求新突破，在促进农民增收上获得新成效，在建设新农村上迈出新步伐。要通过领导联系、山海协作、对口帮扶，加快科学扶贫和精准扶贫，办好教育、就业、医疗、社会保障等民生实事，支持和帮助贫困地区和贫困群众尽快脱贫致富奔小康，决不能让一个苏区老区掉队。各级党组织要认真按党章办事，把对党组织的管理和监督、对党员干部特别是领导干部的管理和监督、对党内政治生活的管理和监督在标准上严格起来。面对新时期复杂的党内外环境，从严治党要把继承传统和改革创新结合起来、制定目标和狠抓落实结合起来、分类指导和统筹协调结合起来、典型引导和全面提高结合起来、当前工作和长治长效结合起来，增强系统性、预见性、创造性、实效性。

11月1日

［纲　文］　财政部、国家发展改革委员会印发《关于减免养老和医疗机构行政事业性收费有关问题的通知》。

［目　文］　《通知》由5部分组成。《通知》说，为促进养老和健康服务业发展，自2015年1月1日起，对非营利性养老和医疗机构建设全额免征行政事业性收费，对营利性养老和医疗机构建设减半收取行政事业性收费。上述免征或减半收取的行政事业性收费项目包括：国土资源部门收取的土地复垦费、土地闲置费、耕地开垦费、土地登记费；住房和城乡建设部门收取的房屋登记费、白蚁防治费；人防部门收取的防空地下室易地建设费；各省、自治区、直辖市人民政府及其财政、价格主管部门按照管理权限批准设立的涉及养老和医疗机构建设的行政事业性收费。

《通知》要求，各省、自治区、直辖市财政、价格主管部门要公布减免省级设立的涉及养老和医疗机构建设的行政事业性收费项目，对养老机构提供养老服务也应适当减免行政事业性收费，同时对本地区出台涉及养老和医疗机构的行政事业性收费进行全面清理，坚决取消违规设立的各类收费。各地区和有关部门要严格执行本通知规定，对公布减免的行政事业性收费，不得以任何理由拖延或者拒绝执行。各级财政、价格主管部门要加强对落实本通知情况的监督检查，对不按规定减免相关收费的，要追究相关责任人的行政责任。

11月1日

［纲　文］　探月工程三期再入返回飞行试验成功。

［目　文］　6时42分，经过8天4小时42分钟的飞行，中国探月工程三期再入返回飞行试验返回器成功通过月地转移轨道重返地球，在内蒙古四子王旗预定区域顺利着陆。本次试验的圆满成功，标志着我国已经全面突破和掌握了航天器以接近第二宇宙速度高速再入返回的关键技术，为确保嫦娥五号任务顺利实施和探月工程持续推进奠定了坚实基础。

11月1—2日

［纲　文］　中国生态文明论坛年会在成都举行。

［目　文］　本届年会由中国生态文明研究与促进会主办，以"生态文明·创新驱动"为主题，深入研讨生态环境挑战下的生态文明建设理念、路径与制度选择等重要理论和实践问题，并举行了"示范创建·市长论坛"（主题：生态文明建设与城市绿色转型）、"城乡统筹·农村论坛"（主题：生态文明视角下的新型城镇化建设）、"环境法制·厅局长论坛"（主题：实施新环保法，环保部门的权力与责任）、"创新发展·生态旅游论坛"（主题：科技走进生态旅游）、"行业创建·纺织论坛"（主题：纺织行业生态文明建设与机制、路径创新）、"水生态文明·科技论坛"（主题：水生态文明与湿地生态修复）、"绿色责任·企业论坛"（主题：企业的绿色转型与绿色责任）、"土壤修复·国际论坛"（主题：土壤污染防治的机制、技术创新与修复产业发展）等8场分论坛。环保、农业、林业、水利、纺

织、煤炭等多部门多专业人士围绕当前生态文明建设的热点、焦点问题，展开了激烈讨论，为生态文明建设新时期的创新驱动建言献策。

在年会闭幕式上，我国首个表彰生态文明建设者的大奖"中国生态文明奖"启动评选，重点奖励一线和基层对生态文明创建实践、理论研究和宣传教育作出重大贡献的集体和个人，这是目前我国级别最高的生态文明专项奖，该评奖活动由环境保护部主办。

11月1—3日

［纲　文］　全国政协主席俞正声应阿尔及利亚民族院议长本·萨拉赫的邀请，对阿尔及利亚进行正式友好访问。

［目　文］　俞正声在阿尔及尔分别会见阿总统布特弗利卡、总理塞拉勒、国民议会议长哈利法和外长拉马姆拉，并与民族院议长本·萨拉赫举行了会谈。俞正声说，很高兴在阿尔及利亚国庆60周年之际访问，这是中国本届政治局常委对西亚北非地区的首次访问，充分表明中方对发展中阿关系的高度重视。近年来，中阿关系快速发展，双方高层互访不断，政治互信不断巩固，特别是2014年2月，习近平主席同布特弗利卡总统共同宣布两国建立全面战略伙伴关系，中阿关系进入了一个新的历史阶段。中方愿与阿方共同努力，落实好两国元首共识，充实全面战略伙伴关系的内涵，加强两国各层次交往，巩固政治互信，加强中阿务实合作，让中阿关系走在国与国关系的前列，引领和带动中国同整个非洲和阿拉伯国家关系的发展。

布特弗利卡总统、本·萨拉赫议长、塞拉勒总理等阿方领导人感谢中方长期以来对阿给予的大力支持和帮助，愿与中方共同构建好全面战略伙伴关系，在政治、经济、文化、教育等各个领域充实伙伴关系的内涵，加强两国议会间的友好交往，在国际和地区事务中密切协调与配合，促进两国关系持续、快速、全面发展。

访问期间，俞正声还向阿无名烈士纪念碑敬献花环，并参观了中国公司承建的阿外交部大楼。全国政协副主席兼秘书长张庆黎，全国政协副主席、民革中央常务副主席齐续春等参加了上述活动。

11月2日

［纲　文］　国家发展改革委印发《关于清理规范涉企行政审批前置服务收费的通知》。

［目　文］　《通知》由四部分组成。一、明确清理规范范围；二、清理现行行政审批前置服务收费政策；三、建立行政审批前置服务收费目录管理制度；四、规范定价行为。

《通知》指出，全面清理涉及企业与行政审批相关的中介服务收费，废止没有法律法规依据的前置服务收费政策，严格规范中介服务机构收费行为，旨在切实减轻企业负担，推动行政审批前置事项大幅削减。

《通知》要求，各级价格主管部门要加强对行政审批前置中介服务收费的监督检查，对发现的价格违法违规行为要依法严肃处理。

11月2日

[纲　文]　国家水体污染控制与治理科技重大专项"十三五"发展战略研究及实施计划制定启动会在北京召开。

[目　文]　国家水体污染控制与治理科技重大专项第一行政负责人、环境保护部副部长吴晓青主持会议并讲话。会上，水专项领导小组成员单位、地方流域水专项管理办公室等代表就水专项"十三五"如何科学谋划、优化顶层设计及与国家和地方重大治污行动更好衔接等方面提出了意见和建议。

吴晓青对水专项"十三五"的工作提出了要求：科学研究要"重心"下沉接地气，深入调研开"良方"；把握当前国家和流域水污染控制与治理真实态势和切实需求，为水专项开出对症下药的"好方子"。要聚焦瘦身，统筹优化，实现水专项"大集成、大示范"的作用。突出水专项的重大标志性成果、突出"聚焦、瘦身"要求、突出"综合调控"落地、突出与治污规划衔接。同时要建立高效的工作机制，精诚协作，有序推进水专项"十三五"发展战略研究与实施计划编制工作。

"十三五"是水专项全面完成总体战略目标的决胜时期。科技部、发展改革委和财政部已多次召开工作会议，研究部署国家重大科技专项"十三五"发展战略规划工作，对各专项的"十三五"发展战略研究与实施计划编制工作提出了明确要求。

11月2—3日

[纲　文]　汪洋在海南省考察调研现代农业和种业工作。

[目　文]　国务院副总理汪洋考察了国家杂交水稻研究中心三亚基地，并召开座谈会听取推进南繁基地建设的意见建议。汪洋说，要规划先行，尽快把南繁基地纳入基本农田范围，划定南繁科研育种永久保护区，依法实施用途管制，坚决守住这块稀缺的、不可替代的国家战略资源。要按照"中央支持、地方负责、社会参与"的原则，调动各方面积极性，加大投入力度，加快南繁基地建设。依法加强南繁基地管理，规范基地运行秩序，防控生物安全风险。建立农业科研服务体系，加强科研项目统筹，推进产学研融合，促进公共科研资源开放共享，努力把南繁基地建设成为农业科技体制改革的示范区。

汪洋考察海南农垦时说，农垦是中国特色农业经济体系的重要组成部分。要深化体制改革，增强发展活力，努力发挥农业现代化"排头兵""领头羊"的作用。要坚持社会主义公有制，坚持以农业经营为主，坚持走规模化道路，决不能把公有制改没、把农业改弱、把规模改小。要切实把南繁基地规划好、保护好、建设好、管理好，为做强做大种业、加快农业现代化作出新的贡献。

11月3—4日

[纲　文]　应国家主席习近平的邀请，卡塔尔埃米尔塔米姆对中国进行国事访问。

[目　文]　习近平在会见塔米姆时指出，卡塔尔是中东海湾地区有独特影响的重要国家，也是中国在该地区重要合作伙伴。你这次访问期间，我们双方决定将两国关系提升

为战略伙伴关系,这是一个重要里程碑,我们要从战略高度规划好全方位合作。中方支持卡塔尔主权和领土完整,支持卡塔尔为维护国家安全稳定所作努力,支持卡塔尔在地区事务中发挥独特作用。中方欢迎卡方参与丝绸之路经济带和21世纪海上丝绸之路建设,愿意同卡方建立上下游一体、长期稳定的能源伙伴关系,同时扩大基础设施建设、通信、金融等各领域合作,促进相互投资,并研究在第三国开展联合投资。双方要加强两军交流和安全执法合作,共同打击恐怖主义。卡方即将成为海湾合作委员会轮值主席国,希望卡方推动加快中国—海湾合作委员会自由贸易区谈判。中方支持举办2016中卡"文化年",促进人文交流。

塔米姆表示,卡方高度重视发展卡中战略伙伴关系,塔米姆邀请习近平主席早日对卡塔尔进行国事访问。习近平主席提出的建设"一带一路"倡议,为两国能源、基础设施建设等领域合作提供了重要机遇。卡方将扩大对华天然气出口,并作为创始成员国积极参与亚洲基础设施投资银行筹建工作,欢迎中国企业投资卡方在建大型项目。卡方将坚定致力于推动海中自贸区谈判早日完成。卡方希望同中方加强反恐合作。卡方将同中方一道,搞好2016卡中"文化年"活动,加深两国人民友谊。卡方高度赞赏中方积极支持和参与国际社会抗击埃博拉疫情,愿意同中方开展合作。

会谈后,两国元首共同见证了"一带一路"、金融、教育、文化等领域合作文件的签署。双方还发表《中卡关于建立战略伙伴关系的联合声明》。两国元首共同宣布,建立中卡战略伙伴关系,推动两国务实合作迈上更高水平。全国人大常委会副委员长陈昌智、国务委员杨洁篪、全国政协副主席陈元等出席。

访问期间,国务院总理李克强、全国人大常委会委员长张德江分别会见了塔米姆。李克强表示,中方愿同卡方一道,推动两国战略伙伴关系持续向前发展。中方愿同卡方深化油气合作,构建能源领域长期、全面的战略合作关系,加强在油气勘探开发、液化天然气生产和石化领域的上下游一体化合作,希望卡方向中国企业参与卡上下游区块勘探开发进一步敞开大门。塔米姆表示,卡中关系发展良好,卡方愿进一步深化两国关系,扩大互利合作,密切人员往来,优先同中方开展长期能源合作。欢迎更多中国企业赴卡投资兴业,卡方将为此提供便利。卡方也愿为推动海合会同中国的合作发挥积极作用。

张德江说,中国与卡塔尔建交26年来,始终坚持平等相待、相互尊重,各领域合作成果丰硕,两国关系健康发展。双方应以此为契机,推动战略伙伴关系稳步向前发展。中国全国人大愿与卡塔尔协商会议加强交流合作,为提升中国同卡塔尔以及海湾国家的合作水平,深化中卡关系作出积极贡献。塔米姆说,此次访华成果丰富,卡塔尔愿深化同中国全方位的合作。

11月3日

[纲 文] **李克强在北京主持召开国务院经济形势专家、企业负责人座谈会。**

[目 文] 座谈会就当前经济形势和下一步经济工作,听取专家学者和企业负责人的意见建议。国务院副总理张高丽出席座谈会。国务院副总理刘延东、汪洋、马凯和国务

委员王勇参加座谈会。来自高校、研究机构的专家学者和装备制造、电子商务、金融等领域的企业负责人，围绕经济运行和今后宏观政策发表了看法。与会者认为，在国际形势复杂多变、国内矛盾困难增多的情况下，中国经济保持平稳运行，虽然2014年以来增速比2013年有所放缓，但全年仍会在7.5%左右的合理区间，结构调整、民生改善等呈现不少亮点，成绩来之不易。

国务院总理李克强说，面对复杂严峻的经济形势，要善于从纷繁多变的经济现象中把准运行的主脉、更要看清发展的大势，尊重客观规律、民主决策、科学决策。李克强要求：第一，必须坚持发展是第一要务，以经济建设为中心，紧紧抓住重要战略机遇期，打好发展"持久战"。第二，必须着眼提质增效，走创新驱动发展之路，打造升级版。既要加大力度支持新技术、新模式、新业态、新产业发展，为它们"培土施肥"，打造中国经济新的"发动机"；又要致力于传统产业"挖潜开荒"，推动高端化、低碳化、智能化改造，促进"老树发新芽"。第三，密切关注发展背后的民生。持续改善民生，加强社会建设，也是扩大需求、支撑发展的潜力所在。我们还要围绕促进收入正常增长、健全社保体系，加快基础设施建设和教育、卫生等社会事业发展，增加公共产品有效供给，推进社会公平正义等，研究推进涉及民生领域的重大改革和发展举措，用改善民生的新成果，兑现发展为民的理念和承诺。

11月3日

[纲　文]　　李源潮在北京会见杨衍忠事迹报告团。

[目　文]　　国家副主席李源潮指出，杨衍忠同志胸中装着祖国、装着人民，为祖国和人民的需要，毕生攀登科技高峰。杨衍忠是我们每个人学习的榜样。中国科协要大力宣传杨衍忠同志先进事迹，激励广大科技工作者特别是青年科技工作者，坚定报国理想，执着科学创新，弘扬奉献精神，带头践行社会主义核心价值观，为建设创新型国家、为实现中华民族伟大复兴的中国梦作出积极贡献。杨衍忠同志的一生是科技报国的一生，是执着探索的一生，是无私奉献的一生，广大科技工作者要向杨衍忠同志学习。

杨衍忠（1938年11月—2014年5月20日），生前系江西省地矿局赣南地质调查大队高级工程师。杨衍忠18岁进入地质调查队后，一直坚持在野外从事地质找矿工作，为发展祖国地矿事业作出积极贡献，退休后，他20年如一日，整理了近600万字的地质勘探资料献给国家。

11月3日

[纲　文]　　国务院办公厅印发《关于实施公路安全生命防护工程的意见》。

[目　文]　　《意见》共6章22条。《意见》要求：一要全面排查治理现有公路安全隐患；二要严格规范公路工程安全设施建设；三要切实加大资金投入保障力度；四要大力推进公路安全综合治理。

《意见》提出，公路安全生命防护工程的工作目标是，到2015年底，全面完成公路安全隐患的排查和治理规划工作，并率先完成通客运班线、接送学生车辆集中的约3万公里农村公路的安全隐患治理。到2017年底，全面完成急弯陡坡、临水临崖等重点路段约6.5万公里的安全隐患治理。到2020年底，基本实现乡道及以上行政等级公路交通安全基础设施明显改善，公路安全防护水平显著提高，公路交通安全综合治理能力全面提升。

11月3日

［纲　文］　《人民日报》发表王岐山题为《坚持党的领导　依规管党治党　为全面推进依法治国提供根本保证》的文章。

11月3—4日

［纲　文］　中央政法委员会、中央社会治安综合治理委员会在湖北省武汉市举行深化平安中国建设会议。

［目　文］　这是中共十八届四中全会后全国政法综治系统举行的一次重要会议。会议认真学习贯彻四中全会和习近平总书记系列重要讲话精神，对更好发挥法治引领和规范作用，深入推进平安中国建设作出部署。中共中央政治局委员、中央政法委书记、中央综治委主任孟建柱出席会议并讲话。全国人大常委会副委员长兼秘书长王晨，国务委员、公安部部长郭声琨，最高人民法院院长周强，最高人民检察院检察长曹建明，中国法学会负责人等出席会议。

中共中央总书记习近平就深入推进平安中国建设作出指示。习近平指出，法治是平安建设的重要保障。政法综治战线要认真学习贯彻党的十八届四中全会精神，把政法综治工作放在全面推进依法治国大局中来谋划，坚持运用法治思维和法治方式解决矛盾和问题，加强基础建设，加快创新立体化社会治安防控体系，提高平安建设现代化水平，努力为建设中国特色社会主义法治体系、社会主义法治国家作出更大贡献。

会上，湖北省、武汉市，以及北京等11个省区市代表发言，从不同角度、侧面，介绍了深入推进平安建设工作的做法、经验。与会代表观看了发言单位的专题片，并与基层政法综治干警进行了现场视频连线。会议强调，全国政法综治部门要深入学习贯彻党的十八大和十八届二中、三中、四中全会精神，深入学习贯彻习近平总书记系列重要讲话精神，紧紧围绕推进国家治理体系和治理能力现代化的总目标，牢牢把握全面推进依法治国的总要求，坚持系统治理、依法治理、综合治理、源头治理，坚持问题导向、法治思维、改革创新，进一步加强基础建设，完善立体化社会治安防控体系，提升平安中国建设能力和水平，努力使影响社会安定的问题得到有效防范、化解、管控，群众安全感和满意度进一步提升，确保人民安居乐业、社会安定有序、国家长治久安。

11月3日

［纲　文］　全国人大常委会委员长张德江在北京会见巴基斯坦参联会主席拉沙德。

［目　文］　3日，张德江在会见拉沙德时说，中巴是全天候的战略合作伙伴。加强互利合作、提升中巴关系水平，是两国领导人达成的重要共识。当前，中巴双方包括立法机关、军队等各方面要积极落实好各项共识，打造"中巴命运共同体"。要进一步加强务实合作，共同推进重大项目建设，共同推进经贸合作和人文交流，共同打击恐怖主义，为

维护地区稳定与安全作出积极贡献。中国全国人大愿进一步深化同巴议会的友好交往，密切立法等方面的合作，巩固全天候友谊，推动两国战略合作伙伴关系持续深入发展。拉沙德说，巴中友谊是巴外交安全政策的基石。巴方将坚定支持中国打击"东伊运"等邪恶势力。

5日，中央军委副主席许其亮在会见拉沙德时说，长期以来，中巴两国在事关对方核心利益问题上相互理解、相互支持，加强两军务实合作具有重要的战略意义。希望两军携手努力，为两国关系进一步发展作出新的更大贡献。拉沙德表示，巴中关系特殊友好，感谢中国在涉及主权、独立、安全等问题上给予的支持。巴方在涉及中国核心利益问题上给予中方坚定支持的立场不会动摇，打击恐怖势力是巴中两国共同的决心。

11月3—12日

[纲　文]　第四届中国校园戏剧节在上海举行。

[目　文]　本届戏剧节由中国文联、教育部、上海市政府联合主办，以"中国梦·青春梦"为主题。本届中国校园戏剧节共收到两岸三地的91所高校及两所中学报送的123个剧目。经专家遴选，最终共有33所高校的剧目入选，包括大戏23台，短剧专场两台（含10个短剧），共同角逐"中国戏剧奖·校园戏剧奖"。清华大学的话剧《马兰花开》、上海视觉艺术学院的音乐剧《妈妈，再爱我一次》分别领衔普通组和专业组的"优秀剧目奖"，上海戏剧学院的话剧《中国梦》获得"优秀剧目奖·特别奖"。另有来自5个高校的编剧导演和演员分别获得单项奖。

中国校园戏剧节是新中国成立以来举办的首个国家级校园戏剧节，也是唯一一个面向校园、以学生为主体的全国性戏剧活动。该戏剧节设立的"中国戏剧奖·校园戏剧奖"是我国校园戏剧的最高奖，为国家级文艺常设奖项，每两年评选一次。

11月4日

[纲　文]　中央财经领导小组第八次会议在北京召开。

[目　文]　中共中央总书记、中央财经领导小组组长习近平主持会议。会议主题是研究丝绸之路经济带和21世纪海上丝绸之路规划、发起建立亚洲基础设施投资银行和设立丝路基金。会议听取了国家发展改革委、财政部、中国人民银行关于"一带一路"规划、发起建立亚洲基础设施投资银行、设立丝路基金的汇报，领导小组成员进行了讨论。中共中央政治局常委李克强、刘云山、张高丽出席会议。中央财经领导小组成员出席，中央和国家有关部门负责人列席会议。

习近平说，丝绸之路经济带和21世纪海上丝绸之路倡议顺应了时代要求和各国加快发展的愿望，提供了一个包容性巨大的发展平台，具有深厚历史渊源和人文基础，能够把快速发展的中国经济同沿线国家的利益结合起来。要集中力量办好这件大事，秉持亲、诚、惠、容的周边外交理念，近睦远交，使沿线国家对我们更认同、更亲近、更支持。为推进"一带一路"建设，习近平提出：一、要诚心诚意对待沿线国家，做到言必信、行必果。二、要抓住关键的标志性工程，力争尽早开花结果。三、要做好统筹协调工作，正确处理政府和市场的关系，发挥市场机制作用，鼓励国有企业、民营企业等各类企业参与，同时发挥好政府作用。四、要以创新思维办好亚洲基础设施投资银行和丝路基金。设立丝路基金是要利用我国资金实力直接支持"一带一路"建设。要注意按国际惯例办事，充分借鉴现有多边金融机构长期积累的理论和实践经验，制定和实施严格的规章制度，提高透明度和包容性，确定开展好第一批业务。亚洲基础设施投资银行和丝路基金同其他全球和区域多边开发银行的关系是相互补充而不是相互替代的，将在现行国际经济金融秩序下运行。

11月4日

[纲　文]　国务院印发《关于支持鲁甸地震灾后恢复重建政策措施的意见》和《鲁甸地震灾后恢复重建总体规划》。

[目　文]　《关于支持鲁甸地震灾后恢复重建政策措施的意见》由三部分组成：一、指导思想和基本原则。二、主要政策。三、工作要求。《意见》明确，要参照芦山地震灾后恢复重建政策措施，支持鲁甸地震灾后恢复重建，根据灾区属于集中连片特殊困难地区的实际情况，中央加大支持力度，努力争取灾后恢复重建的最大效益和最好效果。《意见》提出了财税、金融、土地、生态、产业等九大类政策。

《鲁甸地震灾后恢复重建总体规划》是按照党中央、国务院关于鲁甸地震灾后恢复重建要坚持以人为本、尊重自然、统筹兼顾、立足当前、着眼长远的基本要求，依据《中华人民共和国防震减灾法》，在地震灾害评估、地质灾害排查及危险性评估、房屋及建筑物受损程度鉴定评估和资源环境承载能力综合评价的基础上，广泛听取灾区干部群众、有关专家和各方面意见，经过科学论证，编制完成的。《总体规划》确定了居民住房建设、公共服务和社会管理、基础设施、特色产业、灾害防治、生态环境保护六个方面的灾后恢复重建任务。《总体规划》决定用3年左右的时间完成恢复重建任务，使灾区基本生产生活条件和经济社会发展水平全面恢复并超过灾前水平。

2014年8月3日，云南鲁甸发生6.5级地震。此次地震共造成云南省、四川省、贵州省10个县（区）受灾，包括云南省昭通市鲁甸县、巧家县、永善县、昭阳区，曲靖市会泽县；四川省凉山彝族自治州会东县、宁南县、布拖县、金阳县；贵州省毕节市威宁彝族回族苗族自治县。

11月4日

[纲　文]　中国科普作家协会在北京举行科普创作工作者代表座谈会。

[目　文]　中共中央政治局委员、国家副主席李源潮出席座谈会并讲话。李源潮指出，科普创作工作者要深刻领会习近平总书记在文艺工作座谈会上的讲话精神，为实现中华民族的科学梦，创作更多无愧于时代的优秀科普作品。

座谈会上，中国科协负责人介绍了科普创作的情况，几代科普作家代表和学生创作者代表发言。与会者表示，要把握大好机遇，围绕祖国需要、人民需求积极开展科普创作，为提升全民族科学文化素质贡献力量。

中国科普作家协会成立于1979年8月。在35年历程中，协会致力于团结全国科普工作者，为科普作家、科普编辑、科普翻译者提供了多种形式的交流平台。2014年10月24—26日，中国科普作家协会在北京举办了成立35周年纪念会。

11月5日

［纲　文］　李克强主持召开国务院常务会议。

［目　文］　会议主要内容有：一、决定削减前置审批、推行投资项目网上核准，释放投资潜力、发展活力。会议指出，按照《政府工作报告》要求，从改革创新制度入手，以精简前置审批、规范中介服务，实行更加便捷、透明的投资项目核准为重点，把简政放权、放管结合向纵深推进，有利于根治"审批依赖症"，堵住利益输送"暗道"，转变政府职能，建设法治政府、现代政府，放开企业手脚，营造鼓励大众创业、万众创新的良好环境。会议决定，第一，实行五个"一律"，更大程度方便企业投资。第二，企业需要中介服务的，由企业自主选择。第三，推行前置审批与项目核准"并联"办理，作为重要简政措施，加快办理速度。第四，强化事中事后监管。建设信息共享、覆盖全国的投资项目在线审批监管平台，实现网上办理、审批和监管，提高审批效率。二、部署加强知识产权保护和运用，助力创新创业、升级"中国制造"。会议认为，知识产权是发展的重要资源和竞争力的核心要素。要强化知识产权保护，鼓励创新创造；要促进专利、版权、商标、植物新品种等的创造和运用，向社会特别是创新者免费或低成本提供知识产权基础信息；要建立国家科技重大专项和科技计划知识产权目标评估制度，促进创新成果转移转化；要加大财税金融支持。运用财政资金引导和促进科技成果产权化、知识产权产业化。鼓励地方政府建立小微企业信贷风险补偿基金，对知识产权质押贷款提供重点支持。会议还研究了其他事项。

11月5日

［纲　文］　全国研究生教育质量工作会议暨国务院学位委员会第三十一次会议在北京召开。

［目　文］　这是学位与研究生教育改革发展进入关键时期召开的一次重要会议，也是1978年恢复研究生教育以来，以质量为主题召开的第一个全国性会议。会议的主要任务是落实教育规划纲要，深化学位与研究生教育综合改革，部署质量保证和监督体系建设，推动研究生教育内涵发展。各省（区、市）教育厅（教委）厅长（主任），新疆生产建设兵团教育局局长，中国人民解放军学位委员会办公室负责人，中国社会科学院研究生院院长，有关高校校长，有关部委相关司局（单位）负责人等参加会议。

中共中央政治局委员、国务院副总理、国务院学位委员会主任委员刘延东出席会议并讲话。刘延东说，要认真贯彻落实党中央、国务院决策部署，全面深化综合改革，创新人才培养模式，坚持问题导向，大力提升研究生教育质量，为创新驱动发展、国家现代化建设培养更多高端人才。

刘延东指出，改革开放特别是教育规划纲要实施以来，我国研究生教育学科整体水平显著提高，服务国家需求能力持续增强，国际影响力不断扩大，实现了历史性跨越。要深刻把握全球经济科技竞争新趋势，坚定不移推动改革，使研究生教育成为高端人才的聚集器、国家科技创新的倍增器和中华优秀文化传承创新的推进器。要树立科学的质量观，解决好培养什么人、为谁培养人的问题，围绕经济社会需求优化结构，坚持质量为核心的内涵式发展，着眼提升创新与实践能力改革培养模式，把握好规模与质量、借鉴与弘扬的关系。要按照"四有"标准建设一支造诣精湛、德学双馨的导师队伍，突出科教结合和产学结合，不断提升研究生教育的国际化水平。要健全法律法规、完善制度规范、强化监督责任，建立完善内部质量保障与外部评估体系，努力开创研究生教育改革发展新局面。

11月5日

［纲　文］　教育部、国家发展改革委、财政部发布《关于实施第二期学前教育三年行动计划的意见》。

［目　文］　《意见》由五部分组成：一、重要意义；二、基本原则和主要目标；三、重点任务；四、主要措施；五、组织实施。

《意见》说，为认真贯彻党的十八大"办好学前教育"和十八届三中全会"推进学前教育改革发展"的要求，进一步落实《国务院关于当前发展学前教育的若干意见》，促进学前教育持续健康发展，经国务院同意，决定2014—2016年实施第二期学前教育三年行动计划（以下简称"二期行动计划"）。《意见》指出，实施二期行动计划，是巩固一期成果，加快学前教育发展，进一步解决"入园难"问题的必然要求；是继续深化改革，破解体制机制障碍，促进学前教育可持续发展的迫切需要；是办好人民满意教育，推进教育公平，保障和改善民生的重大举措。

《意见》提出了到2016年学前三年毛入园率达到75%的发展目标，围绕"扩总量、调结构、建机制、提质量"四大重点任务，提出继续扩大城乡学前教育资源总量，大力发展公办园，积极扶持企事业单位、集体办园和普惠性民办园，扩大公办园和普惠性民办园覆盖面。完善投入机制，推动地方进一步加大财政投入力度，出台公办幼儿园生均公用经费标准或者生均财政拨款标准，率先在农村建立以公共财政投入为主的学前教育成本分担机制。健全幼儿园教职工配备补充机制和工资待遇保障机制，着力解决幼儿园教师数量不足、待遇不高、职业吸引力不强等问题，提升师资队伍整体素质。加强学前教育治理体系和治理能力建设，健全幼儿园动态监管体系，建立教研指导责任区制度，完善区域教研和园本教研制度，提升保育教育质量。

11月5日

［纲　文］　国家卫计委、国家发展改革委、人力资源社会保障部、国家中医药管理局、中国保监会联合印发《关于推进和规范医师多点执业的若干意见》。

［目　文］　《意见》由四部分组成：一、总体要求。二、医师多点执业的资格条件和注册管理。三、医师多点执业的人事（劳动）管理和医疗责任。四、组织实施。

《意见》规定，医师多点执业是指医师于有效注册期内在两个或两个以上医疗机构定期从事执业活动的行为。允许临床、口腔和中医类别医师多点执业。医师多点执业实行注册管理，相应简化注册程序，同时探索实行备案管理的可行性。条件成熟的地方可以探索实行区域注册，以促进区域医疗卫生人才充分有序流动。《意见》要求，推进医师合理流动，优化医师多点执业政策环境；鼓励医师到基层、边远地区、医疗资源稀缺地区和其他有需求的医疗机构多点执业。

11月5日

［纲　文］　**全国核安全设备经验交流暨核安全文化宣贯推进会在北京召开。**

［目　文］　环境保护部副部长、国家核安全局局长李干杰出席会议并讲话。来自全国185个核安全设备生产单位的代表参加会议。李干杰指出，此次核安全文化宣贯推进专项行动，就是要从根本上解决长期存在的不理性、不客观、不透明、违法违规等行业顽疾，抓住核安全文化建设这个关键来固本强基。要充分认识核安全文化的重要意义，掌握核安全文化建设的主要内容，明确核设备行业核安全文化建设的近期目标，结合日常工作扎实开展核安全文化宣贯推进专项行动，把核安全文化作为全行业共同的价值观和行为准则。要大力推进和全面实现核安全监管体系的现代化和核安全监管能力的现代化。要不断夯实和强化核与辐射安全监管大厦的"四梁八柱"，进一步推进核安全设备监管工作法制化、规范化。一是要把握规律，科学开展核安全设备监管；二是要坚持法治，从严开展核安全设备监管；三是要准确定位，有效开展核安全设备监管；四是要深化改革，创新开展核安全设备监管。

11月5—7日

［纲　文］　**第九届中国文联文艺评论奖颁奖典礼暨第七届当代中国文艺论坛在江苏苏州举行。**

［目　文］　本届中国文联文艺评论奖共收到630件参评作品，其中，中国文联48个团体会员报送的作品489件，社会自荐作品141件。最终，朱良志的《南画十六观》，资华筠和王宁的《舞蹈生态学》，贾芝的《拓荒半壁江山——贾芝民族文学论集》获著作类特等奖；蒋述卓的《流行文艺与主流价值关系初议》，刘厚生的《建设社会主义文化强国，戏曲怎么办？》，饶曙光的《华语电影新发展及其前景》获文章类特等奖；陶庆梅的《当代小剧场三十年（1982—2012）》等5部专著获著作类一等奖；姜昆的《使二人转更好地"转"下去》等21篇文章获文章类一等奖；中国电影家协会等15家单位获组织工作奖。

由中国文联主办的文艺评论奖设立于2000年，每两年评选一次，涵盖文学、戏剧、电影、音乐、美术、书法、曲艺、舞蹈、民间文艺、摄影、杂技、电视共12个文艺门类。

11月5—7日

［纲　文］　**全国政协主席俞正声应巴林协商会议主席阿里·本·萨利赫·阿勒萨利赫的邀请，对巴林进行正式友好访问。**

［目　文］　俞正声分别会见了巴林国王哈马德、王储萨勒曼、副首相穆罕默德、国

民议会议长兼众议长扎赫拉尼,并与协商会议主席阿里进行了会谈。全国政协副主席兼秘书长张庆黎,全国政协副主席、民革中央常务副主席齐续春等陪同参加。

俞正声表示,中巴两国国情不同,但建交25年来,两国政治互信不断加深,在涉及彼此核心利益和重大关切问题上相互支持。2013年哈马德国王访华期间与习近平主席就共同构建长期稳定的友好合作关系达成全面共识,为中巴关系发展指明了方向。中方高度重视中巴关系,愿与巴方共同努力,在相互尊重、平等互利的基础上,推动中巴友好合作关系迈上新台阶。希望巴积极参与丝绸之路经济带和21世纪海上丝绸之路建设,推动两国在基础设施建设、通信、能源等领域的务实合作。在维护地区和平与稳定、打击恐怖主义等国际和地区事务中继续相互支持、相互配合。

哈马德国王等巴方领导人表示,巴中两国有各自的国情,但在发展经济、改善人民生活、保持社会稳定等方面有很多共同之处,双方合作领域众多,合作项目进展顺利。今后愿与中方在政治、经济、文化、教育等各个领域密切合作,吸引更多中国公司参与巴经济建设,加强两国立法和协商机构的友好交往,在国际和地区事务中充分协调与配合,促进两国关系持续、快速、全面发展。

11月6日

[纲　文]　调整解放军审计署建制领导关系命令宣布大会在北京召开。

[目　文]　中央军委主席习近平签署命令。中共中央政治局委员、中央军委副主席范长龙出席并讲话,中共中央政治局委员、中央军委副主席许其亮宣读命令。中央军委委员、总后勤部部长赵克石出席。

主席令说,解放军审计署由总后勤部划归中央军委建制,在中央军委领导下,主管全军审计工作,对中央军委负责并报告工作,其党的建设、政治工作和行政管理由军委办公厅领导。

范长龙说,当前,国防和军队建设站在了一个新的历史起点,军队现代化建设与军事斗争准备任务艰巨繁重,深化国防和军队改革进入攻坚阶段,改作风和反腐败到了关键时候,依法治军从严治军迈入新阶段,对军队审计工作赋予了新的任务,提出了新的更高要求。要深刻领会习主席和军委的战略意图,提高思想认识,尽快找准新定位、适应新变化,增强做好审计工作的使命感责任感。要着眼更好地发挥职能作用,尽快完善相关制度机制,确保建制调整有序进行、工作扎实开展。要注重加强思想、组织和作风纪律建设,加强干部队伍教育管理,不断提高审计队伍的政策水平、专业素质和实际工作能力,为深入推进军队作风建设和反腐败斗争作出新的贡献。

将解放军审计署划归中央军委建制,是加强对军队经济活动审计监督作出的重大决策;是深化国防和军队改革,推进军队审计制度创新的重要举措。对贯彻从严治党要求,贯彻依法治军、从严治军方针,预防和惩治腐败,对军委从全局上加强对审计工作的组织领导,增强审计监督的独立性、权威性和实效性,具有十分重要的意义。

11月6日

[纲　文]　**国务院国企负责人薪酬改革工作会议在北京召开。**

[目　文]　国务委员、国务院深化国有企业负责人薪酬制度改革工作领导小组副组长王勇主持会议。国务院副总理、国务院深化国有企业负责人薪酬制度改革工作领导小组组长马凯出席会议。

会议指出，深化国有企业负责人薪酬制度改革，建立起符合国有企业负责人特点的薪酬制度，对于进一步健全国有企业薪酬分配的激励和约束机制，形成企业负责人与职工之间的合理分配关系，合理调节不同企业负责人之间的薪酬差距，增强企业发展活力，形成合理有序收入分配格局，都具有十分重要的意义。

会议强调，各地区、各部门和广大国有企业，要认真贯彻党的十八大和十八届三中、四中全会精神，深入落实党中央、国务院关于深化中央管理企业负责人薪酬制度改革的意见，坚持从我国基本国情出发，按照建立社会主义市场经济、完善现代企业制度的改革方向，适应国有企业的本质属性和国资国企改革进程，完善薪酬形成机制，合理确定薪酬水平，健全薪酬监督机制，统筹规范薪酬外的福利待遇，实现薪酬水平适当、结构合理、管理规范、监督有效。要加强组织领导、督促指导和宣传引导，分类、分级、分层、分步有序推进改革，切实把改革各项措施落到实处，促进国有企业持续健康发展。

11月6日

[纲　文]　**财政部印发《车辆购置税收入补助地方资金管理暂行办法》。**

[目　文]　《办法》共6章40条。《办法》指出，车辆购置税收入补助地方资金，不得用于平衡公共财政预算。车购税资金的支出范围包括十个方面：交通运输重点项目、一般公路建设项目、普通国省道灾毁恢复重建项目、公路灾损抢修保通项目、农村老旧渡船报废更新项目、交通运输节能减排项目、公路甩挂运输试点项目、内河航道应急抢通项目、老旧汽车报废更新项目、国务院批准用于交通运输的其他支出。其中，车购税资金的项目管理以交通运输主管部门为主（其中用于老旧汽车报废更新的项目管理以商务主管部门为主），资金管理以财政部门为主。

《办法》对各类车购税资金的支出项目给出了具体的金额范围。具体来说，普通国道、省道灾毁恢复重建资金年度总规模原则上不超过100亿元；公路灾损抢修保通项目支出按每次公路灾损灾情类别分批次给予补助，最高不超过1000万元，最低不低于400万元；新造农村渡船单船奖励资金原则上不超过15万元；节能减排量可以量化的项目，根据年节能量按每吨标准煤不超过600元或根据年替代燃料量按被替代燃料每吨标准油不超过2000元给予奖励等。除车购税资金外，中央公共财政预算中如有安排用于交通运输节能减排项目的参照本办法办理。

11月6日

[纲　文]　**中国首个知识产权法院——北京知识产权法院成立。**

[目　文]　北京知识产权法院内设4个审判庭和技术调查室、法警队两个司法辅助

机构以及一个综合行政机构，集中管辖原由北京市各中级人民法院管辖的知识产权民事和行政案件。

11月6日

［纲　文］　国务院学位委员会第三十一次会议审议通过《中医专业学位设置方案》，中国首次设立中医专业学位。

［目　文］　《方案》提出，为服务我国中医药事业发展对中医专门人才的迫切需求，完善中医人才培养体系，创新中医人才培养模式，特设置中医专业学位。中医专业学位分为博士、硕士两级，含中西医结合及民族医。中医博士专业学位英文名称为 Doctor of Chinese Medicine，中医硕士专业学位英文名称为 Master of Chinese Medicine。中医博士专业学位研究生，其临床能力培养与中医专科医师规范化培训标准有机衔接；中医硕士专业学位研究生，其临床能力培养按照中医住院医师规范化培训标准进行。中医专业学位研究生培养实行导师或导师组负责制，教学方式采用课程讲授、案例研讨、社会实践、跟师学习等多种形式，重视名老中医药专家经验总结与传承。考核方式分为学位课程考试、临床能力考核和论文答辩三部分。学位论文应结合中医临床实际选题，突出实际意义和应用价值。

11月6日

［纲　文］　全国人大常委会委员长张德江在北京会见埃塞俄比亚人民代表院议长阿卜杜拉。

［目　文］　张德江说，中国和埃塞俄比亚有着深厚的传统友谊，两国关系呈现良好发展势头。中方将按照习近平主席提出的"真、实、亲、诚"对非政策理念，继续巩固和加强与埃塞俄比亚在各领域的务实合作，不断深化两国全面合作伙伴关系。中国全国人大愿与埃塞俄比亚联邦议会加强立法、治国理政经验交流，共同营造两国经贸合作特别是重点项目顺利实施的法律环境，并通过友好交往带动人文领域合作，巩固两国友好的民意基础。

阿卜杜拉说，长期以来，中国在各个方面给予了埃塞俄比亚很多帮助，愿进一步推进两国关系的发展，分享中国在立法、治国理政等方面的经验。

11月6—10日

［纲　文］　应国务院总理李克强邀请，加拿大总理斯蒂芬·哈珀对中国进行正式访问。

［目　文］　访问期间，中国国家主席习近平、国务院总理李克强和全国人大常委会委员长张德江分别与哈珀总理举行会见、会谈。哈珀总理还出席了亚太经合组织领导人非正式会议有关活动。

中加领导人双方在会见会谈中就中加关系以及共同关心的国际地区问题进行深入、坦诚、富有成果的交流。两国领导人重申2009年《中加联合声明》和2012年中加联合成果清单确立的指导原则，重申双方致力于在相互尊重、平等互利的基础上加强中加战略伙伴关系。双方同意保持高层交往包括领导人之间的交往，以扩大务实合作，增进人文交流，推进中加关系。双方同意在最近生效的《中加投资保护协定》基础上，进一步拓展双边经贸关系。双方同意进一步深化在农业、能源和民航领域的商业关系，扩大在卫生和金融服务领域的合作，并采取措施增进两国人民间的联系。双方同意按照2012年联合成果清单商定的原则，保持人权领域的对话与交流。

  双方宣布一系列重要合作进展并签署相关合作协议，具体如下：一、双方同意建立外交部长年度会晤和经济财金战略对话机制。二、双方同意致力于提高本币在中加贸易和投资中的使用。为此，两国央行签署了双边本币互换协议和在加拿大建立人民币清算安排的合作备忘录。中方将给予加方初始规模为500亿元人民币境外合格机构投资者（RQFII）额度。双方认为这将有利于促进加拿大人民币市场的平稳健康发展。三、双方都认识到为彼此企业提供贸易服务的重要性。四、认识到农业在双边关系中的重要地位，双方同意《中国国家质量监督检验检疫总局与加拿大食品检验署关于不列颠哥伦比亚省鲜食樱桃对华永久市场准入的植物检疫安排》。五、双方同意签署一项合作安排，为加拿大鲜食蓝莓出口中国建立达成一致的植物检疫条件。六、双方同意继续就加拿大30月龄以下带骨牛肉进行磋商。七、双方同意建立二轨对话机制，研究促进双边能源贸易的新举措，包括研究未来建设环境友好型海上能源走廊。八、双方签署《中国国家能源局和加拿大自然资源部关于核能合作的谅解备忘录》。九、双方签署《修订〈中国政府和加拿大政府航空运输协定〉的第二议定书》，为两国货物、服务流动和人员旅行提供更多便利。十、加拿大宣布给予乘中国南方航空公司航班经加赴美或由美经加回国的中国乘客免除加过境签证待遇。十一、双方致力于在北京与卡尔加里、蒙特利尔之间建立直航。十二、双方续签《中国国家发展和改革委员会与加拿大外交、贸易和发展部关于进一步促进民用航空产业领域合作的谅解备忘录》。十三、双方宣布完成双边民航适航合作技术安排的阶段性谈判。十四、双方宣布扩大卫生领域合作，包括执行《中加卫生合作执行计划》，重点就传染病、慢性病、中医药、食品安全、卫生创新以及卫生安全等问题开展研究。为庆祝中加卫生合作20周年，双方决定在2015年开展系列庆祝活动。十五、双方同意就加拿大在中国更多城市设立签证申请中心事予以积极考虑。十六、双方宣布2015至2016年为中加文化交流年。十七、两国同意争取于2015年内完成电影合拍协议，并加快电视合拍协议的磋商。十八、双方将继续致力于加强在亚太经合组织框架下的合作，共同为亚太发展、繁荣和进步作出新的贡献。十九、双方同意继续根据各自国家法律就打击跨国犯罪和反腐败开展合作。二十、双方同意通过建立包括企业界在内的工作组加强二轨对话，以积极探讨深化经贸等领域的双边合作。

11月7日

  [纲　文]　**中国新闻奖、长江韬奋奖颁奖报告会在北京举行。**

  [目　文]　中共中央政治局常委刘云山、中央宣传部部长刘奇葆出席报告会并讲

话。会上为中国新闻奖、长江韬奋奖获奖者代表颁发了奖杯,并为从业30年以上的资深新闻工作者颁发了荣誉证书和证章。中国记协主席田聪明致辞。中央有关部门、中央主要新闻单位负责人和中央新闻单位及其他在北京新闻单位代表约500人参加会议。

刘云山说,讲好中国故事,重要的是解决好讲什么、怎么讲和怎样讲好的问题。讲什么,就是要把握时代脉搏、关注发展大势,聚焦"两个一百年"奋斗目标和中华民族伟大复兴的中国梦,把当代中国发展进步的主流展示好,把中国人民蓬勃向上的风貌展示好。要坚持实事求是,不断改进创新,努力出新出彩,做到见人见事见思想见精神。怎样讲好,就是要走出办公室、走出高楼大厦,在路上心中才会有时代,在基层心中才会有群众,在现场心中才会有感动,要深化"走转改",多到基层一线,采写接地气、有温度的好新闻。

刘奇葆说,广大新闻工作者要秉持崇高的价值追求,把弘扬社会主义核心价值观作为新闻宣传的一条主线、一种底色,做社会主义核心价值观的践行者、推动者、引领者。要牢固树立马克思主义新闻观,坚持新闻工作的正确方向,大力弘扬"走转改"精神,把对人民的深厚感情倾注笔端,为人民采写、为时代放歌。要增强现代传播意识,强化互联网思维,把讲好故事作为看家本领,努力成为全媒记者、全媒编辑,生产全媒产品,在媒体融合发展中大显身手。要坚守正确人生坐标,树立崇高职业精神和强烈社会责任,恪守敬畏事实、秉持正义的道德操守,以实际行动赢得社会尊重和人民赞誉。

中国新闻奖、长江韬奋奖是经中央批准常设的全国优秀新闻作品和优秀新闻工作者最高奖,由中华全国新闻工作者协会主办。中国新闻奖每年评选一次,长江韬奋奖每两年评选一次。

11月7日

[纲 文] 中国量子密钥分发安全距离刷新世界纪录,相关成果在《物理评论快报》发表。

[目 文] 中国科学技术大学教授潘建伟及其同事张强、陈腾云与中国科学院上海微系统所、清华大学科研人员合作,将可以抵御黑客攻击的远程量子密钥分发系统的安全距离扩展至200公里,刷新了世界纪录,该研究成果发表在11月7日出版的国际权威物理学期刊《物理评论快报》上。

11月7日

[纲 文] 国务院副总理汪洋在北京会见世界贸易组织总干事阿泽维多和澳大利亚贸易投资部长罗布一行。

[目 文] 在会见阿泽维多时,汪洋表示,中国将继续支持多边贸易体制,积极推动世贸成员为全面落实"巴厘一揽子协议"、制定"后巴厘工作计划"、完成多哈回合谈判发出明确、积极的信号。

在会见罗布时,汪洋表示,中澳两国经贸互补性强,中方愿与澳方相向而行,早日达成自贸协定,进一步深化双边互利合作,促进亚太地区乃至世界经济发展。

11月7日

[纲　文]　国务委员杨洁篪在北京与来访的日本国家安全保障局长谷内正太郎举行会谈。

[目　文]　杨洁篪指出，发展长期健康稳定的中日关系，符合两国和两国人民的根本利益，中方一贯主张在中日四个政治文件基础上，本着"以史为鉴、面向未来"的精神发展中日关系。近几个月来，双方通过外交渠道就克服中日关系政治障碍进行了多轮磋商，中方重申了严正立场，要求日方正视和妥善处理历史、钓鱼岛等重大敏感问题，同中方共同努力推动两国关系改善发展。

谷内表示，日方高度重视日中战略互惠关系，愿意着眼大局，同中方通过对话磋商，增进共识和互信，妥善处理分歧和敏感问题，推进日中关系改善进程。

双方就处理和改善中日关系达成以下四点原则共识：一、双方确认将遵守中日四个政治文件的各项原则和精神，继续发展中日战略互惠关系。二、双方本着"正视历史、面向未来"的精神，就克服影响两国关系政治障碍达成一些共识。三、双方同意通过对话磋商防止局势恶化，建立危机管控机制，避免发生不测事态。四、双方同意利用各种多双边渠道逐步重启政治、外交和安全对话，努力构建政治互信。

杨洁篪说，双方应切实按照上述共识精神维护中日关系政治基础，把握两国关系正确发展方向，及时妥善处理敏感问题，以实际行动构建中日政治互信，推动两国关系逐步走上良性发展轨道。谷内表示，上述四点原则共识非常重要，日方愿意同中方相向而行。

11月7日

[纲　文]　外交部部长王毅在北京会见美国国务卿克里。

[目　文]　双方就中美关系和奥巴马总统访华筹备工作等问题交换了意见。

王毅表示，中美致力于构建新型大国关系不仅造福两国，也将使世界放心。双方应将构建新型大国关系的意愿付诸行动，使之取得具体成果。中方高度重视奥巴马总统即将来华出席亚太经合组织领导人非正式会议并对中国进行国事访问。希望双方共同努力，确保此访和两国元首会晤取得成功，将中美关系提升到新的水平。

克里表示，美方赞赏中方为主办亚太经合组织领导人非正式会议所作的大量努力，将与中方保持密切合作，确保会议取得成功。

11月7—8日

[纲　文]　亚太经合组织（APEC）第二十六届部长级会议在北京举行。

[目　文]　会议通过《亚太经合组织第二十六届部长级会议联合声明》，批准一系列重要合作倡议，并将提交领导人会议审议通过。部长会议主要达成六点共识：一是共同构建面向未来的亚太伙伴关系，实现亚太长远发展与共同繁荣。二是致力于建立亚太开放型经济格局，巩固亚太引领全球经济增长的引擎地位。三是坚持区域经济一体化方向，启动推进亚太自贸区建设，努力构建惠及太平洋两岸的区域经济新架构。四是同意探讨经济创新发展、改革与增长，就跨越中等收入陷阱、互联网经济、城镇化等新领域开展合作，

为亚太经济挖掘新动力。五是高度重视亚太地区在基础设施与互联互通建设方面的巨大需求，提请领导人批准《亚太经合组织互联互通蓝图》，为亚太长远发展夯实基础。六是在中方推动下，2014年APEC加大反腐败合作力度。会议通过《北京反腐败宣言》，成立APEC反腐执法合作网络。

会议期间，外交部部长王毅在北京会见出席亚太经合组织部长级会议的日本外相岸田文雄。王毅表示，11月7日中日双方就妥善处理当前中日关系面临的主要问题发表四点原则共识，这是中日关系朝着改善方向迈出的重要一步。关键是日方要认真对待，切实遵守，落到实处。日方应在此基础上认真反思，真正找到影响两国关系健康发展的根源所在，并下决心予以解决。只有正本清源，才能行稳致远。日方应该秉持正确的历史观，与过去的侵略行径和理论一刀两断，彻底决裂；应该客观正确认识和对待中国发展，奉行积极的对华政策；应该继续坚持走得到各方认同和支持的和平发展道路。岸田文雄表示，双方达成的四点原则共识对于改善日中关系非常重要，日方愿努力加以落实。希望与中方一道，保持两国关系改善的势头。

11月7—9日

［纲　文］　"北京论坛"（2014）在北京举行。

［目　文］　本届论坛由北京大学、北京市教育委员会和韩国高等教育财团共同主办，以"文明的和谐与共同繁荣——中国与世界：传统、现实与未来"为总主题，以北京厚重的文化底蕴为依托，致力于推动全球人文社会科学问题的研究，促进世界的学术发展和社会进步，为全人类的发展作出贡献。国务院副总理刘延东出席开幕式，宣读了国务院总理李克强的贺信。联合国秘书长潘基文发来视频贺词祝贺论坛开幕，北京大学校务委员会主任朱善璐主持开幕式。

李克强在贺信中表示，经过10年努力，"北京论坛"已成为具有影响的中外学术交流平台。2014年论坛以"文明的和谐与共同繁荣——中国与世界：传统、现实与未来"为主题，具有鲜明的时代意义。李克强指出，当前世界多极化、经济全球化和文明多样化深入发展，各国利益相互依存，应当相互理解和尊重对方不同的传统文化和发展现实，和谐相处，共同发展。中国愿从自身国情出发，以更加开放、包容的姿态，加强同世界各国的交流合作，借鉴人类一切文明的有益成果，努力建设一个拥有高度文明的现代化中国，也为建设更加和谐繁荣的世界作出更大贡献。

刘延东在致辞中说，中国将坚定不移走和平发展道路，继续全面深化改革，扩大对外开放，改善和保障民生，为实现中华民族伟大复兴的中国梦不懈奋斗。同时，也将进一步加强与各国的人文交流，增进人民之间的了解与友谊，构筑国家友好的坚实支柱，努力促进多样文明和谐共生，为推动人类社会持久和平和持续繁荣进步贡献力量。

潘基文在视频贺词中高度赞赏论坛对全球和地区重大问题的关注，希望与会者为推动全球发展和应对共同挑战提出真知灼见，为实现联合国千年发展目标作出贡献。

"北京论坛"创办于2004年，是由北京大学等中外机构联合主办的国际性学术会议，致力于推动亚太地区人文社会科学研究,促进地区乃至世界的学术发展与社会进步。

11月7—9日

[纲　文]　全国政协主席俞正声应约旦参议长拉瓦比德的邀请,对约旦进行正式友好访问。

[目　文]　俞正声分别会见了约旦国王阿卜杜拉二世、首相恩苏尔、众议院代议长萨法迪,并与参议长拉瓦比德举行了会谈。

俞正声表示,中约建交37年来,双边关系发展顺利。特别是2014年9月阿卜杜拉国王成功访华,同中国领导人就进一步发展双边关系达成一系列重要共识。目前,中方正在积极推进习近平主席提出的"一带一路"倡议,倡导深化互联互通伙伴关系,宣布成立丝路基金,希望约方积极参与"一带一路"务实合作,中方也积极鼓励本国企业参与约方在交通、能源、基础设施等领域的发展项目。中方还愿加强两国在教育、卫生和旅游等人文领域的合作,造福两国人民。俞正声表示,今后,中方愿继续与约方保持密切沟通与协调,坚定支持阿拉伯人民的正义事业,努力推动中东和平进程,共同促进地区的和平、稳定与发展。

俞正声还介绍了中国国内政治、经济与社会形势以及政协在中国政治生活中的作用,表示加强对外交往,增进与世界各国人民的了解与友谊,是政协的一项重要任务。全国政协重视发展同约议会关系,愿进一步加强多层次、多渠道的交往与合作,为增进两国了解互信、促进中约关系发展作出积极贡献。

阿卜杜拉二世国王等约方领导人感谢中方长期以来对约的大力支持。约中两国在发展经济、改善人民生活、保持社会稳定等方面有很多共同之处,双方合作领域众多,合作项目进展顺利。今后愿与中方在政治、经济、文化、教育等各个领域密切合作,加强两国立法和协商机构的友好交往,在推进中东和平进程、打击恐怖主义等重大国际和地区事务中充分协调与配合,促进两国关系全面发展。

访问期间,俞正声还参观了阿拉伯钾肥公司、硕果农业合作社等项目。全国政协副主席兼秘书长张庆黎,全国政协副主席、民革中央常务副主席齐续春等参加了上述活动。

11月8日

[纲　文]　由中国政府主办的加强互联互通伙伴关系对话会在北京钓鱼台国宾馆举行。

[目　文]　国家主席习近平出席并主持会议,发表题为《联通引领发展　伙伴聚焦合作》的讲话。孟加拉国总统哈米德、老挝国家主席朱马里、蒙古国总统额勒贝格道尔吉、缅甸总统吴登盛、塔吉克斯坦总统拉赫蒙、柬埔寨首相洪森、巴基斯坦总理谢里夫,联合国亚太经社会执行秘书阿赫塔尔、上海合作组织秘书长梅津采夫等应邀与会。

习近平说,共同建设丝绸之路经济带和21世纪海上丝绸之路与互联互通相融相近、相辅相成。习近平提出五点建议。第一,以亚洲国家为重点方向,率先实现亚洲互联互通。第二，以经济走廊为依托，建立亚洲互联互通的基本框架。第三，以交通基础设施为突破，实现亚洲互联互通的早期收获，优先部署中国同邻国的铁路、公路项目。第四，以建设融资平台为抓手，打破亚洲互联互通的瓶颈。我宣布，中国将出资400亿美元成立丝路基金。丝路基金是开放的，欢迎亚洲域内外的投资者积极参与。第五，以人文交流为纽带，夯实亚洲互联互通的社会根基。未来5年，中国将为周边国家提供2万个互联互通领域培训名额。习近平最后强调，让我们志存高远、脚踏实地，深化互联互通伙伴关系，优化亚洲区域合作，共建发展和命运共同体。

会议发表了《加强互联互通伙伴关系对话会联合新闻公报》。与会领导人一致认为，各国应该加强基础设施、经济走廊建设，推进贸易、交通、金融、人文等全方位互联互通，促进区域经济一体化，塑造更加开放的亚洲经济格局，造福各国人民。

11月8日

[纲　文]　国务院办公厅向教育部发出《关于同意调整外语中文译写规范部际联席会议制度的函》。

[目　文]　《函》说，教育部：你部《关于调整外语中文译写规范部际联席会议名称、职能及成员单位的请示》收悉。经国务院同意，现函复如下：国务院同意调整外语中文译写规范部际联席会议制度。（一）将外语中文译写规范部际联席会议名称调整为外语中文译写规范和中华思想文化术语传播部际联席会议。（二）调整联席会议主要职能，增加以下内容：统筹协调中华思想文化术语传播工作，制定中华思想文化术语遴选与译写规则和标准，组织中华思想文化术语遴选与译写工作，发布译写成果及规范应用，组织中华思想文化术语传播活动。（三）增加中国外文局、文化部、社科院为成员单位。

11月8—10日

[纲　文]　刘云山在重庆市调研。

[目　文]　中共中央政治局常委、中央书记处书记刘云山来到黔江区，深入社区服务中心，走访扶贫搬迁居民，了解学习贯彻四中全会精神情况。刘云山说，法治是国家强盛的基石，是人民安康的保障，贯彻全会精神重要的是弘扬法治精神、强化问题导向、坚持依法办事。要树立对法治的信仰，树立宪法法律至上、法律面前人人平等的理念，维护社会公平正义；充分认识社会主义法治本质特征，坚定不移走中国特色社会主义法治道路，坚持在党的领导下全面推进依法治国；紧密联系实际，回应人们关切，在解决实际问题中推动法治中国建设。

在武隆县玉堂号豆制品有限公司和重庆中移物联网、长安福特汽车公司、观音桥街道"老马工作室"、鲤鱼池社区，刘云山详细了解巩固教育实践活动成果和基层党建工作，并就从严管党治党、推进依法治国听取意见建议，强调党是先锋队，党员是先进分子，无论是坚持从严治党还是全面推进依法治国，都要发挥党员干部的引领和带头作用。

在川剧艺术中心、华龙网、猪八戒网络有限公司，刘云山详细了解传统文化保护发展、传统媒体和新兴媒体融合发展等情况，勉励大家传承好民族文化，扩大先进文化传播力影响力。

在宣传文化工作座谈会上，刘云山与文化工作者商讨加强文化建设的措施办法，指出促进文化繁荣发展关键是坚持以人民为中心的工作导向，坚持面向基层、服务百姓，多出贴近大众、百姓喜爱的优秀作品。

11月9—11日

［纲　文］　亚太经合组织（APEC）第二十二次领导人非正式会议在北京举行。

［目　文］　会议前，国家主席习近平、国务院总理李克强在北京会见出席亚太经合组织（APEC）第二十二次领导人非正式会议的部分国家和地区的领导人。

9—10日，亚太经合组织（APEC）工商领导人峰会在北京举行。工商领导人峰会是APEC系列会议中的重要组成部分，每年在APEC领导人非正式会议期间举办。此次峰会的主题是"亚太新愿景：创新、互联、融合、繁荣"，共有来自12个国际组织、38个经济体的约1500名代表参加了会议。APEC11个成员经济体和其他4个国家的领导人，3个国际组织的负责人出席峰会并发表演讲。习近平出席峰会开幕式并发表《谋求持久发展　共筑亚太梦想》的主旨演讲。习近平说，中国愿意同各国一道推进"一带一路"建设，推动亚洲基础设施投资银行及早投入运作，更加深入参与区域合作进程，为亚太互联互通、发展繁荣作出新贡献。中国欢迎亚太工商界人士积极参与中国改革开放和现代化进程，共享中国改革发展带来的成果。峰会期间，多位亚太经合组织成员领导人与工商界人士就推动区域经济一体化、促进经济创新发展、加强区域互联互通等议题进行了广泛对话。

10日，亚太经合组织领导人同工商咨询理事会代表对话会在北京举行。APEC领导人与工商咨询理事会代表对话会是APEC领导人非正式会议期间举办的会中会。对话会上，APEC成员领导人分组同工商咨询理事会代表进行对话，就各方高度关注的问题交换意见。习近平出席并致辞。习近平说，工商界是亚太经济的主力军，希望大家为亚太经济合作组织长远发展贡献正能量。随后，习近平参加分组讨论，同工商界代表交流互动。关于中国2014年办会将取得的务实成果，习近平指出，一是启动亚太自由贸易区进程，为亚太合作指明方向；二是发表纪念亚太经合组织成立25周年声明，总结历史经验，勾画未来愿景；三是推动经济创新发展、改革、增长，为亚太长远发展谋求新动力；四是制定互联互通蓝图，为亚太全方位互联互通打造坚实基础。中国愿意同各成员一道努力，构建互信、包容、合作、共赢的亚太伙伴关系。

11日，习近平主持亚太经合组织（APEC）第二十二次领导人非正式会议并发表讲话。会议主题是"共建面向未来的亚太伙伴关系"，会议设立了"推动区域经济一体化；促进经济创新发展、改革与增长；加强全方位基础设施和互联互通建设"等三大议题。会议达成许多重要共识：大力加强亚太伙伴关系；推进区域经济一体化，启动亚太自由贸易区进程；批准全球价值链、供应链、能力建设等领域重要合作倡议；支持多边贸易体制，推动多哈回合谈判早日结束；加快创新和改革步伐；共同探索适合自身实际的发展道路和发展模式，加强交流互鉴；加强全方位基础设施和互联互通建设；拓展基础设施投融资领域务实合作；共同应对全球性挑战。会议发表了《北京纲领：构建融合、创新、互联的亚太——亚太经合组织领导人宣言》和《共建面向未来的亚太伙伴关系——亚太经合组织成立25周年声明》。

习近平在讲话中就推进区域经济一体化，推进亚太自由贸易区进程提出四点主张。第一，共同规划发展愿景，把在启动亚太自由贸易区进程、推进互联互通、谋求创新发展等方面达成的重要共识转化为行动。第二，共同应对全球性挑战，妥善应对流行性疾病、粮食安全、能源安全等全球性问题。第三，共同打造合作平台，将亚太经合组织打造成推进一体化的制度平台，加强经验交流的政策平台，反对贸易保护主义的开放平台，深化经济技术合作的发展平台，推进互联互通的联接平台。中方将捐款1000万美元，用于支持亚太经合组织机制和能力建设，开展各领域务实合作。第四，共同谋求联动发展，加大对发展中成员的资金和技术支持，扩大联动效应，实现共同发展。未来3年，中国政府将为亚太经合组织发展中成员提供1500个培训名额，用于贸易和投资等领域的能力建设项目。

会议期间，习近平同与会经济体领导人或代表共同种植亚太伙伴林，体现各经济体对保护环境的重视和对绿色发展的追求，预示亚太合作枝繁叶茂、茁壮成长。

11月9日

［纲　文］　中国首次发布完整地月合影。

［目　文］　16时，探月工程三期再入返回飞行试验器服务舱携带的相机在距离地球54万公里、距离月球92万公里处拍摄了清晰的地月合影图像。这是世界上第一张从这个角度和位置拍摄的地月合影，以往国际航天器所拍摄的"西瓜与葡萄"组合般的地月合影，经常漏掉地球或者月球多半个身子，此次合影中的地球和月亮都是完整的，是用双分辨率相机一次性拍成的。

11月10—12日

［纲　文］　应国家主席习近平邀请，美国总统贝拉克·奥巴马出席亚太经合组织第二十二次领导人非正式会议并对中国进行国事访问。

［目　文］　习近平在北京同奥巴马举行了会谈，国务院总理李克强、全国人大常委会委员长张德江在北京分别会见了奥巴马。

习近平指出，中美国情各异，历史文化、发展道路、发展阶段不同，应该相互理解、相互尊重，聚同化异，和而不同。中美建交35年来的历史充分证明，一个良好的中美关系符合两国人民根本利益，也有利于亚太和世界。这是中美两国领导人共同坚持的战略共识。现在中美新型大国关系的战略目标是清楚的，还要继续向前走。我们要坚持从战略高度和长远角度出发，不断推进中美新型大国关系建设。奥巴马总统这次访华是推进中美新型大国关系建设的重要契机。双方要扩大务实合作，特别是积极推进开拓性合作，加强在国际和地区事务中的沟通和协调，共同促进地区和世界和平、稳定、繁荣。习近平提出要从六个重点方向进一步推进中美新型大国关系建设。第一，加强高层沟通和交往，增进战略互信。第二，在相互尊重基础上处理两国关系。第三，深化各领域交流合作。第四，以建设性方式管控分歧和敏感问题。第五，在亚太地区开展包容协作。第六，共同应对各种地区和全球性挑战。

奥巴马说，美国欢迎和支持一个和平、繁荣、稳定、在国际上发挥更大作用的中国，这符合美国的利益。美方没有围堵或损害中国统一的意图。美方在中国台湾问题上的立场没有变化，美国不支持"台独"，坚定支持两岸关系改善。美方承认西藏是中华人民共和国的一部分，不支持"西藏独立"。美方支持中国改革开放，希望双方采取进一步措施，促进双边贸易平衡增长，加强农业、粮食安全等领域合作。美方支持两国民间交往。美方欢迎美中两军关系取得进展，希望两军在更广泛领域加强交流、对话、合作，避免误判，防止冲突。美国有诚意同中国在亚太构建合作而不是竞争的关系，共同维护地区安全稳定。

中美双方共同发表了《中美气候变化联合声明》，宣布了各自2020年后的行动目标，并将共同推动国际气候变化谈判于2015年巴黎会议如期达成协议，加强清洁能源、环保领域合作。双方将为对方国家商务、旅游人员颁发10年多次签证，为留学人员颁发5年多次签证。

国务院总理李克强在会见奥巴马时表示，中美在维护世界和平稳定，推动全球经济强劲、可持续、平衡增长，促进人类文明进步等方面拥有共同利益。中美经贸合作是双边关系的压舱石和推进器，对发展中美关系产生正向乘数效应。希望双方本着务实灵活态度，尽早谈成一个高水平、双向平衡的双边投资协定。进一步培育双边贸易新的增长点，拓展基础设施建设合作新空间，提升科技合作层次，希望美方在放宽对华高技术产品出口限制上尽早采取实质性措施。树立绿色经济新标杆，以两国共同宣布2020年后各自应对气候变化行动目标为契机，扩大页岩气、核电、可再生能源、低碳环保技术等合作，希望美方在对华出口相关能源产品和技术方面采取积极态度和实际行动。

奥巴马说，美中是十分紧密的合作伙伴。作为世界上两个最大经济体，美中扩大合作不仅有利于两国各自发展，也有利于世界。美方愿同中方加快双边投资协定谈判，扩大投资规模，推进贸易自由化，加强能源、创新等领域合作，促进两国经济增长和就业，推动世界经济复苏。美方欢迎更多中国企业赴美投资兴业。

张德江在会见奥巴马时表示，两国立法机关应加强交往，发挥好交流机制的作用，以更开放的态度展开对话，为双方投资和贸易合作及人员往来提供法律保障，凝聚建设中美新型大国关系正能量。奥巴马说，美中开展合作能为两国人民带来很多福祉。推进依法治国将使中国更强大。美方希望美国国会和中国全国人大增进交流，以利于从政治层面对加强美中关系给予更多支持。

11月10—13日

[纲　文]　应国家主席习近平邀请，墨西哥总统培尼亚出席亚太经合组织第二十二

次领导人非正式会议并对中国进行国事访问。

[目　文]　两国元首为中墨关系发展定方向、绘蓝图，决定打造"一二三"合作新格局，推动中墨全面战略伙伴关系发展。

习近平说，中墨同为发展中大国和重要新兴市场国家，都处在改革发展关键阶段，面临相似任务和挑战，两国互为发展机遇。我愿同你继续保持密切接触，做好顶层设计，从战略高度和长远角度引领两国关系发展，在涉及彼此核心利益的问题上继续相互理解和支持，深化互信。双方要紧扣两国发展战略契合点，制定务实管用、有针对性的行动计划，打造"一二三"合作新格局，即以金融合作为引擎，以贸易和投资合作为主线，以基础设施、能源、高技术合作为重点。中方欢迎更多墨西哥产品进入中国市场，办好2015年在中国举办的墨西哥旅游年和第二届中墨大学校长论坛。中方愿意同墨方密切配合，办好明年在北京举行的中拉论坛首届部长级会议，促进中拉整体合作。培尼亚说，墨方愿意以这次会议为契机，同中方一道，促进亚太地区发展繁荣。墨方真诚希望同中方发展紧密、可信赖的墨中全面战略伙伴关系。我愿意同习近平主席继续保持良好的关系，为两国关系发展不断注入新动力。我完全赞同习近平主席就发展两国关系提出的重要主张，特别是打造两国"一二三"合作新格局的建议，墨方希望扩大双边贸易投资合作，推动互联互通，非常欢迎中国企业积极参与墨西哥改革，特别是基础设施建设，希望尽快启动墨中投资基金。墨方愿意同中方加强在国际事务中的合作，将继续积极促进拉中关系发展。

会谈后，两国元首共同见证了金融、能源、质检、投资、科技等领域合作文件的签署。双方共同发表《关于推进中墨全面战略伙伴关系的行动纲要》，决定启动研究和制定《中墨政府间两国常设委员会2016年至2020年共同行动计划》，作为推进中墨全方位合作的路线图。

访问期间，两国元首共同会见了出席中墨企业家高级别工作组会议的双方代表。习近平在致辞中指出，成立中墨企业家高级别工作组是我和培尼亚总统为加强双边贸易投资一致作出的重要决定。希望两国企业家锐意进取，加强合作，共同开创两国经贸合作更加美好的未来。两国元首还共同出席了"玛雅：美的语言"文化展开幕式。

国务院总理李克强在人民大会堂会见培尼亚时说，中墨同为新兴经济体，拥有广泛共同利益。2013年习近平主席与你三次会晤，推动两国关系发展进入新阶段。当前中墨务实合作仍有巨大潜力有待释放，中方愿同墨方一道，将对方的发展视为自身的机遇，提升贸易水平，扩大相互投资，推进能源、金融、高科技等合作，带动两国全方位合作深入发展。培尼亚表示，墨中有着悠久的传统友谊，两国关系发展迅速。墨方高度重视对华关系，愿同中方在相互信任的基础上，进一步完善合作机制，开展长期友好合作。

11月10日

[纲　文]　第七届中国国际航空航天高峰论坛在广东省珠海市举办。

[目　文]　论坛由国防科工局主办，珠海市人民政府、中国航天科技集团公司、中国航天科工集团公司、中国航空工业集团公司、中国商用飞机有限责任公司、中国宇航学

会、中国航空学会、国际航空研究理事会、亚太空间合作组织协办，国防科工局新闻宣传中心、中国航空报社、中国航天报社承办。国防科工局副局长、国家航天局副局长吴艳华主持论坛活动。本届高峰论坛的主题为"合作共赢—共创航空航天产业美好未来"。中国、美国、俄罗斯、德国、日本等17个国家的航空航天机构官员、学者及企业代表参加论坛，就产业政策、国际合作、技术创新、成果应用、人才培养等议题进行了深入交流研讨。

中国国际航空航天高峰论坛自2002年以来已连续举办7届，成为国际航空航天领域具有较高知名度和影响力的专业交流平台。论坛的举办对于中国政府决策机构、国内航空航天业管理者及科研人员了解国外航空航天技术发展动态，学习借鉴国内外先进的管理理念和经验，扩大国际交流与合作，推动我国向航空航天装备制造强国迈进发挥了积极作用。

11月10—22日

[纲　文]　第7届中国京剧艺术节在天津市举行。

[目　文]　本届艺术节由文化部、天津市人民政府共同主办，文化部艺术司、天津市文化广播影视局承办。艺术节举办期间，共有来自全国22个省市、中直及台湾地区的33个京剧院团，在天津的10个剧场为观众献上了31台剧目57场精彩演出。展演以第6届中国京剧艺术节以后创作的现代戏、新编历史剧和具有鲜明创新意识、经过整理改编的优秀传统戏为主，均为追求思想性、艺术性、观赏性统一的优秀作品。

中国京剧艺术节是中国京剧界精品荟萃、名角云集的国家级艺术盛会，1995年至今每3年举办一届。与往届不同的是，本届京剧节取消了评奖环节，加强了评论研讨，邀请国内知名专家学者对剧目进行点评。此外，本届京剧节坚持面向群众，40元票价占全部门票的60%以上，10元票价占15%。每场演出还会为老年人、在校学生、军人、低保户与残疾人等群体预留出一定数量的免费票。

11月10日

[纲　文]　国家最高科学技术奖获得者，国家自然科学基金委员会原副主任，中国工程院原副院长、党组成员，中国科学院、中国工程院资深院士师昌绪在北京逝世，享年96岁。

11月11日

[纲　文]　国务院发出《关于公布第四批国家级非物质文化遗产代表性项目名录的通知》。

[目　文]　《通知》说，国务院批准文化部确定的第四批国家级非物质文化遗产代表性项目名录（共计153项）和国家级非物质文化遗产代表性项目名录扩展项目名录（共计153项），现予公布。按照《中华人民共和国非物质文化遗产法》的表述，将"国家级非物质文化遗产名录"名称调整为"国家级非物质文化遗产代表性项目名录"。各地区、各部门要按照《中华人民共和国非物质文化遗产法》和《国务院办公厅关于加强我国非物质

文化遗产保护工作的意见》要求，认真贯彻"保护为主、抢救第一、合理利用、传承发展"的工作方针，坚持科学保护理念，制定规划，扎实做好非物质文化遗产代表性项目的传承、传播工作，推动非物质文化遗产保护迈上新台阶，为弘扬中华民族优秀传统文化作出新的贡献。

11月11—16日

[纲　文]　第10届中国国际航空航天博览会在广东省珠海市航展中心举行。

[目　文]　本届航展由广东省人民政府、工业和信息化部、中国国际贸易促进委员会、中国民用航空局、中国人民解放军空军、中国航空工业集团公司、中国商用飞机有限责任公司、中国航天科技集团公司、中国航天科工集团公司、中国兵器工业集团公司、中国兵器装备集团公司11家单位共同主办，其中，中国兵器工业集团公司、中国兵器装备集团公司首次加入主办单位。另外，中国电子科技集团公司、中国保利集团公司、新兴际华集团有限公司也首次成为本届航展的协办单位。此次航展共有来自41个国家和地区近700家厂商参展，其中包括波音、空客、罗罗、俄罗斯联合飞机制造公司（UAC）等世界知名的航空企业，俄罗斯联邦航天署等航天企业、机构，以及美国、英国、法国、加拿大、俄罗斯国家展团和韩国航空工业协会、香港航空工业等。此外，湾流、达索、庞巴迪、德事隆等世界知名公务机展商以及行业领先企业悉数亮相。

珠海航展是中国著名航展，每两年在中国珠海举行一次，最新型无人机和攻击型直升机等很多新型武器会在航展上首次公开。除美国和欧洲军工企业之外，来自世界很多国家的军工企业都会参加珠海航展。

11月12—14日

[纲　文]　国务院总理李克强应邀出席在缅甸内比都举行的第十七次中国—东盟（10+1）领导人会议、第十七次东盟与中日韩（10+3）领导人会议和第九届东亚峰会，并对缅甸进行正式访问。

[目　文]　13日上午，李克强在缅甸内比都出席第九届东亚峰会。东盟十国领导人以及韩国总统朴槿惠、日本首相安倍晋三、美国总统奥巴马、俄罗斯总理梅德韦杰夫、印度总理莫迪、澳大利亚总理阿博特、新西兰总理约翰·基出席。缅甸总统吴登盛主持会议。李克强在会上说，东亚发展合作的关键是促进经济一体化，为此应推进以下重点领域合作：推动东亚贸易投资便利化。尽早完成相关自贸协定谈判，支持启动亚太自贸区进程。加快东亚互联互通。扩大东亚金融合作。完善清迈倡议多边化机制安排，扩大本币互换和跨境贸易本币结算规模。加强东亚减贫合作。中方愿继续向东盟欠发达国家提供无偿援助，支持"东亚减贫合作倡议"，开展乡村减贫推进计划。推进东亚海上合作，以2015年中国—东盟海洋合作年为契机，加强海上执法机构间对话合作，实施好中国—东盟海上合作基金有关项目。密切东亚人文交流。挖掘海上丝绸之路的历史人文内涵。鼓励中国—东盟思想库网络、东亚思想库网络等地区二轨合作机制，为亚洲发展贡献智慧。

13日下午，李克强在缅甸内比都出席第十七次中国—东盟（10+1）领导人会议。东盟十国领导人与会。李克强与缅甸总统吴登盛共同主持会议，与会各方就进一步拓展中国—东盟合作进行深入讨论，达成广泛共识。李克强在讲话中说，中国与东盟友好合作持续稳定发展，已成为东亚区域合作的一面旗帜。李克强就加强中国—东盟合作提出六点建议：第一，协力规划中国—东盟关系发展大战略。第二，共同打造中国—东盟自贸区升级版。第三，加快建设互联互通基础网。第四，精心营造海上合作新亮点。第五，努力保障传统领域和非传统领域"双安全"。第六，积极开拓人文科技环保合作新领域。东盟方感谢中国对东盟的支持，愿同中方增进政治互信，落实好"2+7合作框架"，深化务实合作，扩大双向贸易投资规模，推进地区互联互通，积极推动商签"东盟国家—中国睦邻友好合作条约"，进一步提升东盟—中国战略伙伴关系，维护地区和平、稳定与发展。

13日下午，李克强在缅甸内比都出席第十七次东盟与中日韩（10+3）领导人会议。东盟十国、日本、韩国领导人共同出席。缅甸总统吴登盛主持会议。李克强就加强10+3合作提出六点建议：第一，推动东亚经济一体化进程。第二，提升区域金融合作水平。第三，密切地区互联互通。第四，深化民生领域合作。第五，扩大人文社会交流。第六，加强公共卫生合作。与会各国领导人表示，各国应携手落实合作倡议和规划，进一步扩大经济合作，加强人文交流，共同应对挑战，尽快完成区域全面经济伙伴关系协定谈判，促进地区经济一体化，提高地区人民生活水平，推进东亚共同体建设，更好维护地区和平与繁荣。李克强还在内比都会见了印度总理莫迪。

14日上午，李克强在内比都同缅甸总统吴登盛举行会谈。双方就进一步推进中缅关系，深化两国全面战略合作深入交换意见，达成广泛共识。会谈后，两国领导人共同见证了双边经贸、农业、金融、能源等领域合作文件的签署。14日下午，李克强在内比都会见缅甸联邦议会议长兼人民院议长吴瑞曼，并来到内比都第十四中学同缅甸青少年交流。

在结束对缅甸联邦共和国的正式访问后，李克强于14日晚回到北京。

11月12日

［纲　文］　中共中央办公厅印发《2014—2018年全国党政领导班子建设规划纲要》。

［目　文］　《纲要》对当前和今后一个时期全国各级党政领导班子建设进行了全面规划和部署，是新形势下从严管党治党、加强和改进党政领导班子建设的指导性文件。《纲要》提出，要把坚定理想信念作为第一位任务，扎实开展理论学习培训，大力加强党性党风教育，严明党的纪律特别是政治纪律、组织纪律，学习践行社会主义核心价值观，推动形成良好政治生态。要着眼提高领导班子推动改革发展稳定的能力，开展经济体制、政治体制、文化体制、社会体制、生态文明体制和党的建设制度改革等方面的培训，开展依规治党、依法治国等方面的培训，加大在基层实践中培养锻炼干部力度。要推进改进作风常态化，严格执行反对"四风"制度规定，完善直接联系服务群众制度，创新反腐败体制机制。要选优配强各级领导班子，加强党政正职培养选拔，保持领导班子合理年龄结构，优

化领导班子知识专业经历结构,合理配备女干部、少数民族干部和非中共党员干部。要完善和落实民主集中制各项制度,严肃党内政治生活,切实解决发扬民主不够、正确集中不够、开展批评不够、严肃纪律不够的问题。

《纲要》强调,各级党委(党组)要严格落实从严治党责任,认真履行抓班子带队伍职责,坚持以严的标准要求干部、以严的措施管理干部、以严的纪律约束干部,加强对主要领导干部行使权力的制约和监督,健全和落实日常从严管理监督制度,建立领导班子分析研判制度。对各级各部门党组织负责人特别是党委(党组)书记的考核,首先要看抓党建、抓领导班子和干部队伍建设的实效,考核其他党员领导干部也要加大这方面的权重。对履行职责不到位,导致领导班子软弱涣散、不正之风长期滋生蔓延的,要严肃追究主要负责人和相关责任人的责任。

11月12日

[纲　文]　国务院办公厅印发《关于加强环境监管执法的通知》。

[目　文]　为加强环境监管执法,推进环境质量改善,《通知》提出五个方面的政策措施:一是严格依法保护环境,推动监管执法全覆盖,有效解决环境法律法规不健全、监管执法缺位问题。二是对各类环境违法行为"零容忍",加大惩治力度,坚决纠正执法不到位、整改不到位问题。三是积极推行"阳光执法",严格规范和约束执法行为,坚决纠正不作为、乱作为问题。四是明确各方职责任务,营造良好执法环境,有效解决职责不清、责任不明和地方保护问题。五是增强基层监管力量,提升环境监管执法能力,加快解决环境监管执法队伍基础差、能力弱等问题。

《通知》强调,各地区、各有关部门要充分认识进一步加强环境监管执法的重要意义,切实强化组织领导,认真抓好工作落实。环境保护部要会同有关部门加强对本通知落实情况的监督检查,重大情况及时向国务院报告。

11月12日—13日

[纲　文]　全国治理"餐桌污染"现场会在厦门举行。

[目　文]　此次会议推广福建"治理餐桌污染、建设食品放心工程"经验,交流农产品质量和食品安全监管创新举措,启动农产品质量安全县和食品安全城市创建试点活动。受国务院副总理、国务院食品安全委员会主任张高丽委托,国务院副总理汪洋出席会议并讲话。国务院副秘书长、国家食品药品监督管理总局局长张勇等出席会议。

汪洋在讲话中说,福建自2001年率先在全国开展"餐桌污染"治理以来,取得了显著成效,有不少好的探索可借鉴、好的做法可复制、好的经验可推广。各地要结合实际认真学习,加强"从农田到餐桌"全过程的食品安全风险管理,严格落实食品安全政府属地管理责任,完善相关法律法规和技术标准,强化督查考核评价,努力形成社会共治合力,不断把食品安全工作推向深入。汪洋强调,要加快推进地方食品药品安全监管体制改革,保持监管体系的专业性、技术性、系统性,力争年底前基本完成改革任务。加强农产品质量安全监管体系建设。启动农产品质量安全县和食品安全城市创建活动,带动更多的地区以至全国提高食品安全保障水平。

11月13日

[纲 文] 全国政协在北京召开双周协商座谈会，就"建筑工人工伤维权"建言献策。

[目 文] 全国政协主席俞正声主持座谈会。全国政协副主席张庆黎、卢展工、陈晓光出席座谈会。座谈会上，全国政协委员孟学农、张世平等专家学者围绕解决好建筑工人工伤维权问题座谈交流，提出意见建议。

委员们认为，建筑业是我国国民经济的支柱产业，建筑工人为我国的改革和发展事业作出了重大贡献。建筑业是工伤风险比较高的行业，建筑施工的一线员工大部分是农民工，建筑工人工伤保险参保率较低，发生工伤后的权益容易受到侵犯，工伤维权问题较为突出。解决好建筑工人工伤维权问题，对维护广大职工合法权益、推动建筑业持续健康发展具有重要意义。

委员们建议，解决建筑工人工伤维权问题，要用"按项目投保、造价提取、总承包企业一次性缴纳、全员覆盖"的工伤保险参保方式，大幅度提高建筑工人工伤保险参保率。人力资源和社会保障部、住房和城乡建设部等四部委关于进一步做好建筑业工伤保险工作的意见比较切实可行，建议继续修改完善，尽快出台。要深入研究劳务公司在施工分包过程中如何保障建筑工人权益，建议修改《建筑法》相关条款，依法规范建筑业市场管理，明确政府和建设单位的责任。要完善工伤保险费计缴方式，科学确定工伤保险费率，确保工伤保险费用来源，健全工伤认定所涉劳动关系确认机制，落实和简化工伤认定和劳动能力鉴定程序，完善工伤保险待遇支付政策，落实工伤保险先行支付政策，建立健全工伤赔偿连带责任追究机制，严格查处谎报瞒报事故的行为，积极发挥工会组织在职工工伤维权工作中的作用。

人力资源和社会保障部副部长胡晓义、住房和城乡建设部副部长王宁、中华全国总工会党组书记李玉赋等人分别介绍了建筑工人工伤维权的有关情况，并与委员们互动交流。全国政协对建筑工人工伤维权问题十分关注。此前，社会和法制委员会、提案委员会进行了专题调研。

11月13日

[纲 文] 住房和城乡建设部、民政部、财政部印发《关于做好住房救助有关工作的通知》。

[目 文] 《通知》对解决最低生活保障家庭、分散供养的特困人员的住房困难作了相应制度安排。《通知》的主要内容有：一、明确了住房救助的对象。为符合县级以上地方人民政府规定标准的、住房困难的最低生活保障家庭和分散供养的特困人员。二、规范了住房救助的方式。对城镇住房救助对象，采取优先配租公共租赁住房、发放低收入住房困难家庭租赁补贴实施住房救助，其中对配租公共租赁住房的，应给予租金减免。对农

村住房救助对象,优先纳入当地农村危房改造计划,优先实施改造。三、各地区要结合实际,根据当地经济社会发展水平和住房价格水平等因素,合理制定、及时公布调整住房救助对象的住房困难标准和救助标准,并按年度实行动态调整,以确保救助对象住房条件能随着经济和社会发展水平的进步而相应地提高。四、各地区要依方便、快捷、随到随办的原则,建立"一门受理、协同办理"机制,加快完善住房救助申请审核、资格复核、具体实施等各项程序。五、各地应加强住房救助工作实施管理。加大住房救助政策、救助程序、救助结果等各环节的信息公开力度,落实监督渠道。在制定公共租赁住房筹集、农村危房改造年度计划时,优先满足当年实施住房救助的需要。各级住房和城乡建设部门(住房保障部门)应会同民政等部门,组织对本辖区内累计实施、当年实施住房救助的情况,以及尚待实施住房救助的对象规模等,进行调查摸底,并将有关情况于当年11月底前报有关部门备案。

11月13日

〔纲　文〕　国家质量监督检验检疫总局公布《进出境非食用动物产品检验检疫监督管理办法》。

〔目　文〕　《管理办法》共7章87条,主要有:总则、风险管理、进境检验检疫、出境检验检疫、过境检验检疫、法律责任、附则等部分内容。《办法》自2015年2月1日起施行。

11月13日

〔纲　文〕　教育部发布首份《中国工程教育质量报告》。

〔目　文〕　《报告》首次尝试将工程教育培养目标达成度、社会需求适应度、办学条件支撑度、质量监测保障度、学生和用户满意度作为分析指标,用大量数据和事实客观呈现了中国工程教育取得的主要成绩,分析了其中的深层次问题,并针对性地提出了进一步提高工程教育质量的对策与建议。

工程教育是中国高等教育的重要组成部分,在高等教育体系中"三分天下有其一"。截至2013年,中国普通高校工科毕业生数达到2876668人,本科工科在校生数达到4953334人,本科工科专业布点数达到15733个,总规模已位居世界第一。工程教育在国家工业化进程中,对门类齐全、独立完整的工业体系的形成与发展,发挥了不可替代的作用。

11月13日

〔纲　文〕　中央编办、教育部、财政部印发《关于统一城乡中小学教职工编制标准的通知》。

〔目　文〕　《通知》提出将县镇、农村中小学教职工编制标准统一到城市标准。《通知》要求,按照严控总量、盘活存量、优化结构、增减平衡的要求,由省级政府负总责,实行总量控制,确保核定后的中小学教职工编制不突破现有编制总量;考虑实际需求,对农村边远地区适当倾斜,重点对学生规模较小的村小、教学点,按照教职工与学生比例和教职工与班级比例相结合的方式核定教职工编制；深化后勤改革，加大政府购买服务力度；加强督查监管，严禁挤占、挪用和截留中小学教职工编制，严禁在有合格教师来源的情况下"有编不补"、长期聘用代课教师，严禁以各种形式"吃空饷"，严禁管理部门与中小学校混编混岗占用教职工编制。

11月14—23日

[纲　文]　国家主席习近平应邀出席在澳大利亚布里斯班举行的二十国集团领导人第九次峰会，对澳大利亚、新西兰、斐济进行国事访问，并在斐济同太平洋建交岛国领导人举行会晤。

[目　文]　习近平14日抵达澳大利亚布里斯班。15日，习近平出席金砖国家领导人非正式会晤会议。出席会议的有巴西总统罗塞夫、俄罗斯总统普京、印度总理莫迪、南非总统祖马。5国领导人就金砖国家合作以及重大国际和地区问题深入交换意见。

15—16日，习近平出席二十国集团领导人第九次峰会。峰会在布里斯班举行，主题是促进经济增长和就业、增强世界经济抗风险能力。澳大利亚总理阿博特主持会议。习近平出席会议并发表题为《推动创新发展　实现联动增长》的讲话；其间，习近平在布里斯班会见了巴西总统罗塞夫、法国总统奥朗德、欧盟委员会主席容克、澳大利亚昆士兰州州长纽曼；出席了二十国集团领导人峰会非正式讨论会，就经济改革议题发表讲话。会议通过了《二十国集团领导人应对埃博拉疫情布里斯班声明》。会议宣布，中国主办2016年二十国集团领导人峰会。

17—18日，习近平访问澳大利亚。习近平在澳大利亚联邦议会发表题为《携手追寻中澳发展梦想　并肩实现地区繁荣稳定》的演讲；在堪培拉同澳大利亚总理阿博特举行会谈，两国领导人决定将中澳关系提升为中澳全面战略伙伴关系，宣布实质性结束中澳自由贸易协定谈判。习近平和阿博特共同出席第四届中澳工商界首席执行官圆桌会，并会见澳大利亚工党领袖肖顿。访问期间，习近平参观访问了塔斯马尼亚州，并在阿博特陪同下参观南极科考项目并慰问两国科考人员。习近平和阿博特共同见证了中澳南极合作谅解备忘录的签署。

19—21日，习近平访问新西兰。习近平在惠灵顿同新西兰总理约翰·基举行会谈。会谈后，双方发表《中国和新西兰关于建立全面战略伙伴关系的联合声明》。习近平和约翰·基共同见证了多项双边合作文件的签署。两国领导人还共同会见了记者。访问期间，习近平在《新西兰先驱报》发表题为《共同描绘中新关系更加美好的未来》的署名文章，在悉尼，与澳大利亚总理阿博特共同出席首届中澳省州负责人论坛；并会见澳大利亚新南威尔士州州长贝尔德；在奥克兰，与新西兰总理约翰·基共同出席中国—新西兰市长论坛启动仪式；并在约翰·基的陪同下，参观新西兰农牧业技术展。习近平和夫人彭丽媛还应邀出席约翰·基夫妇家宴，两国领导人就双边关系及共同关心的问题进一步深入交换意见。

21—22日，习近平访问斐济。习近平在楠迪会见斐济总统奈拉蒂考。习近平在斐济《斐济时报》和《斐济太阳报》发表题为《永远做太平洋岛国人民的真诚朋友》的署名文章。

习近平同斐济总理姆拜尼马拉马举行会谈。会谈后，两国领导人共同出席了两国政府经济技术合作协定、互免签证等合作文件签字仪式。访问期间，习近平同斐济总理姆拜尼马拉马、密克罗尼西亚联邦总统莫里、萨摩亚总理图伊拉埃帕、巴布亚新几内亚总理奥尼尔、瓦努阿图总理纳图曼、库克群岛总理普纳、汤加首相图伊瓦卡诺、纽埃总理塔拉吉等太平洋岛国领导人举行集体会晤。习近平主持会议并发表主旨讲话。习近平还分别同上述国家领导人一道见证了双边合作文件的签署。

11月14日

［纲　文］　纪念余秋里同志诞辰100周年座谈会在北京举行。

［目　文］　国务院副总理张高丽、刘延东，中央军委副主席许其亮出席座谈会。刘延东在座谈会上回顾了余秋里同志的光辉业绩和卓越贡献，指出要继承发扬老一辈革命家的光荣传统，开拓进取，攻坚克难，扎实做好改革发展稳定各项工作，为实现中华民族伟大复兴的中国梦作出更大贡献。

余秋里同志是中国共产党第十一届、十二届中央政治局委员、书记处书记，原中共中央顾问委员会常委，国务院原副总理，中央军委原委员、副秘书长。

11月14日

［纲　文］　刘延东在北京为中国援非抗疫医疗队送行。

［目　文］　国务院副总理刘延东在送行仪式上指出，传染病防控没有国界，尽快有效控制西非疫情，防止扩散蔓延，符合西非和各国人民的根本利益。刘延东说，我国军地卫生部门联合派出专业卫生队伍支援当地疫情防控，这是中华人民共和国成立以来卫生领域最大规模的援外行动，是党和人民交付的一项光荣任务，意义重大。援非抗疫队员要按照党中央、国务院的要求，大力发扬"不畏艰苦、甘于奉献、救死扶伤、大爱无疆"的援外医疗队精神和人民军队战斗精神，牢记责任使命，坚定抗疫必胜的决心信心，加强工作协调配合，切实做好自身安全防护，确保打胜仗、零感染，为祖国和人民交上满意答卷，在西非大地奏响援非抗疫的胜利凯歌。

中国相关部门负责人，利比里亚、塞拉利昂、几内亚等国驻华使节参加了送行仪式。

11月14日

［纲　文］　最高人民法院印发《关于充分发挥审判职能作用推动国家新型城镇化发展的意见》。

［目　文］　《意见》指出，推进新型城镇化，涉及政治、经济、社会、文化、生态文明建设等方方面面，审判工作必将面临更多的新情况、新任务和新要求。要深刻认识新型城镇化对经济社会发展的重大意义，深刻把握中央关于推进新型城镇化的各项决策部署，把审判工作置于经济社会发展大局之中，不断增强责任意识和服务意识，充分发挥审判职能作用，运用法治思维和法治方式有效化解矛盾纠纷，及时妥善处理好新型城镇化进程中出现的各种利益冲突，为国家新型城镇化战略的推进以及经济社会和谐发展提供有力的司法保障。

《意见》由七部分组成：一、提高思想认识，增强保障新型城镇化的责任感和使命感。二、保障农业转移人口合法权益，助力全体居民公平共享现代化建设成果。三、服务产业转型升级，增强新型城镇化产业支撑力。四、推动新型城镇建设，提高城镇综合承载力。五、强化生态环保案件审判工作，推动城乡绿色发展。六、服务城乡发展一体化，增强农村发展活力。七、完善工作机制，增强司法保障的针对性和实效性。

11月14日

［纲　文］　中国证监会公布《关于港股通下香港上市公司向境内原股东配售股份的备案规定》。

［目　文］　《规定》指出，为了保护内地投资者的合法权益，基于对等原则、监管信赖原则和不显著增加上市公司额外负担原则，现就港股通下香港上市公司向境内原股东配售股份事项作出如下规定。一、根据两地证监会监管安排，港股通下香港上市公司向境内原股东配售股份的行为应当向中国证券监督管理委员会（以下简称中国证监会）备案。二、香港上市公司配股申请在取得香港联交所核准后，应当将申请材料、核准文件报中国证监会。中国证监会基于香港方面的核准意见和结论进行监督。三、香港上市公司在提交备案材料时，应当对提交材料的文本效力作出以下原则性说明，并出具以下承诺：1.本次备案文件为经香港联交所审议的最终文本，与提交香港联交所的内容完全一致。2.为维护股东合法权益，本公司承诺向内地原股东配售股份事项，将公平对待内地投资者。3.自备案材料提交之日起至本次股票发行结束前，如发生重大事项，本公司承诺将及时向中国证监会报告。

《规定》自公布之日起施行。

11月14日

［纲　文］　中国保监会印发《中国保监会关于加强保险消费者权益保护工作的意见》。

［目　文］　《意见》由九部分组成：一、总体要求。二、强化保险公司主体责任。三、加强信息披露。四、严厉查处损害消费者合法权益的行为。五、完善消费者维权机制。六、提高消费者的保险知识水平和风险意识。七、发挥相关部门和社会组织协同作用。八、加强基础建设。九、加强组织领导与考核监督。

《意见》指出，要紧紧围绕"抓服务、严监管、防风险、促发展"的总体要求，以完善制度、健全机制为前提，以实施预防性保护、过程性保护为重点，以强化公司主体责任、实施透明度监管为核心，以加大查处力度、加强监督考核为手段，以注重消费者教育、推进行业诚信建设为基础，着力解决关系消费者切身利益的突出问题，着力提升消费者的保险知识水平和维权能力，切实保护消费者的合法权益。

《意见》强调，要坚持以下基本原则。一是坚持依法合理。依照法律规定保护消费者的合法权益，尊重保险合同当事人约定，在法律允许的范围内支持消费者的合理诉求。二是坚持公开透明。注重信息披露，加强透明度监管，及时、主动公开保险企业经营和政府监管中涉及消费者权益的相关情况,为消费者的选择提供充分信息。三是坚持协同推进。加强与政府有关部门、司法机关、消费者组织及新闻媒体的沟通协作,引导社会公众积极参与,共同保护消费者的合法权益

《意见》指出,到2020年,努力形成科学有效的消费者权益保护制度体系,建立起健全完善的消费者权益保护工作机制,搭建起多方参与、协同推进的消费者权益保护工作格局。保险服务质量和水平大幅提升,损害消费者合法权益的行为得到有效遏制。消费者满意度明显提高,消费者的维权意识和能力显著增强,保险行业形象和社会信誉切实改善。

11月14日

[纲 文] 环境保护部召开全国环保系统电视电话会议。

[目 文] 会议的主要内容是贯彻落实党的十八届四中全会精神,传达学习习近平总书记在2014年APEC会议期间关于环境保护的重要讲话,《中共中央办公厅、国务院办公厅关于腾格里沙漠污染问题处理情况的通报》以及国务院办公厅关于加强环境监管执法的文件精神,安排部署近期重点工作。环境保护部部长周生贤主持会议并讲话,环境保护部副部长翟青通报了APEC会议期间大气环境质量保障情况。环境保护部副部长潘岳、吴晓青、李干杰等部门负责人出席会议。环境保护部机关各部门,在京派出机构、直属单位主要负责人在主会场参加了会议。各省、自治区、直辖市环境保护厅(局),计划单列市环境保护局,新疆生产建设兵团环境保护局、辽河保护区管理局和京外派出机构、直属单位主要负责人在分会场参加了会议。

11月14日

[纲 文] 《人民日报》发表题为《愿中国梦亚太梦同频共振——一论同心共圆亚太梦》的评论员文章。

11月15日

[纲 文] 李克强主持召开国务院常务会议。

[目 文] 会议的主要内容有:一、价格改革牵一发而动全身,是推进市场化改革和政府职能转变的重要内容。要充分考虑竞争条件和对市场、社会的影响,以逐步有序的方式,改革能源、交通、环保等价格形成机制,疏导价格矛盾,稳步放开与居民生活没有直接关系的绝大部分专业服务价格。要抓紧制定价格改革方案,做到统筹配套,成熟一项、推出一项。同时要完善监管措施,维护良好价格秩序。二、大力减轻企业特别是小微企业负担,降低大众创业成本,加快万众创新步伐,要在着力落实好定向减税政策的同时,实施普遍性降费。会议决定,凡没有法律法规依据或未经批准设立的行政事业性收费和政府性基金项目,一律取消;对收费标准超成本的要切实降低;对确需保留的补偿非普遍性公共服务成本的收费,严格实行收支两条线管理。同时,减免涉及小微企业、养老、医疗和高校毕业生就业等的收费和基金。自2015年1月1日起,一是取消或暂停征收依法合规设立,但属于政府提供普遍公共服务或体现一般性管理职能的收费,包括企业、个

体工商户注册登记费等12项收费。二是对小微企业免征组织机构代码证书费等42项行政事业性收费。2015年1月1日至2017年底,对月销售额或营业额不超过3万元的小微企业,自登记注册之日起3年内免征教育费附加、文化事业建设费等5项政府性基金。三是对安排残疾人就业未达到规定比例、在职职工总数不超过20人的小微企业,自登记注册之日起3年内免征残疾人就业保障金。四是对养老和医疗服务机构建设减免土地复垦费、房屋所有权登记费等7项收费。继续对高校毕业生、登记失业人员、残疾人和复转军人自主择业创业,免收管理、登记和证照类行政事业性收费。实施上述措施,每年将减轻企业和个人负担400多亿元。三、要进一步提高收费政策的透明度,对保留的行政事业性收费、政府性基金和实施政府定价或指导价的经营服务性收费,实行目录清单管理,实时对外公开,清单外的收费一律取消。在取消、减免有关收费和基金后,相关部门、单位依法履职和事业发展所需经费由同级财政统筹安排。中央财政要加强监督,确保各级财政经费到位,防止以经费不足为由再出现乱收费。四、加快发展云计算,打造信息产业新业态,对于推动传统产业升级和新兴产业成长,具有重要意义。要积极支持云计算与物联网、移动互联网等融合发展,催生基于云计算的在线研发设计、教育医疗、智能制造等新业态。在疾病防治、灾害预防、社会保障、电子政务等领域开展大数据应用示范。加强信息安全评估和防护。会议还研究了其他事项。

11月15日

［纲　文］　中国人民银行印发《金融机构反洗钱监督管理办法(试行)》。

［目　文］　《管理办法》共6章45条。内容有总则、监管分工、非现场监管、现场检查、其他监管措施、附则。办法自印发之日起实施。

《管理办法》指出,为规范反洗钱监督管理工作,督促金融机构有效履行反洗钱义务,根据《中华人民共和国反洗钱法》《中华人民共和国中国人民银行法》《金融机构反洗钱规定》(中国人民银行令〔2006〕第1号发布)等法律和规章,制定本办法。本办法适用于中国人民银行及其分支机构对在中华人民共和国境内依法设立的下列金融机构的监督管理:(一)政策性银行、商业银行、农村合作银行、农村信用社、村镇银行;(二)证券公司、期货公司、基金管理公司;(三)保险公司、保险资产管理公司;(四)金融资产管理公司、信托公司、企业集团财务公司、金融租赁公司、汽车金融公司、货币经纪公司;(五)中国人民银行明确须履行有关反洗钱义务的其他金融机构。

11月15日

［纲　文］　商务部发布《对外援助管理办法(试行)》。

［目　文］　《管理办法(试行)》指出,为了规范对外援助管理,提高对外援助效果,依据有关法律、行政法规的规定制定本办法。本办法所称对外援助是指使用政府对外援助资金向受援方提供经济、技术、物资、人才和管理等支持的活动。《管理办法(试行)》共8章51条。内容包括:总则、对外援助政策规划、对外援助方式、援外项目立项、援外项目监督管理、对外援助人员管理、法律责任、附则。

《管理办法（试行）》自 2014 年 12 月 15 日起施行。

11 月 15 日

［纲　文］　人力资源社会保障部、公安部、住房和城乡建设部、交通运输部、水利部、国资委、工商总局、全国总工会等八部门联合印发《关于开展农民工工资支付情况专项检查的通知》。

［目　文］　《通知》说，各省、自治区、直辖市及新疆生产建设兵团人力资源社会保障、公安、住房城乡建设、交通运输、水利（水务）厅（局）、国资委、工商行政管理局、总工会：为贯彻落实《国务院关于进一步做好为农民工服务工作的意见》（国发〔2014〕40 号）关于农民工工资基本无拖欠的要求和国务院领导同志指示精神，切实保障农民工工资报酬权益，确保农民工按时足额拿到工资，维护社会稳定，人力资源社会保障部、公安部、住房和城乡建设部、交通运输部、水利部、国资委、工商总局、全国总工会决定，从 2014 年 11 月 24 日至 2015 年 2 月 10 日在全国组织开展农民工工资支付情况专项检查（以下简称专项检查）。

《通知》指出，恶意拖欠、情节严重的用人单位，将被依法责令停业整顿、降低或取消建筑施工企业资质，直至吊销营业执照。《通知》明确，此次专项检查主要检查用人单位按照工资支付有关规定支付农民工工资、遵守最低工资规定及依法支付加班工资情况；企业经营者拖欠农民工工资逃匿的情况；用人单位与农民工签订劳动合同情况等。

11 月 15 日

［纲　文］　教育部印发《中等职业学历教育学生学籍电子注册办法（试行）》。

［目　文］　《办法（试行）》共 7 章 29 条。内容有总则、新生学籍电子注册、在校生学籍电子注册维护、学生毕（结）业档案维护、信息服务、保障措施、附则。

《办法（试行）》指出，为适应加快发展现代职业教育和教育管理信息化的需要，提高职业教育信息化管理和服务水平，提升中等职业教育治理能力，完善中等职业教育制度体系，保证学校正常的教育教学秩序和人才培养质量，维护学生的合法权益，依据《中等职业学校学生学籍管理办法》及相关规章制度，制定本办法。本办法适用于普通中等专业学校、成人中等专业学校、职业高中、技工学校等中等职业学历教育学生，含各类跨阶段学习形式的中等职业教育阶段学生。《办法（试行）》自发布之日起实施。

11 月 15 日

［纲　文］　军队文艺工作座谈会在北京召开。

［目　文］　解放军四总部相关部门、来自全军和武警部队各大单位的副政委或政治部领导以及专业文艺团体负责人和文艺工作者代表出席会议。中央军委副主席许其亮在座谈会上说，习主席在党的文艺工作座谈会和全军政治工作会议上发表重要讲话，为新形势下军事文艺发展提供了科学指南。军队文艺战线要认真学习贯彻习近平主席的重要讲话精神，以党的文艺使命为使命，以高度的自觉自信和走在前列的标准要求大力繁荣军事文艺，肩负起为强国强军提供精神文化力量的历史担当。要把习主席重要讲话作为文艺工作

的经典文献,重点理解把握必须围绕实现中国梦强军梦,肩负起文艺工作的庄严使命;必须热爱人民、服务人民,坚持文艺事业发展的根本方向;必须弘扬社会主义核心价值观,把创作无愧于时代的优秀作品作为中心任务。

11月15日

〔纲 文〕 《人民日报》发表题为《以开放包容推动一体化进程——二论同心共圆亚太梦》的评论员文章。

11月16日

〔纲 文〕 国务院印发《关于创新重点领域投融资机制鼓励社会投资的指导意见》。

〔目 文〕 《指导意见》主要由十一部分组成:一、总体要求。二、创新生态环保投资运营机制。三、鼓励社会资本投资运营农业和水利工程。四、推进市政基础设施投资运营市场化。五、改革完善交通投融资机制。六、鼓励社会资本加强能源设施投资。七、推进信息和民用空间基础设施投资主体多元化。八、鼓励社会资本加大社会事业投资力度。九、建立健全政府和社会资本合作(PPP)机制。十、充分发挥政府投资的引导带动作用。十一、创新融资方式拓宽融资渠道。《指导意见》提出,为充分调动社会投资积极性,切实发挥好投资对经济增长的关键作用,要进一步打破行业垄断和市场壁垒,切实降低准入门槛,建立公平开放透明的市场规则,营造权利平等、机会平等、规则平等的投资环境。

11月16日

〔纲 文〕 兰新高铁乌鲁木齐南至哈密段正式通车运营,标志着新疆迈入高铁时代。

11月16日

〔纲 文〕 外交部部长王毅同伊朗外长扎里夫通话,就伊朗核问题交换意见。

〔目 文〕 王毅说,当前,伊朗核问题全面协议谈判进入关键阶段。各方应着眼大局,坚持已有共识,相向而行,显示灵活,争取如期达成公正平衡的全面协议。中方愿同有关各方保持密切沟通,发挥建设性作用。

扎里夫阐述了伊方有关立场,表示伊方感谢中方一贯秉持公正立场,为劝和促谈发挥了重要作用,愿同中方继续保持沟通。

11月16日

〔纲 文〕 《人民日报》发表题为《靠改革创新发掘经济新动力——三论同心共圆亚太梦》的评论员文章。

11月16—28日

〔纲 文〕 第四届人居科学国际论坛暨"匠人营国:吴良镛·清华大学人居科学研究展"在国家博物馆举行。

〔目 文〕 论坛由中国科学院、中国工程院、清华大学与中国国家博物馆联合主办。在开幕式上同时举行了吴良镛的《广义建筑学》(英文＋意大利文版)与《人居艺境：吴良镛书法、绘画、速写作品集》的首发式。展览集中展示了人居科学的产生、发展与科学贡献，并运用人居科学在国家、地区、城市、首都功能核心区等层次探讨首都空间发展。

期间，国务院总理李克强来到现场，与吴良镛院士和部分城市规划专家等深入交流。李克强说，新型城镇化核心是写好"人"字，说到底就是要让人民群众生活得更美好。必须树立科学理念，制定科学规划，立足国情，博采众长，做到现代中有传承、规范中有灵动，把城市建设成绿色包容和谐、群众安居乐业的有机生命体。同时，要增强城市对农村的反哺带动能力，建设美丽乡村，破解城乡二元结构矛盾，使山水乡恋与城市文明融为一体，让亿万农民共享新型城镇化发展成果。城市建设和改造中，必须坚持开发与保护并重，着力补上地下管网等城市基础设施"短板"，同时注意传承中华优秀文化传统，不断提升城市内涵与品位，使人们既享受现代生活，又留住历史和人文的印记。

11月16—21日

[纲　文]　第16届国际高新技术成果交易会在深圳举行。

[目　文]　国务院副总理刘延东，广东省委书记胡春华，全国政协副主席、科技部部长万钢出席了开幕式，刘延东宣布高新技术成果交易会开幕。在开幕前，刘延东、胡春华和万钢等参观了高交会展馆。

本次高新技术成果交易会以"坚持创新驱动，加快绿色发展"为主题，总展览面积超过11万平方米，有50多个国家和地区的100多个代表团、3000多家参展商、1万多个项目参加展示、交易和洽谈，涵盖了节能环保、新一代信息技术、生物、高端装备制造、新能源、新材料、新能源汽车和现代农业等领域。

本次高新技术成果交易会有五个亮点。一是紧扣创新驱动，重点展示科技创新在推动"三个转变"中取得的积极成效。二是突出绿色低碳，集中反映我国生态文明建设的最新成果。三是强化开放创新，积极主动服务国家"一带一路"战略。四是服务创新创业，着力打造大众创业、万众创新的重要平台。五是注重办会质量，持续提升展会服务专业化、规范化水平。

11月17日

[纲　文]　纪念秦基伟同志诞辰100周年座谈会在北京举行。

[目　文]　中共中央政治局常委、全国人大常委会委员长张德江出席座谈会，并在会前会见了秦基伟同志亲属。全国人大常委会副委员长兼秘书长王晨主持座谈会。

中共中央政治局委员、中央军委副主席范长龙在座谈会上缅怀了秦基伟同志的革命业绩和崇高风范，强调要继承发扬我党我军的光荣传统和优良作风，紧紧围绕党在新形势下的强军目标，振奋精神，开拓进取，扎实工作，为维护国家主权、安全、发展利益，为实现"两个一百年"奋斗目标和中华民族伟大复兴的中国梦作出应有的贡献。

秦基伟(1914年11月15日—1997年2月2日)是中共第十三届中央政治局委员,第八届全国人大常委会副委员长。曾任北京军区司令员、中央军委委员、国务委员兼国防部长等职务。

11月17日

［纲　文］　全国进一步推进户籍制度改革工作电视电话会议在北京召开。

［目　文］　国务委员、公安部部长郭声琨主持会议。国务院副总理张高丽出席会议并讲话,中央有关部门负责人在主会场参加会议。各省、自治区、直辖市和计划单列市、新疆生产建设兵团,各市(地)、县(市)人民政府及有关部门、单位负责人在各地分会场参加会议。公安部、发展改革委、人力资源社会保障部、财政部、中央农办负责人在会上发言。会议的主题是贯彻落实党的十八大、十八届三中、四中全会精神和《国务院关于进一步推进户籍制度改革的意见》,全面动员部署推进户籍制度改革各项工作。

张高丽说,户籍制度改革是推进以人为核心的新型城镇化的重要环节,是推进国家治理体系和治理能力现代化的必然要求。推进户籍制度改革,要遵循规律、积极稳妥,坚持从实际出发,全面实施差别化落户政策;坚持存量优先,逐步满足符合条件的农业转移人口落户需求;坚持加快中小城市发展,增强集聚人口和提供公共服务的能力,确保与新型城镇化发展相适应。要以人为本、顺应民意,充分尊重城乡居民自主定居的意愿,切实保障农业转移人口合法权益,加快推进城镇基本公共服务常住人口全覆盖,在制度安排上为各类社会群体提供更多选择,最大限度释放改革红利。要统筹配套、协同推进,抓紧制定《居住证管理办法》,做好户籍制度改革与教育、就业、医疗、养老、住房保障、农村产权、财力保障等相关领域改革的衔接。各地要根据中央总体部署,抓紧出台本地区户籍制度改革具体措施,及时向社会公布,使户籍改革各项措施落地生根。有关部门要抓紧制定改革配套政策,完善工作机制,加强跟踪评估、督查指导,确保户籍制度改革有序推进。要做好宣传工作,凝聚各方共识,为深入推进户籍制度改革营造良好的社会和舆论环境。

11月17日

［纲　文］　国务院办公厅印发《关于加强政府网站信息内容建设的意见》。

［目　文］　《意见》由五部分组成:一、总体要求。二、加强政府网站信息发布工作。三、提升政府网站传播能力。四、完善信息内容支撑体系。五、加强组织保障。

《意见》明确,各地区、各部门要通过政府网站加强与公众的互动交流,接受社会的批评监督。开办互动栏目的,收到网民意见建议后,对其中有价值、有意义的应在7个工作日内反馈处理意见,情况复杂的可延长至15个工作日。各级政府要建立政府网站信息内容建设年度考核评估和督查机制,把政府网站建设管理作为主管主办单位目标考核和绩效考核的内容之一。对考核评估合格且社会评价优秀的政府网站,给予相关单位和人员表扬,推广先进经验。对于不合格的,通报相关主管主办部门和单位,要求限期整改,对分管负责人和工作人员进行问责和约谈。国务院办公厅和各省(区、市)政府办公厅每年要举办培训班或交流研讨会,对政府网站分管负责人和工作人员进行培训,切实提高政府办网和管网水平。

11月17日

［纲　文］　中共中央政治局常委、中央书记处书记刘云山在北京会见由党主席、前总理阿披实率领的泰国民主党代表团。

［目　文］　刘云山说，中泰有着传承千载的友好交往历史，两国关系基础牢固、发展稳定。刚刚闭幕的亚太经合组织第二十二次领导人非正式会议取得丰硕成果，为亚太地区发展注入新动力。2015年是中泰两国建交40周年，中方愿以此为契机，进一步深化中泰友好关系和各领域互利合作。中国共产党愿与泰国民主党加强治党理政经验交流，促进中泰全面战略合作伙伴关系迈上新台阶。

阿披实说，深化与中国友好合作是泰王室、政府、政党和泰国人民的共同意愿。中国倡导的"一带一路"和亚太自贸区建设将为包括泰在内的各国提供重要机遇，泰民主党愿为中泰务实合作作出积极努力。

全国政协副主席、中联部部长王家瑞参加会见。

11月17日

［纲　文］　国务院副总理张高丽在北京会见联合国气候变化框架公约秘书处执行秘书菲格雷斯。

［目　文］　张高丽说，气候变化是全球性问题，需要各国共同应对。各方应落实好已有共识，在"共同但有区别的责任"原则、公平原则和各自能力原则的基础上，共同推动气候变化谈判于2015年巴黎会议上如期达成协议。中国政府高度重视应对气候变化问题，已宣布2020年后行动目标，这将有力推动中国加快转变经济发展方式，走绿色、低碳的可持续发展道路，并为全球应对气候变化作出贡献。

菲格雷斯高度评价中国应对气候变化政策行动及2020年后行动目标，期待中国在推动气候谈判如期达成协议中继续发挥积极建设性作用。

11月17—21日

［纲　文］　中国政府代表团出席在法国举行的《关于消耗臭氧层物质的蒙特利尔议定书》第二十六次缔约方大会。

［目　文］　蒙特利尔议定书是国际社会认可最成功的多边环境条约，此次大会有来自136个国家、7个国际组织和政府间组织、103个非政府组织及观察员组织的500多名代表出席。中国环境保护部副部长翟青任团长，环境保护部、外交部、农业部、国家食药监管总局等部门和单位派员组成的中国政府代表团出席了会议。会议期间，翟青作大会主旨发言。翟青介绍了中国在保护臭氧层、履行议定书方面，特别是近年来实施含氢氯氟烃（HCFCs）淘汰行业管理计划所取得的成绩和进展。翟青表示，中国已经根据公约要求顺利实现了2013年HCFCs生产和消费的冻结目标，但下一阶段的履约挑战仍然较大，比如ODS的替代品和替代技术的问题。翟青呼吁捐资国能充分理解发展中国家履约资金需求，在下一个增资期决策中确保HCFCs淘汰的持续性和稳定性。会议期间，翟青与臭氧秘书

处执行主任蒂娜·玻比利女士举行了会谈，并应约会见了印度环境部长。

11月18日

［纲　　文］　国务院总理李克强在北京会见俄罗斯国防部长绍伊古。

［目　　文］　李克强说，中俄互为最大邻邦，拥有最长的边界线。2014年以来，两国元首多次会晤，达成重要共识。前不久举行的中俄总理第十九次定期会晤取得积极成果。中俄全面战略协作伙伴关系建立在相互尊重、平等相待、互利互惠基础之上。中方愿同俄方巩固战略互信，推进务实合作，加强在重大国际地区事务中的沟通，使中俄关系不仅有利于双方，而且有利于地区乃至世界的和平、稳定与发展。

绍伊古说，俄中关系具有全球影响，进一步发展两国全面战略协作伙伴关系十分重要。俄方希望同中方加强包括军事合作在内的各领域交流与合作，推动两国关系取得更大发展。国务委员兼国防部长常万全参加会见。

11月18日

［纲　　文］　国务院总理李克强向在比利时布鲁塞尔举行的第四届"中欧论坛"致贺信。

［目　　文］　李克强在贺信中说，中国和欧盟作为世界政治经济格局中的两支重要力量，是亚欧地区稳定与安全的坚定维护者，也在应对国际金融危机等全球性挑战中发挥中流砥柱作用。中方历来从战略高度重视欧盟，始终支持欧洲一体化进程，乐见欧盟团结、繁荣、强大。中欧双方应认真落实好《中欧合作2020战略规划》，既要做互尊互信、合作共赢的好伙伴，更要做开放创新、包容发展的引领者。欧盟委员会主席容克在贺信中表示，近年来，欧中全面战略伙伴关系不断拓展和深化。欧方愿同中方一道，全面积极落实《欧中合作2020战略规划》，扩大各领域合作，共庆2015年欧中建交40周年，推动欧中关系取得新的发展。

布鲁塞尔"中欧论坛"自2011年首次举办。本届论坛由欧洲智库"欧洲之友"、中国驻欧盟使团和中国公共外交协会联袂组织。来自欧盟和中国的官员、智库专家、学者、企业家共200余人参会。论坛的主题是"塑造共同的未来"，来自中欧双方的嘉宾围绕促进中欧贸易和投资、应对中国改革创新和城镇化面临的挑战以及深化中欧人文交流等议题进行了坦诚深入的交流，并提出建设性意见。

11月18日

［纲　　文］　中央第三轮巡视工作动员部署会在北京召开。

［目　　文］　中共中央政治局常委、中央巡视工作领导小组组长王岐山出席会议并讲话，中共中央政治局委员、中央书记处书记、中央巡视工作领导小组副组长赵乐际，中共中央书记处书记、中央巡视工作领导小组副组长赵洪祝出席会议。

王岐山说，党中央高度重视加强和改进巡视工作。十八大以来，中央政治局常委会多次听取巡视情况汇报，习近平总书记每次都作出重要指示，为巡视工作指明方向、提出要求。中央巡视工作领导小组狠抓工作落实，中央巡视组用不到两年时间完成了对31个省区市和新疆生产建设兵团的全覆盖，巡视的强度、力度和效果前所未有，形成有力震慑，赢得党心民心。

王岐山指出，实现巡视全覆盖就要创新方式方法，使党内监督不留空白。下一阶段工作重点转向专项巡视。专项巡视要害在"专"，可以围绕一件事、一个人、一个下属单位、一个工程项目、一笔专项经费开展巡视。监督不是一阵子，要针对已巡视过的地方或部门杀个回马枪，强化震慑、不敢、知止的氛围。与常规巡视不同，专项巡视要目标清晰，循着问题线索而去，聚焦问题、突出重点、挖深吃透，不求面面俱到。要加强与纪检、组织等部门的协调，捋出问题线索、掌握巡视对象情况，使专项巡视指向更加明确。要机动灵活、方法多样、加快进度，一个月内完成任务。要窥一斑、见全豹，处理好专项巡视与"四个着力"的关系。专项巡视不仅要就事论事，还要见微知著，把握被巡视对象的特点，分析其历史沿革和文化，善于从一个问题线索中，发现被巡视对象在腐败、作风、纪律、选人用人等方面的普遍问题。要用好巡视成果，解剖麻雀、以点带面，针对共性问题，推动问题整改。

王岐山要求，要加强巡视队伍建设。巡视组长要领好班子、带好队伍。巡视干部要忠诚、干净、担当，坚持原则、敢于碰硬，带头落实中央八项规定精神，严守政治纪律、保密纪律。应该发现问题没发现是失职，发现问题没报告是渎职，都要严肃追究责任。

经中央批准，2014年中央第三轮巡视将对文化部、环保部、中国科协、全国工商联、中国国际广播电台、南方航空、中国船舶、中国联通、中国海运、华电集团、东风汽车、神华集团、中石化等13个单位进行专项巡视。与以往各轮巡视不同的是，这轮巡视的13个单位全部采用专项巡视。这是在2014年前两轮巡视对6家单位开展专项巡视试点后首次将专项巡视全面推开。

11月18日

［纲　文］　财政部、科学技术部、工业和信息化部、国家发展和改革委员会等四部委印发《关于新能源汽车充电设施建设奖励的通知》。

［目　文］　《通知》说，为加快新能源汽车充电设施建设，推进新能源汽车产业稳步发展，中央财政拟安排资金对新能源汽车推广城市或城市群给予充电设施建设奖励。政策执行期限为2013—2015年；2016年以后，财政部等四部委将根据新能源汽车推广应用规模和充电设施建设运营成本等情况，对奖励政策进行适当调整。

《通知》明确，奖励对象是经四部委批复备案的、成效突出且不存在地方保护的新能源汽车推广城市或城市群，其他尚未备案但推广效果较好的城市或城市群，可按程序报经四部委备案后，比照执行；对京津冀、长三角和珠三角地区等大气污染治理重点区域中的城市或城市群，中央财政根据新能源汽车推广数量分年度安排充电设施奖励资金；对符合国家技术标准且日加氢能力不少于200公斤的新建燃料电池汽车加氢站每个站奖励400万元；对服务于钛酸锂纯电动等建设成本较高的快速充电设施，适当提高补助

11月18日

［纲　文］　人力资源和社会保障部、财政部、卫生与计划生育委员会联合印发《关于进一步做好基本医疗保险异地就医医疗费用结算工作的指导意见》。

［目　文］　《意见》由七部分组成：一、进一步明确推进异地就医结算工作的目标任务。二、完善市级统筹，实现市域范围内就医直接结算。三、规范省内异地就医直接结算。四、完善跨省异地就医人员政策。五、做好异地就医人员管理服务。六、大力提升异地就医信息化管理水平。七、加强组织落实。

《意见》提出，分层次推进医疗保险异地就医费用结算的思路，要求以全面实现市域范围内医疗费用直接结算为目标，做到基金预算、筹资待遇政策、就医管理的统一和信息系统的一体化衔接，努力做到"同城无异地"。还提出了相应的工作目标，2014年要基本实现市级统筹区内就医直接结算，规范和建立省级异地就医结算平台；2015年将基本实现市级统筹区内和省内异地住院费用直接结算，建立完善国家和省级异地就医结算平台；2016年全面实现跨省异地安置退休人员住院医疗费用直接结算。

《意见》指出，跨省异地就医费用直接结算的重点人群是异地安置退休人员，指按照户籍政策取得居住地户籍的长期居外退休人员，主要是退休后随子女居住的老人。他们普遍年龄大、医疗负担重、长期不返回参保地，异地就医报销时的"跑腿"和"垫支"问题对他们的影响最大，因此对异地就医费用直接结算的需求最为迫切。同时，这部分人群界限相对比较清晰，也有利于跨省异地就医工作的稳妥起步。下一步，结合户籍和居住证制度改革的推进，有条件的地方可以在总结经验的基础上，探索将其他跨省异地居住人员纳入住院医疗费用直接结算范围。

11月18日

［纲　文］　中国制造的19100TEU型"中海环球"轮打破世界最大集装箱船纪录。

［目　文］　中国制造的19100TEU型"中海环球"轮是2013年中海集运与韩国现代船厂订造的5艘19100TEU型集装箱船舶中的首制船。该船全长400米、宽近60米，船体大小超过4个标准足球场，与普通的1万箱级别集装箱船相比，油耗可节省约20%。"中海环球"轮打破了世界最大集装箱船纪录，成为世界上最大、最先进的集装箱船舶。

11月18日

［纲　文］　中国内地主题公园首次获得"全球最佳主题乐园奖"提名。

［目　文］　2014国际游乐园和景点协会博览会在美国佛罗里达州奥兰多开幕，全球主题公园和娱乐行业机构——主题娱乐协会宣布，珠海长隆海洋王国摘取了"主题公园杰出成就奖"，成为首个获得这一奖项的中国主题娱乐品牌。与此同时，广州长隆旅游度假区作为亚洲唯一代表闯入本年度"全球最佳主题乐园奖"提名名单，这也是中国内地主题公园首次获得这一业内顶级大奖的提名。

11月18日

［纲　文］　中共中央政治局常委刘云山在北京会见由副主席君贝尔率领的德国社民党代表团。

［目　文］　刘云山首先对中国共产党与德国社民党建立党际关系30周年纪念活动成功举办表示祝贺。刘云山说，30年来两党相互尊重、平等相待、坦诚对话，开展了卓有成效的合作。当前，中德两国已成为利益共同体。中国共产党愿与德国社民党一道，加强治国理政经验互鉴，深化人文交流和各领域务实合作，推动中德关系迈上新台阶。刘云山还应询介绍了推动"一带一路"建设的有关情况。

君贝尔说，对两党友好交往的回顾总结，是为了更好地面向未来。德国社民党愿进一步深化与中国共产党的交流合作，共同促进德中关系向前发展。

全国政协副主席、中联部部长王家瑞参加会见。

11月18日

［纲　文］　《人民日报》发表题为《党的制度建设重要里程碑》的评论员文章。

11月18—23日

［纲　文］　国务院副总理汪洋应芬兰总统尼斯特邀请访问芬兰。

［目　文］　汪洋在芬兰赫尔辛基与尼斯特会谈。汪洋说，中芬建交64年来，始终是相互支持、相互信任的真诚朋友和可靠伙伴。2013年习近平主席和总统先生就构建和推进中芬面向未来的新型合作伙伴关系达成重要共识。我此次访芬，目的是落实两国元首重要共识，推动双方经贸、投资、人文等各领域务实合作取得更多成果，迎接2015年中芬建交65周年。中方愿同芬方共同努力，抓住两国经济转型带来的合作机遇，优势互补，互利共赢，进一步丰富两国新型合作伙伴关系内涵，推动中芬关系不断向更高水平发展。尼尼斯特说，中国的发展将为芬兰带来更多机遇，芬兰的发展离不开与中国的合作。芬兰珍视同中国的长期友好关系，愿同中方保持高层互访势头，加强各领域务实合作，持续推进芬中新型合作伙伴关系。在与芬兰总理斯图布举行会谈时，双方就深化两国务实合作深入交换意见，达成广泛共识，共同出席两国合作文件签署仪式。

汪洋同芬兰总理斯图布举行会谈时，就深化两国务实合作深入交换意见，达成广泛共识。双方共同出席两国合作文件签署仪式。汪洋还出席了中芬经贸论坛和第七届芬兰初创企业研讨会并发表演讲，分别会见了芬兰财政部长林奈、经济部长瓦帕沃里。

11月19日

［纲　文］　李克强主持召开国务院常务会议。

［目　文］　会议的主要内容有：一、采取有力措施缓解企业融资成本高问题。必须坚持改革创新，完善差异化信贷政策，健全多层次资本市场体系，进一步有针对性地缓解融资成本高问题，以促进创新创业、带动群众收入提高。一是增加存贷比指标弹性，改进合意贷款管理，完善小微企业不良贷款核销税前列支等政策，增强金融机构扩大小微、"三

农"等贷款的能力。二是加快发展民营银行等中小金融机构,支持银行通过社区、小微支行和手机银行等提供多层次金融服务,鼓励互联网金融等更好向小微、"三农"提供规范服务。三是支持担保和再担保机构发展,推广小额贷款保证保险试点,发挥保单对贷款的增信作用。四是改进商业银行绩效考核机制,防止信贷投放"喜大厌小"和不合理的高利率、高费用。五是运用信贷资产证券化等方式盘活资金存量,简化小微、"三农"金融债等发行程序。六是抓紧出台股票发行注册制改革方案,取消股票发行的持续盈利条件,降低小微和创新型企业上市门槛。七是支持跨境融资,让更多企业与全球低成本资金"牵手"。八是完善信用体系,提高小微企业信用透明度,使信用好、有前景的企业"钱途"广阔。九是加快利率市场化改革,建立市场利率定价自律机制,引导金融机构合理调整"虚高"的贷款利率。十是健全监督问责机制,遏制不规范收费、非法集资等推升融资成本。二、关爱贫困地区困难家庭儿童健康成长。要坚持政府直接提供和购买服务相结合,发挥市场力量,动员社会参与,以健康和教育为重点,对集中连片特困地区的农村困难家庭儿童给予从出生开始到义务教育结束的关怀和保障。会议通过《国家贫困地区儿童发展规划》,并明确近期重点:一是在片区内扩大新生儿先天性疾病免费筛查范围。通过提高新农合报销比例和医疗救助补助标准,加大对农村孕产妇孕前孕期检查、住院分娩的补助力度。二是扩大贫困地区困难家庭婴幼儿营养改善试点。三是支持在人口和孤儿数量较多的县(市)建设儿童福利机构。四是逐步提高特殊教育生均公用经费,落实乡村教师生活补助。三、讨论通过《中华人民共和国促进科技成果转化法修正案(草案)》。决定提请全国人大常委会审议。草案完善了科技成果信息发布、处置收益分配等制度,突出了企业在科研方向选择、项目实施等方面的主体作用,强化了知识产权保护。会议还研究了其他事项。

11月19日

［纲　文］　刘奇葆在北京出席文艺界"深入生活、扎根人民"主题实践活动电视电话会议。

［目　文］　中共中央政治局委员、中宣部部长刘奇葆在会议上说,要深入学习贯彻习近平总书记在文艺工作座谈会上的重要讲话精神,树立以人民为中心的创作导向,把握中国精神这个社会主义文艺的灵魂,扎实开展主题实践活动,引导广大文艺工作者到基层和群众中去,在深入人民生活中提升思想和艺术境界,创作更多无愧于时代的优秀作品。

刘奇葆说,广大文艺工作者要解决好"为了谁、依靠谁、我是谁"这个根本问题,树立马克思主义文艺观、鲜明的群众观点、强烈的时代观念、正确的价值理念,打牢投身"深入生活、扎根人民"主题实践活动的思想基础。要通过主题实践活动,采撷文化养分、在深入人民生活中汲取创作营养;创作文艺精品,推出更多打动人心、有筋骨有道德有温度的优秀作品;送去文化服务,丰富基层群众精神文化生活;播撒文化种子,通过教、学、帮、带,培养一支不走的文化队伍。

11月19日

[纲　文]　国务院办公厅印发《关于进一步动员社会各方面力量参与扶贫开发的意见》。

[目　文]　《意见》由四部分组成：一、总体要求和基本原则；二、培育多元社会扶贫主体；三、创新参与方式；四、完善保障措施。

《意见》指出，广泛动员全社会力量共同参与扶贫开发，是我国扶贫开发事业的成功经验，是中国特色扶贫开发道路的重要特征。改革开放以来，各级党政机关、军队和武警部队、国有企事业单位等率先开展定点扶贫，东部发达地区与西部贫困地区结对扶贫协作，对推动社会扶贫发挥了重要引领作用。民营企业、社会组织和个人通过多种方式积极参与扶贫开发，社会扶贫日益显示出巨大发展潜力。但还存在着组织动员不够、政策支持不足、体制机制不完善等问题。

《意见》要求，从五个方面完善保障措施：一是落实优惠政策。按照国家税收法律及有关规定，全面落实扶贫捐赠税前扣除、税收减免等扶贫公益事业税收优惠政策，以及各类市场主体到贫困地区投资兴业、带动就业增收的相关支持政策。鼓励有条件的企业自主设立扶贫公益基金。二是建立激励体系。让积极参与社会扶贫的各类主体政治上有荣誉、事业上有发展、社会上受尊重。三是加强宣传工作。大力营造扶贫济困、守望相助的浓厚社会氛围。四是改进管理服务。地方各级政府和有关部门要适应社会扶贫体制机制改革创新需要，提高社会扶贫工作的管理服务能力。五是加强组织动员。

11月19日

[纲　文]　首届全国敬老文化论坛在北京举行。

[目　文]　本次论坛由全国老龄办主办、中国老龄科学研究中心承办，主题是"传承中华美德，创新敬老文化"。论坛由主论坛和四场分论坛组成，主题分别为"敬老文化的时代发展""敬老文化与社会保障""敬老文化与社会管理"和"敬老文化与传统文化传承"。来自全国各地的近300名专家学者和老龄工作者参会，就我国敬老文化的历史源流、敬老文化的地位作用、敬老文化的机遇挑战、敬老文化的创新发展等议题展开了广泛深入的研讨。本次论坛共征集了500余篇相关领域论文，对其中120篇优秀论文予以了表彰。

11月19日

[纲　文]　国家主席习近平任免驻外大使。

[目　文]　习近平根据全国人大常委会的决定任免下列驻外大使：

一、免去吴久洪的中华人民共和国驻阿曼苏丹国特命全权大使职务；任命于福龙为中华人民共和国驻阿曼苏丹国特命全权大使。

二、免去罗小光的中华人民共和国驻苏丹共和国特命全权大使职务；任命李连和为中华人民共和国驻苏丹共和国特命全权大使。

三、免去牛强的中华人民共和国驻厄立特里亚国特命全权大使职务；任命邱学军为中华人民共和国驻厄立特里亚国特命全权大使。

四、免去史忠俊的中华人民共和国驻塞舌尔共和国特命全权大使职务；任命朊立贤（女）为中华人民共和国驻塞舌尔共和国特命全权大使。

五、免去曹忠明的中华人民共和国驻马里共和国特命全权大使职务；任命陆慧英（女）为中华人民共和国驻马里共和国特命全权大使。

六、免去田长春的中华人民共和国驻亚美尼亚共和国特命全权大使职务；任命田二龙为中华人民共和国驻亚美尼亚共和国特命全权大使。

11月19日

[纲　文]　中央军委副主席许其亮在北京会见俄罗斯国防部长绍伊古。

[目　文]　许其亮说，当前中俄全面战略协作伙伴关系进入新的发展阶段。中俄两军高层交往密切，战略互信不断加深，专业领域合作务实高效。中方始终把发展中俄军事合作作为中国军队对外交往优先方向，愿进一步推动两军务实交流合作，将两军关系不断推向新高度。

绍伊古说，在世界和地区局势复杂背景下，俄中军事合作具有重要意义。俄方愿与中方不断推进两军关系。

11月19日

[纲　文]　中国海事仲裁委员会香港仲裁中心在香港成立。

[目　文]　中国海事仲裁委员会香港仲裁中心（简称海仲委香港仲裁中心）是海事仲裁委员会（简称海仲委）首个在中国内地以外的仲裁中心。

海仲委是中国唯一一家专业海事仲裁机构。在香港设立分支机构，是海仲委仲裁服务进一步国际化的重要举措。海仲委香港仲裁中心受理并管理的仲裁案件，将同时适用香港仲裁条例和海仲委仲裁规则。中心将香港仲裁制度的优势与海仲委半个多世纪积累的仲裁经验有效结合起来，并兼顾海事海商争议解决的特点，为中外当事人提供具有独特优势的海事仲裁服务。

11月19—21日

[纲　文]　首届世界互联网大会在浙江乌镇举行，国家主席习近平向首届世界互联网大会致贺词。

[目　文]　首届世界互联网大会由国家互联网信息办公室和浙江省人民政府共同主办。大会以"互联互通、共享共治"为主题，围绕国际互联网治理、移动互联网、互联网新媒体、网络空间法治化、网络名人、跨境电子商务、网络安全、打击网络恐怖主义等10多个分议题深入交换意见，共商互联网发展大计，近100个国家和地区的1000多名嘉宾、近500名中外记者参会。

习近平向大会致贺词祝贺会议召开。贺词说，当今时代，以信息技术为核心的新一轮科技革命正在孕育兴起，互联网日益成为创新驱动发展的先导力量，深刻改变着人们的生产生活，有力推动着社会发展。互联网真正让世界变成了地球村。同时，互联网发展对国家主权、安全、发展利益提出了新的挑战，迫切需要国际社会认真应对、谋求共治、实现共赢。本届世界互联网大会以"互联互通共享共治"为主题,回应了国际社会对网络空间面临重大问题的共同关注。中国愿意同世界各国携手努力,本着相互尊重、相互信任的原则,深化国际合作,尊重网络主权,维护网络安全,共同构建和平、安全、开放、合作的网络空间,建立多边、民主、透明的国际互联网治理体系。

大会达成广泛共识,中国呼吁国际社会齐心协力,携手建立多边、民主、透明的国际互联网治理体系,共同构建和平、安全、开放、合作的网络空间,并提出九点倡议,具体包括:促进网络空间互联互通、尊重各国网络主权、共同维护网络安全、联合开展网络反恐、推动网络技术发展、大力发展互联网经济、广泛传播正能量、关爱青少年健康成长以及推动网络空间共享共治。

会议期间,国务院总理李克强在北京同世界互联网大会中外代表座谈。汤森路透集团总裁史密斯、高通公司董事长雅各布、阿里巴巴董事局主席马云等代表在座70余位参加世界互联网大会的中外代表发言。李克强说,互联网是大众创业、万众创新的新工具。我们将不断加强网络基础设施建设,提高网络普及率。继续着眼于互联网业的外部环境和自身成长,支持网络技术、服务持续创新,政策更加丰富。同时坚持依法管理互联网,严厉打击网络侵权、窃密等违法犯罪行为,在发展中做好监管工作,让互联网更好成长,根深叶茂,引领创新创业新潮流。中国愿同世界各国本着相互开放、相互尊重的精神,在互联网领域开展平等互利的交流与合作,共享互联网发展带来的机遇。

11月19—21日

[纲　文] 　李克强在浙江省考察。

[目　文] 　国务院总理李克强在浙江义乌、杭州考察,并召开专题会议,与地方一道研究促进改革发展相关重点问题。李克强指出,建设长江经济带是国家重大战略,长江这条巨龙纵贯东西,经济总量占全国四成以上,其广阔腹地是我国经济发展最大回旋余地,依托黄金水道打造长江经济带,把龙头抬起来、龙身动起来、龙尾摆起来,实现东中西协调发展,我国内需巨大的优势就能更好发挥,保持经济长期稳定增长就有更强支撑。希望浙江发挥优势,把自身改革发展和长江经济带建设紧密结合起来,打造江海联运服务基地,敢闯敢试,面向世界,带动腹地,促进转型升级。

11月20日

[纲　文] 　新华社讯,中共中央办公厅、国务院办公厅印发《关于引导农村土地经营权有序流转发展农业适度规模经营的意见》。

[目　文] 　《意见》由五部分组成:一、总体要求。二、稳定完善农村土地承包关系。三、规范引导农村土地经营权有序流转。四、加快培育新型农业经营主体。五、建立健全农业社会化服务体系。《意见》指出,土地流转和适度规模经营是发展现代农业的必由之路,有利于优化土地资源配置和提高劳动生产率,有利于保障粮食安全和主要农产品供给,有利于促进农业技术推广应用和农业增效、农民增收,应从我国人多地少、农村情

况千差万别的实际出发，积极稳妥地推进。

11月20日
[纲　文]　范长龙在驻河北、内蒙古和山西部队调研。
[目　文]　中共中央政治局委员、中央军委副主席范长龙在驻河北、内蒙古和山西部队调研时说，各级党委要认真进行对照反思，深入细致开展思想政治工作，把理想信念、党性原则、战斗力标准和政治工作威信在部队牢固立起来，打牢官兵高举旗帜、听党指挥、献身使命的思想根基。要高度重视和严肃看待徐才厚案件，深刻反思教训，彻底肃清影响。要在党的群众路线教育实践活动基础上，持续深入推进作风建设。要抓深入，巩固改作风的成果，针对巡视、纪检、审计工作中发现的突出问题，结合本单位实际自查自纠。要抓反弹，对那些"顶风上"、不收敛不收手的要从严从紧查处。要抓常态，不断完善相关制度，用制度落实保证作风建设常态长效。要狠抓部队战备训练，不断提高核心军事能力。要突出信息化，多在精细筹划、精确指挥、精准保障和可靠防护上下功夫。要突出体系化，在形成体系、融入体系中提高能力。要突出实战化，在近似实战环境和激烈对抗中摔打部队。要加强战备执勤和边境管控，维护边境地区安全稳定。要以领导指挥体制、力量规模结构、政策制度和军民融合深度发展等为重点深化改革研究论证，同时加强改革中的管理教育，确保部队高度集中统一和安全稳定。要扎实推进依法治军、从严治军，使有法必依、有章必循成为各级高度自觉。要始终把工作重心放在基层，推进基层建设全面进步和官兵全面发展。要巩固发展军政军民团结和民族团结，为驻地经济社会发展、社会和谐稳定作出新贡献。

11月20日
[纲　文]　国务委员兼国防部长常万全在北京分别与塔吉克斯坦、马尔代夫和马来西亚国防部长举行会谈。
[目　文]　在会见塔吉克斯坦国防部长米尔佐时，常万全说，中塔两军在高层互访、联演联训、人员培训等领域的合作富有成果。中方愿与塔方一道，认真落实元首共识，深化两军务实合作，为推动中塔战略伙伴关系发展作出积极贡献。米尔佐说，中国是塔吉克斯坦最可靠的战略伙伴，塔方愿与中方一道加强各领域合作，共同应对地区安全威胁。

在会见马尔代夫国防部长纳兹姆时，常万全说，2014年9月，习近平主席成功访问马尔代夫，同亚明总统就中马关系未来发展达成共识，两国关系面临广阔发展前景。希望两军加强互访和人员交流，开辟新的合作领域，为两国关系发展注入新活力。纳兹姆说，马方致力于进一步发展两军交流合作，加强人员培训、海上安全等领域合作，推动两军关系进一步发展。

在会见马来西亚国防部长希沙慕丁时，常万全说，近年来，两军在防务磋商、院校交流、军舰互访等方面开展了良好的合作。中方愿与马方继续推进各领域交流，深化双边及在东盟防长扩大会框架下的合作，为丰富两国全面战略伙伴关系内容作出积极努力。希沙慕丁表示，马中两国防务部门和军队来往密切、合作良好。马方愿与中方共同努力，深化两军双、多边务实合作，促进两军关系持续稳定发展。

11月20日

［纲　文］　川藏电力联网工程正式投入运营。

［目　文］　川藏电力联网工程是国家电网公司贯彻中央西藏战略工作部署，落实国家西部大开发战略，服务川藏两地藏区经济社会发展和长治久安的重要工程。工程连接西藏昌都电网与四川电网，总投资66.3亿元。线路东起四川甘孜藏族自治州的乡城县、途经巴塘县，西至西藏昌都，新建巴塘、昌都2座500千伏变电站和邦达、玉龙2座220千伏变电站，新建昌都—巴塘—乡城双回500千伏、昌都—玉龙双回、昌都—邦达双回220千伏线路，全长1521千米。川藏电力联网工程的正式投运结束了西藏昌都地区长期孤网运行的历史，从根本上解决昌都地区近50万人口的用电问题。

川藏电力联网工程是迄今为止世界上最艰难的输变电工程，地处川藏高原腹地，穿越高海拔、低气温无人区，沿线高寒缺氧、地质复杂、冻土广布，技术难度极大。经过8个月的努力，国家电网公司等40多家参建单位、2万余名建设者，提前半年建成这项具有世界领先水平的高原输电精品工程，创造了世界高海拔地区电网建设"零死亡、零伤残、零缺陷"的新纪录。

11月20日

［纲　文］　世界超级计算机大会确认，中国"天河二号"超级计算机成为世界超算双料冠军。

［目　文］　在美国新奥尔良市召开的世界超级计算机大会确认，由中国国防科技大学研制的"天河二号"超级计算机系统，在国际TOP500组织首次正式发布的超级计算机高性能共轭梯度（HPCG）基准测试排行榜上位居世界第一。在该组织此前发布的第44届世界超级计算机500强排行榜中，"天河二号"也位居榜首，获得"四连冠"，这标志着我国超级计算机技术已站稳国际领先地位。

11月20日

［纲　文］　内蒙古自治区高级人民法院启动对呼格吉勒图案的再审程序，并作出再审判决。

［目　文］　内蒙古自治区高级人民法院向该案申诉人、呼格吉勒图的父母送达了再审决定书，正式启动对该案的再审程序。12月15日，内蒙古高院对该案作出再审判决，主要内容是：一、撤销内蒙古高级人民法院（1996）内刑终字第199号刑事裁定和呼和浩特市中级人民法院（1996）呼刑初字第37号刑事判决；二、原审被告人呼格吉勒图无罪。

呼格吉勒图案又称呼格吉勒图冤杀案。1996年呼格吉勒图因为"涉嫌奸杀"被执行死刑，2006年"呼格吉勒图案"的"真凶"浮出水面，"呼格吉勒图案"一时成为公众关注的焦点。在新华社报道长期推动下，2014年12月，内蒙古自治区高级人民法院经再审，撤销原判，判决18年前被判处死刑的呼格吉勒图无罪。2015年1月6日，《人民法院报》编辑部评选了2014年度人民法院十大刑事案件，呼格吉勒图案位列第一位。法新社、英国广播公司等国际媒体均报道了此案。

11月20—21日

［纲　文］　国务院副总理汪洋应斯洛文尼亚共和国副总理兼农业、林业和食品部部长日丹的邀请访问斯洛文尼亚。

［目　文］　汪洋在斯洛文尼亚首都卢布尔雅那会见斯洛文尼亚总统帕霍尔时说，中斯建交22年来，双边关系发展顺利。两国政治上相互理解支持，经济上优势互补，文化上相互吸引，是彼此信赖的朋友和伙伴。中方愿与斯方共同努力，持续推进双边关系和务实合作，更好造福两国和两国人民。双方应保持高层交往，增强政治互信；扩大贸易投资，促进双边贸易平衡发展，鼓励企业开展双向投资；拓展合作领域，加强旅游、林业等领域合作；健全合作机制，推动双边贸易投资合作取得更多实质成果；加强人文交流，夯实双边关系民意基础。帕霍尔请汪洋转达其对习近平主席的诚挚问候。帕霍尔说，斯洛文尼亚永远是中国的朋友，发展对华关系是斯外交政策优先方向。斯中政治关系基础坚实，深化务实合作面临巨大机遇。斯将致力于加强同中国的友好关系，深化和拓展经贸合作，加强人文交流。斯方欢迎中国企业扩大对斯投资。

访问期间，汪洋还会见了斯洛文尼亚总理采拉尔、议长布尔格莱兹，同副总理兼农业、林业和食品部部长日丹和副总理兼外交部长埃里亚韦茨举行会谈，出席中斯经贸论坛并发表演讲。

11月20—28日

［纲　文］　全国人大常委会委员长张德江应邀对秘鲁、哥伦比亚、墨西哥进行正式友好访问。

［目　文］　20—23日，张德江访问秘鲁，在会见秘鲁总统乌马拉时，张德江说，中秘是传统友好国家。2009年秘鲁在拉美地区率先同中国签署一揽子自贸协定。2014年双方将两国关系提升为全面战略伙伴关系。不久前，习近平主席与总统先生在北京就推动中秘关系在更高水平上向前发展达成新的共识。我这次访问的目的，就是要从立法机关角度落实两国元首达成的重要共识，进一步推动中秘友好合作深入发展，更好地造福两国人民。中方积极支持秘鲁举办《联合国气候变化框架公约》第20次缔约方会议，愿与秘方共同努力，为会议取得积极成果发挥建设性作用。与国会主席索洛萨诺举行会谈时，张德江说，议会交往是国家关系的重要组成部分。我这次来访，是中国全国人大常委会委员长首次访秘。中国全国人大愿与秘鲁国会一道，着眼中秘世代友好，以实现共同发展为目标，加强治国理政、法治建设方面的交流互鉴，促进两国各领域务实合作。会谈结束后，索洛萨诺代表秘鲁国会授予张德江委员长"大十字勋章"。访问期间，张德江与索洛萨诺共同出席了中秘友谊馆揭牌仪式，参观了里卡多·帕尔玛大学孔子学院，还与在秘鲁的中资企业代表进行深入座谈。

23—25日，张德江访问哥伦比亚。在会见哥伦比亚总统桑托斯时，张德江说，中哥建交30多年来，两国关系健康稳定发展。双方政治上始终相互理解、相互支持。中方高度重视发展同哥伦比亚的友好合作关系，赞赏贵国在推进国家发展与和平事业方面取得的积极成果。哥方在中国台湾等问题上长期坚持一个中国原则，积极发展对华友好。两国良好的政治关系有力推动了经贸、人文等各领域务实合作。近年来，两国贸易快速增长，中国已成为哥伦比亚第二大贸易伙伴。明年是中哥建交35周年，两国关系发展面临新的机遇。中方愿同哥方一道，增进政治互信，不断提升务实合作水平，使中哥友好合作更好惠及两国人民。深化经贸等领域务实合作，推进贸易投资便利化，促进共同发展繁荣。扩大各层次友好往来，增进人民之间的相互了解，巩固中哥友好的社会和民意基础。哥伦比亚是南美重要国家，双方还要利用好中国—拉共体论坛这个新的合作平台，通过多边交流促进双边合作。访问期间，张德江还与国会主席兼参议长纳梅、众议长阿明分别举行了会谈。

25—26日，张德江访问墨西哥。在会见墨西哥总统培尼亚时，张德江说，中墨同为发展中大国和重要新兴市场国家，共同利益多，合作前景广。不久前总统先生成功访华，习近平主席与你就深化两国全方位合作达成新的重要共识。我这次来，就是希望从立法机关角度推动落实两国元首会晤成果，为中墨关系发展提供法律保障和民意支持。希望双方继续登高望远，深化在政治、经贸、人文等各领域的战略合作，坚定支持彼此核心利益和重大关切，积极拓展在基础设施、能源、高技术等领域大项目合作，不断扩大在教育、科技、文化等领域的友好往来，把中墨全面战略伙伴关系提升到新的更高水平。访问期间，张德江还与墨西哥参议长巴尔沃萨和众议长奥雷奥莱斯分别举行了会谈，并会见了部分墨西哥友好人士，视察了华为公司拉美北地区部。

11月20—22日

［纲　文］　第五届香山论坛在北京举行。

［目　文］　论坛由中国军事科学学会举办，主题是"合作共赢：构建亚洲命运共同体"，重点讨论了"地区安全架构：现状与前景""地区海上安全：合作与挑战""地区反恐：趋势与对策"等三个议题。有47个国家的国防部或武装部队代表团，4个国际组织代表和中外专家学者约300人参加。

国务委员兼国防部长常万全在论坛上发表题为《中国军队与亚太安全》的主旨演讲。常万全在讲话上介绍了中国加快推进国防和军队现代化的原因，并特别提出，亚太各国的安全与发展相互依存，日益成为一荣俱荣、一损俱损的命运共同体。常万全说，2014年5月，习近平主席提出共同、综合、合作、可持续的亚洲安全观，为亚太各国共同应对安全挑战提供了新选择、新思路。中国军队践行亚洲安全观，不断深化与各国防务领域务实合作，积极提供公共安全产品，持续开展地区安全对话，妥善处理敏感争议问题，为维护地区和平稳定与繁荣作出了应有贡献。中国愿与各国军队一道努力，走出一条共建、共享、共赢的亚洲安全之路。

11 月 21 日

［纲　　文］　全国血吸虫病防治工作会议在湖南长沙召开。

［目　　文］　国务院总理李克强作出批示。国务院副总理刘延东出席会议并讲话。

李克强的批示指出：血吸虫病防治关系群众生命安全和全面实现小康社会目标。经过多年努力，防治工作取得显著成就，但巩固成果、完成消除血吸虫病的任务还很艰巨。值此攻坚制胜的关键时期，各有关地区和部门要牢牢把群众疾苦时刻放在心头，将打好血吸虫病歼灭战作为保障和改善民生的重大工程毫不松懈地抓实抓好。继续实施以控制传染源为主的综合防治策略，不断提高科学防控能力，切实阻断传播途径。继续着力提高基层防控能力，结合实施基本公共卫生服务项目加大治理力度。继续做好患者救治，特别是要为欠发达地区的困难群众提供帮扶。血防工作部际联席会议要加强指导，把防治规划和措施落到实处。

刘延东在会议上说，做好血吸虫病防治工作是保障和改善民生的重要内容，是促进经济持续健康发展的重要保障。各有关地方和部门要把维护人民群众身体健康作为义不容辞的责任，坚持科学依法综合防治，推广有益经验，加强疫情监测，强化防治措施，坚决切断血吸虫病传播途径。要大力普及防治卫生知识，做好救治救助，努力改善疫区群众生活质量和健康水平。要抓紧制定下一个十年防治规划，着力提高防治能力和水平，打好血吸虫病防治十年决战，争取早日消除血吸虫病。

11 月 21 日

［纲　　文］　财政部发出《关于完善政府预算体系有关问题的通知》。

［目　　文］　《通知》说，为贯彻落实新预算法和《国务院关于深化预算管理制度改革的决定》，经国务院批准，现就完善政府预算体系有关问题通知如下：一、充分认识完善政府预算体系的必要性。二、完善政府预算体系的具体要求。三、工作要求。完善政府预算体系是《预算法》和《决定》的明确要求。各地区、各部门要统一思想、提高认识，以高度的责任感、使命感和改革创新精神，切实履行职责，加强协调配合，共同推进完善政府预算体系工作。要根据改革要求，抓紧修改相关财务预算管理制度，并做好与年度预算编制的衔接工作，确保改革措施落到实处。

《通知》要求，完善国有资本经营预算制度，提高国有资本收益上缴公共财政的比例，2020年将提高到30%，更多地用于保障和改善民生。加强国有资本经营预算支出与一般公共预算支出的统筹使用。国有资本经营预算支出范围除调入一般公共预算和补充社保基金外，限定用于解决国有企业历史遗留问题及相关改革成本支出、对国有企业的资本金注入及国有企业政策性补贴等方面。一般公共预算安排的用于这方面的资金逐步退出。同时，结合税费制度改革，完善相关法律法规，逐步取消城市维护建设税、排污费、探矿权和采矿权价款、矿产资源补偿费等专款专用的规定，统筹安排这些领域的经费。

11 月 21 日

［纲　　文］　国家体育总局发布《反兴奋剂管理办法》。

［目　　文］　《办法》共9章54条。内容包括：总则，反兴奋剂工作职责，反兴奋剂宣传教育，兴奋剂检查与调查，兴奋剂检测，结果管理与处罚，处分与奖励，药品、营养品、食品管理，附则。《办法》自2015年1月1日起施行。国家体育总局1998年12月31日发布的《关于严格禁止在体育运动中使用兴奋剂行为的规定（暂行）》同时废止。

11月21—22日

［纲　　文］　全国低空空域管理改革工作会议在北京举行。

［目　　文］　会议由国务院、中央军委空中交通管制委员会组织召开。国务院副总理、国家空管委主任马凯，解放军副总参谋长戚建国等和有关代表近200人参加会议。马凯在会议上发表讲话。

马凯说，深化低空空域管理改革，是党中央、国务院、中央军委作出的重大战略决策。改革试点四年多来，各有关单位认真贯彻落实中央决策部署，坚持一手抓改革、一手抓发展，一手抓创新、一手抓规范，加强法规制度建设，实施低空空域分类划设管理，简化通航飞行审批程序，建设完善空管信息服务保障体系，初步探索形成了一套新的低空空域管理模式和制度机制，有力促进了试点地区通用航空发展，保证了军民航飞行安全和空防稳定。

马凯强调，当前低空空域改革已经进入深水区和攻坚期，需要破解的矛盾问题很多，任务艰巨繁重。各有关单位要深入贯彻落实党的十八大和十八届三中、四中全会精神，坚持创新驱动、综合改革，问题导向、重点突破，统筹推进、安全发展，以促进通航产业发展和满足社会公众需求为目标，以构建安全高效便捷的低空空域管理模式、制度机制和服务保障体系为重点，创新体制机制，完善法规制度，提升技术支撑，优化保障服务，确保安全稳定，最大限度盘活低空空域资源，促进通用航空产业快速健康发展，为国家经济社会发展和国防军队建设作出更大贡献。

会议确定，真高1000米以下空域实行分类管理有序放开。我国自2015年起开放低空管制，允许私人飞机使用1000米以下空域，不必得到军方的批准。

11月21日

［纲　　文］　著名艺术家、原东方歌舞团团长王昆在北京逝世，享年89岁。

11月22日

［纲　　文］　刘云山在北京主持召开从严治党、从严管理干部调研座谈会。

［目　　文］　中共中央政治局常委刘云山围绕贯彻落实党的十八届四中全会精神和习近平总书记系列重要讲话精神，就全面推进从严治党、从严管理干部，听取有关部门、地方负责人和专家学者意见。中共中央政治局委员、中组部部长赵乐际参加调研座谈。座谈会上，与会人员围绕会议主题、结合各自实际，就落实从严治党要求谈思考、提建议。

与会者认为，党的十八大以来，以习近平同志为总书记的党中央出台实施八项规定，组织开展群众路线教育实践活动，一系列严明纲纪、严肃吏治的举措推动党的建设开创了新局面。巩固党的建设良好态势，必须认真落实中央部署，坚持思想建党与制度建党相结合，坚持治标与治本相结合，使从严要求成为管党治党的新常态。

刘云山指出，一、全面推进从严治党，关键是落实党委的主体责任。落实责任首先要明确责任、细化责任，让各级党委、党委书记和相关部门具体而不是抽象地、认真而不是敷衍地履职尽责。落实责任还要强化责任考核，对不能履行从严治党责任的，要严肃追责问责。二、群众路线教育实践活动取得重要成果，为全面推进从严治党提供了经验和启示。要认真贯彻中央关于深化"四风"整治、巩固拓展活动成果的指导意见，落实整改任务、深化专项整治，把作风建设引向深入。要按照教育实践活动专题民主生活会的标准，以整风精神开好年度领导干部民主生活会，真正使党内政治生活严肃起来。要弘扬改革精神，运用法治思维，解决管党治党面临的新问题，做到严格标准不降格、严肃执纪不手软，推动形成良好政治生态。三、推进从严治党，必须从严管理干部，解决失之于宽、失之于软的问题。要从严选拔任用干部，按照好干部标准，严把动议关、考察关、程序关，防止带病上岗、带病提拔。要从严抓好教育，引导干部坚定理想信念、增强宗旨意识、敬畏党纪国法，从思想上绷紧严格自律这根弦。要从严加强监督，特别是加强对干部八小时之外的监督，严在早、严在小，抓苗头、抓预防。要严格落实干部管理各项规章制度，切实增强制度执行力，对违反制度规定的要严肃查处，决不搞法不责众、下不为例、情有可原。

11月22日

[纲　文]　外交部发言人就日本政府有关钓鱼岛问题和靖国神社问题答辩书答记者问。

[目　文]　有记者问，11月21日，日本政府就钓鱼岛问题和靖国神社问题通过答辩书。中方对此有何评论？

外交部发言人说，钓鱼岛及其附属岛屿自古以来就是中国的固有领土，中方对其拥有无可争辩的主权。中国政府维护国家领土主权的决心和意志坚定不移。我们要求日方停止一切损害中国领土主权的行为。中方坚决反对日本领导人以任何形式参拜供奉着二战甲级战犯、美化侵略战争的靖国神社，要求日方切实正视和深刻反省侵略历史。中方敦促日方信守承诺，拿出诚意，以实际行动维护和落实中日四点原则共识，妥善处理当前两国关系面临的突出问题，为推动两国关系改善发展作出努力。

11月22日

[纲　文]　《人民日报》发表题为《在互联互通中共享共治》的评论员文章。

11月22—23日

[纲　文]　四川省甘孜州康定县发生6.3级地震。习近平作出指示，李克强作出批示。

[目　文]　北京时间16时55分，四川省甘孜藏族自治州康定县境内（北纬30.3度，东经101.7度）发生6.3级地震，震源深度约18公里。截至23日22时，已造成5

人死亡，54人受伤，7.95万人受灾，2600余户房屋严重损坏，2.3万余户房屋一般损坏。

地震发生后，正在斐济访问的中共中央总书记习近平立即作出指示，要求四川省和民政部等有关部门迅速组织力量，全力开展抢险救援，尽最大努力减少人员伤亡。军队、武警等有关方面要积极配合、大力支持地方开展抢险救灾工作。要加强震情监测，密切防范次生灾害。要妥善做好受灾群众安置工作，保障基本生活，确保安全过冬。

国务院总理李克强作出批示，要求抓紧核实灾情，全力以赴组织抢险救援。国家减灾委、国务院抗震救灾指挥部要密切关注，按照应急响应机制视情派出工作组，指导帮助地方做好抗震救灾工作。

根据习近平指示和李克强批示，四川省紧急启动Ⅱ级地震应急响应，省救灾工作组赶赴灾区指挥抗震救灾工作。武警、公安、消防正在组织力量对中断的省道211线开展抢通工作。民政部、交通运输部、卫生计生委等部门已启动应急机制，指导当地有关部门全力做好抗震救灾工作，并向灾区紧急调运棉被、帐篷等救灾物资。中国地震局也启动Ⅱ级应急响应，派出现场工作组赶赴灾区。

11月23日

[纲　文]　中国唯一的仫佬族自治县——广西河池市罗城仫佬族自治县庆祝建县30周年。

[目　文]　罗城仫佬族自治县成立30年以来，民族经济和社会发展取得显著成就，人民生活水平显著提高。据2000年第五次全国人口普查统计，仫佬族人口已由解放初期的9万多人发展到20万人。到2013年底，全县主要经济指标与该县成立之初相比，均实现30倍以上增长。

11月24日

[纲　文]　国家主席习近平向在联合国举行的"声援巴勒斯坦人民国际日"纪念大会致贺电。

[目　文]　习近平在贺电中表示，历史反复证明，武力无法带来和平，谈判才是解决彼此分歧的唯一途径。中国衷心希望巴以双方早日重启和谈，给和平以机会，让人民得安宁。中国始终坚定支持巴勒斯坦人民争取恢复民族合法权利的正义事业。实现巴以和平是世界人民的共同心声。中国愿同国际社会一道，继续为此作出不懈努力。

11月24日

[纲　文]　李克强在水利部考察。

[目　文]　国务院总理李克强来到水利部考察并主持召开座谈会。汪洋、周小川等参加活动。李克强首先来到农村水利司，了解农村饮水安全工程规划进展情况，听取引水调水、骨干水源等投资建设汇报。李克强说，对所有的民生工程，各级政府都要担起责任，狠抓落实、务见成效，兑现对人民的硬承诺。随后，李克强主持召开座谈会，在听取

水利部负责人汇报后，李克强说，我国水利事业的长足发展和发挥的重大作用，凝聚着广大水利干部职工的辛勤奉献。有关部门和地方要加大资金投入和政策支持，按照统一的工程标准，加快建设进度，提高完工率。针对农村特别是中西部自然条件差、人口居住分散的情况，要注意摸清底数，对遗漏的，也要科学提出目标，如期完成。在此基础上，结合"十三五"规划编制，统筹谋划，逐步提高饮水安全标准，切实把农村饮水安全成果巩固住、不反复。

李克强指出，水利建设要通过深化改革，更多运用市场机制。在加大政府投入、盘活存量的同时，创新投融资机制，敞开大门鼓励社会资本投入，积极推行政府与私营部门合作等模式，形成利益共享、风险分担机制，让民间资本在水利建设运营领域尝到甜头、大显身手。更好发挥政策性金融支持水利的作用，建立合理的水价机制，用改革的红利促进水利事业发展。

11月24日

[纲　文]　国务院总理李克强在北京会见德国执政联盟三党之一的基社盟主席、巴伐利亚州州长泽霍费尔。

[目　文]　李克强说，中德关系在高水平上发展。希望双方保持各层级、各领域交往，落实好不久前第三轮中德政府磋商达成的《中德合作行动纲要》，实现优势互补，互利共赢。李克强表示，当前中国正在继续推进简政放权等政府自身改革，激发了市场活力，催生了大量市场主体，推动了大众创业、万众创新，使单位经济增长带动的就业人数有较大幅度增加，正在形成中国经济发展的新动能。中方愿同巴伐利亚州加强合作，交流分享经验，进一步提升两国合作水平。

泽霍费尔表示，中国选择了正确的发展道路，取得了巨大成功。德中各领域合作不断深化，成果丰硕。巴伐利亚州期待同中国加强经贸、人文、地方等交流与合作，让两国关系发展得更好。

泽霍费尔此次是应外交学会邀请访华的。

11月24日

[纲　文]　国务院公布《不动产登记暂行条例》。

[目　文]　《条例》共6章35条，对不动产登记机构、登记簿、登记程序、登记信息共享与保护等作出规定。

《条例》明确由国土资源部负责指导、监督全国不动产登记工作，同时要求县级以上地方人民政府确定一个部门负责本行政区域不动产登记工作，并接受上级不动产登记主管部门的指导和监督。《条例》规定了登记簿的登记内容，要求登记机构设立统一的不动产登记簿，将不动产的自然状况、权属状况、权利限制状况等事项准确、完整、清晰地予以记载；规范了登记形式，要求登记簿原则上采用电子介质，暂不具备条件的，可以采用纸质介质；细化了保管责任，要求登记机构建立健全相应的安全责任制度，永久保存登记簿，配备安全保护设施，任何人不得损毁登记簿，除依法予以更正外不得修改登记事项，登记簿损毁、灭失的，要依据原有登记资料予以重建等。为方便群众申请登记，减轻申请负担，《条例》简化了申请程序。强调当场审查的原则，对不符合法定条件不予受理的，以及不属于本机构登记范围的，要书面告知申请人，并一次性告知需补正内容或者申请途径，否则视为受理；登记机构能够通过实时互通共享取得的信息，不得要求申请人重复提交。

《条例》要求国土资源部会同有关部门建立统一的不动产登记信息管理基础平台，确保国家、省、市、县四级登记信息的实时共享；国土资源、公安、民政、财政、税务、工商、金融、审计、统计等不同部门之间要加强不动产登记有关信息互通共享。

《条例》按照物权法的有关规定，把登记资料查询人限定在权利人和利害关系人，有关国家机关可以依法查询、复制与调查处理事项有关的登记资料；查询登记资料要向登记机构说明查询目的，不得将查询获得的资料用于其他目的，未经权利人同意，不得泄露查询资料。为维护物权稳定，保护不动产权利人合法权益，《条例》还明确，本《条例》施行前依法颁发的各类不动产权属证书和制作的不动产登记簿继续有效，不动产权利人已经依法享有的不动产权利，不因登记机构和登记程序的改变而受到影响。

《条例》自2015年3月1日起施行。

11月24日

［纲　文］　国务院防治艾滋病工作委员会第二次全体会议在北京举行。

［目　文］　国务院副总理、国务院防治艾滋病工作委员会主任刘延东主持会议。刘延东说，要认真贯彻党中央、国务院决策部署，突出重点、综合施策、落实责任，坚决打好艾滋病防治攻坚战，确保实现"十二五"防治目标。

刘延东指出，目前我国艾滋病防治工作取得新的进展，防治服务网络更加健全，防控力度加大，保障水平提高，防病、禁毒、扶贫相结合的综合防治措施得到有效落实，患者免费抗病毒治疗更加及时，更多患者感受到党、政府、社会的关爱和温暖，但艾滋病防控形势仍不容乐观，需要继续加大工作力度。要坚持预防为主，强化源头治理，努力减少新发感染。加强重点干预，坚决遏制重点地区和重点人群艾滋病流行态势。加强科研攻关，提升救治能力，确保患者得到及时有效救治。要完善关爱扶持政策，加强基本医保、大病保险、医疗救助、社会救助的制度衔接，减轻患者负担。坚持依法防治，弘扬公序良俗，消除社会歧视，保障患者就医、就学、就业权益。加强国际交流，增强抗艾合作成效。健全工作机制，加强防治队伍建设，发挥社会组织作用，强化督查力度，不断提高艾滋病防治工作水平。

国务院防治艾滋病工作委员会是根据2004年2月10日中华人民共和国国务院办公厅发出的《关于成立国务院防治艾滋病工作委员会的通知》设立的，旨在加强对艾滋病防治工作的领导。委员会主任均由国务院主管副总理兼任。国务院防治艾滋病工作委员会办公室设在卫生健康委，承担国务院防治艾滋病工作委员会日常工作。

11月24日

［纲　文］　国务院印发《关于促进慈善事业健康发展的指导意见》。

［目　文］　《意见》由五部分组成：一、总体要求。二、鼓励和支持以扶贫济困为重点开展慈善活动。三、培育和规范各类慈善组织。四、加强对慈善组织和慈善活动的监督管理。五、加强对慈善工作的组织领导。

《意见》指出，改革开放以来，我国慈善事业蓬勃兴起，以慈善组织为代表的各类慈善力量迅速发展壮大，社会慈善意识明显增强，各类慈善活动积极踊跃，在灾害救助、贫困救济、医疗救助、扶老助残和其他公益事业领域发挥了积极作用。但是，我国慈善事业依然存在政策法规体系不够健全、监督管理措施不够完善、慈善活动不够规范、社会氛围不够浓厚、与社会救助工作衔接不够紧密等问题，影响了慈善事业健康发展。

《意见》围绕扶贫济困、衔接社会救助工作确立了慈善事业发展的总体要求，明确突出了扶贫济困、坚持改革创新、确保公开透明、强化规范管理等原则，提出到2020年，慈善监管体系健全有效，扶持政策基本完善，体制机制协调顺畅，慈善行为规范有序，慈善活动公开透明，社会捐赠积极踊跃，志愿服务广泛开展，全社会支持慈善、参与慈善的氛围更加浓厚，慈善事业对社会救助体系形成有力补充，成为全面建成小康社会的重要力量。

11月24日

［纲　文］　中共中央政治局常委刘云山在北京会见由党的副主席、政府副总理德梅克·梅孔嫩率领的埃塞俄比亚人民革命民主阵线（埃革阵）代表团。

［目　文］　刘云山说，中埃建立全面合作伙伴关系以来，各领域交流合作取得丰硕成果。中方愿与埃方一道落实好两国领导人达成的重要共识，互尊互信、互学互鉴，推动中埃关系迈上新台阶。2014年是中国共产党同埃塞俄比亚人民革命民主阵线建立关系20周年，中方愿不断充实两党交往内涵、深化治国理政经验交流，更好促进中埃、中非关系发展。刘云山还应询介绍了中共十八大以来党的建设情况。

德梅克说，当前埃中关系已形成全方位务实合作格局，埃革阵愿加强与中国共产党的机制化合作，学习借鉴中国经验，促进各领域深入交流，推动双边关系进一步发展。

全国政协副主席、中联部部长王家瑞参加会见。

11月24日

［纲　文］　外交部部长王毅在维也纳出席伊朗核问题六国与伊朗外长会。

［目　文］　王毅表示，中方作为伊核问题谈判重要一方，一直积极参与谈判进程。我们秉持客观公正立场，在各方间斡旋促谈，多次提出建设性意见。这次出席外长会期间，中方又提出解决焦点问题的新思路，各方都予以积极评价，相信将为下一步的最终谈判发挥积极作用。王毅强调，在谈判的最后阶段，中方呼吁各方坚持政治解决伊核问题的定力和耐心；坚持维护国际核不扩散体系，同时保障伊朗和平利用核能权利的基本共识；坚持分步对等原则，在合理时间框架内达成一揽子方案，并予以分步实施；坚持采取灵活务实、相向而行的积极姿态，汇聚解决问题的共识。

11月24日

［纲　文］　外交部发言人表示，中方对跨境河流开发利用一贯持负责任态度。

［目　文］　有记者问，中国在雅鲁藏布江建设的藏木水电站日前正式投产发电，中方还计划在雅鲁藏布江新建至少3座水电站。中方是否会考虑印度、孟加拉国等下游国家的关切？请介绍中印签署关于加强跨境河流合作的谅解备忘录后就水电站建设的沟通情况。

外交部发言人说，中方对跨境河流开发利用一贯持负责任态度，实行开发与保护并举的政策，会充分考虑对下游地区的影响。规划中的有关电站不会影响下游地区的防洪及生态。长期以来，中方从中印友好大局和人道主义精神出发，在向印方提供有关河流汛期水文资料和应急事件处理等方面作了大量工作，为下游的防洪减灾发挥了重要作用。外交部发言人介绍，2013年中印签署关于加强跨境河流合作的谅解备忘录以来，双方通过专家级会议机制保持着良好沟通。在2014年9月习近平主席访问印度期间双方发表的联合声明中，印方感谢中国向印度提供汛期水文资料和在应急事件处置方面提供协助。双方表示将通过专家级机制，继续开展跨境河流水文报汛、应急事件处置的合作。

11月24日

［纲　文］　新华社讯，中国北斗卫星导航系统标准首次获得国际组织的系统认可。

［目　文］　11月17—21日，国际海事组织海上安全委员会第九十四次会议在英国伦敦举行，中国交通运输部组团参会，并代表中国政府向国际海事组织承诺我国北斗卫星导航系统的服务性能和运行维护管理要求，以及北斗卫星导航系统在国际海事领域的应用政策，表达了中国政府的责任与态度。此次会议审议通过了对北斗卫星导航系统认可的航行安全通函，这标志着北斗卫星导航系统正式成为全球无线电导航系统的组成部分，取得面向海事应用的国际合法地位。这是我国北斗卫星导航系统标准首次获得国际组织的系统认可，是北斗卫星导航系统国际标准工作的重要里程碑，将为全面推动北斗卫星导航系统海事国际应用和建成北斗卫星导航系统海事国际标准化体系奠定良好的基础。

中国作为国际海事组织A类理事国，此次完成国际海事组织对北斗卫星导航系统的认可，使北斗卫星导航系统成为继全球定位系统（GPS）、格洛纳斯卫星导航系统（GLONASS）后第三个全球卫星导航系统，将促进北斗系统在国际海事领域的全方位应用。

11月24—30日

［纲　文］　首届国家网络安全宣传周在北京举行。

［目　文］　中共中央政治局常委、中央网络安全和信息化领导小组副组长刘云山出席启动仪式，马凯、刘奇葆、郭声琨出席活动。

此次宣传周由中央网络安全和信息化领导小组办公室、中央机构编制委员会办公室、教育部、工业和信息化部、公安部、中国人民银行、新闻出版广电总局主办，主题是"共建网络安全，共享网络文明"。宣传周围绕金融、电信、电子政务、电子商务等重点领域和行业网络安全问题，针对社会公众关注的热点问题，举办网络安全体验展等系列主题宣传活动，营造网络安全人人有责、人人参与的良好氛围。此次宣传周共举行7天，24日为启动日，25—30日分别是政务日、金融日、产业日、电信日、青少年日、法治日。

11月25日

［纲　文］　第四届全国非公有制经济人士优秀中国特色社会主义事业建设者表彰大会在北京召开。

［目　文］　中共中央政治局常委、全国政协主席俞正声出席会议并讲话。中共中央统战部副部长、全国工商联党组书记、常务副主席全哲洙主持大会。中共中央政治局委员、国务院副总理马凯，全国人大常委会副委员长、民建中央主席陈昌智等出席大会。中央和国家机关有关部门负责人，各省、自治区、直辖市和新疆生产建设兵团党委统战部、工商联负责人，以及"优秀建设者"称号获得者参加大会。表彰大会由中共中央统战部、工业和信息化部、人力资源和社会保障部、国家工商总局和全国工商联共同举办。人力资源和社会保障部部长尹蔚民宣读表彰决定。优秀建设者代表崔根良、刘若鹏在大会上发言，张建宏宣读题为《扎根中华热土，担当复兴使命》的倡议书。100名非公有制经济人士和其他新的社会阶层人士获得"优秀建设者"荣誉称号。

俞正声在讲话中指出，广大非公有制经济人士和其他新的社会阶层人士要深入学习贯彻党的十八届四中全会精神，在新的历史机遇下敢于担当、勇于作为，努力做到政治上自信、发展上自强、守法上自觉，不断增强对中国特色社会主义的信念、对党和政府的信任、对企业发展的信心、对社会的信誉，为全面建成小康社会、实现中华民族伟大复兴的中国梦作出更大贡献。俞正声指出，党的十八届四中全会对全面推进依法治国作出重大战略部署，必将为非公有制经济发展提供更加坚实的制度保障、更加良好的法治环境。希望广大非公有制经济人士和其他新的社会阶层人士在各种思潮碰撞中，坚定不移走中国特色社会主义道路；在经济发展新常态中，加快转型升级、积极服务全面深化改革；在推进社会主义法治国家建设中，增强法治观念、切实履行社会责任。俞正声强调，各级党委和政府要认真贯彻中央关于鼓励、支持和引导非公有制经济发展的各项方针政策，下大气力解决非公有制企业面临的实际问题。各级统战部门、工商联组织要加强联系，反映意见诉求，维护合法权益，为促进"两个健康"营造良好环境。

11月25日

［纲　文］　工业和信息化部印发《工业和信息化部重点实验室管理暂行办法》。

［目　文］　《暂行办法》共7章33条，内容有：总则、管理职责、申请与条件、认定与授牌、运行与管理、考核与评估、附则。《办法》指出，为规范和加强工业和信息化部重点实验室（以下简称重点实验室）的建设与管理，制定本办法。重点实验室是工业和信息化领域技术创新体系的重要组成部分，是开展高水平研发活动、聚集和培养优秀科技人才、进行高层次学术交流和促进科技成果转化的重要基地，也是制造业创新体系的重要支撑。《办法》自颁布之日起实施。

11月25日

［纲　文］　中国政府和芬兰政府合作的"纯净芬兰·清洁日"活动在北京举行。

［目　文］　中国环境保护部副部长李干杰出席会议并致开幕辞。活动现场，中芬双方企业签署了一系列合作协议，涵盖能源、软件技术等领域。

李干杰说，芬兰是生态创新的典范，在环保领域有成功的经验和先进的技术，值得中方学习借鉴，中方愿加强与芬兰等友好国家开展互利共赢的环保合作。芬兰环境部长萨妮·葛朗—拉瑟宁则介绍了芬兰在清洁技术方面的进步，同时表达了将"美丽北京"项目扩大到其他领域和地区的期望。

2013年6月，中芬"美丽北京"合作项目在芬兰首都赫尔辛基正式启动。该项目旨在借助芬兰在清洁技术方面的科研能力，探讨改善北京空气质量的有效途径。此次"纯净芬兰·清洁日"是"美丽北京"工作平台上的重要活动，旨在加强双方在学术研究和经济领域的合作，共同开发研究适合中国国情的新技术和解决方案。

11月25—26日

［纲　文］　第三届国际道教论坛在江西省鹰潭市举行。

［目　文］　本届论坛由中国道教协会和中华宗教交流文化协会主办、江西组委会承办。来自27个国家和地区的高道大德、中外嘉宾和道教信众2000余人云集道教圣地龙虎山，参加了论坛开幕式。全国政协主席俞正声致信祝贺。全国政协副主席马飚应邀出席开幕式并致辞。联合国教科文组织、英国菲利普亲王等国际组织和外国政要向大会发来贺信贺电。

俞正声在贺信中说，道教植根中华文化沃土，崇尚自然、尊重生命、倡导和谐，特别是尊道贵德、道法自然、返璞归真、崇俭抑奢、上善若水、正己化人等思想理念，对于促进社会和谐稳定、加强生态文明建设、提升个人道德修养，都具有积极作用。近代以来，道教文化从亚洲走向欧洲、美洲，愈来愈为人们所关注，为促进中国与世界不同文明间的交流互鉴、增进中国与世界各国人民的友谊发挥了桥梁纽带作用。本次论坛以"行道立德、济世利人"为主题，彰显了道教的思想内涵和文化品位，表达了道教的慈爱精神和现实关怀，具有重要的意义。希望海内外道教界和有识之士携手合作、共同努力，深入挖掘和阐扬道教优秀文化资源，运用古老的人类智慧，聚集向上向善的力量，为促进世界持久和平与共同繁荣，为增进全人类的福祉，作出新的更大贡献。

马飚在致辞中说，希望海峡两岸暨港澳和海内外道教界能够以此次论坛为契机，加强交流，增进合作，携手努力，和衷共济，共同深入挖掘道教文化内涵，提升道教文化品位，推动新时代道教文化的创造性转化、创新性发展，为人类社会的和平、发展、合作贡献智慧。

11月26日

［纲　文］　全国离退休干部先进集体和先进个人表彰大会在北京召开。

〔目　文〕　中共中央总书记习近平会见全国离退休干部先进集体和先进个人代表，中共中央政治局常委刘云山、张高丽参加会见。中共中央政治局委员、中央组织部部长赵乐际参加会见并主持表彰大会。450位离退休干部先进个人和150个先进集体受到表彰，内蒙古自治区阿拉善盟退休干部苏和、北京军区总医院退休干部孙茂芳、北京市公安局公交安保总队老党员先锋队临时党支部书记张永分别在大会上作了发言。马凯、许其亮、栗战书等出席有关活动。

习近平在会议上发表重要讲话。习近平代表党中央、国务院、中央军委，向受到表彰的先进集体和先进个人表示热烈的祝贺，向全国离退休干部致以崇高的敬意和诚挚的问候，向广大老干部工作者和在第一线辛勤服务的同志们表示诚挚的慰问和衷心的感谢。习近平指出，要广泛宣传老同志的先进事迹，在全社会广泛形成尊重老同志、爱护老同志、学习老同志的良好社会氛围。要发挥老同志的政治优势、经验优势、威望优势，组织引导老同志讲好中国故事、弘扬中国精神、传播中国好声音，推动全党全社会更好培育和践行社会主义核心价值观。要切实解决好老同志的实际困难，让老同志安享幸福晚年。习近平最后表示，希望广大老同志珍惜光荣历史、永葆政治本色，继续以身作则弘扬党的光荣传统和优良作风，继续为实现"两个一百年"奋斗目标、实现中华民族伟大复兴的中国梦作出积极贡献。

刘云山指出，要认真学习贯彻习近平总书记重要讲话精神，深刻认识做好老干部工作的特殊意义，落实好党中央关于离退休干部的各项政策，把工作做到广大老同志心坎上。要始终牢记老干部的历史功绩，倍加珍惜老同志创造的宝贵精神财富，在历史接续奋斗中把握正确的前进方向，在继承先辈优良传统中坚定走向未来的信念。要大力弘扬尊老敬老的光荣传统，推出更多利老、便老的具体措施，周到细致地做好服务老干部工作。要支持老同志在自觉自愿、量力而行的基础上继续发挥作用，为全面建成小康社会、全面深化改革、全面推进依法治国贡献力量。要切实加强离退休干部党组织建设，结合老干部队伍特点，丰富活动内容、创新工作方式，更好地发挥党组织凝聚老同志、服务老同志的作用。各级党委和政府要把老干部工作摆在重要位置，加强领导、强化指导，研究解决工作中的重要问题，调动各方面力量做好老干部工作，推动形成敬老、爱老、为老、助老的社会氛围。

11月26日

〔纲　文〕　**李克强主持召开国务院常务会议。**

〔目　文〕　会议主要内容有：一、部署加快发展服务外包产业，打造外贸竞争新优势。一要发布服务外包产业重点发展领域指导目录，拓展行业领域。大力发展软件和信息技术、研发、金融、政府服务等领域的服务外包，推动向价值链高端延伸，为大学生等就业创造更多机会。二要支持服务外包企业开展知识、业务流程外包等高附加值项目，开拓新市场、新业务和营销网络，搭建具有国际先进水平的外包产业平台。三要鼓励服务外包企业专业化、规模化、品牌化发展，培育一批创新和竞争能力强、集成服务水平高的龙头企业，扶持一批"专、精、特、新"中小型企业。支持企业特别是工业企业购买非核心业务的专业服务。政府部门也要拓宽购买服务领域。二、确定进一步加强传染病防治人员安全防护的措施。会议确定，一是完善安全防护标准、规范，制定应急预案，加强培训和演练，从制度上防患于未然。二是强化防护设施建设和装备配置，落实感染监测、消毒隔离等措施，做好疫情调查处置、患者转运救治和遗体处理、实验室检测、医疗废物处理等关键环节的安全防护。三是科学规划和建设高等级生物安全实验室，提高病原微生物检测能力和防护水平，降低标本转运、保藏等环节的感染风险。四是建立卫生防疫津贴动态调整机制，对直接参加传染病突发公共卫生事件处置和援外疫情防治的人员给予临时性工作补助，对致病、致残、死亡人员给予工伤保险保障和抚恤。保护传染病防治人员健康安全，为亿万群众筑起阻隔疾病传播的"防护墙"。三、讨论通过《中华人民共和国大气污染防治法（修订草案）》。草案强调源头治理、全民参与，强化污染排放总量和浓度控制，增加了对重点区域和燃煤、工业、机动车、扬尘等重点领域开展多污染物协同治理和区域联防联控的专门规定，明确了对无证、超标排放和监测数据作假等行为的处罚措施。会议决定，草案经进一步修改后提请全国人大常委会审议。会议还研究了其他事项。

11月26日

[纲　文]　国务院召开全国青少年校园足球工作电视电话会议。

[目　文]　中央政治局委员、国务院副总理刘延东出席会议并讲话，教育部、国家发改委、财政部、国家体育总局等8家单位在主会场分别发言。

刘延东在会议上说，发展校园足球是成就中国足球梦想、建设体育强国的基础工程，对于深化教育改革、振奋民族精神具有重要意义。要认真贯彻习近平总书记、李克强总理关于抓好青少年足球、加强学校体育工作重要指示精神，坚持体教结合，锐意改革创新，推进校园足球普及，促进青少年强身健体、全面发展，夯实国家足球事业人才基础。要坚持育人为本，注重技术能力和意志品质培养，切实提高校园足球水平。要完善培养和竞赛机制，形成大中小学有机衔接的训练和联赛体系，打通人才持续成长的通道，培养高水平足球人才。要拓宽渠道，加大教师培养培训力度，倡导社会志愿服务，建设一支能力强、作风好的师资队伍。要完善政府支持、市场参与的投入机制，鼓励社会力量发挥作用，因地制宜加强场地建设，强化运动安全防范，推动校园足球广泛深入持续开展。

教育部部长袁贵仁表示，将完善政策，形成校园足球激励机制；把学生足球特长水平纳入学生综合素质评价，写实记录，形成档案，供上一层学校招生参考。同时，足球也将纳入学校体育课程教学体系，作为体育课必修内容，为学生提供学习足球的机会。教育部的目标是力争到2017年在全国扶持建设2万所左右中小学校足球特色学校和200个高校高水平足球队，并形成区域特色，拟建设30个左右校园足球试点区县。此外，按照全国校园足球竞赛方案，组织开展小学、初中、高中、大学四级联赛。据了解，足球还将纳入体育教师"国培计划"，计划在2015年全国初步培训6000名校园足球师资。

11月26日

[纲　文]　全国打击侵权假冒工作领导小组在北京召开第七次全体会议。

[目　文]　国务院副总理汪洋主持会议。汪洋说，党的十八届四中全会作出了全面推进依法治国的决定，对依法开展打击侵权假冒工作具有重要指导意义。要加快完善相关法律法规，坚持严格规范公正文明执法，提高司法审判水平，营造全民自觉抵制侵权假冒行为的社会氛围，确保打击侵权假冒工作在法治轨道上前进。

汪洋指出，2014年以来各地、各有关部门紧紧围绕关系国计民生和创新发展的重点领域，持续开展打击侵权假冒专项整治，扎实推进制度建设，各项工作取得明显成效。前三季度，共查办侵权假冒违法犯罪案件13万件，起诉1.22万件，审结1.16万件，生效判决1.57万人，有力地震慑了违法犯罪分子。

汪洋对年末岁初打击侵权假冒重点工作作出部署：一是对相关工作查缺补漏，按时完成年初确定的各项任务；二是加大"两节"期间执法力度，确保节日消费安全；三是抓紧启动农村和城乡结合部市场假冒伪劣专项整治；四是深入推进行政处罚案件信息公开，以公开为原则，不公开为例外；五是巩固政府机关软件正版化成果，推进企业软件正版化；六是做好2014年度打击侵权假冒工作绩效考核，发挥考核的"指挥棒"作用，激励先进，鞭策落后；七是谋划好2015年工作思路，努力开创打击侵权假冒工作新局面。

11月26日

[纲　文]　李源潮在北京与中国青年企业家协会会员座谈。

[目　文]　国家副主席李源潮说，当代中国青年企业家要抓住中华民族伟大复兴的大好机遇，在为中国梦奋斗的历史进程中实现人生理想；要把创业创新创优作为一辈子的追求，以社会主义核心价值观为坐标确定自己的人生价值，做爱国为民、守法诚信、勤劳有德的企业家；要积极服务国家与人民，主动帮助青年，努力造福社会，做对社会负责任有贡献的财富创造者。座谈会上，中国青年企业家结合自己的创业经历，表示要在助推经济转型升级、"走出去"参与国际竞争、完善市场经济法治环境、服务青年成长等方面积极发挥作用。

11月26日

[纲　文]　国务院台湾事务办公室发言人希望两岸服务贸易协议尽快付诸实施。

[目　文]　有记者问，日前台湾多个工商团体代表表达了对中韩完成自贸协定实质性谈判的担忧，呼吁台湾当局尽快推动两岸服贸协议生效，加快货贸协议谈判，请问发言人作何评论？

国务院台湾事务办公室发言人表示，中韩自贸协定确实对深化两岸经济合作提出了挑战，两岸尽速完成两岸经济合作框架协议（ECFA）各项后续商谈显得更加迫切。我们希望两岸服贸协议能尽快付诸实施。希望大家共同努力，互谅互让，相向而行，争取尽快谈出一个开放水平高、平等互惠、使两岸民众特别是台湾民众能够得到更多利益和福祉的两岸货贸协议。

11月26日

［纲　文］　《人民日报》发表题为《以建设者品格共筑中国梦》的评论员文章。

11月27日

［纲　文］　党中央、国务院重大决策部署贯彻落实情况督查动员会在北京召开。

［目　文］　会议指出，按照习近平总书记重要指示精神，根据中央的统一部署，中办、国办联合派出8个督查组赴16个省（区、市）对近一年来党中央、国务院出台的一系列重大决策部署落实情况开展一次全面督查，推动重大决策部署尽快落到实处、取得实效，推动破解重大决策部署落实中的难点和问题，营造"崇尚实干、狠抓落实"的良好氛围。

会议强调，这次督查的主要内容是：党的十八届三中全会审议通过的《中共中央关于全面深化改革若干重大问题的决定》的重要部署、2013年中央经济工作会议确定的主要任务、十二届全国人大二次会议审议通过的《政府工作报告》提出的重点工作的完成情况，涉及8个方面、35项政策措施。重点对全面深化改革重大部署、稳增长政策、结构调整政策和民生保障政策落实情况进行督查，尤其要看重点领域改革是否取得新突破，经济运行是否健康平稳，结构调整和提质增效是否取得进展，人民群众是否真正受益。通过督查，加快推动党中央国务院各项重大决策部署落到实处、取得实效，破解各项重大决策部署落实中的难点；总结地方落实中央重大决策的经验和做法，查找存在的差距和问题，分析原因，有针对性地提出整改要求，推动整改落实取得实质性进展。

会议要求，要通过座谈会听取当地党委、政府及有关部门贯彻落实情况的工作汇报，深入一线面对面听取基层社区、企业、群众的意见建议。要了解地方落实中央重大决策部署的积极进展和成效，了解地方在政策落实过程中的主要困难和问题。要创新督查方式，对部分重点政策措施落实情况开展第三方评估和网络社会评价，了解社会各方面的意见建议，对比分析，增强督查实效。通过真督实查和督促整改，切实增强各级党委、政府及其部门的大局意识和使命感、责任感，以踏石留印、抓铁有痕的务实作风取信于民，兑现向人民群众作出的承诺。

11月27日

［纲　文］　教育部、国家卫生计生委、国家中医药管理局在北京联合召开医教协同深化临床医学人才培养改革工作推进会。

［目　文］　国务院总理李克强对医教协同深化临床医学人才培养改革工作推进会作出批示。教育部部长袁贵仁，国家卫生计生委主任李斌出席会议并讲话。教育部副部长杜玉波、杜占元，国家卫生计生委副主任刘谦，国家中医药管理局副局长王志勇出席。上海市政府、四川省卫生计生委以及高校、医院等7个单位的代表在会上分别介绍了前期工作经验。国家发展改革委、财政部、人社部、中组部、总后卫生部、教育部、国家卫生计生委、国家中医药管理局等部门相关司局负责人，各省（区、市）、新疆生产建设兵团教育

厅（教委）、卫生厅（局）主要负责人，有关高校与医院负责人等参会。

李克强在批示中说，医教协同是培养临床医学人才的有效途径，此次专门召开推进会，对于医学教育与医疗卫生事业互促互进具有重要意义。人民群众需要更多高水平的健康卫士。希望教育部、卫生计生委会同相关方面，加大改革创新力度，以社会需求为导向，遵循医学教育和医学人才成长规律，积极探索医教相长的好做法、新机制，加快构建具有中国特色的医学人才培养体系，为持续提升医疗卫生服务能力和水平、更好保障国民健康提供有力支撑。

李斌说，卫生计生系统要进一步强化医教协同改革力度，以临床医学为重点，探索建立以行业需求为导向的医学人才培养供需平衡机制。推进毕业后医学教育制度建设，2014年要坚决落实招收培训5万名住院医师的总体要求，注重区域和全科等紧缺专业的协调发展，建立住培工作质量年度报告制度。加强以全科医生为重点的基层卫生人才队伍建设，从2015年起，面向经济欠发达的农村地区乡镇卫生院和村卫生室，培养一批专科起点的"3+2"助理全科医生。积极推进中医药人才培养。不断完善人才使用和激励政策。加快研究建立适应行业特点的人事薪酬制度，合理确定各类医学人才的薪酬水平。完善基层和急需紧缺专业岗位医学人才收入分配激励机制，并向全科等岗位倾斜。

会前，教育部、国家卫生计生委等六部门联合印发了《关于医教协同深化临床医学人才培养改革的意见》。会议就贯彻落实《意见》精神，推进临床医学教育综合改革作出了部署。提出到2020年，基本建成院校教育、毕业后教育、继续教育三阶段有机衔接的具有中国特色的标准化、规范化临床医学人才培养体系。

11月27日

［纲　文］　全国政协在北京召开双周协商座谈会，就"大力支持中小微企业技术创新"协商讨论、建言献策。

［目　文］　全国政协主席俞正声主持座谈会。全国政协副主席杜青林、张庆黎出席座谈会。全国政协副主席万钢、陈元、王钦敏在座谈会上发言。中国银行业监督管理委员会主席尚福林、中国证券监督管理委员会主席肖钢、工业和信息化部总工程师朱宏任、科学技术部火炬中心主任张志宏、国家知识产权局副局长廖涛分别介绍了支持中小微企业技术创新的有关情况，并与委员们互动交流。全国政协对中小微企业技术创新问题十分关注，许多委员通过提案、大会发言等形式提出意见建议，全国政协经济委员会、全国工商联进行了专题调研。

座谈会上，全国政协委员庄聪生、刘平均等专家学者，围绕"大力支持中小微企业技术创新"问题提出意见建议。委员们认为，中小微企业是我国经济增长的重要推动力量，也是技术创新的重要载体。长期以来，党中央、国务院十分重视中小微企业发展，采取多种措施予以支持，中小微企业技术创新取得了很大成绩，也面临着许多困难，应进一步加大支持力度，继续推动中小微企业创新发展。委员们提出，中小微企业的创新发展主要依靠市场，政府的任务是培育市场。要处理好与科研机构和高等院校的关系，克服成果转化的体制障碍。要建立一套比较完整的、有刚性的法律体系，特别是要保护好知识产权。委员们建议，要避免税收政策碎片化现象，整合税收优惠政策；要引导和鼓励增加风险投资等创投资金，解决信用贷款渠道问题；开展试点工作，建立允许失败的机制；政府要打造好服务平台，强化面向中小微企业的创新创业载体和服务机构，加强创业人才的培养。

11月27日

［纲　文］　国务院公布《国务院关于修改〈中华人民共和国外资银行管理条例〉的决定》。

［目　文］　《决定》指出，国务院2006年公布施行的《中华人民共和国外资银行管理条例》，对外资银行的设立与登记、业务范围、监督管理等作了明确规定，其中对外资银行准入和经营人民币业务规定了较为严格的条件。实践表明，条例的施行对于加强和完善对外资银行的监督管理，促进银行业的稳健运行发挥了积极作用，外资银行已成为我国银行体系的有益补充。《决定》要求，在全面深化改革的新形势下，要对外资银行主动实施进一步的开放措施，主要是根据外资银行在我国设立运营的实际情况，在确保有效监管的前提下，适当放宽外资银行准入和经营人民币业务的条件，为外资银行设立运营提供更加宽松、自主的制度环境。

在放宽外资银行的准入条件方面，《决定》对外商独资银行、中外合资银行在中国境内设立的分行，不再规定其总行无偿拨给营运资金的最低限额。外商独资银行、中外合资银行可以根据自身的实际业务需求，在其分行之间有效配置营运资金。同时，不再将已经在中国境内设立代表处作为外国银行（外国金融机构）在中国境内设立外商独资银行、中外合资银行，以及外国银行在中国境内初次设立分行的条件。取消这一条件后，外国银行（外国金融机构）在中国境内设立营业性机构可以自主选择是否先行设立代表处。

在放宽外资银行营业性机构申请经营人民币业务的条件方面，《决定》将外资银行营业性机构在中国境内的开业年限要求由三年以上改为一年以上，不再要求提出申请前两年连续盈利，并规定外国银行的一家分行已获准经营人民币业务的，该外国银行的其他分行申请经营人民币业务不受开业时间的限制。这样，有意愿的外资银行营业性机构可以在较短时间内更为便捷地申请开展人民币业务，更好地为"引进来"和"走出去"服务。

《决定》自2015年1月1日起施行。

11月27日

［纲　文］　国务院发布《关于清理规范税收等优惠政策的通知》。

［目　文］　《通知》由六部分组成，分别是：一、充分认识清理规范税收等优惠政策的重大意义。二、总体要求。三、切实规范各类税收等优惠政策。四、全面清理已有的各类税收等优惠政策。五、建立健全长效机制。六、健全保障措施。

《通知》明确，清理规范税收等优惠政策旨在加快建设统一开放、竞争有序的市场体系，反对地方保护和不正当竞争，着力清除影响商品和要素自由流动的市场壁垒，推动完善社会主义市场经济体制，使市场在资源配置中起决定性作用，促进经济转型升级。《通知》要求，各地区、各有关部门要开展一次专项清理，全面排查已有的各类税收等优惠政策。对违反国家法律法规的优惠政策一律停止执行，并发布文件予以废止；没有法律法规障碍，确需保留的优惠政策，由省级人民政府或有关部门报财政部审核汇总后专题请示国务院。各地专项清理情况应于2015年3月底前报送财政部，由财政部汇总报国务院。

11月27日

［纲　　文］　环境保护部印发《固体废物 酚类化合物的测定 气相色谱法》《固体废物 总磷的测定 偏钼酸铵分光光度法》等七项标准为国家环境保护标准，自2015年1月1日起实施。

11月27日

［纲　　文］　《人民日报》发表题为《组织引导老同志为党的事业增添正能量》的评论员文章。

11月27—28日

［纲　　文］　2014中欧文化高峰论坛在北京举行。

［目　　文］　来自中欧双方的官员、学者和企业家围绕"迈向后2015的可持续发展世界"这一主题展开讨论。此次论坛首度在中欧文化高峰论坛这一平台上为中欧的地方政府与企业搭建了对话平台，围绕着中欧新型城镇化道路的借鉴与比较、中欧环保与生态技术合作等主题开展了中欧市长圆桌对话等活动。

论坛期间，国务院副总理刘延东会见了出席论坛的欧盟委员会国际合作与发展委员内文·米米察一行。刘延东说，中方高度重视欧盟和中欧关系，愿同欧方一道执行好《中欧合作2020战略规划》，希望双方深化中欧两大文明之间的对话、交流、合作，为人类社会的繁荣进步作出贡献。米米察表示，欧盟愿继续加强欧中在可持续发展、人文交流等领域的合作。

11月27—30日

［纲　　文］　第二届中俄文化论坛在北京举行。

［目　　文］　此次论坛由中国文化部、俄罗斯联邦文化部主办，中国文化传媒集团承办，中俄友好、和平与发展委员会支持。中国文化部副部长丁伟、俄罗斯联邦文化部部长弗拉基米尔·梅津斯基出席论坛开幕式并致辞。俄罗斯驻华大使杰尼索夫，中国外交部、国家新闻出版广电总局、中国文联、中国作家协会、中国社会科学院、中国人民对外友好协会、全国老龄工作委员会办公室的代表和文化部相关司局负责人，以及中俄两国专家学者、文化从业者、各界代表300多人出席论坛开幕式。

丁伟在致辞时表示，近年来，中俄两国在文化领域的合作取得了丰硕成果，有力地促进了两国人民的相互了解和友好感情，夯实了两国世代友好的社会基础。相信中俄文化论坛将成为两国文化交流领域的又一品牌项目。梅津斯基在致辞时表示，中俄两国对对方的历史、文化、日常生活有着深刻的兴趣，这成为两国全面战略协作伙伴关系的坚实基础。相信本届论坛将进一步促进两国文化艺术界人士以及两国人民之间的相互交流和友谊。

第二届中俄文化论坛总主题为"中俄青年文化生活与创业",设有主论坛和"中俄青年文化论坛""中俄文化产业与贸易论坛""中俄边境文化交流论坛""中俄文化金融论坛"和"中俄电影文化论坛"五个分论坛。作为"中俄青年友好交流年"框架下的重要活动,此次论坛旨在通过双方政府决策部门、文化艺术机构和学术研究机构、社会组织之间的深度对话,加强两国间人文交流与合作,促进两国文化产业发展,增进两国青年一代的相互了解和友谊,加强中俄边境地区的友好合作。

11月28—29日

[纲　文]　中央外事工作会议在北京举行。

[目　文]　中共中央总书记习近平发表重要讲话。国务院总理李克强主持会议。中共中央政治局常委张德江、俞正声、刘云山、王岐山、张高丽,中共中央政治局委员、中央书记处书记,全国人大常委会有关领导同志,国务委员,最高人民法院院长,最高人民检察院检察长,全国政协有关领导同志以及中央军委委员出席会议。各省、自治区、直辖市和新疆生产建设兵团、计划单列市,中央和国家机关及军队有关单位、中央管理的部分企业和金融机构主要负责人,驻外大使、大使衔总领事、驻国际组织代表和外交部驻香港、澳门公署特派员等参加会议。中联部、外交部、商务部、文化部、国务院新闻办公室、总参谋部、浙江省、驻美国使馆负责人作大会交流发言。

会议的主要任务是,以邓小平理论、"三个代表"重要思想、科学发展观为指导,深入贯彻党的十八大和十八届三中、四中全会精神,全面分析国际形势和我国外部环境的变化,明确新形势下对外工作的指导思想、基本原则、战略目标、主要任务,努力开创对外工作新局面。

习近平在讲话中指出,党的十八大以来,党中央统筹国内国际两个大局,在保持外交大政方针连续性和稳定性的基础上,主动谋划,努力进取,对外工作取得显著成绩。我们着眼于新形势新任务,积极推动对外工作理论和实践创新,注重阐述中国梦的世界意义,丰富和平发展战略思想,强调建立以合作共赢为核心的新型国际关系,提出和贯彻正确义利观,倡导共同、综合、合作、可持续的安全观,推动构建新型大国关系,提出和践行亲诚惠容的周边外交理念、真实亲诚的对非工作方针。中国要发展,必须顺应世界发展潮流。要树立世界眼光、把握时代脉搏,要把当今世界的风云变幻看准、看清、看透,从表象中发现本质,尤其要认清长远趋势。要充分估计国际格局发展演变的复杂性,更要看到世界多极化向前推进的态势不会改变。要充分估计世界经济调整的曲折性,更要看到经济全球化进程不会改变。要充分估计国际矛盾和斗争的尖锐性,更要看到和平与发展的时代主题不会改变。要充分估计国际秩序之争的长期性,更要看到国际体系变革方向不会改变。

李克强在主持会议时指出,习近平总书记的重要讲话,对我国当前和今后一个时期对外工作具有很强的针对性和重要的指导意义。各地方各部门要认真学习领会、深入贯彻落实这一重要讲话精神，把思想和行动统一到中央决策部署上来。

杨洁篪在会议总结时表示，习近平总书记的重要讲话是党中央外交理论和实践创新的最新成果，对当前和今后一个时期我国对外工作具有极其重要的指导意义。我们要认真学习、深刻领会、坚决贯彻习近平总书记的重要讲话精神，准确把握我国对外工作面临的新形势、新任务和新要求，统一思想、统一认识、统一行动，不断提高处理纷繁复杂国际事务的能力。各地方各部门要务实抓好贯彻落实，充分发挥各方面对外交往的积极主动性，努力开创我国对外工作的新局面。

11月28日

［纲　文］　**纪念郑天翔同志诞辰 100 周年座谈会在北京举行。**

［目　文］　中共中央政治局常委刘云山出席，最高人民法院院长周强主持座谈会。中共中央政治局委员、中央政法委书记孟建柱在座谈会上缅怀了郑天翔同志生平业绩和崇高风范，并强调要继承老一辈无产阶级革命家的崇高品质，发扬他们的优良作风，坚定不移走中国特色社会主义法治道路，坚定信念、牢记使命，与时俱进、开拓创新，为实现"两个一百年"奋斗目标，实现中华民族伟大复兴的中国梦作出新贡献。

郑天翔（1914年9月9日—2013年10月10日），曾任中共中央顾问委员会委员，是中共第七次、第八次全国代表大会代表，1983年6月当选为最高人民法院院长。

11月29日

［纲　文］　**农村改革试验区工作交流会在安徽省合肥市召开。**

［目　文］　国务院副总理汪洋出席会议并讲话。农业部部长韩长赋主持会议，安徽省省长王学军致辞，中央农村工作领导小组副组长、中央农办主任陈锡文，中央农村工作领导小组副组长袁纯清等参加会议。

汪洋说，要深入贯彻落实党的十八届三中、四中全会精神，按照习近平总书记关于农业农村发展"五新"的重要指示精神、李克强总理关于扎实做好农村改革试点工作的要求，认真办好农村改革试验区，发挥好试验区的先行先试作用，不断把农村改革引向深入。汪洋指出，农村改革试验区是推进农村改革试点试验的综合平台。要紧紧围绕推进市场化改革和健全城乡发展一体化体制机制，着力在农村土地制度、农业支持保护体系、农村金融制度、农村集体产权制度、乡村治理等方面积极探索，努力取得一批可复制、可推广的经验。要加强对农村改革试点试验的组织领导，周密制定试验方案，充分发挥基层和群众首创精神，处理好顶层设计与摸着石头过河的关系，既要突出重点、体现创新，又要系统谋划、守住底线，还要于法有据、管控风险，确保改革始终沿着正确轨道向前推进。

汪洋还主持召开了部分省（区、市）农业农村工作座谈会，听取对做好 2015 年农业农村工作的意见建议。

11月29日

［纲　文］　财政部印发《政府和社会资本合作模式操作指南》。

［目　文］　《操作指南》共7章37条，主要有：总则、项目识别、项目准备、项目采购、项目执行、项目移交、附则等部分内容。

《操作指南》指出，为科学规范地推广运用政府和社会资本合作模式（Public—Private Partnership，PPP），根据《中华人民共和国预算法》《中华人民共和国政府采购法》《中华人民共和国合同法》《国务院关于加强地方政府性债务管理的意见》（国发〔2014〕43号）《国务院关于深化预算管理制度改革的决定》（国发〔2014〕45号）和《财政部关于推广运用政府和社会资本合作模式有关问题的通知》（财金〔2014〕76号）等法律、法规、规章和规范性文件，制定本指南。《操作指南》所称社会资本是指已建立现代企业制度的境内外企业法人，但不包括本级政府所属融资平台公司及其他控股国有企业，适用于规范政府、社会资本和其他参与方开展政府和社会资本合作项目的识别、准备、采购、执行和移交等活动。《操作指南》自印发之日起施行，有效期3年。

11月29日—12月7日

［纲　文］　"智美杯"2014年世界青少年乒乓球锦标赛在上海举行。

［目　文］　本次赛事由国家体育总局乒羽运动管理中心、中国乒协、上海市体育局和闵行区政府共同主办。这是乒乓世青赛首次在中国举行，来自42个国家和地区的445名运动员、裁判员、官员参加比赛。参赛运动员的年龄均为18周岁以下，共设男子团体、女子团体、男子单打、女子单打、男子双打、女子双打以及混合双打7个项目。11月29日举行开幕式，11月30日至12月3日举行男女团体比赛，12月4日至7日举行男女单打、双打、混双等5个单项比赛。中国队在此次比赛中包揽了7个项目所有金牌，并以17枚奖牌排名奖牌榜第一，日本队与韩国队分别以4枚、3枚奖牌位居二、三位。

作为由国际乒联授权的青少年年龄段最高级别的乒乓赛事，世界青少年乒乓球锦标赛被国际乒联列为仅次于成年世锦赛的第二项重大乒乓赛事。

11月30日

［纲　文］　李克强在北京出席世界艾滋病日活动。

［目　文］　2014年12月1日是第27个"世界艾滋病日"，宣传主题是"行动起来，向'零'艾滋迈进"，副标题为"凝聚力量，攻坚克难，控制艾滋"。在第27个世界艾滋病日来临前夕，国务院总理李克强来到北京首家接诊艾滋病患者的佑安医院，考察艾滋病防治工作，代表党中央、国务院慰问一线医护人员、基层防艾工作者和志愿者。

李克强说，我们已经决定，将一些技术上成熟、成本可控、社会效益好的防艾措施，在2015年底前推广到全国，力争率先在孩子身上实现"零艾滋"目标。社会组织和志愿者是防治艾滋病的生力军，作用不可替代。政府将更多向社会购买服务，尽快启动建立社会组织防艾基金，完善防治艾滋病等公益性社会组织的税收减免政策。让志愿者队伍不断壮大，营造全社会关注艾滋、尊重生命的氛围。李克强指出，要结合深化医药卫生体制改革，更有针对性地做好艾滋病预防、干预和治疗服务，加大筛查力度，特别要加强高危人群防治，力争在新一代疫苗和药物方面取得突破。要传播防艾的文明理念，不光落实"四免一关怀"政策，给艾滋病患者平等就业、看病的机会，更多要在精神上给他们关爱和支持，提高患者生存质量，大家一同守望相助、共渡难关。中国愿与世界各国携手，在技术、药物和资金等方面深化合作、分享经验，为人类战胜艾滋病作出贡献。

11月30日

［纲　文］　中共中央办公厅、国务院办公厅印发《关于加强中国特色新型智库建设的意见》。

［目　文］《意见》由六部分组成：一、重大意义。二、指导思想、基本原则和总体目标。三、构建中国特色新型智库发展新格局。四、深化管理体制改革。五、健全制度保障体系。六、加强组织领导。

《意见》指出，当前，全面建成小康社会进入决定性阶段，破解改革发展稳定难题和应对全球性问题的复杂性艰巨性前所未有，迫切需要健全中国特色决策支撑体系，大力加强智库建设，以科学咨询支撑科学决策，以科学决策引领科学发展。《意见》提出，到2020年，统筹推进党政部门、社科院、党校行政学院、高校、军队、科研院所和企业、社会智库协调发展，形成定位明晰、特色鲜明、规模适度、布局合理的中国特色新型智库体系，重点建设一批具有较大影响力和国际知名度的高端智库，造就一支坚持正确政治方向、德才兼备、富于创新精神的公共政策研究和决策咨询队伍，建立一套治理完善、充满活力、监管有力的智库管理体制和运行机制，充分发挥中国特色新型智库咨政建言、理论创新、舆论引导、社会服务、公共外交等重要功能。

11月30日

［纲　文］　财政部印发《关于政府和社会资本合作示范项目实施有关问题的通知》。

［目　文］《通知》说，根据《财政部关于推广运用政府和社会资本合作模式有关问题的通知》（财金〔2014〕76号），为规范地推广运用政府和社会资本合作模式（以下简称PPP），保证PPP示范项目质量，形成可复制、可推广的实施范例，充分发挥示范效应，现就PPP示范项目实施有关问题通知如下：一、经各省（自治区、直辖市、计划单列市）财政部门推荐，财政部政府和社会资本合作工作领导小组办公室组织专家评审，确定天津新能源汽车公共充电设施网络等30个PPP示范项目，其中，新建项目8个，地方融资平台公司存量项目22个。二、根据《国务院关于加强地方政府性债务管理的意见》（国发〔2014〕43号），各级财政部门要鼓励和引导地方融资平台公司存量项目，以TOT（移交—运营—移交）等方式转型为PPP项目，积极引入社会资本参与存量项目的改造和运营，切实有效化解地方政府融资平台债务风险。三、各级财政部门要切实承担责任，加强组织领导，严格按照《通知》等有关文件精神，认真履行财政管理职能，并与相关行业部门建立高效、顺畅的工作协调机制，形成工作合力，为项目实施质量提供有力保障。四、

对示范项目实施过程中遇到的难点和问题，各级财政部门要会同同级政府有关部门积极研究解决，重大情况应及时报告财政部。财政部及下属政府和社会资本合作中心（即中国清洁发展机制基金管理中心）将提供业务指导和政策支持，并适时组织对示范项目实施进行督导。

12 月

12月1日

[纲　文]　中共中央在北京召开座谈会就2014年经济形势和2015年经济工作听取意见和建议。

[目　文]　中共中央总书记习近平主持。李克强、俞正声、刘云山、张高丽、马凯、王沪宁、刘延东、汪洋、栗战书、王勇、周小川等中共中央、国务院有关部门负责人出席。国务院总理李克强通报了2014年经济工作有关情况，介绍了中共中央关于做好2015年经济工作的考虑。民革中央主席万鄂湘、民盟中央主席张宝文、民建中央主席陈昌智、民进中央主席严隽琪、农工党中央主席陈竺、致公党中央主席万钢、九三学社中央主席韩启德、台盟中央主席林文漪、全国工商联主席王钦敏、无党派人士代表林毅夫先后发言。

习近平指出，实现经济发展目标，要着力做好以下重点工作。一是要推进新型工业化、信息化、城镇化、农业现代化同步发展，逐步增强战略性新兴产业和服务业的支撑作用，着力推动传统产业向中高端迈进，通过发挥市场机制作用、更多依靠产业化创新来培育和形成新增长点。二是要优化经济发展空间格局，继续实施区域发展总体战略，推进"一带一路"、京津冀协同发展、长江经济带建设，积极稳妥推进城镇化，坚持不懈推进节能减排和生态环境保护，努力实现经济发展和环境保护共赢。三是要加强保障改善民生工作，重点解决突出问题，更加注重保障基本民生，特别要重视做好就业和扶贫工作。四是要坚定不移推进经济体制改革，大力弘扬调查研究之风，把握实际情况，制定好解决方案。

12月1日

[纲　文]　中国工商银行伦敦分行在英国正式开业。

[目　文]　这是中华人民共和国成立以来，中国大陆地区银行在英国设立的首家分行，也是2008年国际金融危机以来，第一家得到英国相关监管部门授权的银行。

12月1日

[纲　文]　首条采用中国标准的现代化铁路在尼日利亚铺通。

[目　文]　中国铁建股份有限公司（中国铁建）承建的尼日利亚首都阿布贾至卡杜纳州现代化铁路（阿卡铁路）铺通仪式在卡杜纳州瑞卡萨镇隆重举行。阿卡铁路的全线贯通标志着尼日利亚现代化铁路建设迈出坚实步伐，也标志着中国标准的现代化铁路扎根非洲大地。

12月1日

〔纲　文〕　中共青海省委原书记、青海省政府原省长黄静波在北京逝世，享年95岁。

12月1日

〔纲　文〕　中共云南省委原副书记、省政协原主席梁家在昆明逝世，享年94岁。

12月1日

〔纲　文〕　《人民日报》发表题为《中国外交必须具有自己的特色——一论贯彻落实中央外事工作会议精神》的评论员文章。

12月1日

〔纲　文〕　《人民日报》发表题为《坚持以人为本　推动安全发展》的评论员文章。

12月1—3日

〔纲　文〕　中国环境与发展国际合作委员会2014年年会在北京举行。

〔目　文〕　国务院副总理、中国环境与发展国际合作委员会主席张高丽出席开幕式并作题为《自觉推动绿色发展　努力建设美丽中国》的主旨演讲。年会围绕"绿色发展的管理制度创新"这一主题，分别就"生态文明的制度创新"和"中国绿色转型与展望"进行了深入研讨，听取了"中国绿色转型进程评估与展望""生态文明建设背景下的环境保护制度体系创新""基于生态文明理念的城镇化发展模式与制度""生态保护红线制度创新""大气污染防治行动计划绩效评估与区域协调机制""政府环境审计制度"6个政策研究项目报告，参观考察了北京市节能减排情况，讨论并通过了国合会给中国政府的政策建议。国合会中外委员、特邀嘉宾、中外专家和中外观察员以及其他中外来宾近180人参加了会议。环境保护部部长、国合会中方执行副主席周生贤发表了题为《主动适应新常态，构建生态文明建设和环境保护的四梁八柱》的特别演讲。

12月2日

〔纲　文〕　习近平主持召开中央全面深化改革领导小组第七次会议。

〔目　文〕　中共中央政治局常委、中央全面深化改革领导小组副组长李克强、刘云山、张高丽，中央全面深化改革领导小组成员出席，中央和国家有关部门负责人列席会议。

中共中央总书记、中央全面深化改革领导小组组长习近平强调，改革开放在认识和实践上的每一次突破和发展，无不来自人民群众的实践和智慧。要鼓励地方、基层、群众解放思想、积极探索，鼓励不同区域进行差别化试点，善于从群众关注的焦点、百姓生活的难点中寻找改革切入点，推动顶层设计和基层探索良性互动、有机结合。

会议审议了《关于农村土地征收、集体经营性建设用地入市、宅基地制度改革试点工作的意见》《关于加快构建现代公共文化服务体系的意见》《关于县以下机关建立公务员职务与职级并行制度的意见》《关于加强中央纪委派驻机构建设的意见》，审议通过了《最高人民法院设立巡回法庭试点方案》和《设立跨行政区划人民法院、人民检察院试点方案》，建议根据会议讨论情况进一步修改完善后按程序报批实施。

会议指出，进行改革试点，对全面深化改革具有重要意义。中国地区发展不平衡，改革试点的实施条件差异较大，要鼓励不同区域进行差别化探索。要坚持眼睛向下，脚步向下，尊重基层群众实践，解决群众生产生活中面临的突出问题，务必使改革的思路、决策、措施都能更好满足群众诉求，做到改革为了群众、改革依靠群众、改革让群众受益。要抓紧制定明年工作要点，特别是要提出一些起标志性、关联性作用的改革举措，把提高改革方案质量放到重要位置，进一步明确抓落实的责任。党的十八届四中全会提出的重大改革举措，由中央全面深化改革领导小组统筹协调、督促落实，要有明确的路线图、时间表和可检验的成果形式。

12月2日

［纲　文］　中共中央办公厅、国务院办公厅印发《关于规范国歌奏唱礼仪的实施意见》。

［目　文］　《意见》指出，国歌是国家的象征和标志。中国宪法明确规定，中华人民共和国国歌是《义勇军进行曲》。国歌凝结着中国共产党领导人民争取民族独立、人民解放和实现国家富强、人民富裕的全部奋斗，是鼓舞人民奋勇前进的强劲旋律，是进行爱国主义教育的鲜活教材。地方各级人民政府对本行政区域内的国歌奏唱行为实施监督管理。对在不适宜的场合违规奏唱国歌并造成不良社会影响的现象，对奏唱国歌时不合礼仪的行为，要批评教育，严肃纠正，增强国歌奏唱的严肃性和规范性。

12月2日

［纲　文］　税务总局公布《重大税务案件审理办法》。

［目　文］　《办法》共7章45条，内容有总则、审理机构和职责、审理范围、提请和受理、审理程序、执行和监督、附则。自2015年2月1日起施行。《国家税务总局关于印发〈重大税务案件审理办法（试行）〉的通知》（国税发〔2001〕21号）同时废止。

12月2日

［纲　文］　税务总局公布《一般反避税管理办法（试行）》。

［目　文］　《办法》共6章25条，主要内容有总则、立案、调查、结案、争议处理、附则。自2015年2月1日起施行。2015年2月1日前税务机关尚未结案处理的避税安排适用本办法。

12月2日

［纲　文］　税务总局公布《车辆购置税征收管理办法》。

［目　文］　《办法》共30条，自2015年2月1日起实施。《车辆购置税征收管理办法》（国家税务总局令第15号）、《国家税务总局关于修改〈车辆购置税征收管理办法〉的决定》（国家税务总局令第27号）同时废止。

12月2日

［纲　文］　国家副主席李源潮在北京会见佛得角外交部长托伦蒂诺。

［目　文］　李源潮说，中佛是好兄弟、好朋友和好伙伴，建交以来两国传统友好合作关系始终保持健康、快速发展。中国愿与佛得角一道，弘扬传统友谊，巩固政治互信，深化农业、医疗、教育、旅游等领域互利合作，将中佛关系推向更高水平。

托伦蒂诺表示，佛得角人民对中国人民怀有深厚的友好情谊，佛得角欢迎中国企业赴佛投资兴业，希望两国加强人文交流，在佛得角设立孔子学院。

12月2日

［纲　文］　纪念梅兰芳诞辰120周年座谈会在北京召开。

［目　文］　座谈会由文化部、中国文联、北京市人民政府主办，中国戏剧家协会、中国艺术研究院承办。中国文联党组书记赵实，文化部副部长董伟，中国文联党组副书记李屹，中国艺术研究院院长王文章，中国剧协分党组书记季国平出席座谈会。

梅兰芳的亲属、梅派弟子、梅派艺术合作者、梅兰芳艺术研究专家、梅兰芳家乡的代表等参加了座谈会。

12月2日

［纲　文］　政协河南省第七届、八届委员会主席林英海，在郑州逝世，享年83岁。

12月2日

［纲　文］　《人民日报》发表题为《不断开创外交理论和实践创新的新境界——二论贯彻落实中央外事工作会议精神》的评论员文章。

12月2—4日

［纲　文］　中国致公党第十四届中央委员会第三次全体会议在北京举行。

［目　文］　会议的主要内容是听取并审议十四届中央常务委员会工作报告，对2015年工作进行全面部署，审议通过《中国致公党第十四届中央委员会第三次全体会议关于中央常务委员会工作报告的决议》，听取全国政协社会和法制委员会副主任施芝鸿同志关于学习贯彻中共十八届四中全会精神的辅导报告。

全国政协副主席、致公党中央主席万钢出席会议并代表十四届中央常务委员会作工作报告。常务副主席蒋作君作总结讲话，副主席闫小培主持会议。常务副主席蒋作君，副主席王钦章、程津培、杨邦杰、严以新、黄格胜、曹小红、李卓彬、闫小培和中央委员及列席会议的代表260余人参加会议。

12月2—3日

［纲　文］　台湾民主自治同盟第九届中央委员会第三次全体会议在北京举行。

［目　文］　会议的主要内容是学习贯彻中共十八届四中全会精神，听取并审议了台盟第九届中央常务委员会工作报告。台盟中央主席林文漪代表第九届中央常务委员会作工作报告。

12月3—4日

［纲　文］　习近平在北京出席全军装备工作会议并讲话。

［目　文］　中央军委主席习近平指出，要贯彻总体国家安全观，牢牢把握党在新形势下的强军目标，坚持信息主导、体系建设，坚持自主创新、持续发展，坚持统筹兼顾、突出重点，加快构建适应履行使命要求的装备体系，为实现强军梦提供强大物质技术支撑。建设一支掌握先进装备的人民军队，是我们党孜孜以求的目标。必须把装备建设放在国际战略格局和国家安全形势深刻变化的大背景下来认识和筹划，放在实现"两个一百年"奋斗目标、实现中华民族伟大复兴中国梦的历史进程中来认识和筹划，放在国防和军队现代化建设优先发展的战略位置来抓。当前和今后一个时期是我军装备建设的战略机遇期，也是实现跨越式发展的关键时期。一定要增强使命意识，抓住机遇，鼓足干劲，把装备建设搞得更好一些、更快一些。要坚持作战需求的根本牵引，建立健全具有我军特色的作战需求生成机制，增强装备发展的科学性、针对性、前瞻性。要坚持体系建设思想，统筹各军兵种装备发展，统筹各类装备发展，加强标准化、系列化、通用化建设，不断完善和优化装备体系结构，在填补体系空白、补齐短板弱项上下功夫，以网络信息体系为抓手，推动我军信息化建设实现跨越式发展。要坚持创新驱动发展，紧跟世界军事革命特别是军事科技发展方向，超前规划布局，加速发展步伐。要坚持质量至上，把质量问题摆在关系官兵生命、关系战争胜负的高度来认识，贯彻质量就是生命、质量就是胜算的理念，建立质量责任终身追究制度，着力构建先进实用的试验鉴定体系，确保装备实战适用性。要坚持实战化运用，各级指挥员要带头学装、知装、用装，教育引导官兵大胆操作和使用装备，真正让装备活起来、动起来，在体系运用中检验性能、发掘潜能，推动新装备成建制成体系形成作战能力和保障能力。要搞好装备建设顶层设计，切实把规划计划制定好，努力形成科学完备的发展规划体系。要稳妥推进装备领域改革，坚定深化改革的决心和信心，通过调整改革加强集中统一领导，着力激发创新活力，大力提高建设发展效益。要持续抓好作风建设，树立持续整改、长期整改的思想，坚持问题导向，强化源头治理，做到既去病灶、又去病根，让新风正气充盈起来。要加强思想政治建设，教育引导广大官兵坚定理想信念，加强党性修养，提高能力素质，强化责任担当，谱写我军武器装备发展新篇章。

中央军委主要负责人出席会议。解放军四总部、全军各大单位、军委办公厅和有关部队，以及中央国家机关有关部门、中国科学院、各军工集团等领导参加会议。

12月3—6日

［纲　文］　应国家主席习近平邀请，南非共和国总统雅各布·祖马对中国进行国事访问。

［目　文］　访问期间，习近平在北京同祖马举行会谈，两国元首为中南关系发展作出全面规划，决定共同把中南关系打造成为政治互信、经济互利、人文互鉴、安全互助的全面战略伙伴关系并共同见证了《中华人民共和国和南非共和国5—10年合作战略规划2015—2024》以及经贸、投资、农业等领域多项合作文件的签署。国务院总理李克强、全国人大常委会委员长张德江在北京分别会见了祖马。张德江和祖马共同出席中国南非年

闭幕活动并致辞。

习近平在同祖马会谈时指出，发展中南关系是中国对外政策的重要方向和优先战略选择。2013年我访问南非期间，我们就提升中南全面战略伙伴关系达成重要共识。中南双方要保持高层交往势头，加强立法、司法、政党、防务、地方交往，交流治国理政经验。中方在对南合作中坚持正确义利观，充分考虑南方的发展需求。双方要优势互补，深化经贸、投融资、农业、能矿、基础设施、海洋经济等领域合作，促进双边贸易平衡增长。双方要扩大人文交流，共同办好明年南非中国年，每年互派100名青年领导人互访。中方愿意为南方培养更多各类人才。双方要加强在重大国际问题上沟通和协调，共同推进金砖国家合作。中方愿意为南方倡导建设非盟快速反应部队提供支持，将继续同包括南非在内的国际社会一道，帮助西非国家抗击埃博拉疫情。

祖马表示，他完全赞同习近平主席关于两国合作的建议。南方希望借鉴中国发展成功经验，欢迎中国企业到南非投资，参与南非基础设施建设和经济特区、产业园区发展，支持南方发展海洋经济。南方愿意同中方加强在金砖国家框架内合作，早日启动设在南非的金砖国家开发银行非洲区域中心，推动建立公正合理的国际经济、金融秩序。

李克强在会见祖马时指出，中方愿将南非作为中国产业海外投资的优先目的地，鼓励和支持国内大型装备制造业等优势产业赴南非参与工业化进程，建设好经济特区和产业园区，以港口、造船、渔业为依托开展海洋经济合作，推进跨境本币结算和互换等金融合作，加强核电合作，推动成立合资航空公司、采用中国国产飞机开展非洲区域航空合作，扩大中南利益共同体，促进非洲互联互通和区域一体化发展。中方愿同非洲国家一道，继续为抗击埃博拉疫情作出不懈努力。

祖马表示，李克强总理2014年访非期间提出非中"461"合作框架，帮助非洲建设铁路、公路、区域航空三大网络，将有力促进非洲大陆的发展。南非愿同中国密切高层交往，深化政治、经贸、海洋经济、人文等交流与合作。广大非洲国家欢迎中国积极参与非洲基础设施建设、互联互通和区域一体化进程，帮助非洲实现发展梦想。

12月3日

[纲　文]　国家主席习近平应约同新一届欧洲理事会主席图斯克通电话。

[目　文]　图斯克表示，我感谢习近平主席在我就任之际发来贺电并应约同我通话，这体现了习近平主席对欧中关系的高度重视。我愿意同习近平主席保持良好工作关系，期待着早日同习近平主席会面。

习近平指出，中欧都是世界格局中的重要力量，中欧关系非常重要。今年春天我访问欧盟总部，同时任欧盟领导人确定共同打造和平、增长、改革、文明四大伙伴关系，为中欧关系发展作出了规划，这一共识正得到有效落实。明年是中欧建交40周年，中欧关系正进入承前启后、成熟稳定、蓬勃发展的新时期。我愿同你一道努力，保持中欧高层交往和各领域密切交流势头，继续推进中欧合作2020战略规划，实现互利共赢，加强在重大国际地区问题上的沟通和协调，在全球层面体现中欧关系的战略性，推动中欧全面战略伙伴关系持续健康稳定发展。

图斯克表示，习近平主席对欧盟总部的访问取得成功，为欧中关系发展奠定了基础。加强欧中四大伙伴关系，对双方、对世界都具有重大意义。欧方愿以明年欧中建交40周年为契机，同中方加强政治交往，扩大各领域务实合作，共同推动欧中全面战略伙伴关系发展。

12月3日
［纲　文］　**李克强主持召开国务院常务会议。**

［目　文］　会议主要内容是：一、部署在更大范围推广中关村试点政策、加快推进国家自主创新示范区建设，进一步激励大众创业、万众创新。会议决定：（一）把6项中关村先行先试政策推向全国。包括加快落实先期已确定推广的科研项目经费管理改革、非上市中小企业通过股份转让代办系统进行股权融资、扩大税前加计扣除的研发费用范围3项政策，以及此次将推开的股权和分红激励、职工教育经费税前扣除、科技成果使用处置和收益管理改革等3项政策。（二）在所有国家自主创新示范区、合芜蚌自主创新综合试验区和绵阳科技城，推广实施4项先行先试政策，包括：一是给予技术人员和管理人员的股权奖励可在5年内分期缴纳个人所得税；二是有限合伙制创投企业投资于未上市中小高新技术企业2年以上的，可享受企业所得税优惠；三是对5年以上非独占许可使用权转让，参照技术转让给予所得税减免优惠；四是对中小高新技术企业向个人股东转增股本应缴纳的个人所得税，允许在5年内分期缴纳。（三）围绕鼓励引进海外高层次人才、拓宽科技企业融资渠道、支持设立适应科技企业特点和需求的保税仓库等，研究推动在中关村开展新的政策试点。（四）依托国家高新区，在天津、湖南长株潭以及东中西部一些地方再建设一批国家自主创新示范区，使先行先试政策在更大范围、更多地区发挥效益。对具备条件建成示范区的高新区，要加强培育指导、加快建设，让创新创业之火形成燎原之势。二、决定加大对农村金融的税收支持，助力"三农"改革发展。会议决定，将以下两项已经执行到期的政策延长至2016年12月31日：一是对金融机构不超过5万元的农户小额贷款利息收入免征营业税，按90%计入企业所得税应纳税所得额，调动金融机构向农户贷款的积极性。二是对保险公司开展种植业、养殖业保险业务的保费收入，按90%计入企业所得税应纳税所得额，扩大对农户的保险保障和服务。同时，针对农户贷款需求主要集中在5万元到10万元的情况，将享受税收优惠的农户小额贷款限额从5万元提高到10万元，并把对县域农村金融机构保险业收入减按3%征收营业税的税收优惠政策，延长至2016年底。让惠农政策持续发力，促进农业发展农民增收。

12月3日
［纲　文］　**中央宣传部、全国人大常委会办公厅、司法部在北京举行"深入开展宪法宣传教育　大力弘扬宪法精神"座谈会，习近平作出重要指示。**

［目　文］　中共中央总书记习近平指示指出，宪法是国家的根本法，是治国安邦的

总章程，是党和人民意志的集中体现，具有最高的法律地位、法律权威、法律效力。我国宪法是符合国情、符合实际、符合时代发展要求的好宪法，是我们国家和人民经受住各种困难和风险考验、始终沿着中国特色社会主义道路前进的根本法制保证。坚持依法治国首先要坚持依宪治国，坚持依法执政首先要坚持依宪执政。要坚持党的领导、人民当家作主、依法治国有机统一，坚定不移走中国特色社会主义法治道路，坚决维护宪法法律权威。要以设立国家宪法日为契机，深入开展宪法宣传教育，大力弘扬宪法精神，切实增强宪法意识，推动全面贯彻实施宪法，更好发挥宪法在全面建成小康社会、全面深化改革、全面推进依法治国中的重大作用。

中共中央政治局委员、全国人大常委会副委员长李建国主持会议并传达了习近平指示。中共中央政治局常委、全国人大常委会委员长张德江出席座谈会并讲话。中央宣传部、全国人大常委会法制工作委员会、最高人民法院、最高人民检察院、教育部、司法部、国务院法制办有关负责人在座谈会上发言。刘奇葆、孟建柱、王胜俊、王晨、万鄂湘、王勇、周强、曹建明、马培华等出席座谈会。全国人大各专门委员会、全国人大常委会工作委员会负责人，中央和国家机关有关部门负责人，各民主党派中央、全国工商联负责人和无党派人士代表，北京市人大常委会和有关方面负责人，部分专家学者和在京高校、中小学负责人等约300人参加座谈会。

党的十八届四中全会通过的《中共中央关于全面推进依法治国若干重大问题的决定》提出，将每年12月4日定为国家宪法日。十二届全国人大常委会第十一次会议表决通过决定，将12月4日设立为国家宪法日。

12月3日

［纲　文］　中科院院长白春礼和中国科学院数学与系统科学研究院袁亚湘当选为巴西科学院通讯院士。

12月3日

［纲　文］　世界台联宣布，中国斯诺克球手丁俊晖已确定在新的世界排名榜上跃居世界第一，丁俊晖也成为台联有史以来第11位世界第一，同时也是首位登上世界第一的亚洲球员。

12月3日

［纲　文］　国务院印发《关于深化中央财政科技计划（专项、基金等）管理改革的方案》。

［目　文］　《方案》由五部分组成：一、总体目标和基本原则。二、建立公开统一的国家科技管理平台。三、优化科技计划（专项、基金等）布局。四、整合现有科技计划（专项、基金等）。五、方案实施进度和工作要求。

12月3日

［纲　文］　国务院办公厅发布《关于加强和完善部门统计工作的意见》。

［目　文］　《意见》由八部分组成：一、加强和完善部门统计工作的重要意义和基本

要求。二、建设统一的统计基本单位名录库。三、健全规范统计标准。四、规范设立统计调查项目。五、科学组织统计调查。六、规范公布统计数据。七、推进部门间统计信息共享。八、夯实部门统计基础。

12月3日

[纲　文]　《人民日报》发表题为《中国与世界的紧密联系展现中国外交的广阔前景——三论贯彻落实中央外事工作会议精神》的评论员文章。

12月3—4日

[纲　文]　第五届中日友好21世纪委员会全体会议在北京举行。

[目　文]　中方首席委员唐家璇和日方首席委员西室泰三分别率双方委员与会。双方委员回顾总结本届委员会成立5年来中日关系发展的经验教训，积极评价最近两国关系取得的积极进展，并着眼中日关系中长期发展进行了坦诚、深入、务实的讨论。

4日，国务院总理李克强在北京会见出席第五届中日友好21世纪委员会全体会议的双方委员时表示，中日互为近邻，两国关系健康稳定发展对双方、对地区的和平、稳定与繁荣都很重要。中国政府发展对日关系的基本方针是一以贯之的，主张在中日四个政治文件确定的各项原则基础上，本着以史为鉴、面向未来的精神，继续克服政治障碍，推进中日战略互惠关系。只有着眼大局和长远，切实将双方达成的原则共识落到实处，两国关系改善进程才能持续推进。希望日方认真对待和妥善处理影响两国关系健康发展的问题。中日民间可以更多开展教育、文化、地方、青少年等各领域友好交流，增强两国关系的民意基础，为两国关系的改善不断积累条件。希望中日友好21世纪委员会继续为此发挥积极作用。

日方首席委员西室泰三表示，日中关系十分重要。我们愿意继续努力，推动两国关系不断改善。通过加强多层次交流，增进相互理解。此次日中友好21世纪委员会会议期间，双方委员进行了坦诚深入交流。委员会愿继续为促进日中友好交流，夯实两国关系基础，促进各领域合作发挥积极作用。

12月4日

[纲　文]　最高人民法院印发《关于进一步加强新形势下人民法庭工作的若干意见》。

[目　文]　《意见》由五部分组成：一、深刻认识面临的新形势、新任务，准确把握人民法庭的职能定位。二、始终坚持司法为民，切实发挥人民法庭的审判职能。三、积极参与基层社会治理，切实发挥人民法庭桥梁纽带和司法保障作用。四、积极稳妥推进司法体制改革，不断完善人民法庭工作机制。五、切实加强队伍建设和组织领导，不断提升人民法庭队伍素质和物质装备保障水平。

12月4日

[纲　文]　工业和信息化部发布新修订的《电石生产企业公告管理办法》，自2014

年12月4日起执行。

12月4日

［纲　文］　信访局印发《信访事项办理群众满意度评价工作办法》。

［目　文］　《办法》共17条，自2015年1月1日起施行。2013年11月27日国家信访局发布的《信访事项办理群众满意度评价工作暂行办法》（国信发〔2013〕7号）同时废止。

12月4日

［纲　文］　商务部发布《关于经营者集中附加限制性条件的规定（试行）》。

［目　文］　《规定》共7章32条。内容有总则、限制性条件的确定、限制性条件的实施、限制性条件的监督、限制性条件的变更和解除、法律责任、附则。本规定自2015年1月5日起施行，《关于实施经营者集中资产或业务剥离的暂行规定》（商务部公告2010年第41号）同时废止。

12月4日

［纲　文］　农业部在北京召开贯彻落实《关于引导农村土地经营权有序流转发展农业适度规模经营的意见》的视频会议。

［目　文］　会议由农业部副部长陈晓华主持。农业部部长韩长赋出席会议并讲话。全国31个省（自治区、直辖市）共设立了1093个分会场，各省、市、县农业系统领导班子成员、有关处室负责人及相关工作人员共2.4万余人参加了会议。

会议要求各级农业部门充分认识引导农村土地经营权有序流转、发展农业适度规模经营的重要意义，深刻领会中央精神，切实把《意见》贯彻好落实好，即核心是要路子清，实现"三权分置"，坚持农村土地集体所有权、稳定农户承包权、放活土地经营权；步子稳，做到"三个适应"，农业适度规模经营要与城镇化进程和农村劳动力转移规模相适应，与农业科技进步和生产手段改进程度相适应，与农业社会化服务水平提高相适应。会议上透露，截至2014年6月底，全国农村承包耕地流转面积达3.8亿亩，占承包耕地总面积的28.8%。

会议指出，工作中要重点把握好以"三权分置"重大理论创新为指导，抓住稳定承包关系这一基础，确保土地经营权有序流转，充分尊重农民意愿，坚守农地农用的底线，重点支持粮食规模化生产等8个方面内容。

12月4日

［纲　文］　国务院副总理张高丽在北京会见委内瑞拉部长会议副主席兼财政部长托雷斯一行。

［目　文］　张高丽指出，近年来中委双边关系取得了长足发展，各领域合作成果丰硕，两国已成为相互信赖的好朋友、互利合作的好伙伴。2014年7月，习近平主席对委内瑞拉进行了成功访问，双方决定将两国关系提升为全面战略伙伴关系，中委合作进入了新的发展阶段。双方要落实好两国元首达成的共识，深化务实合作，推动能源、矿产、农

业、基础设施、高技术等领域合作迈上新的台阶，促进共同发展，实现互利共赢。

托雷斯对委中各领域合作取得的成就给予高度评价，希望进一步加强两国关系，共同规划发展方向，将两国合作提高到新的水平。

12月4日

［纲　文］　外交部发言人表示，中国坚决反对任何外国以任何方式干涉香港事务。

［目　文］　针对美国助理国务卿拉塞尔日前称香港"占中"活动并非由外部势力挑起一事，外交部发言人表示，香港事务纯属中国内政，中方坚决反对任何外国以任何方式进行干涉，并就国际上一些人和势力企图干预香港事务甚至怂恿、支持"占中"等违法活动多次表明严正立场。香港保持稳定繁荣不仅符合中方利益，而且也符合有关各方的利益。希望有关国家言行一致，信守承诺，多做有利于香港稳定繁荣的事。

12月4日

［纲　文］　辽宁省委原常务书记李荒，在沈阳逝世，享年98岁。

12月4日

［纲　文］　《人民日报》发表题为《塑造共同的宪法信仰》的社论。

12月4—5日

［纲　文］　第6届世界华人经济论坛在重庆举行。

［目　文］　论坛由中国贸促会和马来西亚亚洲策略与领导研究院共同主办，主题是"平衡增长，共享繁荣"，来自20多个国家和地区的工商界代表近500人参加。与会嘉宾围绕"中国在全球与区域经济中所扮演的角色""城镇化与房地产业发展——新挑战、新趋势与新机遇""推动全球和区域的业务增长——企业和企业家成功的关键因素""海上丝绸之路——加强互联互通、物流和供应链建设"四大议题展开讨论。国家副主席李源潮出席开幕式并致辞。

12月5日

［纲　文］　习近平主持召开中共中央政治局会议。

［目　文］　会议主题是分析研究2015年经济工作。会议指出，2015年是全面完成"十二五"规划的收官之年，是全面深化改革的关键之年，也是全面推进依法治国的开局之年，做好经济工作意义重大。要全面贯彻党的十八大和十八届三中、四中全会精神，坚持稳中求进工作总基调，坚持以提高经济发展质量和效益为中心，主动适应经济发展新常态，保持经济运行在合理区间，把转方式调结构放到更加重要位置，狠抓改革攻坚，突出创新驱动，强化风险防控，加强民生保障，促进经济持续健康发展和社会和谐稳定。

会议强调，要保持稳增长和调结构平衡，坚持宏观政策要稳、微观政策要活、社会政策要托底的总体思路，保持宏观政策连续性和稳定性，继续实施积极的财政政策和稳健的货币政策。要推进新型工业化、信息化、城镇化、农业现代化同步发展，逐步增强战略性新兴产业和服务业的支撑作用，着力推动传统产业向中高端迈进，促进大众创业、大众创新，积极发现培育新增长点。要稳定粮食和主要农产品产量，加快转变农业发展方式，从主要追求产量增长和拼资源、拼消耗的粗放经营，向数量质量效益并重、注重提高竞争力、注重可持续的集约发展转变。要优化经济发展空间格局，继续实施区域总体发展战略，推进"一带一路"、京津冀协同发展、长江经济带建设，积极稳妥推进城镇化，坚持不懈推进节能减排和生态环境保护。要加强保障改善民生工作，更加注重保障基本民生，更加关注低收入群众生活，更加重视社会大局稳定，特别要重视做好就业和扶贫工作。要坚定不移推进经济体制改革，推出既有年度特点、又有利于长远制度安排的改革举措，提高经济体制改革方案质量，抓好经济体制改革措施的落地。要释放内需潜力，促进进口和出口平衡、引进外资和对外投资平衡，逐步实现国际收支基本平衡。

12月5日

[纲　文]　习近平主持中共中央政治局第19次集体学习。

[目　文]　本次学习的主题是：加快自由贸易区建设。商务部国际贸易经济合作研究院李光辉研究员就此问题进行讲解，并谈了意见和建议。中共中央政治局委员们听取了他的讲解并就有关问题进行了讨论。

中共中央总书记习近平发表讲话指出，加快实施自由贸易区战略，是我国新一轮对外开放的重要内容。党的十七大把自由贸易区建设上升为国家战略，党的十八大提出要加快实施自由贸易区战略。党的十八届三中全会提出要以周边为基础加快实施自由贸易区战略，形成面向全球的高标准自由贸易区网络。这次中央政治局集体学习安排这个内容，目的是分析我们加快实施自由贸易区战略面临的国内外环境，探讨我国加快实施这个战略的思路。"机者如神，难遇易失。"我们必须审时度势，努力在经济全球化中抢占先机、赢得主动。加快实施自由贸易区战略，是适应经济全球化新趋势的客观要求，是全面深化改革、构建开放型经济新体制的必然选择，也是我国积极运筹对外关系、实现对外战略目标的重要手段。我们要加快实施自由贸易区战略，发挥自由贸易区对贸易投资的促进作用，更好帮助我国企业开拓国际市场，为我国经济发展注入新动力、增添新活力、拓展新空间。加快实施自由贸易区战略，是我国积极参与国际经贸规则制定、争取全球经济治理制度性权力的重要平台，我们不能当旁观者、跟随者，而是要做参与者、引领者，善于通过自由贸易区建设增强我国国际竞争力，在国际规则制定中发出更多中国声音、注入更多中国元素，维护和拓展我国发展利益。

12月5日

[纲　文]　国务院办公厅公布《新建国家级自然保护区名单》。

[目　文]　《名单》共计21处，它们是：内蒙古自治区（毕拉河国家级自然保护区、乌兰坝国家级自然保护区），辽宁省（葫芦岛虹螺山国家级自然保护区、青龙河国家级自然保护区），吉林省（集安国家级自然保护区），黑龙江省（太平沟国家级自然保护区、老爷岭东北虎国家级自然保护区、大峡谷国家级自然保护区），福建省（汀江源国家级自然

保护区），江西省（铜钹山国家级自然保护区），河南省（大别山国家级自然保护区），湖北省（洪湖国家级自然保护区、南河国家级自然保护区、大别山国家级自然保护区），广东省（云开山国家级自然保护区），广西壮族自治区（七冲国家级自然保护区），海南省（鹦哥岭国家级自然保护区），四川省（千佛山国家级自然保护区），甘肃省（秦州珍稀水生野生动物国家级自然保护区），宁夏回族自治区（南华山国家级自然保护区），新疆维吾尔自治区（巴尔鲁克山国家级自然保护区）。

12月5日

[纲　文]　教育部发布《关于改进和加强研究生课程建设的意见》。

[目　文]　《意见》由十部分组成：一、进一步明确加强研究生课程建设的重要意义和总体要求，二、强化研究生培养单位的课程建设责任，三、构建符合培养需要的课程体系，四、建立规范、严格的课程审查机制，五、加强研究生选课管理，六、改进研究生课程教学，七、完善课程考核制度，八、提高教师教学能力和水平，九、加强课程教学管理与监督，十、强化政策和条件保障。

12月5日

[纲　文]　《人民日报》发表题为《巩固从严治党的强劲态势——一论为作风建设注入新动力》的评论员文章。

12月5—14日

[纲　文]　"蒙古国摄影艺术展"在首都图书馆举办。

[目　文]　艺术展由中国文化部和蒙古国文化体育旅游部共同主办，中国对外文化集团公司承办。展品包括100幅精美摄影作品，蒙古摄影家以自己的镜头通过摄影手段，记录了蒙古大自然、宽广蔚蓝的天空、辽阔的草原、戈壁、文化历史遗迹。

12月6日

[纲　文]　《人民日报》发表题为《坚决惩治腐败　严肃党纪党规》的评论员文章。

12月7—15日

[纲　文]　应国家主席习近平邀请，爱尔兰总统迈克尔·希金斯对中国进行国事访问。

[目　文]　访问期间，习近平在北京同希金斯举行会谈，两国元首共同见证了中国国家自然科学基金委员会与爱尔兰科学基金会合作协议以及人文、教育等领域合作文件的签署。国务院总理李克强、全国人大常委会委员长张德江在北京分别会见了希金斯。希金斯还对上海、杭州进行了访问。

习近平同希金斯会谈时指出，中爱关系是不同国情、不同文化、不同社会制度国家友好共处的典范。中国坚持走和平发展道路，主张世界各国和而不同、和谐共生、共同发展。我们愿意同爱方继续坚持互尊互信、互利互惠、互学互鉴、互帮互助，不断巩固和发展中爱互惠战略伙伴关系。爱尔兰在信息技术、制药、生命科学等领域具有独特优势,农牧业基础好,中国正在推进创新驱动发展战略,加快城镇化、农业现代化,双方可以加强合作。中方鼓励中国企业赴爱尔兰投资,参与爱尔兰飞机融资租赁业务和风电建设。中爱都拥有悠久历史和灿烂文化,萧伯纳、王尔德、乔伊斯、叶芝等爱尔兰文学巨匠在中国广受欢迎。双方要促进人文交流,便利人员往来,互派更多留学生。中方支持在爱尔兰开展汉语教学。中方重视爱尔兰在欧盟内独特影响力,愿意同爱方共同努力,扎实推进中欧和平、增长、改革、文明四大伙伴关系建设。

希金斯表示,中国成功使数亿人脱贫,是了不起的人权进步。我们对中国和平发展充满信心。习近平主席提出的中国梦对增进世界各国相互信任与合作、促进世界和平与发展非常重要。爱方愿意同中方携手应对全球性挑战,共同推动实现联合国千年发展目标。我这次带来了多个政府部门负责人,目的是通过这次访问,加强两国经济、科技、教育、文化等广泛领域交流合作。

李克强在会见希金斯时指出,当前,中国正在通过促进大众创业、万众创新,培育经济新动力,打造经济新的"发动机",推动中国经济保持中高速增长,向着中高端水平迈进。爱尔兰在20世纪80年代借助创新与科技,实现了从农牧经济向知识经济的跨越式发展。中方愿同爱方交流分享经验,实现互利共赢,共同发展。

希金斯表示,近年来,爱中关系不断拓展,教育、科技等领域交流与合作日益密切。爱方一直珍视对华关系,愿同中方加强双边和多边领域合作,共同应对全球性挑战,促进爱中、欧中关系持续发展。

12月7日

[纲 文] 国家主席习近平同巴西总统罗塞夫互致贺电,庆祝中巴地球资源卫星04星发射成功。

[目 文] 习近平在贺电中说,中巴地球资源卫星合作项目开创了发展中国家在航天领域开展合作的成功先例。多年来,中巴地球资源卫星项目成果丰硕,为提高两国科技水平,服务两国经济社会发展作出重要贡献。04星成功发射,恰逢中国长征系列运载火箭第200次发射,展示了两国科技合作最新成果和水平。希望双方积极落实中巴航天合作十年计划,加强科技创新合作,进一步充实中巴全面战略伙伴关系内涵,造福两国和两国人民。

罗塞夫在贺电中说,不久前,我同习近平主席在二十国集团领导人布里斯班峰会期间会见,一致认为巴中地球资源卫星合作体现了发展中国家科技创新合作潜力。我们秉承南南合作精神,将卫星图像免费向非洲和拉美国家分享,具有历史意义。04星成功发射有力推动了巴中全面战略伙伴关系发展。巴方将继续坚定支持巴中地球资源卫星合作。

同日,中国在太原卫星发射中心用长征四号乙运载火箭,成功将中巴地球资源卫星04星发射升空,卫星顺利进入预定轨道。此次发射的长征四号乙运载火箭由中国航天科技集团公司负责研制,是长征系列运载火箭的第200次飞行。作为中国和巴西政府间合作项目，中巴地球资源系列卫星由中国航天科技集团公司和巴西空间研究院联合研制，主要应用于国土、林业、水利、农情、环境保护等领域的监测、规划和管理。

长征系列运载火箭实现第一个100次发射，从1970年到2007年历时37年；第二个100次发射仅用了7年。长征运载火箭圆满完成第200次发射后，中国成为继美俄之后，世界上第三个独立完成双百次宇航发射的国家。

12月7日

［纲　文］　税务总局印发《股权转让所得个人所得税管理办法（试行）》。

［目　文］　《办法（试行）》共6章32条，内容有总则、股权转让收入的确认、股权原值的确认、纳税申报、征收管理、附则。自2015年1月1日起执行。《国家税务总局关于加强股权转让所得征收个人所得税管理的通知》（国税函〔2009〕285号）、《国家税务总局关于股权转让个人所得税计税依据核定问题的公告》（国家税务总局公告2010年第27号）同时废止。

12月7日

［纲　文］　交通运输部公布《关于废止37件交通运输规章的决定》。

［目　文］　《决定》对《中华人民共和国理货员证书规则》（交通部〔83〕交海字1072号）等37件交通运输规章废止。

12月7日

［纲　文］　交通运输部公布《邮政行政执法监督办法》。

［目　文］　《办法》共7章56条，内容有总则、监督机构及其职责、监督范围和方式、监督程序和处理、行政执法责任追究、法律责任、附则。自2015年1月1日起实施。

12月7日

［纲　文］　《人民日报》发表题为《摒弃为官不为的消极状态——二论为作风建设注入新动力》的评论员文章。

12月7日

［纲　文］　《人民日报》发表题为《顺应人民期待　彰显治党决心》的评论员文章。

12月7—8日

［纲　文］　第9届全球孔子学院大会在福建厦门举行。

［目　文］　本届大会以"迎接孔子学院新10年"为主题，由孔子学院总部/国家汉办、福建省人民政府联合主办，厦门市人民政府与厦门大学承办。120多个国家和地区的大学校长、孔子学院代表共2000多人出席大会。国务院副总理、孔子学院总部理事会主席刘延东出席开幕式并致辞。刘延东强调，要面向未来，平等合作，共同推动孔子学院事业发展，为建设持久和平、共同繁荣的和谐世界作出新贡献。孔子学院创办10年来，架起中外语言文化沟通理解的桥梁，形成共建、共有、共管、共享的国际教育交流合作体系，为促进多元文化的交流交融、各国人民的心灵沟通作出了重要贡献。她向为之付出努力的中外人士和有关方面表示感谢，并给80位孔子学院先进个人和单位等颁奖。

与会代表就过去10年孔子学院的贡献和作用、孔子学院文化交流和学术研究的功能、《国际汉语教材编写指南》与各国本土教材开发等14个孔子学院发展过程中面临的重要议题进行深入讨论。大会还举行了国际汉语教材资源展、孔子学院10周年成就回顾展、首个全球"孔子学院日"贺信和图片展、孔子学院以及总部项目咨询会等活动。据介绍,截至目前,全球已有475所孔子学院和851个中小学孔子课堂,遍布126个国家和地区,累计注册学员345万人。欧盟和61个国家将汉语教学纳入国民教育体系,学习汉语的外国人已达1亿人,比10年前增长3.3倍。

12月7—8日

[纲　文]　第3届世界华文教育大会在北京举行。

[目　文]　此次大会由国务院侨办和中国海外交流协会主办。国务院侨务办公室主任裘援平作了题为《发展华文教育　振兴华文学校》的主题报告。来自50个国家和地区的500余位华文教育界参会代表充分交流了新情况、新经验,研讨提出了许多新思路、新办法。大会达成了"抓住机遇,推动华文教育转型升级,促进华文教育向标准化、正规化、专业化方向迈进"的共识,为今后华文教育发展指明了方向。本次大会积极创新办会形式,不仅首次在会上举办华文教育专题论坛,邀请8位华文教育界知名人士展开互动式交流,还在会上播放了"丹心报桑梓,华教兴中华"专题片,受到广泛好评。

7日,国务委员杨洁篪在开幕式前会见与会代表。

12月8日

[纲　文]　国务院批复人民银行,同意中国农业发展银行改革实施总体方案。

[目　文]　批复说,一、同意人民银行商有关单位提出的中国农业发展银行改革实施总体方案,请认真组织实施。二、中国农业发展银行改革要坚持以政策性业务为主体。通过对政策性业务和自营性业务实施分账管理、分类核算,明确责任和风险补偿机制,确立以资本充足率为核心的约束机制,建立规范的治理结构和决策机制,把中国农业发展银行建设成为具备可持续发展能力的农业政策性银行。三、人民银行要会同有关部门和单位按照职责分工,加强协调配合,完善监督管理,抓紧推进相关后续工作,确保中国农业发展银行改革工作依法合规、稳妥有序推进。重大情况及时报国务院。

12月8日

[纲　文]　国务院办公厅发布《关于加快应急产业发展的意见》。

[目　文]　《意见》由六部分组成:一、充分认识发展应急产业的重要意义。二、总体要求。三、重点方向。四、主要任务。五、政策措施。六、组织协调。

《意见》要求,各地区、各部门要高度重视应急产业发展,切实加强组织领导,抓紧制定落实各项政策措施分工的具体措施,确保各项政策措施落实到位。应急产业发展协调机制牵头单位要组织对各地区、各有关部门落实本意见的情况进行督查。

12月8日

［纲　文］　最高人民法院印发《最高人民法院赔偿委员会工作规则》。

12月8日

［纲　文］　交通运输部公布《铁路运输企业准入许可办法》。

［目　文］　《办法》共5章31条，主要内容有总则、许可条件、许可程序、监督管理、附则。自2015年1月1日起施行。在本办法施行前已经审批设立并开展运输经营的铁路企业，参照本办法执行。中国铁路总公司及所属企业按照《国务院关于组建中国铁路总公司有关问题的批复》（国函〔2013〕47号）的规定执行。

12月8日

［纲　文］　交通运输部公布《铁路旅客车票实名制管理办法》，自2015年1月1日起施行。

12月8日

［纲　文］　交通运输部公布《铁路旅客运输安全检查管理办法》，自2015年1月1日起施行。

12月8日

［纲　文］　证监会公布《中国证监会委托上海、深圳证券交易所实施案件调查试点工作规定》，自2015年1月9日起施行。

12月8日

［纲　文］　保监会发布《关于取消和调整行政审批项目的通知》。

［目　文］　《通知》就取消保险公司精算专业人员资格认可、保险公估机构高级管理人员任职资格核准2项行政审批项目，并将设立保险公估机构审批改为工商登记后置审批提出以下要求：一、中国保监会及各保监局自2014年12月10日起，不再受理已取消项目的申请。已经受理的申请，应继续做好相关工作。二、取消项目的后续管理措施，按照《中国保监会取消的行政审批项目及后续管理措施表》执行。三、改为后置审批的工商登记前置审批事项的后续管理措施，按照《中国保监会改为后置审批的工商登记前置审批事项及后续管理措施表》执行。四、请各保监局收到本通知后，及时通知辖内各保险公司分支机构、保险中介机构及其分支机构、国外保险机构驻华代表机构、保险行业协会、保险学会，并按照《中国保监会行政审批事项目录》要求，做好行政审批有关工作。

12月8日

［纲　文］　**2014年中国生物多样性保护国家委员会会议在北京召开。**

［目　文］　国务院副总理、中国生物多样性保护国家委员会主席张高丽主持会议并讲话。会议审议了《加强生物遗传资源管理国家工作方案（2014—2020年）》和《生物多样性保护重大工程实施方案（2014—2020年）》等，对进一步做好生物多样性保护工作作出了部署。

张高丽指出，党中央、国务院高度重视生物多样性保护。习近平总书记强调，建设生态文明，关系人民福祉，关系民族未来，必须树立尊重自然、顺应自然、保护自然的生态文明理念，要实施重大生态修复工程，增强生态产品生产能力，保护生物多样性。李克强总理要求，加强生物多样性保护和科学合理利用，提高生态文明水平和可持续发展能力。我国是生物多样性最丰富的国家之一，近年来深入实施《中国生物多样性保护战略与行动计划》和《联合国生物多样性十年中国行动方案》，生物多样性保护取得积极进展。同时，我国部分生态系统退化严重，一些高等植物、脊椎动物受到不同程度威胁，生物多样性保护能力不足问题突出。要把保护生物多样性作为推动绿色发展的重要抓手，作为建设生态文明的重大任务，作为维护中华民族永续发展的长远根基，切实增强责任感和紧迫感，扎扎实实做好保护工作。各地区各部门要以抓铁有痕、踏石留印的精神狠抓落实，加强保障措施，确保生物多样性保护取得实实在在的成效。要加快推进自然保护区立法，抓紧制定生物遗传资源管理条例，建立健全生物多样性保护法律法规体系。把生物多样性保护任务在经济社会发展规划中进一步细化实化。建立生物多样性保护目标考核制度，加强对《中国生物多样性保护战略与行动计划》实施情况的监督、检查和问责。中国生物多样性保护国家委员会要充分发挥统筹协调和指导作用，推动我国生物多样性保护再上新水平。

12月8日

［纲　文］　中宣部在北京召开深入推进走转改大型主题采访活动"行进中国·精彩故事"专题会议。

［目　文］　国家新闻出版广电总局、国家网信办、中国记协负责人参加会议。人民日报、新华社、中央电视台、中国日报、中新社及北京、上海、广东党委宣传部负责人在会上发言。

会议对在全国新闻战线开展走转改大型主题采访活动"行进中国·精彩故事"进行动员部署，推动新闻战线进一步深化拓展"走转改"活动、讲好中国故事，更好地弘扬中国精神、传播中国声音。会议指出，"走转改"是马克思主义新闻观在当代中国的鲜活实践，是新时期我国新闻战线的一次重大实践创新。"走转改"活动开展三年多来，新闻宣传工作呈现出清新务实之风，社会各界广泛赞誉、人民群众衷心拥护。各地各新闻单位要以"行进中国·精彩故事"主题采访活动为契机，努力打造"走转改"升级版，在讲好中国故事的实践中推动新闻宣传工作改进创新迈出更大步伐。各新闻单位要把"行进中国·精彩故事"主题采访活动作为年终报道的重点，精心策划、周密安排，用真实具体的事例、有血有肉的人物、引人入胜的情节，用富于时代感、现实感的新闻语言和细腻鲜活的表达方式，生动讲述当代中国发展成就、发展道路、发展理念，展示中国社会发展进步的主流，展示中国人民蓬勃向上的风貌，把中国故事讲得愈来愈精彩，让中国声音愈来愈洪亮，激励广大干部群众继续沿着中国道路前进的信心和勇气，加深国际社会对中国的认识。

12月8日

［纲　文］　全军高级干部学习贯彻全军政治工作会议精神研讨班在国防大学开班。

［目　文］　中央军委主席习近平亲自审定办班方案。中央军委副主席许其亮出席开班动员并讲话。许其亮指出，全面、深入理解领会和贯彻落实全军政治工作会议和习主席重要讲话精神，要联系时代背景，深刻理解领会习主席亲自决策、亲自出席全军政治工作会议并发表重要讲话的深远用意，切实增强学习贯彻的自觉性。要深刻理解领会习主席重要讲话的内涵要义，把蕴含其中的一系列立场观点方法转变为我们自己的立场观点方法。要深刻理解领会新形势下军队政治工作的时代主题，深入思考如何在强军兴军征程中发挥政治工作生命线作用。要深刻理解领会在全军政治工作会议上通报徐才厚案件的警示意义，认真反思周永康、徐才厚案件给我们党特别是高级领导干部敲响了什么样的警钟，应该吸取哪些深刻教训。要深刻理解领会习主席要求以整风精神召开全军政治工作会议，以整风整改为基调贯彻会议精神的意图，切实纠治突出问题，改进工作作风，推进政治工作创新发展。要深刻理解领会认识论和实践论的关系，以改造主观世界和客观世界的实际成果，体现学习贯彻全军政治工作会议和习主席重要讲话精神的实际成效。

来自总参、总政、军事科学院、国防大学的领导和专家学者作了6个专题辅导报告。来自四总部、全军各大单位以及公安部有关部门的同志深入学习领会全军政治工作会议精神特别是习主席重要讲话精神，共谋加强和改进新形势下军队政治工作大计。

12月8日

［纲　文］　国务院副总理刘延东在北京会见俄罗斯乌里扬诺夫斯克州州长莫罗佐夫。

［目　文］　刘延东积极评价乌里扬诺夫斯克州致力于加强对华交流与合作，表示在中俄全面战略协作伙伴关系持续深入发展的背景下，两国各地方扩大合作的愿望进一步提升。希望乌里扬诺夫斯克州与中国更多省市建立友好合作关系，加强经贸、教育、红色旅游等领域的互利合作，为推动两国关系发展作出更大贡献。

12月8日

［纲　文］　国务委员兼国防部部长常万全在北京会见葡萄牙空军参谋长皮涅伊罗。

［目　文］　常万全说，中葡关系近年来发展迅速，两军多层次、各领域交流与合作保持健康发展势头。中方愿与葡方共同努力，不断增进战略互信，推动双方在教育训练、军事学术、航空医学等领域务实合作进一步发展。

皮涅伊罗表示，葡方愿与中方一道，探索两军未来合作的新途径，进一步促进两军特别是两国空军的友好关系。

12月8日

［纲　文］　《人民日报》发表题为《打破党内生活的不良惯性——三论为作风建设注入新动力》的评论员文章。

12月8—10日

［纲　文］　九三学社十三届三中全会在北京举行。

［目　文］　会议主要内容是：学习中共十八届四中全会精神，听取和审议九三学社第十三届中央常务委员会工作报告。九三学社中央主席韩启德出席会议并作工作报告，总结了2014年工作，对2015年工作提出了要求。

12月8—28日

［纲　文］　澳门特区政府在北京举办"澳门特别行政区成立15周年成就展"。

［目　文］　成就展主题为"同心协力，共创繁荣"，分前言、中央寄语、"中心平台，促进多元"主题区、"长效机制，关顾民生"主题区、"家国情怀，爱国爱澳"主题区及结语六部分；2500平方米的展出空间，通过精美图片、高清视频、非物质文化遗产实物、艺术家画作、室外艺术装置、互动活动和澳门特色纪念品等多种形式，呈现了15年来澳门特区全面落实基本法，坚定不移地贯彻"一国两制"、"澳人治澳"、高度自治方针，所取得的各方面成就。

8日，全国人大常委会委员长张德江在北京会见出席"澳门特别行政区成立15周年成就展"开幕式的澳门特区行政长官崔世安。会见后，张德江出席"成就展"开幕式并参观展览。

12月9日

［纲　文］　财政部公布《关于取消和调整行政审批项目等事项的通知》。

［目　文］　《通知》说，取消项是："以折股方式缴纳探矿权采矿权价款审批"事项，"注册资产评估师"职业资格许可和认定事项。调整项是：将省级人民政府财政部门实施的"资产评估机构设立审批""会计师事务所及其分支机构设立审批""中介机构从事会计代理记账业务审批"3项工商登记前置审批调整为后置审批。

《通知》要求，各地区、各单位要认真贯彻落实国务院决定精神，抓紧做好取消和调整事项的落实和衔接，加快配套改革和相关管理制度的制（修）订工作，确保各项工作平稳过渡。

12月9日

［纲　文］　国家海洋局印发《全国海洋观测网规划（2014—2020年）》。

［目　文］　《规划》提出了建设海洋观测网的4项主要任务。一是强化岸基观测能力，包括加强岸基海洋观测站（点）、岸基雷达站、海啸预警观测台建设。二是提升离岸观测能力，包括浮（潜）标、标准断面调查、海上观测平台、海上志愿观测平台和志愿观测船、海底观测系统、卫星观测系统的设置和运行。三是开展大洋和极地观测；四是建设综合保障系统。

12月9日

［纲　文］　俞正声在北京会见《我从新疆来》作者库尔班江·赛买提和在北京的书中人物代表。

[目　文]　全国政协主席俞正声与大家交流，询问他们的工作、生活情况和未来的打算，聆听他们遇到的困难和提出的建议。俞正声说，《我从新疆来》这本书反映了100多位新疆人在内地的工作生活状态，非常真实，打动人心。很多新疆各族群众凭借自己的努力融入内地生活，为当地经济社会发展作出了贡献。我们要实现各民族大团结大繁荣，就必须增进新疆各民族和内地的交往交流，要在交往交流中增进民族感情，增加理解和信任，增强共同发展的信念。要维护新疆的社会稳定和民族团结，就要把民族地区的教育和就业工作摆在更加重要的位置，进一步提高双语教育质量，让新疆学生和内地学生一样受到更好的教育。大力发展劳动密集型产业，加强实用技能培训，努力提高少数民族群众的就业能力，使各族群众过上好日子。对于新疆各族群众在内地工作生活遇到的困难，内地的党委政府要帮助他们解决。

库尔班江·赛买提出生在新疆和田，他策划并拍摄了《我从新疆来》图片专题，用镜头和文字记录了不同民族、不同职业、不同年龄在内地工作生活的100多位普通新疆人的故事，展现了当代新疆人敢于拼搏实现梦想的形象。《我从新疆来》系列报道一经传播，立刻受到广泛关注，现已集结成册出版发行。

中共中央政治局委员、新疆维吾尔自治区党委书记张春贤，中共中央书记处书记、全国政协副主席杜青林，全国政协副主席、国家民委主任王正伟一同会见。

12月9日

[纲　文]　"塑魂鉴史——吴为山创作侵华日军南京大屠杀遇难同胞纪念馆扩建工程主题雕塑展"在中国国家博物馆举办。

[目　文]　展览由中国国家博物馆、中国美术家协会、中国艺术研究院、中国美术馆共同主办。本次展览展出了《家破人亡》的原型（2.5米）以及大型室外雕塑（11.5米）的头部，表现了被凌辱的母亲悲痛至极、屈辱而不屈服的形象。展览展出了主题雕塑《逃难》的10组作品，共计21个人物，均是作者饱含热泪和激愤倾情创作而成。

2005年，雕塑艺术家吴为山受江苏省委、省政府委托，为侵华日军南京大屠杀遇难同胞纪念馆创作大型纪念雕塑。纪念雕塑由《家破人亡》《逃难》《冤魂呐喊》《胜利之墙》四部分组成。2007年12月13日，雕塑在侵华日军南京大屠杀遇难同胞纪念馆落成，其中大型雕塑《家破人亡》成为整座纪念馆的标志。吴为山创作的这组群雕曾获住房和城乡建设部、文化部颁发的"新中国城市雕塑建设成就奖"，相关作品2012年在美国纽约联合国总部、意大利罗马国家博物馆威尼斯宫，以及今年在韩国浦项美术馆等机构举办的"文心铸魂——吴为山雕塑艺术国际巡展"展出时，曾引起强烈反响。

12月9日

[纲　文]　《人民日报》发表题为《抓住联系群众的时代触点——四论为作风建设注入新动力》的评论员文章。

12月9—11日

[纲　文]　中央经济工作会议在北京举行。

［目　文］　习近平、李克强、张德江、俞正声、刘云山、王岐山、张高丽出席会议。中共中央政治局委员、中央书记处书记，全国人大常委会有关领导同志，国务委员，最高人民法院院长，最高人民检察院检察长，全国政协有关领导同志以及中央军委委员等出席会议。各省、自治区、直辖市和计划单列市、新疆生产建设兵团党政主要负责人，中央和国家机关有关部门主要负责人，中央管理的部分企业和金融机构负责人，军队及武警部队有关负责人参加会议。

中共中央总书记习近平在会上发表讲话，分析了当前国内外经济形势，总结2014年经济工作，提出2015年经济工作的总体要求和主要任务。国务院总理李克强在讲话中阐述了2015年宏观经济政策取向，对2015年经济社会发展重点工作作出具体部署，并作总结讲话。

会议提出了2015年经济工作的五项主要任务：一、努力保持经济稳定增长；二、积极发现培育新增长点；三、加快转变农业发展方式；四、优化经济发展空间格局；五、加强保障和改善民生工作。号召全党要统一思想、奋发有为，认真贯彻落实这次会议各项部署，努力推动经济社会持续健康发展。

12月10日

［纲　文］　国务院办公厅印发《精简审批事项规范中介服务实行企业投资项目网上并联核准制度的工作方案》。

［目　文］　《方案》明确了企业投资项目核准制度改革的6项重点任务：一是清理；二是确认；三是修法；四是公布；五是立法；六是建网。

《方案》要求，2014年底，要初步完成事项清理工作，公布取消属于企业经营自主权的前置手续；2015年底，全面完成改革工作，实现投资项目网上并联核准新机制，同时构建起纵横联动协同监管新机制。

12月10日

［纲　文］　国务院办公厅转发知识产权局等28个单位《深入实施国家知识产权战略行动计划（2014—2020年）》。

［目　文］　《计划》确定实施战略的时间表和路线图，全面部署了2014年到2020年实施战略的总体安排。《计划》从主要行动、基础工程、保障措施三个方面进行了全面部署，给出了"作业蓝图"。突出支撑产业转型升级，促进知识产权创造运用；立足营造良好市场环境，加强知识产权保护；着眼提升管理效能，强化知识产权管理；聚焦提升国际竞争力，拓展知识产权国际合作。《计划》抓住知识产权运用和保护两大关键进行重点部署。在运用上，促进知识产权密集型产业发展，强化专利导航、专利协同运用、知识产权集群管理，大力发展知识产权服务业，更好地支撑产业转型升级，增强产业竞争优势。在保护上，加强知识产权行政执法、刑事执法和司法保护，推进软件"正版化"。《计划》提出，要建立国家科技重大专项和科技计划知识产权目标评估制度，针对重大产业规划、政府重大投资活动开展知识产权评议，建立健全知识产权价值分析标准和评估方法，支持

企业在国外布局知识产权等，这些措施都将明显提高我国知识产权创造运用保护和管理的水平。研究开发支出计入 GDP，无形生产资产改为知识产权产品列入到固定资产中的新 GDP 核算体系，将有效地促进全国加大研发投入力度，更加充分地发挥知识产权对经济发展的促进作用。

12 月 10 日

〔纲　文〕　国务院办公厅印发《精简审批事项规范中介服务实行企业投资项目网上并联核准制度的工作方案》。

〔目　文〕　《方案》由四部分组成：一、改革的必要性。二、改革目标和重点任务。三、重点工作任务及进度安排。四、组织落实。

12 月 10 日

〔纲　文〕　发展改革委公布《碳排放权交易管理暂行办法》。

〔目　文〕　《办法》共 7 章 48 条，内容有总则、配额管理、排放交易、核查与配额清缴、监督管理、法律责任、附则。自公布之日起 30 日后施行。

12 月 10 日

〔纲　文〕　安监总局公布《企业安全生产风险公告六条规定》。

12 月 10 日

〔纲　文〕　交通运输部印发《12328 交通运输服务监督电话管理办法》。

〔目　文〕　《办法》共 5 章 39 条，主要内容有总则、受理、办理、统计报送、监督考核、附则。自 2015 年 1 月 1 日起施行。

12 月 10 日

〔纲　文〕　银监会、财政部印发《信托业保障基金管理办法》。

〔目　文〕　《办法》共 7 章 36 条，内容有总则、保障基金公司和基金理事会、保障基金的筹集和管理、保障基金的使用、保障基金的分配和清算、监督管理、附则。自 2014 年 12 月 10 日起施行。

12 月 10 日

〔纲　文〕　教育部、国家民委、公安部、国家体育总局、中国科学技术协会印发《关于进一步减少和规范高考加分项目和分值的意见》。

〔目　文〕　《意见》由四部分组成：一、总体要求。二、减少和规范高考加分项目。三、严格管理和监督。四、组织实施。

《意见》要求，各省（区、市）要高度重视减少和规范高考加分工作，按照《国务院关于深化考试招生制度改革的实施意见》要求和本意见，研究制定本地调整规范高考加分工作实施方案。实施方案须报经省级人民政府审议，于 2015 年 1 月底前报教育部备案后向社会公布实施。

12 月 10 日

〔纲　文〕　中国医学科学院北京协和医学院教授韩忠朝当选法国国家技术科学院外

籍院士。

[目　文]　韩忠朝长期从事干细胞技术的研究开发及技术产业化平台的构建,现任实验血液学国家重点实验室学委会主任、国家干细胞工程技术研究中心主任等职。

12月10日

[纲　文]　国家副主席李源潮在北京会见汤加王储乌卢卡拉拉一行。

[目　文]　李源潮说,中汤建交以来,两国关系一直保持良好发展势头。中国珍视同汤加的友谊,重视发展中汤关系。希望双方落实好两国领导人重要共识,保持高层和各级别交往势头,扩大经贸、渔业、民航、卫生、教育、旅游、基础设施建设等领域务实合作,更好造福两国人民。

乌卢卡拉拉说,汤中友谊历久弥坚,汤加愿进一步拓展互利共赢的务实合作,促进两国的共同发展。

12月10日

[纲　文]　外交部发言人就马尔代夫遭遇淡水危机表示,中国将视马尔代夫需求积极研究后续援助措施。

12月10日

[纲　文]　《人民日报》发表题为《扫除制度落实的现实障碍——五论为作风建设注入新动力》的评论员文章。

12月11日

[纲　文]　全国政协主席俞正声在北京会见古巴共产党中央政治局委员、革命武装力量部部长辛特拉。

[目　文]　俞正声说,2014年7月习近平主席对古巴进行了成功的访问。习近平主席同菲德尔同志和劳尔主席亲切会面,就中古关系、治国理政经验及共同关心的国际和地区问题深入交换看法,为中古关系发展指明了方向。中古两军间交往是两党两国交往的重要组成部分。近年来,两军在高层交往、人员培训等方面取得很多进展,中方对此予以积极评价。

辛特拉说,习近平主席对古巴的访问很成功,古方衷心感谢中方对古巴建设给予的支持和帮助。古巴军队重视发展与中国军队之间的关系,愿进一步深化各领域交流与合作,提升两军关系发展水平。

12月11日

[纲　文]　国务院副总理汪洋在北京会见俄罗斯副总理兼总统驻远东联邦区全权代表特鲁特涅夫。

[目　文]　汪洋表示,中俄全面战略协作伙伴关系进入了新的发展阶段。我们双方要落实好两国元首和总理达成的共识,推动两国务实合作取得更多实际成果。中方愿积极参与俄远东跨越式开发区建设,不断扩大中国与俄远东地区的互利合作,促进两国边境地

区经济社会发展。

特鲁特涅夫介绍了建立俄远东跨越式开发区等情况,表示希望中方积极参与俄远东开发合作。

12月11日

[纲　文]　《人民日报》发表题为《补好理想信念的精神钙质——六论为作风建设注入新动力》的评论员文章。

12月11日

[纲　文]　《人民日报》报道,中共中央纪委对安徽省政协原副主席韩先聪严重违纪问题立案审查。

[目　文]　依据《中国共产党纪律处分条例》等有关规定,经中央纪委审议并报中共中央批准,决定给予韩先聪开除党籍、开除公职处分;收缴其违纪所得;将其涉嫌犯罪问题及线索移送司法机关依法处理。

2016年11月15日,福建省南平市中级人民法院公开宣判韩先聪受贿、滥用职权案,对被告人韩先聪以受贿罪判处有期徒刑14年,并处没收个人财产人民币100万元,以滥用职权罪判处有期徒刑5年,决定执行有期徒刑16年,并处没收个人财产人民币100万元;对韩先聪受贿所得财物及其孳息予以追缴,上缴国库。

12月12日

[纲　文]　习近平、李克强分别就南水北调中线一期工程正式通水作出指示、批示。

[目　文]　中共中央总书记习近平指示指出,南水北调工程是实现我国水资源优化配置、促进经济社会可持续发展、保障和改善民生的重大战略性基础设施。经几十万建设大军的艰苦奋斗,南水北调工程实现了中线一期工程正式通水,标志着东、中线一期工程建设目标全面实现。这是我国改革开放和社会主义现代化建设的一件大事,成果来之不易。南水北调工程功在当代,利在千秋。希望继续坚持先节水后调水、先治污后通水、先环保后用水的原则,加强运行管理,深化水质保护,强抓节约用水,保障移民发展,做好后续工程筹划,使之不断造福民族、造福人民。习近平对工程建设取得的成就表示祝贺,向全体建设者和为工程建设作出贡献的广大干部群众表示慰问。

国务院总理李克强批示指出,南水北调是造福当代、泽被后人的民生民心工程。中线工程正式通水,是有关部门和沿线六省市全力推进、二十余万建设大军艰苦奋战、四十余万移民舍家为国的成果。李克强向广大工程建设者、广大移民和沿线干部群众表示感谢,希望继续精心组织、科学管理,确保工程安全平稳运行,移民安稳致富。充分发挥工程综合效益,惠及亿万群众,为经济社会发展提供有力支撑。

国务院副总理、国务院南水北调工程建设委员会主任张高丽就贯彻落实习近平指示和李克强批示作出部署,要求有关部门和地方按照中央部署,扎实做好工程建设、管理、环保、节水、移民等各项工作,确保工程运行安全高效、水质稳定达标。

南水北调中线一期工程于2003年12月30日开工建设。工程从丹江口水库调水，沿京广铁路线西侧北上，全程自流，向河南、河北、北京、天津供水，包括丹江口大坝加高、渠首、输水干线、汉江中下游补偿等内容。干线全长1432公里，年均调水量95亿立方米，沿线20个大中城市及100多个县（市）受益。工程移民迁安近42万人，其中丹江口库区移民34.5万人。丹江口水库水质一直稳定达到Ⅱ类标准。作为缓解北方地区水资源严重短缺局面的重大战略性基础设施，南水北调工程规划分东、中、西三条线路从长江调水，横穿长江、淮河、黄河、海河四大流域，总调水规模448亿立方米，供水面积达145万平方公里，受益人口4.38亿人。先期实施东、中线一期工程，东线一期工程已于2013年通水。

12月12—13日

［纲　文］　首届全国留学工作会议在北京举行，习近平作出指示。

［目　文］　国家主席习近平指示指出，留学事业历来与国家和民族的命运紧密相连。中华人民共和国成立以来特别是改革开放以来，党和国家高度重视留学事业，制定和实施一系列方针政策，推动我国留学事业取得了令人瞩目的成绩，留学事业为我国改革开放和社会主义现代化建设作出了重要贡献。在此，我向工作在留学工作战线的同志们，致以诚挚的问候。新形势下，留学工作要适应国家发展大势和党和国家工作大局，统筹谋划出国留学和来华留学，综合运用国际国内两种资源，培养造就更多优秀人才，努力开创留学工作新局面，为实现"两个一百年"奋斗目标、实现中华民族伟大复兴的中国梦不断作出新的更大的贡献。希望广大留学人员跟上时代潮流，放眼观察世界，坚定理想，刻苦学习，掌握新知，增强本领，更好为祖国和人民贡献自己的智慧和力量。

国务院总理李克强作出批示指出，留学事业是我国改革开放事业的重要组成部分。国以才立，业以才兴。通过留学工作培养汇聚人才是国家重要的软实力建设。要以全球视野和改革创新举措积极推动留学工作跃上新台阶，揽四海英才服务国家建设大局。希望广大留学人员面向世界，努力掌握前沿知识和先进技术。有关方面要进一步完善来华留学管理服务，增进各国人民的交流和友谊。要为归国留学人员营造环境、搭建舞台，鼓励他们成为大众创业、万众创新的生力军，让人才红利与改革红利相叠加，助力中国经济提质增效升级。

会议围绕国家外交战略发展和教育人才规划，以解决问题为导向，研究了当前留学工作面临的最紧迫、最突出、最薄弱和全局性问题，并对下一步留学工作进行了部署。国务院副总理刘延东出席会议并指出，要准确把握留学工作新形势新要求，坚持教育开放合作不动摇，立足中国，面向世界，加强顶层设计，瞄准战略需求，突出人才培养和发挥作用、出国留学和来华留学、公费留学和自费留学、规模和质量、依法管理和完善服务五个并重，促进留学事业持续健康发展，为国家现代化建设及与各国合作共赢提供高层次人才支撑。

改革开放36年来出国留学人员300多万,中国已与41个国家和地区签署了学历学位互认协定,来华留学生的来源国从20世纪50年代的东欧3国扩大到2014年的200多个国家和地区。目前留学中国的各国留学生36万人。

12月12日

[纲　文]　李克强主持召开国务院常务会议。

[目　文]　会议主要内容有:一、确定了2014年第三批简政放权措施。会议认为,简政放权是政府自身革命的"重头戏",是行政体制改革的关键,必须持续推进,进一步激发市场活力。会议确定了今年第三批简政放权措施:一是再取消和下放108项主要涉及投资、经营、就业等的审批事项,为创业兴业开路、为企业发展松绑、为扩大就业助力。二是将电信业务经营许可、道路货运经营许可证核发等26项工商登记前置审批改为后置审批,进一步降低市场准入门槛,以壮大市场主体力量。三是取消景观设计师等68项职业资格许可和认定,促进职业资格规范管理,推动市场化职业水平评价。取消10项评比达标表彰项目,减轻企业负担。二、部署推广上海自贸试验区试点经验。会议要求,一是深化上海自贸试验区改革开放,进一步压缩负面清单,在服务业和先进制造业等领域再推出一批扩大开放举措,并将部分开放措施辐射到浦东新区。二是除涉及法律修订等事项外,在全国推广包括投资、贸易、金融、服务业开放和事中事后监管等方面的28项改革试点经验,在全国其他海关特殊监管区域推广6项海关监管和检验检疫制度创新措施。三是依托现有新区、园区,在广东、天津、福建特定区域再设三个自由贸易园区,以上海自贸试验区试点内容为主体,结合地方特点,充实新的试点内容。会议要求抓紧制定新设自贸园区具体方案,并提请全国人大常委会授权调整实施相关法律规定。三、决定近期在全国集中开展机关事业单位"吃空饷"问题治理行动。会议决定,对虚报人员编制或实有人数套取财政资金,以及在单位挂名不上班、已终止人事关系但仍领取工资津补贴等各种名目的"吃空饷",要坚决追缴资金,核减单位编制和预算经费,严肃查处责任人。对治理工作中弄虚作假、顶风违纪的,要从严问责。同时加强社会监督,建立规范机关事业单位人员管理的长效机制。四、会议听取了2014年度国家科学技术奖评审情况汇报,批准了奖励人选、种类和等级。

12月12日

[纲　文]　俞正声主持召开政协第十二届全国委员会第二十三次主席会议。

[目　文]　全国政协副主席杜青林、韩启德、董建华、林文漪、罗富和、何厚铧、李海峰、陈元、卢展工、马飚、齐续春、马培华、刘晓峰、王钦敏出席会议。

会议主要内容是:一、决定2015年2月27日至28日召开政协第十二届全国委员会常务委员会第九次会议,为召开政协第十二届全国委员会第三次会议作准备。二、会议审议通过了政协第十二届全国委员会常务委员会第九次会议议程(草案)和日程,关于召开政协第十二届全国委员会第三次会议的决定(草案),政协第十二届全国委员会第三次会议秘书长、副秘书长名单(草案)和新闻发言人名单,政协全国委员会2015年协商工作计划（稿）和政协全国委员会2015年双周协商座谈会安排；研究了十二届全国政协常委会2015年学习讲座参考选题；听取了关于政协全国委员会2014年重点提案督促办理情况的汇报。会议决定将上述有关文件草案（稿）提交政协第十二届常委会第九次会议审议。三、会议审议通过了撤销朱明国政协第十二届全国委员会委员资格的决定，并提请第九次常委会议追认。三、全国政协副主席兼秘书长张庆黎，全国政协副秘书长仝广成，全国政协提案委员会主任孙淦、全国政协文史和学习委员会副主任陈惠丰等分别就有关议题作了说明和汇报。四、会议确定全国政协外事委员会副主任吕新华为政协第十二届全国委员会第三次会议新闻发言人。

12月12日

［纲　文］　国务院批转财政部《权责发生制政府综合财务报告制度改革方案》。

［目　文］　《方案》指出，我国目前的政府财政报告制度实行以收付实现制政府会计核算为基础的决算报告制度。改革的任务主要包括四个方面：建立健全政府会计核算体系，建立健全政府财务报告体系，建立健全政府财务报告审计和公开机制，建立健全政府财务报告分析应用体系，这四项改革任务相辅相成。2014—2015年，重点是建立健全政府会计准则体系和财务报告制度框架体系，清查核实政府资产负债信息，开展政府综合财务报告信息系统建设，为编制政府综合财务报告奠定制度、信息和技术基础。2016—2017年，在前期准备的基础上，开展政府综合财务报告编制试点。2018—2020年，在试点工作基础上，全面开展政府综合财务报告编制工作，建立健全政府财务报告分析应用体系，制定发布政府财务报告审计制度、公开制度等。

12月12日

［纲　文］　银监会印发《关于进一步促进村镇银行健康发展的指导意见》。

［目　文］　《意见》由九部分组成：一、积极稳妥培育发展村镇银行。二、加大民间资本引进力度。三、支持村镇银行调整主要股东。四、督促村镇银行专注支农支小市场定位。五、积极推进村镇银行本地化战略。六、强化村镇银行有限持牌经营。七、规范村镇银行主发起行的大股东职责。八、强化村镇银行属地监管责任。九、营造村镇银行良好发展环境。

《意见》要求，银监会各级派出机构要大力总结推广村镇银行管理和服务典型经验，积极利用各类媒体加大正面宣传力度，正确引导社会舆论，提高村镇银行的社会知名度和社会地位，营造良好发展氛围，促进村镇银行健康发展。

12月12日

［纲　文］　保监会印发《关于保险资金投资创业投资基金有关事项的通知》，自2014年12月12日起施行。

12月12日

［纲　文］　全国政协在北京召开双周协商座谈会，就"城镇化进程中传统村落保护"问题提出意见和建议。

［目　文］　全国政协主席俞正声主持座谈会。全国政协副主席杜青林、张庆黎、李海峰、齐续春出席座谈会。住房和城乡建设部部长陈政高介绍了城镇化进程中传统村落保护的有关情况。财政部副部长胡静林、国土资源部副部长王世元、文化部副部长项兆伦出席会议并发言。全国政协委员冯骥才、仇保兴、潘鲁生、励小捷、廖奔、傅惠民、崔永元、马国湘、李卫东、张友茞、陈小平、张廷皓、李东东、武鸿麟、张妹芝，以及专家学者曹昌智、胡彬彬、罗德胤等在座谈会上发言。

委员们认为，传统村落承载着中华民族的历史记忆，是承启传统文化和时代精神的重要桥梁，是不可再生的宝贵资源。委员们建议，保护好传统村落要重点处理好两个关系，一是保护古建筑与改善居住环境的关系，二是处理好政府力量和市场力量的关系，对市场介入传统村落保护利用要防止过度商业化经营模式。当前要重点抓好四项工作，一是把传统村落保护清单管理作为抓手，清单管理要明确具体；二是要落实责任主体，县级人民政府对本地区的传统村落保护发展负主要责任；三是要公开，依靠群众监督；四是要制定好文物保护发展规划。只有把发展搞好，保护才能落到实处。委员们建议，要进一步加强对传统村落保护的指导和监管，完善支持政策，开展保护技术研发与示范，开展试点工作，加大传统村落文化的宣传力度，建立社会参与机制。会前，全国政协文史和学习委员会就有关问题组织委员进行了专题调研。

12月12日

［纲　文］　范长龙参加学习贯彻全军政治工作会议精神研讨班研讨交流。

［目　文］　中央军委副主席范长龙在听取研讨交流发言后指出，学习理解习主席重要讲话，深刻认识军队政治工作面临的形势任务，深刻认识徐才厚案件及腐败问题对军队的危害，采取有效措施肃清徐才厚案件影响，恢复和发扬我军优良传统和作风，是重大政治任务，也是严肃的政治要求。各单位要坚持整风整改，深入搞好思想、用人、组织、纪律清理整顿。要严格党内生活。要充分发挥党委的领导核心作用。把政治工作做真、做实、做活、做新。落实好习主席提出的"四个牢固立起来"的要求。要把习主席能打仗、打胜仗的战略要求贯穿到各方面全过程，着力提高部队履行使命任务能力。要科学筹划新年度工作，坚决完成习主席和军委赋予的各项任务。

12月12日

［纲　文］　环境保护部、工业和信息化部联合公布《废弃电器电子产品规范拆解处理作业及生产管理指南（2015年版）》，自2015年1月1日起施行。

12月12日

［纲　文］　中共中央政治局常委王岐山在北京会见泰国前国会副主席兼上议院议长提拉德率领的泰国改革大会代表团。

［目　文］　王岐山指出，腐败自有人类文明史以来就一直存在，古今中外概莫能外。中国共产党清醒地认识到，从严治党关乎人心向背，关系实现中华民族伟大复兴的中国梦。党风廉政建设和反腐败斗争永远在路上。我们要保持坚强政治定力，坚定立场方

向，聚焦当前目标任务，坚决遏制腐败蔓延势头。要有静气、不刮风，不搞运动、不是一阵子，踩着不变步伐，把握力度和节奏，把党风廉政建设和反腐败斗争一步步引向深入。我们能够解决在党长期执政条件下的自我监督问题，用实际行动给人民以信心。

提拉德表示，泰方愿同中方在改革开放和反腐败方面加强交流，深化合作。

12月12日

［纲　文］　《人民日报》发表题为《主动适应新常态　奋力开创新局面》的社论。

12月13日

［纲　文］　中共中央、全国人大常委会、国务院、全国政协、中央军委在南京隆重举行南京大屠杀死难者国家公祭仪式，习近平出席并发表讲话。

［目　文］　中共中央总书记、国家主席、中央军委主席习近平讲话指出，今天，我们在这里隆重举行南京大屠杀死难者国家公祭仪式，缅怀南京大屠杀的无辜死难者，缅怀所有惨遭日本侵略者杀戮的死难同胞，缅怀为中国人民抗日战争胜利献出生命的革命先烈和民族英雄，表达中国人民坚定不移走和平发展道路的崇高愿望，宣示中国人民牢记历史、不忘过去，珍爱和平、开创未来的坚定立场。日本侵略者制造的南京大屠杀惨案震惊了世界，震惊了一切有良知的人们。第二次世界大战胜利后，远东国际军事法庭和中国审判战犯军事法庭，都对南京大屠杀惨案进行调查并从法律上作出定性和定论，一批手上沾满中国人民鲜血的日本战犯受到了法律和正义的审判与严惩，被永远钉在了历史的耻辱柱上。此时此刻，我们要告慰所有在南京大屠杀惨案中不幸罹难的同胞们，告慰所有在日本侵华战争中不幸死难的同胞们，告慰所有在近代以来中国抗击外来侵略中英勇牺牲的同胞们，告慰所有在为争取民族独立、人民解放和国家富强、人民幸福的伟大斗争中英勇献身的同胞们：今天的中国，已经成为一个具有保卫人民和平生活坚强能力的伟大国家，中华民族任人宰割、饱受欺凌的时代已经一去不复返了，中国人民正在意气风发地沿着中国特色社会主义道路，为实现"两个一百年"奋斗目标、实现中华民族伟大复兴的中国梦而奋斗。中华民族的发展前景无比光明。此时此刻，中国人民也要庄严昭告国际社会：今天的中国，是世界和平的坚决倡导者和有力捍卫者，中国人民将坚定不移维护人类和平与发展的崇高事业，愿同各国人民真诚团结起来，为建设一个持久和平、共同繁荣的世界而携手努力。

公祭仪式在侵华日军南京大屠杀遇难同胞纪念馆举行，全国人大常委会委员长张德江主持。马凯、刘奇葆、许其亮、韩启德等及参加过抗日战争的老战士和老同志代表，中央党政军群有关部门和江苏省、南京市、南京军区负责人，各民主党派中央、全国工商联负责人和无党派人士代表，港澳台同胞代表，为中国人民抗日战争胜利作出贡献的国际友人或其遗属代表，二战中国战区和遭受过日本法西斯侵略的亚洲国家驻华使节代表，南京大屠杀幸存者及遇难同胞亲属代表，江苏省各界群众代表等参加公祭仪式。公祭仪式后，习近平等党和国家领导人和各界代表走进纪念馆展厅，参观《人类的浩劫——侵华日军南京大屠杀史实展》。习近平等会见了参加仪式的南京大屠杀幸存者代表和遇难者遗属代表。

1937年的12月13日，侵华日军侵入南京，对我同胞实施长达40多天灭绝人性的大屠杀，30万生灵惨遭杀戮，人类文明史上留下最黑暗的一页。2014年2月27日，十二届全国人大常委会第7次会议通过决定，以立法形式将12月13日设立为南京大屠杀死难者国家公祭日。

12月13—14日

[纲　文]　习近平在江苏省调研并视察南京军区机关。

[目　文]　中共中央总书记习近平在镇江市丹徒区世业镇卫生院、世业镇先锋村农业园草莓种植基地、世业镇永茂圩自然村、惠龙易通物流公司、南京市江苏省产业技术研究院考察。听取了镇江市低碳城市建设管理工作汇报，观看低碳城市建设管理云平台演示。习近平指出，保护生态环境、提高生态文明水平，是转方式、调结构、上台阶的重要内容。经济要上台阶，生态文明也要上台阶。我们要下定决心，实现我们对人民的承诺。

考察期间，习近平听取了江苏省委和省政府的工作汇报，对江苏经济社会发展取得的成绩和各项工作给予肯定并指出，希望江苏的同志认真落实中央各项决策部署，紧紧围绕率先全面建成小康社会、率先基本实现现代化的光荣使命，努力建设经济强、百姓富、环境美、社会文明程度高的新江苏。把经济发展抓好，关键还是转方式、调结构，推动产业结构加快由中低端向中高端迈进。

14日，习近平视察南京军区机关，参观了南京军区军史馆；接见了驻宁部队师以上领导干部和南京军区机关团以上领导干部。

习近平听取南京军区工作汇报后指出，前不久召开的全军政治工作会议，重点研究解决党从思想上政治上建设军队的重大问题，对加强和改进新形势下军队政治工作作出全面部署。学习贯彻全军政治工作会议精神，关键是要落到实处，在学习理解会议精神上下功夫，在改进创新政治工作上下功夫，在纠治顽瘴积弊上下功夫，在解决突出问题上下功夫。要深刻吸取徐才厚案件的惨痛教训，从思想、政治、组织、作风上彻底肃清徐才厚案件的恶劣影响。要以徐才厚、谷俊山案件为反面教材开展警示教育，使各级干部特别是高级干部受警醒、明底线、知敬畏，切实引以为戒。要把铸牢军魂抓得紧而又紧，确保部队在任何时候任何情况下都坚决听从党中央、中央军委指挥。要打造强军文化，巩固部队思想文化阵地，坚定官兵革命意志、升华官兵思想境界、纯洁官兵道德情操，引导他们努力成长为有灵魂、有本事、有血性、有品德的新一代革命军人。

12月13日

[纲　文]　中国科学院寒区旱区环境与工程研究所在北京发布《中国第二次冰川编目数据》。

[目　文]　《数据》显示，自20世纪50年代中后期以来，中国西部冰川总体呈现萎缩态势，面积缩小了18%左右，年均面积缩小243.7平方千米。中国阿尔泰山和冈底斯山的冰川退缩最显著。

12月13日

［纲　文］　《人民日报》发表题为《构筑捍卫正义的国家记忆》的社论。

12月13日

［纲　文］　《人民日报》发表题为《坚持稳中求进工作总基调——一论贯彻落实中央经济工作会议精神》的评论员文章。

12月13日

［纲　文］　《人民日报》发表题为《结束"占中"是人心所向》的评论员文章。

12月13—15日

［纲　文］　刘奇葆在上海市调研。

［目　文］　中共中央政治局委员刘奇葆在社区、企业、研究机构和宣传文化单位，考察文化改革发展、媒体能力建设、文化走出去、戏曲和电影事业发展等工作情况，与基层干部群众进行交流。

刘奇葆指出，学习宣传贯彻习近平总书记系列重要讲话精神，是一个持续推进、逐步深化的过程。要坚持深入学习、联系实际，重点抓好党委中心组和领导干部学习，带动全社会学习，更好地用讲话精神武装头脑、指导实践、推动工作。上海是我国改革开放前沿，要充分发挥自身优势，提高文化开放水平，广泛开展对外文化交流，推动文化产品和服务走出去，不断增强中华文化的国际影响力。要坚守中华文化立场，把民族特色和世界潮流结合起来，在对外开放中始终保持中华文化特色。

12月13—15日

［纲　文］　第二届中美学术论坛在北京举行。

［目　文］　论坛由中央党校和阿斯平研究所联合举办，围绕《亚太和平发展和中美新型大国关系构建》主题讨论。美国阿斯平研究所联合主席布伦特·斯考克罗夫特、约瑟夫·奈和美前政要、知名学者等美方代表出席，吴建民等代表中方出席。

15日，中共中央政治局常委刘云山在北京会见与会的美方代表时说，前不久习近平主席与来华访问的奥巴马总统再次成功会晤，为构建中美新型大国关系注入新动力。中美学术论坛作为中共中央党校与美方研究机构合作举办的对话平台，在加强中美智库交流、推动两国各领域互利合作方面发挥了积极作用。希望论坛围绕双方共同关心的话题，加强前瞻性、建设性、开放性研讨交流，为促进中美关系长远发展提供有力支撑。

美方代表感谢刘云山会见，对此次论坛和对话给予高度评价，表示将进一步加强与中方的合作，为推进美中关系持续稳定发展作出努力。

12月14日

［纲　文］　《摆脱贫困》《习近平谈治国理政》首发式在台北举行。

［目　文］　由海峡出版发行集团等单位主办的第九届金门书展台北展点开幕，主办单位携6000多种大陆出版的图书到台北展出。开幕式现场举办了中共中央总书记习近平

所著《摆脱贫困》《习近平谈治国理政》的入台销售首发式。台湾天龙文创图书股份有限公司与福建新华发行集团有限公司今天在台北签约，获得了《习近平谈治国理政》和《摆脱贫困》两本书在台湾地区的独家代理经销权。

12月14日

［纲　文］　纪念京剧大师叶盛兰诞辰100周年座谈会在北京举行。

［目　文］　座谈会由文化部、中国文联、全国政协京昆室主办。国务院副总理刘延东出席并讲话。全国政协副主席、全国政协京昆室主任卢展工出席座谈会。尚长荣、梅葆玖、刘长瑜等京剧艺术家和叶盛兰之子、京剧艺术家叶少兰等发言，回顾了叶盛兰的舞台风采和艺术成就。

刘延东指出，中华优秀传统文化是中华民族的精神命脉、最基本的文化基因。希望广大艺术工作者以习近平总书记在文艺工作座谈会上的讲话精神为指引，继承发扬老一辈艺术家的优良传统和艺德风范，不断推动包括京剧艺术在内的中华优秀传统文化的传承创新发展，为建设文化强国、实现中华民族伟大复兴中国梦作出无愧于时代和人民的更大贡献。

叶盛兰是京剧叶派小生艺术的创始人、著名京剧表演艺术家、国家京剧院艺术风格的奠基者之一。

12月14日

［纲　文］　《人民日报》发表题为《主动适应经济发展新常态——二论贯彻落实中央经济工作会议精神》的评论员文章。

12月14—20日

［纲　文］　国务院总理李克强应邀对哈萨克斯坦、塞尔维亚、泰国进行正式访问并出席相关国际会议。

［目　文］　14日，李克强在阿斯塔纳会见哈萨克斯坦总统纳扎尔巴耶夫；同哈总理马西莫夫举行会谈并出席中哈企业家委员会第二次会议，双方见证了经贸、投资、金融、能源等领域双边合作文件的签署并共同会见记者。

15日，李克强在阿斯塔纳分别会见了出席上合组织成员国政府首脑理事会会议的俄罗斯总理梅德韦杰夫、阿富汗首席执行官阿卜杜拉；出席上海合作组织成员国政府首脑理事会第十三次会议，会议发表了联合公报。

16日，李克强在贝尔格莱德分别会见了斯洛文尼亚总理采拉尔、拉脱维亚总理斯特劳尤马、黑山总理久卡诺维奇、捷克总理索博特卡、罗马尼亚总理蓬塔、波黑部长会议主席贝万达、斯洛伐克总理菲佐；与塞尔维亚总理武契奇共同主持第三次中国—中东欧国家领导人会晤，中东欧16国领导人与会，会议发表了《中国—中东欧国家合作贝尔格莱德纲要》；与中东欧国家领导人共同出席第四届中国—中东欧国家经贸论坛开幕式并作了题为《共同把务实合作的蛋糕做得更大》的致辞。

17日上午，李克强在贝尔格莱德集体会见塞尔维亚总理武契奇、匈牙利总理欧尔班和马其顿总理格鲁埃夫斯基,一致同意共同打造中欧陆海快线。与三国总理共同见证了中、匈、塞三国合作建设匈塞铁路的谅解备忘录和中、匈、塞、马四国通关便利化等合作文件的签署并共同会见记者;分别会见了匈牙利总理欧尔班,阿尔巴尼亚总理拉马,立陶宛总理布特克维丘斯,爱沙尼亚总理罗伊瓦斯,马其顿总理格鲁埃夫斯基,克罗地亚总理代表、第一副总理兼外长普希奇;同塞尔维亚总理武契奇举行会谈。两国总理共同见证了双边经济技术、能源、金融、航空、文化等领域合作文件的签署并共同会见了记者。

18日,李克强在贝尔格莱德会见塞尔维亚总统尼科利奇;与塞尔维亚总理武契奇共同出席贝尔格莱德跨多瑙河大桥竣工仪式;在贝尔格莱德市政厅接受了"贝尔格莱德荣誉市民"证书。

19日,李克强在曼谷会见泰国总理巴育。两国总理共同见证了《中泰铁路合作谅解备忘录》和《中泰农产品贸易合作谅解备忘录》的签署。

20日,李克强在曼谷出席大湄公河次区域经济合作第5次领导人会议开幕式并发表了题为《携手开创睦邻友好包容发展新局面》的讲话。泰国总理巴育主持会议,缅甸总统吴登盛、柬埔寨首相洪森、老挝总理通邢、越南总理阮晋勇和亚洲开发银行行长中尾武彦与会。与会各方就深化区域合作、加强互联互通等深入交换意见,达成共识。

12月14—22日

[纲 文] 第三届全国少数民族美术作品展在北京民族文化宫举办。

[目 文] 作品展由国家民委、文化部、中国文联主办。组委会共收到国画、油画、版画、唐卡、鱼皮画、农民画等各类作品2000余件,评选出金质作品8件、银质作品18件、铜质作品45件、优秀作品436件,并特邀部分画家作品参展,参展作品共计516件。

12月15日

[纲 文] 张德江在北京主持召开十二届全国人大常委会第三十六次委员长会议。

[目 文] 全国人大常委会副委员长李建国、王胜俊、陈昌智、严隽琪、沈跃跃、吉炳轩、张平、向巴平措、艾力更·依明巴海、万鄂湘、张宝文、陈竺出席会议。

会议主要内容有:一、会议决定,十二届全国人大常委会第十二次会议12月22日至28日在北京举行。委员长会议建议,常委会第十二次会议继续审议航道法草案、食品安全法修订草案、立法法修正案草案、广告法修订草案;审议全国人大常委会委员长会议关于提请审议国家安全法草案的议案;审议国务院关于提请审议境外非政府组织管理法草案的议案、关于提请审议大气污染防治法修订草案的议案;审议全国人大常委会关于召开十二届全国人大三次会议的决定草案的议案等。二、委员长会议建议,常委会第十二次会议审议国务院关于提请审议批准《上海合作组织反恐怖主义公约》的议案、关于提请审议批准《中华人民共和国和阿富汗伊斯兰共和国引渡条约》的议案、关于提请审议批准《中华人民共和国和伊朗伊斯兰共和国引渡条约》的议案。三、委员长会议建议的常委会第十二次会议的议程还有，审议国务院关于统筹推进城乡社会保障体系建设工作情况的报告、关于安全生产工作情况的报告、关于推进新农村建设工作情况的报告、关于国家财政水利资金投入和使用工作情况的报告；审议全国人大常委会执法检查组关于检查旅游法实施情况的报告；审议全国人大民族委员会、法律委员会、教育科学文化卫生委员会、环境与资源保护委员会、农业与农村委员会分别提出的关于十二届全国人大二次会议主席团交付审议的代表提出的议案审议结果的报告；听取全国人大常委会办公厅关于十二届全国人大二次会议代表建议、批评和意见办理情况的报告，交通运输部关于十二届全国人大二次会议代表建议、批评和意见办理情况的报告；审议全国人大常委会委员长张德江访问秘鲁、哥伦比亚和墨西哥三国情况的书面报告；审议全国人大常委会代表资格审查委员会关于个别代表的代表资格的报告；审议有关任免案等。四、全国人大常委会副委员长兼秘书长王晨就常委会第十二次会议议程草案、日程安排意见作了汇报。全国人大常委会有关副秘书长，全国人大有关专门委员会、常委会有关工作委员会和代表资格审查委员会负责人就常委会第十二次会议的相关议程作了汇报。

12月15日

［纲　文］　最高人民法院印发《关于全面推进人民法院诉讼服务中心建设的指导意见》。

12月15日

［纲　文］　中央党的群众路线教育实践活动领导小组办公室印发《关于对教育实践活动整改落实情况进行"回头看"的通知》。

［目　文］　《通知》要求各地区各部门各单位贯彻落实习近平总书记在教育实践活动总结大会上的重要讲话精神，持续用力抓好各项整改任务落实，按照《关于深化"四风"整治、巩固和拓展党的群众路线教育实践活动成果的指导意见》的要求，开展教育实践活动整改落实情况"回头看"。各级党组织以"三严三实"为标尺，对照中央关于认真落实整改任务的要求，对照教育实践活动中查摆出的问题特别是群众反映强烈的突出问题，对照"两方案一计划"（即整改方案、专项整治方案和制度建设计划），对整改落实的进展、效果和存在问题进行全面、深入的"回头看"。

《通知》要求，要严格责任追究，对整改工作抓得不紧、整改措施落实不力、整改效果不明显的，要对单位主要负责人进行约谈提醒；对搞形式、走过场、群众意见大的，要对单位主要负责人进行诫勉批评；对出现"四风"问题反弹回潮甚至顶风违纪的，既要追究当事人责任，还要追究相关领导责任。要把整改落实情况作为领导班子、领导干部年度考核的重要内容，对整改工作抓得紧、成效好的单位和个人予以表扬，整改不力的不能列入评先选优对象。各级党委（党组）要加强对"回头看"工作的领导，结合实际搞好组织实施。党委（党组）主要负责人要切实负起第一责任，带头到联系点指导"回头看"，示范带动面上工作。各级教育实践活动办公室要强化统筹协调和具体指导，及时发现和帮助解决问题。中央教育实践活动办公室适时派出调研督查组，对整改落实和"回头看"情况进行随机抽查。

12月15日

［纲　文］　财政部、民政部、工商总局印发《政府购买服务管理办法（暂行）》。

［目　文］　《办法》共7章39条。内容有总则、购买主体和承接主体、购买内容及指导目录、购买方式及程序、预算及财务管理、绩效和监督管理、附则。自2015年1月1日起施行。

12月15日

［纲　文］　工业和信息化部印发《信息化和工业化融合管理体系评定管理办法（试行）》。

［目　文］　《办法》由十部分组成，内容有适用范围、评定管理组织、评定机构要求、评定人员要求、评定管理平台、评定程序、评定证书、监督与管理、其他、附则。自2014年12月15日起实施。

12月15日

［纲　文］　汪洋在北京主持召开国务院扶贫开发领导小组第四次全体会。

［目　文］　会议总结了2014年扶贫开发工作，研究部署2015年重点工作。国务院副总理、国务院扶贫开发领导小组组长汪洋强调，要认真落实习近平总书记、李克强总理在中央经济工作会议上对扶贫工作的有关要求，进一步提高对扶贫工作重要性、紧迫性、艰巨性的认识。锲而不舍地抓好扶贫机制改革和重点工作落实，为全面完成扶贫脱困任务、全面建成小康社会奠定坚实基础。2014年以来，各地区、各有关部门坚决贯彻中央决策部署，扶贫机制改革取得重大进展，年初确定的减少1000万以上农村贫困人口的减贫任务全面完成。到2020年全面建成小康社会还有6年时间，扶贫开发任务仍艰巨繁重。要继续加大工作力度，推进区域开发与精准扶贫相结合，用好建档立卡成果，发挥好驻村帮扶干部作用，因地制宜发展贫困地区特色经济。加大对贫困地区的教育扶持力度，大力发展贫困地区职业教育培训。落实社会扶贫支持政策，鼓励社会力量以多种形式参与扶贫。要细化实化贫困县考核、约束、退出等机制改革措施，促进"真扶贫、扶真贫"。

12月15日

［纲　文］　侨界"纪念中美建交35周年研讨会"在北京举行。

［目　文］　研讨会由中国海外交流协会、美国百人会、全球华人政治学家论坛联合举办。中国海外交流协会美国理事、美国百人会成员、全球华人政治学家论坛成员、国内外学者等约130多人参加了研讨会。与会代表围绕"战略互信与中美关系"和"华侨华人与中美关系"话题进行了深入的研讨。

同日，全国政协主席俞正声、国务委员杨洁篪在北京分别会见与会的侨界和专家学者代表。

俞正声在会见时说，长期以来，广大海外侨胞为支持中华民族发展事业、促进祖国和平统一、增进中国人民同世界各国人民的友好合作作出了重要贡献。在美华侨华人经历和见证了中美关系不平凡的发展历程,在促进中美两国友好关系方面发挥了重要作用。中国经济发展进入了新常态,更加需要广大侨胞的积极参与和支持。希望广大侨胞更多地参与到国家发展进程中来,坚定维护和促进祖国和平统一大业,积极推动中国人民与世界各国人民友好交往,遵守住在国法律,努力构建海外和谐侨社,在住在国有更好的发展。

俞正声指出,2014年是中美建交35周年。35年来,中美关系走过了风风雨雨,总体保持稳定发展势头,已成为当今世界最重要、最具活力的双边关系之一。作为世界上最大的发展中国家和最大的发达国家,中美关系的顺利发展既造福于两国人民,也有利于世界的和平与发展。中美构建新型大国关系还有大量工作,需要广大海外侨胞的共同参与和努力。

12月15日

[纲 文] 国家文化产业创新实验区揭牌仪式在北京市朝阳区规划艺术馆举行。

[目 文] 标志着全国首家也是目前唯一的国家级文化产业创新实验区正式在京启动建设。国家文化产业创新实验区由文化部于2014年7月31日批复设立,以文化产业改革探索区、文化经济政策先行区和产业融合发展示范区为建设目标,是文化产业政策先行先试的试验田。实验区以"北京商务中心区(CBD)—定福庄"一带78平方公里为核心承载空间,将重点发展创意设计业、动漫游戏业、演艺娱乐业、艺术品交易业、数字文化产业、文化贸易业六大产业,打造文化产业协同创新中心、文化产业金融服务中心、文化创意及设计产品会展中心等一批功能性、平台性项目。未来,在总结核心区建设和发展经验的基础上,拓展至北京其他重点文化产业功能区,形成"一区多园"的空间发展格局,并建立京津冀协同合作机制,促进京津冀文化产业一体化的整体发展。

12月15日

[纲 文] 澳门特别行政区政府举行2014年度勋章、奖章及奖状颁授典礼。

[目 文] 行政长官崔世安向50名社会人士及实体颁授各项勋章、奖章和奖状,表彰他们在个人成就、社会贡献或服务澳门方面的杰出表现。

12月15日

[纲 文] 《人民日报》发表题为《坚持以提高经济发展质量和效益为中心——三论贯彻落实中央经济工作会议精神》的评论员文章。

12月15—16日

[纲 文] 张高丽在杭州市调研城市规划建设。

[目 文] 15日,中共中央政治局常委、国务院副总理张高丽在杭州火车东站调研标志性建筑建设工程质量、基础设施建设和城中村改造;在城市规划设计研究院调研规划审批管理等工作并看望规划编制人员;在杭州市区察看和听取老城保护、新城建设以及保持城市传统风格建筑风貌有关情况介绍,并到中山路了解历史建筑和历史街区有机更新、综合保护和业态调整情况。

16日，张高丽主持召开全国城市规划建设工作座谈会。座谈会主要是学习贯彻中共中央总书记习近平关于城市规划建设的一系列指示批示，统一思想认识，扎实做好工作，努力把城市规划建设提高到一个新的水平。各省、自治区、直辖市和计划单列市、新疆生产建设兵团，中央和国家机关有关部门负责人参加了座谈会。住房和城乡建设部负责人作了汇报，七个省市的负责人作了发言。

张高丽表示，党中央、国务院高度重视城市规划建设工作。习近平总书记指出，城镇建设水平，不仅关系居民生活质量，而且也是城市生命力所在，强调一定要本着对历史、对人民高度负责的态度，切实提高城市建设水平。李克强总理也作了批示，提出了明确要求。做好城市规划建设工作，对于推动新型城镇化、有效治理"城市病"、促进经济社会持续健康发展、提高群众生活水平至关重要。我们一定要增强责任感和使命感，把思想和行动统一到党中央、国务院的决策部署上来。

12月15日—2015年1月4日

〔纲　文〕　"第十二届全国美术作品展览暨中国美术奖·创作奖、获奖提名作品展"在中国美术馆举办。

〔目　文〕　作品展由文化部、中国文联、中国美协共同主办，集中展示近5年来中国美术创作成果。展览展出576件作品，其中160件为第二届"中国美术奖·创作奖"获奖作品，包括金奖作品7件、银奖作品18件、铜奖作品49件和优秀奖作品86件。展览结束后，作品在上海、山东巡展，部分作品赴日本、新西兰、美国、意大利、白俄罗斯等国家巡展。

2015年1月3日，国务院副总理刘延东参观作品展时指出，美术界这些年有了很大发展，要在培养艺术人才、让中国绘画走出去、提升中国文化软实力等方面进一步努力，多推出一些表现时代气息的传世之作。

12月16日

〔纲　文〕　证监会公布《公开募集证券投资基金运作指引第1号——商品期货交易型开放式基金指引》，自2014年12月16日起施行。

12月16日

〔纲　文〕　第7届东盟与中日韩10+3媒体合作研讨会在北京举行。

〔目　文〕　研讨会由人民日报社主办。有来自外交部、中联部、发展改革委、文化部的负责人，中日韩三国合作秘书处官员，东盟与日韩驻华使节和外交官代表。围绕"共建海上丝路 联通亚太梦想"这一主题，就"同享合作蓝海 共赢亚洲未来""加强互联互通、促进互利合作"和"夯实媒体合作、助力民心相通"等议题展开探讨。

17日，中共中央政治局常委刘云山在北京会见与会外方代表时说，本届10+3媒体合作研讨会以"共建海上丝路，联通亚太梦想"为主题，有利于推进落实习近平主席提出的"一带一路"构想。"一带一路"是建设性、开放性、务实性的，对促进亚太地区和世界各国共同发展都是很好机遇。希望21世纪海上丝绸之路沿线各国媒体加强交流，深化人员往来、新闻产品互换等多种形式合作，以信息沟通促进民心相通，更好推动亚太繁荣发展。刘云山还应询介绍了中国经济发展新常态和党的建设有关情况。

韩国每日经济新闻社会长张大焕、泰国泰叻报网总编辑差瓦隆、日本朝日新闻国际报道部主任石合力表示，与会各国媒体代表高度赞赏"一带一路"倡议，将进一步丰富10+3媒体合作内涵，为亚太发展繁荣贡献力量。

12月16日

［纲　　文］　《人民日报》发表题为《狠抓改革攻坚——四论贯彻落实中央经济工作会议精神》的评论员文章。

12月16—17日

［纲　　文］　中国民主建国会第十届中央委员会第三次全体会议在北京举行。

［目　　文］　会议的主要内容是学习中共十八届四中全会精神和中央经济工作会议精神。会议由全国政协副主席、民建中央常务副主席马培华主持，全国人大常委会副委员长、民建中央主席陈昌智出席会议并作工作报告。会议听取并审议了中国民主建国会第十届中央常务委员会工作报告，审议了民建中央监督委员会工作报告，还审议了《加大改革力度，建立解决产能过剩的长效机制》等专题调研报告，审议通过了中国民主建国会第十届中央委员会第三次全体会议决议。

12月16—18日

［纲　　文］　第25届中美商贸联委会在美国芝加哥举行。

［目　　文］　国务院副总理汪洋与美国商务部长普里茨克、贸易代表弗罗曼共同主持。汪洋表示，2014年是中美建交35周年，也是构建中美新型大国关系迈出重要步伐的一年。联委会应把习近平主席与奥巴马总统北京会晤达成的重要共识及成果落到实处，巩固中美关系良好发展势头，为今年中美关系画上圆满句号，也为明年及未来两国经贸合作奠定坚实基础。中美两国共同利益远大于分歧，只要双方相互尊重、求同存异、互谅互让，中美经贸合作之路就会越走越宽广。

美方表示，加强美中经贸合作对两国及世界经济具有重要意义，美方愿在相互尊重和互利基础上同中方加强合作，推动美中经贸关系迈上更高水平。

联委会期间，中美双方围绕落实两国元首北京会晤共识，就出口管制、知识产权、创新政策、双向投资、竞争政策等双边经贸议题进行了讨论。举办了以商业、投资、农业、旅游、城市合作等为主题的多个论坛，并邀请有关专家就产能过剩问题进行了研讨，增进了相互理解，达成多项共识。

12月17日

［纲　　文］　国家主席习近平、国务院总理李克强就巴基斯坦发生重大恐怖袭击分别向巴基斯坦总统侯赛因、巴基斯坦总理谢里夫致慰问电。

［目　文］　习近平表示，惊悉贵国白沙瓦发生严重恐怖袭击事件，造成重大人员伤亡。我谨代表中国政府和人民，并以我个人的名义，对遇难者表示沉痛的哀悼，向伤员和遇难者家属表示深切的慰问。中方反对一切形式的恐怖主义，强烈谴责这一惨无人道的恐怖袭击。中国人民对巴基斯坦人民的悲痛感同身受。中方坚定支持巴基斯坦政府打击恐怖主义的努力。

李克强表示，惊悉巴基斯坦发生重大恐怖袭击事件，造成包括大量学生在内的人员伤亡。我谨向你和巴政府，并通过你向巴人民表示慰问，向遇难者表示哀悼。中巴两国同为恐怖主义受害国。中方将一如既往坚定支持巴基斯坦政府和人民为维护国家安全稳定、打击恐怖主义所作的不懈努力。

16日，外交部发言人表示，中国对此事件深感震惊和悲痛，对恐怖袭击予以最强烈谴责。向遇难者表示沉痛哀悼，向受伤人员和遇难者家属表示深切慰问。中国反对一切形式的恐怖主义，将继续坚定支持巴基斯坦政府和人民为打击恐怖主义、维护国家稳定和人民安全所作的不懈努力。

16日，巴基斯坦塔利班武装分子袭击巴基斯坦白沙瓦市一所学校，已造成包括84名儿童在内的126人死亡，数十人受伤。

12月17日

［纲　文］　最高人民法院印发《关于执行案件立案、结案若干问题的意见》。

12月17日

［纲　文］　最高人民法院印发《关于依法平等保护非公有制经济，促进非公有制经济健康发展的意见》。

［目　文］　《意见》由六部分组成：一、提高认识，切实增强依法保障非公有制经济健康发展的主动性和责任感。二、加强民商事审判工作，依法维护公开平等的市场交易秩序。三、严格执行刑事法律和相关司法解释，确保非公有制经济主体受到平等刑事保护。四、切实发挥行政审判职能，依法维护非公有制经济主体行政相对人合法权益。五、加强执行工作，依法保障非公有制经济主体合法权益。六、完善审判工作机制，不断提高司法保障水平。

12月17日

［纲　文］　住房和城乡建设部印发《住房和城乡建设部利用遥感监测辅助城乡规划督察工作重大违法案件处理办法》，自2014年12月17日起施行。

12月17日

［纲　文］　农业部发布《全国耕地质量等级情况公报》。

［目　文］　这是中国首次将耕地分等定级。《公报》显示，全国18.26亿亩耕地质量等级由高到低依次划分为一至十等。其中，评价为一至三等的耕地面积为4.98亿亩，占耕地总面积的27.3%。这部分耕地基础地力较高，基本不存在障碍因素，应按照用养结合方式开展农业生产，确保耕地质量稳中有升。评价为四至六等的耕地面积为8.18亿亩，

占耕地总面积的44.8%。这部分耕地所处环境气候条件基本适宜，农田基础设施建设具备一定基础，障碍因素不明显，是今后粮食增产的重点区域和重要突破口。到2020年，按照耕地基础地力平均提高1个等级测算，可实现新增粮食综合生产能力1600亿斤以上。评价为七至十等的耕地面积为5.10亿亩，占耕地总面积的27.9%。这部分耕地基础地力相对较差，生产障碍因素突出，短时间内较难得到根本改善，应持续开展农田基础设施和耕地内在质量建设。

12月17—21日

［纲　文］　应全国人大常委会委员长张德江的邀请，韩国国会议长郑义和率韩国国会代表团访问中国。

［目　文］　18日，国家主席习近平在北京会见郑义和时说，中方高度重视中韩关系，始终将韩国放在周边外交重要位置。当前，中韩关系发展势头很好。上个月，我和朴槿惠总统在亚太经合组织领导人非正式会议期间举行会晤，达成多项新的共识。希望双方共同努力，积极落实上述共识，重点推动中韩自贸协定相关工作，早日完成后续谈判；深化财政金融合作，拓展新的合作领域，形成彼此利益深度结合的发展共同体；用好人文交流共同委员会机制，办好2015中国旅游年、2016韩国旅游年，完善公民往来便利化措施。中方愿同韩方携手，推动政府、立法机关、政党和地方的交往，不断充实和丰富中韩战略合作伙伴关系内涵，造福两国和两国人民。中韩立法机关交往是两国政治家加强沟通的重要平台，是双边关系发展的重要组成部分。希望中国全国人大与韩国国会继续保持密切交往，加强经验交流，发挥各自优势，开展互学互鉴，为推动中韩关系发展作出不懈努力。

郑义和说，衷心祝愿中国在习主席的领导下各项事业取得更大成就。韩国国会愿与中国全国人大进一步加强交流与合作，推动两国元首所达成各项共识的贯彻落实，为把韩中关系提升到更高水平而努力。

同日，张德江在人民大会堂与郑义和举行会谈时说，近一年来，中国全国人大与韩国国会交往频繁，中韩议会定期交流机制第九次会议成功举行。这些交流活动顺应了深化和发展中韩关系的历史潮流和民众意愿，为促进双边关系发展发挥了积极作用。双方应深化治国理政经验交流，在依法治国、发展经济、改善民生等方面开展互学互鉴，服务各自国家发展需要。积极支持双边自贸协定早日签署生效，共同维护双方投资者、留学人员等在对方国家的合法权益，为两国各领域合作创造良好的法律环境。充分发挥立法机关交流平台作用，积极支持中韩人文交流共同委员会机制框架下的交流合作项目，推动地方合作和民间交流，夯实两国合作的社会和民意基础。

郑义和表示，近年来，韩中关系日益巩固和发展，这不仅为两国和两国人民带来了实惠，也有利于本地区的稳定与发展。韩国国会愿进一步加强与中国全国人大多层次、多渠道的友好交往，推动两国各领域务实合作取得更大成果。

访问期间，代表团在重庆参观了中国三峡博物馆、韩国临时政府旧址、磁器口古镇、两江新区、重庆海扶医疗科技股份有限公司等地。

12月17日

［纲　文］　中共中央政治局常委刘云山在朝鲜驻华使馆出席金正日逝世3周年纪念活动。

［目　文］　刘云山表示，金正日同志为继承和发展中朝传统友谊作出了重要贡献。以习近平同志为总书记的中共中央高度重视中朝传统友谊，愿同朝方一道，从长远和大局出发，把中朝传统友谊维护好、巩固好、发展好。

朝鲜驻华大使池在龙感谢刘云山前来参加纪念活动，表示愿同中国同志共同努力，促进朝中友好关系向前发展。

全国政协副主席、中联部部长王家瑞以及中央党政军群有关部门负责人参加纪念活动。

12月17日

［纲　文］　国务院副总理刘延东在北京会见美国前国务卿马德琳·奥尔布赖特一行。

［目　文］　刘延东表示，当前中美关系总体保持稳定，两国交往频密，双边领域的务实合作取得新进展。面向未来，两国应继续开展务实合作，不断深化人文交流，增进双方战略互信，为构建中美新型大国关系不断添砖加瓦。

奥尔布赖特表示，愿为推动美中新型大国关系建设，促进两国在各领域的合作发挥积极作用。

12月17日

［纲　文］　国务院台湾事务办公室发言人表示，希望国共两党和两岸双方在既有共同政治基础上继续努力，推动两岸关系稳步前行。

［目　文］　有记者问，在日前台湾举行的"九合一"地方选举中国民党败选，大陆方面会否因此改变对台方针政策，会否影响国共两党关系？

发言人表示，2008年以来，国共两党和两岸双方在坚持"九二共识"、反对"台独"的共同政治基础上，推动两岸关系和平发展，开创了新局面，取得了一系列重要成果，给两岸同胞带来了实实在在的利益。两岸关系和平发展得到了两岸民众的认同和支持。大陆方面推动两岸关系和平发展的方针政策不会改变。大陆方面推进两岸经济合作和两岸货物贸易等ECFA（两岸经济合作框架协议）后续议题商谈的积极态度没有改变。我们希望两岸关系和平发展保持稳定发展势头，希望两岸同胞共同维护两岸关系和平发展成果。希望国共两党和两岸双方在既有共同政治基础上继续努力，相向而行，推动两岸关系稳步前行。

12月17日

［纲　文］　《人民日报》发表题为《突出创新驱动——五论贯彻落实中央经济工作会议精神》的评论员文章。

12月17—19日

［纲　文］　中国侨联青年委员会在北京举行第三次委员大会。

［目　文］　来自92个国家和地区的500多名青年委员出席大会。国家副主席李源潮、全国人大常委会副委员长艾力更·依明巴海、全国政协副主席李海峰等出席大会。中国侨联主席林军主持大会。本次会议产生了新一届会长、常务副会长、副会长、秘书长，研究制定了未来五年青年委员会的工作方向。会上，李源潮发表讲话希望广大侨界青年积极响应习近平主席的号召，珍惜历史机遇，在为实现中国梦奋斗的进程中作出独特贡献。

12月17—19日
［纲　文］　2014年国家级自然保护区评审会议在北京举行。
［目　文］　环境保护部副部长、评委会主任委员李干杰出席会议并讲话。在3天的会议中，评审委员会对22处自然保护区晋升和6处自然保护区调整进行评审。

12月18日
［纲　文］　国家主席习近平任免驻外大使。
［目　文］　习近平根据全国人民代表大会常务委员会的决定任免下列驻外大使：
一、免去黄杰民的中华人民共和国驻阿拉伯联合酋长国特命全权大使职务；任命常华为中华人民共和国驻阿拉伯联合酋长国特命全权大使。
二、免去王英武的中华人民共和国驻刚果民主共和国特命全权大使职务；任命王同庆为中华人民共和国驻刚果民主共和国特命全权大使。
三、免去孙海潮的中华人民共和国驻中非共和国特命全权大使职务；任命乌福林为中华人民共和国驻中非共和国特命全权大使。
四、免去陶卫光的中华人民共和国驻贝宁共和国特命全权大使职务；任命刁鸣生为中华人民共和国驻贝宁共和国特命全权大使。
五、免去乐玉成的中华人民共和国驻哈萨克斯坦共和国特命全权大使职务；任命张汉晖为中华人民共和国驻哈萨克斯坦共和国特命全权大使。
六、免去廖力强的中华人民共和国驻比利时王国特命全权大使职务；任命曲星为中华人民共和国驻比利时王国特命全权大使。
七、免去朱邦造的中华人民共和国驻西班牙王国特命全权大使兼驻安道尔公国特命全权大使职务；任命吕凡为中华人民共和国驻西班牙王国特命全权大使兼驻安道尔公国特命全权大使。
八、免去李东的中华人民共和国驻多民族玻利维亚国特命全权大使职务；任命吴元山为中华人民共和国驻多民族玻利维亚国特命全权大使。

12月18日
［纲　文］　最高人民法院、最高人民检察院、公安部、民政部印发《关于依法处理监护人侵害未成年人权益行为若干问题的意见》。
［目　文］　《意见》由五部分组成：一、主要内容有一般规定。二、报告和处置。

三、临时安置和人身安全保护裁定。四、申请撤销监护人资格诉讼。五、撤销监护人资格案件审理和判后安置。

12月18日

［纲　文］　《全面深化改革》外文版出版。

［目　文］　《全面深化改革》内容摘自中共中央总书记习近平2012年11月15日至2014年4月1日期间的讲话、演讲、批示、指示等70多篇重要文献，分12个专题，共计274段论述。其中部分论述是第一次公开发表。由外文出版社出版发行，包括英、法、西班牙、日、俄、阿拉伯文版共6种文字。

12月18日

［纲　文］　环境保护部、商务部、科技部发布《关于同意江苏扬州维扬经济开发区等4个园区建设国家生态工业示范园区的通知》。

［目　文］　《通知》说，按照《国家生态工业示范园区管理办法（试行）》规定的程序，江苏扬州维扬经济开发区、连云港徐圩新区、芜湖经济技术开发区和潍坊经济开发区建设规划和技术报告已先后通过预审、专家论证。经国家生态工业示范园区建设协调领导小组办公室审查，现批复如下：一、同意江苏扬州维扬经济开发区、连云港徐圩新区、芜湖经济技术开发区和潍坊经济开发区开展国家生态工业示范园区建设。二、请按照工业生态学原理，结合地区和园区的实际情况，针对园区发展中存在的主要问题，进一步明确生态工业建设的目标与方向，优化规划指标，细化生态工业链网完善措施，深化区内企业在废物和能量利用方面的合作，强化项目支撑和措施保障，切实提高资源、能源利用效率，减少污染物的产生和排放量。三、各园区要加强组织领导，结合地区和行业发展及自身实际情况，依据园区建设规划和《综合类生态工业园区标准》的要求，认真抓好规划的实施工作。严格落实责任，将规划中的重点项目逐一分解落实到具体承办单位和人员，落实实施规划工作需要的相关资源、建设资金和各项建设条件，组织好建设工作。四、在建设过程中，应及时向国家生态工业示范园区建设协调领导小组办公室报送园区建设进展情况和重大问题。

12月18日

［纲　文］　新闻出版广电总局印发《关于推动网络文学健康发展的指导意见》。

［目　文］　《意见》提出，用3至5年时间，培育一批网络文学出版和刊载骨干企业，打造一批具有市场竞争力的品牌。《意见》对现阶段发展网络文学作出部署：建立网络文学内容质量管理长效机制，健全作品抽查、阅评制度；完善网络文学编辑人员管理，落实持证上岗，建立健全作者实名注册、责任编辑及出版单位署名等管理制度；建立兼容性强、使用便捷的原创网络文学作品编目系统、版权信息系统和社会公示及查询系统；鼓励拥有优质资源、创新能力强、市场化程度高的国有出版企业开展网络文学出版业务等。

12月18日

［纲　文］　国务院在北京召开全国促进融资性担保行业发展经验交流电视电话

会议。

［目　文］　国务院总理李克强作出批示指出：发展融资担保是破解小微企业和"三农"融资难融资贵问题的重要手段和关键环节，对于稳增长、调结构、惠民生具有十分重要的作用。要有针对性地加大政策扶持力度，大力发展政府支持的融资担保和再担保机构，完善银担合作机制，扩大小微企业和"三农"担保业务规模，有效降低融资成本。担保机构要聚焦主业、增强实力、创新机制、规范经营，为小微企业和"三农"融资提供更加丰富的产品和优质服务，促进大众创业、万众创新。要切实完善监管，加强行业自律，有效防范风险。部际联席会议、有关部门、各地政府和银行业金融机构要明确责任，加强合作，强化管理，共同促进融资担保业健康发展。

国务院副总理马凯出席会议并指出，要认真学习贯彻李克强批示精神，更好地发挥融资担保的桥梁和杠杆作用，加强增信服务和信息服务，努力破解缺乏信用保障这一融资"瓶颈"，把更多金融"活水"引向小微企业和"三农"。融资担保行业作为连接银企的纽带，一头为小微企业提供增信服务，一头为银行分担风险，背后需要政府给予支持。进一步促进融资担保业健康发展，需要政府、担保机构、银行、小微企业等共同努力。

工业和信息化部、财政部、银监会以及部分地方政府和融资担保再担保机构的同志在会议上发言。

12月18日

［纲　文］　文化部、人力资源和社会保障部在北京举行全国文化先进单位、全国文化系统先进集体、先进工作者和劳动模范表彰活动。

［目　文］　98个"全国文化先进单位"、150个"全国文化系统先进集体"、252名"全国文化系统先进工作者"、6名"全国文化系统劳动模范"受到表彰。中宣部、文化部、国家公务员局有关领导，全国文化先进单位代表、全国文化系统先进集体代表、全国文化系统先进工作者和劳动模范，文化部机关司局和直属单位负责人、各省（区、市）文化厅（局）负责人，以及中央新闻单位工作者约400人参加了表彰活动。

"三先"表彰是文化系统最高政府表彰，每5年一届。本次活动集中表彰了5年来文化战线上涌现出来的先进典型，对文化建设起到了有力的导向性、示范性和激励性作用。

12月18日

［纲　文］　《解放军报》报道，埃博拉疫苗正式通过国家和军队联合评审。

［目　文］　由军事医学科学院生物工程研究所所长陈薇领衔的创新团队自主研发的重组埃博拉疫苗，正式通过国家和军队联合评审，获得临床批件，于本月开展人体试验。是继美国和加拿大之后世界第三个进入临床试验的埃博拉疫苗，也是全球首个2014基因突变型埃博拉疫苗。

12月18日

［纲　文］　中国全面掌握快堆核心技术。

［目　文］　中国第一座钠冷快中子反应堆——中国实验快堆于12月15日17时首

次达到100%功率，12月18日17时实现满功率稳定运行72小时，主要工艺参数和安全性能指标达到设计要求，标志着中国全面掌握了快堆的设计、建造、调试、运行的核心技术。中国实验快堆是中国快堆发展的第一步，核热功率65兆瓦，实验发电功率20兆瓦，是目前世界上为数不多的具备发电功能的实验快堆。

12月18—20日

[纲　文]　中国农工民主党第十五届中央委员会第三次全体会议在北京举行。

[目　文]　会议主要内容是：深入学习贯彻中共十八届四中全会精神；听取和审议通过《中国农工民主党第十五届中央常务委员会2014年工作报告（草案）》；审议通过《中国农工民主党第十五届中央监督委员会2014年工作报告（草案）》。

12月18—21日

[纲　文]　2014海峡两岸文化创意与传统艺术展在台北世贸中心举办。

[目　文]　艺术展由中华文化联谊会和台湾商业总会共同主办，以"文创·生活"为主题。江苏作为本届展会的主宾省，以1000平方米的展位集中展示了江苏的文化创意巧思和产业发展成果。浙江、福建、吉林、河南、重庆等省市也组派省内代表性文化企业参展。

12月19日

[纲　文]　《习近平谈治国理政》英文版在巴基斯坦首都伊斯兰堡的巴中友谊中心举行首发仪式。

[目　文]　此次活动由国务院新闻办公室、中国驻巴基斯坦使馆主办，中国国际出版集团和巴基斯坦—中国研究所承办。巴基斯坦政界、军界、外交界、学界和媒体记者等近400人参加活动。巴基斯坦总统侯赛因在首发式上说，《习近平谈治国理政》这本书全面阐释了中国共产党和政府有效治理国家的理念，阐述了中国政府对具体问题的观点和立场。希望这本书能够帮助读者理解习近平主席领导的中国政府，以及中国的执政理念、发展道路和外交政策。

《习近平谈治国理政》由中国国务院新闻办公室会同中共中央文献研究室、中国外文局编辑，由外文出版社以中、英、法、俄、阿、西、葡、德、日等多语种向全球出版发行。书中收入了习近平在2012年11月15日至2014年6月13日期间的讲话、谈话、演讲、答问、批示、贺信等79篇，分为18个专题，还收入习近平各个时期照片45幅。

12月19—20日

[纲　文]　习近平在澳门出席庆祝澳门回归祖国15周年大会暨澳门特别行政区第四届政府就职典礼。

[目　文]　陪同中共中央总书记、国家主席、中央军委主席习近平与会的有：习近平夫人彭丽媛，中共中央政治局委员王沪宁、范长龙、栗战书，全国人大常委会副委员长兼秘书长王晨，国务委员杨洁篪，全国政协副主席兼秘书长张庆黎等。

19日,习近平在澳门分别会见了澳门特别行政区行政长官崔世安、香港特别行政区行政长官梁振英、全国政协副主席何厚铧,澳门特别行政区现任行政、立法、司法机关负责人及澳门社会各界代表人士;在澳门路环的石排湾公屋,看望澳门普通市民家庭,实地了解他们的工作与生活情况。习近平和彭丽媛在崔世安和夫人霍慧芬陪同下参观看望了澳门妇联学校幼稚园;在澳门东亚运动会体育馆观看了庆祝澳门回归祖国15周年文艺晚会。

20日上午,庆祝澳门回归祖国15周年大会暨澳门特别行政区第四届政府就职典礼在澳门东亚运动会体育馆举行。习近平出席并发表讲话指出,"一国两制"是国家的一项基本国策。牢牢坚持这项基本国策,是实现香港、澳门长期繁荣稳定的必然要求,也是实现中华民族伟大复兴中国梦的重要组成部分,符合国家和民族根本利益,符合香港、澳门整体和长远利益,符合外来投资者利益。保持香港、澳门长期繁荣稳定;必须坚持依法治港、依法治澳,依法保障"一国两制"实践;必须把坚持一国原则和尊重两制差异、维护中央权力和保障特别行政区高度自治权、发挥祖国内地坚强后盾作用和提高港澳自身竞争力有机结合起来,任何时候都不能偏废。继续推进"一国两制"事业,是中央政府、特别行政区政府和包括港澳同胞在内的全国各族人民的共同使命,无论遇到什么样的困难和挑战,我们对"一国两制"方针的信心和决心都绝不会动摇,我们推进"一国两制"实践的信心和决心都绝不会动摇。

就职典礼结束后,习近平会见了澳门特别行政区政府新任主要官员以及立法、司法机关负责人,中央驻澳机构和主要中资机构负责人,并视察了中国人民解放军驻澳门部队;参观了澳门部队军史馆、接见了驻澳门部队全体干部并发表了重要讲话。

20日下午,习近平在崔世安陪同下考察了澳门大学横琴新校区并与学生座谈。习近平向澳门大学赠送了《永乐大典》重印本和《北京大学图书馆藏稀见方志丛刊》,并现场在赠书函上签名。

12月19日

[纲 文] 国务院召开全国机关事业单位"吃空饷"问题集中治理工作电视电话会议。

[目 文] 会议主要内容是:贯彻落实党的十八届二中、三中、四中全会和国务院常务会议以及李克强关于清理"吃空饷"工作的批示精神,在全国范围部署开展机关事业单位"吃空饷"问题集中治理工作。

会议指出,"吃空饷"不仅违法违规,更是一种腐败,影响恶劣,危害巨大,人民群众深恶痛绝,必须加以整治。治理"吃空饷"工作是贯彻落实中央八项规定,巩固和扩大党的群众路线教育实践活动成果的必然要求,是维护国家利益、维护公平正义,提高党和政府公信力的必然要求,是深入推进依法管理、依法行政,加快建设法治机关、法治单位、法治政府的必然要求,是机关事业单位加强自身建设,提高工作效率,进一步更好履行职能的必然要求。各地区各部门要充分认识治理"吃空饷"问题工作的重要意义,全力把握治理"吃空饷"问题工作的基本要求，精心组织开展"吃空饷"治理工作。要站在促进社会公平正义，维护社会和谐稳定的高度，把"吃空饷"集中治理工作作为群众路线教育实践活动深化整改和加强作风建设的一项重要内容，予以高度重视。要按照统一领导，分工协作，分级负责的原则，明确治理范围，统一政策界限，切实加强领导组织实施，分级分步开展集中治理工作。要加大查处力度，严格责任追究，坚持综合治理，建立健全长效机制，并积极组织主流媒体进行正面宣传，形成声势，正确引导。

12月19日

〔纲　文〕　食品药品监管总局公布《食品药品监督管理统计管理办法》。

〔目　文〕　《办法》共6章28条，内容有总则、统计机构和统计人员、统计调查管理、统计资料的收集、管理和公布、监督检查与法律责任、附则，自2015年2月1日起施行。2001年3月21日公布的《药品监督管理统计管理办法（试行）》同时废止。

12月19日

〔纲　文〕　环境保护部公布《环境保护主管部门实施按日连续处罚办法》。

〔目　文〕　《办法》共5章22条。内容有总则、适用范围、实施程序、计罚方式、附则，自2015年1月1日起施行。

12月19日

〔纲　文〕　环境保护部公布《环境保护主管部门实施查封、扣押办法》。

〔目　文〕　《办法》共4章25条。内容有总则、适用范围、实施程序、附则，自2015年1月1日起施行。

12月19日

〔纲　文〕　环境保护部公布《环境保护主管部门实施限制生产、停产整治办法》。

〔目　文〕　《办法》共4章22条。内容有总则、适用范围、实施程序、附则，自2015年1月1日起施行。

12月19日

〔纲　文〕　环境保护部公布《企业事业单位环境信息公开办法》《突发环境事件调查处理办法》，自2015年1月1日起施行。

12月19日

〔纲　文〕　中组部在北京召开全国组织部长会议。

〔目　文〕　中共中央政治局常委刘云山出席会议并指出，要突出全面从严治党这个主线，坚持思想教育从严、干部管理从严、作风要求从严、组织建设从严、制度执行从严，统筹推进党的建设和组织工作各项任务，为全面建成小康社会、全面深化改革、全面推进依法治国提供坚强组织保证。

中组部部长赵乐际主持会议并作工作报告，强调要深入学习贯彻习近平总书记系列重要讲话精神，抓好思想教育这个从严治党的根本；巩固拓展教育实践活动成果，持之以恒整治"四风"；聚神聚力深化党的建设制度改革，以最讲认真的态度和钉钉子精神抓好制度执行；推动从严管理监督干部常态化，重点防止干部带病提拔，切实改变重使用轻管理现象，开展突出问题专项整治，严肃纠正和查处违反政治纪律、政治规矩问题；进一步整顿软弱涣散基层党组织，抓好带头人队伍，发挥基层党组织的战斗堡垒作用；择天下英才而用之，为实施创新驱动发展战略、走出去战略提供人才支撑；组织部门要积极适应新常态，践行"三严三实"要求，增强专业化能力，不断提高工作水平。

12月19日

[纲　文]　国务院教育督导委员会在北京召开第二次会议。

[目　文]　会议指出，要进一步完善体制机制，切实履行督政、督学、评估监测职责，不断提高督导工作的科学性、权威性，全面推进教育治理体系和治理能力现代化。

12月19日

[纲　文]　文化部在宁波召开全国公共文化服务体系建设工作会议。

[目　文]　会议总结了"中国民间文化艺术之乡"工作，通报了2014—2016年度"中国民间文化艺术之乡"评审和文化馆站评估等相关工作，总结了第一次全国乡镇文化站评估情况，部署2015年第四次全国文化馆评估定级工作。宁波市人民政府、上海市文广新局、重庆市文化委员会、广东省深圳市福田区人民政府、甘肃省文化厅的相关负责人分别介绍了各地推进公共文化服务体系建设的做法和经验。

12月19日

[纲　文]　住房和城乡建设部在北京召开全国住房城乡建设工作会议。

[目　文]　各省、自治区住房城乡建设厅、直辖市建委及有关部门、计划单列市建委及有关部门主要负责人，新疆生产建设兵团建设局主要负责人，党中央、国务院有关部门司（局）负责人，总后基建营房部工程局等负责人出席会议。住房和城乡建设部部长陈政高在大会上作了《勇于担当，突破重点，努力开创住房城乡建设事业新局面》的讲话，全面总结了2014年住房城乡建设工作，对2015年的工作任务作出了部署。

12月19日

[纲　文]　第3届"中华之光——传播中华文化年度人物"颁奖典礼在北京举行。

[目　文]　活动由文化部、国务院新闻办公室、国务院侨务办公室、中国人民对外友好协会、孔子学院总部/国家汉办和中央电视台共同主办。第九、十届全国人大常委会副委员长许嘉璐以及各主办单位的领导出席了颁奖典礼，并为获得2014"传播中华文化年度人物"的10位个人和1个集体颁奖。获奖者来自世界五大洲，其中有：国学大师饶宗颐，享誉世界的华人音乐家谭盾，中美交流和文化传播的杰出女性方李邦琴，推动中日文化交流的民间大使吴汝俊，二十余载投身华教、桃李遍天下的鲁晏宾、王锁瑛夫妇，中西方文化之间永不疲倦的传播者程抱一，加拿大中华文化国际影响力的推动者吴永光，让中国走近巴西的华人女议员李少玉，推动中华书法纳入世界主流的陈声桂，在英国推动华文教育事业的伍善雄；获奖集体是：大爱无疆，在非洲大地树立中国形象的中国援非医疗队。

"中华之光——传播中华文化年度人物评选"是中央电视台推出的一项大型文化人物评选活动,该活动以国际化为立足点,目标是打造成央视具有国际影响力的品牌节目。

12月19日

［纲　文］　全国政协主席俞正声在北京会见日本前众议长、日本国际贸易促进协会会长河野洋平。

［目　文］　俞正声说,最近中日关系在经历两年多困局后取得积极进展,双方应认真维护和落实两国政府就处理和改善中日关系发表的四点原则共识,处理好历史、钓鱼岛等重大敏感问题,在此基础上逐步推动两国各领域合作。不久前习近平主席在南京大屠杀死难者公祭仪式上的讲话,是新形势下对"以史为鉴、面向未来"的精辟论述,希望日方全面正确理解,奉行积极的对华政策,为两国关系改善作出应有的努力。

河野洋平说,日中双方应珍惜当前积极势头,在正视历史的基础上,推动两国关系不断改善。

12月19日

［纲　文］　外交部发言人表示,中方坚决反对美方向中国台湾出售武器。

［目　文］　就美国国会有关授权美总统向中国台湾出售"佩里级"导弹护卫舰议案已经美国总统奥巴马签署成法。

发言人表示,台湾问题事关中方核心利益,始终是中美关系中最重要、最敏感的问题。中方坚决反对美方售台武器,这一立场是坚定、明确和一贯的。上述法案严重违反中美三个联合公报特别是"八·一七"公报精神,粗暴干涉中国内政,损害中国主权和安全利益,与当前两岸关系和平发展趋势背道而驰。中方对此表示强烈不满和坚决反对,已在北京和华盛顿向美方提出严正交涉,并保留采取进一步行动的权利。我们敦促美方恪守一个中国政策和中美三个联合公报原则,停止美台官方往来和军事交流,停止售台武器,多做有利于中美关系大局和两岸关系和平发展的事,而不是相反。

同日,国防部新闻发言人就此说,中方对此表示强烈不满和坚决反对。中方坚决反对美售台武器,坚定捍卫国家主权、安全和领土完整。中美两国两军关系正面临重要发展机遇。美方应与中方共同努力,相向而行,推动双边关系健康稳定发展。中方强烈敦促美方尊重中方的核心利益和重大关切,恪守在台湾问题上向中方作出的严肃承诺,停止售台武器和美台军事联系,停止损害和破坏中美两国两军关系发展大局。中方将密切关注形势发展,视情作出进一步反应。

12月19日

［纲　文］　《人民日报》发表题为《让慈善事业激发爱心能量》的评论员文章。

12月20日

［纲　文］　中共中央办公厅、国务院办公厅印发《关于做好2015年元旦春节期间有关工作的通知》。

［目　文］　《通知》由七部分组成：一、扎实做好关心群众特别是困难群众生活工作，把党和政府的温暖送到群众家中；二、保障节日市场平稳运行，丰富群众精神文化生活；三、统筹做好春运工作，让群众出行便利、安全；四、切实抓好安全生产工作，着力维护社会和谐稳定；五、坚持务实节俭文明过节，严禁年底突击花钱；六、严格执行廉洁从政各项规定，坚决杜绝"节日腐败"；七、认真做好值守应急工作，确保各项工作正常运转。

《通知》要求，各地区各部门要认真贯彻本通知精神，并统筹做好岁末年初各项工作，确保把中央决策部署落到实处。

12月20日

［纲　文］　云南省怒江傈僳族自治州成立60周年，全国人大常委会、国务院致贺电。

［目　文］　全国人大常委会、国务院贺电说，60年来，怒江傈僳族自治州经济发展、民族团结、社会稳定，人民生活不断改善，各项事业全面推进，取得了重大成就。希望怒江各族人民紧密团结在以习近平同志为总书记的党中央周围，深入学习贯彻党的十八大和十八届二中、三中、四中全会以及中央民族工作会议精神，高举中国特色社会主义伟大旗帜，以邓小平理论、"三个代表"重要思想、科学发展观为指导，坚持各民族共同团结奋斗、共同繁荣发展，以自治州成立60周年为新的起点，深入贯彻落实国务院支持云南省加快建设面向西南开放重要桥头堡的一系列政策措施，解放思想，改革开放，凝聚力量，攻坚克难，为全面建成小康社会，实现中华民族伟大复兴中国梦作出新的更大贡献。

云南省怒江傈僳族自治州地处滇西北，是中国唯一的傈僳族自治州，境内居住着傈僳族、怒族、独龙族、普米族等22个民族，总人口54万，其中少数民族人口为50万。

12月20日

［纲　文］　澳门举行酒会庆祝特区成立15周年。

［目　文］　行政长官崔世安致辞。全国政协副主席何厚铧、中央人民政府驻澳门特别行政区联络办公室主任李刚、外交部驻澳特派员公署特派员胡正跃、解放军驻澳部队司令员王文、澳门特区立法会主席贺一诚、澳门特区终审法院院长岑浩辉，以及各界来宾1100多人出席。

12月20日

［纲　文］　《人民日报》发表题为《"一国两制"事业具有强大生命力——祝贺澳门回归祖国15周年》的社论。

12月21日

［纲　文］　国务院印发《关于推广中国（上海）自由贸易试验区可复制改革试点经验的通知》。

〔目　文〕《通知》由三部分组成：一、可复制推广的主要内容。二、高度重视推广工作。三、切实做好组织实施。

《通知》说，设立中国（上海）自由贸易试验区（以下简称上海自贸试验区）是党中央、国务院作出的重大决策。上海自贸试验区成立一年多来，上海市和有关部门以简政放权、放管结合的制度创新为核心，加快政府职能转变，探索体制机制创新，在建立以负面清单管理为核心的外商投资管理制度、以贸易便利化为重点的贸易监管制度、以资本项目可兑换和金融服务业开放为目标的金融创新制度、以政府职能转变为核心的事中事后监管制度等方面，形成了一批可复制、可推广的改革创新成果。经党中央、国务院批准，上海自贸试验区的可复制改革试点经验将在全国范围内推广。

《通知》要求，各地区、各部门要深刻认识推广上海自贸试验区可复制改革试点经验的重大意义，将推广工作作为全面深化改革的重要举措，积极转变政府管理理念，以开放促改革，结合本地区、本部门实际情况，着力解决市场体系不完善、政府干预过多和监管不到位等问题，更好地发挥市场在资源配置中的决定性作用和政府作用。

12月21日

〔纲　文〕外交部部长王毅同美国国务卿克里通电话。

〔目　文〕双方就中美关系等问题交换了意见。王毅表示，上个月中美元首北京会晤取得了重要、丰硕成果，为中美新型大国关系建设注入了新的强劲动力。2015年将迎来联合国成立70周年和二战结束70周年，这是总结回顾过去、规划展望未来的重要时机。希望中美双方认真落实两国元首达成的重要共识，加强交往、协调与合作，尊重彼此核心利益和重大关切，推动明年中美关系取得新的更大发展。王毅重申了中方在台湾问题上的原则立场。

克里还向王毅介绍了对索尼影像娱乐公司受到网络攻击事的看法。王毅重申了中方有关立场，强调中方反对一切形式的网络攻击和网络恐怖行为，反对任何国家或个人利用他国境内设施对第三国发动网络攻击。

12月22—25日

〔纲　文〕应国家主席习近平邀请，阿拉伯埃及共和国总统塞西对中国进行国事访问。

〔目　文〕访问期间，习近平在北京同塞西举行会谈，两国元首共同决定，将中埃关系提升为全面战略伙伴关系，两国元首共同签署了《中埃关于建立全面战略伙伴关系的联合声明》并见证了经济、贸易、航天、能源等领域合作文件的签署。国务院总理李克强、全国人大常委会委员长张德江在北京会见塞西。

习近平同塞西会谈时指出，中方十分关注埃及局势发展，坚定支持埃方积极探索符合本国国情的发展道路，相信埃及政府和人民有智慧、有能力处理好前进中遇到的各种问题，实现稳定和发展。我愿意在双方方便的时候访问埃及。中埃双方还要密切政党、立法机构和民间交流，分享治国理政经验。中方愿意将共建丝绸之路经济带和21世纪海上丝绸之路的倡议同埃方重大发展规划对接，加强基础设施建设、核电、新能源、航天等领域合作，并辅之以适当的投融资安排。双方还可以共同开展面向阿拉伯和非洲国家的三方合作。中方愿意推进两军交流，深化执法安全领域合作，共同打击恐怖主义和跨国犯罪。中埃都是文明古国，中方支持2016年两国互办"文化年"，扩大人文交流。两国要在国际和地区事务中加强相互支持，维护共同利益。

塞西表示，习近平主席提出共建"一带一路"的倡议为埃及的复兴提供了重要契机，埃方愿意积极参与并支持。埃方希望同中方合作开发苏伊士运河走廊和苏伊士经贸合作区等项目，创造更好条件，吸引中国企业赴埃及投资。埃方希望更多埃及学生来中国留学、更多中国公民到埃及旅游。埃方愿意同中方加强在重大国际和地区问题上协调配合，共同应对恐怖主义等挑战。

李克强在会见塞西时表示，中方愿同埃方共同努力，在新的起点上推动两国关系得到更好发展。中方提出的"一带一路"倡议同埃及正在规划的国家发展战略十分契合。希望双方发挥互补优势开展产能合作，促进经济发展和增加就业。加强基础设施建设、贸易投资、高科技等合作，发掘新的合作增长点。中方愿积极参与埃及高铁、铁路、海底隧道、核电站等大项目建设，推进苏伊士经贸合作区建设，进一步密切人文交流，夯实中埃友好的民意基础。

塞西表示，埃方赞赏中国奉行的外交政策，敬佩中国取得的巨大发展成就，愿同中方扩大各领域友好互利合作，特别是产能、投融资等合作。欢迎中国企业积极参与埃及大项目建设，推动埃中关系与合作取得新成果。

12月22日

[纲　文]　财政部印发《关于贯彻落实国务院清理规范税收等优惠政策决策部署若干事项的通知》。

[目　文]　《通知》说，为全面贯彻落实《国务院关于清理规范税收等优惠政策的通知》（国发〔2014〕62号，以下简称《通知》），充分发挥省、市、县级财政部门作为牵头单位的组织协调作用，推动各地建立健全长效管理机制、开展专项清理等工作，现就有关事项通知如下：一、准确把握《通知》的政策内涵；二、建立健全长效管理机制；三、清理现有税收等优惠政策的具体安排；四、切实加强组织领导。

《通知》要求，清理规范税收等优惠政策事关全局，意义重大，影响深远。省、市、县级财政部门要高度重视，认真组织开展工作，确保如期完成《通知》确定的各项任务，为完善社会主义市场经济体制、建设统一市场体系作出更大贡献。

12月22日

[纲　文]　发展改革委等10部门联合印发《煤矸石综合利用管理办法（2014年修订版）》。

[目　文]　《办法》全文共5章26条，内容有总则、综合管理、鼓励措施、监督检

查、附则，自 2015 年 3 月 1 日起施行。原国家经贸委等八部门联合发布的《煤矸石综合利用管理办法》（国经贸资〔1998〕80 号）同时废止。

12 月 22 日

［纲　文］　国家铁路局发布中国第一部高速铁路设计行业标准《高速铁路设计规范》。

12 月 22 日

［纲　文］　《人民日报》报道，经中共中央批准，中共中央纪委对十八届中央纪委委员、中国科协原党组书记、常务副主席申维辰严重违纪问题立案审查。

［目　文］　依据《中国共产党纪律处分条例》等有关规定，经中央纪委审议并报中共中央批准，决定给予申维辰开除党籍、开除公职处分；收缴其违纪所得；将其涉嫌犯罪问题及线索移送司法机关依法处理。

2016 年 10 月 11 日，江苏省常州市中级人民法院公开宣判申维辰受贿案，对被告人申维辰以受贿罪判处无期徒刑，剥夺政治权利终身，并处没收个人全部财产；对申维辰受贿所得财物予以追缴，上缴国库。

12 月 22 日

［纲　文］　《人民日报》报道，中共中央纪委对山西省人大常委会原副主任金道铭严重违纪问题立案审查。

［目　文］　依据《中国共产党纪律处分条例》等有关规定，经中央纪委审议并报中共中央批准，决定给予金道铭开除党籍、开除公职处分；收缴其违纪所得；将其涉嫌犯罪问题及线索移送司法机关依法处理。

2016 年 10 月 14 日，江苏省镇江市中级人民法院公开宣判山西省人大常委会原副主任金道铭受贿案，对被告人金道铭以受贿罪判处无期徒刑，剥夺政治权利终身，并处没收个人全部财产；对金道铭受贿所得财物予以追缴，上缴国库。

12 月 22—28 日

［纲　文］　十二届全国人大常委会第十二次会议在北京举行。

［目　文］　全国人大常委会委员长张德江主持开幕、闭幕会议。全国人大常委会副委员长李建国、王胜俊、陈昌智、严隽琪、王晨、沈跃跃、吉炳轩、张平、向巴平措、艾力更·依明巴海、万鄂湘、张宝文、陈竺出席会议。会议主要内容：一、会议表决通过了《中华人民共和国航道法》，国家主席习近平签署主席令（第 17 号）予以公布。二、会议经表决，决定免去蔡武的文化部部长职务，决定任命雒树刚为文化部部长。国家主席习近平签署主席令（第 18 号）予以公布。三、会议表决通过了《全国人大常委会关于提请审议立法法修正案草案的议案》，委托李建国副委员长代表常委会向十二届全国人大三次会议作说明。四、会议表决通过了关于授权国务院在中国（广东）自由贸易试验区、中国（天津）自由贸易试验区、中国（福建）自由贸易试验区以及中国（上海）自由贸易试验区扩展区域暂时调整有关法律规定的行政审批的决定。五、会议表决通过了全国人大常委

会关于召开第十二届全国人民代表大会第三次会议的决定。根据决定,十二届全国人大三次会议于 2015 年 3 月 5 日在北京召开。六、会议分别表决通过了全国人大常委会关于批准上海合作组织反恐怖主义公约的决定、关于批准中国和阿富汗引渡条约的决定、关于批准中国和伊朗引渡条约的决定。七、会议分别表决通过了全国人大民族委员会、法律委员会、教育科学文化卫生委员会、环境与资源保护委员会、农业与农村委员会关于十二届全国人大二次会议主席团交付审议的代表提出的议案审议结果的报告。八、会议表决通过了全国人大常委会代表资格审查委员会关于个别代表的代表资格的报告。九、会议表决通过了第四任全国人大常委会澳门特别行政区基本法委员会组成人员名单。

张德江在闭幕会上指出,2015 年是全面深化改革的关键之年,是全面推进依法治国的开局之年,也是全面完成"十二五"规划的收官之年,各方面工作任务艰巨而繁重。我们要切实把思想和行动统一到中央对形势的分析判断和对工作的总体部署上来,按照全面建成小康社会、全面深化改革、全面推进依法治国、全面从严治党"四个全面"的战略部署,充分发挥人大的重要作用,不断推动人大工作取得新成效。

12 月 22—23 日

[纲　文]　中央农村工作会议在北京举行。

[目　文]　中共中央政治局会议、中共中央政治局常委会会议和国务院常务会议就开好这次会议,做好 2015 年农业农村工作提出了明确要求。国务院总理李克强出席会议并讲话,国务院副总理张高丽出席会议。中共中央政治局委员、国务院副总理汪洋主持会议并作总结讲话。国家发改委、科技部、财政部、水利部、农业部、中国人民银行、国家林业局、国务院扶贫办负责人在大会交流发言。部分中共中央政治局委员、国务委员等出席会议。中央农村工作领导小组成员,各省、自治区、直辖市以及计划单列市党委和政府分管农业和农村工作负责人,新疆生产建设兵团负责人,中央和国家机关有关部门负责人,军队及武警部队有关单位负责人等参加会议。

会议贯彻中共中央总书记习近平总系列讲话精神,全面落实党的十八大和十八届三中、四中全会以及中央经济工作会议精神,总结 2014 年农业农村工作,研究依靠改革创新推进农业现代化的重大举措,全面部署 2015 年和今后一段时期农业和农村工作。会议讨论了《中共中央国务院关于进一步深化农村改革加快推进农业现代化的若干意见(讨论稿)》。

12 月 22—23 日

[纲　文]　应国务院总理李克强邀请,泰王国总理巴育对中国进行正式访问。

[目　文]　访问期间,国家主席习近平、全国人大常委会委员长张德江在北京分别会见了巴育。李克强在北京同巴育举行会谈,两国总理共同见证了金融、水利等领域双边合作文件的签署。双方发表了联合新闻公报。

习近平会见巴育时指出,一个月来,两国合作又取得新成绩,特别是铁路合作取得重大突破,我对此感到满意。2105 年是中泰建交 40 周年,我们要共同办好庆祝活动,继往开来,把中泰关系发展得更好。双方要坚持在涉及彼此重大利益问题上相互理解和支持。中方将继续尊重和支持泰国为实现政治稳定、经济发展、民生改善所作的努力。中泰合作始终走在中国和东盟国家合作前列,双方要切实推进铁路、农业等领域合作,继续发挥引领和示范作用,带动区域互联互通。双方要扩大人文、教育、科技交流,使中泰传统友谊不断发扬光大。中国是亚洲和世界和平的重要维护者和建设者,我们愿意同泰方一道,深化亚洲各国互利合作,携手建设更为紧密的中国—东盟命运共同体。

巴育表示,泰中双方就铁路合作达成协议,这是送给泰国人民最好的新年礼物。泰方感谢中方进口更多泰国农产品,这有利于促进双边贸易平衡发展。泰方愿意积极参与中方关于共建21世纪海上丝绸之路的倡议,深化铁路、通信、旅游等领域合作,促进区域互联互通,朝着建立亚太自由贸易区的目标迈进。

李克强同巴育会谈时表示,3天前,我们在曼谷共同见证签署了中泰铁路和农产品贸易合作的两个文件,标志着两国铁路合作取得重大进展,也表明中泰合作的深度和广度有了新突破。希望双方把握好双边关系发展大方向,特别是要力争实现明年双边贸易额1000亿美元的目标;推动更多使用本币作为两国贸易投资结算货币;扩大人文、科技、旅游等领域合作,努力实现2016年两国游客互访500万人次的目标;希望泰方为中国企业参与钾矿资源勘探开发等提供支持和便利。中方愿同泰方继续在商签"中国—东盟国家睦邻友好合作条约"、推进中国—东盟自贸区升级版谈判、办好2015年"中国—东盟海洋合作年"等方面密切合作,推动中国—东盟合作不断向前发展。

巴育表示,泰中合作有利于泰国的发展,泰方坚定致力于提高两国关系水平,愿同中方抓紧落实铁路、农产品贸易等合作协议,加强经贸、金融、投资、人文等领域合作,更多惠及两国人民。泰方欢迎中国企业赴泰投资设厂。

12月22—23日

[纲　文]　全国政府秘书长和办公厅主任会议在北京举行。

[目　文]　会议要求,政府办公厅要适应新形势、新任务,把抓落实放在更加突出的位置,坚持高标准、严要求,全力推动党中央、国务院重大决策部署和政策措施落地生根、开花结果。

12月23日

[纲　文]　国务院印发《关于进一步加强新时期爱国卫生工作的意见》。

[目　文]　《意见》由六部分组成:一、深刻认识新时期爱国卫生工作的重要意义。二、新时期爱国卫生工作的指导思想和总体目标。三、努力创造促进健康的良好环境。四、全面提高群众文明卫生素质。五、积极推进社会卫生综合治理。六、提高爱国卫生工作水平。

12月23日

[纲　文]　财政部、税务总局印发《关于对小微企业免征有关政府性基金的通知》。

[目　文]　《通知》说，一、自2015年1月1日起至2017年12月31日，对按月纳税的月销售额或营业额不超过3万元（含3万元），以及按季纳税的季度销售额或营业额不超过9万元（含9万元）的缴纳义务人，免征教育费附加、地方教育附加、水利建设基金、文化事业建设费。二、自工商登记注册之日起3年内，对安排残疾人就业未达到规定比例、在职职工总数20人以下（含20人）的小微企业，免征残疾人就业保障金。三、免征上述政府性基金后，有关部门依法履行职能和事业发展所需经费，通知明确由同级财政预算予以统筹安排。

12月23日

[纲　文]　人力资源社会保障部公布新修订的《就业服务与就业管理规定》。

[目　文]　《规定》共9章77条，内容有总则、求职与就业、招用人员、公共就业服务、就业援助、职业中介服务、就业与失业管理、罚则、附则，自2008年1月1日起施行。劳动部1994年10月27日颁布的《职业指导办法》、劳动和社会保障部2000年12月8日颁布的《劳动力市场管理规定》同时废止。

12月23日

[纲　文]　交通运输部公布新修改的《港口经营管理规定》。

[目　文]　《规定》共5章48条，内容有总则、资质管理、经营管理、监督检查、法律责任、附则，自2010年3月1日起施行。2003年12月26日交通部发布的《港口经营管理规定》（交通部令2004年第4号）同时废止。

12月23日

[纲　文]　财政部、发展改革委发布《取消、停征和免征一批行政事业性收费的通知》。

[目　文]　《通知》说，一、自2015年1月1日起，取消或暂停征收12项中央级设立的行政事业性收费。二、自2015年1月1日起，对小微企业（含个体工商户，下同）免征42项中央级设立的行政事业性收费。三、取消、停征和免征上述行政事业性收费后，有关部门和单位依法履行职能所需经费，由同级财政预算予以统筹安排。四、有关部门和单位要按规定到价格主管部门办理《收费许可证》注销手续，并到财政部门办理财政票据缴销手续。五、对上述取消、停征和免征的行政事业性收费，各地区和有关部门不得以任何理由拖延或者拒绝执行，不得以其他名目或者转为经营服务性收费方式变相继续收费。六、坚决取缔各种乱收费。

12月23日

[纲　文]　工商总局、公安部、质检总局公布《禁止非法生产销售使用窃听窃照专用器材和"伪基站"设备的规定》，自公布之日起30日后施行。

12月23日

[纲 文] 国务院总理李克强同德国总理默克尔通电话。

[目 文] 李克强表示,中德关系发展良好。2015年将迎来"中德创新合作年",双方还将举行高级别财金对话、外交与安全战略对话等重要活动,希望以此为契机推动两国关系取得新的发展。中方重视2015年汉诺威消费电子、信息及通信博览会,积极参与并支持德方办好这一盛会。中方高度重视发展同欧盟的关系。2015年是中欧建交40周年,中方期待同欧盟新一届领导人举行第十七次中国欧盟领导人会晤。希望德国为促进中欧关系深入发展发挥更加积极的作用。李克强应询介绍了在贝尔格莱德举行的第三次中国—中东欧国家领导人会晤情况,指出中国—中东欧国家合作是中欧关系不可分割的组成部分,惠及双方人民。相关合作将在欧盟标准和法律法规框架下开展,有利于欧盟国家平衡发展和欧洲一体化进程。

默克尔感谢中方对汉诺威消费电子、信息及通信博览会的支持,表示德方愿同中方密切高层交往,她期待明年再次访华,推动两国合作取得新进展。德方重视中国同中东欧国家开展合作的模式,认为这符合欧盟有关规定和欧方利益。德方愿继续为欧中关系发展发挥积极推动作用。

12月23日

[纲 文] 全国政协在北京召开双周协商座谈会,就"加快转变政府职能,增强政府公信力"建言献策。

[目 文] 全国政协主席俞正声主持会议,全国政协副主席杜青林、张庆黎、陈元、刘晓峰出席。中共中央机构编制委员会办公室副主任吴知论介绍了关于行政审批制度改革的有关情况。发展改革委副主任胡祖才、国务院法制办公室副主任袁曙宏、工商总局副局长刘玉亭出席会议并发言。全国政协委员彭小枫、曹义孙、周汉民、杨凯生、张俊芳、张大方、丁时勇、石军、李建明、张亚忠、杨健、王娴、黄建初、李晓东、胡亚东,以及专家学者张铁军、傅军、马宝成等在座谈会上发言。

委员们建议,解决好行政审批的问题,首先要增强法制观念,政府的职能要法定化,工作的程序要法定化,监管的方法要法定化。政府组织法体系建设应该摆上议事日程。第二要公开,权力公开,收费公开,把各地非税收入占地方财政收入的比重公开,置于群众的监督和推动之下。三是要重视改进方法,实行宽进严管重罚。要更好地发挥政协民主监督作用,把行政审批制度改革中存在的问题尖锐地提出来,协助政府更好地改进工作。

12月23日

[纲 文] 全国刑事侦查工作视频会议在北京召开。

[目 文] 会议传达了中央政法委书记孟建柱对公安刑侦工作的批示。国务委员、公安部部长郭声琨出席会议并讲话。公安部副部长李伟作工作报告。北京、河北等地公安机关负责人作交流发言。会议全面总结了近年来刑侦工作取得的成绩和积累的经验,深入分析了当前刑侦工作面临的形势,就进一步加强和改进刑侦工作特别是实行打击犯罪

新机制、提升打击犯罪的能力和水平进行了部署。部机关有关局级单位，各省区市公安厅（局）、新疆生产建设兵团公安局和各省会市、计划单列市公安局负责人参加会议。

12月23日

［纲　文］　交通运输部首次发布全国收费公路统计公报。

［目　文］　公报指出，2013年，全国收费公路通行费收入3652亿元，还本付息支出3147亿元，占86.2%。按照公报，2013年，全国收费公路车辆通行费总支出为4313亿元。其中，还本付息支出3147亿元，养护经费支出390亿元，运营管理支出457亿元，税费支出214亿元，其他费用支出104亿元，总体亏损661亿元。分析报告显示，现行的收费公路政策在实施过程中也出现了一些新的问题：一些地方过度依赖收费公路政策发展公路基础设施，导致收费公路规模过大、结构不合理、普通公路收费站点偏多；部分政府还贷高速公路在收费期满后还留有大量未偿还贷款，亟待妥善处理；随着我国公路建设逐步向中西部地区、山区延伸，工程造价和建设成本大幅攀升，2011年全国通车高速公路的平均造价为5067万元/公里，2012年和2013年分别上升为6543万元/公里和9082万元/公里；目前全国非收费公路每年养护管理资金需求约为2800亿元，而成品油消费税交通专项资金可用于公路养护的部分仅有1443亿元，缺口高达48.5%。

12月23日

［纲　文］　中国"蛟龙"号载人潜水器在西南印度洋下潜。

［目　文］　这是中国载人潜水器首次到海底热液区下潜作业。本次主要任务，是复核潜水器各系统功能，熟悉作业环境，开展近底观察，拍摄高清照片和高清录像。若条件允许，研究人员还将采集生物样品、岩石和硫化物等。

海底热液区中的热液硫化物是目前日益受到国际关注的一种海底矿藏。它是海水从地壳裂缝渗入地下，遇熔岩被加热，溶解了周围岩层中的金、银、铜、锌、铅等金属后，从地下喷出的。2014年至2015年"蛟龙"号试验性应用航次第一航段，于2014年8月在西北太平洋圆满完成。第二和第三航段为期120天，是"蛟龙"号持续时间最长、距离最远的一次征程，预计在西南印度洋下潜20次。

12月23日

［纲　文］　中国首次在南极地区使用无人机进行遥感测绘作业。

［目　文］　当地时间12月23日，"极鹰一号"小型遥感无人机在距南极中山站10公里处成功起飞，一小时后携带500余张高清遥感照片着陆，这是中国首次在南极地区使用无人机进行遥感测绘作业。

12月23日

［纲　文］　《人民日报》发表题为《凝聚人心，赢得历史新机遇——一论在新常态中激荡中国梦》的评论员文章。

12月23日

［纲　文］　《人民日报》报道，中共中央纪委对中国铝业公司原党组成员、总经理孙

兆学严重违纪问题立案审查。

[目　文]　依据《中国共产党纪律处分条例》的有关规定，经中央纪委审议并报中共中央批准，决定给予孙兆学开除党籍处分；由监察部报请国务院批准给予其行政开除处分；将其涉嫌犯罪问题及线索移送司法机关依法处理。

2016年12月27日，辽宁省铁岭市中级人民法院公开宣判孙兆学受贿、巨额财产来源不明案，对被告人孙兆学以受贿罪判处有期徒刑15年，并处没收个人财产人民币350万元，以巨额财产来源不明罪，判处有期徒刑5年，决定执行有期徒刑16年，并处没收个人财产人民币350万元；对孙兆学受贿所得财物和来源不明财产及其孳息予以追缴，上缴国库。

12月24日

[纲　文]　**李克强主持召开国务院常务会议。**

[目　文]　会议主要内容有：一、部署加大金融支持企业"走出去"力度，推动稳增长调结构促升级。会议确定，一是简化审批手续，便利"走出去"。二是拓宽融资渠道，助力"走出去"。三是健全政策体系，服务"走出去"。完善人民币跨境支付和清算体系。二、决定进一步盘活财政存量资金，更好地服务经济社会发展。会议决定，按照新修订的预算法，一是将2012年及以前年度各级一般公共预算、部门预算、专项转移支付结转资金，收回统筹使用。二是全面清理财政专户，防止资金大量沉淀，各地一律不得新设专项支出财政专户。三是对预算周转金和预算稳定调节基金规模占比设定上限，明年起不得在预算外新设偿债准备金，已设的纳入预算管理，促进资金科学安排，加快流转。在水利投资运营、义务教育、卫生、社保、环保等领域开展三年滚动预算试点，确保资金和项目对接。三、确定保障和改善残疾人民生的措施，共享发展成果同奔小康生活。一要帮助残疾人普遍参加基本养老和基本医疗保险，建立困难残疾人生活补贴、重度残疾人护理补贴和残疾儿童康复救助等制度，完善重度残疾人医疗报销制度，优先保障残疾人基本住房。二要促进残疾人及其家庭就业增收，建立用人单位按比例安排残疾人就业公示制度，对超比例安排的给予奖励。把农村贫困残疾人作为重点扶持对象，纳入精准扶贫工作机制。三要全面推进城乡无障碍环境建设，强化残疾预防、康复等公共服务，提高残疾人教育普及水平。加快发展残疾人服务产业，广泛动员社会力量为残疾人服务，让他们生活更加殷实、更有尊严。

12月24日

[纲　文]　**国务院总理李克强同希腊总理萨马拉斯通电话。**

[目　文]　萨马拉斯通报了中希关系与合作的新进展并表示，日前希腊议会表决通过中远比雷埃夫斯港《友好协商协议》，将有力推进两国关系与合作。中国同中东欧、南欧国家的合作给希中两国关系发展带来机遇。希腊愿以此为契机，深化同中方的各领域合作，共同建好欧中陆海快线，实现互利共赢。

李克强积极评价中希关系发展取得的成果，欢迎希腊议会有关表决结果，认为这为双方扩大和深化合作奠定了法律基础。李克强指出，不久前，我在贝尔格莱德同中东欧有关国家领导人会晤时，就依托匈塞铁路和比雷埃夫斯港打造中欧陆海快线达成共识。作为早期收获，各方签署了海关通关便利化合作文件。快线的建设将主要使用中国装备，按照欧盟标准、在欧盟法律法规框架下进行，既有利于沿线国家，也有利于欧盟平衡发展和欧洲一体化进程。中方赞赏希腊政府支持并参与构建中欧陆海快线的意愿，愿同希腊及有关各国保持沟通协调，坚持共建共享、分工合作、开放包容，力争早日完成快线建设，让中希、中欧之间的物流更加顺畅便利，提升双方合作水平。

12月24日

［纲　文］　国务院印发《关于促进服务外包产业加快发展的意见》。

［目　文］　《意见》由四部分组成：一、总体要求。二、培育竞争新优势。三、强化政策措施。四、健全服务保障。

《意见》要求，各地区、各部门要充分认识促进服务外包产业加快发展的重大意义，加强组织领导，建立工作机制，强化部门协同和上下联动，切实将本意见的各项任务落到实处、取得实效。商务部要加强统筹协调，会同有关部门科学评估服务外包产业发展情况，对本意见落实情况进行跟踪分析和监督检查，每年向国务院报告一次落实情况，重要问题及时报告。

12月24日

［纲　文］　环境保护部印发《加强生物遗传资源管理国家工作方案（2014—2020年）》。

［目　文］　《方案》由四部分组成：一、指导思想。二、总体目标。三、主要任务。四、保障措施。

《方案》要求，中央有关部门和地方各级政府应加大投入力度，支持生物遗传资源及相关传统知识获取与惠益分享政策制度建设、基础研究和试点示范。充分发挥企业参与生物遗传资源保护的积极性，鼓励和引导企业等社会资金投入，拓宽渠道，整合资源，形成多层次、多元化的资金投入机制。

12月24日

［纲　文］　商务部发布《网络零售第三方平台交易规则制定程序规定（试行）》，自2015年4月1日起施行。

12月24日

［纲　文］　证监会公布《公开发行证券的公司信息披露内容与格式准则第17号——要约收购报告书（2014年修订）》，自2014年12月24日起施行。

12月24日

［纲　文］　证监会公布《公开发行证券的公司信息披露内容与格式准则第26号——上市公司重大资产重组（2014年修订）》，自2014年12月24日起施行。

12月24日

［纲　文］　交通运输部公布《内河运输船舶标准化管理规定》，自2015年4月1日起施行。

12月24日

［纲　文］　交通运输部印发《农村道路旅客运输班线通行条件审核规则》，自2015年1月1日施行。

12月24日

［纲　文］　海军372潜艇官兵事迹报告会在北京举行。

［目　文］　中央军委主席习近平作出指示，对海军372潜艇官兵群体先进事迹给予充分肯定。根据这一指示精神，中宣部、总政治部、共青团中央在人民大会堂联合举行海军372潜艇官兵群体先进事迹报告会。

报告会由中宣部副部长王世明主持。报告会上，海军某潜艇支队支队长王红理，372潜艇政治委员张学东、舵信班班长赵满星、家属代表曾晓燕、中央人民广播电台记者李琳，分别从不同侧面讲述了372潜艇官兵群体的先进事迹。首都高校学生和驻京部队官兵代表约800人听取了报告。

中共中央政治局委员、中央军委副主席范长龙在报告会前会见报告团成员，代表中央军委主席习近平和中央军委，向报告团全体同志及372潜艇官兵表示诚挚问候。

12月24日

［纲　文］　国家民委委员全体会议在北京召开。

［目　文］　全国政协副主席、国家民委主任王正伟主持会议。国务院副总理刘延东出席会议并讲话，强调要深入学习贯彻习近平总书记系列讲话精神，以落实中央民族工作会议精神为主线，准确把握我国统一多民族国家基本国情和民族工作阶段性特征，坚持中国特色解决民族问题正确道路，促进多民族交往交流交融，构建多民族共有精神家园，努力开创民族工作新局面。

24—25日，国家民委在北京举行全国民委主任会议。国家民委副主任李昭主持会议，全国政协副主席、国家民委主任王正伟出席会议并讲话，国家民委党组全体成员、专职委员，在京国家民委老领导，机关各部门、委属各单位主要负责人，各省、自治区、直辖市和新疆生产建设兵团，以及副省级城市民族工作部门的主要负责人参加了会议。

会议指出，做好2015年的工作，要把学习贯彻中央民族工作会议精神作为一条红线，围绕重点、以点带面，推动整个民族工作上新台阶。坚持以学促进，精心办好学习贯彻中央民族工作会议精神专题研讨班，发挥国家主流媒体和新媒体主渠道作用，持续报道、深度解读，传播正能量。办好新疆维吾尔自治区成立60周年大庆、全国城市民族工作会议等一系列重大会议活动，把好事办新、办稳、办好、办实。握紧发展"总钥匙"，注重培育新的增长点，加紧谋划新的大项目，争取差别化的区域支持政策，抓住用好"一带一路"机遇，搞好"十三五"规划编制，加快民族地区发展转型升级。强化督促检查手段，在"勤""常"二字上下功夫，做到勤督促、常检查，不能走过场、做样子，确保各类支持政策落地开花结果。

12月24日

［纲　文］2014年主要污染物总量减排核查核算视频会议在北京召开。

［目　文］环境保护部副部长翟青出席会议并安排部署年度总量减排核查核算工作并指出，一是要重点抽查环保量化指标完成情况。二是要了解脱硫脱硝除尘电价政策、污水处理收费政策落实情况。三是要严格按照规定核算排放量。

环境保护部相关司局、在京相关派出机构、直属单位负责人以及中石油、中石化、华能、大唐、华电、国电、中电投、神华集团公司分管负责人在主会场参加了会议。各省、自治区、直辖市和新疆生产建设兵团环保厅（局）、各环保督查中心负责人及相关处室负责人在分会场参加了会议。

12月24日

［纲　文］《人民日报》发表题为《深化农村改革　加快推进农业现代化》的社论。

12月24日

［纲　文］《人民日报》发表题为《为民族工作注入新动力》的评论员文章。

12月25日

［纲　文］中央军委颁发《关于努力建设听党指挥、善谋打仗的新型司令机关的意见》。

［目　文］《意见》要求各级深入贯彻落实习主席一系列重要指示和军委部署要求，紧紧围绕强军目标努力建设听党指挥、善谋打仗的新型司令机关，不断增强组织指挥部队打赢信息化局部战争能力。

12月25日

［纲　文］李克强在北京接见全国审计机关先进集体和先进工作者代表。

［目　文］国务院总理李克强代表党中央、国务院向获得表彰的代表表示祝贺，对全国审计工作者致以亲切问候和新年祝福。李克强向大家提出三点希望：一要胸怀全局，牢记责任，适应经济发展新常态，为保持经济运行在合理区间、实现持续健康发展，当好重大政策落实的"督查员"，加强重大工程、重大项目的跟踪审计，完善关键环节的审计监督制度，全力推动改革发展政策和重大项目落地，为稳增长、调结构、惠民生发挥独特的促进作用。二要牢牢盯住公共资金使用，当好人民利益的"守护神"。念好权力运行"紧箍咒"，既不能让资金"趴在账上睡觉"，更不允许资金跑冒滴漏和被挤占挪用。特别是各项民生资金，都是事关群众饥寒冷暖的保命钱、救济款，决不能被"鲸吞蚕食"。要瞪大"火眼金睛"，及时发现和揭露违法违纪问题和重大风险隐患，切实起到审计反腐"尖兵"作用。三要打造一支素质高、业务精、作风优、能打硬仗的"审计铁军"。正人先正己，要不为各种诱惑所迷，不为各种压力所屈，站得直、腰杆硬，秉公用权，依法审

计、廉洁审计，做到监督不缺位、履职不越位、用权不错位，引入社会力量参与审计，增强审计的公信力。

12月25日

［纲　文］　国务院办公厅印发《国家贫困地区儿童发展规划（2014—2020年）》。

［目　文］　《规划》由四部分组成：一、总体要求。二、主要任务。三、保障措施。四、组织实施。

《规划》指出，贫困地区儿童发展工作在国务院统一领导下，实行地方为主、分级负责、各部门协同推进的管理体制。省级政府负责统筹组织，制订实施工作方案和推进计划。地市级政府要加强协调指导，督促县级政府和有关部门明确责任分工，细化政策措施。县级政府要统筹整合各方面资源，落实各项具体政策和工作任务，创新管理和运行方式，切实提高支持政策和项目的执行效率。

12月25日

［纲　文］　环境保护部、商务部、科技部发布《关于批准常州国家高新技术产业开发区等3个园区为国家生态工业示范园区的通知》。

［目　文］　《通知》说，根据《国家生态工业示范园区管理办法（试行）》（环发〔2007〕188号）的有关规定，2014年4月至10月，国家生态工业示范园区建设协调领导小组办公室组织专家对常州国家高新技术产业开发区、常熟经济技术开发区和南通经济技术开发区等3个园区创建国家生态工业示范园区工作进行了现场验收。经审查，上述3个园区完成了规划设定的目标和任务，基本条件和主要指标分别达到了《综合类生态工业园区标准》的要求。根据专家验收意见和公示情况，经环境保护部、商务部、科技部研究，决定批准常州国家高新技术产业开发区、常熟经济技术开发区和南通经济技术开发区为国家生态工业示范园区。请在园区发展和建设工作中，继续组织区内企业在废物和能量利用方面开展合作，共同构建和完善园区内的生态工业链网，在完成规划设定的阶段目标和任务的基础上，不断探索创新，进一步提高资源、能源利用效率，减少污染物的产生和排放量，积极发挥示范和带动作用，深入推动国家生态工业示范园区实现持续健康发展。

12月25日

［纲　文］　财政部、税务总局印发《关于促进企业重组有关企业所得税处理问题的通知》。

［目　文］　《通知》说，为贯彻落实《国务院关于进一步优化企业兼并重组市场环境的意见》（国发〔2014〕14号），根据《中华人民共和国企业所得税法》及其实施条例有关规定，现就企业重组有关企业所得税处理问题明确如下：一、关于股权收购。将《财政部、国家税务总局关于企业重组业务企业所得税处理若干问题的通知》（财税〔2009〕59号）第六条第（二）项中有关"股权收购，收购企业购买的股权不低于被收购企业全部股权的75%"规定调整为"股权收购，收购企业购买的股权不低于被收购企业全

部股权的50%"。二、关于资产收购。将财税〔2009〕59号文件第六条第（三）项中有关"资产收购，受让企业收购的资产不低于转让企业全部资产的75%"规定调整为"资产收购，受让企业收购的资产不低于转让企业全部资产的50%"。三、关于股权、资产划转。对100%直接控制的居民企业之间，以及受同一或相同多家居民企业100%直接控制的居民企业之间按账面净值划转股权或资产，凡具有合理商业目的，不以减少、免除或者推迟缴纳税款为主要目的，股权或资产划转后连续12个月内不改变被划转股权或资产原来实质性经营活动，且划出方企业和划入方企业均未在会计上确认损益的，可以选择按以下规定进行特殊性税务处理：1.划出方企业和划入方企业均不确认所得。2.划入方企业取得被划转股权或资产的计税基础，以被划转股权或资产的原账面净值确定。3.划入方企业取得的被划转资产，应按其原账面净值计算折旧扣除。四、本通知自2014年1月1日起执行。本通知发布前尚未处理的企业重组，符合本通知规定的可按本通知执行。

12月25日

［纲　文］　证监会公布新修订的《公开发行证券的公司信息披露编报规则第15号——财务报告的一般规定（2014年修订）》。

［目　文］　《规定》共5章74条，自2014年12月25日起施行。2010年1月11日发布的《公开发行证券的公司信息披露编报规则第15号——财务报告的一般规定（2010年修订）》（证监会公告〔2010〕1号）同时废止。

12月25日

［纲　文］　《人民日报》发表题为《把从严要求贯穿到领导班子建设各方面》的评论员文章。

12月25日

［纲　文］　《人民日报》发表题为《正风反腐，打好自身这块铁——二论在新常态中激荡中国梦》的评论员文章。

12月25—26日

［纲　文］　全国人力资源和社会保障工作会议在北京举行。

［目　文］　会议全面贯彻党的十八大和十八届三中、四中全会精神，贯彻中共中央总书记习近平系列讲话精神，落实中央经济工作会议和全国组织部长会议部署，总结2014年工作，分析面临的形势，安排部署2015年工作。中组部副部长、人力资源社会保障部部长尹蔚民出席会议并讲话。各省、自治区、直辖市、新疆生产建设兵团及副省级城市人力资源和社会保障厅（局）主要领导，中央有关单位和部门相关负责人，部领导、部机关司（局）及部属各单位负责人，共140人参加了会议。

12月25—27日

［纲　文］　全国政协主席俞正声应邀对越南进行正式访问。

［目　文］　访越期间，俞正声在河内分别会见了越共中央总书记阮富仲、国家主席

张晋创、政府总理阮晋勇、越共中央书记处常务书记黎鸿英,并与越南祖国阵线主席阮善仁举行了会谈,瞻仰了胡志明主席陵,见证了河内大学孔子学院挂牌,并考察了当地基层组织建设情况。

12月26日

[纲　文]　习近平、李克强在北京分别会见梁振英、崔世安。

[目　文]　国家主席习近平、国务院总理李克强分别听取了前来述职的香港特别行政区行政长官梁振英、澳门特别行政区行政长官崔世安对香港和澳门当前形势和特别行政区政府工作情况的汇报。

习近平对梁振英表示,中央对你和特别行政区政府的工作是充分肯定的。当前香港正在依法推进2017年行政长官普选的工作。中央政府坚定不移支持特别行政区政府依照基本法和全国人大常委会有关决定的规定推进政制发展。香港政制发展应该从本地实际出发,依法有序进行;应该有利于居民安居乐业,有利于社会繁荣稳定,有利于维护国家主权、安全、发展利益。希望香港各界从国家根本利益和香港整体利益出发,广泛凝聚共识,维护社会安定,推动经济发展,珍视法治环境,确保香港在"一国两制"方针和基本法规定的轨道上稳步前进。

习近平对崔世安表示,中央对你和第四届特别行政区政府寄予厚望,澳门社会对你们也抱有期待。希望你们勇于担当、善于作为,增强主人翁意识和忧患意识,努力提高依法施政、依法治澳能力和水平,展现新一届政府开拓进取的新气象,更好推进"一国两制"在澳门的实践。

李克强在会见梁振英时表示,中央政府对你和特区政府的工作给予充分肯定。香港作为重要国际金融、贸易、航运中心,发展取得的成就来之不易,值得香港市民和所有关心、爱护香港的人倍加珍惜。希望香港充分发挥自身优势,保持良好营商环境和竞争力,促进经济社会繁荣稳定和民生不断改善,实现更好发展。

李克强在会见崔世安时表示,中央政府对前后两位行政长官和三届特区政府的工作给予高度评价。希望新一届澳门特区政府团结带领社会各界,抓住新机遇,规划新蓝图,更加注重社会民生,推动澳门经济适度多元化,实现经济社会可持续发展,开拓澳门发展新局面。

12月26日

[纲　文]　国务院印发《落实"三互"推进大通关建设改革方案》。

[目　文]　《方案》由五部分组成:一、总体要求。二、强化大通关协作机制,实现"三互"。三、完善大通关管理体制。四、改善大通关整体环境。五、加强大通关组织领导。

12月26日

[纲　文]　国务院办公厅印发《关于加快木本油料产业发展的意见》。

［目　文］　《意见》由三部分组成：一、总体要求。二、主要任务。三、保障措施。

《意见》要求，各地区、各有关部门要高度重视木本油料产业发展，进一步健全组织领导体系。地方人民政府要根据当地实际，把木本油料产业发展列入重要议事日程，出台有针对性的配套措施。国家林业局要会同有关部门，加强木本油料产业发展系统性研究，及时解决产业发展中的矛盾和问题，加强督促检查，确保各项政策措施落实到位。

12月26日

［纲　文］　最高人民法院、民政部、环境保护部印发《关于贯彻实施环境民事公益诉讼制度的通知》。

12月26日

［纲　文］　财政部、税务总局印发《关于延续并完善支持农村金融发展有关税收政策的通知》。

［目　文］　《通知》说，自2014年1月1日至2016年12月31日，对金融机构农户小额贷款的利息收入，免征营业税。自2014年1月1日至2016年12月31日，对金融机构农户小额贷款的利息收入，在计算应纳税所得额时，按90%计入收入总额。自2014年1月1日至2016年12月31日，对保险公司为种植业、养殖业提供保险业务取得的保费收入，在计算应纳税所得额时，按90%计入收入总额。

《通知》中所称小额贷款，是指单笔且该户贷款余额总额在10万元（含）以下的贷款；保费收入是指原保险保费收入加上分保费收入减去分出保费后的余额。金融机构应对符合条件的农户小额贷款利息收入进行单独核算。

12月26日

［纲　文］　交通运输部发布《关于加快现代航运服务业发展的意见》。

［目　文］　《意见》由三部分组成：一、总体要求。二、主要任务。三、保障措施。

《意见》指出，各部门、各单位要根据本意见的要求，结合实际，统筹安排，实化措施，共同推进现代航运服务业的健康发展。

12月26日

［纲　文］　国务院在北京召开京津冀协同发展工作推进会议。

［目　文］　国务院副总理、京津冀协同发展领导小组组长张高丽主持会议并讲话。王沪宁、孙春兰、郭金龙、王勇、徐匡迪和京津冀协同发展领导小组成员、专家咨询委员会部分成员参加会议，有关部门和单位负责人列席会议。会议传达学习了中共中央总书记习近平关于京津冀协同发展的指示精神，听取了发展改革委关于京津冀协同发展工作情况的汇报，研究讨论了《京津冀协同发展规划纲要》，安排部署了有关工作。

张高丽表示，推动京津冀协同发展，是党中央、国务院在新形势下作出的重大决策部署和国家战略。习近平总书记在北京考察工作时和中央经济工作会议上发表重要讲话，并多次作出重要指示，全面深刻阐述京津冀协同发展的重大意义、基本思路和重点任务，我们要认真贯彻落实，深化改革，勇于创新，奋发有为，争取明年有个良好开局。李克强总理也多次作出重要批示,要求科学论证、准确定位、抓好落实。按照党中央、国务院决策部署,在领导小组统一领导下,领导小组办公室、专家咨询委员会、三省市和有关部门加强协调、密切配合,京津冀协同发展各项工作取得积极进展。京津冀协同发展的顶层设计已经取得阶段性成果,下一步要把工作重点从总体谋划转向推进实施,对确定的各项任务要狠抓落实、务求实效。要抓紧修改完善规划纲要,加快编制相关领域专项规划,确保在一个目标下协同、一张蓝图下推进。要深入研究体制机制改革、强化创新驱动、开展试点示范等重大问题,优先启动一批有共识、看得准、能见效的非首都核心功能疏解项目,加快推动交通一体化、生态环保、产业转移三个重点领域率先突破,抓紧确定2015年的重点工作和重大项目清单。

12月26日

[纲 文] **《宗教事务条例》公布10周年座谈会在北京召开。**

[目 文] 座谈会由中央统战部、国家宗教局、国务院法制办主办,中央和地方有关部门、全国性宗教团体负责人参加了座谈会。国务院副总理刘延东出席座谈会并指出,《条例》公布十年来,宗教工作实现了由主要依政策办事向依法管理的转变,保障了公民的宗教信仰自由,得到了广大宗教界人士和信教群众的拥护,宗教工作干部和宗教界人士的法律意识明显增强,在全社会形成了关心支持宗教工作的良好氛围。要坚持党对宗教工作的领导,正确对待和处理宗教问题,保障公民宗教信仰自由,依法加强对宗教事务的管理,积极引导宗教与社会主义社会相适应。要坚持立法先行,提高立法质量,努力形成完备的宗教法律规范体系。要依法妥善处理涉及宗教因素的社会问题,促进宗教关系和谐。要依法解决宗教工作的重点难点问题,发挥宗教界人士和信教群众的积极作用,把他们的力量凝聚到实现中华民族伟大复兴中国梦的目标上来。

12月26日

[纲 文] **兰新、贵广、南广三条高铁干线开通。**

[目 文] 兰新高铁是中国首条在高海拔和戈壁荒漠地区修建的高速铁路,设兰州、西宁、张掖、哈密、乌鲁木齐等21个客运车站,全长1776公里,被称为世界上一次性建设里程最长的高铁。兰新高铁开通运营后,将结束乌鲁木齐至西宁没有直通列车的历史。届时乌鲁木齐、西宁、兰州等地将由动车连接,运行时间最长不超12小时,比原有普速列车节省约一半时间,实现三省区省城间的朝发夕至。兰新高铁建成通车,不仅完善了我国西部铁路网,大大提升了亚欧大陆桥铁路通道的运输能力,还将对打造我国向西开放的桥头堡,加快丝绸之路经济带建设,促进甘、青、新3省区实现跨越式发展和长治久安产生深远影响。

贵广铁路全长856公里,设计时速250公里,全线设贵阳北、三都县、贺州、广宁、广州南等20个车站,辐射黔、桂、粤三省区2亿人口,使贵州迈入高铁时代。由于贵广高铁穿越喀斯特地区、河流和高峡深谷,几乎每一公里就有一座桥梁或隧道,也被称为山区高铁。贵阳至广州旅行时间由原来的20小时缩短至4小时,缩短80%。

南广铁路全长570余公里,全线设南宁、南宁东、梧州南、云浮东、广州南等13个客运车站。南广铁路开通将结束桂东南地区尤其是人口密集的藤县、桂平、平南、苍梧等地没有铁路的历史,使南宁至广州的旅行时间从最快12小时30分缩短至3小时19分,缩短了近3/4。

12月26日

[纲　文]　《人民日报》发表题为《深化改革,推进治理现代化——三论在新常态中激荡中国梦》的评论员文章。

12月27日

[纲　文]　国务院印发《关于改革和完善中央对地方转移支付制度的意见》。

[目　文]　《意见》由十二部分组成:一、改革和完善中央对地方转移支付制度的必要性。二、总体要求。三、优化转移支付结构。四、完善一般性转移支付制度。五、从严控制专项转移支付。六、规范专项转移支付分配和使用。七、逐步取消竞争性领域专项转移支付。八、强化转移支付预算管理。九、调整优化中央基建投资专项。十、完善省以下转移支付制度。十一、加快转移支付立法和制度建设。十二、加强组织领导。

12月27日

[纲　文]　国务院办公厅印发《关于推行环境污染第三方治理的意见》。

[目　文]　《意见》由六部分组成:一、总体要求。二、推进环境公用设施投资运营市场化。三、创新企业第三方治理机制。四、健全第三方治理市场。五、强化政策引导和支持。六、加强组织实施。

12月27日

[纲　文]　税务总局公布《个体工商户个人所得税计税办法》。

[目　文]　《办法》共4章46条,内容有总则、计税基本规定、扣除项目及标准、附则,自2015年1月1日起施行。国家税务总局1997年3月26日发布的《国家税务总局关于印发〈个体工商户个人所得税计税办法(试行)〉的通知》(国税发〔1997〕43号)同时废止。

12月27日

[纲　文]　税务总局印发新修订的《税务登记管理办法》。

[目　文]　《办法》共10章49条,内容有总则,设立登记,变更登记,停业、复业登记,注销登记,外出经营报验登记,证照管理,非正常户处理,法律责任,附则,自2015年3月1日起施行。

12月27日

[纲　文]　税务总局印发新修订的《中华人民共和国发票管理办法实施细则》。

[目　文]　《细则》共7章38条,内容有总则、发票的印制、发票的领购、发票的开具和保管、发票的检查、罚则、附则等内容,自2015年3月1日起施行。

12月27日

［纲　文］　发展改革委公布《关于修改〈境外投资项目核准和备案管理办法〉和〈外商投资项目核准和备案管理办法〉有关条款的决定》。

［目　文］　《决定》说，一、对《境外投资项目核准和备案管理办法》（国家发展和改革委员会令第9号）作出修改，将第七条第一款修改为"涉及敏感国家和地区、敏感行业的境外投资项目，由国家发展改革委核准。其中，中方投资额20亿美元及以上的，由国家发展改革委提出审核意见报国务院核准"。二、对《外商投资项目核准和备案管理办法》（国家发展和改革委员会令第12号）作出修改，（一）将第一条中的"《政府核准的投资项目目录（2013年本）》"修改为"《政府核准的投资项目目录》"。（二）将第四条修改为"外商投资项目核准权限、范围按照国务院发布的《核准目录》执行。本办法所称项目核准机关，是指《核准目录》中规定的具有项目核准权限的行政机关"。

12月27日

［纲　文］　发展改革委公布新修订的《国家以工代赈管理办法》。

［目　文］　《办法》共7章36条，内容有总则、规划计划管理、项目管理、资金管理、组织管理、监督检查和法律责任、附则。本办法自发布之日起30日后施行。国家发展改革委2005年12月27日发布的《国家以工代赈管理办法》同时废止。

12月27日

［纲　文］　第九届中国话剧金狮奖和第六届戏剧奥林匹克颁奖典礼在山西太原举行。

［目　文］　本次评选由中国话剧艺术研究会、山西省委宣传部、山西省文化厅、山西演艺集团主办。本届金狮奖共评出包括剧目奖、儿童剧目奖、小剧场剧目奖、编剧奖、导演奖、表演奖、舞台美术奖等12项大奖。焦晃、赵有亮等获终身荣誉奖，山西省话剧院创排的《立春》等剧目获得新剧目奖，上海话剧艺术中心董桂颖等获舞台美术奖，吴嘉等获杰出制作人奖，杨昕巍等获导演奖，大连话剧团《这里有情况》等获小剧场剧目奖。

中国话剧金狮奖创立于1989年，是中宣部、文化部批准的一项全国话剧常设性专业奖，是国内话剧的权威奖项。

12月27日

［纲　文］　《人民日报》发表题为《厉行法治，跳出历史周期律——四论在新常态中激荡中国梦》的评论员文章。

12月28日

［纲　文］　习近平签署中华人民共和国主席令（第17号、第18号）。

［目　文］　主席令（第17号）说，《中华人民共和国航道法》已由中华人民共和国第十二届全国人民代表大会常务委员会第十二次会议于2014年12月28日通过，现予公布，自2015年3月1日起施行。

主席令（第18号）说，根据中华人民共和国第十二届全国人民代表大会常务委员会第十二次会议于2014年12月28日的决定，免去蔡武的文化部部长职务，任命雒树刚为文化部部长。

12月28日

［纲　文］　张德江在北京向全国人大常委会第四任澳门特别行政区基本法委员会10名组成人员颁发任命书。

［目　文］　全国人大常委会副委员长李建国主持了颁发任命书仪式。十二届全国人大常委会第十二次会议任命第四任澳门特别行政区基本法委员会组成人员。他们是：主任李飞，副主任曹其真、张荣顺，委员王振民、李沛霖、陈斯喜、林笑云、徐泽、崔世昌、黎日隆。澳门特别行政区基本法委员会是全国人大常委会下设的工作委员会，组成人员共10人，由内地人士和澳门人士各5人组成，任期5年。第三任澳门特别行政区基本法委员会已经结束任期。

12月28日

［纲　文］　世界最长的高原铁路隧道——新关角隧道双线正式通车。

［目　文］　新关角隧道全长32.69公里。隧道位于青海省天峻县和乌兰县境内，青藏铁路天棚站至察汗诺站之间，设计时速160公里。通车后，列车穿越关角山的时间将由原来120分钟缩短为20分钟。

12月28日

［纲　文］　武汉第八座长江大桥、世界跨度最大的三塔四跨悬索桥——鹦鹉洲长江大桥正式通车运营。

［目　文］　鹦鹉洲长江大桥位于武汉长江大桥上游2公里处，与武汉长江二桥形成武汉市新二环线。大桥全长3.42公里，主桥为三塔四跨悬索桥，主跨850米，桥面宽38米，设双向8车道。大桥总投资为50.29亿元，于2011年5月动工建设，历时3年半时间建成，创造了长江上悬索桥施工的新纪录。

12月28日

［纲　文］　上海设立中国首个跨行政区划人民法院和人民检察院。

［目　文］　上海市第三中级人民法院、上海知识产权法院和上海市人民检察院第三分院正式成立。中共中央政治局委员、上海市委书记韩正，最高人民法院院长周强、最高人民检察院检察长曹建明为三家新成立的法院、检察院揭牌并讲话。

上海市第三中级人民法院依托上海铁路运输中级法院设立，同时组建上海知识产权法院，与上海市第三中级人民法院合署办公，实行"三块牌子一个机构"。自2015年1月1日起，上海市第三中级人民法院将依法管辖以市级人民政府为被告的一审行政案件，以市级行政机关为上诉人、被上诉人的二审行政案件（不包括知识产权行政案件）；上海市人民检察院第三分院提起公诉的案件以及由上级法院指定管辖的其他案件和原由铁路中院受理的刑事、民事案件。上海知识产权法院将依法审理知识产权民事和行政案件。

12月28—29日

[纲　文]　第二十三次全国高等学校党的建设工作会议在北京举行，习近平作出指示。

[目　文]　中共中央总书记习近平指示指出，高校肩负着学习研究宣传马克思主义、培养中国特色社会主义事业建设者和接班人的重大任务。加强党对高校的领导，加强和改进高校党的建设，是办好中国特色社会主义大学的根本保证。办好中国特色社会主义大学，要坚持立德树人，把培育和践行社会主义核心价值观融入教书育人全过程；强化思想引领，牢牢把握高校意识形态工作领导权；坚持和完善党委领导下的校长负责制，不断改革和完善高校体制机制；全面推进党的建设各项工作，有效发挥基层党组织战斗堡垒作用和共产党员先锋模范作用。各级党委和宣传思想部门、组织部门、教育部门要加强对高校党的建设工作的领导和指导，坚持党的教育方针，坚持社会主义办学方向，加强和改进思想政治工作，切实把党要管党、从严治党落到实处。

会议的主要任务的是：全面贯彻党的十八大、十八届三中、四中全会精神和中共中央总书记习近平系列讲话精神，学习贯彻中央外事工作会议和中央经济工作会议精神，深入落实《关于进一步加强和改进新形势下高校宣传思想工作的意见》和《关于坚持和完善普通高等学校党委领导下的校长负责制的实施意见》精神，深入分析形势，研究部署工作，在全面深化高等教育综合改革、建设中国特色社会主义现代大学制度中，加强和改进高校党的建设。

中央组织部部长赵乐际主持会议并宣读了习近平的指示。中共中央政治局委员、国务院副总理刘延东围绕学习贯彻习近平批示在会上作主报告。中央宣传部部长刘奇葆出席会议，各省、自治区、直辖市和新疆生产建设兵团党委组织部、党委宣传部分管负责人，党委教育工作部门主要负责人，中央和国家机关有关部门单位负责人，解放军总政治部有关部门负责人，部分高校党委书记和校长代表等出席会议。山东、湖北、宁夏等省区高校（教育）工委、清华大学、东北师范大学、电子科技大学、南京工业职业技术学院、郑州科技学院等8家单位在大会上发言。

12月28—29日

[纲　文]　商务部在北京举行全国商务工作会议。

[目　文]　会议的主要任务是，全面贯彻党的十八大、十八届三中、四中全会和中央经济工作会议精神，总结2014年商务工作，深入分析商务发展面临的国际国内形势，研究部署2015年工作。会议传达了国务院副总理汪洋对商务工作的批示。商务部部长高虎城作工作报告。商务部国际贸易谈判代表兼副部长钟山作会议总结，商务部副部长高燕主持会议。北京、湖北、云南、山东、宁夏、宁波等六个地方商务主管部门代表在会上作了交流发言。党中央、国务院有关部门，各省、自治区、直辖市、新疆生产建设兵团、计划单列市和副省级省会城市商务主管部门约170多名代表出席会议。

12月29日

[纲　文]　习近平主持召开中共中央政治局会议。

[目　文]　会议听取了中央纪律检查委员会2014年工作汇报，研究部署2015年党风廉政建设和反腐败工作；审议通过《关于加强社会主义协商民主建设的意见》《关于加强和改进党的群团工作的意见》。

会议指出，当前"四风"问题和腐败现象蔓延势头得到一定遏制，但全党要冷静清醒认识反腐败斗争依然严峻复杂的形势，把思想和行动统一到中央对形势的判断和任务部署上来，保持高压态势，持续遏制不正之风和腐败现象蔓延势头，坚定不移抓好明年的党风廉政建设和反腐败斗争各项工作。严明政治纪律和政治规矩，党内决不容忍搞团团伙伙、结党营私、拉帮结派。对顶风违纪搞"四风"的，既要查处本人，又要追究领导责任，决不让"四风"反弹、死灰复燃。要深化党的纪律检查体制改革，落实党委的党风廉政建设主体责任，用好巡视这把利剑。各级纪检监察机关要聚焦党风廉政建设和反腐败斗争这个中心任务，敢于负责、敢于监督，努力建设一支忠诚、担当、干净的纪检监察干部队伍。会议同意2015年1月12日至14日举行十八届中央纪律检查委员会第五次全体会议。

会议指出，加强协商民主建设，有利于听群言、集民智、增共识、聚合力、促和谐，有利于促进科学决策、民主决策，有利于更好实现人民当家作主的权利，有利于增强中国特色社会主义道路自信、理论自信、制度自信。加强协商民主建设，要继续重点加强政党协商、政府协商、政协协商，积极开展人大协商、基层协商、人民团体协商，逐步探索社会组织协商。要坚持党的领导，通过推进协商民主改善党的领导、加强党的领导、巩固党的执政地位。各级党委必须高度重视做好新形势下党的群团工作，加强对群团工作的领导，牢牢把握政治方向，给予有力支持保障，不断开创党的群团工作新局面。群团组织要奋发有为，勇于以改革创新增活力、促发展，带头贯彻党的群众路线，倾听群众呼声、反映群众意愿，维护和发展群众利益，把党的决策部署变成群众的自觉行动，引领广大人民群众坚定不移跟党走。

12月29日

[纲　文]　国务院办公厅印发新修订的《国家突发环境事件应急预案》。

[目　文]　《预案》由七部分组成：一、总则。二、组织指挥体系。三、监测预警和信息报告。四、应急响应。五、后期工作。六、应急保障。七、附则。自2014年12月29日实施。2005年5月24日经国务院批准、由国务院办公厅印发的《国家突发环境事件应急预案》同时废止。

12月29日

[纲　文]　发展改革委印发《国家新型城镇化综合试点方案》。

[目　文]　《方案》将江苏、安徽两省和宁波等62个城市（镇）列为国家新型城镇化综合试点地区，并原则上同意了这些试点地区报送的试点工作方案。

《方案》提出了新型城镇化试点的五项主要任务。一是建立农业转移人口市民化成本分担机制。二是建立多元化可持续的城镇化投融资机制。三是改革完善农村宅基地制度。四是探索建立行政管理创新和行政成本降低的新型管理模式。五是综合推进体制机制改革创新。

12月29日

〔纲　文〕　银监会、高检院、公安部、安全部印发《银行业金融机构协助人民检察院公安机关国家安全机关查询冻结工作规定》，自2015年1月1日起施行。

12月29日

〔纲　文〕　汪洋在北京市考察现代农业建设工作。

〔目　文〕　国务院副总理汪洋考察了北京市平谷区花卉蔬菜生产基地、蛋鸡养殖场、农业产业化龙头企业等。汪洋指出，要深入贯彻落实中央经济工作会议、中央农村工作会议精神，适应经济发展新常态的要求，依靠创新驱动加快推进农业现代化，积极把现代科技成果、产业组织方式和新商业模式等引入农业，转变农业发展方式，构建农业全产业链和价值链，提升粮食等农产品保障能力，提高农业发展的质量和效益，持续增加农民收入。要以市场为导向，引导农民立足资源优势，大力发展特色农业、品牌农业、生态循环农业，提升农产品质量和食品安全水平。促进农业与二、三产业融合发展，发展农产品精深加工业，开发农业多种功能，打造形式多样、特色鲜明的休闲农业和乡村旅游产品，提高农业综合效益。北京市要充分发挥科技资源丰富、创新能力强、市场容量大等优势，率先把高新技术、新兴业态、新商业模式等引入农业，加快构建"接二连三"的农业全产业链，提高农业现代化水平，为全国现代农业建设发挥示范引领作用。

12月29日

〔纲　文〕　国务院在北京召开高技能人才座谈会。

〔目　文〕　国务院副总理马凯出席会议并讲话。马凯代表党中央、国务院向第十二届"中华技能大奖"获得者和"全国技术能手"表示祝贺。他指出，高技能人才是工人队伍的核心骨干和优秀代表，是社会主义现代化事业的重要建设者、产业转型升级的重要推动者、创新驱动发展战略的重要实践者、技术技能的重要传承者，在推动经济社会发展中发挥了十分重要的作用。他希望广大高技能人才大力弘扬技能报国的爱国精神、勇攀高峰的创新精神、扎根一线的奋斗精神、精益求精的职业精神，为实现中华民族伟大复兴贡献更大力量。

12月29日

〔纲　文〕　中国奥委会第九届全体委员大会在北京召开。

〔目　文〕　全会听取并审议了刘鹏所作的《中国奥委会第八届全体委员会工作报告》，审议通过了中国奥委会第九届全体委员会、执行委员会和常务执委会组成方案。国家体育总局局长刘鹏再次当选为中国奥委会主席。中国奥委会第九届全体委员会共有委员99名。

12 月 29 日

[纲　文]　**国家海洋局、科技部在北京召开全国科技兴海视频大会。**

[目　文]　会议学习中共中央总书记习近平关于"建设海洋强国""创新驱动发展""着力推动海洋科技向创新引领型转变"等一系列指示精神和国务院副总理张高丽、刘延东对科技兴海工作的批示要求，并结合科技兴海近年来发展积累的宝贵经验和当前我国经济社会发展的新形势新要求，明确了今后一段时间科技兴海工作的基本思路、主攻方向和落实举措。会议总结了《全国科技兴海规划纲要（2008—2015年）》阶段性实施成效，并对科技兴海下一阶段重点工作进行了部署。福建省海洋与渔业厅、青岛国家海洋高技术产业基地、舟山国家海洋高技术产业基地、江苏大丰国家科技兴海产业示范基地、广东永顺生物制药股份有限公司的代表，分别介绍了在推动科技兴海工作中取得的经验。

国家海洋局局长刘赐贵，科技部副部长张来武出席会议并讲话。国家海洋局副局长陈连增主持会议。发展改革委、教育部、科技部、财政部、农业部、中国科学院、国家开发银行和国家海洋局等全国科技兴海工作领导小组成员单位的有关负责人等参加了北京主会场会议。各沿海省市海洋厅（局）、科技厅（局）及国家海洋局局属单位有关负责人，涉海科研院所、高校及企业代表等，分别在16个分会场参加会议。

12 月 29 日

[纲　文]　**环境保护部在北京召开中部地区发展战略环境评价总体成果验收会。**

[目　文]　环境保护部副部长吴晓青出席会议并讲话，清华大学陈吉宁校长代表项目组出席会议并做了成果汇报，环境保护部万本太总工程师出席会议并讲话。环境保护部有关司局和直属单位负责人，有关地方环保厅局负责人和环评处长，环境保护部环境工程评估中心、清华大学、中国环科院、中科院地理所等主要技术单位代表参加会议。

中部地区发展战略环评是继五大区域和西部大开发战略环评之后，环境保护部组织完成的又一重大区域性战略环评工作。验收专家组高度评价该工作对于促进中部地区优化发展模式、规范国土开发、完善环保体制机制，实现可持续发展的重大意义和作用。专家组认为，项目成果具有创新性、前瞻性和可操作性，提出的"三大安全"战略性保护总体方案切实可行，可以作为国家有关部门和中部地区制定相关发展政策、区域发展规划、重点产业发展规划以及做好重大建设项目环境准入等的重要科学依据。

12 月 29 日

[纲　文]　**吉尔吉斯斯坦总统阿坦巴耶夫在比什凯克会见国家主席习近平特使、国务委员杨洁篪。**

[目　文]　杨洁篪首先转达了国家主席习近平致阿坦巴耶夫总统的口信。习近平在口信中表示，中吉是战略伙伴和好邻居、好朋友。中方高度重视对吉关系，我本人非常珍视我们之间业已建立的良好工作关系和个人友谊。衷心祝愿贵国在总统先生领导下保持稳定、发展。

杨洁篪表示，中吉两国元首保持密切交往，对两国关系发展具有重要引领作用。我这次访问的目的就是落实两国元首重要共识，推动两国合作取得更多成果。中方将继续为吉经济社会发展提供力所能及的帮助，推进双方各领域合作，共建丝绸之路经济带，严厉打击"三股势力"。

阿坦巴耶夫表示，感谢习近平主席以及中国政府长期以来对吉发展给予的有力支持和帮助。吉中两国是友好邻邦和可靠伙伴，双方经贸、安全、能源、农业、交通等各领域合作取得显著成果。吉方愿同中方加强务实合作，积极参与丝绸之路经济带建设，深化执法安全合作，共同维护地区和平稳定。

12月29日

［纲　　文］　《人民日报》发表题为《抖擞精神，激发社会正能量——五论在新常态中激荡中国梦》的评论员文章。

12月29—30日

［纲　　文］　财政部在北京举行全国财政工作会议。

［目　　文］　会议的内容是：全面贯彻党的十八大和十八届二中、三中、四中全会及中央经济工作会议精神，总结2014年财政工作，分析经济发展新常态下的财政形势，部署2015年财政工作。

财政部党组书记、部长楼继伟出席会议并讲话。全国人大常委会预工委主任廖晓军，财政部党组成员，各省（自治区、直辖市、计划单列市）财政厅（局）长，财政部驻各地财政监察专员办事处专员，中央部门、中央企业财务部门有关负责人，特邀部门代表等出席了会议。

12月30日

［纲　　文］　习近平主持召开中央全面深化改革领导小组第八次会议。

［目　　文］　中共中央政治局常委、中央全面深化改革领导小组副组长李克强、刘云山、张高丽出席。中央全面深化改革领导小组成员出席，中央和国家有关部门负责人列席会议。

中共中央总书记、中央全面深化改革领导小组组长习近平指出，2014年是全面深化改革的开局之年，改革形成了上下联动、主动作为、蹄疾步稳、狠抓落实的好局面，呈现出全面播种、次第开花的生动景象，在一些重要领域和关键环节取得重大进展和积极成效，有力促进了稳增长、调结构、惠民生、防风险等方面的工作。明年是全面深化改革的关键之年，气可鼓而不可泄，要巩固改革良好势头，再接再厉、趁热打铁、乘势而上，推动全面深化改革不断取得新成效。

会议主要内容：一、会议审议通过了《关于2014年全面深化改革工作的总结报告》、《中央全面深化改革领导小组2015年工作要点》《贯彻实施党的十八届四中全会决定重要举措2015年工作要点》。二、会议审议通过了《关于进一步规范刑事诉讼涉案财物处置工作的意见》。各级党政部门要率先尊法守法，不得干预涉案财物处置过程。要加强境外追赃追逃工作，抓紧健全境外追赃追逃工作体制机制，运用法治思维和法治方式开展追赃追逃工作。有关部门要对涉案财物的定义、认定标准和范围等进行明确，增强各地和各司法机关执行政策的统一性。三、会议就构建开放型经济新体制、全面深化公安改革等问题进行了研究。

12月30日

［纲　文］　习近平向中国援非抗击埃博拉出血热疫情全体医疗队员致慰问信。

［目　文］　中共中央总书记习近平向全体医疗队员致以诚挚的问候，祝全体医疗队员新年好。习近平在慰问信中指出，西非部分国家埃博拉出血热疫情发生以来，我国军地医务人员组成的援非医疗队，坚决贯彻党中央决策部署，奔赴西非抗疫前线，不畏艰险，救死扶伤，同所在国家人民一道，在病毒检测、病人留观和治疗、公共卫生防疫培训等方面取得显著成效，用实际行动体现了风雨同舟、患难与共的中非友好情谊，赢得了受援国家政府和人民赞誉，受到了国际社会好评。希望你们牢记使命、再接再厉，努力实现"打胜仗、零感染"的目标，为中非友谊作出新的贡献，祖国和人民期待着你们胜利凯旋。

埃博拉疫情发生后，中国派出多支援非抗疫军地医疗卫生队伍、数百名援外医疗卫生人员，坚持驻守在疫情发生国，与当地医务工作者并肩合作，开展疫情防控、实验室病毒检测、病人留观和治疗、培训医疗护理人员等工作。

12月30日

［纲　文］　国家主席习近平就亚洲航空公司客机失事向印尼总统佐科致慰问电。

12月30日

［纲　文］　中共中央转发《关于新形势下军队政治工作若干问题的决定》。

［目　文］　《决定》指出，党的十八大以来，习近平总书记在治党治国治军新的实践中发表系列重要讲话，深刻回答了新形势下党、国家和军队事业发展的一系列重大理论和实践问题，是坚持和发展中国特色社会主义的最新理论成果。特别是鲜明提出党在新形势下的强军目标，并围绕实现这一目标，对国防和军队建设作出一系列重要论述，形成系列重要讲话精神的军事篇，丰富发展了党的军事指导理论，引领国防和军队建设开创了新的局面。实现强军目标、支撑强国伟业，是党和人民赋予我军的时代重任。军队政治工作的时代主题是，紧紧围绕实现中华民族伟大复兴的中国梦，为实现党在新形势下的强军目标提供坚强政治保证。军队政治工作实质上是党领导和掌握军队的工作，是我军的最大特色、最大优势。

《决定》要求，各级党委要把掌握思想政治领导作为首要职责，加强对政治工作的组织领导。全军上下要把做好政治工作作为共同责任，形成各级各部门高度重视、党员干部一起来做、广大官兵积极参与的生动局面，汇聚起强军兴军的强大精神力量。

12月30日

［纲　文］　国务院办公厅印发《关于引导农村产权流转交易市场健康发展的意见》。

[目　文]　《意见》由四部分组成：一、总体要求。二、定位和形式。三、运行和监管。四、保障措施。

《意见》要求，各地要加强领导，健全工作机制，严格执行相关法律、法规和政策；从本地实际出发，根据农村产权流转交易需要，制定管理办法和实施方案。农村工作综合部门和科技、财政、国土资源、住房城乡建设、农业、水利、林业、金融等部门要密切配合，加强指导，及时研究解决工作中的困难和问题。

12月30日

[纲　文]　受全国政协主席俞正声委托，国家民委邀请1300余名在北京新疆籍学生和近500名援疆干部在北京国家大剧院观看了由经典影片改编的同名歌剧《冰山上的来客》。

12月30日

[纲　文]　国务院办公厅发布《关于进一步做好盘活财政存量资金工作通知》。

[目　文]　《通知》由四部分组成：一、充分认识盘活财政存量资金的重要性和必要性。二、盘活财政存量资金的总体目标和主要原则。三、盘活财政存量资金的主要措施。四、实施保障。

《通知》要求，各级审计机关要加强对财政部门和预算单位财政存量资金的审计，重点关注该用未用、使用绩效低下等问题，促进存量资金尽快落实到项目和发挥效益。中国人民银行要加强对市场流动性的监控，防止因盘活财政存量资金形成流动性波动。监察机关要对违法违规行为追究责任，确保政策落实到位。

12月30日

[纲　文]　国务院办公厅发布《关于引导农村产权流转交易市场健康发展的意见》。

[目　文]　《意见》由四部分组成：一、总体要求。二、定位和形式。三、运行和监管。四、保障措施。

《意见》指出，各地要加强领导，健全工作机制，严格执行相关法律、法规和政策；从本地实际出发，根据农村产权流转交易需要，制定管理办法和实施方案。农村工作综合部门和科技、财政、国土资源、住房城乡建设、农业、水利、林业、金融等部门要密切配合，加强指导，及时研究解决工作中的困难和问题。

12月30日

[纲　文]　2015年新年戏曲晚会在国家大剧院举行。

[目　文]　党和国家领导人习近平、李克强、张德江、俞正声、刘云山、王岐山、张高丽等，与首都近千名群众一起观看演出，喜迎新年。

12月30日

[纲　文]　保监会发布《保险机构洗钱和恐怖融资风险评估及客户分类管理指引》。

[目　文]　《指引》共5章38条，内容有总则、风险评估指标体系及方法、风险分类控制措施、管理与保障措施、附则。自2014年12月30日起施行。

12月30日

[纲　文]　交通运输部印发《关于全面深化交通运输改革的意见》。

[目　文]　《意见》由十一部分组成：一、全面深化交通运输改革的指导思想、总目标和基本原则。二、完善综合交通运输体制机制。三、加快完善交通运输现代市场体系。四、加快转变政府职能。五、加快推进交通运输法治建设。六、深化交通运输投融资体制改革。七、深化公路管理体制改革。八、深化水路管理体制改革。九、完善现代运输服务体系。十、完善交通运输转型升级体制机制。十一、加强全面深化交通运输改革的组织领导。

12月30日

[纲　文]　环境保护部、全国人大环资委、全国人大常委会法工委在北京联合召开新《环境保护法》实施动员全国电视电话会议。

[目　文]　全国人大常委会副委员长沈跃跃出席会议并讲话，环境保护部副部长潘岳主持会议。全国人大环资委、全国人大常委会法工委、国务院法制办、最高人民法院审判委员会、公安部、国土资源部、农业部、最高检等部门的负责人参会。各省、自治区、直辖市和计划单列市环境保护厅（局）、新疆建设兵团环境保护局设立分会场，地方人大、法制办、法院、公安、发改等有关部门派员参会。

会议总结了新《环境保护法》颁布后的工作进展，分析了面临的形势，部署了法律生效后的工作要求，紧紧抓住"法律的生命在于实施"的关键点，为新《环境保护法》的有效、正确、规范实施营造氛围，打下了良好的基础，推动环境保护工作健康发展。

12月30日

[纲　文]　环境保护部、商务部、发展改革委、海关总署、质检总局发出《关于发布〈进口废物管理目录〉（2015年）的公告》。

[目　文]　《公告》说，根据《中华人民共和国固体废物污染环境防治法》《控制危险废物越境转移及其处置巴塞尔公约》《固体废物进口管理办法》和有关法律法规，环境保护部、商务部、发展改革委、海关总署、质检总局对2009年公布的《禁止进口固体废物目录》《限制进口类可用作原料的固体废物目录》和《自动许可进口类可用作原料的固体废物目录》进行了调整和修订，现予以公布。本公告自2015年1月1日起执行。环境保护部、商务部、发展改革委、海关总署、质检总局2009年第36号公告，环境保护部、海关总署、质检总局2009年第78号公告，环境保护部、海关总署2011年第93号公告，环境保护部、海关总署2013年第7号公告同时废止。

12月30日

[纲　文]　环境保护部发布《建设项目主要污染物排放总量指标审核及管理暂行办法》，自2014年12月30日起施行。

12月30日

[纲　文]　2014年度"践行社会主义核心价值观、争做新一代革命军人"新闻人物

评选活动新闻发布在北京举行。

［目　文］　新闻发布由总政宣传部主办、解放军电视宣传中心承办，聚焦政治工作时代主题，分"制胜尖兵""倾心铸魂""大爱无垠""精诚奉献""强军兴业"五个篇章，通过播放事迹短片、宣读颁奖辞、现场访谈等，生动展现10位年度新闻人物、4个特别奖先进群体的精神风貌，旨在弘扬时代主旋律、传递强军正能量，推动形成践行社会主义核心价值观、争做新一代革命军人的新热潮。

中央军委副主席许其亮会见获奖代表，代表中央军委主席习近平和中央军委表示祝贺和问候并表示，全军和武警部队要响应习主席号召，大力弘扬和践行社会主义核心价值观，持续培育当代革命军人核心价值观，立足岗位争做有灵魂、有本事、有血性、有品德的新一代革命军人。

12月30日

［纲　文］　中柬政府间协调委员会第二次会议在金边举行。

［目　文］　国务委员杨洁篪与柬埔寨副首相兼外交国际合作部大臣贺南洪共同主持。会议总结了委员会首次会议以来双方各领域合作取得的成果，对下一阶段双边关系发展及各领域合作进行了规划和部署。双方还共同为金边中国文化之家揭牌。

31日，柬埔寨国王西哈莫尼、首相洪森在金边分别会见杨洁篪。

12月30日

［纲　文］　中国南车股份有限公司与中国北车股份有限公司宣布合并，成立中国中车股份有限公司。

［目　文］　中国中车股份有限公司成为一家总资产达3038.43亿元、年营业收入达2000亿元的制造企业，并将对专利、商标等知识产权实行统一管理。

12月30日

［纲　文］　中国产ARJ21支线客机获得型号合格证。

［目　文］　中国民用航空局向中国商飞公司颁发了ARJ21—700飞机型号合格证，这是中国首次自主研制的喷气支线客机获得自己的型号认定。国务院副总理马凯在首都机场参观，并会见了参研参试和适航审定人员。马凯指出，发展我国民机产业任重道远。要总结经验，把ARJ21飞机项目研制和审定经验作为一笔宝贵财富认真总结推广；要持续改进，坚持安全第一、质量为本、市场导向，不断对ARJ21飞机进行优化和完善；要拓展空间，确保ARJ21飞机能够经受住市场激烈竞争的考验，推动民机制造业和航空运输业互动发展；要合力推进，加强组织领导，加大政策支持，不断开创国产民机发展新局面。

ARJ21飞机是我国"十五"规划的重大高科技项目，是严格按照国际通行标准、规范和方法，进行设计论证、生产制造、总装集成、适航取证的国产喷气支线客机。目前，中国商飞公司正在进行交付准备工作。

12月30日

［纲　文］　中国第31次南极考察队乘坐"雪龙"号极地考察船到达东经165°34′、

南纬 77°35′。

［日　文］　此次航行创造了中国船舶向南航行纬度最高纪录，"雪龙"号极地考察船成为中国航海史上到达地球最南纬度的船只。

12 月 30 日

［纲　文］　"大洋一号"第 34 航次科考第一航段圆满收官。

［日　文］　"大洋一号"11 月 16 日从三亚出发，从南中国海进入巽他海峡、经过爪哇海进入印度洋，在我国与国际海底管理局签订的西南印度洋"多金属硫化物合同区"进行探勘。中国大洋 34 航次科学考察第一航段科考人员进行了 23 条工程勘探要求的综合热液拖体异常探测测线，这是中国大洋航次第一次开展此类调查作业，回收 4 套锚系（一种长期观测海洋环境变化的仪器），布放 2 套锚系，布放 7 套海底地震仪。在 15 个站位进行了电视抓斗取样，获取 1400 多公斤海底岩石和沉积物等样品。

12 月 30 日

［纲　文］　《人民日报》发表题为《扬帆致远，擘画外交新格局——六论在新常态中激荡中国梦》的评论员文章。

12 月 30—31 日

［纲　文］　中华职教社第十一次全国代表大会在北京举行。

［日　文］　来自全国 31 个省区市的 400 多位代表参加了会议。国务院副总理刘延东出席开幕式并讲话。会议审议通过了第十届理事会工作报告、章程修正案。全国人大常委会副委员长、民建中央主席陈昌智当选为理事长，全国政协副主席、民建中央常务副主席马培华等 10 人当选为副理事长。

中华职业教育社成立于 1917 年，是由教育界、经济界、科技界从事和关心、支持职业教育事业的人士组成的职业教育团体。

12 月 31 日

［纲　文］　习近平发表 2015 年新年贺词。

［日　文］　习近平说，2014 年是令人难忘的。这一年，我们锐意推进改革，啃下了不少硬骨头，出台了一系列重大改革举措，许多改革举措同老百姓的利益密切相关。我们适应经济发展新常态，积极推动经济社会发展，人民生活有了新的改善。

习近平说，这一年，我们着力正风肃纪，重点反对形式主义、官僚主义、享乐主义和奢靡之风，情况有了很大改观。我们加大反腐败斗争力度，以零容忍的态度严惩腐败分子，显示了反腐惩恶的坚定决心。这一年，我们加强同世界各国的合作交往，主办了北京亚太经合组织领导人非正式会议，我国领导人多次出访，外国领导人也大量来访，这些活动让世界更好地认识了中国。这一年，我们通过立法确定了中国人民抗日战争胜利纪念日、烈士纪念日、南京大屠杀死难者国家公祭日，举行了隆重活动。这一年，我们也经历了一些令人悲伤的时刻。马航 MH370 航班失踪，150 多名同胞下落不明，我们没有忘记他们，我们一定要持续努力、想方设法找到他们。这一年，我国发生了一些重大自然灾害和安全事故，不少同胞不幸离开了我们，我们怀念他们，祝愿他们的亲人们都安好。

习近平说，新的一年，我们要继续全面深化改革。我们要全面推进依法治国，用法治保障人民权益、维护社会公平正义、促进国家发展。我们要让全面深化改革、全面推进依法治国如鸟之两翼、车之双轮，推动全面建成小康社会的目标如期实现。我们要满腔热情做好民生工作，特别是要做好扶贫开发和基本生活保障工作，让农村贫困人口、城市困难群众等所有需要帮助的人们都能生活得到保障、心灵充满温暖。我们要继续全面推进从严治党，毫不动摇转变作风，高举反腐的利剑，扎牢制度的笼子，在中国共产党领导的社会主义国家里，腐败分子发现一个就要查处一个，有腐必惩，有贪必肃。

习近平说，我们正在从事的事业是伟大的，坚忍不拔才能胜利，半途而废必将一事无成。我们的蓝图是宏伟的，我们的奋斗必将是艰巨的。全党全国各族人民要团结一心，集思广益用好机遇，众志成城应对挑战，立行立改破解难题，奋发有为进行创新，让国家发展和人民生活一年比一年好。

习近平最后说，中国人民关注自己国家的前途，也关注世界的前途。非洲发生了埃博拉疫情，我们给予帮助；马尔代夫首都遭遇断水，我们给予支援，许许多多这样的行动展示了中国人民同各国人民同呼吸、共命运的情怀。当前世界仍很不安宁。我们呼唤和平并真诚希望，世界各国人民共同努力，让所有的人民免于饥寒的煎熬，让所有的家庭免于战火的威胁，让所有的孩子都能在和平的阳光下茁壮成长。

12月31日

［纲　文］　国家主席习近平、国务院总理李克强分别与和俄罗斯总统普京、俄罗斯总理梅德韦杰夫互致新年贺电。

［日　文］　习近平在贺电中表示，值此2015年新年来临之际，我谨代表中国政府和中国人民，并以我个人的名义，向你并通过你，向友好的俄罗斯人民致以诚挚的祝贺和美好的祝福。2014年，我们多次会晤或见面，就双边关系和共同关心的问题深入交换意见，充分体现了中俄全面战略协作伙伴关系的高水平。我们之间达成的顶层设计和战略引领，促进两国各领域互利合作不断取得重要成果和进展，推动中俄关系进入了新的发展阶段。我对此表示满意。我始终认为，不断巩固和加强中俄全面战略协作伙伴关系顺应两国人民愿望，也顺应时代发展潮流，是维护国际安全稳定的重要因素。在新的一年里，我愿同你一道努力，拓展合作领域，深化合作程度，加快合作步伐，特别是共同办好第二次世界大战胜利70周年庆祝和纪念活动，继续举办青年友好交流年活动，保持两国关系高水平运行，更好促进我们两国发展、增进两国人民福祉。

普京在贺电中表示，值此2015年新年和春节来临之际，谨向您致以衷心的祝贺。祝全体中国人民万事如意。在即将过去的一年，俄中关系在所有领域保持积极发展势头。您赴索契出席冬奥会开幕式，我们在上海的会谈，以及在北京等国际多边场合的会晤，都促进了俄中全面战略协作伙伴关系的发展。我坚信，2015年将为提升俄中各领域互利合作带来新机遇。我愿就落实双边战略合作项目、应对地区和全球热点问题继续与您共同开展富有成效的工作。

李克强和梅德韦杰夫双方高度评价中俄全面战略协作伙伴关系取得的丰硕成果，表示将充分挖掘两国互利合作潜力，推动双方开展更高水平、更深层次的合作，使中俄关系发展成果更多惠及两国人民。

12月31日

[纲　文]　全国政协在全国政协礼堂举行新年茶话会。

[目　文]　党和国家领导人习近平、李克强、张德江、俞正声、刘云山、王岐山、张高丽等同各民主党派中央、全国工商联负责人和无党派人士代表、中央和国家机关有关方面负责人以及首都各族各界人士代表欢聚一堂，共迎2015年元旦。

中共中央总书记习近平发表讲话指出，新的一年，我们要巩固和发展最广泛的爱国统一战线，坚持和完善中国共产党领导的多党合作和政治协商制度，不断为事业发展凝聚人心、增添力量。人民政协要深入进行调研视察、协商议政，积极开展民主监督，讲真话、进诤言、出实招、谋良策。要加强协商民主制度建设，为各党派团体和各族各界人士搭建协商平台、丰富协商形式、创造民主氛围，为我国社会主义民主政治发展注入新的活力。

茶话会由中共中央政治局常委、全国政协主席俞正声主持。他指出，习近平讲话回顾2014年中共中央团结带领全国各族人民奋力推进改革开放和社会主义现代化建设取得的重要成就，分析当前我们面临的形势和任务，强调做好2015年党和国家各项工作必须坚持的重要原则，对于我们深入贯彻落实中共十八大和十八届三中、四中全会精神，主动适应新常态，奋力开创新局面，协调推进全面建成小康社会、全面深化改革、全面推进依法治国、全面从严治党进程，具有重要指导意义。

12月31日

[纲　文]　李克强主持召开国务院常务会议。

[目　文]　会议主要内容是：一、审议通过《中华人民共和国政府采购法实施条例（草案）》，草案对政府采购法的规定作了细化。二、部署了进一步落实社会救助政策、保障困难群众基本生活。三、决定完善出口退税机制、促进外贸稳中提质。四、合理调整部分产品出口退税率。从2015年1月1日起，提高血管支架、电动自行车、喷涂机器人等产品退税率，对生产过程存在污染的含硼钢类产品取消退税。通过有扶有控，促进外贸结构优化。

12月31日

[纲　文]　国务院印发《关于建立健全粮食安全省长责任制的若干意见》。

[目　文]　《意见》由十部分组成：一、强化粮食安全意识和责任。二、巩固和提高粮食生产能力。三、切实保护种粮积极性。四、管好地方粮食储备。五、增强粮食流通能力。六、促进粮食产业健康发展。七、保障区域粮食市场基本稳定。八、强化粮食质量安全治理。九、大力推进节粮减损和健康消费。十、强化保障措施和监督考核。

12月31日

［纲　文］　国务院印发《关于国家重大科研基础设施和大型科研仪器向社会开放的意见》。

［目　文］　《意见》由三部分组成：一、总体要求。二、重点措施。三、组织实施和进度安排。

《意见》明确，2015年，科技部会同有关部门充分利用现有全国大型科学仪器设备协作共用平台，启动统一开放的科研设施与仪器国家网络管理平台建设，年底前基本建立。2016年，科技部会同有关部门和地方建成覆盖各类科研设施与仪器、统一规范、功能强大的专业化、网络化国家网络管理平台，将所有符合条件的科研设施与仪器纳入平台管理。2017年，科技行政主管部门对管理单位的科研设施与仪器向社会开放情况进行评价考核，并向社会公布评价考核结果。

12月31日

［纲　文］　财政部发布《政府采购竞争性磋商采购方式管理暂行办法》，自2014年12月31日起实施。

12月31日

［纲　文］　国务院办公厅印发《〈国务院关于促进旅游业改革发展的若干意见〉任务分解表的通知》。

［目　文］　《通知》说，《〈国务院关于促进旅游业改革发展的若干意见〉任务分解表》已经国务院同意，现印发给你们。请结合《国务院关于促进旅游业改革发展的若干意见》（国发〔2014〕31号）及本地区、本部门工作实际，认真贯彻落实。

12月31日

［纲　文］　发展改革委、中编办发布《关于一律不得将企业经营自主权事项作为企业投资项目核准前置条件的通知》，自2014年12月31日起施行。

12月31日

［纲　文］　财政部发布《政府和社会资本合作项目政府采购管理办法》。

［目　文］　《办法》共4章25条，内容有总则、采购程序、争议处理和监督检查、附则，自2014年12月31日起施行。

12月31日

［纲　文］　财政部、发展改革委、住房和城乡建设部印发《污水处理费征收使用管理办法》。

［目　文］　《办法》共5章38条，内容有总则、征收缴库、使用管理、法律责任、附则，自2015年3月1日起施行。此前有关污水处理费征收使用管理规定与本办法不一致的，以本办法为准。

12月31日

［纲　文］　食品药品监管总局公布《食品安全抽样检验管理办法》。

〔目　文〕　《办法》共7章53条，内容有总则、计划、抽样、检验、处理、法律责任、附则，自2015年2月1日起施行。

12月31日

〔纲　文〕　交通运输部印发《全国重点营运车辆联网联控系统考核管理办法》。

〔目　文〕　《办法》共5章19条，内容有总则、考核内容、职责分工、考核程序及考核结果应用、附则，自2014年12月31日起施行。

12月31日

〔纲　文〕　卫生计生委、公安部、食品药品监管总局印发《戒毒药物维持治疗工作管理办法》。

〔目　文〕　《办法》共8章46条。内容有总则、组织管理、机构人员、药品管理、维持治疗、监督管理、保障措施、附则，自2015年2月1日起施行。《滥用阿片类物质成瘾者社区药物维持治疗工作方案》（卫疾控发〔2006〕256号）同时废止。

12月31日

〔纲　文〕　国务院台办发言人表示，2014年是两岸关系克难前行、稳中有进的一年。

〔目　文〕　发言人说，2014年，两岸关系发展取得新成果。习近平总书记多次会见台湾各界团体及代表，阐述"两岸一家亲、共圆中国梦"等新理念新主张，表明坚定推动两岸关系和平发展、坚决制止"台独"分裂图谋的信心和决心，确保两岸关系大局稳定，引领两岸关系发展。此外，国共两党和两岸双方保持良性互动，巩固了坚持"九二共识"、反对"台独"的共同政治基础，增强了互信。海协会与海基会制度化协商有序推进。2014年两岸经济融合发展，全年贸易额近2000亿美元。两岸各领域交流发展势头良好。全年两岸人员往来超过900万人次，其中大陆居民赴台旅游超过300万人次，创历史新高。

12月31日

〔纲　文〕　三峡通航管理局发布，三峡船闸年通过量近1.2亿吨，创历史纪录。

〔目　文〕　2014年两坝船闸（三峡船闸、葛洲坝船闸）运行安全畅通，通过量双双过亿吨，三峡船闸年通过量逼近1.2亿吨，创通航以来历史新纪录。2014年三峡船闸运行10794闸次，通过船舶44458艘次，旅客52.1万人次，年通过量达1.193亿吨。葛洲坝船闸年通过量达1.17亿吨，均创历史新高。

三峡船闸2003年建成通航，年通过量逐年攀升。数据显示，三峡船闸自2011年以来连续达到了年单向5000万吨的设计通过能力，日均运行闸次由运行初期的15—17闸次提高至32闸次，过闸船舶吨位也由1040吨提高至3784吨，一次过闸平均吨位已达到15565吨。

12月31日

〔纲　文〕　23时35分，上海市黄浦区外滩在群众自发进行的迎新年活动中发生拥挤踩踏事件造成36人死亡，49人受伤，习近平作出指示。

[目　文]　中共中央总书记习近平指示，要求上海市全力以赴救治伤员，做好各项善后工作，抓紧调查事件原因，深刻汲取教训。春节、元宵节将至，不少地方都有一些群众聚集娱乐活动，各地一定要把人民群众生命财产安全放在第一位，精心组织安排，确保安全措施到位，坚决避免类似事件发生。

国务院总理李克强作出批示，要求千方百计减少因伤死亡，精心安抚家属，各有关部门要督促各地切实做好节日期间人员密集场所的安全管理，落实各项防范保障措施，严防重特大事件发生，确保人民群众生命安全和社会稳定。

2015年1月21日，上海公布"12·31"外滩拥挤踩踏事件的调查报告，认定这是一起对群众性活动预防准备不足、现场管理不力、应对处置不当而引发的拥挤踩踏并造成重大伤亡和严重后果的公共安全责任事件。黄浦区政府和相关部门对这起事件负有不可推卸的责任。

附　录

[附录一]

2014年中国县级以上行政区划变动一览表

批准日期	批准机构	省、市、自治区	变动内容
1月8日	民政部批复	山东	苍山县更名为兰陵县。
1月25日	国务院批复	广东	一、撤销广州市黄埔区、萝岗区，设立新的广州市黄埔区，以原黄埔区、原萝岗区的行政区域为新的黄埔区的行政区域。黄埔区人民政府驻萝岗街道香雪三路1号。 二、撤销县级从化市，设立广州市从化区，以原从化市的行政区域为从化区的行政区域。从化区人民政府驻街口街道新城东路99号。 三、撤销县级增城市，设立广州市增城区，以原增城市的行政区域为增城区的行政区域。增城区人民政府驻荔城街道惠民路1号。
		广东	撤销茂名市茂港区、电白县，设立茂名市电白区，以原茂港区、电白县的行政区域为电白区的行政区域，电白区人民政府驻水东镇海滨大道1号。
		山东	一、撤销县级文登市，设立威海市文登区，以原文登市（不含汪疃镇、苘山镇）的行政区域为威海市文登区的行政区域。文登区人民政府驻天福街道文山路30号。 二、原县级文登市的汪疃镇、苘山镇划归威海市环翠区管辖。
		海南	一、撤销三亚市海棠湾镇，设立三亚市海棠区，以原海棠湾镇的行政区域为海棠区的行政区域，海棠区人民政府驻新民路116号。 二、同意撤销三亚市吉阳镇，设立三亚市吉阳区，以原吉阳镇的行政区域为吉阳区的行政区域，吉阳区人民政府驻迎宾路483号。 三、撤销三亚市凤凰镇、天涯镇、育才镇，设立三亚市天涯区，以原凤凰镇、天涯镇、育才镇的行政区域为天涯区的行政区域，天涯区人民政府驻凤凰路319号。 四、撤销三亚市崖城镇，设立三亚市崖州区，以原崖城镇的行政区域为崖州区的行政区域，崖州区人民政府驻水南大道288号。
		新疆	一、设立县级双河市。双河市人民政府驻红星二路9号。 二、双河市由新疆维吾尔自治区直辖，管理方式按有关文件规定执行。

续表

批准日期	批准机构	省、市、自治区	变动内容
5月2日	国务院批复	江苏	一、撤销连云港市新浦区、海州区，设立新的连云港市海州区，以原新浦区、海州区的行政区域为新的海州区的行政区域，海州区人民政府驻浦东街道民主中路177号。 二、撤销赣榆县，设立连云港市赣榆区，以原赣榆县的行政区域为赣榆区的行政区域，赣榆区人民政府驻青口镇琴岛路2号。
		福建	一、撤销县级建阳市，设立南平市建阳区，以原建阳市的行政区域为建阳区的行政区域，建阳区人民政府驻潭城街道人民路28号。 二、南平市人民政府驻地由延平区八一路439号迁至建阳区南林大街36号。
		重庆	一、撤销璧山县，设立重庆市璧山区，以原璧山县的行政区域为璧山区的行政区域，璧山区人民政府驻璧城街道解放路44号。 二、撤销铜梁县，设立重庆市铜梁区，以原铜梁县的行政区域为铜梁区的行政区域，铜梁区人民政府驻巴川街道龙都路50号。
6月17日	民政部批复	辽宁	将沈阳市东陵区更名为浑南区。
6月26日	国务院批复	西藏	一、撤销日喀则地区和县级日喀则市，设立地级日喀则市。日喀则市人民政府驻新设立的桑珠孜区山东北路4号。 二、日喀则市设立桑珠孜区，以原县级日喀则市的行政区域为日喀则市桑珠孜区的行政区域。桑珠孜区人民政府驻城南街道吉林南路4号。三、日喀则市辖原日喀则地区的南木林县、江孜县、定日县、萨迦县、拉孜县、昂仁县、谢通门县、白朗县、仁布县、康马县、定结县、仲巴县、亚东县、吉隆县、聂拉木县、萨嘎县、岗巴县和新设立的桑珠孜区。
		新疆	设立县级霍尔果斯市，由伊犁哈萨克自治州管辖。霍尔果斯市人民政府驻陇海路3号。
		新疆	将喀什地区疏勒县巴合齐乡部分区域、塔孜洪乡部分区域，疏附县布拉克苏乡部分区域，克孜勒苏克尔克孜自治州阿克陶县皮拉勒乡部分区域划归图木舒克市管辖。
9月9日	国务院批复	湖北	撤销郧县，设立十堰市郧阳区，以原郧县的行政区域为郧阳区的行政区域，郧阳区人民政府驻城关镇金沙路1号。
		山东	撤销沾化县，设立滨州市沾化区，以原沾化县的行政区域为沾化区的行政区域，沾化区人民政府驻富国街道金海五路166号。

续表

批准日期	批准机构	省、市、自治区	变动内容
9月9日	国务院批复	广东	一、撤销云安县，设立云浮市云安区，将云浮市云城区的都杨镇划归云安区管辖，以原云安县（不含前锋镇、南盛镇）和云城区都杨镇的行政区域为云安区的行政区域。 二、将原云安县的前锋镇、南盛镇划归云城区管辖。
		河南	一、撤销开封市龙亭区、金明区，设立新的开封市龙亭区，以原龙亭区、金明区行政区域为新的龙亭区的行政区域，龙亭区人民政府驻午朝门街道体育路16号。 二、撤销开封县，设立开封市祥符区，以原开封县的行政区域为祥符区的行政区域，祥符区人民政府驻城关镇县府东街18号。
		河北	一、撤销石家庄市桥东区。将原桥东区的中山东路、阜康、建安、胜北4个街道和桃园镇划归石家庄市长安区管辖；将原桥东区的东华、休门、彭后、东风、汇通5个街道划归石家庄市桥西区管辖。 二、撤销县级藁城市，设立石家庄市藁城区，以原藁城市的行政区域为藁城区的行政区域，藁城区人民政府驻廉州镇廉州西路2号。 三、撤销县级鹿泉市，设立石家庄市鹿泉区，以原鹿泉市的行政区域为鹿泉区的行政区域，鹿泉区人民政府驻获鹿镇镇宁路6号。 四、撤销栾城县，设立石家庄市栾城区，以原栾城县的行政区域为栾城区的行政区域，栾城区人民政府驻栾城镇裕泰路9号。
10月20日	国务院批复	山东	撤销陵县，设立德州市陵城区，以原陵县的行政区域为陵城区的行政区域，陵城区人民政府驻临齐街道中兴路155号。
		四川	撤销彭山县，设立眉山市彭山区，以原彭山县的行政区域为彭山区的行政区域，彭山区人民政府驻凤鸣镇西街98号。
		广东	撤销阳东县，设立阳江市阳东区，以原阳东县的行政区域为阳东区的行政区域，阳东区人民政府驻东城镇德政路1号。
		吉林	撤销县级九台市，设立长春市九台区，以原九台市的行政区域为九台区的行政区域，九台区人民政府驻九台街道九台大街67号。

续表

批准日期	批准机构	省、市、自治区	变动内容
10月20日	国务院批复	西藏	一、撤销昌都地区和昌都县，设立地级昌都市。昌都市人民政府驻新设立的卡若区昌都西路378号。 二、昌都市设立卡若区，以原昌都县的行政区域为昌都市卡若区的行政区域，卡若区人民政府驻城关镇昌都中路259号。 三、昌都市辖原昌都地区的江达县、贡觉县、类乌齐县、丁青县、察雅县、八宿县、左贡县、芒康县、洛隆县、边坝县和新设立的卡若区。
12月13日	国务院批复	浙江	撤销县级富阳市，设立杭州市富阳区，以原富阳市的行政区域为富阳区的行政区域，富阳区人民政府驻富春街道桂花路25号。
		陕西	撤销高陵县，设立西安市高陵区，以原高陵县的行政区域为高陵区的行政区域，高陵区人民政府驻鹿苑街道县门街29号。
		福建	撤销永定县，设立龙岩市永定区，以原永定县的行政区域为永定区的行政区域，永定区人民政府驻凤城镇九一街西路2号。
		贵州	撤销平坝县，设立安顺市平坝区，以原平坝县的行政区域为平坝区的行政区域，平坝区人民政府驻安平街道中山南路58号。
12月16日	民政部批复	云南	撤销香格里拉县，设立县级香格里拉市，以原香格里拉县的行政区域为香格里拉市的行政区域，香格里拉市人民政府驻建塘镇金沙路22号。

[附录二] **2014年国民经济和社会统计资料**

项目	单位	数量	比上年增长（%）
一、全国行政区划			
省级区划数	个	34	0.00
地级区划数	个	288	0.70
地级市	个	288	0.70
县级区划数	个	2854	0.04
市辖区	个	897	2.87
县级市	个	361	−1.90
县	个	1425	−1.18

续表

项目	单位	数量	比上年增长（%）
自治县	个	117	0.00
二、全国人口及就业状况			
年底总人口	万人	136782	0.52
年底男性总人口	万人	70079	0.50
年底女性总人口	万人	66703	0.54
城镇	万人	74916	2.47
乡村	万人	61866	−1.74
人口出生率	‰	12.37	2.40
人口死亡率	‰	7.16	0.00
人口自然增长率	‰	5.21	5.89
就业人员总数	万人	77253	0.36
城镇	万人	39310	2.80
乡村	万人	37943	−2.05
第一产业	万人	22790	5.71
第二产业	万人	23099	−0.31
第三产业	万人	31364	5.83
三、国内生产总值及构成			
国内生产总值（按当年价格计算）			
国民总收入	亿元	644791.1	9.21
国内生产总值	亿元	643974	8.19
第一产业增加值	亿元	58343.5	5.45
第二产业增加值	亿元	277571.8	5.96
第三产业增加值	亿元	308058.6	10.83
农林牧渔业增加值	亿元	60165.7	5.60
工业增加值	亿元	233856.4	5.18
建筑业增加值	亿元	44880.5	9.74
批发和零售业增加值	亿元	62423.5	10.91
交通运输、仓储和邮政业增加值	亿元	28500.9	9.44
住宿和餐饮业增加值	亿元	11158.5	9.09
金融业增加值	亿元	46665.2	13.29
房地产业增加值	亿元	38000.8	5.59
其他增加值	亿元	118322.7	12.36
人均国内生产总值	元/人	47203	7.64
国内生产总值构成（按当年价格计算）			
国内生产总值	%	100	0.00

续表

项目	单位	数量	比上年增长（%）
第一产业增加值	%	9.1	−2.15
第二产业增加值	%	43.1	−2.05
第三产业增加值	%	47.8	2.36
农林牧渔业增加值	%	9.3	−3.12
工业增加值	%	36.3	−2.94
建筑业增加值	%	7.0	1.45
批发和零售业增加值	%	9.7	2.11
交通运输、仓储和邮政业增加值	%	4.4	0.00
住宿和餐饮业增加值	%	1.7	0.00
金融业增加值	%	7.2	4.35
房地产业增加值	%	5.9	−1.67
其他增加值	%	18.4	3.95
支出法国内生产总值（按当年价格计算）			
支出法国内生产总值	亿元	647181.7	8.41
最终消费支出	亿元	328312.6	9.31
居民消费支出	亿元	242539.7	10.36
政府消费支出	亿元	85772.9	6.45
资本形成总额	亿元	302717.5	7.32
固定资本形成总额	亿元	290053.1	7.06
存货变动	亿元	12664.4	13.59
四、全社会固定资产投资			
全社会固定资产投资	亿元	512020.65	14.73
新建	亿元	350782.77	15.80
扩建	亿元	60391.34	11.79
改建和技术改造	亿元	71061.44	14.00
五、农林牧渔业生产状况			
总产值（绝对数按当年价格计算）	亿元	102226.09	5.39
农作物播种面积	千公顷	165446.25	0.50
粮食播种面积	千公顷	112722.58	0.69
全国主要农业产品产量			
粮食	万吨	60702.61	0.85
棉花	万吨	617.8318	−1.92
油料	万吨	3507.43	−0.27
麻类	万吨	23.09	0.65
甘蔗	万吨	12561.13	−2.02

续表

项目	单位	数量	比上年增长（%）
甜菜	万吨	800.04	-13.50
烟叶	万吨	299.45	-11.24
茶叶	万吨	209.57	8.90
水果	万吨	26142.24	4.13
六、工业生产状况			
工业增加值（按当年价格计算）	亿元	233856.4	5.13
规模以上工业企业利润总额	亿元	68154.90	-0.33
全社会建筑业增加值	亿元	44880.5	9.74
全国主要工业产品产量			
纱	万吨	3379.2	5.60
布	亿米	893.68	-0.44
化学纤维	万吨	4389.75	5.52
成品糖	万吨	1642.67	3.13
彩色电视机	万台	14128.9	10.86
家用电冰箱	万台	8796.09	-4.97
房间空气调节器	万台	14463.27	10.67
原煤	亿吨	38.74	-2.52
原油	万吨	21142.92	0.72
天然气	亿立方米	1301.57	7.69
发电量	亿千瓦小时	57944.57	6.68
粗钢	万吨	82230.63	1.13
钢材	万吨	112513.12	3.99
十种有色金属	万吨	4828.81	9.44
水泥	万吨	249207.08	3.01
硫酸（折100%）	万吨	8901.55	9.16
烧碱（折100%）	万吨	3063.51	4.65
乙烯	万吨	1696.69	6.09
化肥（折100%）	万吨	6876.85	-2.13
汽车	万辆	2372.52	7.25
大中型拖拉机	万台	64.37	-3.29
集成电路	万块	10155300	12.40
程控交换机	万线	2148.15	-20.40
移动通信手持机	万台	168202.75	10.41
微型计算机设备	万台	35079.63	-0.76

续表

项目	单位	数量	比上年增长（%）
七、全国能源生产和消费状况			
能源生产总量	万吨标准煤	361866	0.86
原煤占能源生产总量的比重	%	73.60	-2.39
原油占能源生产总量的比重	%	8.40	0.00
天然气占能源生产总量的比重	%	4.70	6.82
一次电力及其他能源占能源生产总量的比重	%	13.30	12.71
全国能源消费情况			
能源消费总量	万吨标准煤	425806	2.13
煤炭占能源消费总量的比重	%	65.60	-2.67
石油占能源消费总量的比重	%	17.40	1.75
天然气占能源消费总量的比重	%	5.70	7.55
一次电力及其他能源占能源消费总量的比重	%	11.30	10.78
八、交通运输及邮电状况			
运输线路长度			
铁路营业里程	万公里	11.18	8.44
公路里程	万公里	446.39	2.47
高速公路	万公里	11.19	7.18
内河航道里程	万公里	12.63	0.32
定期航班航线里程	公里	4637214	12.94
管道输油（气）里程	万公里	10.57	7.31
全国客运情况			
客运总量	万人	2032217.81	-4.28
铁路客运量	万人	230460	9.43
公路客运量	万人	1736270	-6.32
水运客运量	万人	26292.93	11.72
民航客运量	万人	39194.88	10.73
全国旅客周转总量	亿人公里	28647.13	3.90
铁路旅客周转量	亿人公里	11241.85	6.10
公路旅客周转量	亿人公里	10996.75	-2.26
水运旅客周转量	亿人公里	74.34	8.80
民航旅客周转量	亿人公里	6334.19	11.98
全国货运量			
货运总量	万吨	4167296	1.67

续表

项目	单位	数量	比上年增长（%）
铁路货运量	万吨	381334	−3.87
公路货运量	万吨	3113334	1.19
水运货运量	万吨	598283	6.88
民航货运量	万吨	594	5.88
管道货运量	万吨	73752	13.10
全国货物周转总量	亿吨公里	181667.69	8.13
铁路货物周转量	亿吨公里	27530.19	−5.63
公路货物周转量	亿吨公里	56846.9	1.99
水运货物周转量	亿吨公里	92774.56	16.79
民航货物周转量	亿吨公里	187.77	10.26
管道货物周转量	亿吨公里	4328.28	23.81
全国民用汽车拥有量			
民用汽车拥有量	万辆	14598.11	15.22
私人汽车	万辆	12339.36	17.50
民用运输船舶拥有量	艘	154974	−0.24
沿海规模以上港口货物吞吐量	万吨	769557	5.69
全国邮电业务情况			
邮电业务总量	亿元	21834.41	18.46
邮政业务总量	亿元	3696.08	35.63
电信业务总量	亿元	18138.33	15.48
函件数	亿件	56.1	−11.53
包裹数	万件	6024.2	−13.01
报刊期发数	万份	14936.8	−1.35
九、商业、物价及外贸状况			
全国社会消费品零售情况			
社会消费品零售总额	亿元	271896.1	11.96
批发和零售业商品销售额	亿元	541319.8	9.00
住宿和餐饮业营业额	亿元	8150.6	1.11
全国各种价格指数（以上年为100）			
居民消费价格指数		102	−0.58
商品零售价格指数		101	−0.39
工业生产者出厂价格指数		98.1	0.00
工业生产者购进价格指数		97.8	0.20
固定资产投资价格指数		100.5	0.20

续表

项目	单位	数量	比上年增长（%）
全国进出口贸易情况			
进出口总额	亿元人民币	264241.77	2.35
出口总额	亿元人民币	143883.75	4.92
进口总额	亿元人民币	120358.03	−0.56
进出口差额	亿元人民币	23525.72	46.18
进出口总额	百万美元	4301527.35	3.43
出口总额	百万美元	2342292.7	6.03
进口总额	百万美元	1959234.65	0.47
差额	百万美元	383058.05	47.89
十、财政状况			
财政收入	亿元	140370.03	8.64
财政支出	亿元	151785.56	8.25
收支差额	亿元	−11415.53	3.75
中央财政收入	亿元	64493.45	7.13
地方财政收入	亿元	75876.58	9.95
中央财政支出	亿元	22570.07	10.25
地方财政支出	亿元	129215.49	7.91
国家财政主要收入项目			
国家税收收入	亿元	119175.31	7.82
国家非税收入	亿元	21194.72	13.47
国家专项收入	亿元	3711.35	5.18
国家行政事业性收费	亿元	5206	9.01
国家罚没收入	亿元	1721.82	3.80
国家其他收入	亿元	3012.45	−65.44
国家财政主要支出项目			
国家财政一般公共服务支出	亿元	13267.5	−3.55
国家财政国防支出	亿元	8289.5	11.86
国家财政公共安全支出	亿元	8357.23	7.33
国家财政教育支出	亿元	23041.7	4.73
国家财政科学技术支出	亿元	5314.5	4.53
国家财政文化体育与传媒支出	亿元	2691.48	5.78
国家财政社会保障和就业支出	亿元	15968.9	10.20
国家财政医疗卫生支出	亿元	10176.8	22.91
国家财政环境保护支出	亿元	3815.6	11.08
国家财政城乡社区事务支出	亿元	12959.5	16.07

续表

项目	单位	数量	比上年增长（%）
国家财政农林水事务支出	亿元	14173.8	6.17
国家财政交通运输支出	亿元	10400.4	11.25
国家财政其他支出	亿元	3254.53	−0.53
中央财政债务余额	亿元	95655.45	10.27
国内债务	亿元	94676.31	10.30
国外债务	亿元	979.14	7.50
十一、金融状况			
货币和准货币(M2)供应量	亿元	1228374.81	11.01
货币(M1)供应量	亿元	348056.41	3.19
流通中现金(M0)供应量	亿元	60259.53	2.88
货币供应量中活期存款供应量	亿元	287796.88	3.26
黄金储备	万盎司	3389	0.00
外汇储备	亿美元	38430.18	0.57
十二、人民生活			
居民人均可支配收入	元	20167	10.14
城镇居民人均可支配收入	元	28844	8.93
农村居民人均可支配收入	元	10489	11.23
居民人均消费支出	元	14491	9.61
城镇居民人均消费支出	元	19968	8.01
农村居民人均消费支出	元	8383	12.00
城乡居民人民币储蓄存款年底余额	亿元	485261.3	8.41
十三、教育状况			
研究生培养机构学校数	所	788	−5.06
普通高校研究生培养机构学校数	所	571	4.20
科研机构研究生培养机构学校数	所	217	−23.05
研究生在学人数	万人	184.7689	3.00
研究生招生数	万人	62.1323	1.63
研究生毕业生数	万人	53.5863	4.33
普通高等学校学校数	所	2529	1.53
本科院校学校数	所	1202	2.74
专科院校学校数	所	1327	0.45
中等教育学校数	所	79670	−1.39
高中阶段教育学校数	所	25677	−2.09
高中学校数	所	13799	−1.17
普通高中学校数	所	13253	−0.74

续表

项目	单位	数量	比上年增长（%）
初中阶段教育学校数	所	53993	−1.06
初等教育学校数	所	219632	−6.69
普通小学学校数	所	201377	−5.69
普通中学在校学生数	万人	−	−
高中在校学生数	万人	2400.4723	−1.45
初中在校学生数	万人	−	−
普通中学招生数	万人	−	−
高中招生数	万人	796.596	−3.17
初中招生数	万人	−	−
普通中学毕业生数	万人	659.3671	3.23
高中毕业生数	万人	799.6189	0.08
初中毕业生数	万人	−	−
普通小学数量	所	201377	−5.69
普通小学教职工数	万人	549	0.00
普通小学专任教师数	万人	563.3906	0.88
普通小学在校学生数	万人	9451.0651	0.97
普通小学招生数	万人	1658.4245	−2.18
普通小学毕业生数	万人	1476.628	−6.61
特殊教育学校数量	所	2000	3.47
特殊教育学校教职工数	万人	6	0.00
特殊教育学校专任教师数	万人	5	0.00
特殊教育学校在校学生数	万人	39.487	7.27
特殊教育学校毕业生数	万人	4.9032	−3.36
幼儿园数量	所	209881	5.71
幼儿园教职工数	万人	314	10.95
幼儿园专任教师数	万人	184	10.84
幼儿园在校学生数	万人	4050.7145	4.01
出国留学人数	万人	45.98	11.09
学成回国留学人数	万人	36.48	3.20
十四、文化事业状况			
文化文物机构数	个	287356	−1.89
公共图书馆业机构数	个	3117	0.16
群众文化服务业机构数	个	44423	0.37
艺术教育业机构数	个	135	−2.88

续表

项目	单位	数量	比上年增长（%）
文化市场经营机构数	个	213547	-3.23
图书、期刊和报纸出版情况			
图书出版种数	种	448431	0.90
图书新出版种数	种	255890	-0.04
图书总印数	亿册	81.85	-1.50
期刊出版种数	种	9966	0.90
期刊出版总印数	亿册	30.95	-5.4
报纸出版种数	种	1912	-0.16
报纸出版总印数	亿份	463.9	-3.84
十五、卫生事业状况			
医疗卫生机构数	个	981432	0.72
医院数	个	25860	4.66
综合医院数	个	16524	4.01
中医医院数	个	3115	3.32
专科医院数	个	5478	6.85
基层医疗卫生机构	个	917335	0.21
社区卫生服务中心（站）数	个	34238	0.80
卫生人员数	万人	1023.42	4.53
卫生技术人员数	万人	758.98	5.26
执业（助理）医师数	万人	289.25	3.50
执业医师数	万人	237.49	3.90
注册护士数	万人	300.41	7.94
药师数	万人	40.96	3.54
乡村医生和卫生员数	万人	105.82	-2.12
卫生机构床位数	万张	660.12	6.78
医院床位数	万张	496.12	8.36
专业公共卫生机构床位数	万张	22.3	3.77
妇幼保健院（所、站）床位数	万张	18.48	5.30
专科疾病防治院（所、站）床位数	万张	3.76	-2.34

数据来源：2018年3月2日国家统计局国家年度数据表。

[附录三] 2014年中国与外国签订的主要双边条约

序号	条约名称	签订日期	签订地点
1	中华人民共和国政府与法兰西共和国政府关于行政和公职领域的合作协定	2014年1月9日	北京
2	中华人民共和国政府和保加利亚共和国政府海运协定	2014年1月13日	北京
3	中华人民共和国政府和列支敦士登公国政府关于税收情报交换的协定及议定书	2014年1月27日	瓦杜兹
4	中华人民共和国政府和黑山政府关于加强基础设施领域合作协定修改补充协议	2014年2月14日	波德戈里察
5	中华人民共和国政府和塞内加尔共和国政府关于互免持外交、公务护照人员签证的协定	2014年2月20日	北京
6	中华人民共和国政府和英国政府关于中国在贝尔法斯特、英国在武汉设立总领事馆的换文	2014年2月20日 2014年2月21日	北京
7	中华人民共和国政府和阿根廷共和国政府关于海关行政互助与合作的协定	2014年2月24日	布宜诺斯艾利斯
8	中华人民共和国政府和德意志联邦共和国政府对所得和财产避免双重征税和防止偷漏税的协定及议定书	2014年3月28日	柏林
9	中华人民共和国政府和德意志联邦共和国政府关于中国在杜塞尔多夫设立总领事馆的换文	2014年3月28日	柏林
10	中华人民共和国政府和埃塞俄比亚联邦民主共和国政府文化合作协定2014—2017年执行计划	2014年5月4日	亚的斯亚贝巴
11	中华人民共和国和土库曼斯坦友好合作条约	2014年5月12日	北京
12	中华人民共和国政府和巴巴多斯政府关于互免持外交、公务（官员）护照人员签证的协定	2014年5月27日	布里奇顿
13	中华人民共和国政府和新西兰政府关于新西兰在成都设立总领事馆的换文	2014年5月29日	北京
14	中华人民共和国政府与土耳其共和国政府关于海关事务的合作互助协定	2014年6月11日	北京
15	中华人民共和国政府和刚果共和国政府文化合作协定2014—2016年执行计划	2014年6月12日	北京
16	中华人民共和国政府和刚果共和国政府关于互免持外交、公务护照人员签证的协定	2014年6月12日	北京

续表

序号	条约名称	签订日期	签订地点
17	中华人民共和国政府和希腊共和国政府关于互设文化中心的协定	2014年6月19日	雅典
18	中华人民共和国政府和马耳他共和国政府关于马耳他在上海设立总领事馆的换文	2014年6月23日 2014年6月30日	北京
19	中华人民共和国和大韩民国领事协定	2014年7月1日	首尔
20	中华人民共和国政府与大韩民国政府关于合作拍摄电影的协议	2014年7月3日	首尔
21	中华人民共和国政府和美利坚合众国政府教育交流合作协定	2014年7月10日	北京
22	中华人民共和国政府与阿根廷共和国政府关于产业投资合作的补充协议	2014年7月18日	布宜诺斯艾利斯
23	中华人民共和国政府与阿根廷共和国政府关于基础设施领域合作的补充协议	2014年7月18日	布宜诺斯艾利斯
24	中华人民共和国政府与阿根廷政府经济和投资合作框架协议	2014年7月18日	布宜诺斯艾利斯
25	中华人民共和国政府和蒙古国政府关于中华人民共和国和蒙古国1949年至2012年间缔结的双边条约效力的议定书	2014年8月21日	乌兰巴托
26	中华人民共和国政府和津巴布韦共和国政府关于互免持外交、公务护照人员签证的谅解备忘录	2014年8月25日	北京
27	中华人民共和国政府和罗马尼亚政府和平利用核能合作协定	2014年9月1日	北京
28	1997年6月27日《中华人民共和国政府和俄罗斯联邦政府关于建立中俄总理定期会晤机制及其组织原则的协定》的议定书	2014年9月9日	北京
29	中华人民共和国政府和毛里塔尼亚伊斯兰共和国政府文化协定2014年至2018年执行计划	2014年9月10日	北京
30	中华人民共和国政府和也门共和国政府文化合作协定2014年至2017年执行计划	2014年9月10日	北京
31	中华人民共和国政府和约旦哈希姆王国政府文化合作协定2015年至2018年执行计划	2014年9月10日	北京
32	中华人民共和国政府和伊拉克共和国政府文化合作协定2014年至2016年执行计划	2014年9月10日	北京
33	中华人民共和国政府和突尼斯共和国政府文化协定2014年至2018年执行计划	2014年9月10日	北京
34	中华人民共和国政府、塔吉克斯坦共和国政府、阿富汗伊斯兰共和国政府关于建立边境联合管控机制的合作谅解备忘录	2014年9月12日	杜尚别

续表

序号	条约名称	签订日期	签订地点
35	中华人民共和国政府和马尔代夫共和国政府关于成立经济贸易合作联合委员会的协定	2014年9月15日	马累
36	中华人民共和国政府和芬兰共和国政府社会保障协定	2014年9月22日	赫尔辛基
37	中华人民共和国政府和吉尔吉斯共和国政府关于实施吉尔吉斯共和国比什凯克市政道路修复和改造项目的议定书	2014年9月29日	比什凯克
38	中华人民共和国政府和俄罗斯联邦政府对所得避免双重征税和防止偷漏税的协定及议定书	2014年10月13日	莫斯科
39	中华人民共和国政府和奥地利联邦政府关于简化航空公司机组人员签证手续的协定	2014年10月22日	北京
40	中华人民共和国政府和新加坡共和国政府知识产权领域合作谅解备忘录	2014年10月27日	苏州
41	中华人民共和国政府和南非共和国政府民用核能项目合作框架协议	2014年11月7日	北京
42	关于修订《中华人民共和国政府和加拿大政府航空运输协定》的议定书	2012年11月13日	珠海

[附录四]　　2014年中国参加的多边公约情况

总序号	公约中英文名称	签订日期/地点/保存机关	生效日期	中国参加及声明情况	适港澳
1	上海合作组织反恐怖主义公约 Convention on Combating Terrorism by the Shanghai Cooperation Organization	2009年6月16日 叶卡捷琳堡	2012年1月14日	2009年6月16日签署。2014年12月28日决定批准。	暂不适用香港

续表

总序号	公约中英文名称	签订日期/地点/保存机关	生效日期	中国参加及声明情况	适港澳
2	视听表演北京条约 Beijing Treaty on Audiovisual Performance	2012年6月26日通过 北京	尚未生效	2012年6月27日签署。2014年4月24日人大批准。声明：不受条约第11条1和2款的约束。	暂不适用香港
3	北太平洋公海渔业资源养护和管理公约 Convention on the Conservation and Management of High Seas fishery Resources in the North Pacific Ocean	2012年6月26日通过 北京	2015年7月19日	2012年6月27日签署。2014年4月24日人大批准。声明：不受条约第11条1和2款的约束。	暂不适用香港
4	建立国际反腐败学院的协定 Agreement for the Establishment of International Anti-Corruption Academy	2010年9月2日 维也纳	2011年3月8日	2014年9月3日加入。2014年9月15日递交加入书。声明：不受协定第19条"争议解决"约束，11月15日对中生效。	适用香港和澳门
5	亚洲及太平洋地区承认高等教育资历公约 Revised Asia-Pacific Regional Convention on the Recognition of Qualifications in Higher Education 2011	2011年11月26日东京（联合国教科文组织保存）		2011年11月26日签署。2014年3月18日国务院核准。声明：澳门地区不受第4章7条，5章1条，第3、6章和8章4条约束。	适用澳门、香港
6	京都议定书多哈修正案 Doha Amendment to the Kyoto Protocol	2012年12月8日 多哈	尚未生效	2014年5月30日交接受书。2014年6月2日复照确认。	香港、澳门

[附录五] 2014年国家科学技术奖励情况

2014年度国家最高科学技术奖获奖人				
于敏院士				
2014年度国家自然科学奖获奖项目目录				
一等奖				
序号	编号	项目名称	主要完成人	推荐单位
1	Z-10701-1-01	网络计算的模式及基础理论研究	张尧学（清华大学），周悦芝（清华大学），林闯（清华大学），任丰原（清华大学），王国军（中南大学）	教育部
2014年度国家技术发明奖获奖项目目录（通用项目）				
一等奖				
序号	编号	项目名称	主要完成人	推荐单位
1	F-306-1-01	甲醇制取低碳烯烃（DMTO）技术	刘中民（中国科学院大连化学物理研究所），刘昱（中石化洛阳工程有限公司），吕志辉（中国科学院大连化学物理研究所），陈俊武（中石化洛阳工程有限公司），袁知中（新兴能源科技有限公司），齐越（中国科学院大连化学物理研究所）	中国石油和化学工业联合会，中国科学院
2014年度国家科学技术进步奖获奖项目目录（通用项目）				
特等奖				
序号	编号	项目名称	主要完成单位	推荐单位
1	J-210-0-01	超深水半潜式钻井平台研发与应用	中海石油（中国）有限公司，中海油研究总院，上海外高桥造船有限公司，中国船舶工业集团公司第七〇八研究所，西南石油大学，上海交通大学，中海油田服务股份有限公司，海洋石油工程股份有限公司，中海石油深海开发有限公司，中国科学院力学研究所，中国船级社，大连理工大学，哈尔滨工程大学，江苏亚星锚链股份有限公司，山东悦龙橡塑科技有限公司，无锡市东舟船舶附件有限公司，江苏科技大学，重庆科技学院	中国海洋石油总公司

续表

		一等奖			
序号	编号	项目名称	主要完成人	主要完成单位	推荐单位
1	J-23302-1-01	我国首次对巨型H1N1流感大流行有效防控及集成创新性研究	侯云德、王宇、王辰、王永炎、李兰娟、赵铠、李兴旺、杨维中、刘保延、舒跃龙、金奇、高福、胡孔新、梁晓峰、钟南山	中国疾病预防控制中心，首都医科大学附属北京朝阳医院，中国疾病预防控制中心病毒病预防控制所，北京市疾病预防控制中心，浙江大学医学院附属第一医院，中国医学科学院病原生物学研究所，中国科学院微生物研究所，中国检验检疫科学研究院，中国人民解放军军事医学科学院，中国中医科学院	卫生和计划生育委员会
2	J-210-1-01	我国油气战略通道建设与运行关键技术	廖永远、孙波、黄维和、吴宏、黄泽俊、高泽涛、艾慕阳、冯庆善、冯耀荣、张劲军、杨忠文、王旭、王国丽、高顺华、伍奕	中国石油天然气股份有限公司管道建设项目经理部，中国石油天然气管道局，中国石油集团石油管工程技术研究院，中国石油天然气股份有限公司管道技术研究中心，中国石油天然气股份有限公司西气东输管道分公司，中国石油天然气股份有限公司西部管道分公司，中国石油天然气股份有限公司管道分公司，中石油中亚天然气管道有限公司，中国石油天然气股份有限公司北京油气调控中心，中国石油大学（北京）	中国石油和天然气集团公司

续表

序号	编号	项目名称	主要完成人	主要完成单位	推荐单位
3	J-220-1-01	高端容错计算机系统关键技术与应用	王恩东、胡雷钧、张东、张峻、黄家明、夏军、林楷智、尹宏伟、王守昊、林磊明、乔鑫、陈彦灵、吴楠、乔英良、陈继承	浪潮集团有限公司，中国人民解放军国防科学技术大学，中国建设银行股份有限公司	山东省
4	J-215-1-01	600℃超超临界火电机组钢管创新研制与应用	刘正东、王起江、程世长、陈晓丹、包汉生、徐海澄、杨钢、薛建国、张怀德、郭元蓉、王鹏展、谭舒平、周荣灿、徐松乾、王立民	宝山钢铁股份有限公司，中国钢研科技集团有限公司，扬州诚德钢管有限公司，攀钢集团成都钢钒有限公司，哈尔滨锅炉厂有限责任公司，西安热工研究院有限公司，山西太钢不锈钢股份有限公司	中国钢铁工业协会
5	J-212-1-01	筒子纱数字化自动染色成套技术与装备	单忠德、陈队范、吴双峰、刘琳、鹿庆福、王绍宗、张倩、王家宾、靳云发、沈敏举、杨万然、刘子斌、罗俊、李树广、李周	山东康平纳集团有限公司，机械科学研究总院，鲁泰纺织股份有限公司	中国纺织工业联合会
6	J-25202-1-01	特厚煤层大采高综放开采关键技术及装备	王金华、于斌、康红普、王国法、吴兴利、王家臣、杨智文、刘峰、李国平、毛德兵、雷煌、梁运涛、宋金旺、王晓东	中国煤炭科工集团有限公司，大同煤矿集团有限责任公司，煤炭科学研究总院，天地科技股份有限公司，中煤科工集团上海研究院，中煤张家口煤矿机械有限责任公司，煤科集团沈阳研究院有限公司，中国矿业大学（北京），中国矿业大学，中煤北京煤矿机械有限责任公司	中国煤炭工业协会
7	J-234-1-01	中成药二次开发核心技术体系创研及其产业化	张伯礼、程翼宇、瞿海斌、刘洋、范骁辉、谢雁鸣、高秀梅、张平、刘霞、王毅、张俊华、康立源、胡利民、任明、张艳军	天津中医药大学，浙江大学，中国中医科学院，正大青春宝药业有限公司，天津市医药集团有限公司	国家中医药管理局

续表

序号	编号	项目名称	主要完成人	主要完成单位	推荐单位
8	J-216-1-01	极端条件下重要压力容器的设计、制造与维护	陈学东、涂善东、郑津洋、范志超、轩福贞、寿比南、陈永东、谷文、王冰、陈志平、韩冰、杨国义、崔军、章小浒、李秀杰	合肥通用机械研究院，华东理工大学，浙江大学，中国特种设备检测研究院，中国第一重型机械集团大连加氢反应器制造有限公司，中国石化集团南京化学工业有限公司，浙江工业大学，中石化洛阳工程有限公司，中国石化工程建设有限公司，中国寰球工程公司	安徽省、中国机械工业联合会
9	J-222-1-01	流域水循环演变机理与水资源高效利用	王浩、贾仰文、康绍忠、陈吉宁、王建华、曹寅白、陆垂裕、汪林、周祖昊、刘家宏、甘泓、仇亚琴、游进军、牛存稳、雷晓辉	中国水利水电科学研究院，清华大学，中国农业大学，水利部海河水利委员会	水利部
10	J-210-1-02	元坝超深层生物礁大气田高效勘探及关键技术	郭旭升、郭彤楼、蔡希源、王志刚、马永生、李真祥、蔡勋育、胡东风、陈祖庆、瞿佳、唐瑞江、丁士东、凡睿、雷鸣、黄仁春	中国石油化工股份有限公司勘探南方分公司，中国石油化工股份有限公司石油工程技术研究院	中国石油化工集团公司
11	J-22102-1-01	现代预应力混凝土结构关键技术创新与应用	吕志涛、薛伟辰、蒋立红、张喜刚、冯大斌、孟少平、朱万旭、程建军、苏如春、贺志启、潘钻峰、王景全、刘钊、郭正兴、冯健	东南大学，同济大学，中国建筑股份有限公司，中交公路规划设计院有限公司，中国建筑科学研究院，柳州欧维姆机械股份有限公司，西部中大建设集团有限公司，中国建筑第八工程局有限公司，中国建筑一局（集团）有限公司	教育部
12	J-232-1-01	汶川地震地质灾害评价与防治	黄润秋、许强、裴向军、唐川、李为乐、王运生、范宣梅、罗永红、余斌、李渝生、李勇、沈军辉、冯文凯、赵建军、巨能攀	成都理工大学	四川省

续表

序号	编号	项目名称	主要完成人	主要完成单位	推荐单位
13	J-213-1-01	超深井超稠油高效化学降粘技术研发与工业应用	刘中云、秦冰、林涛、王世洁、郭继香、梁尚斌、韩革华、罗咏涛、肖贤明、李本高、赵海洋、李子甲、任波、杨祖国、雷斌	中国石油化工股份有限公司西北油田分公司，中国石油化工股份有限公司石油化工科学研究院，中国石油大学（北京），中国科学院广州地球化学研究所	中国石油化工集团公司
14	J-206-1-01	国家电网智能电网创新工程		国家电网公司	国有资产监督管理委员会

创新团队

序号	编号	团队名称	主要成员	主要支持单位	
1	J-207-1-01	解放军总医院器官损伤与修复综合救治创新团队	陈香美、付小兵、蔡广研、姚咏明、谢院生、孙雪峰、张旭、白雪源、吴镝、魏日胞、张利、冯哲、朱晗玉、韩为东、吴杰	中国人民解放军总医院	总后勤部
2	J-207-1-02	武汉大学对地观测与导航技术创新团队	李德仁、刘经南、龚健雅、张良培、李清泉、施闯、吴华意、王密、陈能成、赵齐乐、陈晓玲、朱欣焰、眭海刚、廖明生、张过	武汉大学	湖北省
3	J-207-1-03	中国航天科技集团公司第五研究院深空探测航天器系统创新团队	叶培建、孙泽洲、黄江川、张廷新、杨孟飞、张熇、贾阳、张洪华、饶炜、陈建新、王晓磊、张伍、彭兢、吴学英、孟林智	中国空间技术研究院	国防科技工业局

中华人民共和国国际科学技术合作奖

若列斯·伊万诺维奇·阿尔费罗夫（俄罗斯），弗农·道格拉斯·布罗斯（加拿大），黎念之（美国），菲尔·罗斯顿（新西兰），披拉沙·斯乃文（泰国），富兰克·马尔科·佩拉诺（澳大利亚），尼克·伦格斯（荷兰）

[附录六] 2014年中国运动员创世界纪录和获世界冠军情况

2014年中国运动员创世界纪录统计								
大项	分项	小项	运动员	性别	赛事	产生日期	举办地	成绩
射击		男子气手枪(10米)	庞伟	男	2014年射击气枪亚洲锦标赛	2014年3月7日	科威特	202.3
		女子气步枪(10米)	易思玲	女	2014年射击世界杯分站赛第四站	2014年7月1日	北京	211
		男子气步枪团体	曹逸飞	男	2014年射击世界锦标赛	2014年9月6日	西班牙	1885.5
			刘天佑	男	2014年射击世界锦标赛	2014年9月6日	西班牙	1885.5
			杨浩然	男	2014年射击世界锦标赛	2014年9月6日	西班牙	1886.5
		男子步枪卧射团体	兰兴	男	2014年亚运会	2014年9月20日	韩国仁川	1876
			刘刚	男	2014年亚运会	2014年9月20日	韩国仁川	1876
			赵声波	男	2014年亚运会	2014年9月20日	韩国仁川	1876
		女子气步枪团体	武柳希	女	2014年亚运会	2014年9月20日	韩国仁川	1253.8
			易思玲	女	2014年亚运会	2014年9月20日	韩国仁川	1253.8
			张彬彬	女	2014年亚运会	2014年9月20日	韩国仁川	1253.8
		女子飞碟双多向团体	白一廷	女	2014年亚运会	2014年9月25日	韩国仁川	315
			张亚菲	女	2014年亚运会	2014年9月25日	韩国仁川	315
			朱美	女	2014年亚运会	2014年9月25日	韩国仁川	315

续表

大项	分项	小项	运动员	性别	赛事	产生日期	举办地	成绩
举重		女子75以上公斤级挺举	周璐璐	女	2014年亚运会	2014年9月26日	韩国仁川	192
		男子69公斤级抓举	廖辉	男	2014年举重世界锦标赛	2014年11月10日	哈萨克斯坦	166
		男子69公斤级总成绩	廖辉	男	2014年举重世界锦标赛	2014年11月10日	哈萨克斯坦	359
滑冰	短道速滑	女子500米	范可新	女	2014—2015年短道速滑世界杯分站赛	2014年11月9日	美国	42.504

2014年中国运动员获世界冠军情况

大项	分项	小项	运动员	性别	赛事	产生日期	举办地	成绩
游泳	跳水	男子3米跳板	何冲	男	2014年第19届跳水世界杯	2014年7月19日	上海	540.35
		女子10米跳台	黄小惠	女	2014年第19届跳水世界杯	2014年7月18日	上海	373.6
		男子10米跳台	杨健	男	2014年第19届跳水世界杯	2014年7月20日	上海	543.85
		女子3米跳板	施廷懋	女	2014年第19届跳水世界杯	2014年7月20日	上海	383.4
		男子双人10米跳台	林跃	男	2014年第19届跳水世界杯	2014年7月16日	上海	494.46
			曹缘	男	2014年第19届跳水世界杯	2014年7月16日	上海	494.46
		男子双人3米跳板	林跃	男	2014年第19届跳水世界杯	2014年7月17日	上海	461.31
			曹缘	男	2014年第19届跳水世界杯	2014年7月17日	上海	461.31
		混合队	黄小惠	女	2014年第19届跳水世界杯	2014年7月20日	上海	408.6
			陈艾森	男	2014年第19届跳水世界杯	2014年7月20日	上海	408.6
		女子双人10米跳台	陈若琳	女	2014年第19届跳水世界杯	2014年7月17日	上海	357.66
			刘蕙瑕	女	2014年第19届跳水世界杯	2014年7月17日	上海	357.66

续表

大项	分项	小项	运动员	性别	赛事	产生日期	举办地	成绩
游泳	跳水	女子双人3米跳板	施廷懋	女	2014年第19届跳水世界杯	2014年7月16日	上海	340.5
			吴敏霞	女	2014年第19届跳水世界杯	2014年7月16日	上海	340.5
		男子团体	何冲 邱波 杨健 曹缘 林跃 陈艾森	男	2014年第19届跳水世界杯	2014年7月20日	上海	
		女子团体	黄小惠 吴敏霞 施廷懋 何姿 刘蕙瑕 陈若琳	女	2014年第19届跳水世界杯	2014年7月20日	上海	
	花样游泳	双人	黄雪辰 孙文雁	女	2014年花样游泳世界杯	2014年11月27日	加拿大	186.7041
		集体	呙俐 梁馨枰 孙怡婧 曾珍 汤梦妮 陈晓君 于乐乐 李晓璐 顾笑 孙文雁	女	2014年花样游泳世界杯	2014年10月4日	加拿大	188.0322
		自由组合	黄雪辰 呙俐 孙怡婧 曾珍 汤梦妮 顾笑 张嘉雯 于乐乐 陈晓君 孙文雁 李晓璐	女	2014年花样游泳世界杯	2014年10月5日	加拿大	94.8333
田径		女子撑竿跳高	李玲	女	2014年国际田联洲际杯田径赛	2014年9月13日	摩洛哥	4.55

续表

大项	分项	小项	运动员	性别	赛事	产生日期	举办地	成绩
羽毛球		男子单打	谌龙	男	2014年羽毛球世界锦标赛	2014年8月31日	丹麦哥本哈根	
		混合双打	赵芸蕾	女	2014年羽毛球世界锦标赛	2014年8月31日	丹麦哥本哈根	
			张楠	男	2014年羽毛球世界锦标赛	2014年8月31日	丹麦哥本哈根	
		女子双打	田卿 赵芸蕾	女	2014年羽毛球世界锦标赛	2014年8月31日	丹麦哥本哈根	
		女子团体	王适娴 汤金华 王仪涵 李雪芮 田卿 王晓理 孙瑜 包宜鑫 赵芸蕾	女	2014年羽毛球尤伯杯世界女子团体锦标赛	2014年5月24日	印度新德里	
拳击		女子81公斤级	杨晓丽	女	2014年拳击世界锦标赛	2014年11月22日	韩国济州	
现代五项		现代五项女子接力赛	陈倩 梁婉霞	女	2014年现代五项世界锦标赛	2014年9月08日	波兰华沙	1454
		现代五项女子团体赛	王炜 陈倩 梁婉霞	女	2014年现代五项世界锦标赛	2014年9月09日	波兰华沙	4061
体操	体操	女子高低杠	姚金男	女	2014年体操世界锦标赛	2014年10月11日	中国广西南宁	15.633
		男子吊环	刘洋	男	2014年体操世界锦标赛	2014年10月11日	中国广西南宁	15.933
		男子团体	尤浩 刘洋 张成龙 程然 林超攀 邓书弟	男	2014年体操团体世界锦标赛	2014年10月7日	中国广西南宁	273.369
	蹦床	男子单跳个人	杨松	男	2014年蹦床世界锦标赛	2014年11月9日	美国德通纳海滩市	78.8
		女子网上个人	刘灵玲	女	2014年蹦床世界锦标赛	2014年11月8日	美国德通纳海滩市	55.99

续表

大项	分项	小项	运动员	性别	赛事	产生日期	举办地	成绩
体操	蹦床	男子网二个人	涂潇	男	2014年蹦床世界锦标赛	2014年11月9日	美国德通纳海滩市	61.875
		女子双人同步	李萌 刘灵玲	女	2014年蹦床世界锦标赛	2014年11月9日	美国德通纳海滩市	47.8
		男子双人同步	涂潇 董栋	男	2014年蹦床世界锦标赛	2014年11月8日	美国德通纳海滩市	51.7
射击		女子移动靶混合远	苏丽	女	2014年射击世界锦标赛	2014年9月6日	西班牙	383
		女子运动手枪(25米)	张靖婧	女	2014年射击世界锦标赛	2014年9月6日	西班牙	7
		女子气步枪(10米)	易思玲	女	2014年射击步手枪世界杯总决赛	2014年10月21日	阿塞拜疆	207.7
		男子气步枪(10米)	杨浩然	男	2014年射击世界锦标赛	2014年9月6日	西班牙	207.9
		男子移动靶混合远	翟羽佳	男	2014年射击世界锦标赛	2014年9月6日	西班牙	390
		男子手枪慢射(50米)	王智伟	男	2014年射击步手枪世界杯总决赛	2014年10月21日	阿塞拜疆	195.8
		男子飞碟双向	金迪	男	2014年射击飞碟世界杯总决赛	2014年10月25日	阿塞拜疆	15
		男子50米步枪3种姿势	朱启南	男	2014年射击世界锦标赛	2014年9月6日	西班牙	457.2
		女子移动靶标准速团体	杨曾 李雪艳 苏丽	女	2014年射击世界锦标赛	2014年9月6日	西班牙	1130
		女子移动靶混合速团体	杨曾 李雪艳 苏丽	女	2014年射击世界锦标赛	2014年9月6日	西班牙	1133
		女子运动手枪团体	钱微 张靖婧 陈颖	女	2014年射击世界锦标赛	2014年9月6日	西班牙	1741

续表

大项	分项	小项	运动员	性别	赛事	产生日期	举办地	成绩
射击		男子步枪卧射团体	赵声波 兰兴 刘刚	男	2014年射击世界锦标赛	2014年9月6日	西班牙	1870.8
		男子气步枪团体	刘天佑 曹逸飞 杨浩然	男	2014年射击世界锦标赛	2014年9月6日	西班牙	1886.5
		男子气手枪团体	蒲琪峰 王智伟 庞伟	男	2014年射击世界锦标赛	2014年9月6日	西班牙	1750
		男子手枪慢射团体	蒲琪峰 王智伟 庞伟	男	2014年射击世界锦标赛	2014年9月6日	西班牙	1677
		男子步枪3×40团体	朱启南 康宏伟 曹逸飞	男	2014年射击世界锦标赛	2014年9月6日	西班牙	3497
乒乓球		乒乓球女子单打	丁宁	女	2014年乒乓球女子世界杯	2014年10月19日	奥地利林茨	
		乒乓球男子单打	张继科	男	2014年乒乓球男子世界杯	2014年10月26日	德国杜塞尔多夫	
		乒乓球男子团体	张继科 许昕 王皓 马龙 樊振东	男	2014年乒乓球世界锦标赛	2014年5月5日	日本东京	
		乒乓球女子团体	李晓霞 朱雨玲 陈梦 丁宁 刘诗雯	女	2014年乒乓球世界锦标赛	2014年5月5日	日本东京	
网球		女子单打	李娜	女	2014年澳大利亚网球公开赛	2014年1月13日	墨尔本	
		女子双打	彭帅 谢淑薇	女	2014年法国网球公开赛	2014年5月26日	巴黎	
举重		女子63公斤级挺举	邓薇	女	2014年举重世界锦标赛	2014年11月13日	哈萨克斯坦	142
		女子63公斤级总成绩	邓薇	女	2014年举重世界锦标赛	2014年11月13日	哈萨克斯坦	252

续表

大项	分项	小项	运动员	性别	赛事	产生日期	举办地	成绩
举重		女子58公斤级总成绩	邓猛荣	女	2014年举重世界锦标赛	2014年11月11日	哈萨克斯坦	235
		女子48公斤级挺举	谭亚运	女	2014年举重世界锦标赛	2014年11月9日	哈萨克斯坦	109
		女子48公斤级抓举	谭亚运	女	2014年举重世界锦标赛	2014年11月9日	哈萨克斯坦	85
		女子48公斤级总成绩	谭亚运	女	2014年举重世界锦标赛	2014年11月9日	哈萨克斯坦	194
		男子69公斤级挺举	廖辉	男	2014年举重世界锦标赛	2014年11月10日	哈萨克斯坦	193
		男子69公斤级抓举	廖辉	男	2014年举重世界锦标赛	2014年11月10日	哈萨克斯坦	166
		男子69公斤级总成绩	廖辉	男	2014年举重世界锦标赛	2014年11月10日	哈萨克斯坦	359
滑冰	短道速滑	男子500米	武大靖	男	2014年短道速滑世界锦标赛	2014年3月15日	加拿大	40.158
		女子1500米	周洋	女	2014年冬季奥运会	2014年2月15日	俄罗斯索契	2:18.825
		女子500米	李坚柔	女	2014年冬季奥运会	2014年2月13日	俄罗斯索契	43.486
		女子3000米接力	韩雨桐 孔雪 范可新 刘秋宏	女	2014年短道速滑世界锦标赛	2014年3月16日	加拿大	4:08.811
	速度滑冰	女子短距离全能	于静	女	2014年速度滑冰世界短距离锦标赛	2014年1月19日	日本长野	151.275
		女子1000米	张虹	女	2014年第二十一届冬季奥运会	2014年2月13日	俄罗斯索契	1:14.02
围棋		围棋男子个人	柁嘉熹	男	2013—2014年第18届LG杯朝鲜日报世界围棋棋王战	2014年2月13日	韩国	

续表

大项	分项	小项	运动员	性别	赛事	产生日期	举办地	成绩
国际象棋		国际象棋男子团体	王玥	男	2014年国际象棋世界奥林匹克男子团体赛	2014年8月15日	挪威	
			丁立人	男	2014年国际象棋世界奥林匹克男子团体赛	2014年8月15日	挪威	
			倪华	男	2014年国际象棋世界奥林匹克男子团体赛	2014年8月15日	挪威	
			余泱漪	男	2014年国际象棋世界奥林匹克男子团体赛	2014年8月15日	挪威	
			韦奕	男	2014年国际象棋世界奥林匹克男子团体赛	2014年8月15日	挪威	

[附录七]　　　　　2014年全国自然灾害情况

指标	单位	数量
农作物受灾面积	千公顷	24890.7
农作物绝收面积	千公顷	3090.3
旱灾受灾面积	千公顷	12271.7
旱灾绝收面积	千公顷	1484.7
洪涝、山体滑坡、泥石流和台风受灾面积	千公顷	7222.0
洪涝、山体滑坡、泥石流和台风绝收面积	千公顷	976.9
风雹灾害受灾面积	千公顷	3225.4
风雹灾害绝收面积	千公顷	457.7
低温冷冻和雪灾受灾面积	千公顷	2132.5
低温冷冻和雪灾绝收面积	千公顷	168.2
自然灾害受灾人口	万人次	24353.7
自然灾害受灾死亡人口	人	1818
自然灾害直接经济损失	亿元	3373.8

[附录八] **2014年国务院机构简称**

全称	简称
中华人民共和国国务院办公厅	国务院办公厅
国务院组成部门	
中华人民共和国外交部	外交部
中华人民共和国国防部	国防部
中华人民共和国国家发展和改革委员会	发展改革委
中华人民共和国教育部	教育部
中华人民共和国科学技术部	科技部
中华人民共和国工业和信息化部	工业和信息化部
中华人民共和国国家民族事务委员会	国家民委
中华人民共和国公安部	公安部
中华人民共和国国家安全部	安全部
中华人民共和国监察部	监察部
中华人民共和国民政部	民政部
中华人民共和国司法部	司法部
中华人民共和国财政部	财政部
中华人民共和国人力资源和社会保障部	人力资源社会保障部
中华人民共和国国土资源部	国土资源部
中华人民共和国环境保护部	环境保护部
中华人民共和国住房和城乡建设部	住房和城乡建设部
中华人民共和国交通运输部	交通运输部
中华人民共和国水利部	水利部
中华人民共和国农业部	农业部
中华人民共和国商务部	商务部
中华人民共和国文化部	文化部
中华人民共和国国家卫生和计划生育委员会	卫生计生委
中国人民银行	人民银行
中华人民共和国审计署	审计署
监察部与中共中央纪律检查委员会机关合署办公，机构列入国务院序列，编制列入中共中央直属机构。教育部对外保留国家语言文字工作委员会牌子。工业和信息化部对外保留国家航天局、国家原子能机构牌子。环境保护部对外保留国家核安全局牌子。	
国家语言文字工作委员会	国家语委
国家航天局	航天局
国家原子能机构	原子能机构
国家核安全局	核安全局

续表

全称	简称
国务院直属特设机构	
国务院国有资产监督管理委员会	国资委
国务院直属机构	
中华人民共和国海关总署	海关总署
国家税务总局	税务总局
国家工商行政管理总局	工商总局
国家质量监督检验检疫总局	质检总局
国家新闻出版广电总局	新闻出版广电总局
国家体育总局	体育总局
国家安全生产监督管理总局	安全监管总局
国家食品药品监督管理总局	食品药品监管总局
国家统计局	统计局
国家林业局	林业局
国家知识产权局	知识产权局
国家旅游局	旅游局
国家宗教事务局	宗教局
国务院参事室	参事室
国家机关事务管理局	国管局
国家预防腐败局列入国务院直属机构序列，在监察部加挂牌。国家新闻出版广电总局加挂国家版权局牌子。	
国家预防腐败局	预防腐败局
国家版权局	版权局
国务院办事机构	
国务院侨务办公室	侨办
国务院港澳事务办公室	港澳办
国务院法制办公室	法制办
国务院研究室	国研室
国务院台湾事务办公室与中共中央台湾工作办公室、国务院新闻办公室与中共中央对外宣传办公室、国务院防范和处理邪教问题办公室与中央防范和处理邪教问题领导小组办公室，一个机构两块牌子，列入中共中央直属机构序列。	
国务院台湾事务办公室	台办
国务院新闻办公室	新闻办
国务院防范和处理邪教问题办公室	防范办
国务院直属事业单位	
新华通讯社	新华社
中国科学院	中科院

续表

全称	简称
中国社会科学院	社科院
中国工程院	工程院
国务院发展研究中心	发展研究中心
国家行政学院	行政学院
中国地震局	地震局
中国气象局	气象局
中国银行业监督管理委员会	银监会
中国证券监督管理委员会	证监会
中国保险监督管理委员会	保监会
全国社会保障基金理事会	社保基金会
国家自然科学基金委员会	自然科学基金会
国务院部委管理的国家局	
国家信访局	信访局
国家粮食局	粮食局
国家能源局	能源局
国家国防科技工业局	国防科工局
国家烟草专卖局	烟草局
国家外国专家局	外专局
国家公务员局	公务员局
国家海洋局	海洋局
国家测绘地理信息局	测绘地信局
国家铁路局	铁路局
中国民用航空局	民航局
国家邮政局	邮政局
国家文物局	文物局
国家中医药管理局	中医药局
国家外汇管理局	外汇局
国家煤矿安全监察局	煤矿安监局
国家档案局与中央档案馆、国家保密局与中央保密委员会办公室、国家密码管理局与中央密码工作领导小组办公室，一个机构两块牌子，列入中共中央直属机关的下属机构序列。	
国家档案局	档案局
国家保密局	保密局
国家密码管理局	密码局

图书在版编目(CIP)数据

中华人民共和国史编年. 2014年卷 / 当代中国研究所, 中央档案馆编. -- 北京：当代中国出版社, 2019.9
ISBN 978-7-5154-0954-2

Ⅰ. ①中… Ⅱ. ①当… ②中… Ⅲ. ①中国历史—现代史—编年体—2014 Ⅳ. ①K270.43

中国版本图书馆CIP数据核字(2019)第151333号

出 版 人	曹宏举
责任编辑	聂文聪
责任校对	康　莹
装帧设计	海　洋
出版发行	当代中国出版社
地　　址	北京市地安门西大街旌勇里8号
网　　址	http://www.ddzg.net　邮箱：ddzgcbs@sina.com
邮政编码	100009
编 辑 部	(010)66572264　66572154　66572132　66572180
市 场 部	(010)66572281　66572161　66572157　83221785
印　　刷	北京润田金辉印刷有限公司
开　　本	787毫米×1092毫米　1/16
印　　张	62.25印张　2插页　1354千字
版　　次	2019年9月第1版
印　　次	2019年9月第1次印刷
定　　价	360.00元

版权所有，翻版必究；如有印装质量问题，请拨打(010)66572159转出版部。